DR. ~~REINHART KLUGE~~
KRONENBERG 100
52074 AACHEN

DEFEKTE UND DISPOSITIONEN
in vergleichender Sicht

2., erweit. Auflage

von

Dr. WILHELM WEGNER

Professor am Institut für Tierzucht und Vererbungs-
forschung der Tierärztlichen Hochschule Hannover

CIP-Kurztitelaufnahme der Deutschen Bibliothek

Wegner, Wilhelm:
Defekte und Dispositionen / W. Wegner. –
Hannover: Schaper, 1986.
ISBN 3-7944-0151-4

Das Werk ist urheberrechtlich geschützt. Die dadurch begründeten Rechte, insbesondere die der Übersetzung, des Nachdrucks, des Vortrags, der Entnahme von Abbildungen, der Funksendung, der Wiedergabe auf photomechanischem oder ähnlichem Wege und der Speicherung in Datenverarbeitungsanlagen, bleiben, auch bei nur auszugsweiser Verwertung, vorbehalten. Werden einzelne Vervielfältigungsstücke in dem nach § 54 Abs. 1 UrhG zulässigen Umfang für gewerbliche Zwecke hergestellt, ist an den Verlag die nach § 54 Abs. 2 UrhG zu zahlende Vergütung zu entrichten, über deren Höhe der Verlag Auskunft gibt.

© 1986 by Verlag M. & H. Schaper, Hannover · Printed in Western Germany

Herstellung: Dobler-Druck GmbH & Co KG, Alfeld (Leine)

ISBN 3-7944-0151-4

INHALTSVERZEICHNIS

Biochemische Defekte	5
Chromosomenaberrationen	70
Hormon- und Stoffwechselstörungen	114
Infektions- und Invasionskrankheiten	173
Teratogenese	211
Prä- und perinatale Verluste	221
Zwillinge, Mehrlinge, Doppel-, Mehrfachbildungen	232
Pigmentmangelsyndrome	243
Spaltbildungen, Hernien	258
Chondrodystrophien, Achondroplasien	267
Dysostosen, Dysmelien	276
Zentralnervöse Ausfälle	286
Sinnesverluste	308
Hautschäden	326
Indigestionen	338
Myopathien, Dystokien	348
Kreislauf- und Blutkrankheiten	359
Respirations- und Exkretionsstörungen	370
Gelenkerkrankungen	378
Neoplasien	385
Literaturverzeichnis	396
Index	736

EINLEITUNG

Es ist ein hoffnungsloses Unterfangen, "Defekte und Dispositionen" bei Mensch und Tier lückenlos erfassen und abhandeln zu wollen. Denn diese Materie ist so umfassend und komplex wie das Leben selbst. Doch beginnt man ja viele Dinge ohne große Hoffnung auf Perfektion - zumindest im ersten Anlauf-, warum also nicht auch ein solches Buch, zumal dringender Bedarf für ein neueres Nachschlagewerk bestand, welches insbesondere vergleichend-medizinische Gesichtspunkte berücksichtigt. Der Leser möge daher diese Arbeit als eine erbhygienische Kompilation, als eine durchaus verbesserungs- und ergänzungsbedürftige Zusammenschau von Anomalien und Störungen betrachten, die dem Praktiker und Studierenden Informationen, dem vergleichenden Mediziner Anregungen vermitteln soll - getreu dem Lichtenbergschen Spruch:
"Ich habe öfter gesehen, daß sich, wo Schweine weiden, Krähen auf sie setzen und achtgeben, wenn sie einen Wurm aufwühlen, herabfliegen und ihn holen, alsdann sich wieder an ihre alte Stelle setzen. Ein herrliches Sinnbild von dem Kompilator, der aufwühlt, und dem schlauen Schriftsteller, der es ohne viel Mühe zu seinem Vorteil verwendet".
Daher möchte ich - quasi grunzend - diese Einleitung beschließen, um Ihnen viel Glück bei der Würmersuche zu wünschen. Vielleicht finden Sie hin und wieder auch ein von mir gelegtes Ei.

Hannover, im Januar 1983   W. Wegner

Der nunmehr vorgelegten zweiten Auflage ist diesbezüglich nichts hinzuzufügen, außer daß weitere Würmer hinzukamen und in Text und Literaturanhang Berücksichtigung fanden.

Hannover, im Februar 1986   W. Wegner

> This reluctance to take inheritance into
> account - or even to mention it in supposedly
> scientific papers - is commonplace within
> and outside medicine and it is characteristic
> of our epoch.
>
> P.R.J.Burch, 1976

BIOCHEMISCHE DEFEKTE

"Biochemische Defekte" nennt man solche Normabweichungen, bei denen der Zusammenhang zwischen Erbgutänderung und krankmachender Stoffwechselentgleisung erkannt und bis hin zur molekulargenetischen oder enzymatischen Basis aufgeklärt wurde. Der Umfang und die Bedeutung einer so charakterisierten Gruppe genetischer Anomalien sind somit heuristisch determiniert und spiegeln nur den gegenwärtigen Wissensstand um solche Zusammenhänge wider. Denn letztlich gehören alle angeborenen, erblichen Abnormitäten und genetisch beeinflußten Funktions- und Stoffwechselstörungen in den Bereich der biochemischen Genetik, selbst wenn man die ontogenetisch-pathogenetische Beweiskette von der Defektmanifestation zum Enzymschaden, zum mutierten Codon noch nicht schließen konnte.
"Genetische Änderungen der Enzyme können auf jeder Stufe der Entwicklung wirksam werden und daher zu Frühaborten, Mißbildungen oder Enzymdefekten Neugeborener führen (Hsia, 1967)". Dieses macht gleichzeitig deutlich, daß sich die biochemischen Defekte ihrerseits unterteilen lassen in ein kleines Kontingent, bei welchem die lückenlose Schließung dieser Kette von der klinischen Störung bis hin zum auslösenden Genort gelang, und in ein weit größeres, wo man bislang nur bis zum veränderten Enzym bzw. Protein vordrang. Ein klassisches Beispiel zur ersten Gruppe ist die Sichelzellenanämie des Menschen, eine echte "molecular disease (5895)", ein klassisches Beispiel zugleich für die anregende Wirkung geselliger Eisenbahnfahrten, denn Nobelpreisträger Pauling hatte den entscheidenden Einfall nach einer Diskussion mit seinem Reisegefährten Castle im Eisenbahnabteil (6227). Diese Anämie entsteht durch eine mutationsbedingte Ver-

änderung des Hämoglobinmoleküls - und zwar der Aminosäurezusammensetzung der Polypeptidkette des Globins, der artspezifischen Trägersubstanz des roten Blutfarbstoffs. Dieses abnorme Hämoglobin S nimmt bei niedrigem Sauerstoff-Partialdruck eine halbfeste, gelartige Konsistenz an - bedingt durch irreguläre Anordnung der Peptidstränge, durch intrazelluläre Polymerisierung (2022, 1602, 7032, 8631) - und verformt die Erythrozyten in charakteristischer Weise ("Sichelzellen", 7333, 5954). Dabei harren einige der biophysikalischen Aspekte dieser auch klinisch durchaus variabel ausgeprägten, mit Erhöhung der Blutviskosität einhergehenden Gelierung noch der Abklärung (1008, 4018). "Antisickling"- Medikamente wollen speziell diese Polymerisierung verhindern (610), denn die irreversibel deformierten roten Blutkörperchen gehen schnell zugrunde (9541), und es entsteht eine hämolytische Anämie sowie erhöhte Infektionsbereitschaft (3260, 9726). Echte Therapien sind bis heute nicht möglich (9929). Die verklumpten Erythrozyten führen via Gefäßverstopfung zudem zu Nieren-, Herz-, Gelenk- und Hirnschäden = ein echtes Beispiel für pleiotrope Effekte ein- und desselben Strukturgens (9204).

Die Forschungen, welche nach der bahnbrechenden Entdeckung dieser molekularen Hämoglobinopathie alsbald einsetzten, trugen maßgeblich zur Klärung der Primärstruktur der Eiweißstoffe und ihrer genetischen Determination bei. Da sie Grundlagen schufen für das Verständnis aller biochemischen Defekte, sei auf sie etwas näher eingegangen. Für ein tiefergehendes Studium mögen die Arbeiten von Ingram(1963), Braunitzer(1967), Harris(1968), Lehmann u. Carrell(1969), Murayama u. Nalbandian(1973) sowie Lehmann u. Huntsman(1974) dienen. Die erblich fixierten, art - bedingten oder interindividuellen Unterschiede der Hämoglobinstruktur aller bisher untersuchten Spezies beruhen fast ausschließlich auf Variationen in der Aminosäurezusammensetzung, - zahl und - sequenz der Polypeptidketten des Globins sowie deren Kombination, während die prosthetische Gruppe Häm mit dem zentralen Eisenatom über alle Arten gleichbleibt, wenn man vom Chlorocruorin primitiver Würmer einmal absieht (7967).

Die Primärstruktur ist somit identisch mit der Aminosäurenreihenfolge in der Kette, wie sie sich aus der Syntheseanweisung des genetischen Codes, aus der Basensequenz der Doppelhelix des DNS-Moleküls ergibt, während die Sekundär-, Tertiär- und Quartärstrukturen die durch Röntgenstrukturanalysen ermittelte räumliche Anordnung und Zuordnung der Peptidketten zueinander sowie ihre Einordnung ins Proteid darstellen (5953, 3001,8030). Den doppelt symmetrischen Aufbau des normalen menschlichen Adulten-Hämoglobin A als Tetramer mit je zwei paarweise identischen α - und ß-Ketten und je einem Häm pro "Tasche" zeigt Abb.1. Er ist exemplarisch für alle Säugerhämoglobine und entstand evolutionär durch Gen-Duplikation (1131,8752). Daneben gibt es eine quantitativ im Erwachsenenblut geringer vorliegende Fraktion A_2, mit zwei δ -Ketten anstelle der β-Ketten ($\alpha_2 \delta_2$), sowie im Fetus das postnatal normalerweise bald verschwindende oder nur noch von wenigen, sogenannten F-Zellen zu synthetisierende Hb F mit zwei γ -Ketten (5850,3614,3615,1911). Außerdem sind embryonale Hämoglobine aus erythroiden Dottersackzellen bekannt (2226). Über die Steuerung der ontogenetischen Abfolge der verschiedenen Hb-Ketten wird noch gerätselt, doch liegen inzwischen einige Befunde vor (466,133,9634,10151). Chromosomal sind in Mäusen die α - Gene (Hb a) auf Kernfaden Nr.11, die β -Gene (Hb b) jedoch auf Chromosom Nr.7 lokalisiert (264). Beim Menschen liegen die α - Globin-Strukturgene auf Nr.16 (1756,3405), die β -, γ -, und δ -Globingene jedoch in ziemlich enger Kopplung auf dem kurzen Arm von Nr.11 (8260,3782).

Wie bei allen Körperproteinen, so wird auch im Hämoglobin die Einbauanweisung für jede einzelne Aminosäure in der Peptidkette durch ein Codon, durch ein Nukleotidtriplett der DNS gegeben, d.h. durch eine spezifische Dreierkombination der vier Purin-Pyrimidin-Basen Adenin (A), Guanin (G), Cytosin (C) und Thymin (T) bzw. Urazil (U) in der mRNS (Messenger-RNS). So kodieren z.B. GAA für Glutaminsäure, GUA für Valin und AAA für Lysin. Und es gelingt bereits, durch experimentelle Aneinanderreihung dieser Basen Strukturgene zu synthetisieren und in vivo (in E.coli, Einbau über Plasmide als Vektoren,9015) codieren, d.h. die Biosynthese von Eiweißstoffen aufnehmen zu lassen, z.B. von Somatostatin (3710) und Insulin (Gen auf Chromosom Nr.11 des Menschen,235,8630,8582), eine für die Diabetes-Behandlung der Zukunft möglicherweise bedeutsame Entdeckung, denn: "Sollten eines Tages auch alle Diabetiker der Dritten Welt Anspruch auf eine Insulinbehandlung erheben, dann könnten die Quellen der konventionellen

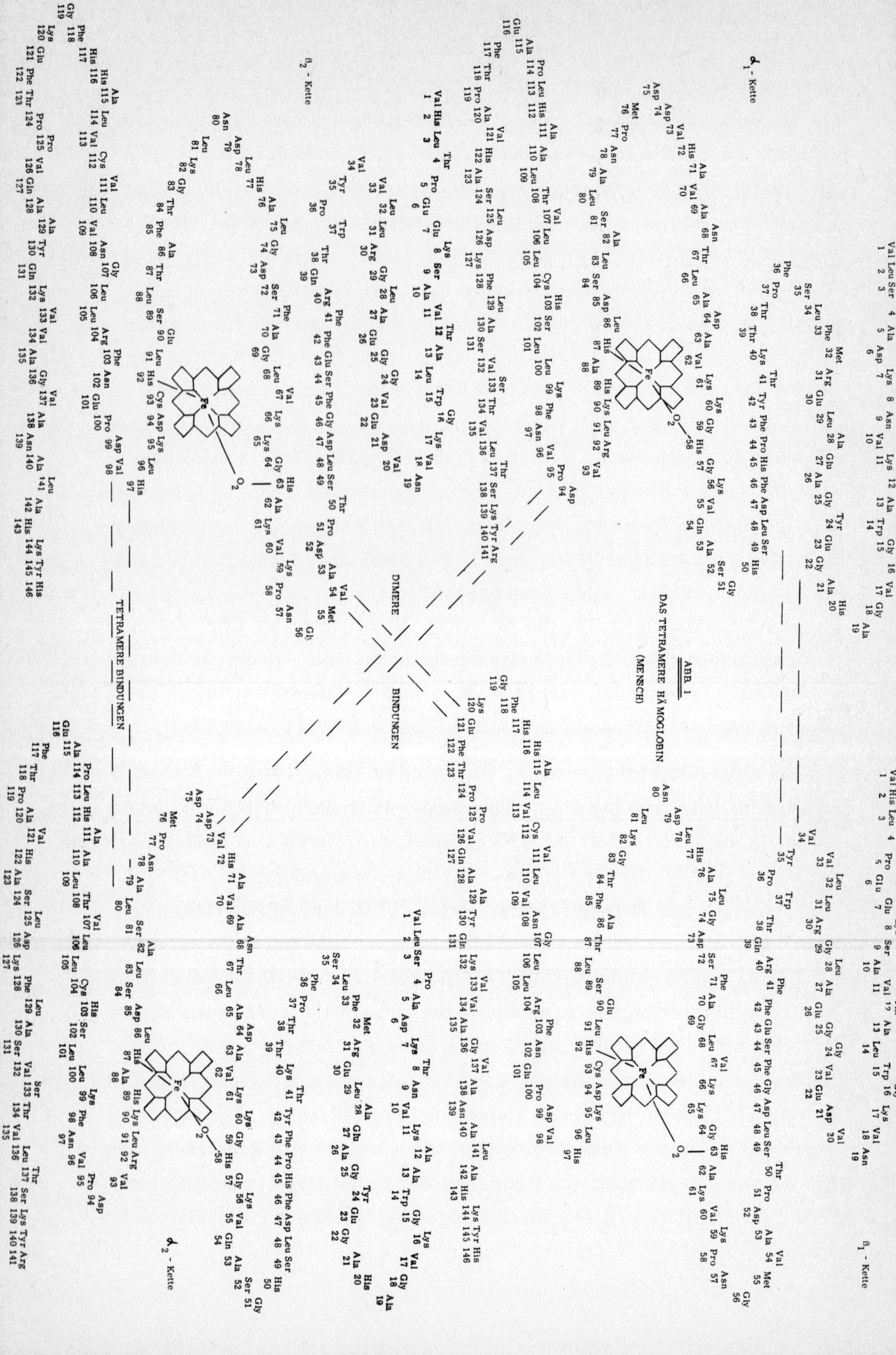

ABB. 1

DAS TETRAMERE HÄMOGLOBIN
(MENSCH)

Hormonherstellung knapp werden (Hobom,1980)". Auch Antikörper will man so herstellen (10058,8603).

Solche durch <u>Gentechnologie</u> fabrizierten Substanzen seien "reiner und nebenwirkungsfreier" als konventionell gewonnene (3441); wenn allerdings die Wirksamkeit eines Pharmakons nicht zuletzt auf seinen "Nebenwirkungen" beruht, werden diese Synthetika wohl auch weniger wirksam sein. Doch ist ein geklonter Faktor VIII bzw. IX für Hämophile sicher frei von HTLV III von Homophilen (9378, 8457, 9235, 9781).

Inzwischen sind die kompletten DNS-Sequenzen primitiver Lebewesen, z.B. von Bakteriophagen (Virus) bekannt (7164). Die Aminosäurenreihenfolge in der Hb- β - Kette z.B. wird also durch gekoppelte DNS-Code-Sequenzen (Cistrone) determiniert, wobei das zentrale Cistron sozusagen die Tasche "strickt", in die Häm verpackt wird (2015). Wenn daher Polypeptidketten verschiedener Tierarten in ihrer Aminosäurenzusammensetzung übereinstimmen, darf man - cum grano salis - annehmen, daß die zugehörigen Codone identisch sind, kann man aus diesem Übereinstimmungsgrad bei vielen Proteinen genetische Artverwandtschaften oder "Distanzen" herleiten und auf diese Weise zur Stützung der hundertjährigen Darwinschen These kommen, der Mensch sei ein spezialisierter Affe (1054, 8964).

Es bedarf somit nur des Austausches einer einzigen Base im Code, einer "<u>Punktmutation</u>", um statt der Einbauanweisung für Glutaminsäure eine solche für Valin oder Lysin zu geben. Genau dies ist beim Sichelzell-Hämoglobin, dem Hb S des Menschen, geschehen : In Position 6 der β -Kette wurde Glutaminsäure durch Valin ersetzt; ein anderer Mutationsschritt läßt durch Einbau des Lysin an derselben Stelle das Hämoglobin C entstehen, ein anderes pathologisches Hämoglobin des Menschen. Diese Vorgänge seien an einem Schema verdeutlicht :

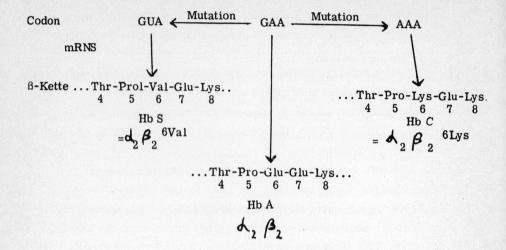

Der Wechsel von einer basischen zu einer sauren Aminosäure bringt pro Hb-Molekül den Verlust zweier negativer Ladungen mit sich; daher das unterschiedliche elektrophoretische Verhalten, die schnelle Identifizierbarkeit dieser Hämoglobine; der "Webfehler" bewirkt zugleich die Aneinanderlagerung der Hb-Tetramere zu langen, die Erythrozyten verformenden Polymeren (5444). Ganz ähnlich kommt es in der α-Kette zu mutativen Veränderungen, wenngleich sie generell eine niedrigere Mutabilität aufweist (6972):

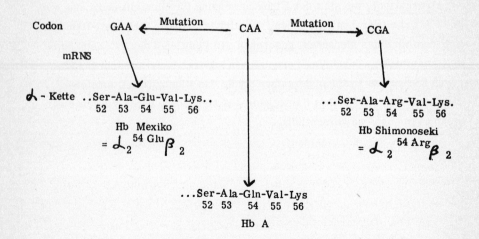

Auch beim Hb F-"Sardinia" wird eine sog. $^A\gamma^T$-Thalassämie dadurch bewirkt, daß in Position 75 der fetalen γ- Kette Isoleucin durch Threonin ersetzt wurde ($\alpha_2^A \gamma_2$ 75 Ile $\rightarrow$ Thr)(3615).

Es wurden inzwischen etwa 300 Hb -Varianten des Menschen entdeckt- einige mit so beziehungsreichen Namen wie "Hämoglobin Abraham Lincoln" (β 32 Leu $\rightarrow$ Pro), von denen die meisten krankmachende Eigenschaften besitzen (4491, 3520, 224). Sie kamen jedoch nicht alle durch Punktmutation, durch Substitution einzelner Aminosäuren zustande, und sind nicht immer elektrophoretisch, sondern öfter nur durch verfeinerte Untersuchungsmethoden nachweisbar (3522); auch Deletionen oder Translokationen bzw. unbalanciertes Crossing over (Hb Lepore, mit hybrider $\delta\beta$-Kette, 9425) ganzer Peptidkettenabschnitte (d.h. deren Codone !) sind möglich (2667). Durch Schaltmutation im Terminator-Codon (UAA und UAG signalisieren normalerweise das Ende einer Peptidkettensynthese) kann es sogar zu einer abnormen Verlängerung oder zu vorzeitigem Schluß der α- oder ß-Ketten kommen, z.B. bei Hb "Constant Spring"(1460, 5528). Manche "Sichler" besitzen zudem eine Kombination verschiedener pathogener Hb-Varianten (3521), oder eine Mutante, bei der gleich zwei Punktmutationen in einer Kette erfolgten (z.B. Hb "Arlington Park , ß 6 Glu $\rightarrow$ Lys, ß 95 Lys $\rightarrow$ Glu, 9929). Bei einer mutagen induzierten Mäusevariante (ß 145 Tyr $\rightarrow$ Cys) entsprechen die klinischen Erscheinungen (Polycythämie) genau dem Analogon beim Menschen (Hb Rainier, 9635).

Insgesamt sind Millionen von Menschen in Ländern mit hoher Frequenz betroffen, wenngleich manche nur unter einem besonderen Stress zu anämischen Krisen neigen (1335), - sind diagnostische Reihenuntersuchungen und Standardisierungen der Methodik eine dringende Erfordernis (225). Inzwischen wurden auch diagnostisch verwertbare Kopplungen entdeckt (5078). Dabei kann man klinisch die anomalen Hb unterteilen in solche, die die roten Blutkörperchen in Form und Funktion beeinträchtigen (Hb S, Hb C etc.), in solche die eine veränderte O_2 - Affinität besitzen (10139), die unstabile Globinketten aufweisen u.a.m. (2661, 5293). Genetische Beratungen müssen hier jedoch - und dies gilt ganz allgemein- psychologisch behutsam durchgeführt werden, sollen sie nicht - via Autosuggestion - zu schweren seelisch-gesundheitlichen Beeinträchtigungen von Anlageträgern führen (6668).

Die Sichelzellenanämie, welche heute schon pränatal diagnostizierbar ist
(8185), wurde zugleich zum Schulbeispiel eines sogen. Überdominanzeffektes, d.h. für Selektionsvorteil heterozygoter Träger eines Gens, welches
in doppelter Dosis (bei Homozygoten) deletäre Auswirkungen hat und einem
starken Selektionsdruck unterliegt : Heterozygote Sichler (nicht dagegen homozygot anämische !) sind in Malariagebieten begünstigt, da Erythrozyten mit
Hb S insbesondere dem Plasmodium falciparum keine guten Entwicklungsmöglichkeiten bieten (108, 5878, 7636). Es gibt ferner Hinweise, daß milde
Verläufe der Sichelzellenanämie vorkommen (z.B. in Saudi-Arabien), besonders in solchen Patienten, die zu erhöhter Hb F-Produktion auch in der Adultenphase fähig sind (HPFH, 5345, 3029, 9481).

Bei den die Erythrozyten gleichfalls (zu Kugelzellen) verunstaltenden, erblichen Sphärozytosen konnten vergleichbare molekulargenetische Webfehler
bislang nicht gefunden werden (7744) - es scheinen hier vielmehr die Membranproteine (Spectrin etc.) betroffen (9306). Auch die hereditären Elliptozytosen bieten ein heterogenes Bild (8434).

Eine weitere Gruppe hereditärer Anämien des Menschen, die besonders im
Mittelmeerraum, in Fernost und bei US-Negern auftretenden Thalassämien,
sind sicherlich gleichfalls Hämoglobinopathien im o.a. engeren Sinne (7943,
6022), wenngleich sie durch quantitative Veränderungen in der Globinproduktion infolge Hb-Cistron-Mutation u.a. umfassenderer Prozesse bedingt werden (444): Bei β - Thalassämien besteht ein Defizit an β - Globin, bei α -
Thalassämien ein solches von α - Ketten. Auch δ - Thalassämien gibt es
(9648). Da, wie vorn bereits angedeutet, die α - Globin - Gene bei den
meisten Individuen offenbar in homozygot duplizierter Form vorliegen (
$\alpha\alpha/\alpha\alpha$ - Konstellation, 1025) und sich ihre Produkte, die α - Ketten ,
vorzugsweise mit β^A -, weniger gern mit β^S - Ketten polymerisieren,
ist klar, daß Deletionen oder Inaktivierungen einzelner α -Globin-Gene -
wie bei den genannten α -Thalassämien z.B. die $-\alpha/-\alpha$ -Konstellation,
einen Einfluß (u.U. lindernd !, 9450) auf die klinische Manifestation einer
gleichzeitig vorliegenden Sichelzellenanämie oder ß-Thalassämie haben müssen (9647); wie andererseits eine illegitime Überproduktion von α -Globinketten, beispielsweise durch aberrantes Crossing over am α - Locus (z.B.
die $\alpha\alpha\alpha/\alpha\alpha$ -Konstellation) zu einem Defizit an ß -Ketten und damit zu ei-

ner milden Form der ß -Thalassämie führen kann (3405). Doch auch Punktmutationen an "kritischer Stelle" (α 125 Leu → Pro), die für die Dimer-Bildung $\alpha_1 \beta_1$ nötig ist, können zu α -Thalassämien führen (8966).
Bei den α - Thalassämien kann man somit entsprechend der genetischen Konstellation unterscheiden zwischen inapparenten (silent) Thalassämie-Trägern = - $\alpha/\alpha\alpha$; heterozygoter α -Thalassämie = - - $/\alpha\alpha$ oder - $\alpha/-\alpha$; Hämoglobin H-Krankheit = - -/ - α ; und homozygoter, letaler α^0 -Thalassämie = - - / - - (Hämoglobin Barts Hydrops fetalis, selten bei Negern) (3953,4596,6004,6005,1916). Dabei geht die "Hämoglobin-H-Krankheit" infolge des α -Globin-Defizits mit einer Form der abnormen β -Ketten - Polymerisation (β_4) einher, d.h. mit nichtfunktionellen Hb-Tetrameren, ähnlich wie bei Hb Bart (γ_4) (8095). Diese variablen Manifestationen führten schon früh zu klinischen Unterscheidungen wie "Thalassaemia maior, minor, intermedia" etc. (7942). Mäuse-Mutanten mit analogen α -Thalassämien wurden inzwischen beschrieben (6108,8102, 8437,10165,9890).

Die ß - Thalassämien müssen nicht, wie die α - Thalassämien, durch Deletion der entsprechenden Globin- DNA im genetischen Code (1916,9231,8862), sondern können auch durch Abwesenheit einer funktionstüchtigen β -mRNA ausgelöst werden (Fehlsplicing des Primärtranskripts, 9204, 10022), die wiederum durch Mutationen an ß-fernen Locis bedingt sein sollen (Suppressor-Gene, 6064, 2729, 6219). Sind überhaupt keine ß-Ketten nachweisbar, spricht man von ß^0 -Thalassämien. Ursächlich sein können auch Nonsense-Mutationen (9124), die z.B. aus einem ß 39 Glu - Codon (CAG) ein Terminator-Codon (UAG) machen. Nienhuis u. Mitarb. (1984) gaben einen Überblick. Hier versucht man u.a. gentherapeutisch anzusetzen (9996,9986,9944), ein Versuch, der schon in seinem Ansatz umstritten ist (9632,10093). In "transgenischen" Mäusen wurde jedenfalls ein humanes ß-Globin-Gen aktiv (9384,9125).
Es kommen bei diesen Erkrankungen somit auch Störungen der Transkription und Translation genetischer Information und sogar posttranslationaler Prozesse vor (4639,6949,3688,5470,1148,9096).
Dagegen waren bei der seltenen δß -Thalassämie sowie der HPFH (Hereditary persistence of fetal hemoglobin) Deletionen, Inversionen sowie Punktmutationen der gekoppelten ß- und δ -Strukturgene nachzuweisen - oder auch der Promoter-Box (CCAAT, 8929,5473,7269,7559,444,3872,9144,8727,8728).

Wie beim Menschen, so erfolgt ja sonst üblicherweise in Säugern, z.B. bei
Rind (7967) und Schaf (8259, 8351), eine peri- und postnatale Umstellung der
Hb-Synthese von Hb F auf Hb A (7270). Diese ist bei HPFH gestört (9618,
10101).
Beim Menschen sind pränatale Thalassämie-Diagnosen und darauf begründete "therapeutische Aborte" noch mit Risiken behaftet, wie die Pränatal-Diagnostik generell (8435). Sie scheinen durch neuere Methodiken überwindbar
(1536, 4641, 1938, 9600); auf Sardinien bedient man sich ihrer bereits stark(
8186), denn zweifellos stellen Hämoglobinopathien und Thalassämien zusammen, zumindest regional, bedeutsame Probleme der Volksgesundheit dar.
Wahrscheinlich durch Verwandtschaftsehen gefördert, präsentiert sich z.B.
Sizilien sozusagen als ein "Weltreservoir" - nicht nur für Mafiosi - sondern
auch für die Verbreitung dieser Erbkrankheiten (6737). Auch die zu Vetternwirtschaft in Regierung und Ehen neigenden Saudis sind inkliniert (7860). Doch
selbst in Deutschstämmigen sind sie so selten nicht (2728, 9645). Im übrigen
scheint die ausgeprägte Regionalität der Thalassämien ebenfalls für eine selektive Begünstigung Heterozygoter (evtl. gleichfalls gegenüber Malaria) -
möglicherweise in der Vergangenheit - zu sprechen. Andererseits nimmt die
Überlebensrate an Cooley's Anämie (homozygote ß-Thalassämie, Thal. maior,
$ß^0$ - Thalass., 9609) mit der genetischen Distanz der Geburtsorte ihrer Eltern zu (Hybrideffekt, 1641, 878).
Alle genannten Hb-Mutanten sind jedoch nicht zu verwechseln mit nichtgenetischen, d.h. postsynthetischen Hämoglobin- "Varianten", die z.B. durch
Glykosyl- Anlagerung an die β - Ketten im Laufe von Stoffwechsellagen entstehen, und dann zur Diabetes-Diagnose genutzt werden (Glykohämoglobine,
6083, 6084, 5773, 7788, 6724, 6714).
Bei vielen Tierarten fand man gleichfalls eine große Zahl elektrophoretisch
differenter, genetisch determinierter Hb-Varianten (7967, 1159, 4343, 310,
3821, 447, 8438, 9854, 8614, 9464, 9605, 10173, 9854). Sie scheinen jedoch oft
selektionsneutral zu sein und gehen nur selten mit pathologischen Zuständen
einher. So erklärt sich wohl teilweise ihre recht hohe Genfrequenz, denn
es ist anzunehmen, daß die Mutationsrate für unschädliche Allele höher
liegt als etwa 10^{-5}, wie sie für einige Schadgene errechnet wurde (5672,
10068). Sie ist außerdem abhängig vom Genmilieu (6754).

In Schafen fand man ein Hb C (oder N), das bei Tieren unter einem anämischen Stress auftrat, aber nur bei solchen, welche zugleich den Hämoglobintyp A oder AB aufwiesen, nicht bei BB-Tieren (2046,527,466). Hb A,B und C des Schafes scheinen sich nur in den β - Ketten zu unterscheiden, die α -Ketten sind weitgehend gleich; andere Varianten entstanden durch Gen-Duplikation (7787). Beim Typ C handelt es sich offensichtlich um ein "iuveniles" Hb, auf dessen Synthese unter einem anämischen Stress oder in großen Höhen zurückgegriffen werden kann (165). Die Aktivität solcher Stress-Globingene wurde auch in Hühnern experimentell nachgewiesen.
Die substitutiven Unterschiede der ovinen Hämoglobine A,B und C sind wesentlich umfangreicher als bei einigen menschlichen Hämoglobinvarianten, wie an der Gegenüberstellung einiger β-Ketten-Sequenzen verdeutlicht sei:

```
Hb A       ...Glu-Glu.............Ala-Val... ( β -Kette)
              6   7                10  11

Hb C       ... Pro-Asn............ Leu-Iso...
               6   7               10  11
```

Diese Schaf-Hämoglobine zeigten starke Unterschiede in ihrem physiologischen Verhalten (943,7678). Für anämische Ziegen wurde ganz ähnlich das Auftreten einer Hb C-Variante (auch in B-Typen, 10032) - bei gleichzeitiger Verformun g der Erythrozyten beschrieben (3746); die Hämoglobine A und B der Ziege unterscheiden sich auch in ihren α - Ketten(3613). Bei einer anämischen Kuh stellte man allerdings nichts Vergleichbares fest (581). Eine klinisch irrelevante Variante fand sich beim Pferd (8615). Auch "sickling" bei absinkenden O_2 - Partialdrucken und Hb-Polymorphismus war in einigen Tierarten zu beobachten, so bei Hirschen (4103,4104,8022) und Schafen (2178). Es hatte jedoch keine pathogenen Effekte. Im übrigen müssen strukturell unterschiedliche Hämoglobine in Mensch und Tier nicht unbedingt elektrophoretisch trennbar sein, sondern können gleiche Ladung und Wanderungsgeschwindigkeit aufweisen, wie schon betont ("elektrophoretisch stumm ", 224,225,3822,3823,6210).

Der Nachweis gesicherter Zusammenhänge zwischen Hb-Varianten und so wichtigen blutphysiologischen Parametern wie Sauerstoffbindung (1729,1730, 7808,7095),Hämatokrit,Plasma-und Leberkupfer(8128,8132,3044,10158)und Erythrozytenkalium(7990,9928)bei Rind und Schaf kann aber als Hinweis gewertet werden, daß bei Hämoglobinvarianten eher mit krassen Einflüssen auf Vitalitätskriterien zu rechnen wäre als bei manch anderem polymorphen Proteinsystem. Dies wird durch Untersuchungen an Mäusepopulationen bestätigt, in denen unter bestimmten Umweltverhältnissen gewisse Hämoglobintypen einen deutlichen Selektionsvorteil besaßen (700,9905).
Ein ähnlicher Fall von klassischer Überdominanz wie bei der Sichelzellenanämie kam aber bei Tieren bislang nicht zur Beobachtung. Es wurden zwar hin und wieder günstige Auswirkungen bestimmter Hb-Typen auf die Resistenz gegenüber anämischen, ikterischen oder anderen Erkrankungen, ja selbst auf Produktions- oder Reproduktionsmerkmale beschrieben, z.B.bei Schaf, Rind und Maus (2189,2192,3124,4226,5492,3807,5778,5651,113,63, 341,2282,9743),doch scheinen die Ergebnisse noch wenig gesichert(7915,7867, 7857). Feststeht, daß in hitzeresistenten Zebus mit gleichzeitiger Zeckenresistenz eine weit höhere Hb B-Frequenz konstatiert wird als in den meisten Bos taurus-Rinderrassen, die weitgehend Hb A-monomorph sind(5161, 5939,378,379,263), daß aber die Rinderrasse, welcher man die beste Tropen-Adaptationsfähigkeit nachsagt, die Jerseys(1699), auch die höchste HbB-Frequenz zeigt.
Zudem wurde mehrfach ein gesichertes Überwiegen möglicherweise selektiv begünstigter Heterozygoter A/B oder C-Typen in Zebu- und Schafpopulationen ermittelt(4490,6928,1137,6261,9862)-und hierbei muß sowohl an eine bessere Klima-Anpassungsfähigkeit (62,2191,7062,6739,6071,6262) als auch an eine höhere Resistenz gegenüber parasitären Invasionskrankheiten gedacht werden (2188)- jedoch ist nicht bekannt inwieweit in solchen Untersuchungen ein automatischer Überhang Heterozygoter bei nur wenigen Vatertieren in der Population berücksichtigt wurde (6446). Denn in jüngeren Erhebungen zur Magen/Darmwurm-Resistenz hb-polymorpher Merinoschafe war es der AA-Typ (in Ziegen jedoch die Heterozygoten,1187), welcher sich signifikant resistenter zeigte (6143,1680), während BB-Typen aride Umge-

bungen scheinbar besser vertragen (7765). Korrelationen zu Fruchtbarkeitskriterien bedürfen ebenfalls weiterer Überprüfung (3045), was für andere Proteinsysteme ebenso gilt (9118).

Wie angesichts der geschilderten molekulargenetischen Zusammenhänge nicht anders zu erwarten, ist die Vererbung der besprochenen Hb-Varianten kodominant, d.h. es kommt bei Heterozygoten zu einem Gemisch beider Fraktionen im Blut, wie auch am Elektropherogramm durch den Nachweis beider Banden ersichtlich (Abb. 2).

Abb. 2

Hämoglobin-Elektropherogramm von vier Rindern aus einer hb-polymorphen Population (WEGNER, 1965)

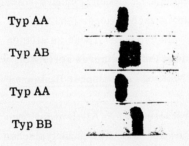

Typ AA

Typ AB

Typ AA

Typ BB

Hb-Typen mit Letalwirkung werden bei Tieren kaum zur Entdeckung gelangen, solange es nicht zu diesbezüglichen Reihenuntersuchungen bei perinatal Sterbenden oder Kümmerlingen kommt. Derzeit liegt die praktische Nutzanwendung der Hämoglobin- und anderer Proteinvarianten in ihrer "Marker - funktion" (6870, 5153). So kann man mit ihrer Hilfe schnell und einfach den Heterozygotiegrad eines Individuums schätzen, bei dessen Zunahme im Mittel der Population eine günstige Auswirkung auf Vitalitäts- und Fruchtbarkeitskriterien zu erwarten ist (Heterosiseffekt, 9283, 9882, 8975, 10105). Dabei denkt man sowohl an spezifische Wirkungen einzelner heterozygoter Allelepaare als auch an die breitere genetische "Diversifikation" an vielen Genorten, an eine Kumulation von Dominanz- und Überdominanzeffekten. In solche Schätzverfahren muß man aber weitere, z.B. auch morphologische Polymorphismen - und nicht nur elektrophoretisch darstellbare - einbeziehen,

da man sonst zu Ungenauigkeiten oder Fehleinschätzungen kommen kann (839, 9924). Erste Ergebnisse über eine differente Fruchtbarkeit bei Überschuß Heterozygoter liegen vor (6185,6763). Solche Selektionsvorteile, auch für Mäuse-Hämoglobin-Loci angenommen (2677), werden in extremen Umwelten stets ausgeprägter sein als in optimalen (5866).
Diese Markergene sind außerdem gut für die zusätzliche Absicherung der Eineiigkeitsdiagnose bei Zwillingen sowie für phylogenetische Studien und Rassenforschungen geeignet(4872,6490,3823,5456,1127,7680,9888,9680). So zeigen japanische Hunderassen einen Hämoglobin-Polymorphismus (7499), während bei allen bisher untersuchten Rassen anderer Regionen ein solcher nicht sicher nachweisbar war. Es erscheint abwegig, als Ursache hierbei möglicherweise durch Nuklearstrahlung in exponierten Hundepopulationen Japans induzierte Mutationen in Betracht zu ziehen (Founder-Effekt), doch wurde in Mäusen eine solche Möglichkeit nachgewiesen (6592).
Beim Balirind scheinen Hb-typen die These zu stützen, daß es ein Hybridisationsprodukt aus Banteng und Bos taurus sei (9540), wie überhaupt diese Allelesysteme zur Errechnung "genetischer Distanzen" bestens geeignet sind (9733,9988,9582).
Im übrigen können selbstverständlich Allelemutationen in verschiedenen Proteinsystemen, die keine nachweisbaren phänotypischen Nutzeffekte haben, auch bei Selektionsneutralität (für Population und Individuum) eine gewisse Genfrequenz bewahren ; sie könnten beispielsweise verzichtbarer Ausdruck unspezifischer, "eigennütziger" DNA-Abschnitte sein (im Gegensatz zu spezifisch-funktionellen), deren vornehmste Aufgabe die Selbstreplication darstellt (überschüssige "Abfall"-DNA, 1894,248), die sie aber offenbar - sozusagen "parasitär" - durch eine effiziente Angepaßtheit an das intrazelluläre Milieu von Generation zu Generation bewerkstelligt (intragenomische Selbstselektion, 5757,5756). Einer schrankenlosen Vermehrung dieser DNA sind aber offensichtlich durch den artspezifisch limitierten bzw. optimierten Zell-DNA-Gehalt Grenzen gesetzt (1282). "Überflüssige" B- oder Mikrochromosomen (S.dort) in verschiedenen Arten könnten als Träger dieser Art von DNA fungieren ("Pseudogene", 6168); sie stellt zudem eventuell eine stille DNA -Reserve ("repetitive und transponierbare Elemente",9159) für künftige evolutionäre Notwendigkeiten dar, wie überhaupt selektionsneutrale

Loci eine höhere Mutationsrate aufweisen sollen als funktionell wichtige Gene (4587). Sie sind sozusagen "Hitchhiker" erfolgreicher Genotypen (9429).

Eine weitere biochemische Störung der Blutfunktion, die erbliche Hämophilie, zeigt noch deutlichere Analogien zwischen Mensch und Tier. Insbesondere bei Hunden wurden fast alle Formen aus der Humangenetik bekannter Bluterkrankheiten konstatiert (1852, 3979, 7985). Während aber, wie schon geschildert, die bekannten Hämoglobinopathien oft auf Mutation von Strukturgenen beruhen, stellen sich die Verhältnisse bei einigen erblichen Blugerinnungsstörungen komplizierter dar. Hier kommt es teilweise erst über eine Mutation von Regulator- oder Operatorgenen zu einer Beeinflussung der für die Eiweißsynthese verantwortlichen Anlagen, zu einer Aktivitätsaufhebung oder -verminderung bzw. zum Verlust der zur normalen Blutgerinnung erforderlichen chen Faktoren.

Beim Morbus Willebrand-Jürgens (von Willebrand-disease, VWD), einer intermediär autosomal vererbten Thrombopathie bei Mensch(1774, 9929), Schwein (1562, 2869, 2232) und Hund (1852) kommt es zwar wie bei klassischer Hämophilie A und B zu einer Synthesestörung des durch Strukturgene auf dem X-Chromosom determinierten Faktor VIII (AHG = Antihämophiles Globulin) bzw. Faktor IX (Christmas-Faktor), doch bedarf es dazu der Mutation an einem autosomalen Genlocus, der als Regulator die für eine normale Syntheseinduktion des Strukturgens (auf dem Geschlechtschromosom) notwendigen Repressoren kodiert: Daher autosomaler, nicht heterosomaler Erbgang dieser Anomalie, wobei Gen-Dosiseffekte offenbar für unvollkommene Dominanz sprechen (5211, 5212). Dieses wird durch das folgende Schema verdeutlicht (nach Graham, zit. in Denson, 1972):

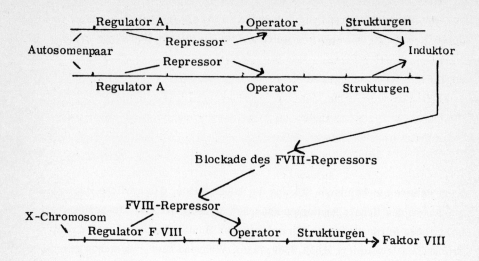

Wie man sieht, kommt es bei Mutation des Regulators A nach → W (Willebrand) zu einem Ausfall des normalen Induktors ("Willebrand"-Protein, 4913)- auch vWd-Faktor genannt(3578)- somit zu einer Super-F VIII-Repressorwirkung und damit zur Verhinderung der Faktor VIII-Synthese. Der Beweis solcher Zusammenhänge scheint dadurch erbracht, daß Individuen mit Willebrandscher Krankheit eine der Norm entsprechende AHG-Aktivität zeigen, wenn man ihnen Plasma von Patienten mit Hämophilie A oder B infundiert, das sehr wohl ausreichende Mengen des autosomal kodierten Induktors enthält.

Weiter gibt es inzwischen zahlreiche Hinweise auf die Existenz eines "erworbenen Morbus Willebrand" bzw. einer Hemmkörperhämophilie (192), die durch immunologische Blockade der Gerinnungsfaktoren im Verlaufe bestimmter Autoimmun- oder lymphoproliferativer Prozesse entstehen können (3115). Dies deckt sich mit der Erkenntnis, daß antigene Eigenschaften des Faktor VIII oder eng daran gekoppelte Antigene auch bei primärer VWD eine bedeutsame Rolle spielen (144, 2827, 7467, 3988, 6879). Man unterscheidet verschiedene Formen (vWD Typ I, II, III, 3119, 9400, 9474, 9230, 9983). Doch selbst Pflanzengifte können Blutungsbereitschaften erzeugen, so Hymenoxys odorata bei Schafen (7294). Generell scheint ratsam, sich vor Eingriffen, z. B.

bei Amniocentesen, Klarheit über den Gerinnungsstatus des Probanden zu
verschaffen (7240). Da eine der krankmachenden Auswirkungen des Willebrand-Gens die Herabsetzung der thrombozytären Gefäßwandadhäsion ist (
900, 5260), erscheint zugleich einleuchtend, daß in Schweinen mit VWD die
Disposition zu arteriosklerotischen Veränderungen herabgesetzt sein soll
(2532): sie könnten daher Bedeutung in der Erforschung dieser Todesursache Nr. 1 des erwachsenen Menschen erlangen (2531, 8910).
Wie für Blutgerinnungsstörungen mit Beteiligung bzw. Inhibition des aus
funktionellen Untereinheiten zusammengesetzten Faktor VIII, dessen heute
schon komplett klonierbares Gen ca. 0,1 % bzw. 186 kb des X-Chromosoms
ausmacht (2194, 6069, 10020, 8943, 8944, 10152, 8637, 10065), so konnte für solche mit Faktor IX -Schaden (gleichfalls geschlechtschromosomal vererbte
Hämophilie B) ebenfalls eine genetische Heterogenität, d. h. das Vorkommen
mehrerer Varianten mit unterschiedlichen klinischen Verläufen konstatiert
werden (3980, 1349). Gen-Deletionen wurden beschrieben (8934, 9063).
Zudem sind in heterozygoten, nicht erkrankten Anlageträgerinnen - insbesondere bei Hunden nachgewiesen - die FVIII- bzw. FIX-Aktivitäten signifikant
gegenüber der Norm vermindert (5861, 1852), worin klare Gendosiswirkungen
deutlich werden, die Aussagen über einen Konduktorinnen-Status gestatten (
8337, 7433). Hämophilie A ist die häufigste erbliche Gerinnungsstörung beim
Menschen (1 : 10000 in ♂ , 9726); mit Queen Victoria und dem Zarewitsch
machte sie Geschichte (Rasputin !, 10068). Auch hier spielen heute durch
Interferenzen oft erschwerte pränatale Diagnosen zum Zwecke gezielter Abtreibungen und Ansätze zur Gentherapie eine Rolle (2029, 3490, 8655, 10004,
9730).
Erbliche Ausfälle der Faktoren VII bis XI fanden Entsprechungen vor allem
beim Hund (7050, 5494, 7985, 4092), doch auch in anderen Arten (2622, 9074,
8930). Bis auf FVIII und FIX werden sie meist autosomal kodiert.
Für weitere, autosomal gesteuerte Prothrombin -Defizienzen (Faktor II), für
Dysprothrombinämien oder C-Proteinmangel des Menschen (6257, 2695, 9404,
9682) fand man bisher kaum Analogien, ebenso nicht für den zu Thrombophlebitiden disponierenden, recht häufigen Antithrombinmangel (8512, 9672), wohl
aber für die Glanzmannsche Thrombasthenie (6287, bei Hund und Ratte, 7670),
welche, ähnlich den Auswirkungen der anderenorts beschriebenen ADP-Bilanz-

störungen der Blutplättchen (3695), z.B. beim Chediak-Higashi-Syndrom (5179), nicht durch herabgesetzte Aktivität der Gerinnungsfaktoren, sondern durch den Thrombozyten innewohnende bzw. membranfixierte Normabweichungen ausgelöst wird ("Gray-Platelet-Syndrom", 3467, 4476, 5632). Beim rezessiv-x-chromosomalen Wiskott-Aldrich-Syndrom besteht eine Thrombozytopenie und zugleich Immundefizienz, die zu infausten Infektionen prädisponiert (6138, 4709). Auch Membran-Glykoproteindefekte kommen vor (8546).
Wenngleich Hämophilien somit in zahlreichen Hunde- und Schweinerassen nachgewiesen wurden (5377, 3417), seltener dagegen bei Rind (4167) und Ziege (999), wird es doch nur bei bestimmten Inzuchtverhältnissen zu einer Kumulation von Defektgenen und Ausfällen kommen, wie kürzlich in einer Bullyzucht und neuerdings in gewissen Schäferhundlinien beschrieben (7985, 6077). In Mäusen scheinen sehr früh angreifende hämorrhagische Diathesen für fetale Hämatombildungen verantwortlich zu sein (1290).
Auch beim Nasenbluten des Pferdes ist die alte Auffassung, diese Erscheinung habe mit Hämophilie nichts zu tun und sei eine reine Gefäßinsuffizienz (4163), offenbar dabei, revidiert zu werden. Nach neueren Untersuchungen soll es sich bei dieser besonders im Englischen Vollblut verbreiteten Blutungsbereitschaft (19) um eine Fibrinogenopathie mit rezessivem Erbgang handeln (7368). Daneben wurden Fälle "echter" Hämophilien, d.h. Faktor-VIII-Defizienzen bei Hengsten geschildert, wenngleich geschlechtschromosomaler Erbgang bislang wenig gesichert erscheint (285, 1853). Hengste waren allerdings doppelt so oft betroffen wie Stuten (5985). In Amerika scheint man die genannten Hämorrhagien bei Voll- und Warmblut noch ausschließlich durch pulmonale Gefäßläsionen erklären zu wollen (2469, 5872, 9972, 9689, 8914). Allerdings sind differentialdiagnostisch von dieser Epistaxis exogen oder infektiös-nekrotisch bewirkte Blutungen im Kehlbereich zu trennen (5471). Rezessiv-autosomale Formen der Dys- oder Afibrinogenämie sind auch vom Menschen her bekannt (8676).
Im übrigen gibt es nicht nur genetisch verursachte Anfälligkeiten zu Blutungen, sondern auch erblich bedingte erhöhte Resistenzen gegen toxisch induzierte Diathesen : Die Herausbildung warfarinresistenter Stämme bei Maus und Ratte ist dafür ein Beispiel - ein offensichtlich monogenisch durch differenten Cumarinmetabolismus (bzw. Vitamin K -Stoffwechsel) determiniertes

Phänomen - aber mit multipler Allelie und z. T. mit Überdominanz, d.h. Selektionsvorteil Heterozygoter (2821, 3730, 7873, 2822, 2823, 774, 4821, 5870, 8256, 8977, 9426). Ein Analogon beim Menschen wurde beschrieben (10068).

Beispiele von molekulargenetisch bedingten Veränderungen der Proteinstruktur und - Synthese und resultierenden Anomalien oder Erkrankungsdispositionen zeigt auch die Bildung der für die Infektionsabwehr mitverantwortlichen, in den Immunozyten (B-Lymphozyten → Plasmazellen, im Gegensatz zu den für die zelluläre Immunabwehr verantwortlichen T-Lymphozyten) produzierten Antikörper, der Immunglobuline. Sie weist zudem insofern eine frappierende Analogie zu den bei den Hämoglobinen besprochenen Verhältnissen auf, als das Gamma- oder Immunglobulin-Molekül gleichfalls aus je zwei Paaren identischer Polypeptidketten besteht, nämlich zwei H-Ketten (Heavy chains, ca. 450 Aminosäuren) und zwei L-Ketten (Light chains, ca. 212 Aminosäuren), die durch Disulfidbrücken verbunden sind (H_2L_2), und deren durch Sequenzanalysen schon vielfach geklärte Aminosäurenzusammensetzung (1354) gleichfalls durch Schaltmutation verändert werden kann. Es kommen zudem Polymerisationen vor (H_2L_2) n .
Die Struktur dieses Gammaglobulin-Moleküls scheint daher am besten durch eine Y-förmige Einheit charakterisiert (Abb. 3), deren Arme (NH_2-Rest) in ihrer komplementären Konfiguration (6352) einen festen Verbund mit dem Antigen im Rahmen der Antigen-Antikörper-Reaktion gewährleisten (1026).
Aufgrund ihres variablen Aminosäurengehalts, der die Spezifität dieser Reaktion garantiert, nennt man diese Arme die V-Region oder - Domäne des Ig-Moleküls, den Rest mit der endständigen Carboxylgruppe aber die C - Region (von "constant"), die ihrerseits weiter in 3 C-Domänen als besondere, aber durch DNA auf dem selben Autosom kodierte Funktionseinheiten unterteilbar ist. Die übergeordneten C_λ -, C_K- und C_H - Gene liegen jedoch auf unterschiedlichen Chromosomen, zumindest bei Mäusen (7741, 3329).
Auch die V- und C-Regionen ein und derselben Kette werden durch verschiedene Cistrone gesteuert - und dies unterscheidet die Peptidkettensynthese hier sicher von der beim Globin (7622, 1565).

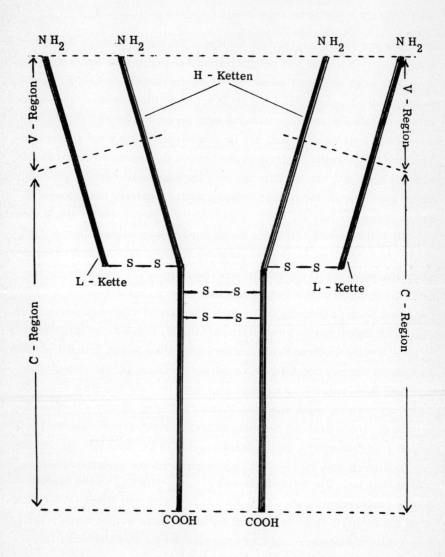

Abb. 3
Schema des tetrameren Immunglobulin - Moleküls
(nach TURNER, in BROCK u. MAYO, 1972)

Die große Präzision der Immunantwort ist notwendig, um es dem Individuum zu ermöglichen, mit einer Vielzahl von Pathogenen und körperfremden Substanzen aus der Umwelt fertigzuwerden (3410). Während die V-Regionen mit sogen. "hypervariablen" Zonen für die Bindung spezifischer, humoral gelöster Antigene zuständig sind, schreibt man den C-Regionen "akzessorische", wenig spezifische Funktionen im Sinne einer Effektorrolle bei Anlagerung an Zelloberflächen- oder Komplement-Rezeptoren zu (8206).
Die bekannten Gammaglobulin-Klassen Ig G, Ig M, Ig A, Ig D und Ig E haben unterschiedliche H-Ketten (γ -, μ -, α -, δ - oder ϵ -H-Ketten).
Die bis hinab zu niederen Wirbeltieren anzutreffenden, makromolekularpolymeren Ig M und Ig A enthalten zusätzlich eine sogen. J - Kette, der offenbar Aufgaben bei der Polymerisation zufallen (3003).
Dagegen existieren nur zwei Sorten L-Ketten : K- und λ - Ketten. Diese determinieren den Ig - Typ (K- oder L- Typ, nach den Entdeckern Korngold und Lipari, 5572).
Die diversen Möglichkeiten der Kombinationen von Typ und Klasse können durch entsprechende Schreibweisen charakterisiert werden, z.B. $\gamma_2 \lambda_2$ = ein L - Typ der Ig G - Klasse. Sogen. "Subklassen" der Ig G sind zudem durch verschiedene, aber jeweils fixe Aminosäuresequenzen der C - Domäne gekennzeichnet (Ig G 1 - G 4) ; sie sind jedoch zu mehr als 90 % homolog.
Man nimmt an, daß die H-Ketten- Cistrone evolutionär durch Duplikation der für die L-Ketten verantwortlichen Gene entstanden (3410, 7332, 2229) - ausgehend von einer primitiven Grundeinheit des Ig -Moleküls mit etwa 100 Aminosäuren (6352); jedenfalls herrscht bei Wirbeltieren, insbesondere unter Säugern, eine weitgehende Übereinstimmung in Struktur und Funktion der Ig-Klassen und - Typen (7332, 6114, 2832), und anhand interspezifischer Domänen-Homologien lassen sich phylogenetische Reihen der Ig-Evolution erstellen (4877, 4010, 4995, 9752).
Isolierte L- Ketten, die massiert bei bestimmten Plasmazell-Tumoren (multiple Myelome, adultes Fanconi-Syndrom, 6934) im Harn auftreten ("Light-Chain-Disease", 7037), nennt man Bence-Jones-Proteine (1427). Bei der Makroglobulinämie, dem potentiell zu iatrogenen Zwischenfällen prädisponierenden Morbus Waldenström (3626, 1135) kommt es zu einer selektiven Ig M-

Überproduktion. Ig E wiederum ist besonders ein Mediator der Allergie und
Anaphylaxie (6414,9395). Im übrigen trugen gerade Myelome und Plasmozytome, da sie ja Plasmazellansammlungen sind, durch ihre oft selektive Ig-Produktion sehr zur Klärung genetischer Zusammenhänge bei (8010,3523,
7313), was besonders für die Erkennung der getrennten Codierung (6449),
aber somatischen Rekombination variabler und konstanter Regionen gilt(6910,
8011,6716,6448,5276) = die Relevanz posttranskriptionaler und posttranslationaler Prozesse (10034). Sie werden inzwischen zur industriellen Produktion monoclonischer Antikörper genutzt (9552).
Denn nur über ein während der embryonalen Lymphozyten-Differenzierung
stattfindendes, somatisches "Rearrangement" von in der Keimbahn vorgefertigten V - Gen-Segmenten ("Bausätze" auf ein und demselben Chromosom)
mit dem konstanten C-DNS-Stück - oder durch Herausschneiden von RNA,
etwa durch Deletion der dazwischenliegenden DNA, ist einerseits die enorme Individualität und Variabilität (Antigenspezifität) der Ig-Moleküle (über
1 Million Möglichkeiten, 5912) , und andererseits die mendelnde Vererbung
polymorpher Ig-Allele-Systeme erklärbar (4138,1387,6630,8315,2786,1500).
Das intravital wirksame B-Lymphozyten-Repertoire produzierter Antikörper stellt somit eine Auswahl des potentiell genetisch angelegten Spektrums
dar, bei der auch Allele- "Ausschlüsse" auf homologen Chromosomen eine
Rolle spielen (1211,6631,3401,1500,9716).
Und es ist leicht vorstellbar, daß bei einer mutativen Entgleisung dieser
Prozesse, etwa durch Verlust eines Großteils dieser "Bauelemente", schwere Immundefizienzen entstehen können. Da bei dieser somatischen Selektion
Antigen-,d.h. Umweltreize eine Bedeutung haben, ist es von hier bis zur
"Lamarckschen Vererbung erworbener Eigenschaften" nicht mehr weit (8442,
7532). Es nimmt nicht wunder, daß auch auf der Erregerseite, z.B. bei
Trypanosomen, durch ähnliche Rearrangements eine breite Antigen-Variabilität - auch während eines Infektionsablaufes ! - diese Antikörper-Diversifikation auszutricksen sucht (7701).

Genetische Varianten der Immunglobuline, Allotypen genannt, kommen bei
Mensch, Maus, Kaninchen, Schwein, Schaf, Rind, Vögeln und Reptilien
nachweislich vor und unterscheiden sich oft - aber nicht immer- nur durch

die Substitution einer einzigen Aminosäure in der Peptidsequenz (399, 2123, 1005, 3669, 5423, 7416, 5612). So wurden z.B. bei Menschen und Mäusen in der Ig G -Klasse bisher zahlreiche, sogen. Gm-Typen (von GaMmaglobulin) identifiziert (Gm^{1-23} bzw. Ig 1 - Typen), deren strukturelle Unterschiede in der H -Kette lokalisiert sind (2905, 1427). Ihr Nachweis beim Menschen ist derzeit auf bestimmte Subklassen beschränkt (z.B. Gm^5 nur in Ig G 3 etc., 7700), jedoch existieren bei Mäusen, Kaninchen und Hühnern Allotypen in anderen Ig-Klassen, und zwar sowohl in der V- als auch in der C-Region (5273, 5274, 1923, 6034, 265, 1006, 1787). Daneben fand man genetisch gesteuerte Inv-Allotypen (von Independant variant) in der Ig M-Klasse, die sich in den K-Typ L-Ketten unterscheiden. Inzwischen fanden sich weitere λ - Typen, auch bei Mensch und Maus (9991). Ähnlich den antigenischen Blutgruppenfaktoren werden diese Allotypen durch kodominante Allele vererbt, öfter en bloc als sogen. Allogruppen (Phänogruppe, 1786, 9382). Auch in anderen Haustierarten konnten sie nachgewiesen werden (3668, 1087, 9742, 9887).

Während beim Hämoglobin, wie zuvor geschildert, durch genetischen Austausch einer einzigen Aminosäure z.T. schwere Hämopathien auftreten - Inv^1 z.B. entsteht ganz analog durch Ersatz von Valin durch Leucin an Position 191 der L- Kette - wurden bei den Allotypen keine so direkten pathogenen Effekte bekannt. Zwar sollen bestimmte Allotypen gehäuft (Gm1) oder ausschließlich (Gm5) bei Patienten mit rheumatoider Arthritis bzw. mit "Heavy chain-Disease" auftreten, einer Plasmazellen-Dyscrasie mit exzessiver Synthese und Ansammlung isolierter, wenngleich veränderter (meist verkürzter) H- Ketten (2436), doch scheint der letzte Beweis ursächlicher Zusammenhänge noch zu fehlen, desgleichen bei Berichten über z.T. tödliche Inkompatibilitäten zwischen maternalem und paternalem Allotyp in Tier und Mensch (3026). Anti-Gm-Antikörper, deren Bildungsvermögen ebenfalls genetischer Steuerung unterliegt, sollen geringe klinische Relevanz besitzen (7311).

Der Hauptanwendungsbereich des Allotyp-Polymorphismus liegt heute über die Ermittlung von Genfrequenzen in Rassen- und Populationsstudien, in Kopplungstests und Zuchtexperimenten zur Erhellung der für die Ig-Ketten

verantwortlichen Genloci, oder in der Charakterisierung bestimmter Stämme oder Linien, d. h. in der Benutzung dieser Gene als Marker-Allele (982,6221,912). Dagegen ist die Verwendung dieser und anderer "Markierungsgene" als Wegweiser für Selektionen auf quantitative Leistungseigenschaften bei Nutztieren (Milchleistung etc.) problematisch, da diese meist eine polygenische Basis haben, evtl. vorliegende Großgeneffekte aber auch ohne Suche nach"Markern" längst deutlich geworden wären. Hochinteressant sind jedoch in diesem Zusammenhange die nachgewiesenen Bindungen zwischen Ig- Genen und Histokompatibilitätslocis : Sie zeigen eine kausale und funktionelle Verwandtschaft zwischen diesen Zelloberflächenantigene steuernden bzw. die Immunantwort regulierenden Genen (4998,4602,5406,5829,3282, 2900). Daneben gibt es andere Determinanten der Immunantwort, und spielen offenbar sowohl mono- als auch multifaktorielle Regulationen eine Rolle (4074,4373,5137,1896,2274,73,4719,5290).
Es scheint erwiesen, daß sogen. Ir - Gene (Immune response), welche nach dem Eindringen des Antigens in den Organismus sowohl die aus T- Zellen (Thymus-Lymphozyten) resultierende zelluläre und membrangebundene Abwehr lenken, als auch die durch B- Lymphozyten (myeloischen Ursprungs) in Gang gebrachte spezifisch-humorale Antikörperproduktion über Aktivierung der H_v - Gene sowie die Interaktionen beider Prozesse beeinflussen (3411,711,6523, 6524,3576), sehr straff mit MHC - Genen (Major Histocompatibility Complex = Hl A- System beim Menschen auf Chromosom Nr. 6 (kurzer Arm,10099), H-2 bei der Maus auf C 17, Rl-A bei Kaninchen, Dl A beim Hund, Pl A bzw. Sl A beim Schwein; Übersichten S.a. Leveziel,1979,Clark u.Harmon,1979,Chardon u. Mit.,1981, Melief,1983) gekoppelt, wenn nicht identisch mit ihnen sind (595, 7737, 7807,4593,596,2899,3566,373,5414, 597, 2792,7175,5704,6795,1895,7610,6107,9195,4115). Es handelt sich um Gen-Cluster oder - Familien, die ähnlich den Globin- oder Interferon-Genen Sequenzhomologien aufweisen(8879).
Bei der Bedeutung dieser "Supergen-Region" (S.a. T-Locus) für Infektionsabwehr, Gewebsreaktion (Transplantation !) und Markerfunktion nimmt es daher nicht wunder, daß dieses "Immunzentrum" im Organismus heute zu den beststudierten DNA-Abschnitten bei Säugern gehört (4561,9728) und über Wirkung und Struktur seiner Produkte allmählich mehr Klarheit gewonnen

wird (8477, 8571, 9102, 7483). So erscheinen mehrfach beschriebene, teilweise gesicherte Korrelationen zwischen speziellen Hl-A, H-2 - oder Ir-Allelen und Dispositionen zu vermutlich virusbedingten Erkrankungen und solchen aus dem Autoimmunkomplex (Hodgkin, Leukämien, bestimmte Krebsformen, Psoriasis, Zöliakie, Ig A-Nephropathie, ja sogar Lepra und Diabetes) bei Mensch und Tier verständlich (5375, 5709, 3670, 849, 5323, 8100, 5788, 6494, 7325, 2694, 6813, 5121, 4545, 10191, 10027). Dabei ist z.B. die Kopplung von Hl A B27 und Anfälligkeit zu ankylosierender Spondylitis offenbar besonders eng (5564, 9525, S.a. Morbus Bechterew) und mag zu medikamentös ausgelöster Agranulozytose prädisponieren (6781). Man spricht von "B 27- positiven" Krankheiten (Arthritiden etc., 6713). Für die Autoimmun-Thyreoiditis der Os - Hühner (genetisch fettsüchtig, 385, 8108, 8110, 386, 387, 388) und die Resistenz gegenüber Marekscher Erkrankung beobachtete man ähnliche Zusammenhänge (5903). Insgesamt wird jedenfalls deutlich, daß Histokompatibilitätsloci in ihrer Bedeutung weit über Transplantationsstudien und Immunisierungsexperimente hinausgehen (404, 405, 4874, 372, 313, 1370, 1430, 3468, 3960, 4116). Sie sind verantwortlich für die Erkennung von "fremd" und "eigen" (9238).

Noch bedeutsamer sind erbliche Störungen der Quantität und der Relation erzeugter Antikörper : die Hyper-, Hypo- oder Dysgammaglobulinämien. Hier sind die Zuordnungen zu molekulargenetischen Veränderungen nicht mehr so deutlich, muß meistens an eine polygenische Komponente gedacht werden, wie schon die frühen Untersuchungen der Gowenschen Arbeitsgruppe zeigten (2797, 2794, 2775), wenngleich nicht von vornherein monofaktorielle Erbgänge auszuschließen sind (1427, 5973, 7646, 5368, 4261, 8806, 3589, 2454). So treten angeborene, primäre Hypo- und Agammaglobulinämien mit einer daraus resultierenden hohen Neugeborenen- oder Jungtiermortalität infolge verringerter Infektionsabwehrfähigkeit besonders dann auf, wenn die Immunozytenbildung oder deren Kapazität zur Antikörpersynthese gestört ist, z.B. bei fehlendem oder atrophischem Thymus, dessen Gegenwart für die Entwicklung von T-Lymphozyten und dessen Inkret für die Reifung von Lymphozyten zu kompetenten Immunzellen notwendig ist (bei Vögeln auch die Bursa Fabricii, in der Interaktion mit dem Thymus, 8947, bei Kaninchen Appendix, 1427, 5246). Auf diese Weise erklären sich einige autosomal vererbte Agammaglobulinämien bei Mensch und Tier, deren klinisches Bild durch postnatale Thymektomien (in Mäusen) weitgehend kopiert werden kann(3626, 2123).

Hier einzuordnen ist die Immundefizienz und erhöhte Anfälligkeit insbesondere gegenüber Viruserkrankungen bei genetisch haar- und thymuslosen oder thymusatrophischen Nacktmäusen (nu/nu, 4493, 5090, 8272, 3304, 3509, 6580, 8931, 4100), wenngleich dieser Konnex nicht absolut und für alle Erreger zutreffend zu sein scheint und stark vom genetischen "Background" abhängt (3052, 1552, 6634). Die Haltung und Zucht dieser seit ihrer Entdeckung in einer Glasgower Albinozucht vor etwa 20 Jahren und seit der Erkennung ihrer Thymuslosigkeit als Grund für ihre Erkrankungsdisposition durch Pantelouris (1968) für die experimentelle Medizin - insbesondere die Transplantations- und Tumorforschung (2368)- hochinteressanten und nachgefragten rezessiven Mutante (es werden "große Quantitäten" verbraucht und es existiert inzwischen ein"Nacktmaus-Sekretariat", 203, 3559, 6611, 5476) ist daher schwierig und durch SPF-Verfahren, durch Einsatz von homozygoten Zuchttieren mit Thymus-Implantaten oder Ammenaufzucht zu verbessern (6285, 6610, 10010, 6076, 3384, 3385, 2280), zumal die weiblichen Tiere auch in ihrer Fruchtbarkeit und dem Aufzuchtvermögen herabgesetzt sind (129, 4633), da die Thymuslosigkeit andere Endokrindrüsen offenbar nicht unbeeinträchtigt läßt und die Muttereigenschaften oft schlecht sind (6270, 6024, 5306).

Wegen ihrer gestörten Antikörperproduktion ist die nu/nu- Maus (nu liegt auf Kopplungsgruppe VII, 8271) ein idealer Empfänger von Xeno-Transplantaten (5929, 5796, 2010, 6959, 2368); bovine Leukosezellen wachsen allerdings in Nacktmäusen nur, wenn die Immunabwehr durch Bestrahlung zusätzlich geschwächt wurde (3703). Inzwischen sah man analoge Syndrome bei rezessiv-thymuslosen und nackten Ratten (r nu ; 4958, 2281, 693, 2392, 523) und Meerschweinchen (6273). Andere "hairless"-Mutanten zeigen ebenfalls Immuninkompetenzen (694, 5329). Bei wahrscheinlich erblich bedingten Hypo- und Dysgammaglobulinämien des Huhnes wurde über ähnliche Kausalzusammenhänge zunächst nicht berichtet (1057, 4715, 6012), doch weisen neuere Berichte auf eine Unterentwicklung und zystische Degeneration der Bursa hin (2645). - Bei anderen Immundefizienzen der Maus, so beim Ames-Zwerg (df) und der Snell-Zwergmaus (dw) besteht primär eine STH-Unterbilanz und der Thymus involviert postnatal unterschiedlich rasch (1979, 2198).

Die geschlechtsgebunden vererbte Agammaglobulinämie des Menschen
zeigt dagegen durchweg normalen Thymusbefund; hier scheint der Defekt
in den Lymphknoten und in der verringerten Plasmazellzahl im RES begründet zu sein (1090,2123). Basis sei die Unfähigkeit, V_H - Gene zu realisieren
(9826). Auch die Maus kennt eine x-chromosomale Immunschwäche (xid, 687,
8722), mit einer herabgesetzten Zahl von B-Zellen (6721, 6140, 9886, 9900) -
wie überhaupt das X-Chromosom vieler Säuger wichtige Loci der Lymphozytenreifung beherbergen muß, ein anderes Beispiel für evolutionär bedingte
Genom-Analogien (8722, 8723, 8724, 8874, 8762, 9344, S.a. weibliche Überlegenheit der Immunantwort !). Andererseits kann das xid-Gen in bestimmten
Konstellationen offenbar einer Autoimmunreaktion entgegenwirken (9747, 8954).

Daneben gibt es familiär gehäuft auftretende oder erworbene Hypo- bzw. Dysgammaglobulinämien der Adultenphase mit selektivem Charakter ("monoclonal",
8344= nur eine der bekannten Ig-Klassen ist betroffen, z.B. Ig A beim Mensch
(69, 6529, 2871), 7 S Ig beim Huhn(607, 608, 10090), Ig M beim Pferd (5949),
Ig G bei Rind und Huhn (5462, 6641) u.a.). In SJL- Mäusen besteht eine genetische Blockade zur Synthese von λ - Ketten (8461). - Beim Letalfaktor
"A 46" des Rindes (Parakeratose) scheint derzeit noch unklar, ob eine erbliche Thymushypoplasie und Immuninsuffizienz mit einhergehenden Hautdefekten oder die Zinkstoffwechselstörung das Primäre ist (1084, 266, 8700). Es ist
im übrigen charakteristisch, daß viele Immunschäden mit Hautläsionen verbunden sind, so bei einer weiteren haarlosen Mutante und der kürzlich in
Mäusen entdeckten Variante "Motheaten" (me), wenngleich hier der Ig-Spiegel generell angehoben ist, und somit wahrscheinlich Autoimmunprozesse
mitwirken (3304, 2833, 7030, 7031). Bei me/me -Mäusen soll eine Blockade
der Deoxynucleotidyl-Transferase die ordnungsgemäße somatische Rekombination der Ig-Bauelemente stören (4374).
Strittig in der Ätiologie ist die bei bis zu 2,3 % der Araberpferde bestimmter Zuchten (und Halbblut) beobachtete Hypogammaglobulinämie, verbunden
mit Thymusunterentwicklung und Lymphopenie (5034, 5350, 7242), wenngleich eine genetische Komponente gesichert erscheint (5032, 5033). Hierbei handelt es sich um eine primäre, schwere "kombinierte Immundefizienz"
(PSCID), die - wie ähnliche Syndrome des Menschen (437, 8665) die T- als
auch B-Lymphozyten betrifft (7243, 6111, 5948, 3557), von selektiven somit

abzugrenzen ist (5033, 5949, 5035, 4568), und die Füllen infolge vergrößerter Infektionsanfälligkeit innerhalb weniger Wochen sterben läßt (5950). Der Defekt, von dem rezessiver Erbgang angenommen wird (6110, 5951), dürfte daher bei den Knochenmarks- Lymphozytenstammzellen liegen(7418). Da sich Testpaarungen verdächtigter Anlageträger-Hengste mit bekannten Träger-Stuten bei diesen wertvollen Pferden kaum anbieten, wird eine besonders sorgfältige Auswahl der Zuchtpartner mit Blick auf die Linien-Defektfrequenz vorgeschlagen, ebenso eine Reihenuntersuchung auf Hypogammaglobulinämie (7662, 5923). Eine Übersicht gibt Perryman(1979).
In Mäusen kann man durch Kreuzung von genetisch hypogammaglobulinämischen Linien mit solchen, die einen Defekt der B-Lymphozytenfunktion aufweisen, einen "Ausgleich" schaffen (7522). Autopsien perinatal Verstorbener ergeben einen hohen Prozentsatz an Thymuscortex-Involutionen (7440). Dies deckt sich mit Befunden bei Hunden (5178) und Schweinen(1790).
Auf die Fülle symptomatischer Formen von Immunschwäche, bei denen sicher auch genetische Dispositionen eine Rolle spielen, z.B. in Zusammenhang mit nephrotischen, cachektischen Syndromen oder mit Infektionen (AIDS,SAIDS etc.,9853,9424,9693,8985), kann hier nicht eingegangen werden. Kennzeichnend ist, daß Gnotobioten zu niedrigerem Ig-Level tendieren, was beweist, daß es zur Antikörperbildung der Stimulation durch Antigene bedarf(5552), und ferner, daß Individuen mit primären oder sekundären Lymphomen oder Leukämien zu allgemeinen und speziellen Hypogammaglobulinämien tendieren - und hierfür gibt es gleichfalls Tiermodelle (5813,7639,1564,5416), desgleichen für mit Milz- A- oder -Hypoplasien einhergehende Immunschwächen, so bei der dominanten Hemimelie (Dh, 2830,1960).
Auch die Synthese des Komplements bzw. die verschiedenen Aktivierungspfade dieses hitzelabilen, neben den Antikörpern - und in der Reaktion mit ihnen (8870)- für eine normale Agglutination, Lyse und Bacterizidie (Chemo-taxis) erforderlichen, immunologisch oder durch spezielle Enzyme aktivierten Serumproteins (ein System aktiver Globuline, $C_1 - C_9$) mit ebenfalls genetischer Variabilität, können erblichen Störungen unterliegen (949,3705,1359, 5472,5069,360,7669,9753,8976,9982): So gibt es C 4 - defiziente Meerschweinchen (3049), C 5 -defiziente Mäusestämme(5751,8688), C 6 -lose Angorakaninchen (12,13,8415,2756) und Weiße Neuseeländer mit C 8-Mangel (9262) -

mit entsprechenden Anfälligkeiten gegenüber Infektionen - ist beim angioneurotischen Erbödem des Menschen ein Mangel des C1-Inhibitors zu beobachten; bei letztem scheint zudem ein diesen Defekt kompensierendes "Bypass-System" nicht zu funktionieren, ist die erniedrigte Konzentration des C1-Esterasen-Inhibitors sowie zusätzlich die Beeinträchtigung einiger Gerinnungsfaktoren pathognomonisch (1520, 6815, 6720, 10145). Auch bei dem C - Rezeptor-Protein gibt es Polymorphien (8861).

Ein konnataler C 3- Mangel des Menschen prädisponiert zu Candida-Diarrhoen und Nephritis (118, 6189), die bei Patienten mit Sichelzellenanämie konstatierte C 3b-Aktivitätsblockade zu Pneumococceninfektionen (8207); zur C 3-Defizienz scheint sich jetzt in Spaniels ein Modell anzubieten (8208). Ferner wurde des öfteren eine Kopplung des hereditären C 2-Mangels an bestimmte HLA-Loci vermerkt (3249), sowie an Lupus erythematodes (3249, 9809). Defizienzen anderer C-Komponenten zählen eher zu den Raritäten (9994, 9707).

Daneben gibt es symptomatische Hypokomplementämien, z.B. bei Katzenleukämie (4155). Im übrigen wird neben der Phagozyten-Armut die späte Ontogenese einiger C-Komponenten für die (normale) weitgehende Indifferenz des Foetus - jenes haplo-identischen bzw. semi-allogenischen Homotransplantats - gegen übertretende mütterliche, antifetale Antikörper verantwortlich gemacht (1437). C-Gene im MHC kodieren für einige dieser Prozesse (4561).

Hypergammaglobulinämien treten, abgesehen von einigen hocherblichen Forhocherblichen Formen und von Neoplasien des RES (Myelome), vielfach in Zusammenhang mit Autoimmunkrankheiten auf, ein Komplex, der zweifellos in den Bereich der biochemischen Genetik gehört. Für viele Autoimmun - krankheiten wird eine infektiöse Basis angenommen, doch gehört zur Manifestation offenbar ein genetisch anfälliges Individuum (6876, 964, 1709, 1510, 9421). Dies gilt beispielsweise für die verbreitete Aleutenkrankheit des Nerzes, eine virusinduzierte "IC" -Erkrankung (Immunkomplex), für die pigmentaufgehellte Rassen (Aleuten-, Saphir-, Silverblu etc., insbesondere laktierende Fähen, 3133) anfälliger sind als andere Farbvarianten, wenngleich die Resistenz offensichtlich polygenisch verankert ist und diese Farbtypdispositionen nicht immer so deutlich wurden (3343, 6352, 5611, 5398, 3324, 5811, 6112, 6113, 9527, 8604). Bei Übertragung des Virus auf Frettchen kommt es kaum zu klinischen Erscheinungen (5687).

Während bei den bisher betrachteten immungenetischen Störungen die hereditäre Komponente in einer Fehlsteuerung der Qualität (Struktur) oder Quantität erzeugter Immunglobuline bestand, beruhte das ursprüngliche Konzept des Verständnisses der Autoimmunisierungen darin, daß eine genetische Blockade der Erkennung antigener Stoffe vorläge, d.h. eine Unfähigkeit, "fremd" und "eigen" zu unterscheiden, so daß es zur Antikörperbildung gegen körpereigene Substanzen komme (Anti-DNA-Antikörper, 6408, 8336, 8681), zur Schädigung der Eigenorgane im Verlauf dieser Antikörper-"Antigen"-Reaktion (4810). Diese klassische Definition scheint heute voll nur noch für die Autoimmun-Thyreoiditis des Menschen (Hashimoto), des Huhnes (mit hypothyreotischer Fettsucht, "Os", 8227, 8228, 1496, 4214, 385, 389), des Hundes (2507, 2508) und der Maus zuzutreffen (7618), die durch spontan auftretende Antikörper gegen Thyreoglobulin hervorgerufen wird bzw. gegen Thyreoidea-Gewebe (4848). Auch beim Morbus Basedow (Graves Disease) sollen Autoimmunisierungen bedeutsam sein (8493, 9068), ebenso bei anderen Endokrinstörungen (4848, 1670, 6723). Dabei mögen Histokompatibilitäts- und Ir-Gene genauso eine Rolle spielen wie genetische Defekte in Thymus, Schilddrüse oder Hypophyse, können auch selektive Ig-Dysfunktionen vorkommen (4762, 4898, 6504, 9185, 8524, 8872). Es sei die Kombination bestimmter HlA- und Gm-Gene, welche zur Basedowschen Krankheit prädisponiere (7721). Okkulte Formen wären in der Bevölkerung verbreitet (8044, 7512). Andererseits weiß man heute, daß gegen Self-Antigene gerichtete Antikörper begrenzt in jedem Organismus zirkulieren, daß aber normalerweise funktionierende Überwachungssysteme (Suppressor-Lymphozyten und Autoantigene besetzende Serumfaktoren) diese Autoimmunreaktivität steuern (7296, 558). Auch bei Myasthenia gravis in Mensch und Maus - mit einer Blockade der neuromuskulären Erregungsübertragung - sollen Eigen-Inaktivierungen der Acetylcholinrezeptoren mitverantwortlich sein (4625, 1393, 6356, 3933). Bei kleinen Versuchstieren und Mensch zeigten sich m.o.w. straffe Kopplungen dieser Disposition an Histokompatibilitätsloci (1393, 1394, 678, 10021, 8988, 9799). HlA B8, DR3 und weibliches Geschlecht stellen prädisponierende Faktoren bei Jugendlichen - MG dar (9801).

Für viele Erkrankungen aus dem Immunkomplex (Lupus erythematodes, Autoimmunanämien, Rheuma, postvirale Komplikationen bei Choriomeningitis, LDV, infektiöser Anämie, Schweinepest, Staupe, Leukämieformen etc., S.a. Tab. 2) ist die Bildung unlöslicher Niederschläge, Verstopfung von Gefässen und Nierenkanälchen (Glomerulonephritiden) mit allen schwerwiegenden Sekundärerscheinungen, vielfach auch Myokard- und Gelenkbeteiligung, charakteristisch (4576, 1846, 522, 7836, 5398, 9423, 10113, 8818, 9620), sozusagen eine Überreaktion auf relativ harmlose microbielle Infektionen, die u.a. durch Mißverhältnisse zwischen T-Zellen mit "Helper", und solchen mit "Suppressor"-Funktion in der Immunantwort zustandekommen (6510, 4213, 1465, 4241). Dieses macht zugleich deutlich, daß ein experimentell ermitteltes starkes Antikörper-Bildungsvermögen (2670, 6206, 6207, 4261) nicht unbedingt nur positive Aspekte in Hinblick auf Krankheitsresistenz hat (169). Übersichten finden sich bei Trautwein (1972) und Feltkamp (1975), eine Zusammenstellung humanmedizinischer Erkenntnisse in den Tabellen 1 und 2. Generell läßt sich somit sagen, daß für die Auslösung einer Autoimmunkrankheit 2 Faktoren notwendig scheinen: Ein die Krankheit auslösendes Agens, das zum Toleranzverlust eines bestimmten Autoantigens führt, bzw. zum "Bypass" der T-Suppressoren (8731)- und ein Immundefekt, auf dessen Boden die erneute Etablierung der Selbsttoleranz nicht mehr möglich ist (646). Selbst bei der ankylosierenden Spondylitis vermutet man neuerdings ein auslösendes, enterogenes Klebsiella-Plasmid - in der Interaktion mit HlA B27 (8663).
Für die mannigfachen, in verschiedenen Mäuselinien fixierten Anfälligkeiten zu Autoimmunerkrankungen, aber auch bei Ratten und Katzen konnten mehrfach Großgeneffekte, jedoch auch modifizierende Wirkungen des Genmilieus nachgewiesen werden (748, 7908, 4615, 7734, 133 b, 5332, 1710, 7575, 3666, 680, 9187, 4136, 6263, 4130, 570, 5942, 5582, 6577). So wird im NZB- und PN-Mäusemodell die T-Zellblockade und Lupus-Nephritis durch zirkulierende Anti-DNA-Globuline u.a. Immunkomplexe ausgelöst, unterliegt diese Immunozyten-Inkompetenz zumindest polyfaktoriellen genetischen Steuerungen (2404, 2405, 1720, 7002, 6973, 8792, 10000).
Es gibt zudem Hinweise, daß der "Horror autotoxicus" (Ehrlich) durch gezielte, therapeutische Stimulierung von Autoantikörpern, z.B. gegen Neopla-

sien, gegen ein Übermaß produzierter Hormone oder gegen transplantat-abstoßende Proteine künftig zu einem "Gaudium autotoxicum" werden mag. Solche Anregungen finden sich allerdings schon in älteren Büchern (770, 6046).

Tab. 1
Assoziation von Hl A- Genen zu Krankheiten (nach Begemann, 1981)

Hl A-Gen	Krankheit
B 7	Perniziöse Anämie, atrophische Gastritis
B 5	Morbus Behcet, viszeral. Lupus erythematodes
B 8	Juveniler Diabetes mellitus, Thyreotoxikose, primärer Morbus Addison, chronisch-aktive Hepatitis, Myasthenia gravis
B 27	Morbus Bechterew, Reiter-Syndrom
DW 3	Juveniler Diabetes mellitus, Thyreotoxikose
DW 4	Rheumatoide Arthritis, juven. Diabetes mellitus

Man vermutet auch, daß der Altersprozeß mit der zunehmenden Produktion von Autoantikörpern durch außer Kontrolle geratene "forbidden clones" zusammenhänge, die zugleich eine Blockade infektionsabwehrender B-Lymphozyten bewirke (1145, 7478) - was somit eine genetische Stützung des Spruchs bedeutet,"Altern sei eine ubiquitäre Krankheit mit einer Mortalität von 100 % ". Andere wieder sagen, Senilität beruhe auf deletären pleiotropen Effekten von Genen, die in der Jugend Selektionsvorteil bedingten (6502, 9246).

Dem Gebiet der biochemischen Genetik sind die Blutgruppen-Unverträglichkeiten zuzuordnen, zumal die Erkenntnis der Rolle von Enzymen bei ihrem Zustandekommen wächst (8335, 8334). Störungen bei Neugeborenen oder Feten treten aber erst auf, wenn es zu entsprechenden Partnerpaarungen kommt. Der beträchtlichen Zahl nachgewiesener und in der Pädiatrie hochbedeutsamer Inkompatibilitäten des Menschen (Rhesusfaktoren = Anti-D-Erythroblastose, ABO- Unverträglichkeiten etc., 8242, 2254, 7727) steht bei Tieren bislang wenig Vergleichbares gegenüber. Dieses resultiert nur z.T. aus der höhe-

Tab. 2

Autoantikörper bei einigen menschlichen Krankheiten ; nach
Begemann, 1981

Krankheit	Antigen
Thyreotoxikose	TSH-Rezeptor, Schilddrüsenepithel
Struma lymphomatosa	Thyreoglobulin, Schilddrüse
Atrophische Gastritis	Magen-Parietalzellen
Perniziöse Anämie	Intrinsic factor, Magen-Parietalzellen
Autoimmunanämie	Erythrozyten-Membranantigene
Thrombozytopenia purpura, idiop.	Blutplättchen-Membranantigene
Primärer Morbus Addison	Zytoplasmat. NNR - Antigen
Myasthenia gravis	Acetylcholinrezeptoren, Skelettmuskel
Chron. Virus-B-Hepatitis	Leberspezifisches Lipoprotein, Muskul.
Colitis ulcerosa	Dickdarmzellen-Mucopolysaccharid
System. Lupus erythematodes	Nucleoprotein, DNS
Rheumatoide Arthritis	Ig G (Rheumafaktor)
Sjögren-Syndrom	Speicheldrüsengangsepithel , Ig G
Infertilität, Mann	Spermien (fak.)

ren Gewichtung und intensiveren wissenschaftlichen Bearbeitung des Problems in der Humanmedizin als vielmehr daraus, daß die differente Plazentation bei Equiden, Boviden und Suiden einen massiven Übertritt der Antikörper sensibilisierter Mütter in den Fetalkreislauf mit Schädigung der Frucht verhindert. So kommt es i.a. erst mit Aufnahme der Kolostralmilch zum Ikterus neonatorum, wie schon früh bei Pferden und Mauleseln festgestellt (1228,1085). Auf diese Unterschiede ist ja auch ein Teil der Speziesbesonderheiten in der Empfindlichkeit gegenüber Teratogenen zurückzuführen (2268).

Doch selbst beim Menschen nimmt man an, daß die mütterliche Immunisierung weniger diaplazental als durch Verletzungen und begrenzte Vermischung beider Kreisläufe bei der Geburt Erstgeborener zustandekam (2566), denn

nur eine von 20 Rh-negativen Frauen mit Rh-positivem Fetus wird überhaupt sensibilisiert, was mit einer Erkrankungsrate von 5 % dieser Kinder übereinstimmt (3500 Neugeborene mit Anti-D-Erythroblastose jährlich in der BRD), falls keine Gegenmaßnahmen erfolgen. Schwerste Verläufe schlagen sich in angeborenem Wasserkopf und Ödematisierungen nieder (6719). Anti-D-Prophylaxe erfolgt durch Verabfolgung von Anti-D-Gammaglobulinen an Schwangere mit gefährdeten Feten (1613, 6801, 5119).
Bei Tieren enstehen somit meist keine fetalen, sondern nur postnatale hämolytische Anämien durch vorausgegangene, u. U. iatrogene Immunisierungen (Impfungen, Bluttransfusionen), wie für Pferde (1085, 1086), Schweine (6849, 6786), Rinder (4385), Hunde (7985), Schafe (3109), Nerze (6231), Kaninchen (5431) und Hühner (1012) beschrieben, wenngleich die dafür verantwortlichen Antigene weitgehend unbekannt blieben und komplexer Natur zu sein scheinen. Es sollen jedoch auch intrauterine Sensibilisierungen des Muttertieres durch den Foetus - evtl. durch feto/maternale Hämorrhagien ausgelöst (175, 6875) - nach Anpaarung an ein inkompatibles Vatertier eine Rolle spielen (1189, 1550, 4630, 5779). Sie führen dann, nach Aufnahme der Kolostralmilch, zu einem Ikterus haemolyticus neonatorum. Subklinische Fälle können übersehen werden (9183). Nur bei einigen Arten wurden bisher ganz bestimmte Blutgruppen für diese Störungen inkriminiert, so beim Hund die Gruppe A (+ od. -, 7985, 3951), beim Pferd A, Q u. a., besonders in Vollblütern (7378, 1439, 7247), beim Schwein Ba (2583), bei Hühnern das B-Antigen (1012). - Zu fakultativ tödlichen Blutungen bei Neonaten führende Alloimmun-Thrombozytopenien gehören hierher (später posttransfusionell, 5372, 9281), auch Ferkelausfälle durch Thrombozytopenia purpura haemorrhagica sind so erklärbar (7383, 5599, 3690, 6824), und könnten z. T. durch Bluttypisierung der Zuchtpartner vor der Paarung vermieden werden (8781). Doch sind vom Menschen exogen induzierte Autoimmunisierungen (Ig G) in disponierten Individuen als Auslöser bekannt (3977, 3667). Hämagglutinations - und komplementinduzierte Hämolyse-Diagnostik könnte auch in der Pferdezucht wohl das Schlimmste verhüten (7658, 593, 1616, 8458).
Inwieweit genetische Blut- und Serogruppen-Inkompatibilitäten oder auch MHC-Gene direkten Einfluß auf die frühembryonale Mortalität und mithin auf die Fruchtbarkeit haben, ist bei Säugern umstritten (7708, 5217, 8440,

4997,328), obwohl aus der Humangenetik reproduzierbare Befunde vorzuliegen scheinen, z.B. zur A/O- Unverträglichkeit (4095,7490,1306,917). Solche Einflüsse wurden besonders den Transferrinen bei Rind, Schwein und Schaf zugeschrieben: Bei Homozygoten-Verpaarungen seien höhere Fertilitätsraten zu erwarten (325,326,3399,4315,4268,3689,4328,4058,10,861). Wie zuvor schon beim Hämoglobin ausgeführt, wäre in der Tat bei den gleichfalls funktionell wirksamen Transferrinen (Eisentransport) noch am ehesten mit unmittelbaren Effekten zu rechnen (1399,3043)- ohne gleich an die sporadisch vorkommende Atransferrinämie zu denken (2798)-, wenngleich die Befunde der erstzitierten Autoren in späteren Untersuchungen nicht immer zu bestätigen waren (1712,2550,941,2683,6774,308). Sie standen teilweise im Widerspruch zu den mit zunehmender Heterozygotie zu erwartenden und auch beschriebenen Heterosiswirkungen (6069,5975,10105). Dennoch sind Großgeneffekte mit "Schlüsselfunktion" metabolisch nicht auszuschließen und dürften ein dankbares Feld für künftige Forschungen sein (7246). Und auf durch Autoimmun-Orchitiden bedingte Infertilitäten bei Tier und Mensch sei in diesem Zusammenhang auch noch verwiesen (S.a. Tab.2, 4938).

Über Genkopplungen ist - ähnlich wie beim MHC diskutiert - durchaus eine Bindung bestimmter Blutgruppenloci an Resistenz oder Disposition zu spezifischen Erkrankungen zu vermuten, wie sie für den Menschen gefunden (z.B. Gruppe O und Duodenalgeschwür, Gruppe A und Magenkrebshäufigkeit, 2039,75,3806) oder vermutet (946), und bei Tieren weniger deutlich beobachtet wurden (5339,5247,4159,3844,1013,5981,6241). Insofern mögen seuchenhafte Erkrankungen zweifellos selektive Kräfte darstellen, die zur Aufrechterhaltung eines biochemischen Polymorphismus in Populationen beitragen (3742), was von einigen Forschern Blutgruppen-Locis eher unterstellt wird als Enzym-Polymorphismen (8310,3871). Dies mag auch für das hoch polymorphe H2-System gelten (1957). Jedenfalls legten die serologischen Analysen der in Mörsern zerriebenen Schädel aus den Grüften des Kirchspiels Northamptonshire, Rothwell, Zeugnis dafür ab, daß Blutgruppe O im 13.Jahrhundert dort noch gesichert häufiger vorkam als im 16.Jahrhundert, wofür man zwischenzeitliche, selektiv wirksame Pestepidemien verantwortlich macht (1909). Andererseits stellte man einen Überhang von

O - Typen bei älteren und körperlich leistungsfähigen Menschen fest (3894, 3917) - oder vermutet gar einen ABO - Effekt auf die sozioökonomische Stellung (8518).

Genetische Enzymdefekte sind, wie eingangs definiert, die zweite große Gruppe der "biochemischen Defekte". Da ähnlich dem Blutferment Hämoglobin auch andere Enzyme im wesentlichen Polypeptidstrukturen darstellen, ist leicht vorstellbar, daß hier analoge Erbsprünge einen genetischen Block, eine Aktivitätsaufhebung oder -minderung bewirken können. Dieses müssen nicht unbedingt Allelemutationen sein, bzw. Punkt- oder Schaltmutationen durch Basensequenzänderungen des Codons eines Strukturgens, wie bei einigen Hämoglobinopathien geschildert - oder wie sie einige Fermentunterschiede nahe verwandter Spezies bewirken, z.B. von Cytochrom c bei Equiden (7856)-, sondern es kann sich dabei um Nicht-Allelemutationen benachbarter oder weit voneinander entfernter Genloci handeln, die bei der Synthese einer biologisch aktiven Substanz zusammenwirken; auch die α-, β - und γ -Ketten des roten Blutfarbstoffs werden ja durch verschiedene Cistrone kodiert, die nicht benachbart sind (7934, 4640, 3610). Denn gleichgültig, ob es sich um die Veränderung eines Struktur-, Operator- oder Regulatorgens, um Cistrone beieinander oder getrennt liegender Orte handelt, was klinisch imponiert, ist immer der erbliche Ausfall oder Aktivitätsverlust eines Endokatalysators, ein "Inborn error of metabolism", wie dies schon von Garrod (1902) bei der Alkaptonurie erkannt wurde, einer Entgleisung im Phenylalanin- und Tyrosinstoffwechsel, der weitere einprägsame Beispiele für dieses Kapitel liefert. Dies wird in Abb. 4 schematisch demonstriert.

Auf diesem Stoffwechselpfad wird die aromatische, einbasische, essentielle Monoaminosäure Phenylalanin durch das Leberferment Phenylalanin-Hydroxylase zu Tyrosin (p-oxy-Phenylalanin) hydroxyliert, das dann "semiessentiell" ist. Fällt dieses Ferment aus, so kommt es zur unphysiologischen Anhäufung von Phenylalanin und seinen Abbauprodukten Phenylpyruvat und Phenylessigsäure, die toxisch sind und auf Dauer Schwachsinn bewirken: Das Bild

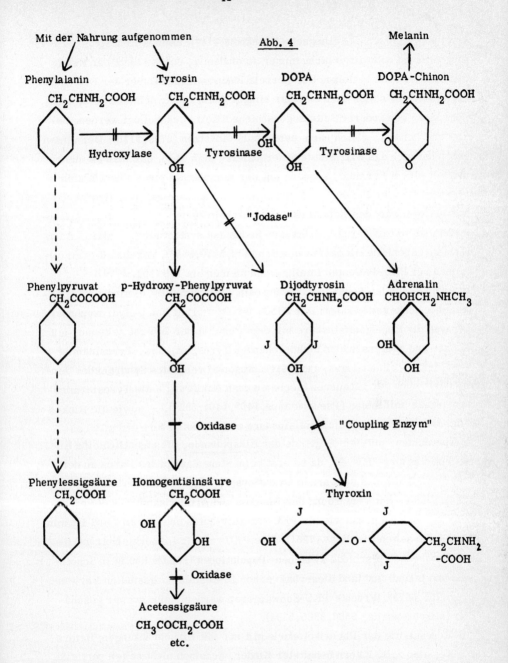

Abb. 4

Pfade des intermediären Phenylalaninstoffwechsels mit genetischen Enzym-Blocks

der Phenylketonurie (Föllingsche Krankheit, 4149). Dieses Konzept der Pathogenese ist allerdings nicht immer so eindeutig, ebenso nicht der Erfolg diätetischer Restriktionen: Die Korrelationen zwischen Dauer der Diät und erreichtem IQ sollen nach Aussage einiger Autoren nur schwach sein, während ihnen von anderer Seite segensreiche Effekte bescheinigt werden, besonders wenn sie gleich nach der Geburt einsetzen (3799, 5116). Denn inzwischen hat sich das Bild weiter differenziert ; man weiß, daß man es nicht nur mit einem Ferment, sondern mit der Komplexität eines Phenylalanin hydroxylierenden Fermentsystems zu tun hat. So wird die o.a. Hydroxylase nur in Gegenwart des Kofaktors Tetrahydrobiopterin - aus Vorstufen (Neopterin) und mittels der Dihydropterin-Reduktase synthetisiert - aktiv : Auch hier sind spezielle Blockaden möglich (490, 5230, 5646). Vereinzelt ermittelte man bei PKU-Patienten Intelligenzquotienten bis 110 (103, 8704).
Auf dem normalen Abbaupfad des Tyrosin wiederum (Abb. 4) sind zwei Blockademöglichkeiten bekannt: Der Block der Oxidierung von p-Hydroxyphenylpyruvat zur Homogentisinsäure mit dem Resultat der äußerst seltenen, mit Leber- und Nierenschäden einhergehenden Tyrosinose bzw. Tyrosinämie(4611, 4883) - ein analoges, rezessiv-autosomal vererbtes Syndrom bei Nerzen harrt noch der genaueren biochemischen Abklärung - die Tyrosinaminotransferase soll fehlen (Pseudostaupe, 1403, 1404, 8957), - sowie die Blokkade des Abbaus der Homogentisinsäure zu Azetessigsäure und anderen Restprodukten, mit dem Ergebnis der Alkaptonurie, die eigentlich eine Homogentisinsäure-Urie ist, da es erst beim Stehenlassen des Harns an der Luft zur Bildung des schwarzen Oxidationsproduktes "Alkapton" kommt (4334). Dieser mit Verfärbung der Knochen und Arthritisanfälligkeit verbundene Defekt wird genau wie die PKU rezessiv-autosomal vererbt und ist mindestens so selten wie diese (7261). Die PKU zeigt ja immerhin beträchtliche Frequenzunterschiede zwischen Populationen (relativ häufig in Schottland und Irland) und fand dieserhalb schon zu Abstammungsstudien Verwendung (735, 6673). Früchte PKU-Schwangerer werden meist schwer geschädigt (Mikrozephalie, 5556, 8365, 5394).
Die Rezessivität der Phenylketonurie gilt nur mit Einschränkungen; Heterozygote, also z.B. Eltern behafteter Kinder, scheinen nicht selten partielle Enzym-Blocks und hinsichtlich des Phenylalaninspiegels eine intermediäre

Stellung zu haben (712). Sie sind naturgemäß wesentlich häufiger in Populationen als Homozygote und es wird spekuliert, daß sie einen nicht unerheblichen Teil geistig Gestörter stellen könnten (7562,7563). Auf noch seltenere Sonderformen ("atypische" PKU durch Dihydropterin-Reduktase-Defekt) wurde schon hingewiesen, desgleichen auf die Bedeutung von Reihenuntersuchungen zur Entdeckung und vorbeugenden Behandlung der PKU (2273,1689,7829). Pränatale Diagnosen sind möglich (10148). Es sind bislang offenbar keine vergleichbaren Modelle bei Tieren verfügbar und man versucht diesen Umstand durch Gabe von λ - Methyl-Phenylalanin (Hydroxylase-Inhibitor) in Kombination mit Phenylalanin-Diät bei Ratten zu überspielen (4377). Die pigmentaufgehellte dd - Maus (dilute) ist nur eine bedingte Parallele (8948).

Dagegen zeigen die metabolischen Wege vom Tyrosin zu Melanin und Thyroxin (Abb.4) deutlichere Parallelen bei Mensch und Tier, was die Erforschung und klinische Ausfallserscheinungen enzymatischer Blocks angeht. In vielen Arten anzutreffen ist der Albinismus mit obligat rezessivem Erbgang. Dieser generalisierte Pigmentmangel kommt durch die Blockade des oxydativ wirksamen, thermolabilen, kupferhaltigen Ferments Tyrosinase zustande, das an zwei Stellen die Synthese des Melanin aus Tyrosin katalysiert : Bei der Oxydation von Tyrosin zu DOPA (Dihydroxyphenylalanin) und zu DOPA-Chinon. Auf Übersichten sei verwiesen (4148,2337,7976), auch, was die Konsequenz dieses Defekts mit Blick auf die durch ihn bedingten Dispositionen zu Augenerkrankungen (Photophobie, Nystagmus, Amblyopie, 1481,5799), Erythem und Hautkrebs (S.a.dort) sowie zu Verhaltens- und Reaktionsabweichungen betrifft (2527,3338). So brauchen Albinomäuse 175 Minuten, um einen Vollrausch auszuschlafen, gutpigmentierte dagegen nur 65 Min. (8229), sind Albino-Igel wesentlich handzahmer als wildfarbene und ist in albinotischen Sandratten die Vitalität und Fertilität herabgesetzt (1843,6954). Ähnliches gilt für den x-chromosomalen Albinismus der Japanwachtel und Puten (5132). Ob Farbaufheller - Gene in Wildschweinpopulationen hierher gehören, ist nicht bekannt (3911). Auch Noah soll ein Albino gewesen sein (7218,10142), wie überhaupt beim Menschen das männliche Geschlecht öfter betroffen zu sein scheint (geschlechtschromosomale Form ?, 8827).

Seither publizierte Befunde untermauern die Aussage, daß Albinismus sporadisch in vielen Arten und Rassen auftritt, es aber nur bei bestimmten Inzuchtverhältnissen zu einer Kumulation dieses Gens und erhöhter Häufigkeit kommt (7387). Die Liste der Spezies mit beobachtetem Albinismus wurde inzwischen um den Dachs, das Schaf, den Axolotl u.a. erweitert (6461,34,3210), die Liste der Rinderrassen durch die Murbodner(6760), Schwedisch-Rotbunten(4263), Simmenthaler (7961), Shorthorns (2840) und Zebus (6567), nachdem dieses Phänomen zuvor schon bei Schwarzbunten, Herefords (5745), Braunvieh u.a. registriert worden war (877). Bei einigen dieser Rinder-Albinos waren jedoch in Lederhautschichten noch Reste von Pigment nachweisbar(4565), so daß vielleicht teilweise nur Farbverdünner-Gene wirksam waren (1485,4242, 5969,4939,4314,5095,5096,7960,4503,8213). Der rezessive Erbgang des Albinogens konnte weiter bei der Wachtel (4976) und beim Braunvieh gesichert werden (4439,7430), wenngleich es sich beim Albinismus des Braun- und Fleckviehs möglicherweise nicht um Allelomorphe handelt (8215). Dagegen scheint bei Equiden (1267,1517,2205) und Hühnern(2705) - nicht in anderen Vögeln (7510,197)- das Auftreten echter Albinos immer noch umstritten oder auf sporadische Fälle beschränkt (1083). Neuerdings wurde jedoch eine autosomale C^o Mutante bekannt (8639). Rezessive beziehungsw. unvollkommen dominante Blockaden der Chlorophyllbildung in Pflanzen (Heterozygote haben panaschierte Blätter, z.B. beim Tabak, 4734) stellen ja eine gewisse Analogie dar.

In den farblosen Melanozyten der Albinos (ohne melanisierte Pigmentgranula, Melanosomen) läßt sich keine Aktivität der Tyrosinase (= DOPA-Oxidase) nachweisen (2398); dies unterscheidet sie von Farbverblassungen, bei denen durch Wirkung anderer Gene auf das die Melanozyten umgebende Milieu oder auf die Oxidasen statt des kräftigen, dunklen Pigments Eumelanin das Phaeomelanin gebildet wird, eine biochemisch recht heterogene Substanz (verschiedene Brauntöne, 6167). Daß einige durch totale oder partielle Tyrosinasedefizienzen bedingte Farbmutanten im Rahmen der Albinoserie, z.B. das Chinchilla-Gen oder der Akromelanismus bei Russen-Kaninchen, Siamkatzen und Versuchstieren (9317), durch elektrophoretisch trennbare Tyrosinase - varianten, d.h. durch genetische Veränderung der molekularen Struktur dieses Ferments verursacht werden, wurde gezeigt (3500,3677). Dieses spricht für das Wirken eines mutierten Strukturgens am ohnehin mutierfreudigen C- Locus (zahlreiche Letalfaktoren, 6756,1755,2715,6591,6593,6594) - mit dem Resultat einer thermolabilen Tyrosinaseform beim Akromelanismus (Mutation c $\rightarrow$ c^h, 6894); doch werden auch aktivitätsmindernde Regulatorgen-Einflüsse vermutet (9532), bestehen Korrelationen Eumelaninge - halt und Tyrosinaseaktivität (3276,2397). Es gibt somit sowohl totale Fermentausfälle als auch kompetitive Inhibitionen (7827). Während solche, durch systemische Pigmentausdünnungen charakterisierten,partiellen Tyrosinaseblockaden bei akromelanistischen Säugern, auch beim Amish-Albinismus des Menschen (mit Nachdunkeln, 4485,4835,1543,5361,5459), der Albinoserie leicht zuzuordnen sind, scheint dies bei strikt lokal begrenzten Pigmentmängeln bei Mensch und Tier mit keineswegs immer rezessivem Erbgang nicht angebracht ("Augenalbinismus" etc.,4834,2437,5905,4501, 5906,8218,674,5667,4089,5692,24). Bei den geschilderten Großgenwirkungen überraschen ferner nicht nachgewiesene Kopplungen des Albinolocus an andere Locis in Nagern u.a. Tieren (3011,2473).

Im Zusammenhang mit Störungen der Melaninsynthese werden auch die mannigfachen Möglichkeiten wechselseitiger Beeinflussungen auf den verschiedenen, skizzierten Pfaden des Phenylalaninstoffwechsels ganz augenscheinlich (Abb.4). So gehen die unphysiologischen Konzentrationen dieser Aminosäure bei der Phenylketonurie fast regelmäßig mit Depigmentierungen von Haar und Iris einher (überwiegend Blonde mit blauen Augen,644). Umgekehrt kommt es bei örtlicher Applikation von L-Thyroxin zu intensivem Haarwachstum und Pigmentveränderungen, ebenso bei topischer Adrenalinanwendung (675,5292). Es gibt daher Spekulationen, daß die Pfade über DOPA und Dopamin zu Adrenalin oder über Tyrosin zu Thyroxin (Abb.4) bei Inhibitionen des Melaninaufbaus nicht unbeeinträchtigt bleiben - was über den Hormonhaushalt z.B. Auswirkungen auf Verhalten und Reaktionen unter Stress,auf die Vitalität haben kann(4000,4001,4005,9082,8662). Es ist anzunehmen, daß die albinotischen gegenüber gutpigmentierten kleinen Laboratoriumstieren öfter adaptiv benachteiligt sind weniger wegen biochemisch - hormonellen Kon sequenzen als durch sekundäre Auswirkungen des Albinismus, z.B. fehlendes Augenpigment (7578) und Abweichungen im ZNS (S.a.

Pigmentmangelsyndrome). Vereinzelte Berichte sprechen allerdings von genetischen Unterschieden in der Cortisolkonzentration der Nebennieren weißer bzw. gut pigmentierter Meerschweinchen (2239), und es gibt offenbar tatsächlich biochemische Querverbindungen (9363).
Auf dem Weg vom Tyrosin zum Schilddrüsenhormon bedarf es einer Jodase oder "Jodinase", die anorganisches Jod an Tyrosin bindet, sowie eines "Coupling Enzyms", welches den Zusammenschluß der so entstandenen Mono- und Dijodtyrosin-Moleküle zu Trijodthyronin und Thyroxin fördert, ein im wesentlichen oxidativer Kondensationsprozeß. Wenngleich die Existenz und Notwendigkeit der genannten Schilddrüsenfermente für den Hormonaufbau noch diskutiert wird (7275), so steht doch fest, daß es durch genetisch-enzymatische Blocks in diesen Aufbauschritten zu Hypothyreosen mit Kropfbildungen und Kretinismus kommen kann, die sich somit durch ihr familiär gehäuftes Auftreten - und teilweise postulierte rezessive Erbgänge - von den durch Jodmangel oder Strumigene erzeugten endemischen unterscheiden (4085, 7888, 5559). Solche Kropfformen wurden in Mensch (7274), Schaf (2217, 2218, 2631, 4968, 1864, 1725), Ziege (7796) und Rind beschrieben (5823, 5824). Dabei mag es sich z.T. auch um andere als die bezeichneten Entgleisungen des Intermediärstoffwechsels handeln, z.B. um die Bildung eines atypischen, butanolunlöslichen Jodproteins (BIJ), statt der normalen, in saurem Butanol löslichen PBI- Fraktionen (Protein-gebundenes-Jod, 6199). Solche monogenisch gesteuerten, familiären Kropfformen können gleichfalls durch Syntheseblock des thyroxinbindenden Globulins im Blut entstehen (TBG- Mangel, Athyropexinämie, 3938, 980, 5823). Nicht alle sind klar zu trennen von den zuvor angeführten Autoimmunthyreoiditen (bei Mensch und Huhn, 1491, 6505).
Eine weitere Enzymanomalie, bei der man ätiologisch z.T. bis zum genetischen Code vordrang, ist der Mangel an Glucose-6-Phosphat-Dehydrogenase (G-6-PD, Warburgsches Zwischenferment), einem Enzym mit Schlüsselstellung im intrazellulären Glucoseabbau, insbesondere auch im erythrozytären: Es bewirkt die Oxydation der Glucose zum Gluconsäurelacton-6-phosphat unter Mitwirkung von NADP (Nicotinamidadenindinucleotidphosphat als Coferment = Codehydrase II = TPN, Triphosphopyridinmucleotid = alles Synonyme), nachdem zuvor ihre Veresterung mit Phosphorsäure am C-

Atom 6 bei Gegenwart von ATP (Adenosintriphosphat) und der Hexokinase erfolgte. Dieser Beginn des Phosphogluconat-Weges (Pentosephosphat-Zyklus) unter Einwirkung der G-6-PD sei kurz skizziert :

$$
\begin{array}{c}
\text{H-C-OH} \\
\text{H-C-OH} \\
\text{HO-C-H} \\
\text{H-C-OH} \\
\text{H-C} \\
\text{CH}_2\text{OH} \\
\text{Glucose}
\end{array}
\xrightarrow[\text{ATP}]{\text{Hexokinase}}
\begin{array}{c}
\text{H-C-OH} \\
\text{H-C-OH} \\
\text{HO-C-H} \\
\text{H-C-OH} \\
\text{H-C} \\
\text{CH}_2\text{OPO}_3 \\
\text{Glucose-6-phosphat}
\end{array}
\xrightarrow[\text{NADP}]{\text{G-6-PD}}
\begin{array}{c}
\text{C=O} \\
\text{H-C-OH} \\
\text{HO-C-H} \\
\text{H-C-OH} \\
\text{H-C} \\
\text{CH}_2\text{OPO}_3 \\
\text{Gluconsäurelacton-6-phosphat}
\end{array}
$$

Über 100 genetische Varianten der in di- oder tetramerer Form aktiven G-6-PD mit veränderten molekularen, elektrophoretischen und/oder funktionellen Eigenschaften wurden bisher beim Menschen entdeckt (4098, 8283, 5261). So unterscheidet sich z.B. die Variante B^+ von A^+ durch Substitution von Asparagin durch Asparaginsäure in der Peptidkette des Enzyms (8333). Nur einige dieser mutierten Fermente gehen aber per se mit ikterischen Anämien infolge vorzeitigen Erythrozytenunterganges einher (Varianten "Chikago","Oklahoma", "Long Prairie" etc. ,722,3836,2206,5118,6139). Oft treten hämolytische Krisen erst auf nach Zufuhr bestimmter Pharmaka, z.B. einiger Chinolin- Derivate (Primaquine, Plasmochin u.a.), Sulfonamide (718), Oxidantien (8718), ja selbst nach Askorbinsäure-Aufnahme(7712). Dies ist die Situation bei G-6-PD-Defizienzen unter Afrikanern und Asiaten-ihre Verbreitung deckt sich im wesentlichen mit der der Falciparum-Malaria, gegen die sie, analog zu den Verhältnissen beim Hb S (S.dort), einen gewissen Selektionsvorteil zu bieten scheinen (5351,525,6221). Eine andere weitverbreitete Variante, häufig bei mediterranen Europäern, bedingt Hämolysen nach Genuß von Saubohnen (Vicia faba,"Favismus",5304,6738) - und gerade dies soll andererseits besondere Malariaresistenz garantieren (8958).
G-6-PD- Mangel kann heute schon in Haarwurzeln diagnostiziert werden, die mit normaler Briefpost verschickbar sind. Bei Hunden kam dieser Enzymschaden ohne bekannte klinische Auswirkungen zum Rapport (5448),bei

Ratten und Rindern in Zusammenhang mit erhöhter Mortalität (8064, 1630). Im übrigen sind die Aktivitätsnormen dieses Ferments von Art zu Art und in den Altersgruppen stark verschieden und nicht direkt vergleichbar (7161, 3367). Interessant ist aber, daß die G-6-PD x-chromosomal kodiert wird, d. h. dem geschlechtschromosomal gebundenen Erbgang folgt, und dies offenbar bei allen bisher untersuchten Spezies : Wie die Hämophilien ein weiteres Beispiel für chromosomale Genom - Analogien unter Säugern, die phylogenetisch einen gemeinsamen Vorfahren vermuten lassen (5681, 7663, 4934, 6970, 1546, 6937, 5673, 5677). Ähnliche "konservierte" Gengruppen fand man analog auf dem Z-Chromosom der Vögel (8515). Es folgert, daß Frauen (mit 2 X-Chromosomen) aufgrund der Lyonschen These von der obligaten, aber pro Zelle zufälligen Inaktivierung eines Heterosomen-Paarlings ein Erythrozytengemisch aus potenten und defizienten Zellen besitzen können; bei ihnen treten mithin spontane oder induzierte Krankheitserscheinungen im Falle der Heterozygotie für einen G-6-PD-Mangel nicht oder milder auf als bei hemizygoten, defizienten Männern (XY !, 3741, 9751). Dieses muß kein Gegensatz zu Beobachtungen sein, welche bei Mäusen eine positive Beeinflussung der G-6-PD-Aktivität durch Testosteron ermittelten und somit einen höheren Level bei normalen Männchen (5453).

Nicht geschlechtsgebundenen Erbgang zeigt die im Pentosephosphatzyklus nur 2 Stationen weiter die Dehydrierung des 6-Phosphogluconat katalysierende 6-Phosphogluconat-Dehydrogenase, ein 2-Allelesystem bei Katzen (7594). Auch die beim Menschen polymorphe Phosphoglucomutase, welche auf anderem Wege, nämlich über das Glucose-1-Phosphat, für die Entstehung von Glucose-6-Phosphat sorgt, zeigt Polymorphismus bei Caniden (3205, 8253).

Wie im vorhergehenden Schema gezeigt, ist die Umwandlung von Glucose in Glucose-6-phosphat ein energieverbrauchender Prozeß, denn ATP wird dabei zu ADP, muß also zuvor von einer energiespendenden Reaktion geliefert werden, z.B. der Dephosphorylierung der Phosphobrenztraubensäure (Phenylpyruvat) zu Brenztraubensäure (Pyruvat, Schema unten). Letztes geschieht durch Vermittlung der Pyruvatkinase (PK, Brenztraubensäurekinase), eines Enzyms, dessen erblicher Mangel in den Erythrozyten ebenfalls Anlaß zu konnatalen oder juvenilen hämolytischen Anämien gibt :

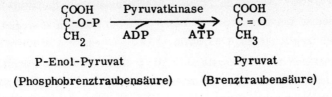

Der PK-Mangel gilt nach der G-6-PD-Defizienz als die häufigste hereditäre ,ikterische Anämie, insbesondere unter Nordeuropäern (3741,720); verschiedene Isozyme existieren (9612). Bei Beagle und Basenji wurde sie beobachtet (446,6133). Wie für den Menschen, so sind auch in Hunden offensichtliche Gendosiseffekte des PK-Mangel verursachenden Allels zu verzeichnen : Heterozygote liegen hinsichtlich der PK-Aktivität intermediär, nur bei Homozygoten kommt es zur Manifestation dieser enzymopenischen Anämie (1050). Solche Gendosiswirkungen sind vom Glucosephosphat-Isomerase - Defekt bei Mensch und Maus gleichfalls bekannt (5812).

Es erscheint aufschlußreich, daß bei vielen erythrozytären Fermentmangelsyndromen, wie auch bei der G-6-PD-Defizienz, gleichfalls der Gehalt an Glutathion, jenem in allen Körperzellen vorhandenen, jedoch nicht proteingebundenen Tripeptid aus Glutaminsäure, Cystein und Glycin, vermindert ist (1113,3970). Wie zuvor gezeigt, entsteht unter der Wirkung der G-6-PD das $NADPH_2$ (aus Dehydrierung des Glucose-6-Phosphats), dessen es zur Funktion des Redoxsystems Glutathion bedarf (Überführung von Glutathiondisulfid in Glutathion durch eine Glutathion-Reduktase). Doch auch idiopathischer Glutathionverlust durch Glutathion-Synthetase-Ausfall kam in Mensch und Schaf zur Beobachtung (7681,7160,845,9669). Daneben gibt es einen erythrozytären Mangel an GSH (reduziertes Glutathion), der auf gestörtem Aminosäuretransport beruht und in Schafen unabhängig vom GSH- bzw. Glutamylcystein-Synthetasedefekt vererbt wird (7679,7682). Mit beiden Störungen behaftete Tiere seien in der Vitalität herabgesetzt.

In Schafpopulationen, aber auch bei Hunden (9380), sind somit Individuen mit genetisch niedrigem bzw. hohem GSH-Gehalt der roten Blutkörperchen zu finden, wenngleich entwicklungsphysiologische und saisonale Schwankungen in

Rechnung zu stellen sind (64,65,727,842,844). Beziehungen der GSH- oder GSHPx -Typen zu Leistungseigenschaften - auch bei Hühnern überprüft - scheinen noch fraglich (3744,9785,8476).

Zum Funktionieren des Redoxsystems GSH ⇄ GSSH (oxidierte Form) sind weiter eine Reduktase und eine Peroxidase (GSHPx) nötig (841). Ein Aktivitätsverlust dieser Enzyme tritt beim Menschen familiär gehäuft auf und kann hämolytische Krisen bei Zufuhr bestimmter Nahrungsmittel (Favismus) bedingen, wie schon bei G-6-PD-Varianten beschrieben; in der Tat scheinen Interaktionen zwischen diesem Ferment und der GSHPx zu bestehen (719).

Weitere Blutenzymausfälle seltenerer Art betreffen die Erythrozyten-Arginase bei Primaten und Schaf (8279), die Pyrimidin-5-Nucleotidase (P5N, 598, 5251, 723, 10019), die Hämolyse und Myopathie bedingende Phosphofructokinase-Defizienz(PFK, "Tarui-Disease"=Glykogenspeicherkrankheit, 7825, 10052) u.a.m.. Doch auch leukozytäre Fermentschwächen (Myeloperoxi - dasen, 1288), mutmaßlich selektionsneutrale, elektrophoretische Erythrozytenferment-Polymorphismen (6652) und die Tatsache wurden vermerkt, daß bei Dyserythropoesen infolge Knochenmarksinsuffizienz oder leukämisch/ anämischer Prozesse viele Enzymdefekte rein symptomatisch auftreten können (7876).

Schließlich sei betont, daß neben der genannten viele andere Myopathien- insbesondere durch Entgleisungen des Glykogenstoffwechsels gekennzeichnete - heute enzymatisch/genetisch geklärt sind (S. a. dort), z.B. das Mc-Ardle-Syndrom, der Morbus Pompe (Maltasemangel), die Xanthinurie (mit Xanthineinlagerungen, auch bei Rind, 3261) u. a. (4305), des weiteren auch Endokrinstörungen im Bereich von Gonaden und Nebennieren (1216, 2708), ja sogar bei den stark individuell geprägten, verheerenden Folgen des Alkoholkonsums wurde die unterschiedliche Verträglichkeit den akohol- und aldehydmetabolisierenden Enzymen angelastet (2739). Es bedarf also offenbar weniger der Charakterstärke, als vielmehr der richtigen Fermente, um "trocken" bzw. "standfest" zu bleiben. Auch bei Mäusen besteht ein Iso - enzym-Polymorphismus dieser Enzyme (Alkohol- und Aldehyd-Dehydrogenase, 9107), waren relativ schnell Stämme zu erzüchten, die "hart im Nehmen" oder weniger "trinkfest", potentielle Trinker oder Abstinenzler waren (3497,

1757,1424,3890). Alkoholismus zeigt hohe Konkordanz in eineiigen Zwillingen (10068).
"Die Wirkung psychotroper Pharmaka wird vom Genotyp beeinflußt (McClearn,1979)", d.h. also nicht die Sonne, sondern der Alkohol bringt es an den Tag = In vino veritas. Dies gilt für Marihuana u.a. sicher genauso (erwiesen bei Kaninchen, 2326).
Wie man sieht, sind die geschilderten Verhältnisse z.T. schon ein Vorstoß ins Reich der Pharmakogenetik, die sich vorwiegend mit genetisch-enzymatisch verursachten Abweichungen von der Reaktionsnorm bei der Zufuhr pharmakologisch wirksamer Verbindungen befaßt. Auf Übersichten sei hingewiesen, auch auf die diesbezüglich erweiterte Wissenschaft der Pharmakoanthropologie, die sich mit ethnischen Differenzen befaßt (5087,4675,232, 10102,10103,9189).   Neben den genannten Beispielen - und ab - gesehen auch von den Resistenz induzierenden, mutierten Enzymen bei Insekten (z.B. DDT-Dehydrochlorinase, Ali-Esterase zum Abbau von Paraoxon,6056), Microben (Penicillinase etc.) oder der weiter vorn zitierten, differenten Reaktion auf Cumarin und Derivate bei Nagern - seien nur das Vorkommen einer gegen Atropin unempfindlich machenden Atropinesterase bei Ratten, eines Atropin-, Cocain-Esterase-Allelesystems bei Kaninchen (6683,4886,4887,141,7381,8409,8410), die genetischen Differenzen im Erkennnungs- und Abbauvermögen von Zyaniden (8661), sowie Narkosezwischenfälle provozierende Cholinesterase-Besonderheiten bei Mensch (1 auf 1250 unter Verabreichung von Succinylcholin, Succinyldicholinchlorid = Suxamethonium =Lysthenon= Pantolax etc. als Muskelrelaxans) und Tier erwähnt (6221,419).
Die verminderten Aktivitäten dieser - von der spezifischen Acetylcholinesterase zu unterscheidenden - unspezifischen Serumcholinesterase (PSCHE, Pseudocholinesterase) werden durch das Vorkommen genetischer Varianten (atypischer Enzyme) an diesem Genort bewirkt (2731,2733,2735,2736,2737); sie führen bei Behafteten (relativ häufig bei Eskimos !,9726) zu stundenlangen Apnoen und bei Nichtbeachtung fakultativ zum Tod durch Zwerch - fell-Lähmungen unter normalen Dosierungen der o.a. Mittel, wenn nicht künstliche Beatmungsgeräte schnell zur Hand sind (6778). Prophylaktische Aktivitätsbestimmungen können dies verhindern. Hinweise für das Vorliegen ähnlicher Esterasemutanten in manchen Tierarten bestehen (2732,2738,

10097).
Die Konkordanz der PSCHE-Aktivität in Zwillingen ist beträchtlich (6767), doch fragt sich, ob die konstatierten, individuellen Abstufungen enzymatischer Wirksamkeit statt mit multipler Allelie, nicht besser mit einem polygenischen Modell erklärbar wären, das noch Raum für nachgewiesene Umweltmodifikationen ließe (412, 2734, 2737). In diesem Zusammenhang sei auf die vielfach beschriebenen, individuell/genetisch geprägten Unterschiede in der Reaktion auf weitere Betäubungsmittel hingewiesen (7145, S.a. Halothan). Wenn man allerdings Heritabilitäten allein auf der Basis begrenzter Eltern-Nachkommen-Korrelationen errechnet, wie z.B. bei der Fähigkeit zur Methylkonjugation (10103), wird man zu überschätzten Werten kommen.

Es kann davon ausgegangen werden, daß menschliche Populationen hinsichtlich solcher enzymatischer o.a. Polymorphismen genetisch wesentlich mehr Variabilität zeigen als z.B. rein oder ingezüchtete Versuchstierstämme. Dadurch besteht stets eine potentielle Gefahr, daß Arzneimittel oder Lebensmittelzusätze, die an solchen, genetisch homogenen Tieren getestet wurden, für manche Menschen schwer toxisch sein könnten (6846). Hierzu paßt sicher die stark individuell differente Reaktion auf ß-Blocker bei Behandlung von Kreislaufleiden (9325).

Sicher gehören weitere biochemische Defekte hierher, bei denen neben der obligaten Defektmanifestation zusätzlich eine veränderte Reaktionslage gegenüber bestimmten Pharmakas besteht, wie z.B. bei den erblichen Methämoglobinämien des Menschen durch Fehlen der Diaphorase (eines Flavoproteins der Atmungskette; Empfindlichkeit gegenüber Methämoglobinbildnern). MHb-Reduktase-Varianten und Defizienzen werden auch aus anderen Arten gemeldet (843, 4552, 2528). Ähnlich scheint die Situation bei Formen der - mit Ausnahme von Südafrika - in allen Populationen recht seltenen, erblichen Porphyrie (2007, 3957), die mit Photosensibilisierung (Photodermatosen, Erytheme) und Nichtvertragen synthetischer Hypnotika, Sedativa einhergeht (1734).

Ätiologisch und klinisch weitgehend identisch sind die rezessiv vererbten, erythropoetischen Porphyrien von Mensch und Rind (7858, 2403, 6530, 5517, 7921, 3262, 2764). Bei ihnen kommt es durch Fehlsteuerungen in der Häm-

Biosynthese zu einer Anhäufung und Ablagerung unphysiologischer oder in dieser Menge pathogen wirkender, rot fluoreszierender Verbindungen im Körper (Erstreaktion in den Lysosomen,S. dort), insbesondere auch in den Knochen und Zähnen ("pink tooth", 111). So häuft sich das Uroporphyrinogen I an, das neben dem regulären Vorläufer des Protoporphyrin und Häm,dem Uroporphyrinogen III, vermehrt gebildet wird. Eine Störung soll im Fermentsystem der Desaminase und Isomerase (=Uroporphyrinogen-Cosynthetase) liegen, die für den Aufbau dieser Vorstufen der "Lebenspigmente" Hämoglobin und Chlorophyll aus 4 Molekülen Porphobilinogen verantwortlich sind (Abb. 5). Dabei scheint ein Überwiegen der Desaminase bzw. eine relative Verminderung der Isomerase eine Fehllenkung dieser Reaktion in Richtung auf Uroporphyrinogen I zu bedingen. Hier bietet sich daher wieder, wie schon beim Morbus Willebrand diskutiert, das Jacob-Monodsche Prinzip der Mutation eines Regulatorgens an, die das Gleichgewicht der "Repressoren" und "Induktoren" bei der Enzymsynthese stört (512, 7933). Andere Enzymausfälle- meist zugleich in Leber und Erythrozyten lokalisiert- sind in variablem Ausmaß beteiligt, so die Uroporphyrinogen-Decarboxylase bei chronisch-hepatischer Porphyrie (7600,4495) bzw. bei Porphyria cutanea tarda durch hormonale Kontrazeption (8803), die Ferro - chelatase, die Häm-Synthetase oder die Porphobilinogen-Synthase (mit induzierter Blei-Überempfindlichkeit, 8804) bei der Protoporphyrinämie in Mensch und Rind (6600,995) u.a., so daß unterschiedliche Bilder und klinische Verläufe konstatierbar sind, aber auch fließende Übergänge zwischen den Formen (1904,1905). Die Schale brauner Eier enthält gleichfalls große Mengen an Porphyrinen (1903).

Die in Schweinen (Fleischbeschau !, 3125) und Katzen registrierte Porphyrie mit dominantem Erbgang (möglicherweise auch rezessive Varianten, 8808) geht offenbar nicht mit Lichtempfindlichkeit einher; über die des Hundes weiß man noch wenig (3901, 3899, 3900, 7985). Auch der Sciurus niger (Erdhörnchen) sei unvergessen, denn bei ihm gehört eine apathogene Porphyrie zur Norm (7702, 2362). Festzuhalten bleibt, daß alle familiär gehäuft oder nur bei einzelnen Individuen unter sonst vergleichbaren Bedingungen ausbrechenden Photodermatosen an die genannten erblichen Stoffwechselstörun-

Stationen der Häm-Biosynthese. Uroporphyrinogen I und Uroporphyrinogen III sind Isomere mit Substituenten-Tausch

Abb. 5

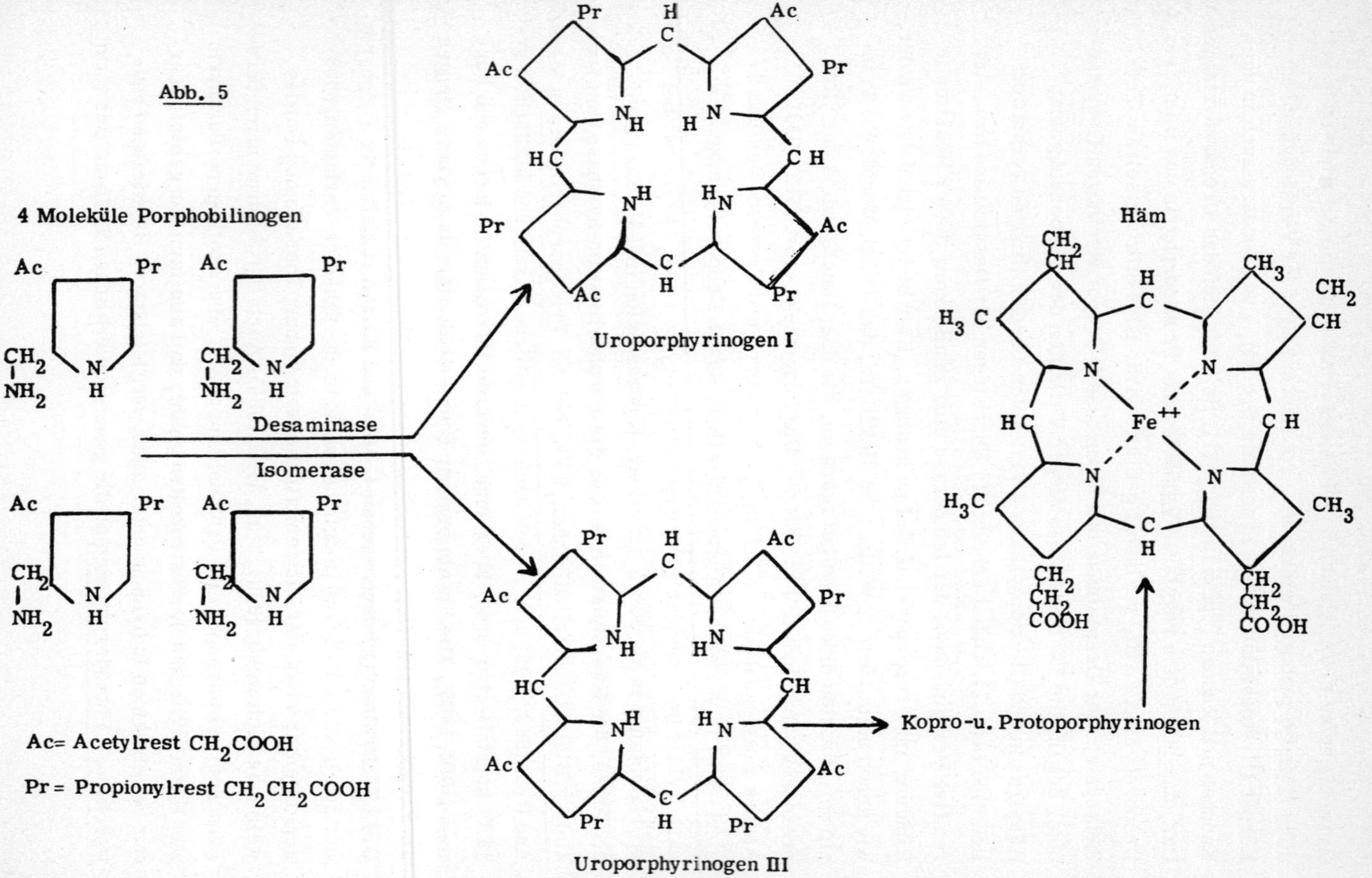

Ac = Acetylrest CH$_2$COOH
Pr = Propionylrest CH$_2$CH$_2$COOH

gen, endemisch-pathologische Lichtreaktionen der Haut aber an exogen - toxische Photosensibilisierungen denken lassen (Phytotoxine in Bärenklau, Johanniskraut, Gartenmelde u. a., 3702).

Von den erythropoetischen Porphyrien sind diejenigen hepatogenen Porphyrinurien (mit Porphyria cutanea tarda) abzutrennen, die auf erblich beeinflußten oder auch nichtgenetischen Abbau- oder Exkretionsstörungen in der Leber (Hepatitiden, Alkoholkonsum etc.) beruhen (7355, 7733). Doch selbst diese sind durch Uroporphyrinogen-Decarboxylase-Defekte oft "vorbedingt" (1906). Hier einzugruppieren ist die in einigen Southdown-Schafen gesehene, rezessive Phylloerythrose, die bei Einwirkung von UV-Strahlen durch lepröse Ekzeme der Haut und Schleimhaut sowie chronische Nierenschädigung gekennzeichnet ist (3654, 5010, 2294). Dabei kommt es durch gestörten Transfer des Phylloerythrin (Porphyrin-Abbauprodukt des aufgenommenen Chlorophylls) vom Plasma in die Leber zur krankmachenden Kumulation dieser photodynamischen Substanz(1559), begleitet von Hyperbilirubinämie. Letzte, verbunden mit Gelbsucht, ist zugleich Kennzeichen der meisten erblichen Störungen des Häm-Abbauprozesses, was Transport, Bindung und Ausscheidung des Abbaustoffes Bilirubin betrifft. Dazu bedarf es gleichfalls verschiedener fermentativer Steuerungen - mit Möglichkeiten genetischer Blocks und dem Resultat eines hereditären, aber nichthämolytischen Ikterus, der also nicht auf dem Anfall unphysiologischer Mengen Bilirubin durch krankhafte Hämolyse beruht (S. a. vorn).

Nach dem Zerfall gealterter Erythrozyten im RES und dem Weg des so entstandenen freien, nicht gebundenen Bilirubin ("indirektes" Bilirubin, weil es erst nach Alkoholzusatz eine Diazoreaktion gibt) in die Leber wird es dort wie viele andere intermediär, parenteral oder vom Darm her anfallende Verbindungen zum Zwecke der Entgiftung und Exkretion mit der Galle an Glucuronsäure gebunden (Glucuronid, "direktes" Bilirubin) = Daher die erhöhte Intoxikationsgefahr bei Zufuhr von diese Bindung fordernden Arzneimitteln bei Vorliegen solcher genetischen Hyperbilirubinämien. Die Konjugation zu Glucuronid wird durch eine Glucuronyltransferase katalysiert, bei Gegenwart von UTP (Uridintriphosphat) als Coenzym. Eine Blockade dieses Enzymsystems bedingt Konjugationsstörung und erblichen Ikterus durch er-

höhten Blutspiegel an indirektem Bilirubin (auch Hyperthyroxinämie !, 8532).
Dieses rezessiv-autosomale Gilbert-Syndrom wurde bei Mensch und Gunn-Ratten beschrieben (mit neurologischen Symptomen und herabgesetzter Fertilität, 6061, 293, 7277, 2805, 1723). Sie unterscheidet sich somit pathogenetisch von einer anderen erblichen Gelbsucht bei Mensch und Schaf (Corriedales und Southdown), dem Dubin-Johnson-Syndrom, das durch Rückstau direkten, d.h. konjugierten Bilirubins und anderer Komponenten (Porphyrine, Melaninvorläufer = Schwarzfärbung der Leber !) gekennzeichnet ist, weil zwar die Glucuronidbildung intakt, aber der Übertritt desselben in die Galle gestört ist (8249, 292, 2122). Die Symptome bei Schafen sind ähnlich denen der oben geschilderten Phylloerythrose.

Neben den schon aufgeführten Enzymdefekten von breiterer vergleichend-medizinischer Bedeutung gibt es eine Reihe genetisch bedingter Fermentanomalien, die bislang nur in der Humanmedizin eine Rolle spielen, so die Blockade der Leber-Aldolase (Fructose-Intoleranz), der Galactose-1-phosphat-uridyl-Transferase (Galaktosämie), der Arginin-Succinsäure-Synthetase(Citrullinämie), der Argininosuccinase (Argininsuccinacidurie), der Arginase im Speichel (Argininämie, 9263), der Cystathion-Synthetase (Homocystinurie) u.a. (1662, 882, 6905, 974, 7745).

So erfolgt beispielsweise auf dem eingleisigen Stoffwechselweg von der Iminosäure Prolin zu Hydroxyprolin, aber auch beim Prolinabbau, die Oxidation durch Prolinoxidasen (Dehydrogenasen), bei deren Blockade es zu einer Hyperprolinämie und Hydroxyprolinurie kommt - bei Mensch und Maus beschrieben (5946, 3958, 795). Auch der Abbau des in strukturell gebundener Form nur im Kollagen (und gering im Elastin) vorkommenden Hydroxyprolin geschieht mittels einer Oxidase, deren Ausfall eine Hydroxyprolinämie bedingt (882):

Prolin $\xrightarrow{\text{Oxidase}}$ Hydroxyprolin $\xrightarrow{\text{Oxidase}}$ Pyrroliden-3-hydroxy-5-carbonsäure

Diese bei Mensch und Tier seltenen, einfach mendelnden (rezessiv) Enzymdefekte sind jedoch klar zu trennen von sekundären Steigerungen im Iminosäure-Blutspiegel, die bei krankhaften Auf- und Abbauprozessen des Stütz- und Bindegewebes, z.B. bei Osteodystrophien (Morbus Paget etc., 9483), Kollagenosen etc. imponieren und genetisch - hormonell beeinflußbar sind(Hypo-, Hyperthyreose !). So ließ sich ein statistisch gesicherter erblicher Effekt auf den Hydroxyprolin-Plasmalevel in Ebernachkommengruppen des zu Gliedmaßenstörungen neigenden langen Fleischschweines nachweisen (2246).
Die ähnlich wie die Hyperprolinämie mit geistiger Retardation in Verbindung gebrachte, seltene Histidinämie fand ebenfalls ihre Parallele in Mäusen (3579, 3926, 3116, 1118). Sie beruht auf einem Defekt der Histidase, eines Ferments, das den Abbau des Histidin zu Urocaninsäure gewährleistet:

Histidin → Histidase → Urocaninsäure

Hyperoxalurie mit Disposition zu Oxalose und Oxalat-Harnsteinen durch Ausfall spezifischer Transaminasen im Rahmen des Glycinstoffwechsels sind gleichfalls bekannt (4631); diese Fermente erwiesen sich auch bei Tieren als polymorph (8009) und mögen einen Teil der Urolithiasis- Patienten bedingen, wenngleich hierfür in erster Linie renale Faktoren oder hormonelle Störungen des Ca/P - Stoffwechsels verantwortlich zu machen sind.
So zeigen kennzeichnenderweise die chondrodystrophen Hunderassen (Tekkel, Pekinesen u.a.) eine vermehrte Neigung zu Harnsteinen (7985).
Und die in Dalmatinerhunden anzutreffende Anfälligkeit für Uratsteine durch Besonderheiten im Purinstoffwechsel (Exkretion von Harnsäure anstelle von Allantoin) scheint weniger durch fermentativen Ausfall - etwa der Leber-Urikase - oder durch enzymatische Blocks im Harnstoffzyklus (z.B. der Argininosuccinat-Synthetase, mit dem Resultat einer Hyperammonämie in Mensch und Tier, 5533, 7413), als vielmehr durch Behinderungen des Trans-

ports der Harnsäure mittels der Erythro- und Hepatozyten zustandezukommen (7985). Sie führt auch nicht, wie die Hyperurikämie des Menschen gewöhnlich, zur Gicht - eine im übrigen sicher den biochemischen Stoffwechselstörungen zuzurechnende, familiäre Erkrankung bei Mensch (insbesondere des erwachsenen Mannes, 5138) und Vögeln (7058), über deren Ätiologie z.T. Unklarheit herrscht (S.a. dort). Jedenfalls sind neben enzymatischen Fehlsteuerungen der Purin-Biosynthese vorwiegend endo- und/oder exogene Überproduktionen von Harnsäure mit im Spiel (7495, 9005).
Die ebenfalls zu Steinbildungen prädisponierende Cystinurie - mit abnormen Konzentrationen der Aminosäuren Cystin, Lysin, Arginin und Ornithin im Harn (7277) - beruht ebenso auf Entgleisungen der Transportmechanismen, d.h. genauer der intestinalen Resorptions- und Rückresorptionsvorgänge (6884). Sie verursacht auch bei Hunden (Teckel!) beträchtliche Prozentsätze der Steinpatienten und zeigt eine starke familiäre Häufung. Bei Mensch scheint rezessiv-autosomaler Erbgang gesichert - unter Annahme multipler Allelie (5637)- beim Hund mutmaßlich ein geschlechtsgebundener vorzuliegen, da ein Überhang männlicher Behafteter besteht. Offenbar ohne klinische Konsequenzen und eine Spezieseigentümlichkeit ist dagegen die Sulpho-Cysteinurie der gefleckten Ginsterkatze (Genetta, 1711, 1598). Infolge ähnlicher Purin-Abbaupfade wie in Vögeln ist bei Reptilien gleichfalls mit Uratstein-Vorkommen zu rechnen. Homozygotie für Ausfall der Erythrozyten - Uridin-5-monophosphat-Synthase soll letal bei Rindern sein (9731, 9732).

Wie schon betont, können Fehlsteuerungen von Stoffwechselprozessen nicht allein durch Strukturveränderungen verantwortlicher Enzyme bedingt sein, sondern ihre Ursache u.U. in Verlagerungen der zeitlichen Induktion und Koordination der Enzymsynthese sowie der Quantität erzeugter Fermentmoleküle haben, sich somit in Aktivitätsverlusten oder -hemmungen niederschlagen. Doch liegen die für den Aufbau und die für den Einsatz eines Biokatalysators verantwortlichen Cistrone (Struktur- bzw. Regulatorgene) offenbar meist straff gekoppelt nebeneinander, wie dies u.a. aus Untersuchungen der Säuger-β - Glucuronidase deutlich wurde, eines ubiqitären Zellenzymsystems, das den lysosomalen Hydrolasen zugerechnet wird (5814, 5815). Dagegen ging aus diesen Arbeiten hervor, daß die Gene, welche die Bindung dieses Enzyms an ganz bestimmte intrazelluläre Synthese- und Abbaustätten, z.B. die Lysosomen, bewirken ("Processing genes") an weit entfernten chromosomalen Orten liegen können. Auch bei ihnen sind aktivitätsaufhebende Mutationen denkbar und bekannt, die somit trotz normaler struktureller und quantitativer Enzymsynthese wirksam werden (2714, 2717). Ähnliches konnte für lysosomale Phosphatasen gezeigt werden (4339).

Nicht zuletzt auf diese Weise erklären sich die in vielen Arten und bezüglich zahlreicher Fermente festgestellten hocherblichen Einflüsse auf ihre Leber- und Plasmakonzentration, so bei der Erythrozyten-Katalase (Hund, 110, Mensch, 7277, Meerschweinchen, 6203, Maus, 1119) bis hin zur völligen Acatalasämie (Keine Blasenbildung bei H_2O_2 - Wundwaschungen !); bei der für den normalen Knochenstoffwechsel unentbehrlichen Phosphatase (Hypophosphatasie , Mensch, Rind, Schaf, 2548, 800, 2549, 7653, 3272, 1526, Kaninchen, 2411, Maus, 1119); bei der Lactat-Dehydrogenase (2530), der Pseudocholinesterase (6767), der oxydativen Aktivität des Ceruloplasmin (Wilsons Disease, Mensch, 7277, Schwein, 6279). Dabei können die oft fließenden Übergänge oder intermediären Formen von Enzymopenie bis zur Enzymdefizienz z.T. durch Heterozygotie bzw. Homozygotie (Single-Gen-Dosiseffekte) zustandekommen oder eine polygenische Basis haben. Dies gilt für lösliche und membrangebundene Enzyme- wie bei der tief in der Microsomenwand verankerten Arylhydrokarbon-Hydroxylase nachgewiesen, eines für den Abbau von Kohlenwasserstoffen notwendigen Ferments: Ein interessantes Beispiel übrigens für genetisch gesteuerte micro- und lysosomale Enzymaktivitäten und Resistenz bzw. Disposition gegenüber carcinogenen Substanzen (Maus, 4211). Ein mutierter Enzymlocus mit Regulatorfunktion (Esterase D; 8950) scheint so für die Entwicklung erblicher Formen des Retinoblastoms verantwortlich, in den Peroxisomen der Leber ausfallende Fermente für die Plasmalogen-Defizienz in Zellmembranen beim rezessiven Zellweger-Syndrom (9092).

Die Lysosomen gehören ohnehin zu den Zellorganellen, deren große Bedeutung in Zusammenhang mit Zellenzymen, erblichen Stoffwechselentgleisungen und angeborenen Defekten erst seit einigen Jahren bekannt ist. Daher lohnt es sich, darauf etwas näher einzugehen. Für ein tiefergehendes Studium seien Übersichten empfohlen, denen manche der hier gemachten Angaben entstammen (1833,1834,1835,3362). Die Lysosomen sind ein integrierender Bestandteil des sogen. Vakuolarsystems der Körperzelle (Abb. 6), das für die Endo- und Exocytose zuständig ist, d. h. für die Aufnahme (Pinozytose, Phagozytose) von Stoffen durch die Zellmembran, ihre "Verdauung" oder Speicherung und für die Exkretion bzw. Defäkation von Ab- und Umbauprodukten (auch intrazellulärer Herkunft) in den extrazellulären Raum.

Die Lysis phagozytierter körperfremder Substanzen oder von Zelldetritus wird durch saure Hydrolasen bewerkstelligt, die im endoplasmatischen Reticulum (ER) synthetisiert und in die primären Lysosomen (= Vakuolen mit einschichtiger, semipermeabler Membran) inkorporiert werden. Diese Transportvehikel jungfräulicher Enzyme verschmelzen mit den Heterophagosomen (= Vakuolen mit pino- bzw. phagozytiertem Material) oder mit den Autophagosomen (= Vakuolen mit zelleigenem Abfall) zu sekundären Lysosomen, die somit fakultativ Hetero- oder Autolysosomen sein können. In ihnen kommt es zur "Verdauung" der eingeschlossenen Materie, deren Endprodukte mit den Telolysosomen aus der Zelle defäkiert oder, falls es sich um inerte oder aus anderen Gründen nicht abzubauende Substanzen handelt, in den Postlysosomen (Restkörperchen) intrazellulär gespeichert werden.

Die lysosomalen Fermente sind zum Abbau fast aller organischen und vieler anorganischer Verbindungen fähig, sie bewirken nach Zerfall der Lysosomenmembran unter pathologischen Bedingungen oder nach dem Tode auch die Auflösung körpereigenen Gewebes: Ein wesentlicher Vorgang der Autolyse. Name und Konzept der Lysosomen, die Erkennung der Latenz lysosomaler Enzyme, d. h. ihres diskreten Wirkens in diesen "Suicide bags", den Lysosomen, und ihre Nachweisbarkeit erst nach Zerstörung von deren Membran (Zentrifugieren, Detergentien), gehen auf Forschungen von Berthet und de Duve(1951) zurück, die sie an saurer Phosphatase und β - Glucuronidase durchführten. Dabei war das Konzept der Lysosomen da, bevor

Abb. 6

Schema lysosomaler Endocytose und Digestion ("Vakuoläres System"), (nach MAUNS-
BACH und COHN u. FEDORKO, in DINGLE u. FELL, 1969)

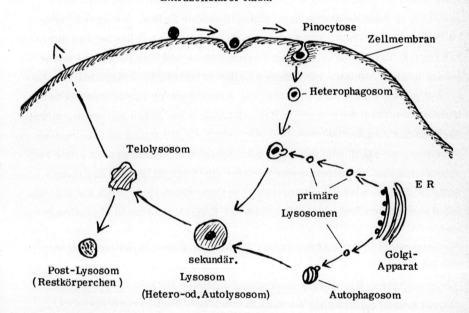

man die Partikel selbst entdeckte (5624,10072).
Zwischenzeitlich wurde erkannt, daß im wesentlichen folgende Enzymsysteme
lysosomaler Natur sind oder sein können: Phosphatase, Ribonuclease, Desoxyribonuclease, Cathepsin, Arylsulfatase, ß- Glucuronidase, λ - Mannosidase, Nucleotidase, N-Acetyl-ß-Glucosamidase, ß- Galactosidase, λ -Glucosidase, Lysozym - hier sind selektive Ausfälle bei Kaninchen bekannt (6156)-
Peroxidase, Lipase, Phospholipase, Protease, Mucopolysaccharidase, Kollagenase, Sphingolipidase u.a.m.: Alles saure Hydrolasen mit Wirkungsoptimum
im sauren Milieu, die zum Abbau makromolekularer Strukturen notwendig
sind. Es versteht sich von selbst, daß den Lysosomen daher eine wesentliche Aufgabe bei der Phagozytose, der Unschädlichmachung pathogenen Materials zukommt: Bakterien, Virus, Toxinen etc.. Sie sind daher besonders
zahlreich in intensiv phago- bzw. pinozytierenden Zellen, den Leukozyten,
Macrophagen und Hepatozyten, deren Granula vorwiegend Lysosomen mit Inhaltsstoffen darstellen (8725). Ihr Vorhandensein und ihre Bedeutung wurde
jedoch in einer Vielzahl von anderen Zellen ermittelt: In proximalen Tubuluszellen, wo sie sich an der Verarbeitung hochpolymerer Substanzen aus dem
Glomerulumfiltrat beteiligen; in Reticulumzellen der Roten Milzpulpa, in welchen sie z.B. an der Demontage verbrauchter Erythrozyten mitarbeiten; in
Neuronen, wo sie für die Digestion oder Speicherung schädigender Stoffe verantwortlich sind - beispielsweise auch des die Enzephalopathie der Gunn -
Ratte (S.dort) bewirkenden Bilirubin -; in Osteoklasten, in denen sie über die
Sezernierung von Hydrolasen Aufgaben der Knochenresorption übernehmen
etc..
Es verwundert nicht, daß bei endogenen oder exogenen Inhibitionen eines
Vakuolarsystems von so umfassender Bedeutung schwere Erkrankungsbilder resultieren. Ein starker Hydrolasen-Inhibitor ist z.B. Trypanblau,
worauf dessen mißbildende Wirkung in trächtigen Nagern zurückgeführt
wird: Ein Verlust der intrazellulären Digestionskapazität in der embryotrophen Phase führt zum Versorgungsdefizit. Andere Situationen wieder,
so der Vitamin-A-Mangel oder die Hypervitaminose, reduzieren die Stabilität der Lysosomenmembran und sorgen so für einen unzeitigen, unphysiologischen Austritt der Hydrolasen mit allen zellauflösenden Folgeerscheinungen und ontogenetischen Fehlleistungen (Anophthalmien, Hirnbrüche,

Spontanfrakturen etc., 1479, 5818). Wie sich hier andeutet, spielt lysosomale Funktion nicht nur eine zentrale Rolle bei physiologischen Auf- und Abbauprozessen (Uterus, Corpus luteum !), bei regulärer Membranolysis (Penetration der Spermien in die Eizelle = Hyaluronidase des "Plasmatropfens", der wahrscheinlich in toto lysosomaler Natur ist), sondern auch in der Teratogenese. Dieses ist leicht vorstellbar, wenn man an ihre Aufgabe bei der selektiven Regression embryonaler Strukturen denkt, bei deren Behinderung es zu Hemmungsmißbildungen kommt (Müllersche Gänge usw.). Alle Stadien des Geschehens im Vakuolarapparat der Zelle können durch Teratogene oder genetische Fehlinformation negativ beeinflußt werden: Pinozytose, Exozytose, intralysosomale Digestion, Membranbildung oder Fermentsynthese (4654). Dabei wird nur ein kleiner Prozentsatz angeborener Defekte allein durch erbliche oder rein exogene Faktoren ausgelöst, die Mehrzahl aber durch ein Zusammenwirken von Genom- und Umwelteinflüssen.

Doch nicht nur pathologische Labilität der Lysosomenmembran, auch eine extreme Stabilität und Hydrolasen-Undurchlässigkeit, wie durch hohe Dosen Cortison induziert (5581), finden offenbar in der antientzündlichen und potentiell teratogenen Wirkung dieses Hormons (Gaumenspalten) ihren Niederschlag (5135). Letzte ist deutlich genetisch modifizierbar (2425, 888). Darüberhinaus vermutet man, daß freigewordene DNA-ase zu Chromosomenbrüchen, Deletionen und Defizienzen führen kann, somit kongenitale und somatische Mutationen auszulösen imstande ist, die Mißbildungen oder Wucherungen verursachen: Eine mögliche Querverbindung zum Krebsproblem(112). Die generelle Bedeutung des Vakuolarsystems und lysosomalen Prinzips kann somit gar nicht überschätzt werden, wenngleich sicherlich manche These noch der Nachweissicherung bedarf, wie überhaupt auch hier auf eine stürmische, optimistische Forschungsphase eine depressive folgen mag.

Es kamen jedoch viele spezielle, genetisch bedingte lysosomale Erkrankungen, sogen. "Speicherkrankheiten" bei Mensch und Tier zur Beobachtung. Eine der zuerst entdeckten war eine Glykogenose, deren Ursache im Ausfall einer $\measuredangle$ - Glucosidase und Ansammlung von Glykogen im sekundären Lysosom, insbesondere in der Muskulatur, liegt, bei dessen Platzen es zur catheptischen Verdauung von Muskelzellen, zur Muskeldestruktion, Hepato- und Cardiomegalie kommt (Pompes disease, 3362).

Es existieren mehrere Typen, mittlerweile 10 (10028, 8584). Bedingt vergleichbare Glykogenosen wurden bei Hund (462, 5346, 6208, 1289), Katze (6647), Schaf und Rind (4866, 3859, 9405, 9070), sowie Ratte und Maus gesehen (1433, 5958). Muskelschwäche ist eins der charakteristischen Symptome. Man fand weitere, in der Symptomatik ähnliche, zu Muskeldystrophien führende Enzymdefekte bei Mensch und Tier (Cori-Typen), so eine Glucose-6-Phosphatase- oder Phosphorylase-Defizienz (7611, 5464, 4857, 2894), und den Morbus Fabry als x-chromosomal codierte Thesaurismose (Ceramidtrihexosid-Speicherung in Muskeln und Haut durch α - Galactosidase-Mangel, 2144).

Die o.a., durch den α - Glucosidase-Block bedingte Glykogenose gehört zu einer Gruppe von Speicherkrankheiten, die durch den kompletten Ausfall lysosomaler Enzyme entstehen (3362). Hierher gehören auch einige andere: Die Fucosidose, Farble's und Fabry's Krankheit (S. o.), sowie Formen zerebraler Lipoidosen (infantiler Gaucher, Niemann-Pick). Durch Sialidase (= α -N-Acetylneuraminidase)- und/oder β - Galactosidase-Ausfall kommt es zu den gleichfalls meist mit geistiger Retardation verbundenen Sialidosen und Mucolipidosen (5647, 7581, 4722, 7453, 3526). Kennzeichnend für die meisten dieser lysosomalen Erkrankungen ist - neben einer Hypertrophie der Lysosomen und vakuolären Struktur der Zellen - , daß sie progressiv verlaufen, was sich aus der eben dargelegten Funktion des Vakuolarsystems erklärt. Behaftete Individuen sind daher bei der Geburt oft normal, und Symptome entwickeln sich erst mit zunehmender Speicherung der im Katabolismus blockierten Substanzen (797).

Beim Morbus Niemann-Pick (Gm_3 -Gangliosidose), familiär gehäuft und letal bei Mensch und Katze (von seltenen, nicht neuropathischen Formen abgesehen, 2492), bewirkt der Ausfall einer Sphingomyelinase Sphingomyelin-Anhäufung im ZNS - mit entsprechenden zentralnervösen Erscheinungen (8049, 5231, 3298; verzögertes Wachstum, Tod mit ca. 9 Mon. , 7985; Modell jetzt in Mäusen, 9498).

Auch eine der Gaucher-Krankheit des Menschen (gehäuft bei Ashkenasi - Juden aus Litauen, 2752) analoge Glucocerebrosidose (Ausfall der β -Glucosidase, 1688) konnte vereinzelt bei Hund (3217, 7928), Schaf (4450) und Schwein beobachtet werden (3858). Hier, wie bei anderen Enzymausfällen, wird heute versucht, durch Ersatz - d.h. Inkorporation exogener Fermen-

te- Therapieansätze zu finden, bzw. durch pränatale Diagnosen homozygot
Behaftete zu ermitteln (1678,4299).

Bei einer anderen Gruppe bleibt eine Rest-Aktivität des Enzyms erhalten,
so beim Adulten-Gaucher und der Mannosidose des Menschen, bedingt durch
Hemmung der ⋏- Mannosidase. Dies ist ein Block im Abbau der Polysac-
charidfraktion der Glykoproteide - und somit keine Mucopolysaccharidose
(3362). Bei Angus-Rindern, inzwischen auch in anderen Rassen (hier z.T. als
kongenitaler Letalfaktor, 9071, 8600), kam eine vergleichbare Erkrankung zur
Beobachtung, bei der Homozygote mit einem fast völligen Verlust der Ferment-
aktivität, Heterozygote dagegen nur mit einem partiellen behaftet sind (4520,
473, 3855, 3853, 3443, 3854, 3211). Das ist für die Anlageträger-Entdeckung bedeutsam (Test in allen australischen Angus-Zuchttieren, 3859, 3854, 3273, 9072,
3274, 3270, 3271, 2114, 7080). Mannosidose des Rindes ist gleichfalls durch
zentralnervöse Symptome (Ataxien, Tremor etc.), aber auch durch Vakuoli-
sierung exokriner Drüsenzellen gekennzeichnet, und ein Letalgen, denn sie
führt zum Tode vor Erreichen der Geschlechtsreife (3857, 3860, 3862, 1472).
Bei Mäusen mit rezessiv-autosomalem Zittern ("Quaking", 7603) ist die ⋏-
Mannosidase ebenfalls vermindert (4326). Auch in Katzen wurde jüngst ein
Modell entdeckt (1138, 7869), kürzlich zudem eine Blockade der ß-Mannosidase in Ziegen (3869, 3870, 3275, 8685, 9169). Bestimmte Pflanzengifte können
dazu Mannosidosen u.a. Gangliosidosen induzieren (Swainsonia u.a., 3858,
1898, 9722).

Schließlich gibt es Enzymdefekte, die durch das Auftreten von inaktiven
Isoenzymen maskiert werden. So existieren die Isoenzyme A und B der N-
acetyl-Hexosaminidase zum Globosid- und Ceramidabbau, doch nur Form
A ist imstande, Gm_2 - Gangliosid abzubauen: Bei Abwesenheit resultiert
die Gm_2 - Gangliosidose (Tay-Sachs-Krankheit), eine frühkindliche Variante amaurotischer Idiotie (721). Sie zeigt bei Mensch (1 : 5000 in osteuro-
päischen Juden, 3770) und Hund (in Dt. Kurzhaar und Engl. Setter, 685) rassische Häufungen und - analog auch in Schweinen - rezessiv/autosomalen
Erbgang, jedoch mit deutlicher Gendosiswirkung (6023, 4223, 4224).

Sind beide Isoenzyme defizient, besteht eine totale Hexosaminidase-Blocka-
de, so häufen sich Ganglioside und Globoside an, wie bei der Sandhoffschen
oder O-Variante des Morbus Tay-Sachs (6645, 6646). Ein Modell in Katzen

bietet sich an (1557,1558). Beiden Formen, welche bei Feten mit erhöhtem
Risiko bereits pränatal diagnostizierbar sind (Amnionsflüssigkeit,1417),
liegen Mutationen des Hexosaminidase-Strukturgens zugrunde (7260,4721,
4722).
Ähnliche,z.T. noch komplexere Situationen sollen bei den Sulfatidosen (Metachromatische Leukodystrophien; Ausfall der Arylsulfatase A) und anderen
Leukodystrophien des Menschen und der Tiere bestehen (selbst bei Gänsen
beschrieben, 8141), sowie bei der Gm_1 - Gangliosidose (totaler oder partieller β - Galactosidase-Block,4371,6337,7024). Eine exakt entsprechende
Krankheit kommt bei Hunden und Katzen vor (3113,6268,6184,3491). Dagegen fehlen bei der in Rindern gesehenen Form offenbar die Leber-Speicherungssymptome (gleichfalls rezessiv geprägt,1886,3825,6974). Es überrascht nicht, daß bereits normalerweise eine recht breite Variation im
Hirn-Gangliosidgehalt konstatierbar ist, wie für einige Mäuselinien nachgewiesen; zugleich zeigte der DBA-Stamm mit Disposition zu audiogenen
Krämpfen höchste Konzentrationen (6946,6947).
Neben der abnormen Speicherung von Gangliosiden und Globosiden in den
vorbezeichneten Erbdefekten kommt es oft gleichzeitig zur vakuolären Ablagerung von Ceroid-Lipofuscin, was unspezifisch, gelegentlich aber Ausdruck einer eigenständigen, angeborenen Anomalie sein kann ("Batten's
disease"), deren enzymatische Ätiologie noch ungeklärt ist (3863). Solche,
bestimmten Formen menschlicher amaurotischer Idiotie ähnliche <u>Ceroid-
Lipofuszinosen</u> (z.B. der Farber's disease = Lipogranulomatose infolge
Ceramidanhäufung durch Ceramidase-Block,6029) wurden bei Hunden (3015,
6200,7985,1649,703,5529), Rindern (6269) und Schafen beschrieben (3856),
Phospholipidosen auch in Abessinier-Katzen (4384). InSettern konnte dabei
eine einhergehende, unvollkommen dominante Reduktion der p-phenylendiamin-substrat-abhängigen Peroxidase festgestellt werden (5880,5529).
Bei Mensch und Maus denkt man auch an die Störung eines Ferments im
Vitamin-E-Stoffwechsel (Ferrokelatase,5777). Solche familiären Lipofuszinosen sind von ernährungs- und altersbedingten abzugrenzen (7985,5551,
4219). Genetisch-dispositionelle Milz-Lipofuszinosen kommen in Mäusen vor
(8747).

Bei den erblichen Leukodystrophien haben wir es, wie der Name sagt, mit
selektiv in der Substantia alba des ZNS (u. U. auch in anderen Organen) lo-
kalisierten Sulfatidosen oder Sphingolipidosen - mit prallgefüllten Globoidzellen - zu tun. Der metachromatischen Form liegt, wie o.a., die Blockade
der Sulfatase A zugrunde, was exzessive lysosomale Speicherung von Sul-
fatiden, ihre Nichtverwendbarkeit als dringend benötigte Membranlipide (
Microsomen !) und damit Zellorganellen-Insuffizienz zur Folge hat. Beim
Menschen können Leukodystrophien erst im Erwachsenenalter zur Manifestation kommen (7277). Modelle wurden beim Nerz bekannt (1398,966,157).
Die Globoidzell-Leukodystrophie vom Typus Krabbe ist in einem β- Galac-
tocerebrosidase-Mangel begründet, d. h. es ist die Galaktose-Abspaltung
von Galactocerebrosid zwecks Erzeugung von Ceramiden gestört, was abnorme Retention von Sphingolipiden in zentralen und peripheren Nervenzellen
bewirkt (3903,7985). Wie beim Menschen, so stehen bei der ganz analogen
Erkrankung des Hundes neurologische Symptome im Vordergrund (Ataxien,
Tremor etc.), ist zu der familiären eine rassische Häufung in West Highland White und Cairn Terriern aktenkundig (2351,7985). Das mag durch in-
zuchtbedingte Kumulation entsprechender Defektgene in diesen Rassen zustan-
degekommen sein. Die Anomalie wurde jedoch ebenso in Pudel, Beagle und
Dalmatinern gefunden (8363,3837,778,779). Der Erbgang scheint rezessiv-
autosomal zu sein, doch zeigen Heterozygote herabgesetzte Enzymaktivitäten (7985), Gendosiswirkungen, wie sie nun schon bei vielen Enzymanomalien
erwähnt wurden. Hieraus ist ersichtlich, daß Thesen hundertprozentiger
Rezessivität in der Ätiologie von Defekten oft nur aufrechtzuerhalten sind,
solange verfeinerte Nachweismethoden fehlen. Auch in Schafen fand man
unlängst eine Leukodystrophie (6161). Die "Twitcher"-Maus mit Galactosyl-
ceramidase-Block scheint ein weiteres Modell zu sein (9252,9791).
Das Chediak-Higashi-Syndrom, welches, selten bei Mensch (838,1835,9744),
Nerz(3324,5809,5810), Maus(4379,5713,970), Rind(5808,9467), Katze(4245,
4246,4247), Killerwal, unt. anderem durch Verblassung von Haar, Haut, Auge,
große zytoplasmatische Einschlüsse in Granulozyten (4766,938), hämorrhagische Diathesen durch Thrombozyten-Dysfunktion (582,3959,6155,1098,
5179,5180,584), Hypergammaglobulinämie (3343) und erhöhte Infektionsbe-

reitschaft gekennzeichnet ist (3999, 3873, 9410), wird gleichfalls den Krankheiten mit Lysosomenbeteiligung zugerechnet, seitdem die verklumpten Granula bei dieser Plasmozytose als abnorme primäre und sekundäre Heterophagosomen bzw. accelerierte Autophagosomen identifiziert wurden (8087, 8088, nicht identisch mit der x-chromosomalen Granulomatose des Menschen, 1773). Diese Lysosomen sollen keine alkalische Phosphatase enthalten und Membranfusionsschwierigkeiten aufweisen (7385, 8202). Die NK ("Killer")-Zellen sind betroffen - durch verminderte chemotaktische Aktivität und defektes Microtubulus-System der Phagozyten, ebenso die Hepatozyten (7237, 6470, 3978, 6419, 9048, 8830). Auch die Amelanose der Hühner zeigt B-Zell-Hyperreaktivität (9296). Hier deuten sich somit Querverbindungen zwischen Autoimmun-, Lysosomenerkrankungen und Pigmentmangelsyndromen an (5617, 5618, 5619). Bei der "Pale-ear"-Maus (ep/ep) schließlich konnte gezeigt werden, daß solche Defektmutationen an einem Genort gleichzeitig 3 Zellorganellen zu beeinträchtigen imstande sind: Die Melanosomen, die Lysosomen und die Thrombozytengranula (5620). Thrombozytäre Sekretionsstörungen lysosomaler Fermente sollen sogar am humanen ADD ("Attention deficit disorder") beteiligt sein, einer mit Unaufmerksamkeit, Hyperkinese und Traumadisposition verbundenen Mentalstörung (9257). Mitunter scheinen auch prälysosomale Strukturen wie ER und die Ribosomen betroffen, wie in einem seltenen hereditären Defektsyndrom des Menschen, das mit Leukozyten-Einschlüssen, Macrothrombozytopenie und Taubheit einhergeht (9639).

Ob ein erblich geprägtes, mit vakuolisierenden, neuraxialen Ödemen im ZNS, Krampfanfällen und Stehunvermögen charakterisiertes Syndrom in Kälbern hier einzuordnen ist, bedarf noch der Klärung (3230, 1386). Bei der oben skizzierten, wichtigen Rolle lysosomaler Funktion im Katabolismus des Stützgewebes nimmt es ferner nicht wunder, daß ihr eine erhebliche Bedeutung in der Pathogenese rheumatoider Arthritiden zugeschrieben wird. Es wird eine Defizienz spezieller lysosomaler Hydrolasen vermutet (882, 1834).

Inwieweit und ob überhaupt bei Mensch und Tier beschriebene "essentielle" oder idiopathische Hyperlipoproteinämien (im Gegensatz zu sekundären, 6480), etwa beruhend auf Lipaseblockaden oder anderen Ursachen (6892, 514, 6479), ins lysosomale Konzept einzuordnen sind, bleibt abzuwarten.

Bei Mäusen gibt es solche Modellkrankheiten (9515, 9626). Aufgrund der eingangs geschilderten renalen Lokalisation von Lysosomen - mit nachweislich unterschiedlicher Sekretionsrate in Nagern (9432) - wäre die in Beagles beschriebene glomeruläre Lipidose möglicherweise hier anzusiedeln (8032, 8376).

> What we see is heredity changing and using
> its materials and its processes, derived from
> the past, to meet the needs of the present and
> the hazards of the future. It does not show us
> how often, as in human affairs, the long-term
> advantage is set aside in favour of short-term
> opportunity.
>
> C.D.Darlington, 1978

CHROMOSOMENABERRATIONEN

Spontan auftretende oder induzierte Mutationen verändern nicht nur die genetische Information durch Basensequenzänderung, durch Schaltmutation im Codon, wie im vorangegangenen Abschnitt beschrieben, sondern können ganze Chromosomen oder Chromosomenteile zerstören, duplizieren oder tranlozieren. Dadurch kommt es in aller Regel gleichfalls zu schwerwiegenden Folgen für die Behafteten, weil Zuwachs, Einbuße oder unbalancierte Verteilung genetischen Materials im Zellkern koordinative Störungen genetisch-enzymatischer Prozesse bedingen (4277). Denn Chromosomenanzahl und Form sind speziestypisch und schon geringfügige Abweichungen von diesem Karyotyp können Konsequenzen haben. Dies hindert nicht, daß eine gewisse, mit völliger Gesundheit vereinbare Variabilität von Chromosomenzahl und -gestalt existent sein kann, ein sogen. Chromosomen-Polymorphismus, mit Varianten des Karyotyps.

Unabhängig davon ist die Evolution extrachromosomaler Vererbung via Mitochondrien-DNA zu sehen (komplette Sequenzierung gelang, starke Spezies-Homologien, 8653, 9625, 9735), als Basis für maternale Effekte (9337), die auch für Leistungsmerkmale bedeutsam sein können (8526).

Normalerweise differiert die diploide Anzahl der Kernfäden bei Säugern zwischen 2n = 6 (Muntjak, 8287) und 2n = 88 (Jamaika-Hutia, Ferkelratte, 2632). Wichtig ist aber, daß sich durch diese interspezifisch stark differierende Chromosomenzahl nicht viel an der Menge weitergegebener DNS än-

Abb. 7

Karyogramm eines männlichen Hundes   2n = 78

Alle 38 Autosomenpaare sind telo-bzw. akrozentrisch (Zentromer endständig), nur die Heterosomen sind meta- bzw. submetazentrisch (XY-Chromosomen)

dert: Es sind im wesentlichen Unterschiede in der Verpackung, nicht in der Masse der Erbsubstanz, wenngleich kleinere, signifikante Speziesunterschiede im Kern-DNA-Gehalt nachgewiesen wurden (336). So kommt es, daß die Chromosomen von Arten mit großer diploider Anzahl, z.B. vom Hund mit $2n = 78$ (Abb. 7), sehr viel kleiner sind als solche mit geringer Zahl. Das bedeutet, daß sich - im zwischenartlichen Vergleich - die Kernfäden mehr als verzehnfachen können, der DNS-Gehalt aber nur auf das Doppelte ansteigt; dies gilt allerdings nur innerhalb der Säuger (380, 6276). Der weit niedrigere DNA-Gehalt primitiver Fische (Bakterien enthalten gar nur ein Tausendstel des Säuger-DNA-Kerngehalts, 1722) soll erst im Laufe der Phylogenese durch Polyploidisierung (Vervielfachung ganzer Chromosomensätze) auf den höherer Pisces gesteigert worden sein, die dann an Land gingen" - so stellt man sich jedenfalls die Entstehung der Landvertebraten aus aquatischen Vorstufen vor (5682). Durch solche Vorgänge scheint die Konservation der chromosomalen Nachbarschaft (Kopplung) bestimmter, "syntäner Gengruppen", die"korrelierte" genetische Variation bei bestimmten biochemischen Varianten (Polymorphien, 5648, 8758) über viele Arten hinweg verständlicher, wovon schon bei der G-6-PD die Rede und was auch für andere Genorte nachweisbar war (5681, 4340, 7177, 2390). Sie mag weiter begünstigt werden durch das Vorkommen nicht zufallsverteilter, selektiver Lokalisationen der Chiasmata im Rahmen der Rekombination homologer Erbanlagen (Crossing over, 4790, 6501).

Selbst"an Land" ging dieser Prozeß weiter: Der Laubfrosch Hyla versicolor zeigt mit $2n = 48$ den doppelten Chromosomensatz von Hyla chrysoscelis, ist somit wahrscheinlich als Tetraploid aus diesem hervorgegangen; Kerngröße, Kernprotein- und -DNS-gehalt nähern sich jedoch wieder dem diploiden Level (381). "Kryptopolyploidie" (DNS-Vermehrung ohne parallele Kernfadenzunahme) wäre eine weitere Erklärungsmöglichkeit (7227). In Salamanderarten existieren selbst diploide und triploide Individuen nebeneinander (7735). Ob ähnliche Verhältnisse beim Goldhamster (Mesocricetus auratus, $2n = 44$) und den möglichen Ausgangsarten Cricetus und Cricetulus ($2n = 22$) vorliegen, ist umstritten (6459). Die Entstehung nahe verwandter, aber nicht voll hybridisierbarer Hamsterarten wie Mesocricetus newtoni (Rumänischer Hamster, $2n = 38$) kann so jedenfalls nicht erklärt werden (

6211). Falls es aber zutrifft, hat sich die Polyploidisierung nicht nur auf die Chromosomenzahl, sondern zugleich auf die Mammarkomplexe ausgewirkt: Goldhamsterweibchen haben 14 - 22 Zitzen, die anderen Arten dagegen nur die Hälfte ; somit waren nicht allein die Kernfäden - bei denen auch zentrische Fissionen eine Rolle gespielt haben sollen (9522) - Ansatzpunkt evolutionärer Vorgänge (1701).

Nicht allein die Verdoppelung ganzer Chromosomensätze, auch das Auftreten oder Nichtvorhandensein "zusätzlicher" einzelner Chromosomen innerhalb ein und derselben Art kann mit Vitalität und Fertilität vereinbar sein und einen Chromosomen-Polymorphismus in der Population bedingen: So nachgewiesen bei miteinander voll fruchtbaren Haus- und Wildschweinen mit fakultativ 2n = 36, 37 oder 38 Kernfäden (2890, 5005, 5003, 6237, 7602, 907, 6105) und in einigen Schaf-Subspezies (5435, 7742). Bei Rot- und Silberfüchsen gibt es zusätzlich zu den Makrochromosomen öfter sogen. "B-oder Mikrochromosomen", die die diploide Zahl in dieser Art zwischen 2n =34 und 2n = 40 variieren lassen (2983, 4605, 4720, 7901). Sie sollen nicht ausschließlich heterochromatisch sein (8839). Intraindividuelle Variation wurde gleichfalls beobachtet (6329, 589, 6205). Solche B-Chromosomen von noch ungeklärter Bedeutung und Auswirkung fand man in anderen Arten ebenfalls, z.B. beim Blaufuchs (1111, 6275, 4849, 4850). Hier sollen Karyotypen mit ungerader Chromosomenzahl subfertil sein, was offenbar noch kontrovers ist (9390, 9976, 8709, 8894).

Was die normale Gestalt der Kernfäden betrifft, so fällt auf, daß bei Ordnung der einzelnen Paare nach Größe (wie in Abb. 7 geschehen), Chromosomen mit ähnlicher Form (z.B. akro- oder metazentrische) öfter nebeneinanderliegen als zu erwarten wäre, wenn keine Beziehungen zwischen Länge und Form bestünden (611). Dies scheint mit Befunden an insgesamt 16 817 Chromosomen vereinbar, die eine nicht zufällige Anordnung des Zentromers postulierten, jener lichtmikroskopisch als punktförmige Einschnürung wahrnehmbaren, die Kernfäden in "Arme" gliedernden, funktionell umstrittenen Region (4604, 3687).

Mit Normalität verträgliche, strukturelle Polymorphien wurden ebenfalls bekannt und sind von inkompatiblen abzugrenzen (2656). So unterscheiden sich die voll miteinander fruchtbaren Bos taurus (europ. Hausrind) und Bos indicus (Zebu) in der Morphologie ihres Y-Chromosoms (submeta- bzw. metazentrisch bei ersten, akrozentrisch bei letzten, 6118, 3065, 8774, 8555), ohne daß dieses - anders als bei entsprechenden Bison/Rind oder Yak/Rind-Unterschieden (499, 4534, 10171, 8523) - deutliche Auswirkungen auf die Reproduktion oder Hybridisierbarkeit hätte (4065, 3885); es ermöglicht vielmehr eine Erkennung von Zebu-Anteilen, z.B. in afrikanischen oder amerikanischen Mischrassen (3062, 6119, 6032, 9024, 9025). Rendel(1980) vermutet allerdings auch hier Negatives, und Ergebnisse anderer Autoren scheinen dies zu bestätigen (7593, 8796). Jedoch sprechen ausgeprägte Heterosiseffekte bei Zebu/Taurus-Kreuzungen dagegen (9980).

Doch auch innerhalb von Rassen und Rassengruppen gibt es Differenzen, nicht nur bei Rindern (1706, 1606, 4909). So fanden sich in Menschen, Mäusen, Schafen und Ratten Parallelen (1328, 4059, 732, 8568, 9294), betrug die Heritabilität der Y-Chromosomenlänge in Mäusen 53 % (3357). Nun trägt allerdings das sehr kleine Y-Chromosom - abgesehen von der Geschlechtsdetermination ,bei der u.a. auch auf ihm lokalisierte H-Y-Antigene eine Rolle spielen(9475, kontrovers, 9445, 10076) und abgesehen von der evtl. Einflußnahme auf bestimmte Spermaeigenschaften und den Testosteronspiegel (5678, 8244, 4293, 5315, 6926, 9879)- nur wenig zur genetischen Information bei(9025), und es wurden, außer den genannten, kaum y-chromosomal vererbte, d.h. nur im männlichen Geschlecht auftretende und nur durch es weitergegebene Merkmale bekannt; beim Menschen vielleicht eine Hyperextensibilität des Daumens, Haarbüschel in den Ohren und Hautgrübchen über dem Anus (4051, 1935, 4839), bei kleinen Versuchstieren einige andere Eigenschaften (7078). Das ist fast schon alles, und auch in diesen Fällen ist teilweise die Vererbung auf dem Y-Chromosom fraglich. "Paternale" Effekte können somit (mit Einschränkungen, da Crossing over zwischen X und Y offenbar vorkommen, 9213) - werden aber meist nicht y-chromosomal bedingt sein (8019). Immerhin stellt die Y-DNA eine Art Gegenstück zur Mitochondrien-DNA dar, die ja rein maternal weitergegeben wird (8568).

So mag es sich erklären, daß zusätzliche, "überschüssige" Y-Chromosomen bei Männern oft keine pathogenen Wirkungen zeigen (XYY-Konstellation ="Supermänner", 5384), wenngleich in einigen Erhebungen eine gewisse Tendenz Behafteter zu überhöhtem Testosteronspiegel, Mißbildungen des Genitaltraktes, überschlankem Wuchs und aggressiver Debilität, sowie zu Chromosomen-Imbalancen unter ihren Nachkommen herauskam (1257, 8038, 3736, 7365, 5461). Man sprach von Korrelationen zwischen Y-Chromosomenzahl bzw-länge und Kriminalität sowie Abortrisiko (1902, 5553, 3891). Auch in Mäusen vermutet man y-chromosomale Einflüsse auf das Aggressionsverhalten (4954). Doch ist die Schlußfolgerung eines kausalen Zusammenhanges bei Menschen umstritten und führte zu heftigen, öffentlich ausgetragenen Kontroversen über den Sinn und die Risiken diesbezüglicher Reihenuntersuchungen bei Neugeborenen (5075, 1645, 3737, 7890, 10068). Jedenfalls verwundert es nicht, daß man in 42 zytogenetisch überprüften "Superhengsten" (Vollblutchampions) keine XYY-Typen fand (4922). Bei Mäusen gibt es ein Sterilität bedingendes XYY-Syndrom; bei ihnen wie bei den analogen Männern fanden sich negative Auswirkungen auf die Spermiogenese, ebenso in XY/XYY - Mosaiken bei Bullen (1275, 1708, 1321, 1143, 2176, 9497) und man schreibt gewisse kämpferische Eigenschaften auch in Nagern dem Wirken y-chromosomaler Genorte zu (6925, 7341). In Hamsterarten wurde ermittelt, daß bestimmte X-Chromosomenabschnitte mit Teilen des Y-Chromosoms identisch sind, was sich aus Chiasmen während der Meiose erklären mag (5795, 7806). In der Evolution des hominiden Karyotyps sollen solche Transpositionen von XDNA → Y eine Rolle gespielt haben (9610). Und schließlich findet bei männlichen Heuschrecken eine Geschlechtsbestimmung ohne Y-Chromosom statt (XO-Typ).

Durch neue Zonierungstechniken, selektive Bandanfärbungen, ist neuerdings nicht nur eine einwandfreie Zuordnung der Chromosomenpaarlinge zueinander möglich, sondern auch die Erkennung feinerer inter- und intraindividueller Unterschiede, die die grob lichtmikroskopisch wahrnehmbare Gestalt der Kernfäden unverändert lassen. Diese nach spezieller Vorbehandlung erzielbaren chromosomalen Banden beruhen auf differenten, reproduzierbaren Anfärbbarkeiten bestimmter Regionen mit Fluoreszenz-Farbstoffen (Quinacrin- oder Q-Banden) oder mit Giemsa (G- und C-Banden, 3427, 3130). Über die chemische Natur und das Zustandekommen dieser charakteristischen Komplexe aus Färbemittel und Chromosomenbestandteilen, ihre Relation zu Oberflächenstrukturen und darüber, ob DNA oder die Träger- bzw. Verpackungssubstanzen des Chromatins (Histone, im Ruhekern mit DNA zu Nucleosomen verpackt, 5712, 7211, 4408) primär beteiligt sind, herrscht noch kein Konsens (5898, 7439, 5043, 1528, 1529). Jedenfalls eignen sich diese Zonierungen gut zur Identifizierung selbst zytogenetisch so undankbarer Objekte, wie sie die Metaphasen des Hundes bislang darstellten (7985). Seit den bahnbrechenden Entdeckungen auf humanzytogenetischem Sektor (6888, 3585) fanden diese Techniken - oft in der Auswertung durch Computer (9438)- Eingang in Veterinärmedizin und Tierzucht; Übersichten finden sich an anderer Stelle (498, 3017, 3019, 2977, 4606, 1316, 9376).

Diese neue Methodik ermöglichte beispielsweise die Erstellung unverwechselbarer Individual-Idiogramme bei 376 New Yorker Neugeborenen, mithin einen durch spezifische Banden-Varianten charakterisierten Chromosomen-Polymorphismus nachzuweisen, der den Gesetzen der Mendelgenetik und des Hardy-Weinberg-Gleichgewichts genauso gehorcht, wie die im vorigen Abschnitt besprochenen, polymorphen biochemischen Systeme (5385, 1402). Die Frage, ob homologe Chromosomen (Paarlinge) differieren (5294, 9977)- die hinsichtlich ihres Allelgehalts (Homo- bzw. Heterozygotie!) schon durch die Erkenntnisse Mendels entschieden ist-, kann heute somit selbst für den färberischen Phänotyp der Kernfäden positiv beantwortet werden. Diese Banden scheinen daher ebenso wie biochemische Varianten bestens geeignet, als Chromosomen-Marker zu dienen (8971), jedoch kommen nichtgenetische Variationen vor, die zu anfechtbaren Gutachten führen können (1803, 6666, 5450, 6006). Solche Kautelen gelten selbstverständlich noch viel mehr bei der zytogenetischen Pränataldiagnostik (Amniocentese, 6777).

Im zwischenartlichen Vergleich, z.B. innerhalb Primaten, Capriden, Equiden, Boviden, Leporiden und Musteliden, wurden starke Ähnlichkeiten der Bandierungen ermittelt, die eine evolutionär zu sehende Identität bzw. Analogie vieler Kernfäden bei Rind, Büffeln, Schaf und Ziege oder innerhalb höherer Primaten nahelegen (2181, 3128, 7514, 7359, 1125, 1126, 1127, 5213, 6609, 2804, 6799, 6727, 7617, 5436, 1611, 1124, 1127, 3064, 8669). Selbst in konventionellen Metaphasen kaum zu identifizierende Mikrochromosomen und W-Chromosomen des Geflügels sind nun besser darzustellen (7011, 3231, 7267, 7302, 6090, 7203, 2102).

Desgleichen ist es durch die genaue Identifizierung deletierter oder translozierter Chromosomenbruchstücke mit bekannten Erbanlagen leichter ge-

worden, chromosomale Genkarten in vielen Spezies zu erstellen, d.h. nicht nur Kopplungsgruppen als solche, sondern auch ihre Lokalisation auf bestimmten Chromosomen nachzuweisen (4668,5218,6049,3083,2783,1362,1193). Solche Untersuchungen bedienen sich häufig der Kultur somatischer Zell-Hybriden verschiedener Arten, z.B. Mensch/Maus etc.(6146,2433). So wurde es möglich, beispielsweise den Rhesusfaktor auf Chromosom Nr.1, den für die unspezifische Virusabwehr wichtigen Interferon-Regulator-Locus auf Chromosom Nr.2 und einige zugehörige Strukturgene auf den Chromosomen 2 und 5 zu lokalisieren (Mensch,1599). Polymorphe DNA-Marker ermöglichen offensichtlich noch weitergehende Fortschritte (10112), insbesondere, was die Identifizierung erbhygienisch bedeutsamer Defektgene betrifft, z.B. der dominanten Huntington's Chorea, einem in unterschiedlichem Alter einsetzenden Nervenleiden (8670). Viele Kartierungen sind erfolgt, - schon 1977 war von 210 Genen des Menschen die Chromosomenzugehörigkeit bekannt, heute sind es mehrere hundert (5051,223,5791,8187). Auch die 20 Kopplungsgruppen der Maus sind reich kartiert (6472).
In den Bereich des Normalen scheinen ferner bestimmte Verschmelzungsformen kompletter, heterologer Kernfäden im zentromeren oder endständigen Bereich zu gehören (Robertsonsche Translokationen), da hierbei keine Chromosomenbrüche und unbalancierte Gameten entstehen. Eine solche zentrische oder terminale Fusion erfolgt nämlich in sogen. heterochromatischen Zonen(9779),die genetisch inert oder weniger aktiv sind - im Gegensatz zu euchromatischen (5443). So mag die Evolution der Säuger aus einem gemeinsamen, tetraploiden Vorfahren (2n = 96), der aus Polyploidisierung aquatischer Vorstufen hervorging, durch solche zentrischen Fusionen gekennzeichnet gewesen sein (613). Diese balancierten Fusionen wurden- als einfach mendelnde Merkmale - schon mehrfach beschrieben, meist in völlig normalen Individuen, z.B. bei Mensch (4177,1112), Hund (7985),Ziege (5805), Schaf (1061,1071,1075), Rind(6384,9584),Alopex(4849,1405,9975). Sie scheinen durch gewisse Faktoren induzierbar zu sein, beispielsweise Hyperthyreosen (5565,3161).
Aus der Rinderzucht - seltener bei anderen Arten (4483)- gibt es aber auch Berichte über abträgliche Auswirkungen solcher Translokationen, z.B. einer 1/29- Translokation, auf die Fruchtbarkeit der Tiere (2972,2973,2974,

2975, 2979, 2980, 2981, 6283, 6100, 885, 3063, 8755, 8554), besonders aus dem skandinavischen Raum. Eine ähnlich hohe Frequenz dieser zytogenetischen Besonderheit wurde in anderen Rinderpopulationen nicht(2241, 6192, 6089, 2103, 6379, 4652, 2081, 7400, 3061, 2104, 6103, 1608, 1609), oder nur selten beobachtet(1070, 1705, 6098, 6100, 2082, 4972, 6031, 2511, 6102, 7672, 8452, 9134), was auch für Beziehungen zur Fruchtbarkeit gilt(802, 4969, 1997, 8362, 8412, 9131, 7402, 8555). Gingen sie vereinzelt mit verschiedenen Anomalien einher(2510, 4234, 8377, 7123, 4670), so ist dies noch nicht beweiskräftig für ursächlichen Zusammenhang, was für alle Chromosomenaberrationen gilt. Man muß also klar unterscheiden zwischen solchen, mit phänotypischer "Unversehrtheit"(4969) und physiologischer Normalität einhergehenden "Robertsonschen Fusionen" ganzer Chromosomen, die, wie bereits erwähnt, u.a. auch in Schafen, Ziegen, Schweinen und Mäusen beschrieben und bislang als weitgehend unschädlich erkannt wurden (4671, 4672, 4703, 4933, 1062, 1063, 1075, 9699, 1331, 4695, 4696, 4694, 5588, 1331, 1077), und solchen Translokationen, die mit Chromosomenbrüchen und Verlust oder Imbalancen genetischen Materials verbunden sind. Die Differenzierung beider Gruppen wird möglicherweise nicht immer gelingen- wenngleich die Bandentechniken hier erhebliche Fortschritte ermöglichen (1072, 87, 2085)-, da diese Unterschiede z.T. im submikroskopischen Bereich liegen (7366). So mögen sich schwierig zu interpretierende Befunde zur Fertilität Behafteter erklären (1063, 1069, 2384). Angesichts dieser Fakten, der generell niedrigen Frequenz schwerwiegender karyotypischer Abweichungen (= mit selbstlimitierendem Charakter) und der hohen Kosten zytogenetischer Reihenuntersuchungen ist somit die Frage nach ihrer Berechtigung gerechtfertigt (6087, 3060, 4923). Einige Autoren bejahen sie dennoch (8176, 8890).

Daß chromosomale Abweichungen nur in bestimmten Grenzen oder bestimmten Formen tolerierbar sind, zeigen Art-Hybridisationen, die meistens, selbst bei phylogenetisch nahe verwandten Spezies, mit Lebensfähigkeit oder unverminderter Fruchtbarkeit der Hybriden unvereinbar sind. Bei der zygotischen Kombination differenter Chromosomensätze im Verlauf von Artbastardisierungen kommt es zu mechanisch-mitotischen Schwierigkeiten und Fehlentwicklungen im Kern der Zygote, die ein Absterben derselben, frühembryonalen Fruchttod, Mißbildungen oder Sterilität der Bastarde bewirken. Wie aber die Beispiele von Unfruchtbarkeit bei Kreuzungen von Drosophila-Arten mit deckungsgleichem Karyotyp zeigen, sind artisolierende und -erhaltende Mechanismen der Chromosomenkonstellation nicht allein verantwortlich, sondern werden ergänzt durch genische Speciation (613).

Übersicht 1 resümiert einige stattgehabte Arthybridisierungen, die Chromosomenzahl beteiligter Arten und Auswirkungen auf Vitalität oder Fertilität der Hybriden. Auf Berichte über obskure Mensch/Affen-Kreuzungen im Vorkriegsrußland wird nicht eingegangen, ebensowenig auf andere, z.T. belegte Primaten-Hybridisierungen oder Bastardierungen zwischen Arten mit mehr zoologischem Interesse. Vielmehr werden die haustierkundlich bedeutsamen Berichte in den Zusammenstellungen von Gray(1971), Hsu u.Benirschke(1975) oder Mitteilungen anderer Forscher in den Vordergrund gestellt (7925, 1178, 3252, 876, 3681, 505, 6661, 6202, 1620, 2249, 2314, 2316, 4441, 1126, 8070, 6464, 1291, 5101, 5299, 8339, 8340, 8341, 7910, 5636, 8590, 8893, 10140, 8488, 8876, 10088). Informationen über Hybridisationen bei Vögeln, Reptilien, Fischen u.a. finden sich gleichfalls (4973, 2762, 2084, 6183, 2552, 5298, 7492, 3164).

Wie aus der Übersicht hervorgeht, schlagen sich die nach der Kopulation bzw. Besamung wirkenden, artisolierenden Mechanismen vor allem in embryonalem Fruchttod und Sterilität, insbesondere männlicher Hybriden, nieder,- falls nicht durch ökologische, anatomisch-sexuelle oder ethologische Faktoren eine Paarung überhaupt verhindert wurde. Es gibt heute Hinweise, daß bei solchen frühembryonalen Fruchtresorptionen oder Aborten nicht allein zytogenetische Unverträglichkeiten, sondern immunologische Inkompatibilitäten eine Rolle spielen(107, 8433). Diese scheinen z.B. für das Absterben der Schaf/Ziege-Hybriden verantwortlich zu sein (5026, 5027, 9408); sie sorgen gleichzeitig für hohe Unwirksamkeit der Spermatozoen im weiblichen Genitaltrakt (5028). Entsprechende Reaktionen mögen desgleichen bei Artbastardisierungen unter Vögeln fertilitätsdepressive Folgen haben (5730, 6182, 4397). Solche Bastarde wurden aus Huhn / Wachtel-, Huhn/Perlhuhn-, Ente/Moschusente- Kreuzungen u.a. erzeugt (1784, 4733, 4069). Bei ihnen ist öfter das Geschlechtsverhältnis zugunsten der Hähne verschoben, weil das w- Chromosom in weiblichen Feten offenbar häufig letale Entwicklungsentgleisungen in diesen F_1 - Bastarden auslöst (7491, 7492). Hier fühlt man sich an die parthenogenetischen Puter erinnert (S.dort).

Übersicht 1

Hybridisation	elterl. Karyotyp	Hybriden
Hauskatze x Luchs	38 x 38	wenige, vitale Nachkommen
Hauskatze x Wildkatze	38 x 38	einige, fertile Nachkommen
Hauskatze x Bengalkatze	38 x 38	etliche Hybriden, ♂ steril
Löwe x Tiger	38 x 38	zahlreiche Nachk., ♂ steril
Hauskatze x Geoffroy-Leopard	38 x 36	etliche Hybriden, besond. ♂ steril
Rot-, Silberfuchs x Polarfuchs	34 x 52	viele, überwieg. sterile Nachk.
Nerz x Frettchen	30 x 40	frühembryonaler Tod
Goldhamster x Rumän. Hamst.	44 x 38	viele, z. T. fertile Nachkommen
Hausmaus x Tabaksmaus	40 x 26	viele Nachk. mit beeinträcht. Fert.
Hausratte(eur.) x Hausrat. (as.)	38 x 40	Sex-Chromosomen-Aberrationen
Wanderratte x Hausratte	42 x 38	frühembryonaler Tod
Chinchilla(lan.) x Chinch.(brev.)	64 x ?	viele Nachk., ♂ meist steril
Kaninchen x Hase	44 x ?	keine Implantation u. Entwicklung
Esel x Zebra	62 x 48	etliche Nachk., ♂ steril
Esel x Pferd	62 x 64	Maultier, Maulesel, ♂ steril
Pferd x Zebra	64 x 46	Zebroid, Zebrule, ♀ und ♂ steril
Pferd x Przewalski-Pferd	64 x 66	einige, fertile Nachkommen
Hausrind x Bison	60 x 60	Cattalos, Beefalos, besond. ♂ steril
Hausrind x Wisent	60 x 60	etliche Nachk., ♂ steril
Hausrind x Gaur	60 x 58	einige, z. T. fertile Nachkommen
Hausrind x Banteng	60 x 60	viele Nachk., ♂ meist steril
Hausrind x Gayal	60 x 58	viele Nachk., ♂ meist steril
Hausrind x Yak	60 x 60	viele Nachk., ♂ steril
Kaffernbüffel x Zwergbüffel	54 x 52	wenige Nachkommen
Wasserbüffel x Milchbüffel	48 x 50	viele, fruchtbare Nachkommen
Hausziege x Steinwild	60 x 60	etliche, fertile Nachkommen
Hausziege x Hausschaf	60 x 54	embryonaler Fruchttod
Hausziege x Mähnenschaf	60 x ?	1 Nachkomme (2n = 59)
Mufflon x Argalischaf	54 x 56	viele, fertile Nachkommen
Mufflon x Hausschaf	54 x 54	etliche, fertile Nachkommen
Trampeltier x Dromedar	74 x 74	etliche Nachk., ♂ wahrsch. steril
Lama x Vicugna, Guanaco	74 x 74	viele, fertile Nachkommen
Rentier x Caribou	70 x ?	einige Nachkommen

Denn nicht nur hinsichtlich seiner Fruchtbarkeit, auch bezüglich seiner embryonalen Lebensfähigkeit ist bei solchen Arthybriden offenbar das heterogametische Geschlecht besonders benachteiligt (Haldanesche Regel, 8739). Weibliche Hybriden sind öfter fertil (9170). Und - analog zu den o. a. Verhältnissen bei Vögeln - ergibt sich auch bei Säugern in solchen Kreuzungen oft ein gestörtes sekundäres Geschlechterverhältnis im Sinne einer Reduktion männlicher Nachkommen, da ja sie es sind, welche in Mammaliern die XY-Konstellation besitzen, so z. B. bei der Esel/Pferd- und Hausrind/Bison - Kreuzung (497, 2768). Letzte, deren Produkt als Cattalo oder Beefalo bezeichnet wird (nicht mit "Beefmakers" zu verwechseln= Hereford/Simmenthaler-Rassenbastarde, 10160), nahm man in Nordamerika bewußt vor, um Kälte - resistenz und Anspruchslosigkeit der Bisons mit Leistungsmerkmalen des Hausrindes zu vereinen (210, 4017, 4016, 1419); diese Bastarde erreichten zwar in der Tat ein hohes Alter selbst unter adversen Bedingungen, nicht aber die Schwelle kommerzieller Rentabilität, vor allem wegen besagter Reproduktionsschwierigkeiten, aber auch wegen abnehmender Schlachtleistung bei zunehmendem Bisonanteil (u. a. auch abnorme Zunahme der Amnionsflüssigkeit beim ersten Kreuzungsschritt, 942, 426, 5956, 5957, 4451). Bei der jüngst von Basoto als "Beefalo" propagierten Rasse suchte man z. T. vergeblich nach bisonbürtigen Markern (7382, 4852). - Ähnlich, wenngleich möglicherweise etwas günstiger, liegen die Verhältnisse bei der Wisent/Hausrind- Kreuzung (7523, 4249, 4250, 2248, 2003).

Die vielfach belegte Sterilität männlicher Hybriden wird in aller Regel durch eine völlige oder partielle Blockade der Spermatogenese bedingt. Dabei scheinen nicht nur Differenzen in der Chromosomenanzahl der elterlichen Arten ausschlaggebend zu sein für mitotisch/meiotische oder andere Entgleisungen blastozystischer Entwicklungen; es kommt vor allem auf die Art und Weise chromosomaler Kombination an : Bilden sich, wie bei Equus Przewalski/Hauspferd- , oder Hausschwein/Wildschwein-Kreuzungen, balancierte, trivalente Genotypen ($2n = 64, 65, 66$ bzw. $2n = 36, 37, 38$), so resultieren keinerlei Fertilitätsstörungen (1319, 1760, 5028). Dagegen sind die Chromosomen-Paarungs- und Segregationsstörungen im Rahmen der Spermatogonienbildung bei Mauleseln und Maultieren ausgeprägt (7664, 4900), ebenso bei Fuchshybriden (8536,9391). Dabei bleibt festzuhalten, daß bei den meisten Artbastardierungen sich auch das weibliche Geschlecht als in seiner Fertilität herabgesetzt erwies, wenn diese Frage Gegenstand wissenschaftlicher Untersuchungen war.

Definierte, gleichgeartete Chromosomenabweichungen, die über die bisher diskutierte, intraindividuelle und intraspezifische Variabilität hinausgehen, führen meist auch zu charakteristischen, deckungsgleichen Krankheitsbildern, zu Defektsyndromen, welche man daher vielfach nach der zugehörigen Chromosomenanomalie benannte (1026). Dies schließt dennoch eine gewisse Variation in der Defektmanifestation nicht aus. Bei konnatalen Mißbildungen ungeklärter Ursache vereinzelt angetroffene Chromosomenaberrationen - wie in der Literatur häufig beschrieben - sagen nichts Sicheres über Ätiologie und Pathogenese aus (3175,3176,6386,3373,1966,4681,4682,2698), wie umgekehrt bei mannigfachen angeborenen Störungen in vielen Arten völlig normale Karyogramme erstellt wurden (7819,7785,2722,1943,278,6260 9496,8775). Zu den Faktoren, für deren Aberrationen induzierende Wirkung unter bestimmten Voraussetzungen man Beweise oder starke Hinweise hat, gehören vor allem Strahlen und andere physikalische Reize, Chemikalien und Infektionen. Die mutagene Potenz ionisierender Strahlen ist in Versuchen an Pflanzen, Insekten und kleinen Laboratoriumstieren vielfach erwiesen, die erhöhte Gefährdung bei unkritischen Röntgenuntersuchungen, insbesondere des männlichen Geschlechts, erkannt (7743). Noch 22 Jahre danach zeigten Atomexplosions-Überlebende eine gesteigerte Aberrationenfrequenz (5222). Bei Mäusen bestehen in bestimmten Dosierungsbereichen lineare Beziehungen zwischen der angewandten Strahlenmenge (Rad) sowie Bestrahlungsdauer und der Induktion von Translokationen (4542,3157,6990). Erwähnt sei auch die Methode der Schädlingsbekämpfung durch radiogene Chromosomenaberrationen und Sterilität bei Insekten(4448). Diese Formen struktureller Kernfadenschäden scheinen bei Menschen und Mäusen die häufigsten nach Strahlenbelastung zu sein(2903,3157), wenngleich andere vorkommen (7216). Es existieren jedoch signifikante Speziesunterschiede in der Empfindlichkeit (4793). Selbst Hypo- und Hyperthermie sind fakultativ Mutagene (6028,3976,7791), ebenso Hypoxien und pH-Imbalancen (6999).

Dagegen steht man den Berichten über entsprechende Auswirkungen einer Vielzahl von Pharmakas bzw. Chemikalien heute kritischer gegenüber, zumindest, was therapeutische Konzentrationen angeht (346, 96, 3340, 2050, 613, 6483, 6193, 7013, 6438). Nur wenige dieser Agentien scheinen in der Lage, spezifische, reproduzierbare Chromosomenanomalien zu erzeugen, z.B. Mitomycin, Streptonigrin oder Cytosin-Arabinosid (1477, 2903, 1001). Doch gehen die Meinungen darüber auseinander, und erst kürzlich wurde wieder eine Liste mit 37 wirksamen Verbindungen veröffentlicht (4541). Diese Zahl ist sicher stark untertrieben - letztlich gehört selbst die zur Schönung von Fleischprodukten verwendete salpetrige Säure dazu (9204). Und auch den Alkoholabusus hat man weiterhin in Verdacht (9206).

Unspezifische, über den ganzen Körper verteilte und infolge massivster Zerstörungen nicht an Folgegenerationen weitergegebene (und daher genetisch uninteressante) Abweichungen sind zumeist die durch Virus ausgelösten (z.B. Hypoploidien, Aneuploidien etc., wenngleich einige konstant an bestimmten Locis oder Chromosomen lokalisierbare Läsionen, Tranlokationen u.a. bei Menschen unter dem Einfluß von Rous-Sarkom- und Adenovirus sowie verschiednen Leukämieformen konstatiert wurden (831, 3674, 1531, 5542, 5001, 7557, 7558, 7665). Sie scheinen mehr und mehr zumindest diagnostische Hilfsmerkmale zu werden (6563, 1910). Hier stellt sich die immer noch unbeantwortete Frage, inwieweit Ursache und Wirkung trennbar sind, inwiefern bestimmte onkogene Virusstämme chromosomale Aberrationen schon vor klinischen Erscheinungen erzeugen, oder spontane und konnatale Chromosomenbesonderheiten zu Virusbesiedlungen prädisponieren (3250, 7347, 9763, 9328). So gibt das in Knochenmarkszellen von Patienten mit chronischer myeloischer Leukämie (CML) anwesende "Philadelphia-Chromosom" immer noch Rätsel auf, sowohl, was seine Entstehung als defizientes Armstück des Kernfaden Nr. 22 oder als Insertion und reziproke Translokation aus Bruchstücken des Nr. 22 und Nr. 9 angeht (Schreibweise: t(9;22)(q34,q11) = Translokation eines Chromosomenstücks distal des Bandes 11 des langen Arms von Chromosom 22 zum Band 34 des langen Arms von Chromosom 9 -und umgekehrt; kurze Arme werden mit p charakterisiert , 8502), als auch, was die Frage betrifft, ob Virus und seine Stoffwechselprodukte sein Auftreten induzierte, oder ob spontan zu diesen Chromosomenbrüchen neigende Individuen eine erhöhte Disposition zur Leukämie besitzen (6562,6137,7938,6776,2903,109,5352,2365,2551,6541). Jedenfalls ist das <u>Onkogen</u> c-abl genau an der Bruchstelle von Nr. 9 bei CML lokalisiert und wird auf das Philadelphia-Chromosom Ph^1 (=22q-) transloziert - dies mag ein aktivierender Prozeß sein (8503,9081,8420,9863). Dieses CML-Markerchromosom tritt bei akuter oder lymphatischer Leukämie nur selten auf (2898,4860), dafür aber andere Translokationsprodukte, z.B. t(11;14)(10029). In Mäusen zeitigten thymusabhängige Leukämien ein zusätzliches Chromosom Nr. 15 (2889).

Feststeht, daß einerseits bestimmte, im Krankheitsbild recht umrissene Chromosomenerkrankungen wie mongoloide Idiotie (Downs Syndrom, S. dort) eine überdurchschnittliche Häufung von Leukämien zeigen, und andererseits viele tumoröse Entartungen des RES mit nachgewiesener oder vermuteter Virusätiologie bei Mensch und Tier selbst in präkanzerösen Läsionen mit einer Fülle zytologisch-pathologischer Zellkernbefunde einhergehen (1110, 1031,3956,4191,3174,5209,8015,3673,5996,1284,1821). Somatische Mutationen müssen dabei nicht unbedingt zytogenetisch nachweisbar, sondern können auf dem Großgenlevel angesiedelt sein (10039). Neuerdings werden auch in diesem Komplex und selbst bei AIDS-induzierten Lymphomen kennzeichnende <u>Markerchromosomen</u> gefunden (1638,1809,7715,8690,9381,9776,8912, 8689,9502,9989).

Daneben gibt es genetische Defektsyndrome wie Fanconi-Anämie, Ataxia teleangiectasia (Modell in Mäusen, 9864), Retinoblastom u. a., bei denen außer der im Namen angedeuteten Vordergrund-Symptomatik eine hohe Krebsrate von solchen Geweben ausgeht, die schon vor der Entartung aberrante Chromosomen zeigen. Eine Übersicht gibt Passarge(1983), weitere Hinweise finden sich anderenorts (5352,343,3428). Bei manchen dieser Syndrome sind die <u>DNS-Repair-Mechanismen</u> enzymatisch/mutativ gestört (8539,8875), ist die Leukämiefrequenz gleichfalls erhöht, sowie z.T. der Hinweis auf potentielle, therapeutisch interessante, zusätzliche Exogenfaktoren in der Pathogenese gegeben (6837,4566,3810). Mäuse mit Homozygotie für Hertwigs Anämie (an/an) weisen ebenfalls öfter Chromosomenaberrationen auf (8843).

Große Bedeutung kommt zudem systematischen Einflüssen zu - und zwar
weniger wohl denen des Körpergewichts - wie für einige Hühnerlinien beschrieben (6271)- , als vielmehr denen des Alters. Mit zunehmendem Alter
sowohl der Keimzellen als auch der Zuchtpopulationen nimmt die Tendenz
zu Aberrationen zu (1058, 5202, 4658, 7398, 4943, 6619, 7321). So ging beim
Menschen die durch vermehrte Familienplanung bedingte Verringerung der
Anzahl älterer Eltern im letzten Jahrzehnt mit einem signifikanten Absinken
von Mongolismus und Klinefeltersyndrom einher, werden umgekehrt höhere
Erwartungswerte aus Müttern und Vätern über 40 angegeben, wenngleich
hierfür auch andere Faktoren eine Rolle spielen mögen, und dies nicht in
allen Ländern und Untersuchungen so deutlich wurde(3530, 5853, 1229, 3892,
7811, 2146, 4325, 2182, 3528). Die längere Einwirkungsmöglichkeit potentieller
Mutagene bei älteren Individuen sowie der Zeitfaktor bei Spontanmutationen
lassen dies konsequent erscheinen.

Auch in Mäusen ließen sich ähnliche Alterseffekte erhärten, obwohl sich hierbei Einflüsse der Anzahl absolvierter Geburten und des Alters vermischen
mögen (2196, 4945, 4911, 2586), und nicht das chronologische, sondern das
biologische Alter eine Rolle spielt (8632). Für solche Alterswirkungen scheinen Oozyten anfälliger zu sein als Spermatogonien (Polygynien, Polyandrien),
auch was Abträglichkeiten einer verzögerten Besamung und Befruchtung überreifer Eizellen angeht (536, 6969, 7789, 1865, 924, 925, 9815). Es mögen
sich indirekte Alterseffekte somit auch dadurch ergeben, daß bei Betagteren
die Kohabitationen infrequenter und die Chancen der Überalterung der Keimzellen größer werden (2640, 7743). Es überrascht ferner nicht die Ambivalenz der Phänomene: wird nicht nur eine Zunahme von Chromosomenmutationen mit dem Alter konstatiert, sondern gibt es umgekehrt solche Aberrationen, die ein vorschnelles Altern Behafteter bewirken, z.B. Downs, Turner und Klinefeltersyndrom ("progeroide Syndrome", 4907). Bei der echten
Progerie, die betroffene Teenager unter allen Alterserscheinungen sterben
läßt, sind die DNA-Reparaturmechanismen (ähnlich wie bei Xeroderma
pigmentosum) genetisch gestört (1458). In der Tierzucht ergibt sich als
Schlußfolgerung jedenfalls, daß jede Besamung zum günstigsten Brunsttermin erfolgen sollte (9128).

Für die Mehrzahl der diagnostizierten Chromosomenaberrationen gilt, was für konnatale Defekte generell Gültigkeit hat: Ursache, Entstehung, auslösende Mechanismen liegen im Dunklen (bei 65 - 70%); und angesichts der o. a. vielfältigen Induktionsmöglichkeiten - die post festum meist schwer nachweisbar sind - ist es auch nicht richtig, die Chromosomenanomalien schlicht den "primär genetisch bedingten" Abnormitäten zuzuschlagen(5352), wenngleich es sich, liegen sie erst einmal vor, um fakultativ vererbbare, aber nicht immer vererbte Anomalien des genetischen Materials handelt. Das trifft jedoch cum grano salis für Genmutationen in gleicher Weise zu. Der spontane Charakter der in die Gruppe der "Spontanen oder sporadischen" Chromosomenaberrationen eingeordneten Abweichungen (5591) mag somit weniger in der Spontaneität ihrer Entstehung als in der des Entschlusses zu ihrer Einordnung liegen.

Auch die öfter gemachte Feststellung, daß chromosomale Regelwidrigkeiten, z. B. Mongolismus, familiär gehäuft auftreten (7743), kann Hinweis auf genetische Disposition zu meiotischen Entgleisungen, Nondisjunktion und Chromosomenbrüchen sein, oder aber Indiz dafür, daß sie eben von einem gemeinsamen Vorfahren auf mehrere Nachkommen vererbt wurden. Konsequenterweise nimmt die Zahl der Abweichungen mit dem Inzuchtgrad zu, bestehen gesicherte Linienunterschiede, z. B. bei Kaninchen und Hühnern (8371, 1100, 2243, 5220, 2242, 1939). Und es existieren mittlerweile zahlreiche Mäuselinien mit konstant vererbten Aberrationen, z. B. Translokationen und Inversionen, und wurde des weiteren eine signifikante Unterschiedlichkeit hinsichtlich Aberrationsfrequenz in verschiedenen Linien ermittelt (134, 3598, 857, 4403, 9831). Ähnliche Beobachtungen machte man in Hühnern(8579).

Was auch immer im Einzelfall die Ursache sein mag, Häufigkeit und Bedeutung der Chromosomenaberrationen ist groß, wenngleich in der Veterinärmedizin noch relativ wenig untersucht- meist aufgrund fehlender Möglichkeiten (2887, 710, 2982, 8177). So waren nach Carr(1967) 22 % von 227 unselektierten menschlichen Spontanaborten mit Chromosomenanomalien behaftet, nach Kerr(1971) waren es 36 % aller klinisch beobachteten Fehlgeburten. In den ersten Schwangerschaftswochen sollen die Prozentsätze betroffener Concepti 40 % der Spontanaborte erreichen, in späteren Monaten 20 % (6441). Auch bei den Eltern solcher Früchte oder bei "Sterilität" kam eine

gesichert höhere Frequenz von Aberrationen zur Beobachtung (2960, 9969). Sie scheinen zudem Ursache für Mißerfolge beim Embryo-Transfer zu sein (8441). Bei Tieren wurden ähnliche Zahlen genannt, so bei Schweinen, Rindern, Hühnern und Katzen (5006, 925, 3060, 829, 832, 8534, 8535, 9971). Die Fruchtresorption erfolgt vielfach schon in einem sehr frühen Stadium - teilweise handelt es sich um Präimplantationsverluste (7162, 3178, 768, 4699) -, und dieser Vorgang kann, unter Einschluß anderer genetischer Ausfälle, als eine Art "biologische Bremse" betrachtet werden, damit - ähnlich wie etwa durch Zwangsbedeckungen trächtiger Stuten in Wildpferden induzierte Aborte(8538) - nicht jede Befruchtung in eine Geburt mündet. Dieses ist ein Beispiel dafür, daß Anomales auf Populationsebene integrierender Bestandteil der Norm sein kann - wie es somit für manche frühembryonal wirksame, rezessive Letalfaktoren gelten mag (5157, 365). Frühaborte zeigen eine Vielzahl schwerster Chromosomenanomalien, die bei Lebendgeborenen nicht vorkommen (1026). So fallen Vervielfachungen des Chromosomensatzes, d.h. höhere Polyploidien, z.B. Penta- und Hexaploidien, fast ausnahmslos der frühembryonalen Fruchtresorption anheim (1233, 5291, 535). Die Mechanik der Entstehung polyploider Sätze ist unterschiedlich: Sie können durch Polyandrien bzw. -spermien, d.h. durch das Eindringen von mehr als einer Samenzelle in die Eizelle, durch "Befruchtung" von Blastomeren (8864, 9531), oder durch Polygynien zustandekommen, durch das Vorliegen von diploiden bzw. von 2 oder mehr Zellkernen im Ei - besonders bei verzögerter Befruchtung am Ende der Brunst (7488, 1325, 6969). Weiter kommen aberrante Chromosomensätze in den Keimzellen infolge Meiosestörungen in Betracht (Aneugamie), wenngleich eine festgestellte Teratospermie noch nicht beweiskräftig für das Vorhandensein von Chromosomenaberrationen sein muß (4497, 8296).
Nur selten wurde über lebende menschliche Mißgeburten mit Triploidien berichtet (682, 2043, 7866), und auch bei Tieren führt dies bestenfalls zu defekten und/oder lebensuntüchtigen Individuen, wenngleich in Einzelfällen die Frage nach dem ätiologischen Konnex zwischen Mißbildungen und Chromosomenabweichung offenblieb (1887, 3374). Bei Maus und Huhn konnten Linien mit hoher bzw. niedriger Häufigkeit für Chromosomenaberrationen erzüchtet werden (5220, 6264, 2116); Triploidien, die in letztgenannter Art mit Intersexualität einhergehen können, kamen häufiger in Oocyten junger Hennen

vor und resultierten offenbar aus einer mißglückten 2. Reduktionsteilung (5282). In Truthühnern behindert Homozygotie für das Gen bn die Centriolen-Funktion und führt zu binukleären Erythrozyten (6899). Werden Fälle von Polyploidien bei ausgewachsenen Tieren beschrieben, handelt es sich meist um Mosaiken aus diploid/polyploiden Geweben, die eine größere Vitalität besitzen (5680, 4727). Dies mag z. B. für die beim Rind in Zusammenhang mit Doppellende und Zwergwuchs geschilderten Fälle gelten (6097, 1704). Erwähnt sei zudem, daß einige Körperzellen, z. B. im Blasenepithel und in der Leber, physiologischerweise polyploide Zellkerne besitzen (8090).

Eine weitere Form der Ploidie, die Haploidie (Einfachsätze), die normalerweise nur in Keimzellen nach der Reduktionsteilung anzutreffen ist, scheint als zygotische oder somatische Aberration mit Lebensfähigkeit gleichfalls nur vereinbar, wenn sie neben diploiden Zelllinien vorkommt (830, 8372, 7334). In Hühnern, doch gleichfalls bei Mammaliern, wurde ein deutlicher Einfluß des Genotyps auf die Erzeugung haploider Embryonen bzw. haploid/diploider Mosaiken ermittelt(7178, 10147). Parthenogenetisch, d. h. aus dem unbefruchteten Ei entwickelte Truthähne, waren jedoch wider Erwarten diploid, was - nach einer haploiden embryonalen Anfangsphase - durch kompensatorische Prozesse während der Mitose erklärt wird, bzw. durch Verdoppelung des weiblichen Pronucleus nach der 2. Meiose (5734, 5725, 5726, 5727, 3163, 3165, 5729, 5732). Selbst Heterozygotie für Allelesysteme ist so möglich, ferner waren deutliche Alters- und Inzuchteffekte auf die Frequenz parthenogenetischer Embryonen konstatierbar (5737, 5728, 5731). Die Heritabilität liegt bei 20 % (9818). Bei Hühnern observierte man ebenfalls offenbar recht straff fixierte Liniendispositionen zur parthenogenetischen Eientwicklung, die in seltenen Fällen zu diploiden, geschlechtsreifen Individuen führte (5727, 5735, 5736, 6660, 5736, 6662, 6663, 4301). Versuche zur echten Selbstbefruchtung (durch voll funktionsfähige Samen- und Eizellen aus ein und demselben Organismus), die sich die völlige Umbildung eines Ovars zum Hoden nach Transplantation in einen männlichen Kastraten zunutze machten, harren noch der Überprüfung (2438). Bei Frauen soll partielle parthenogenetische Entwicklung von Eizellen bzw. die "Befruchtung" genomleerer Eier zu Ovarialteratomen führen können(4984, 3739): aus Froschembryonen glückte die Langzeitkultur haploider Zellen (2465). Und männliche Bienen (Hymenopteren) sind ja ohnehin haploid.

Poly- und Monosomien, die durch das zusätzliche Vorhandensein oder das Fehlen nur einzelner Kernfäden im Chromosomensatz gekennzeichnet sind, stellen eine weitere Ursache frühembryonalen Absterbens, von Aborten und Mißbildungen, was besonders von den Autosomien gilt (6078,455,2136). Sie entstehen u.a. durch sogen. "Nondisjunktion": Es erfolgt keine Trennung der Chromosomen in der Anaphase der Meiose, so daß Gameten mit 2 Kernfäden oder ohne das betreffende Chromosom gebildet werden, was sowohl in der ersten wie in der zweiten Reifeteilung passieren kann; dabei mögen satellitäre Assoziationen eine Rolle spielen (3162). Solche Aneuploidien resultieren weiter aus einer Verzögerung der Ana- und Telophase mit Chromatidverlust ("Anaphase lag", 5922). Wenn solche defizienten oder mit einem Zusatzchromosom versehenen Gameten mit normalen, haploiden Keimzellen verschmelzen, ergeben sich aneuploide Zygoten mit Trisomie (3 Paarlinge) oder Monosomie (1 Paarling) in einem bestimmten Chromosomenpaar. Je nachdem, ob dies Autosomen oder Gonosomen betrifft, spricht man von Autosomie oder Gonosomie. Letzte sind die klinisch weniger schwerwiegenden Formen.

Das Down - Syndrom (Mongoloidismus), eine Trisomie des Chromosomenpaars 21 - offenbar meist durch Meiosestörung im Sinne einer Nondisjunktion entstanden (5934,6454) - stellt die häufigste Autosomie des Menschen dar, wenn nicht die häufigste Chromosomenaberration überhaupt (1 : 660 oder 1,15 auf 1000 Geburten, z.B. in Kopenhagen; andere Erhebungen : 0,12 % aller Neugeborenen, 9 % aller Schwachsinnigen, 3892,1253,5205, 3406). Nach ihrer zytogenetischen Klärung im Jahre 1959 (4526), weiß man heute, daß sie nicht allein durch eine komplette (freie) Trisomie 21, sondern auch dadurch ausgelöst werden kann, daß ganze oder Teile zusätzlicher Nr. 21 auf andere Chromosomen transloziert wurden (z.B. Nr.14 od.13)(5994, 2787). Es können auch Mosaiken aus euploid/trisomen Zellinien bestehen- diese kommen der Normalität, auch was IQ angeht, oft nahe (1442,5787). Gleichzeitiges Auftreten von Mikrochromosomen wurde hin und wieder beobachtet (6220). Kinder mongoloider Mütter sind mongoloid oder normal, je nach Konstellation in ihren Eizellen, jedoch wird das Wiederholungsrisiko für normale Eltern hinsichtlich der Entstehung freier Trisomien (nach Vorliegen eines mongoloiden Kindes) nur auf 2 % geschätzt; die Konkordanz in eineiigen Zwillingspaaren liegt bei 100 %, in dizygoten nahe Null (7485, 1351, 6441, 4588). Neuere Chromosomen-Darstellungstechniken ermöglichen die Aussage, ob väterliche oder mütterliche Meiosestörungen zum überzähligen Chromosom führten (4832); atypische Bilder der Trisomie 21 kommen vor (3439).

Im übrigen ist interessant, daß zusätzliche Kernfäden bei solchen Autosomien in der Tat zu nachweisbaren Aktivitätserhöhungen (z.T. exakt um 50 %) bestimmter, genetisch dort determinierter Enzyme führen (4276). Solche $G_{endosiseffekte}$ ließen sich auch bei trisomen Mäusen objektivieren (2134). Ob die beim Downsyndrom beobachteten, meist mit Sterilität einhergehenden erhöhten LH- und FSH-Level in diesen Kontext gehören, ist nicht bekannt; sie gehen jedenfalls mit Minderwuchs einher (3542, 6130). Andererseits ließen die mit Monosomie 7 beim Menschen verbundenen Granulozytenstörungen (und dadurch bedingten Infektionsanfälligkeiten) eine Ortung der dafür verantwortlichen Gene auf dem langen Arm des Nr. 7 zu (6606).

Die durch meiotische Nondisjunktion des gleichfalls in der G-Gruppe gelegenen, dem Paar 21 sehr ähnlichen Chromosomenpaares 22 ausgelösten Trisomien sind heute durch Bandierungstechniken zytogenetisch gut vom Mongolismus unterscheidbar und zeigen klinisch ein anderes Bild (559, 2112, 2582). Sie, sowie der durch Monosomie 21 ausgelöste "Antimongolismus", sind, wahrscheinlich wegen größerer Inkompatibilität, weit weniger häufig: In einem australischen Hospital für Schwachsinnige waren 73 von 588 Patienten mongoloid, die restlichen 17 Patienten mit Chromosomenaberrationen verteilten sich auf diverse andere Syndrome (2515, 7445). Die Begriffe "Mongolismus" und "mongoloid" sollten nicht mehr verwendet werden(9585).

Andere autosomale Trisomien des Menschen sind wesentlich seltener (8354, 697), so die Trisomie 18 (2042), Trisomie 13 (5879, 4225), 8 (6473), 9 (6191), 16 (4888) u.a., nicht zuletzt wohl deswegen, weil sie noch schwerwiegendere Defekte und frühen Tod Behafteter bedingen (außer als Mosaik, 3847) - wie dies auch für fast alle autosomalen Trisomien der Maus gilt (2888). Ein Trisomie-18-Brachygnathie-Syndrom des Rindes ist gleichfalls letal, ebenso andere, sporadisch beschriebene Trisomien beim Rind (3370, 3371, 3375,

3376, 3377, 5314, 7671, 9357). Auch Nanismus wurde bekannt (6396, 9090). Trisomien und andere Aneuploidien, auch solche der Maus, scheinen zudem öfter mit Mißbildungen im Bereich des Kopfes und männlicher Sterilität verbunden zu sein, wenngleich Ausnahmen bekannt wurden (8084, 2892, 2893, 855). Eine Trisomie 14 beim Schwein ging mit Hermaphroditismus einher(8602).

Gonosomien lassen die Lebensfähigkeit oft unbeeinträchtigt, doch sind sie überwiegend mit Unfruchtbarkeit durch Hypogonadismus gekoppelt, was sie von der durch Mosaiken und Chimären (S. dort) ausgelösten Intersexualität unterscheidet (3734). Während ein völliges Fehlen des X-Chromosoms, die YO-, YY- oder OO-Konstellation, embryonale Entwicklung nicht zuzulassen scheint (613), wurde die XO-Konfiguration, d.h. die Abwesenheit nur eines Gonosoms (= 45,X), in weiblichen Individuen bei Mensch und Tier als sogen. Ullrich-Turner-Syndrom bekannt. In diesen Patienten erfolgt die fetale, gonadale Reifung zunächst normal und bleibt erst in späteren Stadien zurück (Involution): die unterentwickelten, strangförmigen Ovarien Erwachsener besitzen keine Follikel (6423, 6297). Ähnlich retardierend verläuft das Syndrom in Mäusen (8650, 8651), die jedoch z. T. zur- wenngleich verminderten - Reproduktion fähig sind (1743, 1144, 5324, 1744). Bestimmte x-chromosomal vererbte Gene in Mäusen scheinen zu XO-Individuen führende, meiotische Störungen zu begünstigen (6008, 6009). Bei Lemmingen wird über physiologische Formen der XO-Konstellation berichtet, sowie über Non-Inaktivierung des X-Chromosoms (2668, 9745).
Durch XO-Kombination bedingte Unfruchtbarkeit oder Subfertilität konstatierte man des weiteren in beachtlicher Frequenz bei Pferden (5899, 3606, 3608, 8649, 3609, 1076, 835, 1320, 1971, 5256, 5142, 7659, 8177, 8744), ferner bei Schweinen(5510) und selten beim Schaf(8373); die Konstellation als solche zudem bei Ratten(8343). Das Turnersyndrom des Menschen, durch Minderwuchs (z. T. durch Wachstumshormonmangel bedingt, 1169, 8563), charakteristische Hals-Nacken-Falten, herabgesetzten Orientierungssinn, angeborene Herzdefekte u.a. gekennzeichnet (6938, 3891, 6817), kann außerdem durch Verlust (Defizienz) des kurzen Arms des X-Chromosoms ausgelöst werden, der offenbar die zur Manifestationsverhinderung erforderlichen Gene beherbergt (3733, 4713), ferner durch Isochromosomenbildung u.a. (5819, 1469, 4826). XO-Mosaiken sind klinisch wesentlich unauffälliger (750). Nicht verwechselt

werden darf mit dem Ullrich-Turner-Syndrom das autosomal-dominante Noonan-Syndrom (ohne Chromosomenaberration), das fast die gleichen Symptome zeigt (5485).

Die milderen Auswirkungen gonosomaler Mono- und Polysomien erklären sich offenbar aus der Funktion und Wirkungsweise der Heterosomen (6519). Sie sind im Gegensatz zu den vorwiegend genetisch aktiven, euchromatischen Autosomen weitgehend heterochromatisch, d. h. bestehn z. T. aus inerten, färberisch anders reagierenden chromosomalen Zonen ohne Aktivität mendelnder Gene, wenngleich nicht ohne Auswirkungen auf die Variation quantitativer, besonders geschlechtsbestimmender Merkmale (5249, 9345). Die bereits erwähnten, in manchen Arten ohne sichtbare Effekte auftretenden, zusätzlichen "B-Chromosomen" scheinen komplett heterochromatisch zu sein (1702). Heterochromatische Chromosomenabschnitte synthetisieren DNA später im Rahmen der Reduplikation bzw. Replication und enthalten mehr Satelliten-DNS als euchromatische, zeigen daher bei Kernteilungsprozessen eine "Phasenverschiebung", was den Zeitplan dieser besonders in der Embryonalentwicklung wichtigen Vorgänge beeinflussen kann (5206). Von den beiden X-Chromosomen weiblicher Säuger scheint - nach Inkorporation eines Y-Segments im Pachytän (537) - eines vollständig heterochromatisch inaktiviert zu werden (Lyon - Hypothese) und verhält sich auch in der Interphase (Ruhekern) ganz anders: Es bildet das sogen. Sex - Chromatin in Form der Barr - Körperchen oder Nucleolar - Satelliten (trommelschlegelförmig bei Granulozyten, jedoch mit Polymorphie, 729), das somit normalerweise nur in weiblichen Organismen anzutreffen ist und zur Zell - Geschlechtsbestimmung benutzt werden kann, aber auch zur ersten Abklärung des evtl. Vorliegens gonosomaler Aberrationen (483, 9493, 9494, 8559, 9850). Ein Verlust wird als mögliche Ursache der Entstehung von XO-Typen diskutiert (8468). Frauen sind demnach "physiologische Mosaiken" aus Zellpopulationen mit aktivem bzw. inaktiviertem X-Chromosom (5514, 4942, 2215). Ob väterliches oder mütterliches Gonosom inaktiviert wird, scheint zufällig, in einigen Fällen aber durch Präferenzen geregelt oder durch Zellselektionen, die genetischer Determination unterliegen (8856), wenngleich die Diskussionen darüber weitergehen, insbesondre, was den Zeitpunkt und die Auslösung der Inaktivierung angeht (4784, 4785, 4786, 4787, 4788, 4789, 5684, 1928, 6497, 1277,

9691, 8888, 9272, 1274, 2924, 2925, 3536, 2214, 3994, 5285, 2135, 2943, 1840, 5848, 3851, 3850). Die Rate des Schwesterchromatid-Austausches soll in beiden gleich sein und ein Steuerungsmechanismus vom Xce-Locus und seinen Allelen ausgehen (x-controlling-element, 9692, 9434). In weiblichen Marsupialiern wird vorwiegend das paternale X-Chromosom inaktiviert; von Mäusen wird dies z.T. gleichfalls berichtet (6245, 2472). Fibroblastenkulturen von Frauen, die heterpzygot für Allele der x-chromosomal vererbten G-6-PD waren, bildeten zwei verschiedene Zellstämme, in denen sich immer nur eines der beiden möglichen Allele manifestierte - Beweis für eine zufällige, dann aber somatisch fixierte X - Inaktivation (613). Andererseits zeigten Befunde am X_g - Antigen von Patienten mit Turnersyndrom, daß bei diesen offenbar immer das abnorme X- Chromosom mit Armdeletion inaktiviert wird - Beweis für selektive Inaktivierung (6201). Die Zytogenetik der Arthybriden aus der Kreuzung von Pferd und Esel, die sich nicht nur nach der Chromosomenzahl, sondern auch in der Gestalt ihrer X- Chromosomen unterscheiden (X vom Pferd metazentrisch, vom Esel submetazentrisch), lieferte weitere Hinweise: In der Mehrzahl weiblicher Hybriden kam das Pferde-X-Chromosom zur Funktion, das des Esels hinkte in der metaphasischen Replication hinterher und wurde inaktiviert (3075, 3076, 274, 275). Durch die Bandierungstechniken lassen sich die Anteile beider Spezies am Karyotyp der Hybriden gut objektivieren (1610). Solche Techniken mögen künftig ferner Aussagen über den Beitrag bestimmter, herkunft(linien)spezifischer Chromosomen auf Nutztierleistungen bei Kreuzungen zulassen (1009).
Aufgrund der geschilderten Gen- Dosis-Kompensation bei Weibchen sind also männliche Individuen mit nur einem X-Chromosom nicht benachteiligt, was Quantität der durch x-chromosomal lokalisierte Gene codierten Verbindungen betrifft (es gibt auch andere Theorien, 9899); sie können allerdings nie heterozygot für ein Allelesystem mit multiplen Allelen auf den X - Chromosomen sein (4787, 4732). Von daher sind beispielsweise die Schildpattkatzen weiblich (von aberranten Ausnahmen abgesehen), denn der Genlocus dieser Farballele gehorcht dem geschlechtsgebundenen Erbgang; nur Kätzinnen haben somit Platz für beide Allele im Genotyp (schwarz und orange, 7985). Aufschlußreich mag auch sein, daß die Masse euchromatischen Materials

bei den ungewöhnlich großen X-Chromosomen einiger Nager, z.B. der Riesengeschlechtschromosomen des Microtus agrestis, nicht größer ist als bei anderen Säugern : Der "Überschuß" ist heterochromatisch (8288, 8254). Selbst in Autosomen stellen Heterochromatin-Zonen offenbar Bereiche genetischer Inaktivität dar, über deren Funktion man noch rätselt = vielleicht sind sie protektiver Natur (613, 3583). Denn "archaische" Gene sollen in rezenten Organismen durchaus noch vorhanden, aber heterochromatisch inaktiviert sein; so bedarf es der Mutation an nur einem Alleleort, um dem Haushuhn am Flügelende die Greifklauen des Archaeopteryx zurückzuverleihen (5674). Im übrigen ist interessant, daß zumindest beim Menschen weibliche Karyotypen im Mittel oberflächengrößere Autosomen aufweisen als männliche und allein durch solche Messungen eine hohe Wahrscheinlichkeit der Geschlechtserkennung möglich wäre (4237).

Gewisse Diskrepanzen mit der Lyonhypothese ergeben sich aus weiteren Gonosomien, z.B. dem Triplo-X-(XXX)-Syndrom (auch Tetra-X- oder Pentasomiesyndrome) bei Säugern (7454, 1188, 10167), das mit Retardation und gestörter Entwicklung der Geschlechtsorgane einhergeht (5922): Würden alle überflüssigen X-Chromosomen voll inaktiviert werden, wie dies in der Tat die entsprechend vermehrte Zahl von Barr-Körperchen der Patienten signalisiert, wäre dies nicht zu erwarten. Doch scheinen die pathologischen Auswirkungen zusätzlicher Gonosomen durch ihre bereits erwähnte "Bremserfunktion" bei Zellteilungsprozessen z.T. erklärbar. Sie bringen möglicherweise als "Klotz am Bein" den Zeitplan der Ontogenese durcheinander, ohne eine spezifische Genwirkung zu entfalten. Sie dürfen andererseits auch nicht ganz fehlen, denn sonst müßten XO-Individuen normal sein (9278).

Erwiesen ist, daß es zur Ausbildung normaler männlicher Organismen eines Y-Chromosoms bedarf (insbesondere des fluoreszierenden Abschnitts desselben, bei Säugern, 8355), und daß auch x-chromosomale Polysomien bei Gegenwart eines Y-Chromosoms, z.B. das XXY-, XXXY- etc. Syndrom (Klinefelter), am vorwiegend männlichen Habitus der Betroffenen nichts ändern, obschon Hypogonadismus und Gynäkomastie (= Milchdrüsen im männlichen Geschlecht, auch idiopathisch vorkommend), zumeist auch Infertilität vorliegen (8391). Dieses sind gleichfalls Kennzeichen der meisten Par-

allelen des Syndroms im Tierreich, so bei Maus (1273),Katze(613,1292,
1294), Hund(7985), Schwein(990,3112), Pferd (2721,747), Schaf (1067),Rind
(6386,1968,4673,270,1970,9392) und Känguruh (6966,1073). In Hühnern ging
Triploidie (ZZW) mit Intersexualität einher (8898).

Dennoch wird bei Mäusen ein (autosomaler ?) Faktor beschrieben (Sxr =
Sex reversal, mit Allelie,9445),der in XX-Mäusen, auch in XO-Typen,eine
fast totale Geschlechtsumstimmung bewirkt, so daß es zur Ausbildung von-
allerdings kleinen - Hoden (ohne Keimzellen) kommt. In heterozygoten,d.h.
Sxr/+ -Mäusen sieht man XX-Ovarien,XX-Hoden und XY-Hoden (1276,3121,
3122,5058,5059,9442). Hier hat somit ein dominanter Locus (oder ein Abschnitt des X-Chromosoms,9878) die Funktion der virilisierenden Regionen
des Y-Chromosoms völlig übernommen oder ist identisch damit,d.h. wurde
wahrscheinlich von einem Y-Chromosom transloziert (2177,5352,8209,7076,
7084,9043,8683,9852). Durch selektive Inaktivierung des Sxr-tragenden X-
Chromosoms ist dies nachweisbar (9443,9444). Dies mag mit der These eines "passiven" Y-Chromosoms bei der Geschlechtsbestimmung vereinbar
sein (8694) und wirft neues Licht auf diese Vorgänge bei Säugern (8961,8962):
Meiotisches Crossing over zwischen X- und Y-Chromatiden kommt vor(8851).
Männliche XX-Individuen wurden auch beim Menschen beschrieben(9256,8832).
Werden "Pseudohermaphroditen" auch aus anderen Arten gemeldet, muß man
immer an die Möglichkeit eines XX/XY-Mosaiks oder Chimärismus denken,
wenngleich der Nachweis einer versteckten XY-Linie nicht glücken mag(7985,
1327,5240).

Autosomen/Gonosomen-Translokationen beim Huhn führen oft zum Absterben
vor dem Schlupf(803). Ob bestimmte, durch Zonierung charakterisierte Bezirke des Y-Chromosoms (z.B. G12) eine Rolle bei der "testikulären Feminisierung" (Tfm) spielen, ist noch unsicher (457) - eine Möglichkeit des
Crossing over zwischen X und Y wurde ja bereits diskutiert (9654). Mäuse,
die Sxr und Tfm im Genotyp vereinen, sind Zwitter(1927). Bei Mensch und
Rind kommt zudem eine gonadale Dysplasie in phänotypisch weiblichen,zyto-
genetisch männlichen Patienten vor, die gleichfalls genetisch gesteuert zu sein
scheint; andere autosomal dominante Faktoren können offenbar Geschlechtsumstimmung in XY-Individuen bewirken (10089).

Die Häufigkeit des Klinefeltersyndroms, das auch durch Isochromosomen-

bildung des langen X-Arms ausgelöst werden kann (47X,i(Xq),Y), nähert
sich der des Mongolismus und ist in Sonderschulen und psychiatrischen
Anstalten wesentlich erhöht(8231,3942). Wie das Down-Syndrom, so wurde
es ebenfalls 1959 erstmalig zytogenetisch geklärt (3735). Diese und andere
Anomalien können heute durch Amniocentese und zytogenetische Analyse embryonaler Zellen im Fruchtwasser pränatal diagnostiziert werden, ein Verfahren, dessen zur "präventiven" (= sprich reparativen) Eugenik bestimmte
Befunde offenbar schon dazu mißbraucht wurden, gesunde Feten unerwünschten Geschlechts gezielt abzutreiben(5746,2041,2021,242). Umgekehrt waren
zootechnische Versuche der Geschlechtsbeeinflussung durch selektive Befruchtung mittels männchen- bzw. weibchenbestimmender Samen (schwerer) bisher
nur von wechselndem Erfolg gekrönt(9014).

Strukturelle Aberrationen, deren wichtigste Formen in Abb. 8 schematisch
wiedergegeben sind, enstehen gewöhnlich durch Mutation in der Intermitose,
durch Chromosomenbrüche mit anschließender oder ohne Verklebung der
Bruchflächen homo- oder heterologer Chromosomen. Es wird sich somit
meist um komplette Zusammenhangstrennungen der DNA-Doppelhelix (Doppelbrüche) sowie der Chromosomenproteine (Histone,400) handeln. Dabei
geht häufig genetisches Material verloren oder wird in unzweckmäßiger Weise rekombiniert, was sich vitalitätsabträglich oder letal auswirkt. Ausnahmen sind die bereits im Rahmen des Chromosomen-Polymorphismus erwähnten zentromeren oder endständigen Verschmelzungen ganzer Kernfäden (
Fusionen), sogen. Robertsonsche Translokationen, da chromosomendefiziente, unbalancierte Gameten - und folglich auch Zygoten - selten entstehen,
wahrscheinlich infolge präzygotischer Selektion unter den Spermatozoen (
3073,2984,1078). Für eine solche Degeneration aneuploider Keimzellen im
Verlauf Robertsonscher Fusionen gibt es desgleichen bei Schafen Hinweise
(1330). Andererseits kann man solche Kernfadenfusionen benutzen, um -
in Verein mit Nondisjunction - paternale oder maternale Disomien zu erzeugen (8684).
Da bei den genannten Fusionen in aller Regel zwei akrozentrische ("einarmige") zu einem metazentrischen ("zweiarmigen") Chromosom verschmelzen,
kommt es zu keinem Verlust genetischer Substanz, nicht einmal zu einer

Abb. 8
Schema struktureller Chromosomenaberrationen (n. MEYER u. WEGNER, 1973)

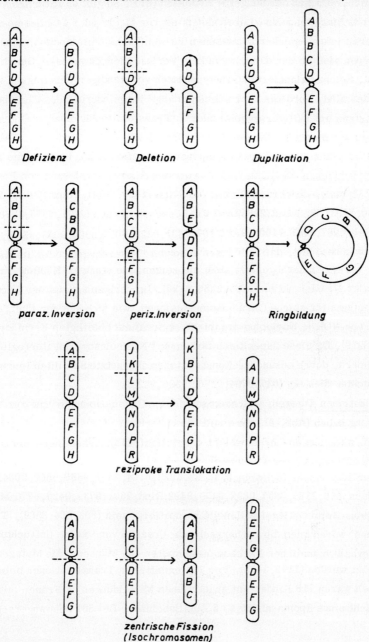

Änderung der Chromosomen-Armzahl (modal number): Ein wahrscheinlich wesentlicher Prozeß der Säuger - Evolution (613). So gibt es natürlich vorkommende Mus musculus- Lokalrassen mit nur 11, 13 oder 14 Chromosomenpaaren infolge solcher zentrischen Fusion (701). - "Balanciert" sind Karyotypen also immer dann, wenn kein Verlust oder Zuwachs an Genen (8889) entsteht. Solche balancierten Genotypen nach vollständiger Vereinigung von Kernfäden sind allerdings durch zahlenmäßige Verminderung des Chromosomensatzes um 1 (Heterozygote) oder 2 (Translokationshomozygote) gekennzeichnet, wie dies z.B. bei der 1/29 - Translokation des Rindes der Fall ist (6117). Unter diesen Aspekten müssen- wie zuvor schon betont - die z.T. widersprüchlichen Berichte über Auswirkungen bzw. Irrelevanz von Fusionen auf Phänotyp und Fruchtbarkeit bei Schaf (1059,1074), Hund (7985), Ziege (7190,7183), Schwein(2985) und Rind gesehen werden (2971,2973,2978, 3237,3241,6087,2941,2100,4932,3107,7431,9229,9055,9964,9003,9545). Es erscheint konsequent, daß in Mäusen besonders Heterozygote öfter im Reproduktionsvermögen herabgesetzt sind; sie zeigen eine stärkere Häufung chromosomaler Nondisjunktion (8083,2386,4796). Im übrigen scheint der Nucleolus bedeutsam für solche Chromosomenfusionen, wie sich aus der Überrepräsentanz von NOR (= Nucleolus organizer regions) auf beteiligten Kernfäden ergab (5219). Da diese spezifisch färbbaren "Nucleolusorganisatorregionen" als telomere, durch sekundäre Konstriktionen abgesetzte Satelliten imponieren, leuchtet dies ein (637,6764,7776, 9396,9428).

Translokationen dagegen, welche regelwidrige Chromosomenbrüche zur Voraussetzung haben (Abb. 8), die somit ein "illegitimes Crossing over" zwischen nichthomologen Chromosomen darstellen(5445), gehen meist mit schwerwiegenden Defekten, vor allem aber mit erhöhter embryonaler Mortalität und Infertilität einher (Schwein, 3336,82,4823,6104,2391,9660,9662,9004,9659, 9228; Maus, 856,2385,6897,6898,9469,9492;Rind, 2691,9739,9427,8776;Mensch, 2491,7090). Beim Geflügel sollen sie kompatibler sein (803,804,8569). Translokationen waren auch die vorherrschende Ursache von totaler Unfruchtbarkeit innerhalb männlicher Nachkommenschaften von Mäusen , die Mutagenen ausgesetzt wurden (1192,3479). Von 129 ermittelten Translokationen beim Menschen waren 118 Kinder mit angeborenen Mißbildungen, 6 Frauen mit Vorbericht eines Spontanabortes, 5 Zufallsbefunde. Bei 561 Schwangerschaften, die aus Vereinigungen mit mindestens einem translokationsbehafteten Elternteil hervorgingen, kamen auf 268 phänotypisch normale Lebendgeburten 171 Tot- und Mißgeburten und 122 Spontanaborte (2377). Aus anderen Statistiken, sowie aus der Schweine- und Geflügelzucht finden sich ähnliche Angaben (3349, 4752, 7543, 3018, 801). Solche Translokationen sind oft reziprok, d.h. es kommt zum Austausch heterologer chromosomaler Bruchstücke ohne Veränderung der Chromosomenzahl, oder aber zu einem Verschmelzen beider Bruchstücke mit Erhöhung der Zahl um 1 (4970, 2385, 8342, 4612). Sie können mit anderen Aberrationen, z.B. Gonosomien, konkomitieren, sowie zu einem Austausch von DNS zwischen Auto- und Gonosomen führen (2200, 4196, 7775).

Translokationen mit entsprechenden Genverlusten oder -überschüssen in unbalancierten Genotypen eignen sich sehr gut zur Identifizierung und Lokalisation von Kopplungsgruppen auf den Chromosomen, so vielfach verwandt bei Mäusen, bei denen im übrigen Linienunterschiede in der Frequenz spontaner Translokationen bestehen (2060, 2061, 3768). So war es beispielsweise möglich, durch Verwendung von Hybridzellkulturen aus Zellen eines Patienten mit einer 1/2-Translokation und von Mäusefibroblasten die Gene für Enolase und Phosphoglucomutase auf dem kurzen Arm des menschlichen Kernfadens Nr. 1 zu orten (7023). "Translokationsfamilien" sind daher mittlerweile zu nachgesuchten Objekten der Gen-Kartierer geworden (7472). So schloß man aus 15/15- Translokationen auf Genverlust des kurzen Arms von Nr. 15 beim Prader-Willi-Syndrom, einem mit geistiger Retardation, Minderwuchs und Hypogonadismus/Kryptorchismus einhergehenden Krankheitsbild des Menschen (2421). Eine Mongoloidismus auslösende 14/21- Translokation wurde bereits erwähnt; wegen der großen Bedeutung für die Eugenik, pränatale Diagnostik und für das Verständnis "balancierter" bzw. "unbalancierter" Konstellationen seien diese Verhältnisse noch einmal wiedergegeben (Abb. 9):

Bei normaler Gametogenese (Meiose) kommt es zu einer ordnungsgemäßen Verdopplung der Chromatiden, die Gameten bekommen jeweils einen einfachen Satz (Haploidie). Bei den für dieses Beispiel charakteristischen Chromosomenbrüchen erfolgt aber eine reziproke Translokation, ein Armaustausch zwischen den Chromosomen 21 und 14, d.h. es geschieht im wesent-

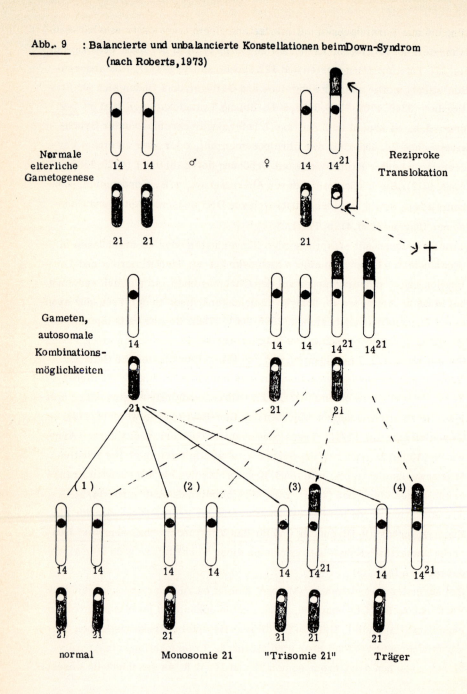

Abb. 9 : Balancierte und unbalancierte Konstellationen beim Down-Syndrom (nach Roberts, 1973)

lichen eine Übertragung des langen Arms von 21 auf den Rest des kurzen Arms von 14 : Das übrigbleibende Relikt von 21 (mit Teilen des kurzen Arms von 14) ist offenbar genetisch zu vernachlässigen und geht in der Folge ersatzlos verloren. Bei der Paarung eines Normalen mit einem solchen Translokationsträger ergeben sich somit für die Nachkommen folgende Kombinationsmöglichkeiten: Die Entstehung einer eusomen Zygote mit Normalität(1), oder die Entwicklung aneuploider Produkte, deren Schicksal von der Balanciertheit genetischen Materials abhängt. Fehlt ein Paarling 21 komplett(2), resultiert Lebensunfähigkeit (Monosomie 21 ; sie wurde allerdings schon in einem Patienten mit Chediak-Higashi-Syndrom gesehen, 6686). Wird ein Translokationsprodukt 14^{21} zusätzlich zu einem normalen Chromosomenpaar 21 weitergegeben (3), ergibt sich Mongoloidismus (Trisomie 21), denn die Gene von 21 sind praktisch verdreifacht. Wird jedoch dieses Translokationsprodukt 14^{21} mit nur einem normalen Paarling 21 kombiniert, so herrscht Balance (4), es entsteht ein klinisch normaler Translokationsträger (und - Überträger !). Familiäre Häufungen des Downsyndroms gehen vor allem auf solche Translokationsträger bzw.- trägerinnen zurück, die - im Gegensatz zu den Alterseffekten beim primären Ereignis einer Chromatidenverdopplung in den Gametogonien karyotypisch normaler Individuen - in Müttern jüngeren Alters häufiger sind als in Älteren (6441).

Inzwischen wurden noch andere translokationsbedingte Trisomien mit differentem klinischem Bild an weiteren Chromosomenpaaren objektiviert (7322, 6889, 1000, 5554, 1016, 383) und ähnliche Modelle in Mäuselinien etabliert (8085, 2385, 6897). Das vergrößerte "Cattanach-X-Chromosom" bei Mäusen stellt ein Translokationsprodukt zwischen Kernfaden Nr. 7 und X dar($X^{(7)}$; 8787). Eine 11^{20} - Translokation beim Goldhamster reduziert bei Homozygotie seine Chromosomenzahl auf 42 und geht offenbar nicht mit Fertilitätsstörungen einher, da nur "unwichtige" DNA verlorengeht (8618).

Von den eben erörterten ausgewogenen, kompatiblen Gen-Neuverteilungen im Rahmen von Fusionen und Translokationen abgesehen, sind die anderen, in Abb. 8 skizzierten Aberrationen durchweg von weitreichender pathogener Konsequenz, da Einbuße oder Zuwachs bzw. irreguläre Anordnung von DNS resultieren.

Defizienzen sind terminale, Deletionen interkalare Chromosomenstückverluste, wenngleich in der Literatur nicht selten mit letztem Begriff beide Phänomene bezeichnet werden, da eine Unterscheidung mitunter schwer, heute jedoch mit Hilfe der Bandierungstechnik eher möglich ist (5214). Solche Stückverluste pflegt man hin und wieder als "partielle Monosomien" zu benennen ; sie kommen auch virusinduziert vor (7558). Am bekanntesten beim Menschen - wegen seiner spezifischen Symptomatik in Kleinkindern "Katzenschrei-Syndrom" genannt - wurde eine Deletion am kurzen Arm von Nr. 5, vorwiegend in Mädchen gesehen (4527). Das abgebrochene Stück kann jedoch auf andere Kernfäden transloziert werden, so daß sich ähnliche familiäre Häufungen ergeben, wie für die Trisomie 21 beschrieben (21).

Es ist bemerkenswert, daß viele Deletionssyndrome des Menschen, - neben dem vorgenannten die Deletion des kleine Arms von 4, vom Arm des Nr. 18, sowie weitere -, mit Kopf- und Augenmißbildungen sowie geistiger Retardation verbunden sind (8246, 2902, 190, 745, 1196, 4559, 3519, 5555). Dies gilt für bei Schafen registrierte Deletionen ähnlich, wie überhaupt Dysmorphie-Syndrome im Kopfbereich zu den häufigsten Befunden bei Chromosomenaberrationen zählen (4736, 4737, 4738, 2488, 6306). Bei den erwähnten Deletionen ist somit anzunehmen, daß durch sie für die normale Kopfstruktur verantwortliche Gene verlorengehen (5458). Anophthalmien gibt es jedoch auch bei Triploidien des Huhnes (8500). Beim Rind kamen autosomale und gonosomale Deletionen und Sterilität als Einzelfälle zur Beobachtung (3059, 3106), bei Mäusen sind etliche weitere Beispiele bekannt (2718, 5437, 8845).
Oculo-faziale Defekte werden desgleichen vielfach nach beidseitiger Defizienz und Verklebung der Bruchflächen zu Ringchromosomen gesehen, so beim "Anti-Mongolismus" des Menschen beschrieben (Ringbildung in Gruppe G, 2687, 5940, 2516, 2517); Ringbildung in anderen Gruppen führt gleichfalls zu schwersten Anomalien, insbesondere zur Dementia und Krampfbereitschaft (4101, 1567, 4094, 3366, 3749, 5141). Selbst Ring-Y-Chromosomen fanden sich, verbunden mit Hypogonadismus und Aspermie (4415, 7308).

Dagegen bedeuten Inversionen die Drehung von Chromosomenabschnitten um 180° und ihren Wiedereinbau; umfassen sie das Zentromer und verändern dann i. a. die Chromosomengestalt, nennt man sie perizentrisch. Obwohl

u. U. keine Genverluste eintreten, kommt es dennoch vielfach zu Störungen, da nicht allein der Genbestand, sondern ebenso die Zuordnung der Erbanlagen zueinander innerhalb der DNS-Kette und die Chromosomenform von entscheidender Bedeutung sind. So wurde in Mäusestämmen mit parazentrischen Inversionen über herabgesetzte Fertilität berichtet (2378). Auch solche Inversionen sind heute durch Zonierungstechniken besser identifizierbar(7514, 5203). Parazentrische Inversion eines X-Chromosoms bei Mäusen (In(X) führte zu einem gesteigerten Prozentsatz von XO-Individuen unter den weiblichen Nachkommen (2175), und von Mensch und Ratte wird über ähnliche Zusammenhänge zwischen strukturellen und numerischen Aberrationen publiziert (1212, 4071). Es ist leicht vorstellbar, daß Inversions-Heterozygotie zu Störungen des Crossing over Anlaß gibt, jenes normalen Vorganges des Segmentaustausches zwischen homologen Chromosomen. Solche, falls überhaupt, dann obligat dominant vererbten Chromosomenanomalien fanden sich desgleichen in Rindern (4152, 6099, 5302), und Hühnern (9182).

Bei Duplikationen, einfachen Abschnittsverdopplungen in der Haplophase, kann der Einbau des duplizierten Stücks gleichfalls invers oder in unveränderter Richtung erfolgen - am Ende oder inmitten des Kernfadens (Tandem-Duplikation, 4797). Solche Duplikationen können, ähnlich wie bei den Translokationen diskutiert, ebenfalls das klinische Bild von Tri- oder Polysomien bewirken, so z. B. das humane Duplikation 6q-Syndrom (partielle Trisomie 6 ; 1378, 7607).

Isochromosomen schließlich entstehen, wenn, im Gegensatz zum Normalfall der Längsteilung der Chromatiden bei der Replication, eine horizontale Quertrennung des Chromosoms im Zentromer (zentrische Fission) mit anschliessender Verschmelzung homologer Arme zu einem neuen Chromosom stattfindet, dem Isochromosom (2539). Seine Hälften sind daher ober- und unterhalb des Zentromers identisch in Gestalt und Genbestand; treten sie in X-Chromosomen auf, können sie Ursache des Turnersyndroms sein.

Vorgesagtes erhellt, daß zytogenetische Untersuchungen fast unerläßlich sind, wenn es um die ätiologische Abklärung angeborener Defekte oder spezielle Indikationen eugenischer Beratung geht, daß dem Eintreten für kostspielige Reihenuntersuchungen in der Tierzucht, in Rinder-, Schaf-und Schweinepopulationen, aber reserviert begegnet wird (5892, 3239, 3240, 1064, 9661). Denn

spielige Reihenuntersuchungen in der Tierzucht, z.B. in Rinder- und Schafpopulationen, aber mit Reserve begegnet wird (5892, 3239, 3240, 1064). Denn die Situation bei Chromosomenaberrationen ist nicht anders als bei einfach mendelnden Anomalien generell: Klinisch schwerwiegende Formen merzen sich selbst und unterliegen damit einem starken natürlichen Selektionsdruck (2165). Das Problem der Erkennung von Vererbern, von Trägern chromosomaler Abweichungen stellt sich allenfalls bei balancierten Translokationen und anderen strukturellen Aberrationen, doch konnte gezeigt werden, daß sie vielfach selektionsneutral und höchstens als Chromosomenmarkierung nützlich sind (7012), man also vorschnelle Inkriminationen aus einer gewissen Entdeckungseuphorie heraus vermeiden sollte. Das XYY-Syndrom des Menschen ist ein warnendes Beispiel (S. vorn).

Selbstverständlich bietet heute aber die zytogenetische Überprüfung einzelner, für den breiten Zuchteinsatz vorgesehener Tiere eine wertvolle Ergänzung zuchthygienischer Wertung, nur sind die Befunde wohl vorsichtiger zu interpretieren (9089). Ein anderer Aufbruch zu neuen Ufern, die experimentell-genetischen Manipulationen, das sogen. "Genetic engineering", muß sorgfältig beobachtet werden, sowohl, was das Einbringen speziesfremder Gene ins Genom durch reverse Transkriptasen angeht (nach Herausschneiden durch Restriktions-Endonukleasen, 8028, 1105, 226, 227, 6602), die gezielte Induktion chromosomaler Veränderungen durch Laser-Mikrobestrahlung, oder die Erzeugung polyploider Organismen durch gametische oder zygotische Manipulationen (688, 7893). Allerdings werden in der Haustierzucht diese Diskussionen wohl nie so dringlichen Charakter annehmen wie in der Humangenetik, wo seit der erwiesenen Möglichkeit des DNS-Splitting und der in vivo- und in vitro-Inkorporation dieser Fragmente in andere Genome ein breites, verständliches Interesse der Massenmedien geweckt war (3321, 645, 2580).

Neben der Erörterung möglicher positiver therapeutischer und eugenischer Konsequenzen, d.h. der "Reparatur" bzw. dem Ersatz von Defektgenen durch Gen-Transfer - der mittels Bakterienplasmiden oder Mikroinjektion bei Mäusen u.a. glückte (9321, 9939, 10169), bei Menschen aber starker Skepsis begegnet (1463, 247)-, neben der kommerziell nutzbaren Synthese biologischer Substanzen (235, 236), wird vor dem zufälligen Entstehen neuer, nicht beherrschbarer Keime gewarnt - und auch Frankenstein und der "geklonte Millionär" (= parasexuelle Möglichkeiten menschlicher und tierischer Fortpflanzung) wurden beschworen (226,6575,4125,9406,9407). Dabei ist der Hintergrund zweifellos ernsthafter Natur, da die Genetik nicht der erste Wissenschaftszweig wäre mit einem Januskopf ("Die Genchirurgen sollten sich hüten, ihre Risiken ähnlich zu bagatellisieren wie seinerzeit die Kernforscher",4013), was letztlich aus dem Dilemma resultiert, daß Intelligenz nicht zwingend mit Vernunft (S.a. Grahams "Samenbank der Nobelpreisträger in Kalifornien!) und Forscherdrang unter Konkurrenz- und Karrieredruck nicht notwendig mit prophetischer Voraussicht künftigen Mißbrauchs gekoppelt sind (Die Frage nach der "Zunftethik" der Genetiker, der "Wertfreiheit" der Forschung,1105, 8029,8445,8848). Sollten Manipulationen menschlicher Erbsubstanz wahr werden ("Genomanalysen"für den Arbeitgeber, 8451), so wäre die dauerhafte Etablierung solcher Kopplungen die vornehmste Aufgabe der Gen-Ingenieure. Hier werden zudem Patentfragen aufgeworfen: Durch genetische Manipulation veränderte Lebewesen sind nicht mehr das Patent Gottes, sondern des betreffenden Patentnehmers(257,10074).

Nutztierzüchter meinen, wenn eine große Zahl von Tieren aus einem einzigen Genotyp geclont werden könnte, so würde die phänotypische Variabilität wirtschaftlich wichtiger Leistungseigenschaften stark reduziert werden (9105). Es wird der "Einbau" wachstums-, fruchtbarkeits- und resistenzfördernder Gene in Nutztiere ("transgenische" Individuen,10078,9362,9030) anvisiert. Transgenische Mäuse mit Riesenwuchs durch Einbau des Ratten-Wachstumshormongens wurden ja bereits fabriziert; sie dienen aber auch der Krebsforschung (9615,9616). Bei Mäusen und Fischen glückte die Produktion homozygoter, diploider Organismen aus dem haploiden Chromosomensatz einer durch genetisch "impotente Spermien" aktivierten Eizelle - eine für die Erkennung rezessiver Mutanten wertvolle Methode (7412).

Und einem "Embryotransfer" in der Tierzucht geht ja oft eine Embryo-"Bisektion" voraus = die eine Hälfte wird zur Geschlechtsbestimmung verbraucht (9227), wie überhaupt die routinemäßige Mikro-Zerstückelung und Manipulation noch pluripotenter Embryonen und anschließender Transfer als Mittel zur Optimierung des genetischen Fortschritts propagiert wird (8852,9774, 8514). Bei sehr später Blastocysten-Sektion trat auch ein Acardius-Monster auf (9608). Und über Jahrzehnte oder gar Jahrhunderte eingefrorene Embryonen sollen schließlich den Fortbestand vom Aussterben bedrohter Haustierrassen garantieren (9386) - vorausgesetzt der elektrische Strom fällt nie aus. Solche u.a., insbesondere ethische Aspekte müssen auch bei der prompt stattgehabten Übernahme diesbezüglicher Techniken auf humanem Sektor diskutiert werden (9758, 10026, 9837). Es gibt schon weit über 100 durch extrakorporale Befruchtung gezeugte Kinder (9009).

Eindeutiger positiv zu werten in ihrer praktischen Nutzanwendung für die Tierzucht sind zytologisch-diagnostische Verfahren zur Früherkennung von Intersexualität. Mosaiken und Chimären aus normalen und aberranten oder aus Zellinien mit männlichem bzw. weiblichem Karyotyp schlagen sich nicht selten in Hermaphroditismus oder anderen Anomalien nieder. Sie gehören allerdings vorwiegend ins Gebiet postzygotischer Chromosomenabweichungen , da sie meist erst postkonzeptionell, nach Bildung der Zygote und Blastozyste als somatische Mutationen oder als Resultat von Fusionen entstehen. Sie seien jedoch des Zusammenhanges wegen hier mit angeführt.
Ein Chromosomen- Mosaik ist ein Organismus aus Zellkolonien mit mehr als einem Karyotyp (= Genotyp), entstanden aus einer Zygote, mithin aus ein und demselben Genotyp, durch somatische Mutation einzelner Zellen, z.B. Nondisjunktion während mitotischer Teilungen, somatische Translokationen(1420, 2375, 8763). Hier ist somit zwischen autosomalen und gonosomalen Mosaiken zu unterscheiden. Eine Chimäre wird dagegen durch Verschmelzungs- und Vermischungsprozesse verursacht, welche mindestens zwei Zygoten umfassen, z.B. bei einer Embryonalentwicklung aus Doppelbefruchtungen, als Produkt zygotischer und blastozystischer Fusionen (Ganzkörperchimären), als Blutchimären durch plazentalen oder diaplazentalen Blutaustausch bei dizygoter Mehrlingsträchtigkeit, als Bestrahlungs- oder Transplantationschimären usw.. Chimären sind also Individuen, die aus Zellen verschiedenen Genotyps, d.h. aus Genomen unterschiedlicher Herkunft zusammengesetzt sind (6590, 2375, 2903). Benirschke(1967) betrachtet alle diese Erscheinungen als Glieder eines "biologischen Kontinuums", die sich vor allem durch den Zeitpunkt des Einsetzens der Störung unterscheiden, wie die Abb. 10 veranschaulicht.

Monozygote Zwillinge nehmen dabei sozusagen einen Platz zwischen Mosaik und Chimäre ein, da sie zwar einer, sich später teilenden Zygote entstammen, jedoch durch mitotische Abweichungen oder Entgleisungen während dieses Vorganges oder danach in ihrem Gen- und Chromosomenbestand durchaus different sein können: sogen. heterokaryotische eineiige Zwillinge; dies kann soweit gehen, daß ein Zwillingspartner normal, der andere mit Turner-Syndrom behaftet ist (616, 6583). Letztes Syndrom wird auch in Einlingen nicht selten durch gonosomalen Mosaizismus hinsichtlich Fehlens des ganzen oder maßgeblicher Teile des X-Chromosoms ausgelöst (4624).

Mosaiken gonosomaler Art, z.B. XY/XXY- Gemische wurden mehrfach bei männlichen, sterilen Schildpattkatzen beschrieben, die ihre Schwarz-orange-Färbung x-chromosomal vererbten Farballelen verdanken, und daher normalerweise nur weiblich sein sollten (7985). In seltenen Fällen waren solche sterilen Schildpattkater, deren Auftreten in Japan als glücksbringendes Ereignis gefeiert und in Zeitungen annonciert wird, echte Klinefelter (4539, 7985). Selbst fertile XX/XY- Chimären wurden gesehen, geschlechtsgebundener Erbgang der Schildpattfärbung analog auch in Mäusen und Hamstern (4669, 1812, 5580). Eine XY/XYY- Konstellation fand man bei einem normalen Rind (3108).

Mosaikbedingte Fälle von Intersexualität und Sterilität fanden sich auch in anderen Arten, so Mensch(1556, 3950), Rind(2105, 1965, 1677, 9721), Schwein(3135, 7635, 504, 6120), Schaf(8516), Pferd(500, 2480, 926, 8891), Nerz(5508), Kaninchen(7399) und Maus(2174). Dabei handelte es sich z.T. um Mosaiken aus normalen, diploiden bzw. eusomen und aberranten Zellinien. Bei reinen XX/XY - Mosaiken, wie sie sporadisch als Ursache von Hermaphroditismus bei Mensch und Tier konstatiert wurde, wird eine Trennung von Chimären nicht immer gelingen, da auch bei Einzelgeburten der Zwillingspartner in einem frühen Stadium resorbiert worden sein kann (2336, 1971). In einem "autonomen XX/XY-Syndrom" des Rindes sieht Rieck(1975) einen Ganzkörperchimärismus (S.a.Abb.10).

Zwitter bei Hühnern, sogen. Gynandromorphe, können ebenfalls Mosaiken darstellen (3645, 3798). Zu ihnen gehörte wohl auch der Hahn, der 1474 in Basel zum Tode verurteilt wurde, weil er ein Ei gelegt hatte: Hahn und Ei verbrannte man öffentlich (297). Selbst bei Schmetterlingen u.a. Insekten sind "Gynander" bekannt, deren eine Hälfte weiblich, die andere dagegen männlich ist (238) - bedingt u.a. durch X-Chromosomenverlust bei ersten Mitosevorgängen in der Zygote. Von Vecchi(1936) wurde ein Zwitter(Ovariotestis) beim Huhn beschrieben, der rechts Siebenbürger Nackthalshahn, links aber vorwiegend Italienerhenne war. Neuere diesbezügliche Studien stammen aus China (8405).

Bei solchen, oft spiegelbildliche Asymmetrien in der Feder- oder Haarkleidfärbung auslösenden Anomalien ("Halbseiter" bei Vögeln, z.B. Hühnern und Wellensittichen, "Scherzo"- Tauben etc., 3475, 2636, 7199, 9) wurde die These der Zweifachbefruchtung der Eizelle durch verschiedene Spermien, oder das Vorliegen einer binuklearen Eizelle - wie sie bei niederen Lebewesen vorkommt - als Ursache eines solchen Mosaiks nie ganz ausgeschlossen (3477). Meist wird jedoch als Grund für solche Asymmetrien, auch bei Säugern, eine somatisch-mitotische Nondisjunktion oder ein somatisches Crossing over, d.h. ein genetisches Mosaik angenommen. "Twin-spots" bei Mäusen oder Hühnern beispielsweise kommen dann dadurch zustande, daß, ausgehend von einem ursprünglich heterozygoten Genotyp, z.B. für die Maus-Farballele $c\,c^{ch}$ (c = Albino; c^{ch} = Chinchilla), nach somatischem, illegitimem Crossing over in primordialen Melanoblasten der Neuralleiste, die linke Seite den Genotyp $c^{ch}c^{ch}$ erhält und braun ist, die rechte dagegen die Konstellation cc und sich albinotisch weiß präsentiert (9913). Einige Farbaufhellergene in Nerzen gehen offenbar mit erhöhter Chromosomen-Mosaik-Frequenz in Jungtieren einher(8531).

Bei unseren Untersuchungen zum Merlesyndrom des Hundes waren gleichfalls solche "gescheitelten" Fellasymmetrien zu vermerken, und es bedarf weiterer Nachforschungen, um die zugrundeliegenden ontogenetischen Mechanismen zu klären- es wurden schon "transponierbare" Elemente vermutet (9922); Mosaiken sind jedenfalls nicht auszuschließen - und auch "Transposons" wurden ja jüngst in der Human-DNA nachgewiesen (9677). Im Gegensatz zu rein zufallsbedingten, nichterblichen somatischen Mutationen, wie bei Hamster, Rind und Schaf beschrieben (3867, 3445, 6458, 8417), unterliegen diese Farbasymmetrien des Hundes einer straffen genetischen Fixierung, da sie bei Vater und Enkeln mehrfach deckungsgleich zu beobachten waren(Abb. 11). Selbst die bilaterale Wiederholbarkeit des Scheckungsgrades am Rumpf, die-

Abb. 10 : Mosaik und Chimäre, ein biologisches Kontinuum (n. Benirschke, zit. in Meyer u. Wegner, 1973)

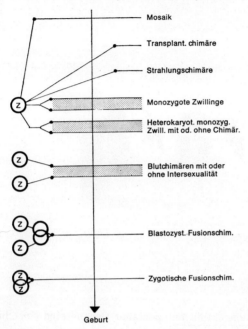

ser Tiere war sehr niedrig (18 %), ganz im Gegensatz z.B. zur Schwarzbuntscheckung des Rindes, wo ein Übereinstimmungsgrad links/rechts von 87 % ermittelt wurde (1973, 1523). Die Seitenkonkordanz der Augenpigmentierung in Herefordrindern war allerdings auch recht niedrig (6126). Erbliche Determinationen von Mosaiken sind aus der Mäusezucht bekannt, und wurden schon früh bei Vögeln beschrieben (5109, 1605). Ein "mosaic" (Ms) genanntes Letalgen der Maus verdankt diesen Namen aber offenbar primär seiner Scheckungswirkung (Variegation, 6204, 4294, 4295, 7833). Genetisch gesteuerte, somatische Chromosomenabweichungen sind nicht a priori auszuschließen, schließlich werden beim Huhn triploidiebedingte Intersexualitäten durch autosomale Gene gesteuert (6978).

Abb. 11
Asymmetrische Pigmentierung beim Merlesyndrom des Hundes; links Vater, rechts Enkel (aus der Vater/Tochter-Rückpaarung), nach Wegner u. Reetz, 1975

Ganzkörper- oder Fusionschimären spontaner Genese sind von Chromosomenaberrationen durch Polyandrien oder Polygynien nicht leicht zu trennen: Anders dagegen bei experimentellen blastozystischen bzw. frühembryonalen Fusionen, wie bei Mäusen in zahlreichen Fällen erfolgreich durchgeführt(7516, 5238, 5055, 5056). Dieser Vorgang stellt sozusagen das Gegenteil der Entstehung monozygoter Zwillinge dar, nämlich die Verschmelzung zweier Zygoten zu einem Individuum, an dem sich somit 4 Elterntiere direkt genetisch beteiligen - oder mehr ("tetra-, hexa-, octoparentale" Mäuse, 2008, 5976).
Die genannten Praktiken waren jüngst auch bei Kaninchen, Schafen und Rindern erfolgreich und selbst bei Schaf/Ziegen-Chimären und anderen Arthybriden (2579, 5357, 7683, 9275, 9952, 8867, 9749, 9750). Benutzt man dabei pigmentarme und gutpigmentierte Genotypen, so entsteht in der Chimäre meist ein buntscheckiges, "allophänisches" Muster - wenngleich dies nicht immer so ist: Mitunter bleibt der Chimärismus auf innere Organe beschränkt (5183); die Zahl der Hermaphroditen bei Verschiedengeschlechtlichkeit der Ausgangsprodukte ist dabei erstaunlich gering (5380).

Es ist evident, daß sich solche Methoden- neben ihrer immungenetischen und onkologischen Relevanz - bestens zur Klärung zyto- und ontogenetischer Fragestellungen verwenden lassen, z.B. auch zur Untermauerung der Lyon-Hypothese (475,5239,2929,2062,1278,1963,5057,5514,9594,8621). Bei embryonaler Fusionierung letaler und vitaler Genotypen wird sich aber wohl bald die Frage der Tierschutzrelevanz stellen. U.a. konnte gezeigt werden, daß embryonale XX/XY-Zellgemische meist zu einem phänotypisch männlichen Organismus führen, und daß das Geschlecht einer solchen Chimäre als "Threshold"-Phänomen" aus dem Widerstreit der konträren Einflüsse entstehe - übrigens ebenso wie Körpergröße und Farbmuster (5052,5210,5053,5054, 2605,2216). Prinzipiell bedeutet dies, daß Chimären einen anderen Genotyp vererben können, als in ihren Körperzellen nachweisbar (Blutgruppen !,4974). Fusionschimären sind desgleichen durch Implantation einzelner embryonaler Zellen zu etablieren = Transplantationschimären.

Blutchimären bei Mehrlingsträchtigkeiten, durch plazentale Gefäßanastomosen und Blutaustausch zustandekommend, wurden in vielen Arten beschrieben, so bei Mensch (3212), Marmosetten (614,1549), Rind (5800), Büffel (431), Schaf (7379,8162), Ziege (3680), Schwein (5004,1406), Pferd(4019,923), Nerz (6231), Katze (613), Hund (7947), sogar bei Hühnern und Enten(4764). Doch nur beim Rind- und offenbar auch beim Büffel(10168)-kommt es regelmäßig zur Geschlechtsumstimmung des weiblichen Zwillingspartners, zur Freemartin- oder Zwickenbildung (7505,311,3012), deren klinische Diagnose in Kälbern ($<$ 2 Wochen) meist nicht schwerfällt (Vagina $<$ 12cm, 3984, 5258), jedoch nicht immer verläßlich ist, da der Maskulinisierungsgrad variabel(6116,8163,9012). Bei 92-94% aller dizygoten, verschiedengeschlechtlichen Mehrlingsträchtigkeiten des Rindes, d.h. bei 11 von 12 Färsen aus solchen Geburten, muß man aufgrund vorliegender plazentaler Gefäßanastomosen mit Intersexualität rechnen(4878,9495). Dies läßt sich experimentell nachvollziehen (Embryotransfer, 3553). Bei käuflich zu erwerbenden Kuhkälbern ist aus naheliegenden Gründen ein wesentlich höherer Prozentsatz zu erwarten als der durchschnittlichen Häufigkeit dizygoter Mehrlingsträchtigkeiten entspricht (1716).

In anderen Arten geht Blutchimärismus nur selten mit Zwittertum einher,
bei Schafen z.B. in nur etwa 1% der Fälle(1673, 8617), obwohl hier in 65%
der Zwillingsträchtigkeiten anastomosierende Gefäße nachweisbar waren (
5105, 10033). In Pferden, Schweinen, Ziegen kam bislang nur sporadisch mit objektiviertem oder vermutetem Chimärismus gekoppelter Hermaphroditismus
zur Beobachtung(7748, 5008, 2482, 1066, 909, 6120, 7209, 2903, 881, 8591). Austausch unreifer Blut- und Keimzellen und ihre Ansiedlung im Partner, die
maskulinisierende Wirkung der XY-Konstellation im XX-Genotyp (Zelluläre
These der Pathogenese) kann allein also nicht der auslösende Faktor sein:
Dieses wäre bei Arten mit regelmäßigen Mehrlingsgeburten ein artvernichtender Mechanismus. Feststellungen, wonach Grad und Einsetzen der Vermännlichung bei Zwicken mit dem Prozentsatz karyotypisch männlicher Zellen korrelierten, konnten weder beim Rind, noch beim Schaf bestätigt werden (3369, 4880, 7793, 2850, 4683, 1065). Nur in seltenen Fällen entwickelt sich
dagegen die weibliche Blutchimäre beim Rind normal (5257).
Bei den männlichen Partnern (Bullenkälbern) werden ebenfalls Zellgemische
gefunden, ohne daß es zur Sterilität kommt(501, 6088, 6033, 8745). Trotz
einzelner abweichender Befunde sollen solche Bullen somit bei sichergestellter Samenqualität zuchthygienisch unbedenklich sein, können jedoch
Problemfälle für die Blutgruppenbestimmung darstellen (4697, 6531, 4221).
Meist scheinen aber die übergewanderten heterosexuellen Zellen in den
Keimdrüsen schon bald dem Abbau anheimzufallen, und nur selten verdrängen sie die angestammte Zellpopulation (5675, 5679, 7548, 8024, 7792, 430).
Andere Autoren kamen zu anderen Ergebnissen, sprachen von subnormaler
Fertilität, Sterilität oder anderen Phänomenen bei chimärischen Bullen und
fordern Zuchtausschluß (4678, 887, 714, 2690, 1607, 1969, 4847, 9302, 9849).
Die Ätiologie der Zwickenbildung beim Rind, die zweiphasig am weiblichen
Embryo als Ovarieninhibition (50. Tag) und als Maskulinisierung (ab 75.
Tag) abläuft, ist somit noch unklar (7794, 7018, 4879). Die früh einsetzende
Umstimmung erklärt das seltene Phänomen als "Einlinge" gefallener Zwicken, wenn der männliche Zwillingspartner dem Fruchttod verfiel (8147).
Daß Gefäßanastomosen und Blutaustausch unerläßliche Voraussetzungen sind,
steht fest, da genügend gesicherte Blutchimären für Zwickengenese pathognomonisch sind (4851, 3954, 503, 3955, 1936, 2086). Doch kann die rein zellu-

läre Chimärentheorie ebenso wie die Hormonhypothese von Lillie(1922) noch keine voll befriedigende Erklärung bieten (921,4066,3007). Einer auf frühzeitiger Androgenproduktion der Keimdrüsen ("Anti-Müller-Hormon",1927) des männlichen Partners beruhenden Geschlechtsbeeinflussung des weiblichen Tieres steht entgegen, daß eine solche durch Hormoninjektionen in den plazentalen Kreislauf bislang nicht zu erreichen war (3909,3747). Dagegen braucht die fast immer ausbleibende Intersexualität bei dizygoten Zwillingen anderer Arten trotz Gefäßanastomosen kein Widerspruch zur Hormontheorie zu sein, da die Plazenten einiger dieser Spezies offenbar zum Abbau zirkulierender Androgene befähigt sind (6607). Durch gonadale Gewebstransplantationen sowie durch Embryotransfer erzielte man dagegen eine Geschlechtsumstimmung und es erscheint daher denkbar, daß die sexuelle Modifikation weniger eine Funktion überwandernder Keimzellen als vielmehr der Gegenwart funktionierender andersgeschlechtlicher Keimdrüsen und von H-Y-Antigenen ist(3553,3983,10067). Ob aber das zelluläre oder humorale Element überwiegt, ist eine offene Frage (7021,3910). Mit Blutchimärismus konkomitierende Chromosomenaberrationen kamen vor (3172). Bedingt durch die Antigen-Antikörper-Austäusche verwundert ferner nicht, daß Organtransplantate zwischen chimärischen Zwillingen eine längere Überlebensdauer haben (9543).

> The basic medical scientist on the other hand
> must be primarily concerned with the pursuit of
> truth, and the elucidation of the causes and
> mechanisms of disease, however unwelcome they
> may appear to his clinical colleagues.
>
> P.R.J.Burch, 1976

HORMON - UND STOFFWECHSELSTÖRUNGEN

Erbdefekte, genetisch beeinflußte Entwicklungsstörungen oder Erkrankungsdispositionen können durch Mutationen ausgelöst werden, welche die Gen- und damit auch die Protein- oder Enzymstruktur schadhaft verändern. Dies wurde aus den vorangegangenen Kapiteln deutlich. Genauso schädlich wie ein in seiner Wirkungsweise beeinträchtigtes, nicht mehr normal funktionierendes Enzym wirken sich jedoch Unstimmigkeiten der Synthese- oder Abbaurate von Zellenzymen aus. Nach den bahnbrechenden Untersuchungen von Karlson(1961) u.a. am Insektenhormon Ecdyson (Verpuppung und Chromosomenpuffs, d.h. Gen-Aktivität auslösend, 321), gibt es heute zahlreiche Beweise, daß hier, d.h. ganz in der Nähe der Gene, ein Ansatzpunkt mancher Hormone liegt, daß insbesondere einige Steroidhormone direkt als Induktoren, als spezifische Effektoren genetischer Replikationsprozesse wirken(8291,1741,3969,7619,9200). Der Vorgang der Übermittlung und Auswirkung genetischer Information mit hormonellen Einwirkungsmöglichkeiten auf den intrazellulären, ribosomalen Prozeß der Proteinsynthese sei noch einmal schematisch dargestellt (Abb. 12).

Die Transkription genetischer Information vom DNS-Molekül auf die Messenger-RNS (mRNS), d.h. die Synthese der mRNS aus Vorstufen-Mustern bei Gegenwart von Polymerasen als getreuer Abklatsch der DNS (mit der Ausnahme des Ersatzes von Thymin durch Urazil), beginnend an bestimmten Initiationspunkten (TATH-Box, 5236), wird von Regulator- oder Operatorgenen vermittels Repressoren gebremst; durch Derepression, z.B. durch Bindung des Repressors an einen Induktor, kommt die Transkription jedoch wieder in Gang: Es erfolgt eine Aktivierung des codogenen DNS-Stranges, eine Stimulierung der RNS-Synthese. Dabei ist offenbar die histonfreie Proteinfrak-

Abb.12: Schema der Nutzbarmachung genetischer Information für die Enzym(Protein)-Synthese, mit Einwirkungsmöglichkeiten der Hormone (nach Karlson u.Sekeris,1966; v. Faber u.Haid,1972)

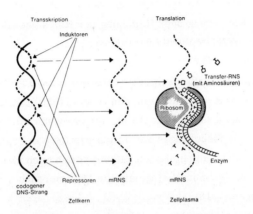

tion des Chromatins für die Organspezifität dieses Vorganges zuständig; so werden Globingene zwar in der Leber, nicht aber im Gehirn transkribiert (2684).
Die Rolle transkriptionsfördernder Induktoren wird insbesondere Steroidhormonen zugeschrieben, z.B. Östrogenen(auch für die Ovalbumin-und Lysozym-Synthese nachgewiesen, 6568, 6757, 3079, 5744, 9825) oder Glucocorticoiden, die auf diese Weise Promotereinfluß auf bestimmte Leberfermente ausüben(4034). Sie werden, gebunden an intrazelluläre Rezeptoren, an ihren Wirkungsort am Chromatin herangetragen(3971, 8968). So kann durch Injektion bestimmter Steroide in adulten Ratten die Produktion spezieller Esterasen wiederaufgenommen werden, die normalerweise nur in juvenilen anzutreffen sind; dieses erinnert an die üblicherweise nur noch wenige Wochen postnatal nachweisbaren fetalen Hämoglobinfraktionen, z.B. beim Rind, welche ähnlichen genetisch-hormonellen Syntheseregulationen unterliegen mögen(7967). Gene werden somit im Rahmen physiologischer Prozesse durch Hormone "an- oder abgeschaltet" (1473).

Nichtsteroide Hormone, z.B. Insulin, sollen dagegen mehr in "genferneren" Abschnitten der Enzymsynthese angreifen, so bei der Translation (Abb. 12), wo nach der Vorlage des mRNS-Stranges (Codon) in den Ribosomen die Aneinanderreihung der Transfer-RNS-Moleküle (Anticodon) bzw. der im "Schlepptau" befindlichen Aminosäuren zu Proteinmolekülen erfolgt. Zwar diskutiert man noch über solche "posttranskriptionellen" Wirkungen, doch könnten Hormone die Steigerung oder Hemmung der Ribosomenaktivität oder der Wirksamkeit der mRNS-Moleküle veranlassen, eine "selektive Translation" - ebenso wie übrigens Gene außerhalb des Codon-Tripletts (8265, 913). Beide Angriffsmöglichkeiten schließen einander nicht aus; so unterstellt man z.B. dem ACTH eine multiple Einwirkung (5289). Einflüssen des Thyroxins auf Ontogenese und Wachstum, auf relevante mRNS-Populationen, sollen gleichfalls Steuerungen der Transkription und Translation zugrundeliegen (7197). Solche kombinierten Effekte sollen auch eine Rolle spielen bei der enzymatisch-hormonell eingeleiteten Metamorphose, dem Schwanzverlust der Kaulquappen (7518).

Neben diesen direkten Ansatzpunkten bei der Enzymsynthese via Genaktivitäts-Stimulation oder -Depression gibt es selbstverständlich hormonelle Wirkungsmechanismen anderer Art - die Bindung des Hormons an Rezeptorproteine im Erfolgsorgan, die dadurch erreichte Aktivierung der Adenylat-Zyklase der Zellmembran (das sogen. Hormon-Adenylatzyklase-cAMP - System - wichtig auch für die Immunantwort !), die hier nicht Gegenstand der Diskussion sein können (794, 7047). Insgesamt wird aber klar, daß erblich bedingte oder beeinflußte Dysregulationen der Inkretion - sei es durch Blockade der Hormonsynthese, sei es durch Dysgenien oder Aplasien endokriner Drüsen - vielfache Rückwirkungen auf Enzymmuster und -Aktivitäten, auf Entwicklung und Funktion der Teile und des Ganzen im Organismus haben müssen.

Dem bewährten Brauch vieler endokrinologischer Abhandlungen folgend, soll auch hier die Betrachtung erblicher Einflüsse auf Struktur und Funktion der "Dirigenten im endokrinen Orchester", des Hypothalamus und der Hypophyse, an den Anfang gestellt werden(2953); denn Ausfallserscheinungen in dieser Zentrale haben stets schwerste, generalisierte Konsequenzen. Wachstum bis zur Geschlechtsreife und Fortpflanzung sowie alle damit zusammen-

hängenden, vielfältigen Stoffwechselprozesse unterliegen, auf dem Wege
über die peripheren, in Grenzen autonomen "Befehlsempfänger" Schilddrüse,
Gonaden, Nebennieren etc., dieser zentralen endokrinen Regulation. Jene
fundamentalen Lebensvorgänge sind betroffen, wenn es hier zu Dys- oder
Afunktionen kommt.

So ist der hypophysäre Zwergwuchs, wie der Name sagt, Kennzeichen des
kongenitalen, erblichen oder erworbenen Hypopituitarismus. Dieses ateleiotische, durch mangelnde Synthese oder das Vorliegen eines inaktiven Wachstumshormons ausgelöste Zwergwuchssyndrom kam bei Mensch und Tier
vielfach zur Beobachtung (4311, 4401). Dabei ist interessant, daß in den meisten Fällen dieser proportionierten Zwergenhaftigkeit das Geburtsgewicht
normal und erst das postnatale Wachstum verzögert ist(1831, 9896). Durch
Verfahren der intraamniotischen Dekapitation an Kaninchenfeten konnte gezeigt werden, daß diese anenzephalen Feten gegenüber Kontrollen kein verlangsamtes Wachstum aufwiesen, was dem Einfluß maternaler bzw. plazentaler Faktoren zugeschrieben wird, - während umgekehrt solche, in entgegengesetzter Richtung wirkenden Faktoren für andere, nichtgenetische, aber
konnatale Formen embryonaler oder fetaler Wachstumsretardationen bei
Mensch und Tier verantwortlich gemacht werden (1545). Dies deckt sich mit
Beobachtungen an hypophysär verzwergten Mäusen (in "ausgewachsenen" Ames-
und Snell-Mäusezwergen ist der HVL atrophisch, 7119, 556, 2063, 1184, 1185,
1764, 9891, 8497, 8659) und mit der Tatsache, daß die Wachstumsverzögerungen bei menschlichen hypophysären Zwergen oft erst im Alter von 2 bis 3 Jahren einsetzen (4550). Allerdings stellt man unterdurchschnittliche Körperlänge bei der Geburt fest (4402). Eine isolierte Wachstumshormon-Defizienz
kann auch zu dem Turner-Syndrom ähnlichen Effekten führen (5065). Verschiedene Substitutionstherapien werden versucht(9984), ein Modell in Mäusen(lit)
jüngst gentherapeutisch durch Keimbahnintegration humanen GH-Gens geheilt (9028, 9029).

Der genannte Hypopituitarismus folgt weitgehend mendelndem Erbgang (rezessive und dominante Formen bei Mensch, Gendosiseffekte bei Hund, 5279,
8171, 181) und ist somit ein Beweis dafür, wie durch zentral-hormonal angreifende Genmutationen die komplexen Merkmale Körpergewicht und - größe
entscheidend beeinflußbar sind, welche ja sonst durch eine Vielzahl endo-

und exogener Faktoren bestimmt werden (7481). Dieses trifft in gleicher Weise für den x-chromosomal vererbten, durch das rezessive Gen dw (dwarf) verursachten Zwergwuchs bei Hühnern zu, über dessen Verwandtschaft zum Bantam-Gen (10177) u. a. Verzwergungsgenen sowie über seinen pathogenetischen Ansatzpunkt noch wenig bekannt ist, wenngleich nachgewiesen wurde, daß dw-Individuen eine reduzierte Thyroxinproduktion und Fettabbaurate besitzen, und eine differente Immunkompetenz (6349, 5124, 2707, 1661, 3582, 6214, 7438, 7632, 7633, 9241). Dies mag sie resistenter für höhere Temperaturen, Hypoxien, Darminfektionen machen, doch liegen hierzu konträre Erkenntnisse vor (5130, 5131, 5608, 4951). Zudem wird den Zwerghennen größere Fruchtbarkeit und Vitalität nachgesagt (so daß sie als Broilermütter interessant scheinen, 4056, 2658, 2357) - Eigenschaften übrigens, die auch Pygmäenfrauen auszeichnen und zusammen mit dem niedrigen "Anschaffungspreis" ihre Attraktivität als Heiratsobjekte für einheimische, großwüchsige Buschfarmer steigern sollen (1283).

Der durch Import dieses Gens, - das auch, in gewisser Analogie zum unvollkommen dominanten Zwergwuchs bei Kaninchen (2848) und abhängig vom Genmilieu, in Heterozygoten gewisse Auswirkungen zeigt (1309, 1365, 1367) - in jüngster Zeit angestrebte Vorteil besserer Futterverwertung infolge herabgesetzten Erhaltungsbedarfs und ökonomischerer Appetitregulation (gegen "Hungerstress" sind sie aber nicht wesentlich resistenter, 8837) in gewissen Hühnerpopulationen ist somit eine direkte Konsequenz der verringerten Körpergröße, die mit konventionellen Reinzuchtverfahren erst nach mehreren Generationen konsolidierbar wäre (7073, 5128, 1660, 2475). Infolge depressiver Auswirkungen des Dwarf-Gens auf Legeleistung und Eigröße dürfte der Etablierung von Zwerghuhnbeständen aber höchstens in extremen Umwelten bedingte Bedeutung zukommen (5125, 3550, 3221, 443, 3551, 8492, 9921). Coquerelle und Merat (1979) beschrieben eine dw-Mutante mit günstigeren Relationen. Ähnliche Beobachtungen eines herabgesetzten Basalstoffwechsels wurden übrigens schon früh in hypophysären Mäusezwergen gemacht, bei denen der Hypophysenvorderlappen stark verkleinert ist (609, 2431). Dwarf-Küken zeigen auch erst nach dem Schlupf Wachstumsverzögerungen, was offenbar im Gegensatz zu anderen Formen proportionierten Zwergwuchses beim Huhn steht (3649, 139, 2058). Jedoch scheinen auch bei dw-Individuen Tibia und Metatarsus besonders retardiert, möglicherweise auch defektdisponiert (7795, 4035).

In afrikanischen oder indonesischen Pygmäen dagegen scheint bei normalem STH-Level eine polygenisch bedingte, periphere herabgesetzte Reaktivität der Erfolgsorgane Ursache dieses Kleinwuchses zu sein, denn Rassenmischlinge liegen intermediär hinsichtlich Körpergröße (6411). Vergleichbares wurde von Zwergziegen berichtet (7072). Selbst bei dw-Mäusen konstatierte man ein komplexes Zusammenwirken zentralen Hormonausfalls mit peripherem Organ-Sensitivitätsverlust, eine multiple Allelie beteiligter Genlocis (6020, 2064). Es ist anzunehmen, daß der sogen. primordiale ("echte" oder "konstitutionelle") Zwergwuchs, wie er z.B. aus vielen Hunderassen bekannt, aber auch vom Rind und anderen Arten belegt ist (8232, 2789, 2853, 2276), und der dem "unechten", hypophysären gern - mit fragwürdiger Berechtigung - gegenübergestellt wird, eine ähnliche Basis hat (5400, 178). Chromosomenanomalien erscheinen nur konkomitant (4547, 2723). Es wird zugleich die Mittlerrolle des Somatomedin diskutiert, welches bei Defizienz Wachstumsbehinderungen bewirkt (Laron's Syndrom, 3985). Die aufgeführten Formen der Nanosomie sind jedoch von achondroplastischen bzw. chondrodystrophischen und anderen disproportionierten zu trennen (2719). Frühere Untersuchungen wollen allerdings bei "akromegalen" und chondrodystrophen Hunderassen abnorme Hypophysen gefunden haben (4093, 7360).

Die betrachteten krassen Verzwergungseffekte dürfen gemäß der o.a. übergeordneten Funktion des Hypophysen-Hypothalamus-Systems natürlich nicht als isolierte Auswirkungen z.B. eines Wachstumshormon - Ausfalls gesehen werden, sondern erklären sich wesentlich als Folgen des Mankos hypophysärer Steuerungshormone (TSH) und der zugehörigen "Releasing factors" des Hypothalamus, speziell für die Schilddrüse, ohne deren Inkrete ein geordnetes Wachstum gleichfalls nicht möglich ist (1763). Aber nicht nur die bekannten Feedback-, d.h. Rückkopplungsmechanismen zwischen STH-, TSH- und Thyroxinspiegel im Blut sind bedeutsam; ohne Gegenwart einer funktionierenden Hypophyse kommt es gar nicht erst zur Reifung und vollen Funktion der Thyreoidea, was für andere nachgeordnete Endokrindrüsen in gleicher Weise gilt (2621, 3908); doch scheinen die Wechselwirkungen zwischen Hypophyse und Schilddrüse besonders ausgeprägt zu sein, wie Thyreoidektomien verdeutlichten (4579,6832).

Jedenfalls bestehen analoge, wenngleich entgegengesetzt wirksame, ätiologische Zusammenhänge beim Hyperpituitarismus, der sich in Gigantismus und Akromegalie äußert (4347,1213). Statt einfach mendelnden Erbgängen wurden hier nur familiäre Häufungen bekannt, die an eine mehr erblich-dispositionelle Basis denken lassen. Dabei können Gigantismus, d. h. ein abnorm gesteigertes, aber proportionales Größenwachstum während der ganzen Wachstumsperiode, und Akromegalie, eine disproportionale Vergrößerung der "Akren", der Körperenden (Hände, Füße, Schädelteile in Erwachsenen, 728), zusammen auftreten - sie müssen es jedoch nicht (3047). Diese beim Menschen oft mit beträchtlichen Allgemeinstörungen (Kopfschmerz, Sehbehinderungen, Hyperparathyreoidismus, Schweißausbruch, Kropf etc., 3067) und erhöhter Hydroxyprolinausscheidung (Kollagenstoffwechsel!, 3066) einhergehende Erkrankung ist sicher nicht direkt vergleichbar mit dem in manchen Hunderassen (Bernhardiner, Neufundländer) gesehenen, unproportionellen Breitenwachstum der Körperspitzen. - Ausgelöst wird eine Adenohypophysen- Hyperfunktion vielfach durch Adenome der acidophilen Zellen, die ihrerseits durch Überproduktion von GRH des Hypothalamus stimuliert werden mögen (7409), wie überhaupt bei hypophysär bedingten Anomalien schwer faßbar ist, ob sie primär pituitären oder neurokrinen Ursprungs sind. Hier muß auf entsprechende Übersichten verwiesen werden (6288).

Wie schon bei den Wirkungen des Somatotropins in Zusammenhang mit Zwergwuchs und Gigantismus diskutiert, können Störungen nicht allein durch Verlust oder Abwesenheit (z.B. bei Anenzephalie) bzw. durch Hyperplasie endokriner Drüsen, sondern ebenso durch konnatale Minderungen oder Überproduktion spezieller Inkrete zustandekommen. So werden bei chronischem Überangebot von ACTH - eines weiteren HVL-Hormons - , durch Ausfall circadianer Rhythmen infolge Hypothalamus-CRF-Dysregulationen, durch fehlgesteuerte Interaktionen neuraler und endokriner, die hypothalamische Aktivität regulierender Faktoren Nebennierenrinden - Hypertrophien und Corticoidschwemme induziert, mit dem klinischen Bild des Cushingsyndroms, welches allerdings gleichfalls durch idiopathische Neubildungen des Cortex auslösbar ist (2255). Doch auch bei hypophysärer Ätiologie (dann Cushing's disease genannt, 4023) wird die Ursache öfter eine tumoröse Entartung von

Regionen der Adenohypophyse sein, wenngleich es beim Hund Hinweise für gewisse rassische Dispositionen(7985), beim Menschen familiäre Häufungen und eine Geschlechtsdisposition gibt (meist jüngere Frauen, 283). Umgekehrt kann es bei Panhypopituitarismus oder isolierter ACTH-Defizienz zu einer sekundären NNR- Insiffizienz kommen (5665).
Im übrigen ist kennzeichnend, daß Individuen mit Hypothalamus-Hypophysen-Unterfunktion regelmäßig in ihrer Fruchtbarkeit herabgesetzt sind, was auf Ausfall von FSH, LH (Follikel- und ovulationsstimulierende Hormone, zusammen mit CGH in Bau und genetischer Codierung sehr ähnlich, 2286) und Prolactin sowie/oder der zugehörigen hypothalamischen Stimulatoren zurückzuführen ist. Hypogonadismus, Infantilismus und Sterilität sind die Folge. Sie sind auch bei den vorgenannten Zwergmäusen die Regel (2915, 492). Hier kann nicht eingegangen werden auf die zahlreichen neuen Er - kenntnisse auf diesem Sektor, die insbesondere dem Prolactin und seinen Wechselbeziehungen eine weit umfassendere Bedeutung zuweisen als ursprünglich angenommen - für Ovar- und Hodenfunktion (491, 3907, 6267, 2761, 6354, 433), für Eintritt der Geschlechtsreife, Eiimplantation und Zyklusregulation (4718, 8290, 1718, 2664, 5348), stressbedingte Induktionen (4288, 5769) und Interaktionen mit dem Fettstoffwechsel (7091) und der Nebennierenfunktion (2613). Darüber und über jüngst erkannte neuroendokrine Regulationsmechanismen via Releasing-Hormon (Neuropeptide des Hypothalamus, 8289) gibt es umfangreiche endokrinologische Abhandlungen (2107, 2094, 4472, 4187). Vielmehr sollen erblich bedingte Variationen aufgezeigt werden, die nicht nur offensichtlich große intra- und interspezifische Schwankungen in der Hypophysengröße, sondern signifikante funktionelle Abweichungen verursachen mögen (2997). So gibt es Mäuselinien mit stark unterschiedlichen Anteilen gonadotropiner Zellen im HVL (3036).
Genetische, offenbar vorwiegend geschlechtschromosomal codierte Abhängigkeiten kommen weiter darin zum Ausdruck, daß der Gonadotropinspiegel in Patienten mit Klinefeltersyndrom (S. dort) 5 - 15fach über der Norm, der Testosteronspiegel jedoch halbiert ist (7133). Beim x-chromosomal vererbten Syndrom der testikulären Feminisierung (Tfm) der Maus findet man einen paradoxen, positiven Feedback Testosteron/LH, der normalerweise negativ gerichtet ist (3709, 409, 5266).

Daneben gibt es einzelne Mendelfaktoren, so bei der Maus, die Gonadotropine generell, oder spezielle Komponenten gezielt, z.B. Prolactin, reduzieren und so Sterilität bewirken (5110,1959). Genetische Unterschiede bestehen ferner hinsichtlich der Reaktion auf exogen verabfolgtes Gonadotropin bzw. Prolactin (8068,2773). Schließlich lassen sich durch abnorme Östrogen-Zufuhren Hypophysentumoren induzieren und auch diesbezüglich waren in bestimmten Rattenlinien durch nur wenige Gene gesteuerte Anfälligkeiten bzw. Resistenzen feststellbar(8152). Hypophysenveränderungen fand man ferner beim hereditären Hermaphroditismus der Ziege, von denen allerdings unklar blieb, ob sie primären Charakters waren (5449). Gesicherte Linienunterschiede in der Konformation und Funktion sekundärer Geschlechtsmerkmale (Mamma) bei Mäusen gingen mit entsprechenden Differenzen im Prolactin- und GH-Gehalt einher (8312). Eine selektiv nutzbare Ansprechbarkeit des Ovars auf Gonadotropine wurde gefunden und unterschiedlich"fruchtbare" Schafrassen (Mehrlinge, Ovulationsrate !) wiesen z.B. gleichgerichtete Unterschiedlichkeiten der Gonadotropinprofile auf (2657,6705). Dagegen scheinen Beziehungen zwischen verlängerter Trächtigkeit bzw. verzögerter Geburt und Adenohypophysen- oder NNR-Insuffizienz bei Rinderfeten komplexer Natur zu sein, da sie mit den vorn zitierten Befunden an dekapitierten Embryonen nicht konform gehen (4032,4033,4610).
Polydipsie und Polyurie beim Diabetes insipidus stellen ein weiteres Beispiel hypophysärer Syndrome dar, ausgelöst durch eine HHL- (Neurohypophysen) Insuffizienz oder Hypothalamus-Unterfunktion bezüglich der Synthese oder Freisetzung des antidiuretischen Hormons Vasopressin (6516,812) -, durch vasopressinresistentes (nephrogenes) Endorgan-Versagen (2252,632, 7800) oder idiopathische Durst-Fehllenkungen (9479). Hier wurden erworbene, erbliche und Formen unklarer Ätiologie bei Mensch (2829,6412,9538), Ratte(Brattleboro-Ratte,6674,4455,7746,7783), Maus(2213), Hühnern(1978, 5641), Hund und Katze beschrieben (2859,4824). Überdies ist die Rate der Wasseraufnahme in Hühnern selektiv beeinflußbar (4889). Verbindungen zur Molekulargenetik sind in den Fällen gegeben, wo nachweisbar war, daß infolge Basen-Mutation im biologisch aktiven Vasopressin das Arginin durch Histidin ersetzt wurde, wodurch es seine Wirksamkeit weitgehend verlor (3314,9810). Hier ist somit eine Substitutionstherapie möglich(541).

Nichtfamiliäre Formen können zum Autoimmunkomplex gehören (9800). In den genannten Ratten dürften die Auslöser vielfältiger Natur sein und sowohl transkriptionelle als auch translationale Entgleisungen eine Rolle spielen (1053, 3643, 4869, 49, 853, 8906), die im übrigen auch Rückwirkungen auf den Blutdruck haben (9135). - Ein seltenes Erbsyndrom vereint Diabetes insipidus und Diabetes mellitus beim Menschen (2449, 8808). Salzresistente Dahl-Ratten zeigen gleichfalls Hypophysenveränderungen (6236).

Wie schon betont, ist der Verbund zwischen Hypophyse und Schilddrüse, jener für den Eiweiß-, Kohlehydrat- und Fettstoffwechsel, für die Rate des Basalstoffwechsels generell - besonders aber in der Wachstumsphase - hochbedeutsamen Drüse, sehr eng. Beeinträchtigungen der einen haben Rückwirkungen auf die andere (4064). Dies kommt u. a. in gesicherten quantitativen Korrelationen zwischen beiden Organen zum Ausdruck (1707). Effekte des Wachstumshormons auf Zunahmen und Verfettungsgrad, wie z.B. bei genetisch mageren bzw. fetten Schweinen nachgewiesen, sind somit ohne synchrone Einwirkungen der Schilddrüse kaum denkbar (132, 1334). Es verwundert daher nicht, daß zwischen Schweinerassen mit unterschiedlicher Zuwachsrate und Fleischansatzfähigkeit, z.B. Pietrains und Dt. Landrasse, signifikante Unterschiede in der relativen Größe und Follikelstruktur der Thyreoidea bestehen und beim Huhn gesicherte Heritabilitäten der Thyroxin-Sekretionsrate geschätzt wurden (3961, 594, 7041, 7497, 8607).
Störungen im Rahmen von Hypo- oder Hyperthyreosen müssen also stets in diesen Zusammenhängen gesehen werden, wenngleich ätiologisch strikt in der Schilddrüse lokalisierte Entgleisungen selbstverständlich vorkommen, z.B. die bereits erwähnten, genetisch determinierten oder beeinflußten Dyshormonosen und Thyreoiditiden im Rahmen von Enzym- oder Autoimmunstörungen (S. dort). Es war gleichfalls schon gesagt worden, daß man Angriffspunkte von Thyroxin und Trijodthyronin, neben direkten Einflüssen auf die Lebermitochondrien (7515), u.a. bei der Transkription und Translation im Rahmen der Eiweißsynthese in vivo annimmt, denn Enzymaktivitäten sind gesteigert bei Hyperthyreosen, bei Hypothyreosen gehemmt (7519, 61, 465). Weiterer wichtiger Ansatzpunkt ist zugleich die in der Zellmembran, z.B. der Herzmuskelzelle, wirkende Adenylatzyklase, welche hier vor allem den Glykogenabbau initiiert. Kennzeichnenderweise erfolgt nach gesteigerter

Schilddrüsenhormonsekretion unter einem Kältestress infolge erhöhten Energieverbrauchs, Steigerung des Basalstoffwechsels und der Kreislaufanforderungen eine Herzhypertrophie (7971, 7973, 7996).

Angeborene Hypothyreosen, welche Kretinismus und/oder Kropf und Myxödem auslösen, werden bei Mensch und Tier sporadisch durch die genannten genetisch-enzymatischen Blockaden der Hormonsynthese, durch m. o. w. einfach mendelnde Schilddrüsenaplasien, - hypoplasien bzw. -dysfunktionen oder durch periphere Schilddrüsenhormon-Resistenzen (familiäre Kropfformen, Mensch, aber z.B. auch beim Rind, 9702, 9717, 9823), in aller Regel aber als endemische Fälle durch Ernährungsschäden verursacht ("blande Struma" durch Jodmangel, 5081, 7266, 8033, 528, 7289, 9978, 9640). So wurde in einer Halleschen Feldstudie gezeigt, daß Kinder von Kropfpatienten zwar ein verdoppeltes Risiko zur Neugeborenen-Struma hatten, diese Struma connata aber prozentual auch mit dem Beimengungsgrad von Harzer Talsperrenwasser zum Trinkwasser regional zunahm (4022). Dies schlägt sich nicht nur in den bekannten "Kropfzonen" menschlicher Populationen ("Strumen gehörten in Bayern früher fast zum Schönheitsideal", 8544, 9712, 9641), sondern parallel dazu darin nieder, daß Schweine in Norddeutschland nur zu 30-40 %, in Süddeutschland aber zwischen 80 und 95 % "Schilddrüsenveränderungen" zeigten (7717). Sie können hier nicht Gegenstand der Diskussion sein.

Wichtiger im Rahmen dieser Betrachtung sind erblich gelenkte Variationen in Bau und Funktion der Schilddrüse, die für Erkrankungsdispositionen oder selektiv verwertbare Leistungsunterschiede bedeutungsvoll erscheinen. Aufgrund der vorgenannten endokrinen Wechselbeziehungen und genetischen Determinationen ist es ohne weiteres möglich, durch züchterische Selektionen - aber auch experimentell/hormonell - Wachstumsrate, Fett- und Fleischansatzvermögen bei kleinen Versuchstieren oder landwirtschaftlichen Nutztieren recht schnell zu verändern, was meist mit entsprechenden Änderungen im Wachstums- und Schilddrüsenhormonspiegel sowie Differenzen in Größe und Struktur endokriner Drüsen einhergeht, z.B. bei Mäusen (6443, 2072, 7471), Ratten (9202), Schafen (1726), Rindern (460) und Schweinen (6015, 3679, 6016, 7040, 10172). Diese für die menschliche Ernährung außerordentlich wichtigen Vorgänge schlagen sich beispielsweise darin nieder, daß bei Schweinen, wie Tab. 3 zeigt, 80 kg Gewichtszunahmen im Jahre 1910 durchschnittlich erst in 160 Tagen erreicht wurden, heute aber in weniger als 90 Tagen erfolgen.

Tab. 3

Selektion auf tägliche Zunahmen beim Schwein
(nach Wegner, 1974).

Jahr	mittl. tägliche Zunahme (g)
1910	499
1930	544
1940	635
1950	680
1960	710
1970	782
1973	833

d. h. im Mastabschnitt 30–110 kg erfolgten 80 kg
Gewichtszuwachs
1910 in 160 Tagen
1930 in 147 Tagen
1973 in 96 Tagen

Das Schwein darf weiterhin in diesem Zusammenhang geradezu als Modell dafür gelten, wie durch solche Änderungen endokriner Regulationen neue Krankheitsanfälligkeiten auftreten können. So ist nach der Umzüchtung zum neuen, frohwüchsigen Fleischschwein ein sogen. "Beinschwächesyndrom" bei etwa konstant 10 - 20 % dieser Tiere zu verzeichnen, das man zuvor in diesem Umfange nicht kannte. Selbst Fruchtbarkeitsstörungen in der Reinzucht werden damit in Verbindung gebracht (7752). Die Heritabilität dieser "Leg weakness" liegt zwischen 20 und 44 % (7951, 10096, 9755). So gingen signifikante Rassenunterschiede in den Tageszunahmen mit analogen Frequenzunterschieden bezüglich Beinstörungen einher (1017, 7855). Durch einseitige Selektion auf günstige tägliche Zunahmen und Muskelansatz erreicht somit das heutige Schwein ein hohes Mastendgewicht zu einem Zeitpunkt, da sein Stützgewebe noch im vollen Wachstum begriffen ist und alle für diese pubertäre Periode charakteristischen Anfälligkeiten zeigt (7981, 9787, 9788), wie sie auch aus den Sprechzimmern der Orthopäden analog vom Menschen bekannt sind (5331). In erster Linie dürfen hier gesicherte Effekte der Wachstums- und Schilddrüsenhormone unterstellt werden, die insbesondere für die Skelettreifung relevant sind (1682, 4618)- offenbar besonders im männlichen Geschlecht (10081)-, zumal eindeutige individuelle Differenzen in der Nutzbarmachung zugeführter Mineralien bestehen (9180). Dafür sprachen schon die Mineralisierungsbefunde anderer Autoren (2965, 2966) und man bekommt ähnliche "korrelierte Selektionseffekte" bei entsprechenden Selektionsexperimenten mit Mäusen (1130).

Die genetisch hypothyreotischen hyt/hyt -Mäuse haben einen Defekt in der Reninsynthese (10133).

Es werden sogar Zusammenhänge zwischen der im wesentlichen durch die genetisch gesteuerten Interaktionen Hypophyse/Schilddrüse determinierten Stoffwechselrate und der Lebenserwartung gesehen (6618). So ist bei Hyperthyreosen des Menschen und begleitenden Osteoporosen, Fibrosen etc. vor allem die Ausscheidung von Hydroxyprolin erhöht, jener nur im Kollagen des Stütz- und Bindegewebes vorkommenden, schon zur Altersbestimmung verwendeten Iminosäure(2120). Sie kann auch bei Schweinen als Indikator des Knochenstoffwechsels gelten(6067).

Rassische Unterschiede in Bau und Funktion der Schilddrüse wurden zudem bei Hunden unterschiedlicher Wuchsform gesehen (5100,1162,5631). Sie mögen für die Rassendisposition zu Hauterkrankungen, z.B. der viel in Kurzhaarteckeln anzutreffenden Acanthosis nigricans sowie zu Alopezien, mitverantwortlich sein (7985). Die meisten Schilddrüsendysfunktionen des Menschen sind ja ebenfalls mit Hauterscheinungen verbunden ; hier ist Morbus Basedow ("Graves disease") signifikant häufiger in HLA-B8 und -DR 3- Trägern (1670). Man vermutet Querverbindungen zur Hashimoto-Thyreoiditis(7501). Chronische Myopathien, besonders im Sinne von Myasthenien, wie bei Schilddrüsen -Überfunktionen des Menschen oft beobachtet (5610), sind zwar beim schnellwüchsigen Schwein so ausgeprägt nicht zu erwarten - und Müller u. v. Faber(1985) sahen in ihrer Untersuchung an je 10 Kastraten keine solchen Zusammenhänge- doch fällt auf, daß mit der Umzüchtung sich die Muskelgewebsstruktur mit der Konsequenz einer verminderten, blassen, wässrigen Beschaffenheit (Pale, soft, exsudative = PSE) verändert hat. Dieses ging einher mit Aktivitätsänderungen oder modifizierter Ausgangslage bei verschiedenen, für den Muskelstoffwechsel entscheidenden Fermenten, so der Phosphorylase, der Kreatin-Phosphokinase und der Kreatinkinase (604,105,6359). Hier drängt sich wieder die übergeordnete Relevanz vorn skizzierter endokrin-genetischer Zusammenhänge auf. Angeborener Kropf war auch bei Fohlen mit Muskel- und Skelettveränderungen verbunden (5061).

Generell sind nach längerer Zuchtwahl auf schnell erreichtes hohes Körpergewicht, insbesondere nach Inzuchtverwendung, Stagnation, Depression zu vermerken, die durch vereinzelte Großgeneffekte, jedoch auch dadurch bewirkt werden können, daß Selektion auf rasches Wachstum offenbar biologische Minderbelastbarkeiten mit sich bringt (116, 8051). Diese sind möglicherweise z.T. aus <u>Interaktionen Schilddrüse/Nebenniere</u> ableitbar (8075, 5650). Aus Broilerzuchten mit enorm forcierten Zuwachsraten werden ähnlich Alarmmeldungen gegeben (1453). So besteht zwischen Corticoiden und Schilddrüsenhormonen eine Art Antagonismus, wobei letzte offenbar wichtige Enzyme des Redoxsystems Kortisol/Kortison, aber auch des Noradrenalin/Adrenalin-Systems beeinflussen (4171, 6836, 1377). Er muß allerdings langfristig und nicht als stressinduzierte Kurzwirkung gesehen werden(2219). Das mangelnde Adaptationsvermögen des Fleischschweins an Umweltstressoren, welches sich u.a. etwa in einer Verfünffachung der Transportverluste (seit 1960) niederschlug, muß zweifellos auch unter diesem Blickwinkel gesehen werden. Im alten "Specktyp" stehende Schweine haben eine höhere Überlebensrate - schon als Ferkel (9460, 9461).

Auf die Achse ZNS-Hypophyse-Nebenniere braucht gleichfalls nicht erst hingewiesen zu werden, seit Selye(1953) durch seine Lehre vom Adaptationssyndrom - und Ergänzungen, Modifikationen späterer Autoren - sie in den übergeordneten Rahmen stellten. Störungen in Anlage und Funktion der <u>Nebennieren</u> sind stets auch unter diesen Zusammenhängen und Rückwirkungen zu sehen: ACTH stimuliert die Steroidsynthese durch Aktivierung der cAMP und der Proteinsynthese (2265). Über die vielen Rückkopplungs- und Einwirkungsmechanismen im Verbundsystem Hypothalamus-Hypophyse-Nebenniere wurden und werden Symposien abgehalten, die über den Erkenntnisstand informieren (1034). So können Gehirn und Endokrinium als eine Funktionseinheit im Rahmen von Anpassungs- und Verhaltensreaktionen betrachtet werden (3070).

Während eine Fülle exogener Einflußfaktoren auf Größe und Inkretionsrate der Nebennieren bekannt ist, so die Stressoren Krankheit, Trächtigkeit, sozialer Stress (Haltungsformen), Klimaeinflüsse, Hunger, Vitaminmangel, Überfütterung, Lärm, sexuelle Frustration etc., sind Erkenntnisse über genetische Effekte spärlicher(7972). Zwar zeigt die Nebennierengröße, ausgedrückt als relatives Organgewicht (in Prozent vom Gesamtkörpergewicht) eine weite <u>Speziesvariation,</u> wie Tabelle 4 ausweist. Anders als bei relativen Herzgewichten (7973) fällt es aber schwer, diese quantitativen tierartlichen Unterschiede physiologischen Besonderheiten zuzuordnen. Allenfalls ist hervorzuheben, daß es sich bei den Arten mit hohem relativen Nebennierengewicht - im Gegensatz zu den anderen Extremen - um kleine, lebhafte Säuger handelt. Relativer Anteil des Nebennierengewebes und hormonale Sekretionsrate stehen jedoch keineswegs immer in direktem Zusammenhang (2110, 3354, 6655, 978). So liefert die relativ große Nebenniere des Meerschweinchens wegen einer niedrigeren Sekretionsrate dem Organismus nicht mehr Steroide pro Zeiteinheit als die relativ kleinere der Ratte. Hinzukommt, daß das Mengenverhältnis der ausgeschütteten Inkretionskomponenten zueinander, z.B. Cortisol : Corticosteron oder Adrenalin : Noradrenalin starke Speziesunterschiede aufweist, desgleichen die Plasmaprotein-Bindungsrate (1163, 1164, 4564, 8306, 8819).

Muß man sich im interspezifischen und interindividuellen Vergleich "bei Deutung morphologischer und quantitativer Befunde an endokrinen Organen größte Zurückhaltung " auferlegen (7172), so gilt dies für die intraindividuelle Betrachtung oder den Vergleich sehr homogener Gruppen sicher nicht in diesem Umfange. Spätestens seit Selye(1953) ist bekannt und gesichert, daß unter bestimmten natürlichen oder experimentellen Bedingungen, d.h. im wesentlichen nach entsprechender ZNS-Hypophysenstimulierung, die Erhöhung der Corticoidproduktion mit einer Vergrößerung des relativen Nebennierengewichts einhergeht (7109, 434, 5825, 1683, 5318, 978, 5376). Schließlich sind auch die beiden Extreme pathologischer Abweichungen der Nebennierenausbildung und - funktion, nämlich Morbus Addison mit Atrophie und herabgesetzten Corticosteroidspiegeln, und das Cushingsyndrom mit Hypertrophie bzw. NNR- Neoplasmen und abnorm erhöhten Plasmacortisolwerten ein Beweis für Zusammenhänge zwischen Quantität und Aktivität (2457, 5966, 3207). So ist die Reaktion der Nebennierenrinde bei bestimmten Erkrankungen unter den Begriff der Anpassungshyperplasien zu subsumieren. Beim Menschen tritt die ACTH-therapieresistente, angeborene Addisonsche Nebennieren-Insuffizienz familiär gehäuft auf - ebenso Formen des o.a. Cushingsyndroms, oft vergesellschaftet mit anderen Endokrinopathien, ohne daß genauere Erbanalysen vorlägen (6250, 2439, 6957). Völliges Fehlen der Nebennierenanlage fand man gleichfalls vermehrt in Sippschaften (5962).

Tab. 4

Relatives Nebennierengewicht einiger Säuger (beide Nebennieren, g /100 kg Körpergewicht), Lit. S. WEGNER (1971)

Wieselmeerschweinchen	160	GORGAS(1967)
Meerschweinchen	100	ELLIOT u. TUCKETT(1906);GORGAS(1967)
Sumpfbiber	100	SMOLLICH(1962);WILSON u. DEWEES(1962)
Murmeltier	100	CHRISTIAN(1962)
Marmosetten	75	BENIRSCHKE u. RICHART(1964)
Streifenhörnchen	45	SHEPPARD(1968)
Totenkopfäffchen	40	LANG(1967)
Wanderratte	38	WOODS(1957)
Mungo	35	TOMICH(1966)
Feldmaus	33	PINTER(1968)
Rhesusaffe	31	KENNARD u. WILLNER(1941)
Löwe	31	HILL(1937)
Chinchilla	24	GORGAS(1967)
Laborratte	23	SACKLER u. Mit. (1959), WELSCH u. Mit. (1961)
Labormaus	20	BADR u. Mit. (1968)
Mensch	19	HOLMES u. Mit. (1951), EDER u. SCHWARZ(1960)
Katze	15	NORTHUP u. v. LIERE(1960)
Kaninchen	15	CHRISTENSEN (1959)
Hamster	14	MEYERS u. CHARIPPER(1956)
Schaf	14	STOKOE(1963); KEENAN u. Mit. (1968)
Hund	12	LINDT(1962)
Elefant	11	KRUMREY u. BUSS(1969)
Pferd	8	LÜBKE(1926)
Virginiahirsch	7	HOFFMAN u. ROBINSON(1966)
Rind	5	HOWES u. Mit. (1960), SCHILLING(1964)
Schwein	5	GRIEM(1954), HAENSLY u. GETTY (1968)
Fleischschwein	3	WEGNER (1971)

Über die Bedeutung der postnatalen Involution der Säugernebenniere, besonders ausgeprägt beim Menschen, ist wenig bekannt (4756, 6639). Wie aus Tabelle 5 hervorgeht, sind die relativen NN- Gewichte Neugeborener oder wenige Tage alter Individuen meist beträchtlich höher als die Erwachsener. Dieses beruht auf dem Vorhandensein m. o. w. deutlicher fetaler Cortexzonen, die postnatal zurückgebildet werden (4395, 615). So besteht beim Menschen bis zur 18. Fetalwoche ein Rinden/Markverhältnis von über 6 : 1, welches post partum auf 3 : 1 absinkt (7432). Man erklärt dies durch das Verschwinden mütterlicher Substanzen, die die Hypophysen-NN-Achse des Foetus stimulieren (2051).

Tab. 5
Postnatale Abnahme des relat. Nebennierengewichts (g/100 kg, Wegner, 1971)

Art	Neugeboren	Erwachsen	Literatur
Mensch	220	15	Schilf, 1922; Schulz u. Mit., 1962
Löwe	122	31	Hill, 1937
Hamster	50	14	Schumacher u. Mit., 1965
Ratte	30	23	Pfeiffer u. Mit., 1965
Schwein	22	5	Smollich, 1957; Haensly u. Getty, 1968
Rind	17	5	Hager, 1965
Hund	15	12	Holzbauer u. Newport, 1969

Dieses leitet über zu einer weiteren qualitativen NN- Eigenschaft, die unter entsprechenden Einschränkungen ähnlich wie das Gewicht zugleich als ein funktionelles Merkmal zu werten ist: zum Verhältnis Rinde/Mark. Schon früh beim Menschen histologisch-planimetrisch bzw. gravimetrisch an Serienschnitten objektiviert (3081), wurde sie seither auch bei anderen Säugern untersucht, von denen Tab. 6 einige bringt.

Auch für das Rinden/Markverhältnis lassen sich eine breite Variationsspanne und zwischenartliche Unterschiede feststellen (2096). Wie man sieht, hat das Meerschweinchen, wie überhaupt viele Caviomorpha, mit der relativ größten Nebenniere auch den größten Rindenanteil, was somit die These unterstützt, "die Normgröße der Nebenniere werde allein durch den lebenswichtigen Rindenanteil bestimmt" (1805, 2777). Aus vielen anderen Untersuchungen geht hervor, daß Nebennierengewichtszunahmen vorwiegend oder

Tab. 6

Gewichts- bzw. Volumenverhältnis Rinde:Mark(Lit. s. WEGNER, 1971)

Meerschweinchen	59 : 1	KOSAKA(1932)
Ratte	16 : 1	DONALDSON (1928)
Mensch	12 : 1	HAMMAR(1924; SWINYARD(1940)
Hund	7 : 1	BAKER(1938), LINDT(1958, 1962)
Labormaus	3 : 1	CARLSON u. Mit. (1937)
Rind	3 : 1	SCHILLING(1964)
Schwein	3 : 1	WEGNER (1971)
Hamster	1 : 1	MEYERS u. CHARIPPER (1956)

Abb. 13

Gefrierquerschnitt (20 µ) durch die Nebenniere des Fleischschweins (110kg) zur Darstellung der Rinden/Markrelation

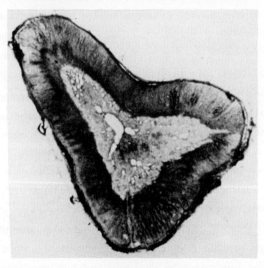

ausschließlich durch Rindenvergrößerungen bewirkt wurden, was auch für Vögel gilt (1222, 2023, 6744, 7628, 5424, 6689, 7044, 3464). Die durchweg höheren relativen NN-gewichte der freilebenden Ratte gegenüber domestizierten Artgenossen erklären sich gleichfalls vor allem durch größere Rindenanteile (1868, 6478, 5541, 6357), was mit einem vermehrten "Kampf ums Dasein" begründet wird (1376). Doch scheinen diese Regeln nicht ohne Einschränkungen zu gelten. Wildlebende Rotfüchse unterschieden sich zwar von zahmen Farbmutanten durch ein höheres Nebennierengewicht, nicht aber im Rinden/Markverhältnis (4004). Auch an anderer Stelle findet man diese Gesetzmäßigkeiten oft durch entsprechende Markhypertrophien durchbrochen und verweist darauf, daß Rinde und Mark hinsichtlich Zu- und Abnahme oft ein analoges Verhalten zeigen (7224, 1414, 4628). Dies scheint dadurch erklärlich, daß zwischen NNR- und Markfunktion zahlreiche Abhängigkeiten bestehen; z.B. ist schon in Foeten die Synthese des Adrenalin von NNR-Hormonen abhängig: Glukokortikoide kontrollieren die Aktivität von Enzymen, die für die Methylierung des Noradrenalin verantwortlich sind (6476).

Von vielen Autoren werden direkte Zusammenhänge zwischen Nebennierengröße sowie Rindenausbildung und psychisch-kämpferischen Eigenschaften bzw. Populationsdichte bei Wild- und Haustieren betont ("sozialer Stress", 1412, 6357, 7553, 2099, 7043, 7044, 1415, 5424, 1413, 4004, 9937), was jedoch nicht unwidersprochen blieb (5044, 7224, 1375, 7892, 793). In Versuchen an Schweinen waren Hormonlevel und Reaktivität eher invers korreliert (9511). Bei biologischen Wechselwirkungen ist oft nur schwer zu erkennen, wo Ursache und Wirkung liegt (587). So stellte man bei Rattenstämmen, die auf unterschiedliche emotionale bzw. psychisch-neurale Eigenschaften selektiert wurden, höhere Gewichte der Schilddrüsen und Nebennieren beim "reactive strain" fest. Da aber feststeht, daß zwischen ZNS und Endokrinium eine ständige Interaktion, ein vielfältiges "Feedback-System" besteht (413), dürfte hier eine indirekte Selektion auf erhöhte Thyreoidea- und Nebennierenaktivität erfolgt sein. Wenn daher gefolgert wird, daß genetisch bedingte Verhaltensänderungen das endokrine System stark modifizierten, so gilt dieser Schluß sicher auch in umgekehrter Richtung (2283, 8319). Insbesondere dieser funktionelle Verbund Thyroxin/Noradrenalin scheint bei ob (Obese)-Mäusen genetisch gestört (3460).

Bei Ausprägung und Funktion endokriner Drüsen stellt sich somit als eine Kernfrage, was genetische Variation, was umweltbedingte Variation ist. Der modifizierende Effekt exogener Stressoren auf quantitativ-funktionelle Merkmale der Nebennieren wurde bereits erwähnt. Genetischen Faktoren schenkte man dagegen bisher vergleichsweise wenig Beachtung. Die aus Tabellen 2 und 3 ersichtlichen Speziesunterschiede sind aber ein erster Hinweis, daß erblichen Einflüssen eine große Bedeutung bei der Entwicklung dieser Eigenschaften zukommt. Die erwähnten Differenzen zwischen wildlebenden und domestizierten Formen dürften neben Umweltmodifikationen Selektionswirkungen widerspiegeln, wenngleich man dies wohl kaum auf die Auswirkung weniger, mutierter Farbgene zurückführen kann (6478, 6357, 8262, 4000, 3602). Dafür sprechen Experimente, in denen die Zucht von Mäuse- bzw. Hühnerstämmen gelang, die hohes bzw. niedriges relatives Nebennierengewicht und zugleich deutliche histomorphologische NN- Unterschiede aufwiesen (7003, 395, 2231, 396, 5280, 394, 7004, 7005, 7008, 7006). Für die Hypophyse als übergeordnetes Organ scheint ähnliches zuzutreffen, ebenso für die Schilddrüse (2045, 138, 1297).

Daneben wurden genetische Einflüsse auf die Hormonsekretionsrate(410, 1175, 4563, 1669, 4564), den Noradrenalingehalt(8840), den Eosinophilenstatus(7230, 7577, 8274) oder die Reaktion nach Östrogenzufuhr beschrieben(8072). Rassenunterschiede zeigten sich beim Schwein(6667). Bei Steroidbestimmungen an Zwillingen zeichnete sich eine positive Intrapaarkorrelation ab und die bilaterale Wiederholbarkeit als obere Grenze der Heritabilität ist mit zumindest mittlerem Erblichkeitsgrad quantitativ-funktioneller Merkmale der NN ebenfalls vereinbar (7798, 4956, 4548, 1174, 7419). Bei solchen Berechnungen ist darauf zu achten, daß nicht Alters- und Körpergewichtseffekte zu hohe Korrelationen und Wiederholbarkeiten vortäuschen, da die positiven Beziehungen zwischen Nebennierengewicht und Körpergröße bzw. Alter bekannt sind und unter Zugrundelegung der Angaben verschiedener Autoren zwischen $r = 0,5$ und $0,9$ liegen (6735, 4729, 4027, 7171), wie ja auch Körpergewicht und Corticoidausscheidung positiv korrelieren (5607, 1658), von Ausnahmen abgesehen (1941). So läßt sich aus Untersuchungen an Affen ein Koeffizient von $r=0,93$ für die Links/rechts-Beziehung ermitteln, doch ist dieser hohe Wert vorwiegend durch große Alters- und Körpergewichtsunterschiede bedingt (4028,

4029). Aus Angaben über Meerschweinchen mit gleichfalls großen Variationen im Körpergewicht errechnet sich eine Wiederholbarkeit links/rechts von 0,86 (4222). Dagegen ergibt sich aus dem Autopsiematerial erwachsener Menschen eine Bilateralwiederholbarkeit von 0,70 für das Nebennierengewicht (6195).

Schätzungen populationsgenetischer Parameter von Nebennierenmerkmalen scheinen bislang nur aus der Versuchstier-, Geflügel- und Schweinezucht vorzuliegen. So ergab sich bei Hühnern eine mittlere Heritabilität von 60 % für das Nebennierengewicht (7045), übten langjährige Fütterungsversuche bei Schweinen keinen gesicherten Effekt auf die Nebennierengröße aus und konnten ein Übereinstimmungsgrad von 65 % für das Gewicht sowie eine Heritabilität von 60 % bei Rinden/Mark-Verhältnissen in dieser Art geschätzt werden (7972). Dieses deckt sich mit Untersuchungsergebnissen an Hühnern und Mäusen (394). Das Hausschwein, repräsentiert durch das heutige, frohwüchsige Fleischschwein, stellt eine Art dar, welche von allen bisher untersuchten Säugern das kleinste relative NN-Gewicht aufweist (Tab. 2). Mastschweine älterer Prägung zeigten ein mittleres NN-Gewicht von 10 g/100 kg Körpergewicht, doch waren diese Tiere etwa doppelt so alt, bevor sie 110 kg erreichten (6735). Selbst in diesen Populationen älterer Zuchtrichtungen aber starben alljährlich viele Schweine an Zuständen (enzootischer Herztod, Tod unter dem Geburtsstress etc.), die in den übergeordneten Komplex des mangelnden Anpassungsvermögens an widrige Umweltverhältnisse einzuordnen sind (2125, 2127, 2128).

Die Umzüchtung zum frühreifen, stressanfälligen Fleischschwein hat sich daher - zusammen mit der weiteren Einschränkung räumlicher Lebensbedingungen bei rationeller Tierhaltung - negativ auf die NN- Größe ausgewirkt. Trotz der diskutierten Abstriche im Artenvergleich sei immerhin darauf hingewiesen, daß die vom Fleischschwein heute gezeigten Größenverhältnisse dieses Endokrinorgans in einer anderen, dem Schwein physiologisch sehr nahestehenden Art, nämlich dem Menschen, die Diagnose "angeborene Nebennieren-Hypoplasie" rechtfertigen würden (umgerechnet auf vergleichbares Körpergewicht, 2238). In stressanfälligen Schweinen war die Catecholamin-Konzentration im Nucleus caudatus und in anderen ZNS-Regionen geringer(136, 9023), wenngleich diese Zusammenhänge nicht immer so deutlich waren (1695). Mitchell und Heffron(1981) stellten eine mangelnde Kapazität zur Cortisol-Inkretion in gestressten, anfälligen Schweinen fest, andere Autoren höhere ACTH-Level in Large White gegenüber Pietrainschweinen(9510).

Es paßt in diesen Kontext, daß Morbus Addison- Patienten 10 x häufiger an Schilddrüsenhyperfunktion erkrankt sind als Kontrollen (2746). Bei familiärer Amyloid-Polyneuropathie findet man eine Catecholamin-Defizienz (7450). Jedenfalls war die Züchtung eines wenig aktiven, aber frohwüchsigen Schweines - neben den modifizierenden Effekten einer veränderten Umwelt - eine Kontraselektion auf Nebennierengröße, so daß die schon früher erkannte Arten-Rangfolge hier noch eine deutlichere Ausprägung erfuhr (6842). Dies dürfte einen weiteren Ansatzpunkt für die Erklärung der Stressanfälligkeit moderner Schweine bieten, die durch einen Antagonismus von ACTH und STH und durch infantil bleibende innere Organe geprägt sind (8400). Auch andere Autoren kamen zum Schluß einer vorliegenden Nebenniereninsuffizienz, sei sie primär, sei sie ACTH- nachgeordnet (4635, 7884, 5086). Neben den schon diskutierten Konsequenzen für die Adaptation scheint dies insbesondere - via Elektrolythaushalt - für die Fleischqualität abträglich zu sein(1346, 7290), möglicherweise auch für die gluconeogenetische Kapazität von Jungferkeln und Läuferschweinen (6909).

In diesem Zusammenhange interessant ist das in vergangenen Jahren beobachtete, vermehrte Auftreten von Magengeschwüren beim Hausschwein, besonders bei schnellwüchsigen Tieren (4236, 4833). So zeigen Rassen oder Linien mit geringerer Rückenspeckdicke generell eine erhöhte Frequenz von Ulzerationen (696, 2878). Hier liegt eine Parallele zum psychosomatischen, stressinduzierten Ulcus des Menschen nahe, doch scheint dieses Phänomen etwas der oben erörterten Nebennierenunterfunktion des Fleischschweins zu widersprechen: Nicht steroidtherapierte Addison-Patienten entwickelten selten oder nie Magengeschwüre (6428). Umgekehrt fördern Glukokortikoide die Magensekretion und das Auftreten peptischer Ulzerationen (1304). Die signifikant größere Häufigkeit von Duodenal- und Magenulcus in Menschen der Blutgruppe O mag aus dieser Sicht über genetisch-hormonelle Kopplungsmechanismen erklärbar sein (7810). Im übrigen werden genetische Steuerungen des "Adaptationssyndroms" auch mitverantwortlich sein für nachgewiesene Mäuselinien-Unterschiede bezüglich der Fähigkeit, mit einem standardisierten" Trauma fertigzuwerden(6233,9019). Ebenso ließen sich Rattenlinien mit hoher bzw. niedriger Reaktionsschwelle gegenüber Stress züchten, was mit entsprechenden Unterschieden im peripheren noradrenergen System einherging (8574).

Bei den durch partielle Nebennieren-Überfunktion ausgelösten, unter der Bezeichnung "Adrenogenitale Syndrome" zusammengefassten Endokrinstörungen sind erbliche Steuerungen noch deutlicher; sie beruhen z. T. auf einem weitgehend monogenischen Ausfall bestimmter NNR-Enzyme, z.B. der 11,17 - oder 21-Hydroxylase (Homozygote ca. 1 : 11000, Heterozygote 1 : 54 in bestimmten Populationen, 9859), die zum Aufbau der Corticosteroide erforderlich sind, so daß es über diese Enzymdefizienzen zu Hormoninsuffizienzen und NN- Hyperplasien kommt : weitere echte Beispiele biochemischer Defekte, d.h. angeborener Fehler der Steroidsynthese (4855, 5560, 7704, 8359, 8012, 2793, 2306). Folge ist eine vermehrte, ständige ACTH-Ausschüttung und u.a. dadurch eine Überproduktion der Vorstufen blockierter Substanzen und anderer NNR-Hormonkomponenten, der Androgene (Androsteron- und Testosteronvorläufer), die bereits fetal wirksam sind und Hirsutismus und Virilismus, selbst Hypogonadismus u.a. Entwicklungsstörungen bedingen können (vergrößerte Klitoris, abnorme Behaarung bei Frauen, 8357, 7320, 918, 2627). Letztes ist naturgemäß beim Menschen von größerer Bedeutung und öfter diagnostiziert als bei Tieren, bei denen eher die durch diese Dyshormonosen induzierten Fertilitätsstörungen bedeutsam sind (6217).

Neben diesen primär endokrin bedingten Krankheitsbildern, sowie den exogen oder tumorös ausgelösten, gibt es familiär gehäuft auftretende, "idiopathische "Formen mit völlig normalem NN-Befund (3047). Es ist nicht verwunderlich, daß Hirsutismus meist Begleiterscheinung des zuvor besprochenen Cushingsyndroms ist. Dagegen kam in Kaninchen eine rezessive Variante der lipoidotischen NN-Hyperplasie zur Beobachtung, die, analog zu ähnlichen Erscheinungen beim Menschen, feminisierende Wirkung zeitigte (2418).

Nebennierenhyperplasien machen sich daneben - oder vorwiegend - infolge Störungen des Mineralstoffwechsels - in Salzmangelsyndromen bemerkbar, z.B. mit durch Verwandtschaftsehen begünstigter, überdurchschnittlicher Frequenz in bestimmten Eskimo-Isolaten (3469, 3426). Auch der primäre Aldosteronismus gehört hierher (Polydipsie, Bluthochdruck, 1537). Bei den aufgezeigten, vielfältigen hormonellen Interaktionen erscheint es ferner nur folgerichtig, daß angeborene, krasse Störungen der NN-Funktion, z.B. abnorme Cortisonspiegel, Dispositionen zu anderen Erkrankungen (Uteruskarzinom, 370) oder Defekten begünstigen (Gaumenspalten, 2446). Auf die Bedeutung dieses Phänomens wurde schon bei den lysosomalen Krankheiten hingewiesen. Bei Mäusen soll ein Gen am H2-Locus - neben maternalen Effekten - die Anfälligkeit zu corticoidinduzierten LKG steigern (2755, 5106, 3923). Dagegen scheinen Zusammenhänge zwischen Corticosteron-Level und Infektionsresistenz, z.B. bei Hühnern, noch relativ wenig gesichert (1307, 2896, 3048, 7585).

Inkretorische Beeinträchtigungen der Geschlechtsfunktion, wie beim adrenogenitalen Syndrom angedeutet und wie sie auch aus Untersuchungen "gestresster" Mäuse deutlich wurden (906), und ferner durch verschiedene monogenisch-enzymatische Ausfälle im Sexualhormon-Stoffwechsel denkbar sind (2380), stehen naturgemäß im Vordergrund bei Störungen in Bau und Funktion der Gonaden. Diese können hier gleichfalls nicht als solche dargestellt werden - insbesondere auch nicht die zahlreichen inanitionsbedingten (4319)-, sondern sind nur insoweit zu behandeln, wie sie eine zumindest teilweise genetische Grundlage und hormonelle Konsequenzen haben. Hypo- und Afunktion ergeben sich am massivsten bei erblich determinierten Gonadohypoplasien mit resultierender Sterilität. Auf Hypogonadismus und Zwittertum in Zusammenhang mit Chromosomenaberrationen, Mosaiken und Chimären bei Mensch und Tier wurde schon eingegangen, ebenso auf die tiefgreifenden hormonalen Folgen dieser genetischen bzw. zytogenetischen Abweichungen (4124), z.B. Gynäkomastien ("milchgebende" Ziegenböcke, 4921, 6392) und erhöhte Tumordisposition (7560, 3721). Hypoplasie und Dysfunktion werden nicht selten jedoch durch einfache Mendelfaktoren verursacht, sei es als direkte Genwirkung, sei es als Pleiotropie- oder Kopplungseffekt.

Zunächst ist folgerichtig, daß Keimzellen- und Hormonproduktion mit der Gonadengröße positiv korrelieren, wenngleich es bei der Interpretation sicherlich auf die Beachtung relevanter Gewebskomponenten ankommt, sowie- im interindividuellen oder rassischen Vergleich - auf die Relation zur Körpergröße (1900, 5893, 5894). So überrascht es nicht, daß Shetlandponies kleinere

Hoden besitzen als Warmbluthengste, daß lineare Beziehungen bestehen zwischen Ovar-, Hoden- und Körpergewicht (5373, 7386, 3929, 984), und daß in vielen Arten die Hodengröße in der warmen Jahreszeit zunimmt (1117, 7755). Diese Gesetzmäßigkeiten erscheinen genauso zwingend wie die Zunahme der Sexualdelikte im Sommer. Auch genetische Syndrome von "geschlechtsbegrenztem" (!) Makrorchismus - beim Menschen mit geistiger Retardation verknüpft(934, 7446) - seien nur am Rande erwähnt.
Mehrfach wurden hochgesicherte Korrelationen zwischen Hodenumfang und -volumen, zwischen Hoden- bzw. Nebenhodenabmessungen und Quantität sowie Qualität des Ejakulats bei Rind(6518, 3032, 2374, 375, 376, 6517, 55, 4324, 3341, 9544), Schaf(5761), Schwein (6482) und Huhn (3224, 9265) einerseits und Befruchtungspersistenz andererseits ermittelt - desgleichen Beziehungen zu endokrinen Parametern (9808). Daher verwundert es nicht, daß landwirtschaftliche Nutztierzüchter, denen der für die K.B. nutzbare Samen-"Output" normal großer Hoden immer noch zu gering ist, klagend fragen: "Warum wachsen Hoden nur bis zu einer gewissen Größe und nicht weiter ?" - und versuchen, dies durch Immunisierungen zu "überlisten"(10005, 10035, 10192, 8587). Auch bei Beachtung der Vergleichbarkeit des Materials ergaben sich deutliche genetische Effekte auf diese Eigenschaften, so bei kleinen Versuchstieren, Ziegen oder in Heritabilitätsschätzungen bei Rind und Schwein (7009, 6819, 4842, 6638, 4416, 6862, 9936, 9371, 9216). Hoden haben symmetrisch zu sein (54). Erbliche Komponenten werden schließlich auch darin deutlich, daß heute bei Bullen nur noch selten extrem hypoplastische Keimdrüsen angetroffen werden (8785), da man Tiere mit tauben- oder hühnereigroßen Hoden nicht ankörte, was somit ein wirkungsvolles Mittel der Vorselektion auf Fruchtbarkeit darstellte(4370, 1842, 53). Eine solche bereinigte Situation dürfte aber in bestimmten Hengstlinien, exotischen Rinderrassen und in Schafpopulationen noch nicht erreicht sein (2359, 4266, 4140, 7936, 1361).
Phylogenetische Zusammenhänge scheinen sich daraus zu ergeben, daß in Arten mit einem "Harem" - Paarungssystem (polygyn) inverse Korrelationen zwischen Körpergröße und Genitalienmaßen bestehen (starker Geschlechtsdimorphismus[+], d.h. Geschlechtsunterschiede in der Körpergröße, jedoch re-

---

[+] Diesen Begriff sollte man nur wirklich außergewöhnlichen Geschlechtsdifferenzen in der Körpermasse vorbehalten, wie z.B. bei Yak, Puter, Moschusente.

lativ kleiner Hoden, Penis etc.), während in weitgehend polygamen Arten
mit Promiskuität ("Gruppensex") die relative Größe dieser Organe zunimmt
("Werbungseffekt", der Mensch nimmt hier z.B. unter den Primaten eine
Mittelstellung ein,4910). Bei strikter oder habitueller Monogamie findet sich
meist kein ausgeprägter Geschlechtsdimorphismus (Tauben !). Rassenunterschiede in der Clitorisgröße kamen beim Rind zum Rapport (9697).
Fehlende oder unterentwickelte Gonaden bedingen absolute Sterilität und wurden z.B. in einigen Rinderrassen als hocherbliche Anomalie registriert,so
bei Schwedisch Hornlosen Rindern 1943 noch in einer Frequenz von 30 % (
2372). Männliches und weibliches Geschlecht waren gleichermaßen betroffen und es bestand eine straffe Kopplung zum weißen Haarkleid (5638,4335).
Konsequente züchterische Gegenmaßnahmen brachten hier bald die angestrebte Senkung der Häufigkeit (6942,442). Gleiche Hypoplasien wurden beim Finnischen Landrind, ähnliche fallweise auch in anderen Rinderrassen beobachtet (3470,821,5750,6030,3096,4439), doch ist stets zu prüfen, ob ernährungs-
oder haltungsbedingte Schäden vorliegen. Familiär oder liniengehäuft auftretende Reproduktionsstörungen durch Hodenhypoplasien kamen bei Schafböcken, Ebern und Hähnen gleichfalls zur Beobachtung (8239,4680,7935,
6500). Bei Stuten dürfte Azyklie desgleichen nicht selten durch Hypogonadismus verursacht sein (4478).
Primäre Gonadodys- oder agenesien mit unklarer genetischer Komponente
werden auch vom Menschen gemeldet (662,5082). Die rezessiv-autosomale
Mäusemutante hyp (Hypogonadismus,10181) liefert ein Modell dafür, daß bei
genetischer GnRH-Defizienz (Gonadotropin Releasing Hormon) eine ordnungsgemäße Gonadenentwicklung unterbleibt, die aber nach Keimdrüsentransplantation in ein normales Individuum wieder aufgenommen wird - und ebenso
nach hypothalamischen Implantaten (1279,440,8935). In Mäusen wurde ferner nachgewiesen, daß Selektion auf Hodengröße bei Männchen mit einer Erhöhung der Ovulationsrate in Weibchen der selektierten Linie einherging (
3707). Solche Zusammenhänge deuten sich auch in Rindern an(10015).
Doch sollte man vielleicht die mögliche Gefahr der Selektion auf Satyriasis
im Auge behalten: Ältere Mäuseböcke vergewaltigen trotz Gegenwart brünstiger Weibchen noch nicht geschlechtsreife Jungtiere und schleppen diese
dann-verletzt und meist verendend-wegen Unfähigkeit der Penisextraktion
hinter sich her (3023).

Die klinischen Konsequenzen genannter Hypogonadien werden oft denen einer Kastration gleichkommen, was Fruchtbarkeit, Hormonspiegel im Blut und alle sekundären Konsequenzen betrifft (350, 5475). Dabei fällt nicht nur die stimulierende Wirkung des Testosterons auf die Bildung der primären und sekundären Geschlechtsmerkmale aus, sondern seine anabole Stoffwechselwirkung generell (6145, 2870, 7238, 8184). Dieses kommt am besten durch die Wachstumsnachteile von Kastraten gegenüber Ebern in der Schweinemast zum Ausdruck - und in den intensiven Bemühungen zur Überwindung des Geschlechtsgeruchs in Letzten (6013, 7137, 3882). Ein Angriffspunkt dieses Hormons liegt dabei in der DNA-Synthesefförderung, der bereits erwähnten Induktion transskriptiver Prozesse, die es sogar schon zum erfolgreichen Antidot bei Knochenmarksschwund (Leukämien, Anämien etc.) werden ließen (5816, 1807). So mögen sich zudem Geschlechtsunterschiede im Enzymlevel und - über die funktionelle Beeinflussung des Gehirns - "männliche Verhaltensweisen" erklären (8990, 8595), und so sind schließlich die stereotypen Wachstumsvorteile männlicher Individuen begründet (9193). - Ein Gen Grc bei Ratten tangiert Wachstum und Fruchtbarkeit (1921).

Kryptorchismus stellt eine weitere Fehlentwicklung dar, deren Auswirkungen nicht allein, sondern deren Ursachen heute vor allem in Hormonstörungen gesehen werden (1650, 4927, 7985, 2569, 2625). So ist es möglich, bestimmte Fälle von Retentio testis bei Mensch und Tier durch Verabfolgung von Choriogonadotropinen (HCG) bzw. der zugehörigen Releaser-Hormone des Hypothalamus zu beheben (7589, 2057, 7985, 281, 6706). Zumindest diese Formen eines - meist beidseitigen - Maldescensus testis auf der Grundlage einer primären oder induzierten Funktionsstörung dysplastischer Hoden zeigen in vielen Arten eine gesicherte genetische Komponente, während bei den viel häufigeren einseitigen Fällen mechanische Schwierigkeiten, z.B. Gubernaculum- oder Gefäßstieldysfunktionen im Vordergrund stehen mögen, ein primärer Hodendefekt fehlen mag, und das Hodengewebe erst postnatal durch die abdominale oder inguinale Lage (Temperatur !) geschädigt wird (2879, 4935, 7348, 8054, 8055, 7392, 7393, 7391, 7394, 787, 3027). Sterilität Behafteter, wirtschaftliche Schäden durch Minderwertigkeit des Fleisches (11 Mio.DM Entschädigungsaufwand 1977 allein in Bayern, 217, 2263) bzw. durch erfor-

derlich werdende Operationen bei Schweinen (7955), sowie eine ausgeprägte Tendenz ektopischer Gonaden zur malignen Entartung bei Mensch und Tier sind die wichtigsten Konsequenzen dieser verbreiteten Störung(1568,7985).
Genetische Analysen der Binnenhodigkeit können durch das Vorkommen nichterblicher Monorchien, von Hodenverlagerungen oder Retraktionen erschwert werden, was sich in niedrigen Heritabilitäten niederschlägt (7985, 8348, 9244). Genuiner, bilateraler Kryptorchismus, der in einigen untersuchten Schweinepopulationen nur ca. 5 % der Fälle ausmacht, scheint jedoch hocherblich zu sein, wofür Befunde aus mehreren Arten sprechen, so bei Hunden (3216, 7985), Pferden(2346, 1584, 10063), Rindern(8080, 4176), Schweinen(5171), Schafen(1455), Ziegen(7912, 7110), und Ratten(8999, 2589, 5666, 8807). Auch bei Pferden ist einseitiger Kryptorchismus wesentlich häufiger als zweiseitiger (1566, 8738). In Schweinepopulationen wurde der Erblichkeitsgrad angeborener Binnenhodigkeit auf 50 % geschätzt, während der des später auftretenden bei Null lag; es bestanden teilweise Korrelationen zu Skrotalhernien (5201). Besonders Hunderassen zeigen z. T. beträchtliche Frequenz, was dazu beitragen mag, daß der Hund vor anderen Arten eine Disposition zu Hodentumoren besitzt, die nicht selten bösartig-metastasierender Art sind (5925, 7985, 7100, 1912, 1032, 4896). Einfach mendelnder Erbgang konnte bislang nicht sicher nachgewiesen werden, vielmehr ist an eine polygenische Determination zu denken, die eine Errechnung von "Genfrequenzen" nicht zuläßt (7103, 7985, 5201, 695). Unter Rinderrassen seien Guernseys bezüglich Hodentumoren überrepräsentiert (1964).
Bei Schafen, besonders bei ost- und mitteleuropäischen Merinorassen, wurde oft eine allerdings stark unterschiedlich ausgeprägte Koinzidenz zwischen Hornlosigkeit und Kryptorchismus beobachtet (4254, 8047, 130, 3093), die jedoch bei englischen hornlosen Rassen nicht auftrat. Auch in neueren australischen und indischen Untersuchungen wurde diese Kopplung nicht wieder gesehen (1956, 7085), und es mag sein, daß nicht die Hornlosigkeit als solche, sondern ein höherer Inzuchtgrad bei den fraglichen Rassen für ein gehäuftes Auftreten verantwortlich war. In einer nigerischen Eselpopulation kam man auf 30 % kryptorcher Hengste (4318). Jedenfalls ist Verbreitungs- und Erblichkeitsgrad dieser Anomalie groß genug, um wirksame züchterische Ge-

genmaßnahmen zu ermöglichen und zu fordern. Auch beim Menschen stellen Hodenabstiegsprobleme die häufigsten Störungen einer Endokrindrüse des Kindesalters dar, wenngleich z. T. nur in 5,5 % der Fälle eine familiäre Konzentration zu vermerken war, teilweise verknüpft mit anderen Urogenitalanomalien (4143,4400,495,9104). Nomenklatorisch fragwürdig erscheint die Praxis, Hodenagenesie oder Anorchie gleichfalls mit "Kryptorchismus" zu benennen (3499).

Vom Kryptorchismus abzugrenzen sind genetisch bedingte, testikuläre Feminisierungen (S.a. Tfm-Locus, Maus, 5683), bei denen es trotz männlichen Karyotyps durch fetale Testisinsuffizienz bzw. Nichtansprechen des Endorgans auf Androgene (= genetische Rezeptoren-Variabilität, 2420, 4799) oder durch enzymatische Blockaden (2757,464,3711) zu intraabdominalem oder inguinalem Verharren der Hoden und Ausbildung eines phänotypisch vorwiegend weiblichen Individuums kommt (= "männlicher Pseudohermaphroditismus", 6377, 5968, 5140). Dieses Syndrom wurde bei Mensch (8021, 5941), Maus (4792, 5968), Ratte(463), Schwein(4679), Luchs (10055) und Marderhund (9898) mit möglicherweise geschlechtsgebundenem Erbgang konstatiert(5797, 6650), und kam auch bei Rind und Pferd vor (5509,4700,7019,1967,4067). H-Y-Antigene sollen dabei eine Rolle spielen (6961,4698,6967,7834,7361). Dieses leitet über zu genetischen Formen der Intersexualität, die nicht durch prä- oder postzygotische Chromosomenabweichungen, sondern durch geschlechtsumstimmende Gene verursacht sind.

Während, wie beschrieben, das Rind eine Artdisposition zur mit Chimären einhergehenden Zwickenbildung aufweist, ist es bei Ziege und Schwein umgekehrt: Hier bildet der Freemartinismus eine Ausnahme, steht durch spezifische, oft autosomale Gene gesteuertes Zwittertum im Vordergrund, wobei man pathologisch-anatomisch zwischen echter Zwischengeschlechtlichkeit, d. h. "echtem" Hermaphroditismus (Hoden und Ovar vorhanden, 3848, 6659) und "männlichem" oder "weiblichem" Pseudohermaphroditismus unterscheiden kann (3168). Eine Einteilung in "echte Hermaphroditen" und "Pseudohermaphroditen" erübrigt sich, wenn man das eine mit "Hermaphroditismus ambiglandularis", das andere mit "Hermaphroditismus ovarialis" bzw. "testicularis" bezeichnet (8113).

So tritt bei Ziegen, und vorwiegend in genetisch weiblichen Tieren (XX), eine rezessiv vererbte Intersexualität auf, welche eine straffe - wenngleich nicht hundertprozentige - Kopplung zum dominanten Gen für Hornlosigkeit zeigt(1753, 746, 7191, 502, 5747, 5012, 7437, 969, 318, 3447, 4875, 9871). Es wird auch über Translokationen von H-Y-Genen auf Autosomen spekuliert (7835). Kleinhodigkeit und zu weiter Penis-Nabel-Abstand sind offenbar Übergänge zu diesem Zwittertum (3927, 7401). Die Eliminationsrate unter Jungböcken hornloser schweizerischen Ziegenrassen wegen solcher Sterilitätsformen beträgt zwischen 5 und 15 %; nur 20 % der homozygot hornlosen Ziegenböcke sollen fertil sein (7958, 7959, 7187). Jedoch muß hier zwischen Hermaphroditismus und männlicher Sterilität anderer Genese differenziert werden (6366, 3621). Durch das geschlechtsbegrenzte Auftreten der Zwittrigkeit, sowie eine möglicherweise differente pränatale Sterblichkeit, kommt es bei hornlosen Ziegen zu einer Verschiebung des sekundären Geschlechtsverhältnisses, welche mit 56,3 ♂ : 35,3 ♀ : 8,4 ⚥ angegeben wurde (3074, 7188, 1114).

Bei Selektionen auf Hornlosigkeit in indischen Fleischrassen registrierte man ähnliche Geschlechtsverschiebungen und Zwitterfrequenzen unter den Nachkommen, ebenso bei Shami- und Damaszener Ziegen, Angoras und brasilianischen Populationen (1186, 1541, 7507, 7061, 3111, 761). In norwegischen Ziegenzuchten waren dagegen unter den Lämmern nur 2 % Intersexe zu observieren (7113). Interessant ist, daß heterozygot hornlose Tiere, die oft an knöchernen Protuberanzen erkennbar sind, eine größere Fruchtbarkeit durch erhöhten Prozentsatz von Mehrlingsgeburten aufweisen sollen (6363, 6364, 7189, 4812, 262). Dieses mag ein Hinweis auf das Vorliegen eines Überdominanzeffektes sein. Man selektiert in Frankreich derzeit jedoch wieder gegen Hornlosigkeit (6367). Die dominante Hornlosigkeit des Rindes und Schafes scheint keine signifikanten Effekte auf Fruchtbarkeits- und Leistungskriterien zu haben (5355, 5468, 2506).

Parallel zum Zwittertum der Ziegen und zum Hermaphroditismus verus des Menschen lassen sich auch bei Schweine-Intersexen, welche in einer Häufigkeit von 0,2-4,2 % in Sauenpopulationen vermerkt wurden (bei Mastschweinen offenbar weniger, 9066, 9285), gewöhnlich nur weibliche Genotypen nachweisen (7135, 5987, 7104, 991, 4845, 5102, 5253, 5254, 7208, 5695, 5284, 5696,

5484, 9990). Selbst im Falle des Vorliegens eines Ovariotestis kann
es hierbei sporadisch zu Trächtigkeiten kommen (5754). Aus dem geschlechts-
begrenzten Vorkommen aber auf einen geschlechtsgebundenen Erbgang schliessen zu wollen, ist wohl nicht gerechtfertigt, da viele Beispiele autosomaler,
d.h. über beide Geschlechter vererbter, aber geschlechtsbegrenzt auftre-
tender Defekte bekannt sind (2641, 992). Zweifellos liegt jedoch Rezessivität
des oder der verantwortlichen Gene vor (7098, 7105). Man vermutet das H-Y-
Antigen involvierende autosomale Erbanlagen (9304). h^2 - Schätzungen lagen
in mittleren bis hohen Bereichen (9244).

Auch in Hundezuchten wurde mehrfach Zwittrigkeit gesehen, vor allem in
Cocker Spaniels, aber auch Beagles und in anderen Rassen (3177, 1675, 5419,
6175, 6798). In einer Mopszucht zeigte dieser Defekt familiäre Häufungen (
7345). Die bei Pferden relativ selten beschriebenen Intersexe waren gleichfalls kerngenetisch meist weiblich (2440, 905, 2643, 9496). Hermaphroditismus
kommt auch bei kleinen Versuchstieren sporadisch vor (4836). Bei äußerlich
"zweifelhaftem" Geschlecht entscheidet beim Menschen oft die Erziehung ü-
ber die Geschlechtsrolle (6300). Einige dieser Syndrome in genetisch männlichen Individuen scheinen auf Enzymblockaden und dadurch induzierte Resistenz gegenüber Androgenen während der Organentwicklung zu beruhen(8979).
Sterile XX-Männer sollen jedoch z.T. translozierte DNA-Abschnitte des Y-
Chromosoms auf ihren X-Kernfäden beherbergen (9611). Im übrigen zeichnen
sich die in Zusammenhang mit Intersexualität dislozierten Gonaden gleichfalls durch eine Neigung zu maligner Entartung aus (4024). Durch gonadale
Neoplasien kann es andererseits, z.B. beim Wellensittich, zur Geschlechtsumstimmung kommen (4009).

Genetisch beeinflußte Orchitiden, vergesellschaftet mit Thyreoiditiden,
scheinen aber dem Autoimmunkomplex zuzuordnen zu sein (2508). Für solche männlichen Autoimmun-Sterilitäten gibt es jetzt ein Modell beim Nerz
(7688, 104). Isolierte oder zusammen mit anderen Defekten auftretende
Hypospadien (Harnröhrenspalten) werden ebenfalls als familiäre Formen
bei Mensch und Tier gemeldet und von den einen Autoren als milde Fälle
des Hermaphroditismus, von den anderen als selbständige Erscheinung gewertet (6678, 1769, 4317). Möglicherweise stellt ein "gekerbtes" bzw. bifurkiertes Skrotum, wie in einigen Schafrassen hin und wieder beobachtet, ei-

nen Übergang zur Norm dar (8844).

Eine erblich-dispositionell geförderte Hormonstörung im weiblichen Geschlecht ist die zystöse Veränderung der Ovarien, verbunden mit dauernder oder temporärer Sterilität. In der Humanmedizin wird oft zwischen " zystischen" Ovarien, z.B. dem Stein-Leventhal-Syndrom, und "Ovarialzysten" unterschieden, womit echte Neoplasien gemeint sind (8320,5289). Während beim Menschen über genetische Komponenten nichts Sicheres verlautet, stellen Eierstockszysten insbesondere beim Rind eine Sterilitätsursache mit Erb-Umweltbeteiligung dar, die in Hochleistungs-Milchherden die Rentabilität in Frage stellen kann (2931,2932,3069,6484,2139,8622). Sie waren früher eine Rarität,- heute sind mitunter 95 % einer HF-Herde betroffen (8895). In Zebuherden findet man sie offenbar wesentlich seltener (10051). Das Ungleichgewicht der Inkrete (FSH-und LH-Imbalancen, vielleicht zudem NNR-Einflüsse,6809) in genetisch anfälligen Individuen bei gleich - zeitigem Mißverhältnis zwischen Leistungsniveau und Haltungs- bzw. Fütterungsbedingungen dürften die Ursachen sein (2478,6907,1785,3552,2934, 8972)- obwohl auch andere diskutiert werden (8853). Es werden Prozent - sätze zwischen 3,8 und 10 % und mehr genannt (5748,91,6485). Bei dieser "Nymphomanie" (Brüller) oder "Stillochsigkeit" verursachenden Funktionsstörung, welche in Mast- und Zeburassen wesentlich seltener beobachtet wird (5000,6331), vermutete man schon früh das Wirken genetischer Faktoren und schätzte den Erblichkeitsgrad auf 43 % , ein Wert, der wegen Zu - grundelegung der Daten aus nur einer Herde sicher überschätzt ist (1431, 2583,7213,1258). Andere Untersucher kamen auf nur 5 %, während ein durchschnittlicher Koeffizient bei 20 % zu liegen scheint (3333). Mehrfach wurden gesicherte Bulleneffekte auf die Zystenfrequenz ihrer Töchter festgestellt , gleichzeitig ein fördernder Einfluß der Milchleistung, des Alters und von Zwillingsgeburten auf die Häufigkeit des Zysten(5113,2140,2816). Hier wie anderenorts stößt man somit wieder auf einen "Antagonismus" zwischen Leistungs- und Fruchtbarkeitsparametern(8790).

Aufgrund des Mutter-Tochter-Vergleichs kam Poggel(1971) auf einen Erblichkeitsgrad von 20 %. Damit scheint eine genetische Basis für die geforderte,selektive Verringerung der Zystenfrequenz gegeben(2933,9218). Über Zys - ten finden sich Berichte sporadisch aus anderen Arten (6749), ein Nympho-

maniesyndrom der Stute geht jedoch meist nicht mit diesem Eierstocksbefund einher (3009). Bei einem Sauen-Kontingent soll allein der Sichtkontakt mit Ebern die Zystenfrequenz verringert haben (5625).
Es kann nicht ausbleiben, daß bei dieser und anderen erblich beeinflußten Endokrinstörungen des Genitalapparates das Verhalten und Begattungsvermögen mit beeinträchtigt wird. Hypersexualität oder Libidomangel, Azyklie oder verzögerter Follikelsprung, Anöstrie auf der einen Seite, Störungen im Deckvermögen und der Spermiogenese auf der anderen, können weitverbreitete, sterilitätsbedingende Folgen sein (2932, 4478, 8037, 5235, 6019, 1042). Auch für diese Funktions- und Verhaltensmuster werden daher nicht selten genetische Einflüsse registriert - nicht nur bei Mäusen (2002, 3030, 4884, 8446, 4885, 441, 8135, 5343, 4620, 4750, 7711, 1360, 7314). Zuchtziele tun ein weiteres: Extrem breitbrüstige Puter verloren ihre Tretfähigkeit und begnügen sich nach mißglücktem Versuch mit Masturbation (8680) - sie sind nur noch über K.B. vermehrbar. Ähnliches wird von Bulldogs berichtet (7985).
Zugleich wird verständlich, daß durch zumindest partiell erbliche Basis eine Selektion auf Erhöhung der Ovulationsrate und Wurfgröße, z.B. bei der Maus, Ratte, bei Schwein und Schaf und mithin eine Fruchtbarkeitsanhebung möglich war (4482, 860, 6317, 5174, 4361, 3123, 5538, 8081, 7697, 765, 3294). Gerade in Schafen des Merinotyps wurde jüngst ein Großgeneffekt (Booroola F-Gen, 10082) auf die Ovulation beschrieben, der praktisch genutzt wird. Er soll mit FSH- Inhibin- Interaktionen zusammenhängen (8567) . So ist es machbar, bei Schafen und Schweinen durch das Einkreuzen wurfstarker Rassen (Finnisches Landschaf, Chines. Schwein !, 5723, 9590) die Jungtierzahl zu erhöhen. Die realisierte Heritabilität der Ovulationsrate betrug bei Sauen 42 %, war jedoch nicht unbedingt korreliert mit Zitzenzahl und Wurfgröße, denn letzte hängt ja von der intrauterinen und perinatalen Überlebensrate noch mehr ab als von der Zahl ovulierter Eier (1655, 6177, 7753). Dabei scheinen noch Zweifel an, vielleicht aber nur Speziesunterschiede in der Bedeutung und dem Timing des GnRH (Gonadotropin-Releasing-Hormon) für diese Prozesse zu bestehen (764). Zusammenhänge zwischen Hormonlevel und Dystokie-Disposition überraschen gleichfalls nicht, doch scheint dies nur für bestimmte Sexualhormone zuzutreffen (5775, 4139) und tritt sicher in den Hintergrund gegenüber anatomischen Inkongruenzen zwischen Foetus und Mutter-

tier (2141). Bei keinem Leistungsmerkmal sind wohl die Erb-Umwelt-Interaktionen so verzahnt und schwer zu trennen wie bei der komplexen "Fruchtbarkeit" (2593,6845,4362,643,9565). Als niedrig heritables Merkmal ist sie besonders Heterosiseffekten zugänglich - und andererseits anfällig für Inzuchtdepression (8788,8871,9119). So liegen z.B. h^2 - Werte für ZKZ, EKA, Anöstrie oder "biologische Rastzeit" (neuerdings ist auch eine "Unrastzeit" im Gespräch,8616) regelmäßig nahe Null, obwohl natürlich bei exakter Messung der individuelle Eintritt der Geschlechtsreife heritabel geprägt ist (9164,10018)- Dinge, die wohl auch mit Melatonin und der Pinealdrüse zusammenhängen (9870).

Sicher gibt es in beiden Geschlechtern ab und an rein genetische Ursachen für Fertilitätsstörungen, so den allerdings oft erstaunlich geringe Hinderungen auslösenden "doppelten Muttermund" - was für analoge Scheidensepten der Maus ähnlich gilt (polyfaktoriell determiniert, 884,4661,27,456,1653,9860, 9419,9561), daneben durch Großgeneffekte abnorm verlängerte Trächtigkeiten (7380,824,3485), die vielen, oft straff genetisch fixierten Spermiendefekte - naturgemäß aufgrund der verbreiteten KB beim Rind am besten erforscht, aber desgleichen in Mensch, Mäusen und Schweinen registriert (814,816,817,822, 6528,6613,546,4169,5382,4820,5916,1574,2321,4170,4475,493,5366,823,148, 8462,8427,9254,8693), - hocherbliche After-Penis-Muskelkrämpfe (2881), - Nebenhodenaplasien (incl. Samenleiter = Aplasia segmentalis ductus Wolffii, 820,322,2360,815,2361,334,8578,9631,8710), - oder auch rein exogen bedingte (5226), z.B. den nach unsachgemäßem Gynäkologisieren zurückgelassenen und in der Cervix uteri verklemmten Ehering (1451); im Vordergrund stehen jedoch komplexe Wechselwirkungen zwischen Erbe und Umwelt, die eine niedrige Heritabilität quantitativer Fruchtbarkeitskriterien bedingen (7978,4555, 9374), es sei denn, man überschätzt sie durch Berechnung in nur wenigen Herden (10106). Dennoch wird ihre Einbeziehung in Zuchtwertschätzungen postuliert (9065,9617).

Analoges gilt für weitere Formen von Mißbildungen des weiblichen und männlichen Genitales, welche höchstens erblich-dispositionelle Einflüsse erkennen lassen (6488,6385,6678,6230,1361), beispielsweise für Penis-, Penisgefäß- und Vorhautdefekte mit resultierender Impotentia coeundi oder Penisvorfall (1869,1236,2441,323,4337,3310,4131,9915,8467), Penisagenesien,Diphallie

(1770) etc., Hypospadien (offene Harnröhren, 895, 4317, 1769), Samenblasenschäden(819), Spermiostase durch Nebenhodenschäden(567, 819), sowie Uterusanomalien (Aplasia segmentalis ductus Muelleri =" Eine große Zahl von Anomalien der keimleitenden und keimbewahrenden Abschnitte der weiblichen Geschlechtsorgane entsteht dadurch, daß die Verschmelzung der Müllerschen Gänge ausbleibt, wo sie stattfinden sollte, oder stattfindet, wo sie ausbleiben sollte", 8113, 4091, 8424), Vaginalprolaps und Nachgeburtsverhaltung (3102, 3473, 5908, 1996, 10014) u.a.. Bei Kaninchen reduziert eine rezessiv autosomal vererbte Verlagerung des Ovidukts die Wurfgröße (1593). - Insgesamt sind Normabweichungen der Genitalien bei m. o. w. wegen "Sterilität" geschlechteten weiblichen Wiederkäuern recht frequent, erklären jedoch nur einen Bruchteil der Abgänge (Rest z. T. Fehldiagnosen hinsichtlich Oestrus, Trächtigkeit etc.), was für Sauen genauso gilt (6284, 5589, 1942).

Nur selten wird auch die männlichen Individuen bis zu einem gewissen Grade normalerweise innewohnende Neigung zur Beschäftigung mit dem eigenen Glied zu Selbstverstümmelung und Penisverlust führen, wie von einem Mäusestamm beschrieben (3518). Bei der breiten, systemischen Wirksamkeit inkorporierter Hormone verwundert es ferner nicht, daß es leicht zu iatrogenen Erkrankungen unter Langzeit-Hormonbehandlungen kommen kann (S. Pille und Thrombose etc.). Beispiele aus der Kleintierpraxis sind die Metropathien, die Pyometra nach Östrogenzufuhr, sind Mammatumoren nach Gestagen-Dauergabe, wenngleich der Disput darüber noch nicht abgeschlossen ist (1980, 5524, 3077). Daß hormonell- genetisch bedingte Unterschiede in Wachstums- und Stoffwechselprozessen sich in differenten Dispositionen zu bestimmten Neoplasmen niederschlagen, scheint erwiesen, wie umgekehrt Neoplasien der Gonaden sogar Geschlechtsumstimmung bewirken können, z. B. bei Wellensittichen (4778, 2456, 3628).

Interessante Zusammenhänge zwischen systematischen Wirkungen der Androgene, ihrem Einfluß auf sekundäre Geschlechtsmerkmale und Fertilität werden weiter aus den Beziehungen zwischen Kammform und Fruchtbarkeit beim Huhn deutlich (5519). So scheint der Rosenkamm deutlich selektiv benachteiligt, insbesondere die männliche Fruchtbarkeit herabgesetzt gegenüber Erbsenkamm-Trägern und anderen Formen (1595, 1596, 5971, 1106, 1107). Dieses soll durch eine herabgeminderte Fähigkeit der RR-Spermien (Rosenkamm) verursacht sein, die unteren Abschnitte des Eileiters zu überwinden (2767, 2171,"Gametenselektion"). Ähnliche selektive Fertilisationen bei Verwendung von Spermagemischen sind aus der Putenzucht bekanntgeworden, ebenso in genetisch definierten Mäuselinien, z.B. mit Teratozoospermie (339, 7367, 7556).

Vielfache, wechselseitige Abhängigkeiten bei Hormonregulationen werden bei dem für alle Wachstums- und Umsatzprozesse wichtigen Mineralstoffwechsel besonders deutlich. Wie bereits bei Erörterung von Störungen der Hypophysen-, Schilddrüsen- und Nebennierenfunktion erwähnt, bleiben primäre oder sekundäre Dysfunktionen dieser Drüsen nicht ohne Auswirkungen z.B. auf den Natrium-, Kalium-, Magnesium- und Calciumspiegel im Blut (5962,4531,7626,5160,6852,5341). Dabei unterliegt Calcium jedoch, jenes den Zellstoffwechsel und Mitosen stimulierende Element, starken zusätzlichen Regulationen durch die Nebenschilddrüsen, durch das Parathormon (PTH,3884).

Während Calcitonin, das Inkret der thyreoidalen C-Zellen (Ultimobranchialkörper), die Calciumablagerung in den Knochen fördert, und Cholecalciferol, die hormonal wirksame Form des Vitamin D, die Calcium-Darmresorption stimuliert, mobilisiert PTH die Skelett-Calciumreserven bei sinkendem Plasma-Ca-spiegel (4647,2442,2395). Es begünstigt ferner eine renale Phosphatausscheidung, eine intestinale Ca-Absorption und mindert die Ca-Exkretion (6218). Hypoparathyreoidismus macht sich daher vor allem in einer Hypokalzämie bemerkbar - mit schwerwiegenden Tetanien , Paresen oder chronischen Folgen (Hautaffekte) bei Mensch und Tier (3800). Neben experimentell oder jatrogen bedingten Ausfällen (Strumektomien),deren Frequenz reziprok proportional zur operativen Erfahrung des Chirurgen sein soll (2143, 5847), wurden angeborene und/oder familiäre Formen gesehen, deren erbliche Komponente komplex zu sein scheint (482). Starke ontogenetische, sogar an Folgegenerationen weitergegebene Prägungen des Ca-Stoffwechsels ergaben sich bei Embryonen parathyreoidektomierter Rattenmütter (2522). Beim DiGeorge-Syndrom der Neugeborenen ist neben dem

Thymus auch die Parathyreoidea hypo- oder aplastisch und es kommt zu
Krämpfen und zum Exitus ohne Substitutionstherapie (1855). Funktionelle
Korrelationen bestanden ferner zwischen Schweregrad eines angeborenen
Ductus arteriosus persistens und Hypokalzämien in Neonaten (3084).
Hereditärer Pseudo-Hypoparathyreoidismus besteht, wenn nicht die Funktion
der Nebenschilddrüsen im Sinne einer Aktivitätsminderung, sondern die Reaktivität der Erfolgsorgane gestört ist (6121). Der Angriffspunkt soll in einem Nichtansprechen der membrangebundenen Adenylzyklase auf ausreichende oder gar gesteigerte PTH-Mengen liegen (1341). Die Hypokalzämische
Gebärparese des Rindes (Milchfieber), und zwar besonders der auf hohe
Milchfettleistung gezüchteten Kuh, wird offenbar gleichfalls nicht durch eine
primäre Nebenschilddrüsen-Unterfunktion ausgelöst - höchstens durch eine
"relative" begünstigt, wie mehrere Untersuchungen zeigten (4422, 8107, 6515,
1217, 1218, 4960). So scheint die mit dem Alter zunehmende Disposition der
Hochleistungsmilchkuh durch eine nach mehreren Laktationen verminderte
Fähigkeit zur PTH-induzierten Mobilisierung von Ca-Depots erklärbar (6840,
4183). In Schweden z.B. hat sich die Häufigkeit dieser Erkrankung seit
1950 verdoppelt (3881).
Eine individuelle, inkretorisch-genetisch beeinflußte Unfähigkeit zur raschen Wiedererlangung der Ca- Homöostase unter dem Geburts- und Laktationsstress ist auslösende Ursache (4642). Von 284 zuvor schon einmal
erfolgreich behandelten Tieren erkrankten später 143 abermals an dieser
Störung (50,4 % , 5664). Trotz ausreichender oder gehobener PTH-Level
sprechen die für die Ca- Freisetzung in den Knochen zuständigen Osteoklasten dieser Individuen nur verzögert auf den Hormonstimulus an. Es sind
auch nur diese prädisponierten Kühe, welche auf eine Vitamin D-Prophylaxe reagieren (3397, 3916). Für die Serum-Calciumwerte in Erstkalbinnen-Nachkommengruppen von Besamungsbullen schätzte man einen Erblichkeitsgrad von 64 %, für die Disposition zu Milchfieber in Bullentöchtergruppen
einen solchen von 13 %, was auf erbliche Variationen hindeutet (3337, 3878,
7545). Jerseys sollen anfälliger sein als andere Rassen (3202, 4642). Auch
bei dieser, für manchen Großviehpraktiker (nach der Mastitis) "einträglichsten" Erkrankung des Rindes sind somit selektive Ansatzpunkte gegeben.
Bei weiblichen Mastschweinen betrug die Heritabilität für Plasma - Ca
33 % (6279).

Während Hypokalzämien beim Rind besagte Paresen, d.h. partielle, schlaffe oder auch opisthotonische Lähmungen hervorrufen, erzeugen sie bei laktierenden Hündinnen meist postpartale, konvulsive Krämpfe. Darin mögen sich artbedingte, neuromuskuläre Unterschiede in der Reaktion der Endplatte manifestieren (933). Diese Puerperaltetanien (Eklampsien) der Hündin treten zwar häufiger in kleinen, lebhaften Rassen auf; genauere genetische Aussagen sind aber bisher nicht möglich (3939,6334). Auch in Katzen, Schafen, Ziegen, Stuten, Sauen und kleinen Nagern werden sporadisch analoge Geburtskrämpfe gesehen (5000), und das "Ferkelfieber" der Sau zeigt gleichfalls rassische Beeinflussungen (9020).

Hyperkalzitonismus, hervorgerufen meist durch C-Zellenkarzinome der Schilddrüsen und oft mit therapieresistenten Durchfällen verbunden, zeigt dagegen signifikante familiäre Häufungen beim Menschen - ein interessantes Beispiel zur Tumordisposition (813). Beim Sipple-Syndrom geht diese Erscheinung mit einem Phaeochromozytom des Nebennierenmarks parallel. Das Rind weist eine gewisse Geschlechtsdisposition hinsichtlich dieser Endokrinstörung auf (vorwiegend Bullen, 785).

Der Osteopetrose, einer hocherblichen, systemischen Skeletterkrankung bei Mensch (8004,3317), Maus (7862), Rind (3640,5689,4516), Kaninchen (5904), Ratte (5360,5363,6467), Hund und Schaf (2741), liegt möglicherweise ebenfalls eine Calcitonin-Dysregulation zugrunde: Durch Ausbleiben der sekundären Knochenresorption im Rahmen physiologischer Wachstumsprozesse unterbleibt eine normale Markraumbildung in sämtlichen Knochen, die somit durchgehend aus Spongiosa bestehen. Bei "Grey-lethal"- Mäusen (gl) verhindert dieses rezessiv vererbte Syndrom den Zahndurchbruch und Inanition ist eine der Ursachen für ihren frühen Tod (2923). Bei oc/oc - Mäusen liegen die Verhältnisse etwas anders, ebenso offenbar bei osteopetrotischen und mikrophthalmischen mi/mi- Genotypen (9409,9153). Infektiös geprägte Osteopetrosen, z.B. der Hühner, sind davon abzugrenzen (2509).

Hyperparathyreoidismus scheint weiter eine bedeutende Rolle bei erblichdispositionellen Osteoporosen von Mensch und Tier zu spielen, jenen die knöcherne Substanz aushöhlenden und ausdünnenden Skelettatrophien insbesondere älterer Individuen - idiopathisch gelegentlich in jüngeren gesehen(2952,

7985, 1776, 4289) - aber auch als Begleitsymptom vieler anderer Erkrankungen (8759). In New Hampshire-Hühnern traten sie konkomitierend mit Muskeldystrophien auf (3913). Dagegen beruhen familiäre Formen der <u>Osteogenesis imperfecta</u> offensichtlich auf erblichen Störungen des Kollagenaufbaus und der Nierenfunktion, die letal sein oder zu bösartigen Tumoren prädisponieren können (725, 3802, 3801, 1733, 4779, 8453, 8711, 8594). Eine rezessive, modellhafte Fragilitas ossium wurde in Mäusen beschrieben (2947, 8992).

Aus genetischen Störungen des Stoffwechsels des eingangs genannten dritten Regulators intermediärer Ca-Stoffwechselwege, des Vitamin D und seiner Derivate, können sich weitere Komplikationen ergeben, die sich nicht selten in Formen <u>erblicher Rachitis</u> bei jüngeren Individuen, als Osteomalazien in älteren niederschlagen (299, 773). Sie manifestieren sich trotz ausreichender Vitaminversorgung, sind Vitamin D-resistent oder nur durch massive Dosierungen zu therapieren (3191, 2800, 6835, 3563). So gibt es familiäre, hypophosphatämische Rachitiden, z. T. bedingt durch genetische Blockaden der renalen Phosphat-Transportmechanismen (Phosphat-Diabetes, renales Fanconi-Syndrom, 2713). Einfach mendelnde Erbgänge wurden öfter bei solchen Vitamin D- bzw. Ca/P-Stoffwechselanomalien von Mensch und Schwein postuliert (rezessiv autosomal und x-chromosomal, 2712, 6065, 6066, 3192). Es scheinen Querverbindungen zum Hyperparathyreoidismus zu bestehen (8160). Eine solche <u>Pseudomangelrachitis</u> kann ferner durch einen Block der Ca - Absorption oder der renalen Synthese des Cholecalciferols bewirkt werden, bzw. seiner intestinalen Wirksamkeit (5165, 6131, 10137, 9050). Rachitisdispositionen kamen des weiteren bei Hühnern mit differenter Aktivität der 25hydroxy cholecalciferol-1-Hydroxylase in der Niere zur Meldung (358, 448). Infolge der bekannten, intrakutanen Eigensynthese von Vitamin D_3 unter UV-Einwirkung nimmt es nicht wunder, daß intensive Pigmentierungen u. U. rassische Dispositionen zu Vitamin D-Mangel bedingen. Dies resultierte aus Fütterungsversuchen an pigmentierten bzw. unpigmentierten Schweinen; analoge Beobachtungen machte man an Hühnern (3832, 5740). Es deckt sich mit Berichten aus der Humanmedizin, in denen von einer erhöhten Rachitisanfälligkeit bei Kindern farbiger Immigranten in sonnenarmen Regionen die Re-

de ist (3786,377,9069,Abb.14). Aber nicht nur die "Englische Krankheit", auch die familiäre Osteodystrophia deformans Paget ist im U.K. häufiger als anderenorts (9724). Inwieweit hier Gc-Varianten (Vitamin D-Transporteur im Plasma) in ihren Frequenzunterschieden zwischen Europäern und Afrikanern Bedeutung haben, wird die Zukunft zeigen (4350). Solche Allelien wurden auch beim Schwein entdeckt (9346).
Und in diesem Zusammenhang soll nicht unerwähnt bleiben, daß über erbliche Formen des Skorbuts (Vitamin C-Mangel) infolge Enzymschadens in der Leber berichtet wird - auch beim Schwein (7377,9151). Es gibt ferner im Knochenaufbau gestörte Ratten-Mutanten mit Unfähigkeit, Vitamin C zu synthetisieren (9499).

Abb. 14

Kümmerlinge beim Schwein (Wurfgeschwister, rechts) durch erbliche Rachitis

Hypokalzämien gehen nicht selten mit Hypomagnesämien einher (3322,6811, 9786, 5013), wie überhaupt Ca- und Mg-Spiegel hochgesichert positiv korrelieren (Mensch r = 0,49 ; Schwein r = 0,35 ; 1022,2247). Denn einerseits verlangt die antagonistische Wirkung eine empfindliche Austarierung beider Elemente im Plasma, andererseits beschreiten sie dieselben Stoffwechselwege bei intestinaler Resorption und renaler Exkretion. So gleichen die klinischen Erscheinungen einer Hypomagnesämie bei Mensch und Tier öfter denen bei Hypokalzämien, wenngleich Tetanien, tonisch-klonische Krämpfe im Vordergrund stehen. Seltene, kongenitale hypomagnesämische Crampi mit familiärem Auftreten kamen beim Menschen zur Beobachtung (6122). Vom Rind wird über rassische Dispositionen zu Weidetetanie, über gesicherte Intra-Zwillingspaar-Korrelationen und breite interindividuelle Variationen im Mg-Bedarf berichtet(5887, 2288, 2289, 1149, 9053). In Schweinen zeigte der Mg- Plasmaspiegel nach Kupfer die stärkste additiv-genetische Komponente (h_v^2 = 0,47 ; 6279). Für die Auslösung klinischer Symptome beim Schaf ist möglicherweise ein Mg- Abfall im Liquor cerebrospinalis und, in Zusammenhang damit, eine Störung des Glucoseabbaus im Gehirn mitverantwortlich (5170, 6812).

Kalium - ein weiteres Mengenelement, dessen Über - oder Unterangebot gleichfalls zu schwerwiegenden Konsequenzen, insbesondere für den Kreislauf, führt (1585) - unterliegt vor allem bei Wiederkäuern offensichtlich straffen genetischen Steuerungen, zumindest, was seine erythrozytäre Konzentration betrifft: Sie wird bei Schafen durch ein unvollkommen dominantes Allelesystem determiniert, dessen zwei Allele für niedrigen (LK-Typ) bzw. höheren Erythrozyten-Kaliumgehalt codieren (HK-Typ; 2183, 2184, 2185, 2005, 2013, 5155, 9282). Und auch bei Rind und Büffel wurden Großgeneffekte auf den Erythrozyten-Kaliumgehalt sowie gewisse Kopplungen an andere Polymorphismen demonstriert (2186, 2190, 7990, 6240, 6932, 6933, 6226, 4193). Die physiologische Relevanz dieser Befunde bedarf noch der Absicherung, beschriebene adaptive Vorteile des einen oder anderen Genotyps in bestimmten Umwelten weiterer Abklärung (67, 2187, 7506, 7507, 5163). Hocherbliche Formen paralysierender Hypokaliämien wurden vom Menschen beschrieben (6498); ein Bericht, wonach ein hoher Futter-Kaliumgehalt das sekundäre Geschlechtsverhältnis beim Rind zu verschieben imstande sei. scheint in seiner Art bislang einzig dazustehen (7364).

Deutliche endokrine Abhängigkeiten zeigt der Blutpegel des Ceruloplasmin, jener Oxidase des Plasmas, die mit Kupfer eine fermentativ wirksame Funktionseinheit bildet - mit gleichzeitiger Transportfunktion für dieses

Spurenelement (4991,3166). So ist bei Hyperthyreotikern der Cp-Level fast regelmäßig erhöht ; auch Hypophysen- und Adrenektomien zeitigten signifikante Ceruloplasminerhöhungen (2250,2179,2180). Bei der schon genannten, recht straffen Kopplung zwischen Cp und Cu, die bei Schweinen unter identischen Haltungs- und Fütterungsbedingungen r = 0,67 beträgt (2247), mag dies wiederholt beschriebene, genetische Effekte auf den Kupferstoffwechsel mehrerer Arten besser verständlich machen, denn es bedeutet, daß unterschiedliche Aktivitäten dieses Ferments mit unterschiedlichen Kupfergehalten einhergehen. Es findet weitere Unterstützung durch den hohen Erblichkeitsgrad der Cp-Aktivität bei diesen Schweinen (h^2 = 0,73) und durch die beträchtliche additiv-genetische Komponente des Plasmakupfergehaltes (h_v^2 = 0,52 ; 6279). Die große Bedeutung des Kupfers für die Eisenresorption, Hämoglobinbildung und Elastinsynthese (4468,2494,4903,1210,6680, 2813,7077), die Unabdingbarkeit einer optimalen Versorgung mit diesem Spurenelement, gerade auch in der Schweinemast, braucht hier nicht weiter betont zu werden (3997,5172,5173). Die oben skizzierten, gesicherten endokrin-genetischen Einwirkungen auf seine Stoffwechselpfade u.a. auf die Interaktionen mit Zink (9798) machen deutlich, daß selbst bei standardisierter Zufuhr mit der Nahrung eine breite individuelle Variabilität in seiner Nutzbarmachung zu erwarten ist (1937).

Dies deckt sich mit Befunden aus anderen Arten, insonderheit auch beim Menschen (9451). So sollen Asiaten niedrigere Cp-Werte haben als Kaukasier (7015). Bei Schafen konnten mehrfach rassische Unterschiede im Leberkupfergehalt bzw. Cu-Speicherungsvermögen sowie im Plasmakupferspiegel konstatiert werden, die eine unterschiedliche Disposition zu "Sway-back" (sek. oder primärer Kupfermangel) oder zu Cu-Intoxikationen verständlich machen (8117,8118,4741,8358,8131,8120,10115,10119,10120,10121,10155, 10159,8537). Die Heritabilität liegt in vergleichbaren Bereichen (8664). Daß hocherbliche Einflüsse, wahrscheinlich sogar Großgeneffekte, den Kupfermetabolismus in dieser Art steuern, wird weiter durch neuere Erkenntnisse untermauert, welche Beziehungen zu den Hämoglobintypen A und B ermittelten (8128).

Beim rezessiven Wilson - Syndrom des Menschen ist durch hepatobiliäre

Störungen die Ceruloplasminsynthese in der Leber und damit auch der normale Cu- Transport blockiert, so daß das nur lose ans Albumin gebundene Metall sich stetig und krankmachend im Körpergewebe ansammelt (Nachweis im Leberpunktat, 10092)- und in der Folge dann mit pathognomonischen, grünen Kayser-Fleischer-Cornealringen, neurologischen Symptomen, aber auch Hämorrhagien und plötzlichem Leberversagen (529, 7331, 2599, 3769, 4109, 10135, 9811). Die Häufigkeit dieses Defekts wurde auf 1 : 20 000 geschätzt, doch dürfte infolge Vorkommens asymptomatischer Fälle, möglicherweise auch wegen Gendosiswirkungen in Heterozygoten, die tatsächliche Verbreitung größer sein (296, 7330, 8065). Bei der Mausmutante tx (Toxic milk) ist Cp und die Leber-SOD gleichfalls herabgesetzt (9694, 9695).
Wie bei der Wilsonschen Krankheit, so kommt es auch beim "Menkes (Steely) -Hair" - Syndrom zu Hirnmißbildungen (Corpus callosum), und man vermutet ebenfalls einen zugrundeliegenden Cu-Stoffwechseldefekt, der die Kupferabsorption im Darm einschränkt (1690). Dies fand experimentelle Stützung in Ratten (6166). Der Erbgang ist in Mensch und Maus x-chromosomal (9929). Möglich ist auch eine intermediäre Cu-Stoffwechselentgleisung, die zur Fehllenkung und Anhäufung dieses Elements in Geweben führt - mit gestörten Metallothionein-Pfaden, wie z.B. in gescheckten Mäusen (Mo^{br}, 2173, 6159, 8737). Sie läßt zugleich offenbar kupferhaltige Enzyme des Tyrosin-Melanin-Metabolismus (S.dort) nicht unbeeinflußt (9670). Ob ähnlich das lichte Kraushaar der Bedlingtonterrier in Zusammenhang steht mit ihrer Disposition zu toxischer Cu-Leberspeicherung, bleibt noch zu klären (7429).
Eine Kardiomyopathie mit Ähnlichkeit zur "Weißfleischigkeit" in hornlosen, kraushaarigen Herefordrindern scheint dagegen durch eine genetische Blockade des Selen-Umsatzes bedingt (3201, 8730, 9517), wie ohnehin der Stoffwechsel dieses Elements gleichfalls erblichen Prägungen unterliegt, z.B. bei Schwein (9949) und Schaf (10117).
Die für die Erythropoese und Hämoglobinbildung bedeutsamen Zusammenhänge zwischen Kupfer- und Eisenstoffwechsel fanden bereits Erwähnung. Sie werden beim Schwein durch entsprechende, positive Effekte auf Hämoglobingehalt und Hämatokrit nach Cu- Supplementierung deutlich (4123, 2692), wobei es allerdings entscheidend auf die Dosierung und den Zeitpunkt der Verabfolgung ankommt (1264, 1754, 2693), um Wirkungen zu erzielen oder Unzu-

träglichkeiten zu vermeiden. So zeigt denn auch die Disposition zu Ferkelanämie rassische Variationen, der Erythrozyten-Eisengehalt eine mittelgradige Heritabilität, ebenso der Hb-Level (6823,7991,4231,9587). Dies stützt Beobachtungen, die individuelle und rassebedingte Differenzen in der Hämoglobinkonzentration bei Schweinen feststellten, jener für die Thermostabilität in neugeborenen Ferkeln lebenswichtigen Determinante (7038,6902). Große Variationen in der Erkrankungsausprägung bei Eisenmangeldiäten erkannte man gleichfalls und von Mäusen sind durch erbliche Fe-Absorptionsstörungen ausgelöste Anämien bekannt (6036). Somit wird die Frequenz und Manifestation von Ferkelanämie durch erbliche Faktoren sicher mitgeprägt und scheint züchterisch beeinflußbar (3791,2202). Dabei ist interessant, daß kaum ein anderes Blutmineral noch im Mastalter so stark durch maternale Einflüsse (Intrauterin- und Wurfumwelteffekte) modifiziert war wie der Erythrozyten-Eisengehalt (6279). So sind denn Muttersauen anämischer Ferkel nicht selten ebenfalls erkrankt (6582). Unter Zugrundelegung der Daten von Kolb u. Mit. (1983) errechnet sich eine Korrelation von r=0,59 zwischen Muttern und Ferkeln im Hb-Gehalt. Es ist aber selbstverständlich, daß hier exogene Faktoren einer identischen Umwelt eine gewichtige Rolle spielen: Bei 172 Dentisten war die Hb-Konzentration signifikant mit der ihrer Ehefrauen korreliert, insbesondere, wenn es sich um ältere Ehepaare handelte (6416). Dies gilt sicher auch für rassische Unterschiede im Hämoglobingehalt, z.B. zwischen US-Farbigen und Weißen, obwohl für den niedrigen Spiegel bei Ersten offenkundig auch genetische Komponenten bedeutsam sind (4175,8915).

Der durch Eisenmangel hervorgerufenen Blutarmut wird in der Schweinezucht durch Bestandsbehandlungen mittels der bekannten Eisenpräparate vorgebeugt (1573,201,3757). Bei nicht sachgemäßer i. m. Injektion oder Verwendung ungeeigneter Lösungen kann diese Maßnahme offenbar zusätzliche Dispositionen schaffen: Ausgedehnte Muskelnekrosen, u. U. mit der Konsequenz einer Atrophie des Hinterschenkels, jener wertbestimmenden Körperregion des Schweines (211).

Ein abnorm erhöhter Eisenbedarf scheint dagegen bei einer hereditären Muskeldystrophie des Huhnes zu bestehen, die durch entsprechende Eisendiäten heilbar ist (1373). An dieser Stelle sei auch ein familiäres, wahrschein-

lich unvollkommen dominantes Syndrom des Menschen genannt, die primäre
(idiopathische) Hämochromatose (Überpigmentierung, Leber- und Knochenschäden, Hypogonadismus) - durch abnorm erhöhte Eisenresorptionsrate und
Speicherung in Körpergeweben ausgelöst (7074,2251,5287,1337). Eisenunterversorgungen in der Nahrung schlagen sich hier in erhöhter Resistenz, Menstruationsblutungen in einer verminderten Anfälligkeit des weiblichen Geschlechts nieder (7277, Aderlaßtherapie !,9520,9558). Der Genlocus liegt
auf Chromosom Nr. 6, mit straffer Kopplung an den HlA-Genort(2034,9797).

Zink bietet weitere Beispiele der genetisch-hormonellen Steuerung einerseits,
sowie der gennahen Funktion als Enzymbestandteil andererseits (6418). So
ist bei Hyperthyreotikern der Erythrozyten-Eisengehalt infolge Inhibition der
Carboanhydrase B herabgesetzt und umgekehrt in Eisenmangelratten die Blutzell-Zinkkonzentration gesteigert (5832,7259). In "Supermäusen" (SM -
strain) besteht eine Resistenz gegen Zinkmangeldiäten aufgrund größeren
Speichervermögens dieses Spurenelements in den Knochen (6304). Zn ist
ferner Bestandteil schon erwähnter, für die Replikation der DNS und für
die Transskription wichtiger Polymerasen (6887,7258). Konnatale Zinkmangelsyndrome sind daher durch verminderte DNS- oder RNS-Synthese
gekennzeichnet, so in Zinkmangelratten oder Zinkmangelzwergen (7550,
7396). Solche Enzymdefizienzen lassen auch das Hormon- und Immunsystem
nicht unbeeinflußt (374,9351). Das scheint sich besonders auf Abwehr-,Wachstums- und Aufbauprozesse in der Haut auszuwirken: Abgesehen davon, daß
ernährungsbedingter Zinkmangel fast regelmäßig mit Hautalterationen verbunden ist- so mit Parakeratosen beim Schwein (5215) - sind diverse genetisch determinierte, angeborene Hautdefekte z.T. Ausdruck kongenitaler
Zinkdefizienzen, z.B. die Psoriasis, Ichthyosis (fraglich) und die rezessive
Akrodermatitis enteropathica des Menschen (bevorzugt akral und periorifizial lokalisiert, 2824,474,85,9705) sowie die analoge "Adema-Krankheit"
des Rindes ("Letalfaktor A 46", 177,179,6693,8983,9790). Bei diesen und
anderen, erblich induzierten Zinkmangelerscheinungen liegen offensichtlich
Störungen der Zinkabsorption vor, wie sie auch vom Morbus Crohn bekannt
sind (S.dort; 7354,4278,1256,4987). Dieses ist durch Zinksupplementation
und Oxychinolingaben reparabel(2341,2342). Bei ohne Therapie überleben-

den Individuen mit milden Verläufen vermutet man Heterozygotie (5711). Die letale, Zinkmangel in der Milch induzierende Mäusemutante lm bewirkt ähnliche Otolithanomalien und Schwimmunvermögen wie die im weiteren beschriebene Mangandefizienz (8847).

Der intermediäre Stoffwechsel des Mangans unterliegt gleichfalls starken Genwirkungen, denn dieses Spurenelement ist Aktivator zahlreicher Fermente, z.B. einiger Peptidasen, und es ist in den Mitochondrien angereichert. Genetische Unterschiede im Manganbedarf führten u.a. dazu, daß die defizitär bedingte Perosis oder Fersenkrankheit (Abgleiten der Achillessehne) bei Hühnern unter gleichen Fütterungsbedingungen rassisch unterschiedlich auftrat: Schnellwachsende und schwere Rassen waren mehr betroffen als leichte, z.B. Rhodeländer gegenüber Leghorn (6935, 874, 1571). "Slipped tendon" bei Broilern war jedoch nicht mit einer Mn- Unterbilanz im Gewebe verbunden (7583).

Bedeutsam ist ferner der ontogenetische Zusammenhang zwischen Mangan und Melanin, von dem noch unklar ist, ob er durch Vehikelfunktion des Pigments oder durch reine Kopplungseffekte bewirkt wird. Während einerseits Manganmangel während der Trächtigkeit gleichgewichtsgestörte Jungtiere bei Ratten, Mäusen und Meerschweinchen hervorbrachte (8942), gibt es andererseits rezessive Depigmentierungsanlagen bei Nagern ("Pallid"- und Mokka-Maus) und Nerzen (Pastell), die mit Otolithendefekten und zentralnervösen Ausfallserscheinungen einhergehen (2160, 2161, 4603, 9740). Durch massive Gaben von Mangan - eines auch bei Epileptikern im Level herabgesetzten Elements (9906) - lassen sich während der Trächtigkeit diese Anomalien in genetisch belasteten Embryonen vielfach verhindern, so daß normale Nachkommen geboren werden, die jedoch weiterhin Träger dieser Defektallele sind (2162). Dieses sind Beispiele dafür, daß mutagen bedingte Blockaden durch Überangebot der blockierten Substanz oder des gebremsten Aktivators aufhebbar sind. Die Folgerungen für Therapie bzw. Prophylaxe von Defekten, aber auch erbhygienische Bedenklichkeiten, liegen auf der Hand; insbesondere, wenn man bedenkt, daß auch die Gentechnologie bislang nur phänotypisch-reparative, aber nicht ätiologische Therapieansätze lieferte (7826). Dies mag sich bald ändern, wenngleich zur Korrektur von "Inborn errors" derzeit noch der Trans- oder Implantationsmethodik mehr Erfolgsaussicht zugesprochen wird

(9676) - aber "Gen-Transfer" ist ja nichts anderes als eine verfeinerte Transplantationsmethode.

War die Wilsonsche Krankheit eine Demonstration dafür, wie durch Syntheseblocks von Enzymen oder Eiweißstoffen, welche Bindungs- oder Transportfunktion für wichtige Metalle übernehmen, eine pathogene Überschwemmung des Körpers mit dem fraglichen Element entsteht, so ist die idiopathische, familiäre perniziöse Anämie des Menschen ein Beispiel für endogene Mangelsyndrome durch solche Blockaden. Bei dieser Erkrankung bewirkt der funktionelle Ausfall des "Intrinsic factors" in der Magenschleimhaut, eines für die Absorption des Kobalamin (Vitamin B_{12}) notwendigen Mukoproteids - oder anderer Bindungsproteine und Transportenzyme (Transcobalamine, 9664, 10129) - das Bild einer Vitamin B_{12} - Mangelanämie, die nur vermittels parenteraler Substitution zu beherrschen ist (8313, 2814, 10129). Dieses führt zugleich in das Gebiet der Pharmakogenetik, denn es beinhaltet ein genetisches Abweichen von der Reaktionsnorm gegenüber pharmakologisch wirksamen Substanzen, nämlich den Vitaminen. Der Riboflavin-Umsatz (Vitamin B_2) bei Hühnern liefert ein weiteres Exempel; hier konnte ein erhöhter Bedarf bei dunkelpigmentierten Rassen gegenüber hellgefiederten ermittelt werden, was einen gesteigerten Laktoflavinverbrauch bei stärkerer Melaninbildung vermuten läßt (686). Bei Unterversorgung kann sich dies auf die Schlupfrate auswirken (1511). Andererseits kann ein genetischer Mangel an Riboflavinbindendem Protein eine Riboflavinurie bedingen (8210).

Die für diesen Abschnitt gewählte Überschrift trifft in ihrer vollen, doppelten Bedeutung für eine recht straff genetisch fixierte Störung des Kohlenhydratstoffwechsels zu - den Diabetes mellitus. Die Zuckerkrankheit, bei Mensch verbreitet (ca. 1 - 3 % der Populationen, d.h. etwa 30 Mio. auf der Welt, 2988, 3884, 5085) und in mehreren Tierarten analog gesehen, stellt eine durch unphysiologische Hyperglykämie gekennzeichnete Dyshormonose dar; Hauptursache ist der absolute oder relative Mangel, das Fehlen oder die Blockade von stoffwechselaktivem Insulin, jenes für die Nutzbarmachung der Glukose im Körper und für die Glykogenspeicherung in der Leber verantwortlichen Inkrets der β - Zellen der Bauchspeicheldrüse (

Inselapparat). Klinisch unterscheidet man akute, dramatische (Koma) und chronische Verläufe, angeborene, juvenile Formen, sowie Erwachsenen- und Altersdiabetes (6326, 7444, 3731). Der zugrundeliegende Basisdefekt liegt noch im Dunklen, er ist wahrscheinlich multifaktorieller Natur, d. h. Diabetes mellitus ist ein "heterogenes Syndrom" (5488, 6321). Diskutiert werden : Eine genetisch fehlgelenkte Syntheseanweisung für das Insulinmolekül-m it dem Resultat eines inaktiven Hormons (5645, 7484, 9589); Gefäßmembrandefekte, welche die Effektivität des Insulin mindern und die einerseits für die Initiierung des Diabetes, andererseits für viele Folge- und Begleitsymptome verantwortlich gemacht werden (Retinitis, Nephro-, Dermatopathien, Neuralausfälle, Impotenz, 1204, 863, 6802, 7092, 7278, 2908, 1173, 810, 8873) ; ein verzögertes Ansprechen der Inkretion nach Glucosestimulation, ausgelöst durch einen ß-Zell-Adenylat-Zyklase-Defekt (6326, 6198) ; eine durch Autoimmunreaktionen verursachte Insulitis und ß-Zell-Zerstörung (1603, 3209, 9147, Kopplung an Hl A- bzw. H-2-Typen, besonders bei Diabetes Typ I, 4272, 1825, 1642, 707, 1507, 9184, 8547, 8984, 10109, 8605); ein gestörtes Gleichgewicht der antagonistischen Pankreashormone Insulin und Glukagon(7720 , 5393).

Durch Pankreatitiden, Pankreatektomien, Tumore oder Infektionen ausgelöste, sekundäre oder experimentelle Diabetesformen können hier unerwähnt bleiben, wenngleich selbst bei virusinduziertem Mäusediabetes starke genetische Unterschiede in der Disposition erkennbar waren - eine Virusätiologie auch beim Menschen erörtert wird (1586, 8332, 6536, 5749, 7624, 4946). Es fielen auch differierende Resistenzen beim Streptozotocin-Diabetes auf (β-Zelltoxin, 6539, 9222, 9308). Unvergessen seien zudem dispositionelle Störungen der exokrinen Pankreasfunktion, wie sie - im Sinne einer nichtentzündlichen Atrophie - vermehrt vom Deutschen Schäferhund berichtet wurden(2485, 6669).

Primärer Diabetes mellitus liefert das typische Beispiel einer Erkrankung mit erblicher Disposition auf polygener Grundlage, einfache Mendelerbgänge sind meist nicht - oder nur bei Sonderformen (MODY = Maturity onset diabetes in the young u. a.)-feststellbar(8903), aber signifikante Familienhäufungen (5487, 1198). Heritabilitätsschätzungen kamen auf einen mittleren Wert von 35 %, doch ist mit zunehmendem Alter untersuchter Bevölkerungsgruppen eine Abnahme der h^2 - Werte von 80 auf 30 % (Altersdiabetes) zu konstatieren, was auf differente genetische Grundlagen dieser unterschiedlichen Formen der Zuckerkrankheit, aber auch auf eine altersabhängige Zunahme der umweltverursachten Variationen hindeutet (1247,2211). Diese Zahlen besagen, daß in der näheren Verwandtschaft eines Diabetikers Diabetes dreimal häufiger auftritt (21 %) als unter den nahen Verwandten eines Nichtdiabetikers (7,5 % ; 199,6259). Die Konkordanz in eineiigen Zwillingen beträgt 48 % , bei nicht insulinabhängigen Diabetikern (Typ II) jedoch 90 % (6321,10012).

Modellkrankheiten sind in verschiedenen Stämmen der Labormaus, in anderen Mäusearten, der Ratte, beim Hamster und Kaninchen bekanntgeworden (3625,6324,6323,1371,1171,2763,8018,3002,5089,1170,1532,9766,9242). Eine schöne Übersicht gab Herberg(1982), der diese Syndrome zusätzlich danach einteilte, ob sie mit Ketosen einhergehen oder nicht. Teilweise konnten hier dominante oder rezessive Gene als Auslöser erkannt und klinisch apparente oder latente Verläufe unterschieden werden - beim Hamster aber nur unter Annahme der Mitwirkung mehrerer Genpaare, ein Hinweis, daß wie beim Menschen eher an eine polygenische Grundlage zu denken ist (4048,1172). Der diabetische Cricetulus griseus (Chinahamster) entwickelt - analog zum Menschen - gleichfalls in erhöhter Frequenz Oculo- und Nephropathien sowie Störungen der männlichen Fertilität durch Testikularatrophien (7094, auch bei BB-Ratten,10161). Bei ihm wurden - anders als in KK-Mäusen - Veränderungen der B-Zellen Langerhansscher Inseln verantwortlich gemacht (5452,1230).

Der Diabetes und die Fettsucht der Sandratte (Psammomys obesus) können dagegen weitgehend als exogen durch kalorienreiche Labordiät induziert gelten, welche nicht der kargen, rein vegetarischen Kost entspricht, an die dieses Tier adaptiert ist (6789,5204,9186). Gefangenschaftszucht ist schwierig (4128). Diese evolutionär entwickelte Glucose-Intoleranz, die bei entsprechenden Diäten durchaus mit erhöhter Katarakt-Häufigkeit verbunden ist (2987,48), unterstützt im übrigen die These, daß die weltweite Verbreitung des Diabetes beim Menschen in der Vergangenheit durch ständig wiederkehrende Hungerperioden selektiv gefördert worden sei: Latente Diabetiker

sind gegenüber inanitionsbedingten Hypoglykämien weniger anfällig. Gleiches gilt offenbar für entsprechende Tiermodelle (Selektionsvorteil Heterozygoter, Überdominanzeffekt,1502,3346). Durch einen ziemlich plötzlichen Übergang vom entbehrungsreichen und beweglichen Jäger- und Fischerdasein zum gut versorgten, seßhaften Leben mag auch die sehr hohe Zuckerrate einiger zwangszivilisierter Indianerstämme erklärbar sein (5486,4144).
All diese Beobachtungen unterstreichen die enge Verzahnung selektiv-genetischer und umweltbedingter Krankheitsauslöser.

Im Gegensatz zur Sandratte sind Diabetes-Mäuse, die homozygot für das rezessive Gen db oder seine Allele sind, in ihrer Erkrankungsmanifestation, die durch progressive β - Zelldegeneration, Hyperglykämie, Fettsucht, Hyperphagie und Sterilität charakterisiert ist (8916, 8507), relativ diätunabhängig, wenngleich eine kohlenhydratarme Nahrung selbstverständlich retardierend wirkt (7262, 664, 4524, 4525). Die "Expressivität" dieser Mendelfaktoren der Maus differiert jedoch ebenfalls merklich, was somit nicht nur mit dem genetischen "Background" oder der Wirkung von "Modifier" - Genen zu deuten ist (1506, 8541). In diesen Mäusemodellen (KK- und NZO-Linie) und in Laborratten war auf gestörte Glukosetoleranz zu züchten, auf stark differente Glukosemetabolisierungsgeschwindigkeiten - eine weitere Stützung der polygenischen These (8658), die sich auch in Zuchtexperimenten an disponierten Schweinen bestätigte (2784, 2591, 5986, 6010, 5830).

Von all diesen erblich-dispositionell ausgelösten Diabetessyndromen muß man solche trennen, welche durch toxische Schädigung der Bauchspeicheldrüse entstehen, z.B. den Alloxan-Diabetes. Alloxan wirkt in verschiedenen Säugern durch selektive Vergiftung der β - Zellen diabetogen (4742). Dabei ist interessant, daß in Nachzuchten alloxandiabetischer Ratten spontane, angeborene Hyperglykämien auftraten, die weniger auf maternale Effekte als auf Beeinträchtigungen der elterlichen Keimzellen durch das diabetische Milieu zurückgeführt wurden (4854). Dies bestätigte sich nicht in Untersuchungen an Schweinen (6011).
Vergleichend-medizinisch bedeutsam ist ferner, daß in bestimmten Rattenstämmen durch sucrosereiche Diät ein Diabetessyndrom auszulösen war, welches in Manifestation und pathologischen Folgeerscheinungen - insbesondere auf dem Sektor der Angiopathien (Retina-, Nieren-, Herzkranzgefäße)-

dem Erwachsenendiabetes sehr ähnlich scheint (6521). Parallelen zum Altersdiabetes mögen die relativ wenigen bisher beschriebenen, nichthypophysären Fälle bei der Katze aufweisen (2590).
Der besonders bei älteren, adipösen weiblichen Tieren gesehene Diabetes des Hundes zeigt familiäre Häufungen und rassische bzw. typbedingte Präferenzen (wenig bewegte, kleine Petrassen, Dackel etc.), ohne daß über die genetische Komponente bisher Genaueres bekannt wäre (2055, 1570, 864, 2644, 2400, 7985). Ähnlich dem des Menschen, geht er öfter mit anderen Endokrinstörungen, z.B. Morbus Cushing, Schilddrüsen- und Sexualdyshormonosen mit "kontrainsulärer" Wirkung einher (5558, 2592, 149), und ist wie bei diesem klinisch an Abmagerung, Polydipsie und Polyphagie erkennbar. Geschlechtsspezifische Insulinwirkungen konnten bei Ratte und Mensch objektiviert werden(866). Hierher gehört auch die unterschiedliche Insulintoleranz normaler und habituell abortierender Ziegen, die auf übergeordnete Dysregulationen der Hypophysen-NN-Achse schließen läßt, jedoch zugleich fütterungsabhängig ist (3283, 5780, 8074, 8057). Genotyp-Umwelt-Interaktionen vermutet man gleichfalls bei diabetischen Weißen Neuseeländer Kaninchen (1532). Abgesehen von den bei den erwähnten Arten festgestellten und als Modell wichtigen Diabetesformen kam diese Störung selbst bei so exotischen Spezies wie Delphin und Flußpferd zur Beobachtung(6325). Wiederkäuer tendieren nicht oder nur zu milden Verläufen von Zucker, auch Vögel - mit der Ausnahme der fleischfressenden Eule - scheinen recht resistent gegenüber Pankreatektomien, doch wurden auch bei ihnen entsprechende Krankheitsbilder gemeldet (5000, 135). Bei solchen Speziesvergleichen muß zudem an evolutionäre Veränderungen der Insulinrezeptoren gedacht werden (3555).
Insgesamt zeigen die Tiermodelle, daß die Ätiologie des absoluten und relativen Hypoinsulinismus der Säuger different und komplex ist : Mono- oder polyfaktoriell, polygenisch und durch verschiedene Umweltstressoren oder ein Zusammenspiel aller Faktoren auslösbar (6409, 1814). Hat man bei statistisch-populationsgenetischen oder genealogischen Untersuchungen diese Komplexheit nicht vor Augen, kann die "Vererbung der Zuckerkrankheit" in der Tat zu einem "Alptraum" der Genetiker werden (851). Wie das o.a. Beispiel der Ziegenaborte zeigt, mögen die Modellkrankheiten bei Tieren künftig dazu beitragen, die hohe vorgeburtliche Sterblichkeitsrate, Wachs-

tumsretardationen und Mißbildungen bei Früchten diabetischer Mütter zu
klären, die in einigen Bevölkerungen für 28 % der Fälle verantwortlich zu
machen sind (5914, 255, 6953).
Wie eingangs angedeutet und aus der skizzierten, wenngleich z.T. noch hypothetischen Diabetes-Ätiologie ersichtlich, sind Störungen oder Beeinträchtigungen des Fettstoffwechsels und Gefäßwandveränderungen mit allen Folgeerscheinungen integrierender Bestandteil der Zuckerkrankheit. Hier wird
die Trennung von Ursache und Wirkung schwierig bleiben. Tatsache ist, daß
die durch Aufnahme unnötiger Mengen und unpassender Formen von Nahrungsmitteln geförderte Fettleibigkeit zu den wichtigsten prädisponierenden und
konkomitierenden Faktoren von Zucker- und Herzerkrankungen gehört, und
daß - nach der mittlerweile erfolgreichen Beherrschung des Zuckerspiegels
und Koma- Ausschaltung -, vier von fünf Diabetikern an Herz- und Nierengefäßstörungen, etwa jeder zweite an Herzinfarkt stirbt (5531, 2093, 851).
Blindheit ist 10 x, Gangrän und Amputation sind 20 x häufiger als in der allgemeinen Bevölkerung (5085, 3050). Glukose-Intoleranzen gehen meist mit
variablen Formen von Hyperlipämien einher, in bestimmten Kultur- und Rasenenklaven jedoch nicht notwendig mit erhöhter Disposition zu vaskulären
Erkrankungen, was auf die stark umweltvariable Relevanz sich wechselseitig beeinflussender Komponenten hindeuten mag (752, 397, 3050, 1089 , 9998).
Bei Diabetikern und Übergewichtigen kann es zugleich zu signifikanten Verschiebungen der Fettsäuremuster in Richtung auf einen höheren Prozentsatz
gesättigter kommen, wie umgekehrt Hyperglykämien verbreiteter unter Patienten mit Gefäßerkrankungen waren (2988, 5783); zwischen Kohlehydratstoffwechsel und Myokardinfarkt bestehen mannigfache Beziehungen (8395). Es
ist somit sicher richtig, festzustellen, Diabetes sei mehr als eine "Zuckerkrankheit" (2863): Kohlenhydrate und Fette sind konkurrierende Substrate im
Energiestoffwechsel; Störungen im einen Bereich lösen Störungen im anderen
aus, wobei die Priorität sowohl auf der einen wie auf der anderen Seite liegen kann oder eine ätiologisch ausgeglichene Gewichtung zu erfolgen hat (7818).

So gibt es idiopathische, genetisch fixierte oder erblich beeinflußte Syndrome der Fettsucht bei Mensch und Tier, die unter diesem Blickwinkel der

Gesamtstoffwechsel-Interaktionen zu sehen sind - nicht selten hypothalamisch gesteuert (9194). Die komparative Bedeutung dieses Phänomens läßt sich ermessen, wenn man bedenkt, daß 25prozentiges Übergewicht durch Adipositas beim Menschen vorgeschrittenen Alters die Mortalität um 74 % über dem Durchschnitt liegen läßt (1831), obwohl es offenbar auch physiologische Formen gesteigerter Leibesfülle gibt (9203). Ob man als Erwachsener wohlbeleibt ist, läßt sich mit ziemlicher Sicherheit in der Jugend voraussagen, was die Bedeutung konstitutioneller Faktoren unterstreicht (10182).

Bis auf den o. a. Hamster-Diabetes, der nicht mit Obesitas, und bis auf eine durch die rezessive Maus-Mutante ad gesteuerte Fettleibigkeit, die nicht mit Hyperglykämie verknüpft ist, zeigen alle bisher genannten Krankheitsmodelle den m.o.w. deutlichen Verbund zwischen Fettansatz und Hypoinsulinismus(7277,3347). So ist die Rate der Glukose-Oxidation zu CO_2 und damit die thermoregulatorische Wärmeerzeugnis bei "insulinresistenten", immuninkompetenten, hypothermen, gonado- und thymushypoplastischen Mäusen mit dem ob - Gen niedriger (9122), sind die oxidativen Stoffwechselprozesse in ihren Lebermitochondrien und in der Muskulatur verändert (9320), ist der Abbau der Gewebs-Triglyzeride allerdings nicht gehemmt und Hyperphagie - bei gleichzeitig verkleinerten Speicheldrüsen - entwickelt sich erst nach dem Absetzen (8321,7595,3986,1667,510,1323,6976,4135,7645,1322, 1286,6491,4399,7623,1542,8675,8949). Für die Penetranz dieses Gens ist das Gesamt-Genmilieu wichtig, und auch die Schilddrüse ist sicher nicht unbeteiligt (1505,7574), da eine Ursache offenbar in hypophysären Fehlsteuerungen liegt (9974,10180). Daneben gibt es"polygenisch" fette Mäuse (6450).

All dies unterstreicht den koordinativen Charakter der Insulinwirkung und seiner Protagonisten : Die Integration verschiedener Pfade des Kohlenhydrat- und Fettstoffwechsels im intakten Organismus (4647). Die durch Homozygotie am fa - Locus freßsüchtige, fettleibige (auf Kosten der Muskulatur, 8821) und infertile "Zucker" - Ratte (Dyshormonosen, Hypogonadismus, Impotentia coeundi, vegetative Dysfunktionen, Dysthermogenese - aber Gendosiseffekte, 9650,10176,9403,9738,9756) verdankt ihren Namen jedoch ihren Entdeckern und nicht einem diabetischen Zustand - sie zeigt eher Hyperinsulinismus (" Insulinresistenz", 8743,9997,8825) und beschränkte Nutzbarmachung der Fettsäuren durch die Mitochondrien (6625,579,8324,8404,6048,7461,6626,6958,

5609,919,486,7693,9468,10037,9737). Ein Ad-Gen (Adipositas) in Wildmäusen bewirkt gleichfalls Hyperinsulinämie (7875). Angaben über ähnliche Syndrome bei A^{oy}- und NZO-Mäusen finden sich bei weiteren Autoren (8322,2279,988). Die Os-Cornell-Hühnerlinie jedoch leidet unter Obesitas infolge einer Autoimmunstörung der Schilddrüse, wie dort bereits erwähnt (7442,3987). Und bei der Bulimia nervosa schließlich folgt dem unstillbaren Eßdrang das selbstinduzierte Erbrechen - aus panischer Angst vor dem Dickwerden (9770).

Straff genetisch verankerte Effekte auf den Fettstoffwechsel im Sinne von Hypercholesterinämie und Hyperlipidämie wurden außer bei Mäusen und Ratten (8304,2498,44,10194) in weiteren Arten bekannt, so bei Mensch (hier mit Apolipoproteinstörungen, ein Polymorphismus, der direkt die mit Koronarerkrankungen invers korrelierten HDL tangiert, 8471,9196,9197,10006,9883, 9536,9833,S.a. Tangier-Krankheit = Analphalipoproteinämie, 8470,u.a.,2464, 2545,7081,3760,3761), Affe (2838,5322), Rind(7420), Schwein (5181,7965,7966), Kaninchen(4197,9559) und Tauben (5889). Aber selbst in breiteren Populationsstudien kam man auf signifikant von Null verschiedene Erblichkeitsgrade des Blutcholesterols, die bis zu 0,46(Huhn,2169,204,3483), 0,29(Schwein, 6279,6545), 0,50 (Kaninchen,6435,6436), 0,78 (Rind, 716,280,2319,2025), 0,51 (Maus, 8002,8003,1976), 0,56 (Mensch,3289,6027), 0,92 (Affe,1448) betrugen. Die Unterschiede erklären sich z.T. aus unterschiedlichen Schätzverfahren und Stichprobenumfängen, mehr noch aber sicherlich aus spezieseigenen Besonderheiten des Lipidstoffwechsels, die einen interspezifischen Vergleich, insbesondere in Hinblick auf die Atherogenese, nur schwer zulassen (1444). So reagieren z.B. Chinchillas und Hunde extrem resistent auf exogene Hypercholesterolämien (4840). Insgesamt verdeutlichen die Daten, daß Fettsucht und Hyperlipidämie-Syndrome bei Mensch und Tier meist eine polygenische Basis mit starker Umweltvariabilität haben, wenngleich in Einzelfällen, beispielsweise beim Geflügel, Großgeneffekte deutlich werden mögen (3233,944,2060,6082,4607). Fraglos ist auch, daß erbliche Determinationen der Obesitas vielfach über hormonelle Imbalancen, beispielsweise Hypothyreosen oder hypophysär gelenkte Unterschiede in Wachstumsrate und Basisstoffwechsel angreifen, wie umgekehrt die Adipositas rückwirkt auf die Hormon- Homöostase (1732,4097,4870,3918,132,425,5584, 7091). So war bei aktiv, bewegungsfreudig veranlagten Ratten der Lipidplasmalevel höher als in passiven (6244). Aus der Konkordanz in EZ und DZ wurde die Heritabilität der LDL-Rezeptor-Aktivität auf 96 % geschätzt ("Lowdensity-Lipoproteine = im Gegensatz zu den HDL als besonders atherogen inkriminiert, 4570, 1003).

Lipoprotein-, Gesamtlipid- und Cholesterollevel sind eng korreliert und die Bedeutung dieser Komponenten für die Atherogenese seit Anitschkow und Chatalow(1913) unbestritten (4574, 7403, 4052). Männliche Patienten mit familiärer Hypercholesterolämie - oft verbunden mit Haut-Xanthomen und extrakardialen Gefäßveränderungen (9214) und wahrscheinlich dominantem Erbgang - erleiden im Mittel 17 Jahre eher einen Herzinfarkt als Männer ohne Hyperlipidämien (5353, 191, 2547, 4015). "Die Atheroskleroseentstehung läuft hier im Zeitraffereffekt ab"(8114). Verschiedene Formen der Hypertriglyceridämie erreichen in einigen Bevölkerungen eine Häufigkeit von 10 % und sollen mit herabgesetzten Lipase-Aktivitäten einhergehen (1305). Frauen werden jedoch auch zunehmend disponierter (10104).

Kaum je wurde allerdings behauptet, daß diese Faktoren allein für die Entstehung einer Arteriosklerose verantwortlich zu machen wären. Doch wird auch in kürzlichen Auflistungen der Risikofaktoren für Herzinfarkt nach wie vor Hypercholesterol- und Hypertriglyzeridämie an erster Stelle genannt (9503), gefolgt von Hyperglykämie, Obesitas, bewegungsarmer Lebensweise, Hochdruck, Rauchen und bestimmten Verhaltensmustern (7272, 3886, 7271, 4053). Statistische Erhebungen, die aufgrund unterschiedlicher geographischer, zeitlicher, kultureller, klimatischer oder rassischer Voraussetzungen zu anderen Reihenfolgen und Gewichtungen kamen, gab es von jeher, auch jüngst wieder - sie ändern nichts an gesicherten pathogenetischen Grundsätzlichkeiten (7428, 2382, 4220, 8062). Niemand unterstellt, daß cholesterinreiche landwirtschaftliche Produkte wie Milch, Eier etc. als solche atherogen seien- nur ein Exzeß im Konsum solcher Nahrungsmittel bei insgesamt unausgeglichener Diät und bei gleichzeitiger Bewegungsarmut wird das klinische Manifestwerden einer Arteriosklerose-Disposition, eine Mißachtung diätetischer Restriktionen bei bereits manifester Erkrankung wird den Infarkt fördern(6209, 2382, 8454). Landwirtschaftlich redigierte oder beeinflußte Fachblätter sollten somit zurückhaltender in einseitigen, tendenziell durchsichtigen Berichterstattungen und Interpretationen der Rolle des Cholesterins werden, besonders, wenn auf der anderen Seite versucht wird, den Cholesteringehalt, z.B. von Eiern (h^2 = 0,27 ;4890,549), selektiv in den Griff zu bekommen, oder Neutralfette in Milchprodukten durch ungesättigte Fettsäuren zu ersetzen (4529,212,218,7305,7918,131,6632,7919,97,7027, 2696,2998). Man wird sonst fatal an den jahrzehntelangen Streit zwischen Wissenschaftlern und einer einflußreichen Lobby über den letztlich unbestreitbaren Zusammenhang von Zigarettenkonsum und Lungenkrebsfrequenz erinnert, der in manchen Ländern damit endete, daß auf den Packungen vor den Risiken des Konsums gewarnt wurde. Möge der standespolitische Übereifer der Agronomen nicht zu ähnlichen Aufschriften auf den Milchtüten führen !

Abschließende Bewertungen pathogenetischer Faktoren dürfen sicher nicht vom Ausgang eines "Butter-contra-Margarine-Krieges" abhängen(228)." In der Tat kann der Eindruck entstehen, die Prävention der Arteriosklerose sei ureigenstes und existentielles Anliegen der Margarine-Lobby hier und der Butter-Lobby da"(U.Sehrt)."Niemandes Koronarschicksal wird sich allein daran entscheiden, ob er Butter oder Margarine ißt (Mohler,1980)". Stereotyper Mengenkonsum fetten Schweinefleisches und "schlimmer Augenwurst"dürfte in der Tat relevanter sein (9319). Hyperlipidämie ist ein erwiesener Risikofaktor, wobei die Betonung auf "ist" und "ein" liegt (90,1224,1045,3306,2222,8401,5198,4126,8805). Alle Risikofaktoren, die im übrigen auch wesentlich die Geschlechtsunterschiede in der Anfälligkeit bedingen (10136), leisten einen additiven Beitrag zur Pathogenese und die multifaktorielle Prävention durch diätetische u.a. Maßnahmen stellt immer noch Richtschnur ärztlichen Handelns dar (3300,4321,1945,6977,786, 751)- trotz einiger Gegenstimmen (3620). Diese Fakten lassen die anhaltende Diskussion über die primären Ursachen, z.B. die offenbar bedeutsame Rolle "entarteter" glatter Muskelzellen(10003), von lipidgeförderten Spasmen (10174), von Blutkörperchen-Bestandteilen ("Platelet-Mitogenen, 6538,8877) und bestimmter Lipoprotein-Cholesterin-Komponenten (insbesondere tierischer !,8678), kurzum, über die Ätiologie der Arteriosklerose unberührt (661,6537,5910,5344,605). . Selbst so exotisch anmutende Berichte über Zusammenhänge zwischen Ohrschmalztypen ("naß" und "trocken",4940) und Arteriosklerose-disposition erscheinen unter diesem Blickwinkel nicht so abwegig (5252). Im übrigen sollten Leute mit konstitutionell niederem Cholesterinspiegel nicht übermütig werden - nach Peterson u. Trell(1983) sind sie vermehrt krebsgefährdet.

Doch nicht allein Cholesterin- und Lipidlevel sowie Hyperglykämien unterliegen als Risikofaktoren signifikanten erblichen Steuerungen- der Bluthochdruck ist ein weiterer Schwachpunkt (6818, 4493, 5401). Er zeigt gesicherte genetische Abhängigkeiten bei Mensch und Tier, und ist zudem positiv korreliert mit den zuvor genannten Risikofaktoren (5182, 5047, 3826, 4597, 6975, 256, 4107, 4240, 6751, 6755, 3482, 6235, 8323, 7319). So war bei Mäusen, Puten und Hühnern zu zeigen, daß arterielle Hypertensionen eine additiv-genetische Komponente besitzen, welche züchterische Maßnahmen ermöglichte (6752, 7427, 7014, 4267). Essentielle Hypertonien bei Mensch und Tier lassen zudem Querverbindungen zur Blutmineralstoff-Balance, zur Nierenfunktion u.a. erkennen (7891, 2570, 5020). Ein weiteres Beispiel ist die Spontan-Hochdruck-Ratte (spSHR, 4179)- mit einer gesteigerten, zentral gesteuerten, vasokonstriktorischen Sympathicus-Aktivität und dadurch bedingten peripheren Widerstandserhöhung (6814, 1827, 6239, 6234, 307, 6775). Sie ist, trotz mancher Abstriche, ein gutes Modell (7654). Adren- und Hypophysektomien, große Höhen sowie unphysiologische Diäten verhindern hier klinische Erscheinungen, Natriumzufuhr fördert sie (8076, 9764, 5980). Bei dieser Mutante müssen allerdings z. T. gehäuft vorkommende, angeborene Herzfehler ausgeschlossen werden (6939).

Neben den bereits diskutierten oder noch zu erwähnenden Umwelteinwirkungen systematischer Art machen die genannten Erbeinflüsse auf wichtige Risikofaktoren mehrfach beschriebene Rassen- oder Familienunterschiede in der Atherosklerose-Disposition bei Mensch und Tier verständlich, ja selbst Prädilektionen für die Blutgruppe A (6671, 1797, 1800, 8353, 2168, 3671, 4664, 5592, 3888). Die Rolle genetischer Faktoren wurde deutlich, auch wenn die Probanden unter gleicher Diät standen (50, 1446, 5854, 5353). So zeigten Clarkson u. Mit.(1961) auffällige Dispositionsunterschiede in der Arteriosklerosehäufigkeit verschiedener Taubenrassen auf, die man unter gleicher normaler oder cholesterinreicher Fütterung hielt (7582). Sie sollen z.T. mit deutlichen Differenzen in der Lipoamid-Dehydrogenase-Aktivität in der Arterienwand einhergehen (8388). Genetische Dispositionen hinsichtlich des Auftretens von Aortenläsionen kamen auch in Mäusen, Kaninchen und Affen sowie Wachteln zur Beobachtung (nach Lipiddiäten, 2760, 7588, 1445, 1449, 6429, 9857, 9858).

Vergleichend-medizinisch sehr interessant sind diesbezüglich die Befunde am Schwein, einer dem Menschen in Physiologie und arteriosklerotischen Prozessen ähnlichen Art (8226, 7117, 2476, 6248, 4912, 1696, 9143). So waren an großen Schweinekontingenten, die unter identischen Bedingungen gehalten wurden, gesicherte saisonale Effekte auf den Cholesterinspiegel, die Intimastärke und Inhaltsstoffe großer Gefäße zu objektivieren, wie sie zuvor schon sporadisch von Schwein und Mensch berichtet wurden (7994, 3292, 5426). Ohne den ätiologischen Konnex beider Phänomene als erwiesen unterstellen zu wollen, sei daher darauf hingewiesen, daß auf das winterliche Hoch des Cholesterinspiegels ein deutlicher Gipfel in der Intimastärke im Frühjahr folgte. Da das Initialstadium der Arteriosklerose ein bloßes Intimaödem, mithin eine Intimaverdickung sein soll, scheint diese Beobachtung nicht uninteressant, zumal übereinstimmend konstatiert wird, daß der Infarkt- Mortalitätsgipfel im Winter/Frühjahr liegt (3457, 3895, 2533). Dies unterstreicht die Bedeutung systematischer, klimatischer Einwirkungen, die daher bei statistischen und populationsgenetischen Erhebungen stets zu berücksichtigen sind und einen direkten Vergleich zwischen Statistiken verschiedener geographischer Regionen wohl nur selten zulassen. Hinzu treten selbstverständlich systemische Alterseffekte (3344). Und die Diskussion sei nicht abgeschlossen ohne den tröstlichen Hinweis für Infarktdisponierte, daß ihr Krebsrisiko geringer sei (2006) - sie werden allerdings auch ein "Krebsalter" oftmals nicht erreichen.

Schließlich sollen noch kongenitale Lipodystrophien mit erblicher Komponente erwähnt werden, die bei Mensch und Tier sporadisch vorkommen. Solche Veränderungen des Fettgewebes treten nicht selten in Verein mit diabetischen Zuständen auf und stellen, wie z.B. die Tangier-Krankheit des Menschen, fließende Übergänge zu lysosomalen Syndromen dar (5769, 7667, 335, 6697). Hierher gehören zugleich die fleischbeschaulich unerwünschten gelben Verfärbungen der Fettablagerungen, wie sie von Schwein, Rind, Schaf und Kaninchen zur Meldung kamen und nicht immer rein exogen bewirkt sind (3351, 5307, 1254, 4164). Folgerichtig erscheint ferner in diesem Zusammenhang, daß in Mäusen bestimmte, angeborene Lipoprotein- oder Lipopolysaccharid-Ausfälle mit anderen genetischen Defekten oder einer verminderten Infektionsresistenz einhergehen (6734, 5855).

Berichte über familiäre Häufungen bei der Rehe des Rindes sowie rassische Prävalenzen dieser Erkrankung beim Pferd machen es wahrscheinlich, daß bei der Ätiologie dieser entzündlichen Krankheit genetische Komponenten nicht auszuschließen sind, vielleicht via Immunbasis bzw. Kohlehydratstoffwechsel (5136, 896, 1508, 3759).

Eine andere metabolische Erkrankung, die Acetonämie(Ketose) - oft, wie vorn betont, mit gestörter Glucosemetabolisation und "Fettleber" einhergehend (8936, 9706) - zeigt gleichfalls gewisse, primär wohl leistungsabhängige rassische oder individuelle Prädilektionen beim Rind (niedrige Heritabilität, 9908, 9909, 9910, 8980, 9341, 8540), jener auf Ketokörper ohnehin sehr empfindlich reagierenden Art (411, 5917, 5500, 114, 6002, 6003, 4186., 8794, 8789, 10116), wenngleich ein moderater Level derselben mit Beginn der Laktation in Leistungskühen normal erscheint (9207, 9208). Vor diesem Hintergrund muß man wohl "Stoffwechselbelastungstests" sehen (8865). Auch beim Menschen wurden die Interaktionen zwischen Diabetes und Ketokörpern deutlich (9570).

The application of genetic approaches to studies
of complex functions such as resistance to infections offers the possibilities of real breakthroughs
in the future.

Rosenstreich, 1980

INFEKTIONS - UND INVASIONSKRANKHEITEN

Wie alle Lebensäußerungen, so wird auch die Auseinandersetzung mit Infektionskrankheiten zumindest teilweise genetisch gesteuert. Dieses bedingt Speziesunterschiede in der Empfänglichkeit und Rassen-, Linien- oder Familienunterschiede in der Disposition- vorausgesetzt, die vielen Fehlerquellen bei epidemiologischen Populationsstudien werden berücksichtigt, so daß Repräsentanz der Daten und Vergleichbarkeit der Umwelteinflüsse sowie Exposition gegenüber dem Erreger gegeben sind (4585, 6477). Die Dispositions- bzw. Resistenzvarianten beruhen auf z.T. sehr unterschiedlichen Mechanismen, wie schon anderenorts dargelegt (5171, 5900): Ausprägung der Infektionspforte (Haut, Schleimhaut etc.) und ihrer Reaktionen (Rezeptoren, Zellimmunität), Beschaffenheit des für die Vermehrung des Erregers im Körperinneren nötigen Substrats (Plasma, Erythrozyten usw.), Aktivität humoraler oder zellulärer Abwehrkräfte (Antikörperbildung und Phagozytose), hormonelle Mobilisierung von Gegenreaktionen (Fieber, Adaptationssyndrom). Genetische Ausfälle in diesen Faktoren bzw. Prozessen und ihre Auswirkungen auf die Infektionsdisposition wurden schon in den vorangegangenen Kapiteln erwähnt (Agammaglobulinämie, Sichelzellenanämie, Lysosomendefekte, Chromosomenaberrationen, Hormondefizienzen etc.).
Solche erblichen Defektsyndrome, "Experimente der Natur" durch Genmutationen, erlangen zweifellos auch in diesem Zusammenhang eine immer grössere Bedeutung, denn sie enthüllen genetische Bedingtheiten bei "Bollwerken der Verteidigung" gegen äußere oder innere krankmachende Einflüsse, die ohne diese Defekte nur schwer nachweisbar wären (2765). Denn resistente,

gesunde Individuen werden leider nur selten daraufhin untersucht, warum gerade sie - unter vielen Disponierten - resistent sind (3658, 3659, 3660, 8155). Während auf offensichtlich anatomisch-physiologisch geförderte rassische Dispositionsvariationen (z.B. Leistungsstandard, Euter- und Zitzenformen bei Mastitis, Haut- und Haarstruktur bei Ektoparasitenbefall usw.) hier nicht oder erst bei Besprechung der betreffenden Erkrankung eingegangen werden soll, verdienen neuere Erkenntnisse genetischer Effekte auf immunologische und intrazelluläre Abläufe eine kurze gesonderte Betrachtung, die fragmentarisch bleiben muß, da nur wenige Disziplinen gegenwärtig in einer ähnlich raschen Entwicklung stehen.

Leicht zu mißdeutende Benennungen im internationalen Schrifttum können zusätzliche Verwirrung stiften: So charakterisieren viele angelsächsische Autoren mit multigenischer Kontrolle der Krankheitsresistenz die Situation, welche sich durch Steuerungsmöglichkeiten von Dispositionsunterschieden mittels verschiedener Großgene ergibt, die alle für sich allein (in verschiedenen Individuen, Stämmen oder Linien) ähnliche Resultate der erblichen Krankheitsanfälligkeit oder - resistenz zeitigen. Hier führen also viele Wege nach Rom. Dagegen bezeichnet man mit polygenischer Determination den Umstand, wenn sich eine individuelle Abwehrreaktion aus dem Zusammenwirken vieler Gene in einem Individuum ergibt, sie also das Ergebnis einer gemeinsamen Anstrengung, eine Kumulation von Einzelbeiträgen ist. Hier marschiert also eine Truppe gemeinsam nach Rom. Während man somit bei den multigenen Determinanten für jede einzelne m.o.w. klare Mendelerbgänge erkennen kann, läßt sich die erbliche Komponente bei polygenischer Bedingung i.a. nur durch Heritabilitätsschätzungen ermitteln, da die Einzelbeiträge nicht zu trennen sind. Für beide Vererbungsweisen lassen sich viele Beispiele anführen, von denen in Übersicht 2 nur einige genannt seien.

Durch die Vornahme geeigneter Anpaarungen resistenter mit anfälligen Individuen läßt sich der Vererbungsmodus durchweg klären, wie in der Vergangenheit vielfach gezeigt. Nach dem Schema in Abb. 15 wird sich bei einem solchen Paarungsvorgehen in der F_1 - Generation der dominante Typ - sei es eine dominante Resistenz, sei es eine dominante Disposition - durchsetzen, während bei Polygenie stets eine kontinuierliche Variation, eine annähernd "normale" Verteilung Disponierter und Resistenter unter den Nach-

Übersicht 2

Genetische Basis erhöhter Wirtsanfälligkeit bei verschiedenen Infektionen
(nach Hildemann, 1970)

Pathogen	Spezies	Dominanz	Rezessivität	Polygenie
Hepatitisvirus	Maus	+		
Virusleukämie (Friend)	Maus	(+)		
Rous Sarkom	Huhn	+		
Arbo Virus B	Maus		+	
Ectromelievirus	Maus		+	
Virusleukämie (Gross)	Maus			+
Polyomavirus	Maus			+
Virustumor(Mamma)	Maus			+
Salmonellose	Huhn			+
Salmonellose	Maus			+

kommen entsteht. Bei der Rückpaarung der F_1- Generation an die Eltern
oder bei Verpaarung der Filialgeneration untereinander wird es dann in der
F_2 - Generation bei monofaktoriellem Erbgang zur Aufspaltung in die drei
Genotypen bzw. Phänotypen kommen, während bei polygenischer Basis ein
kontinuierlicher Kurvenverlauf resultiert.

Konkrete Beispiele lassen sich schon aus älteren Experimenten mit Hühnern
ablesen. So züchteten Roberts u.Card(1935) eine resistente Leghornlinie mit
einer Überlebensrate von über 70 % nach standardisierter Salmonella pullo-
rum- Infektion (gegenüber 30 % in Kontrollen). Die F_1 - Tiere aus beiden
Gruppen lagen jedoch hinsichtlich der Resistenz gleichfalls bei 70 %, so daß
Dominanzwirkungen offenbar wurden (Abb. 16). Hinsichtlich ihrer Überlebenschance intermediär lagen dagegen die Nachkommen aus der Kreuzung
von Hühnerlinien, die resistent bzw. disponiert gegenüber Kokzidien (E.te-
nella) waren, ein Beispiel für zumindest polyfaktoriellen Erbgang (6508,1314,
Abb. 17). Hier betrug die Heritabilität 28 % ; berechneter und erzielter Selektionserfolg stimmten recht gut überein (7979).

Bei Mäusen kam man zu ähnlich differenten Grundlagen. Deutliche Dominanzwirkungen zeichneten sich bei der Zucht mit Mäusestämmen ab, die Widerstandsfähigkeit bzw. Anfälligkeit gegenüber Salmonella typhimurium zeigten

Abb. 15

Diagramme der Häufigkeitsverteilungen resistenter und anfälliger Nachkommen gegenüber Eltern bei monofaktorieller Vererbung (dominante Resistenz R) oder polygenischer Determination (nach Allison, in McDevitt u. Landy, 1972)

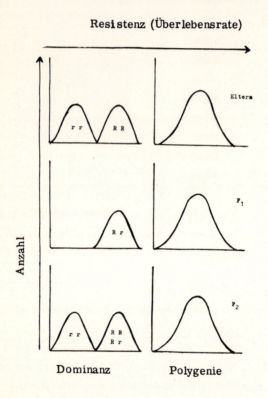

(2797, 2795, 2796, 6053). Es wurde schon vermerkt, daß solche Großgeneffekte auf Infektionsresistenz, nicht nur bei Nagern, durch straffe Kopplung verantwortlicher Mechanismen an Ir- (Immune response) und Histokompatibilitätsgene verursacht werden können (5369, 7249, 4918, 2909). So sorgt das H2-System der Maus mit mindestens 10 Genorten auf Kernfaden Nr. 17 für die Differenzierung sowohl der für die Produktion humoraler Antikörper zuständigen B-Lymphozyten (aus dem Knochenmark) als auch für die der T-Zellen (im Thymus gebildet) mit "Antigen-Killer"- Funktion, ferner für die Regulation der zellulären und humoralen Immunantwort, sowie für die Biosynthese und Akti-

Abb. 16

Überlebensrate nach künstlicher Infektion mit Salmonella pullorum. R = resistenter Stamm, C = unselektierter Kontrollstamm, R x C = Kreuzungsprodukte (Roberts u. Card, in Meyer u. Wegner, 1973).

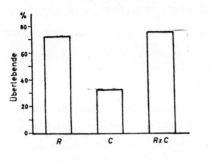

Abb. 17

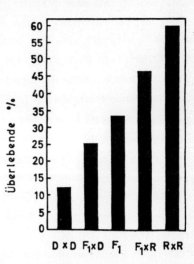

Überlebensrate nach Infektion mit Eimeria tenella in resistenten (R) und disponierten Stämmen (D) und verschiedenen Kreuzungen (Champion, in Meyer u. Wegner, 1973).

vierung von Komponenten des Komplementsystems (S. a. dort, 6525, 5831, 3715, 7859). Es überrascht daher nicht, daß Mäuselinien mit Allelemutationen in diesem System differente Anfälligkeiten zur Rous-Sarkombildung und gegenüber anderen Viren aufwiesen (8099, 9342, 8692). Auch beim Menschen gilt der HlA-Komplex als immungenetische Steuerzentrale (708). Genetische Variationen in der Aktivität der NK ("natural killer"-Zellen =phagozytierende Lymphozyten, 8480) fand man bei Ratten und Mäusen; auch ihnen wird zunehmend Bedeutung in der Immunregulation zugeschrieben (8707, 9713, 8927, 9086).

Die Filialgeneration aus Webster- und C3H - Mäusen mit unterschiedlicher Sterblichkeit nach Darmnematoden-Invasion zeigte sich eher noch resistenter als der resistente Elternteil (Webster, 4650). Dennoch konnte man selbst bei polygenischer Grundlage der Immunantwort auf definierte, spezifische Antigene, z.B. in Kaninchen gegenüber Tabakmosaikvirus (41), teilweise sehr hohe Erblichkeitsgrade errechnen (88 %). Die Potenz zur Antikörperbildung - in quantitativer Hinsicht - unterliegt somit zweifellos genetischer Steuerung, auch wenn man von z.T. schon genannten Immundefekten einmal absieht. Das kam in zahlreichen Untersuchungen an Tieren heraus, und ging oft, aber keineswegs immer, mit entsprechenden Resistenzgraden einher (2670, 5965, 981, 407, 8396, 6729, 3058, 6206, 6207, 7093, 4590, 3868, 1518, 3387, 979, 7926, 7425, 2775, 2794, 1239, 3057, 4262, 9554, 8656, 8495, 9274). Es wurden z.T. beträchtliche Heritabilitäten errechnet (10190), was ebenso für Komplementkonzentrationen gilt (9333).

So würden z.B - falls praktikabel - auf höhere Kolostral-Gammaglobulin-Titer selektierte Kühe ihren Kälbern sicher einen größeren passiven Immunschutz und dazu potentiell eine stärkere eigene Immunkompetenz vermitteln(1700, 9294). Rassenunterschiede kamen zum Rapport, geschätzte h^2-Werte waren jedoch niedrig(5387, 4351, 9521). In der Tat erklärt man rassische Differenzen z.B. in der Kälber-Mortalität an Pneumonie (Ayrshire resistenter als Holstein-Friesian, Jerseys) auf dieser Basis(6566, 10124). Hybrid-vigor-Effekte werden vermutet, ebenso bei Lämmern (5009, 4055). Es wurde jedoch schon mehrfach betont, daß eine starke Immunpotenz nicht nur positive Aspekte hat: Der Exitus bei viraler, lymphozytärer Choriomeningitis der Mäuse soll vornehmlich Resultat einer übersteigerten Immunantwort sein, wenngleich eine Kopplung an bestimmte Allotypen bislang nicht feststellbar war (5709, 5527). Bei selektivem Ig M-Ausfall waren die entsprechenden Linien besonders anfällig für Tyzzer. Wie für weitere Viruserkrankungen nachgewiesen, müssen keineswegs immer nur Regionen des Histokompatibilitätskomplexes für genetische Resistenzen verantwortlich sein (7630, 7362, 6522).

Recht aufschlußreich erscheint die schon in den frühen Experimenten mit Mäusen, aber ebenfalls später durchgehend konstatierte weibliche Überlegenheit in der Immunreaktion(8027). Eine erhöhte Fähigkeit zur Immunglobulinproduktion mag einen Teil der bekannten, größeren Resistenz des "schwächeren" Geschlechts gegenüber Pathogenen erklären (im Alter von ca. 85 Jahren kommen auf 100 Greisinnen nur noch 55 Greise); sie hat andererseits zur Folge, daß es vermehrt zu Autoimmun- und allergischen Reaktionen neigt (6265), wie Übersicht 3 verdeutlichen mag. Die Ursachen dieser weiblichen "Überlegenheit" sind umstritten (1158): Sie können durch die Hemizygotie der Gonosomen, die fehlende Kompensationsmöglichkeit von Schad-

allelen auf dem einen X-Chromosom des Männchens erklärbar sein,-doch
dürfte dieser Nachteil durch die Chance des Homozygotwerdens rezessiver
Schadgene auf den beiden X-Chromosomen des Weibchens ausgeglichen werden. Jedoch, x-chromosomale Homozygotie mag sich z.B. bei ^{G}enen, die die
Quantität der Ig M-Produktion steuern, durchaus günstig auswirken (2164).
Nicht wenige Determinanten der Immunkompetenz sind ja gonosomal lokalisiert ; laufen sie aus dem Ruder (z.B. virogen), können sie allerdings auch
XLP induzieren (X-linked-lymphoproliferative Syndrome, 9674), naturgemäß
wiederum vorzugsweise in Männern.
Möglicherweise sind indirekte Hormonwirkungen ausschlaggebend, wie sie
ja im vorangegangenen Kapitel schon als sehr gennahe, multiple Einwirkungsmechanismen diskutiert wurden.

Übersicht 3
Geschlechtsunterschiede in der Immunantwort

Spezies	Immunantwort bzw. Immunkrankh.	Unterschied	Autor
Maus	Immuntoleranz geg. bov. Gammaglob.	Leichter in ♂	1459
"	Hämagglutination n. Tumorvirus	Höh. Titer in ♀	3024
"	Spontane Autoimmunanämie	Öfter in ♀	579
Ratte	Allergisch induz. Polyarthritis	Öfter in ♀	4542
Meerschw.	Allergisch induz. Granulome	♀ : ♂ = 3 : 1	1030
Mensch	Rheumatoide Arthritis	♀ : ♂ = 4 : 1	2076
"	Thyreoiditis (Hashimoto)	Öfter in ♀	5589
"	Myasthenia gravis	♀ : ♂ = 2 : 1	738

Immunologisch-genetische Aspekte kommen für die Variationen im Resistenzgrad nicht allein in Betracht, sondern ebenso phagozytäre Aktivitätsdifferenzer
(1569, 5176, 4255, 5364, 5264, 7340). So werden Princeton-Mäuse durch ein
Hepatitisvirus getötet, der C3H-Stamm dagegen nicht; auch in Kreuzungen
bestätigte sich, daß diese Anfälligkeit direkt proportional der Virusreplikation in den Makrophagen war (4998). Bei bakteriellen Infektionen, z.B. Salmonellosen bei Mäusen und Tuberkulose des Kaninchens, konnten schon recht
früh ähnliche Beobachtungen gemacht werden, doch gelten diese Befunde
nicht zwingend für alle Infektionen (5639, 4753, 8020). Es liegt auf der Hand,

wie eng diese Problematik an das Lysosomenkonzept anschließt (S.dort),sowie an Adenylat-Zyklase-Aktivitäten in der Makrophagenmembran (828). Schließlich wird diese Komponente ganz deutlich bei genetischen Granulozytopathien in Mensch und Tier, die erhöhte Infektionsanfälligkeit bedingen (6328,6419). In Mäuselinien kamen Buschmann u. Meyer(1981) bei Selektionen auf Tusche-Phagozytosevermögen zu zwiespältigen Ergebnissen. Auch in Rindern war erhöhter Phagozytoseindex nicht automatisch an gesteigerte Bacterizidie gekoppelt (9358).

Speziell bei Virusinfektionen ist gleichfalls auf dem Wege der Interferon - Produktion eine genetische Variationsmöglichkeit gegeben (4827,4828,3058, 6174,4829,3560,8765). Interferone(IFN,249), jene art- aber nicht sehr virusspezifischen Anti-Virus-Proteine, zu deren Bildung eindringendes Virus das Wirtsgenom durch Aktivierung "ruhender" Cistrone veranlaßt, lassen die pathogene Erbinformation des Virus unwirksam werden - durch "Interferenz" mit Transkription, Translation oder Ribosomenausbildung sowie Unterdrückung hyperallergischer Reaktionen und Stimulierung der Phagozytose(4567,1214). Hierin - und in immunologischen Wirkungen - liegt auch die vieldiskutierte Chance ihrer Anwendung bei vermutlich virusinduzierten tumorösen Erkrankungen (826, 4613). Interferon-Genloci wurden beim Menschen auf Chromosom Nr. 21 geortet, daneben gibt es andere, z.B. auf Nr. 9 (7498,5441). Die Lokalisation eines Induktor- und Strukturgens auf 21 scheint bedeutsam mit Blick auf die erhöhte Erkrankungsanfälligkeit von Trisomie-21-Patienten (2137). Bei der Steuerung wirken ferner Histokompatibilitätsloci mit (4096). Quantitative Interferon-Unterschiede sollen z.B. bei der Resistenz gegenüber Marekscher Hühnerlähme eine Rolle spielen, selektiv wirksame bei der gegenüber Influenza und Herpes simplex in Mäusen (3517,7573,3051,3053,7799,9630). Und auf die dispositionsfördernden Auswirkungen genetischer Komplementausfälle war schon hingewiesen worden (8932).

Ist die genetische Basis einer Krankheitsresistenz, sind die zugrundeliegenden zellulären oder humoralen Grundlagen schon innerhalb einer Spezies komplex, so gilt dies für die Interpretation einer differenten Speziesempfänglichkeit für Erreger noch viel mehr. Wieso werden Mäuse durch nur wenige inokulierte Keime von Salmonella typhimurium, durch die rasche Vermeh-

rung derselben im Organismus, getötet, während Ratten noch Dosierungen von 10^8 ungerührt ertragen, da schon nach 6 Stunden 95 % des Inoculums eliminiert sind ? Basierend auf einigen Untersuchungen, glaubt man dies auf eine präexistierende, hohe, typhimurium-spezifische Antikörper-Aktivität in der Ratte, eine stärkere bacterizide Kompetenz reticulo-endothelialer Zellen, oder eine rapidere Immunantwort zurückführen zu können (3675,6561).
Eine andere These besagt, daß die Empfänglichkeit und schwächere Immunantwort von Mäusen bei Typhimurium-Infektionen möglicherweise darauf beruhe, daß diese Bakterien wichtige Antigene mit der Maus gemeinsam hätten, sich sozusagen immunologisch-evolutionär-parasitär an sie adaptierten, so daß es der Maus schwerfällt, sie als "fremd", als pathogen zu erkennen und zu bekämpfen, der Ratte dagegen nicht. Geheimnis der Evolution ist zudem geblieben, wieso Antikörper nur in Vertebraten, mit großer Vielfalt und biologischer Bedeutung außerdem nur in höheren - insbesondere warmblütigen- Wirbeltieren ausgebildet werden (1147).
Ganz neue Perspektiven der Beziehungen zwischen Genom und Erreger mag das sogen. "Australia-Antigen" eröffnen: Hier scheint es sich um ein infektiöses Agens zu handeln, das Hepatitis in einigen Patienten verursacht, zugleich die Leukämie-Disposition erhöht - und gleichzeitig alle Eigenschaften erblicher Polymorphismen besitzt, so daß bisher unklar blieb, ob eine komplette, also erbliche Integration "parasitierender" Gene ins Wirtgenom erfolgte, oder bestimmte Allelemutationen zur obligaten Besiedlung mit Keimen prädisponieren (837, 2379).
Genetische Effekte auf den Ablauf von Infektionen und das Wirtsspektrum gehen natürlich nicht nur vom Erbgut des Infizierten, sondern genauso von dem der Erreger aus : Durch Mutation kann es zu Virulenzänderungen einerseits, durch vielfache Passagen zu induzierten Virulenzabschwächungen andererseits kommen. So stützen neuere Untersuchungen zur Coli-Ruhr der Ferkel die These, daß es für hohe Infektiosität der Keime des Vorhanden - seins sogen. K 88- Antigene bei E. coli, für das Angehen der Infektion eines K 88-Rezeptors der Darmschleimhaut in disponierten Individuen bedarf (6924), hier also Selektionsansätze gegeben sind (8695, 10086).
Die Myxomatose des Kaninchens scheint ein weiteres Beispiel für solche komplexen Zusammenhänge zu sein: Dieser Viruserkrankung, die als "biologi-

sche Waffe" zur Bekämpfung der für die Weideflächen und damit für die Schafzucht ruinösen Kaninchenplage nach Australien getragen wurde, fielen in den Jahren der Einschleppung (1950/51) fast alle Tiere zum Opfer; nur wenige überlebten (4409). Mittlerweile hat sich jedoch ein Gleichgewicht zwischen Wirts- und Erregerpopulation ausgebildet, welches aus einer natürlichen Selektion resistenter Kaninchen - bei einer Heritabilität der Disposition von ca. 35 % - und einem möglichen Selektionsvorteil nur schwach virulenter Virusstämme resultiert: Sie überwinden die Hautschranke langsamer als vollvirulente und können daher eher durch Insekten (saisonale Einflüsse!) auf andere Individuen übertragen werden (2260, 7179, 6981, 2258). Ähnliche Beobachtungen wurden in England gemacht (6533).

Kräfte der natürlichen Selektion mögen in der Tierzucht zudem bei optimalen Haltungs- und Fütterungsbedingungen nicht zum Tragen kommen, da für das Angehen von Infektionen selbst bei Disponierten vielfach bestimmte Mangelzustände oder ökologische Unzulänglichkeiten nötig sind (5766, 5767, 6807). In menschlichen Populationen wird öfter der umgekehrte Weg beschritten: Die Mangelzustände bleiben, aber die Seuchenmortalität wird durch Impfaktionen und verbesserte Hygiene gesenkt. So verliefen Masern in der Vergangenheit bei proteinunterernährten Westafrikanern zu 25 % tödlich. Heute wird dagegen geimpft. Darunter müsse - so Stokes(1970) - die Lebensqualität in diesen Regionen leiden, da aus dem Überleben vieler Disponierter, am Rande des Existenzminimums vegetierender Individuen Überbevölkerungen resultierten (!). Es scheint jedoch, daß dieser Problematik humaner dadurch beizukommen wäre, daß in solchen Gebieten weniger Waffen und mehr Lebensmittel verteilt würden- zugegeben- ein wohlfeiler Ratschlag für Staaten, denen es leichter fällt, Maschinenpistolen zu exportieren als Getreide.

Erfolge der Resistenzzucht bei Haustieren werden z.T. dadurch limitiert bleiben, daß genetische Antagonismen bestehen zwischen Produktivität auf der einen und Adaptationsvermögen auf der anderen Seite (2505)."Dennoch sollte die genetische Steuerung der Infektionsabwehrprozesse auch die Aufmerksamkeit der Tierzüchter finden (5190, 1783)", wenngleich an anderer Stelle z.B. die Züchtung eines gleichzeitig gegen virale und bakterielle Infektionen sowie Parasitenbefall resistenten Huhnes als ein unrealistischer

Wunschtraum bezeichnet wird (2357). Jedoch stellt sich die Frage, ob nicht in der Tat in ungünstigen Umwelten ein nur mittleres Leistungsniveau bei gleichzeitig guter Resistenz unter dem Strich wirtschaftlicher ist, als extreme Leistungen anfälliger Tiere(1975,10189). Die Einbeziehung einer Zucht auf Krankheitsresistenz in Selektionsprogramme wird eigentlich allenthalben befürwortet (8920), jedoch wenig praktiziert. Nun muß man allerdings sehen, daß nicht zuletzt die Einsicht in die Notwendigkeit zur Senkung solcher Verluste an Vitalität und Reproduktionsrate zur Etablierung von Hybridzuchten führte, da es bei den nun schon mehrfach erwähnten, vielfach nachgewiesenen Dominanz- und Epistasieeffekten für die Resistenz nicht wundert, daß Heterosis hier manches verbessern kann, wie u.a. auch für die Lämmermortalität nachgewiesen (10118,10156,10157,9377).

Ähnlich wie beim Australiaantigen angedeutet, sind Wechselbeziehungen zwischen Wirtszelle und Viruserregern besonders eng. Sie können bis zur Integration der Virusgene in die Erbsubstanz des Wirts gehen: Es kommt zu einer "erblichen" Infektion, zu einer germinalen und vertikalen Weitergabe an die Nachkommen, welche einfach mendelnde Erbgänge dieser Erkrankungen oder Erkrankungsdispositionen simulieren kann (635,8392). So bekam ein derartiges, Leukämie induzierendes, voll integriertes Virusgenom in AKR-Mäusen den Genlocus Akv-1 in Kopplungsgruppe I zugewiesen (6558,553). Doch ist offenbar die Steuerung der Inkorporation und Transmission solcher parasitierender Virus-DNA durch wirtseigene Erbanlagen möglich, z.B. bei Mäuse-Mammatumoren (7300,4238,1357,5460). Neue Erkenntnisse machen sogar wahrscheinlich, daß dergestalt "vererbte", schlummernde RNA-Tumorviren in den verschiedensten Arten identisch sind, d.h. ein Primaten-Tumorvirusgen beispielsweise ursprünglich dem Genom der Maus entstammte (8254). Eine neuere Definition besagt, daß Onkogene in vielen Arten identische, evolutionär konservierte Gene seien (c-onc), die DNA-Homologien zu den transformierenden Genen onkogener Retroviren aufweisen (8504,8810). Solchen Retroviren gelang durch Entschlüsselung einer - in umgekehrter Richtung wirkenden - Transkriptase die inverse Transkription, die Integration in den Wirtsgenbestand auf den Chromosomen, einer gut geschützten Zone, in der es sich "trefflich leben läßt"(438) - Vorgänge, wie sie aus der Bakterien- und Phagengenetik längst bekannt sind ("jumping genes", 9204). Höch-

stens Mutationen können die kontinuierliche Weitergabe dieser Proviren an Nachkommen stoppen. Es gibt heute Hinweise, daß auch das bovine Leukosevirus zu diesem Typ gehört, aus einer anderen Spezies integriert wurde und wird, so daß Elimination oder Bekämpfung dieser Vektoren, kennte man sie erst, ratsam wäre (1200). Dieses Vorkommen von Provirus-Trägern mag früher aufgestellten Hypothesen monogenischer Vererbung dieser Erkrankung, ihrer Deklaration als "Erbleiden" eine zwar nur bedingte, aber späte Rechtfertigung bescheren (3713, 3714, 915, 916). Für Berichte über "erbliche Lymphosarkome" bei Schweinen, die mit einer gestörten Ig-Synthese einhergehen, mag ähnliches gelten, ebenso für entsprechende Erscheinungen bei Kaninchen (3692, 5072, 3269, 1052, 2412, 2416). Diese Situation macht die vielfach geschilderten hohen Mutter-Tochter-Korrelationen und darauf basierenden beträchtlichen Erblichkeitsgrade der Rinderleukose, aber auch bei Rous-Sarkom, Newcastle disease und Rhinitis atrophicans, die signifikanten familiären Häufungen(auch in männlichen Nachkommengruppen !, 8696, 8697, 9793) verständlicher und läßt die nunmehr erwiesene vertikale Übertragbarkeit in einem differenzierten Licht erscheinen; denn sein erzeit als unwahrscheinlich erachtete Übertragungen mit dem Bullensperma können nun nicht mehr ausgeschlossen werden (3335, 2610, 7408, 1150, 935, 6335, 6916, 2791, 1633, 8601, 6514, 3173, 2115, 1665, 7797, 7784, 3966, 7406, 6422, 6515, 3930).
Familiärer Charakter oder rassische Prävalenzen von Leukämien fielen ebenfalls beim Menschen auf, doch ist unausweichlich, daß hier lokale, unterschiedliche Durchseuchungsgrade mit hineinspielen werden (8043, 7716). Eine der aufregendsten modernen Hypothesen zur viralen Krebsätiologie besagt mithin, daß bestimmte onkogene Viren artspezifisch sind: Während sie in einem "unpassenden" Wirt unauffällig im Genom hospitieren, entfalten sie ihre krankmachende Wirkung erst, wenn sie durch intimen Kontakt in den richtigen Endwirt gelangen (1280). So verursachen bestimmte Adenoviren beim Menschen kaum oder nur leichte Erkrankungen, beim Hamster jedoch bösartige Geschwülste. Auch der umgekehrte Weg ist vorstellbar. Neuerdings werden sogar epidemiologische Interaktionen zwischen Rinderleukose und Human-Leukämie vermutet (1884).
Die Frage von Grüneberg(1970), ob es eine Viruskomponente im genetischen Background gebe, ist somit wohl heute generell zu bejahen; dabei müssen

solche latenten, von Generation zu Generation weitergegebenen Viren - oder
mit diesen identische Wirts-DNA-Sequenzen - nicht immer pathogen sein, wie
schon betont. Tumorviren dieser Art bedürfen oft zusätzlicher Reize des Alterns oder von Karzinogenen zur Aktivierung(3594). Dies mag die moderaten Erblichkeitsgrade für Rinderleukose bzw. Leukozytenzahlen erklären
(2153,2154,4975). Es erhellt aber, daß hier eine Grauzone intensivster Wechselbeziehungen zwischen Wirts- und Viruserbe besteht, welche die Entscheidung, ob eine vertikale Infektion oder eine monofaktoriell vererbte Erkrankungsdisposition vorliegt, schwierig, wenn nicht unmöglich macht. In diesem
Licht - und unter den Aspekten der bereits diskutierten Einwirkung von Histokompatibilitätsloci- müssen die bei <u>Mäuseleukämien</u> (Friend) beschriebenen,
mendelnden Erbgänge der Disposition gesehen werden(43,1368,5657,8952,9856,
5658,5659,5660,5661,5662,5663,4313,4312,1519,1739,1858). So bedingt ein
einziges, dominantes Gen die Anfälligkeit der Thymocyten von CBA/J- und
HRS/J- Mäusen für Infektion mit polytropem Leukämie-Retrovirus (6868).
Mendelnde Resistenz gegenüber Gelbfieber-virus war bei Mäusen jedoch
nicht an H2-Loci gekoppelt(1020), ebenso nicht die gegenüber bestimmten Hepatitisviren (9248).
Einen weiteren Grund für die durch einzelne Gene determinierte Anfälligkeit oder Resistenz gegenüber Virusinfektion kann das Vorhandensein oder
Fehlen von <u>Rezeptoren</u> an der Zelloberfläche darstellen, die dem Virus eine
Anlagerung gestatten, wie bei der Hühner-Erythroblastose u.a. aviären tumorösen Viruserkrankungen vermutet (6574,7932,1620,754,2259). Ein solcher Rezeptor bzw. das Strukturgen dafür oder für eine andersgeartete extreme "Permissivität" gegenüber dem Poliovirus des Menschen soll auf seinem Kernfaden Nr.19 liegen (1572).

Provirus- und Rezeptorentheorie scheinen sich heute mehr und mehr einer
identischen Basis zu nähern. Dies gilt besonders für die sehr spezifische
genetische Disposition gegenüber verschiedenen Erregerstämmen der
<u>Hühnerleukose</u> (A,B,C,1201), die, anders als das Herpesvirus der Marekschen Lähme, der Rous-Sarkom-Virusgruppe angehören (Oncorna-Virus,
8234,6573,1280). So fiel der Forschergruppe um Crittenden zunächst der
offenbar autosomale Erbgang zellulärer Resistenz gegen diese tumoröse Erkrankung auf, wobei zwischen Faktoren unterschieden wurde, die die Anla-

gerung des Virus an die Zelle, d.h. die Infektion gestatten, und solchen - wahrscheinlich immungenetischen -, welche die Tumorentwicklung begünstigen oder hemmen (1621,1623,1624,5349,1618,5598). Dies bestätigte sich in späteren Untersuchungen (3227,6453,1920). Interaktionen zwischen diesen und anderen Faktoren, z.B. einer maternal übertragenen Immunität oder Infektion (8919), seien möglich und könnten das Bild simpler Vererbung der Tumordisposition komplizieren (1421,1625,1627,1626,5597). Neuerdings konzediert auch diese Forschergruppe das Vorhandensein kompletter RNA-Tumorvirus-Genome in normalen Gensets (endogene Retroviren, 8749), deren Wirksamkeit jedoch meist ganz oder teilweise durch Repressor-Gene unterdrückt werde (1617,1619,1628,8748). Dabei scheinen speziell Auslöser der Tumor-Retrogression der Massenselektion zugänglich (2990,2991,2992), eine Kopplung dieser Genorte an andere Loci verständlich (388). So konnte die Bedeutung von im MHC gelegenen Genen für diese Rous-Sarkom-Retrogression erkannt, die selektive Etablierun g von "Tumor-Progressor" und "-Regressor" -Hühnerlinien praktiziert werden (2993,9007,9132).
In anderen Arbeitsgruppen hat sich der anfängliche Eindruck m.o.w. mendelnder Erbgänge später stark modifiziert (5901,5835,5836,5840,5839,5841,5834, 5837,5838). Hartmann u.v.d.Hagen(1984) nehmen unabhängige Genloci an. Dennoch wird klar, daß man sich bei den Grundlagen von Resistenz und Disposition bei Infektionskrankheiten gleichfalls wieder mehr dem Gen - und zwar sowohl dem des Erregers als auch dem des Wirts - nähert, und es nicht bei der Hypothese mutmaßlicher polygenischer Bedingtheit und Heritabilitätsschätzungen bewenden läßt. Diese haben jedoch ihre Berechtigung nicht verloren, da nun schon mehrfach auf die multifaktorielle Ätiologie dieser Erkrankungen hingewiesen wurde, was für die Beteiligung mehrerer Gene, aber zugleich einer Vielzahl von Umweltstressoren gilt, die Ausbruch und Verlauf beeinflussen können - selbstverständlich auch bei bakteriellen Infekten (4950,4313). Dieses trifft, wie schon bei den Masern diskutiert, für andere Viruserkrankungen in anderen Arten genauso zu. So erkranken Mäuse, welche genetische Resistenz gegenüber dem MKS-Virus besitzen, ebenso heftig wie disponierte an dieser Infektion, wenn man sie muskulärer Überanstrengung unterzieht (4728). Auch wurden klare Virus-Dosis-Abhängigkeiten konstatiert(6129).

Daher erreichten errechnete Heritabilitäten für "globale" Leukoseresistenz bei Hühnern maximal 20 %, meist aber sehr viel niedrigere Werte (3654). Dennoch war es möglich, in relativ kurzer Zeit extrem resistente oder disponierte Linien zu erzüchten, wenngleich in diesen frühen Versuchen meist keine Trennung Leukose/Marek erfolgte (3652, 532, 533). Diese Selektionserfolge und - empfehlungen sind immer noch aktuell, denn Leukose stellt nach wie vor eine der kostspieligsten Erkrankungen des Huhnes dar (1810, 4801, 4802, 2262, 9054), obwohl die Frequenz bei Schlachthennen offenbar stark abnahm(8543). Da aber, wie in Abb. 18 veranschaulicht, jegliche Resistenz sehr spezifisch ist, sollte die Selektion weniger auf Elimination des Virus bzw. der Virusempfänglichkeit als auf eine Reduktion des Tumorbefalls zielen, der eine geringere Untergruppen-Spezifität aufweist (1618). Denn es wurde schon die Ansicht vertreten, daß eine Bekämpfung mit Tumor-Lebendvakzine für den Menschen möglicherweise Risiken beinhalte bzw. über die getrennte Vererbung von Immuntoleranz und Resistenz sogar beim Geflügel besondere Dispositionen schaffe (8233, 3025).

Beim der Herpesvirusgruppe zugerechneten Erreger der Marekschen Hühnerlähme wird, anders als bei der eben diskutierten viszeralen Leukose bzw. Sarkomatose die Möglichkeit einer germinalen, vertikalen Transmission des Virus bislang weitgehend verneint, wenngleich für diese Virussorte nicht völlig ausgeschlossen (4802, 7048, 2261). Marek ist somit wohl keine "ererbte" Krankheit, doch konnte man schon früh zeigen, daß Resistenz und Disposition stark genetisch geprägt sind (1280, 3648, 533). Spätere Experimente erbrachten, daß in Resistenzzuchten ein recht schneller Selektionserfolg zu erzielen war, obwohl ein mittlerer h^2 - Wert von nur 14 % angegeben wird (Überlebensrate, 1492, 1495, 205, 4280, 2601, 2602, 3225). So konnten denn in jüngerer Zeit in vielen Ländern Selektionsprogramme durchgeführt werden, bei denen die in Versuchsstationen erzüchtete Resistenz gegen Marek (resistente Linien K, N, 6 ; disponierte S, P, 7 etc.) unter Feldbedingungen gut zu reproduzieren war, selbst bei Verpflanzung in andere Länder, was für Leukose gleichfalls bedingt gilt (757, 5321, 2489, 2354, 5327, 8301, 4686, 3223, 3024). Hierin finden sich somit seit je beobachtete Resistenzunterschiede zwischen Rassen und zwischen Linien innerhalb Rassen bestätigt (756, 3105, 3280, 7375, 2356, 8381, 603). Diese Unterschiede bleiben - natürlich auf einem

niedrigeren Mortalitätsniveau - selbst nach der Impfung erhalten. Absolute Resistenz (100 %) wird man dagegen nie erreichen (8368, 8367, 7231, 1380, 3144, 6128, 4800).
Wie schon betont und durch die Heterogenität des infektiösen Agens erklärlich, muß Marekresistenz nicht notwendig mit Leukoseresistenz einhergehen, doch gibt es Linien, welche beides in sich vereinigen (z.B. 6 ; 4689, 1280). Eine Erhöhung der Anfälligkeit gegenüber Coccidien bei gleichzeitiger Marekscher Lähme scheint jedoch sekundär zustandezukommen (1004, 758). Bei Selektionsprozessen kommt es natürlich vorrangig darauf an, die genetische Korrelation zu Leistungseigenschaften zu beachten und in Selektionsindices einzubeziehen ; ein hoher Verbund scheint jedoch nicht gegeben, auch nicht zu anderen, morphologischen Merkmalen (2907, 6045, 7206). Doch stellen sich selbstverständlich Leistungsminderungen ein, wollte man ausschließlich auf Marekresistenz züchten - unter Vernachlässigung der Produktionseigenschaften (2355). Eine signifikant größere Disposition des weiblichen Geschlechts - in einigen Untersuchungen konstatiert - wurde nicht immer so deutlich, doch scheinen diesbezügliche Linienunterschiede zu bestehen (3723, 2197, 2602, 5147).
Die genetische Basis für Marek-Resistenzunterschiede ist noch nicht geklärt und scheint komplex (20, 8646); auf der einen Seite spielen additive Geneffekte offenbar eine große Rolle, wofür die guten Reinzuchterfolge sprechen (6986, 5693, 2604) - auf der anderen Seite wird über Heterosiseffekte und mögliche- aber nicht immer nachgewiesene(9356)- Kopplung an bestimmte Histokompatibilitätsloci (B^{21} u.a., 8481, 9569) berichtet, was daher für Großgenwirkungen spricht, wahrscheinlich aus dem Ir-Komplex (3222, 5902, 5903, 4701, 4702, 1014, 2463, 6874, 7376, 1015, 6732, 5982, 5983, 8918, 9842, 8925, 8628, 9796).
Ähnliche Beobachtungen machte man bei Rous-Sarkomen (8729, 8926) und bei der Infektiösen Bronchitis des Huhnes, zu der es offenbar auch Dispositionen gibt (Leghorn anfällig, 5838, 4892, 1514, 6653). Bei genannten Erkrankungen sollen vor allem eine genetische Induktion von Zellimmunität gegenüber Tumorentwicklung, sowie T-Zell-Rezeptoren bedeutsam sein, und erst in zweiter Linie Makrophagen(2561, 6964, 4470, 2562, 3013, 3014, 5265, 9668).   Man verspricht sich daher künftig einiges von biochemischen Markern (755). Interessant ist, daß Hemizygote (♀) bzw. Homozygote (♂) für das Zwerg-

wuchsgen dw vielfach von erhöhter Resistenz sind, was mit dem herabgesetzten Basalstoffwechsel zusammenhängen mag und sich bei Infektionen mit dem Newcastle-Disease-Virus ebenfalls abzeichnete (5144, 5146, 7327). Andererseits wurde die Zunahme der Widerstandskraft gegen AVM (Aviäre Myeloblastose) mit der Schwere der Rasse betont, doch ist wohl nicht das Endgewicht, sondern die Wachstumsrate entscheidend, denn sehr frohwüchsige Broiler sind offenbar anfälliger (7228, 2603). Resistenzunterschiede konnten bei der virusbedingten Retikuloendotheliose des Geflügels und der Infektiösen Bronchitis gleichfalls vermerkt werden (7549, 1647). Bei Mäusen sollen mindestens 3 Genpaare einer Herpesvirus-Resistenz zugrundeliegen, 2 Allelesysteme einer solchen gegen virale Erythroblastose (4708, 7757).

Scrapie (Traber- oder Gnubberkrankheit der Schafe) ist eine weitere Erkrankung, bei der die Verzahnung zwischen virusähnlichem Agens und Genom des Erkrankten bzw. Infizierten so eng erscheint, daß heute noch diskutiert wird, ob die Ursache primär genetischer oder infektiöser Natur sei. Diese auf viele Nager u.a. Spezies übertragbare Krankheit der Schafe und Ziegen rechnet man wegen ihrer langen Inkubation und ausgeprägten Latenz den "Slow-Virus"-Infektionen zu (4076, 4077). Die Läsionen im ZNS sind stark variabel und vom Erregerstamm und Wirtsgenom abhängig; maternale, vertikale Infektion scheint die Regel (4081, 2453, 1815, 7273). Sie ähnelt - auch im pathohistologischen Bild(9462) - den gleichfalls familiär und rassisch gehäuft auftretenden , subakuten, spongiformen Enzephalopathien des Menschen (Kuru, Creutzfeldt-Jacob, 6345, 4076), bei denen z.T. vertikale Erregerübertragungen infolge rituellen Verzehrs der Gehirne Entschlafener einfache Mendelerbgänge vortäuschen, und stellt somit ein wertvolles Modell, vielleicht sogar eine Infektionsquelle dar (1272, 1344). An dieser Stelle sei auch die hin und wieder familiäre Häufungen und Kopplung an HLA-D-Loci aufweisende MS des Menschen (Multiple Sklerose) erwähnt, eine immer noch Rätsel aufgebende Erkrankung, mit einer Konkordanz von 29 % in EZ, von 13 % in ZZ und 1 % in Vollgeschwistern (2304, 827, 9920). Prävalenzen von OLA-Typen (Ovines Histokompatibilitätssystem) bei Scrapie wurden gleichfalls vermeldet(10049). Der Scrapie-Erreger unterscheidet sich offensichtlich in passagerer Aktivität und Struktur von konventionellen Viroiden (8784, 9057). Wirtsgene -vielleicht gekoppelt an den OLA-Komplex (9480)- sollen die Passage dieses

Virus vom RES zum Gehirn insoweit beeinflussen können, daß resistente Individuen nicht auf natürlichem Wege, sondern nur durch intrazerebrale Injektion zum Erkranken zu bringen sind (1055,3631,3632,119,4871,4082, 1819,5354,1816,4902). Es kann daher sein, daß diese "Resistenz" im wesentlichen auf einer durch Wirtsfaktoren außerordentlich verlängerten Inkubationszeit beruht, was für die praktische Tierzucht allerdings auf dasselbe hinausliefe, denn klinische Erscheinungen wären erst bei senilen Tieren zu befürchten (4077,4078,4079). So ist in resistenten Mäusen die Inkubationszeit in der Tat länger als die mittlere Lebenserwartung (1818). Tatsächlich war es möglich, in sehr kurzer Zeit disponierte Schaflinien mit bis zu 90% Scrapie-Frequenz und resistente mit 0% zu züchten (Abb. 19)(3438, 1515,1516,9225). Hierbei mögen Großgene wirken- mit Rezessivität der Resistenz und Dominanz der Disposition, wenngleich hinsichtlich dieses Erbganges neuerdings entgegengesetzte Thesen vertreten werden (5864, 5865, 5633,4079) Jedenfalls ist die Grundlage einer Resistenzzucht in befallenen Rassen gegeben (Suffolk, Cheviot), wenngleich dieser verlustreichen, besonders in angelsächsischen Ländern verbreiteten Seuche meist mit Eradikationsprogrammen und scharfen Einfuhrbestimmungen entgegengetreten wird (4080,3561). Als man aber Rida (= Scrapie) in Island durch radikales Keulen aller behafteten Herden, ein- bis dreijährige Schaffreiheit der fraglichen Gegend und Wiederbesatz aus scrapiefreien Zonen bekämpfte, mußte man in darauffolgenden Dekaden das Wiederauftreten dieser Krankheit in vielen der zuvor betroffenen Gebiete konstatieren: möglicherweise durch Vermittlung eines "Zwischenwirts", wie die Übertragbarkeit von Scrapie auf Mäuse suggeriert (5822). - Durch Virus-Hepatitis erzeugte Enzephalitiden bei Mäusen zeigen gleichfalls genetisch-zellulär (neuronal) fixierte Linien-Prädilektionen (4141).
Zum Slow-Virus-Komplex, aber mit onkogenem Charakter der Keime, gehören auch <u>Visna</u> (ZNS-Affekte, auch der AIDS-Erreger soll dazu zählen, 9551, 9126,10016) und <u>Maedi</u> (Lungensymptome) der Schafe, beides differente Manifestationen ein und derselben Infektion, welche 1933 durch einige aus Deutschland nach Island importierte Karakuls eingeschleppt wurde, ebenso wie die <u>Lungenadenomatose</u>(3449,2865,4076). Obgleich man bei der Visna/Maedi-Seuche deutliche Dispositionsunterschiede zwischen Schaflinien und Rassen

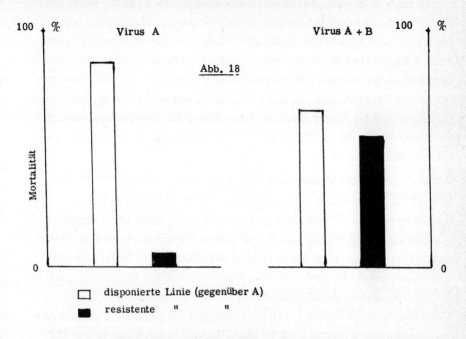

Mortalität in Hühnerlinien nach Inoculation von Virus A bezw. Gemisch A + B
(nach CRITTENDEN, 1975)

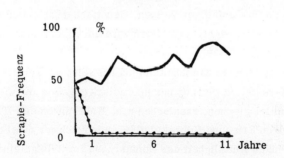

Selektion auf Scrapie in Cheviot-Schafen (subkutane Applikation), nach DICKINSON(1976)

beobachtete - wenngleich vertikale Übertragungen hier seltener sein sollen als horizontale - war sie letztlich nur durch rigorose Merzung zu tilgen, der in ca. 30 Jahren mehr als 650 000 Schafe zum Opfer fielen (1727, 854). Anders dagegen bei der o. a., wahrscheinlich mykoplasmotisch bedingten, sehr viel akuter verlaufenden Adenomatose (Jaagsiekte). Die Verluste waren zwar anfänglich hoch, es hatten sich aber schnell resistente Bocklinien herausgebildet (vielleicht kombiniert mit Erregerabschwächung), auf die man beim Aufbau neuer Bestände zurückgreifen konnte - und veterinärpolizeiliche Maßnahmen erübrigten sich (1961).

Ähnlich wie Scrapie, gehört die Aleutenkrankheit der Nerze und Frettchen zu den Slow-Virus-Infektionen, bei denen zum Erreger ein genetisch anfälliger Wirt treten muß, um zwar protrahierte, aber stets letale Krankheitsverläufe zu erzeugen (3229, 4462). Auf die autoimmunologischen und lysosomalen Aspekte dieser für die Nerzzucht verlustreichsten Infektion wurde schon hingewiesen (S. dort), weiteres findet sich bei den Pigmentmangelsyndromen. Besonders anfällig für dieses Virus sind die blaugrau aufgehellten Aleutennerze (auch Saphir, 9011), die homozygot für rezessiv a und mit dem Chediak-Higashi-Syndrom behaftet sind (Plasmozytose, okulo-kutane Pigmentaufhellung, Lysosomendefekt der Granulozyten, hohe Infektionsanfälligkeit, 2778, 8406). In Nicht-Aleutennerzen gibt es meist mildere Verläufe und Überlebende, doch hängt dies überdies von der Virulenz der Erregerstämme ab (5810, 2076, 4659). Die Übertragung erfolgt zumeist vertikal - von einer anfälligen Fähe an ihre anfälligen Welpen. Genetisch-züchterische Maßnahmen sind daher erfolgversprechend. Doch wird auch hier Übertragbarkeit auf Menschen vermutet (3339).

Bei anderen virusbedingten Krankheiten sind Hinweise auf genetische Komponenten der Wirtsresistenz bislang nur sporadisch gegeben und wenig schlüssig, da in epidemiologischen, rassischen u.a. Erhebungen eine Trennung und Quantifizierung von Erb- und Umwelteinflüssen nur schwer möglich ist. Dies mag für eine erhöhte Anfälligkeit der Noniusrasse im Gefolge einer Pferde-Enzephalomyelitis in Amerika ebenso gelten wie für eine solche des amerikanischen Quarterhorse gegenüber Influenza (4349, 5635) - oder für gehäufte Fälle von Poliomyelitis bei englischen und amerikanischen Truppen auf verschiedenen europäischen Kriegsschauplätzen des letzten Weltkriegs, die dort unter der einheimischen Bevölkerung kaum beobachtet wurden (554). Frühkindliche Infektionen bzw. Immunisierungen sorgen hier offenbar für eine scheinbare rassische "Resistenz", d. h. für eine Prämunität. Ähnliches mag für diesbezügliche Feststellungen bei Rinderpest gelten (1044, 6229), während die hinsichtlich einer Geflügelpest-Resistenz und bezüglich Reaktion auf abgeschwächtes Newcastlevirus konstatierten Linienunterschiede bei Hühnern schon eher eine genetische Basis vermuten lassen (1497, 2771, 5918), ebenso die Differenzen beim Befall mit Infektiöser Bronchitis, Mykoplasmose (6179, 2897), sowie eine gewisse Tollwut- und Choriomeningitis-Resistenz in bestimmten Mäuselinien (5268, 799, 1915).

Bei der infektiös geprägten atrophischen Rhinitis des Schweines (Schnüffelkrankheit) scheint die Erkrankungsbereitschaft gleichfalls komplexe Auslöser zu haben(2004, 2092, 9955). Während Rassendispositionen und hohe Mutter-Nachkommen-Korrelationen bei dieser Seuche primär an die o. a. immunologischen oder vertikal-transmissiven Mechanismen erinnern, lassen an anderer Stelle beschriebene familiäre Häufungen und von Null verschiedene Erblichkeitsgrade die Möglichkeit einer begrenzten genetischen Bedingtheit offen, die man nicht unterbewerten sollte (782, 2430, 2092, 4120, 6821, 6915, 6051, 5955, 3629); Rüssel-Reihenuntersuchungen werden gefordert (8798). Erhöhte Resistenz durch Heterosis stellte man gleichfalls fest (6915, 4030). Heritabilitäten lagen bei 28 % (10085).

Erwähnt sei ferner, daß bei einer Preisvergabe für höchste Speziesempfänglichkeit gegenüber verschiedenen tier- und menschenpathogenen Virusarten der Goldhamster möglicherweise den Vogel abschießen würde (7625); diese Tatsache öffnet ihm das Labor der Virologen und scheint er dem Umstand zu verdanken, daß er in allen seinen heute existierenden Millionen von Exemplaren von einem einzigen - und mutmaßlich nicht sehr virusresistenten-Wurf abstammt, der 1930 bei Aleppo gefunden wurde.

Während Erreger-Inkorporationen ins Wirtsgenom, wie in Zusammenhang mit Virusinfektionen diskutiert, bei bakteriellen Erkrankungen keine Rolle spielen dürften, so sind doch hinsichtlich der Abschätzung des Erblichkeitsanteils auch hier gewisse Fehlerquellen zu beachten. Mindestens bei Neuge-

borenen- und Jungtierkrankheiten muß ebenfalls an die Auswirkungen vertikaler Übertragung und mütterlicher Immunitätslagen gedacht werden. Wie Untersuchungen an Jungkaninchen bezüglich ihrer Disposition zu Coli-Enteritis und Pneumonie zeigten, kam man über die Mütter-Nachkommen-Regression zu einem sehr hohen h^2 - Wert von 58 %, während die Berechnung über die väterliche Komponente einen Erblichkeitsgrad von nur 12 % erbrachte(6486). Maternale und nicht additive genetische Effekte lassen somit Schätzungen über die mütterliche Komponente in einem fragwürdigen Licht erscheinen, was für ihre rechnerische Verwendung bei Infektionen mit ubiquitären Eitererregern im späteren Lebensalter, z.B. bei Mastitiden, sicher nicht gilt.
Bei der Coli-Diarrhoe der Ferkel kam die multifaktorielle Ursache des Angehens einer Infektion ganz klar heraus: Ein virulenter, das K88-Antigen enthaltender Coli-Stamm muß auf ein Schwein treffen, dessen Darmschleimhaut seine Anlagerung und pathogene Vermehrung gestattet und welches ohne mütterlichen Immunschutz ist(6603, 2660, 4011, 7176, 8826). Auf dieser Basis wird heute eine Resistenzzucht gegen Colibazillose versucht (1317, 9839). Auch rassisch stark unterschiedliche Inzuchtgrade können Dispositionen vortäuschen, die nur Ausdruck einer Inzuchtdepression sind, wie dies vielleicht für die bei einigen Basenji-Hunden festgestellte erhöhte Anfälligkeit gegenüber Enteritiden zutrifft (7985). Andererseits waren Kreuzungskälber weniger anfällig für Diarrhoen (9388). Durch andere Darmbakterien ausgelöste, hyperplastische Entzündungsprozesse unterlagen genetischen Steuerungen bei Mäusen (439).

Über "konstitutionelle", d.h. erbliche Einflüsse auf Angehen und Verlauf tuberkulöser Erkrankungen wurde schon vor Jahrzehnten berichtet. Dies geht in einer statistischen und populationsgenetischen Absicherung durch Zwillingserhebungen und Heritabilitätsschätzungen weit über z.T. anekdotenhafte Dokumentierungen familiärer Häufungen durch einzelne Autoren hinaus ("Wackenbauer berichtet über eine Mutter, die sich mit ihrer vorehelichen Tochter, die seit vielen Jahren bei anderen Menschen lebt, überraschend in der Heilstätte trifft: Beide sind Träger einer rechtsseitigen kavernösen Oberlappentuberkulose", 3924). Schon früh war deutlich, daß nicht an einzelne Mendelfaktoren, sondern an eine polygenische Grundlage der Resistenz gedacht werden mußte (8036). Tbc ist das Produkt aus Erb- und Umwelteinwirkungen, wie dies klar aus diversen Forschungen hervorgeht (8105). Die proportional mit abnehmendem Verwandtschaftsgrad sinkende Frequenz Tuberkulöser läßt zwar genetische Effekte erkennen, doch zeigt andererseits die höhere Zahl der Fälle unter Ehepartnern (im Vergleich zu anderen Kontrollen), daß Einflüsse gemeinsamer Umwelt in Abzug zu bringen sind - wenn man von einer möglichen Tendenz Tbc-Disponierter zur Eheschließung mit gleichfalls Disponierten absehen will. In Konkordanzberechnungen nach der Zwillingsmethode kam heraus (7810), daß von 80 eineiigen Zwillingen 52 (65 %) konkordantes Verhalten zeigten (beide tbc-erkrankt), von 125 zweieiigen aber nur 31 (25 %). An einem größeren Material betrug dieser Unterschied 51,6 gegenüber 22,2 % und war statistisch hoch gesichert (7781). Der überdurchschnittliche Tbc-Befall der Afrikaner und Indianer, im Gegensatz z.B. zu Ashkenasi-Juden, mag genetische Effekte beinhalten, ebenso der Ausgang jenes tragischen, unfreiwilligen "Tests" auf Resistenz, der als "Lübecker Unglück" in die Geschichte einging: Von 249 versehentlich mit einer virulenten Tuberkelbakterien-Kultur "geimpften" Säuglingen starben 73, der Rest genas oder erkrankte überhaupt nicht (5216). Eine erhöhte Disposition Farbiger - besonders in der Kleinkindphase - ist auch in den USA zu verzeichnen, jedoch werden sich hierin sicher ebenso sozioökonomische Divergenzen widerspiegeln.

Tabelle 7

Tbc-Häufigkeit unter Verwandten und Nichtverwandten Erkrankter (n. Whittinghill, 1965).

Verwandschaftsverhältnis	Prozentsatz Tuberkulöser
Eineiige Zwillingspartner	87,3 %
Zweieiige Zwillingspartner (gleich. Geschl.)	30,2 %
Zweieiige Zwillingspartner (and. Geschl.)	20,5 %
Vollgeschwister	25,5 %
Eltern	16,9 %
Halbgeschwister	11,9 %
Ehepartner	7,1 %
And. nichtverwandte, gleichaltr. Kontrollen	1,4 %

Beim Rind wurden analog den Verhältnissen beim Menschen früh genetische Dispositionsunterschiede erkannt. So traten zwischen den unter ähnlichen Bedingungen stehenden Rassen Dt. Fleckvieh und Gelbvieh deutliche Differenzen zutage hinsichtlich Tbc-Reagenten-Prozentsatzes. Unter Bullen-Nachkommengruppen waren ebenfalls signifikante Unterschiede in Häufigkeit und Grad der

Erkrankung zu vermelden (6820, 6021). Es ergab sich ein Erblichkeitsgrad zwischen 19 und 30 % (2540, 5977). Da in allen menschlichen Populationen bovine Tuberkulose eine erhebliche Infektionsquelle darstellte oder darstellt (8374)- wie umgekehrt ein chronisch tuberkulöser, ins Stroh pinkelnder Bauer seine tbc-freie Herde reinfizieren kann (2124) - war jedoch nicht die Zucht resistenter Rinder, sondern die Merzung befallener das Mittel zur Beseitigung der Gefahr (4285, 7839). Dies bedeutet nicht, daß "von einer ererbten Disposition zu Tuberkulose nicht gesprochen werden kann (5782", sondern, daß die Kontagiosität für den Menschen eine Resistenzzucht von selbst verbot - übrigens auch der niedrige Erblichkeitsgrad und das große Generationsintervall, welche einen Selektionserfolg in nicht verantwortbare Ferne gerückt hätten. Dennoch werden heute im Osten solche Empfehlungen ausgesprochen (5978). Bei Schwein, Kaninchen und Meerschweinchen war gleichfalls ein Linienunterschied in der Tbc-Anfälligkeit konstatierbar, bei kleinen Versuchstieren dieses Merkmal selektiv zu beeinflussen (2724, 4754, 4327, 8282, 4754, 4755). Da allergische Spätreaktionen für die Pathogenese chronischer Tbc bedeutsam sind, mögen genetische Hypersensibilitäten gegenüber dem Allergen eine zusätzliche Rolle spielen, wie Untersuchungen an Mäusen und Hühnern zeigten (4257, 3962, 100). Die gleichfalls durch Mycobakterien erzeugte Lepra des Menschen zeigt ebenfalls hohe Zwillingskonkordanzen und starke familiäre Häufungen wie die der Mäuse (7150, 10068, 8719).

Ebenso weist die Paratuberkulose des Rindes rassische Prädilektionen auf: Guernseys und Jerseys sind ca. doppelt so oft betroffen wie das Mittel der Gesamt- Rinderpopulation (4936, 7263). Dies soll aber mehr eine Typdisposition sein; vor allem Milchrassen seien anfällig, wie sich in anderen Erhebungen bestätigte (1792, 4322). Züchtete man z.B. die Zweinutzungsrasse Moyenne Belge vermehrt auf Milchleistung, so stellte sich eine erhöhte Disposition ein. - Jerseys sollen zudem eine Neigung zu ätiologisch umstrittenen Nasalgranulomen (Australien) besitzen, Guernseys eine solche zu Aktinomykose, ohne daß man Genaueres über die Ursachen wüßte (545).

Es ist verständlich, daß die kostspieligste "Berufskrankheit" der Milchkuh, die allerorts ökonomisch alles andere dominierende Mastitis des Rindes (9910, 6216, 3683, 7122, 5117, 834, 251, 6002) seit langem daraufhin überprüft wird, ob züchterische Ansatzpunkte zu ihrer Verringerung bestehen (Geschätzte jährliche, mastitisbedingte Verluste bei insgesamt 11 Mio. Milchkühen in den USA : 1,294 Milliarden Dollar, 834). Schon vor längerer Zeit wies man auf gesicherte Unterschiede in der Mastitishäufigkeit unter den Nachkommen eutergesunder bzw. eutererkrankter Kühe, auf deutlichen familiären Charakter hin (8394, 8092, 7899, 7900, 5573, 4481, 9889). Die aus diesen und den Untersuchungen anderer Autoren geschätzten Erblichkeitsgrade für Mastitisdisposition wurden von Meyer(1968) in einer Tabelle zusammengefaßt (Tab. 8).

Tabelle 8
Erblichkeitsgrad der Mastitisdisposition(n. Meyer, 1968)

Berechnungsart	Zahl der Tiere bzw. Paare	h^2-Wert	Beurteilungskriterium	Autor
Mütter-Töchter-Regression	280	0,38±0,16	klinische Mastitis	Lush (1950)
Mütter-Töchter-Regression + Halbgeschwisterkovarianz	956	0,27±0,10	Leukozyten- und Bakteriengehalt der Milch	Legates und Grinnels (1952)
Mütter-Töchter-Regression	119	0,06±0,18	klinische Mastitis	Young und Mitarb. (1960)
Mütter-Töchter-Regression	119	0,18±0,14	bakt. Infektion	Young und Mitarb. (1960)
Mütter-Töchter-Regression	119	0,38±0,20	Leukozytenzahl	Young und Mitarb. (1960)
Mütter-Töchter-Regression	842	0,05±0,06	klinische Mastitis	O'Bleness und Mitarb. (1960)
Mütter-Töchter-Regression	164	0,20	klinische Mastitis	Rendel und Sundberg (1962)
Halbgeschwisterkovarianz	2865	0,20	Infektion m. Streptokoccus agalactiae	Schmidt und van Vleck (1965)
	2865	0,10	Infektion mit sonstigen Keimen	Schmidt und van Vleck (1965)

Wenngleich sich ein mittlerer Erblichkeitsgrad von 20 bis 30 % herauszukristallisieren scheint, was durch neuere Schätzwerte untermauert wird - wenn sie nicht an einem zu kleinen Tiermaterial ermittelt wurden - so imponiert doch die breite Streuung (7280, 1988, 7017, 5440, 6940, 7116, 3278, 5269, 8111, 166, 3974, 8824, 9851, 8647, 9095, 8482). Dies ist so, weil Mastitis eine primär exogene Infektion ist, und stark umweltvariable Stressoren stets einen Hauptanteil der Gesamtvarianz ausmachen: Melktechnik, insbesondere funktionelle Merkmale und Mängel der Melkanlagen, ungenügendes Ausmelken durch fehlerhaft arbeitende Maschinen und Melker, sowie eine vernachlässigte Stallhygiene fördern die Euterentzündung (7554, 6165, 2059, 1287, 7828, 8193, 8565, 9508). Die Mastitisfrequenz in besäugten Drüsen betrug 2,1 %, in maschinengemolkenen 29 % , obschon dies nicht repräsentativ sein muß (7883). Dagegen schafft das offenbar auch individuell geprägte, gegenseitige Besäugen der Tiere zusätzliche Dispositionen.

Doch haben zumindest partiell erblich fixierte Eigenschaften des Tieres
gleichfalls Bedeutung (9844). So ergaben sich teilweise proportionale Erhöhungen der Mastitishäufigkeit bei Selektion auf schnellen Milchfluß (1851). In
Zwillingsuntersuchungen am hiesigen Institut betrug die Intrapaarkorrelation
für das DMG 0,93 (Durschnittl. Minutengemelk), für die somatische Zellzahl
0,20 ; zwischen DMG und Zellzahl bestand eine Beziehung von 0,37 (9243).
Dies wird zweifellos durch anlagebedingte, wenngleich z.T. altersmodifizierte, anatomische und physiologische Eigenschaften des Euters mitgeprägt :
Zusammenhänge zwischen hocherblichen Zitzen-, Zitzenkuppen- sowie Euterformen (Hängeeuter, Milchbrüchigkeit, Trichterzitzen etc.) und Infektionen
bzw. Zitzenverletzungen bestehen ebenso wie Beziehungen zwischen Leistungsniveau, Aufzucht der Kälber und Mastitisfrequenz bzw. Zellgehalt der Milch,
wenngleich dieser Verbund nicht schicksalhaft zu sein scheint und die Frage
nach Ursache und Wirkung nicht immer so deutlich beantwortet wurde (2067,
862, 4217, 6769, 3398, 4484, 6252, 6253, 6254, 6255, 6256, 481, 3194, 2287, 2935,
3403, 74, 4284, 6163, 6318, 8048, 120, 121, 122, 2886, 2669, 9401, 9843, 9352, 9907,
9033, 9667, 9901, 8900). Es scheinen oft dieselben Kühe zu sein, welche an
Mastitis, Kalbefieber und Nachgeburtsverhaltung erkranken - und dann immer
wieder (10007, 9365). Bei Schafen ist die Situation ähnlich (7631).
Diese komplexe Problematik ist bei Ermittlung gesicherter individueller oder
rassischer Unterschiede in der Disposition natürlich immer zu beachten (6164,
2542, 428, 5388, 2883, 7143, 9215). Auch innerhalb Rassen waren mehrfach signifikante Einflüsse der Bullen auf den bakteriellen Besiedlungsgrad der Milchdrüsen ihrer Töchter - und auf den Immunschutz - nachweisbar (57, 58, 4716,
6612, 2882, 7115, 4589, 9908). All dies schlägt sich letztlich in den o.a. Heritabilitäten nieder. Selbst beim gegenseitigen Besäugen der Euter zeigten sich
individuelle Neigungen (6768). Daneben bestehen möglicherweise gesicherte
Effekte des Heterozygotiegrades, z.B. im ß-Laktoglobulinsystem (als Indikator), auf die Resistenz der Kühe, wenngleich krasse Großgenwirkungen einzelner Allelesysteme kaum zu erwarten sind, es sei denn über die Etablierung
spezifischer Drüsengewebs- oder Schleimhautresistenz (5781, 2665, 7422, 8148,
6930, 5154, 40, 2513, 2600, 6931, 5154, 2145, 9840, 9331, 9332). Immerhin zeigten
Holstein Friesian/Ayrshire-Kreuzungen diesbezüglich deutliche Heterosis (
8510).

Insgesamt berechtigen somit die vielen Beweise erblicher Wirkungen zu der Forderung, selektiven Maßnahmen zur Verminderung der Sekretionsstörungen - bei Beachtung der Milchleistung - eine größere Bedeutung einzuräumen (4195,3097,7987,6081), denn bei der hauptsächlichen Beteiligung ubiquitärer Eitererreger am Krankheitsgeschehen und angesichts einer offenbar nur wenig ausgeprägten lokalen Eutergewebs- Immunkompetenz werden Impfungen kaum, antibiotische Behandlungen aber nur temporäre Besserungen bringen (7106,5532,5594). Künftigen Selektionsprogrammen, die insbesondere die Langlebigkeit und nicht allein die Milchleistung mit einbeziehen (8652,9586, 10179,8447), käme daher für Erhalt der Tierbestände und Rentabilität der Betriebe ein beträchtlicher Stellenwert zu (8243). Dies sagte schon Goerttler (1965). Hier scheint der Zellgehalt der Milch ein Indikator zu sein, mit allerdings z.T. sehr niedriger Heritabilität (517,2884,2885,4031,9504,9505,9506, 9258,8429,8960,8841,8510,8511,9476,9477,9478,9338,9340). Wegen bestehender Antagonismen Leistung/Mastitis und der geringen Heritabilität sehen andere dagegen das alleinige Heil in Management-Verbesserungen (9088,9217, 9819)- , obwohl Indexselektion sicher machbar wäre (9951,9398,8801,8753).

Während genetische Einwirkungen auf Angehen und Verlauf weiterer bakterieller Infektionen wie z.B. Rotlauf,Corynebacteriose, Listeriose, Leptospirose, Bruzellose,Tyzzer-Disease, - ja sogar bei Vibriosis der Fische(9703), und auch bei Rickettsiosen und Mykoplasmen bislang nur sporadisch - und meist nur bei kleinen Versuchstieren - beobachtet wurden(5158,3430,1350, 2904,6622,4199,5979,7842,7107,1830,6170,6171,6172,6996,9778,9167,9101, 8883), liegen über Salmonellosen eingehendere Untersuchungen vor (4473). So gelang früh die Erzüchtung von Mäuselinien, die gegen verschiedene Salmonella-Varianten resistent waren (6828,7963). Dies wurde durch neuere Experimente bestätigt, die zugleich zeigten, daß Großgeneffekte, die Kopplung der Resistenz an bestimmte Immune-Response (Ir)-Gene oder an andere Loci (z.B. Lps^d und ln auf Chromosom 1) vorliegen können (6052,6053, 2020,3544,3545,1010,6054,5643,9575,9576,9343,9013,9993). Man fand in älteren Forschungen, daß Widerstandskraft gegen Salmonella pullorum nicht immer mit Antikörpertiter parallel ging, doch will man generell solchen Konnex als Basis für Rassenunterschiede nicht ausschließen (1239,76). Die geringere Anfälligkeit weißer Leghornhühner (im Vergleich zu schweren Asiaten), aber ebenso einzelner Individuen, wurde am überzeugendsten als thermoregulatorisch bedingt erklärt: Durch rascheres Erreichen höherer Körpertemperatur überwinden sie die poikilotherme Phase nach dem Schlupf besser als Anfällige und haben eine effektivere Phagozytose (3662, 3650, 3658). Daneben sollen unterschiedliche Lysozym-Aktivitäten im Darm eine Rolle spielen, differente Mineralstoffversorgungen dagegen nur in extremen Bereichen (6158, 3412). Jedenfalls enttäuscht, daß bei einer Diskussion der "Aspekte der Salmonellosebekämpfung" genetische Gesichtspunkte überhaupt nicht berücksichtigt wurden (8597).

Daß mit zunehmendem Inzuchtgrad die Anfälligkeit zu Enteritiden steigt, war bei Wachteln zu registrieren (1512). Darminfektionen stellen u.a. bei Schafen eine der Hauptursachen der Jungtiersterblichkeit, und Rassenunterschiede hinsichtlich dieser Verluste blieben selbst nach der Korrektur für Inzuchtkoeffizienten erhalten (8119). - Die Sommerdermatitis (Sweet itch, Sommerräude) der Pferde und eine Balanitis der Schafe sind andere infektiös oder infektiös-allergisch bedingte Erkrankungen, die zwar ätiologisch noch nicht voll geklärt, bei denen aber individuell-genetische Prädispositionen offenbar von Bedeutung sind. Erste tritt trotz gleicher Umwelt nur bei bestimmten Tieren eines Bestandes rezidivierend auf (3758, 4981, 9958, 10045); letzte wurde in Border-Leicester-Böcken gesehen und konnte experimentell in anderen Rassen nicht ausgelöst werden (7952). Durch Besonderheiten in Futteral- und Penisstruktur sind zudem Zebubullen i.a. mehr zu Vorfall und Balanoposthitiden disponiert (8644, S.a.vorn). Selbst der zweifellos pyogen verursachte "Einschuß" der Pferde soll familiäre Häufungen zeigen (7847). Moderhinke sei besonders in Merinos verbreitet und wird durch Spreizklauen gefördert (7696) - über Rassenunterschiede wird auch aus anderen Regionen berichtet, ebenso bei Ziegen (8751, 8831, 8842, 9943, 8494). Interessant ist auch die offenbar genetische Anthrax-Resistenz der schwarzen Kaninchen auf der schottischen "Todesinsel" Gruinard, die im Kriege experimentell mit Milzbrand verseucht wurde (258).

Nicht nur die Widerstandskraft gegenüber Spaltpilzen, sondern auch die Auseinandersetzung mit echten Mykosen wird wenigstens teilweise erblich gelenkt. Hierfür liefert die Human-Epidemiologie Hinweise. So ist seit lan-

gem bekannt, daß Farbige - insbesondere Männer - in den USA eine weitaus
höhere Erkrankungsrate und schwerere Verläufe bei Coccidioimykosen aufweisen als Weiße (93). Da aber i.a. diese Bevölkerungsgruppe aufgrund ihres sozialen Status im Mittel eher Gelegenheit zu intensivem Kontakt mit
möglichen Infektionsquellen hat (Boden-, Landarbeit), bleibt die Trennung
von Erb- und Umwelteinflüssen noch abzuwarten. So sind bei der vorwiegend
Landwirte angehenden Chromomykose die Verhältnisse eher umgekehrt. Ferner bilden erblich beeinflußte Störungen wie Diabetes, Morbus Hodgkin u.a.
begünstigende Faktoren in der Besiedlung mit Pilzen, z.B. bei Mucormykosen. - Über rassische Prävalenzen berichtet auch die Tiermedizin : Einheimische Muturus und N'Damas (Westafrikan. Rinder) sind gegen durch Dermatophilus congolense hervorgerufene Streptotrichose (Dermatophilose, zu
50 % tödlich) weitgehend resistent (4283, 429, 26) ; zwischen verschiedenen
Bullennachkommenschaften waren deutliche Unterschiede und eine breite interindividuelle Variation der klinischen Erscheinungen zu konstatieren(1952,
1917). Bei der vorwiegenden Übertragung durch Ektoparasiten mögen hierbei Resistenzunterschiede gegenüber Parasitenbefall ebenfalls bedeutungsvoll gewesen sein; die mildere Verläufe zeigenden, einheimischen Ziegen
gelten als Erregerreservoir (5407, 10059).
Weitere Beispiele sind der mit Candida-Infektion einhergehende, unter bestimmten Fütterungsverhältnissen auftretende Pendelkropf der Puten, bei dem
die Bronzeputen eine stärkere Anfälligkeit erkennen ließen, sowie die besondere Empfänglichkeit gewisser Mäuselinien für Candidabefall, Cryptococcose und Blastomykose (8082, 6346, 5319, 9077). Ebenso ergaben sich signifikante Empfindlichkeitsabstufungen gegenüber Aflatoxin bei Huhn und Wachtel
(2962, 1095, 4891). Auch Dispositionen zu Gesichtsekzem beim Schaf mögen
hier einzuordnen sein (9179).

Wie sich oben schon andeutete, entscheiden Resistenz oder Disposition in der
Auseinandersetzung mit tropischen Seuchen oft über Leben und Tod von
Mensch und Tier in dortigen Regionen, desgleichen über eine rentable Tierzucht. Dies gilt besonders für protozoäre Blutparasitosen. Auswirkungen
des monogenisch fixierten Hämoglobintyps auf die Malariaresistenz kamen
schon zur Sprache. Es gilt als erwiesen, daß die für das Gen Hb S Hetero-

zygoten (Genotyp HbA/HbS), die sogen. Sichelzellträger, in gewisser Weise vor Malaria geschützt sind, da die verformten Erythrozyten dem Erreger offenbar weniger gute Entwicklungsmöglichkeiten bieten, wenngleich dieser Schutz kein absoluter ist (2940, 6340). Analoge Überdominanzeffekte- mit Blick auf die Malariaresistenz- waren von der G-6-PD-Defizienz erwähnt worden (S. dort, 2497). So erklärt sich die hohe Frequenz von Hb S - Trägern und G-6-PD-Varianten in malariaverseuchten Gebieten, denn es kommt zu einem Gleichgewicht zwischen Letalität des homozygoten Genotyps (HbS/HbS, Sichelzellenanämie), der in diesen Gegenden seine "genetische Bürde" zum Wohle der Population trägt (4769), und Selektionsvorteil des heterozygoten. Dieses ist ein Beispiel dafür, wie Seuchen selektive Kräfte zur Aufrechterhaltung eines genetischen Polymorphismus darstellen können (1438). Dabei wirkt die natürliche Selektion den deletären Auswirkungen eines Pathogens entgegen, während der Erreger seinerseits die evoluierte Resistenz der Wirte "auszutricksen" sucht (2674).

Auf der Vektorseite gibt es gleichfalls genetische Effekte auf Übertragungsmechanismen. So waren "zoophile" und "anthropophile" Anophelesstämme zu selektieren, bestand bei übertragenden Insekten eine unterschiedliche Empfänglichkeit für Malariaerreger (2675, 8278). Mehrere Untersucher fanden heraus, daß die Aufnahmebereitschaft von Moskitos für Plasmodien selektiv erhöht werden konnte (2837). So war die Infektionsrate mit Pl. elongatum bei Culex pipiens in 6 Generationen von 5 auf 50 % zu steigern (5196). - Im Gegensatz zu den o.a. Großgenwirkungen bei Malaria scheint bei Mäusen die Resistenz gegenüber Pl. berghei ein polygener Effekt zu sein (5583), während Widerstandskraft gegen "Mäusemalaria" durch Pl. chabaudi offenbar monogenisch fixiert ist (9942).

Es verwundert nicht, daß sich in den schwer mit Tsetse und Trypanosomen verseuchten Gebieten wie Nigeria u.a. - parallel zu Verhältnissen beim Menschen - autochthone Rinderrassen mit weitgehender Widerstandsfähigkeit gegen Trypanosomiasis herausbildeten: die Muturu und N'Dama, beide ohne Zebublut und wahrscheinlich taurinen Ursprungs (= Westafrikanische Zwergshorthorns, 7342, 2267, 5336, 9299, 9932, 9198). In experimentellen Infektionsversuchen unter identischen Voraussetzungen für die Prüflinge erwiesen sie sich als widerstandsfähiger, verglichen mit Zebus und Bos tau-

rus (1318, 6431, 6432, 8667, 8448)- jedoch bei starker individueller Variation und mit der Einschränkung, daß es auch resistente Zebus gibt (9736, 8997). Eine analoge Situation findet sich bei Schafen und Ziegen (2866, 2867, 2868). Der Aufbau "trypanotoleranter" Viehherden - gegebenenfalls unter Einkreuzung einheimischer Rassen in europäische - stellt eine echte Alternative zu anderen Maßnahmen dar, denn Gambiafieber, Nagana etc. bilden immer noch limitierende Faktoren der Tierzucht in weiten Teilen Afrikas (4553, 4474, 2098, 5418, 683, 9533, 9765). Dies nicht zuletzt wegen der vielfältigen Erregerreservoire in anderen Säugern, die nicht alle auszurotten sind; so verdächtigt man z.B. im Sudan die Ziegen, welche selbst nur milde, chronische Verläufe zeigen, eine ständige Infektionsquelle für Rinder zu sein (4841). Auch in Mäusen wurden Linienunterschiede in der Resistenz gegenüber den fraglichen u.a. Blutparasitosen entdeckt, deren genetische Basis noch weiterer Abklärung bedarf (3785, 5938, 5325, 1795, 8094, 5326, 2052, 952, 3704, 7655, 3567, 1794, 10163, 10164). Sie dürfte, beispielsweise bei der Auseinandersetzung mit Leishmaniosen, auf einer unterschiedlichen zellulären Immunkompetenz beruhen, wenngleich keine straffen Kopplungen an Histokompatibilitätsloci zu bestehen scheinen, jedoch zur Resistenz gegenüber S. typhimurium und Tuberkulose (1583, 790, 953, 5644, 9884, 9885, 9651, 10107, 8892). Die Heritabilität der Leukozytozoon-Resistenz in Hühnern betrug 18 % (9583).
Während bei uns schon durch die volkswirtschaftlich gebotenen Zuchtziele die Möglichkeiten, krankheitswiderstandsfähige Tiere zu züchten, erheblich eingeschränkt sind (1848), ergeben sich in den genannten Ländern zwingende Notwendigkeiten. Große Beachtung verdient daher der Import und die erfolgreiche Weiterzucht der o.a. resistenten Rassen in anderen afrikanischen Staaten: Zentralafrika, Kongo, Zaire, Ruanda u.a. (3743, 7637, 7638, 3000). Auf diese Weise wurde im sogen. Baoulé-Projekt der Zentralafrikanischen Republik, eines ehemals viehlosen Landes, eine profitable Rinderzucht aufgebaut. Dieses Beispiel macht in anderen Ländern Schule (10141), wenngleich sich hier eine Trypanotoleranz, besonders gegen andere Trypanosomenarten, erst erweisen muß (6475, 8666, 8997). Straffe Kopplungen der Trypanosomen- oder Babesiosentoleranz an bestimmte bovine Hb-Typen (S.a. dort), an G-6-PD -, Tf- oder Farbgene scheinen sich nicht abzuzeichnen (5970, 378, 8995, 9680). Bei Pferden mag das Geschlecht und die Hautfarbe einen Einfluß haben (4646).

Eine ähnliche Situation ist offenbar bei Zebus oder Zebumischlingen gegeben, was ihre größere Resistenz gegenüber Babesiosen und Anaplasmosen betrifft- im Vergleich zu importierten europäischen Rindern, wenngleich experimentelle Resultate nicht immer eindeutig waren(3849, 5653, 4676, 9836, 6474, 8192, 244). Gleiche Exposition und Immunitätslagen vorausgesetzt, scheinen dabei sowohl endogene Mechanismen der Piroplasmen-Abwehr - die sich in praxi allerdings oft mit unterschiedlichen Prämunitätsvoraussetzungen überschneiden dürften - eine Rolle zu spielen, wie auch vor allem ein geringerer Befall mit Zecken, den Überträgern dieser Erkrankungen (277, 7285, 479, 1719, 1681, 2428, 2429). Ein wichtiger Faktor innerer Abwehr ist die Milz: Splenektomien machen sogar den Menschen anfällig für diese Blutparasiten, so daß tödliche Infektionen vorkamen (7108, 2131).
Analoge Verhältnisse zeichnen sich bei dem ebenfalls durch Zecken übertragenen Herzwasser der Rinder (Rickettsiose) ab; Rinder europäischen Ursprungs bzw. mit Bos taurus-Blut reagierten wesentlich anfälliger (892, 5139); Ziegen stellen auch hier wichtige Zwischenträger und ein Modell zur Erforschung dieser Seuche dar - sie stehen selbst für das Fleckfieber des Menschen diesbezüglich in Verdacht(3682, 5271). Rickettsienanfällige und -resistente Mäuselinien wurden desgleichen gefunden (156).
Was die Zeckeninvasion, aber auch den Befall mit anderen blutsaugenden Insekten betrifft, so kam in älteren und neueren Untersuchungen immer wieder heraus, daß bei bodenständigen Rassen und Crossbreds in den Tropen (z.B. "Beefalypsos") ein weitaus geringerer Besatz zu registrieren war, was genauso für vor langer Zeit angesiedelte Rassen wie z.B. Criollos gilt, da sie seit Jahrhunderten diesen selektiven Kräften unterlagen (7299, 2430, 6911, 7417, 7731, 7732, 243, 6246, 7716). Hierbei dürften jedoch abermals Fragen der Prämunität für die Interpretation der Rassenunterschiede bedeutsam sein (7844, 7845, 7846). Schon bei erstmaligem Befall waren Zebus in der Lage, schneller eine Immunität aufzubauen als Rinder europäischer Provenienz, deren Lebenserwartung i.a. in solchen Ländern signifikant herabgesetzt ist (7843, 5701, 10047). Selbstverständlich wirken bestimmte Hauteigenschaften mit bei der Disposition zu Ektoparasitenbefall (9636), wenngleich bei Rindern wohl nicht in dem Maße wie bei jenen Schafen, die man zwecks Vergrößerung der Oberfläche (Wollertrag) auf extreme Hautfältelung selektierte und so ei-

nen vermehrten Schmeißfliegenbefall provozierte, so daß nunmehr in umgekehrte Richtung selektiert wird (2121, 7601, 5037, 7939). In Australien und Südafrika wird daher nach korrelierten Merkmalen für eine individuelle Selektion auf Senkung dieser ektoparasitär und bakteriell verursachten Schäden (Myiasis, Vliesfäule, h^2 bei 35 %, 9681) gesucht (246, 337, 5039, 5873, 9658, 9465, 9062, 9437, 9146, 9780).

Hinsichtlich des Befalls mit Zecken war auch innerhalb Rassen eine weite Variation zu beobachten, die notwendige Selektionsdifferenz zur Erlangung eines Selektionserfolges also gegeben, desgleichen für die Ermittlung des Erblichkeitsgrades (6398, 8164, 8077). Aktivierungen des Komplementsystems sollen, zumindest bei Meerschweinchen, Bedeutung für die Resistenzbildung haben- ebenso MHS-Gene (8151, 9934). Es hat große praktische Konsequenzen, wenn Herden, beispielsweise im Norden Australiens, mit nur wenigen Zeckenbehandlungen (Dipping) auskommen, abgesehen davon, daß es dann nicht so leicht zur Acarizid-Resistenz kommt (6555, 7448). "Zeckenresistente" Rassen entstanden als Kreuzungsprodukte (Droughtmaster = 1/2 Brahman, 1/2 Bos taurus ua., 886, 9322). Die Zucht auf Zeckenresistenz ist daher seit langem integrierender Bestandteil australischer Zuchtprogramme, denen jedoch z. T. noch die breite Akzeptanz praktischer Züchter fehlt (1432, 6315, 213, 7732, 1908, 10011, 9555, 9835). Leider ist sie nicht immer mit Helminthosen-Resistenz gekoppelt (250).

Bei h^2-Schätzungen wurde mehrfach die Mutter-Kalb-Korrelation zugrundegelegt, wobei man naturgemäß zu überschätzten Werten kam (64 - 82 % ; 8078, 6911), da die Invasionsintensität der Nachkommen einer hochgradig befallenen Mutter zwangsläufig größer sein muß und noch wenig über ihren späteren Zeckenbesatz aussagt. Allerdings wurden teilweise bei gleichzeitigen Zeckenzählungen in Mutter/Kalb-Paaren keine gesicherten Korrelationen ermittelt (7449). Populationsgenetische Erhebungen auf der Grundlage väterlicher Nachkommenschaften dürften hier korrektere Werte ergeben. Sie liegen zwischen h^2 = 28 - 50 % (3388, 3389). Als Nachteile, welche einer vermehrten oder gar ausschließlichen Nutzung von Zebus entgegenstehen, werden vor allem lebhaftes Temperament und unausgeglichene Schlacht- und Mastleistung genannt (2079, 1914, 8838). Doch scheinen sich z.B. die "Australian Friesian Sahiwals" zu bewähren (9698).

Über deutliche Linienunterschiede und gesicherte Heritabilitäten bei Milbenbefall des Huhnes wird gleichfalls berichtet (2077).

Möglichkeiten der Resistenzzucht zur Verminderung von Ausfällen durch Coccidiosen beim Geflügel - die derzeit in westlichen Ländern infolge verbesserter Hygiene und Coccidiostatika-Prophylaxe ohnehin niedrig sind - werden heute nach in der Vergangenheit zunächst enthusiastischen Beurteilungen kritischer bewertet (4685). Zwar vermutete man schon früh erbliche Einflüsse, waren Zuchtversuche zur Etablierung resistenter und disponierter Linien von Erfolg gekrönt und in späteren Untersuchungen zu reproduzieren (6736, 6508, 5356, 1312, 1313, 6509, 5755, 9162, 9163). In einigen Versuchsanstellungen der Vergangenheit scheint aber nicht berücksichtigt, daß ein passiver Immunitätsschutz oder gar prophylaktische Dosen coccidiostatischer Mittel, von der Henne dem Ei mitgegeben und im Embryo und Küken wirksam, unterschiedliche Ausgangslagen bei experimentellen Infektionen schaffen können (4691, 3780, 6503, 4692, 4684). Doch selbst bei Verwendung älterer Individuen und bei Heritabilitätsschätzungen über Hahnenfamilien, d.h. über die väterliche Komponente, waren signifikante genetische Effekte nachweisbar und es ergab sich ein h^2 - Wert von ca. 28 % (4121).

Legt man bei diesen Versuchen die Grundformel zur Berechnung des Selektionserfolges zugrunde (Selektionserfolg pro Zeiteinheit = Erblichkeitsgrad x Selektionsdifferenz, dividiert durch Generationsintervall), so stimmen geschätzter und realisierter Selektionserfolg recht gut überein: Es ergab sich im Mittel eine jährliche Verringerung der Sterblichkeit um 8 - 17 % (theoretischer Wert bei 16,8; Tab. 9).

Tabelle 9

Geschätzter und tatsächlicher Selektionserfolg
(nach Klimes und Orel, 1969)

$$Se_i = \frac{h^2 \cdot SD}{gi} = \frac{0,28 \cdot 60}{1} = 16,8\%$$

	Mortalitätsunterschied		
1964	11,8 %	=	+ 11,8
1965	29,0 %	=	+ 17,2
1967	37,9 %	=	+ 8,0

Angesichts der so eindrucksvoll demonstrierten quantitativ-polygenischen Basis der Coccidioseresistenz erscheint es erklärlich, daß Berichte über

Heterosiseffekte, welche ja weitgehend auf Dominanz- und Epistasiewirkungen beruhen, widersprüchlich sind. Generell sind Hybridküken resistenter als Reinzuchttiere gegenüber Erkrankungen, stellte man bei coccidioseresistenten Hühnern dreimal häufiger Heterozygotie am Blutgruppenlocus G_3 fest (15,5975); doch war die Lage bei den Ovalbuminen nicht so eindeutig, ebenso nicht bei Blutgruppe B (5974,3844). Bei der Kreuzung von 8 resistenten Leghornlinien resultierte kein zusätzlicher Hybrid vigor, wohl aber nach Anpaarung unselektierter Stämme (3781). Somit sind nichtadditive Genwirkungen nicht auszuschließen und könnten Rassen- und Linienkreuzungen auch aus dieser Sicht der Krankheitsverhütung sinnvoll machen.
Denn rassische Resistenzunterschiede bei Coccidienbefall sind schon länger bekannt : Rote Rhodeländer waren unter uniformen Infektionsbedingungen wesentlich widerstandsfähiger als z.B. Leghorn oder Sussex (gegen E.tenella,4243,2027,2028,4690)- und ähnlich steht es mit Fayoumis (9027). Diese Experimentalbefunde können eher Hinweise auf Erbunterschiede der Widerstandsfähigkeit darstellen als epidemiologisch-statistische Rassenunterschiede bei protozoären Darminfektionen des Menschen, z.B. bei Lambliasis. Hier fiel eine zwei- bis viermal stärkere Infektionsrate in Indianern gegenüber der nichtindianischen Bevölkerung auf; dies mag jedoch primär mit verschiedenen Ernährungsgewohnheiten zusammenhängen(2940,5108).
Es erhob sich weiter die wichtige Frage, wie es mit der Resistenz gegen andere Eimeria-Arten bei den gegen Blinddarmcoccidiose selektierten Hühnerlinien bestellt war. Hier zeigte sich, daß Widerstandskraft gegen E.tenella keineswegs immer mit Resistenz gegenüber anderen Spezies einherging, während andererseits die tenella-disponierten Linien am resistentesten im Hinblick auf andere Coccidiosen, Spulwürmer und CRD sein konnten. Diese Spezifität der Resistenz macht deutlich, daß es sich hierbei offenbar weniger um die bessere Funktion oder Stimulation allgemeiner Abwehrprozesse handelt, wie sie z.B. nach Röntgenbestrahlung feststellbar waren und wofür zudem die postinfektiöse Hypertrophie endokriner Drüsen spricht(3185,5828), sondern um spezifische, genetisch fixierte Abwehrmechanismen auf zellulärer, enzymatischer Ebene(8933). So wiesen Befunde über Differenzen in der Nebennierenfunktion oder in der "Aktivität" bei resistenten und anfälligen Hühnern nur z.T. in die o.a. Richtung (1307,2895,2236).

Leukoseresistente Stämme zeigten sich nur selten gleichzeitig weniger anfällig für Coccidien, und bei leukosedisponierten Linien ergaben sich gleichfalls keine eindeutigen Parallelen, von Ausnahmen abgesehen (1308). So wurden, analog zu den o.a. Verhältnissen bei verschiedenen Linien einer Rasse z.B. bei coccidienresistenten Rhodeländern festgestellt, daß die wesentlich empfindlicher auf Marek reagierten als ein Stamm Weißer Leghorn, und daß zumindest keine Kopplung zwischen Befall mit E.tenella und Marekscher Lähme bestünde (756, 3779). Dies schließt sekundäre Zusammenhänge, eine erhöhte Bereitschaft zu Coccidiosen nach erfolgter Erkrankung an Marekscher Seuche nicht aus, wie z.T. beschrieben und wohl mit einer gestörten Immunantwort erklärbar(758). So mag sich ein Zusammenhang zwischen Coccidiosen und Leukosen deuten lassen (1092). Dagegen konnte eine Übertragung des Marekvirus durch Oozysten bisher offenbar nicht sicher nachgewiesen werden, desgleichen nicht eine Bindung zwischen Coccidiose und Luftsackerkrankung (4693, 1004, 758, 7326).

Von positiven Effekten einer erfolgreichen Resistenzzucht auf abträgliche indirekte Auswirkungen der Coccidiosen wie mangelnde Gewichtszunahmen, Abfall der Eiproduktion infolge schlechter Futterverwertung durch Darmschädigung, die sich daneben in qualitativen Veränderungen des Produkts niederschlagen mögen, kann zwar ausgegangen werden, doch wurden die Korrelationen einer Coccidiosenresistenz zu wirtschaftlich wichtigen Eigenschaften bislang kaum untersucht (3408, 3281, 7692, 3265, 4920, 6544). So deutete sich in einigen Untersuchungen an, daß mit zunehmender Resistenz ein Rückgang in der Eierproduktion um 18 % und eine Zunahme des mittleren Kükengewichts zu verzeichnen waren, während die Schlupfrate unbeeinflußt blieb (5755). Dies zeigt, daß korrelative Veränderungen stets Beachtung verdienen. Neuere Untersuchungen wiesen jedoch die Vereinbarkeit beider Zuchtziele nach (9422). Auch diesbezügliche Erhebungen bei marekresistenten Tieren lassen hoffen, daß Resistenzzucht und Leistungsselektion kombinierbar sind, obwohl mit Erhöhung der Zahl der Selektionsmerkmale zweifellos eine Verlangsamung im Zuchtfortschritt eintritt (3648, 4280). Alle kostspieligen, therapeutisch-prophylaktischen oder Impf- und Keulaktionen müssen aber ständig fortgeführt werden - mit den bekannten Nachteilen finanzieller oder umwelthygienischer Art (Rückstände im Produkt, Arzneimittelresistenz der Keime etc. ,2901), während das viel zu wenig beachtete biologische Mittel der Resistenzzucht, langfristig und breit angelegt (Selektion auf Überlebensrate,4761), eine "maximale Verringerung wirtschaftlicher Verluste durch Krankheit bei minimalen Risiken für die menschliche Gesundheit" brächte (3220).

Offensichtlich immungenetisch gesteuerte Dispositionsunterschiede hinsichtlich Eimeria- und Toxoplasmenbefalls fand man desgleichen in Mäuselinien (4118,8180,8612), monogenische Steuerungen der Disposition des weiteren beim Amöbenbefall der Hühnereier (3764), dagegen polygenische Effekte bei Giardia muris-Infektion (8529).

Die Schwarzkopfkrankheit, die durch den Flagellaten Histomonas meleagridis verursachte Typhlohepatitis der Hühner und Puten, zeigte gleichfalls rassische Unterschiede in ihrem Auftreten (4743). Da die Infektion von Vogel zu Vogel aber über infizierte, embryonierte Eier oder ausgewachsene Exemplare des Nematoden Heterakis (seinerseits im Blinddarm parasitierend) erfolgt, spielen hier Resistenzunterschiede hinsichtlich Nematodenbefalls mit hinein; auch diese wurden beschrieben (7257,4466,5305).

Über genetische Einwirkungen auf die Abwehr helminthischer Parasitosen ist jedoch vergleichsweise wenig bekannt. Wie schon für andere Zusammenhänge geschildert, ist es seit den frühen Untersuchungen zur Zystizerkose-Disposition von Ratten (1659) nicht immer leicht, erworbene Immunitäten oder durch Ernährungsfehler erhöhte Anfälligkeiten von angeborenen, erblichen Einflüssen zu trennen. Hakenwurm-Infektionen bei Afrikanern z.B. zeigen oft nur dann klinisch schwere Verläufe, wenn gleichzeitig die Protein- und Mineralstoffversorgung mangelhaft ist. Geschlechtsunterschiede deuten schon eher auf eine hormonell-genetische Basis hin; so reagierten beispielsweise weibliche Albinomäuse wesentlich resistenter auf experimentelle Echinococcus granulosus - Infektionen als männliche, während die Verabfolgung von Testosteron die Anfälligkeit in beiden Geschlechtern erhöhte(2458). Umgekehrt stellte man eine größere Resistenz gegen Syngamusbefall bei Hähnchen fest, doch ist bei Vögeln ja das weibliche Geschlecht das heterogametische(6997). Gleiche Umwelten und Expositionen vorausgesetzt, dürften hier Ansatzpunkte für die Erklärung mehrfach beschriebener Rassenunterschiede bei Wurminvasionen in verschiedenen Tierarten liegen, denn es

sind ja nicht zuletzt differente Hormonregulationen, welche rassische Besonderheiten ausmachen (Wachstumsrate, Stressanfälligkeit, Fettansatz etc.).
Dies mag z.B. - neben immunologischen Komponenten - für die höhere Widerstandskraft bestimmter Wiederkäuer-Rassen bzw. -Linien bei Haemonchus-, Ostertagia-, Cooperia- und Trichostrongylidenbefall zutreffen, die auch in Bullen- und Bocknachzuchten innerhalb Rassen nachgewiesen wurde - mit z.T. beträchtlicher Heritabilität (6534, 6535, 99, 8316, 8317, 6141, 6142, 6143, 5602, 8317, 8318, 1664, 7344, 88, 6913, 6040, 8098, 6885, 6886, 6912, 125, 126, 8499, 8734, 8735, 9902, 8428, 8782). Beziehungen zum Hb-typ werden vermutet (S.a. dort), die aber möglicherweise nur über Kopplungseffekte an Ir - Gene zustandekommen, wie dies für differente Reaktionen von Hühnern auf Infektion mit Raillietina tetragona (Bandwurm) bzw. Spulwürmern gleichfalls zutreffen mag (124, 127, 128, 6143, 1656, 5433, 5434, 31, 32, 1104). Allerdings scheinen Ergebnisse experimenteller "Superinfektionen" auf der Basis einer natürlichen "Grunddurchseuchung" mit verschiedenen Parasiten, z.B. bei Schweinen, bezüglich Strongyloidesbefall, wenig aufschlußreich, ebenso rassische Befunderhebungen am Schlachthof (3838, 1263).
Die große Bedeutung des - wie schon wiederholt dargelegt - zumindest partiell genetisch gesteuerten Immunapparates für die Beantwortung von Verwurmungen wurde nach Bestrahlung ingezüchteter Mäuse (Lahmlegen des Immunsystems) deutlich: Gegenüber Kontrollen erreichten sie einen viel höheren Infektionsgrad mit Trichuris (7853). Außerdem bestanden gesicherte Unterschiede zwischen Mäusestämmen in der Immunabwehr der Invasion - auch bei Strongyliden u.a. Würmern (9606) - die auf weitgehend monogenische Vererbungsmodi, z.T. mit MHC-Kopplung, hindeuten (2607, 9490, 8629, 9757). Ähnliche Mechanismen vermutet man bei der Reaktion auf Trichinella-Infektionen, desgleichen bei der Schistosomiasis (6424, 7513, 7854, 1429, 8528). Und man spekuliert, ob man durch experimentellen Einbau Resistenz induzierender MHC-Gene in Nutztiere generell deren Vitalität erhöhen könnte (8783).

Embryonales Kranksein wird zur Resultierenden aus den
spezifischen Bedingungen der embryonalen Entwicklungs-
phase, aus den spezifischen Eigenschaften der Noxe, aus
den vielfältigen Frucht-Mutter-Beziehungen und schließlich
aus dem allgegenwärtigen, in Frucht und Mutter wirkenden
genetischen Hintergrund.

G.W.Rieck, 1976

TERATOGENESE

Es stellt sich die Frage nach der Zweckmäßigkeit, diese Abhandlung durch eine Kompilation im Rahmen von Einzeldarstellungen über Anomaliekomplexe und Krankheitsdispositionen fortzusetzen, welche bislang noch nicht abgehandelt wurden. Man hätte sie ebenso nach Spezies oder strikter nach Organsystemen getrennt aufführen können, wie in anderen Büchern geschehen. Doch bergen auch diese Verfahren Nachteile ; die Trennung nach Tierarten führt zu Wiederholungen, die gesonderte Erörterung von Organsystemen u. U. zu willkürlichen Einordnungen, da nur wenige Abnormitäten auf eng umgrenzte Körpergewebe beschränkt sind. "Allgemein treten Kombinationen von Mißbildungen erheblich häufiger auf, als dies rein zufällig aufgrund ihrer Häufigkeit zu erwarten wäre (Hanhart,1967)". Alle drei Methoden können aber am Ende nicht auf ein detailliertes Sachregister verzichten, wobei sich auf dem hier beschrittenen Wege ständige Hinweise auf spezielle Verhältnisse bei bestimmten Arten erübrigen. Natürlich mag sich an der komparativen Sicht von Komplexen und Syndromen gleichfalls Kritik entzünden, denn lange nicht immer sind klinisch-phänomenologisch gleiche Anomalien verschiedener Spezies ätiologisch-pathogenetisch völlig identisch: Die Crux der Vergleichbarkeit hinsichtlich Teratogenese und Pathogenese. Es sei nur an die bereits erwähnten, unterschiedlichen Ursachen von Diabetes, Ikterus u.a. erinnert. Doch kann zumindest die Identität der Ausfallserscheinungen hier als ordnendes Prinzip anerkannt werden und die vergleichend-medizinische Zusammenschau manche Grundsätzlichkeit offenlegen.
Zunächst seien einige allgemeine Aspekte der Teratologie und Embryopathien

vorangeschickt, soweit sie nicht schon in vorhergehenden Kapiteln angeschnitten wurden. Angeborene Mißbildungen oder Erkrankungsdispositionen sind ja nur die Spitze des Eisbergs fehlgelenkter Entwicklungen embryonaler Systeme: Genetische oder umweltbedingte Fehlsteuerungen, die von so schwerwiegender Konsequenz sind, daß sie zum frühen Absterben Behafteter in utero führen, schlagen sich häufig nur in "Sterilität" nieder, da sie zu frühembryonaler Fruchtresorption oder zum Frühabort führen (709, 4609). So stellte man bei Mäusen fest, daß die Neugeborenen-Mißbildungsfrequenz viel höher wäre, wenn nicht eine mit dem Alter der Muttertiere zunehmende Tendenz zur Resorption mißbildeter Feten bestünde (3947). Auf den Anteil der Chromosomenaberrationen an diesen Ausfällen wurde schon eingegangen. Doch auch pränatal wirksame Letalfaktoren spielen - neben exogenen Schadwirkungen - eine bedeutsame Rolle. Am deutlichsten wird dies, wenn durch geschlechtsgebundene, d.h. x-chromosomal vererbte Defektgene eine signifikante Verschiebung des Geschlechtsverhältnisses unter den Nachkommen der Trägerinnen (oder Träger) bewirkt wird. Von solchen deletären Auswirkungen gonosomaler Gene ist allgemein das heterogametische Geschlecht (XY-Konstellation bei männlichen Säugern, zw-Konstellation bei weiblichen Vögeln) stärker betroffen, da ihm das zweite X-Chromosom und damit das schädliche Einflüsse neutralisierende Normalallel fehlt. Selbst bei dominanten Schadallelen ist die Wirkung in heterozygoten Heterogametischen (gegenüber Hemizygoten) gemildert, da sie Mosaiken aus aktiven und neutralisierten X-Chromosomen darstellen, wie schon anderenorts diskutiert. Erinnert sei nur an die in Angler Rindern und Holstein-Friesian (hier verbunden mit streifenförmiger Haarlosigkeit im weiblichen Geschlecht) beschriebenen "antimaskulinen" Letalfaktoren, sowie an das "Ladykiller"-Gen bei Hühnern u. a., welche zu einer Reduktion der Bullenkälber bzw. Hennenküken um 50 % in der Nachkommenschaft der Kühe resp. Hähne führen, die diese Erbanlagen weitergeben (172, 2083, 6982, 7205, 7200, 6984). Es wäre bedenklich, solche Gene zur selektiven Beeinflussung des sekundären Geschlechtsverhältnisses zu nutzen (3461).

Der Angriffspunkt "todbringender" Anlagen oder der Teratogene reicht über das ganze Spektrum der für Vitalfunktionen unabdingbaren Organsysteme und über alle Entwicklungsphasen, wenngleich deutliche Schwerpunktbildungen,

Artdispositionen und Phasenspezifitäten erkennbar sind. Für die Maus gab McLaren(1976) einen Überblick, speziell für Letalfaktoren am T (Tailless)- und Yellow (A^y)-Locus. Und durch den Insertions-Einbau von Retrovirus - DNA, z.B. ins Kollagen-Strukturgen der Maus, waren solche letalen Mechanismen schon nachvollziehbar, bzw. als viral induziert interpretierbar (9814, 8732,10132). Ähnliche Entwicklungsstörungen können sowohl durch verschiedene Gene als auch durch unterschiedliche Noxen ausgelöst werden, sind ätiologische Einteilungen kongenitaler Defekte derzeit noch schwierig. So kann angeborener Wasserkopf das Resultat verschiedenster Genwirkungen sein: Einer Blockade der Liquorzirkulation durch Hirnhautdegeneration zum Zeitpunkt der Geburt, einer sekundären Stenose des Aquaeductus durch fetal vergrößerte Hirnabschnitte, oder einer chondrodystrophischen Entwicklungshemmung des knöchernen Schädels mit Hirnkompression und hydrostatischer Erweiterung der Ventrikel (8189,2443,699,1030,2913).

Defektsyndrome, z.B. Oligosyndaktylien und Verschmelzungen bzw. mangelnde Differenzierung im Wirbelsäulen- und Rippenbereich, welche bei Mäusen rezessiv vererbt werden, waren bei Hunden nichtgenetischer Natur (2923, 6278). Solche offensichtlichen, von Landauer(1957) bei Hühnern mehrfach nachgewiesenen Parallelen zwischen Phänokopien und erblichen Anomalien weisen deutlich daraufhin, daß teratogene Schadfaktoren bei Einwirkung in sensiblen Wachstumsphasen durchaus in der Lage sind, spezifische Genwirkungen zu kopieren. So kann beim Wachstum embryonaler Extremitätenknospen die normale Induktion des Mesenchyms durch den apikalen Ektodermrücken offenbar sowohl infolge genetischer Fehlinformation als auch durch einwirkende Teratogene gestört werden(2018). Solche pathogenetischen oder zumindest ontogenetischen Querverbindungen bestehen z.B. zwischen einer dominant vererbten Hemimelie (Holt-Oram-Syndrom,3311) und der Thalidomid-Embryopathie des Menschen (Contergan,2443). Lippen-Kiefer-Gaumenspalten können bei Mensch und Tier als hocherbliche Mißbildungen auftreten- mit gleichfalls multigener Grundlage - , daneben aber in gleicher Weise durch nicht weniger als 53 verschiedene exogene Faktoren verursacht werden(2332, 2333,6506). Dabei sind natürlich speziesbedingte oder rassische Differenzen in der sensiblen Phase der Embryogenese zu beobachten, die z.B. bei der Maus zwischen dem 8. und 13.Tag, beim Menschen zwischen dem 15. und

42. Tag liegt (1750, 7621). Global ließe sich für den Menschen die in Tabelle 10 skizzierte Situation darstellen. Dieses, und genomspezifische Empfindlichkeiten machen Ergebnisse teratologischer Experimente bei verschiedenen Arten nie direkt vergleichbar (7476, 8235, 8205, 1480, 56, 6965).
Auch Experimente mit Versuchstier-Inzuchtlinien, die meist ganz spezielle Anfälligkeiten oder Resistenzen zeigen, unterliegen - insbesondere im Vergleich zu den sehr heterogenen menschlichen Populationen- nunmehr starker Kritik; es werden wieder mehr panmiktische Wild-Populationen benutzt(6351, 8251). So kommt Wilson(6506) zu dem "tragischen" Schluß, daß nicht Tierexperimente, sondern nur klinische Anwendungen beim Menschen etwas über die Teratogenität einer Substanz aussagen können.

Tab. 10

Sensible Entwicklungsphasen beim Menschen (nach Saxén u. Rapola, 1969)

Phase	Defekte	Zeitraum (Tage)
Gametogenese	Gametopathien	- 1.
Blastogenese	Blastopathien	1. - 15
Organogenese	Embryopathien	16. - 72.
Reifung	Fetopathien	73. - 280.

Die embryonale Empfindlichkeit gegenüber Teratogenen beginnt bei Hamster und Maus, bei Ratte, Kaninchen und Affen am 5., 8., 9. bzw. 10. Tag post conceptionem (1750).
Doch wenn Fraser (8199) feststellt, es könne fast mit Sicherheit gesagt werden, daß jeder durch ein exogenes Teratogen verursachten Mißbildung eine analoge, durch Schadgene bedingte gegenüberzustellen sei, so läßt sich diese Aussage fraglos auch umkehren. Nur darf man Befunde in bestimmten Arten oder Inzuchtlinien nicht verallgemeinern. Immerhin bewirken dieselben Agentien in nahe verwandten Arten oft gleiche oder ähnliche Effekte. So ließ sich das Thalidomid-Syndrom fast analog zum Menschen durch Verabfolgung von 30 mg/kg dieser Substanz am 26. Tag der Trächtigkeit bei Rhesusaffen auslösen - nicht jedoch nach vergleichbarer Applikation in den üblichen kleinen Versuchstieren (8196, 8197, 8198). Dieses trug nicht wenig zur Forcierung des Aufbaus von Primatenzentren bei.

Teratogene Wirksamkeit - meist nach Überdosierungen oder experimentellen bzw. unfreiwilligen Intoxikationen - wurde bei einer Vielzahl von Faktoren in vielen Spezies – jedoch bei unterschiedlicher Speziesempfindlichkeit (2204)- nachgewiesen, welche sich in mehreren Auflistungen zusammengestellt finden (3949, 7676, 344, 8198, 3975, 698, 3218): Chemische Verbindungen und Arzneimittel (Salicylate, Alkaloide u. a. Pflanzengifte, Tranquilizer, Antibiotika, Hypoglykämika, Steroidhormone, alkylierende Mittel, Antimalariaarzneien, Antiepileptika, Anästhetika, Stoffwechseldämpfer, Lösungsmittel, Pestizide, Schwermetalle, Farbstoffe etc., 2269, 5525, 9894), Strahlen (4748), Ernährungsfehler (Hypo- und Hypervitaminosen, 2270, 5758), Infektionen (Röteln, Herpes- u.a. Virus, Toxoplasmose, 1578, 6963, 6980, 1877, 1470, 8817), Störungen im Gasaustausch (Hypoxien), Hyper- und Hypothermien (586, 2044, 3319, 2587), mütterliche Endokrinstörungen (Stress !, 5189, oder zugeführte Hormone, 9828), Alkoholismus(Aldehydwirkung, 749, 7766), Traumen, Amnionsmißbildungen(7629, 485), Immunreaktionen, Interaktionen zwischen einzelnen Faktoren. Es ist jedoch erstaunlich, wie unempfindlich offenbar präimplantative Säugerembryonen auf Tiefgefrierung (- 196 ^{o}) reagieren: Bei geeigneter Methodik sind sie - ähnlich wie Samenzellen - ohne Schäden über Jahre hinaus haltbar, um dann in Ammenmütter transplantiert und ausgetragen zu werden (5374). Ob das leicht mutagene Coffein als "Muntermacher" von aufgetauten Spermien geeignet ist, wird jedoch bezweifelt (6492). Auch gewisse kontrazeptive Spermicide stehen im Verdacht, für Mißbildungen verantwortlich zu sein (1751).

Es darf nicht vergessen werden, daß viele der angeführten Teratogene zugleich Mutagene sind, d.h. zu Mutationen, zu Aberrationen im Erbgut führen - mit oder ohne Schadwirkungen für folgende Generationen (344, 2055). Diese Situation veranlaßte zu der Aussage, daß somit letztlich alle, auch die genetisch bedingten Mißbildungen, umweltverursacht seien, da sie irgendwann einmal durch mutagene Noxen ausgelöst wurden - eine These, die die tatsächliche Möglichkeit von Spontanmutationen verneint. Solche sind in ihrer Frequenz jedoch auch abhängig von systematischen Einflüssen, z.B. Alter, Geschlecht, Sensibilität der Genorte, Möglichkeit der Erkennung etc.(6895, 4747, 7652, 5490). Aus den geschilderten, komplexen ätiologischen Gesichtspunkten ergibt sich, daß nur selten eine sich manifestierende Anomalie oder Erkrankungsneigung allein dem Erbgut oder allein

Umweltstressoren anzulasten ist: Die Mehrzahl wird polygenisch oder polyfaktoriell determiniert oder zumindest beeinflußt, was sich u.a. in Linienunterschieden hinsichtlich Disposition gegenüber Teratogenen niederschlägt (8199, 1844, 741, 10154). Mißbildungen oder Stoffwechseldefekte lassen meist nur indirekte Aussagen über den Mutationsort im Genom zu (4863). Erbfehler und Phänokopien sind somit - strenggenommen - selten oder nie "monofaktoriell", wenn man mit "Faktor" hier Auslöser oder Modifikatoren benennen will; die alte, klare Einteilung in "Erb-, Konstitutions- und Umweltkrankheiten (6708)" wurde durch fließende Übergänge ersetzt. Von 519 untersuchten Rinderaborten waren nur 41 % ätiologisch zu klären, eindeutige Mißbildungen stellten nur knapp 5 % (2942).

Schwerste, mit dem extrauterinen Leben unvereinbare Fehlbildungen werden nur resultieren, wenn der frühe Zeitabschnitt betroffen ist, da in diese Phase die sehr stoffwechselaktive und daher störanfällige primäre Organogenese fällt (540, 8195). Sporadische "Spontanmißbildungen" unbekannter Ursache sind daher wohl kaum "zufällige" Entwicklungsentgleisungen, oder höchstens in dem Sinne, daß betroffene Individuen zufällig in die defektträchtige Konstellation bezüglich des auslösenden Agens und des erforderlichen genetischen Backgrounds gerieten. In späteren Fetalstadien ist die Anfälligkeit für Teratogene und Mangelzustände, sind die Konsequenzen genetischer Fehlsteuerungen nicht so gravierend bezüglich induzierter Anomalien struktureller Art, da die meisten Organe bereits differenziert sind und vorwiegend der quantitativen Entwicklung bedürfen. "Die teratogene Terminationsperiode fällt somit zeitlich mit einer Periode hoher mitotischer Aktivität zusammen (2742)".

Immerhin kann sich durch exo- oder endogene Degenerationen, durch Insertionsanomalien der Nabelschnur u.a. mechanische Faktoren auch in fortgeschrittenen Entwicklungsabschnitten - wie auch im postnatalen Leben - Abnormes ergeben, doch trifft auf dieses dann die Kennzeichnung "Fehlbildung" nicht eigentlich zu (4275). "Nur durch starke Unterschreitung der Versorgung des trächtigen Muttertieres mit Nährstoffen wird eine Hemmung des Wachstums der Feten erzielt (4185)". Konnatale Defekte enstehen aber nun nicht nur phasen-, sondern auch noxenspezifisch, wie u.a. die Thalidomid-Embryopathie eindrucksvoll demonstrierte, da sie ja ein recht uniformes und charakteristisches Syndrom darstellte. - Über einen Zelltod, eine herabgesetzte oder gesteigerte Wachstumsrate, fehlgelenkte oder ausbleibende Induktion durch zuvor gebildete Organe, eine reduzierte Synthese von Proteinen oder durch Gewebszerfall kann es zu Agenesien, Hemmungsmißbildungen, Spaltbildungen oder Verdopplungen, Verwachsungen oder Verlagerungen, Hyperplasien oder Überschußbildungen kommen. Wie schon eingangs betont, wird der Ursprung stets primär im biochemischen Bereich liegen, wenngleich der Nachweis bislang nur selten gelang. Dabei ist interessant, daß schon normalerweise oft vorhandene, milde Asymmetrien in der Ausbildung paarig angelegter Strukturen bei Mißbildungen häufig in krassere Lateralität übersteigert werden (9981).

Schließlich wäre noch die Frage zu diskutieren, welche erbhygienischen Folgerungen sich aus aufscheinenden Anomalien ergäben. Sind Schäden nachweislich exogener Natur, beantwortet sich die Frage von selbst. Doch sogar bei m.o.w. einfach mendelnden Letalfaktoren - noch mehr bei anderen Schadgenen - ist ein zwar verständlicher, aber voreiliger, unkritischer Entschluß zur Merzung aller Anlageträger in der Tierzucht zu vermeiden, solange nicht eindeutig feststeht, daß sie sich in den Populationen nur nachteilig auswirken und in hoher Frequenz vorliegen. Für Homozygotie rezessiver Schadgene kann abträgliche Wirkung zwar generell unterstellt werden, insbesondere, wenn sie Lebens- oder Fortpflanzungsfähigkeit unterbindet, jedoch darf dies für die "genetische Bürde" bei Mensch und Tier nicht so allgemein gefolgert werden, für jene "Last" (auch als relative Reduktion der durchschnittlichen Populationsfitness definiert), die jeder Organismus als heterozygote, in einfacher Dosis vorliegende Defektgene unerkannt mit sich herumträgt ("Letaläquivalente") - und an seine Nachkommen weitergibt(4586, 6761,6047,5694). Hier ist es mit einer schlichten klinischen Einteilung in Letal-, Semiletal- und Subvitalgene (nach Hadorn,1955) heute nicht mehr getan (= Letalität für 100 %, $>$ 50 % bzw. $<$ 50 % Behafteter vor Erreichen der Geschlechtsreife). Seit Dobzhansky(1957) weiß man, daß es sogar Letalgene gibt, die durch Überdominanzeffekte die Fitness der Gesamtpopulation erhöhen - nicht nur bei Drosophila. Erinnert sei in diesem Zusammenhang wieder an die Verhältnisse bei der Sichelzellenanämie (S.dort). Diese Gene können zudem mit selektiv begünstigten Erbanlagen "hitchhiken", wenn eine straffe Kopplung besteht (7838). In der Tierzucht fanden sich weitere Beispiele, wie durch selektive Begünstigung Heterozygoter der Selektionsdruck mehr als ausgeglichen wird, dem die (letal ausspaltenden) Homozygoten unterliegen.

Paradebeispiel ist der Zwergwuchs bei Herefordrindern, der in dieser Rasse deswegen eine bedrohliche Verbreitung fand, weil offenbar der heterozygote Typ - bei klinischer Normalität - aufgrund unvollkommener Dominanzwirkung des Zwergwuchsgens mehr im "Masttyp" stand, d.h. rumpfiger, mastiger wirkte, so daß er auf Auktionen vermehrt angekauft wurde (4982, 4895). Ähnliches gilt für ein Muskelatrophie-Gen in New Hampshire-Hühnern, das in einfacher Dosis eine Verbreiterung der Pectoralis-Muskulatur bewirkt (1422). Voraussetzung für solche Überdominanzeffekte ist allerdings die partielle Dominanz, d.h. deutliche Gendosiswirkungen auch im mischerbigen Typ. Bei jedem überdurchschnittlichen Frequenzanstieg von Erbfehlern in Populationen trotz ständiger natürlicher oder menschlicher Gegenselektion muß an solche Verhältnisse gedacht werden.

So wiesen einige Autoren darauf hin, daß Anlageträger der in Charolais-Rindern Kanadas recht verbreiteten Arthrogryposis congenita im Laufe ihres Lebens eine signifikant höhere Reproduktionsrate zeigten als Nichtträger. Solche Fruchtbarkeitsvorteile, sollten sie sich bewahrheiten, würden in der Tat permanent hohe Genhäufigkeiten in Bevölkerungen leicht erklären (649,650). Derartige genetische Balancen gehen kongruent mit der These, daß einer von beiden homologen Chromosomen- und Gensätzen diploider Organismen evolutionär als "Experimental-Set" konzipiert sei, d.h. daß hier durch Mutation zunächst in einfacher Dosis entstandene, neue Gene auf ihren Nutzen für das Individuum und für die Fitness der Population "überprüft" werden - ohne Rücksicht auf ihre Wirkung bei Homozygotie. Sollten sich aber abträgliche Effekte beim Zusammentreffen, beim Homozygotwerden dieser Allele ergeben, so entscheidet erst das o.a., sich einstellende Gleichgewicht aus vorteilhaften und negativen Einflüssen über die Häufigkeit dieser Mutation in der fraglichen Fortpflanzungsgemeinschaft (648,4573). Ob sich im Schweizer Braunvieh eine ähnliche Situation hinsichtlich einer angeborenen Blindheit abzeichnet, ist nicht bekannt, doch hat die Frequenz dieser Anomalie mit 0,4 % der Herdbuchtiere zweifellos durch die K.B. eine Förderung erfahren: Es würde die Merzung aller Träger zugleich die Eliminierung wertvollster Leistungsvererber bedeuten (8212, 8213, 8216). Hier scheint eher - möglicherweise unabhängig von Überdominanzeffekten - ein Beispiel dafür vorzuliegen, wie es durch Einsatz weniger männlicher Zuchttiere in überschaubaren Zuchten relativ schnell zur unerwünschten Kumulation von Defektgenen kommen kann. Die Kanalinselrasse Guernsey lieferte ein weiteres Beispiel: Durch vermehrte Verwendung bestimmter Bullen war eine erhöhte Abortrate durch ausspaltende Bulldogkälber zu verzeichnen, die selbst später noch, an anderen Standorten, bei dieser Rasse zu konstatieren war, ebenso wie eine gesteigerte embryonale Mortalität(3864, 7338, 8144, 8145, 10048). Auch in der Pferdezucht ergab sich hier ein Anschauungsmaterial. So wurde in Japan erst 30 Jahre nach dem Import des Percheron-Hengstes Superb (zur Kaltblutveredelung) entdeckt, daß er den Letalfaktor Atresia coli vererbte - doch da führten bereits 26 % der Hengste schwerer Rassen in Hokkaido seinen Namen in ihren Abstammungspapieren (3654).

Solchen erbhygienischen "Unfällen" wäre in der Tat - außer durch gezielte Testpaarungen (6238) - nur durch populationsweite Kontrollsysteme zur eugenischen Überwachung massiv eingesetzter Vererber vorzubeugen, insbesondere durch erb- und nicht nur seuchenhygienische Überprüfung importierter Zuchttiere (6395, 233, 5477). Voraussetzung für die Effektivität eines solchen stichprobenartigen Tests von Probanden, wie von einigen Autoren vorgeschlagen (6702, 6493, 5439), ist aber neben der Höhe der Schadgenfrequenz in der Population das lückenlose Erfassen aller Geburten aus diesem Testeinsatz.

Insgesamt wird deutlich, daß Erbanlagen, die für einzelne Individuen "todbringend" sein mögen, dies nicht notwendig auch für Populationen sein müssen; doch gerade, weil es so entscheidend auf die Gewichtung ankommt, ist noch heute die - viel zu wenig beherzigte - Forderung von Dobberstein (1951) zu unterstreichen, daß "wesentliche Aufgabe der Tierzuchtinstitute der Veterinärmedizin ist, diese Gebiete der Erbpathologie weiter auszubauen", zumal "genetischen Registern", der Verteilung von "Anomalie -

strafpunkten" bei der Zuchtwertschätzung (9115, 9399), in der Tierzucht nicht psychologische und ethische Hemmungen im Wege stünden, wie sie sich beim Menschen aus der "Erbgesundheitspolitik" der Nazizeit ergaben, wo "erstes Ziel des Erbarztes im völkischen Staat" war, "die rassische Überfremdung zu bekämpfen" (7780, 8046) - und wie sie sich heute aus Problemen des Datenschutzes ergeben (3893). Bei der künstlichen Insemination von Frauen mit Donor-Samen wird eine ähnliche Problematik diskutiert (3845). Diese u. a. Techniken werden zudem dem Erbanalytiker die Klärung von Erbgängen bzw. Erblichkeitsgraden der Anomalien nicht erleichtern, da ja ohnehin - in der menschlichen Sozietät wie in der Tierzucht - "Pater semper incertus est" (8716).

Zusammenfassend kann man sagen, daß eine regelmäßige, ungestörte Fruchtbarkeit als ein Merkmal einer guten Konstitution anzusehen ist.

Stockklausner, 1957

PRÄ - UND PERINATALE VERLUSTE

Sicherlich gehören Totgeburten neben resorbierten, abortierten oder mißbildeten Früchten mit in diese Zusammenstellung, denn ihr "Defekt" besteht in der Unfähigkeit, ein extrauterines Leben zu führen, auch wenn Mißbildungen oder spezielle Funktionsstörungen nicht immer erkennbar sind. Für alle drei Kategorien ist es aus epidemiologischer Sicht unmöglich, repräsentative Prozentsätze, Häufigkeiten für bestimmte Arten anzugeben: Sie variieren stark mit den Untersuchern, dem Untersuchungsgut, dem Untersuchungsort, der Untersuchungszeit und der Definition "Totgeburt" bzw. "Perinatologie" (Neugeborenensterblichkeit bis zum 2., 7., oder 28. Tag ; 6694, 7576). Dennoch seien in Tabelle 11 einige Zahlenangaben gemacht, um eine ganz ungefähre Vorstellung und Quellenmaterial zu vermitteln.

Tab. 11
Perinatologie

Art	Fruchtresorpt. (in % befrucht. Eier)	Aborte	Totgeburt. (in % von Gesamtgeburten)	Mißgeburt.	Autoren
Mensch	15	0,5 - 1,8	1,3 - 7,4		5601, 7898, 7689, 5104, 2113, 6704, 3529
Maus	34		10	0,3 - 8,0	2915, 3946
Rind	12,5 - 30	1,1 - 9,1		0,1 - 0,6	4060, 4616, 47, 5997, 9546, 9578, 6391, 4931, 3487, 4808, 4200, 6679, 4320, 4256, 2839
Schaf	25		6,1	0,2 - 2,0	2462, 2024, 3605, 1772
Schwein	11,8 - 37,5		2 - 10	5,8	401, 762, 2493, 783, 9528, 6873, 5191, 4182, 3612, 1281, 8701, 9877

Errechnete man - unzulässigerweise - "Mittelwerte" in den einzelnen Gruppierungen, so käme man anhand der in Tab. 9 niedergelegten Daten auf ca. 24 % embryonale Mortalität, 6 % Totgeburten und 3,3 % konnatale Mißbildungen. In der Tat liefern andere Arten vergleichbare Werte: Mit 15 % Spontanaborten und einer Totgeburtenrate von 5 % in Affen (8197, 7351); Pferd, Fuchs, Nerz, Kaninchen und Meerschweinchen mit einem Embryonalverlust von bis zu ca. 30 % (4957, 8398, 1580, 6722, 393, 8835, 8941, 10056); Pferd und Hund mit einer Totgeburtenziffer von 7 bzw. 2 - 17 % und einer Defektrate bei 0,8 bzw. 5 % (4338, 3928, 7985, 931, 6059, 6060). Hingewiesen sei auch auf die Übersicht von Randall (1978).

Interspezifische Variationen fallen besonders für Totgeburten auf: Regelmäßig Mehrlinge gebärende Arten wie Maus, Schwein, Hund, Nerz usw. liegen wesentlich höher in der Anzahl Totgeborener (8013). Doch selbst innerhalb Arten kommen durch gesicherte Rassen- oder Linienunterschiede analoge oder andere, genetische Effekte zum Ausdruck. So wächst mit der Häufigkeit des Ereignisses "Zwillingsgeburt" auch bei Mensch, Schaf, Pferd und Rind die perinatale Mortalität (2682, 3777, 1466, 3421, 3422, 3099, 6057, 6058, 7156). Dieses dürfte teils auf eine "inadäquate", d. h. für solche Mehrlingsträchtigkeiten nicht eingerichtete Plazentation, teils auf die Zunahme von Schwergeburten zurückzuführen sein (3008). Selbst in den zuvor genannten Arten steigt aber mit der Wurfgröße die Totgeburtenrate und Gesamtsterblichkeit an (7225, 515, 3928, 2701). Embryonale Abgänge und Totgeburten bei Säugern entsprechen den Brutverlusten unter Eiern des Geflügels: Hier kommt man mit Prozentsätzen zwischen 16 und 37 % gleichfalls zu analogen Zahlen, ergibt sich zusätzlich die Möglichkeit, einige Großgeneffekte auf die Schlupffähigkeit zu studieren (3646, 7318, 5127, 8668).
Bevor über genetische Einflüsse referiert wird, soll jedoch nicht vergessen werden, daß Umweltstressoren in gleichem, wenn nicht höherem Maße Verursacher prä- und perinataler Verluste darstellen. So ist z.B. für den Bruterfolg beim Vogelei nicht nur die genetisch determinierte Lebensfähigkeit des Embryos, sondern neben Bruttechnik u.a. Faktoren auch die Konsistenz der Eischale von Bedeutung, welche - außer durch den Genotyp - nicht unwe-

sentlich durch die Fütterungs- und Haltungsbedingungen mitgeprägt ist (5961, 2595). Obwohl das Problem der Bruchfestigkeit des Eies Wissenschaftler vergangener Jahre stark umtrieb, heißt es aber über das Ziel hinausschießen, wollte man die Ursache für die Dünnschaligkeit in der ständigen Beunruhigung der Vögel durch das Bemühen sehen, die Ursachen für die Dünnschaligkeit herauszufinden (206). Schließlich lassen sich Hennen züchten, die ihre Eier schön brav behutsam und nicht aus unzivilisierter Höhe ins Nest fallen lassen (219) - denn zu fest darf die Schale eh nicht werden: Kein Küken käme sonst mehr heraus und kein Feinschmeckerlöffel mehr hinein (220). Der h^2- Wert für "doppelt" kalzifizierte Eier (das folgende erhält meist keine Schale !) betrug 50 % und mehr (9470).

Systematische Effekte auf die fraglichen Erscheinungen wurden ebenfalls in vielen Arten festgestellt, insbesondere Häufigkeitszunahmen mit dem Alter der Mütter bzw. mit der Geburtsnummer. So betrug bei Sauen für die 1.- 6.Geburt die Totgeburtenrate 1,4 - 4,8 %, für die 7. - 11. bereits 5,8 - 9 %, nahm der Embryonaltod in Kühen mit dem Alter zu (5896, 436). Beim Menschen wird eine besonders hohe Frequenz von Totgeburten und verschiedenen Mißbildungen in erstgebärenden Frauen im Alter von 40 Jahren und mehr gesiehen (3259, 1156). Primiparae bei Wiederkäuern zeigen gleichfalls deutlich höhere Prozentsätze Totgeborener, doch wird dies vorwiegend durch Dystokien infolge Unreife zu früh belegter weiblicher Tiere ausgelöst (2874, 4617, 59, 4626, 4627, 8375, 4412). So ermittelte man einmal, daß 44,6 % verendeter oder totgeborener Kälber an Asphyxie starben (S. a."Surfactant", 3320). Selbst für Ferkel spielen solche respiratorischen Aspekte der Perinatologie eine Rolle : Die Überlebenschance der Erstgeborenen eines Wurfes ist stets größer als die zuletzt Entwickelter, und die Totgeburten nehmen mit der Zahl der Früchte und der Dauer der Geburt zu (3228, 84, 3729). In diesem Zusammenhang überrascht ferner nicht die positive Korrelation zwischen Herden- bzw. Betriebsumfang und der peri- und postnatalen Sterblichkeit der Jungtiere (6308, 5801, 7229). Nur selten wird sich auch normalerweise eine Haustierart über die Jungen der anderen hermachen, wie aus Australien berichtet, wo verwilderte Schweine eine ernste Bedrohung für neugeborene Lämmer darstellen (6055).

Saisonale, meteorologische Einflüsse konstatierte man desgleichen mehrfach. So war z.B. der Anteil cortisoninduzierter Gaumenspalten bei Mäusen trotz sonst weitgehend identischer Bedingungen im Sommer am geringsten, waren Totgeburten und neonatale Verluste bei Schwein und Hund unter extremen Witterungsbedingungen oder ungünstigen Mikroklimaten höher als unter gemäßigten Verhältnissen, sowie bei Wiederkäuern der Einfluß des Kalbetermins bzw. der Lammsaison gesichert (3944, 8257, 5557, 4914, 352, 1646, 1666). Angesichts der Thermolabilität der Neugeborenen scheint dies erklärlich, genauso wie die direkten Auswirkungen von Temperatur- bzw. Feuchtigkeitsschwankungen auf Mißbildungsrate und Mortalität beim Brutvorgang (4363). Dagegen gibt es langfristigere Zyklen, die schwieriger zu interpretieren sind. So zeigte eine Studie vermehrte Fälle von Anenzephalie des Menschen im Winterhalbjahr auf, konnte in der Zeitspanne von 1930 - 1945 eine deutliche Häufung - auch von Spina bifida - in bestimmten Populationen vermerkt werden, und ein stetiger Abfall seitdem (5045, 3754). Tatsächlich sollen solche Neuralrohrdefekte weit umweltabhängiger sein als z.B. Lippenspalten. Das mag mit den jahreszeitlich und nach Dezennien unterschiedlich auftretenden Seuchenzügen von Infektionen zusammenhängen, wenngleich der Nachweis schwerfällt. Immerhin ist bekannt, daß verschiedene Virusarten (Rubella, Cytomegalovirus etc.) und Toxoplasmose Mißbildungen, diese und andere Erreger zudem Aborte in Mensch und Tier auslösen können (5242, 8198, 3557, 634).

Auf die Bedeutung des Befruchtungstermins in Relation zum Brunststadium wurde mehrfach hingewiesen (7138). Beim Kaninchen beträgt die embryonale Gesamtmortalität nach einer sofortigen postpartalen Bedeckung nur 27,7 %, bei Belegung 15 Tage danach jedoch 41,7 % (6169). Der Löwenanteil der Keimverluste ist schon in der Frühphase zu verzeichnen, wobei Isoimmunisierungen mitwirken mögen, - beim Rind schon vor dem 12. - 25. Tag, beim Schwein vorm 26. Tag (5112, 3256, 364, 365, 941, 366, 1839, 450, 4763, 9336, 9925). Bei Mutterschafen betragen die Präimplantationsverluste 22 - 32 %, die Postimplantationsmortalität dagegen nur ca. 4 %; ebenso beim Rind soll sie vom Zeitpunkt der rektalen Trächtigkeitsdiagnose bis zum Kalben nur noch 6 % ausmachen (6687, 2394). Dies verhinderte allerdings nicht, daß von 8071 überwiegend wohl wegen "Sterilität" geschlachteten weiblichen Rindern nicht we-

niger als 23 % trächtig waren, z. T. schon in recht fortgeschrittenem Stadium (221). In anderen Erhebungen waren es sogar 40 % (319). Schadwirkungen bestimmter Mineralstoffimbalancen im tierischen Futter scheinen dagegen, was Mißbildungen betrifft, noch wenig eindeutig (3437, 8370).
Ohnehin sind ja die peri-implantativen Vorgänge stark speziesdifferent - man denke nur an die unterschiedlich lange "Schwimmphase" bei Nerzen, und Allen(1984) beschrieb dies einmal für die Arten Pferd, Schaf, Schwein in launiger Form etwa so :" Von den drei hier betrachteten Arten ist sicher der Pferdeembryo das Schlußlicht der Truppe: Schaf- und Schweineembryonen hasten den Eileiter hinunter, wählen blitzschnell ihren Platz im Uterus, senden deutlich-fordernde Signale an die Mutter zwecks Gelbkörperschutz und verlieren keine Zeit, eine stabile Plazenta zu bauen. Der Pferdeembryo dagegen trödelt im Ovidukt, zeigt sich sehr uninteressiert in der Wahl seiner künftigen Bleibe, gibt seiner Mutter höchstens mit einem oberflächlichen Kopfnicken seine Anwesenheit zu erkennen und braucht eine Ewigkeit zur Ausbildung von Eihäuten und Plazenta. Und erst jetzt, wenn ihn die strafende mütterliche Gleichgültigkeit trifft und ihm seine gefährliche Lage bewußt wird (etwa am 35. - 40. Tag), beginnt er, hektische Aktivität zu entfalten, gräbt sich in einem immunologischen Bravourakt in das maternale Gewebe ein. Deswegen eliminieren Chromosomenaberrationen, Platzprobleme oder mangelnder Corpus luteum-Schutz nur noch relativ wenige Schaf- oder Schweinefrüchte nach der Implantation. Auf die Equidenfrucht aber wartet der böse Butzemann der Unverträglichkeit, wenn sie sich nicht bis zum 40. Tag gerappelt hat".

Ein weiterer gesicherter Faktor, der allerdings genauso wie die Zahl Geborener eine genetische Komponente birgt, ist die Größe bzw. das Gewicht der Neugeborenen(h^2=2-36%, 449, 6339, 1811, 4356, 9518). Hier wurde bei Mensch und Tier vielfach nachgewiesen, daß mit sinkendem Geburtsgewicht die Mortaliät zunimmt, wenngleich sich dabei-insbesondere beim Menschen-nicht nur endo- und exogene Einflüsse, sondern zudem unterschiedliche Begriffsdefinitionen verquicken: Ein untergewichtiger Säugling(<2500 g, in einigen Bevölkerungen bis zu 11% der Kinder, 1466, 9313) kann das Ergebnis einer Frühgeburt sein ("preterm", Schwangerschaftsdauer unter 259 Tage beziehungsw. 37 Wochen) und sein niedriges Geburtsgewicht allein oder zumindest teilweise diesem Umstand verdanken, oder er ist das lebensschwache Produkt einer durchaus normalen Tragzeit (1374). Nun fallen zwar bei Tieren einige nachweislich wirksame oder vermutete Ursachen, z.B. willentlicher Abort, Rauchertum der Mutter etc., fort (8325, 2047), doch gibt es Parallelen gewichtsmindernder Einflüsse: Proteinmangelversorgung (1946 betrug die Säuglingssterblichkeit in Deutschland 131 auf 1000, 1978 nur 13 pro Mille, 2815), zu kurzes Geburtsintervall oder Mehrlingsträchtigkeit. Jedenfalls sind die Korrelationen zwischen Geburtsgewicht und Überlebenschance (ohne Einbeziehung abnorm großer Neonaten) sehr straff und fast linear, auch bei Kälbern und Lämmern, bestand gleichfalls eine gesicherte negative Beziehung zwischen Gewicht der Kälber und Krankheits- bzw. Todesrisiko (7082, 3879, 5463, 4952). Eine unkritische Selektion auf Neugeborenengewicht in Wiederkäuern würde jedoch die Dystokiefrequenz erhöhen (5175).

Sterbende "Kümmerlinge" bei Ferkeln, die bis zu 24,7 % der gesamten Perinatalverluste ausmachen und wertvolle Modelle für Studien analoger Probleme der Pädiatrie darstellen können, lassen ganz ähnliche Zusammenhänge erkennen (4528, 1547, 5396): Betrug das Geburtsgewicht über 1000 g, lag die Sterbequote bei 12 %, bewegte es sich zwischen 600 und 1000 g, lag sie bei 50 %, und sank es noch darunter, so gingen 90 % ein (84). Bei einer anderen Untersuchung betrugen die Sterblichkeitsprozentsätze (bis zum Absetzen) unter 907 g Geburtsgewicht 74,6 %, zwischen 907 und 1361 g 21,6 % und bei 1361 g u.m. 11 % (2129). Dies deckt sich in etwa mit früheren Erhebungen, hindert aber nicht, daß in überschweren Neonaten die Mortalität ebenfalls erhöht ist (2203). Beim Schwein als einem multiparen Tier wird zudem die negative Bindung zwischen Wurfgröße und Neugeborenengewicht ganz deutlich, was im wesentlichen im Wurf selbst begründet (Konkurrenz im Uterus) und nur indirekt maternaler Natur ist; dies gilt für Schafe ähnlich (7770, 1881, 4057, 4999). Insbesondere ein Energiedefizit scheint bei Kümmerlingen zu bestehen (6455). Hier mögen sich durch Ammenaufzucht "überzähliger" Untergewichtiger Produktionsreserven erschließen (4831). Bei Mäusen beruhten 25 % der Variation im 12-Tage-Gewicht auf intrauterinen Einflüssen, 22 % auf genetischen (509). Solche Wirkungen der pränatalen Mikroumwelt werden bei reziproken Eitransplantationen stark unterschiedlicher Wuchsformen (z.B. Zwergschwein/Landrasse, 7307) besonders deutlich, ebenso natürlich peri- und postnatale maternale Effekte (117). So liegen neben abgestorbenen Feten oft schwere, vitale Exemplare- und die leichteren i.a. in den Uterusendbezirken, wenngleich letzter Aussage konträre Befunde gegenüberstehen (6742, 2109). Selbst auf die Wurfleistung von Jungsauen soll noch von Einfluß sein, ob sie selbst einem starken Erstlingswurf entstammten (123).

Ein systematischer, wenngleich primär genetisch determinierter Effekt ist überdies der des Geschlechts. Obgleich männliche Individuen durchweg bei der Geburt schon einen Größen- bzw. Gewichtsvorteil haben, ist doch ihre Überlebenschance in allen peri- und postnatalen Lebensabschnitten geringer (641, 8397). Andere Autoren sehen aber gerade wegen dieser stärkeren Wachstumsrate und Nahrungsbedürfnisse eine erhöhte Anfälligkeit gegenüber postnatalen und juvenilen Stressoren - und dies natürlich auch bei Vögeln (8720). Insofern spielen hier selbstverständlich auch m.o.w. erblich beeinflußte mütterliche Brutaufzuchtqualitäten mit hinein, wie z.B. für die Lämmermortalität nachgewiesen (9064). Jedenfalls gleicht sich das bei Säugern oft etwas zugunsten der Männchen verschobene sekundäre Geschlechtsverhältnis später bald wieder aus, um schließlich einer deutlich umgekehrten Relation Platz zu machen. Schon bei Totgeburten ist der männliche Überhang sehr ausgeprägt, kann z.B. beim Rind 146 ♂ : 100 ♀ gegenüber 102 : 100 bei Lebendgeborenen betragen, beim Hund analog 169 : 100 gegenüber 110 : 100 (5833, 2373, 7985). Aus der Pferde- und Schweinezucht berichtet man ähnliches (10062, 9967). Beim Menschen liegen diese Proportionen etwa bei 122 : 100 in Totgeburten gegenüber 108 : 100 bei den Gesamtgeburten (1466). In Mäusen soll das mütterliche Immunsystem begrenzt regulierend auf das sekundäre Geschlechtsverhältnis einwirken, bei Menschen sollen Mütter der Blutgruppe AB zu 56 % Knaben bringen, gegenüber nur 51 % bei den übrigen Blutgruppen (6955, 6430). Vom Schwein wird über vergleichbare Verhältnisse berichtet (5567, 5568, 5569).

Trächtige Rinder mit männlichen Feten abortieren häufiger: 56,1 % der abortierten Kälber sind männlich (968). Dies deckt sich mit anderen Erhebungen, die eine erhöhte Sterblichkeit Männlicher während aller Entwicklungsstadien objektivierten, besonders unter ungünstigen Umweltbedingungen (4473, 7042, 7339, 9416). Daraus schließen einige Autoren auf ein starkes Über -

wiegen männlicher Genotypen beim primären Geschlechtsverhältnis, d. h. bei der Befruchtung(7112). Nach Tünte(1965) betrug die Erstjahressterblichkeit aller Knaben 6,7 %, die der Mädchen 5,4 %. Es wurde schon an anderer Stelle hervorgehoben, daß sich an dieser höheren Mortalitätsrate männlicher Individuen bis ins hohe Alter eigentlich nichts ändert: So kamen in den USA auf 100 mindestens 75jährige Männer 156 gleichaltrige Frauen (7352). Psychische Faktoren treten hin zu: Männliche Individuen sind i. a. risikobereiter ("Imponiergehabe") und auch die Selbstmordrate ist höher(9524).

Da beim Geflügel das weibliche Geschlecht das heterogametische ist, erschiene es konsequent, wenn hier mehr Hennenküken schlüpften bei gleichzeitig erhöhter weiblicher Embryonalsterblichkeit. In der Tat sprechen einige Befunde dafür, während andere von einer sehr ausgeglichenen Sexrelation berichten (1501,5410,3646). Im übrigen führen offensichtliche, starke Großgeneffekte in bestimmten Mäuse-Inzuchtlinien dazu, daß der Prozentsatz männlicher Individuen bei der Geburt konstant bei 41 % liegt, in anderen dagegen bei 55 % (134).

Die stärkere Anfälligkeit des heterogametischen Geschlechts wird gern durch das Wirken geschlechtsgebundener Gene erklärt, die selbst in einfacher Dosis ihre schädigende Wirkung entfalten, wie schon mehrfach dargelegt. Andererseits bedingen offenbar x-chromosomale Einflüsse auf die Ausprägung des "Surfactant"-Systems (atmungsfördernde Alveolarauskleidung) diesbezügliche Vorteile des weiblichen Geschlechts in Säugern (des männlichen in Vögeln, 9560)- mit möglichen Auswirkungen auf Dispositionen zur Neugeborenen-Asphyxie (8834,9684). Damit ist der Übergang zu genetischen Effekten auf die prä- und perinatalen Verluste gefunden, die vielfach und in zahlreichen Arten nachgewiesen wurden. Durch das z. T. bereits erörterte Segregieren von Schadallelen - teilweise schon präimplantativ wirksam !(10087)-, durch polygenisch fixierte Dispositionen oder erblich geprägte Körpergröße und Konformation der Mütter und Nachkommen sind mehrfach belegte Einflüsse der Väter, Rassen- oder Linieneffekte auf die Tragzeit, die Abort-, Totgeburts- und Mißgeburtsfrequenz sowie auf embryonale und perinatale Mortalität leicht erklärbar - was analog vom Geflügel gilt (3055,3678,3808,8191,1582, 7303,1824,309,6041,6376,4477,1635,8129,8143,6058,452,7423,7128,36,2142,

1122, 1139, 7641, 8173, 5882, 9956, 9123, 8701). Das findet in niedrigen, aber gesichert von Null verschiedenen Erblichkeitsgraden seinen Ausdruck(4617, 6106, 5520, 5521, 454, 9103).

Noch deutlicher manifestieren sich solche Einwirkungen des Erbguts in der Inzuchtdepression. Durch vermehrtes Homozygotwerden rezessiver Schadallele, durch Einengung des Genspektrums und Verringerung der Dominanz- und Überdominanzeffekte kommt es mit zunehmendem Inzuchtgrad zu erhöhten Ausfällen gerade hinsichtlich der in diesem Kapitel diskutierten Parameter der Reproduktion. Inzuchtdepressionen sind bezüglich Abortzunahmen, Geburtsgewicht und Wurfgröße, Jungtiermortalität, Totgeburten- und Mißbildungsrate zu verzeichnen(9987, 8641, 9295), wenngleich dies selbstverständlich zwischen verschiedenen Inzuchtlinien variieren kann, je nach genetischer Struktur des Ausgangsmaterials. Beim Menschen wurden die Häufigkeiten von Vettern-Basen-Ehen bei Mucoviszidose, Cystinose, Nephrophthise, spinaler Muskelatrophie, Albinismus, Achromatopsie mit 1,4 - 7,1 -5,6 - 4,5 - und 12,5 % ermittelt gegenüber nur 0,2 % der Durchschnittsbevölkerung (7537). Diese depressiven Inzuchtwirkungen können zum Aussterben ganzer Linien innerhalb weniger Generationen führen, wie in kleinen Versuchstieren vielfach experimentell bestätigt. So verursachen etwa 25 % der ca. 1000 bekannten Allele in der Labormaus und beim Geflügel angeborene Mißbildungen (9190, 10153). Dies gab u.a. in der Nutztierzucht Veranlassung, die Etablierung von für Kreuzungsverfahren benötigten Inzuchtlinien wegen der hohen Verluste fallen zulassen zugunsten gemäßigter Linienzucht- und Rassenkreuzungsmethoden.

Hybridisierungsverfahren nämlich sind es, welche die erwähnten Inzuchtdepressionen wieder aufheben und in ihr Gegenteil verkehren können - in die "Kreuzungsvitalität", auch "Luxuriieren der Bastarde", "Hybrid vigor" oder "Heterosis" genannt: Ein Begriff, den Shull 1914 anläßlich einer Gastvorlesung in - wie könnte es anders sein - Göttingen prägte (2710). Es sind somit vornehmlich die genannten, nur schwach heritablen Kriterien der Fortpflanzung und Widerstandskraft, welche durch eine Heterose günstig beeinflußt werden. Gerade deswegen, und weil kein Leistungsmerkmal der Nutztiere wichtiger ist als die Zahl der aufgezogenen Nachkommen pro Zeiteinheit, benutzt man- wie schon seit Jahrzehnten in der Pflanzen- und Geflügelzucht-

in weiteren Arten seit einigen Jahren Hybridverfahren, um diese wegen ihrer niedrigen Heritabilität in Reinzuchtprozessen nicht mehr zu verbessernden Eigenschaften der "Fitness" zu fördern. In der Tat ist es vor allem die Legeleistung und Schlupfrate bei Geflügel(4087,1498,1499,3226,68,8698)-insbesondere bei ungünstigen Brutbedingungen (3246,859) -, die Zahl und das Gewicht geborener und aufgezogener Ferkel (5670,4270,7151,8161,3792,4173), Kälber(1251,4926,2556,7699,1867,1651,7249,6342,9652), Lämmer(4986,7923, 5038,2557), Jungkaninchen(8314,6717,8174,8740) und Jungen der Versuchstiere(2911,6443,427,5022,10042), die durch Heterose erhöht werden- wiederum besonders bei suboptimalen Umwelten (468). Selbst in Honigbienen waren heterotische Wirkungen zu konstatieren (1056).

Dabei kann sich sowohl der höhere Heterozygotiegrad der Eltern als auch der des Zuchtproduktes positiv auswirken; er geht i.a. proportional mit dem Heterosiseffekt, wie in Mäusen nachgewiesen und in Rindern anhand von Blutgruppenuntersuchungen vermutet (5574,6985,5021,4127,3400,6763). Quantitativ ausgedrückt wird dieser Leistungszuwachs als prozentuale Überlegenheit der Kreuzungstiere über ihre Eltern(Heterosis % = $(\bar{x} - \bar{p})/\bar{p}$ x 100 , wobei $\bar{x}$=der Leistungsdurchschnitt der Hybriden, $\bar{p}$ =Leistungsdurchschnitt der elterlichen Ausgangstiere, 5909). Wie zuvor verdeutlicht, erklärt sich der Heterosiseffekt sowohl aus der Überdominanz und epistatischen Phänomenen (Überdominanztheorie , d.h. aus den günstigen Auswirkungen oft nur weniger, ganz bestimmter, heterozygoter Allelepaare, wie sie bereits beschrieben wurden, als auch aus einfachen Dominanzwirkungen (Dominanztheorie), d.h. aus der Tatsache, daß bei optimaler Heterozygotie deletäre Komponenten rezessiver Schadgene durch die zugehörigen dominanten Normalallele abgeblockt werden. Neuere Untersuchungen legen sogar nahe, daß durch Hybridisationen entstandene Genome eine größere Mutationsbereitschaft zeigen, was - auf Populationsebene - ganz im Sinne einer verbesserten, zu evolvierenden Anpassung wäre, für den einzelnen Hybriden aber natürlich zugleich negative Aspekte haben könnte (8261). Andererseits wird durch die breitere genetische "Abpufferung" heterozygoter Genotypen offenbar eine größere ontogenetische Homöostase erreicht (5248). Wie schon erwähnt, geht man derzeit bei Rind, Schaf und Schwein fast ausschließlich von Rassenkreuzungen aus, um bestadaptierte Kreuzungstiere zu erzeugen (4710, 3504), d. h. solche, die "eine autochthone Angepaßtheit mit realisierbarer Produktivität vereinen (9433)". Dabei kann man auf Pilotstudien, auf Test-Passerpaarungen nicht verzichten, führt nicht eine blindwütige Rassenkreuzung, sondern nur die Beachtung allgemeiner und spezieller Kombinationseignung zum Ziel.

Es gibt keinen Grund, weswegen die o. a. genetischen Grundsätzlichkeiten nicht - cum grano salis - für den Menschen gelten sollten und somit auch eine wissenschaftliche Widerlegung faschistischen Rassenwahns darstellen. Sogenannte "Pauperierungserscheinungen" oder "Disharmonien" bei menschlichen Rassenmischlingen (3409, 3919, 7323) dürften vielmehr vorwiegend exogen bewirkt sein, u. a. wohl durch den Umstand, daß Mischlinge, nicht selten als unerwünschtes Ergebnis flüchtiger Begegnungen, in eine feindliche, lieblose Umwelt hineingeboren werden. Selbst für den Menschen vermutet man, daß bestimmte, genetisch recht heterogene Typen, z.B. der asiatisch-mongolische, an ein breites Spektrum adverser Lebensbedingungen besser angepaßt seien als andere (5534).

Ein weiterer, interessanter Teilaspekt heterotischer Wirkungen scheint zu sein, daß durch sie möglicherweise ein Weg gefunden werden kann, die für einige Zweige der tierischen Produktion durchaus ungünstige höhere Mortalität männlicher Individuen einzudämmen. Wie aus einem Vergleich von jeweils 2000 Geburten aus Kreuzung und Reinzucht beim Schwein resultierte (1581), war der Heterosiseffekt (herabgesetzte Mortalität) dreifach größer in männlichen Ferkeln als in weiblichen. Dies trifft aber offenbar für Hybridmäuse nicht zu (10042), und auch nicht für Bos taurus/Bos indicus - Hybridisationen (9209).

> But in an era when much research is supposed to satisfy the
> needs and demands of the customer we must expect, that a few
> unscrupulous scientists will bolster their applications for re-
> search funds with extravagant promises.
>
> P.R.J.Burch, 1976

ZWILLINGE, MEHRLINGE, DOPPEL-, MEHRFACHBILDUNGEN

Ein Ereignis, welches in einigen Arten mit erhöhter Schwergeburtenrate und gesteigerter Mortalität für Mutter und Nachwuchs verbunden ist, stellt die Zwillings- bzw. Mehrlingsgeburt dar. Dies gilt besonders für das Pferd, nicht ganz so ausgeprägt für das Rind und andere Wiederkäuer - aber auch für den Menschen. Seitdem Primaten ein "aufrechtes", aktives Leben - zunächst in den Bäumen - als Jäger und Gejagte führten, bedeuteten Mehrlinge offenbar einen Selektionsnachteil. Denn nur Einlinge lassen sich ja mit links an das Herz mit seinem beruhigenden Schlag drücken, während sie mit rechts gefüttert werden - erst Einjährige werden überwiegend rechts getragen -, ein Mechanismus, der zur Favorisierung der Rechtshändigkeit beigetragen haben soll, die somit durchaus genetische Komponenten hat (3611, 4657, 195). Noch vor wenigen Jahren wurden beide oder einer der Zwillinge in urtümlichen, ständig auf Nahrungssuche befindlichen Jägervölkern (Eskimos, Australneger u.a.) getötet (6718). Es erscheint einleuchtender, auch in anderen Arten solchem selektiven Druck eine evolutionäre Verminderung oder Vermehrung von Mehrlingsgeburten zuzuschreiben - und weniger den Kräften der Gravitation oder der Relation Muttergewicht/Geburtsmasse (6404, 4522). Die Tendenz zu dizygoten Zwillingsgeburten soll in älteren Müttern steigen (1132). Familiäre Häufungen wurden mehrfach objektiviert (9621). Beim Menschen kommen auf jeweils 1000 einzeln oder als Zwilling Geborene 26 totgeborene Einlinge, aber 58 totgeborene Zwillinge (eineiige mehr als zweieiige, 83) bzw. 86 Drillinge (1123). Die Säuglingssterblichkeit ist in Zwillingen fünffach, in Drillingen zwanzigfach heraufgesetzt, von Vier-, Fünf-

oder Sechslingen ganz zu schweigen (4867). Analog dazu ist beim Rind nach einer im Schnitt 5 - 7 Tage kürzeren Trächtigkeit die Neugeborenensterblichkeit um 14 - 50 % erhöht, desgleichen die Schwer- und Totgeburts- sowie Mißbildungsrate gesteigert, ebenso die Abgangsquote der Kühe infolge Komplikationen während oder nach der Geburt, wenngleich unter den heutigen Bedingungen nicht mehr in dem früher beschriebenen Ausmaß, wo in 50 % der Fälle die Zwillingsgeburt die letzte war (1521, 6688, 3421, 209, 2681, 1932, 7473, 6017, 7823, 8258, 5789). Der Zuwachs an Geburtsmasse beträgt ca. 40 % und bedingt somit a priori eine erhebliche Belastung für die Mutter und verminderte Lebenserwartung für das Kalb infolge herabgesetzten Geburtsgewichts(6864). Dabei bestehen recht ausgeprägte Rassen- und Typunterschiede in der Frequenz dieses Ereignisses: Mast-, insbesondere Zeburassen, zeigen es wesentlich seltener als europäische Milch- oder Zweinutzungsrassen. So fällt in einigen Zebuschlägen auf tausend Geburten nur ein Zwillingspaar (8858), beträgt die Häufigkeit in Mastrassen wie Hereford und Aberdeen Angus um 0,5 %, bei Dt.Schwarzbunten (aber auch bei Charolais !,9157) dagegen zwischen 2 und 3,5 % (733, 5469, 8188, 3818, 3819). Bei europäischen Wisenten wurde nur ein totgeborenes Paar beobachtet (7691). Wie die rassischen Unterschiede bezüglich Zwillingsgeburten beim Menschen (Afrikaner haben die meisten, Asiaten die wenigsten), so dürften diese beim Rind gleichfalls genetisch bedingt sein und im wesentlichen auf Variationen im Vorkommen von dizygoten (zweieiigen) Paaren beruhen(9513), denn Monozygotie (Eineiigkeit) ist mit ca. 10 % der gleichgeschlechtlichen Paare (Rind, z. T. jedoch sehr viel niedrigere Angaben, 5077, 5626) bzw. 3,5 pro Mille (Mensch) recht konstant.

Innerhalb der Rinderrassen ist der Erblichkeitsgrad aber sehr niedrig und liegt im Mittel bei 11 % (3328, 936, 937). Neuere Schätzungen ergaben eher noch niedrigere Werte (207, 7474, 3820, 451, 9512, 9979). Jahrelange Zuchtwahl auf Vermehrung der Zwillingsgeburten blieb fast ohne jeden Erfolg (5079, 9773). So brachten 122 Trächtigkeiten eineiiger Zwillingskühe aus Paarungen mit eineiigen Bullen nur 1 Paar zweieiiger Zwillinge. Aus 60 Paarungen zweieiiger Zwillinge mit eineiigen fielen überhaupt keine Mehrlinge(1866). Nach Anpaarungen von 12 zweieiigen Zwillingsbullen mit 41 dizygoten Zwillingskühen ergab sich nur eine Steigerung der Zwillingsträchtigkeiten von ca. 1 % gegenüber Kontrollen (7374). Doch selbst wenn man es könnte, wäre es zweckmäßig, auf Zwillinge zu züchten ? Hier sind verschiedene Autoren zu der Ansicht gekommen, daß das Mehr an Risiko bei und nach der Geburt, das Mehr an Arbeit und Kosten die Vorteile der höheren Abkalbeziffer aufwiegen würden, besonders in Milchrassen (7136, 3507, 1194). Wie schon betont, sind besonders die perinatalen Verluste bei Zwillingsgeburten wesentlich höher, während die Beeinträchtigung der Laktation und Fruchtbarkeit der Mutter geringer einzuschätzen ist (2487, 936, 353, 4298, 10150, 8634), obwohl mit Zunahmen von Eierstockszysten und Nachgeburtsverhaltungen gerechnet werden kann (1431, 1996, 7185). Aber auch die Häufigkeit von Zwikken würde ja mit zunehmender Zahl verschiedengeschlechtlicher Zwillingsgeburten ansteigen (3982). Selbst die Bullenaufzucht aus solchen Trächtigkeiten soll nicht immer risikolos sein, wie bereits erörtert (7265). Abgesehen von diesen nur für Zuchttiere relevanten Problemen scheint aber die Aufzuchtwürdigkeit von Kälbern aus Zwillingsgeburten im Hinblick auf spätere Leistungen nicht oder nur unwesentlich eingeschränkt (6865, 3998, 6598).

Ungeachtet der niedrigen Heritabilität sind einige Untersucher der Ansicht, daß im Laufe von 10 Jahren eine Linie mit ca. 20 % Zwillingsgeburten erzüchtbar wäre (4844) ; diese Annahme beruht auf der Erkenntnis, daß differente Vererbungsmechanismen vorliegen müssen, daß, zwar selten, Familien mit hoher Milchleistung und stark überdurchschnittlichem Zwillingsanfall vorkämen, so daß Großgeneffekte zu vermuten sind (451, 766). Dagegen scheint die künstliche Stimulierung, die hormonelle Auslösung von Mehrlingsträchtigkeiten noch nicht praxisreif zu sein, wenngleich über ihre Anwendung diskutiert wird (2335, 2772). In der Tat könnte ja eine ausgereifte, rentable Methode der Zwillingserzeugung wie die gezielte Eitransplantation (gleichgeschlechtliche Embryonen in separaten Uterushörnern) unter Schlachtung der Färse oder Kuh nach beendeter Tragzeit (Vermeidung von Geburtsschwierigkeiten, Gewinnung der Kälber) viele Klippen umschiffen, und ist ebenso wie die <u>Mikromanipulation</u> in der Diskussion (7139, 155, 8166, 6553, 8167, 4996), u.a. zur Erzeugung eineiiger Zwillinge (8786, 10127, 10128, 9926, 9562, 9834, 9270, 8917, 10030, 8610, 8623). "Ein Zwilling wird getestet, der andere kommt als Embryo in die Genreserve (8621)". Die Relationen zwischen Aufwand und Nutzen werden nicht überall so optimistisch gesehen (10024). Wenngleich somit die Frage nach der Rentabilität ein er Erhöhung der Kälberzahl durch eine selektive Steigerung oder künstliche Induktion von Mehrlingsträchtigkeiten noch nicht abschließend beantwortet ist (1329,4174), so steht doch die Bedeutung insbesondere monozygoter Zwillinge für genetische Forschungen außer Zweifel und wird bis in die Gegenwart genutzt - seit Siemens(1952) und Kronachers(1932) bahnbrechenden Forschungen(890,6314, 1029,6042,7475). Für die Diagnose der Eineiigkeit ist man heute nicht mehr nur auf äußere Merkmale angewiesen (Scheckung, S.Abb.20, Flotzmaul etc., 6730,4119,976,6826,2880,4479,4274), sondern kann sie mit hoher Sicherheit immunogenetisch stellen (6773,5563). Die "Zwillingsmethode", d.h. die Ermittlung der Konkordanz, des Übereinstimmungsgrades, der Wiederholbarkeit bestimmter Merkmale oder Eigenschaften in eineiigen Zwillingen, ihrer Reaktion auf Behandlungen, Erkrankungen usw. (immer im Vergleich zu zweieiigen oder anderen Kontrollen), fand u.a. schon bei der Erörterung der Tbc-Resistenz Erwähnung. Man verwendete sie in der Humangenetik vielfach für erbpathologische Fragestellungen, worüber Tabelle 12 eine Kurzinformation geben soll. In der Tierzucht wurde sie bislang vorwiegend als Hilfsmittel zur Erblichkeitsabschätzung quantitativer Leistungskriterien und Reaktionsnormen verwandt (3160,6312,7533,7534,4215, 4216,4062,4259, 9715,9430).

Wie Tab. 12 zeigt, sind Kon- oder Diskordanz bei EZ (eineiigen Zwillingen) besser im Vergleich zu entsprechenden Erhebungen bei zweieiigen (ZZ) zu werten, da nur so ein Anhaltspunkt über die von erblichen Einflüssen in Abzug zu bringenden Effekte gemeinsamer intrauteriner und häuslicher Umwelt zu gewinnen ist. Eine kritische Wertung findet sich bei Smith (1974). Dabei haben dizygote Zwillingspartner Vollgeschwistern lediglich die Gleichzeitigkeit der Beeinflussung durch systematische Mikro- und Makroumweltfaktoren voraus (2040). Dieser Anteil ist offensichtlich bei den in Tabelle 10 genannten zentralnervösen bzw. geistigen Störungen des Menschen wesentlich geringer als bei den vorwiegend exogen oder infektiös verursachten Leiden (7782). Er ist naturgemäß hoch bei einem so komplex determinierten sozialen "Defekt" wie der Kriminalität, d.h. der Neigung, mit dem Gesetz in Konflikt zu kommen. Schließlich weist die hohe Konkordanz hinsichtlich endemischen Kropfes bei EZ und ZZ nochmals eindrucksvoll daraufhin, wie notwendig solche Vergleichsstudien, die sinnvolle Wahl von Kontrollen sind, wenn man exogene Formen von erblichen trennen will (1225, 2860). Werden weitere Fehlerquellen (z.B. "Transfusionssyndrom" u.a. bei EZ, 5408, 4771) berücksichtigt und die Intra- und Zwischenpaarvarianzen durch geeignete Testmethoden geprüft, so scheinen Zwillingserhebungen immer noch brauchbare Hinweise auf Erblichkeit oder Nichterblichkeit, sowie Aufschlüsse über therapeutische Wirksamkeit bestimmter Behandlungsweisen (Kontrollversuche) geben zu können (1411, 4908, 2594, 6471, 6867). Allerdings sind darauf basierende h^2 - Schätzungen in aller Regel überschätzt, es sind halt "Zwillingsheritabilitäten" (9150); sie zeigen zunehmende Tendenzen bei Nivellierung der Umwelten, wie für h^2 der Intelligenz bzw. "Intellektualität" beim Menschen gezeigt (h^2 = 38 - 74 %, 9076, 10186). Kritische Betrachtungen finden sich auch bei Clarke u. Mit. (1968).

Tab. 12
Zwillingsforschung beim Menschen

Disposition	Konkordanz in EZ	in ZZ	Autor
Homosexualität	100 %	25 %	9188
Manisch. Depression	77	19	8105
Schizophrenie	64 - 68	0 - 13	7125, 7329
Epilepsie	67	3	3940
Diabetes mellitus	57 - 83	13 - 21	3654, 7810
Poliomyelitis	36	6	3353
Rheumat. Arthritis	28	8	7810
Krebs	17	11	7810
Kriminalität	72	34	7329
Endemischer Kropf	70	71	7810

Abb. 20

Monozygote Drillinge beim Rind

Bewegt sich die Zwillingsträchtigkeit des Rindes bereits am Rande des Pathologischen, so überschreitet sie beim Pferd eindeutig diese Grenze (1165, 4444, 9727). Sie stellt in dieser Art - bei einer Häufigkeit von etwa 3 % der Gesamtgeburten - eine der bedeutsamsten Aborturs achen dar: In Untersuchungen an Vollblütern, die offenbar etwas häufiger betroffen sind als einige andere Rassen (8938, 8940), endeten 64,5 % der Zwillingsträchtigkeiten mit Aborten und Totgeburten und bei 21 % wurde nur ein Zwilling lebend geboren, von den Lebendgeborenen überlebten nur 58 % die ersten 2 Wochen (3777). Andere Untersucher kamen zu ähnlichen Zahlen (6711, 9314, 9459). Es gibt somit bei Stuten Mechanismen, die Zwillingsgeburten nach Polyovulationen i. a. verhindern, dennoch existieren "notorische Zwillingsstuten"(9458, 8939). Trotz vorhandener plazentaler Gefäßanastomosen und Blutchimären kommt es bei Pferdezwillingen aber nicht zur Zwickenbildung (6072).

Ganz anders die Situation bei Schafen und Ziegen. Hier können Gemini mit 50 % der Schwangerschaften und mehr in zahlreichen, wenngleich nicht allen Rassen, als physiologisches Ereignis gewertet werden, sind Ausfälle durch Schwergeburten, Totgeburten oder Jungtiersterblichkeit falls überhaupt, so nur unwesentlich gegenüber Einzelgeburten erhöht(6281, 3686, 539, 6186, 2300). Bei stark defizienter Ernährung trächtiger Muttern und mangelhafter Haltung braucht man sich allerdings über hohe Verluste bei diesen ("Twin lamb disease") und ihren Nachkommen nicht zu wundern (5798, 566, 7922, 4055). Angesichts der - auch bei Ziegen(8682)- deutlicher als beim Rind ausgeprägten Rassenunterschiede(Ostfries. Milchsch., Fruchtbarkeit 200-230%, Heidschnucke 110%, 569), der offenbar strafferen genetischen Fixierung(5741), erscheint konsequent, daß höhere Heritabilitäten, z. T. über 20%, für die Mehrlingsträchtigkeit beim Schaf errechnet wurden (9339, 6311, 7740, 5080, 4202). So ist die ausschließliche Zuchtverwendung von Mutterschafen und Böcken aus Zwillingslammungen von Eltern und Großeltern, die ihrerseits als Zwillinge fielen, anscheinend ein geeignetes Mittel, die Fruchtbarkeit der Herden zu erhöhen, wenngleich es dazu auch andere Ansichten gibt (4634, 4418, 5478).

Wie Ovulationsstudien ergaben, scheint dabei auch im Schaf Dizygotie im Vordergrund zu stehen, Monozygotie nur selten zu sein, Selektion auf Steigerung der Lämmerzahl daher vor allem eine Zuchtwahl auf Polyovulation darzustellen (7111, 5804, 7660, 951), was auch für das sogen. "Booroola-Gen" gilt(9463). Dieses ist nicht selbstverständlich, bringt doch das Neunbindengürteltier (Armadillo) stets eineiige Mehrlinge, meist Vierlinge, zur Welt (6788, 7384). Doch ist Monozygotie in anderen multiparen Arten offenkundig relativ selten, z.B. beim Schwein (422). Dennoch ist die Heritabilität der Wurfgröße recht niedrig (9158). - Selbst im Hühnerei kam es zu einer begrenzten Zwillingsembryonen- Entwicklung aus einer Dotteranlage, aus zweien oder gar dreien (5312, 4230, 3717, 8882, 6664, 252). Die beträchtliche Heritabilität für Doppeldotter-Eier (bei 40%, 5200, 22, 8708, 9470) scheint Beweis für überwiegende Dizygotie (1366, 630).

Die Spaltung des befruchteten Eis während der ersten Tage nach der Befruchtung - solange die Zellen noch omnipotent sind - führt zu zwei getrennten Embryonen, zu eineiigen Zwillingen. Wird jedoch diese Teilung nur unvollkommen vollzogen, können Doppelbildungen der verschiedensten Grade und Lokalisationen entstehen, die mithin stets polyembryonisch, gleichgeschlechtlich, aber nicht polyovulatorisch sind (wie ZZ). Selbstverständlich kann aber durch spätembryonale oder fetale Entwicklungsentgleisungen in seltenen Fällen eine diskordante Entwicklung der Paarlinge oder Doppelbildungen erfolgen, wie beispielsweise bei Mensch und Schwein beschrieben (1837). Die Spanne der Formen reicht von voll lebensfähigen "siamesischen" Zwillingen, die, durch eine Gewebsbrücke verbunden, alle Lebensvorgänge körperlich und ideell gemeinsam durchlaufen (Chang und Eng, die bekanntesten, zeugten 10 bzw. 12 Kinder, 4717) - bis hin zur Differenzierung in einen voll vitalen Zwilling und ein zum Teratom auf dem Eierstock der Mutter oder dem Steiß des Partners (Sakralparasit) reduziertes Abschnürungsprodukt (7284). Einen rundlich-formlosen, mißbildeten Fetus ohne funktionstüchtiges Herz, der auch im Rahmen von Zwillingsträchtigkeiten (und Mikromanipulationen) auftreten kann, nennt man Acardius amorphus (= Amorphus globosus, 8113).

Bei nicht verselbständigten, d.h. noch zusammenhängenden, aber kompletten Doppelbildungen richtet sich die Bezeichnung nach Örtlichkeit und Ausmaß des Verbunds : Craniopagus (Zusammenhang im Kopfbereich), Cephalothorakopagus, Pygopagus, Ischiopagus etc.. Duplicitas (anterior oder posterior, 9368) präsentiert sich dagegen als Verdopplung von einzelnen Körperabschnitten (Dicephalus, Diprosopus, Dignathien etc., 259, 6656, 8921, 9566, 8668), während asymmetrische, nicht gesonderte Doppelmißbildungen die schon angedeutete Duplicitas parasitica darstellen ("Autosit" = regulärer Fetus, "Parasit" = zu kurz gekommener Partner). Grundsätzlich kann man also Gemini conjuncti aequales und inaequales unterscheiden (1657). Bezüglich weitergehender Einteilungen sei auf Cohrs u. Mit. (1971) verwiesen.

Die genannten Doppelbildungen sind bei Mensch und Tier - im Vergleich zu Einzelmißbildungen - sehr selten (zwischen 1 : 50 000 und 1 : 400 000) und es bestehen wenig gesicherte Hinweise auf erbliche Dispositionen (2363, 7640, 6390, 7726, 5262, 6388, 9892). Andererseits ließen sie sich durch Zinkmangel bei der Ratte induzieren (9129). Selbst in der ziemlich regelmäßig Zwillinge gebärenden Art Schaf machen embryonale Duplikationen nur etwa 7 % der Gesamtmißbildungen aus, was den 5,3 % beim Rind konstatierten Fällen recht nahe kommt (1766, 6387). Hierher gehört wohl auch die kuriose Kuh eines indischen Wandereremiten mit 2 funktionierenden Aftern und Vaginae (9487).

Aus Indien wird auch die erstaunliche Überlebensdauer von 168 Tagen eines dizephalen Kalbes berichtet, das mit beiden Mäulern gleichzeitig Milch soff (8772).

In der Tatsache, daß Beinzahl-Verdoppelungen und Doppelschwänzigkeit als Sonderformen der Duplicitas posterior sporadisch, dieses Phänomen z.B. aber auch gehäuft in Mäuselinien mit genetischen Schwanzanomalien auftreten kann ("Gabelschwanz", 5466), mögen sich zumindest phänotypisch-diagnostisch fließende Übergänge andeuten (2915). Doch sind Gliedmaßen- oder Phalangenverdopplungen oder -Vervielfältigungen meist genetisch oder teratogen gesteuerte, isolierte Fehlentwicklungen. Sie werden z.T. als "Atavismen" interpretiert, als Rückfall monodaktyler Arten in Polydaktylien prähistorischer Ahnen (Pferd !). Einige Autoren lehnen diese Erklärungen allerdings als teleologische Spekulationen ab (8189). Mehrere Polydaktylien, so bei Mensch, Rind, Maus, Schwein, Katze, gehorchen dem dominanten oder partiell dominanten Erbgang (6506, 1671, 4432, 3829, 7985, 9397). In letztgenannter Spezies wurde diese Mutation (bis zu zehn Extrazehen) von einigen Züchtern in den USA aus Renommiersucht sogar gefördert, möglicherweise auch in Pferden (7096, 5011, 4897), als "Wolfskrallen" auch bei Hunden (7985).
In Hühnern gibt es einige rezessive Formen der Polydaktylie bzw. Diplopodie (4346, 5019). Stets imponiert jedoch die breite Variabilität der Defektmanifestation, was auf Modifier-Gene und/oder Umweltmodifikationen schliessen läßt, mithin auf fließende Übergänge zur polygenischen Vererbung (7531). Dies wird besonders deutlich bei der fakultativen ontogenetischen Fähigkeit des Meerschweinchens, 3 oder 4 Zehen auszubilden: Ihr müsse eine Normalverteilung zugrundeliegen - so Wright (1934)-, die aus der Summe genetischer und umweltverursachter Komponenten resultiere; bei einem bestimmten Schwellenwert innerhalb dieser Verteilung komme es zur Ausbildung von 4 anstelle von 3 Phalangen. Bei Mäusen wurden sogar zwei Schwellenwerte innerhalb einer solchen Verteilung widerstreitender oder additiv wirksamer Ursachenfaktoren postuliert: Bei Überschreiten des ersten kommt es zu Extrazehen an den Hinterfüßen, oberhalb des zweiten auch zu einem zusätzlichen Strahl an den Vorderfüßen (6444). Es gibt hier auch x-chromosomale Formen (7459). Einige sporadisch beobachtete Polydaktylien bei Pferd, Rind, Schwein, Lama u.a. sind ätiologisch ungeklärt, möglicherweise polygenisch

bedingt (6303, 5390, 4425, 2529, 8137, 7487, 1268, 3841, 9161, 8922). Man sah sie sogar in Fledermäusen (9288). In Ratten kam ein rezessiv geprägtes Polydaktylie-Hemimelie-Syndrom zum Rapport, in Mäusen eine Kopplung dieses Defekts an Dysspermiogenese (4258, 760, 1094). Wie schon erwähnt, beobachtete man in Hühnerzuchten gleichfalls mehrere monofaktoriell vererbte Polydaktylien bzw. Diplopodien, teils als rezessive Letalfaktoren, teils als dominante Anomalien (1488, 7426, 9592, 9593). Fünfte Zehen, oder besser, eine Aufspaltung der ersten (Hallux), sind einigen Rassen als Merkmale angezüchtet (Houdans, Seidenhühner u.a.). Sie kommen auch in Ziervögeln vor (6451). Im Verein damit oder isoliert können Sporenverdopplungen auftreten, auf die in asiatischen Kämpferrassen offenbar selektiert wurde, um so den kämpferischen Wirkungsgrad zu erhöhen (7914, 7916). Komplette, "parasitäre" Zusatzgliedmaßen auf dem Rücken (Notomelien) wurden beim Fleckvieh etwas öfter gesehen als bei anderen einheimischen Rinderrassen (6400). Daneben kommen Cephalo-, Thorako-, Pygomelien vor (9165). Die erwähnten Zusatzbildungen haben, wie schon betont, mit den polyembryonischen Doppelbildungen nichts zu tun, sondern beruhen - ähnlich wie die Gliedmaßen-Regenerationserscheinungen bei Amphibien (9379) - auf einer endo- oder exogen induzierten Bildung zusätzlicher meso- bzw. ektodermaler Knospen im Verlauf der Embryonalentwicklung. Dieses gilt, - obwohl de Boom (1965) eine zweite, voll ausgebildete Euteranlage einmal als unvollständige Zwillingsanlage deutete und ähnliche Befunde sporadisch vorkommen (9482) -, ebenso für die sogen. Hyperthelie oder Polymastie, d.h. die Ausbildung überzähliger Milchdrüsenzitzen mit oder ohne (infizierbarem !) Gangsystem und Drüsengewebe, besonders in Milchrinderrassen - aber auch in anderen (9598, 9599) - recht häufig gesehen (12 - 69 %) und meist kaudal angelegt (7210, 8116, 7088, 6816, 3296, 3297). Sie tritt familiär gehäuft, mit gesicherten Mutter-tochter-Korrelationen und mittlerer Heritabilität auf (h^2 = 47 - 56 %, 6372, 7809, 2749, 2748, 2320, 2479, 7281, 7291, 9933, 9353, 10017). Immer mal wieder auftauchende Berichte über positive Beziehungen zur Milchleistung wurden b islang noch stets durch konträre Befunde neutralisiert (2293, 316). Im Zeitalter der Melkmaschinen und hohen Mastitisanfälligkeit ist sie eher ein unerwünschtes Merkmal (6770, 2748). Büffel scheinen weniger betroffen (9366).

Bei Schweinen liegt der Erblichkeitsgrad aberranter Zitzen ebenfalls in mittleren Bereichen, in Ratten gar bei 81 % (5275, 6177, 2525). Auch bei Milchziegen ist dieses Merkmal nicht selten (7134).

It has become clear that many diseases and disorders,
that manifest themselves after birth are to a certain
extent determined before birth.

Warkany u. Kalter, 1961

PIGMENTMANGELSYNDROME

Erbliche Pigmentanomalien können oft als Modellfälle für Analogien in der
Pathophysiologie der Ontogenese angesehen werden (7976). Sie schränken
nicht selten Vitalität und Nutzungswert der Haustiere ein, ermöglichen jedoch der vergleichenden Medizin und Genetik wertvolle Rückschlüsse, Hinzutritt, daß viele Farbverblassungs- und Scheckungsvarianten erst im Stande der Domestikation auftreten und nur dort überlebensfähig sind oder gar
einen Selektionsvorteil besitzen (9334). Auf den Albinismus als den durch genetische Tyrosinaseblockade - oder durch Blockierung nachgeordneter Melaninsyntheseschritte (5897) - hervorgerufenen, generalisierten Melaninmangel (tyrosinasepositive und -negative Formen, 10142) war schon bei den biochemischen Defekten eingegangen worden. Er ist durch die Gegenwart amelanotischer Melanozyten und Prämelanosomen charakterisiert (3587, 4961,
9619). Im Gegensatz dazu sind die übrigen mit Depigmentierung einhergehenden genetischen Defekte und Erkrankungsdispositionen ätiologisch meist anders gelagert: Diffuse oder regionale Pigmentaufhellungen werden hier durch
die Abwesenheit oder anomale Verteilung der Pigmentzellen bedingt, die sich
aus Störungen der Proliferation, Migration, clonalen Zellkoloniebildung oder
des zytokrinen Prozesses ergeben (7065, 6025, 6894, 2646, 9973). Oder sie
entstehen durch melanozytäre Strukturanomalien, durch Blockierung der Eumelaninproduktion zugunsten der Phaeomelaninsynthese(9488), durch gestörten Übergang des produzierten Farbstoffs auf die Melanosomen von Haut,
Schleimhaut und Keratinstrukturen, durch Dermis/Epidermis-Wechselwirkungen, oder durch Interaktionen zwischen diesen genannten oder anderen
Faktoren(1081, 1082, 6095, 4075, 1694, 4963, 7067, 7493, 4382, 4353, 6194, 6554,
8771).

Aus Gesagtem erhellt, daß <u>Farbvererbung</u> durch einfache mendelsche Spaltungsverhältnisse nicht immer charakterisiert, sondern oft Resultat polygenischer oder zumindest polyfaktorieller Einflüsse ist (3617, 4434, 879). So sollen allein bei der Maus 50 verschiedene Genorte mit insgesamt über 130 Mutanten- sowie ihr vielfaches Zusammenspiel- die Farbgebung steuern (7066, 4353). Eine ähnlich komplexe Situation zeichnet sich ab für die Pigmentvererbung bei Hund, Katze(7985), Rind(4420, 4421, 1691, 1692, 652, 9782, 653, 1523), Pferd (3876, 4487, 271), Schwein (4228, 3180), Huhn (4307, 4856), Ziege (655, 4433) und Schaf (4665, 1989, 657). Insbesondere in letztgenannter Art ist natürlich das Wissen über rezessiv oder dominant geprägte Formen der Wollfärbung wirtschaftlich wichtig(4389, 1038, 3527, 1039, 37, 240, 8416). Selbst bei grobsinnlich klar mendelnden Haarfarben des Rindes (dominantes Schwarz, rezessives Rot) konnte man deutliche quantitative Melaninunterschiede zwischen Homo- und Heterozygoten konstatieren (7920).

Diese fließenden Übergänge und quasi-kontinuierlichen Verteilungen, insbesondere, was den <u>Scheckungsgrad</u> angeht, finden denn auch in Erblichkeitsgraden ihren Niederschlag, die sich nur selten, nämlich unter Zugrundelegung einer subjektiven Punkteklassifizierung, 100% nähern(5972, 3618, 10054, 1021, 7647, 5371). Dies kann nicht anders sein, wenn schon die bilaterale Wiederholbarkeit, ermittelt durch Photografie und Planimetrie an Schwarzbunten Rindern, 87% nicht übersteigt. Realistischer anmutende Heritabilitäten der Scheckung bei Schweinen (3386), Rindern (1654), Pferden (2651), Nerzen (7713) und Mäusen (1891, 1890) bewegen sich zwischen 30 und 76% und lassen durchaus Raum für nichtgenetische Variationen. Als Verursacher kommen Effekte des Alters, Klimas, der Jahreszeit und Sonneneinwirkung, der Ernährung, somatischer Mutation und maternaler Umwelt, sowie des Geschlechts und stattgehabter Erkrankungen in Betracht (2396, 7714, 6759, 7647, 658, 2680, 6458, 4781, 7564, 5096, 6370, 4229, 3937, 5739, 10162). Breite Scheckungsvariabilitäten konnten in Untersuchungen an Mäusen, Ziegen, Schafen, Eseln und Vögeln bestätigt werden (2558, 8820, 8800, 9315, 9316, 8702, 9305, 9298, 9677).

Diese Grundsätzlichkeiten gelten überdies für Grad und Ausprägung der Augenpigmentierung (7525, 6187, 7687), bei der die gleichen Fermente wirksam werden (10075). Hier wie dort werden Mischformen und Grenzfälle

durch "unvollkommene Dominanz, Penetranz oder Expressivität" beteiligter Erbanlagen oder durch das Wirken von "Modifier-Genen" erklärt, z.B. auch mit Blick auf die Irisstruktur (4992, 6421, 8105, 7980, 3434, 4445, 4352, 10108, 8520). Unberücksichtigt bleiben können hier jedoch solche erblichen Unter - schiede in der Haut- und Schleimhautfarbe (z.B. Hahnenkamm etc.), welche durch differente Vaskularisierungsgrade hervorgerufen werden (6348).
Es steht ferner außer Frage, daß, unabhängig von noch zu erörternden, krankmachenden oder disponierenden Effekten gewisser Farbgene, der genetisch fixierte Farbphänotyp eines Individuums, beispielsweise über Farbvorlieben und Partnerbevorzugungen in der Fortpflanzung und im Konkurrenzverhalten (9269, 9387, 8576), über die Ein- und Anpassung an die Umwelt - auch in klimatischer Hinsicht oder in der Interaktion mit Parasiten - selektive Bedeutung in Populationen besitzt(6327, 6698, 7911, 4599, 744, 3712, 7878, 3697, 9061). Schließlich überleben offenbar einige Insektenarten gleichfalls nur, wenn ihnen die "melanistische" Adaptation an die industrialisierte Umwelt gelingt (9219, 9367). In diesem Zusammenhang war auch die Hautpigmentierung des Menschen in ihrer Relevanz für die körpereigene Vitamin-D-Synthese bereits erwähnt worden (4705).
Seit Weidenreich(1912), DuShane(1934, 1935, 1944) und Rawles (1947) weiß man, daß die embryonale, dem Ektoderm entstammende Neuralleiste, aus der sich durch Einstülpung das Neuralrohr bildet, Lieferant der Pigmentzellen ist bzw. der farblosen Mutterzellen, aus denen erst nach der Wanderung zu ihrem Bestimmungsort Melanoblasten mit nachweisbarem Pigment werden. Diese - wie übrigens Neuralzellen auch(9160) - gelangen dort vielfach erst postnatal an und nehmen ihre Melaninproduktion auf; daher u.a. die sehr viel hellere Haut afrikanischer Babies und die Ausbildung der Dalmatinerscheckung oder des Akromelanismus der Siamkatzen erst Tage oder Wochen nach der Geburt. Aus der pluripotenten Neuralleistenzelle können sich also Ganglien, Neuronen oder Melanophoren bilden, die dann, etwa entlang der Adventitia der Gefäße oder mit den auswachsenden Nervenbahnen ins Mesenchym wandern und während der Migration reifen (1528, 753, 4465). Fehlentwicklungen, welche in diesen frühen Stadien einsetzen, zeichnen sich daher nicht selten durch zentralnervöse oder sensorielle Ausfälle und Pigmentstörungen aus. Darin scheint die Ursache für den pleiotropen Effekt oder die Kopplung vieler Farbaufheller

mit <u>neuralen Defekten</u> zu liegen, auch an Auge und Innenohr (1780, 7976). Dieses ist somit ein ätiologisch-primärer Zusammenhang und nur bedingt mit infolge Pigmentverlusts auftretenden, sekundären Störungen - wie beim Albinismus diskutiert - vergleichbar. Bekanntlich finden sich Pigmentierungen zeitlebens integriert im ZNS der Säuger, z.B. im Nucleus substantiae nigrae - mit Zunahmen im Alter (9411). Damit ist ein erster Komplex nichtalbinotischer Depigmentierungsanomalien abgegrenzt; sie sind in Übersicht 4 zusammengefaßt. Eine gute Einführung gab Quevedo(1973).

Erwähnt sei jedoch, daß beim menschlichen und tierischen <u>Albinismus</u> über Minderungen der Hör- und Blutbildungsfunktionen, der Augenausbildung sowie der Fertilität gleichfalls berichtet wurde, die in dieses Schema nicht recht zu passen scheinen (16,5688,8399,975,4666,8230,8103,6569,8214,4578). Es bestehen also Querverbindungen, die eine strikte Trennung des Albinismus von anderen erblichen Pigmentverlusten artifiziell erscheinen lassen: So ist sowohl beim Albinismus im engeren Sinne und bei seinen Intermediärformen, z.B. bei Siamkatzen und Hereford- sowie Angus-Partialalbinos, als auch bei anderen Farbaufhellergenen, z.B. bei kleinen Versuchstieren, weißen Katzen, Nerzen und Tigern, mit der <u>Dysmelanogenese</u> zugleich die Entwicklung und Funktion von Auge, Sehbahn und Sehzentren aberrant (8478), scheinen auch die vestibulo-okulären Reflexe gestört (1238,2954,2955,3591,3925,6651,4744, 8224,6968,273,7063,2958,4396,10142,9581,9953).

Bei einigen Syndromen aus diesem Komplex überrascht zugleich die Vielfalt und Variabilität der Defektmanifestation bei homozygot und heterozygot Behafteten, welche polyfaktorielle Einflüsse oder Interaktionen vermuten lassen (5562). Paradebeispiel dafür ist das <u>Klein-Waardenburg-Syndrom</u> des Menschen - und seine wohl deutlichste Entsprechung beim Tier- das <u>Merlesyndrom</u> des Hundes (4111,4112,3021,1715,7985, 6153). Für beide wurde unvollkommen dominanter Erbgang (bei "partieller Penetranz",7907) , ein sehr breites Spektrum fakultativer Augenanomalien (Mikrophthalmus, Kolobome,Ektasien, Korektopien, Papillenanomalien,Heterochromien, Lidmißbildungen), variable Hörverluste, Gleichgewichtsstörungen, unterschiedliche Grade der Haar-, Haut- und Augendepigmentierung (wahrscheinlich durch Abwesenheit der Melanozyten, 5342) und Vorkommen in vielen Rassen konstatiert(7441,7337,1190,140,8364,1423,7079,7509,8901,9446,

7435, 1808, 294, 4881, 7997, 2339, 5763, 5764, 4398, 7861, 1715, 3022, 3020, 2331).
Neuere Untersuchungen ergaben starke Korrelationen zwischen ophthalmologischen Befunden bzw. Augenanomalien und Veränderungen im Bereich der Sehbahn, des Corpus geniculatum lat. sowie der Area optica beim Merlesyndrom (7999). Es zeigten sich dabei Hinweise, daß die Hypophyse nicht unbeeinträchtigt bleibt, was somit pathogenetische Bindeglieder zu den bei diesen und anderen Depigmentierungssyndromen ermittelten Fruchtbarkeitsstörungen, Wachstums- und Vitalitätsminderungen schafft (5870, 3873, 5178, 80). Sporadisch klangen ähnliche Erscheinungen auch bei Klein-Waardenburg an (5891). Variable Augenanomalien fand man bei "inkompletten" Albinos der Herefordrinder (9581).

Nicht immer scheinen dabei a- oder hypoplastische Vorgänge in der Organanlage, sondern auch spätere Degenerationen angelegter Strukturen eine Rolle zu spielen, wie auch bei tauben Hedlund-Nerzen zu zeigen war (2339, 2358). Ob die englische Benennung der durch dieses Gen beim Hund bewirkten, typischen Harlekinsprenkelung ("Merle") etymologisch mit der Pech-Merle-Höhle bei Cabrerets (Frankreich) zu tun hat - in der man die frühesten Felszeichnungen gesprenkelter Pferde fand (5271) - ist nicht bekannt. Wahrscheinlicher ist die Entwicklung aus "marbled". Auch die Vergrauung bei Mi^{wh}-Mäusen wird durch Melanozyten-Ausdünnung bewirkt (6134). Der mit erblicher Amelanose gekoppelte, variable Sehverlust scheint eine gute Parallele in Hühnern darzustellen (7174).

Eine zweite große Gruppe sind die mit Sterilität oder Fruchtbarkeitsminderungen einhergehenden Pigmentaufhellungen (3657). Hier nimmt man u.a. an, daß - neben lysosomalen Querverbindungen via Golgi-Phase der Spermiogenese (3243) - Melanoblasten und primordiale Keimzellen bei ihrer Wanderung und Proliferation durch die gleichen Migrationsstörungen während derselben embryonalen Entwicklungsstufe betroffen werden (5237). Dies schließt nicht aus, daß Sterilitäten anderer Genese, z.B. familiäre Autoimmun-Orchitiden gerade in gutpigmentierten Varianten des Nerzes, gehäuft vorkommen können (10036). Da, wie Übersicht 5 ausweist, aber keinesfalls immer die Gametogenese der Angriffspunkt ist, scheinen häufig neben solchen echten Pleiotropien Effekte einer straffen Kopplung zwischen Farbaufhellergenen und Erbanlagen vorzukommen, welche die Reproduktionsfitness

Übersicht 4
Pigmentmangel und Störungen an ZNS, Auge und Ohr

Art, Faktor		Symptom	Autor
Maus			
Farbverdünner	d_1^l	Krämpfe	6893
Scheckung	s_1	Gangliendegeneration	6894
Sprenkelung	l^s	Gangliendegeneration	4962
Weiß	Mi^{wh}	Mikrophthalmie	2916, 5803
Weiß	W^v	Innenohrdefekte	1782
Scheckung	Va	Walzer-Syndrom	1778
Weißer Fleck	Sp	Spinalgangliendefekte	345, 4211
Verblassung pa, muted		Otolithenaplasie	4782, 4783, 4791
Verblassung "Mokka"		Innenohrdegeneration	4380
Grau	gt	Tremor, Enzephalopathie	9865
Feldmaus			
weiße Abzeichen		Polydipsie	3215
Spitzmaus			
Creme		Verhaltensstörungen	9141
Weißfußmaus			
Weißer Bauch	wh	Taubheit	5042
Ratte			
Gelb, rote Augen	r, H^{re}	Heterochromia iridis	2963, 3186
Goldhamster			
Weiß	wh	Anophthalmie, Mikrophth.	561, 6457
Scheckung	s	ZNS - Störungen	6456
"Frost"		Mikrophthalmie	5964
"Jute"	j	Anfälle	10175
Meerschweinchen			
Weiß, rosa Auge	pp	Anophthalmie	8096, 2014
Kaninchen			
Wiener Weiß		Epilepsie	5430
Holländer Scheckung		Heterochromia iridis	5428
Schaf			
Scheckung		Liddefekte	4644
Schwein			
Weiß, farblose Iris		Heterochromia iridis	7980, 2619
Pferd			
"Palomino"		blauäugige "Albinos"	35
Scheckung		Heterochromia iridis	4117
Appaloosa-Sprenkelung		Nachtblindheit	8236
Büffel			
Scheckung		Heterochromia iridis	2312
Rind			
Fellaufhellung		Heterochromien, Kolobom	2617, 4501
Katze			
Weiß		Taubheit	439, 7985, 6929, 2207
Siam		Sehstörungen	3591

Forts. Übers. 4

Tiger
Weiß	Sehstörungen	2956

Nerz
Colmira M	Taubheit, ZNS-Defekte	6894
Hedlund Weiß h	Taubheit, Sterilität	6675
Pastell b	"Schraubenhals"-Syndrom	6948
Saphir	Retinadegeneration	9010

Hund
Merle-Tigerung	Augen, Gehördefekte	1713, 7985, 2340
Dalmatiner-Scheckung	Hörverluste	158, 3593, 7988

Wachtel
"Unvollkomm. Albinismus"	Katarakte	3514

Mensch
Waardenburg-Syndrom	Augen- und Ohrdefekte	5111, 7830, 7832, 5869, 5845, 2995, 6854, 459, 1761
Chediak-Higashi-Syndr.	Augen-u. Ohrdefekte	7233
Usher-Syndrom	Retina-u. Vestibularstörung	2996

Übersicht 5
Pigmentmangel und Sterilität

Art, Faktor	Symptom	Autor
Maus		
Rosa Auge p	männliche Sterilität	3476, 5110, 3831, 8247, 1093,
Scheckung w/w^v	männliche Sterilität	3114, 2612 8642
Metallfarbe gm	Sterilität	1813
Taupe tp	Geburtsschwierigkeiten	2292
Scheckung	reduzierte Fertilität	1693
Glanz bs	♂ Sterilität, Blindheit	10060
Afrikan. Maus		
Graufaktor	männl. Sterilität	5120
Weißfußmaus		
Orange-Scheckung	Fruchtbarkeitsstörungen	2049
Ratte		
Farbreduktion H^{re}	männl. Sterilität	7283, 6595, 5915
Baumwollratte		
Farbverdünnung	reduzierte Wurfgröße	5074
Goldhamster		
Farbverdünner ru	männl. Sterilität	6894, 1781
Scheckung	Uterusanomalien	2371, 5759
Weiß wh	männl. Sterilität	3751
Meerschweinchen		
Silberweiß	Sterilität	8281
Nerz		
Heggedal	weibl. Sterilität	5507, 5724
Hedlund	sexuell. Inaktivität, subfert.	903, 588
Silberzobel, Palomino	Sterilität, Hypogonadismus	3814, 3815, 2369

Forts. Übers. 5

Blaufuchs		
Shadowfaktor	Genitalmißbildung	2401
Rind		
Weißschimmel R	White heifer disease	6310, 3136, 3137, 3141, 3142
Weißes Fjällrind	Gonadohypoplasie	5638, 4335, 4428
Isländ. Schaf	reduz. Ablammergebnis	33
Pferd		
Weißfaktor	Subfertilität	8277
Hund		
Merlefaktor	Dysspermiogenese, Subfert.	7650, 5178
Huhn		
Wyandotten-Weiß	geringe Schlupfrate	5122, 5123, 5126, 8001
Wachtel		
Goldfarbe	geringe Schlupfrate	4251.
Silber rs	Legestörungen	7924

einschränken. Das ist bei der "White heifer disease" der Fall, jener in einem beträchtlichen Prozentsatz weißer Färsen des Shorthornrindes durch unterschiedlich ausgeprägte Scheiden- und Uterusanomalien partielle oder totale Sterilität bedingenden Genitalstörung (7256). Denn sie tritt auch, wenngleich wesentlich seltener, in pigmentierten Rindern auf, beispielsweise in gleichfalls hocherblicher Form bei Holstein-Friesian (2297, 628, 776). Inwiefern Zusammenhänge zum gehäuften Auftreten von Aplasien des Ductus Wolffii in Söhnen eines Dairy Shorthorn- Bullen bestanden, ist nicht bekannt (5784). - Schließlich sind Beeinflussungen des Epiphysen-Hormonhaushalts (Melatonin mit Wirkung auf Östrogen und Testosteron, 6599) durch depigmentationsbedingte Modifikation des Lichteinfalls oder der UV-Einwirkung denkbar (2989). Ob dies oder ähnliches herabgesetzte Fruchtbarkeit bei weißen Schafen bewirkt, bedarf weiterer Absicherung (1999).
Ein dritter Komplex umfaßt mit Depigmentation verknüpfte Blockaden der Hämopoese, bei welchen offenbar Membranbildungsschwierigkeiten bei den Melaningranula und den Granulierungen der Leukozyten (im Sinne lysosomaler Störungen, S. dort) das verbindende Glied darstellen, oder aber Insuffizienzen in der Zellkoloniebildung sowohl der Melanozyten als auch der blutbildenden Zellen in der Milz und anderenorts (6894, Übersicht 6). Im übrigen gibt es evolutionär-entwicklungsgeschichtlich manche Gemeinsamkeiten zwischen Urzellen des ZNS, des hämatopoetischen Systems und der Keimbahn (

8959). Die durch Dysfunktion der NK-Zellen (S. vorn) besonders tumor- und lupusanfälligen "beige"-Mäuse (auch "satin", s. a. Chediak-Higashi-Syndrom, 9435) demonstrieren beispielhaft die bedeutsamen Interaktionen zwischen Lysosomenstörungen, Depigmentierung und Erkrankungsdispositionen(7496, 8715). "Melanosomen und Lysosomen haben strukturelle und biosynthetische Gemeinsamkeiten(5619)" und die initiale Melaninsynthese findet im Endoplasmatischen Reticulum der Melanozyten statt(9100). Kürzlich wurden weitere neurektodermale, melano-lysosomale Syndrome bei Mensch und Maus beschrieben(2089, 2659, 9453). Bei "Blue smoke" (Maltese dilution)-Katzen wird die abnorme Verklumpung von Melaningranula in Haar und Haut gleichfalls sehr deutlich, betrifft aber offenbar nicht die von dem embryonalen Augenbecher derivierten Melanozyten (6154).

Bei den insgesamt bisher 7 bekannten depigmentierten Mäusemutanten mit defekter lysosomaler Enzymsekretion (Außer beige noch pale ear, pearl, pallid, light ear, maroon und ruby) ist zugleich auch die Thrombozyten - funktion gestört, was mit hämorrhagischen Diathesen einhergeht (5621), - auch in Nerzen und Füchsen mit Chediak-Higashisyndrom konstatierbar(9571, 9549).

Eine letzte Gruppe stellen jene mit erblichen Pigmentverlusten verbundenen Anomalien dar (Übersicht 7), bei denen entweder die genannten oder andere pathogenetische Mechanismen so gravierend sind, daß sie prä- oder postnatales Absterben der Frucht bedingen, oder Implantationsschwierigkeiten bzw. Reaktionen der Mutter bei diesem Genotyp zu frühembryonalem Fruchttod führen. So war zu zeigen, daß die durch Präimplantationsverluste bedingte Letalität des homozygoten Georgier-Weiß (Silberfuchs) mittels zusätzlicher Illumination der Muttertiere aufgehoben wurde (Progesteron-Stimulus, 7666). In Mäusen konnten etliche letale Depigmentierungsanomalien durch mutagene Bestrahlung hervorgerufen werden (6591, 6839, 4577, 7410). Wie aus den Übersichten und Erläuterungen ersichtlich, sind die Übergänge von einem zum anderen Komplex fließend: So bewirkt z. B. eine dominante Scheckung bei Wühlmäusen (Microtus montanus) in Homozygoten meist Letalität, zumindest aber Wachstumsstörungen, Sterilität und Anämien (6038).

Übersicht 6
Pigmentverlust und gestörte Hämatopoese

Art, Faktor	Symptom	Autor
Maus		
Scheckung, w -Serie	Anämie, homozygot letal	4993, 2944
Scheckung, Ss -Serie	Anämie, homozygot letal	4994
Scheckung Sl - Serie	Anämie, Sterilität	5415, 5570, 1355, 10126, 8522
Scheckung W - Serie	Anämie, Ulcus	4102, 2944, 2726, 6998, 9375, 8928
Scheckung f	Anämie	7590, 7591
Beige bg	Chediak-Higashi-Syndrom	4767, 6469, 3959
Baumwollratte		
Weißscheckung S	Anämie, homozygot letal	7590, 7591
Feldmaus		
Weißscheckung	Anämie, homozygot letal	7590, 7591
Wüstenmaus (Gerbill)		
Weißscheckung	Anämie, homozygot letal	7905
Nerz		
Aleutengen, Pearl	Chediak-Higashi-Syndrom	5811, 9549
Nutria		
Weiß W	homozygot letal	9290
Fuchs		
Platin	Anämie, homozygot letal	3657
Hund		
Grey Collie	Zyklische Neutropenie	1369, 2381
Katze		
Blue smoke	Plasmozytose	4245, 4246
Rind		
"Partieller Albinismus"	Chediak-Higashi-Syndr.	5811
Mensch		
Chediak-Higashi-Syndr.	Plasmozytose, Depigment.	560, 1348, 3402, 4269

Abgesehen von den in den Übersichten 4 - 7 niedergelegten Großgeneffekten mit spezieller Defektwirkung können Depigmentierungen - seien sie albinotisch oder nicht - einige generelle Erkrankungsbereitschaften bedingen, wie die vergleichende Medizin lehrt. Da Melanineinlagerungen primär die Funktion der Abschirmung gegen UV- Bestrahlung zukommt, stehen in der Symptomatik des Albinismus und anderer Pigmentmangelsyndrome oft oculo - cutane Erscheinungen im Vordergrund: Photophobie, Nystagmus (aber auch idiopathisch gesehen, 9574), Disposition zu Erythemen und Hautkeratosen sind

Übersicht 7
Pigmentmangel und Letalität

Art, Faktor	Symptom	Autor
Maus		
Gelb Ay	homozygot letal	1643, 2915, 3931, 8248, 5847, 1028, 1428
Sprenkelung mo	homoz. letal, Deformierung	6894, 2808, 6557
Weißer Fleck Ph	homoz. letal, Spaltbildung	2927
Grau gl	homoz. letal, Skelettdefekte	508
Scheckung Rw	homozygot letal	6896
Scheckung Dom	homz. letal, Aganglionose	9301
Ratte		
Farbverdünner H^{re}	homozygot letal	5820
Goldhamster		
Sprenkelung Mo	homoz. letal	4830
Sprenkelung Ds	homoz. letal	5578
Grau Lg	homoz. letal	5576, 5579
"Jute"	homoz. letal	5965
Chinchilla		
Weißfaktor	letal	6672, 867, 8455
Kaninchen		
Scheckung	homoz. subvital	1899, 3350, 4489
Schaf (Karakul, Shiraz)		
Graufaktor	homoz. letal, Indigestionen	4388, 4390, 6700, 5498, 6608, 2654, 5499, 656, 657, 7390, 371
Blaufuchs		
Shadowfaktor	homoz. letal	5511, 5512, 5513, 9548
Silberfuchs		
Weiß, Scheckung	homoz. letal	7666, 5513, 592
Nerz		
Shadowfaktor S^H	homoz. letal	5506, 5507, 591
Bluefrost F	homoz. letal	3814, 3815
Stewart F^W	homoz. semiletal	3814, 3815
Hund		
Merlefaktor M	homoz. subvital	5178
Pferd		
Weiß W	homoz. letal	6176, 272
Silberschimmel R	homoz. letal	6894, 3424
Overo-Scheckung g	homoz. letal, Aganglionose	7656, 3875, 10073
Huhn		
"Weiße Flügel" Ww	homoz. letal	7204
Kanarienvogel		
Weiß, dominant	homoz. letal	1958

behafteten Individuen gemeinsam, Myopie, Astigmatismus, Strabismus und
cutane Basalzellkarzinome sehr oft zu verzeichnen (2337,1240,5881,3775,
8726). Albinotische Menschen und Mäuse sind in ihrer Aktivität herabgesetzt
(14,1748,2527,3338). Bei Vögeln und Fischen ist Albinismus oft subvital oder
letal (7909,4417,3514,8305,9777), und auch in Hühnern, Wachteln und Kanarien wirkt rezessives Weiß (c) offenbar wachstums- und fertilitätsdepressiv
(8897,9903,8703,8802). Der x-chromosomale Albinismus in Japanwachteln
geht mit starken Augenanomalien einher (9985).
Tritt Glas- oder Birkäugigkeit, Heterochromia iridis, mit entsprechenden Folgen - und meist unvollkommen dominantem Erbgang - in verschiedenen Arten auf (1981,1982,1241,196,3952,6405,4499,7010,5194,4506), so ist es
wohl keine glückliche Nomenklatur, dies als "lokalen" oder "Augenalbinismus" zu bezeichnen (5689); Lauvergne(1966) schlug eine differente Benennung für die genetischen Depigmentierungssyndrome des Rindes vor.
In Zusammenhang mit der Disposition von Albinos zu cutanen Karzinomen,
die sich oft aus den amelanotischen Melanozyten entwickeln (4961), sei hier
die Anfälligkeit der Herefordrinder (10038), aber auch anderer Rassen -und
ebenso bei Schafen - mit unpigmentierten Lidern zu Augenkarzinom, Keratokonjunktivitis (hier Zusammenhänge wohl nicht so deutlich, 8717,9673) und
Fliegenbefall (h^2 der Augenpigmentierung bei 30%, 1260,8063,2474,7820,
7821,150,151,7902,7029,7254,3078,10083,8596), sowie Melanosarkomen
bei Schimmeln erwähnt (Lipizzaner ! ,7710,4556,4896,2606,7817), denen
offenbar ähnliche, im Lichteinfluß begründete, ätiologische Faktoren zugrundeliegen (4807). Ob diese o.a. vitalitätsabträglichen Effekte allerdings die
Aussage zulassen, graue Pferde hätten eine kürzere Lebensdauer als andere Farbschläge, sei dahingestellt ; jedenfalls bestehen keine Auswirkungen
auf die Tragzeit (4859,1527,1934).
Der Disposition der Ayreshirerinder zu karzinomatösen Veränderungen an
Vulva und Membrana nictitans, sowie analogen Verhältnissen bei saudischen
und Boer-Ziegen sowie Berrichon du Cher-Schafen, scheinen vergleichbare
pathogenetische Mechanismen innezuwohnen(1136,3627,3912,2090,8859).Dies
verdeutlicht,daß Sonnenlicht bei genetischem Pigmentmangel ein potentielles Kanzerogen ist. Dieses kommt auch in dem bedeutend höheren Prozentsatz von Formen des Hautkrebses bei Weißen gegenüber Farbigen im Süden

Abb. 21

Verschiedene Grade der Augenpigmentation (und Karzinomanfälligkeit) bei Herefordrindern (in Bonsma, zit. n. Meyer, 1968)

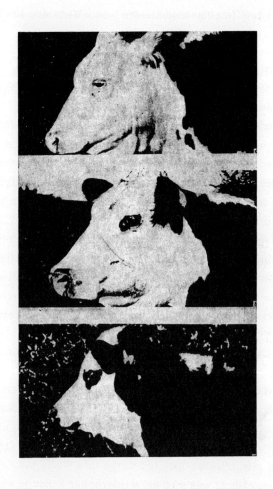

der USA sowie auf Hawai zum Ausdruck (6906). Melanoblastome finden sich dreimal häufiger in Europäern als in Negern und in Letzten sowie anderen Pigmentierten kennzeichnenderweise mit Vorliebe in schwach pigmentierten Körperzonen (Sohle, Hacke, Nagelbett, 4846, 5846, 2964). Maligne Entartungen okulodermaler Melanozyten sah man nur in Weißen (6791). Andererseits ist der Grad "weißer Vorfahrenschaft" in Mischlingen offenbar nicht positiv korreliert mit dem Intelligenzquotienten - zum Bedauern der Rassisten (6691). Diesbezügliche kritische Anmerkungen zur Heritabilität des IQ finden sich bei v. Schilcher(1978). Man spekuliert jedoch, daß Rassendifferenzen zwischen Afrikanern und Europäern hinsichtlich EEG und der Symptomatik von Geisteskrankheiten, einen ontogenetischen Bezug hätten zur differenten Pigmentierung (via Neuralleiste, 6417).

Mit der Annäherung an den Äquator steigt jedenfalls die Häufigkeit bösartiger Melanome bei Kaukasiern: In Australien ist die Frequenz dreifach höher als in Kanada (5539). Spanier wiederum sind weniger betroffen als Skandinavier und Schotten, Holländer mehr als Portugiesen (9311, 10142). Daneben sind familiäre Häufungen deutlich (7694). So entwickelte sich bei zwei eineiigen Zwillingspartnern im Alter von 53 Jahren gleichzeitig, d. h. innerhalb von 2 Monaten, aus einem präexistierenden Muttermal an derselben Stelle ein Melanom (7286). Inwieweit die Kopplung oculo-cutaner Pigmentflecken mit präkanzerösen Polyposen (Peutz-Jeghers-Syndrom, 9690) hier einzuordnen ist, scheint unklar. Es kommen neben der dentritischen Melanozyten eigenen Tendenz zur Entartung unter UV-Reiz chronisch-subklinische Verbrennungen der Haut als auslösende Faktoren infrage. Jedenfalls ist bei Kaschmiris, welche zwecks Wärmung irdene Behälter mit glühenden Kohlen unter ihrer Kleidung tragen, Bauchhautkrebs signifikant häufiger (5379). - Die Hautpigmentierung hat somit offenbar adaptiven Wert (836). In kalten Bergländern der Tropen scheinen schwarze Rinder wegen des geringeren Wärmeverlustes besser adaptiert zu sein (2296) - und auch in unseren Breiten sind ja die Schwarzbunten Rinder mit ca. 33 % Weißanteil "vorwiegend schwarz" (1523).

Weiße Merinos sind offenbar lediglich durch ihre Wolle vor schädlichen Sonneneinwirkungen geschützt, was sich bei wiederholter Schur in warmen Zonen zeigt (8887).

Pigmentierungen sollen sich gleichfalls günstig auf die <u>Härte des Klauenhorns</u>

und der Eischale (blaue Eier) auswirken (2986,1948,4037, 6338, 7055).
In der Tat steigt bei Haar und Horn mit dem Pigmentierungsgrad der Mineralstoffgehalt an (5515,5481,2245). Daß genetischer Pigmentmangel aber nicht zwangsläufig mit abträglichen Wirkungen verbunden ist, zeigt- wie Hutt(1969) richtig unterstreicht - die weiße Leghorn- Hühnerrasse eindrucksvoll, welche zu den fruchtbarsten und vitalsten der Welt zählt, sowie die Tatsache, daß andererseits Gene Letalwirkung in dieser Tierart entfalten können,die eine Ausbreitung schwarzen Pigments bedingen (3647,3651,5233). Hier schafft die Melaninbildung offensichtlich einen erhöhten Riboflavinbedarf, der bei Mangelversorgung für entsprechende Dispositionen sorgt (686). Selbst eine Erbanlage für Grünfärbung der Ständer bei Leghorns soll mortalitätssteigernd wirken (5018).

> There is some evidence that genetics is ignored
> or poorly understood by many physicians and is
> perceived in a restricted way by others.
>
> B. Childs, 1977

SPALTBILDUNGEN, HERNIEN

Diese Gruppe von Anomalien, welche durch Gewebsspalten (Schisis, Fissuren) oder Pforten an Lokalisationen gekennzeichnet ist, wo postnatal keine oder keine mehr sein sollten, erscheint nur bei oberflächlicher Betrachtung homogen; ätiologisch-pathogenetisch ist sie sehr heterogen. So können Gesichts-, Schädel- oder Wirbelspalten durch die ausbleibende Verschmelzung symmetrisch angelegter, embryonaler Mesenchymknospen, durch die fehlende bzw. mangelhafte Anlage lückenfüllender, medianer Wülste und/oder sekundär aus Neuralrohrdefekten entstehen. Dagegen werden Vorfälle, Brüche der Weichteile oft nur durch allgemeine oder lokale Bindegewebsschwäche ausgelöst, durch unvollkommene Obliteration embryonaler Vorstülpungen begünstigt oder Abwesenheit trennender Membranen bedingt (290,5296). Hinzu tritt, daß nur bei wenigen anderen Entwicklungsstörungen hinsichtlich der sie auslösenden Ursachen eine so enge Verzahnung endogener und exogener Faktoren, ein trautes Nebeneinander phänomenologisch fast identischer Erbdefekte und Phänokopien, eine Grauzone zwischen Erbe und Umwelt beobachtet wurde. Insonderheit bei den LKG (Lippen-Kiefer-Gaumenspalten = Cheilognatopalatoschisis) sind für Mensch und Tier fakultativ rein genetisch determinierte, rein teratogen verursachte, in der Mehrzahl aber polygenisch / multifaktoriell ausgelöste mit Erb/Umweltkomponente registriert worden, zu deren Manifestation im Widerstreit normativer und deletärer Kräfte ein bestimmter Schwellenwert überschritten werden muß (1247,2448).
In menschlichen Populationen liegt der Prozentsatz der LKG- bei denen man gegenwärtig nach Ausmaß und Kombination mit anderen Mißbildungen ca. 30 verschiedene Erscheinungsformen unterscheidet (mediane, transversale, laterale etc., 8231)-, bei 0,1 (USA, Europa, 282,4730) bis 0,3 (Japan, 86).

LKG tritt jedoch in bestimmten Familien oder bei verschiedenen Rassen oder Linien mancher Tierarten mit signifikant größerer Häufigkeit auf, woraus bereits genetische Einflüsse deutlich werden. So sind z.B. Afrikaner weitaus weniger betroffen (0,04 %, 2447) und repräsentieren bei Hunden die Brachycephalen, die Boxer mit 2,5 % ein stark angehobenes Niveau (7985). Brachygnathie und Chondrodystrophie können auch in Mäusen Ursache der LKG sein (6901,6420). Beim Menschen geht meist Hypodontie einher (6851).

Beispiele rein erblich, d.h. monogenisch oder durch wenige Erbanlagen gesteuerter LKG sind einige genetische Mißbildungen des Menschen, bei denen sie integrierender Bestandteil eines umfassenderen Syndroms, nicht selten auch bei Chromosomenaberrationen (1296,2779,5879). Weiter gehören hierher eine dominant vererbte "Spaltnase" bei Berner Sennenhunden (7956), Ausprägungen bei Schwein, Rind, Kaninchen (5503,3685,4971,8483) sowie die schon erwähnte Arthrogrypose in Charolaisrindern, welche sehr oft mit Palatoschisis einhergeht; sporadisch dabei beschriebene Translokationen (1/29) scheinen nur koinzidentell zu sein (4435,4504,2650,4440,4670). Es wurde schon erwähnt, daß es sich bei der Arthrogrypose/Palatoschisis der Charolaisrinder um einen durch wenige Großgene determinierten Defektkomplex handelt, dessen heterozygote Anlageträger einen Selektionsvorteil genießen mögen, so daß die Frequenz dieses Gens oder dieser Gene beträchtlich sein kann (0,2), wenngleich dieses Konzept nicht unwidersprochen blieb, und die "Penetranz" des verantwortlichen Gens umstritten ist (9771); man postuliert Rezessivität (4431,2769,2768,3575,7802,4480,3154,6682,4443, 5479). - Wahrscheinlich identische, hocherbliche Syndrome wurden vereinzelt - 1940 schon von Stang - in anderen Rinderrassen beobachtet(7033). Daneben scheint es teratogen geprägte Formen zu geben (9556).

Von Mensch und Schwein kamen ähnliche Kombinationen von LKG und Gliedmaßendefekten zur Meldung, beim Rind kürzlich eine Kopplung mit Kryptorchismus (1410,557,6399,9000). Eine mit Brachyzephalie und Herzseptendefekten einhergehende Cheilognatoschisis in Texelschafen war rezessiv geprägt(3446), eine mit Zwergwuchs verbundene in Angusrindern ungeklärt (9970).

Größer ist das Kontingent mit multifaktorieller Genese (3948). Hier lassen sich zwar oft "familiäre Häufungen" konstatieren - und gerade diese familiären Fälle in jüngster Zeit offenbar vielfach durch weitere Merkmale von anderen unterscheiden (Hautfaltenleisten, 8269)- kommt man aber nur über Heritabilitätsschätzungen zu einer Quantifizierung des Erbanteils. Dieses wurde beim Menschen mittels Zwillingsmethoden bewerkstelligt und führte zu h^2-Werten bis 87%, die sicher überschätzt sind (2448, 9918). Die Konkordanz in eineiigen Zwillingen bewegt sich um 42% und liegt damit sechsfach höher als in dizygoten Mehrlingen (7816, 8105). Liegt ein Fall von LKG vor, so steigt das Wiederholungsrisiko bei weiteren Kindern von 0,1% in unbehafteten Eltern (und ein unbehaftetes Geschwister) auf 32,3%, wenn beide Eltern betroffen, und auf 48,6%, wenn beide Eltern, 2 Geschwister und 1 Verwandter 2. Grades betroffen sind (880). Auffällig ist die Prädilektion der LKG für Knaben (0,13 bei ♂ gegen 0,07 bei ♀, 7329, 9918), was jedoch nicht für alle Formen gilt (6506). Es steht außer Frage, daß es bestimmte, wenngleich nicht immer bekannte, exogene Einwirkungen gibt, die LKG in anfälligen Embryonen auszulösen imstande sind, z.B. Intoxikationen, aber auch Mangelzustände (4007, 3921). Daher mag umgekehrt die Möglichkeit bestehen, durch Behebung dieser individuellen Defizite, durch Zufuhr bestimmter Stoffe diesen Mißbildungen vorzubeugen: Hier scheinen erste Erfolge, die im Tierexperiment bedingt reproduzierbar waren, verzeichnet zu werden, wird die Ausdehnung dieser Prävention auf andere Syndrome gefordert (2536, 2537, 2538, 8073, 4260). Dabei bedarf der eugenische Aspekt dieses Vorgehens wohl besonderer Beachtung, desgleichen die weitere Absicherung durch statistisch-populationsgenetische Analysen.

Spezifische Erb-Umweltinteraktionen wurden besonders aus Untersuchungen an Hühnern und Mäusen deutlich. So stieg bei Hybridküken die Häufigkeit von Gaumenspalten von 1 auf 4,4%, wenn es an Riboflavin mangelte; zugleich erhöhte sich die "genetische Variation" und traten in denselben Hühnerlinien Gaumenvertiefungen auf, die möglicherweise Übergangsformen zur Norm oder selbständige Erscheinungen sein können (3920, 6434, 3922). Ähnliche Phänomene kamen bei Mensch und Hund zur Beobachtung (3435, 6128). Bekannt sind vor allem genetisch-dispositionelle Unterschiede in der Emp-

findlichkeit gegenüber LKG-induzierenden, erhöhten Cortisonspiegeln während der Tragzeit (7707, 8855). Bei genetisch definierten Mäusestämmen ermittelten Fraser u. Mitarb. (1951,1957) gesicherte diesbezügliche Differenzen in der Cortisontoleranz, was sich in späteren Untersuchungen erhärten ließ(742, 743). So scheinen disponierte Individuen spezielle, an Histokompatibilitätsloci gekoppelte Glucocorticoid-Rezeptoren im Gaumenbereich zu besitzen (2754, 2755, 7706, 7707, 8593). Solche H-2-Kopplungen - die im übrigen für Corticosteron nicht konstatierbar waren(10041) - wurden auch bei der Reaktion auf andere Teratogene deutlich(8955, 8956). Daneben gibt es spontane, nicht teratogen induzierte Linienhäufungen (9176). Interessant ist diesbezüglich, daß angeborene Lidspalten, bei der Maus durch das rezessive Gen lg bedingt, mittels pränataler Cortisongaben zu verhindern waren (3208). Wenn also unter einem Stress oder Schock während der Schwangerschaft NNR-Hormonausschüttungen den Körper überschwemmen, so kann dies u. U. genauso zu LKG führen wie eine iatrogene Überdosierung, wenngleich dies naturgemäß nie abschließend experimentell bewiesen wurde beim Menschen, und hier z.B. hohe Dosierungen bei rheumatischen Schwangeren keine LKG induzierten (3581, 2535). Und es widerspricht einer schlüssigen Beweisführung, eine einzelne trächtige Kuh in eine Güllegrube fallen zu sehen und dann später die am entwickelten Kalb registrierte LK auf diesen Zwischenfall zurückzuführen (6388). Dies gilt besonders deswegen, weil nicht eine Art exakt vergleichbar bei Induktion von LKG reagiert, schon Ratte und Maus sind da sehr verschieden (5988). Fest steht allerdings, daß sich seit Inkrafttreten des "Abortion laws"(1970) zur Legalisierung der Abtreibung in den USA die Anzahl beobachteter LKG signifikant senkte, was durch eine erhöhte Eliminationsrate von Feten mit "stressbedingten" Spalten zu erklären versucht wird (6079). Maternale Effekte waren jedoch an einem größeren Untersuchungsmaterial nicht nachweisbar (767).
So unklar, wie der ätiologische Anteil des Erbguts trotz "familiärer Häufungen" in vielen Fällen angeborener LKG blieb, so auch bei Rind, Pferd, Schaf, Schwein, Kaninchen oder Nerz, so obskur ist vielfach bis heute die Rolle inkriminierter "Umweltfaktoren" (8079, 4331, 5702, 2370, 2861, 1183, 5671, 1875, 763, 1179, 6447, 3323, 6657, S.a. Abb. 22). Immerhin fielen, neben den o.a. Geschlechtseinflüssen, systematische Effekte des Alters auch bei Mäusen

auf: Im Gegensatz zum Menschen, wo nach den meisten Berichten mehr Kinder älterer Frauen betroffen scheinen, waren Hasenscharten öfter beim Nachwuchs jüngerer Mäuse (4663, 3946). Außerdem wurde deutlich, daß z.B. in Bullenlinien mit gesteigerter LKG-Rate zugleich andere Defekte und Totgeburten häufiger waren als in Vergleichsgruppen, was somit Hinweise auf rezessiven Charakter und Kumulation der beteiligten Schadgene gibt (1823).

Abb. 22
In Zuchtversuchen nicht reproduzierbare Lippenspalte beim Schwein (n. Butz u. Meyer, 1960)

Konnatale Spaltbildungen bzw. Öffnungen in der knöchernen und bindegewebigen Hirnhöhlenabdeckung führen zu Hirnbrüchen, zu Vorfällen von Gehirn und Hirnhäuten: Meningo-enzephalocelen (kombiniert oder isoliert), beim Menschen besonders im Hinterhauptbereich gesehen, mit einer Häufigkeit von etwa 1 : 2000 (5296). Hin und wieder wurden sie im nasopharyngealen Raum als Polypen mißdeutet und entfernt - mit allen sinistren Folgen (5601). Beim Haustier ist oft mangelhafte Schließung und Verknöcherung der Stirnschädelnähte oder angrenzender Bezirke die direkte Ursache. Strikt genetische Formen wurden in verschiedenen Arten beobachtet, so bei kurzschwänzigen, tauben Tanzmäusen (Shaker short, st), mit Hernia cerebralis im parieto/occipitalen Bereich, bei weiteren Mutanten (889, 7761), bei Galloway-Rindern in Verbindung mit Hemimelie (4517), bei Haubenhühnern, -enten, und -gänsen, welche ihre häutige und gefiederte Haubenbildung organisierten Hirnbrüchen und/oder wasserkopfbedingten Schädelvorwölbungen verdanken (5752, 1947), die bei Heterozygoten durch die unvollkommene Dominanz homozygot letaler oder semiletaler Defektgene zustandekommen (9191). Haubenbildungen durch irreguläre Follikelanordnungen in Kanarien und Prachtfinken sind zwar homozygot gleichfalls letal, doch liegen keine Schädelveränderungen zugrunde (9824, 8769). Eine Ohrbüschelbildung in Araukanerhühnern ist ebenfalls homozygot letal (6330, 7207) ; beim Schwein, wo, wahrscheinlich durch mangelhaften Schluß oder Mißbildung des Neuralrohres ausgelöst, Meningoencephalocelen variabler Manifestation und unklaren Erbganges wiederholt beschrieben wurden, liegt möglicherweise eine polygenische Basis vor (2938, 1483, 7644, 8146, 9568). Sie sind in allgemeinen Schweinepopulationen sehr selten (Tab. 11) und von teratogen, z.B. durch Vitamin A-Mangel der Muttersau, bewirkten Hernien abzugrenzen, die meist als sehr viel uneinheitlicher imponieren.

Meningocelen kommen am Rückenmark vor, als Myelomeningocelen, wenn sie dieses umfassen. Bedeutender, und oft erst die Voraussetzung für Erstgenannte schaffend, ist eine Spina bifida (Spina bifida occulta, aperta; Rhachischisis): Ein unterschiedlich ausgeprägter, dorsaler Mittellinienspalt der Wirbelsäule infolge ausbleibenden Zusammenschlusses der in zwei Hälften angelegten, primordialen Wirbelbögen (403). Sie ist in einigen menschlichen Bevölkerungen für 20 % der fetalen und 80 % der neonatalen Ausfälle durch ZNS-Anomalien verantwortlich und häufig mit anderen Mißbildungen verknüpft, z.B. Anencephalien, Arnold-Chiari-Wasserkopf und Cranioschisis (5601, 8231, 6506). Da sich Eltern behafteter Neugeborener einem Wiederholungsrisiko von ca. 5 % gegenübersehen - was zugleich Hinweis auf das Vorkommen erblicher Formen, jedoch bei Überwiegen teratogener Ursprünge ist- mit deutlichen geographischen Prävalenzen (1027, 4730, 1343, 9954) - wurde ähnlich wie bei anderen Defekten der Nachweis erhöhter Mengen α - Fetoproteins in der Amnionsflüssigkeit schon zu gezielten Aborten benutzt (1353, 234, 2787). Für solche Zusammenhänge zwischen biochemischen Markern und Neuralrohrdefekten bieten sich analoge Beobachtungen bei Mäusen als Modell an (46, 8525). Die genannte Abnormität ist in Irland am häufigsten, korreliert aber nicht gesichert mit der Frequenz zweieiiger Zwillinge (4464, 6766, 4342). Eine Craniomyeloschisis (cms) mendelt in Ratten rezessiv-autosomal (4459). In behafteten Kälbern konnten öfter Chromosomenanomalien nachgewiesen werden (9091).

Bei Haustieren rechnet man die Spina bifida vielfach den "zufälligen" Entgleisungen zu, da familiäre Häufungen kaum deutlich würden, es sei denn beim Auftreten als Teilsymptom in bestimmten genetischen Syndromen bei kleinen Versuchstieren (5504, 3816, 1382, 2915, 1590). In der schwanzlosen Manxkatze sind Spina bifida und entsprechende Ausfallserscheinungen gleichfalls nicht selten, ebenso nicht in Bullies (3750, 7985). Mutmaßlich heritable Formen kamen auch vom Islandschaf zum Rapport (8418). - Cranium bifidum ist eine Ausdehnung der Spaltbildung auf den Schädelbereich, mit ebenfalls ungeklärter genetischer Beteiligung (7346).

Nabelbrüche stellen <u>Eingeweidevorfälle</u> durch mangelhaft geschlossene Umbilikalringe, Inguinal- und Skrotalhernien solche in einen unvollkommen obliterierten oder schadhaft ausgeweiteten Processus vaginalis bzw. Leistenring dar, natürlich besonders im männlichen Geschlecht, - während Zwerchfellbrüche durch primäre oder sekundäre pleuro-peritoneale Zusammenhangstrennungen und Diaphragmalücken entstehen. Alle können kongenital oder erst im späteren Leben auftreten. Krasse, angeborene Formen sind komplette Eventrationen der inneren Organe durch ventrale Spaltbildungen entlang des ganzen Rumpfes, auch im Brustbein: als <u>Schistosoma reflexum</u>, <u>Ectopia cordis</u> etc. - auch isoliert und unterschiedlich lokalisiert vorkommend (10166, 9284, 8899). Der erbliche Anteil all dieser Erscheinungen harrt noch der Abklärung, doch wurden zumindest in einigen Tierarten familiäre Häufungen beschrieben und Erbanalysen versucht, zumal sie hier, wie Tab. 13 und 14 zeigen, ein beträchtliches wirtschaftliches Problem darstellen. Aus diesen Auflistungen wird allerdings gleichzeitig deutlich, wie sehr solche Mißbildungsstatistiken von der Art der Befunderhebung abhängen: Begnügte man sich mit adspektorischen Erhebungen, standen die Hernien an der Spitze (9273, 9253), führte man exakte postmortale Untersuchungen durch, so bildeten Atresien und Herzmißbildungen den Löwenanteil, wenngleich Materialunterschiede gleichfalls eine Rolle spielen (9528).

Leistenbrüche bei Eberferkeln sollen durch die Homozygotie zweier rezessiver Genpaare verursacht werden, doch scheint der Beweis wenig schlüssig und muß eine polygenische Grundlage angenommen werden (3654). Jedenfalls gelang es, in einer ingezüchteten Herde mit einer Ausgangshäufigkeit von 1,7 % durch Selektion auf 91 % Hernienbefall in 6 Generationen zu kommen. Dadurch ist genetische Bedingtheit eindeutig nachgewiesen und die Forderung nach erbhygienischen Maßnahmen berechtigt (3090). Die Unterrepräsentanz weiblicher Tiere wurde schon dahingehend gedeutet, daß in ihnen Homozygotie dieser Gene letal sei (7099); signifikante Häufungen von Skrotalhernien in Ebernachkommenschaften wurden- wenngleich nicht übereinstimmend- beschrieben (5952, 7140). In seltenen Fällen enthalten die genann-

Tab. 13

Defekte bei 13 718 Ferkeln verschiedener Zuchten. Adspektorische Erhebung (n. *Triebler* u. Mit., 1974).

Defekt	Anz.	in % der Defekte	in % der geb. Ferkel
Hernia ing., scrot.	100	46,0	0,73
Hernia umbilic.	27	12,4	0,20
Nachhandlähmung	23	10,6	0,17
Intersexualität	20	9,2	0,15
Atresia ani	19	8,8	0,14
Dickbeinigkeit	12	5,5	0,09
Kryptorchismus	10	4,6	0,07
Brachygnathia inf.	3	1,4	0,02
Hernia cerebralis	1	0,5	0,01
Hydrozephalus	1	0,5	0,01
Krüppelohr	1	0,5	0,01
Summe	217	100,0	1,58

Tab. 14

Defekte bei vor dem Absetzen verendeten Ferkeln (6669). Sektionsbefunde (n. *Bille* u. *Nielsen*, 1977).

Defekt	Anz.	in % der Defekte	in % der geb. Ferkel
Herz-Kreisl. anomalien	106	25,9	0,35
Atresien (ani, recti etc.)	123	30,0	0,41
Anom. d. Bewegungsapp.	96	23,4	0,32
Eingeweidebrüche (+ Hydr.)	28	6,8	0,99
Gesichtsmißbildg.	25	6,1	0,08
ZNS-Mißbild.	24	5,9	0,08
Urogenital-Defekte	7	1,7	0,02
Hautdefekte	1	0,2	0,01
Summe	410	100,0	1,37

ten Brüche Organe wie Leber, Milz, Blase und Uterus (7070).
Im Gegensatz zu Verhältnissen bei Schwein und Pferd, sind Inguinalhernien beim Rind nur recht selten, anders dagegen Nabelbrüche (7848, 2679, 4509, 6389, 6390). Sie stellen in den USA - anscheinend auch anderenorts - die häufigste bovine Anomalie dar (6153, 2157). Surborg (1976) konnte gesicherte Konzentrationen auf bestimmte Bullenlinien - insbesondere importierte Holstein-Friesian - nachweisen, wie sie schon in vorangegangenen Untersuchungen beschrieben worden waren (2678). Dies wird in neueren Erhebungen bestätigt (8625), doch scheint eine polygenische Basis gegeben (4332, 8140, 10187).
Kälber älterer Kühe seien öfter damit behaftet als Färsenkälber (7304). Auch aus Pferdezuchten wurde vermehrtes Auftreten von Umbilikalhernien in bestimmten Hengstlinien gemeldet (6750, 354), doch ist generell die Dürftigkeit genetischer Analysen bei diesen verbreiteten Übeln frappierend: Bruchoperationen stellen ein wesentliches Betätigungsfeld des Großviehpraktikers dar; er sollte sie nur mit der Auflage des Zuchtausschlusses durchführen.
Abgesehen von den geschilderten Verhältnissen beim Schwein ließen sich lediglich bei Nagern, Kaninchen und beim Geflügel teilweise Großgeneffekte auf die fraglichen oder ähnliche Erscheinungen absichern, was insbesondere für angeborene Zwerchfellhernien, sowie Eingeweidebrüche beim Huhn gilt (5297, 2915, 2415). Erste kommen in anderen Arten meist nur sporadisch, seltener als familiäre Formen vor (7083, 2323, 3253).

Abb. 23

Extreme Größenvariationen beim Menschen, maßstabsgetreu.*)

*) Es handelt sich nicht um Kinder, sondern um Erwachsene in bayerischer Tracht

Breeds have been selected for long legs and for short ones, for long faces and short ones, for large bodies and small ones, and for almost as many colors and patterns as in Josephs's coat.

F.B. Hutt, 1979

CHONDRODYSTROPHIEN, ACHONDROPLASIEN

Proportionierter Zwergwuchs und Riesenhaftigkeit, die durch genetische Dyshormonosen hervorgerufen werden, fanden bereits Erwähnung. Sie können beim Menschen im Extremfall Zwerge mit 48 cm Körperlänge und Riesen mit einer solchen bis 289 cm bedingen, was durch Abb. 23 verdeutlicht sei, die diese Relation etwa maßstabsgetreu wiedergibt (290). Unproportionale Zwerge, d.h. Individuen mit selektiv verkürzten langen Röhrenknochen des Gliedmaßen- und Schädelskeletts, sind jedoch das Produkt erblicher oder ätiologisch heterogener Chondrodystrophien bzw. Achondroplasien, welche vorwiegend die Extremitäten in Mitleidenschaft ziehen. Daß jedoch wie die chondrodystrophe - auch die hypophysäre oder primordiale Nanosomie bei Mensch und Tier genetisch und rassisch fixiert oder gehäuft auftreten kann, kam gleichfalls zum Ausdruck (z.B. Labor-Minipig, Zwerghühner, Zwergwuchs in New Hampshires, Dt. Schäferhunden etc., 1796, 3181, 3183, 1166, 3932, 3649, 4088).

Die Einteilung der Chondrodystrophien in der Humanmedizin geschieht heute weitgehend nach klinisch-pathologischen, röntgenologischen und bestenfalls genetischen Gesichtspunkten - notgedrungen weniger nach ätiologisch-pathogenetischen (6410). Von 148 Achondroplasien des Menschen traten 117 "sporadisch" und nur 31 "familiär gehäuft" auf. Diese und die Ergebnisse anderer Untersuchungen führten dazu, eine hohe Mutationsrate für die dominant vererbte Chondrodystrophie des Menschen (Parrot-Syndrom) anzunehmen (10^{-5}), wobei oft unklar blieb, ob eine echte gesteigerte Mutationsbereitschaft des verantwortlichen Locus, eine exogen stimulierte Mutationsfrequenz, oder gar Phänokopien mitbeteiligt sind (5412, 2578). In der Tat ist das mittlere elterliche Alter bei diesen u. a. dominanten Mutationen höher als in Kontrollen (7815). Da von 16 behafteten Nachkommen aus Ehen Achondroplastischer 7 unter krasser Symptomatik in der Kindheit verstarben (alle durch Schnittentbindung gewonnen), vermutet man, daß nur Heterozygote lebensfähig sind, die Dominanz also nur partiell ist (3117, 4536, 3655). Die Stigmen chondrodystrophischer Liliputaner (vergrößerter, breiter Kopf, Balkonstirn, verkürzte Nase, disproportioniert kurze Gliedmaßen bei relativ langem Rumpf = "Sitzriesen") begegnen uns ganz ähnlich bei analogen Syndromen der Tiere - selbst hinsichtlich des unvollkommen dominanten Erbganges fanden sich Parallelen: Bei der Dexter-Achondroplasie des Rindes, dem Krüperfaktor des Huhnes, dem Zwergwuchs der Herefordrinder u. a..

Ursache der Knochenverkürzung ist eine Knorpelhypoplasie in entscheidenden meta- und epiphysären Wachstumszonen, nämlich dem enchondralen Säulenknorpel, während die peripheren Anteile durchaus normal oder gar verstärkt gebildet werden, weswegen man den Terminus "Achondroplasie" gern durch "Chondrodysplasie" ersetzt sähe (6391). Als Hypochondroplasie bezeichnete Übergänge zur Norm existieren und werden von einigen Forschern als Hinweis auf multiple Allelie am selben Genort verstanden (5050). Schließlich runden der thanatophore ("todbringende") Zwergwuchs und andere Letalformen der Achondroplasie das Bild auf der anderen Seite ab (6410). Dazwischen liegen zahlreiche von der Humangenetik beschriebene, meist sehr selten gesehene, chondrodysplastische Anomalien, als "genetisch bedingte Mißbildungssyndrome auf der Grundlage einer Genmutation" apostrophiert und - m. o. w. glaubhaft - mit Mendelgenetik zu erklären versucht (8231, 8902). Es bleibt der Eindruck, daß fließende Übergänge vorkommen und polygenische bzw. Umweltkomponenten bislang zu wenig eruiert wurden. Es handelt sich um systemische Störungen insbesondere knorpeliger Strukturen (8991). Mehrfach war zu belegen, daß Fälle von Achondroplasie mit dem Alter der Väter zunahmen, sporadische Formen von Zwergwuchs vorkamen (1249, 5409).

Näher heran an den zugrundeliegenden biochemisch-genetischen Defekt kam man bei den Mucopolysaccharidosen, jenen erblichen Störungen des Bindegewebes, die überwiegend auf einem Ausfall lysosomaler Enzyme (z.B. Sialidasen) beruhen, somit den Speicherkrankheiten zuzuordnen sind und oft eine selektive Verkürzung des Rumpfskeletts bewirken(Hurler-, Hunter-, Sanfilippo-Syndrom etc., 3524, 3361, 5049, 1176, 6410). Sie sind durch exzessive Exkretion von Mucopolysacchariden im Harn gekennzeichnet (neurale Symptome durch Beeinträchtigung von Neuraminidasen im Gehirn) - infolge enzymatischen Abbaublocks (4712, 6830, 7542). Heterozygoten-Entdeckung aufgrund von Enzym-Tests ist teilweise möglich(5634). Einzelne Fälle kamen jetzt bei Tieren zur Beobachtung, z.B. Katzen (1579, 3805, 3245, 8833), jedoch sind Hereford-Zwerge (S.u.) offenbar nicht dadurch charakterisiert(4966, 9168).

So komplex wie bei den menschlichen Chondrodystrophien ist auch die Situation im Tierreich, was Manifestation, Vererbung, erbhygienische Konsequenzen oder Wertung als Modellkrankheit angeht. Der unvollkommen dominanten Achondroplasie des Menschen am ehesten zu entsprechen scheinen noch die bei chondrodystrophischen Hunderassen und in Rindern gesehenen Formen. Bei Kreuzungen von Dackeln mit größeren Rassen, z.B. Doggen oder Bracken, werden nämlich Kurzbeinigkeit und Minderwuchs ziemlich regelmäßig auf den Nachwuchs vererbt; und ähnlich den Liliputanermüttern sind extrem brachyzephale Bulldoggen, Chihuahuas u.a. Defektrassen kaum noch normal gebärfähig, werden routinemäßig Schnittentbindungen vorgenommen (2253, 7985). Selbst im verzögerten Schluß der Fontanellen und der Neigung zu Wasserkopf besteht eine Parallelität, desgleichen im vermehrten Vorkommen frühzeitiger Bandscheibendegenerationen und -vorfälle, beim Menschen z.T. in extremen Manifestationen familiäre Fälle von Spondylolisthesis bewirkend, bei Hunden die berüchtigte "Teckellähme" verursachend (406, 8295, 3248). Insbesondere Bullies, Scotch- und Sealyhamterrier, Corgis und Bassets sind neben dem Dackel betroffen (7985). Auch innerhalb der Tekkelrasse ließen sich starke, systemisch bedingte, individuelle Anfälligkeiten zur vorzeitigen Mineralisierung der Zwischenwirbelscheiben objektivieren(7986), scheint "Bandscheibe" ja bei Mensch und Hund eine gewissse Artdisposition darzustellen, ein "Zivilisationsleiden", das besonders solche Leute trifft, die unzivilisierte körperliche Arbeit verrichten (4449). Doch selbst Zuchteber leiden darunter (1859).

Es fällt auf, daß die meisten chondrodystrophen Hunderassen Schlappohren haben, der Ohrknorpel also gleichfalls in Mitleidenschaft gezogen wurde, was neuerdings auch aus gewissen Katzenpopulationen mit Hängeohren berichtet wird (5921). Über ähnliche Erscheinungen bei Widderkaninchen ist diesbezüglich nichts bekannt (1303), jedoch zeigen Zwergkaninchen vielfach Kiefer-und Dentitionsanomalien sowie Neigung zu Tränenfluß (Epiphora; 8496). Beim Menschen scheinen nur ganz bestimmte Chondrodysplasieformen (diastrophischer Zwergwuchs, 1168) mit speziellen Ohrmuscheldeformierungen einherzugehen.

"Bulldogkälber" repräsentieren eine weitere Parallele zum Parrotsyndrom; sie stellen in den kurzbeinigen, heterozygoten Dexterrindern die homozygote, frühabortierte Letalform dar (Letalfaktor A_1), die zu etwa 25 % ausspalten, wenn man Dexter untereinander verpaart, während weitere 25 % hochbeinig-normale Kerrys, die Hälfte aber die gedrungenen Dexterrinder sind - wie bei unvollkommen dominantem Erbgang nicht anders zu erwarten (1604). Diese und weitere Typen dominanter Achondroplasien treten jedoch nicht nur in besagten irischen Rassen auf (3813, 2857, 2858, 4759). Zudem sind mehrere konnatale, rezessive Formen - die nur bei Homozygotie zum Ausspalten mißbildeter Kälber führen - beim Rind gesichert, meist benannt nach den Rassen, in denen sie zuerst beobachtet wurden: Telemark-Typ, Jersey-Typ, Holstein-Typ, Romagnola-Typ u. v. m. (8277, 971, 4427, 930, 3874, 2635, 180). Sie können in allen Rassen auftreten; solche Formen gibt es auch beim Schwein (9152, 9067); selbst vom Damhirsch kamen Chondrodystrophien zur Meldung (420). Auflistungen finden sich u. a. bei Hanset (1967) und Wiesner u. Willer (1974).

Infolge stark variabler Manifestation und überschneidender Symptome fällt es selbst bei diesen "rezessiven" Syndromen vielfach schwer, postulierten einfach mendelnden Vererbungsmodus zu akzeptieren. Dies gilt noch mehr von anderen Chondrodysplasien mit partieller Dominanz, d.h. mit offensichtlicher Gendosiswirkung. Wie immer bei solchen Verlegenheitsnomenklaturen sollte man zumindest den Verdacht auf polygenische bzw. polyfaktorielle Grundlage haben, bei möglicher zusätzlicher Einwirkung von Umweltstressoren, wie er schon früh geäußert wurde (2857). In dieser Gruppe wurde wegen seiner wirtschaftlichen Bedeutung und interessanter genetischer

Zusammenhänge der Zwergwuchs des Hereford-Mastrindes zweifellos am bekanntesten. Diese semiletale Ausprägung (erreichtes Alter nicht viel mehr als 2 Jahre, Brachyzephalie, daher "snorter-dwarfs" genannt, verkürzte Gliedmaßen, Neigung zu Tympanie, 5842, 618) erlangte in den vierziger und fünfziger Jahren in Herefordzuchten der USA eine bedrohliche Verbreitung, es wurden Anstrengungen zur Bekämpfung dieses Phänomens unternommen, wahre Schlachten geschlagen und an besonders verdiente Kämpfer Titel wie "Oberzwergenjäger" vergeben (4982). Schon früh kam die Vermutung auf, daß eine solche Zwergeninvasion nicht allein durch zufällige Zuchtbenutzung einiger Anlageträger, sondern dadurch zustandekäme, daß für die Heterozygoten Zuchtvorteile bestünden. In der Tat kommt die unvollkommene Dominanz dieses Zwergwuchsgens darin zum Ausdruck, daß heterozygote, grobsinnlich normale Genträger gewisse, mastgünstig erscheinende Merkmale zeigen ("Rumpfigkeit", maskuliner, abgedrehter "Comprest"-Typ bei Bullen), die zur vermehrten Zuchtverwendung führten (4895): Das klassische Beispiel für Überdominanz, für Selektionsdruck bei Homozygotie und Selektionsvorteil bei Heterozygotie. Dadurch kam es zu einer Zwergwuchsgenhäufigkeit von fast 5 % (q = 0, 045) in dieser Rinderpopulation.

Da Probleme der Überdominanzeffekte, z.B. in Zusammenhang mit der Sichelzellenanämie, der Heterosis usw., schon mehrfach angesprochen wurden, sei dieses Beispiel einmal konkret durchgerechnet, um die quantitativen Auswirkungen eines solchen Vorganges der natürlichen oder künstlichen Selektion zu demonstrieren: Es pendelt sich also unter diesen Verhältnissen ein Gleichgewicht ein zwischen Genhäufigkeit und Selektionsdruck, dem sowohl das Normalallel einerseits (a), wie auch das Achondroplasie-Allel (A) andererseits unterliegt, d. h.

$$s_1 \cdot p = s_2 \cdot q ,$$

wobei p die Häufigkeit des Normalallels, q die Frequenz des Zwergwuchsgens bedeuten, und s_1 bzw. s_2 die zugehörigen Selektionskoeffizienten sind, d.h. die Faktoren, welche mir angeben, um wieviel die "Fitness", die Beteiligung der homozygoten aa- und AA-Typen an der Nachfolgegeneration gegenüber den bevorzugten Heterozygoten (Aa) herabgesetzt ist. Da q und p die prozentischen Häufigkeiten zweier Allele in einem 2-Allelesystem darstellen, ergänzen sie sich zusammen zu 1 bzw. 100 % , d.h. $p + q = 1$. Daraus folgert andererseits, daß $p = 1 - q$. Ich kann also das o.a. Gleichgewicht auch schreiben $s_1 (1 - q) = s_2 \cdot q$. Wenn die Fitness der Heterozygoten nun gleich 1 sei, so ist die der benachteiligten Homozygoten $1 - s_1$ bzw. $1 - s_2$. Letzter Ausdruck ist aber gleich Null, denn die homozygoten Zwerge sterben vor der Geschlechtsreife oder werden gemerzt, d.h. $1 - s_2 = 0$ oder $s_2 = 1$.

Der Selektionskoeffizient bei Letalfaktoren ist somit gleich 1, d.h. doch : Der Selektionsdruck ist gleich 100 %, da alle Individuen vor Erreichen der Geschlechtsreife sterben - jedenfalls unter praktischen Verhältnissen landwirtschaftlicher Tierzucht. Da uns die Zwergwuchsgenfrequenz bekannt ist (S. o.), läßt sich nun s_1 aus der o.a. Formel berechnen zu $s_1 = 0,047$. Dies bedeutet, daß gegenüber 1000 Nachkommen der Heterozygoten nur 1000 - 47, d.h. 953 Nachkommen der homozygot Normalen zur Folgegeneration beitragen - bei den umfangreichen US-Hereford-Herden (Texas) und anderenorts ein beträchtlicher Selektionseffekt.

Daher war man schon früh bemüht, auch die heterozygoten Anlageträger sicher zu erkennen und von der Zucht auszuschließen, z.B. durch anatomisch- röntgenologische, biochemisch-zytologische und endokrinologische Untersuchungen (2119, 1836, 619, 4554, 1861, 1862, 1802). Doch leider war der Unterschied zwischen Normalen und Anlageträgern oder die Genauigkeit der Methodik nicht groß genug, um diese direkten Nachweisverfahren in praxi anwenden zu können (883, 1060, 7946). So blieben nur konsequente Nachkommenprüfung eingesetzter Bullen und Merzung erkannter Anlageträger. Es besteht Grund zur Annahme, daß ein in Angusrindern angetroffener Minderwuchs genetisch verwandt, wenn nicht identisch ist, wenngleich er mehr vom dolichozephalen Typ ist (4513, 3139, 8487). Jedenfalls wurde zwischenzeitlich die Frequenz in Herefords wesentlich gesenkt, obgleich dieser Defekt in dieser Rasse immer noch an erster Stelle rangiert (2841).

Wie einige Untersucher zeigten, sind die Chondroitinsulfat-Ausscheidungen im Harn bei Herefordzwergen erhöht (4711, 3635). Dagegen ist im Knorpel chondrodystrophischer Puten der Mucopolysaccharidgehalt vermindert (4461). Selbst bedingte Parallelen zu seltenen, disproportionalen Verzwergungsfor-

men, die zugleich mit Haar- und Hautanomalien einhergehen (metaphysäre Knorpel-Haar-Hypoplasie, 5048) , kamen - gleichfalls mit rezessivem Erbgang - in Shorthorns zur Meldung (423).
So wie es Hunderassen gibt, bei denen die Chondrodystrophie "nur am Kopf oder nur an den Beinen ausgeprägt ist"(2743), so kommen in dieser Art weitere und auch in anderen Arten, z.B. in Ratten mit "Mopskopf" (9542), auf bestimmte Lokalisationen beschränkte Chondrodysplasien vor, die in Ausprägung und Genetik ähnlich unscharf konturiert sind , wie die Achondroplasien generell. Erwähnt seien die auf den Limousin-Bullen "Charmant" zurückgehende "Ramsköpfigkeit" bei Rindern (Probatozephalie, Hammelkopf, verbunden mit Makroglossie u.a. Defekten, 811, 4429), die Dackelbeinigkeit bei Schafen (Ancon- Schaf, 3649, 6979) - offenbar zu trennen von genuinem Zwergwuchs und einer in Cheviot-Schafen auftretenden Achondroplasie (1390, 8276, 8349) - , diverse Syndrome der Maus (1002, 3830, 2266), sowie Formen der Kieferverkürzungen (Brachygnathia superior und/oder inferior), wenngleich hier sicherlich öfter lokal wirksame Faktoren als systemische Skeletterkrankungen ursächlich zu vermuten sind.
Gerade für Brachygnathien konnten nur selten klare Vererbungsweisen eruiert werden, so für eine dominante Prognathia inferior des Rindes oder den "Habsburger Unterkiefer" des Menschen (4160, 5164, 2999, 6286, Abb. 24).
Für die meisten dieser Anomalien blieb die genetische Situation recht komplex, scheinen polygenische Grundlagen und modifizierende Umweltfaktoren mitzuspielen, z.B. bei Pferd (3088), Rind(2812, 513, 2720, 1036, 5277, 2156, 9079), Kaninchen(2413, 2809, 3935, 3588, 9117) und Schaf (7089, 3654, 7158), wo aus einer Paarung von Elterntieren, die beide den Defekt zeigten, nur 16,4 % behaftete Nachkommen resultierten, und somit lediglich von einer genetischen Disposition gesprochen werden kann (1443). Herdenhäufungen zeigten sich dabei mehr für Prognathia inf., Brachygnathia inf. war vereinzelter (9813). Murari(1984) kam beim Schwein nur auf eine Heritabilität von 14 % für die Unterkieferlänge (gegenüber 63 % für die Schädellänge); auch bei Rehböcken herrscht hier breite Streuung (9417). Doch weist in kleinen Versuchstieren die Mandibellänge z.T. eine hohe erbliche Fixierung auf (2275, 9361, 8485). Wegen der psychischen Belastung werden mandibulo-maxilläre Dysharmonien

Abb. 24

Prognathia inferior beim Rind (n. Meyer u. Becker, 1967)

beim Menschen vielfach chirurgisch korrigiert (7648). Beim Schwein sind ja Brachygnathien auslösende, infektiöse Ursachen bekannt (Rhinitis atrophicans, 638); diese knöchernen Veränderungen wurden z. T. als diagnostische Hilfsmittel bei der Bekämpfung dieser Seuche vorgeschlagen (1873). Auch bei Gesichtsverkrümmungen des Rindes ist die Beteiligung von Umweltfaktoren wahrscheinlich (891). Monogenische Determinationen sind jedoch in dieser Art nicht auszuschließen (7424).

Ein Erbdefekt bei Hühnern aber, der genetisch und klinisch dem menschlichen Parrot zweifellos recht ähnelt, ist der sogen. Krüperfaktor, Voraussetzung für die Rassewerdung der Krüperhühner, bei denen es sich gleichfalls um heterozygote, chondrodystrophische Zwerge mit verkürzten Ständern handelt, während die Homozygoten unter krassen Manifestationen embryonal absterben : Zusammen mit ähnlichen Nanomelien des Huhnes ein weiteres Beispiel für unvollkommene Dominanz (4937, 4366, 291, 6855, 6993). Selbst hier ist aufschlußreich, daß der genetische "Background", d. h. ein unterschiedliches Genmilieu in diversen Hühnerrassen die Letalität dieses Gens stark zu modifizieren vermag (2523, 2524). Dies gilt übrigens auch für die rezessive, obligat letale Lamoureuxsche Chondrodystrophie (4367). In Puten führte ein homozygot letaler Erbfehler, der bei Heterozygoten lediglich eine breitbrüstigere Konformation vortäuschende Schenkelverkürzung (Mikromelie, 330) bedingte, zu selektiver Begünstigung - ein weiterer Fall von unvollkommener Dominanz und Überdominanzeffekt. Er ist von einem rezessiven Letalfaktor, der ebenfalls Mikromelie bewirkt, zu trennen (2546). Weitere letale oder semiletale Mikromelien und Chondrodystrophien, sowie zahlreiche genetische Kieferverkürzungen bei Enten, Hühnern und Truthühnern, sowie klinisch wesentlich inapparentere Dyschondroplasien - ohne verkürzende Effekte, aber lahmheitsverursachend - sind in der Literatur beschrieben (320, 4025, 5518, 7389, 7388, 6983, 6987, 8222, 6368, 6369, 8220). Sie werden von einigen Autoren als Symptom einer Allgemeinerkrankung - der Osteochondrose - betrachtet.

Neuere Untersuchungen an rezessiv achondroplastischen Mäusen (4210, 7057, 893, 5228, 3830, 3478) oder solchen mit intermediärer Mikromelie (1049, 8635), an entsprechenden Kaninchen ("Dachs"-Kaninchen, 8991, 6684, 2415) sowie Hunden (2348, 6037) lassen den Schluß zu, daß hier gute Modelle für spezifische Chondrodysplasien des Menschen vorliegen, die - z.T. als direkte Folgen von Enzymblockaden - weitgehend unabhängig von hypohysären Einflüssen sein mögen (7953, 6866).

Economic weightings can be given to different traits, and the traits combined to form an index on which genetic improvement can be based. The weightings however, tend to be influenced by national and international politics, so that the time period over which they might change is much shorter than that of genetic improvement schemes.

R.B. Land, 1978

DYSOSTOSEN, DYSMELIEN

Neben den zuvor behandelten Chondrodystrophien und Mucopolysaccharidosen kommen weitere generalisierte Knorpelverknöcherungsstörungen vor, die ebenfalls als konnatale oder juvenile Knochenwachstums- oder - ausbildungs- abweichungen imponieren und daher letztlich gemeinsam mit diesen Defekt- syndromen unter einem Oberbegriff der Dysostosen zusammenfaßbar wären, wenngleich in der Humangenetik mit dieser Bezeichnung nur spezielle Syn- drome belegt werden (Crouzon, Leri, Brailsford u.a.). So hat die Mandibu- lo-faciale Dysostose (Makrostomie Treacher-Collins) ihre hereditäre Paral- lele bei Kaninchen (2419).

Systemischen Charakter aber haben zweifellos die seit der Umzüchtung zum frohwüchsigen Fleischschwein vermehrt aufgetretenen Lahmheiten in dieser Art, die zunächst als Arthrosis deformans tarsi beeindruckten und später als "Beinschwächesyndrom", Hinterhandschwäche (Leg weakness) apostro- phiert wurden (6614, 6615, 6616, 871, 5991, 1857, 7452, 5066). Sie stellen zu- sammen mit der gestiegenen Kreislauflabilität eine Hauptursache für Abgän- ge dar (7724, 9473). Schon früh konnten Zusammenhänge zwischen mangeln- der biomechanischer Belastbarkeit der Fußknochen und Lahmheitsfällen bei diesen Schweinen mit noch knorpeligen Epiphysenfugen aufgezeigt werden (7971, 1109, 8035) und heute werden denn auch diese Erscheinungen z.T. den durch frühe Belastung unreifen - weil zu schnell gewachsenen - Gewebes ausgelösten Osteochondrosen mit genetisch-hormoneller Komponente zuge- rechnet (2876, 2877, 6292, 8025, 5943, 6903, 6294, 5272, 2740, 6917, 6918, 4279, 9349, 9350, 9097). Die Biomechanik der fraglichen Strukturen hat gesicherte genetische Grundlagen, die Selektionen ermöglichte - besser als durch subjektive Adspektionen (9372) -, wenngleich dies sicherlich eine gewisse Erhöhung des Schlachtkörper- Knochenanteils bedeuten würde, da die Korrelationen zu qualitativen Knochenbestandteilen offenbar nicht sehr eng sind (6114, 6118, 6617, 1601, 5454). Diesbezüglich durch Wiehn (1982) geschätzte Erblichkeitsgrade sind infolge methodischer Ungenauigkeiten offenbar unterschätzt: So kann die Heritabilität der stark erblich geprägten Knochenstärke (ermittelt als Fugenfläche) bei exakter Messung niemals 0 betragen (es sei denn bei ingezüchtetem Material); sie ist aber Basis zur Berechnung der Zugfestigkeit.

Analoges gibt es aus der Pferde- und Hundezucht, ja selbst bei Schafen, wo gleichfalls große, jugendliche und schnell wachsende Individuen verstärkt - und familiär gehäuft - an einer Osteochondritis dissecans erkranken - allerdings vorwiegend im Schultergelenk und weniger an den Hintergliedmaßen (7149, 2101, 5060, 10025, 9108, 9109, 9110). Doch werden diese Spezies ja nicht vergleichbar auf hypertrophe Hinterviertel gezüchtet wie das Schwein. Bei Fohlen geht dies oft mit Stellungsanomalien einher (342, 8091). Und aus Zuchten schnellwüchsiger Broiler und Puten und intensiv gemästeter Rinder und Schafe wird über solche Osteochondropathien berichtet (8221, 566, 1684, 8811, 8812, 8813, 8814, 8815). Auf der anderen Seite sind es gerade Groß- und Schnellwüchsigkeit bei Mensch und Hund (z.B. Doggenartigen), welche später besonders zu bösartigen Erkrankungen des Knochengewebes prädisponieren (Tumoren, Osteodystrophien etc., 2456, 1033). Das Schwein wird unter den Bedingungen landwirtschaftlicher Tierzucht ein Tumoralter aber normalerweise nicht erreichen.

In dieses Kapitel einzuordnen sind zudem z.T. hocherbliche Formen multipler Exostosenbildung bei Mensch und Tier, beispielsweise Pferd, Hund und Schwein (5413, 7436, 7035, 3352, 2574, 1235, 2567, 2663), möglicherweise auch idiopathische Akropachien (z.B. Geflügel, 9557), der Akroosteolysis (7985, 137), sowie familiäre Varianten der Osteodystrophien und Osteogenesis imperfecta in Rindern (3496, 5863, 3795). Auf systemische Osteopetrosen konnte außerdem schon hingewiesen werden.

Haben die vorgenannten Leiden meist eine polygenisch - dispositionelle Basis mit Umweltkomponente (z.B. relative Mineralstoffunterversorgung, 1924), so stehen bei den Tibiatorsionen und Perosis kopierenden Defekten des Geflügels offensichtlich straffere Großgeneffekte im Vordergrund (9841), wenngleich Haltungs- und Fütterungseinflüsse ebenfalls mehrfach deutlich wurden (3263, 7201, 6368, 5303, 670, 3263, 669, 3290, 8654, 9312, 8829, 9130, 9247). Gleiches gilt für einige angeborene Bein- und Zehenverkrümmungen (2310, 3257, 7486). Tibiatorsionen, rachitis- oder perosisähnliche Deformationen und vor allem osteochondrotische, hoch heritable Dyschondroplasien figurieren unter den ökonomisch bedeutsamsten Skeletterkrankungen des Federviehs - vorzugsweise am Tarsus (wie zuvor beim Fleischschwein diskutiert; 1116, 6987, 6988, 6989, 672, 673, 7685, 3037, 6224, 5083, 8223, 9008, 9047, 9289) - und vor allem bei Broilern (8828, 9719, 9718, 8816, 9098). Sie stehen gleichfalls in direktem Zusammenhang mit forcierten Selektionen auf tägliche Zunahmen und Muskelbesatz, welche somit an eine "biologische Grenze" stießen (6294, 6295, 4824, 4825, 3597, 3616, 2466, 6123, 6125, 9456, 9509, 9602). Entsprechende Zehen- und Ballenveränderungen sind konkomitierend - mitunter sogar ektopische Knorpel- und Knochenherde in der Lunge (6481, 10123). Eine Übersicht gab Taylor (1973). Insgesamt müssen diese Phänomene differentialdiagnostisch von infektiös geprägten unterschieden werden (7786, 4233, 5098, 9080), obwohl Interaktionen bestehen können (10013). "Engelsgleiche" Flügelverdrehungen, wie in Gänsen gesehen, sind dabei seltener (2426). Eine die Lokomotion behindernde Tibia- und Ulnamißbildung bei Shetlandponies war rezessiv determiniert (7657); in dieser Spezies - wie auch in anderen Arten, können aber offenbar Gliedmaßendefekte ebenso durch maternale Intrauterineinflüsse entstehen (4930).

Man muß pathogenetisch von diesen vorwiegend auf Veränderungen des Skeletts beruhenden Gliedmaßendeformierungen solche abgrenzen, die hauptsächlich oder allein durch Fehlentwicklungen der Muskeln, Sehnen und Bänder bewirkt werden, wie bei den Arthrogryposen, wo eine angeborene Verkrümmung, Versteifung der Gelenke durch Kontrakturen der Beuge- und Strecksehnen zustandekommt (8115). Manche beruhen allerdings auf primär neuralen Störungen (2111). Doch gehen nicht selten Knochen- und Gelenksveränderungen einher (6771, 565), von denen meist unklar blieb, ob ihnen nur sekundäre Bedeutung zukam. Eindeutiger ist dies beim Marfan-Syndrom des Menschen, jener dominant vererbten "Spinnengliedrigkeit" (Arachnodaktylie und Ectopia lentis), die oft mit Arthrogryposen vergesellschaftet ist, wie

dies von einem ähnlichen, wahrscheinlich rezessiven Syndrom des Rindes ,
der Arachnomelie, in gleicher Weise gilt (6282,5535,6394,8624,8909). Hier
ist offenbar der Kollagenstoffwechsel gestört: Es handelt sich um eine erbliche Kollagenose (7192,23,3038). - Dagegen sind knöcherne Verformungen beim
erblich-dispositionellen Klumpfuß (Talipes equinovarus, Heritabilität bei 72%
) Sekundärfolgen einer angeborenen Fehlstellung des Fußes, die heute in ca.
80 % der Fälle frühoperativ erfolgreich behoben werden kann (4535,8303,9149
).

Überhaupt sind verkrüppelnde Gelenkverstarrungen ein typisches Beispiel
dafür, wie solche Erscheinungen einmal als Bestandteile hocherblicher Anomalien (6621), zum anderen als offensichtliche Phänokopien, als teratogen
bedingte Anomalien auftreten(9656). So wurde die Arthrogryposis/Palatoschisis
der Charolais-Rinder schon verschiedentlich erwähnt (2769,2770,5479). Auch
in anderen Rassen waren familiäre Häufungen angeborener Gelenkversteifungen zu beobachten (2467,5827). Der anläßlich einer "Reichsnährstandsschau"
preisgekrönte Bulle "t" war z.B. Vererber eines rezessiven Arthrogryposis-Gens und sorgte für eine stattliche Zahl verkrümmter Kälber (6309).
Andererseits besteht kein Zweifel, daß teratogene Noxen während der
Trächtigkeit Ähnliches bewirken, so eine Arthrogryposis congenita beim
Schwein durch Aufnahme von Hemlocks-Tannkraut oder Stechapfel (2000,
4510) bzw. durch Lupinenalkaloide beim Rind ("crooked calf syndrome",
1991,7034,4006). Über homologe, aber ätiologisch ungeklärte Fälle wurde
anderenorts berichtet (6389).
Die durch das Akabane-Virus erzeugte"Akabane-disease", ein Arthrogryposis-Hydranencephalie-Syndrom in Wiederkäuern auf der Basis einer fetalen
Enzephalitis, liefert hierzu ein Beispiel für infektiöse Teratogencse (3068,
3694,5868,6980,5465,9234). Ein analoges, weiteres wurde bei Schafen
bekannt (1471). Arthrogryposen, gekoppelt mit Kiefermißbildungen, fanden
sich sporadisch auch in Fohlen (1018). Inwieweit ein "metakarpaler Gang"
junger Ziegen hier einzuordnen wäre, blieb unklar (521); er mag, wie der
angeborene Stelzfuß der Fohlen, mehr zu den vielleicht dispositionell beeinflußten, vorwiegend mechanisch bedingten Sehnenveränderungen des Fußes
zählen (3089,3331,8384). - Die kutano-ossäre Akroosteopathia ulcero -
mutilans scheint in ihrer hereditären Form (Thévenard - Syndrom, 5193)
eineEntsprechung bei Hunden zu finden (7985).

Sehr deutlich ist das Neben- und Miteinander exogener und endogener Ursachenfaktoren des weiteren bei den Dysmelien, den Störungen der Extremitätenentwicklung, die in A-, Mikro-, Phoko, Ektro-, Pero- oder Hemimelien u.a. resultieren. Schon auf Tontäfelchen Ninives beschrieben, nahm Ambroise Paré (um 1590; 6188) noch an, Doppel- und Mehrfachbildungen entstünden durch "Überfluß", verkürzte oder fehlende Glieder durch "Mangel"an Samen. Heute weiß man, daß Defektgene und Schadfaktoren aus der Umwelt allein oder im Zusammenspiel verantwortlich zeichnen - oder man kennt die Ursache nicht. Und es gibt kaum Zweifel, daß die Contergan (Thalidomid)-Katastrophe und die öffentliche Reaktion darauf bei vielen Wissenschaftlern überhaupt erst vertieftes Interesse für teratologische und genetische Studien weckte (4540, 4537, 7466). Doch sieht Childs (1977) schon wieder Beweise dafür, daß Erbforschung von vielen Ärzten ignoriert oder kaum verstanden wird, worin sie sich somit von Tierärzten nicht unterscheiden. So wird in der menschlichen Gesellschaft Einsicht in Notwendigkeiten erst geweckt, wenn ein dringender Bedarf entsteht. Der Embryo ist da klüger, er entwickelt die Gliedmaßen, bevor er sie braucht (805).

Während der Organogenese bilden sich die Gliedmaßen aus Knospen, welche mit Mesoderm gefüllte Ektodermsäcke darstellen - wobei die Entwicklung der Vordergliedmaßen (Arme) der Hintergliedmaßen (Bein)-Ausbildung immer etwas voraus ist, was gleichermaßen für Mensch, Maus u.a. gilt (2923). Mesenchym und Ektoderm bedürfen beim Wachstum der gegenseitigen Induktion. Bei diesem genetisch und nutritiv gesteuerten Austausch von Stoffen und Reizen kann es durch Fehlsteuerungen, Intoxikation oder Mangelversorgung zu Wachstumsstillstand, -entgleisung oder Degeneration kommen, woraus je nach Ort und Zeitpunkt des Angriffs der Noxe unterschiedliche Dysmelien hervorgehen (8413). So unterliegt die Biosynthese der für die Bindegewebsausbildung unerläßlichen Mucopolysaccharide nicht nur genetischen Blockaden (S.a. Mucopolysaccharidosen), sondern der Inhibition durch teratogene Substanzen, wozu bei Nagern u.a. Cortison und Salicylate in hohen Dosen zählen (4457). Andere Hormonüberdosierungen, desgleichen Strahlen, können gleichfalls Skelettanomalien induzieren (2078, 6921).

Hypertrophische Veränderungen der Ektodermal- oder Spitzenkappe sind die ersten embryonalen Abweichungen, welche bei der rezessiven Syndaktylie der Maus (sm, 2921, 5208) feststellbar sind, noch bevor es durch Konzentrationen im zentralen Mesoderm zu Verschmelzungen bzw. zur undifferenzierten Ausbildung von Phalangenanlagen kommt. Andererseits sind bei der dominanten Oligosyndaktylie (Os, 2922) morphologisch erkennbare Zellreduktionen im Mesoderm die ersten Anzeichen einer Fehlentwicklung; homozygote Letalwirkung kommt durch Mitose-Stop in der Metaphase zustande (9383). Dies läßt auf die vielfachen Pfade der Wechselwirkungen schließen, die, insgesamt betrachtet, eine Unzahl kombinierter oder isolierter Defektsyndrome verursachen können. Genetische Formen der Syndaktylie ("Einhufer", Mulefoot disease) kamen weiter bei Schwein und Rind zur Beobachtung, welche, obwohl einfach mendelnd geprägt (rezessiv, 3841), durch stark variable Manifestation gekennzeichnet waren (6858, 51, 52, 4505, 4508, 6378, 4333, 8158, 2928, 5690, 2951). Man testete verdächtigte Träger durch Anpaarung an (homozygote) Behaftete, z.T. unter Verwendung von Polyovulation, Embryotransfer und vorzeitigem Kaiserschnitt (9318). Auch Einzelfälle unklarer Genese, teilweise als Bestandteil umfassenderer Mißbildungen oder genetischer Syndrome, wurden aktenkundig, wie dies vom Menschen gleichfalls bekannt ist (314, 5691, 1249, 573). Hier gehören Syndaktylien zu den häufigsten Handmißbildungen (4714, 6371).

Syndaktylie war zugleich Teil einer sehr komplexen Mißbildung multipler Art bei Schäferhunden (Abb. 25), die in ihrer gleichzeitigen Auswirkung auf Wirbelsäule und Rippen (Brachyurie, Synostosen, 6278) noch am ehesten der rezessiven Oligodaktylie der Maus vergleichbar war (2923), wenngleich in einem Zuchtexperiment genetische Ursachen nicht nachgewiesen wurden. Auch beim Rind sind nahezu 60 % der Gliedmaßenmißbildungen mit Anomalien anderer Organe vergesellschaftet, was man ebenso in umgekehrter Richtung sehen kann : Von 21 Letalmutationen beim Huhn sind mehr als 8 mit Dysmelien verbunden - ein Zeichen für die Verwundbarkeit der Gliedmaßenknospen (4368, 4369, 6393).

Die im Rahmen von Chondrodystrophien vorkommenden Mikromelien waren schon zur Sprache gekommen. Gerade die in Zusammenhang mit mikromelischen Syndromen beim Huhn vielfach nachgewiesenen, untrennbaren Verquickungen von Erbe und Umwelt (= sprich Teratogen) - unterschiedliche Dispositionen der Embryonen bedingend (4369)-, die für die wertende Betrachtung aller Dysmelien bedeutsam sind, seien aber nochmals hervorgehoben. - Selektive Verkürzungen einzelner Gliedmaßenstrahlen, bei Mensch und Tier als erbliche Mißbildungen bekannt, bezeichnet man dagegen als Brachydaktylien (2744, 6827, 2334).

Abb. 25
Synphalangie bei einem Schäferhund

Unterbleibt die Entwicklung der Gliedmaßenknospen oder werden diese degenerativ-nekrotisch wieder zerstört (z.B. durch ödematöse Hämorrhagien, lokale Nekrosen etc., 2906), so kommt es zur Amelie, zum Fehlen aller Gliedmaßen. Abgesehen von einigen erblichen Syndromen beim Geflügel, welche partielle oder totale Bein- und Flügellosigkeit bedingen (Apodie, Abrachie, rezessiv oder rezessiv-geschlechtsgebunden, 7930, 3646, 4359, 3418, 2322, 6132), steht der Nachweis hereditärer Einflüsse auf sporadische oder familiäre Fälle bei Pferd, Mensch, Schwein, Schaf, Ziege und Rind bislang auf schwachen Füßen (2648, 4944, 2639, 9001)- ausgenommen vielleicht die bei Poland-Chinas beschriebenen "Stromlinienschweine", ein Letalfaktor (3842).

Sind Aplasien auf distale Extremitätenteile beschränkt, spricht man von
Hemi- oder Peromelien, die z.B. als Pero- oder Adaktylien vorliegen können (Ektrodaktylien, 6391, 3, 3465, 3995), beim Menschen oft als Teil komplexer Syndrome (6783, 663). So bewirkt der rezessiv-autosomale Letalfaktor
Acroteriasis congenita ("amputiert", 775), vorwiegend in Schwarzbunten Rindern, seltener in Rotbunten aufgetetreten (1994, 6383, 2638), eine komplette Amputation aller Gliedmaßen unterhalb des Ellbogen und Tarsus, sowie einhergehende Schädelmißbildungen. Varianten kommen vor (8545). Angesichts der
doch recht niedrigen Genfrequenz erscheinen Selektionsvorteile Heterozygoter
fraglich (4584). Es gibt ähnliche Defekte beim Geflügel (3481). Auch die infektiös-virusbedingte Ektromelie der Maus soll hier vergleichend nicht vergessen
werden ("Mäusepocken", 3996, 9385).

Kennzeichnend für viele dieser Erscheinungen ist die trotz deutlicher Genwirkungen ausgeprägte "variable Expressivität", so auch wieder bei den in
Mäusen und Gallowayrindern beschriebenen Hemimelien mit rezessiver Prägung (6496, 4518, 6091, 2252). Ametapodische Leghornhühner sind aufgrund
"unvollkommener Dominanz" dieses Defekts bei Heterozygotie noch schlupffähig, während sie bei Homozygotie embryonal absterben (1493, 1494). Einer
ähnlichen Situation begegnet man in hypodaktylen Mäusen, die homozygot
monodaktyl und lebensschwach, heterozygot aber nur mit Veränderungen an
einer Phalanx behaftet sind (3624). Analog stellt es sich bei der "Dactylaplasie" dar (1302). Dagegen ist das Bild rezessiv hypodaktyler Ratten wesentlich uniformer (5362).

Unvollkommene Dominanzwirkung, z.T. fetale Letalität, bzw. Interaktionen
mit anderen Erbanlagen zeigt auch der Erbgang einer schweren Anomalie bei
Mäusen, die eine Verschmelzung beider Hintergliedmaßen bewirkt, sogen.
"Sirenen", mit Mißbildungen des Beckens und im craniofacialen Bereich einhergehend: Es sind Voll-Sirenen, Halb-Sirenen und solche Phänotypen zu unterscheiden, bei denen die Beine nur aneinanderliegen (3533, 8241). Obwohl
diese sirenoiden Individuen naturgemäß Schwierigkeiten beim Defäkieren und
Harnlassen haben - zumal die Nieren öfter fehlen - erreichen einige ein erstaunlich hohes Alter (3532, 9603). Sporadische Sirenomelien des Menschen
sind dagegen fast ausschließlich Totgeburten; ohne daß erbliche Effekte deutlich wurden, traten sie bei eineiigen Zwillingen und in Kindern Erstgebären-

der häufiger auf als bei anderen Müttern (4358, 9326).

Auf das Gegenteil der Sirenomelien und Syndaktylien, die Polymelien und Polydaktylien, die ebenso hierher gehören, war schon bei den Doppel- und Mehrfachbildungen (S. dort) eingegangen worden, auf nichtgenetisch auftretende, aberrante, d. h. an irregulären Körperstellen befindliche, überzählige Gliedmaßenanlagen (z.B. Kephalomelien, 3484) sei nur kurz verwiesen. Bei einem rezessiv-autosomalen Letalfaktor des Huhnes treten Syn- und Polydaktylien simultan auf (7173).

Phokomelien ("Robbengliedrigkeit", Saint-Hilaire) sind durch Agenesien proximaler Gliedmaßenabschnitte bei gleichzeitiger Ausbildung peripherer gekennzeichnet, die somit oft direkt dem Schulter- oder Beckengürtel entspringen, wie es für das sogen. "Dysmelie- oder Wiedemann-Syndrom" (Contergan-Embryopathie) als charakteristisch herausgestellt wird, obwohl die Symptome hier von ausgeprägten Phokomelien bis zu bloßen Radiusaplasien oder Daumenhypoplasien reichen, begleitet vom "Thalidomid-Gesichtsausdruck" und Defekten an inneren Organen (4134, 8005). Bei diesen - wahrscheinlich mesenchymalen - Schadwirkungen wird immer wieder die Bedeutung des Zeitfaktors und der Genomspezifität unterstrichen (5629, 7476, 7677), was auch in Untersuchungen an Kaninchenstämmen deutlich wurde (9927).

So sind Amelien nur bei teratogenen Einwirkungen vor dem 24. Tag der Embryonalentwicklung hier möglich, da die kritische Phase der Extremitätenausbildung zwischen dem 24. und 34. Tag liegt (7621). Phokomelien auslösende Noxen müssen vor dem 28. Tag liegen, danach werden i.a. nur noch geringgradige Defekte verursacht.

Die genannten Mißbildungen müssen nicht immer symmetrisch, sondern können asymmetrisch vorliegen, was von Abweichungen der Gliedmaßen von Größennormen in gleicher Weise gilt, z.B. bei Schwein und Huhn (1995, 6629). Familiär gehäufte oder sporadische Phokomelien wurden vor dem Vertrieb von Contergan bekannt, z.T. durch kommerzielle Zurschaustellung sogar sehr bekannt (7350). So rühmte man den "notorisch" phokomelen Pepin - 1800 als 62jähriger in Paris gestorben, mit gutausgebildeten Händen und Füssen, die ihm unmittelbar aus dem Rumpf sprossen - wegen seiner exhibitierten Geschicklichkeit, die er auch beim Geschlechtsverkehr unter Beweis stell-

te - dies allerdings wohl nicht öffentlich (4014).
Die Contergan-Katastrophe ist im übrigen ein Lehrbeispiel dafür, wie - bei weitgehender Nichtübertragbarkeit von Ergebnissen aus Tierexperimenten - statistisch/epidemiologische Erhebungen die entscheidenden Hinweise gaben, selbst wenn sie in Planung und Durchführung natürlich nicht immer unangreifbar waren (8007, 8006, 6336, 7052). Dringlichkeit der Probleme und Perfektion ihrer Lösung sind eben unvereinbar - auch in der Wissenschaft.

Avoid extremes and shun the side of such
who always laugh too little or too much.

W. Shakespeare

ZENTRALNERVÖSE AUSFÄLLE

Im Verlauf der Neurulation bildet sich in der ektodermalen Neuralplatte durch symmetrische Furchung die Neuralrinne zwischen den Neuralfalten oder - wülsten, und schließlich durch dorsale Aneinanderlagerung und Verschmelzung der Wülste das Neuralrohr. Dabei sind wechselseitige Induktionen zwischen Meso- und Ektoderm erforderlich, ohne die es zu einer ordnungsgemäßen Anlage und Entwicklung der Derivate weder des einen noch des anderen kommt (3363).

Schon bei der Spina bifida war angedeutet worden, daß sie, wie die Enzephalocelen, oft nur Resultate solcher Hemmungsmißbildungen, eines mangelhaften Schlusses des Neuralrohres darstellen. Schwerste Folgeerscheinung kann dabei die Anenzephalie, das völlige oder teilweise Fehlen (Pseudanenzephalie) des Großhirns sowie anderer Teile des Zentralnervensystems sein. Während bei Mäusen , im sogen. "oel- strain", Anencephalus klar rezessivem Erbgang folgte und auch ältere Berichte m.o.w. einfach mendelnde Erbgänge in dieser Art objektivierten (1048, 2915), ist die ätiologische Situation generell nicht so eindeutig: Phänokopien stellen offensichtlich gerade bei diesen ZNS-Anomalien ein starkes Kontingent. Nicht nur, daß sie bei Nagern durch Röntgenbestrahlung, Hypoxie oder Mangeldiäten auslösbar waren (5333), - beim Menschen fallen gleichfalls neben einer nur selten beobachteten familiären Häufung (1396, 3755, 580) regionale (urbane !) und saisonale Einflüsse hinsichtlich ihres Vorkommens auf (7690, 5229, 286, 1108).
So ist die Diskordanz in Zwillingen hoch und das "Wiederholungsrisiko" für Eltern, ein zweites anenzephales Kind zu bekommen, bei 30 : 1000 (6135, 4979). Diese Mißbildung stellt in menschlichen Populationen einen hohen Pro-

zentsatz angeborener ZNS-Störungen, doch bestehen gewisse Geschlechtspräferenzen : Weibliche Feten werden öfter hirnlos geboren als männliche (5232,1155,3752). Insgesamt selten gesehen bei Haustieren (1486,1767), wurden die wenigen beim Rind beschriebenen Fälle durch Cho u. Leipold (1977,1978) kompiliert.
Im übrigen stellt die Hirngröße (relatives Hirngewicht) auch in normalen Grenzen ein gesichert heritables Merkmal dar. Dies wurde an kleinen Versuchstieren ermittelt (6945,3033,3034,3326,2088,8472,8473), kommt aber letztlich auch in evolutionären Selektionsprozessen, z.B. einer Verringerung der Hirnkapazität unserer Haussäuger (gegenüber der Wildform) zumindest teilweise zum Ausdruck, wenngleich es sicher nicht ausreicht, 6 Hausschweine diesbezüglich mit 6 Wildschweinen zu vergleichen (3355,4290), da es die insbesondere von Hemmer(1983) zu Recht betonte genetische Komponente , d.h. eine entsprechende Vorselektion des Tiermaterials bei der Haustierwerdung durch den Menschen nicht berücksichtigt. Es ist damit zudem noch nichts über einen "Intelligenzverlust" gesagt, wenngleich in Lernversuchen an Mäusen gewisse Korrelationen deutlich wurden (5806). Das artspezifische Hirngewicht scheint ohnehin durch allometrische Hirn-Körper-Relationen nur unzulänglich faßbar, da offenbar noch andere Faktoren eine Rolle spielen(9414).
Selbstverständlich können auch intrauterine Schadwirkungen, z.B. durch Anti-Epileptika u.a.(3407), Kopfumfang und Hirngröße beeinträchtigen (973). Mikrozephalie bzw. Mikrenzephalie kommt sporadisch in Säugern, als monogenisch geprägte Form beim Menschen vor (M. vera,4158,2291). Ebenso wird über familiäre Fälle von mit Schwachsinn verbundener Makro- oder Agyrie (Lissenzephalie, furchenlose Gehirne) berichtet(1822), z.B. auch bei Hunden wie Lhasa Apsos (2826). Zerebraler Gigantismus wurde ebenfalls aktenkundig (4252).
Des weiteren gehören hierher Arhinenzephalien, Otozephalien (Synotien bei dysplastischem Neurocranium) und Zyklopien (Holoprosenzephalien, zentrale Verschmelzung beider Augen, bei Mensch meist mit rüssellähnlichem Nasenrudiment), die, oft miteinander oder sonstigen Defekten vergesellschaftet (6391), sporadisch bei Rind (1383,9963), als Phänokopie bei Schaf u.a. Wiederkäuern (durch Nieswurz, Veratrum californ., mit "Cyclopamin" als

Teratogen !, 769, 2685, 5402, 1096, 9534) und Ratte (Vinca rosacea, 8231), und exogen oder genetisch gesteuert in Hund (2408, 3945), Nagern (2915, 2277, 9178), Huhn (8668), Mensch (5278) und sogar Bienen gesehen worden (8137), gelegentlich in Verein mit Chromosomenanomalien. Als Synophthalmus bezeichnet man eine Cyclopia incompleta. Die - meist in den ersten Lebensmonaten sterbenden - Zyklopen beschäftigten früh die menschliche Phantasie - schon Odysseus kämpfte mit ihnen und auf sumerischen Terrakotten ist dargestellt, wie Götter sie töten.

Bei der Maus verhindern etliche Letalfaktoren entweder die Ausbildung einer Neuralrinne überhaupt, bedingen eine völlig irreguläre Fältelung der Neuralwülste oder ein degeneratives Offenbleiben der Neuralfurche (7163). Dabei wird häufig unvollkommene Dominanz ursächlicher Gene deutlich: Letalwirkung in Homozygoten, mildere Manifestationen in Heterozygoten (Schwanzmißbildungen und Verhaltensstörungen bei Lp(Looptail)- Mäusen, Depigmentierung bei Sp (Splotch, 345)). Im übrigen verwundert nicht, daß die Symptomatik so frühembryonal angreifender Störungen komplex ist: Anenzephalien, Hydrozephalus, Spina bifida und Rhachi- bzw. Myeloschisis gehen öfter Hand in Hand. Das schließt, wie gesagt, nicht aus, daß sie auch isoliert auftreten, z.B. als Exenzephalie bei Maus und Geflügel, meist mit Akranie (Fehlen des Schädeldaches) verbunden (7874, 6183, 7874).

So wurde schon auf die fakultativ multiplen pathogenetischen Mechanismen hingewiesen, aus denen angeborener Wasserkopf resultieren kann - entweder auf die Ventrikel beschränkt (Hydrozephalus internus) oder mit Flüssigkeitsansammlung im Subarachnoidalraum (H. externus). Rezessive Erbgänge konnten bei Maus, Ratte und Goldhamster aufgezeigt werden (2917, 5860, 8326), wenngleich auch hier wieder z.T. mit bedingter Wirkung in Heterozygoten, d.h. partieller Dominanz (2831). Der klassische Wasserkopf ist zwar i.a. durch eine Umfangsvermehrung des Hirnschädels gekennzeichnet (Makrozephalie), doch muß dies nicht so sein: So wurde bei einem anderthalbjährigen Kind eine völlige Druckatrophie der Hirnrinde bei gleichzeitig normaler Kopfgröße konstatiert (170). Neben einer reichen Kasuistik teratogen, d.h. durch exogene Noxen (z.B. Toxoplasmose bei Mensch und Tier, 8369), ausgelöster Liquorvermehrungen im Hirnkanalsystem, können gene-

tische Abflußverlegungen oder Kommunikationsbehinderungen vorkommen :
Atresie des Foramen Magendie (seltenes Dandy-Walker-Syndrom, mit Vergrößerung des 4. Ventrikels im Occipitalbereich, 1426), x- chromosomal
vererbte Stenose des Aquaeductus sylvii u.a. (2038,1151). Bei Rind und
Schwein wurde Hydrozephalus als rezessiv-autosomaler Letalfaktor oder als
Ereignis ungeklärter Ursache registriert (1080,2676,424,7729,7730,2844,
2846,3637,363). Von 117 Mißbildungen des ZNS bei 97 Kälbern waren 66
Hydrozephalus int., 14 Spina bifida, 10 Arnold-Chiari-Syndrom, 10 Kleinhirnveränderungen, 5 Meningoenzephalocelen, 4 Anenzephalie, 3 Mikrenzephalie, 2 Corpus callosum-Agenesien, 2 Hydranenzephalien (völlige Verdrängung des Gehirns durch Flüssigkeit, z.T. auch virusbedingt,362,363,
8627), und 1 Arhinencephalie (1381). Die Frequenz von Wasserkopf in der
Verwandtschaft von Anenzephalie- und Spina bifida- Fällen ist 2- bis 5fach
erhöht (1478). Polyfaktoriell bedingtes Fehlen des C. callosum beschreibt man
auch aus Mäusen (10079).

Neben bakteriell oder parasitär bedingten Enzephalitiden kommen Viren
als Verursacher dieser u.a. embryonaler Mißbildungen infrage, wie schon
bei der Akabane-disease erwähnt (7551,959), wenngleich der Nachweis
wirksamer Stressoren im nachhinein oft schwerfällt (6296,6388). Man geht
nicht fehl in der Feststellung, daß Wasserköpfe bei allen Säugern als induzierte oder "spontane" ontogenetische Fehlleistungen auftreten können,
selbst bei Vögeln wurden sie schon, z.B. in Zusammenhang mit Haubenbildungen, erwähnt. Bei unseren Hausfleischfressern, so bei Nerzen ("Dickkopf",4310) und Katzen (7060), insbesondere aber beim Hund, spielen sie
als hereditäre Anomalie eine züchterische Rolle. Sie werden- z.T. in tierschutzwidriger Weise - bei einigen verzwergten und vor allem chondrodystrophischen Rassen (Chihuahuas, Pekinesen,Toy-Spaniels u.a.) vom "Rassestandard" geradezu gefordert, damit diese Hündchen ihrer Rolle als hilfsbedürftiger Kindersatz besser gerecht werden (7985). Ähnlich bedenkliche
Tendenzen zeichnen sich heute bei Perserkatzen ab. - Wie schon gesagt,
kann Virus für diese Abnormitäten ebenfalls verantwortlich sein.: Mit Mumpserregern infizierte Hamsterfeten entwickelten Hydrozephalus (3846); genetische Störungen des Vitamin A-Stoffwechsels werden gleichfalls inkriminiert

(4623). Eine Liste von Fällen bei landwirtschaftlichen Nutztieren stellte u.a. Wiedeking(1969) auf und weitere Berichte finden sich anderenorts (7157, 3641, 3642, 1772, 9535).

Die durch Hirn- oder Neuronenödeme verursachten "spongiösen" Degenerationen des Gehirns sind hier zu subsumieren (7718) - Erbleiden des frühen Kindesalters, denen biochemische Stoffwechselentgleisungen zugrundezuliegen scheinen. Solche rezessiv-autosomalen Vakuolisierungen und Ödematisierungen (S.a. Speicherkrankheiten) des ZNS wurden auch bei Kälbern gefunden (1555, 825, 7944, 1724), z.T. als rezessiv erbliche Neuraxialödeme (9516, 9073, 8797). Pathogenetisch ähnlich gelagerte Paralysen oder Ataxien gelangten bei Schafen und Versuchstieren zur Beobachtung (1554, 7750, 5091, 1944, 9704). Astrozytosen des Gehirns können zudem vereint mit Gefäßanomalien auftreten (555). Und von Ratten wurde bekannt, daß die Anfälligkeit für allergisch bedingte Enzephalomyelitiden der Steuerung durch wenige Großgene unterliegt (8183, 2597); auch bei Marek-ähnlichen, neuritischen Paralysen des Huhnes denkt man an dispositionelle Autoimmun-Prozesse (8564).

Die ätiologisch ungeklärte Arnold-Chiarische Mißbildung - bei Menschen häufiger, und oft mit vorgenannten Defekten verknüpft, bei Rindern selten beschrieben (2455) - stellt einen Übergang zu Kleinhirnveränderungen und solchen des verlängerten Rückenmarks dar, da sie zwar gleichfalls durch Liquor-Zirkulationsstörungen und Hydrocephalus geprägt, besonders aber durch zerebelläre Ausfallserscheinungen bedingt und gekennzeichnet ist. Das Kleinhirn ist ja sonst bei den o.a. Anomalien weitgehend unbeteiligt ; ist es durch Agenesien, Hypoplasien oder degenerative Prozesse betroffen, sind Ataxien, Bewegungs- und Koordinationsstörungen, das auffälligste Symptom. Solche zerebellär-ataktischen Syndrome mit familiärem oder sporadischem Auftreten wurden vielfach beschrieben: Bei ihnen ist die Gefahr, durch vertikale Virusinfektionen bewirkte, angeborene Kleinhirnveränderungen, wie bei Rind und Katze aufgezeigt(472, 1051, 102, 780, 4072, 8699), als einfach mendelnde Defekte zu mißdeuten, besonders groß. Diese Problematik ist in vielen älteren Berichten nicht genügend berücksichtigt(3619, 3840), doch scheinen selbst bei jüngeren Befunden (Pony- und Vollblut-Ataxien, 781, 2209, 5772) exogene Einflüsse nicht immer ausschließbar. Dennoch ist erwiesen, daß zahlreiche genetische oder erblich beeinflußte Formen existie-

ren : So bei Pferd (Oldenburger Fohlenataxie,4164; oder durch atlanto-occipitale Mißbildungen,4967), Rind(u.a. Charolais,2308,4460,2033,5785,469,1686, 9968,9613), Schaf (4404), Schwein(9723), kleinen Nagern (5710,6344,8327,8328 ,8329,6215,8993,9597,10098) und beim Geflügel (4894).
Auf weitere ZNS-Störungen, z.B. in Zusammenhang mit lysosomalen Enzymdefekten, Entmarkungskrankheiten, diffusen Hirnsklerosen, Lipoidosen (7718, 9059) oder mit Depigmentierungsanomalien, war bereits in den entsprechenden Kapiteln hingewiesen worden; die durch bei den Chondrodystrophien aufgeführte Mucopolysaccharidosen ausgelösten stellen einen weiteren Anteil(5523). Bei einigen diesbezüglichen Mäusemutanten will man jetzt durch die Chimärentechnik näher an die Pathogenese herankommen (9472). Progressive, zerebelläre Ataxien kennzeichnen auch die schon a.o. erwähnte Ataxia telangiectasia, jene auf DNS-Replikations- und -Repairblockaden beruhende Erbkrankheit des Menschen (1007).

Die Ataxien führen in einen Bereich zentralnervöser Störungen, bei denen klinische Symptome nicht immer ihr pathologisch-anatomisches Korrelat in deutlichen ZNS- Veränderungen finden. Dies gilt auch für diverse Formen der Zitterkrämpfe, der Myoclonien bei Mensch und Tier (1940). So zerfällt die Myoclonia congenita suis, der Zitterkrampf der Saugferkel als eine Ursache von Ferkelverlusten (1789,8699), in infektiös und genetisch bedingte und in pathogenetisch geklärte bzw. unklare Varianten(9485). 97 % der Muttersauen von Zitterferkeln mit zerebellären Hypoplasien und Hypomyelinogenesien wiesen Antikörper gegen Schweinepest auf (3169,2350, 7604). Diese auf plazentaler Infektion der Früchte mit Schweinepestvirus beruhenden Fälle halten Zuchtversuchen nicht stand(5491,7234,8613,8799, 7754). Nach Done(1972) lassen sich alle Formen des Zitterkrampfes, die mit nachweisbaren pathologisch-anatomischen Läsionen des ZNS - meist Myelinschäden(4344) -. einhergehen, in 4 Gruppen erfassen :
A I = infektiöse Form, durch Schweinepestvirus bedingt, mit Kleinhirn - und Rückenmarksschäden, insbesondere zerebellären Hypoplasien ; ca. 40 % der Saugferkel des Bestandes sind betroffen. Antikörper- und Virusnachweis !
A II = infektiöse Form, hervorgerufen durch bislang unbekannten Erreger (Aujezky ?), mit Rückenmarksschäden, klinisch leichteren Verläufen als

A I, aber ebenfalls mit massivem Auftreten in Beständen; eine Virusätiologie ist wahrscheinlich (2970).

A III = erblicher Zitterkrampf, durch rezessiv-geschlechtsgebundenes Gen verursacht, mit Oligodendrozytenmangel und Myelinschäden im gesamten ZNS, schwersten klinischen Verläufen (Sehstörungen, Ataxien etc.); unabhängig vom Eber durch Trägersau vererbt, stets etwa nur 50 % der männlichen Ferkel im Wurf betroffen (3170).

A IV = erbliche Form, durch ein rezessiv-autosomales Gen verursacht, somit nur bei Paarung bestimmter Träger-Sauen mit bestimmten Träger-Ebern im ungefähren Verhältnis 3 (gesunde) zu 1 (kranke) unter den Ferkeln beiderlei Geschlechts auftretend.

A III wurde u. a. bei der Schwedischen Landrasse und ihren Kreuzungen beobachtet, A IV beim English Saddleback. Als Verursacher enzootischer Ferkel- Zitterkrämpfe konnten zudem kürzlich Neguvon- Intoxikationen tragender Sauen identifiziert werden (873, 4146, 2334). - Bei vereinzelt oder liniengehäuft aufscheinenden Zitterkrämpfen- die immer wieder beschrieben wurden und werden, in Ferkelerzeugerbetrieben somit ein echtes Problem darstellen- muß also eher an eine genetische Basis gedacht werden, als bei seuchenhaften Manifestationen (3634, 6070, 6692, 7414, 704, 3103, 3964, 5762). Neuere biochemische Methoden der Fettsäurenmuster-Darstellung im ZNS u. a. bieten hier künftig möglicherweise Handhaben der Differentialdiagnose (5885, 7458, 9486). Auch die Aktivität der Cholinacetyltransferase im Rückenmark soll vermindert sein (10144).

Myelin-Defizienzen zeigt auch die "Shiverer"- Mutante der Maus, sowie andere ("Quaking", 1363, 1892, 2828). Auch bei Hühnern gibt es idiopathische Demyelinisations-Paralysen (759). Bei Absatzkaninchen schließlich sind Krämpfe durch Lindan- Applikation zu erreichen (3118).

Das durch Nachhand-, seltener Vorhandparalysen ausgelöste "Grätschen" oder Spreizbein neugeborener Ferkel ("Splayleg", 1849, 7903) imponiert als ätiologisch gleichermaßen heterogen, wenn nicht sogar verbunden mit den o. a. Myoclonien (als "myofibrilläre Hypoplasie", 2608, 4281, 872, 3642), zumal auch hier sowohl massiv in Herden, familiär und sogar geschlechtsgebunden auftretende Fälle beschrieben wurden (7598, 7599, 5103, 5537, 4454,

10071,9666). Landrasse und Pietrains sind vor allem betroffen (8773).
Hier werden von einigen Autoren Myodegenerationen als Ursache angesehen
(S.a. dort,8383). Die genannten Krämpfe und Lähmungen sind fast ausschließlich vorübergehender Natur, nehmen "semiletalen" Charakter aber dadurch
an, daß behaftete Ferkel vorzugsweise durch die Sau totgedrückt bzw. im
Konkurrenzkampf um die Zitze benachteiligt werden (1871). Ausnahmsweise
treten sie einmal als Begleitsymptome bei anderen Erkrankungen auf,z.B.
bei Urämien (8203). Die Heritabilität des "Grätschens" wurde zwischen 15
und 64 % geortet (3455). Auf die eventuell primäre Beteiligung myopathischer
Prozesse wurde schon hingewiesen ; solche Querverbindungen scheinen auch
für die "Daft-lamb"- Krankheit der Lämmer zu bestehen (956). Konsequente
Merzung von Spreizern dürfte z.T. zu einer Senkung der Verluste geführt
haben (2750).

Vakuolen im Nucleus ruber stellte man bei der Spastischen Parese (Abb. 26)
der Hintergliedmaßen des Rindes fest(1388,3098), doch scheint dieser Befund
- von anderen Autoren als Artefakt betrachtet(2225)- weiterer Erhärtung zu
bedürfen, zumal verschiedene Thesen der Pathogenese vertreten werden
(7469,6382,4500,6772,301) und gute operative Behandlungsmethoden existieren (1826,2483). Die Einordnung der Stuhlbeinigkeit des Rindes in die
neuralen Störungen - durch Anästhesie-Versuche scheinbar weiter untermauert (4569)- ist somit strittig, kontrovers auch die Einstellung zu Zuchtmaßnahmen: Leistungsvererber amerikanischer, englischer und deutscher
Zuchten geben sie erwiesenermaßen weiter, ohne daß ernsthaft dagegen selektiert wird(142,1728,7984). Dieses resultiert nicht nur daraus, daß die
Anschauung revidiert wurde, dieser Fehler sei ein einfach mendelnder Defekt (2790,6511,4393,2387,3095,6445), und daß vielmehr fließende Übergänge zur Norm bestehen und eine erblich-dispositionelle, polygenische
Grundlage inklusive einwirkender Umweltfaktoren (Haltung,Jahreszeit)
anzunehmen sei (6703,3100,4581,4677,2543,8459),wie durch Züchtung und
andere Erhebungen untermauert wird (7369,7370,7371,7372,7373,6822,
3537,3538,3539,3540,3541,7245) - sondern liegt auch daran, daß einerseits
z.T. erst die Spätform zu starken Beeinträchtigungen, zu schweren Lahmheiten oder Deckuntauglichkeiten führt, andererseits bei ganzjähriger Auf-

stallung diese Stellungsanomalie dem Tier weniger Nachteile bringt. Dispositionell beeinflußte spinale Ataxien gibt es auch beim Pferd (4041).

Spina bifida (aperta, occulta, partialis etc.), jene meist durch insuffiziente Induzierung vom Neurektoderm her zustandekommende Spaltbildung im knöchernen Wirbelkanal, kam schon zur Erwähnung. Ähnlich wie bei der LKG, werden hier Wege der Prävention diskutiert (Vitamingaben, 5328, 7170). Fissuren, Syringomyelien, Diastemomyelien oder schlicht Myelindefizienzen können sich jedoch ohne Beteiligung knöcherner Strukturen finden und fallen mit vorgenanntem Defekt unter den Oberbegriff des "Status dysraphicus" (1892, 1382); diese durch dorsale Schlußstörungen des Rückenmarks ausgelösten Dysraphie-Syndrome sollen nach einer Zusammenstellung von Rieck u. Herzog (1974) ferner pathogenetische Beziehungen zu so unterschiedlichen Anomalien wie Arthrogryposen (Neuromyodysplasie der Hintergliedmaßen, SAP = Syndrom der Arthrogrypose und Palatoschisis in Charolais, S. dort, 3372, 6596), Atresia ani, Abdominalspalten, Aplasien des Urogenitalsystems besitzen. Sie sind ein Musterbeispiel für die vielfachen ontogenetischen Wechselbeziehungen und Kettenreaktionen bei der Teratogenese - aber auch für widerstreitende Theorien der Pathogenese: So wurden von einigen Autoren diese Zustände nicht als Folge mangelhaften Schlusses, sondern degenerativer Wiedereröffnung des Neuralrohres gedeutet (3604). Durch erbliche Syringomyelien (Spalt- und Hohlraumbildung im Rückenmark) ausgelöste Analgesien, Muskelatrophien und Paresen beschrieb man bei Kaninchen und Hunden (8137, 1918). In Goldhamstern zeigte Spina bifida eine Heritabilität von nur 4 % und in menschlichen EZ ist die Diskordanz hoch (5263, 7810).

Mit Spaltbildungen der Wirbelsäule gekoppelte An- oder Brachyurie (Schwanzlosigkeit, Stummelschwänzigkeit) fanden schon mit der Manx-Katze kurze Nennung, die jenen Mißbildungen ihren paralytischen, vom Standard geforderten "hoppelnden" Gang verdankt. Diese Lähmungserscheinungen können bis zu Harn- und Kotverhalten gehen (3573). Homozygotie des Manx-Gens wirkt letal, so daß dies ein weiteres Beispiel für Überdominanz und züchterischen Mißbrauch darstellt (2626). Solche, mit diversen neurologischen Ausfallserscheinungen o. ä. kongenitalen Defekten einhergehenden Amurie-

Syndrome und Schwanzdeformationen wurden aus verschiedenen Arten bekannt, so u.a. vom Rind (3636,6375), Hund (7985), Schwein (1040), Schaf (1243,1244) und von der Maus (2716,1614). Daneben gibt es genetische Schwanzverluste, die nicht mit anderen Normabweichungen verknüpft sind: Jeder kennt die seit Jahrzehnten auf Brachyurie gezüchteten Hunderassen wie Bobtail,Schipperke, Rottweiler u.a., denen man so meist das Kupieren erspart.
Die Zucht von Notail-Schafen mit unbeeinträchtigter Leistung gelang in Ägypten und Amerika, denn mögliche abträgliche Effekte des Schwanzkupierens in dieser Art sind nach wie vor in der Diskussion (3654,2655,7851, 1441). Selbst ohne Zuhilfenahme von Großgenwirkungen, also z.B. der Anuriegene aus Fettsteißrassen, errechnete sich der Erblichkeitsgrad der Schwanzlänge beim Schaf auf 50 % (5742), war selbst in Tailless-Mäusen (T/+) selektiv eine Annäherung an Normalität erreichbar und entsprechen Resultate populationsgenetischer Analysen zur Vererbung der Schwanzgröße dem polygenischen Modell (621,5338,5931); Umwelteffekte und Gen-Interaktionen waren vielfach nachweisbar (8235,4471,8205,5195,5932). Dennoch ist grundsätzlich zwischen hocherblichen und vorwiegend umweltgeprägten oder sporadischen Schwanzverkürzungen (incl. zugehöriger Rückenmarksabschnitte) zu unterscheiden (1311,2313,1929,2842), läßt desgleichen der durch Fehlen der Schwanz-,Kreuz- und Lendenwirbelsäule charakterisierte "Perosomus

Abb. 26
Bulle mit Spastischer Parese (Rinderklinik Hannover)

e*lumbis*" (verkümmertes Hinterteil) kaum familiäre Häufungen erkennen (3967), ein phänomenologisch ähnlicher Letaldefekt in Kälbern ("gebrochener Rücken") dagegen sehr wohl (3766,4348). Inwieweit die "Hyänenkrankheit" des Rindes hier einzuordnen ist, bleibt anzuwarten (9622). Es fehlen Hinweise auf Erblichkeit (2166,4901,5863,9329,8490,8491,8419). Man vermutet jedoch eine zugrundeliegende Autoimmun-Hypophysitis (9665) oder eine Hypervitaminose (9711).

Der schon erwähnte T- Locus der Maus ist noch unter anderen Aspekten sehr interessant. Er stellt offenbar eine "Supergen-Region" dar, die, ähnlich wie der auf demselben Chromosom Nr.17 gelegene H-2-Locus, aus einem ganzen Komplex in der Funktion verwandter Genorte mit jeweils multipler Allelie besteht (2148,5365). So gibt es rezessive t-Allele mit Letalität bei Homozygotie (8463,8464,9874,8904), mit sterilisierendem Effekt auf die Spermatogenese (Oligozoospermie, Autoimmunorchitiden, Gametenselektion, 8285,4798,623, 5708,4795,2688,1888,284,1889,5030,7684,3416,9873,9588), und auch solche, welche die bemerkenswerte Fähigkeit haben, die Rekombination, d.h. das legitime Crossing over für diese Region zu unterbinden - möglicherweise durch DNA-Inhomologien in bestimmten T/t -Konstellationen (7064). So werden konstant bestimmte Haplotypen en bloc vererbt und induzieren den Mendelschen Regeln widersprechende Segregationen ("Transmissions-Verzerrung", 624, 950,8311,5056,5029,2147,3082,9031,9374,8465). Es gibt Hinweise für fließende funktionelle Übergänge zwischen diesem T- und dem H-Locus der Maus (3716). Ein ähnlicher Komplex findet sich bei Ratten, Schweinen und wird beim Mensch vermutet (2671,9644,8963).

Der Import männchensterilisierender t-Allele in Hausmauspopulationen - in denen sie ohnehin segregieren - hatte nicht den erwünschten, populationsreduzierenden Effekt (1974,5933). In panmiktischen Partnerpaarungen scheinen am T-Locus auch sexuelle Vorselektionen eine Rolle zu spielen (4562,9324). Der "Tal"-Locus der Maus hat Auswirkungen, die denen des T-Komplexes ähneln (3556).

Die Gesamtsituation verdeutlicht, daß in derzeit noch vom Schwanzkupieren betroffenen Arten eine Zuchtwahl auf Stummelschwanz teilweise möglich wäre. Dieses ist nicht nur für Hund und Schaf, sondern neuerdings gleichfalls für das Schwein bedeutsam: 55 % der in England angelieferten Schweine sind bereits kupiert - eine antikannibalistische Maßnahme-, denn offenbar ist besonders Börgen in Intensivhaltung der lange Schwanz des Stallgefährten ein ständiger, verkürzenswerter Dorn im Auge, so daß man ihn lieber gleich abschneidet (5926, 5927, 5928, 1589, 1, 3244, 789). - Die schwanzlosen Kaulhühner schließlich fühlen sich nur bei Trockenheit wohl, da ihnen zugleich die Bürzeldrüse abgeht.

Neben den genannten Defekten gibt es z.T. hocherbliche Wirbelsäulenanomalien, die nicht immer oder erst sekundär mit neuralen Symptomen verbunden sind, z.B. Schwanz- und Wirbelsäulenverkrümmungen (Kyphosen und Skoliosen) in Mensch (6251), Vögeln (7529, 7530, 6407, 1854, 8219, 4983), Mäusen (2915, 2919, 2920, 1817, 7568, 3480) und anderen Arten. Sie sind nicht selten Ausdruck genereller Störungen des Kollagenstoffwechsels (5753). Daneben gibt es letale Formen des Torticollis (Schiefhals, 8137, 8953), die in milderen Varianten zudem muskulärer Natur sein können, wie in Mensch und Ente gesehen (9330, 8967). Vandeplassche und Mitarb. (1984) messen den durch intrauterine Fehllagen bedingten größere Bedeutung zu.

Erbliche Knick- und Knotenschwänze stellen in Bullies Rassemerkmale, in Teckeln und Siamkatzen dagegen Rassefehler dar, die nicht selten mit Anomalien kranialer WS-Abschnitte konkomitieren (7985). Sie kommen zudem beim Schwein vor, viele Modelle auch in Mäusen (3642, 3834, 10080, 8991, 8687, 9142, 8530). Außerdem existieren isolierte Hemivertebrae als WS-Verkrümmungsursache (5807).

Zu den angeführten, angeborenen Wirbelsäulen- und Rückenmarksdefekten sind weitere Abnormitäten zu rechnen, die zwar selten vorkommen, aber hier kurz erwähnt seien. Dies gilt für Amyelien, totale Rückenmarkslosigkeiten(6374, 791), sowie Perokormien, Wirbelsäulenverkürzungen oder -Reduktionen, die beispielsweise als m.o.w. einfach mendelnde Letalfaktoren zu lebensunfähigen "Elchkälbern", "Elchlämmern" oder "Elchferkeln" führen (8137). Analoge Mißbildungen fanden sich bei Puten und Hunden; in letzten bilden sie- als Semiletalfaktoren - die Basis der sogen. "Shortspine"- oder "Affenhunde" (7985). Die rezessive "Rachiterata"-Mutation in Mäusen reduziert die Zahl der Halswirbel auf 6 und bewirkt daneben multiple Rippen- und Wirbelanomalien (7567, 7760). Eine Nachhandataxien und taumelnden Gang auslösende Stenosierung des Halswirbelkanals ("Wobbler-Syndrom") wurde besonders in Dt. Doggen und Dobermännern gesehen- aber auch in Pferden (4928, 8431, 10134). Ähnliche Anomalien kennt man vom Kaninchen (8741).

Und in "Gibber"-Zuchten der Kanarien entblödet man sich nicht, den Tieren einen abnorm verlängerten, wie eine "1" abgewinkelten Knickhals (erhöhte Wirbelzahl, Beinanomalien, 9804, S. a. Abb. 27) anzuzüchten und die abnorme Stellung noch durch "Training" zu fördern (Sitzstange unter der Käfigdecke !).

Wie sehr exo- und endogene Faktoren bei neurologischen Störungen oft ineinandergreifen, dafür ist die "Sway-back" genannte Erkrankung der Schafe ein gutes Beispiel: Bei ihr werden spastische Paralysen besonders der Hintergliedmaßen, inkoordinierte Bewegungen und Blindheit durch Demyelinisation und Nekrosen in der weißen Substanz des ZNS hervorgerufen, ausgelöst durch primären oder sekundären Kupfermangel (z.B. Molybdänvergiftungen, 629, 3572). Hier zeigte die Wienersche Arbeitsgruppe signifikante Rassenunterschiede und Differenzen zwischen Nachkommengruppen hinsichtlich der Disposition zu diesem Kupfermangelsyndrom auf - unter identischen Kupferversorgungsbedingungen selbstverständlich (8117, 8123, 8125, 6094). Sie beruhen auf genetischen Besonderheiten des Kupferstoffwechsels, die andererseits auch zu erhöhter Resistenz oder Anfälligkeit bei Kupfervergiftungen beitragen können (8121, 8122, 8127, 8124, 8126, 4741). Eine kompetente Übersicht gab jüngst Done (1976).

Dem Hydrozephalus entsprechende Vakuolisierungen, Hohlraumbildungen im Rückenmark, die Hydromyelien, zeigen fließende Übergänge zu den im Vorangegangenen genannten, sporadisch oder familiär gehäuft auftretenden Syringomyelien, jenen der Cranio-Rachischisis-Gruppe (Status dysraphicus) zugerechneten Spalt- und Höhlenbildungen der Medulla. Diese je nach Lage und Ausmaß variablen Formen der progredienten Analgesien (insbesondere Hitzeunempfindlichkeit, Gefahr der Verbrennungen, 1940), Paralysen, Spasmen o. ä. bedingenden Myelodysplasien wurden mit wenig überzeugendem Nachweis genetischer Bedingtheit beim Menschen (6135, 8231), mit deutlicherer Familienhäufung, aber ungeklärtem Erbmodus beim Kaninchen (5427) und Hund beschrieben (5031). Sie bedingen in bestimmten Linien der Weima-

Abb. 27

Skelett eines homozygoten "Gibber italicus" (n. Schicktanz, 1986)

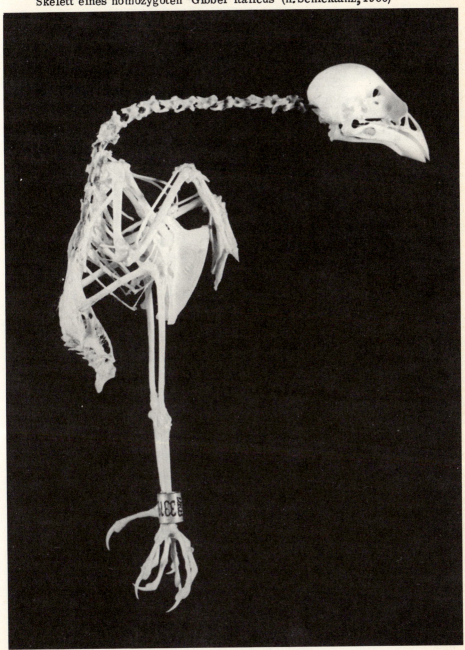

raner Vorstehhunde kriechende, hopsende Gangarten (1535); beim Rind ist die
Genese unklar (8713). Syringomyelien könnten auch durch Mangeldiäten verursacht werden (3535).

Ataktische Syndrome beruhen zudem nicht allein auf zerebellären (4989)
oder vestibulären Ausfallserscheinungen(2158), wie z.B. als genetische
Form bei den Tümmler-Tauben (2132), sondern sind teilweise spinal oder
spino-zerebellär bedingt; dies gilt für die oft mit Diabetes verknüpfte Friedreichsche Ataxie des Menschen, die wahrscheinlich monogenisch als spezifischer Lipidstoffwechseldefekt determiniert ist(3179,1919,458,2295,1721;
in Thiamin-defizienten Ratten kommt es zu ähnlichen Erscheinungen,1177),
sowie für jüngst in Afghanenhunden gesehene Myelomalazien (3865).
Auch bei Tümmlertauben-Züchtern gibt es verharmlosende Einstellungen
zu ihren Defekttieren; ihre Eigenschaft, "sich im Fluge zu überschlagen",
wird als Ausdruck "höchster Lebensfreude" gedeutet, obwohl Todesstürze
vorkommen. Es existieren sogar Nackthalstümmler, denen zusätzlich die
Bürzeldrüse fehlt und die mit "Zitterhalsigkeit" geschlagen sind (6810).
Bestimmte Formen boviner Ataxien und Konvulsionen sind ätiologisch unklar (469), z.B. in Herefordrindern, doch ist eine genetische Komponente gegeben (9759,9760). Daneben stehen reine Spinalparalysen (v.Strümpell,
Mensch, Pferd,6715,Rind,4858,Ziege,5883), jedoch ist vielfach die Abgrenzung nicht so eindeutig (mitunter werden sie durch erblich-dispositionelle Zervikal-Osteochondrosen verursacht,98), da ZNS-Läsionen öfter fehlen, wie
schon bei den spastischen Paresen diskutiert.

Dieses hat noch mehr Gültigkeit für "Krämpfe" oder "Anfälle" bei Mensch
und Tier, ein Kapitel, das ätiologisch und pathogenetisch so komplex ist
wie kaum ein anderes. Die mit Bewußtseinsstörungen und epileptiformen
Krämpfen einhergehenden Anfälle stehen dabei bedeutungsmäßig zweifellos
an erster Stelle. So leiden allein in der Bundesrepublik ca. 500 000 Personen an chronischer Epilepsie - dies entspricht einer Häufigkeit von 0,7%-
1% aus anderen Erhebungen und in anderen Ländern (3762,3763,4533). Je
nach Definition sind diese sehr globalen Zahlen aber entweder zu hoch oder
zu niedrig angesetzt, denn es handelt sich bei den unter "Epilepsie" subsumierten Störungen um eine sehr "heterogene Gruppe zerebraler Anfallslei-

den komplexer Ätiologie (8231)", bei denen man klinisch chronisch-intermittierende, fortschreitende oder stationäre, vorübergehende oder "Occasionskrämpfe" unterscheidet, für deren Auslösung zur endogenen Krampfbereitschaft die exogene Noxe tritt (9431) - ein Faktorenzusammenspiel, wie es mutatis mutandis für fast alle Konvulsionen gilt. Doch sind erblich beeinflußte Fieberkrämpfe und Polymyoclonien des Kindesalters, sowie andere Myoclonus-Epilepsien offenbar ätiologisch abzugrenzen (7673,6452,4142,, 8134).

Nicht weiter zu behandeln sind hier die rein symptomatischen Formen, d. h. die Folgen mechanischer, infektiöser, hypoxischer oder chemischer Schädigung des Gehirns oder auch die epileptoiden Begleitsymptome anderer Erbleiden, z.B. der Homozystinurie, Phenylketonurie, der amaurotischen Idiotie (S. dort) oder anderer biochemischer Enzephalopathien (z.B. auch genetischer Myelinisierungsstörungen, 1129) - und ebenso nicht die mit Farbaufhellergenen gekoppelten zentralnervösen Auffälligkeiten, die schon bei den Pigmentmangelsyndromen besprochen wurden. Was bleibt, sind die "idiopathischen Epilepsien", bei denen die Krämpfe alleiniges erkennbares Krankheitsmerkmal und die Ursachen genetischer und/oder unbekannter Natur sind. Bestenfalls werden abnorme EEG und m.o.w. unspezifische Hirnveränderungen konstatiert (6135,1416). Manche dieser "primären" Fallsuchten dürften ebenfalls - wenngleich "kryptogen" - symptomatisch sein, entziehen sich derzeit aber noch der ätiologisch-pathogenetischen Abklärung. Recht straffe genetische Abhängigkeiten werden beim Menschen insbesondere von Epilepsien des frühen Kindesalters gemeldet (5143), während die Wahrscheinlichkeit Älterer, an symptomatischen, d.h. nichterblichen Varianten zu erkranken, naturgemäß höher liegt. Zahlreiche Zwillingsstudien haben das Wirken erblicher und anderer endogener Komponenten (Intrauterin- und Mikroumwelt) erwiesen und kamen auf Konkordanzen bis zu 91 % in EZ gegenüber nur 7 % in ZZ (3235,3698,948). Das Vorkommen epileptischer Episoden in nächsten Verwandten frühkindlicher Fälle ("zentrenzephaler Typ") lag um 5 - 6 % höher als in der allgemeinen Population (4533). Dies wurde durch neuere Untersuchungen im Grundsatz erhärtet (7674,7675).

Starke Analogien zu der beim Menschen geschilderten Situation finden sich in vielen Tierarten (241). So wurden hocherbliche, in Manifestation und Konsequenz für die Betroffenen unterschiedliche, kongenitale oder im jugendlichen Alter auftretende, durch Krämpfe geprägte Anfälle und/oder Verhaltensstörungen selten beim Rind (2852), etwas öfter bei Kaninchen und Nagern ("tottering" bei Mäusen, tg, 5585, daneben viele andere neurologische Mutanten mit epileptiformen Krämpfen oder Stereotypien, 2745, 9708, 8754, 9904, 9145), häufiger dagegen beim Geflügel, wo man u.a. in Hühnern, Puten und Wachteln viele Beispiele solcher ZNS-Störungen ermittelte: So den Hutt - schen kongenitalen Tremor (7649, 7097), den Cole'schen "angeborenen Wahnsinn" (congenital loco, 3644, 1489, 7102), den geschlechtsgebunden-letalen "Paroxysmus" (1490, 6699, 6347), einige andere epileptiforme Krämpfe (1594, 4469, 3828), sowie die gleichfalls rezessiv vererbten Formen "crazy" und "pirouette", bei denen die Namensgebung alles über die Symptomatik sagt (5014, 5017). Das einzig Verbindende unter all diesen "Epilepsien", Krämpfen, Zwangshandlungen, Paroxysmen etc. ist eigentlich ihr anfallweises Auftreten: So komplex und variabel wie vielfach die Symptome, so vielfältig und rätselhaft oft der pathogenetische Ansatzpunkt. Es kommen umweltgeprägte (8000) und hocherbliche Varianten vor (5700). Hier wird sicher mit fortschreitender Forschung die Gruppe der "idiopathischen" Fälle abnehmen. Denn auch die Objektivierung einer "genetischen Determination" allein sagt noch wenig über den Charakter der Auslösemechanismen. Man vermutet u.a. Neurotransmitter-Fehlfunktionen (9292), ähnlich wie bei Huntington's Chorea (9413), jenem dominant vererbten, mit Degenerationen im Gehirn und progressiver Demenz einhergehenden Anfallsleiden, das recht frequent bleibt, weil es sich erst im Erwachsenenalter manifestiert. Der Defektlocus soll auf Chromosom Nr. 4 liegen (9002).

Induzierte "tonische Immobilisierungen" von Vögeln in erblich geprägtem, unterschiedlichem Ausmaß sind sicher ebenso wie Dispositionen zu Katalepsien in Ratten gesondert anzuführen (2565, 631, 8505).

Wie beim Menschen, so können ikterische Phasen durch exogene Faktoren initiiert werden (Man denke nur an die Schreck- und Ohnmachtsziegen, die Cardiazolkrämpfe in disponierten In dividuen, an die Kataplexien in Kampfstieren, 4271, 9734): Den vor dem Fernsehschirm bei bestimmten musikalischen

Klängen erlittenen Krämpfen entsprechen - cum grano salis - die "audiogenen" Krampfzustände mancher Säuger (2501,3462), insbesondere einiger anfälliger Mäuse- und Rattenlinien (1742,6944,1540,6947,9591,9393), genauso wie es Parallelen bei der "photogenen" Epilepsie (Lichteinfluß, Flackerstimulation, fotomyoclonische Anfälle bei Pavianen, Hühnern etc.,165,4073,8746,9573, 9224) sowie derjenigen gibt, die beim Wechsel der Umgebung apparent wird. Dieses wurde insbesondere deutlich bei den offenbar genetisch beeinflußten Zuständen der Horakschen Laborhunde, wie überhaupt in dieser Art der f'ließende Übergang epileptischer Automatismen zu anfallsweisen Verhaltensstörungen am augenscheinlichsten wird. Wenngleich Schätzungen des Erblichkeitsgrades bislang fehlen und postulierte einfache Mendelerbgänge wenig gesichert sind, so wird dennoch aus vielen Untersuchungen klar, daß es beim Hund gleichfalls genetisch gesteuerte Epilepsien gibt (4916,4917, 1631,2032). Diese Ansicht vertritt auch Fankhauser (1977). Er betont zu Recht, daß erblich geprägte Anfallsleiden - wie z.B. bei belgischen und deutschen Schäferhunden, bei Collies, Keeshonds u.a. registriert (7985, 7728,7871)- weniger ein Rasseproblem, als vielmehr ein Problem bestimmter Familien und Linien innerhalb Rassen darstellen.

Erbliche Fälle beim Hund und auch die nicht seltenen, staupevirusbedingten treten im Gegensatz zu anderen, exogen bewirkten meist schon im jugendlichen Alter auf, doch sind die idiopathischen in den Anfallspausen symptomlos, die virusbedingten dagegen progredient (162,7751). Einmal wurden Anfälle durch einen ins Gehirn gewanderten, zentimeterlangen Pin aus einer Beckenbruch-Nagelung verursacht(6624). Lysosomale Erkrankungen (S.dort) sind neuerdings beim Hund gleichfalls als Ursachen für Epilepsien in Betracht zu ziehen (7985); sie scheinen den Laforaschen myoclonischen Anfällen des Menschen zu entsprechen, welche von anderen, hocherblichen Myoclonus-Epilepsien abzugrenzen sind (3392,5600). Letzte sieht man auch in Zusammenhang mit dominanten, idiopathischen Formen des recht verbreiteten Morbus Parkinson (9671).

Ähnlich einigen epileptogenen oder epileptophilen Hysterien und anderen Verhaltensabnormitäten des Homo sapiens (6197), treten spontane Krämpfe zudem kennzeichnenderweise vermehrt in solchen Hunderassen auf, die mit einer vollkommenen Anpassung an ihren Besitzertyp zugleich auch einer fast kompletten Entfremdung natürlicher hundlicher Lebensweisen unterlagen, z. B. den Pudeln (7985). Damit wird ein Grenzgebiet beschritten, an welches einerseits pathologisch-phänomenologisch klar umschriebene "Anfallsleiden", andererseits anomale Verhaltensmuster ohne klar umrissene Abgrenzung zur Normalität und ohne objektivierbares organpathologisches Korrelat stoßen. So wie es Querverbindungen zwischen humaner Epilepsie und Hysterie, ja sogar zu schizoiden Psychosen gibt (4330), so dürfte auch der biologische Konnex o.a., hocherblicher Syndrome zu Verhaltensabnormitäten unserer Haustiere nicht von der Hand zu weisen sein. Ohne von hier aus in das Gebiet der Ethologen vordringen zu wollen, sollen doch wenigstens einige genetische Aspekte der letztlich zentralnervös gesteuerten Einordnung des Individuums in seine Umwelt betrachtet werden; denn wie ein Organ, so kann zweifellos auch ein Verhalten in der Anlage "defekt" und desintegriert sein. Neuerdings werden schon relativ geringfügige Chromosomenbesonderheiten beim Menschen in Zusammenhang mit geistiger Retardation gebracht (3570, 7222).

Vorprogrammierte Fehlverhaltensweisen oder "Geistesgestörtheiten" sind besonders dort von beträchtlicher Konsequenz, wo es um die Einfügung des Einzelnen in größere Verbände, oder auch - auf dem Haustiersektor - in zu große und auf zu engem Raum eingepferchte Massengemeinschaften geht. Dies nimmt extreme Formen bei der sogen. "Intensivhaltung" des Geflügels an (6551, 6552, 8548). Und von "Leiden, Schmerzen oder Schäden" bei den so gestressten und frustrierten Tieren wird man wohl auch dann schon sprechen können, wenn keine unmittelbaren, sichtbaren Organschäden resultieren (9355). Tierschützer, die hier Verbesserungen anstreben - und von denen sicher einige zu emotional/vermenschlichenden Überreaktionen neigen, werden von der Gegenpartei "Tierschutzfanatiker und Pharisäer" benamst (CZ, 18.1.86), doch haben andererseits manche tierischen Produzenten in Wissenschaft und Praxis der Standespolitik und Karriere oder dem Rentabilitätsdenken offenbar die letzten Skrupel geopfert.

Gruppenhysterien, durch scheinbar nichtige Anlässe ausgelöst und zu wilden Angstreaktionen mit Übereinanderfliegen und Erdrücken starker Kontingente in Raumecken führend (bei Bodenhaltung; die Besatzdichte wird in kg/m^2 berechnet, 9816)- mehr noch durch ständige Übererregung bei Hennen leistungsmindernd wirkend - spielen bei diesen Haltungsverfahren eine verlustreiche Rolle (6160, 3134). Und obschon das eigentlich abnorme Gebaren mehr auf der Seite des Tierbesitzers liegt, der diese Haustiere in einer Weise hält, die ihnen keine Fluchtdistanz zu Fremden und eigenen Artgenossen und keine Abwicklung angeborener, natürlicher Verhaltensweisen mehr einräumt (947, 8552), so sind doch beim Huhn selbst zusätzliche Rassen- und Linienunterschiede in der Anfälligkeit zu solchen Panikreaktionen gesichert (6543, 8549, 8550). Und wie beim Menschen, so neigt in dieser Art das weibliche Geschlecht vermehrt dazu (6549, 6550). Im übrigen besitzen Grad und Ausmaß normaler Bewegungs- und Paarungsaktivitäten gleichfalls gesicherte genetische Komponenten - und das nicht nur beim Geflügel (5015, 2235, 3804, 5715, 8577). So überrascht nicht, daß das Einfangen von Wachteln aus "aktiven" Linien größere Schwierigkeiten bereitete als bei "inaktiven" Exemplaren, besonders, wenn der Fänger dies mit verbundenen Augen versuchte (8551).

Neben den genannten, abwegigen Gruppenreaktionen haben die gegen einzelne gerichteten, übersteigerten Aggressionen, etwa in Gestalt des Kannibalismus, eine Bedeutung. Sie stellen endo- oder exogen geförderte, zu Stereotypien ausufernde Kampfes- und Rangordnungsetablierungshandlungen oder Entgleisungen normalen Futter- und Federpickens dar (101, 8052, 8053), die oft mit der Vernichtung des Stallkumpanen enden. Denn ist dieser erst einmal genügend geschädigt oder "gezeichnet", so setzt die kollektive Ausstoßreaktion ein. Frustrationen sind oft auslösend (8460). Außer stallbautechnischen, klimatischen und fütterungsbedingten Faktoren spielen - wie in anderen Arten - genetisch determinierte, individuelle Überaggressivitäten auf der einen Seite (besonders ausgeprägt natürlich bei Kampfhühnern), sowie zu stark entwickeltes Angstverhalten auf der anderen Seite eine beachtliche Rolle (5185, 8250, 3599, 3601, 6007, 4947, 4949, 1663, 9957, 8550). Genetische Determinanten der Hackordnung tendieren bei Hühnern zum Ausgleich dadurch, daß ganz oben rangierende Hähne am liebsten mit rangniederen Hennen kopulieren (8969). Selektive Ansatzpunkte sind somit gegeben (8996, 9867, 9868) und ihre Ausnutzung ist - im Verein mit der Zuwendung zu physiologischeren Haltungsformen - eher geeignet, den geschilderten Mißständen zu begegnen, als etwa die Ausrüstung der Hennen mit Kontaktlinsen (Scheuklappeneffekt, 198), die durch Zucht oder Stutzung erreichte Schaffung von Hühnern mit spitzenlosen Schnäbeln, oder gar die ständige Berieselung der Tiere mit "Dinnermusic" (5313, 1397). Wenn man allerdings das Rudeltier Huhn in Einzelhaft bringt und sein "Wohlbefinden" sodann mit dem in Gruppenhaltung (auch in Käfigen) vergleicht, so wird man zum Rückschluß "optimalerer" Umweltbedingungen bei der Käfigung kommen (8987). Man versucht jetzt ein für die Käfighaltung bestadaptiertes Huhn zu züchten (8817).

Das Ferkelfressen der Säue oder das Töten eigener Nachzucht ist gleichfalls als Verhaltensabnormität zu werten (6636). Bei Intensivhaltung dieser Tierart werden ja Vorfälle registriert, bei denen Stallgefährten sozusagen von hinten her aufgefressen werden (S. a. Anurien). Und es kommen den dergestalt Verhaltensgestörten nicht einmal Krokodilstränen - nach Plinius d. Ä. bekanntlich solche Zähren, die das Krokodil beim Anblick des blutigen Hauptes vergießt, nachdem es den Rumpf des Opfers verzehrt hat (1391). Rassische Unterschiede beim Schwein wurden beschrieben (10064). Im übrigen ist Zuchtwahl auf "wilde", aggressive bzw. zahme, unterwürfige oder umgänglichere Charaktere auch in kleinen Labortieren, Hunden und Füchsen möglich (2087, 2019, 4047, 6878, 590, 3684), wie überhaupt das ganze Spektrum angeborener, aber modifizierbarer Verhaltensmuster bei Mensch und Tier (h^2 von "Wesensmerkmalen", Temperament etc. bei Hund, Pferd, Rind u. a. , 7985, 298, 9075), insbesondere bei kleinen Versuchstieren, einer vielfältigen Überprüfung auf erbliche Bedingtheit unterzogen wurde, auf die hier nicht eingegangen werden kann (3498, 3285, 7813, 1265, 1161, 9821). So neigen die Mäuseböcke einiger Linien zum "Infantizid", ebenso die Muttertiere ingezüchteter Stämme (9919, 9966, 8905). Selbst das Kopulationsverhalten ist hier ja straff fixiert: Es kopulieren die Weibchen einiger Mäuselinien gleich in der 1. Hochzeitsnacht, die anderer konstant erst in 3. nach Zusammensetzen mit Männchen (1315). Geistesstörungen als Folge von exo- oder endogenen Fehlentwicklungen des ZNS nehmen vor Wasserkopf und Spina bifida einen Spitzenplatz in der humanpädiatrischen Statistik ein (4232).

Daß endogene Psychosen des Menschen, z.B. die mit rund 1 % der Bevölkerungen recht häufige Schizophrenie (4985, 8572), aber auch die manische Depression (5856), signifikante genetische Komponenten besitzen, war schon bei der Zwillingsforschung angeführt worden. Für letztgenannte Psychose wurden noch höhere Konkordanzraten ermittelt als für erste (ca. 77 % in EZ, 7329).

Aus Untersuchungen der Fallhäufigkeit in der Nachkommenschaft Schizoider mehren sich die Hinweise auf klare Großgeneffekte, auf biochemische Auslöser dieser Normabweichungen (3380, 894, 4049, 717, 1530, 1738), die allerdings noch nicht so eindeutige Korrelationen zwischen Verhaltensstereotypien und Enzymanomalien erkennen lassen wie z.B. das Lesch-Nyhan-Syndrom(4906, 6802, 239). Man vermutet u.a. Entgleisungen der Dopamin-Noradrenalin - Interaktionen im Hirn (9111, 9714). Die zumindest partielle genetische Basis wird überdies aus der höheren Frequenz unter Kindern Befallener deutlich, die als Adoptierte in gesunden Familien (gegenüber Kontrollen) aufwuchsen, wo schizogene Umwelteinflüsse daher weitgehend entfielen(6526, 6527). Von den zentralnervös gelenkten Anfallsleiden noch abzugrenzen sind "Krämpfigkeiten", Muskelzittern u.a. Störungen im peripheren Nerven- oder Muskelsystem, die z.B. von Mensch, Rind und Hund gemeldet werden (544, 39, 8056); sie gehören somit in das Reich der Myopathien, wenngleich mit der genetischen Analyse auch die Rolle des ZNS weiterer Abklärung bedarf(9923). Dies gilt ebenso für ein durch muskuläre Steatose und degenerative Myeloenzephalopathie gekennzeichnetes "Pendler-Syndrom" beim Braunvieh ("Weben", 4511, 9035, 9959, 9960, 9961, 9962, Modell in Mäusen, 8506), wie für die in Terrierschlägen gesehenen "Schottenkrämpfe", welche zwar ebenfalls auf einem anfallsweisen, abnormen Muskeltonus beruhen, jedoch biochemisch-neuraler Regulation unterliegen (4106, 5959). Dagegen mag die erbliche und zentrale Bedingtheit bei einer Verhaltensstörung des Rindes, dem Zungenspielen, eindeutiger sein (5936, auch Fütterungseinflüsse ! 9784), ebenso beim Koppen - einer Unart des Pferdes (7298, 8913, 10061), desgleichen die zerebrale oder spinale Genese einiger rezessiv weitergegebener Nachhandparalysen in Rindern und Nagern (1383, 5577, 771), wenngleich gerade hier Auswirkungen traumatischer Kompressionen des Rückenmarks selbstverständlich immer differentialdiagnostisch mit zu berücksichtigen sind (7169). Über viele neurologische Defektmutanten bei kleinen Versuchstieren, welche hier noch keine Erwähnung fanden, informieren Zusammenstellungen wie Festing(1979) u.a..

Color vision, like other sensations, is a private affair.

W.A.H. Rushton, 1970

SINNESVERLUSTE

Fehlverhalten mag seinen Ursprung in einem gestörten Sensorium oder in Entwicklungshemmungen der Sinnesorgane haben. Genetische Effekte konnten hier bei Mensch und Tier überzeugend nachgewiesen werden. Während aber der kommunikationsfähige Mensch die Objektivierung von Ausfällen der Sinne und ihre Lokalisation in Hirnzonen unschwer ermöglicht, stößt dies bei Tieren auf größere Schwierigkeiten, wenngleich neuere Meßtechniken, die auch die Veterinärmedizin übernahm, Fortschritte brachten. Insbesondere wäre da zu nennen die Messung elektrischer Potentiale über EEG, in Verbindung mit Elektrooculo- bzw. Retinographie oder Cochlearpotentialmessung (4637, 3564, 6620, 6277, 70, 3565, 5184, 2097, 2272, 599, 6280), die verfeinerte Diagnostik durch Fundusaufnahmen und Fluoreszenzangiographie (3413, 3414, 585, 8067, 2620, 1713, 2340), durch Elektronenmikroskopie u.a.m. (5405, 4905). Insbesondere beim Hund konnte dadurch herausgefunden werden, daß durch unbiologische Rassestandards begünstigte Augenfehler, nach der Hüftgelenksdysplasie, an der Spitze der Liste angeborener Schäden stehen (6153).

Wie bisher, seien die Agenesien und Hypoplasien an den Anfang gestellt und die nun schon öfter betonte, fakultativ multifaktorielle Ätiologie nochmals unterstrichen. Anophthalmien, Mikrophthalmien und Opticus- Atrophien bei Neonaten waren z.B. durch Vitamin A-Defizienzen trächtiger Muttertiere auslösbar(3039, 1482, 202, 6787), sowie durch hypoxische Zustände und Bestrahlung - meist in Verbindung mit anderen Anomalien. Bei Fehlen von Lidspalte und Konjunktivalsack spricht man von Kryptophthalmus (François-Syndrom, 2434). Desgleichen sind die ototoxischen Wirkungen von Streptomycin und Kannamycin bekannt, sowie die Hörverluste bei Kindern diabetischer Mütter, um nur einige Beispiele zu nennen (6073,1097,4953,3187). Nicht weiter eingegangen werden soll auf die bereits in Zusammenhang mit erblichen Pigmentmangelanomalien (S. dort) erwähnten Atresien, welche die engen Verbindungen neuraler und sensueller Strukturen verdeutlichen. Ebenso sei auf die im Rahmen von Chromosomenaberrationen vielfach gesehenen, durch konnatale Defekte bedingten Sehverluste(8385,6871,2435,288,5652, 276,3568,3569,5924) und Taubheiten (4864,1697,6628) lediglich verwiesen, desgleichen auf die zahlreichen biochemischen u.a. Defektsyndrome, welche besonders mit Augenfehlern (676), aber auch mit Hörstörungen gekoppelt sind (4046). Sieht man also von den mit okulären oder generalisierten Depigmentierungen einhergehenden An- und Mikrophthalmien ab, wie sie z.B. bei Hamstern (4133), Hunden (7985,2618) und Mäusen (5776) beschrieben wurden, sowie von den infektiös (Toxoplasmose !) verursachten und den gehäuft in Herden oder Würfen auftretenden (1698) - und daher wahrscheinlich exogen/teratogen bewirkten-, so bleiben nur einige isolierte Formen bei Mensch und Tier.

So wurden schon früh hocherbliche, wenngleich polyfaktoriell beeinflußte Anophthalmien bei der Maus ermittelt (1340), und ebenso familiäres Fehlen der Augäpfel oder Mikrophthalmus beim Menschen, oft verbunden mit Maculahypo- oder -aplasie und anderen Augenfehlern (7517,200,3534,6881). Es fiel zugleich auf, daß meist die zugehörige Orbita verkleinert war(5192). Unvollkommene Dominanzwirkungen, d.h. gemilderte Auswirkungen in Heterozygoten, konnte man bei weiteren Erbfehlern der Maus feststellen, die mit einer Verkleinerung der Bulbi gleichzeitig Katarakte bewirkten (5686, 6162,4208,7569): "Dickies small eye (Dey)" ist homozygot einer der frühest wirksamen Letalfaktoren der Maus (7570). Kolobomatöse Mikrophthalmien und Opticus-Hypoplasien kamen zudem in Rattenlinien zur Beobachtung(8297). Solche Tiere haben wegen Laktationsschwierigkeiten und der Tendenz, ihre Jungen zu fressen, eine herabgesetzte Fertilität (1043). Auch bei Hühnerembryonen stellten Anophthalmien, z.T. verbunden mit Schnabelverkürzungen und Hirnbrüchen, einen beachtlichen Prozentsatz (8668). Selbst bei Menschen geht Mikrophthalmie nicht selten mit Anomalien in anderen Organsystemen einher(8884).

Wie man sieht, tritt zu immer denkbaren, umweltbedingten Modifikationen eine phänomenologisch und genetisch komplexe Situation. Dieses gilt genauso für die Mehrzahl der in anderen Arten beschriebenen Mißbildungen auf diesem Sektor, so bei Mensch (7896), Schwein(6442) und Rind (7882, 6320, 2616, 9768). Nur selten, z.B. bei mikrophthalmischen Schafen und beim Rotwild (3184, 5151, 1672, 10077), konnten einfach mendelnde Erbgänge mit einiger Sicherheit objektiviert, öfter dagegen die Beteiligung zentralnervöser Strukturen - meist im Sinne von Hypoplasien - aufgezeigt werden (303, 304, 305, 306), so bei anophthalmischen Mäusen (9803) und beim Merlefaktor des Hundes (7999, 80), was sich im übrigen mit experimentellen Untersuchungsergebnissen deckt (7059). "Genetische Heterogenität ist die Regel (McKusick)".

Nun ist die Augengröße ohnehin, selbst unter Zugrundelegung des polygenischen Modells, eine zumindest mittelgradig heritable Eigenschaft, mit einer Heritabilität von 58 % beim Schwein und gesicherten Eltern-Nachkommen-Korrelationen beim Menschen (7980, 5451). Wegen dieser beträchtlichen erblichen Schwankungen auch in gleichaltrigen, gleichgroßen Individuen, und selbst in Embryonen, ist somit die Verwertung der Augen- oder Linsengröße oder ihrer Inhaltsstoffe (mit gleichfalls mittlerer bis hoher Heritabilität, 79, 3104, 9166, 8520) für allometrische Berechnungen des Alters - wie für verschiedene Arten vorgeschlagen (3989, 3990, 2500, 369, 1538, 2303, 6658) - ein nur globale, ungefähre Aussagen gestattendes Verfahren - und auch nur zulässig in jungen, wachsenden Exemplaren (4853). Diese Ansicht teilen andere Autoren (3745, 702). Überdies eignet sich die Einlagerung von δ-Crystallin in die embryonale Linse zur Erhellung genetischer Mechanismen bei Wachstumsprozessen (8974).

Beim Menschen ist Nanophthalmie mit normalem Sehvermögen durchaus vereinbar (3425). Auch seltene Fälle von Megalocornea mit wahrscheinlich erblicher Basis wurden beschrieben, zwangsläufig verbunden mit Makrophthalmus, welcher nicht selten durch Flüssigkeitsstau bedingt ist (7219). Isolierte Anotien oder Microtien sind in einigen menschlichen Populationen etwas häufiger als Anophthalmien (2113), sie gehen aber bei weitem nicht immer einher mit Atresien der Innenohrstrukturen und Taubheit (1215), sondern imponieren - insonderheit bei Tieren - oft als bloße Ohrmuscheldeformationen oder -abwesenheit (8573). Gleichzeitige Gehörgangsfehlbildungen kommen jedoch vor (2959). Diese m.o.w. monogenisch gesteuerte Stummelohrigkeit oder Ohrenlosigkeit wurde von Schafen, Ziegen und Schweinen berichtet, bei letzten gehäuft in Verbindung mit Hörverlusten und anderen Defekten (8277,4164,8137,4629). Die"normale" Variation der Ohrmuschelgröße ist jedoch beträchtlich und reicht z.B. bei Schweinen der Dt. Landrasse von 140 bis 290 cm^2, mit einer mittleren Heritabilität von 83 % (3028). Dieses ist nicht nur züchterisch beachtenswert, da zu große Ohren - obwohl für Tierärzte hilfreiche Organe zur Blutentnahme und zum Festhalten - die Schlachtausbeute mindern, sondern auch deswegen, weil Individuen mit großen, pendelnden Behängen eher zu Othämatomen und Otitiden neigen als solche, die kleine Ohren steifhalten, was insbesondere für Hunde gilt (391, 7985). Es kennzeichnet die Situation, daß beim Menschen eine Fülle selbständiger oder kombinierter genetischer Innen- und Mittelohrschwerhörigkeiten aktenkundig sind, die insgesamt - durch starke Großgeneffekte charakterisiert (domin., rezess., geschlechtsgeb. Erbgang) - etwa die Hälfte aller Fälle angeborener, kindlicher Taubheit ausmachen (4203,4046,2451,1047). Dagegen wurden bei Tieren bestenfalls in Hunden, Katzen und Nerzen die in Verbindung mit okulokutanen Depigmentierungen auffallenden Hörverluste näher untersucht (S. dort, daneben existieren etliche Mäusemodelle, 8581), denn welche vet. med. Praxis verfügt schon über audiometrische Möglichkeiten? Es ist aber nicht anzunehmen, daß konnatale Gehörschäden bei unseren Haustieren eine kleinere Rolle spielen als bei ihren Besitzern; sie mögen für zahlreiche Verhaltensstörungen mitverantwortlich sein.

Zusätzlich zu den totalen Aplasien gibt es Fälle partieller Atresien. So sind vom Menschen mehrere Formen hereditärer Opticusatrophien bekannt (7152, 2700, 6620, 8661), während sie bei Hunden bisher eigentlich nur in Zusammenhang mit Pigmentdefekten beschrieben wurden (4731). Doch schon in Normalpopulationen ist die Variation des Opticus-Durchmessers beträchtlich, was sowohl an weniger aussagefähigem Material mens.chlicher Leichen, als auch an einem recht homogenen Schweinekontingent gesichert werden konnte (5207, 7980). Hier betrug die Variationsspanne 2,7 - 4,6 mm und die Seitenkonkordanz ca. 70 %. Gültige Speziesnormen für die Zahl myelinisierter Fasern lassen sich daher höchstens -unter Berücksichtigung von Alters- und Körpergrößeneffekten- in weiten Grenzen angeben (1079). Traumen und experimentelle Enukleation eines Auges können sehr schnell zu Asymmetrien

der occipitalen Lobi (Area optica) und Degenerationen des N. opticus führen (2407). Daneben gibt es toxisch induzierte Rückbildungen (8946).
Zahlreich sind die Anomalien im Bereich der Linse, angefangen bei der Aphakie, dem völligen Fehlen, sowie der Mikrophakie. Da die Linse Ergebnis eines Kontaktes des Ektoderms mit dem vom Vorderhirn vorgewölbten embryonalen Augenbläschen bzw. Augenbecher ist, und starke formative Wechselbeziehungen zwischen beiden bestehen, sind Aphakien meist mit anderen Beeinträchtigungen des Bulbus verbunden(2018, 200). Das trifft beispielsweise für die rezessiv-autosomale Aphakie der Maus zu, bei der über verkleinerten Augäpfeln die Lider geschlossen bleiben (7759), desgleichen für eine dominante Form der Linsendegeneration(5656).
Angeborene Linsen-Lageveränderungen, Ektopien und Luxationen, sind häufiger und führen nicht selten zu schweren Sehstörungen und Sekundärkomplikationen. Integrierender Bestandteil des Marchesani- und Marfansyndroms, treten sie auch als isolierte Erscheinungen gehäuft in Familien auf(3788, 7634). Als angeborene Fehler bei Rind und Pferd registriert (5544, 7634), weiß die Kynologie über eine erhöhte Disposition kleiner Terrierrassen zu quasitraumatischen Linsenluxationen zu berichten, welche vermutlich ihre Ursache in einem schwachen Aufhängeapparat und in den diesen Rassen eigenen, bockartigen Sprüngen haben (7985, 476).
Eine noch größere vergleichend-medizinische Rolle spielt jedoch der Graue Star: die Katarakt. Er ist nicht selten zusätzlicher Befund bei den vorgenannten oder noch zu nennenden Augenanomalien (z.B. beim x-chromosomalen, oculo-cerebro-renalem Lowe-Syndrom, 4068, 2133, 164, 3167, 6654), kann überdies durch eine Vielzahl teratogener Faktoren erzeugt werden (3187), oder tritt als selbständige Entwicklungsstörung auf - je nach Art der Störung in unterschiedlicher Manifestation: Total-, Pol-, Schicht-, Zentral-, Punkt-, Nahtstar u.a. sind zu unterscheiden, sowie angeborene und juvenile Formen, die von symptomatischen oder altersbedingten (Cataracta senilis) abzugrenzen sind (6787, 3396). Wenngleich die Mehrzahl insbesondere der sporadischen, einseitigen, aber auch der seuchenhaft oder massiv in Würfen oder Betrieben aufscheinenden Linsentrübungen nichterblichen Charakters ist (7287, 3797, 6695, 2615, 726, 329, 6649, 5606), so wurden doch in zahl-

reichen, diesbezüglich untersuchten Arten genetisch gesteuerte Fälle bekannt, z.T. mit m.o.w. klarer Dominanz oder Rezessivität: In Mäusen (1717, 8411, 1046, 7609, 4157, 164, 9251), Ratten (7168, 7166, 4040, 516, 9133), Meerschweinchen (8436), Rindern (1242, 2614), Schafen (8633), Hunden (7739) und Kanarienvögeln (9893). Aber selbst in der Humangenetik rechnet man bei 8 - 23 % aller kongenitalen Katarakte mit familiärem Auftreten und wurden z.T. einfache Erbgänge postuliert (2450, 5134, 2577, 3633, 8156). Ähnlich scheint die Situation in Pferden (8521).

Über interessante Genotyp-Umwelt-Interaktionen berichtet man in Kaninchen: Eine bestimmte Art der Erbkatarakt trat nur unter besonders reichlicher Flüssigkeitsversorgung der Tiere auf, sonst nicht (2053); doch selbst ein durch Bestrahlung oder Mutagene induzierter Star zeigte Abhängigkeiten vom Genom (2054, 8860). Auch in besonders schnellwüchsigen Broilerstämmen konnten systemische, endogene Einflüsse auf Linsen-Normabweichungen aufgezeigt werden (1454).

Grauer Star war überdies - meist sekundär - in Zusammenhang mit Irisdefekten anzutreffen, z.B. Aniridie, einem dominant erblichen Syndrom beim Pferd : Der Belgierhengst Godvan zeugte mit 124 Stuten 143 Fohlen, von denen 65 - wie er selbst - mit Aniridie behaftet waren (2150). Beim Menschen sind Aniridien ebenfalls oft Bestandteil multipler Mißbildungen(2673). Solches Fehlen der Iris, bzw. ihre Reduktion auf einen rudimentären Rest, beruht i.a. auf einer ausbleibenden Anlage der embryonalen Pupillarmembran.

Andere Irisfehler sind die nicht selten vergesellschafteten Heterochromien und Kolobome(1925, 1926), erste z.T. in Verein mit erblichen Pigmentmangelerscheinungen auftretend (S. dort u. 4108, 4822), aber auch als selbständiger Defekt (3638). Dabei ist es zweckmäßig, eine einseitige Heterogenität der Irispigmentierung als Iris bicolor zu bezeichnen (Uniocular-Heterochromie bzw. Heterochromia iridis), um sie von der Diskordanz der Irisfärbung links/rechts, der Heterochromia iridum bzw. Binocular-Heterochromie abzugrenzen (1950). Iris bicolor bzw. Heterochromie findet sich bei Mensch und Tier besonders in pigmentarmen Augen, so bei etwa 36 % der Schweine mit blaugrauer oder farbloser Iris, gegenüber nur 5 % in braun-gelben Augen (7980, 2619). Dies scheint ein Hinweis zu sein, daß ne-

ben einer generellen Depigmentation öfter offenbar die Farbverteilungsmechanismen gestört sind. Bei Europäern ist ebenfalls Heterochromie reziprok proportional zur Frequenz brauner Augen (2697).
Klinisch wichtiger als eine einfache, angeborene und komplikationslose Verschiedenfarbigkeit der Regenbogenhaut ist zweifellos diejenige, welche Bestandteil ausgedehnterer Defektsyndrome (z.B. Status dysraphicus, Depigmentierungsanomalien) oder symptomatisch für Verletzungen oder Allgemeinerkrankungen ist (Horner-Syndrom etc., 4543, 5603). Im übrigen ist die Augenfarbe ein hoch erbliches Merkmal, wie die Konkordanzrate in EZ zeigt (4768, 4463), wenngleich ihre Vererbung offensichlich dem polyfaktoriellen Konzept folgt, was schon aus den zahlreichen Mischfarben ersichtlich ist (6421, 6579, 7980). "Braun" ist nicht so einfach dominant über "blau" - das gilt auch für Schweine(8880, 8520). Bei Mitteleuropäern, z.B. Franzosen, scheint sich über Dezennien - ein allmähliches Vordringen dunkler Iris-Phänotypen nach Norden abzuzeichnen(1310), ein Vorgang, der sich bei fortschreitender Integration der Gastarbeiter in Deutschland zweifellos fortsetzen wird. Für eine vorteilhafte Irispigmentierung der Bundesdeutschen im Jahre 2100 ist somit gesorgt.

Gleichfalls polygenisch determiniert mag ein beim Huhn beschriebenes Iriskolobom sein (8154). Solche Spaltbildungen oder Löcher resultieren aus einem mangelnden Schluß fetaler Nähte und werden daher oft im unteren Irisbereich - seltener und atypisch im oberen - gesehen, vielfach mit chorioretinalen Kolobomen einhergehend (3395, 1259, 7317). Sie sind mithin in ihrem Ausmaß unterschiedlicher Ausdruck eines ausbleibenden Verschlusses der sekundären Augenblase - einmal mehr periphere, das andere Mal mehr periphere und/oder zentrale und hintere Bezirke betreffend(6900). Gehäufte, wahrscheinlich dominant erbliche Kolobome fanden sich in Charolais-Rindern (477, 7863, 2210, 8149). Eine geschlechtsgebunden vererbte und an weitere Defekte gekoppelte Form konnte man in Hühnern ermitteln (5).

Nicht unerwähnt bleiben sollen schließlich erbliche Einflüsse auf die Erweiterungsfähigkeit der Pupille nach Administration von Atropinverbindungen: Insbesondere Afrikaner mit gutpigmentierten Augen waren wesentlich unempfindlicher (4594). Hierher gehören persistierende Pupillarmembranen, dem unteren Irisrand oder der Linse aufliegende bzw. die Pupille durchziehende Reste der embryonalen Membrana iridopupillaris, als genetische Besonderheit bei Hunden beschrieben- und klinisch irrelevant, falls nicht mit weiteren Störungen wie etwa Corneatrübungen verbunden, eine in Basenji-Hunden, hin und wieder auch im Merlesyndrom angetroffene Konstellation (6677,478). Solche fadenförmigen oder körnigen Reste der fetalen Pupillarmembran sind in Abb. 28 am inneren Pupillenrand zu sehen.

Bei einem für äußere Reize so exponierten und für die Untersuchung zugänglichen Organteil wie der Hornhaut nimmt es nicht wunder, daß zahllose exogen, endogen oder dispositionell geprägte Krankheitsbilder registriert wurden. Neben einer sehr seltenen Agenesie und der im Verein mit Mikrophthalmus erwähnten Mikrokornea (Beachte aber Schmidt, 1973: Nur eine in Relation zur Sklera verkleinerte Cornea ist eine Mikrocornea) imponieren vor allem Hornhauttrübungen (Leucoma corneae). Solche fielen als erbliche, angeborene Fehler in Mäuselinien und bei Rindern auf (6026, 6513, 1736, 7957), sowie bei etlichen Defektsyndromen bzw. biochemisch-metabolischen Störungen des Menschen (Hurler, Lipoidosen u. a., Proteoglykane !, 200).

Abb. 28

Fadenförmige, in die Pupille ragende Reste der Pupillarmembran

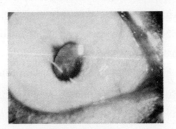

In Trübungen resultierende Keratitiden können zudem durch äußere Noxen entstehen und dennoch genetische Anfälligkeiten repräsentieren. Dies gilt besonders für die Keratitis superficialis chronica des Hundes (Überreiter-

Syndrom), welche vorwiegend auf den Dt.Schäferhund beschränkt ist, ohne
daß man Gründe für diese Rassendisposition anzugeben wüßte(7126, 355).
Selbst bei infektiösen Keratokonjunktivitiden des Rindes zeigten sich deutliche, vom Pigmentierungsgrad des Augensaumes abhängige, rassische Prädilektionen (2502). - Postmortale Corneatrübungen spielen in der Human-Forensik eine Rolle: Sie treten frühestens 2 Stunden nach dem Tode auf (8284).

Schließlich gibt es Lid-, Wimper- und Tränendrüsendefekte, welche sekundär den Augapfel - und zuvorderst natürlich die Cornea - in Mitleidenschaft ziehen. So sind Entropium, eine erblich-dispositionelle Einwärtsbiegung zu eng angelegter Lidränder, evtl. über zu tief liegenden Augen, und auch Distichiasis, die Ausbildung doppelter Wimpernreihen, Verursacher solcher Cornea-Irritationen - bis hin zum Ulcus corneae und zu schwerwiegenden Keratitiden. Sie kommen beim Menschen selten, aber familiär vor, stellen jedoch in einigen Hunderassen ausgesprochene Dispositionen dar, das eine besonders in Sharpeis, Chow-Chows und Rottweilern, die andere in brachyzephalen Toy-Rassen (7985). In einigen Schafpopulationen tritt die Wollblindheit auf, eine entropiumbedingte, starke Sichtbehinderung bei exzessiver Bewollung des Kopfes- und ebenso kongenitale Formen(8886) - mit Häufigkeiten zwischen 4 - 6 %, mit Frequenzen bis zu 30 % jedoch in Nachzuchten bestimmter, behafteter Böcke (7913, 1793, 10050). Somit ist in beiden Haustierarten zweifellos eine genetische Grundlage für eine selektive Eindämmung gegeben (914), so daß ständige, den Genotyp verschleiernde Lidoperationen überflüssig würden (5547). Bei Schweinen ist Entropium offenbar seltener (10110). Lid-Spaltbildungen zeigen bei Schafen z.T. Kopplungen zu überzähligen Hörnern (3342), in Mäusen ist der Erbgang komplex (9177).

Vermehrte Exposition des Bulbus für Traumen sowie Xerose der Schleimhaut und Cornea, Neigung zu Konjunktivitiden, werden dagegen durch ein abnormes Klaffen der Lidspalte, das Ektropium (Bernhardiner, Basset, Bluthund!), durch Exophthalmus sowie Tränendrüsenhypo- oder -afunktion gefördert(5281). In Mäusen existiert gar eine seltene Mutante, bei der die Anlage für eine Bindehautentzündung in der 3. Woche rezessiv-autosomal vererbt wird (4036), sowie eine solche, die für offene - und in der Folge dann erblindende - Augen schon bei Neugeborenen sorgt (homozygot letal,7539, 2012). Ein rezessiver, partieller Lidverschluß beim Huhn ("Sleepy-eye") wirkt sich semiletal aus, da Schwierigkeiten beim Futterfinden bestehen (7198). Sind beide Lidränder verwachsen, spricht man von Ankyloblepharon, von Blepharophimose, wenn durch einen Epicanthus (den Augenwinkel überquerende Hautfalte, z.B. beim Waardenburg-Syndrom,S.dort) die Lidspalte verkürzt wird. Dem scheint im Merlesyndrom des Hundes die Hyperplasie der Nickhaut zu entsprechen (1714,7985).

Epiphora, ein abnormer Tränenfluß, kann ebenso seine Ursache in Entwicklungsstörungen haben, sei es in Verlegungen oder Aplasien des Tränennasenganges, in Hyperplasien der Tränendrüsen(Nickhautdrüsen bei Pudeln u.a.,8868), oder zusätzlichen Ausführgängen derselben (8273,5566,3293). Zu den Defekten und Dispositionen des vorderen Augenabschnittes rechnen zudem noch die Dermoide, jene auf die Cornea (epibulbäre) oder Konjunktiva versprengten, behaarten Integumentinseln - öfter im lateralen Augenwinkel der Hunde, besonders der Schäferhunde, aber auch bei Mensch und anderen Arten sporadisch oder familiär gehäuft gesehen (7287,6540,8498). Nicht nur als Quelle ständiger Irritation, sondern auch wegen ihrer Tendenz zur Entartung sei Exstirpation ratsam (6677).

Konnatale Schäden in mittleren und hinteren Augenabschnitten sind gleichfalls nicht selten. So kann es durch die erwähnten Linsenluxationen und Aniridien, durch Traumen, Entzündungen oder systemische Erkrankungen zu sekundärem, durch angeborene Kammerwasser-Abflußverlegungen oder -behinderungen im iridocornealen Kammerwinkel zum primären Glaukom kommen,d.h. zu einer abnormen Erhöhung des Augeninnendruckes mit allen destruktiven Folgen, besonders für die Retina. Letztgenannte Ursache soll z.B. eine gewisse Neigung bestimmter Hunderassen (Cocker,Basset) zu glaukomatösen Augenveränderungen bewirken (552), sie konnte zudem als Auslöser eines polyfaktoriell-rezessiven Buphthalmus (Hydrophthalmus, "Ochsenauge", Taurindefizienz vermutet,9058), einer progredienten Umfangsvermehrung des Bulbus beim Kaninchen nachgewiesen werden (2409, 8387,625). Ob ähnliche Prozesse Exophthalmus und Blindheit bei der "beg"-Hühnermutante, die zugleich gleichgewichtsgestört ist, bewirken, ist noch unklar(9655,8896).

Eine komplexe Heredität - mit diversen Ansatzpunkten für Umweltfak -
toren - vermutet man beim infantilen Glaukom des Menschen (2452, 983,
3188). Neben der familiären Häufung ist auffällig, daß Fortpflanzun gsenkla-
ven wie die Maoris auf Neuseeland eine extrem niedrige, die Isländer andererseits eine recht hohe Frequenz dieser Störung zeigen (4557, 1762).
Bei der Ratte sollen persistierende Pupillarmembranen mangelnde Draina-
gen bewirken können (8345). Mithilfe von Eltern-Nachkommen-Regressionen
war ein Erblichkeitsgrad des Augeninnendruckes von $45 \pm 10\%$ zu errechnen (4558). Solche Ermittlungen sind auch bei Haustieren möglich (3394).
Neben vielen anderen biochemischen Defekten ist es vor allem die - allerdings seltene - erbliche Neurofibromatose bei Mensch und Tier (von Reck-
linghausen-Krankheit, mitunter malign, 2048), welche mit Glaukom und/o-
der Makrophthalmus sowie Opticus-Gliomen einhergehen kann (7124). Qua-
simodo, der Glöckner von Notre Dame, soll damit behaftet gewesen sein (
7194). Schließlich ist der Grüne Star integrierender Bestandteil weiterer,
hereditärer Defektsyndrome, so der Phakomatosen (Hamartome, Naevi,
v. Hippel-Lindau etc., 6951).

Mit dem Glaukom ist die Überleitung zu Netzhaut-Anomalien gegeben.
Doch neben den durch Druckatrophien oder durch im vorangegangenen besprochenen, unvollständigen Schluß der embryonalen Augenblase kolobroma-
tös oder ektatisch (Collie-Auge !, 7985) bedingten Retinaveränderungen
gibt es zahlreiche selbständige Formen. Da wären zunächst die mit gene-
ralisiertem Albinismus oder partiellen oculären Depigmentierungen einhergehenden retinalen Pigment- und Sehverluste zu nennen, auf die schon verwiesen wurde. Sie verursachen Retinadystrophien durch direkte Beeinträchtigung der Pigmentzellen, weniger durch die der photorezeptiven (3359,
5381). Der damit häufig verbundene Verlust des Tapetum lucidum bei
Fleischfressern ist ein weiteres Negativum, welches infolge Ausfalls des
Zink-Cysteins in dieser Region das Nacht- Sehvermögen dieser Spezies
mindert (1713, 3316). So war zu zeigen, daß eine pharmakologisch induzierte Verblassung des Tapetum mit Einbußen der Lichtempfindlichkeit einherging. Im übrigen ist die Fülle der durch Albinismus bei Mensch und Tier
ausgelösten, primären oder sekundären Augenfunktionsstörungen - bis hin
zum abnormen EOG - belegt (2337, 6277, 5906). Dieses unterstreicht die Be-

deutung der dem Neurektoderm entstammenden Melanozyten des Retina-Pigmentepithels, deren Golgi-Apparat im Normalfall während des ganzen Lebens Melaningranula produziert (7241). Ihr Fehlen induziert daher nicht selten verschiedene Formen der Retinadysplasie (7068). Es konnte sogar gezeigt werden, daß mit Depigmentierungen gekoppelte, erbliche Netzhautdystrophien bei Ratten in ihrer Manifestation zu retardieren waren, wenn Pigmentallele mitmendelten (4447). Bei entsprechenden Mäusemutanten lagen die Veränderungen z.T. im submikroskopischen Bereic h(435), und scheint neben der Pigmentierung der Retinol- bzw. Vitamin A-Stoffwechsel in diesen Bezirken gestört (677). Der in Zusammenhang mit Albinismus bereits erwähnte Nystagmus kann aber natürlich auch als eigenständige Störung auftreten, so in Rindern (9574).

Es gibt jedoch idiopathische Pigmentanomalien der Netzhaut wie die Sehzellen und Chorioidea schädigende Retinitis pigmentosa des Menschen, bei der irreguläre Pigmentverklumpungen, -verluste oder -einwanderungen familiär gehäuft, z.T. geschlechtsgebunden (nur Männer betroffen) auftreten (4264, 7897). Sonderformen mit regional begrenzten Pigmentherden existieren (7221). Die x-chromosomal vererbte Retinitis pigmentosa ist zudem ein Beispiel für die Möglichkeit und Notwendigkeit, heterozygote, potentielle Mütter anhand von bestimmten, wenngleich klinisch meist irrelevanten Netzhautabweichungen zu erkennen - und zu beraten (3772). Denn sie vererben ja den Defekt an die Hälfte ihrer männlichen Nachkommen - ein Fall von heterochromosomalem Erbgang eines unvollkommen dominanten Defektgens (3771). Der XLRP-Locus (X-linked Retinitis pigmentosa) dürfte im proximalen Bereich des kurzen Arms von X gelegen sein (8560).

Von der Papille her einwandernde Pigmentklumpen kennzeichnen auch eine bestimmte Form der Progressiven Retina-Atrophie (PRA) in Hunden, die sogen. "zentrale", welche bisher besonders in Settern, Retrievern und Collies beschrieben wurde (6677). Daneben kommen gerade in dieser Art, in vielen Rassen, von der Peripherie her mit Gefäßdegenerationen beginnende, ohne Pigmentaufhellungen imponierende Varianten der PRA ("periphere") vor, die einen recht klaren, rezessiv-autosomalen Erbgang zeigen (7985). Man vermutet biochemische Auslöser (71). Daß vaskuläre Degenerationen in enger Beziehung zum Tod von Sehzellen stehen, war bei ähnli-

chen Defektsyndromen der Ratte und Maus zu zeigen und ist im übrigen als
Auswirkung systemischer Erkrankungen belegt(6995, 8508). In diesem Zusammenhang brauchen haltungs-, fütterungs- und altersbedingte Retinaschäden
und Blindheiten nicht besonders hervorgehoben zu werden, desgleichen nicht
ähnliche Erscheinungen am Glaskörper (2647, 4003, 4446, 7552, 60, 8031,
6710, 6403, 3247). Rezessiv-autosomale Absenz der Stäbchenschicht kam in
kleinen Nagern zum Rapport, ebenso in Hühnern(7739, 1358, 10146), daneben
ungeklärte Liniendispositionen (6223).

In der Humanophthalmologie spielen vor allem kongenitale und juvenile
Macula-Dystrophien eine Rolle, d.h. ein Zelltod in jenem zentralen, seitlich der Papille gelegenen Netzhautbezirk schärfsten Sehvermögens in der
Sehachse (Fovea bzw. Area centralis retinae, "gelber Fleck"), der frei von
großen Gefäßen ist (2423, 1799). So kann z.B. eine Retinitis pigmentosa perizentral begrenzt sein (1798). Ein der Maculadystrophie des Menschen direkt analoger Fall wurde bisher wohl nur beim Pavian beschrieben (7738).
Die an der Macula caeca = dem blinden Fleck= dem Discus nervi optici nach
neuester vet. med.Diktion (5543) anzutreffenden, angeborenen Anomalien
von komparativer Bedeutung sind dagegen häufiger, vor allem in Zusammenhang mit Kolobom, auch der Aderhaut(4838, 7480, 6681, 8780), mit Mikrophthalmus sowie Opticus-Hypoplasien, von denen bereits die Rede war. Neben
systemisch bedingten Papillödemen treten durch Einlagerung hyaliner Körperchen gekennzeichnete sogen. Drusenpapillen hinzu, familiär gehäuft-
aber offenbar nur selten gesehen in Afrikanern- vorkommend (2700). Wie
sonst nur vereinzelt, z.B. beim Pferd, gesehen (4192), können Papillenanomalien im Merlesyndrom des Hundes durch das Vorliegen markhaltiger Nervenfasern in diesem normalerweise durch marklose Achsenfäden gekennzeichneten Gebiet bedingt sein (2340).

Im Endstadium dystrophischer Vorgänge am Fundus kann es zur Retina-
Ablösung (Ablatio, Amotio retinae) und zu Hämorrhagien in den Bulbus kommen, ein Ereignis, das - offenbar "konstitutionell" geprägt beim Menschen
(3433)- bei der"Mondblindheit" des Pferdes, der Periodischen Augenentzündung oder Panophthalmie gesehen wird; ihre Ätiologie ist nach wie vor unklar - man hält sie für eine "Faktorenkrankheit", d.h. zu einer allergischen

Disposition müßten bestimmte Fütterungs- oder Haltungsfaktoren treten, um sie auszulösen (8238). Selektive Maßnahmen sollten jedoch erfolgreich sein (1634). Ebenfalls ein Syndrom mit Beteiligung mehrerer Augenabschnitte scheint die bereits erwähnte, allerdings hocherbliche Blindheit des Braunviehs darzustellen (6712). Eine auf Retinadegeneration beruhende Erblindung in Holstein-Friesians blieb ätiologisch ungeklärt (1459).
Amblyopien, Schwachsichtigkeit und fortschreitende Sehverluste, sind klinische Folge der meisten o.a. Prozesse, wobei oft zunächst nur das Nacht-Sehvermögen beeinträchtigt ist, was von vielen, aber nicht allen Humanophthalmologen als Hemeralopie (=Tagessichtigkeit = Nachtblindheit) bezeichnet wird (5383), während einige Veterinärmediziner diesen Ausdruck für Tagblindheit verwenden, z.B. für die in Alaskan Malamutes beschriebene Form (6572, 4165, 6571). Für diese gegensätzliche Verwendung der Begriffe Hemeralopie und Nyktalopie sind schon Hippokrates und Galen verantwortlich (6173). Hemeralopien stellen jedenfalls beim Menschen Leitsymptome vieler hereditärer Augenleiden dar, während Nyktalopien (= besseres Sehvermögen bei Nacht) vielfach mit defektem Farbsehen konkomitieren (3516, 7511).
Farb-Sehtüchtigkeit ist beim Menschen besser zu objektivieren, obwohl auch bei ihm Farben- wie andere Sinneseindrücke - eine "Privatangelegenheit" sind, und jeder als "grün" seinen subjektiven Eindruck beim Anblick einer sommerlichen Wiese bezeichnet (6581). Während man aber bei Tieren froh ist, wenn sich durch verschiedene Versuchsanstellungen Anhaltspunkte für ihr Farben-Unterscheidungsvermögen überhaupt ergeben - geschweige denn für individuelle Unterschiede (1946, 684, 6402, 2803), sind vom Menschen mehrere Formen erblicher Defizienzen gesichert : An erster Stelle die beiden häufigen Arten der Rotgrünblindheit (Rotblinde = Protanope bzw. Protanomale; Grünblinde= Deuteranope bzw. Deuteranomale), welche x-chromosomal-rezessivem Erbgang gehorchen und somit fast ausschließlich in Männern auftreten - mit einer Populationsfrequenz bis zu insgesamt 8 % der männlichen Bevölkerung (Europäer), gegenüber unter 1 % in weiblichen Individuen - bei starken rassischen Variationen (3676). Zwischen dieser Farbenblindheit und Hämophilie A und B kommt Crossing over vor, so daß keine sehr straffen Kopplungen vorzuliegen scheinen (3740). - Auch über

Kurzsichtige (Brillenträger), von denen man behauptet, sie wären intelligenter als der Rest (7309), gibt es verständlicherweise keine Literatur bei Tieren.

Stärkere komparative Analogien finden sich beim Strabismus. Etwa 1- 5 % amerikanischer und europäischer Bevölkerungen schielt (45), doch beträgt die mittlere Häufigkeit in der Verwandtschaft Schielender 23 - 70 %, was bereits die Bedeutung erblicher Einflüsse unterstreicht (7831, 4929). Noch heute liegen verschiedene Theorien der Pathogenese im Widerstreit, welche entweder mechanisch-exophthalmisch-muskulären Komponenten, endophthalmischen Refraktionsanomalien oder Innervationsschäden den Vorrang geben (4924). Jedenfalls sind beim Begleitschielen (Str. concomitans) eher genetische Faktoren zu vermuten als bei einseitigen Bulbusparalysen (Str. paralyticus). Sie folgen jedoch nicht einfachen, monogenischen Modellen und implizieren offenbar Störungen der Sensorik und Motorik, was bei der komplexen Phänomenologie nicht anders zu erwarten ist (6361). Die Konkordanz in EZ ist wesentlich höher als in ZZ.

In Rindern und Hunden ist familiärer Strabismus nicht selten mit Exophthalmus verbunden, auch wenn keine raumfordernden Prozesse dahinterstehen (Leukose !, 3495, 6861). Die öfter schielende Siamkatze trug einiges zur experimentellen Klärung bei, insbesondere zu der Erkenntnis, daß angeborene oder traumatisch entstandene Hirnschäden zu Bild-Fusionsstörungen beim Binocularsehen und sekundär zu Strabismus führen können (3934). So ziehen einige Opticus-Fasern vom temporalen Teil der Retina nicht zur angestammten Hirnseite, ein Phänomen, welches auch Rewati, der schielende Tiger von Rewa (mit schwarzen Streifen auf weißem Fell, 2956) aufwies.

Diese Albinos bzw. Partialalbinos zeigen somit anomale Opticus-Faserverläufe, welche beim Binokularsehen die parallel-visuelle Integration der Sehreize zum Blickfeld im Sehzentrum stören, möglicherweise auch die Koordination mit Hörsignalen (8489, 8611, 9056). Ähnliche Zusammenhänge werden bei albinotischen Mäusen u. a. Arten angenommen (2957).

Es waren Versuche an Katzen, die deletäre Auswirkungen angeborener Abweichungen von der Augenachsen-Parallelität auf das Sehzentrum nachwiesen (3590). Heilungserfolge bei frühoperierten Schielkranken weisen gleichfalls in diese Richtung (7527). Andererseits war nach operativer Rotation eines

Auges um über 90 °, welche also den normalerweise senkrecht stehenden Pupillenspalt der Katze in eine horizontale Lage brachte, nach längerer Gewöhnung eine Verhaltensadaptation erkennbar (796), deren Interpretation und Übertragbarkeit auf den Menschen allerdings schwierig erscheint, da Primaten ganz anders reagieren (1907). Solche und ähnliche Experimente riefen die Tierschützer auf den Plan, stimulierten das Nobelpreiskomitee jedoch zur Vergabe von Preisen(10122, 9113, 9881).

Auf die ontogenetisch bedingten, engen Zusammenhänge zwischen kongenitalen Sehverlusten und Hörschäden war schon mehrfach hingewiesen worden. Sie sind besonders deutlich bei Pigmentierungsanomalien des Menschen und der Tiere, denen bereits ein Kapitel gewidmet worden war (3085, 8106, 5688, 2490, 1219, 5063, 6307, 4204, 7434, 7767). So sind Augenpigmentation und Cochleapigmentierung (Stria vascularis) eng korreliert (2423, 488), machen die mit Pigmentveränderungen verbundenen, erblichen Hörverluste einen beachtlichen Teil, in einigen Populationen über 5 % der Gesamtfälle kindlicher Taubheit aus (1047). Doch nicht allein bei Albinismus, Klein-Waardenburg-Patienten und gesprenkelten Hunden (Merlefaktor, Dalmatiner), bei weißen Katzen und Nerzen wurden diesbezüglich straffe Korrelationen gesehen (8386, 4205); so stellte man bei 60 % der Kinder in einer Taubenschule Augenstörungen fest, andere Untersucher kamen auf etwas niedrigere Zahlen (6570, 1731). Insgesamt sei bei Tauben eine doppelt so hohe Frequenz oculärer Abweichungen zu erwarten wie bei Hörenden (4452, 10066). Auch in Mäusen mit erblicher Blindheit und Verhaltensstörungen sind öfter die Hörorgane betroffen und selbst bei der Retinitis pigmentosa finden sich entsprechende Verbindungen (4209, 287).

Daneben gibt es natürlich eigenständige, genetisch geprägte Taubheitsfälle, wie von Mäusen gleichfalls lange bekannt, und wobei dann fakultativ anlagebedingte oder biochemisch-degenerative Prozesse eine führende Rolle spielen (2915, 6115, 7295). In Zwillingen stellte man beträchtliche Konkordanzen fest und unter Kindern rangieren die genetischen zahlenmäßig vor den exogen bewirkten Hörschäden (7451, 2330). Doch selbst in Auflistungen, welche progressive und erst in höherem Alter manifeste cochleoneurale Ausfälle umfassen, stehen die hereditären obenan: Es gibt dominante, rezessive und geschlechtsgebundene, d.h. klar mendelnde Formen

(4882, 2330), sowie solche mit einer polygenischen Basis wie die Otosklerose u.a. Osteopathien (z.B. hereditäre Osteogenesis imperfecta, 4406, 3546, 487). Weiter existieren Taubheiten als Bestandteile anderer als nur oculocutaner Defektsyndrome, so bei der rezessiven Pendred-Krankheit (Taubheit mit Kropf) und dem cardio-auditiven Jervell/Lange-Nielsen-Komplex, sowie einigen dominanten Mißbildungen (2451). Sogar bei einigen teratogen oder toxisch induzierten Schäden(Vit. A-Defizienzen, Streptomycin, z.B. auch bei Leber-Alkoholschäden etc., 4674) können endogene Faktoren die Disposition modifizieren. Insgesamt erscheint erklärlich, daß Taubheiten bzw. Schwerhörigkeiten in kleinen Fortpflanzungsgemeinschaften mit erhöhter Konsanguinität mehr aufscheinen als durchschnittlich, z.B. in Ortschaften unter 100 Einw. zu 9 %, gegenüber nur 3 % in Dörfern mit 300 Einw. und mehr (4046).

Aufgrund der geschilderten, ungleich schwierigeren Diagnostik und Objektivierung von Sinnesschäden bei Tieren blieb es nicht aus, daß tierheilkundliche Befunde auf diesem Sektor weit hinter denen auf humanmedizinischem Gebiet quantitativ zurückstehen. Immerhin konnten inzwischen, z.B. durch experimentelle Noxen, durch mikroelektrodische Perzeptionsmessungen und durch selektive Eliminierung von Hirnpartien unter gleichzeitiger Messung von Potentialen die für Sinneseindrücke bei Hund und Katze zuständigen Hirnregionen ermittelt werden (1389, 8264, 7180), Ergebnisse, die auch der vergleichenden Medizin wertvolle Hinweise liefern. Bei solchen audiometrischen Experimenten in Verbindung mit EEG-Darstellungen und Click-Stimulation fand man heraus, daß- von insgesamt 5 Peaks in der Kurve (Potential-Zacken) - der 1. dem Nervus acusticus, der 2. dem Nucleus cochlearis, der 3. den Neuronen des oberen Oliven-Komplex, der 4. denen des ventralen Nucleus des lateralen Lemniscus und der präolivaren Region, und der 5. den Neuronen des Colliculus zuzurechnen sei (1102). Solche Audiometrien mögen künftig die Diagnostik bei Tieren erleichtern (7293). Sie werden aber wohl nicht- wie beim Menschen- Aufschluß darüber geben, ob unsere Vierbeiner "tonale" Melodien besser mit dem rechten, "spektrale" dagegen besser mit dem linken Ohr hören können, oder inwieweit das "Sozialgehör" geschädigt ist (1336, 7642). Es steht jedoch außer Frage, daß sie helfen würden, manche derzeit unverständliche Verhaltensanomalie unserer Tie-

re aufzuklären, denn akustische Wahrnehmung und adaptives Verhalten sind eng korreliert (1103). Hühner sollen sich sogar schon als Feten im Ei an vertraute Laute gewöhnen können (10111).
Ähnliches dürfte für die Bedeutung des Geruchs-, Tast- und Geschmackssinnes gelten, doch ist die Objektivierung und Quantifizierung kongenitaler Ausfälle hier im Tierreich fast noch schwieriger (8058, 7520, 8378, 1544). Zwar merkt der Jäger, ob sein Spürhund eine gute "Nase" hat, aber selbst dieses scheinbar so simple Merkmal ist ja Resultat eines komplizierten Zusammenspiels von Organfunktionen, Gedächtnisleistungen und Verhaltensweisen (8408), also nie rein sinnesphysiologisch zu sehen. So gibt es olfaktorische Stimuli, die sogar epileptiforme Krämpfe auslösen (2095, 1197). Andererseits sind pharmakogenetische Unterschiede im Geruchs- und Geschmacksvermögen hinsichtlich bestimmter Substanzen vom Menschen hinlänglich bekannt (4675). Bei Tauben soll der Geruchssinn maßgeblichen Anteil am Heimfindevermögen haben(7877, 10084). Die Relevanz individueller Unterschiede, z.B. auch für Freßgewohnheiten unserer landwirtschaftlichen Haustiere, liegt auf der Hand und bedarf noch wissenschaftlicher Abklärung, sie ist zudem auf fortpflanzungsbiologischem Sektor gegeben: So soll die Produktion und Perzeption von Pheromonen - jenen den Reproduktionsstatus, die Spezies- und Familienzugehörigkeit eines Individuums signalisierenden Geruchsstoffen- selektive Bedeutung für die Partnerwahl haben, ja sogar für den Verlauf der Trächtigkeit , und bei Mäusen an bestimmte Histokompatibilitätsloci gekoppelt sein (8309, 4050, 8302). Selbstverständlich spielen aber für die Begattungsbereitschaft auch rein taktile Reflexe eine Rolle(4235). "Da aber die Fähigkeit, chemische Verbindungen in der Umwelt zu unterscheiden, von offensichtlicher Bedeutung für das Überleben ist, überrascht es nicht , daß die dafür verantwortlichen Organe Gegenstand evolutionärer Prozesse waren (5656)". So wird wohl jener Mäusestamm von insgesamt 27 Testlinien, der starke Aversion gegen verdünnte Strychninlösung zeigte, einen Selektionsvorteil in strychninverseuchtem Gebiet besitzen (9373). Beim Menschen befaßt sich eine "Klinische Olfaktologie und Gustologie" unter Verwendung eines "Riechbestecks" mit der Quantifizierung solcher Leistungen (9239).

Dear veterinarians
> You are more likely than any geneticist to find abnormalities that seem unduly frequent in some breed, in some kennels, perhaps even in some litters. Please dont try to fit them all into simple 3 : 1 ratios.
>
> F.B. Hutt, 1979

HAUTSCHÄDEN

Wie das Zentralnervensystem, so entwickelt sich auch die Epidermis aus dem Ektoderm und bildet mit den mesenchymalen Komponenten Corium und Subcutis das Integument und seine Anhänge. Entwicklungsstörungen und Erkrankungsdispositionen dieses Organs sind nicht selten. Daß genetische Faktoren selbst feinste Hautstrukturen lebenslang determinieren, davon zeugt die individuelle Konstanz der Hautleisten, jener regelhaften Anordnungen des Papillarkörpers mit hoher Konkordanz in eineiigen Zwillingen, ferner der Identitätswert der Lippenfurchen beim Menschen und des Flotzmaulabdrucks beim Rind (8045, 4273, 3435), und signifikante Rassenunterschiede in der Hautdicke, um wenige Beispiele zu nennen (3718, 3719, 7968, 7026, 8756). Stünden z.B. als Missetäter in einem Indizienprozess einige Pygmäen oder eine Gruppe von Koreanern alternativ zur Debatte, so würden gesicherte rassische Unterschiede hinsichtlich der Zahl von Wirbeln und Bögen in den Fingerabdrücken bereits Hinweise liefern. Die Hautleistenzahl ist z.T. hoch heritabel, was durch eine Eltern-Nachkommenkorrelation von 0,66 und einen Koeffizienten von 0,95 bei monozygoten Zwillingspartnern unterstrichen wird (4662, 3502). Konsequenterweise bleiben diese Merkmale bei Chromosomenaberrationen nicht unverändert, z.B. bei Mongolismus, allerdings auch nicht bei schweren Inanitionen, so daß polyfaktorielle Einflüsse mitwirken (3503, 368, 5989, 3431, 4837, 9250). Durchfeuchtung, Durchblutung und Fettpolster der Haut sind überdies "weitgehend durch die Konstitution bedingt, wie schon frühe Autoren erkannten.

Komplette oder partielle Aplasien der Haut, eine Epitheliogenesis imperfecta, mit vorzugsweiser, aber nicht ausschließlicher Lokalisation an den Extremitäten ("Froschhaut"), kamen bislang als recht seltene, letale oder semiletale Defekte mit m.o.w. einfach mendelndem Erbgang (rezessiv) in Rindern, Pferden, Schweinen, Schafen u. a. (z. B. auch in einer Puma-Inzuchtlinie, 8486) zur Beobachtung (4521, 1993, 7407, 4512, 3773, 1182, 1637, 5858, 8137). Analoges bei Menschen scheint noch seltener zu sein (6507); hier gehen focale, dermale Hypoplasien, d. h. umschriebene, atrophische Herde der Haut, mit multiplen anderen Mißbildungen einher (Goltz-Gorlin-Syndrom, 7895), doch sind sie mehr disperser Natur und mit Hyperpigmentation verbunden. Ein homozygot letaler Faktor in Mäusen ("velvet") reduziert die Ektodermzellen und verhindert Mesodermbildungen (2811).

Daneben gibt es zahlreiche Dysplasien oder Genodermatosen, die alle Hautschichten oder nur einzelne Komponenten betreffen (2318). In Ferkeln trat eine systemische Dermatose auf, die regionale Hautveränderungen, Klumpfüße und Allgemeinerscheinungen (Pneumonie) bewirkte, so daß die betroffenen Tiere meist starben; diese "Dermatosis vegetans" scheint sich in hocherblichen und ätiologisch ungeklärten Formen zu manifestieren, möglicherweise besteht Identität mit der sogen. "Dickbeinigkeit" (2344, 1880, 5937, 2703, 8113). Bei vermutlich primär infektiös geprägten Bauchflechten in dieser Art (Pytiriasis rosea, 8039, 1870, 954, 2343), bei der Sommerräude (Sommerdermatitis) der Einhufer (6707, 3758) und den zahlreichen rassischen Dispositionen zu Ekzemen und Dermatitiden beim Hund sind familiäre Häufungen nicht von der Hand zu weisen (7985), ebenso nicht beim Atopiesyndrom des Menschen (3432). Wie im weiteren noch zu diskutieren, mag für viele dieser Effloreszenzen eine genetische bzw. immungenetische Basis bestehen (421). Papulöse, eventuell dominant vererbte Dermatosen in der oberen Gesichtshälfte bei bis zu 35 % negroider Farbiger haben dagegen geringen Krankheitswert (3035), sehr wohl dagegen die dominante, oft mit Schwachsinn und Acanthosis nigricans verknüpfte Dariersche Krankheit des Menschen (Dyskeratosis follicularis vegetans, 2228), und ebenso Epiloia (tuberöse Sklerose; präkanzeröses Adenoma sebaceum, 9726). Auf genetisch programmierte Erytheme war schon bei den biochemischen Defekten hingewiesen worden. Rassenunterschiede in der Disposition zu Gesichtsekzemen verzeichnet man auch beim Schaf (1205, 1206).

Klinisch schwerwiegender sind Hyper- und Parakeratosen. Hierher gehört die Ichthyosis congenita, die "Fischschuppenkrankheit", die sich beim Menschen durch polyfaktoriell-rezessiv geprägten Erbgang in variablen Schweregraden (auch x-chromosomale Formen, 9213, 9929), beim Kalb als obligat letale (rezess. autosom.) Proliferations-Hyperkeratose manifestiert (5149, 4316, 6805, 7686). Während also "Kollodium-Babies" nach Abwerfen des Kürasses i. a. weiterleben, sterben "Panzerkälber" nach wenigen Tagen oder Wochen(4560, 3915, 4751). Sie kommen auch in Zeburassen vor, doch wird diese Erkrankung in anderen Arten offenbar nur selten gesehen (7756, 6869). Ein Modell in Ratten kam kürzlich zur Beobachtung (4151). Im humanen Larsen-Syndrom liegt Ichthyosis neben Oligophrenie und Diplegie vor (7772).

Auch durch Parakeratosen ausgelöste Schuppen- und Borkenbildungen siedeln mit Vorliebe auf Mensch und Rind, wenngleich der beim Wiederkäuer meist lebensbedrohende Charakter vom Menschen, etwa bei der Psoriasis pustulosa, kaum berichtet wird (4375). Bei diesen, dem Bild einer endogenen Zink-Mangelerscheinung entsprechenden Hautdefekten, sind neuerdings immunologische Aspekte im Gespräch, haben sich Chromosomenaberrationen aber offenbar nicht bewahrheitet (1084, 2341, 266, 911). Während aber die o.a. Parakeratose des Rindes straff genetisch determiniert ist, bedarf die zweifellos z.T. erbliche Basis der Psoriasis noch der exakten Aufklärung (3318, 4735). Man vermutet persistierende Sekretion von Wachstumshormonen in Adulten, sowie die Ansammlung toxischer Metaboliten (7954, 4825) und Autoimmunprozesse (8556). Das bei vielen dieser Genodermatosen therapeutische Retinoid Etretinat wirkt leider teratogen (Hirnmißbildungen u. a., 9046). Hin und wieder traten hocherbliche Varianten der Epithelschädigung im Maul-, Vormagen- und Klauenbereich auf, welche das Bild eines MKS - Befalls täuschend kopierten (3525, 5068), auch isolierte Anomalien der Zungenschleimhaut fielen auf (3639). - Sogar unterschiedliche Resistenzen gegenüber Hautverbrennungen wurden aktenkundig (9687).

Da Haar- und Federausbildung eine Frage der Keratogenese ist, sind die o. a. Syndrome vielfach mit A-, Hypotrichien oder mangelndem Haardurchbruch verbunden, was somit den organischen Übergang schafft zu genetisch beeinflußten "Nacktheiten" oder Alopezien (2945). Stellen Haarausdünnung an

Rumpf und Gliedmaßen bei Homo sapiens und dem von ihm domestizierten-
und nicht nur in dieser Hinsicht sehr ähnlichen - Schwein geradezu die Norm
dar (3963), so sind endo- oder exogen bewirkte Fehl- oder Mißbildungen dieser Hautanhänge auch in anderen Arten nicht selten. Doch selbst vom Menschen
sind extreme Formen familiärer Hypotrichien bekannt (Unna-Syndrom), die
ihn noch seiner restlichen Haare berauben - und schließlich verkörpert
auch die "androgenetische Alopezie", nämlich die Glatze, eine Alopecia
praematura - allerdings ohne familienberaterische Bedenken für den Erb-
arzt (8231). Allein in Rindern waren schon 1963 mindestens 6 verschiedene
Sorten genetischer Haarverluste bekannt: Letale, semiletale oder nur subvitale, rezessive, geschlechtsgebundene und dominante sowie partielle oder
generalisierte - mit oder ohne Mißbildungen in anderen Organsystemen -
und differentialdiagnostisch immer von teratogen bedingten abzugrenzen (
6512, 2083, 3661, 3494, 3653, 6825). An dieser komplexen Situation hat sich
durch neuere Berichte nichts geändert (6956, 1788, 4843, 6044, 1765, 9746, 8609
). Wir können diese Kasuistik durch eine neue Variante bereichern, bei der
angeborener Haarmangel mit Prognathia inferior und symmetrischen Augenveränderungen gekoppelt war (Abb. 29).
Vollständige oder regionale Haarlosigkeiten wurden zudem - mit m. o. w. mendelndem Erbgang - bei Schwein (5166), Schaf (5497), Hamster (5575), Wühlmaus
(6039), Hausmaus (2915, 5920, 5929, 4156, 4964, 5359, 4965, 2835, 8636, 9940,
9138, 9688, 9783), Ratte (2264) u. a. Nagern (7455), Katze und Hund (7985), sowie Federlosigkeiten in diversen Ausprägungen beim Geflügel aktenkundig (
6856, 2, 3654, 7202, 6880, 1450, 1041). Ein besonders den Hals entblößender Fe-
dermangel ist Kennzeichen der "Siebenbürger Nackthälse", einer Hühnerrasse, welche von der Boulevardpresse bereits fälschlich als "Turk-hens", d. h.
als Kreuzungen zwischen Puten und Hühnern bezeichnet wurde. Behaftete Jungtiere sollen sich durch geringere Aktivität und Futterverwertung auszeichnen,
jedoch Vorteile bei höheren Temperaturen haben (5129, 6936, 5286, 8379, 902,
9696, 9044, 10184, 10185). Auch beim Verhungern waren sie später dran (10183).
Befiederungsschäden bei anderen Rassen scheinen dagegen eher der Rentabilität entgegenzustehen (8760), allerdings war in diesen Untersuchungen ein
so wichtiger Punkt wie die Stalltemperatur unberücksichtigt geblieben.
Bei solchen Haar- und Federlosigkeiten müssen betroffene Individuen nicht

immer so unbedarft zur Welt kommen; so werden z.B. die "Rhinozerosratten" und -mäuse zunächst normal geboren, entwickeln aber später eine mit extremer Hautfaltenbildung verknüpfte Hypotrichosis cystica (7312, 4873). Weitere Atrichien sind bekannt(5685). Eine gute Übersicht über die etwa 30 Haarmutanten der Maus gab Slee(1965).

Abb. 29

Konnatale, unvollkommene Haarlosigkeit bei einem Kalb (Reste von Behaarung an Schwanz, Kopf und Gliedmaßen), verbunden mit Prognathia inferior und beidseitigen Augenveränderungen

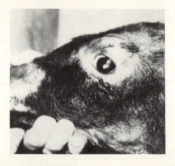

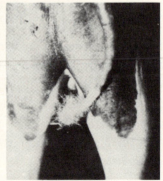

Subvitale Nackthunde (Zahnunterzahl und Letalität bei Homozygotie) und Nacktkatzen schließlich werden und wurden in der Vergangenheit ab und an für Liebhaber spezieller Geschmacksrichtungen gezüchtet, wobei das Argument, diese Tiere seien besonders für allergische Menschen geeignet, eine Alibifunktion übernehmen soll(7985). Doch reichen die bei diesen Tieren noch vorhandenen Reste der Behaarung zur Allergisierung allemal aus, falls nicht ohnehin Schuppen o.a. Hautbestandteile das Allergen darstellen.

Übergänge zur Norm stellen die in vielen behaarten Tierarten registrierten Kurzhaarigkeiten bzw. Verluste der Deck- und Grannenhaare dar, wie sie z.B. ein "Rexfaktor" bei Kaninchen (4551,1899), Katzen (4419), Hamstern (8104,6463), Ratten (2820) und Mäusen (7127) determiniert. Diese Tiere werden z.T. nackt geboren und zeigen herabgesetzte Vitalität bzw. abweichende Spaltungsverhältnisse infolge embryonaler Letalität (3654, 9084).

Andererseits sind diverse Ausprägungen der Hypertrichie bzw. Langhaarigkeit konstatiert worden - nicht nur die hippiebedingten oder jene ansprechende Form, welche Lady Godiva zum Bedecken ihrer Blößen verhalf-, sondern erbliche Abnormitäten des Haarwuchses ("Affenmenschen",Hirsutismus, 571) in Mensch und Tier. So berichtete schon das Gudrun-Epos von Pferden mit weit auf den Boden wallenden Mähnen (2071), wurde eine dominant lange Behaarung bei Ostfriesischen Rindern zeitweise aus offenbar auktionsphänomenologischen Gesichtspunkten heraus gefördert, so daß man bereits scherzhaft von einer "Dreinutzung" sprach (Milch, Fleisch, Wolle, 3309). Dieser Zustand ist für Rinder bei Hitze durchaus vitalitäts- und leistungsabträglich (3197).

Rezessive Typen des Langhaars bilden die Grundlage unserer Langhaar-Hunde-, Katzen- und Kaninchenrassen; sie kommen auch bei kleinen Versuchstieren vor (6745,6462,9633). Eine dominante Langhaarmähne ("Kipp-mähne") dagegen verdrängt in Equidenkreuzungen schnell die kurze Wildpferd-Stehmähne (4488). Langfedrigkeit schließlich ist eine Anomalie bei Wellensittichen und Langschwanzhähnen in Japan (5770). Das anomale Längenwachstum sonst normaler Hautanhänge ist jedoch zu unterscheiden von einer konstant abwachsenden "Bewollung", die der Schur bedarf, soll sie nicht zu verfilzten Pelzen gewaltigen Ausmaßes führen ("Schnürenpudel",

Ungar. Hirtenhunde !). Hier ist nur die Unterwolle auf Kosten der Deck-und Grannenhaare hypertrophisch und gekräuselt - ein nicht nur bei Schafen im Stande der Domestikation beobachtetes Phänomen ("Pluripotenzerscheinung"): Selbst Lockenesel, Lockenpferde (Pendletonians), Lockenschweine und -Meerschweinchen wurden gesehen (6857, 789, 3654, 9360). Dagegen entsteht ein wolliger Eindruck des Gefieders durch ausgesprochene Mißbildungen hinsichtlich der Federstruktur (3866, 7456).

Eine Vielzahl solcher Befiederungsanomalien fiel bei unserem Hausgeflügel auf: Die Struppfiedrigkeit als Basis der heterozygot im Standard stehenden "Strupphühner", welche den Eindruck erwecken, als hätte man sie entgegengesetzt zum Federverlauf durch ein Knopfloch gezogen (3654) - denn normalerweise sind ja Haare und Federn der Bewegungsrichtung entgegengesetzt (5493); die Seidenfiedrigkeit als Grundlage einer weiteren "Liebhaberrasse", der Seidenhühner, welche zudem mit Polydaktylie als zusätzlicher Abnormität behaftet sind; rezessives "Stachelschweingefieder" (7929, 8907), Faktoren für "abgenutztes", "klebriges", "faseriges", "verknotetes", "drahtiges" oder extrem brüchiges Federkleid (7159, 2324, 8137, 6433, 10046). Die unvollkommene Dominanz mancher dieser Defekte - ebenso bei Wachteln (8908) - deutet auf eine polygenische bzw. polyfaktorielle Basis hin (2706). Einige lassen auch die Eischalendicke nicht unbeeinträchtigt (8742). Die dominant vererbte "Hennenfiedrigkeit" der Sebright-Hähne scheint auf einer Umwandlung von Testosteron zu Östradiol bzw. einer generell gesteigerten Oestrogenproduktion in der Haut zu beruhen (2628, 9914).

Es überrascht nicht, daß Fehlern oder Anomalien der Bewollung bei Schafen ein besonderes Augenmerk geschenkt wurde. Abgesehen von vereinzelt vorkommenden, züchterisch rasch zu eliminierenden, mendelnden Mutationen, wie etwa jene, welche der Wolle einen abweichenden, "seidenähnlichen" oder "glänzenden", aber verfilzten Charakter geben (5036), durch Hypotrichien den Wollertrag mindern (1863), oder durch saisonalen, genetisch gesteuerten Haarwechsel ("Mauser") Ausgangspunkt für tropenfeste Rassen wurden (Wiltshire Horn, 7129, 7565), und abgesehen auch von den häufigen, durch unerwünschte Pigmentierung verursachten Wertminderungen, stellen polygenisch fundierte Qualitätseinbußen physiologisch unbedenkliche, aber ökonomisch bedeutsame Mängel dar. Sie können die Stapelform und Kräuselung der Wolle (1333,3726), Wolldichte und -stärke,- länge u.a. betreffen (7028,569), hier aber nicht Gegenstand weiterer Betrachtung sein. Das gleiche gilt für ähnliche Gesichtspunkte bei Karakuls, Angorakaninchen oder anderen Pelztieren (4582,5084,4172,6644). Auf Nachteile einer extremen Hautfältelung wurde überdies, z.B. in Zusammenhang mit Parasitosen, schon hingewiesen; sie soll auch die Reproduktionsfitness der Mutterschafe beeinträchtigen (408,1885).

Bei den noch zu erwähnenden,epidermalen Horngebilden der Haut- Horn,Huf, Klaue,Kralle oder Nagel- sind ebenfalls Normabweichungen bekannt. Von den pleiotropen, fruchtbarkeitsmindernden Effekten einer Hornlosigkeit bei Ziege (2559)- und möglicherweise Schaf - war schon die Rede. Neuerdings wurde sogar von einer Kopplung der Hörnerlosigkeit beim Rind mit der Disposition zu Penisvorfall und Penisverkrümmungen gesprochen (222,8575), so daß gehörnte Bullen - im Gegensatz zu gehörnten Ehemännern - einen Selektionsvorteil besäßen (8299).

Doch bedarf diese Aussage noch der Überprüfung und sollte nicht zu einer voreiligen Selektion auf Hörnerzahl führen - immerhin gibt es bei Schafen bereits Exemplare mit 4 Hörnern (575). Frisch u.Mitarb.(1980) stellten keine Korrelationen zur Fruchtbarkeit fest. Denn bei Rindermast im Laufstall oder auf der Weide führt Behornung zweifellos zu Nachteilen und es bedurfte eigentlich keiner Untersuchungen, um festzustellen, daß die Menge traumatisch geschädigten Fleisches in einer behornten Gruppe doppelt so hoch lag wie in einer hörnerlosen (5099,8298). Über den unvollkommen dominanten Erbgang der Akeratie bei Wiederkäuern - mit ihren zahlreichen Übergängen zur Behornung (Stummel-,Wackelhorn etc.) - existieren viele Publikationen (7046,4161,654,2305,4689,2504). Man vermutet epistatische Wirkungen anderer Gene(8620). Wer weiß, wie wichtig dem passionierten Jäger eine eindruckvolle Trophäe in der guten Stube ist, wird auch Nachsicht mit der kuriosen Forderung nach Selektion auf Geweihgewicht beim Reh haben (8619).

Das keratinisierte Zehen- bzw. Fingerendorgan kann gleichfalls Angriffspunkt ontogenetischer oder postnataler Fehlentwicklungen sein. Neben seltenen, monogenisch bedingten, zu abnormen Nagelverdickungen führenden Hyperkeratosen (Pachonychia congenita) sind diese Strukturen bei zahlreichen weiteren Defektsyndromen mit Dyskeratosen, Hypo- oder Dysplasien beteiligt (7153)- bis hin zum völligen Fehlen (dominante Anonychia, 8764, 9726), wie überhaupt systemische Erkrankungen, z.B. durch Vitamin A-Mangel oder Hypervitaminosen, durch andere Intoxikationen etc., hier ihren Niederschlag finden (1167, 2347, 6637). Neben solchen krankhaften Zuständen spielen natürlich, sowohl beim Menschen für bestimmte Berufsgruppen, als auch bei Tieren in intensiven Haltungsformen (8846), individuelle oder rassische Unterschiede in der Belastbarkeit dieser exponierten Organe eine wichtige Rolle (Nagelbrüchigkeit, 985; Hornabrieb bei Huf und Klauen; pigmentierte fester als pigmentlose !, 2585, 606, 4414, 2245, 1202, 1203, 1828, 4544, 8706, 9173, 9174). Schon früh stellte man fest, daß genetische Einflüsse auf Regelwidrigkeiten der Huf- und Klauenausbildung mindestens soviel Bedeutung hätten wie die Pflege, was durch neuere Untersuchungen untermauert wird (9266, 9897, 9895). Morphologische Merkmale besitzen auch hier beträchtliche Heritabilitäten (9017).

Dennoch wird man z.B. einer Stallklauenbildung (zu 62 % hinten beidseitig als Pantoffel-, Schnabelschuh-, Roll- oder Posthornklaue, 6075) oder einer zu starken Abnutzung eher durch prophylaktische, kurative oder stallbautechnische Maßnahmen begegnen als durch Selektion. Leider wird diese Erkenntnis gerade in der Rinderhaltung stark vernachlässigt(7627).

Da wir es bei der Rehe mit einer partiellen Blockade des für die Verhornung wesentlichen Cystinstoffwechsels zu tun haben(4407), mithin mit einer Stoffwechselstörung systemischen Charakters, nimmt es nicht wunder, daß familiäre Häufungen und Dispositionen zu dieser Erkrankung mehrfach beschrieben wurden (5062), ebenso bei Huf-, Hornkrebs und Mauke (3330, 6707, 5447, 5448). Diese Erkrankungen werden zwar meist durch äußere Noxen initiiert, unterliegen aber dennoch gesicherten genetischen Prägungen(2709).

Wie die verhornten Schichten der Haut, können auch Corium und Subcutis, insbesondere ihre bindegewebigen Komponenten, erblich beeinflußte Veränderungen zeigen. Mit dominantem Erbgang wäre hier das Ehlers-Danlos-Syndrom bei Mensch, Hund und Nerz zu nennen (Cutis laxa bzw. hyperelastica, 3286, 3299), welches abnorme Dehnbarkeit und Brüchigkeit der Haut zusammen mit Hyperextension und Flexibilität der Gelenke bewirkt. Echte EDS-Patienten wären somit geborene Verrenkungskünstler, hätten sie nicht unter der leichten Verletzlichkeit der Haut zu leiden. Englische Autoren wollen mit "Cutis laxa" nur eine Sonderform dieser Erscheinung benannt wissen, die lediglich anomale Hautfaltenbildung (Dermatomegalie) ohne sonstige Veränderungen verursacht. Schon sechzehnjährige Mädchen sähen aus wie ihre eigenen Großmütter (572). Es scheint weitere Varianten zu geben (534). Dieser lymphatische Hauttyp ist ja sattsam von einigen Hunderassen bekannt (Faltenhund "Sharpei", "hubertoide" Gesichtsfalten bei Bluthund, Bassets u.a.). Ohne Überstreckbarkeit der Gelenke, aber gleichfalls mit abnorm brüchiger Haut - und insofern dem EDS ähnlich - geht die rezessive Dermatosparaxie bei Rind einher (3149,3150,7358,9945,8809), sowie eine vergleichbare Erscheinung bei Schafen (3313,2338,4546,9683,8475), wo jedoch auch Varianten mit Gelenks-Hyperextensibilität bekannt wurden (9448). Auch in anderen Rinderrassen wurde über EDS berichtet (hier z.T. dominanter Erbgang vermutet ,3774,8795). Es scheint sich um eine Störung der Überführung von Prokollagen zu kollagenen Fibrillen zu handeln (8300, 8109,8580). Ein ähnliches, homozygot letales Syndrom wurde jüngst in Katzen beschrieben (8270). Nicht selten sind bei solchen Bindegewebsstörungen Thrombozytopathien konkomitant (8849).

Bindegewebsschwäche in Verein mit Wucherungstendenz des Papillarkörpers dürfte auch den Boden bereiten für Limax, den Zwischenklauenwulst des Rindes (7969,Abb.30). Er tritt vorzugsweise und oft Hand in Hand mit dispositioneller Spreizklauenbildung an den im schlaffen Hauttyp stehenden Hinterfüßen und bei Rassen im Mast- oder Zweinutzungstyp auf, - seltener in anderen -, welche eine "schwammigere" Hautkonformation zeigen (7968,1522,9537,7945, 5167,1829,7989,6247,193,167). Die Häufung in bestimmten Bullen-Nachkommenschaften ist gesichert (8714), doch liegt der Erblichkeitsgrad nur bei 20% , was sich in etwa mit der Heritabilität für Spreizklauen deckt - und im übrigen die Bedeutung zusätzlicher Umweltfaktoren unterstreicht (5168,932,9761). Wo Lahmheitsprobleme die Rinderzucht limitieren bzw. die Rentabilität mindern (9930,9866) ist somit die Einkreuzung resistenter Genotypen durchaus zu diskutieren, obschon rein entzündliche Prozesse wie Pododermatitis naturgemäß nur geringfügig genetisch beeinflußt sind (2503,659,398,5960,8598). Immerhin wurden auch bei Panaritium (9507) und bei Schafen in der Disposition zu Moderhinke, die durch zu weite Klauenstellung begünstigt wird, deutliche

analog gerichtete Rassenunterschiede erkennbar (S.dort,5241).
Eine unvollkommen dominante Erbanlage, welche selektive Hyperplasien des Unterhautbindegewebes (neben Veränderungen des Stützskeletts) und dadurch zu "enge", straffe Haut bewirkt, gibt es bei Mäusen; Homozygote sterben embryonal ab (2834). Bindegewebszubildungen stellen bei der familiären Elephantiasis des Menschen (Schenkel) ähnlich wie bei der Dickbeinigkeit der Ferkel (Vorderbeine, rezess. autosom., letal) dagegen nur Sekundärreaktionen auf chronische Ödeme infolge Entwicklungsstörungen des Gefäßsystems dar(2170, 8060). Johannsen und Mitarb. (1984) sehen hier jedoch keine pathogenetischen Parallelen.

Abb. 30

Limaxbildung am Rinderfuß

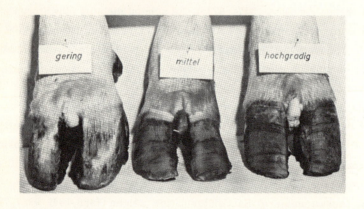

Letztlich gehören Normabweichungen der Hautdrüsen mit in diesen Kontext. So existiert bei Mäusen eine Mutante (Asebia), welche Bau und Funktion der Talgdrüsen beeinträchtigt, desgleichen die Behaarung (3904, 3905, 3906). Bei familiären Syringomen, epithelialen Hauttumoren des Menschen, spielen Entartungen dieser drüsigen Hauthilfsorgane eine hervorragende Rolle (Hidradenome, ektopische Talgdrüsen etc., 6274), und vom Hund ist ja die seborrhöische, ekzemfreudige Haut einiger Rassen bekannt (Spaniel!, 7985). Selbst die Mamma, jene modifizierte Schweißdrüse, unterliegt erblichen Variationen, wie man sich durch den Augenschein überzeugen kann. Insbesondere genetisch determinierte Hypoplasien (1181,2311,7069,7282) dieses nicht nur bei der Milchkuh in Sprachgebrauch und Wertung die Funktion eines Parsprototos einnehmenden Organs können die Reproduktionsfitness mindern. Doch sind jenseits der Norm liegende Hypertrophien ebenso abträglich (Hängeeuter, zu geringer Bodenabstand, Gefahr der Zitzenverletzung etc., 4297,3973). Auf Hyperthelien und Mastitisdispositionen war schon hingewiesen worden (S. dort), vor allem in Zusammenhang mit erblichen Varianten der Zitzenausformung (9353,9354), die nicht nur für die Besiedlung mit Bakterien, sondern auch für die Milchleistung bedeutungsvoll sind (4595,6252,6253,6254,6255,6256,730). In Sauen zeigte die Zitzenzahl eine mittlere Heritabilität und rassische Differenzen, ebenso die Disposition zu Zitzennekrosen (5743,3151,9369,9941). Mittelgradig erbliche Krater- und Stülpzitzen bei der Sau führen zu erheblichen Störungen des Saugaktes, die Zuchtausschluß der Merkmalsträger und Zuchteinschränkung bei Anlageträgern rechtfertigen (3091,5859,7770,1456,5596,4300,8138,10178,9280), wenngleich Jungst u. Kuhlers(1983) dies anders sehen. Sie treten in einigen Populationen in beträchtlicher Frequenz auf (1879,806,808); hocherbliche Parallelen gibt es beim Menschen (6950).

Widersprüchliche Befunde hinsichtlich ihrer Relevanz für das Fortpflanzungsgeschehen kamen dagegen von den bei Schwein, Schaf und Ziege (unvollkomm.) dominanten Berlocken (Appendices colli, 6859,940,4442,9725), jenen mehr verzierenden Hautanhängen ("Glöckchen") zur Meldung: Bei Schweizer Ziegen und Sardischen Schafen sollen sie eine positive, in indischen Schafen eine negative Wirkung auf die Fruchtbarkeit der Zibben ausgeübt haben, kaum eine dagegen auf die Produktion (6362,1270,8382,7774).

> Influential ideas are always simple. Since natural phenomena
> need not be simple, we master them, if at all, by formulating
> simple ideas and exploring their limitations.
>
> A.D.Hershey, 1970

INDIGESTIONEN

Störungen der Freß- und Verdauungsfunktion können durch angeborene Mißbildungen, Funktionsstörungen oder Erkrankungsdispositionen im Bereich von Mund, Schlund und Magen-Darmkanal sowie seiner Anhangsorgane Bauchspeicheldrüse, Leber etc. ausgelöst werden. Dort, wo sich am Kopfdarm bzw. Anus die äußere Haut in die Schleimhaut des Verdauungstraktes umschlägt, ist zudem der Übergang zwischen diesem und dem vorangegangenen Kapitel gegeben. Nicht nur, daß Defekte oder Erkrankungen dieser vorderen und hinteren Öffnung neben dermatologischen fast regelmäßig digestive Konsequenzen haben - so geht z.B. eine hocherbliche Tylose (Palmar-Keratose) des Menschen mit angehobener Speiseröhrenkrebs-Frequenz einher (7001, 9726), selbst die Werkzeuge zur Aufnahme und Zerkleinerung der Nahrung sind bei einigen Arten ektodermalen Ursprungs, so der Schnabel der Vögel, ein horniges Gebilde. Doch auch die Zähne der Säuger entstehen ja aus einer epithelialen, sich einsenkenden Zahnleiste, welche der Bindegewebspapille, der späteren Pulpa, aufsitzt (4012). Deswegen gibt es Defektsyndrome, die beides beeinflussen: Haar- und Zahnausbildung (Monilethrix bei Mensch, 9364, 9720, S.a. Nackthund).
Anomalien in diesem Bereich sind insgesamt nicht selten. So wirken sich zahlreiche, durch Großgeneffekte, aber variable Manifestation charakterisierte Schnabelmißbildungen unseres Geflügels ("Papageien-, Donald-Duck-Schnabel" etc.) schon durch Schlupfunfähigkeit der Küken letal aus (9876), bewirken andere - ebenso wie Zahndeformierungen oder -verluste - zumindest Behinderungen in der Nahrungsaufnahme und Indigestionen (3646, 1035,

4, 8178, 5016, 4614, 904). Andererseits war auf die den Kannibalismus fördernden Auswirkungen zu langer und spitzer Schnäbel schon hingewiesen worden; ihnen wird bei Wachteln dadurch begegnet, daß man diese Waffen durch Abbrennen um ein Viertel verkürzt (auch in anderen Geflügelarten, 8194) - bei Kürzen um die Hälfte litten die täglichen Zunahmen darunter.

Neben den anderenorts erwähnten, durch Kiefer- oder Gaumenmißbildungen bedingten Gebißabweichungen, den in Hunden, Pferden, Nagern und Kaninchen vielfach belegten Okklusionsstörungen (5429, 6824, 7985, 2030, 9769), den seltenen Agnathien (Fehlen des Unterkiefers), sowie den in Verbindung mit Alopezien auftretenden Anodontien, kommen in Mensch und Tier konnatale Oligo- und Hypodontien exo- und endogener Natur zur Beobachtung. So kann syphilitischer Zahnverlust mit dominantem Fehlen oberer Zähne verwechselt werden (4862). Zweifellos existieren hocherbliche Formen isolierten oder kombinierten Nichtvorhandenseins von Zähnen (2159, 2471), jedoch ist die ätiologische Gesamtsituation komplex einzuschätzen, insbesondere für die bei Rassehunden von einigen "Prämolarenjägern" unnachsichtig verfolgte Nichtanlage des persistierenden Milchprämolaren (7985).

Jedenfalls ist auch die Zahngröße polygenisch fixiert (929, 7182, 9309). So ermittelte Ngarwate (1984) mittlere bis hohe Erblichkeitsgrade odontometrischer Parameter in Schweinen und ein insgesamt kräftigeres Gebiß bei Pietrains gegenüber Dt. Landrasse. Zugleich verwundert es nicht, daß, wie die Mineralisation, so auch der Zahnabrieb gesichert heritabel sind (8791, 8425, 9466). Polyfaktorielle - und durch Intrauterineinflüsse zu modifizierende - Auslösemechanismen hinsichtlich einer Zahnaplasie zeichneten sich zudem in Mäusen ab (2914). Selbst dem Schwein fehlt der 1. Prämolar häufiger, so daß hier generelle, evolutionäre Reduktionstendenzen anzunehmen sind (5794): Dieser Zahn, der auch hinsichtlich seines Aschegehalts die größte Variation zeigte (8791, unten), war bei 24,1 % der Landrasse-Tiere und bei 5,7 % der Pietrainschweine nicht angelegt (9999) ; die Heritabilität dieses Phänomens betrug 41 % (9529).

Polyodontien sind relativ selten (3307). In Nerzen und Frettchen, dispositionell auch in einigen brachyzephalen Hunderassen, konnte man zusätzliche Incisivi öfter sehen (8059, 189, 7985). Bei Karies vermutet man aufgrund familiärer Häufungen genetische Dispositionen und Resistenzen (bei ca. 3%, 4861, 4494),

waren anfällige und resistente Rattenlinien zu erzüchten (3630). - Ein Mineralisationsdefekt ist Ursache einer hereditären Dentinogenesis imperfecta, daneben kommen erbliche Amelogenesien vor (7489, Zahnschmelzanomalien, 9827). Ähnliche Erscheinungen registrierte man beim Rind (8768).
Schließlich wurde in Fuchs- und Boxerstämmen das Auftreten hyperplastischer Gingitivitiden (Zahnfleischentzündungen) beschrieben, welche der (dominant) erblichen Fibromatose des Zahnfleisches beim Menschen zu entsprechen scheinen (1998, 578, 160). Rassische Unterschiede im Zeitpunkt des Zahndurchbruches (aber auch Rauchertum der Mutter als Einfluß !, 9685) seien gleichfalls erwähnt (187, 7985), zusammen mit der Tatsache, daß selbst die Zahnstellung, z.B. im Sinne eines abnormen Auseinanderweichens der Zähne (Diastase), genetischen Steuerungen unterliegt, wie in der Nachzucht eines Hengstes nachweisbar (2727).

Auch die Zunge kann Ort angeborener Normabweichungen sein. Neben seltenen A-, Mikro- oder Makroglossien sind in bestimmten Familien "skrotale" oder "geografische" Oberflächenfurchungen dieses Organs bekannt (Faltenzunge, 858), vom Hunde letale, den Saugakt verhindernde Anomalien (3663). Bei Berichten über rassisch oder familiär gehäuft auftretende, ulzerierende Mundschleimhautentzündungen scheint aber die Umweltkomponente noch nicht genügend berücksichtigt ("Pudelstomatitis" !, 4990). Mindestens so unbefriedigend ist die Abklärung genetischer Einflüsse auf Speiseröhrendefekte und - Funktionsstörungen: Bei insgesamt reicher Kasuistik bezüglich stenotisch bedingter Achalasien (Megaoesophagus), bei durch persistierenden Aortenbogen ausgelösten Schlundstrikturen wird zwar wiederholt von Verwandtschaftsfällen oder rassischen Häufungen (beim Hund, große Rassen) gesprochen, doch prägen Entwicklungsentgleisungen ungeklärter Genese offenbar das Bild (8139, 7985). Gleiches gilt für Divertikelbildungen (1461). So zeigte der durch krankhafte, entzündliche Ausweitung entstandene Pendelkropf der Puten unter identischen Fütterungs- und Haltungsbedingungen zwar eine rassische Prädilektion (Bronzeputen), bedurfte zur Auslösung aber zusätzlicher Stressoren (Pilzbefall, S. dort).
Etwas anders das Bild beim Magen. Hier konnten in jüngster Vergangenheit genetische Wirkungen bei zahlreichen Unregelmäßigkeiten gesichert

werden. Z.B. ist bei der angeborenen, hypertrophischen Pylorusstenose des
Menschen die Häufigkeit dieses androtropen Leidens unter Verwandten signifikant höher als in der Vergleichspopulation, errechnet sich aus der Eltern-
Nachkommen-Regression eine Heritabilität von ca. 60 % (1246,1247,4341).
Überlebende sollen im Mittel kräftiger und schlanker sein als der Durch -
schnitt, so daß Überdominanzeffekte möglich sind (9726). Entsprechende Erkrankungen bei Hunden kommen zwar vor, doch harren die genetischen Aspekte noch der Aufklärung.
Polyfaktoriellen Einflüssen unterliegt auch das menschliche Magen - und
Duodenalgeschwür, das eine gesicherte Häufung in der Blutgruppe O, rh -
negativ, und bei fehlender oder verminderter intestinaler Komponente der
alkalischen Phosphatase erkennen läßt, zudem eine erhöhte Frequenz in Angelsachsen (253,1860,2512,5335). Zu solchen Genkopplungen oder Pleiotropien treten weitere, endogen-psychosomatische Faktoren, welche durch sozio-ökonomische Hintergründe eine zusätzliche Förderung erfahren können:
So stellten junge Gastarbeiter in der Schweiz, aber auch in der BRD, ein
vergleichsweise hohes Ulcuskontingent (3547), möglicherweise weil "Menschen, die ihre Heimat verlassen, da sie sich dort schlecht einfügen oder
weil sie um jeden Preis eine soziale Besserstellung erzwingen wollen, eine ulcusgefährdete Population darstellen" (8286). Wird dieser Kreis frustriert, stellt sich bei ihm aus denkbar analogen Gründen ein Magenulcus
ein wie bei jenen 35 % der Frettchen, welche man in Laborkäfigen hält (
188). Bei der Vergabe einer Professur soll es ja gleichfalls so sein, daß
von zwei Bewerbern der eine die Professur, der andere das Magengeschwür
bekommt. Die Konkordanz in EZ ist viermal so hoch wie in ZZ (2017).
Doch gibt es auch hier Kliniker, die genetische Zusammenhänge bestreiten (
8822). Und auf die erhöhte Ulcusbereitschaft des Schweins modernen Typs
war schon hingewiesen worden (7540,788,8648,9236), doch selbst in Fohlen
kann sie Todesursache sein (8519).
Typbedingte Lageveränderungen des Magens spielen ebenfalls eine Rolle.
Selten bei Mensch und Tier ist ein den Magen mitbetreffender Situs inversus
(Kartagenersyndrom, Bronchiektasien b. Mensch, 8671), d.h. eine spiegelbildliche Umkehr der Lageverhältnisse innerer Organe :
Der Übereinstimmungsgrad in Zwillingen ist keineswegs hundertprozentig

Abb. 31

Nahezu totale Atresie des gesamten Magen-Darmkanals bei einem totgeborenen Welpen; ein in der Gegend der linken Ohrspeicheldrüse blind endender, strangförmiger Rest der Speiseröhre ist durch die Pinzette(links), ein rudimentärer Rest des Anal- und Rektalrohres durch die Sonde gekennzeichnet.

(972); doch auch in Mäusen scheint ein dafür verantwortliches Gen bei Homozygoten nur in der Hälfte der Fälle Situs inversus zu bedingen (4458). Wichtiger für die Veterinärmedizin sind Dispositionen zu Magentorsionen, die letal, wenn nicht baldigst chirurgisch versorgt - vorzugsweise in tiefbrüstigen Hunderassen wie Dt.Doggen u.a. auftretend (7985). Dieser Gesichtspunkt möglicher Typdispositionen wurde bei Rumpfmessungen an Kühen mit linksseitiger Labmagenverlagerung zwar nicht weiter berücksichtigt, doch konnte auch beim Rind ein höherer Verwandtschaftsgrad Behafteter gegenüber einer Kontrollpopulation ermittelt werden (7356,4746,7357), wenngleich bei dieser Erkrankung nach wie vor eine Fülle exogener Auslöser im Vordergrund der Pathogenese stehen (Haltung, Fütterung, Saison etc., 1745,8138,4915).
Doch zeigen nicht mit Stenosierungen oder Lageveränderungen einhergehende Tympanien des Rindes gleichfalls Familienhäufungen- bei einer Heritabilität von ca. 60% (1467,4132,3110,3824,6289, 237). Die Konkordanz in EZ ist beträchtlich (1468). Dabei scheinen anfällige und resistente Tiere in entsprechenden Linien züchtbar und sich in gewissen Speichelmerkmalen zu unterscheiden (8439,9440,8721), wie überhaupt biochemisch-genetische Varianten der Speicheldrüsen- und Magen-Darmschleimhaut- Sekrete - und der Mucosa selbst - zweifellos Ursachen weiterer angeborener Verdauungsstörungen sein können - mit schwerwiegenden Folgen für den Intermediärstoffwechsel (5041,315,511). Man denke nur an die Perniziöse Anämie des Menschen, an die durch Blockaden des Eisentransports durch die Darmwand ausgelösten, erblichen Anämien kleiner Versuchstiere u.a.(4865,2035), an die infolge durchfallverursachender Enzyminkompetenz zum Abbau von Laktose in Erwachsenen (selten als naturgemäß schwerwiegender Defekt in Neugeborenen = Alaktasie, 3510) erhöhten Absatzschwierigkeiten des EG-Milchüberschusses in Entwicklungsländern, wo dieses Unvermögen zur Verwertung von Milchzucker verbreitet ist und vielleicht einen genetisch programmierten Mechanismus für die Regulation des Abstillens darstellt(520, 2345,4592); man denke an die durch Resorptionsstörungen bewirkten, erblichen Formen der Rachitis (S.dort), an die HlA-gekoppelte "Zöliakie" des Menschen (6813) u.a.m..
Konnatale, lebensbedrohende Atresien, Stenosen oder Verlagerungen des

Dünndarms, Begriffe, die auch einmal zusammenfassend als "Darm-Unwegsamkeiten" benannt wurden (382), kamen in Mensch und Tier wesentlich seltener zum Bericht (1 : 20000 ; 7131) als solche des Dickdarms und Afters (2534), wahrscheinlich wegen der höheren perinatalen Mortalität(1436, 3308, hohe Frequenz bei trisomen Mongoloiden; Abb. 31). Treten hier Stenosierungen multipel auf, können sie das Intestinum zu einer "Knackwurstkette" umfunktionieren (7232). Kennzeichnenderweise nehmen die Beiträge der Kasuistik, teils als sporadische, teils als familiäre Fälle, bereits im kaudalen Abschnitt des Dünndarms, dem Ileum, zu, so z.B. beim Pferd hinsichtlich einer Atresie dieses Darmabschnittes (5561, 8138).
Doch selbst Atresia coli gehört noch zu den Raritäten (5913, 4515), am bekanntesten geworden vielleicht noch als rezessiv-autosomaler Defekt durch den Percheronhengst "Superb", den man im vorigen Jahrhundert nach Japan zur Verbesserung der dortigen Kaltblutzucht importierte - und mit ihm dieses Schadgen, das dann in der Folge aufgrund angewandter Linienzucht zu zahlreichen Ausfällen unter den Fohlen führte (8307, 3654) - ein typisches Beispiel für den sogen. "Founder-Effekt". Im Zeitalter der K.B. sollte man solche erbhygienischen Konsequenzen auch in anderen, breit genutzten Haustierarten bedenken, wenn man Landeszuchten durch eingeführte Vatertiere "veredeln" will - und sie vor massivem Einsatz nicht nur auf gesundheitlich/seuchenhygienische, sondern zudem auf eugenische Unbedenklichkeit testen (Töchterpaarungen oder lückenlose Erfassung aller Paarungsprodukte mit einer Stichprobe der weiblichen Population). - Atresia coli trat in Rindern ebenfalls regional oder betrieblich gehäuft auf (602, 6758, 8533). Man vermutet hier sogar, neben dispositionellen Einflüssen und rassischen Unterschieden, ursächliche Wirkungen stattgehabter rektaler Trächtigkeitsuntersuchungen(5516, 5392). Die Heritabilität war niedrig (10130).

Die häufigeren Rektal- und Analatresien, welche kombiniert oder isoliert und in sehr variablen Schweregraden vorkommen, zeigen bei Tieren, z.B. Kälbern und Ferkeln (2801, 4496, 1180, 279), deutlichere genetische Abhängigkeiten als beim Menschen (5871). Sie treten öfter im Verein mit anderen Mißbildungen auf, z.B. bei Danforth-Short-Tail-Mäusen (Sd), beim Kaudo-Rekto-Urogenitalsyndrom von Maus, Rind und Pferd

(2915, 6375, 1295, 1345, 8923). Selbst ein atretischer Seehund wurde beschrieben(9935). Fließende Übergänge zur Norm in Gestalt von Rektal- und Vaginalkonstriktionen - vorgeblich einfach mendelnd(9436, 9049) - scheinen zu existieren(4513, 1777, 869). Sie können auch narbig entstehen (8444). Die im übrigen mit Chromosomenanomalien wohl nicht gekoppelte Afterlosigkeit in Schweinen nimmt bei einer Steigerung des Inzuchtgrades signifikant zu (910, 6863), auch bei behafteten Kälbern war ein Ahnenschwund gegenüber Kontrolltieren zu verzeichnen (2483). Nach Verpaarung chirurgisch korrigierter Atresia ani-Merkmalsträger konstatierte man unter den Nachkommen einen Prozentsatz von 29 - 54 % an Atresia ani-Ferkeln - im Vergleich zu nur 1 - 8% nach Anpaarung Normaler (3334, 5605). Dies alles impliziert zumindest mittelgradige Heritabilität (9244) und rechtfertigt Zuchtausschluß hochgradiger A.a.-Vererber, denn zweifellos besitzt dieser Defekt in unseren heutigen Schweinezuchten eine beträchtliche Verbreitung und wirtschaftliche Bedeutung(8066, 4253, 10023). Jedoch: "Es ist nicht möglich, sämtliche Eber zu schlachten, die afterlose Ferkel bringen. Der Bestand würde mehr als halbiert (9115)".
Mitunter ist auch nur der Afterschließmuskel nicht angelegt, ein in Ferkeln u. U. letale Obstipationen, sonst meist Kotinkontinenz bedingendes Manko, das experimentell durch den Einsatz eines hydraulischen Sphinkters reparabel sein mag (3094, 660). Oft besteht eine kloakenhafte Recto-vaginal-fistel, durch welche Sauen nicht nur ihre flüssigen und festen Exkremente, sondern auch die Ferkel ans Tageslicht befördern(2930, 9675). Und der Anus sei nicht verlassen, ohne auf die besonders in Dt. Schäferhunden wegen ihres breiten Schwanzansatzes und des dadurch bewirkten ständigen Fäzesfilms in der Perianalregion geförderten Perianalfisteln hinzuweisen, die rezidivierend-irreparable Ausmaße annehmen können (4572, 3236, 4378). - Deutliche Inzuchteffekte waren zudem auf das Vorkommen von Kloaken- und Legedarmvorfällen bei Hühnern zu verzeichnen (7931). Auch Sauen sollen durch eine charakteristische, hocherbliche Form des Schwanzansatzes und der Beckenwinkelung eine Disposition zu Rektalprolaps erkennen lassen, die Selektionen ermögliche (4632).
Chronisch-ulzerierende oder polypös-granulomatöse, wahrscheinlich nicht-infektiöse Entzündungsprozesse im Darmkanal ließen gleichfalls z.T. gesicherte Erbeinflüsse erkennen. So zeigt die Colitis ulcerosa - als Whipp-

lesche Krankheit bzw. Colonhistiozytose des Menschen, mit Querverbindungen zum mit Immundefekten (HlA B 27 !, 2284, 9946, 9947) einhergehenden Crohnschen Syndrom im Dünndarm(besonders bei Turnersyndrom, 6149, 8924, 9643, 6991, 4990, 4110, 6401), -als ulzerative, histiozytäre Colitis junger Boxerhunde ↙ deutliche rassische und Liniendispositionen (28, 7661, 4287). Gleichzeitig ist bei beiden, Mensch und Tier, eine hohe Konkomitanz zur erblichen, ankylosierenden Spondylitis zu verzeichnen (4978). Intermittierende, z.T. hämorrhagische Durchfälle, eine enzephaloide Fältelung der Darmschleimhaut und Gewichtsverlust sind Kennzeichen dieser Darmerkrankung(7985) - darin nicht unähnlich der Paratuberkulose des Rindes, die ebenfalls rassische Prädilektionen aufwies (Jerseys und Guernseys, 4036, 7263). Von diesen Enteritiden abzugrenzen sind durch erbliche Polydipsien ausgelöste, chronisch-dünnflüssige Kotkonsistenzen, wie vom Huhn beschrieben (901). Solche genetischen Steuerungen ermöglichen andererseits Selektionen auf wünschenswerte, festere Kotbeschaffenheit in dieser Art (3255). Hingewiesen wurde auch schon (S.E. coli) auf die offensichtlich zumindest teilweise dispositionell geprägten Ferkeldurchfälle, sowie auf Rassenunterschiede in der Neigung zu Darmaffektionen beim Rind (3040, 6566). Sogar die Appendizitis zeigt familiären Charakter (168). - Indigestionen können dazu durch genetisch determinierte Darm-Innervationsschäden zustandekommen, so bei der Hirschsprung-Krankheit, einer durch Aganglionose im Säuglingsalter manifesten Obstipation (Megacolon, 9279, ein interessanter Fall gekoppelt mit Waardenburg-Syndrom, 5874, 1037, S.a. Overo-Scheckung !). Ein Modell gibt es Mäusen (10149).

Endlich gehören Verdauungsstörungen hierher, die durch einen Ausfall oder eine Insuffizienz der sekretorischen Funktion von Pankreas und Leber induziert werden. Von seltenen, klinisch oft unauffälligen Zystenbildungen oder auch Verdoppelungen in diesen Organen abgesehen (4453, 8026, 9139) - nicht zu verwechseln mit der systemischen, semiletalen und wahrscheinlich rezessiv vererbten, fibrozystischen Mukoviszidose(Aspermie, S.a. Lunge, Häufigkeit 1 : 2000, 2961, 1685, 4372, 9550) -spielt das Erbe besonders bei einigen chronischen, entzündlichen oder atrophierenden Prozessen hier offensichtlich eine Rolle. CBA/J- Mäuse z.B. verdanken ihre Disposition zu Pankreas-Unterfunktion einer Nekrose und Atrophie exokriner Zellen (4523), und

Pankreatitiden oder Bauchspeicheldrüsen-Atrophien kommen nicht nur als Begleitsymptome in anderen Mißbildungssyndromen oder Systemerkrankungen vor (1735), sondern als idiopathische, hereditäre Leiden - wenngleich selten, so bei Mensch und Hund (insbesondere Schäferhund, 2961, 2485, 2486). In Mäusen ist z.B. die Pankreas-Amylase-Synthese quali- und quantitativ straff genetisch gesteuert (833). Pankreolithiasis (Steinbildung) soll beim Rind rassisch unterschiedlich oft auftreten (7751). Bei der recht häufigen Cholelithiasis und Choledocholithiasis (Gallenblasen- und Gallengangssteinen), die oft mit Obstruktionsgelbsucht einhergehen, waren zumindest beim Menschen rassische und familiäre Kumulationen- z.B. in Zusammenhang mit Porphyrien - konstatierbar (3016, 2285), obwohl ähnliche Eßgewohnheiten hierbei sicherlich eine überragende Bedeutung haben. Das humane Caroli-Syndrom ist durch Gallenwegs- Ektasien gekennzeichnet - mit Querverbindungen zur angeborenen Leberfibrose (967, 9221). Auch Atresien kommen vor (9006). Überdies versteht sich von selbst, daß mit multiplen Mißbildungen oder Dysfunktionen innerer Organe verbundene Defektsyndrome fast immer zugleich den Gastrointestinaltrakt tangieren. Einige biochemisch-genetische Stoffwechselstörungen und Enzymausfälle, welche z.B. über zirrhotische, fettig-degenerative oder sonstige Leberveränderungen neben der Auslösung von Ikterus und Allgemeinerscheinungen die Gallensekretion beeinträchtigen, wurden schon genannt, weitere finden sich anderenorts (S.a. Wilsonsche Krankheit u. 7277, 6733, 6109). In Wachteln bewirkt der Letalfaktor Bh eine Leberdegeneration vor dem Schlupf, mit subkutanen Hämorrhagien einhergehend (9596). Die Zusammenhänge zwischen chronischem Alkoholabusus und Leberzirrhose scheinen gleichfalls dispositionell geprägt (6992).

Es ist allgemein üblich und wohl uralter Brauch, dem Rind
bei der Geburt zu helfen. In den meisten Fällen sind es er-
fahrene Laien, die die Geburt durch Zughilfe abkürzen.

A. Walter, 1957

= the philosophy of heave and hope as a basis of farm
animal obstetrics.

Hindson, 1978

MYOPATHIEN , DYSTOKIEN

Muskelerkrankungen sind störend bei Mensch und Tier, weil sie z.B. den
Gebrauch der Glieder oder die Funktion innerer Organe behindern; bei
schlachtbaren Haustieren tritt hinzu, daß sie den Wert des Fleisches mindern. Damit ist ihre große Bedeutung unterstrichen. Sie sind zudem integrierende Bestandteile vieler Hormonstörungen, Neuropathien oder biochemischer Defekte und wurden z. T. bereits erwähnt. Nur selten sind selbständige Myopathien aber genetisch-ätiologisch so eindeutig geklärt wie das einfach mendelnde McArdle-Syndrom des Menschen, welches auf einem Ausfall der Phosphorylase, dem dadurch bedingten Block der ersten Abbaustufe
des Glykogens beruht , und somit den Glykogen-Speicherkrankheiten zuzurechnen ist (Glykogenose, 6748, 3391, 6093). Patienten mit einer solchen
angeborenen Muskelschwäche müssen alle Betätigungen "langsam angehen"
lassen, eine Einstellung zur Arbeit, die allerdings verbreiteter ist als das
McArdlesyndrom.

Hierher gehört weiter die ebenfalls autosomal-rezessive Glykogenose Typ II
(Pompe)- durch irreparablen, letalen Ausfall lysosomaler, saurer Maltase
Muskeldegenerationen, Cardiomegalien und Todesfälle im Säuglingsalter be-
dingend (3459). Mildere Verläufe bei Juvenilen und Adulten sind bekannt (
9657). Sie scheint eine gewisse Parallelität zu der gleichfalls rezessiven
Myopathie des Goldhamsters der Linie BIO 14,6 aufzuweisen, dessen Le -

benserwartung durch ausgeprägte Paralysen und Herzversagen auf die Hälfte reduziert ist (3511). Daneben gibt es auch Phosphorylase-Ausfälle (7762). Familiäre Myasthenien des Menschen und einige Modelle in Tieren scheinen dagegen durch das Vorhandensein von Autoantikörpern gegen Acetylcholinrezeptoren geprägt und wurden schon bei der Myasthenia gravis diskutiert (2581, 3933, 1395, 3463).

Es kann ferner davon ausgegangen werden, daß bei den meisten akuten oder chronischen Muskelveränderungen mit einem Abweichen der Enzymaktivitäten von der Norm sowohl im Muskel selbst als auch im Serum zu rechnen ist, ohne daß damit viel über auslösende Ursachen gesagt ist - abgesehen von einem erhöhten Katabolismus (1422, 5884, 8016, 8017, 4070). Sie sind jedoch von diagnostischem Wert. Dies gilt auch für die vielfach beschriebenen, durch klare Großgeneffekte gekennzeichneten Formen progredienter, wahrscheinlich lysosomal induzierter Zerfallserscheinungen im Muskel, die Muskeldystrophien (6640), bei denen man im Menschen x-chromosomal (DMD, Duchenne-Typ, 1:4500 in Knaben, 4304, 6322, 9748), autosomal(Beckengürteltyp u.a.) und polygenisch determinierte unterscheiden kann(3391, 2117, 2118). Dabei sind die Übergänge von rein "myopathischen" zu primär "neuralen"x) Formen offenbar fließend (772). Sie alle sind jedoch nicht zu verwechseln mit defizitär (Selenium, Vitamin E) bedingten Myodegenerationen, die nur selten dispositionelle Prägungen zeigen (1775, 1285, 2571).

Mitunter beginnen die Ausfallserscheinungen bei diesen Muskelerkrankungen in klar umgrenzten Körperpartien oder bleiben auf diese beschränkt, z.B. bei den okulären, Ptosis (Lidlähmung) verursachenden Varianten, welche in milderen Verläufen - vor allem beim weiblichen Geschlecht - gar eine "verrucht" anmutende, u.U. publikumswirksame Bereicherung der Physiognomie darstellen können. Solche Erbleiden sind öfter vergesellschaftet mit Myotonien, Muskelstarren, die aber zudem - durch Membrandefekte charakterisiert - idiopathisch auftreten, und dann, im Gegensatz zu den Dystrophien, mit Muskelhypertrophien verbunden sein mögen (338). So kam es, daß ein muskelbepackter "Mr. Universum" in seiner myotonen Phase nicht einen einzigen Eimer Wasser stemmte, geschweige denn zentnerschwere Verehrerinnen. Mit sogen. "Tennessee-Ziegen" machte man ähnliche Erfahrungen: Hier sind schon ganze Herden beim Pfiff einer Dampflokomotive steif zu Boden gefallen, soll der Zuchtkern dieser Ziegen aus Syrien importiert

x) Charcot-Marie-Tooth-Hoffmann

worden sein (3288, 3378). Nach einem Anfall sind sie für die nächste halbe Stunde immun (8474). Das Fleisch jener Tiere steht zäh vor dem Messer (4189). - Heterozygote für rezessive Myotonien sollen in der BRD mit einer Häufigkeit von 1 : 108 vorkommen (543). Die dominante Myotonische Dystrophie als häufigstes hereditäres Muskelleiden verläuft meist erst nach der Adoleszenz progressiv (schlaffes "Maskengesicht", Ptosis, z. T. Demenz); Behaftete können Schwierigkeiten haben, sich nach einem kräftigen Handschlag vom Begrüßten zu lösen (9726). Eine ebenfalls dominant vererbte paroxysmale Krämpfigkeit und Myoglobinurie des Menschen beruht auf einem Ausfall der Carnitin-Palmitoyltransferase (3701, 9767).

Insbesondere beim Geflügel spielen einige Muskeldystrophien, welche durchaus bezüglich einhergehender Symptomatik, Umfangsvermehrung und anschließender Atrophie Ähnlichkeit zu denen des Menschen zeigen(331, 6225, 9240), eine gewisse wirtschaftliche Rolle, denn unvollkommene Dominanzeffekte beteiligter Gene gewährleisten hier möglicherweise den Züchtern unbewußte Selektionsvorteile für Hetero- und Homozygote, da sie sich in phänotypisch breiterer Pectoralismuskulatur manifestieren (6222, 3914, 332). Bei dem hohen Stellenwert der Brustmuskulatur - ganz wie in anderen Geflügelarten(4740) - ist dies leicht vorstellbar. In dystrophischen Cornish-Masthähnchen kamen solche polyfaktoriellen Wirkungen ebenfalls zur Beobachtung (7849).

Wie in Duchenne-Vererberinnen, ließen sich bei diesen Hühnern heterozygote Anlageträger nicht nur anhand beginnender Muskelveränderung, sondern mittels intermediärer, angehobener Enzymaktivitäten entlarven (Kreatin-Phosphokinase, CPK u. a. , 2230, 8263, 9223). Der Adenin- und Cathepsinstoffwechsel ist gleichfalls gestört (7195, 3699), der Herzmuskel oft mitbetroffen (6790). Proteolytische Prozesse spielen wohl eine Rolle(3700). Durch gewisse Drogen, nicht aber durch diätetische Maßnahmen, können Enzymabweichungen und klinische Symptome bei diesen Tieren hinausgezögert werden (5963, 3592). Muskeldystrophien bzw. Myopathien in Puten tendieren ebenso zu polygenischer Basis, doch scheint es in dieser Art gar nicht erst zur Umfangsvermehrung zu kommen (3199, 3198, 7447, 9812, 9051). Und in Mäusen werden krassere oder mildere Verläufe rezessiv geprägter Dystrophien durch verschiedene Allele eines Systems, durch weitere Genorte oder durch den pleiotropen Effekt des Genmilieus determiniert (3189,5088,5092,5093,5094,4381, 8361,5867). Daneben gibt es x-chromosomal vererbte Formen (8645). In Nerzen spricht dagegen nichts gegen einfach rezessiv-autosomalen Charakter einer in dieser Art beschriebenen Muskeldystrophie (3287); familiäre Formen bei Schafen bedürfen jedoch weiterer Abklärung (8407,957).

Diese Aussage trifft sicher gleichermaßen für die in den letzten Jahren beim hochgezüchteten, stressanfälligen Fleischschwein unter den angelsächsischen Abkürzungen PSE (Pale, soft, exsudative), PSS (Porcine stress syndrome) oder MHS (Malignant hyperthermia syndrome), bei uns als Myopathia exsudativa (6844), Belastungsmyopathie oder "Hühnerfleischigkeit" (564) etikettierten Myopathien und Fleischwertminderungen zu, die gewiß stark umweltgeprägt (3812), aber sicherlich auch genetisch beeinflußt sind, wie schon früh in Heritabilitätsschätzungen zum Ausdruck kam (5911,7316). Doch die Parallelität geht noch weiter: Wie vorn für andere Spezies erwähnt, fanden enzymatische Tests (CK,CPK u.a. 6780,736, 6360,4955,7250,268) für Diagnose und Versuch einer selektiven Eindämmung der den schweinefleischessenden Deutschen besonders berührenden Muskelnöte dieses Haustieres früh Anwendung und werden weiter mit Erfolg angewandt (17,2001,4354,2065,740,6872,8421).
Selbst das o.a. MHS, welches eine abnorme, lebensbedrohende Reaktion bestimmter, disponierter Schweine auf Anästhetika (Halothan, Suxamethonium) im Sinne einer Hyperpyrexie bei kollabierendem Kreislauf umschreibt (3046,4636,171,5705,3042,6843), stellt ein Tiermodell für entsprechende Phänomene beim Menschen dar ("Maligne Hyperpyrexie", 7889,2352,4184, 254,10131), die im übrigen einige Fälle "Plötzlichen Kindstods" stellen (8767). Dabei scheinen bedingte Überschneidungen mit den schon diskutierten Cholinesterase-Defizienzen eine Rolle zu spielen (S.dort u.5064,5705), Korrelationen zu den Enzymwerten zu bestehen (3664,268,7353). "Minicores" in der Muskulatur kommen vor (8998). Differentialdiagnostisch muß man Endokarddefekte beachten (3214).
Jedenfalls sind es besonders - aber nicht ausschließlich - die zu PSE-Fleisch und PSS neigenden Tiere mit starker Fleischfülle, die im sogen. "Halothan - Test" positiv reagieren (Muskelstarre etc., 5244,7949,7470,5721,3898,9083, 9880). Als prädisponierend gelten abnorme Muskel- und Kreislaufreaktionen

auf die pharmakologischen Auslöser, die aber oft schon bei physiologischen
Belastungen nachweisbar wären (1023, 9653, 9323). Kennzeichnenderweise sind
dabei Vertreter der in jüngster Zeit forciert auf extreme Hinterviertel-Bemuskelung und günstiges Fleisch-Fettverhältnis gezüchteten Pietrains und Landrasseschweine am häufigsten disponiert (man spricht von starker "Halothanverseuchung", 8640), wie ja generell die Fleischqualität in diesen Rassen mit der
Quantität nicht schritthalten konnte, und negative Beziehungen zwischen beiden bestehen (7884, 5720, 5721, 5722, 2855, 7948, 7950, 5024, 518, 2424, 9300, 8606,
8466, 8757, 9255, 9629, 7723, 2353, 2649, 1223, 2514). Zuchtexperimente sprechen
für starke monogenische Effekte, für möglicherweise rezessiven Erbgang der
Halothan-Sensibilität beim Schwein und für Kopplung dieses Genorts sowohl
an die Muskelhypertrophie als auch an bestimmte Enzymmarker und Blutgruppen (8179, 9116, 10095, 9099, 4805, 3793, 2068, 5718, 5234, 4804, 7147, 4355, 182,
2948, 3897, 6242, 173, 174, 6242), wenngleich andere Untersucher mehr den Eindruck polygenischer Vererbung hatten (1024, 8673, 9709). Es gibt zudem Alters-
, Fütterungs- und Geschlechtseinflüsse, sowie Maternalwirkungen (8674, 9822,
9628, 9917) und als eine weitere mögliche biochemische Basis Ca-Muskelstoffwechselstörungen (6800, 185, 4308, 159, 8823).
Der oft- aber nicht einmütig (7214, 9245, 9832) - empfohlenen breiten Anwendung des Halothantests in Schweine-Selektionsprogrammen (349, 1120, 807, 809,
5067, 2686, 5023, 5024, 5025) steht etwas die Tatsache im Wege, daß, neben Berichten über mutagene Effekte (2389, z.T. bestritten, 9829), auch aus der Humanmedizin Langzeitschäden von Personen bei ständigem Kontakt mit diesem
Narkotikum gemeldet werden (1679, 1475). Nach Halothan-Narkosen wurden
Hepatitiden bei Disponierten registriert (3458). Auf diese Gefahr wurde erst
kürzlich wieder aufmerksam gemacht (9861). Daher ist die Suche nach gekoppelten Genen so wichtig (3896, 3897, 2949, 2950, 5177, 3691, 3794, 183, 8640, 9181,
8911, 9039, 9040, 10094, 9136, 9137, 8561, 8994, 10069).
Es wird jedoch klar, daß die Belastungsmyopathie des Fleischschweins - mit
durchweg niedriger Heritabilität (9078) - ein komplexes Geschehen ist, bei
dem Enzymstörungen im Muskel, ultrastrukturelle Veränderungen, hormonelle Auslöser und nicht zuletzt die noch zu erörternde Kreislauflabilität dieser
Art mit dem Resultat einer mangelnden Sauerstoffversorgung des Muskels unter Stress bedeutsam sind (6765, 1346, 8423, 9577, 9022, 9489, 9491, 665, 667,

5703, 3080, 2564, 4899, 668, 2560). Es ist sicher kein Zufall, daß die gleichfalls auf hohe Tageszunahmen und Muskelbesatz selektierten Broiler ebenso empfindlich auf Hypoxien reagieren (8456).
Und wer dächte nicht wieder an die o.a. imponierenden "Schaubudenathleten" - muskelbewehrt aber myopathisch -, wenn mit der Umfangsvermehrung des Schinkens die Hinterhandschwäche der Schweine ein Ausmaß erreicht, welches 2 - 3 cm hohe Bodenerhebungen zu unüberwindlichen Hindernissen für sie werden läßt (6690). Das Schwein scheint heute somit ein Beispiel dafür zu geben, wie man bei ausschließlicher Beachtung vordergründiger, phänomenologischer Selektionsmerkmale eine ganze Tierart zuschanden züchten kann, um danach alle Mühe zu haben, diese "Konstitutionsschwäche" wieder in den Griff zu bekommen (5992, 8562).
Diese Verhältnisse sind besonders ausgeprägt beim Pietrain (auch bei "weissen Pietrains", der Belgischen Landrasse, 6793), dem Doppellender unter den Schweinen (1954, 6922, 6923). Hier wird die schon disproportionale Hypertrophie der Hinterhandmuskulatur offenbar durch einige wenige Gene determiniert, wie Kreuzungen mit anderen Rassen ergaben (5716, 5717, 5719).

Die CPK- und Aldolase-Level sind erhöht, fokale Muskeldystrophien wurden gefunden, und es paßt sehr gut ins komparative Bild, daß es exakt diese Rasse war, welche in mehreren Untersuchungen die niedrigste Herzkapazität aufwies (106, 5378, 3466, 1524). Es überrascht nicht, daß in Pietrains - vergleichbar dem Vorkommen krasser, kongenitaler oder juveniler Formen myopathischer Prozesse in disponierten Familien mit ansonsten moderaten Verläufen (551) - sporadisch ebenfalls solche extremen, früh zum Festliegen führenden, myodegenerativ bedingten Lokomotionsstörungen aktenkundig wurden ("Pietrain creeper syndrome", 958, 8041, 962). Besonderheiten der vaginalen Harnröhreneinmündung in dieser Rasse gehören aber offenbar nicht in diesen Zusammenhang (2854).
Die in verschiedenen Rassen unter akuter Belastung oder unprovoziert, aber familiär gesehenen Rückenmuskelnekrosen reihen sich jedoch nahtlos in dieses Prinzip ein (738, 739, 671, 960, 2810). Neuere Auffassungen ordnen sogar das "Grätschen" der Saugferkel (S. dort), das nicht unerheblich zur perinatalen Mortalität beiträgt (Häufigkeit in Ungarn 5,3 %, Mortalität 81 %,

3101; anderenorts z. T. noch höhere Prozentsätze, 6796, 9528), den konnatalen
- obschon lichtmikroskopisch und myoanalytisch schwierig zu objektivieren-
den - stressinduzierten Myopathien zu (Myohypoplasie, 666, 8382, 7479, 4188,
7904, 961, 9259, 9260, 9018, 9155, 9370). Es soll in untergewichtigen, lebens-
schwachen und vitaminunterversorgten Ferkeln ("Spreizer") mehr auftreten
als in vitalen, so daß Interaktionen zu vermuten sind, auch hormoneller Art
(4244, 3554, 8383), wie schon bei den NNR-Hormonen besprochen (9154, 9838,
8589, 10031). Dafür spricht auch das vermehrte Vorkommen in Pietrains und
eine Heritabilität von 47 - 73 % .

Das AHQS (Asymmetric hindquarter syndrome, Hinterschenkelatrophie, 1874)
scheint jedoch Degenerationen bzw. Aplasien anderer (vorwiegend nichtgenetischer) Genese zu repräsentieren - wenngleich familiäre Formen existieren
(9457) - ebenso das Fehlen der Glutäalmuskeln beim Menschen (1227). Mus-
kelhypoplasien bzw.- agenesien sollen auch für die Arthrogrypose der Charolaisrinder relevant sein (S. dort, 6397). Eine monogenisch fixierte Hinterglied-
maßen-Muskelatrophie in Mäusen ist sekundäre Folge einer peripheren Neuropathie (8252). Und das Gebiet degenerativ alterierter Muskeln sei nicht
abgeschlossen, ohne auf ossifizierende Myositiden hinzuweisen, die nicht nur
in bestimmten Schweinelinien, sondern auch als vermutlich hoch erblich gesteuerte Erkrankung in Menschen und Hunden auffielen (6908, 42, 4651).

Stark hyperplastisch angelegte Hinterviertel- und Stamm-Muskulatur wurde
gelegentlich bei Schafen beschrieben (5438). Kommt sie vor, mag sie zur Erhöhung der Schwergeburtenfrequenz beitragen, denn auch in dieser Art sind
es, neben ungenügenden Beckenmaßen der Muttern (2367, 5070), vor allem absolut und relativ zu große Lämmer, welche Schwierigkeiten machen - vorzugsweise in Fleischrassen, die auf gute Keulenbildung selektiert wurden (2630,
2629, 8204, 4282, 8093, 9872), z.B. Texel (8981, 8982, 9637). Eine noch bedeuten-
dere Rolle spielt in diesem Zusammenhang jedoch die "Doppellendigkeit "
des Rindes (2309), "Double- muscling" im Englischen genannt, eine Veranlagung zu übermäßiger Entwicklung der Becken- und Schenkelmuskulatur,
bei deren Anblick die Metzger heute wie vor 100 Jahren große Kinderaugen
bekommen (4436, 230). Bei offenbar nicht schlechterer, sondern eher besserer Fleischqualität, was Bindegewebsgehalt und Zartheit, Anteil wertvol-
ler Teilstücke und Ausschlachtungsprozente angeht (1237, 846, 1954, 1955,

9226, 3327, 214), beruhen diese enormen Bemuskelungen nicht auf wirklichen Muskel-"Verdoppelungen", vielmehr auf hypertrophischen Vergrößerungen der einzelnen Muskeln (man vermutete sogar Zell-Polyploidie, 847, 2432, 8469), bedingt durch Faser-Hyperplasie und Membrandefekte, unter Verminderung des Bindegewebs-, Knochen- und Fettanteils (4811, 7457, 4090, 496, 4180, 4181, 955, 9845, 9846, 9847, 9848, 269, 3835). Brachygnathien und juvenile Makroglossien sind ab und an Bestandteil dieses Syndroms (3155).

Unter einem Stress, z.B. auch bei Futterknappheit, sollen diese Doppellender jedoch ähnlich zu Kreislauflabilität, minderer Fleischqualität und zu herabgesetzten relativen Organgewichten neigen wie Pietrains (z.B. Hoden, einhergehend mit reduziertem Testosteronspiegel, 3493, 3041, 3146, 269, 3492, 5187, 5188, 5186, 3152, 5614). Es gibt Probleme mit verzögerter Pubertät (9710). Die Futterverwertung ist aber eher besser(3147). Nachteil in der Zucht der "Culards" (von frz. Cul = Arsch) ist ihre gesicherte Neigung, Schwergeburten zu induzieren, da einerseits schon bei Feten und Kälbern diese Veranlagung zur Hypertrophie stark ausgeprägt ist, und andererseits weibliche Doppellender in Beckenmaßen und Fertilität herabgesetzt sind (3140, 7804, 324, 267, 1832, 4806). Zudem reicht die mütterliche Milch oft nicht einmal für die Aufzucht des Kalbes(7805). Die wesentlich heraufgesetzte perinatale Mortalität wird nicht allein durch Asphyxien im Rahmen von Schwergeburten verursacht, sondern überdies durch mangelnde Vitalität behafteter Kälber (7747). Ältere Literatur findet sich bei Wiedeking(1969), eine kritisch-abwägende Übersicht zu Phänomen, Verbreitung, Vor- und Nachteilen der Zucht auf so starke Behosung an anderer Stelle(5115, 3302, 3148, 9037). Die Tendenz ist vorsichtig bis pessimistisch.

Dabei besteht kein Zweifel, daß die genetische Basis eines raschen Selektionserfolges gegeben wäre, wie zahlreiche Zuchtexperimente untermauerten (4667, 3146). Zwar ließen fließende Übergänge zur Norm und variable Ausprägungen dieses Defekts eine postulierte monogenische Vererbung weniger und zumindest unvollkommene Dominanz und/oder pleiotrope Wirkungen anderer Gene mehr wahrscheinlich werden, doch imponiert in jedem Fall die straffe erbliche Fixierung(6487, 3143, 3144, 3145, 5614, 3147, 9038, 9041). Überdominanzeffekte mit selektiver Begünstigung Heterozygoter können nicht ausgeschlossen werden: Auch die einfache Dosis des Doppellenderfaktors bewirke überdurchschnittliche Bemuskelung, so daß es zumindest durch eine unwillkürliche Bevorzugung dieses Typs zu einer Genfrequenzerhöhung in Populationen komme (5613, 5616). Einige Plasmaenzyme u. a. Merkmale bieten sich möglicherweise zur Erkennung solcher Genotypen an (4180, 4181, 5622, 5623, 9420). Gleichzeitig wird die erhöhte pränatale Sterblichkeit weiblicher Homozygoter deutlich, die zu einem vorzugsweisen Auftreten ausgeprägter Doppellendigkeit bei Bullenkälbern führt (7579). Insgesamt macht die polyfaktorielle genetische Situation und das fördernde Wohlwollen der Fleischindustrie erklärlich, warum dieses Phänomen in vielen Rassen, insbesondere aber in den Mastrassen, fortleben konnte. Gezielte Selektionen auf "Doppellende" erfolgten aber wohl nur bei "Blauen Belgiern", Piemontesern und einigen französischen Linien (9455).

Vor allem auch die Charolais machten in diesem Zusammenhang von sich reden. Schon in Charolais-Reinzuchten liegen die Extraktionsgeburten mit ca. 13 % der Gesamtgeburten auf einem beträchtlichen Niveau - und gleichfalls die Zahl der Totgeburten mit 7,7 %, die der mißbildeten Kälber mit 2 % (1577, 231, 484). Diese Werte liegen wesentlich über denen einheimischer Rassen, wenngleich nicht so deutlich über denen ausländischer Mastrassen, welche gleichfalls auf starke tägliche Zunahmen selektiert wurden (7881, 5888, 215). Noch eindrucksvoller aber wird das Bild, wenn diese Rasse im Rahmen von Gebrauchskreuzungen zur Verbesserung des Fleischkerns auf kleinrahmige Zweinutzungsrassen gesetzt wird und man so mit der Fleischfülle auch die Schwergeburten importiert: In fast totaler Übereinstimmung werden in vielen diesbezüglichen Erhebungen des In- und Auslandes an erster Stelle Charolais-Bullen als Induktoren von Dystokien genannt(4616, 577, 6623, 2151, 6, 7, 8061, 4413, 2666, 5308, 550, 1820, 6147, 6148, 651, 5309). Lediglich in der Anpaarung an Zebus und andere Exoten fielen die Ergebnisse etwas günstiger aus (1600, 7328, 9514). Aufgrund vorgenannter negativer Korrelation zwischen Fleischfülle und Beckenmaßen scheint es jedoch schwierig, wenngleich nicht unmöglich, Schwergeburten bei solchen Zuchtvorhaben selektiv vorzubeugen (6148, 6792, 7605). Es wird gar eine routinemäßige Einleitung von Frühgeburten (niedriges Kalbgewicht) in Charolaiszuchten propagiert - ähnlich den prophylaktisch gehandhabten Kaiserschnitten in Weiß-Blauen Belgiern (3471).

Gravierend kommt offenbar hinzu, daß die Geburtsdauer - beim Rind ohnehin normalerweise länger als von Laien und Tierärzten oft angenommen - in Charolais noch mehr als in anderen Rassen durch verfrühte, vorzeitige "Hilfe" abgekürzt und so zur Dystokiefrequenz beigetragen wird(3213). Dabei wird nicht nur dem Muttertier geschadet, sondern bei mangelnder Mineralisierung (Osteoporose) des Kälberskeletts kann es selbst zu Wirbelbrüchen bei diesen kommen ("Doodtrekkers", 3877). Die Rangordnung der Kuhrassen hinsichtlich Kalbeschwierigkeiten im Rahmen von Fleischrassen-Einkreuzungen sieht dabei natürlich anders aus: Hier stehen Milchtypen an letzter Stelle (2402). Allerdings hat auch die Holstein-Friesian-Einkreuzung in hiesige Schwarzbunte zu einer gewissen Frequenzsteigerung von Schwergeburten geführt, besonders in Färsen (7703). Dies zeichnete sich schon in ihrer Heimat ab (8509).

Wenn man bedenkt, daß zusätzlich zu der Erhöhung der Kälbersterblichkeit nur ein Bruchteil der Kühe nach Schwergeburten - die im übrigen nur in sehr geringem Maße durch Mißbildungen des Kalbes verursacht werden - wieder belegt wird, und ein bemerkenswerter Prozentsatz anschließender Trächtigkeiten einen anomalen Verlauf nimmt (2496, 3295, 5998, 402, 4410, 5097, 7586), so hat die Erörterung selektiv-genetischer Ansatzmöglichkeiten sicherlich berechtigte ökonomische Aspekte - unabhängig von zuvor besprochenen Problemen extremer Bemuskelung (7395). Doch sogar gegen selbstverständlich anmutende zootechnische Vorbeugeregeln wird immer wieder verstoßen, und insbesondere zu kleine, unterentwickelte Färsen werden zu früh mit Vererbern überdurchschnittlich großer Kälber besamt, eine ständige Quelle vermeidbarer Verluste (2477, 8350, 208, 6000, 1793, 5890). Diese Gesichtspunkte sind naturgemäß bei der Erzeugung von "Babykälbern", d.h. von Kälbern aus sehr jung, sozusagen "minderjährig" gedeckten Färsen (im Alter von 8 - 11 Mon., 5526) besonders zu beachten. Die genetischen Dispositionskomponenten von Bulle, Muttertier und Kalb bieten jedoch eine programmierbare Selektionsbasis. In einer jüngeren Erhebung machten mütterliches Alter, Gewicht, Rassendisposition, Geschlecht und Gewicht des Kalbes, Trächtigkeitsdauer und Jahreszeit 27 % der Dystokie-Ursachen aus (38). Dies ist analog anderen Erhebungen (10008).

Zwar sind mehrfach geschätzte Erblichkeitsgrade für das sehr komplexe

Merkmal "Dystokie-Disposition" erwartungsgemäß niedrig (0,01 - 0,32 ; 5998), obschon gesichert von Null verschieden (1464, 7141, 2553, 1019, 8660, 9303, 3131, 453, 3153, 7541). Doch gewährleistet die hocherbliche Veranlagung der Bullen sowohl für die Ausprägung des knöchernen Geburtsweges ihrer Töchter, als auch für das Geburtsgewicht der von ihnen gezeugten Kälber, und die entsprechenden, vielfach nachgewiesenen Korrelationen zur Dystokieneigung eine Handhabe für den gezielten Paarungseinsatz zur Vermeidung von Schwergeburten (4166, 1652, 8190, 5150, 2329, 361, 5320, 1949, 4392, 9452, 9389, 9277, 8430, 8557, 574, 4411, 4256, 6086, 7962, 4387).

Die Einführung eines "Kalbepasses" für Besamungsbullen, mit Angaben über den durchschnittlichen Geburtsverlauf bei den von ihnen besamten weiblichen Tieren und über die Kalbigkeit ihrer Töchter wird daher seit langem gefordert und teilweise bereits bedingt praktiziert (1931, 3301, 7880, 9232, 10007, 1930, 6860, 6085, 5999, 1140, 1141, 1142, 1408, 1933, 2468, 6001, 6080). Da jedoch ein (nicht zu) hohes Geburtsgewicht des Kalbes generell die Lebenserwartung günstig beeinflußt, der Fleischansatz in männlichen Nachkommengruppen aber hochsignifikant mit der Dystokiefrequenz unter ihren weiblichen Halbgeschwistern korreliert, wird man Erfolge auf lange Sicht nur über Selektionsindex erreichen (2554, 2555, 1140, 9775). Diese vielfach belegten Antagonismen zwischen Abkalbeeigenschaften und Wuchs bzw. Bemuskelungsmerkmalen erinnern an das Dilemma einer Vereinbarkeit von Selektion auf Mastitisresistenz mit der Zuchtwahl auf Milch-Hochleistung (6043, 7586, 9649, 8588, 8566).

Das große und das durch Sport vergrößerte Herz ist -
proportional seiner Größe - ein leistungsstarkes, das
kleine ein funktionell schwaches Herz.

A. Reindell, 1967

KREISLAUF - UND BLUTKRANKHEITEN

Im vorigen Abschnitt war von negativen Auswirkungen systemischer Muskelerkrankungen auf den Kreislauf die Rede, z.B. bei der genannten Goldhamsterlinie (415). Dieses wird u.a. durch Kardiomyopathien bedingt, denn das Herz- primum oriens, ultimum moriens - ist zwar ein besonderer Muskel, aber ein Muskel. Die Myokardschäden in besagtem Hamstermodell scheinen auf einem genetischen Myosin-Synthesedefekt zu beruhen, der sich - bedingt gekoppelt an letales Grau (lg, 8331) - rezessiv/autosomal vererbt und somit in dieser Hamsterlinie mit steter Konstanz reproduziert (414, 713). In Mäusen sorgt das "cab"- Gen für letale Dysgenesien des Herzmuskels (2167).
Beim Menschen sind primäre, idiopathische Kardiomyopathien seltener als sekundäre, symptomatische, aber keineswegs ungewöhnlich (998, 5046). Echte familiäre Häufungen wurden bisher jedoch wenig beobachtet, und wenn, dann meist vom Typ einer obstruktiven, hypertrophisch bedingten, sub.valvulären Aortenstenose(542, 3887, 4704, 3965). Erblich-dispositionelle Formen mit deutlicher Konzentration in Rassen oder Linien kamen auch vom Hund, Rind und Truthuhn zur Meldung (2172, 3639, 7927, 9345). Hereditäre Herzfunktionsstörungen mit charakteristischen EKG-Veränderungen, z.B. einer QT-Verlängerung, wurden vom Menschen beschrieben (8793).
Oft führen kardiomyopathisch verursachte Zirkulationsinsuffizienzen im Endstadium zum Versacken der Flüssigkeit in die Peripherie, zu Ödemen, Wassersucht (Hydrops), die aber u.U. auch als letale, hereditär-fetale, familiäre oder sporadische Manifestationen imponieren, so bei Rind, Schwein, Hund u.a. Tieren (8137, 4391, 5395, 7985, 3325, 7872, 9412). Sie können dann unter-

schiedlicher Pathogenese und Bestandteil multipler Syndrome sein, beim Menschen z.B. verknüpft mit Ikterus neonatorum, erblichem Lymphödem etc. (3803). Hierher gehören erbliche Formen angioneurotischer Ödeme ("Quincke-Ödem", 4876), die nach Identifizierung der verantwortlichen, gefäßwandaktiven Substanzen heute teilweise den biochemischen Defekten zuzurechnen sind (2788, 3423, 8599), ebenso wie ödeminduzierende Analbuminämien (9772). Sie leiten über zu perivaskulären Ödemen bei Schockzuständen (6848, 4105). Selbst das persistierende Euterödem bei Kühen weist signifikante genetische Komponenten auf (8770).

Kalzinosen bzw. dystrophische Mineralisierungen des Myo- und Epikards traten in Mäuselinien auf (2011, 8638); eine die Herz- und Teile der Skelettmuskulatur tiefdunkelbraun verfärbende, beim Rind hochwahrscheinlich rezessiv vererbte Xanthose ist dagegen klinisch irrelevanten Lipofuszinosen zuzuschlagen und nicht dem wesentlich schwerwiegenderen Pseudoxanthoma elasticum (Mensch, 3266, 8231) analog, ebenso nicht das unerwünschte "Gelbe Fett" bei Schafen und Kaninchen (besonders im Ac/J -strain, 8740).

Wie bei Kardiomyopathien, so beeindruckt bei weiteren endo- oder exogenen Herz-Kreislaufbeeinträchtigungen nicht selten eine Kardiomegalie, d.h. eine krankhafte Herzhypertrophie, die Kompensation des Schadens zum Ziele hat. Doch wo sind die Grenzen zwischen physiologischer, trainingsbedingter oder veranlagter Herzgröße und pathologischer Herzvergrößerung ? Um dies beurteilen zu können, müssen die Mittelwerte und Standardabweichungen der relativen Herzgröße (in Prozent vom Körpergewicht) in umfangreichen, klinisch gesunden und genetisch definierten Kontingenten ermittelt werden. Das ist bisher nicht beim Menschen und nur bei sehr wenigen Tierarten geschehen, da für solche Untersuchungen meist nur heterogenes Untersuchungsmaterial verfügbar ist. Dennoch soll Tab. 15 einen ungefähren Anhaltspunkt über relative Herzgewichte einiger Säuger geben (meist aus dem Bruttokörpergewicht ermittelt), der unter dem Blickwinkel der zugehörigen Variationsspanne zu sehen ist.

Wie ersichtlich, sind Herzgröße, Herzleistung und körperliches Dauerleistungsvermögen offenbar eng korrelierte Größen bei Gesunden, und tierartlich recht straff fixiert, den jeweiligen Lebensbedingungen angepaßt - ebenso wie offenbar die Volumenanteile der Mitochondrien und Myofibrillen (9795). Dazu sind Alters- und Geschlechtseffekte und systematische Umweltein wirkungen, z.B. Training, herzvergrößernde Kälte- und herzverkleinernde Hitzewirkungen u.a.m. zu beachten (7973,7996,7405). Doch zeigt die Herzgrösse bei völlig identisch aufwachsenden Individuen im gleichen Körpergewicht eine beträchtliche genetische Variation. So wurde bei Schweinen aus einer Mastprüfungsanstalt mehrfach die Heritabilität zwischen 60 und 80 % geschätzt (7971,7051). Andere Autoren kamen in anderen Populationen zu niedrigeren Werten (6794). Der Erblichkeitsgrad bei unterschiedlich gehaltenen Pferden war mit 40 % naturgemäß kleiner, zumal EKG-Messungen zur Grundlage dienten (7297).

Gleichzeitig kam in mehreren Untersuchungen heraus, daß präsumptiv hypothyreotische, dem Fettansatz zugeneigte Tiere im statistischen Mittel niedrigere Herzgewichte aufweisen (9264), was einer bereits 1748 von Robinson getroffenen Feststellung beim Menschen entspricht (7971,3379). Die negative phänotypische Korrelation zwischen Herzmasse und Rückenspeckdicke beträgt bei Schweinen r = - 0,25, die genetische r_g = - 0,33 (2247). In der Tat verdanken ja die wenig großherzigen, unter Hitzestress zu Herzgalopp und Kollaps tendierenden Pietrains (S. Tab. 15 u. 7725,1339) ihr günstiges Fett/Fleischverhältnis fast ausschließlich der "Doppellendigkeit", d.h. extremer Schinkenwüchsigkeit, und weniger einem verringerten Rückenspeck. Nach längerer Weiterzucht hierzulande scheinen sich allerdings die relativen Herzgewichte auch dieser Rasse dem DL-Niveau anzugleichen (7215). Rassische und Heterosiseffekte dürften dagegen bei den Auswertungen von Alaku und Mitarb. (1984) ungenügend berücksichtigt worden sein.

Zytologisch gesehen, scheint das Schweinemyokard auf das domestikations- und selektionsbedingte Mißverhältnis zwischen Körper- und Herzgewicht durch Bildung von Kernreihen zu reagieren (3303). Es ist sicher auch richtig, daß unserem Borstenvieh unter "modernen" Haltungsbedingungen gar keine Gelegenheit gegeben wird, seinen Kreislauf.- und Bewegungsapparat für Stress-Situationen vorzubereiten (1913). Der Vergleich zum Menschen ist zwar nur bedingt zulässig - wenngleich Schweine da offenbar vergleichbarer sind als Hunde (6642)- , aber würde man uns in der Wachstumsphase bewegungsarm, auf engstem Raum und in reizloser Umgebung hochpäppeln, und zwänge uns dann urplötzlich , unter Knüppelschlägen und ermunternden Zurufen an einem 1000 m-Lauf teilzunehmen: Ein solches Happening würde mancher von uns gleichfalls mit Zyanose und erloschenen Pupillarreflexen quittieren. Jedenfalls ist die "Stressempfindlichkeit" des Fleischschweins , die hohe Zahl der Transportverluste und mindere Fleischqualität nicht zuletzt unter diesen kreislaufgenetischen Aspekten zu sehen, und nicht allein unter myopathologischen, die schon im vorangegangenen Kapitel diskutiert wurden (5627, 8217, 3811, 2317, 8989, 8542). Allerdings sind die gesicherten positiven Korrelationen zwischen relativer Herzgröße, Herzfunktion und Fleischqualität (gemessen an der Fleischfarbe u. a.) innerhalb der Rassen niedrig (r = 0,07 - 0,25 ; 7824, 7970, 3365, 2247, 6151, 2302), für direkte Selektionsansätze zur alleinigen Behebung von Fleischwertminderungen möglicherweise zu niedrig - doch dieses ist ja nur ein Problem von vielen. Offenbar lebt das Hausschwein in einem Circulus vitiosus: Die herabdomestizierte Herzkapazität führt zu einer Sauerstoffunterversorgung des Herzmuskels unter Stress (10001, 10002).

Tab. 15

Relatives Herzgewicht einiger Säuger

Tier	Wert	Quelle	Tier	Wert	Quelle
Vollblutpferd	1,33 %	Hasebroek, 1917	Hausratte	0,49	Hesse, 1921
Greyhound	1,30	Herrman, 1925	Schaf	0,48	Schröder, 1921
Wolf	1,02	Hesse, 1921	Makak	0,46	Kennard u. Willner, 1941
Gazelle	1,00	Quiring, 1939	Hauskatze	0,46	Hesse, 1921
Hausspitzmaus	0,96	Hesse, 1921	Hamster	0,42	Cassuto u. Mitarb., 1966
Flughund	0,94	Rowlatt, 1967	Wanderratte	0,42	Hesse, 1921
Fuchs	0,93	Hesse, 1921	Ziege	0,42	Holt u. Mitarb., 1968
Feldhase	0,89	Hesse, 1921	Elefant	0,39	Quiring, 1939
Steinbock	0,84	Quiring, 1939	Armadillo	0,37	Szabuniewicz u. McCrady, 1969
Laborhund (Beagle)	0,76	Jackson u. Capiello, 1964; Deavers u. Mitarb., 1972	Rind	0,36	Smith u. Baldwin, 1974
Zebra	0,72	Quiring, 1939	Gerbillus	0,36	Müller u. Mitarb., 1969
Hausmaus	0,71	Hesse, 1921	Laborratte	0,31	Tipton, 1965; Shreiner u. Mitarb., 1969
Wildschwein	0,64	Gschwend, 1931			
Rhinozeros	0,63	Quiring, 1939	Minipig	0,31	Litzke u. Berg, 1976
Feldmaus	0,60	Hesse, 1921	Meerschweinchen	0,29	Pleasants u. Mitarb., 1967
Kaltblutpferd	0,56	Müller, 1909	Mastschwein (Landrasse)	0,29	Schröder, 1921; Wegner, 1971
Mensch	0,52	Müller, 1883; Hayes u. Lovell, 1966	Wildkaninchen	0,29	Hesse, 1921
Büffel	0,50	Quiring, 1939	Mastschwein (Pietrain)	0,28	Comberg u. Mitarb., 1972; 1973
Warzenschwein	0,50	Quiring, 1939			
Wildkatze	0,50	Hesse, 1921	Hauskaninchen	0,23	Stengel, 1962; Berg u. Mitarb., 1976
Labormaus	0,49 %	Faludi u. Mitarb., 1966			

Pathologische Veränderungen im Verlaufe bestimmter Erkrankungen oder Mangelzustände können sich sowohl in abnormen Herzgewichten als auch gestörten Ventrikelverhältnissen manifestieren. Dabei kann der Beitrag muskulärer oder bindegewebiger Komponenten zur Kardiomegalie je nach Situation durchaus unterschiedlich sein (494). So führen anämische Zustände oder ein niedriger Sauerstoff-Partialdruck bei Mensch(4043,2819,295,3623,6298, 6299,1632), Schwein (8112,3508,3622), Rind (94,95), Ratte (6633,2031,4248), Maus (18), Huhn (2427) obligatorisch zur Herzvergrößerung und/oder einem gestörten Ventrikelverhältnis. Auch der renale Hochdruck oder Hypertonien anderer Genese (5995,617,6301,5455,3264,2782,2994), Aortenstenosen und Klappendefekte (2704,5317,6298,5330,5549), Lungenveränderungen (898,3264, 2704,993), Leberzirrhose und Alkoholismus (4749,2193,8040), Beri-beri (8338) und o.a. idiopathische Myopathien (2967,5604,416,6808) gehen meist mit Herzhypertrophien und gestörtem Ventrikelquotienten einher, so auch bei den Bluthochdruckratten (9484).

Dagegen sind Berichte über quantitative Veränderungen bei Atherosklerose und Myokardinfarkt widersprüchlich (4977,7906,6818,8008,1563,3558,6302, 418). Die geschilderten Verhältnisse machen jedoch deutlich, daß je nach individueller Reaktionslage oder Krankheitssituation unterschiedliche Herzabschnitte zur Herzhypertrophie beitragen können und man keineswegs immer nur den linken Ventrikel für eine Zunahme des Herzgewichts verantwortlich machen kann (6559,6560). Bei Spontanhochdruck-Ratten waren die Herzhypertrophien direkt korreliert mit einer Erhöhung des systolischen und diastolischen Druckes(3315,9642). Konsumierende,das Körpergewicht beeinträchtigende Erkrankungen lassen die Herzgröße oft unbeeinflußt (4027). Eine anomale Verkleinerung des Herzens wird nach Hypophysektomie und Adenohypophysen-Karzinom gesehen (724,3284,5316). Über sehr kleine Herzen wurde zudem bei geistesgestörten Patienten mit hochgradiger Auszehrung berichtet (7404).

Und auch die Lage des Herzens im Thorax ist so selbstverständlich links nicht: Nur bei rund 47 % von 32 000 untersuchten Kaninchen lag es dort, 28% trugen es in der Mitte und 25 % rechts (8740).

Angeborene Herzvitien können Ursache perinatalen Todes oder späterer Kreislaufinsuffizienz sein; zyanotische gehen auch mit Störungen der Hämostase einher (6831). Ihre Häufigkeit in menschlichen Populationen liegt i.a. unter 1 %, in selektiertem Material, z.B. bei zur Obduktion gelangenden Personen, u.U. darüber (7810,4039). Dabei stellen Septumdefekte und weitere Entwicklungsentgleisungen den größten Anteil, welche einen intra- oder extrakardialen Kurzschluß zwischen arterieller und venöser Seite des Kreislaufs bedingen bzw. postnatal aufrechterhalten (6904,2495). Ähnliches wird aus der Tierzucht berichtet, wo bei wegen ungenannter Ursachen notgeschlachteten oder verstorbenen Schweinen die Frequenz konnataler Herzanomalien bei 0,3 - 0,6 % lag, in auf dem Transport verendeten Tieren aber mehr als doppelt so hoch war(2541,6782,2862). Sie stellen gute Modelle für den Menschen dar (5548). Bei Schafen und Kaninchen werden vergleichbare Größenordnungen genannt (1771,8740). In diesen Tierarten, ebenso bei Rind, Pferd und Ziege, rangieren offensichtlich arteriovenöse Kurzschlüsse bedingende, persistierende Öffnungen bei solchen Defekten ebenfalls vorn (5545,8517,9623, 9792,2327,5546). Neben fehlenden, defekten Septen der Vorkammern(Foramen ovale persistens) oder der Ventrikel (For. interventriculare.persist.) spielen noch der Ductus arteriosus persistens (Botalli), d.h. postnatal normalerweise funktionell und anatomisch verschlossene Verbindungen zwischen Aorta und Arteria pulmonalis, sowie die Fallotsche Tetrade (Septumdefekt, Pulmonalisstenose, Verlagerung der Aorta, Rechtshypertrophie) eine nennenswerte Rolle(6648,3277,2730,2845,6341,9700).Dazu kommen Aorten-und Pulmonalisstenosen - z.B. beim Hund vielfach beschrieben (7985) -, falscher Rücklauf der Lungenvenen etc, isoliert vor, ebenso Klappendefekte, doch ist bei letzten die breite Variabilität zu beachten (4649). In diesem Zusammenhang sei auch auf die durch Reizleitungsstörungen ausgelösten Kollapsdispositionen brachyzephaler Hunderassen hingewiesen (965,6465).

Nur selten konnten für einzelne oder Kombinationen der o.a. Herzmißbildungen signifikante familiäre Häufungen oder gar mendelnde Erbgänge nachgewiesen werden (2256,1255,897,6520,2108,8390); in den meisten Fällen ist die Ätiologie ungeklärt und als komplex zu betrachten (4437,6635,5590). So betrug die Konkordanz in EZ nur 16 %, war in Verwandtenehen eine mäßige Erhöhung der allgemeinen Frequenz zu konstatieren (2520,4357). Außer, wenn sie Bestandteile umfassenderer genetischer Mißbildungssyndrome sind, wie z.B. bei der T/t- Kurzschwanzmaus (9205), haben wir es hier wieder -

analog zur Pathogenese anderer erblicher b zw. dispositioneller Erkrankungen - m. o. w. mit einem Schwellenwert - Phänomen zu tun, d. h. um eine enge Verzahnung intrauteriner, exogener Noxen und genetischer Fehlsteuerungen: Erblich disponierte Individuen brauchen zur Defektmanifestierung eine geringere Dosis des schädigenden Faktors als resistente (7887). Früh, im Säuglingsalter oder bei Kleinkindern durchgeführte chirurgische Korrekturen haben bei vielen dieser Anomalien oft gute Erfolge (6962). Von den 7 Neugeborenen mit angeborenen Herzfehlern, die in den USA auf etwa 1000 Geburten kommen und von denen die Hälfte noch im ersten Lebensjahr stirbt, könnten 75 % durch rechtzeitige Operation gerettet werden (7132).

Aberrante, defekte oder funktionsuntüchtige Gefäße haben für den Kreislauf u. U. genauso schwerwiegende Konsequenzen wie Herzabnormitäten (6696). Auf das für die Humanmedizin vordringliche Problem der Disposition zu Koronargefäßerkrankungen ging bereits ein früheres Kapitel ein. Eine breite Variation in der Rheologie dieser Gefäße war nachzuweisen(6578,7998). Klinisch relevante Abweichungen im Verlauf, z. B. Fistelbildungen, die - statt einer ausreichenden Versorgung des Myokards - einen Rückfluß des Blutes in die Herzkammern bewirken u. a., sind jedoch sehr selten (4206, 8978). Solche Irrläufer kommen desgleichen in anderen Kreislaufbereichen vor, z. T. mit straffer genetischer Determination, ebenso rezessiv geprägte Obliterationen oder z. T. letale Rudimentationen ganzer Gefäße, z. B. der Arteria pulmonalis in bestimmten Kaninchen- und Mäusestämmen (1592, 1591, 9789).

Anomalien der Vena porta schließlich können über toxische Hyperammonämien zu Enzephalopathien führen - besonders beim Hund beschrieben (1209). Aneurysmen, für Schlagfluß prädisponierende, abnorme Erweiterungen und dünnhäutige Blindsackbildungen, bei denen nur sporadisch erbliche Einflüsse vermutet wurden, entstehen meist durch atheromatöse Prozesse, wie bei den Stoffwechselstörungen besprochen (7468). Selten einmal treten sie zusammen mit hereditären Teleangiektasien (zu Hämorrhagien tendierende"Gefäßmäler", homozygot u. U. letal, 6564, 9726) auf. -

Mißfallen der Konsumenten erregende "Blutflecken" in Hühnereiern dagegen sind zwar mit h^2 = 16 - 60 % und rassischer Variation ebenfalls gesichert heritabel, beruhen aber offenbar auf intraovariellen oder - uterinen Hämorr-

hagien (548). Selbst für den Blutspeicher Milz kam in Kaninchen eine genetisch geprägte akzessorische Bildung zur Beobachtung, sehr selten sind aber Alienien (= Asplenie in Dh/+ - Mäusen, 2417, 4726).
Es ist verständlich, daß die genannten oder weitere Herz- und Gefäßstörungen zu Abweichungen des Blutdrucks von der Norm, Aderstenosierungen und Kardiomegalien zu Hypertonien führen können. Neben diesen und den durch Nierenerkrankungen o. a. bedingten sekundären Bluthochdrucken gibt es "essentielle Hypertensionen", bei denen das wesentlichste ihre unklare Ätiologie, die durch diagnostische Insuffizienz verhinderte Klassifizierung als sekundäre Form und fließende Übergänge zur Normalität sind (6018). Genetische Effekte auf diese und ähnliche Ausprägungen waren bei Mensch und Tier zu sichern, wenngleich die in der Humangenetik ermittelten Eltern-Nachkommenregressionen (bei 0,24 ; 5182) oder Zwillingskonkordanzen nicht allein Einflüsse des Erbguts, sondern zudem solche der identischen oder fast gleichen Umwelt enthalten. Dies gilt entsprechend für orthostatische Dysregulationen und trifft für signifikante Rassenunterschiede im Blutdrucklevel sicher genauso zu, nach denen beispielsweise feurige Italiener den höchsten überhaupt, Indianer dagegen den niedersten aufweisen sollen (7349). Wer weiß auch, ob nicht die angeblich unter US-Farbigen verbreitete "essentielle" Hypertonie durch ihren sozialen Status verursacht wird ? Doch werden genetische Komponenten vermutet (8850).
Solche Rassenvergleiche sind weniger überzeugend als genetische Analysen in Tiermodellen, von denen es etliche gibt. So wird im Wistar-Kyoto-Rattenstamm der spontane Bluthochdruck (SHR-Ratten) durch nur wenige Großgene gesteuert und nähert sich somit dem polygenischen Modell (5698, 5697, 8705, 7502, 7503, 7504). Dies trifft offenbar in gleicher Weise für andere, analoge Modelle in dieser Nagerart zu, sowie für Hypertonien in bestimmten Mäuselinien, die allerdings mehr dem Bild der sekundären entsprechen mögen, da gesicherte Beziehungen zwischen relativem Nierengewicht und Blutdruck bestanden (7142, 1668, 1669, 6752). In Kaninchenlinien zeichneten sich ähnliche Verhältnisse ab (2410). Bei Hühnern wurde die Heritabilität des Blutdrucks auf 28 - 45 % geschätzt, so daß Selektionen gegen Ausfälle durch krankhaften Bluthochdruck möglich erscheinen (7427, 7014). Ebenso mag der hohe Erblichkeitsgrad des pulmonalen Arterienblutdrucks in Kälbern Ansatzmöglichkeiten

zur Bekämpfung der "High Mountain Disease" bieten; in Kühen ist er niedriger (6746, 6747, 1640, 9806, 9807).

Erblich beeinflußte Anämien und andere Bluterkrankungen stellen eine weitere Ursache von Kreislaufstörungen und Sauerstoffunterversorgung, wie bereits bei der Erörterung von Kardiomegalien angedeutet. Soweit sie Sekundärausdruck biochemischer Defekte, von Mineralstoffwechselentgleisungen oder von Depigmentierungsgenen sind, durch hereditäre Thrombozytopenien (z.B. Wiscott-Aldrich-Syndrom beim Menschen) oder durch enzymatische Häm-Biosyntheseblocks (sideroblastische Anämie durch Delta-Aminolaevulinat-Synthetase-Block, 1099) ausgelöst werden, fanden sie bereits teilweise Erwähnung (5654), ebenso die auf PK-Mangel beruhende hämolytische Anämie des Menschen und der Basenjis (6891), die hämorrhagischen Diathesen u.a.m.. Viele kongenitale hypoplastische Anämien sind ätiologisch ungeklärt (9140). Angeborene, z.T. hocherbliche Neutropenien zeigen zudem - wie schon vorn diskutiert - Querverbindungen zu lysosomalen Granulierungsstörungen (5862). Für die zyklische Form scheint der Grey Collie ein gutes Modell zu sein (9271). Es war auch schon auf die in Normalpopulationen zu registrierende, beträchtliche genetische Komponente der Blutzusammensetzung hingewiesen worden, insbesondere, was Hämoglobin- und Hämatokritwerte angeht (9114), welche durchaus selektive Ansätze z.B. zur Eindämmung der häufigen anämiebedingten Verluste beim Schwein oder der Disposition zu fischfutterinduzierter Anämie bei Nerzen bietet (8097, 8200, 7917, 351, 7315, 3312, 7118, 5877). Sogar die Blutkörperchen-Senkungsreaktion ist bei Kaltblutpferden schneller als bei Vollblütern (9032).

Daneben existiert eine Fülle ätiologisch andersgelagerter, genetischer Anämien bei Tieren, insbesondere Mäusen, welche z.T. gute Modelle für entsprechende Krankheiten des Menschen abgeben können (6584, 6586, 691, 9741). Soweit sie hereditäre Störungen der Erythropoese betreffen, sind einige in Übersicht 8 zusammengestellt. Für die dort aufgeführten tierischen Anämien lassen sich allerdings bisher nur teilweise analoge Leiden des Menschen finden : Ätiologisch exakt parallel gehen lediglich die durch die Schadallele sp und sph ausgelösten Syndrome mit entsprechenden, wahrscheinlich durch Membrandefekte und/oder Enzymblockaden bedingten (10044, 8965), erblichen Sphärozytosen des Menschen, welche familiär gehäuft (und sporadisch) mit einer

Frequenz von maximal 1 : 5000 - besonders in Nordeuropäern - auftreten (706,3732,3753,6833,5817,3672,5340,4083). Spectrin-Defizienzen wurden nachgewiesen (8422). Zumindest in einem Mäusemodell wirken sie bei höheren Umgebungstemperaturen letal (S. Übersicht u. 9519). Klinisch irrelevante Ovalozytosen, bei Malayen in Malaria-Endemiegebieten gesehen und durch erhöhte Erythrozytenmembran-Rigidität bedingt, scheinen einen Selektionsvorteil gegenüber dieser Krankheit zu bewirken (9501). Wie an anderer Stelle schon zitiert, gibt es mittlerweile auch Mäusemodelle für Autoimmunanämien (9607).

Hinsichtlich einer in Alaskan Malamutes beschriebenen, stomatozytären Blutarmut - gekoppelt mit Chondrodystrophie (S."dan" in Übersicht -8) - ließen sich gleichfalls Entsprechungen finden (4656,7985). Stomatozyten, d. h. zu osmotischer Fragilität und Autohämolyse neigende rote Blutkörperchen, finden sich öfter bei hereditären hämolytischen Anämien (6841,2037,6960).

Eine weitere, in dieser Zusammenstellung nicht erwähnte Blutanomalie, die von einigen Autoren dem Blutkrebs bzw. den Autoimmunstörungen zugerechnete, zu apoplektischen und psychischen Störungen sowie peripheren Durchblutungsinsuffizienzen (Raynaud-Phänomen, weiße Finger !, 2152) führende, familiäre Polycythämie - durch übersteigerte Vermehrung aller korpuskulären Elemente im Blut gekennzeichnet(insonderheit der Erythrozyten = Erythrozytämie, z.T. mit erhöhter Wiederaufnahme der Hb F- Produktion, seltener als Folge einer Störung der Erythropoietin-Produktion; Erbgang beim Menschen unklar, 6971,5851,1841,6258) - zeigt ebenfalls bedingte Parallelen zu einem rezessiven, in Jerseys beobachteten Syndrom(7547,1992,5114).Anfälligkeiten für virusinduzierte Formen wurden in Mäusestämmen bekannt (9856). Die Obese-Maus ist gleichfalls polycythämisch (10143).

Dieses ist zugleich ein Beispiel, wie durch Großgeneffekte auch die Produktion weißer Blutkörperchen stimuliert - oder gebremst - werden kann, eine Beobachtung, die man schon in Mäuselinien machte, welche auf Leukozytose bzw. Leukopenie zu züchten waren (1300,1301). Auch bei erworbenen Panzytopenien durch aplastische Anämien - ähnlich dem Fanconisyndrom - wurden hereditäre Faktoren ermittelt (7130). Andererseits liefern gerade einige der zuvor genannten, anämieauslösenden Gene- nämlich W und Sl, das Exempel dafür, daß durch sie eine infektiöse, virusbedingte Leukämie verhindert oder hintangehalten werden mag (Friend mouse leuk.,

626): Sie induzieren Resistenz, während sie die Anfälligkeit gegenüber einer Röntgenbestrahlung erhöhen (7301, 6585). Eine beim Menschen dominant vererbte Zellkernbesonderheit, die mit Verlust der Kern-Polymorphie und der Segmentierung der Granulozyten einhergehende Pelger-Huët- Anomalie, hat sich inzwischen als klinisch irrelevant erwiesen (8231, 3827). Bei Kaninchen sollen homozygote Pelger embryonal absterben, doch ließ sich dieses Merkmal jüngst in umfangreichen Kaninchenpopulationen nicht wieder nachweisen (3505, 3506, 5432).

Übersicht 8: Genetische Störungen der Erythropoese mit dem Resultat transienter oder permanenter Anämien (nach Bannerman u. Mitarb., 1974; Bannerman, 1975; Cole, 1972)
⟵ HKL (Hauptkampflinie)   ⟵----- Nebenkriegsschauplätze

Phase	Angriffsort	Gen	Vererbung	Art	Literatur
Embryo	Dottersackzellen (Erythroblasen)	Ts	unv. dom.	Maus	Deol, 1961
	Stammzellen (Haemozytoblasten)	an	autos. rez.	Maus	Kunze, 1954; Thompson u. Mitarb. 1966
		f	autos. rez.	Maus	Clark, 1934; Fowler u. Mitarb., 1967; Bateman u. Mitarb.,
Fetus	Haematopoet. Milieu (Synthesestätten)	Sl	unv. dom.	Maus	Russell u. Bernstein, 1966; Sarvella u. Russell, 1956; Ebbe u. Mitarb., 1972
	Eisennutzung	W	unv. dom.	Maus	Little, 1917; Grüneberg, 1939;
		dm	unv. dom.	Maus	Russell u. Keighley Stevens u. Mackensen, 1958
	Stammzellen (Differenzierung)	mk	rez. autos.	Maus	Russell u. Mitarb., 1970; Nash u. Mitarb., 1964; Edwards u. Hoke, 1972
		sla	rez. x-chrom.	Maus	Falconer u. Isaacson, 1962; Pinkerton, 1968
Neonatus	Migration Zellkoloniebildung Eisenresorption Hämoglob.-Synthese Eiseninkorporation	b	aut. rez.	Ratte	Sladic u. Simic, 1963, 1969
		hbd	aut. rez.	Maus	Scheufler, 1969
		ha	unv. dom.	Maus	Bernstein, 1963
		ja	unv. dom.	Maus	Stevens u. Mitarb., 1959; Bernstein, 1969
		nb	unv. dom.	Maus	Bernstein, 1969
Adultus	Erythrozyten Reifung, Synthese	sp	rez. autos.	Peromyscus	Huestis u. Mitarb., 1954, 1956; Anderson u. Motulsky, 1966
	Membranbildung	sph	rez. autos.	Maus	Joe u. Mitarb., 1962
	Erythroz.-Lebensdauer	dan	unv. dom.	Hund	Fletch u. Pinkerton, 1972

Erläuterung der Gensymbole und Auswirkungen:
Ts = „Tail-short", homozygot letal, Erythroblastopenie, Skelettschäden. – an = „Hertwigs anaemia", semiletal, Makrozytäre Anämie, Verzwergung, Sterilität. – f = „flexed tailed", hypochrome Anämie, Siderozytose, Achsenskelettdeformierungen, Bauchscheckung. – Sl = „Steel", homozygot letal, makrozytäre, hypoplastische Anämie; Farbverdünnung, Sterilität. – W = „White" (dominant spotting in Heterozygoten), homozygot semiletal, makrozyt., hypoplast. Anämie, Pigmentverlust, Sterilität. – dm = „diminutive", Homozygote makrozytär anämisch, Verzwerg., Skelettschäden, subfertil. – mk = „microcytic", subvital, mikrozyt. hypochrome Anämie, Wachstums-, Fertilitätsstörungen. Hautschäden. – sla = „Sex-linked anemia", subvital, hypochrome Anämie, Wachstumsverzögerung. – b = „Belgrade", semiletal, mikrozyt., hypochrome Anämie, Verzwerg., Subfertilität. – hbd = „hemoglobin deficient", subvital, makrozyt., hypochrome Anämie. – ja = „jaundiced", homozyg. semiletal, hypochrome, hämolyt. Anämie, Hepatosplenomegalie. – nb = „normoblastic", subvital, normoblastische, hypochr. hämolyt. Anämie, Verzwerg., Subfertil. – sp = „spherocytosis", subvital bei Hitze, hämolyt. Anämie, Sphärozytose. – sph = „spherocytosis", letal, Sphäro- und Retikulozytose, hämolyt. Anämie. – dan = „dwarfism and anemia", hämolyt. Anämie, chondrodystropher Zwergwuchs, Stomatozytose.

Einseitige Nierenagenesie stellt eine Kontraindikation zur Nephrektomie dar.
R.H. Heptinstall, 1974

RESPIRATIONS - UND EXKRETIONSSTÖRUNGEN

Kreislaufstörungen können auch sekundär durch angeborene und/oder chronische Normabweichungen im Bereich des Respirationstraktes ausgelöst werden. So kommt es z.B. durch Stenosierungen im Lungenarterien- oder -kapillarsystem, durch krankhafte Prozesse im Lungengewebe selbst, nicht selten zu einem angestrengteren Arbeiten des rechten Herzventrikels, zu einer abnormen Rechtshypertrophie- dem sogen. Cor pulmonale- , welches daher durch ein gestörtes Ventrikelverhältnis gekennzeichnet ist (3488). Bei der großen Verbreitung von Erkrankungen der Atmungsorgane in Schweinebeständen (bis zu 18 %, S.a. Rhinitis atrophicans u. 6068, 850, 568) nimmt es daher nicht wunder, daß ein hoher Prozentsatz auf dem Transport verendeter Schweine mit einer solchen Verschiebung des Ventrikelquotienten behaftet war- ein sehr viel höherer als in normal zur Schlachtung gelangten Populationen (7992). Dieses dürfte einen zusätzlichen Beitrag zur Klärung der Ätiologie plötzlichen Transporttodes beim Hausschwein liefern. Die Heritabilität des Ventrikel-Links/Rechtsverhältnisses errechnete sich in MPA-Schweinen auf 50 %, eine Größenordnung, die selektive Ansätze ermöglichte und somit auch zur Reduktion der verbreiteten Pneumonie-Disposition beitrüge (7971, 4745), wenngleich der Erblichkeitsgrad von Lungenaffektionen selbst niedrig ist in dieser Art (9754).
Schwere Lungenkomplikationen (auch infektiöse !, 10138) und Cor pulmonale sind weiter Leitsymptom der zystischen Pankreasfibrose des Menschen (CF, Mucoviszidose, S. dort, Basisdefekt unbekannt, obwohl jetzt Hinweise auf chromosomalen Locus dieses Schadgens, 7494, 3748, 9093, 9094), welche dem

rezessiv-autosomalen Erbgang folgen soll (häufigster Semiletalfaktor in Europäern,1838,9929). Daneben treten selbständige, familiäre Lungenfibrosen auf- nicht selten als Endphase allergischer Reaktionen ("Taubenzüchterlunge", 4405,2611). Genetische Dispositionen zu Nasalgranulomen in Rindern gehören offenbar gleichfalls ins Reich der Allergologie (8672). In Schafen schließlich fand man ausgesprochene Dispositionen rassischer Art zu Pneumonien im Lammalter (216,2366), und es verwundert nicht, daß bestimmte, an genetische Defekte gekoppelte Dysgammaglobulinämien (z.B. Ataxia telangiectasia, 5967) besonders mit Anfälligkeit zu Lungeninfektionen einhergehen.

Lungenagenesien sind bei Mensch und Tier sehr selten (1768); betreffen sie beide Lungenflügel, "sind sie mit Lebensfähigkeit unvereinbar und derzeit irreparabel"(6272). Partielle Aplasien, Fistelbildungen und Stenosen im trachealen, laryngealen oder bronchialen Bereich finden sich dagegen häufiger, oft vergesellschaftet mit anderen Anomalien, z.B. Spaltbildungen (6157). Soweit sie den knöchernen oder weichen Gaumen und Kiefer betreffen (z.B. "Maxilla angusta",852), wurden sie bereits besprochen. Zu diesem Komplex verkörpern die auf extreme Brachyzephalie gezüchteten Hunderassen eine durchaus tierschutzrelevante Problematik: Ihr mißbildeter Nasen-, Gaumen-, Rachenbereich prädisponiert sie zu Dyspnoen- insbesondere an warmen Tagen - und zu Schluckbeschwerden (7985). Es erscheint bedeutsam, daß es gerade diese atembehinderten, nasenlosen Kurzköpfe sind, die vermehrt zu Geschwülsten an den Chemorezeptoren (Glomus caroticum,aorticum, jugulare, Herzbasistumoren) neigen, da diese als Atmungsregulatoren (über den Blutgasgehalt) eine zentrale Rolle spielen (5501). Die Größenbeschaffenheit der Nase stellt im übrigen auch beim Menschen ein recht hoch erbliches Merkmal dar (7481), wenngleich über im Volke vermutete genetische Korrelationen zu anderen exponierten Organen keine statistischen Erhebungen bekannt wurden.

Eine gesteigerte Zucht auf Verzwergung scheint zudem in bestimmten Hunderassen die Tendenz zu Trachealkollaps und Kehlkopfverengung zu fördern, z.B. in Toy-Terriern, Zwergpudeln etc. (1878); man bringt dies mit einer chondrodystrophischen Ausdünnung der Grundsubstanz des Trachealknorpels in Zusammenhang (1883). Die von Exemplaren des "Vuilbaards" (Bouvier des

Flandres) gemeldeten Fälle von Stimmbandlähmung haben anscheinend nur für die Vokalisation, nicht für die Atemfunktion, eine Bedeutung (7771). Sie scheinen sich somit von den durch familiäre Formen der Recurrenslähmung ausgelösten "Kehlkopfpfeifern" beim Pferd zu unterscheiden, die durchaus atembehindert sind (6709, 8137, 8970). Beim rezessiv-autosomalen Kartagener-Syndrom imponieren neben Situs inversus Bronchiektasien, Zilien-Immobilisierung und Nasalpolypen - sowie männliche Sterilität (6547, 6548, 8671). Atemnot kann ferner auf erblich beeinflußten Lungengewebsveränderungen beruhen. Wie vom Menschen berichtet, wo hocherbliche Lungenemphyseme - und in der Folge dann auch Leberzirrhosen (im Kindesalter diese auch isoliert, 6542, 8869, 9199) - beispielsweise als Symptom eines durch Rauchen und Schadstoffinhalationen geförderten α_1 - Antitrypsinmangels vorkommen (das bei der Elastase-Regulierung beteiligte α -Antitrypsin im Plasma, ein Plasma-Protease-Inhibitor, abgekürzt Pi, dessen Synthese in E. coli z. T. glückte, zeigt überraschende Ähnlichkeiten zum Ovalbumin, 9220, 8733, 8736, 8677, 10043. Der Pi-Locus weist multiple Allelie und möglicherweise Heterozygoten-Vorteil auf, 4424, 4302, 600, 601, 4591, 300), - so wurde auch im Tierreich, insbesondere bei Pferden, ein liniengehäuftes Auftreten emphysematöser Zustände beschrieben, z.B. bei der Dämpfigkeit des Warmbluts - immer noch eine der Hauptabgangsursachen des Reitpferdes (4162, 4164, 8657). Aus Südafrika wurde gar vermeldet, daß in einer großen Pferdepopulation nur bräunliche Phänotypen mit Emphysemen behaftet gewesen seien (4645). Und in Mäusen mendelt neuerdings ein Gen (bd, bradypneic), welches - neben Gasansammlungen in anderen Körpergeweben- vor allem semiletale Lungenemphyseme bedingt (2836).
Bei einem in Saugferkeln registrierten "Barker"-Syndrom (RDS, Respiratory distress syndrome, parallel in Fohlen, 8275, 9684), sowie dem in Truthühnern gesehenen "Bronchialrasseln" erfolgt die Determination offenbar gleichfalls nur durch wenige Gene (6144). -   Polygenisch und stark umweltmodifiziert ist dagegen sicherlich die Grundlage des Asthma bronchiale beim Menschen: Die Konkordanz in EZ beträgt nur 19 %, doch ist der familiäre Charakter gesichert (734, 2026, 4498). Sicher ist ferner, daß Histokompatibilitätsgene sowie Ir (Immune response)- und Ig (Immunglobulin)- Loci hierbei eine Rolle spielen (S. dort) - d.h. ein hyperreaktives Bronchialsystem(5587).

Genetische Unterschiede in der Reaktion auf "Air-Pollution" fand man bei
Mäusen (6355).
Eine eigenartige, selten gesehene Ursache für Sauerstoffunterversorgung
kann das sogen. "Undine-Syndrom" sein, wo - wie ähnlich vom in die Wassernixe verliebten Ritter berichtet - das Atmen regelrecht "vergessen" wird (
6 Züge/Min., 5802). Dies beruht auf zentralnervösen Ausfällen der Atemregulation und kann - mit Konzentration auf bestimmte Familien - einer der vielen Gründe rätselhaften, plötzlichen Kindstods sein (5295). Ob ätiologische
Querverbindungen zum o. a. Barkersyndrom neugeborener Ferkel bestehen,
ist nicht bekannt (2662). Selbstverständlich führt auch Zwerchfellsagenesie
zum Tode der oft lebend geborenen Neonaten (5243). Und auf die Lungenbeteiligung der mit einer Heterozygoten-Häufigkeit bei 5 % recht verbreiteten Mucoviszidose war schon mehrfach hingewiesen worden (997).

Im übrigen ist ja die Respirationsrate (Atemzugzahl) gerade unter einem Hitze- oder Hypoxiestress offenbar in vielen Arten höher heritabel als die anderen Vitalfunktionswerte (Puls, Rektaltemperatur, 8165, 10040). Dieses kam in
Untersuchungen an Rindern, Schafen, Hunden und Hühnern heraus (5699, 5706,
5347, 2301, 7995, 5640). Ob allerdings ein Klimakammer-"Hitzetoleranztest"
mit Stressverhalten in praxi korreliert, wird bezweifelt (5417, 9530). Jedenfalls waren Geflügellinien mit unterschiedlichem Sauerstoffbedarf und differenter Temperaturtoleranz erzüchtbar (4813, 4814, 9210, 8607). Und neugeborene Lämmer selektierte man auf "Kälteresistenz" dadurch, daß man sie
im Wasserbad unterkühlte, bis die Rektaltemperatur um 4,5 ^{o} C sank(9948).

Zwischen Respiration und Exkretion bestehen nur scheinbar keine Zusammenhänge, denn schließlich ist das Abatmen von Stoffen mit ungebührlich hoher
Blutkonzentration eine Form der Exkretion ("Fahne"). Nicht selten werden
zudem retinierte, harnpflichtige Verbindungen über die Lunge oder die Schleimhaut der oberen Atemwege ausgeschieden, z.B. bei Urämien ("Fötor ex ore",
6468). Solche abnormen Blutpegel nicht exkretierter Stoffe können Folge infektiöser, toxischer o. a. Nieren- Harnwegsschädigungen sein - oder aber
Ausdruck dispositionell geprägter, anlagebedingter Störungen. Dieses wird
am deutlichsten dort, wo Hyperurikämien Ausdruck genetischer Enzymdefekte sind, so bei etwa 5 % der Gichtfälle (3005), die durch Minder- oder Fehl-

leistung der für den Purinstoffwechsel wichtigen Enzyme Hypoxanthin-guaninphosphoribosyltransferase, Adeninphosphoribosyltransferase (geschlechtsgebundener Erbgang, hohe Mutationsrate, Hyperurikose mit ZNS-Ausfällen, Neigung zur Selbstverstümmelung und Aggressivität = Lesch-Nyhan-Syndrom; heterozygote Trägerinnen heute identifizierbar, 4549, 10170, 9192, 9929) oder anderer provoziert werden (2872, 2873, 1091, 7235). Ob eine einfach mendelnde Urämie des Nerzes vergleichbare Ursachen hat, ist noch unbekannt(1400, 1401). Auf diese biochemisch-genetischen Aspekte angehobenen Harnsäurespiegels mit gichtigen Sekundärerscheinungen (Gelenke, Herzmuskel), auf dadurch geförderte Urolithiasis und Steinbildungen anderer Genese (Cystinsteine, 4150, 7941, 8945; Xanthinsteine durch Xanthin-Oxidase-Defizienz, 6232, 1759) war z.T. schon eingegangen worden (S. dort). Sie erklären, zusammen mit einem Kontingent noch ungeklärter Fermentstörungen, einen Teil der familiären Häufungen bei Podagra und obstruktiven Harnwegserkrankungen in Tier und Mensch, denn Korrelationen zum Grad der Hyperurikämie sind hoch(3206, 6627).

Der Löwenanteil wird jedoch Manifestationen zukommen, für die neben der Veranlagung exogene Mitauslöser verantwortlich zeichnen, das Schlagwort "Faktorenkrankheit" somit zutrifft, wobei allerdings der große "Unbekannte" derzeit noch der ätiologische Hauptfaktor ist, z.B. in endemischen Formen bei Schwein und Schaf (9663, 10053). Denn der Spiegel von Blut- und Harninhaltsstoffen wird nicht nur enzymatisch, sondern vor allem durch renale Ausscheidungs- und Rückresorptionsvorgänge reguliert, welche ebenfalls erblichen oder umweltbedingten Blockaden bzw. Fehlsteuerungen unterliegen können, was insbesondere für die Urat-, Oxalat- und Phosphatlevel gilt (6333, 3444, 5159). So mag die gesicherte Disposition chondrodystropher, verzwergter Hunderassen zu Harnsteinen auf solchen Ca-, P- Stoffwechselstörungen beruhen, jedoch zusätzlich durch ihren Status verhätschelter, d.h. falsch ernährter und wenig bewegter Pet-Tiere begünstigt sein (8086, 7985). Straffe Zusammenhänge zwischen Ernährung, Fütterung, Lebensweise und der Anfälligkeit zu besagten Erkrankungen werden überall postuliert, wenngleich nur selten überzeugend nachgewiesen (147, 2596, 5040, 4575). So entwickelten bei Hühnern die Fayoumis unter sehr proteinreicher Diät Gelenkgicht, nicht jedoch Weiße Leghorn unter denselben Bedingungen (4194). Bei

Broilern spricht die breite Streuung der Uratlevel gleichfalls für genetische
Effekte (4063). Schließlich mag der gebremste Vitamin D-Stoffwechsel bei Farbigen zu ihrer gesicherten Unterrepräsentanz bezüglich Urolithiasis beitragen (7736). Auch in Ratten scheint es Liniendispositionen zu geben (9286).
Andererseits ist bekannt, daß in zivilisierten Ländern mit dem Wohlstandsgrad und der Überversorgung die Steinbildungen in den abführenden Harnwegen (relativ !) weniger wurden, die Fälle von Nephrolithiasis aber zunahmen
(7668)- ganz im Gegensatz zu den Verhältnissen in proteinunterversorgten
Entwicklungsländern (146). Es ist zugleich gesicherte Erfahrungstatsache,
daß Leute mit sitzender, geistiger Tätigkeit eher zu Hyperurikämie und Gicht
neigen als Arbeiter der Faust, wie auch gesteigerter Alkoholkonsum angeblich förderlich wirkt, was, wenn man dem Volksmund Glauben schenkt ("Intelligenz säuft"), in dieses Schema zu passen scheint (4703). Doch spricht
wiederum die in der Tendenz zu Rezidiven deutlich werdende, vielfache Unwirksamkeit prophylaktischer, diätetischer Maßnahmen nicht allein für deren
mangelnde Durchsetzbarkeit, sondern zugleich für das Wirken endogener Faktoren. Dies wurde auch in den Erhebungen unter den Eltern von Steinpatienten deutlich (1425). Auch läßt sich der starke Überhang an Männern in Gichtpatienten weder einseitig durch Kopplung an den Intellekt noch durch das alleinige Wirksamwerden geschlechtsgebundener Erbanlagen erklären (1134,10070).
Nierensteine zeigen auch bei Nerzen Linienhäufungen (7620).
Die komplexe, zwiespältige Situation spiegelt sich in Untersuchungen zum
FUS (= Feline urological syndrome, die vorwiegend und obstruierend in älteren, kastrierten Katern gesehene Steinerkrankung, 2399, 1418) wider: Es
soll zwar gehäuft in bestimmten Kater-Nachkommenschaften und vermehrt
in Persern auftreten, möglicherweise aber durch bestimmte Futtermittel
gefördert werden (4653, 8168, 8169, 6797, 1392). Daneben kamen Fälle vor,
die durch abnorme Harnsäureauscheidungen verursacht waren (3728).
Auch beim FUS soll aktivitätseinschränkende Innenhaltung prädisponierend
wirken, was eine Erklärung für den mehrfach beschriebenen Frühjahrsgipfel in der Erkrankungsrate sein mag (8170, 3727, 8172). Selbst so abwegig erscheinende Stressoren wie Erdbeben wurden - neben einigen Krankheitserregern - als ursächlich für FUS inkriminiert(1269), wobei allerdings wohl weniger an ein mechanisches Losschütteln der Steine im Sinne eines Steinschla-

ges gedacht worden war. In Katzenpopulationen recht verbreiteten Überresten des Blasen-Nabelganges (Urachus), welche die Blase hindern können, ihre normale Position einzunehmen, schrieb man gleichfalls eine förderliche Rolle zu (3126). Und selbst bei männlichen Kastraten des Rindes (Ochsen) sei Urolithiasis häufiger als bei Bullen (8484).

Nierenagenesien in Mensch und Tier - insbesondere bilaterale - sind meist Bestandteile multipler Mißbildungssyndrome, wahrscheinlich vorwiegend exogener oder akzidenteller Art; ihr Auftreten in Geschwistern muß nicht für Erblichkeit sprechen (6426,1250). Die Häufigkeit in Totgeburten und verstorbenen Säuglingen soll bei 0,3 % liegen (7411); mit Lebensfähigkeit vereinbare einseitige Nierenaplasie findet sich in etwa 1 : 1000 (3345). Selbst eine Mandarin-Ente mit nur einer Niere wurde 11 1/2 Jahre alt (6877). Hier, wie bei vesico-ureterischen Anomalien, sind die Familienbefunde ebenfalls dürftig, lassen sich entsprechende Modelle in Ratten nur mit polygenischem Erbgang erklären (2781,7758,1587). Ähnliches scheint für echte konnatale Nieren-Hypoplasien zu gelten, wenngleich hier teilweise, z.B. bei Schweinen, straffere genetische Fixierungen beschrieben wurden, ebenso in Linien des Bunten Cocker Spaniels und beim Geflügel (1553,2484,6178,9869).
Spezielle Formen der Nierendysplasie oder Nephrose ließen dagegen öfter erbliche Abhängigkeiten erkennen, was vor allem für focale, zystische Varianten gilt, die zudem nicht selten mit anderen Anomalien vergesellschaftet sind (2576). Sie sind von obstruktionsbedingten Nierenbeckenausweitungen auf Kosten des Parenchyms (Hydronephrosen) differentialdiagnostisch abzugrenzen, für welche nur vereinzelt, z.B. in Ratten und Mäusen, genetische Fälle bekannt wurden (1474,7521,4129,9287,9539). Eine rezessiv-autosomal vererbte Kombination hydronephrotischer und zystischer Nierenentartung findet sich in Mutanten der Gunn-Ratte, ohne an die in diesem Modell anzutreffende Leberfunktionsstörung gekoppelt zu sein (S.dort)(4725).
Neben den o.a. dysplastischen oder den symptomatisch, d.h. toxisch, infektiös/entzündlich, obstruktiv und parasitär induzierten (7964,9855), gibt es erbliche Zystennieren vom infantilen, adulten und "medullären" Typ (Schwammniere) mit teilweise monogenisch gesteuerter Vererbung bei Mensch und Schwein (840,2575,8042,7016,8150,2459,10188), als Bestandteile genetischer Syndrome (1352,1597;Meckel-Syndrom,2499) oder als Zufallsbefund

(9686). In bestimmten Kaninchenlinien wurden erbliche Cortexzysten beschrieben, welche jedoch weit weniger Krankheitswert hatten als jene menschlichen Formen, bei denen Merkmalsträger "vor Kindern gewarnt werden sollten(8231)" - gem eint ist wohl mehr das Kinderkriegen (2414).
Die mit disseminierten, klein-zystischen Nierenmarksveränderungen einhergehende, aber sehr seltene Nephronophthise Fanconi zeigt etwas deutlichere Parallelen zu in Mäusen und Hunden aufgezeigten Syndromen (4794, 2271, 927, 928, 2298, 2299). Sie ist den hereditären Tubulopathien zuzurechnen (9402).
Ob Nierenerkrankungen miteinander verwandter Nordlandhunde(Samojeden) eine analoge Basis haben, ist derzeit noch unklar (681). Für Amyloid-Nephrosen konnten in Mäusen genetisch beeinflußte Ausprägungen gefunden werden (8240). Es war überdies schon erwähnt worden, daß viele hereditäre Dysproteinämien, Autoimmunerkrankungen, hochdruckbedingte Veränderungen etc. mit Nierenschädigungen verknüpft sind, wie andererseits angeborene, z.T. x-chromosomal vererbte Nierendysfunktionen zu bestimmten Varianten des Diabetes insipidus führen (848). "Familiäre" Häufungen von Nephropathien sind jedoch kaum als Hinweis auf erbliche Einflüsse zu werten, wenn sie regional hyperendemischen Charakter haben (1364).
Angeborene Fehlbildungen, Ectopien, Fisteln u.a. Normabweichungen des harnabführenden Systems sind gleichfalls geeignet, zu Exkretionsstörungen zu führen; sie sind aber nur selten genetisch geprägt und öfter Teile von Mehrfachmißbildungen. Besonders bei Hund und Katze existiert darüber eine reiche Kasuistik (7985). Diese Erscheinungen gehen naturgemäß nicht selten Hand in Hand mit Genitalabnormitäten (6546).
"Nasse Bäuche" (Wet belly disease), die infolge Harnträufelns bei einer Heritabilität von 24 % mit stark unterschiedlicher Häufigkeit in Nerzlinien - insbesondere bei Rüden - auftreten, beruhen offenbar nicht auf Funktionsstörungen der Harnröhre, sondern vermutlich auf einer durch Fütterungsfehler begünstigten, herabgesetzten Oberflächenspannung u.a. Besonderheiten des Harns (4329, 5876, 4309, 7217).

> Gichtiker sind öfter Menschen gewesen,
> die die Welt bewegten, ohne sich selbst noch
> bewegen zu können.
> D.P. Mertz, 1978

GELENKERKRANKUNGEN

Genetisch beeinflußte Systemerkrankungen, Stoffwechselstörungen, gehen nicht selten mit Gelenkaffektionen einher. Als Beispiel dafür war die Gicht schon öfter genannt worden, jenes als "Zipperlein" oder Podagra besonders im Großzehgrundgelenk, aber auch an anderen Lokalisationen manifeste Leiden tatkräftiger Ehrgeizlinge (Wallenstein), weinseliger Künstlernaturen (Goethe) und bierkrugschwenkender Fleischermeister (Schlemmernaturen). Wenngleich diese Patienten-Kategorisierung sicher zu grobgeschnitzt ist, mag sie doch andeuten, wie Genotyp und Umwelt den Ausbruch dieser auf primärer oder sekundärer Hyperurikämie beruhenden Erkrankung begünstigen. Da Gelenke und Bindegewebe zu den bradytrophen Strukturen mit wenig Flüssigkeitsaustausch gehören, sind sie Prädilektionsstellen für Uratkristallisationen. Generell verdanken Menschen und Dalmatinerhunde ihre Disposition zu gehobenen Harnsäurespiegeln der Tatsache, daß ihr Uratpegel (mit ca. 6,4 mg/100 ml schon nahe der Löslichkeitsgrenze) nicht wie bei anderen Säugern zu Allantoin oxidiert wird (5630). Die Arthritis urica ist mithin eine typische Erb-Umwelt- bzw. "Faktorenkrankheit" ohne einfach mendelnden Vererbungsmodus - sie wird durch Alkoholkonsum zweifellos gefördert (8857). Und die HUA-Hühnerlinie mit dreifach überdurchschnittlichen Harnsäurewerten und hoher Frequenz von Gelenkgicht scheint ein gutes Modell darzustellen (1499).

Auch andere Arthritiden bei Mensch und Tier sind mehr erblich-dispositionell geprägt. Abgesehen von den in Verbindung mit Psoriasis, Lupus erythematodes, ulzerierenden Colitiden oder Hämophilien (Haemarthros) gesehenen Bildern (S. dort u. 2233, 348, 6604, 72), trifft dies besonders für die akuten und die primär chronischen, d.h. rheumatoiden Polyarthritiden zu (6806, 3603, 2968). Für beide ist - bei insgesamt noch vielen offenen Fragen hinsichtlich der Ätiologie (562)- die Bedeutung endogener Faktoren, der sogen. "Host variables", gesichert (1409). Bei rheumatischem Fieber besteht eine familiäre Überempfindlichkeit gegenüber Streptolysinen (5199). Genetische Fixierungen der Immunantwort auf Streptococcenbestandteile finden sich außerdem bei Mäusen, desgleichen die MHC-Kopplung der Disposition zu rheumatoider Arthritis nach Kollagen-Injektionen (8267). Analoges vermutet man beim Menschen (8266). Die Konkordanz in EZ mit Blick auf chronischen Gelenkrheumatismus rangiert zwischen 28 und 65 % (7781, 1452, 5649). Somit ist eine familiäre Disposition wahrscheinlich, wenngleich ältere Erhebungen meist keine Trennung der Erb/Umweltkomponenten durchführten (3219, 4925, 627). Die stärkere Exponiertheit von Außenarbeitern scheint fraglich (563).

Bei den durch Rotlaufbakterien oder Mykoplasmen, spontan auftretenden oder modellhaft erzeugbaren Polyarthritiden in Schweinen wurde genetischen Gesichtspunkten bislang wenig nachgegangen, obwohl schon Fortner u.Wellmann (1952) erste Hinweise auf ihre Bedeutung gaben (5197, 1509, 7053, 7054, 5852, 78, 461, 1191, 6850). Die dabei in dieser Art konstatierbare röntgenologische und Lahmheitsdiagnostik ist nicht unbedingt rotlaufspezifisch (6853).

Die Rheumamorbidität in menschlichen Populationen zeigt deutliche Gynäkotropie und Frequenzen bis zu 30 % (7840). Dieses macht monogenische Determinationen ohnehin unwahrscheinlich, doch sind Querverbindungen zu lysosomalen Auffälligkeiten und Autoimmunprozessen mehr und mehr im Gespräch (8034, 2753). Das trifft ebenso zu für polygenisch gesteuerte, mit unterschiedlicher Häufigkeit in Mäuselinien beobachtete, degenerative Gelenksentzündungen (8142). Ob es auch für familiäre, primär-chronische Arthritiden in Rind und Ziege gilt, ist ungeklärt (7101, 4026, 7421, 1101).

Von vielen Autoren wurde die Spondylitis ankylopoetica sv. Spondylosis deformans, auch Morbus Bechterew oder Marie-Strümpell-Bechterew genannt, den rheumatoiden Syndromen zugerechnet und als "eines der schwierigsten Probleme der Rheumatologie" bezeichnet (5792). Zwar führt sie im Endstadium zu einer Versteifung und Verknöcherung der ohnehin wenig beweglichen Wirbelgelenke, doch scheint sie nicht direkt mit peripheren Gelenkkrankheiten, sondern wesentlich enger an das Leukozytenantigen HL-A 27 (Histokom-

patibilitätslocus) gekoppelt zu sein (1983,4580). Das relative Risiko eines
HL-A 27 -Trägers, an ankylosierender Spondylitis zu erkranken, ist etwa
150 x größer als das eines Nicht-Trägers; dies bedeutet eine ungefähre Erkrankungsrate von 7 - 20 % aller HLA-27-Typen, jedoch bei stark ausgeprägter Androtropie (849,1199,6890). Wenngleich noch unbekannt ist, ob diesem
Gen nur Markerfunktion oder ätiologische Bedeutung zukommt, stellen diese
Erkenntnisse doch eine Untermauerung schon früh erkannter Familienhäufungen dieser Krankheit dar (8069,7292). Man unterstellt inzwischen dem HLA-
D-Locus eine ähnliche Relevanz für die rheumatoide Arthritis des Menschen
(5714). Beim Bechterew fanden sich inzwischen weitere diagnostische Immunreaktionen (9293).
Einige Parallelen zum Morbus Bechterew des Menschen weist die Spondylarthrosis deformans des Hundes auf, die vorwiegend, doch nicht ausschließlich, in Boxern imponiert - und hier offenbar z.T. mit Beteiligung peripherer Gelenke vergesellschaftet (6804,5311,2634). Die von Boxerlinien gemeldete Disposition zu chronischer Colitis (S.dort), die Neigung dieser Rasse zu
leukotischen u.a. Tumoren, scheinen weitere Analogien zu ähnlichen Verknüpfungen bei spondylitischen Menschen zu bieten (4978,1462). Die rezessive
Mutante ank schließlich bewirkt Ankylosen bei Mäusen (7460).
Im Gegensatz zu Arthritiden, die u.a. durch eine entzündliche Erhöhung der
Eiweißgehalte und Leukozytenzahlen in der Synovia gekennzeichnet sind(870),
kommt es bei Arthrosen durch degenerative, nichtentzündliche Prozesse am
Gelenkknorpel zu einer allmählichen Verschmälerung des Gelenkspalts, zu
Knorpelsubstanzverlusten und - Um- oder Zubildungen, sekundär auch zu Alterationen periartikulärer Weichteile (5793,5984,5076,6601). Zur Konfusion
trägt bei, daß im angelsächsischen Sprachraum Arthrosen oft als "Osteoarthritiden" bezeichnet werden (6605). Auch bei arthrotischen Krankheitsprozessen wurde die Beteiligung erblich-dispositioneller Faktoren postuliert,
doch stellt sich ihr Wirken wesentlich maskierter dar als bei den o.a. Polyarthritiden. 10 - 30 % menschlicher Populationen sollen unter Arthrosen leiden (1379); dies wundert nicht, können doch neben primären Formen degenerativer Gelenksveränderungen sekundäre, aus Arthritiden hervorgegangene
hinzugerechnet werden. Primäre, aseptische Arthrosen werden jedoch durch
Altersprozesse, Stoffwechsel- und Hormonstörungen oder durch eine gestör-

te Gelenkmechanik verursacht, die z.B. Folge angeborener Mißbildungen, von Gelenksdysplasien oder ständigen unphysiologischen Gebrauchs ist(2689, 4336). Diese Aufzählung bietet bereits Ansatzpunkte für Genwirkungen, und in der Tat waren für die spontane Mäusearthrose Linienunterschiede zwischen 12 und 100 % in der Häufigkeit nachweisbar; zugleich wurde dabei deutlich, daß wachstumsfördernde Hormone einen begünstigenden, ACTH einen krankheitshemmenden Einfluß ausüben (7056).
Dieses erinnert an die bereits geschilderten Zusammenhänge zwischen dem sogen. Beinschwächesyndrom des Fleischschweins, den Osteochondrosen anderer Haustierarten und forcierter Selektion auf tägliche Zunahmen - bei gleichzeitiger Tendenz zu Nebennierenhypoplasie (7596, 7763, 3693, 2936, 7722, 3796). Tatsächlich waren es zunächst Tarsalgelenksarthrosen- im Verein mit Bursitiden (384)-, welche vermehrt beim neuen, lang- und frohwüchsigen Schweinetyp, insbesondere in vorselektiertem Zuchtmaterial und mit unterschiedlicher rassischer Frequenz, konstatiert wurden (1407, 6741, 6743, 6616, 6150, 4423, 7236, 7146, 5107, 2702, 7773). Die geschätzten Heritabilitäten waren niedrig (8 - 19 %), Kopplungen an Gen-Marker bis heute nicht nachweisbar (7146, 5107, 7951, 8175), dennoch werden Selektionen empfohlen (9372).
Seit die Körperlänge beim Schwein - im Gegensatz zur Fleischwüchsigkeit-kein primäres Selektionsmerkmal mehr darstellt, verlagerte sich die Symptomatik dieser Osteochondrosen offenbar auf "Beinschwäche"-Formen komplexer und z.T. unklarer Ätiologie, die sicher myopathische Prozesse mit umfassen, denn positive Korrelationen zwischen Muskelansatz, Mastleistung und "Leg weakness" wurden mehrfach, wenngleich nicht durchgehend, beschrieben (3442, 4218, 2568, 2875, 7897, 4532, 7561, 2937, 5993, 642, 5944, 5945, 639). Hinzu kommt, daß Gelenkknorpel-Dickenvariationen zwar i.a. funktionelle Aussagen gestatten, in arthrotisch veränderten Gelenken Aschegehaltszunahmen aufgrund Ausdünnung chondraler Grundsubstanz verzeichnet werden, doch war die Kopplung dieser Befunde an klinische Lahmheiten nicht sehr straff, z.T. unvorhanden(2075, 1109, 7264, 1987, 2126, 7868, 1121, 2461, 9350).

      Jüngst beschrieb man auch Coxarthrosen als integrierende Bestandteile der multiplen Osteochondrosen des "modernen" Fleischschweins(6903). Hüftgelenksarthrosen stellen aber vor allem bei Mensch und Hund einen beachtlichen Anteil erblich-dispositioneller Erkrankungen.

Sie sind meist Folge angeborener Normabweichungen oder Fehlentwicklungen dieses Gelenks, d. h. Konsequenzen einer Hüftgelenksdysplasie (6728). In den schwersten Fällen liegen kongenitale Dis- oder Subluxationen, in leichten Acetabulum-Hypoplasien vor (392); bei Bantus oder Chinesen und in Ländern, wo Babies lange auf dem Rücken der Mütter thronen, fast unbekannt- gefördert aber durch Beckenlage des Fetus - erreicht dieser Schaden in Europa Häufigkeiten bis zu 3 % (1248,8295), besonders in einer Zone, die wir durch einen Zirkelschlag von 500 engl. Meilen umgrenzen, "wenn wir auf der Brücke von Arnheim stehen (7397)". Wie man sieht, messen die Angelsachsen dieser Brücke in jeder Hinsicht strategische Bedeutung zu. Die Konkordanz bei EZ liegt zwischen 42 und 51 %, in ZZ bei 3 %, die Gynäkotropie beträgt etwa 5 ♀ : 1 ♂ (8105). Nur in ca. 40 % der Fälle sind beide Gelenke betroffen. Ältere Thesen einfach mendelnder Erbgänge scheinen nicht mehr haltbar, wenngleich sie für einige Formen in Versuchstieren zutreffen mögen (289). Man neigt auch in der Humangenetik heute mehr zu der Auffassung, daß eine polygenische/umweltmodifizierte Disposition zu Gelenkpfannenanomalien- in Verein mit wenigen Großgeneffekten - zu Schlaffheit von Bändern und Kapsel führen (2445).

Das gilt für ähnliche Erscheinungen bei Hunden: Die HD (Hüftgelenksdysplasie) präsentiert sich hier besonders in einigen großen, schweren Rassen als ein erhebliches erbhygienisches Problem. Aus den Rassen Dt. Schäferhund, Boxer, Rottweiler z.B. werden trotz langjähriger Gegenselektion immer noch Prozentsätze von 24, 55 und 61 % (incl. leichte Fälle) gemeldet, doch beginnen die Selektionsmaßnahmen offenbar zu greifen. Bei einer Heritabilität zwischen 16 und 55 % und Selektionen auf freiwilliger Basis sind rasche Zuchterfolge nicht zu erwarten, besonders wenn durch Zuchtwahl auf andere Merkmale im Rassestandard eine Disposition indirekt wieder gefördert wird (7985). Hier inkriminiert man vor allem das Züchten auf einen - auch durch entsprechende Fütterungs- und Haltungsmaßnahmen begünstigten- überschweren, nach hinten "hyänenhaft" abfallenden Hund mit extrem schnellwüchsigem Skelett. Wie vorher bei den Modellarthrosen kleiner Versuchstiere, den Osteochondrosen des Schweines und des Mastgeflügels (insbesondere schwere Puten !, 8811, 8812, 8816, 9646) herausgestellt, gilt hier ebenfalls: "Ein maximales Wachstum ist nicht vereinbar mit optimaler Skelettreifung (3981)".

Eine weitere genetisch beeinflußte Hüftgelenkserkrankung ist die Coxa plana oder Osteochondrosis (Arthropathia) deformans coxae juvenilis = Morbus Calvé -Legg- Perthes, durch aseptische, epiphysäre Knochennekrosen am Femurkopf entstehend, für die zwar überwiegend exogene Auslöser angenommen, mehrfach aber familiäre Häufungen bei Mensch und rassische Dispositionen beim Hund beschrieben wurden (7894, 3200). Dort bevorzugt sie in ihrem Auftreten Zwerg- und Kleinrassen, besonders proportionierte Zwerge (Pinscher, Schnauzer, Pudel, Terrier, 7985). Im Gegensatz zur HD besteht bei dieser Arthropathie ein deutlicher Überhang an männlichen Patienten. Erblich geprägte Formen der Hüftgelenkslahmheit kamen zudem in Kaninchen, und Rindern zur Beobachtung (6499, 1226, 3577).

Bei der Podotrochlose des Pferdes, einer chronisch-degenerativen Erkrankung der Hufrolle, d.h. besonders des Strahlbeins und der tiefen Beugesehne, die vorwiegend bei Reit- und Springpferden des Warmbluts hohe Verluste verursacht, spielen erbliche Einflüsse eine offenbar nicht zu unterschätzende Rolle. So waren zwischen den Nachkommenschaften verschiedener Hengste Frequenzunterschiede zwischen 6 und 38 % feststellbar, die mit vergleichbaren Häufigkeitsdifferenzen von 8 - 51 % unter ihren Vorfahren einhergingen. In Anbetracht der nicht selten unbefriedigenden chirurgischen Behandlungserfolge bei chronisch aseptischer Podotrochlitis sollten somit vermehrt züchterische Maßnahmen erwogen werden (5152, 4723, 29). Auch Spat wurde durch Herausstellung bestimmter Exterieurmerkmale offenbar gefördert(8501), entsprechende Gelenksveränderungen bei Rindern zeigen gleichfalls rasse - und fütterungsbedingte Prädilektionen (9106).

Das Kniegelenk kann gleichfalls Manifestationsort genetisch gesteuerter Normabweichungen sein. Sie treten nicht selten in Verein mit systematischen Bindegewebserkrankungen auf (S.a. Ehlers-Danlos-Syndrom), welche durch abnorme Schlaffheit bindegewebiger Elemente angeborene Kniegelenksluxationen (Genu recurvatum), konnatale oder habituelle Patellarluxationen begünstigen (1245, 8295). Aus der Tierzucht kamen familiäre Fälle solcher Kniefunktionsstörungen besonders - wenngleich nicht ausschließlich - von Zeburindern (7087, 2544, 7705), von Arbeitspferden (Kaltblut, 8137), sowie vor allem aus Toy-Rassen des Hundes zur Meldung (4660, 6152). Neben Laxheit von

Band und Kapsel mögen hier Hypoplasien von Patella und Rollkämmen weitere Dispositionen schaffen. Bei Pferden scheint eine genetisch geprägte Steilstellung der Hintergliedmaßen eine Kniescheibenverrenkung nach dorsal zu fördern, wie man beim Schwedischen Warmblut ermittelte (2799). Laterale Luxationen registrierte man auch beim Shetland Pony (9087). Eine durch anomale Gelenkbeweglichkeit verursachte Stehuntauglichkeit bei Jerseyrindern scheint durch den Bullen "Favorite Commander" und seine Töchter in die Zuchten getragen worden zu sein, was somit für monofaktorielle Basis spricht (4345, 4346). Man vermutet Rezessivität (9036).

Bei angeborenen "Steifheiten", mit Muskel- und Sehnenkontrakturen einhergehenden Gelenkverkrümmungen, den Arthrogryposen, war schon mehrfach auf die komplexe Ätiologie und die öfter nur scheinbar vorliegende, durch den Namen suggerierte, primäre Beteiligung der Gelenke hingewiesen worden, besonders in Zusammenhang mit ihrem Auftreten als Teilsymptome multipler genetischer oder teratogen bedingter Mißbildungssyndrome. Abgesehen von solchen Fällen (6439, 5502, 3720), tritt eine "amyotrophische" Arthrogryposis multiplex congenita (Guérin-Stern-Syndrom), treten mit Kontrakturen vergesellschaftete Verkrümmungen und Ankylosen bei Mensch und Tier sporadisch (547, 9276, 8854), familiär (4519, 9310) oder, bei gemeinsam erlittenen Umweltschädigungen, auch endemisch auf, oder saisonal geprägt (4655, 7212, 3852, 4904, 8231, 4538, 4044, 8778, 8779, 10091, 8750, 8643). Über Familienhäufungen unklarer Ursache wird aus Indien berichtet (731), über Arthrogryposen bei Ferkeln nach Verfütterung von Kentucky-Tabak an trächtige Sauen (1598). Nicht Nikotin, sondern Anabasin soll aber in Nicotiana-Arten als Teratogen wirken (4008).

Dagegen spricht bei Finger-Beugekontrakturen des Menschen manches für eine genetische Basis - via Störung des Kollagenstoffwechsels (Dupuytrensche Kontrakturen, besonders in älteren Männern, 4770, 524). Die große Häufigkeit vor allem in Europäern deutet auf Interaktionen polygenischer und exogener Auslöser hin (1801). Koilonychien treten u. U. hinzu (8159).

Frontiers for research in teratology are many and obvious. Significant achievement seems only possible and proportional to the degree with which an integrated multidisciplinary approach is encouraged and patiently applied.

H.A. Hartman, 1974

NEOPLASIEN

Krebs, d.h. die bösartig-metastasierende Neubildung,steht bei Menschen im Alter von 45 und mehr Jahren als Todesursache an 2. Stelle hinter Herz - Kreislaufversagen. Insgesamt macht er 20 % aller Todesfälle aus (6829, 7572). Auch bei Haustieren,die ein"Krebsalter" erreichen, z.B. bei Hunden und Katzen, stirbt ein hoher Prozentsatz an Neoplasien (145,3708). Und unter den vielen Faktoren, welche Entstehung, Wachstum und Absiedlung von Tumoren auslösen oder begünstigen, spielt eine genetisch fixierte Disposition sicher eine beachtlichere Rolle (4893), als in jüngeren Zusammenstellungen deutlich wurde (9212).

Auf einige Beispiele war schon hingewiesen worden, so auf die erblich geprägte Anfälligkeit bzw. Resistenz gegenüber virusinduzierten Leukosen bzw. Leukämien bei Huhn und Maus. Immer klarer werden in dieser wichtigen - und mit steigendem Erkenntnisstand sicher noch wachsenden - Gruppe der <u>Virustumoren</u> die vielfachen Wechselwirkungen zwischen Wirts- und Viruserbe erkannt- insbesondere, was immunologische, für die Tumorregression wichtige Prozesse angeht-, scheint gesichert, daß einige onkogene Virusarten (RNA- Tumorviren) nicht allein im Wirtsgenom parasitieren oder saprophytieren und mit diesem vertikal an die Nachkommen weitergegeben werden,sondern sogar als echte "endogene" Virusformen aus demselben entstanden und mithin als integrierende Bestandteile fungieren (Klasse I; 2785,7167,3594). Eine schöne Übersicht gab Mussgay (1981).

Solche Virus/Wirtsgenom-Identitäten will man durch neuere Techniken der molekularen Hybridisation bereits für eine ganze Reihe dieser endogenen Viren nachgewiesen haben, beispielsweise beim spontanen Mammatumor der rIII - Mäuse und anderer Stämme, sowie beim Huhn, obwohl die meisten dieser Onkogene offenbar apathogen oder nur unter einem spezifischen Reiz kanzerogen zu sein scheinen (Proto-Onkogene, 2672, 3251, 5496, 1476, 1629, 9995). Werden sie nicht durch einen eingedrungenen Virus-Promoter aktiviert, evolvieren sie still zusammen mit anderen Genen, wurden sogar schon zur Abklärung von Spezies-Verwandtschaften vorgeschlagen und mögen normalerweise nützliche Funktionen haben (8292, 636, 7612, 2237, 8439). "Entartung einer Zelle und normale Differenzierung liegen sehr nahe beieinander" (8881, 8973, 9729). Die chromosomale Lokalisation dieser onc-Gene macht zunehmend Fortschritte (9052, 9500, 9021, 9237, 9563, 9931, 10009).

Anders dagegen das "exogene" C-Typ-RNA-Virus (Klasse II), welches, notorisch tumorbildend, während einer Infektion in die Zelle getragen oder möglicherweise durch infektiös stimulierte Mutationen aus RNA-Viren erster Klasse gebildet wird (7544). Dieser Sorte rechnet man die Rous-Sarkom-Viren zu, also auch die Hühnerleukose und Katzen- sowie Mäuseleukämie : Sie besitzen eine in umgekehrter Richtung wirksame, d.h. zu aggressiver Neu-Etablierung von Virus-DNA im Wirtsgenom befähigende Transkriptase ein echt infektiöser Vorgang also, den man seit einiger Zeit bezüglich menschlicher Leukämieformen gleichfalls für bedeutsam hält (6180, 519, 7239, 2563). Andererseits läge hier ein Ansatz zur Deutung evolutionär wichtiger Induktion genetischer Resistenz gegenüber Virustumoren - nämlich bei solchen Individuen, die Abkommen mit diesen Onkogenen infizierter, aber nicht erkrankter oder genesener Vorfahren sind und diese Virogene aktiv im Genbestand replizieren. Dies mag einige der - nicht bloß in Hühnern -, sondern z.B. in Nagern beschriebenen, vertikal weitergegebenen Resistenzen bei Tumorvirusinfektionen erklären helfen (1326, 7852). Ob erbliche Lymphosarkome des Schweins hier einzuordnen sind, ist unklar (5073, 9449). Man bezeichnet einen solchen Vorgang als einen Weg der Inkorporation artfremder genetischer Information in stammesgeschichtlichen Zeiträumen (161), ist allerdings versucht, hinzuzufügen, daß von hier aus der Schritt zur Mitchurinschen bzw. Lysenkoschen Vererbung erworbener Eigenschaften nicht mehr weit ist.

Ein weiterer Ansatzpunkt erblicher Effekte ist in dem schon mehrfach erwähnten Wirksamwerden genetischer Steuerungen bei der Immunabwehr, Interferonproduktion (9348) oder zelloberflächengebundenen Infektionsabwehr zu sehen (4265). Virämien bei Mäusen werden oft durch H-2-, aber auch durch Nicht-H-2-Gene gesteuert (1740). Bei einigen Nager-Tumorarten verzeichnete man F_1 - Heterosiseffekte auf die Resistenz (4114). Zweifellos verdienen in diesem Zusammenhang die Histokompatibilitätsantigene besondere Beachtung (6305). Sie mögen z.B. die rassisch-ethnische Häufung beim NPC bedingen (Nasen-Rachen-Karzinom, Epstein-Barr-Virus, 7075, 2009). So verwundert es nicht, daß Individuen mit ererbter Immunschwäche (Agammaglobulinämien u.a.) zu speziellen Tumorformen inklinieren, gerade auch zu vermutlich viral ausgelösten (2519, 8101, 5813, 2518). Neben Leukämien scheinen dazu bestimmte Osteosarkome in Maus und Mensch zu zählen, die kennzeichnenderweise vorwiegend in jugendlichem Alter auftreten (2969, 3489, 2305, 3196, 5790). Wie die rassischen Dispositionen und familiären Häufungen innerhalb doggenartiger Rassen (Hund) zeigen, mag dies für Knochentumore in dieser Art ebenfalls zutreffen, möglicherweise desgleichen für hereditäre, multiple Exostosen in den genannten und anderen Arten(538, 7985, 7193, 5310, 2567). Bei akuten Leukämien des Menschen konnte Steinberg (1960) keine Hinweise auf genetische Effekte finden (retrospektive Erhebung).

Man nimmt ferner schon länger an, daß einige bekannte Umwelt- Kanzerogene nur deswegen krebsauslösend wirken, weil sie in der Lage sind, "schlummernde" Virogene virulent zu machen, die Krebsätiologie somit nicht nur eine multiple, sondern auch eine "komplexe" sei (2422, 5420). Aussagen von Epidemiologen, Chemikalien seien die Ursache von 80 - 90 % aller Krebsfälle(3404), müssen daher dieser differenzierenden Interpretation unterliegen(8443). Doch ist vorstellbar, daß ständige chemische u.a. Noxen selbsttätig einen mutagenen Reiz setzen können, z.B. über Bindung des Karzinogens an bestimmte DNA-Prädilektionsstellen, der dann genetische Desinformation und schrankenloses, sinnloses Wachstum induziert (5495, 3291). So kommt es, daß man selbst beim ehrwürdigsten aller krebserregenden Stoffe, dem Steinkohlenteer und seinen Ingredienzien - mit stark variabler kanzerogener Potenz in genetisch verschiedenen Mäuselinien (5875, 340) und schon vor 200 Jahren von Percival Pott als Verursacher der "Berufskrankheit" Londoner Schornsteinfeger erkannt (Hodensackkrebs) - bis heute nicht weiß, welcher der beiden Wege beschritten wird. Der Stoffwechsel des Benzpyrens u. a. Karzinogene ist starken interindividuellen, d.h. genetischen Schwankungen unterworfen (9121).

Bei der postulierten, fließenden Grenze zwischen Wirtsgenom und endogenen RNA-Viren scheint dies ein recht akademischer Unterschied zu sein. Er signalisiert jedoch die obwaltende Unsicherheit in der Krebsursachen-Erkenntnis, die sich nicht zuletzt darin niederschlägt, daß - trotz ernstzunehmender Hinweise zumindest bei gewissen Humantumorarten (2138) - eine Virusätiologie von einigen Schulen generell bezweifelt und allein eine genetisch/mutagene Entgleisung des Zellwachstums in prädisponierten Individuen inkriminiert wird, wodurch nicht nur eine familiäre Häufung ("Krebsfamilien") sowie Frequenzzunahmen mit dem Alter (6050, 2584), sondern zudem unbestreitbare Zusammenhänge aus den Tumorstatistiken erklärt werden sollen: Die in vielen Erhebungen als hochsignifikant erkannte Asssoziation zwischen Tabakkonsum und Neoplasien, insbesondere Lungenkrebs (7000, 8293), wird hier nicht als Beweis für das Wirken unsinnig-süchtig inhalierter Kanzerogene, sondern vielmehr dafür gewertet, daß die Inklination zum Rauchen und die Disposition zu Atemwegs- und Lungentumoren gekoppelt seien (7616). Dies hieße wohl die genetische Karte etwas überreizen; sie hält Trümpfe bereit, die besser stechen. Schließlich beträgt auch das Risiko zum Mundhöhlenkarzinom in Personen, bei denen zum starken Rauchen ein beträchtlicher Alkoholkonsum bei gleichzeitig schlechtem Zahnstatus hinzukommt - offenbar kommt es dabei auch auf die Art des Schnapsbrennens an (3419)-, ein fast 8-faches gegenüber Kontrollpersonen (2807, 7155); die Situation beim Blasenkrebs ist analog (3571, 9471). Schon der Konsum von Filter- bzw. teerarmen Zigaretten scheint die Statistik günstig zu beeinflussen (8450), wie andererseits "Passivrauchen" erhöhtes Risiko bedeute (9249).

Immerhin führen andere Autoren an, daß eine höhere Frequenz von Lungenkrebs unter Verwandten Erkrankter unabhängig vom Rauchen erkennbar sei, und daß das Risiko 14-fach sei gegenüber nichtdisponierten Nichtrauchern, wenn eine Disposition vorliege und geraucht werde, daß aber das Risiko nichtrauchender Disponierter immer noch vierfach, das von rauchenden Nichtdisponiert en 5-fach sei (7614, 7616). Neuere Forschungsergebnisse korrelieren eine Bronchialkarzinom-Neigung direkt mit dem genetisch gesteuerten AHH-Spiegel (Aryl-hydrokarbon-hydroxylase, 25, 4021). Erinnert werde jedoch an rein mechanische Irritationen, welche z.B. zu Zungenkrebs bei Katzen(8352), zu Huf- und Hornkrebs bei Zeburindern bzw. Kaltblutpferden im Spanndienst prädisponieren, und wo genetische Zusammenhänge, abgesehen von rassisch unterschiedlichen Häufigkeiten, nicht ganz so deutlich wurden (5447). Beweise für die Bedeutung des Genoms bei der Neigung zu oder der Widerstandskraft gegenüber Malignomen liefern die karzinogenen Effekte mutagener Bestrahlungen, die höhere Konkordanz in EZ, die überdurchschnittliche Frequenz bestimmter Neubildungen bei Patienten mit Chromosomenanomalien - mit entsprechenden Parallelen bei Mäusen-, Zusammenhänge zwischen hormonellem Reaktionsmuster und Tumorwachstum, die hohe Spontantumorrate in bestimmten Linien kleiner Versuchstiere einerseits, sowie die Resistenz gegenüber Kanzerogenen in anderen Linien, das erhöhte Hautkrebsrisiko bei genetischem Pigmentmangel - alles Aspekte, die in vorangegangenen Kapiteln teilweise gestreift wurden (5222, 4360, 4815, 3765, 6576, 8225, 4113, 6127, 4959, 2388, 4566). So besteht kein Zweifel, daß Strahlen in genügend hoher Dosis, wenngleich in individuell unterschiedlichem Grade, kanzerogen sind, und zwar sowohl Röntgen-, als auch Nuklear- und Fraktionen der UV-Strahlen (5222). Dieses wurde untermauert durch die gesichert höhere Leukämiefrequenz bei Röntgenologen, bei Patienten, die wegen ankylosierender Spondylitis bestrahlt wurden, durch die risikoerhöhende statistische Tendenz bei Feten, die in utero Bestrahlungen unterlagen (kausaler Zusammenhang hier ungewiß), sowie durch die gesteigerte Leukämierate in bestimmten Alters- und Expositionsgruppen der Hiroshima- und Nagasaki-Überlebenden (5919, 1575, 1576, 4818, 1806, 3706). Man muß allerdings sehen, daß die durch solche und andere Mutagene sicher am häufigsten erzeugten zell- letalen Erbsprünge wohl kaum kanzerogen sein können: Hier liegen wohl mehr Zusammenbrüche der Immunabwehr vor (4038). Andererseits wurden echte Keimbahn - mutationen in Mäusen induziert (9567).

Auf den höheren Prozentsatz leukotischer Erkrankungen beim Mongolismus (S.a. Trisomie 21, Downs Syndrom, 3474, 5223) war schon hingewiesen worden, ebenso auf die vielen Beweise prädisponierender Wirkungen genetischen Pigmentmangels in Mensch und Tier. Es kann keinen Zweifel geben, daß Sonnenlicht eine potentielles Kanzerogen, Melanin in Haar und Haut aber einen potentiellen Schutz davor darstellt (4147). So beträgt die alterskorrigierte Häufigkeit gewisser epithelialer Tumore in den USA bei Weißen 56 (♂) bzw. 40 (♀), bei Nicht-Weißen dagegen nur 5 bzw. 6 auf 100 000 (6643). In den UdSSR, wo ebenso viele Frauen wie Männer im Freien arbeiten, ist im Gegensatz zu anderen, zivilisierten Ländern die Frequenz in beiden Geschlechtern gleich(261).

Für maligne Melanome, bei denen diese Zusammenhänge nicht ganz so straff scheinen wie bei Basaliomen und Plattenepithelkarzinomen, ist die stärkere Disposition hellhäutiger Menschen gleichfalls gesichert, nimmt die Rate polwärts ab und mit der Dauer der Sonnenlicht-Exposition zu (3360,4212,1687, 7462). Das ist vereinbar mit dem mehrfach beschriebenen, familiären Charakter, der aber offenbar nur bei bestimmten „hereditären" Formen auffällt : Sie sollen 1 - 7 % ausmachen (2774,7870,152,4775,432,986). Parallelen im Tierreich wurden z. T. schon zitiert: Die Melanomanfälligkeit der Schimmel, die Spitzenkarzinom-Bereitschaft weißer Katzen, die Augen- und Vulvakarzinome pigmentarmer europäischer Rinder, ja selbst heller Pferde und weißer Angoraziegen in tropischen Ländern (5002,3268,5550,3787,2572,6319,8403, 5571,81). Es errechneten sich Heritabilitäten bis maximal 59 % (6597). Die hier aufgeführten, erblich-dispositionellen Komponenten bei Malignomen schließen immunologische Prozesse, Ernährungsweisen und selbst infektiöse Mechanismen als auslösende oder gravierende Faktoren nicht aus (7253, 4621,30,154,7801,3472). So wurden gute immuntherapeutische Resultate bei bösartigen, auf die Haut beschränkten Melanomen des Menschen geschildert, werden ähnliche Versuche bei Tieren unternommen (9026), waren Dispositionen zu experimentellen Teratokarzinomen in Mäuselinien klar immungene - tisch oder histokompatibilitätsgesteuert (5337,3453,359,7196,4688) - beim Sarcoid der Pferde vermutet man Analoges (9307).

Auch müssen Depigmentierungsgene nicht immer unmittelbar ätiologisch oder pathogenetisch beteiligt, kann ihr Anteil - ähnlich wie bei Ig-Allotypen, MHC-Allelen o.a. Genen - ein mehr kopplungsbedingter sein, wie bei einigen aviären, virusinduzierten Tumoren vermutet (5836,5837,7864,5628,2227).

Wenn allerdings eine Fehde ausbricht zwischen Autoren, die in Fachblättern der Speiseölindustrie publizieren, und solchen, die der Vermarktungslobby tierischer Fette nahestehen ("Dairy science", 6425,2130)- und die einen gesättigte Fette animalischer Herkunft, die anderen ungesättigte Fettsäuren pflanzlicher Provenienz als kanzerogen inkriminieren, fühlt man sich lebhaft an ähnliche Kontroversen im Rahmen der Arteriosklerose-Problematik erinnert (S.dort). Verständlich ist das Unbehagen gewisser Kreise schon, wenn nun eine cholesterolreiche Diät - bei gleichzeitiger Rohfaserarmut - auch noch für die Zunahme von Dickdarmkrebs in disponierten Individuen westlicher Wohlstandsgesellschaften mitverantwortlich gemacht, und ein vermuteter Konnex zwischen niedrigem Cholesterinspiegel und Krebs als sekundär erkannt wird (1639,3393,6212,6291).

Im übrigen ist Xeroderma pigmentosum, jene progredient-letale, rezessiv-autosomal vererbte Genodermatose des Menschen ein Beispiel dafür, wie aus präkanzerösen Hyperpigmentationen obligate Geschwülste entstehen (4776, 2091). Der zugrundeliegende Defekt soll hier in einer Unfähigkeit begründet sein, durch UV-Strahlen geschädigte DNS-Sequenzen ordnungsgemäß zu reparieren, so daß kanzerogene Abbauprodukte anfallen (1457,4765,186,4306, 5425,7114,4608,9211). Es gibt aber Ansätze zur Isolierung resistenter Zell-Clone (9762). Analoge Mechanismen vermutet man bei der Ataxia teleangi-ektasia, der Fanconi-Anämie u.a. (1588,899). Und der Vorschlag, amerikanische Familien mit XP-behafteten Kindern sollten en masse in die stets neblig-trüben Regionen West-Oregons ziehen und das Tragen breitkrempiger Hüte obligatorisch machen (3279), ist in der Tat kein scherzhafter, wie sich ja generell mit keiner Krankheit so wenig spaßen läßt, wie mit Krebs.- Wie die öfter konstatierte Neigung der rotbraunen Duroc-Schweine zu malignen Melanomen hier einzuordnen ist, harrt noch der Klärung(3436,7580,2328, 6919). "Vererbte" Melanome wurden schon früh beim Schwein beschrieben und scheinen hoch heritabel (5595,3531).

Insgesamt macht die erörterte Problematik deutlich, daß es den "Krebs" nicht gibt, sondern viele verschiedene Arten von Tumoren(2637), daß aber bei fast allen die Genetik ein gewichtiges Wort mitzureden hat bezüglich pathogenetischer Klärung (3381), wenngleich die Aussage von Knudson(1975), der für praktisch jede Tumorform das Vorkommen einer Subspezies mit m.

o.w. einfach mendelndem Erbgang postuliert, etwas gewagt erscheint. Er führt als Beispiele die seltene, unvollkommen dominante Intestinal-Polypose des Menschen an (Gardner- und Peutz-Jeghers-Syndrom, 5480, 7071, 3783, 1951, 9690) und andere Präkanzerosen (9820), die in fortgeschrittenem Alter in einem beträchtlich hohen Prozentsatz zu Karzinomen zu entarten pflegten (5489, 260), fernerhin familiäre Fälle bei Duodenalepithelzell - Tumor (keine höhere Konkordanz dagegen in Ehepartnern !, 4773, 3790, 2780, 6290), bei Gliomen, sowie Brust- und Magenkrebs (77, 7790, 4817, 7615). An dieser Stelle wird regelmäßig Bonaparte erwähnt: Er selbst starb 1821 an Magenkrebs, doch auch seine 3 Schwestern, sein Bruder, Vater und Großvater verschieden daran (7184). Dies läßt an die mehrfach aufgezeigten, losen Kopplungen dieser Erkrankung an Blutgruppe A denken (6440, 5283, 2199).
Induziertes Magenkarzinom bei Ratten zeigte starke genetische Abhängigkeiten (9579).

Doch gerade das Beispiel des Mammakarzinoms (familiäre Häufungen besonders bei prämenopausalen, multiloculären Formen, oft gekoppelt mit anderen Organtumoren, 1195, 5530) macht deutlich, wie neben Rassen- und Sippenunterschieden in der Häufigkeit auch der physiologisch-hormonelle Status eine Rolle spielt: Nullipara erkranken öfter als Frauen, die schon geboren haben; es sei eine Krankheit der Nonnen, wie man früher sagte (4598, 5935, 4816, 5422). Ähnliche Effekte verzeichnete man bei Geschwülsten der caninen Brustdrüse, den häufigsten bei Haustieren gesehenen Neubildungen (Teckel und Spaniels überrepräsentiert, 7985).

Umgekehrte Wirkungen werden offenbar beim Zervixkrebs vermerkt: Hier wirkte sich früher, häufiger und außerehelicher Geschlechtsverkehr in einer Frequenzerhöhung aus, wenngleich die Verdächtigung des Smegmas als Kanzerogen fragwürdig blieb, obschon Penis- und Uteruskrebs unter beschnittenen Juden und Mohammedanern signifikant seltener sind, und Israel ein sog. "Low-risk"-Land für diese Erscheinungen ist (7555, 6136, 3006, 4045, 8294). Auch die offenbare Förderung von Endometriumkarzinom bei Langzeitverabfolgung von Östrogenen nach der Menopause sei hier erwähnt (8366).

Zu den aufgeführten Beispielen familiärer oder rassischer Häufungen beim Menschen fanden sich zahlreiche Entsprechungen im Tierreich, insbesondere bei kleinen Nagern, die sich in krassen Linienunterschieden z.B. hinsichtlich Resistenz gegenüber Glioblastomen, experimentell erzeugten Blasentumoren oder Methylcholanthren-Fibrosarkomen, hinsichtlich der Disposition zu Spontan-Hepatomen, zu virogenen Tumoren - und in gesicherten Heritabilitäten niederschlagen(89,1845,945,7719,1615,1747,8766). Auch Großgeneffekte, d.h. echte Kopplungen an klar mendelnde Gene, so bei Maus und Huhn, wurden beschrieben (312,3195,5835). Daneben gibt es beim Geflügel Liniendifferenzen im Auftreten von Tumoren "embryonalen" Typs, besonders bei schnell wachsenden Broilern (1208); inwieweit Analogien zum "malignen Embryom" des Menschen, dem sogen. Wilm's Tumor (Nephroblastom,Aniridie, familiärer Charakter,9418), bestehen, ist nicht bekannt (4154,868).Hier soll Homozygotie für bestimmte Allelemutanten - durch somatisches Rearrangement auf Chromosom Nr.11 entstanden(9268)- ähnlich krebsauslösend sein wie beim Retinoblastom (8863,9267). Wie schon im zytogenetischen Kapitel betont, werden oft einhergehende spezifische Chromosomenveränderungen vermehrt aufgedeckt (8885,9701)

Von der Labormaus kann gesagt werden, daß Tumorgene, die für die Disposition zu mindestens 18 verschiedenen Geschwulstformen kodieren, in definierten Inzuchtlinien fixiert wurden, was sich nicht nur in ihrem Vorkommen allein, sondern in einem fixen prozentualen Befall dieser Mäusestämme niederschlägt (3382). Dieses gilt für Mamma- und Hautkarzinome, Papillome, Hypophysadenome, Magentumore, Hämangioendotheliome, Sarkome, Hodenteratome, Hepatome, Speicheldrüsentumore u.a.. Für die Neigung zu Hodenkarzinom konnten beim Menschen ähnliche Beziehungen zu HLA-Varianten konstatiert werden wie bei der Spondylose (1804). Und letztlich sind ja differente Speziesempfindlichkeiten gegenüber Kanzerogenen gleichfalls genetisch bedingt (9875).

Man muß somit festhalten, daß global als "Krebs" oder "bösartige Tumoren" klassifizierte Erscheinungen in Mensch und Tier - ganz analog zu den Verhältnissen bei Worthülsen wie"Fruchtbarkeit" oder "Konstitution" - nur eine schwache genetische Bedingtheit erkennen lassen, die in den genannten Familiendispositionen sowie weiteren diesbezüglichen Befunden, z.B. bei Prostatakarzinom (8268), Lymphogranulomatose (Hodgkin,7571), beim Endometriumkrebs (4778), Phäochromozytom (Glomustumoren,Carotiskörper,10193. 7608,5301,

8181,7245) u.a., in niedriger Konkordanz bei EZ, in angedeuteten Rassenunterschieden ihren Ausdruck findet(3234,4819,5457,4086,1115). Treten Neoplasien in paarigen Organen auf, ist bei familiären Fällen auch die Links / rechts-Konkordanz höher (6332). Bei diesen wie den vorgenannten Zwillingsbefunden sind jedoch genetische und Umweltkomponenten oft nur schwer zu trennen (5768,7343); es ist daher ergiebiger, bei populationgenetischen Studien von spezifischen pathologisch-histologischen Diagnosen als von klinisch-statistischen "Krebsbefunden" auszugehen (4772). So zeigten z.B. "Knochentumore" in den USA keine rassische Prävalenz, offenbarte der hier subsumierte Ewing's Tumor aber sehr wohl eine ausgeprägte Unterrepräsentanz in Farbigen, die sich mit analogen Erhebungen in Afrika deckte (5225).
Schließlich kommen in Geschlechtsunterschieden hinsichtlich Anfälligkeit zu bestimmten Tumoren, in den klaren Altersabhängigkeiten, sowie in der Induzierbarkeit von experimentellen Geschwulstformen durch Hormonzufuhren (Mammakarzinom u.a. bei Mäusen, 3383,10125) endogen-hormonelle Regulationsmechanismen zum Ausdruck, die, wie schon zuvor dargelegt, gleichfalls genetischen Steuerungen unterliegen (8761,9794). Umgekehrt können natürlich erblich beeinflußte Neoplasmen endokriner Organe den Körper mit einem Exzess an Inkreten überschwemmen (6532,3724). Nur selten werden jedenfalls Neubildungen so straff genetisch fixiert wie das bilaterale Retinoblastom des Menschen (30 % der Fälle, wahrscheinlich entstehend aus multipotenten neuro-ektodermalen Zellen, 7812,9291), dem eine Mutation bzw. Deletion auf dem langen Arm des Autosoms Nr.13 zugrundeliegen soll bzw. Homozygotie für diese Mutante (2652,7526,8201,7226,8686,8937,9912). Auch hier scheint es aber nichterbliche Formen zu geben (4941).
Häufiger waren die Beispiele, wo monogenisch determinierte Eigenschaften oder Defekte die Basis für eine erhöhte Disposition schufen. Hier wären noch zu ergänzen die bereits a.o. genannte, gesteigerte Leukämie- bzw. Lymphomfrequenz bei Personen mit Ataxia telangiectasia, mit Chediak-Higashi- und Fanconi-Syndrom bei gleichzeitiger Zunahme der Chromosomen-Fragilität u.a.m.(4153,633,1356,9572). Es gibt mittlerweile eine Liste von mehr als 200 solcher Beispiele (5403) und ferner Hinweise, daß bei heterozygoten, nicht defekten Anlageträgern einiger dieser Defektsyndrome gleichfalls eine vermehrte Neigung zu Neoplasien besteht (7463,7464). Träfe dieses zu, könn-

ten sie ein erhebliches Kontingent bislang ungeklärter Krebsfälle stellen. Es ist klar, daß hier medizinisch wünschenswerte Registrierprogramme und entsprechende Familienberatungen auf starke psychologische Barrieren stoßen würden (4780, 8848). Nicht nur, daß sie zur seelischen Belastung für zuvor ausgeglichene Menschen würden; bei den sich mehrenden Beweisen für die Relevanz psychischer Reaktionslagen bezüglich Tumorbildung und - Progression bestünde die Gefahr, daß sie fakultative Krankheitspromoter wären (1644). Dies kann jedoch nicht erbhygienische Resignation bedeuten ; es sind zudem Gesichtspunkte, die bei der Tumorprävention in Tieren keine Rolle spielen.

LITERATURVERZEICHNIS

(Quellen 1 - 10194)

1. Aalund,O.,1978,(Tail biting- an indication of stress),Dansk Vet.tidskr. 61,431-435.- **2.** Abbott,U.K.,V.S.Asmundson,1957,Scaleless, an inherited ectodermal defect in the domestic fowl. J.hered. 48,63-70.- **3.** Abbott,U.K., J.A.McCabe,1966,Ectrodactyly: a new embryonic lethal mutation in the chicken. J.hered. 57,207-211.- **4.** Abbott,U.K.,F.H.Lantz,1967, A second occurrence of Donald Duck beak in chickens. J.hered. 58,240-242.- **5.** Abbott, U.K.,R.M.Craig,E.B.Bennett,1970, Sex-linked coloboma in the chicken. J. hered.61,95-102.- **6.** Abdallah,O.Y.,F.Menissier,B.Vissac,1971, Liaison entre la musculature des races et leur aptitude morphologique au velage. Xth Int.congr.anim.prod.,Versailles,VII.- **7.** Abdallah,O.Y.,M.S.Hadjej,F.Menissier,1971, Variations du comportement pré et post-partum entre races rustiques, races à viande et croisements de 1ère génération. Xth Int.congr. anim.prod.,Versailles,II.- **8.** Abdel-Hameed,F.,1972, Hemoglobin concentration in normal diploid and intersex triploid chickens: genetic inactivation or canalization ? Science 178,864-865.- **9.** Abdel-Hameed,F.,R.N.Shoffner, 1971, Intersexes and sex determination in chickens. Science 172,962-964.- **10.** Abe,T.,K.Mogi,T.Hosoda,1967, (Studies on blood groups in dairy cattle), Bull.nat.inst.anim.ind.Chiba,14,23-28.- **11.** Abe,T.,K.Mogi,T.Hosoda, 1968, Studies on blood groups in dairy cattle. Anim.breed.abstr.36,214.- **12.** Abe,T.,M.Komatsu,T.Oishi,K.Yamamoto,1979, Development and genetic differences of complement activity in rabbits. Anim.bld.grps.bioch.gen. 10,19-26.- **13.** Abe,T.,M.Komatsu,T.Oishi,1979, Breed and strain differences of complement activity in rabbits. Proc.XVI.int.conf.anim.bld.grps. bioch.polym.III,258-263.- **14.** van Abeelen,J.H.F.,H.W.Kroes,1968, Albinism and mouse behaviour. Genetica 38,419-429.- **15.** Abelein,R.,1966, Krankheitsresistenzprüfung. Arch.Gefl.k.30,471-481.- **16.** Abelsdorff,G., 1904, Über Blauäugigkeit und Heterophthalmus bei tauben albinotischen Tieren. Arch.Ophth. 59,376-379.- **17.** Aberle,E.D.,P.B.Addis,W.E.Rempel, 1976, Lactate metabolism by cardiac muscle and liver from Pietrain and Minnesota No.1 pigs and their reciprocal crosses. J.anim.sci.43,1211-1217.- **18.** de Aberle,S.B.,1927,A study of the hereditary anaemia of mice. Am.J. anat.40,219 -247.- **19.** Abildgaard,C.F.,R.P.Link,1965, Blood coagulation and hemostasis in thoroughbred horses. Proc.soc.exp.biol.med.119,212- 215.- **20.** Abplanalp,H.,1979, Role of genetics in the immune response.Av. dis.23,299-308.- **21.** Abrisqueta,J.A.,A.Perez,J.Del Mazo,C.Goday,M.A. Martin,M.L.Torres,1976, Cri du chat syndrome and translocation t(5p-;18p +). J.genét.hum.24,173-182.- **22.** Abplanalp,H.,D.C.Lowry,J.H.Middelkoop,1977, Selection for increased incidence of double-yolked eggs in White Leghorn chickens.Brit.poult.sci.18,585-595.- **23.** Abraham,P.A.,A.J.Perejda,W.H.Carnes,W.F.Coulson,J.G.Clark,J.Uitto,1982,Abnormal aortic elastin in a patient with Marfan syndrome. Fed.proc.41,3406.- **24.** Abramowitz,J.,W.A.Turner,W.Chavin,J.D.Taylor,1977, Tyrosinase positive oculocutaneous albinism in the goldfish, Carassius auratus. Cell tiss. res. 182, 409-419. - 25. Abramson, R. K., J. J. Hutton, 1975, Effects of cigarette smoking on aryl hydrocarbon hydroxylase activity in lungs and tissues of inbred mice. Canc. res. 35, 23-29. - 26. Abu-Samra, M. T., 1980, The epizootology of Dermatophilus congolense infection. Rev. él. méd. vét. pays trop. 33, 23-32. - 27. Abusineina, M. E., 1970, Anomalies of the cervix uteri of cattle. Brit. vet. J. 126, 347-356. - 28. Acheson, E. D., M. D. Nefzger, 1963, Ulcerative colitis in the US army in 1944. Gastroenterol. 44, 7-19. - 29. Ackerman, N., J. H. Johnson, C. R. Dorn, 1977, Navicular disease in the horse: risk factors, radiographic changes, and response to therapy. J. A. V. M. A. 170, 183-187. - 30. Ackermann, R., 1980, Immunologische Aspekte bei urologischen Tumoren. Med. Klin. 75, 32-42. - 31. Ackert, J. E., J. H. Wilmoth, 1934, Resistant and susceptible strains of white Minorca chickens to the nematode Ascaridia lineata (Schneider). J. parasitol. 20, 323-324. - 32. Ackert, J. E., L. L. Eisenbrandt, J. H. Wilmoth, B. Glading, I. Pratt, 1935, Comparative resistance of five breeds of chickens to the nematode Ascaridia lineata (Schneider). J. agric. res. 50, 607-624. - 33. Adalsteinsson, S., 1974, Colour inheritance in farm animals and its application in selection. 1. wld. congr. gen. appl. livest. prod., Madrid, 29-37. - 34. Adalsteinsson, S., Albinism in Icelandic sheep. J. hered. 68, 347-349. - 35. Adalsteinsson, S., 1978, Inheritance of yellow dun and blue dun in the Icelandic Toelter horse. J. hered. 69, 146-148. - 36. Adalsteinsson, S., S. Hallgrimsson, 1977, Inherited fertility depression in Icelandic sheep. J. agr. res. Icel. 9, 77-82. - 37. Adalsteinsson, S., J. J. Lauvergne, J. G. Boyazoglu, M. L. Ryder, 1978, A possible genetic interpretation of the colour variants in the fleece of the Gotland and Goth sheep. Ann. gén. sél. anim. 10, 329-342. - 38. Adam, M., 1981, Studies on bovine dystocia. Ghana J. agr. sci. 10, 191-197. - 39. Adamesteanu, J., Adamesteanu, C., S. Ghergariu, I. Dida, N. Axinte, I. Rotaru, E. Angi, N. Danielescu, 1973, Spasmophilie bei Kälbern und Jungrindern. Dt. tierärztl. Wschr. 80, 102-105. - 40. Adams, E. W., C. G. Rickard, 1963, The antistreptococcic activity of bovine teat canal keratin. Am. J. vet. res. 24, 122-135. - 41. Adams, K. M., W. R. Sobey, 1961, Inheritance of antibody response. Austr. J. biol. sci. 14, 594-597. - 42. Adams, R. D., D. Denny-Brown, C. M. Pearson, 1962, Diseases of muscle. H. Kimpton, London. - 43. Adams, T. E., M. R. Brandon, B. Morris, 1979, The potential of the I region of the bovine major histocompatibility complex. Anim. bld. grps. bioch. gen. 10, 155-163. - 44. Adel, H. N., Q. B. Denning, L. Brun, 1969, Genetic hypercholesterolemia in rats. Circul. 39, Suppl. 3, 1. - 45. Adelstein, A. M., J. Scully, 1967, Epidemiological aspects of squint. Brit. med. J. 3, 334-338. - 46. Adinolfi, M., S. Beck, S. Embury, P. E. Polani, M. J. Seller, 1976, Levels of ⊥-fetoprotein in amniotic fluids of mice (curly tail) with neural tube defects. J. med. gen. 13, 511 - 513. - 47. Adler, H. C., H. Meding, 1968, (Incidence of stillborn calves and calving difficulties in Red Danish, Black Pied Danish and Jersey cattle). Aarsberetn. Inst. Steril. fors. Kopenhagen, 17-43. - 48. Adler, J. H., C. Roderig, A. Gutman, 1976, Breeding sand rats (Psammomys obesus) with a diabetic predisposition for laboratory investigations. Refuah vet. 33, 1-8. - 49. Adler, R. A., S. Dolphin, M. Szefler, H. W. Sokol, 1979, The effects of elevated circulating prolactin in rats with hereditary hypothalamic diabetes insipidus (Brattleboro strain). Endocrinol. 105, 1001-1006. - 50. Adlersberg, D., L. E. Schaefer, 1959, The interplay of heredity and environment in the regulation of circulating lipids and in atherogenesis. Am. J. med. 26, 1-7. - 51. Adrian, R. W., H. W. Leipold, K. Huston, D. M. Trotter, S. M. Dennis, 1969, Anatomy of hereditary bovine syndactylism. II. J. dairy sci. 52, 1432-1435. - 52. Adrian, R. W., D. M.

Trotter, H. W. Leipold, K. Huston, 1969, Anatomy of hereditary bovine syndactylism. III., IV. J. dairy sci. 52, 1436 - 1444. - 53. Adrich, S., E. Aehnelt, W. Romanowski, H. Marré, 1974, Fruchtbarkeitsuntersuchungen bei Aufzuchtbullen. Zuchthyg. 9, 76. - 54. Aehnelt, E., J. Liess, J. Dittmar, 1958, Untersuchung von Zuchtbullen im Rahmen der Bullenprüfstation Nordwestdeutschland. Dt. tierärztl. Wschr. 65, 588-591. - 55. Aehnelt, E., S. Adrich, W. Romanowski, H. Marré, 1973, Klinische Hodenbefunde und Fruchtbarkeitsprognose bei Aufzuchtbullen. Dt. tierärztl. Wschr. 80, 293-298. - 56. Aeschbacher, H. U., D. Gottwick, H. Meier, A. W. Poot, 1979, A mutagen-sensitive strain of mice. Mut. res. 59, 301-304. - 57. Afifi, Y. A., 1967, Genetical and some environmental influences affecting the level of leucocyte counts in the milk of cows. Med. Lanb. school Wagen. 67, 11. - 58. Afifi, Y. A., 1968, Genetical influence on leucocyte counts in the milk of cows. Neth. milk. dairy J. 22, 3- 15. - 59. Afifi, Y. A., M. S. Barrada, 1972, A study on the incidence of stillbirth in cattle and buffaloes. Agric. res. rev. 50, 1 - 12. - 60. Afifi, Y. A., M. S. Barrada, M. T. Bendary, 1974, A study on the incidence of total blindness at birth in cattle and buffalo calves. Agric. res. rev. 52, 1 - 7. - 61. Afifi, A., W. Kraft, H. Arif, 1977, Alkalische Phosphatase und Cholinesterase bei experimenteller Hyperthyreose. Berl. Münch. tierärztl. Wschr. 90, 77 -78. - 62. Agar, N. S., 1968, The adaptive significance of blood potassium and hemoglobin types in sheep. Experientia 24, 1274-1275. - 63. Agar, N. S., J. V. Evans, J. Roberts, 1972, Red blood cell potassium and haemoglobin polymorphism in sheep. Anim. breed. abstr. 40, 407-436. - 64. Agar, N. S., J. Roberts, J. V. Evans, 1972, Erythrocyte glutathione polymorphism in sheep. Austr. J. biol. sci. 25, 619-626. - 65. Agar, N. S., T. O'Shea, 1975, Erythrocyte metabolism in normal and glutathione - deficient sheep. Am. J. vet. res. 36, 953-955. - 66. Agar, N. S., J. Roberts, J. Sheedy, 1975, Certain features of erythrocytes of normal and glutathione-deficient sheep. Am. J. vet. res. 36, 949-951. - 67. Agar, N. S., M. A. Gruca, L. N. B. Hellquist, J. D. Harley, J. Roberts, 1977, Red blood cell glycolysis and potassium type in sheep. Experientia 33, 670-671. - 68. Aggarwal, C. K., S. C. Mohapatra, S. Saxena, S. K. Pati, 1978, Magnitude of heterosis for various broiler traits in chickens. Ind. poult. gaz. 62, 16-23. - 69. Aguilar, L., R. Lisker, J. Hernandez-Peniche, C. Martinez-Villar, 1978, A new syndrome characterized by mental retardation, epilepsy, palpebral conjunctival telangiectasis and IgA deficiency. Clin. gen. 13, 154-158. - 70. Aguirre, G., 1973, Electroretinography in veterinary ophthalmology. J. A. A. H. A. 9, 234-237. - 71. Aguirre, G., D. Farber, R. Lolley, T. Fletcher, G. J. Chader, 1978, Rod-cone dysplasia in Irish Setters: a defect in cyclic GMP metabolism in visual cells. Science 201, 1133 -1134. - 72. Ahlberg, A., I. M. Nilsson, G. C. H. Bauer, 1965, Use of antihaemophiliac factor (plasma fraction I-O) during correction of knee-joint deformities in haemophilia A. J. bone jt. surg. 47 A, 323-332. - 73. Ahmann, G. B., D. H. Sachs, R. J. Hodes, 1978, Genetic analysis of Ia determinants expressed on Con A-reactive cells. J. immunol. 121, 159-165. - 74. Ahrens, H. J., 1962, Untersuchungen über die Erblichkeit der Euter- und Zitzenmerkmale beim Schwarzbunten Niederungsrind (zweite Laktation). Dissert. Hannover. - 75. Aird, I., H. H. Bentall, J. A. F. Roberts, 1953, A relationship between cancer of stomach and the ABO blood groups. Brit. med. J. 1, 799-801. - 76. Aire, T. A., M. O. Ojo, 1974, Response of White Leghorn and Nigerian cockerels to experimental Salmonella infection. Trop. anim. hlth. prod. 6, 111-116. - 77. Aita, J. A., 1967, Genetic aspects of tumors of the nervous system. In: Lynch a. a. O. - 78. Ajinal, M., 1970, Chronic proliferative arthritis in swine in relation to human rheumatoid arthritis. Vet. bull. 40, 1-8. - 79. Akcan, A., 1982, Untersuchungen an den Augen weiblicher Mastschweine - unter besonderer Berücksichtigung des Erblichkeitsgrades einiger quantitativer Merkmale. Dissert. Hannover. - 80. Akcan,A.,W.Wegner.1983. Veränderungen an Sehbahn und Sehzentren beim Merlesyndrom des Hundes. Z. Versuchstierk. 25,91-99. - 81. Akerejola,O.O.,M.D.Ayivor,E.W.Adams,1978, Equine squamous-cell carcinoma in Northern Nigeria. Vet.rec.103,336-337. - 82. Akeson,A.,B. Henricson,1972, Embryonic death in pigs caused by unbalanced karyotype. Act.vet.scand.13,151-160. - 83. Akesson,H.O.,G.F.Smith,B.R.Thrybom, 1970, Twinning and associated stillbirth in Sweden 1871-1960. Hereditas 64, 193-198. - 84. Akkermans,J.P.W.,1969, (Perinatal losses in the pig).Tijds. diergeneesk.94,1542-1557. - 85. Aksu, F.,W.Huck,G.Sperling,C.Mietens, 1980, Acrodermatitis enteropathica: Heute eine behandelbare Krankheit. Med. Klin. 75,485-489. - 86. Aladjem,S.,A.K.Brown,1974, Clinical perinatology. C.V.Mosby, St. Louis. - 87. Al-Ani,H.,B.Glahn-Luft,R.Waßmuth,1976, Vergleich eines Translokationsschemas beim Schaf aufgrund der Trypsin-Giemsa- und der ASG-Bandentechnik. GfT-Tagg., Göttingen. - 88. Albers,G.A.A., 1981, Genetic resistance to experimental Cooperia oncophora infections in calves. Med. Landb.school Wagen. 81,118 p. - 89. Albright, L.,T.J.Gill, 1977, Genetic control of brain tumor growth. Am.J.path. 86,22a-23a. - 90. Albrink,M.J.,J.W.Meigs,E.B.Mann,1961, Serum lipids,hypertension and coronary artery disease. Am.J.med.31,4- 23. - 91. Al-Dahash,S.Y.A.,J.S. E.David,1977, The incidence of ovarian activity, pregnancy and bovine genital abnormalities shown by an abattoir survey. Vet.rec.101,296-299. - 92. Al-Dahash,S.Y.A.,J.S.E.David,1977, Anatomical features of cystic ovaries in cattle found during an abattoir survey. Vet.rec.101,320-324. - 93. Al-Doory,1975, The epidemiology of human mycotic diseases. C.C.Thomas,Springfield. - 94. Alexander,A.F.,R.Jensen,1959, Gross cardiac changes in cattle with high mountain (Brisket) disease and in experimental cattle maintained at high altitudes. Am.J.vet.res.20,680-689. - 95. Alexander,A.F.,D.H.Will, K.F.Goorer,J.T.Keeves,1960, Pulmonary hypertension and right ventricular hypertrophy in cattle at high altitudes.Am.J.vet.res.21,199-204. - 96. Alexander,G.J.,B.E.Miles,G.M.Gold,R.B.Alexander,1967, LSD: injection early in pregnancy produces abnormalities in offspring of rats. Science 157, 459-460. - 97. Ali,N.M.,1977, Genetic parameters associated with cholesterol in egg yolk and blood serum of the chicken. Dissert.abstr.B 38,1548. - 98. Alitalo,I.,1980, Cervical vertebral changes as a cause of spinal ataxia in young horses. XIII.Congr.Europ.soc.vet.surg.,184-186. - 99. Al-Khshali, M.N.,K.I.Altaif,1979, The response of Awassi and Merino sheep to primary infection with Haemonchus contortus. Trop.anim.hlth.prod.11,164-170. - 100. Allen,E.M.,V.L.Moore,J.O.Stevens,1977, Strain variation in BCG - induced chronic pulmonary inflammation in mice I. J.immunol.119,343-347. - 101. Allen,J.,G.C.Perry,1975, Feather pecking and cannibalism in a caged layer flock. Brit.poult.sci. 16,441-451. - 102. Allen,J.G.,1977, Congenital cerebellar hypoplasia in Jersey calves. Austr.vet.J. 53,173-175. - 103. Allen,R.J., L.Fleming,R.Spirito,1967, Variations in Hyperphenylalaninemia. In: Nyhan a,a.O. - 104. Allen,W.E.,J.A.Longstaffe,1982, Spermatogenic arrest associated with focal degenerative orchitis in related dogs. J.small anim.pract. 23,337-343. - 105. Allen,W.M.,1972, Plasma enzymes and muscle characteristics in the pig. Proc.2nd.int.congr.pig vet.sci.,13. - 106.Allen,W.M.,S.Berett,J.D.J.Harding,D.S.P.Patterson,1970, Plasma level of muscle enzymes in the Pietrain pig in relation to the acute stress syndrome. Vet.rec.87,410-411. - 107. Allen,W.R.,1975, The influence of fetal genotype upon endometrial cup development and PMSG and progestagen production in equids. J. repr. fert. Suppl. 23, 405-413. - 108. Allison, A. C., 1961, Genetic factors in resistance to malaria. In : Osborne a. a. O.. - 109. Allison, A. C., 1968, Lysosomes in relation to cancer induction and treatment. Europ. J. canc. 3, 481-490. - 110. Allison, A. C., W. Rees, G. P. Burn, 1957, Genetically controlled differences in catalase activity of dog erythrocytes. Nature 180, 649-650. - 111. Allison, A. C., I. A. Magnus, M. R. Young, 1966, Role of lysosomes and cell membranes in photosensitization. Nature 209, 874-878. - 112. Allison, A. C., G. R. Patron, 1969. Lysosomes, chromosomes and cancer. Biochem. J. 115, 31p-32p. - 113. Allonby, E. W., G. M. Urquhart, 1976, A possible relationship between haemonchosis and haemoglobin polymorphism in Merino sheep in Kenya. Res. vet. sci. 20, 212-214. - 114. Almlid, T., 1981, Indirect selection of bulls for improved resistance to diseases in dairy cattle. Livest. prod. sci. 8, 321-330. - 115. Almond, J. W., 1977, A single gene determines the host range of influenza virus. Nature 270, 617-618. - 116. Al-Murrani, W. K., R. C. Roberts, 1974, Genetic variation in a line of mice selected to its limits for high body weight. Anim. prod. 19, 273-289. - 117. Al-Murrani, W. K., R. C. Roberts, 1978, Maternal effects on body weight in mice selected for large and small size. Genet. res. 32, 295-302. - 118. Alper, C. A., H. R. Colten, F. S. Rosen, A. R. Rabson, G. M. MacNab, S. S. Gear, 1972, Homozygous deficiency of C 3 in a patient with repeated infections. Lancet II, 1179. - 119. Alper, T., D. A. Haig, M. C. Clarke, 1978, The scrapie agent: evidence against its dependence for replication on intrinsic nucleic acid. J. gen. virol. 41, 503-516. - 120. Al-Rawi, A. R. A. H., 1978, A genetic analysis of California Mastitis Test records. Dissert. abstr. B 39, 2655-2656. - 121. Alrawi, A. A., E. J. Pollack, R. C. Laben, 1970, Genetic analysis of California mastitis test records. I. J. dairy sci. 62, 1115-1124. - 122. Alrawi, A. A., R. C. Laben, E. J. Pollak, 1979, Genetic analysis of California mastitis test records. II. J. dairy sci. 62, 1125-1131. - 123. Alsing, J., J. Krippl, F. Pirchner, 1980, Maternal effects on the heritability of litter traits of pigs. Z. T. Z. 97, 241-249. - 124. Altaif, K. I., J. D. Dargie, 1976, Genetic resistance of sheep to Haemonchus contortus. In: Nucl. techn. anim. prod. hlth., Vienna. - 125. Altaif, K. I., J. D. Dargie, 1978, Genetic resistance to helminths. I., II. Parasitol. 77, 161-187. - 126. Altaif, K. I., J. D. Dargie, 1978, Genetic resistance to helminths. Res. vet. sci. 24, 391-393. - 127. Altaif, K. I., J. D. Dargie, 1978, Genetic resistance to helminths. The influence of breed and haemoglobin type on the response of sheep to primary infections with Haemonchus contortus. Parasitol. 77, 161-175. - 128. Altaif, K. I., J. D. Dargie, 1978, Genetic resistance to helminths. Parasitol. 77, 177-187. -129. Alten, H. E., P. Groscurth, 1975, The postnatal development of the ovary in the nude mouse. Anat. embryol. 148, 35-46. - 130. Altenkirch, W., E. C. Wessely, 1963, Untersuchungen zur Vererbung von Behornung und Kryptorchismus bei Merinoschafen. Arch. Tierz. 6, 481-504. - 131. Althelmig, K. H., 1975, Bestimmung des Cholesteringehalts in Hühnereiern von zehn Zuchtrassen unter Berücksichtigung des Wertfaktors Cholesterin in Eiprodukten. Dissert. Hannover. - 132. Althen, T. G., 1974, Growth hormone in genetically lean and obese swine. Dissert. abstr. B 35, 1000-1001. - 133. Alter, B. P., S. C. Goff, 1980, A murine model for the switch from fetal to adult hemoglobin during ontogeny. Blood 56, 1100-1105. - 133b. Altman, A., A. N. Theofilopoulos, R. Weiner, D. H. Katz, F. J. Dixon, 1981, Analysis of T cell function in autoimmune murine strains. Fed. proc. 40, 4206. - 134. Altman, P. L., D. D. Katz, 1979, Inbred and genetically defined strains of laboratory animals. 1. Fed. Am. soc. exp. biol. 26, 418 p. - 135. Altman, R. B., A. H. Kirmayer, 1976, Diabetes mellitus in the avian species. J.A.A.H.A. 12,531-537. - 136. Altrogge,D.M.,D.G.Topel, M.A.Cooper, J.W.Hallberg, D.D.Draper, 1980, Urinary and caudate nuclei catecholamine levels in stress-susceptible and normal swine. J.anim.sci. 51,74-77. - 137. Ambjerg,J.,S.Andersen,1981, Acroosteolysis of phalanx III in Danish Landrace pigs. Nord.vet.med. 33,199-205. - 138. Amin,A.,C. K.Chai,E.R.Reineke,1957,Differences in thyroid activity of several strains of mice and F_1 - hybrids. Am.J.physiol.191,34-36. - 139. Amin-Bakhche,M., P.Merat,1975, Etude d'un gène de nanisme lié au sexe chez la poule: croissance embryonnaire. Ann.gén.sél.anim.6,391-392. - 140. Amini-Elihou,S., 1970, Une famille suisse atteinte du syndrome de Klein Waardenburg associé à une hyperkératose palmo-plantaire et à une oligophrénie grave. J.génét. hum. 18,307-363. - 141. Ammon,R.,E.Hillert,1970, Das Vorkommen der Atropinesterase bei Ratten als Kriterium der Erbgleichheit. Enzym.Act. biocat. 38,168-176. - 142. Amstutz,H.E.,1974, Lahmheiten beim Rind in den USA. Dt.tierärztl.Wschr.81,565-567. - 143. Anaise,D.,R.Steinitz,N. BenHur,1978, Solar radiation A possible etiological factor in malignant melanoma in Israel, a retrospective study. Cancer 42,299-304. - 144. Anathakrishnan,R.,S.D'Souza,H.Ekert,1976, Studies on the altered electrophoretic type of the factor VIII related antigen. Hum.genet. 35,71-77. - 145. Andersen,A.C., L.S.Rosenblatt,1965, Survival of Beagles under natural and laboratory conditions. Exp.geront. 1,193-199. - 146. Andersen,D.A.,1968, Historical and geographical differences in the pattern of incidence of urinary stones considered in relation to possible aetiological factors. In: Hodgkinson u.Nordin a.a.O. - 147. Andersen,D.A.,1973, Environmental factors in the aetiology of urolithiasis. In: Delatte u.Mit.a.a.O. - 148. Andersen,K.,1974, Morphological abnormalities in the acrosome and nucleus of boar spermatozoa. Nord.vet.med.26,215-218. - 149. Andersen,O.O.,T.Friis,B.Ottesen, 1977, Glucose tolerance and insulin secretion in hyperthyroidism. Act.endocrinol. 84,566-575. - 150. Anderson,D.E.,1960, Studies on bovine ocular squamous carcinoma ("cancer eye"). J.hered.51,51-48. - 151. Anderson,D. E.,1963: Genetic aspects of cancer with special reference to cancer of the eye in the bovine. Ann.N.Y.ac.sci. 108,948-962. - 152. Anderson,D.E.,1971, Clinical characteristics of the genetic variety of cutaneous melanoma in man. Canc. 28,721-725. - 153. Anderson,D.,R.E.Billingham,G.H.Lampkin,P.B. Medawar,1951, The use of skin grafting to distinguish between monozygotic and dizygotic twins in cattle. Heredity 5,379-397. - 154. Anderson,D.E.,L. S.Pope,D.Stephens,1970, Nutrition and eye cancer in cattle. J.nat.canc.inst. 45,697-707. - 155. Anderson,G.B.,1978, Methods for producing twins in cattle. Theriogen.9,3-16. - 156. Anderson,G.W.,J.V.Osterman,1980, Host defenses in experimental rickettsialpox: genetics of natural resistance to infection. Inf.immun.28,132-136. - 157. Anderson,H.A.,B.Palludan,1968, Leucodystrophy in mink. Act.neuropath.11,347-360. - 158. Anderson,H.,B.Henricson,P,G.Lundquist,E.Wedenberg,J.Wersäll,1968, Genetic hearing impairment in the Dalmatian dog. Act.oto-laryng.Suppl.232,34 p.. - 159. Anderson, I.L.,1978, Porcine malignant hyperthermia: studies on isolated muscle strips. Dissert.abstr.B 39,92. - 160. Anderson,J.,W.J.Cunliffe,D.F.Roberts,H.Close,1969, Hereditary gingival fibromatosis. Brit.med.J. 3,218-219. - 161. Anderson,N.G.,1970, Evolutionary significance of virus infection. Nature 227, 1346-1347. - 162. Anderson,P.,R.W.Carithers,1975, History as a diagnostic aid in canine epilepsy. Iowa st.univ.vet.37,6-9. - 163. Anderson,R.,A.G. Motulsky,1966, Adverse effects of raised environmental temperature as the expression of hereditary spherocytosis in deer mice. Blood 28,365-376. -

164. Anderson,R.S.,R.P.Burns,1979, Cataract-webbed Peromyscus. I. J. hered. 70,27-30. - 165. Anderson,W. F.,J.E.Barker,N.A.Elson,W.C.Merrick,A.W.Steggles,G.N.Wilson,J.A.Kantor,A.W.Nienhuis,1975, Activation and inactivation of genes determining hemoglobin types. J. cell. physiol. 85, 477-494. - 166. Andersson,A.,1979. (Is mastitis in heifers inherited ?). Husdj. 11,18-19. - 167. Andersson, L., K. Lundström, 1981, The influence of breed, age,body weight and season on digital diseases and hoof size in dairy cows. Zbl. Vet. med. A 28,141-151. - 168. Andersson,N.,H.Griffith,J.Murphy, J. Roll,A.Serengi,I.Swann,A.Cockroft,J.Myers,A.St.Leger,1979, Is appendicitis familial ? Brit. med. J.,697. - 169. Ando,I.,J.Erdel,O.Mäkelä, J. Fachet,1978, Correlations between the genetic control of natural and oxazolone-induced antibody production. Europ. J. immunol. 8,101-104. - 170. Andre-Thomas,T.,R.Alagouanni,R.Houdart,J.Nehlil,S.Autgaerden,1959,Rev.neurol. 100,117. - 171. Andren,H.,1977, (The halothane test- a new aid in pig breeding).Svensk vet.tidn. 29,967-969. - 172. Andresen,A.,1940, Untersuchungen über das zahlenmäßige Geschlechtsverhältnis beim Angler Rind und Prüfung des Vorliegens eines rezessiven, geschlechtsgebundenen (antimaskulinen) Letalfaktors. Dissert.Hannover. - 173. Andresen,E.,1979, Evidence indicating the sequence Phi,Hal,H of the three closely linked loci in pigs. Nord. vet. med. 31,443-444. - 174. Andresen,E.,Association between susceptibility to the malignant hyperthermia syndrome (MHS) and H blood types in Danish Landrace pigs explained by linkage disequilibrium. Livest. prod. sci. 7,155- 162. - 175. Andresen,E.,B.Larsen,A.Neimann-Sörensen,1959, Blood groups of domestic animals. XVI.Weltkongr.Vet.med.,71-89. - 176. Andresen,E.,K. Preston, F.Ramsey, L.N.Baker,1965, Further studies on hemolytic disease in pigs caused by Anti-Ba. Am. J. vet. res. 26,303-309. - 177. Andresen,E., T. Flagstad,A.Basse,E.Brummerstedt,1970, Evidence of a lethal trait,A 46, in Black Pied Danish cattle of Friesian descent. Nord. vet. med. 22,473-485. - 178. Andresen,E., P.Willeberg,P.G.Rasmussen,1974, Pituitary dwarfism in German Shepherd dogs: Genetic investigations. Nord.vet. med. 26,692 - 701. - 179. Andresen,E.,A.Basse,E.Brummerstedt,T. Flagstad, 1974, Lethal trait A 46 in cattle. Nord.vet. med. 26,275-278. - 180. Andresen,E., K. Christensen,P.T.Jensen, O.Venge,P.G.Rasmussen,A.Basse,A.Neimann - Sörensen,B.Jensen,J.Nielsen,1974,(Dwarfism in Danish Red cattle). Nord. vet. med. 26,681-691. - 181. Andresen,E.,P.Willeberg,1976, Pituitary dwarfism in German Shepherd dogs: Additional evidence of simple, autosomal inheritance. Nord.vet. med. 28,481-486. - 182. Andresen,E.,P.Jensen,1977, Close linkage established between the HAL locus for halothane sensitivity and the PHI (phosphohexose isomerase) locus in pigs of the Danish Landrace breed. Nord.vet. med. 29,502-504. - 183. Andresen, E., P.Jensen,P.Jonsson, H.Stann,1980, Malignant hyperthermia syndrome (MHS) in pigs: Relative risks associated with various genotypes. Z. Tierz. Zücht. biol. 97,210-216. - 184. Andresen,E.,P.Jensen,P.Jonsson,1981, Population studies of Phi,Hal,H haplotype frequencies and linkage disequilibria in Danish Landrace pigs. Z. Tierz.Zücht.biol. 98,45-54. - 185. Andresen,E., P.Jensen,P.Barton-Gade, 1981, The porcine Hal locus: a major locus exhibiting overdominance. Z. Tierz.Zücht.biol.98,170-175. - 186. Andrews,A.D.,S.F.Barrett,J.H.Robbins,1978, Xeroderma pigmentosum neurological abnormalities correlate with colony-forming ability after ultraviolet radiation. Proc. nat. ac. sci. 75, 1984-1988. - 187. Andrews,A.H.,R.W.M.Wedderburn,1977, Breed and sex differences in the age of appearance of the bovine central incisor teeth. Brit. vet. J. 133,543-547. - 188. Andrews,P.L.R., O.Illman,R.D.A.Wynne,1976,

Gastric ulceration in the ferret. Z.versuchstierk.18,285-291.- **189.** Andrews, P.L., O.Illman, A.Mellersh,1979, Some observations of anatomical abnormalities and disease states in a population of 350 ferrets. Z. Versuchstierk. 21, 346-353.- **190.** Andrle,M., A.Erlach,W.R.Mayr,A.Rett,1978, Terminal deletion of (1)(q42) and its phenotypical manifestations, Hum.gen.41,115-120.- **191.** Angelin,B., 1980, Metabolism of endogenous plasmatriglyceride in familial hypercholesterolaemia: studies of affected and unaffected siblings of two kindreds. Eur. J. clin. invest. 10,23-26.- **192.** Angelkort, B., K. H. Stürner,1979, Zur Behandlung von Blutungen bei Hemmkörperhämophilie A.Dt. med Wschr.104,182-186.- **193.** Angelo,S. J., Y.S.Bhatia,G.S.Malik,1975, A case of interdigital fibroma in a Zebu bullock. Ind.vet.J.52,229-231.- **194.** Anitschkow,N.N.,S.Chatalow,1913, On experimental cholesterolosis and its meaning in the elucidation of certain pathological processes. Zbl.allg.Path. 24,1-9.- **195.** Annett,M., Family handedness in three generations predicted by the right shift theory. Ann.hum.gen. 42,479-491.- **196.** Anon., 1949, Eye colour in pigs. Pig breed. gaz. 59,23.- **197.** Anon.,1955, Research in poultry breeding. Wld.poult.sci.J.11,12-13.- **198.** Anon.,1963, (Contact lenses for hens ?). Tijdschr.diergeneesk. 89,843.- **199.** Anon.,1965, The family history of diabetes. Brit.med.J.1,960-962.- **200.** Anon.,1967, The Eye in childhood. Year book med.publ., Chikago.- **201.** Anon.,1968, Haematinics for pigs, Vet.rec.83,593.- **202.** Anon.,1968, Congenital eye defects in cattle. Mod. vet.pract.49,36-39.- **203.** Anon.,1969, Origin of nude mouse. Nature 224, 114-115.- **204.** Anon.,1972, Genetic study of plasma cholesterol levels.An. breed.abstr.41,412.- **205.** Anon.,1972, Genetic resistanceto Marek's disease. Can.agric.res.br.rep.,122-123.- **206.** Anon.,1972, Dünnschaligkeit der Vogeleier durch Zivilisation bedingt ? Bundesges.bltt.15,299.- **207.** Anon., 1973, Zwillingsgeburten. Mitt.Schweiz.V.K.B. 11,7-9.- **208.** Anon.,1973, Report of the calving surveys on bulls imported in 1970/71 and owned by artificial insemination organisations in G.B., No.2,15 p..- **209.** Anon.,1974, Zwillingsgeburten bei Schwarzbunten. Tierzücht.26,176.- **210.** Anon.,1975, Beefalo- much ado about nothing ? Wld.rev.anim.prod.11,18-22.- **211.** Anon.,1975, Hinterschenkelatrophie beim Schwein - ein Zuchtexperiment. Dt. tierärztl.Wschr.82,33.- **212.** Anon.,1976, "Angst vor Cholesterin unbegründet". Dt.tierärztl.Wschr,83,580-581.- **213.** Anon.,1976, Tick-resistant Jerseys, 10th rep.Austr. meat res.comm.,58-59.- **214.** Anon.,1976, The muscular hypertrophy gene, 10th.rep.Austr. meat.res.comm.,40.- **215.** Anon.,1976, Dystocia in the Trangie herd, 10th rep.Austr. meat res.comm.,40.- **216.** Anon.,1976, Livestock health and husbandry report. No.40,Sydn.,Austr..- **217.** Anon.,1977, Binneneber-ein kostspieliges Ärgernis ! Mitt.ADS 7.3.77..- **218.** Anon.,1977, Das Märchen vom "bösen" Cholesterin. Mitt.ADT 4.4.77.- **219.** Anon.,1977, Egg drop height and the incidence of cracked eggs. UK poult. res.cent.rep.,4.- **220.** Anon.,1977, Which came first ? Vet.rec.101,22.- **221.** Anon.,1977, Pregnant cows slaughtered. Vet.rec.101,160.- **222.** Anon., 1977, News and reports. Vet.rec.101,160.- **223.** Anon.,1977, Human gene mapping. 4th int.wkshp.gene mapp..Cytogen.cell gen.22,1-717.- **224.** Anon., 1978, Simple electrophoretic system for presumptive identification of abnormal hemoglobins. Blood 52,1058-1064.- **225.** Anon.,1978, Recommendations of a system for identifying abnormal hemoglobins. Blood 52,1065-1067.-**226.** Anon.,1978, Genetic manipulation: new guidelines for UK. Nature 276,104-108.- **227.** Anon.,1978, Tür zur Genchirurgie geöffnet ? Münch. med.Wschr. 120,1481.- **228.** Anon.,1978, Mediziner:"Margarine-Reklame kommerziell". ADR 16.1.78.- **229.** Anon.,1978, Immer mehr Fragezeichen. Münch. med.

Wschr. 120,1663-1664. - 230. Anon., 1978. Meat from steers sired by double-muscled bulls. Rur. res. 100,25-26. - 231. Anon., 1978, Ease of calving survey, 10th ann. rep. UK meat livest. comm., 14-15. - 232. Anon., 1978, Genetisch bedingte Unterschiede beim Menschen bei der Reaktion auf medizinische und auf Umweltstoffe: Pharmakogenetik und Ökogenetik. Hum. genet. Suppl. 1, 1-192. - 233. Anon., 1978, Erbfehlerprüfung der KB-Eber. Kleinviehzücht. 26, 723 - 726. - 234. Anon., 1978, Prevention of spina bifida, the parents' choice. Nature 271, 595. - 235. Anon., 1979, Neue Aspekte der Insulin-Gewinnung. Nat. wiss. 66, 44-45. - 236. Anon., 1979, Genetic engineering: working with recombinant DNA. Rur. res. 102, 11-19. - 237. Anon., 1979, The inheritance of all- or none characteristics. N. Zeal. dairy bd. 54th farmprod. rep., 16. - 238. Anon., 1979, HAZ 9.3.79. - 239. Anon., 1979, Gen-Marker für Depressionen. Naturwiss. 66, 418. - 240. Anon., 1979, Breeding coloured sheep and using coloured wool. Peacock publ., Hyde park, S. Austr.. - 241. Anon., 1979, Epilepsie und optische Reize. Dt. med. Wschr. 104, 71-73. - 242. Anon., 1979, "Falsches Geschlecht des Feten: Abtreibung ? Münch. med. Wschr. 121, 1665-1666. - 243. Anon., 1979, Tickresistance in Brahman crossbreds and Sahiwals. Ann. rep. Queensl. dep., 25. - 244. Anon., 1979, Anaplasmosis in Bos taurus and Bos indicus. Ann. rep. Queensl. dep. ind., 26. - 245. Anon., 1979, Ann. rep. Queensl. prim. ind., 113 p. - 246. Anon., 1979, Breeding for reduced susceptibility to blowfly strike. Ann. rep. Queensl. prim. ind., 33. - 247. Anon., 1980, Erste gentechnologische Versuche am Menschen. Münch. med. Wschr. 122, 1611. - 248. Anon., 1980, Can DNA properly be called selfish ? Nature 285, 604. - 249. Anon., 1980, Interferon nomenclature. Nature 286, 110. - 250. Anon., 14th. AMRC rep., 188p. - 251. Anon., 1980, Ann. rep. Norw. cattle dis. rec., Nor. vet. tids. 92, 373-380. - 252. Anon., 1980, Dreifach-Dotter in einem 168 g schweren Hühnerei. Dt. tierärztl. Wschr. 87, 94. - 253. Anon., 1980, "Das Magengeschwür" als Krankheitseinheit gibt es nicht. Med. Klin. 75, 9-10. - 254. Anon., 1980, Maligne Hyperpyrexie. Dt. med. Wschr. 105, 1267. - 255. Anon., 1980, Abnormal infants of diabetic mothers. Lancet i, 633-634. - 256. Anon., 1981, Ist Hochdruck erblich ? Med. Klin. 76, 15. - 257. Anon., 1981, Ist das menschliche Genom patentfähig ? Naturwissensch. 68, 138. - 258. Anon., 1981, Cell. Z. 21. 2. 81. - 259. Anon., 1981, Diprosopus beim Rind. Dt. tierärztl. Wschr. 88, 38. - 260. Anon., 1981, Früherkennung der kolorektalen Karzinome. Münch. med. Wschr. 123, 948-950. - 261. Anon., 1981, Immer mehr Fälle von Hauttumoren. Med. Klin. 76, 54. - 262. Anon., 1981, The effect of polledness on conception rate and litter size in the Damascus breed of goat. Cypr. agr. res. inst. ann. rep., 64. - 263. Anosa, V. O., T. U. Obi, 1980, Haematological studies on domestic animals in Nigeria. III. Zbl. vet. med. B 27, 773-788. - 264. Ansari, A. A., L. M. Bahuguna, M. Jenison, H. V. Malling, 1978, Immunological comparison of mouse hemoglobins. Immunochem. 15, 557-560. - 265. Ansari, A., R. G. Mage, M. Carta-Sorcini, S. Carta, E. Appella, 1978, Immunochemical studies of the a allotypes of rabbit heavy chain variable regions. Immunochem. 15, 569-575. - 266. Ansay, M., 1975, Le syndrome héréditaire A46 (déficience héréditaire en zinc) dans la bétail pie-noir d'origine hollandaise, une déficience de l'immunité de type cellulaire ? Ann. méd. vét. 119, 479-481. - 267. Ansay, M., 1976, Développement anatomique du muscle de foetus bovin. Étude particulière de l'effet "culard". Ann. biol. anim. bioch. biophys. 16, 655-673. - 268. Ansay, M., L. Ollivier, 1978, Créatinine plasmatique et sensibilité du porc au syndrome d'hyperthermie maligne- relations avec deux enzymes du globule rouge (PHI et 6-PGD). Ann. gén. sél. anim. 10, 9-16. - 269. Ansay, M., R. Hanset, 1979, Anatomical, physiological and biochemical differences between conventional and double-muscled cattle in the Belgian Blue and White breed. Livest. prod. sci. 6, 5-13. - 270. Anslitz, H. J., 1974, Der bovine Hypogonadismus- das bovine XXY-Syndrom beim Rind. Dissert. Gießen. - 271. Antaldi, G. G. V., 1979, L'eredita del colore del mantello nel cavallo. Zoot. nutr. anim. 5, 297-312. - 272. Antaldi, G. G. V., 1980, Eredita patologica nel cavallo. Riv. zoot. vet. 1, 53-61. - 273. Antonini, A., G. Berlucchi, C. A. Marzi, J. M. Sprague, 1979, Behavioural and electrophysiological effects of unilateral optic tract section in ordinary and Siamese cats. J. comp. neur. 185, 183-202. - 274. Antunes-Correia, J. C. A., 1971, Non-random X-inactivation in a mule. X. int. Tierz. Kongr. Versailles. - 275. Antunes-Correia, J. C., 1973, Non-random inactivation of the X chromosome in the mule and the hinny. Genetics 74, 8. - 276. Apple, D. J., 1974, Chromosome-induced ocular disease. In: Goldberg a. a. O.. - 277. Aragon, R. S., 1976, Bovine babesiosis. Vet. bull. 46, 903-917. - 278. Arakaki, D. T., D. W. Vogt, 1976, A porcine cyclops with normal female karyotype. Am. J. vet. res. 37, 95-96. - 279. Aranez, J. B., 1956, Congenital atresia ani and recti in a calf. J. A. V. M. A. 128, 68-69. - 280. Arave, C. W., R. H. Miller, R. C. Lamb, 1975, Genetic and environmental effects on serum cholesterol of dairy cattle of various ages. J. dairy sci. 58, 423-427. - 281. Arbeiter, K., 1975, Zum Maldescensus testis beim Hund. tierärztl. prax. 3, 129-130. - 282. Arce, B., J. B. C. Azevedo, N. Freire-Maia, E. A. Chautard, 1967, Cleft lip and palate. Lancet, 1364. -283. Arce, B., M. Licea, S. Hung, R. Padron, 1978, Familial cushing's syndrome. Act. endocr. 87, 139-147. - 284. Archer, J. R., S. J. Self, B. G. Winchester, 1978, Mechanism of infertility in t-complex mice. Gen. res. 32, 79-84. - 285. Archer, R. K., 1972, True haemophilia in horses. Vet. rec. 91, 655-656. - 286. Archer, V. E., 1979, Anencephalus, drinking water, geomagnetism and cosmic radiation. Am. J. epid. 109, 88-97. - 287. Arden, G. B., B. Fox, 1979, Increased incidence of abnormal nasal cilia in patients with retinitis pigmentosa. Nature 279, 534-536. - 288. Ardouin, M., M. Urvoy, B. LeMarec, 1974, Agénésie partielle du corps calleux, avec anomalies oculaires multiples et aberration chromosomique exceptionelle. Rev. oto-neuro-ophth. 46, 143-147. - 289. Arendar, G. M., R. A. Milch, 1966, Splayleg: A recessively inherited form of femoral neck anteversion, femoral shaft torsion and subluxation of the laboratory Lop rabbit. Hist. orth. clin. orth. rel. res. 44, 221-229. - 290. Arey, L. B., 1966, Developmental anatomy. W. B. Saunders, Philadelphia. - 291. Argraves, W. S., 1981, Absence of proteoglycan core protein in the cartilage mutant, nanomelia. Fed. proc. 40, 1265. - 292. Arias, I. M., 1974, Bilirubin metabolism and inheritable jaundice. In: Ramot a. a. O.. - 293. Arias, I. M., L. Johnson, S. Wolfson, 1961, Biliary excretion of injected conjugated and unconjugated bilirubin by normal and Gunn rats. Am. J. physiol. 200, 1091-1094. - 294. Arias, S., M. Mota, 1978, Apparent non-penetrance for dystopia in Waardenburg syndrome type I, with some hints on the diagnosis of dystopia canthorum. J. gén. hum. 26, 103- 131. - 295. Arias-Stella, J., S. Recavarren, 1962, Right ventricular hypertrophy in native children living at high altitude. Am. J. path. 41, 55-63. - 296. Arima, M., I. Sano, 1968, Genetic studies of Wilson's disease in Japan. Birth def. Ser. 4, 54-59. - 297. Armstrong, C. N., A. J. Marshall, 1964, Intersexuality. Ac. Press, Lond., N. Y. - 298. Arnason, P., 1980, Studies on traits in the Icelandic toelter horses I. J. agr. res. Icel. 11, 81-93. - 299. Arnaud, C., R. Maijer, T. Reader, C. R. Scriver, D. T. Whelan, 1970, Vitamin D dependency: Inherited postnatal syndrome with secondary hyperparathyroidism. Pediat. 46, 871-880. - 300. Arnaud, P., R. M. Galbraith, W. P. Faulk, W. P. Black, 1979, Pi phenotypes of alpha$_1$- antitrypsin in Southern England. Clin. gen. 15, 406-410. - 301. Arnault, G., 1980, Etude de la parésie spastique des bovins. Antony, France. - 302.

Arnbjerg, J., S. Andersen, 1981, (Acroosteolysis of phalanx III in Danish Landrace pigs). Nord. vet. med. 33, 199-205. - 303. Arndt, U., 1976, Untersuchungen an den Nervi optici und an den Gehirnen von Schafen mit Mikrophthalmie. Dissert. Gießen. - 304. Arndt, U., A. Herzog, D. Smidt, 1977, Untersuchungen an den Nervi optici und an den Gehirnen von Schafen mit Mikrophthalmie. I. Zuchthyg. 12, 128-135. - 305. Arndt, U., A. Herzog, D. Smidt, 1977, Untersuchungen an den Nervi optici und an den Gehirnen von Schafen mit Mikrophthalmie. II. Zuchthyg. 12, 172-177. - 306. Arndt, U., A. Herzog, D. Smidt, 1978, Untersuchungen an den Nervi optici und an den Gehirnen von Schafen mit Mikrophthalmie. III. Zuchthyg. 13, 38-43. - 307. Arner, A., P. Hellstrand, 1981, Energy turnover and mechanical properties of resting and contracting aortas and portal veins from normotensive and spontaneously hypertensive rats. Circ. res. 48, 539-548. - 308. Arora, C. L., R. M. Acharya, S. N. Kakar, 1971, A note on the association of haemoglobin types with ewe and ram fertility and lamb mortality in Indian sheep. Anim. prod. 13, 371-373. - 309. Arora, K. L., I. L. Kosin, 1966, Developmental response of early turkey and chicken embryos to preincubation holding of eggs: inter- and intra-species differences. Poult. sci. 45, 958-970. - 310. Arora, R. L., C. L. Arora, 1979, Haemoglobin variants in exotic fine wool (Rambouillet and Russian Merino) and Indian carpet wool (Chokla and Nali) breeds of sheep and their halfbreds. Ind. J. hered. 11, 21-27. - 311. Arthur, G. H., 1959, Some aspects of intersexuality in animals. Vet. rec. 71, 598-603. - 312. Artzt, K. J., 1972, A genetically caused embryonal ectodermal tumor in the mouse. Dissert. abstr. B 33, 2493. - 313. Artzt, K., L. Hamburger, L. Flaherty, 1977, H-39, a histocompatibility locus closely linked to the T/t complex. Immunogen. 5, 477-480. - 314. Aruntjunjan, P. I., V. A. Manukjan, 1970, A single-toed cow. Biol. Zh. Armen. 23, 73-76. - 315. Arvanitakis, C., 1978, Functional and morphological abnormalities of the small intestinal mucosa in pernicious anemia: a prospective study. Act. hep.-gastr. 25, 313-318. - 316. Arzumanian, E. Y., 1971, Polymastie des vaches et sa relation avec l'intensification de l'élevage des vaches laitières. X. Int. Tierz. Kongr. Versailles. - 317. Aschermann, G., 1972, Lebende Fünflinge- ein Beitrag zur abnormen Mehrlingsträchtigkeit beim Rind. Züchtungsk. 44, 8 - 16. - 318. Asdell, S. A., 1944, The genetic sex of intersexual goats and a probable linkage with the gene for hornlessness. Science 99, 124. - 319. Asdell, S. A., 1955, Recent research in breeding difficulties in dairy cattle. S. W. vet. 8, 126 - 129. - 320. Ash, W. J., 1966, Micromelia - a lethal mutation in White Pekin ducks. J. hered. 57, 137-141. - 321. Ashburner, M., 1980, Chromosomal action of ecdysone. Nature 285, 435-436. - 322. Ashdown, R. R., 1958, Aplasia segmentalis ductus wolffi: a report of two cases in British Friesian bulls. Vet. rec. 70, 467-469. - 323. Ashdown, R. R., H. Pearson, 1973, Anatomical and experimental studies on eversion of the sheath and protrusion of the penis in the bull. Res. vet. sci. 15, 13-24. - 324. Ashmore, C. R., W. Parker, H. Stokes, I. Doerr, 1974, Comparative aspects of muscle fiber types in fetuses of the normal and "double-muscled" cattle. Growth 38, 501-506. - 325. Ashton, G. C., 1959, ß-globulin polymorphism and early foetal mortality in cattle. Nature 183, 404-405. - 326. Ashton, G. C., 1961, ß-globulin type and fertility in artificially bred dairy cattle. J. repr. fert. 2, 117-129. - 327. Ashton, G. C., 1965, Cattle serum transferrins: a balanced polymorphism? Genet. 52, 983- 997. - 328. Ashton, G. C., M. N. Dennis, 1971, Selection at the transferrin locus in mice. Genet. 67, 253-265. - 329. Ashton, N., K. C. Barnett, C. E. Clay, F. G. Clegg, 1977, Congenital nuclear cataracts in cattle. Vet. rec. 100, 505 - 508. - 330. Asmundson, V. S., 1944, Inherited shortening of the long bones in the turkey. J. hered. 35,295-299. - 331. Asmundson,V.S., L.M.Julian,1956, Inherited muscle abnormality in the domestic fowl. J.hered.47,248-252. - 332.Asmundson,V.S., F.H.Kratzer, L.M. Julian,1966, Inherited myopathy in the chicken. Ann. N.Y.ac.sci.138,49-58. - 333. Assali,N.S., 1972, Pathophysiology of gestation. Ac.Press,N.Y.. - 334. Asser,S.,1982, Ein Beitrag zur Ätiologie der Nebenhodenschwanzaplasie und - hypoplasie beim Bullen. Dissert. Hannover. - 335. Assmann,G.,1979, Die Tangierkrankheit - Klinik und Pathophysiologie. Klin.Wschr.57,53-61. - 336. Atkin,N.B.,G.Mattinson,W.Becak, S.Ohno,1965, The comparative DNA content of 19 species of placental mammals, reptiles and birds. Chromosoma 17,1 -10. - 337. Atkins,K.D.,B.J. McGuirk,K.J.Thornberry,1980, Genetic improvement of resistance to body strike. Proc.Austr.soc.anim.prod.13,90-92. - 338. Atkinson,J.B.,L.L. Swift,P.G. Lankford,V.S. LeQuire,1980, A generalized membrane defect in heritable myotonia: studies of erythrocytes in an animal model and patients. Proc.soc.exp.biol.med.163,69-75. - 339. Atkinson,R.L., L.C.Kropp,J.W. Bradley,J.H.Quisenberry,1966, Selective fertilization of ova by sperm from different varieties of turkeys. Poult.sci.45,1380-1386. - 340. Atlas,S.A.,B. A.Taylor,B.A.Diwan,D.W.Nebert,1976, Inducible monooxygenase activities and 3-methyl-cholanthren-initiated tumorigenesis in mouse recombinant inbred outlines. Genet.83,537-550. - 341. Atroshi, F.,1979,Phenotypic and genetic association between production/reproduction traits and blood biochemical polymorphic characters in Finnsheep. Ann.agr. Fenn.18,4-85. - 342. Auer,J.A., R.J.Martens,1981,Angular limb deformities in young foals. Proc. 26th ann.conv.Am.ass.equ.pract.,81-95. - 343. Auerbach,A.D.,D.Warburton,A.D.Bloom,R.S.K.Chaganti,1979, Prenatal detection of the Fanconi anemia gene by cytogenetic methods. Am.J.hum.gen.31,77-81. - 344. Auerbach,C.,1967,The chemical production of mutations. Science 158,1141-1147. - 345. Auerbach,R.,1954, Analysis of the developmental aspects of a lethal mutation in the house mouse. J.exp.zool.127,305-329. - 346. Auerbach,R., J.A.Rugowski,1967, Lysergic acid diethylamide: effect on embryos. Science 157,1325-1326. - 347. Auerbach,V.H.,A.M.DiGeorge,G.G.Carpenter,P. Wood,1967, Phenylalaninemia.In: Nyhan a.a.O.. - 348. Aufdermaur,M.,1977, Systemische Sklerodermie, Lupus erythematodes,Reiter-Syndrom,Spondylitis ankylosans.In: Wagenhäuser a.a.O.. - 349. Augustini,C.,K.Fischer,J. Scheper,1979, Halothan-Test-Prüfverfahren und Reaktionsverhalten bei Mastprüfungstieren. Fleischwirtsch.59,1268-1273. - 350. Augustinsson,K.B.,B. Henricson,1965, Effect of castration and of testosterone on arylesterase activity and protein content of blood plasma in male dogs. Act.endocr.50,145-154. - 351. Aulerich,R.J.,R.K.Ringer,G.Hartsough,1975, (Breeding results and haemoglobin values). Dansk pelsd. 38,244. - 352. Auran,T.,1972, Factors affecting the frequency of stillbirths in Norwegian cattle. Act.agr.scand.22, 178-182. - 353. Auran,T.,1974,Multiple births in Norwegian cattle. Act.agr. scand.24,207-210. - 354. Aurich,R.,1959,Ein Beitrag zur Vererbung des Nabelbruchs beim Pferd. Berl.Münch.tierärztl.Wschr.72,420-423. - 355. Austad,R.,E.O.Oen,1978, Chronic superficial keratitis in the dog I. J.small anim.pract.19,197-201. - 356. Austad,R.,E.O.Oen,1978, Chronic superficial keratitis in the dog.II. J.sm.anim.pract.19,203-206. - 357. Austen,K. F., L.M. Lichtenstein,1973, Asthma. Ac.Press,N.Y.. - 358. Austic,R.E., D.J.Baker,R.K.Cole,1977, Susceptibility of a dwarf strain of chickens to rickets. Poult.sci.56,285-291. - 359. Avner,P.R.,W.F.Dove,P.Dubois,J.A. Gaillard,J.L.Guenet, F.Jacob,H.Jakob,A.Shedlovsky,1978, The genetics of teratocarcinoma transplantation: tumor formation in allogeneic hosts by the

embryonal carcinoma cell lines F9 and PCC3. Immunogen.7,103-115. -360.
Awdeh,Z. L.,D.Raum,C.A.Alper,1981,Major histocompatibility complex (
MHC) linked complement haplotypes (complotypes). Fed.proc.40,4743.-361.
Axelsen,A.,R.B.Cunningham,K.G.Pullen,1981, Effects of weight and pelvic
area at mating on dystokia in beef heifers. Austr.J.exp.agr.husb.21,316 -
366.- 362. Axthelm,M.K,H.W. Leipold,D.Howard,C.A.Kirkbride,1980,Hereditary internal hydrocephalus of horned Hereford cattle. Proc.23rd ann.
meet.Am.ass.vet.lab.diagn.,115-126.- 363. Axthelm,M.K.,H.W. Leipold,
U.M.Jayasekara,R.M.Phillips,1981, Congenital microhydranencephalus in
cattle. Corn.vet.71,164-174.- 364. Ayalon,N.,1972, Fertility losses in normal cows and repeat breeders. VII.int.congr.anim.repr.A.I.,480.- 365.
Ayalon,N.,1978. A review of embryonic mortality in cattle. J.repr.fert.54,
483-493.- 366. Ayalon,N.,1981,Embryonic mortality in cattle.Zuchthyg.16,
97-109.- 367. Ayalon,N.,Y.Weis,I. Lewis,1968, Fertility losses in normal
cows and repeat breeders. VI.Kongr.Fortpfl.Bes.,Paris,85. - 368. Ayme,S.,
M.G.Mattei,J.F.Aurran,J.F.Mattei,F.Giraud,1979, Dermatoglyphics in parents of children with trisomy 21. Clin.gen.15,78-84.- 369. Azoubel,K.,A.
R.Cruz,G.F.Vianna,1968, Allometric growth of the eye in the chick and the
rat during ontogenetic development. Act.anat.70,41-53.- 370. Baanders,E.
A.,F.de Waard,E.T.Mastboom,L.Meinsma,1963, Konstitutionelle und erbliche Aspekte des Endometriumkarzinoms. Z.Geburtsh.Gyn.161,77-93. -
371. Baatar,D.,1981,(The possibility of creating homozygous grey karakuls).
Genet.18,1078-1079.- 372. Bach,F.H.,1976, Genetics of transplantation :
the major histocompatibility complex. Ann.rev.gen.10,319-339.- 373. Bach,
F.H.,J.J.v.Rood,1976. The major histocompatibility complex - genetics
and biology. N.E.J.med.295,806-813.- 374. Bach,J.F.,1981, The multi faceted zinc dependency of the immune system. immunol.tod.2,252- 272.-
375. Bach,S.,H.Haase,K.H.Stemmler,1970, Über Fruchtbarkeitsparameter
beim Jungbullen. Mh.Vet.med.25,92-94.- 376. Bach,S.,H.Haase,K.H.Stemmler,1971, Zur Zuchttauglichkeitsprüfung von Jungbullen. Mh.Vet.med.26 ,
489-491.- 377. Bachrach,S.,J.Fisher,J.S.Parks,1979. An outbreak of vitamin D deficiency rickets in a susceptible population. Pediat.64,871-877. -
378. Bachmann,A.W.,R.S.F.Campbell,L.A.Y.Johnston,D.Yellowlees,1977,
Bovine haemoglobin types and their possible relationship to resistance to babesiosis: an experimental study. Tropenmed.Parasitol.28,361-366.- 379.
Bachmann,A.W.,R.S.F.Campbell,D.Yellowlees,1978, Haemoglobins in cattle and buffalo. Austr.J.exp.biol.med.sci.56,623-629.- 380. Bachmann,K.,
1972, Genome size in mammals. Chromosoma 37,85-93.- 381. Bachmann,
K.,J.P.Bogart,1975, Comparative cytochemical measurements in the diploidtetraploid species pair of hylid frogs Hyla chrysoscelis and H.versicolor .
Cytogen.cell gen.15,186-194.- 382. Bachmann,K.D.,1980, Die angeborene
Duodenalstenose. Dt.med.Wschr.105,1428-1430.- 383. Back,E.,W.Vogel,
C.Hertel,1978, Trisomy 10p due to t(5;10)(p15;p11) segregating in a large sibship. Hum.gen.41,11-17.- 384. Bäckström, L.,B.Henricson,1966, Studies
on so called adventitious bursae below the hocks in pigs. Nord.vet.med.18,
305-313.- 385. Bacon, L.D.,J.H.Kite,N.N.Rose,1974, Relation between the
major histocompatibility (B) locus and autoimmune thyroiditis in Obese chickens. Science 186,274-275.- 386. Bacon, L.D.,R.S.Sundick,N.R.Rose,1977,
Genetic and cellular control of spontaneous autoimmune thyroiditis in OS chickens. Av.immunol.,Ac.Press,N.Y..- 387. Bacon, L.D.,R.K.Cole,C.R.
Polley,N.R.Rose,1978, Genetic aspects of autoimmune thyroiditis in OS chickens. Proc.wksh.gen.cont.autoimm.dis.,Bloomf.Hills,259-270.- 388. Ba-

con, L.D., A.M. Fadly, J.V. Motta, L.B. Crittenden, 1979, B-haplotype influence on erythroblastosis in chickens. Fed. proc. 38, 1164. - 389. Bacon, L.D., C.R. Polley, R.K. Cole, N.R. Rose, 1981, Genetic influences on spontaneous autoimmune thyroiditis in (CS x OS) F_2 chickens. Immunogen. 12, 339-349. - 390. Badawi, A.B.A., A.M. Habib, K. Zaki, 1979, Studies on the abnormalities of the genital organs of Libyan ewes, Ass. vet. med. J. 6, 255-265. - 391. Bader, J., H. Berner, 1973, Othämatome beim Schwein in einer Population der Deutschen Landrasse. Züchtungsk. 45, 140-154. - 392. Badgley, C.E., 1949, Etiology of congenital dislocation of the hip. J. bone jt. surg. 31 A, 341-356. - 393. Badi, M., T.M. O'Byrne, E.P. Cunningham, 1979, Incidence of embryonic loss in Thoroughbred mares, An im. prod. rep. Dunsin., 68. - 394. Badr, F.M., 1976, Selection for high and low adrenal weight in mice. J. endocr. 70, 457 - 463. - 395. Badr, F.M., S.G. Spickett, 1965, Genetic variation in adrenal weight relative to body weight in mice. Act. endocr. Suppl. 100, 92. - 396. Badr, F.M., J.G.M.Shire, S.G. Spickett, 1968, Genetic variation in adrenal weight: Strain differences in the development of the adrenal glands of mice. Act. endocr. 58, 191-201. - 397. Bagdade, J.D., D. Porte, E.L. Bierman, 1967, Diabetic lipemia - a form of acquired fat-induced lipemia. N.E.J. med. 276, 427-433. - 398. Baggott, D.G., A.M. Russell, 1981, Lameness in cattle. Brit. vet. J. 137, 113-132. - 399. Baglioni, C., A.I. Zonta, D. Cioli, A. Carbonara, 1966, Allelic antigenic factor Inv(a) of the light chains of human immunoglobulins: chemical basis. Science 152, 1517-1519. - 400. Bahr, G.F., 1975, The fibrous structure of human chromosomes in relation to rearrangements and aberrations; a theoretical consideration. Fed. proc. 34, 2209-2217. - 401. Baier, W., I. Rüsse, 1965, Über Störungen der Embryonal- und Foetalentwicklung beim Schwein. Wien. tierärztl. Mschr. 52, 312-324. - 402. Baier, W., H. Bostedt, G. Schmid, 1973, Über Fruchtbarkeitslage nach Schwergeburten beim Rind. Berl. Münch. tierärztl. Wschr. 86, 3-7. - 403. Bailey, C.S., 1975, An embryological approach to the clinical significance of the congenital vertebrae and spinal cord abnormalities. J. Am. anim. hosp. ass. 11, 426-434. - 404. Bailey, D.W., 1964, Genetically modified survival time of grafts from mice bearing x-linked histocompatibility. Transplant. 2, 203-206. - 405. Bailey, D.W., 1971, Recombinant - inbred strains. Transplant. 11, 325-327. - 406. Bailey, J.A., 1970, Orthopaedic aspects of achondroplasia. J. bone jt. surg. 52, 1285. - 407. Bailey, L.F., D.M. McLean, 1972, Immunoglobulin levels in South Australian market calves. Austr. vet. J. 48, 605-608. - 408. Baillie, B., 1979, Skin fold can affect lambing percentage. Agr. gaz. N.S. Wales 90, 4-6. - 409. Bain, J., J. Keene, 1975, Further evidence for inhibin: change in serum luteinizing hormone and follicle stimulating hormone levels after X. irradiation of rat testes. J. endocr. 66, 279-280. - 410. Baird, D.M., A.V. Nalbandov, H.W. Norton, 1952, Some physiological causes of genetically different rates of growth in swine. J. anim. sci. 11, 292-300. - 411. Baird, G.D., 1982, Primary ketosis in the high-producing cow. J. dairy sci. 65, 1-10. - 412. Baitsch, H., H. Ritter, H.W. Goedde, K. Altland, 1963, Zur Genetik der Serumproteine. Vox sang. 8, 594-604. - 413. Bajusz, E., 1969, Physiology and pathology of adaptation mechanisms. Pergamon Press Ltd. - 414. Bajusz, E., 1969, Hereditary cardiomyopathy : a new disease model. Am. heart J. 77, 686-696. - 415. Bajusz, E., 1974, A disease model of hereditary cardiomyopathy: its usefulness and limitations. In: Bajusz u. Rona a.a.O.. - 416. Bajusz, E., F. Büchner, S. Onishi, K. Rickers, 1969, Hypertrophie des Herzmuskels bei erbbedingter Myopathie. Naturwiss. 56, 568-569. - 417. Bajusz, E., G. Rona, 1974, Cardiomyopathies. Urban u. Schwarzenberg, München. - 418. Baker, A.B., J.A. Resch, R.B. Loewenson, 1969, Hypertension and cerebral atherosclerosis. Circul. 39, 701-710. - 419. Baker, E., A. Smrek, R. D. Kimbrough, M. Hudgins, P. J. Landrigan, J. A. Liddle, 1977, Hereditary cholinesterase deficiency: a report of a family with two rare genotypes. Clin. gen. 12, 134-138. - 420. Baker, J. R., D. G. Ashton, D. M. Jones, B. A. Noodle, 1979, Four cases of chondrodystrophy in fallow deer. Vet. rec. 104, 450-453. - 421. Baker, K. P., 1978, The rational approach to the management of sweet itch. Vet. ann. 18, 163-168. - 422. Baker, L. N, 1965, Skin grafting in pigs: a search for monozygotic twins. Transplant. 2, 434-435. -423. Baker, M. L., C. T. Blunn, M. M. Oloufa, 1950, Stumpy, a recessive achondroplasia in Shorthorn cattle. J. hered. 41, 243-245. - 424. Baker, M. L., L. C. Payne, G. N. Baker, 1961, The inheritance of hydrocephalus in cattle. J. hered. 52, 135-138. - 425. Bakke, H., 1975, Serum levels of cholesterol in lines of pigs selected for rate of gain and thickness of backfat. Act. agr. scand. 25, 14-16. - 426. Bakker, H., 1975, (The importance of the beefalo for beef production). Bedriijfsontw. 6, 1005-1006. - 427. Bakker, H., J. H. Olink, J. H. Wallinga, 1974, Litter weight of mice after combination of lines selected for litter size and for body weight. Z. Tierz. Zücht. biol. 91, 98-108. - 428. Bala, A. K., N. S. Sidhu, 1976, Studies on disease resistance vis-a-vis susceptibi lity in cattle and buffalo. I. Ind. J. hered. 8, 67-75. - 429. Balabanov, V. A., D. Boussafou, 1977, Dermatophilose du bétail en République Populaire du Congo. Rev. él. méd. vét. Pays trop. 30, 363-368. - 430. Balakrishnan, C. R., B. R. Yadav, A. A. Blatti, K. G. S. Nair, 1979, Unusual chromosome constitution of a bovine freemartin. Ind. J. dairy sci. 32, 191-193. - 431. Balakrishnan, C. R., B. R. Yadav, P. A. Sarma, S. L. Goswani, 1981, Sex chromosome chimerism in heterosexual Murrah buffalo triplets. Vet. rec. 109, 162. - 432. Balda, B. R., 1981, Epidemiologie kutaner maligner Melanome. Münch. med. Wschr. 123, 1923-1926. - 433. Baldwin, D. M., J. A. Colombo, C. H. Sawyer, 1976, Effects of limiting water intake on the rat estrous cycle with observations on LH, prolactin and corticosterone. Proc. soc. exp. biol. med. 151, 471-474. - 434. Balfour, W. E., 1962, The adrenal cortex in domestic animals. Brit. med. bull. 18, 114-116. - 435. Balkema, G. W., 1980, A study of visual abnormalities in mutant mice: a retinal sensitivity defect in the mutant mouse pearl. Dissert. abstr. 40, 4094-4095. - 436. Ball, P. J. H., The relationship of age and stage of gestation to the incidence of embryo death in dairy cattle. Res. vet. sci. 25, 120-122. - 437. Ballow, M., F. R. Rickles, 1980, Impaired mononuclear cell tissue factor generation in patients with immunodeficiency diseases. Blood 56, 402-408. - 438. Baltimore, D., 1976, Viruses, polymerases, and cancer. Science 192, 632-636. -439. Bamber, R. C., 1933, Correlation between white coat colour, blue eyes and deafness in cats. J. gen. 27, 407-413. - 440. Bamber, S., C. A. Iddon, H. M. Charlton, B. J. Ward, 1980, Transplantation of the gonads of hypogonadal(hpg) mice. J. repr. fert. 58, 249-252. - 441. Bane, A., 1954, Sexual functions of bulls in relation to heredity, rearing intensity and somatic conditions. Act. agr. scand. 4, 95-203. - 442. Bane, A., 1968, Control and prevention of inherited disorders causing infertility. Brit. vet. J. 124, 1-8. - 443. Banerjee, A. K., A. Bordas, P. Merat, 1981, The effect of temperature and genotype on growth traits, plasma glucose and uric acid in Dwarf and normal White Leghorn females. Ann. gén. sél. anim. 13, 255-268. - 444. Bank, A., 1978, The thalassemia syndrome. Blood 51, 369-384. - 445. Bannerman, R. M., 1975, Animal models of human hematologic disease. J. Am. anim. hosp. ass. 11, 342-349. - 446. Bannerman, R. M., J. A. Edwards, P. H. Pinkerton, 1974, Hereditary disorders of the red cell in animals. Progr. hemat. 8, 131-179. - 447. Bannister, J. V., W. H. Bannister, J. B. Wilson, H. Lam, T. H. J. Huisman, 1979, The structure of goat hemoglobins. Hemoglob. 3, 57-75. - 448. Bar, A., S. Hurwitz, 1981, Relationships between cholecalciferol metabolism and growth in chicks as modified by age, breed and diet. J. nutr. 111, 399-404. - 449. Bar-Anan, R., 1972, Heritabilitätsschätzungen einiger Abkalbemerkmale. Züchtungsk. 44, 360-367. - 450. Bar-Anan, R., 1977, A breeding strategy for reducing perinatal calf mortality in heifer calvings. In: Calv. probl. viabil. calf, Mart. Nijhoff, Niederl. - 451. Bar-Anan, R., J. C. Bowman, 1974, Twinning in Israeli-Friesian dairy herds. Anim. prod. 18, 109-115. - 452. Bar-Anan, R., A. Robertson, 1975, Variation in sex ratio between progeny groups in dairy cattle. Theor. appl. gen. 46, 63-65. - 453. Bar-Anan, R., M. Soller, J. C. Bowman, 1976, Genetic and environmental factors affecting the incidence of difficult calving and perinatal calf mortality in Israeli-Friesian dairy herds. Anim. prod. 22, 299-310. -454. Bar-Anan, R., K. Osterkorn, M. Heiman, H. Kräusslich, 1979, Environmental and genetic effects on the interval between subsequent insemination. Z. Tierz. Zücht. biol. 95, 89-97. - 455. Baranov, V. S., A. P. Dyban, N. A. Chebotar, 1980, Features of the preimplantation development of mouse embryos with monosomy of autosome no. 17. Sov. J. dev. biol. 11, 96-105. - 456. Baras, L., C. Roger, 1967, (Double uterus and inheritance of this character in the cow). Bull. mens. soc. vét. prat. Fr. 51, 392-394. - 457. Barbarino, A., A. Serra, E. Meini, G. Pizzolato, E. Moneta, E. Asargiklian, L. DeMarinis, R. Bova, 1978, Comparative studies in two cases of testicular feminization syndrome, one with and the other without the fluorescent distal band q12 of the Y. Hum. gen. 42, 119-127. - 458. Barbeau, A., 1979, Friedreich's ataxia 1979: an overview. Can. J. neur. sci. 6, 311-319. - 459. Bard, L. A., 1978, Heterogeneity in Waardenburg's syndrome. Arch. ophthalm. 96, 1193-1198. - 460. Bard, P., 1973, Untersuchungen über die Eignung der Schilddrüsenaktivität als Hilfsmerkmal bei der Selektion von Jungbullen in der Eigenleistungsprüfung. Dissert. München. - 461. Barden, J. A., J. L. Decker, 1971, Mycoplasma hyorhinis swine arthritis. Arthr. rheum. 14, 193-201. - 462. Bardens, J. W., 1966, Glycogen storage disease in puppies. Vet. med. 61, 1174-1176. - 463. Bardin, C. W., L. Bullock, G. Schneider, J. E. Allison, A. J. Stanley, 1970, Pseudohermaphrodite rat: Endorgan insensitivity to testosterone. Science 167, 1136-1137. - 464. Bardin, C. W., L. P. Bullock, C. Gupta, T. Brown, 1976, Genetic factors which modulate androgen action. Proc. Vth int. congr. endocr., Hamburg, 481-485. - 465. Bargoni, N., M. A. Grillo, M. F. Rinando, T. Fossa, 1967, Über den Kohlehydratstoffwechsel in der Niere und im Skelettmuskel von mit Schilddrüsen oder Propylthiouracil gefütterten Ratten. H. S. Z. phys. Chem. 348, 303-307. - 466. Barker, J. E., J. E. Pierce, B. C. Kefauver, A. W. Nienhuis, 1977, Hemoglobin switching in sheep and goats: induction of hemoglobin C synthesis in culture of sheep fetal erythroid cells. Proc. nat. ac. sci. 74, 5078-5082. - 467. Barker, J. E., J. E. Pierce, A. W. Nienhuis, 1980, Hemoglobin switching in sheep: a comparison of the erythropoietin- induced switch to Hb C and the fetal to adult hemoglobin switch. Blood 56, 488- 494. - 468. Barlow, R., 1981, Experimental evidence for interaction between heterosis and environment in animals. Anim. breed. abstr. 49, 715 - 737. - 469. Barlow, R. M., 1979, Further observations on bovine familial convulsions and ataxia. Vet. rec. 105, 91-94. - 470. Barlow, R. M., 1981, Morphogenesis of cerebellar lesions in bovine familial convulsions and ataxia. Vet. path. 18, 151-162. - 471. Barlow, R. M., 1981, Progressive ataxia in Charolais cattle. Vict. vet. proc. 39, 31. - 472. Barlow, R. M., K. A. Linklater, G. B. Young, 1968, Familial convulsions and ataxia in Angus calves. Vet. rec. 83, 60-65. - 473. Barlow, R. M., A. Mackellar, G. Newlands, A. Wiseman, S. Berrett, 1981,

Mannosidosis in Aberdeen Angus cattle in Britain. Vet. rec. 109, 441-445. - 474. Barnes, P. M., E. J. Moynahan, 1973, Zinc deficiency in Acrodermatitis enteropathica: multiple dietary intolerance treated with synthetic diet. Proc. roy. soc. med. 66, 327-329. - 475. Barnes, R. D., 1976, The use of early embryo aggregation derived mouse chimaeras. J. immunogen. 3, 423-428. - 476. Barnett, K. C., 1976, Comparative aspects of canine hereditary eye disease. Adv. vet. sci. 20, 39-67. - 477. Barnett, K. C., A. L. Ogden, 1972, Ocular colobomata in Charolais cattle. Vet. rec. 91, 592. - 478. Barnett, K. C., G. C. Knight, 1969, Persistent pupillary membrane and associated defects in the Basenji. Vet. rec. 85, 242-249. - 479. Barnett, S. F., 1963, The biological race of the bovine Theileria and their host-parasite relationship. In: Immunity to protozoa. Blackw. sci. publ., Oxf.. - 480. Barone, R., F. Lescure, 1959, Hétérochromie et microphthalmie chez le chien. Rév. méd. vét. 110, 769-792. - 481. Barowicz, T., T. Grega, H. Styczinski, 1978, (Effect of teat shape and teat tip on the result of a field cell test (Mastirapid) on primiparous Polish Black-and-White Lowland cattle). Med. wet. 34, 423-426. - 482. Barr, D. G. D., A. Prader, U. Esper, S. Rampini, U. J. Marian, J. O. Forfär, 1972, Chronic hypoparathyroidism in two generations. Helv. paed. act. 26, 516-521. - 483. Barr, M. L., E. G. Bertram, 1949, A morphological distinction between neurons of the male and female, and the behaviour of the nucleolar satellite during accelerated nucleoprotein synthesis. Nature 163, 676-677. - 484. Barrière, J., 1968, (Fecundity and fertility in the Charolais breed). Elev. insém. 106, 3-7. - 485. Barrow, M. V., 1971, A brief history of teratology to the early 20th century. Teratol. 4, 119-130. - 486. Barry, W. S., G. A. Bray, 1969, Plasma triglyceride in genetically obese rats. Metabol. clin. exp. 18, 833-839. - 487. Barsh, G. S., K. E. David, D. W. Rowe, P. H. Byers, 1982, Biochemical mechanism of type I osteogenesis imperfecta. Fed. proc. 41, 3404. - 488. Bartalena, G., F. Vaglini, 1969, Statistical study on the correlation between color of the iris and presbyacousis. Exc. med. sect. 12, 24, 498. - 489. Barthold, S. W., G. W. Osbaldiston, A. M. Jonas, 1977, Dietary, bacterial, and host genetic interactions in the pathogenesis of transmissible murine colonic hyperplasia. Lab. anim. sci. 27, 938-945. - 490. Bartholomé, K., 1980, Die molekulare Basis der Heterogenität der Phenylketonurie. Naturwiss. 67, 495-498. - 491. Bartke, A., 1973, Effects of prolactin on the testis. Act. endocr. 73, Suppl. 177, 348. - 492. Bartke, A., 1979, Prolactin-deficient mice. In: Anim. models res. contracep. fert., Harper a. Row, Hagerstown. - 493. Bartke, A., H. Krzanowska, 1972, Spermatogenesis in mouse strains with high and low abnormal spermatozoa. J. hered. 63, 172-174. - 494. Bartosova, D., M. Chvapil, B. Korecky, O. Poupa, K. Rakusan, Z. Turek, M. Vizek, 1969, The growth of the muscular and collagenous parts of the rat heart in various forms of cardiomegaly. J. physiol. 200, 285-295. - 495. Bartsch, G. J., J. Frick, 1974, Therapeutic effects of luteinizing hormone releasing hormone (LH-RH) in cryptorchidism. Andrology. 6, 197-201. - 496. Basarab, J. A., R. T. Berg, J. R. Thompson, 1980, Erythrocyte fragility in "double-muscled" cattle. Can. J. anim. sci. 60, 869-876. - 497. Basrur, P. K., 1969, Hybrid sterility. In: Benirschke a. a. O.. - 498. Basrur, P. K., 1974, Innovations in cytogenetics and their application to domestic animals. 1. Wld. congr. gen. livest. prod., 215-227. - 499. Basrur, P. K., Y. S. Moon, 1967, Chromosome of cattle, bison, and their hybrid, the cattalo. Am. J. vet. res. 28, 1319-1325. - 500. Basrur, P. K., H. Kanagawa, J. P. W. Gilman, 1969, An equine intersex with unilateral gonadal agenesis. Can. J. comp. med. 33, 297-306. - 501. Basrur, P. K., H. Kanagawa, 1969, Parallelism in chimeric ratios in heterosexual cattle twins. Genet. 63, 419 -

425. - 502. Basrur,P.K.,H.Kanagawa,1969, Anatomic and cytogenetic studies on hornless goats with sexual disorders,Ann.gén.sél.anim.1,349-378.-503. Basrur,P.K.,S.Kosaka,H.Kanagawa,1970, Blood cell chimerism and freemartinism in heterosexual bovine quadruplets. J.hered.61,15-18.- 504.Basrur,P.K.,H.Kanagawa,1971, Sex anomalies in pigs.J.repr.fert.26,369-371.- 505. Basrur,P.K.,S.Yamashiro,1972, Chromosomes of chicken-pheasant hybrids. Ann.gén.sél.anim. 4,465-503.- 506. Bateman,A.E.,R.J.Cole,T. Regan,R.G.Tarbutt,1972, The role of erythropoietin in prenatal erythropoiesis of congenitally anaemic flexed-tailed (f/f) mice. Brit.J.haem.22,415 - 427.- 507. Bateman,A.J.,1967, A probable case of mitotic crossing over in the mouse.Gen.res.9,375.- 508. Bateman, N.,1954, Bone growth: a study of the grey-lethal and microphthalmic mutants of the mouse. J.anat.88,212 - 262.- 509. Bateman,N.,1954, The measurement of milk production of mice through preweaning growth of suckling young.Phys.zool.27,163-173.- 510. Batt,R.A.L.,D.M.Everard,G.Gillies,M.Wilkinson,C.A.Wilson,T.A.Yen, 1982, Investigation into the hypogonadism of the obese mouse (genotype ob/ob). J.repr.fert.64,363-371.- 511. Batt,R.M.,1980, The molecular basis of malabsorption. J.sm.anim.pract.21,555-569.- 512. Battersby,A.R.,C.J. R.Fookes,G.W.J.Matcham,E.McDonald,1980, Biosynthesis of the pigments of life: formation of the macrocycle. Nature 285,17-21.- 513. Bauer,H., 1961, Die wichtigsten Erbfehler in der Rinderzucht Süddeutschlands und neue Wege zu ihrer Bekämpfung. Züchtungsk.33,49-59.- 514. Baum,D.,A.L. Schweid,D.Porte,E.L.Biermann,1969, Congenital lipoprotein lipase deficiency and hyperlipemia in the young puppy. Proc.soc.exp.biol.med.131,183 - 185.- 515. Bauman,R.H.,J.E.Kadlec,P.A.Powlen,1967, Some factors affecting death loss in baby pigs. Res.bull.Purd.univ.agr.exp.stn. 810,9 p. - 516. Baumgarten,H.,H.R.Koch,1979, A new mutant with hereditary cataracts: cat-b. Rat newslet.5,24-26.- 517. Baumgartner,H.,1979, Einfluß von Rassenkreuzung auf die Eutergesundheit. milchprax. 17,14-17.- 518. Baumgartner,W.,H.Höcher,B.Quehenberger,A.Liebscher,B.Müller,1980, Die Anwendung des Halothantest zur Früherkennung von PSE gefährdeten Schweinen. Wien.tierärztl.Mschr.67,197-200.- 519. Baxt,W.G.,S.Spiegelman,1972, Nuclear DNA sequences present in human leukemic cells and absent in normal leucocytes. Proc.nat.ac.sci.69,3737-3741.- 520. Bayless,T.M.,N.S. Rosenzweig,1967, Incidence and implications of lactase deficiency and milk intolerance in white and negro populations. J.Hopk.med.J.121,54-64.- 521. Bazargani,T.T.,1975, (Inherited metacarpal gait in kids).J.vet.fac.uni.Teh. 31,82-86.- 522. Bazeley,P.L.,1976, The nature of Aleutian disease in mink. J.inf.dis.134,252-270.- 523. Bazin,H.,B.Plateau,R.Pauwels,R.Capron, 1980, Immunoglobulin production in nude rats with special attention to the IgE isotype. Ann.immunol.131C,31-37.- 524. Bazin,S.,M.LeLouis,V.C.Duance, T.J.Suis,A.J.Bailey,G.Gabbiani,G.D.Andiran,G.Pizzolato,A.Browski,A. Nicoletis,A.Dehannay,1980, Biochemistry and histology of the connective tissue of Dupuytren's disease lesions. Eur.J.clin.invest.10,9-16.- 525. Beaconsfield,P.,E.Mahbouti,R.Rainsbury,1967, Epidemiologie des Glukose-6-Phosphat-Dehydrogenase-Mangels. Münch.med.Wschr. 109,1950-1952.-526. Beale,D.L.,1966, Differences in amino acid sequence between sheep haemoglobin A and B. Bioch.biophys.act. 127,239 - 241.- 527. Beale,D.,H.Lehmann,A.Drury,E.M.Tucker,1966, Haemoglobins in sheep. Nature 209,1099-1102.- 528. Beamer,W.G.,E.M.Eicher,L.J.Maltais,J.L.Southard,1981, Inherited primary hypothyroidism in mice. Science 212,61-63.- 529. Bearn,A.G.,

1960, A genetical analysis of thirty families with Wilson's disease (hepatolenticular degeneration). Ann. hum. gen. 24, 33. - 530. Bearn, A. G., 1972, Wilson's disease. In: Stanbury u. Mit. a. a. O. - 531. Bearn, J. G., 1971, The role of the foetal pituitary in organogenesis. In: Hamburgh u. Barrington a. a. O. - 532. Bearse, G. E., W. A. Becker, C. M. Hamilton, 1963, Resistance and susceptibility to the avian leukosis complex. Poult. sci. 42, 110-121. - 533. Bearse, G. E., W. A. Becker, C. F. McClary, C. M. Hamilton, 1968, Relaxed selection in White Leghorn lines selected for resistance and susceptibility to avian leukosis. Poult. sci. 47, 525-530. - 534. Beasley, R. P., M. M. Cohen, 1979, A new presumably autosomal recessive form of the Ehlers-Danlos syndrome. Clin. gen. 16, 19-24. - 535. Beatty, R. A., 1978, The origin of human triploidy: an integration of qualitative and quantitative evidence. Ann. hum. gen. 41, 299-314. - 536. Beatty, R. A., V. J. Coulter, 1978, Digynic triploidy in rabbit blastocysts after delayed insemination. Gen. res. 32, 9-18. - 537. Becak, M. L., S. M. Carneiro, W. Becak, 1977, Mouse sex vesicle. Exper. 33, 25-27. - 538. Bech-Nielson, S., M. E. Haskins, J. S. Reif, R. S. Brodey, D. F. Patterson, R. Spielman, 1978, Frequency of osteosarcoma among first-degree relatives of St. Bernard dogs. J. nat. canc. inst. 60, 349-353. - 539. Beck, C. C., G. B. Cords, H. B. Henneman, 1976, Factors in disease and mortality of lambs. Vet. med. 71, 84-91. - 540. Beck, F., J. B. Lloyd, 1965, Embryological principles of teratogenesis. In: Robson u. Mit. a. a. O. - 541. Becker, D. J., T. P. Foley, 1981, The effects of water deprivation and water loading during treatment with 1-deamino-8-d-arginine vasopressin in central diabetes insipidus in childhood. Act. endocr. 97, 358- 360. - 542. Becker, H. J., M. Kaltenbach, M. H. Khan, H. Martin, P. Schollmeyer, 1970, Zur familiären Kardiomyopathie. Z. Kreislauff. 59, 242-250. - 543. Becker, P. E., 1979, Heterozygote manifestation in recessive generalized myotonia. Hum. gen. 46, 325-329. - 544. Becker, R. B., C. J. Wilson, W. R. Pritchard, 1961, Crampy or progressive posterior paralysis in mature cattle. J. dairy sci. 44, 542-547. - 545. Becker, R. B., C. J. Wilcox, C. F. Simpson, L. D. Gilmore, N. S. Fechheimer, 1964, Genetic aspects of actinomycosis and actinobacillosis in cattle. Tech. bull. Fla. agr. exp. stn. 670, 24 p. - 546. Becker, R. B., C. J. Wilcox, 1969, Herrditary defects of spermatozoa. A. I. dig. 17, 8-10. - 547. Becker, R. B., F. C. Neal, C. J. Wilcox, 1969, Prenatal achondroplasia in a Jersey. J. dairy sci. 52, 1122-1123. - 548. Becker, W. A., G. E. Bearse, 1973, Selection for high and low percentages of chicken eggs with blood spots. Brit. poult. sci. 14, 31- 47. - 549. Becker, W. A., J. V. Spencer, J. A. Verstrate, L. W. Mirosh, 1977, Genetic analysis of chicken egg yolk cholesterol. Poult. sci. 56, 895-901. - 550. Beckett, R. C., 1977, An assessment of exotic cattle breeds. Agr. North. Irel. 52, 137-140. - 551. Beckmann, R., 1965, Myopathien. G. Thieme, Stuttg. - 552. Bedford, P. G. C., 1977, A gonioscopic study of the iridocorneal angle in the English and American breeds of Cocker spaniel and the Basset hound. J. sm. anim. pract. 18, 631-642. - 553. Bedigian, H. G., L. D. Shultz, H. Meier, 1979, Expression of endogenous murine leukemia viruses in AKR/J streaker mice. Nature 279, 434-436. - 554. Bedson, S., A. W. Downie, F. O. MacCallum, C. H. Stuart-Harris, 1967, Virus and Rickettsial diseases of man. E. Arnold Publ., London. - 555. Beech, J., R. Dubielzig, R. Biester, 1977, Portal vein anomaly and hepatic encephalopathy in a horse. J. A. V. M. A. 170, 164-166. - 556. deBeer, G., H. Grüneberg, 1940, A note on pituitary dwarfism in the mouse. J. genet. 39, 297-300. - 557. Beer, J., 1962, Ein Erbfehler mit multiplen Anomalien beim Schwein und sein außergewöhnlicher Erbgang. Zuchthyg. 6, 353-370. - 558. Begemann, M., 1981, Autoaggression und Selbsttoleranz. Med. Kiin. 76, 18-27. -

559. Begleiter, M. L., P. Kulkarni, D. J. Harris, 1976, Confirmation of trisomy 22 by trypsin-Giemsa staining. J. med. gen. 13, 517-520. - 560. Beguez, C. A., 1943, Neutropenia cronica maligna familiar con granulaciones atypicas de los leucocitos. Bol. soc. cub. ped. 15, 900-922. - 561. Beher, M. E., V. T. Beher, 1959, A partial dominant for suppression of color in the Syrian hamster. Am. nat. 93, 201-203. - 562. Behrend, T., 1970, Die Epidemiologie der chronischen Polyarthritis. Nieders. Ärztebl. 43, 263-265. - 563. Behrend, T., J. S. Lawrence, H. Behrend, R. Koch, 1972, Eine longitudinale Studie in Hinblick auf rheumatische Erkrankungen in der ländlichen Bevölkerung von Oberhörden in Hessen. Z. Rheumaf. 31, 153-157. - 564. Behrens, H., 1961, Fragen des Schweinegesundheitsdienstes unter besonderer Berücksichtigung der Fleischschweinezüchtung. Schweinez. Schweinem. 9, 137-139. - 565. Behrens, H., 1974, Arthrogryposis congenita beim Schwein. Dt. tierärztl. Wschr. 81, 219. - 566. Behrens, H., 1979, Problematik der Merkmalsantagonismen in der Leistungszucht beim Schaf. Züchtungsk. 51, 468-474. - 567. Behrens, H., 1980. Nebenhodenerkrankungen bei Schafböcken. Tierzücht. 32, 412-415. - 568. Behrens, H., 1980, Nasenquerschnittsbefunde bei Schweinen aus Rhinitis-atrophicans-unverdächtigen Beständen. Prakt. Tierarzt 61, 1044-1048. - 569. Behrens, H., H. Doehner, R. Scheelje, R. Waßmuth, 1976, Lehrbuch der Schafzucht. P. Parey, Hbg. - 570. Beighlie-Poole, D., R. L. Teplitz, 1978, NZB/W F$_1$ hybrid autoimmune disease: a genetic analysis. J. rheumat. 5, 129-135. - 571. Beighton, P., 1970, Congenital hypertrichosis lanuginosa. Arch. derm. 101, 669-672. - 572. Beighton, P., 1970, The Ehlers-Danlos-Syndrome. W. Heinemann Med. Bks., Lond.. - 573. Beighton, P., J. Davidson, L. Durr, H. Hamersma, 1977, Sclerosteosis: an autosomal recessive disorder. Clin. gen. 11, 1-7. - 574. Belcher, D. R., R. R. Frahm, 1979, Factors affecting calving difficulty and the influence of pelvic measurements on calving difficulty percentage in Limousin heifers. Anim. sci. res. rep. Okl. exp. stn. 104, 136-144. - 575. Belda, S. A., 1975, (Spanish piebald sheep with two or four horns). Av. alim. mej. anim. 16, 275-276. - 576. Belic, M., 1971, Effect of inbreeding on mortality and development of calves to 90 days of age. Ref. Anim. breed. abstr. 40, 472. - 577. Belic, M., F. Menissier, 1968, Etude de quelques facteurs influencant les difficultés de vêlage en croisement industriel. Ann. zootech. 17, 107-142. - 578. Bell, A. F., 1965, Dental disease in the dog. J. sm. anim. pract. 6, 421-428. - 579. Bell, G. E., J. S. Stern, 1977, Evaluation of body comparison of young obese and lean Zucker rats. Growth 41, 63-80. - 580. Bell, J. E., C. M. Gosden, 1978, Central nervous system abnormalities: contrasting patterns in early and late pregnancy. Clin. gen. 13, 387-396. -581. Bell, J. T., T. H. J. Huisman, 1968, Hemoglobin types in an anemic cow. Am. J. vet. res. 29, 479-432. - 582. Bell, T. G., 1976, The function of storage pool deficient platelets in primary hemostasis of Chediak-Higashi syndrome animals. Dissert. abstr. 37B, 2702-2703. - 583. Bell, T. G., K. M. Meyers, D. J. Prieur, A. S. Fauci, S. M. Wolff, G. A. Padgett, 1976, Decreased nucleotide and serotonin storage associated with defective function in Chediak-Higashi syndrome cattle and human platelets. Blood 48, 175-184. - 584. Bell, T. G., G. A. Padgett, W. R. Patterson, K. M. Meyers, J. R. Gorham, 1980, Prolonged bleeding time in Aleutian mink associated with a cyclo-oxygenase-independent aggregation defect and nucleotide deficit in blood platelets. Am. J. vet. res. 41, 910-914. - 585. Bellhorn, R. W., 1973, Fluorescein fundus photography in veterinary ophthalmology. J. A. A. H. A. 9, 227-233. - 586. Bellvé, A. R., 1976, Incorporation of (3H) uridine by mouse embryos with abnormalities induced by parental hyperthermia. Biol. repr. 15, 632-646. - 587. Belyaev, D. K., 1969, Domestication

of animals. Sci. J. 5, 47-52. - 588. Belyaev, D. K., V. I. Eosikov, 1967, (The genetics of animal fertility). Genetika 2, 21-33. - 589. Belyaev, D. K., V. T. Volubuev, S. I. Radzhabli, L. N. Trut, 1974, (Polymorphism and mosaicism for additional chromosomes in silver-black foxes). Genetika 10, 58-67. - 590. Belyaev, D. K., L. N. Trut, 1975, Some genetic and endocrine effects of selection for domestication in silver foxes. In: Fox a.a.O.. - 591. Belyaev, D. K., A. I. Zhelezova, 1978, Effect of day length on lethality in mink homozygous for the shadow gene. J. hered. 69, 366-368. - 592. Belyaev, D. K., A. O. Ruvinsky, L. N. Trut, 1981, Inherited activation-inactivation of the star gene in foxes. J. hered. 72, 267-274. - 593. Bembibre, A. L. J., 1977, (Haemolytic icterus of newborn foals. Rev. med. vet. Arg. 58, 241-242. - 594. Bemmann, A., 1979, Schilddrüsenfunktion beim Schwein unter besonderer Berücksichtigung morphologischer Parameter. Mh. Vet. med. 34, 291-296. - 595. Benacerraf, B., 1974, Immune response genes. Scand. J. immun. 76, 145-147. - 596. Benacerraf, B., D. M. Katz, 1975, The histocompatibility-linked immune response genes. Adv. canc. res. 21, 121-173. - 597. Benacerraf, B., M. E. Dorf, 1976, Genetic control of specific immune response and immune suppressions by I-region genes. Cld. Spr. Harb. Symp. quant. biol. 41, 465-475. - 598. Ben-Bassat, I., F. Brok-Simoni, G. Kende, F. Holtzmann, B. Ramot, 1976, A family with red cell pyrimidine 5'-nucleotidase deficiency. Blood 47, 919-922. - 599. Bench, R. J., A. Pye, J. D. Pye, 1975, Sound reception in mammals. Ac. Press, Lon d.. - 600. Bencze, K., L. Sabatke, 1980, Schnelle Phänotypisierung des α_1 - Antitrypsin zur Bestimmung der Subtypen des Phänotyps MM. J. clin. chem. clin. bioch. 18, 13-16. - 601. Bencze, K., X. Baur, 1982, A case of rare heterozygous α_1 - antitrypsin phenotype: IS. J. clin. chem. clin. bioch. 20, 61-63. - 602. Benda, A., H. Haase, S. Willer, F. Berschneider, W. Müller, A. Mauke, 1978, Zur Problematik des Auftretens von Atresia coli bei Kälbern. Mh. Vet. med. 33, 683-687. - 603. Benda, V., 1978, Empfänglichkeit einiger Inzuchtlinien des Huhnes gegenüber Marekscher Krankheit. Mh. Vet. med. 33, 582-584. - 604. Bendall, J. R., R. A. Lawrie, 1964, Watery pork. Anim. breed. abstr. 32, 1-8. - 605. Benditt, E. P., 1977, Implications of the monoclonal character of human atherosclerotic plaques. Am. J. path. 86, 693-702. - 606. Benedetti, F., 1943, Indagini circa le differenze die resistenza del corno di color chiaro rispetto a quello di colore scuro nello zoccolo degli equini. Ann. fac. med. vet. 1, 93-106. - 607. Benedict, A., H. A. Abplanalp, L. W. Pollard, L. Q. Tam, 1977, Inherited immunodeficiency in chickens: a model for common variable hypogammaglobulinemia in man ? Av. immunol., Plen. Press, N. Y.. - 608. Benedict, A. A., L. Q. Tam, T. C. Chanh, L. W. Pollard, H. Abplanalp, M. E. Gershwin, 1980, Inherited 7 S immunoglobulin deficiency in chickens. Clin. immun. immunopath. 17, 1-14. - 609. Benedict, F. G., R. C. Lee, 1936, La production de chaleur de la souris. Ann. phys. physicochim. biol. 12, 983-1064. - 610. Benesch, R., R. Benesch, 1981, Antisickling drugs and water structure. Nature 289, 637-638. - 611. Bengtsson, B. O., 1975, Mammalian chromosomes similar in length are also similar in shape. Hereditas 79, 287-291. - 612. Benirschke, K., 1967, Comparative aspects of reproductive failure. Springer, N. Y.. - 613. Benirschke, K., 1969, Comparative mammalian cytogenetics. Springer, N. Y.. - 614. Benirschke, K., J. M. Anderson, L. E. Brownhill, 1962, Marrow chimerism in marmosets. Science 138, 513-515. - 615. Benirschke, K., R. Richart, 1964, Observations on the fetal adrenals of marmoset monkeys. Endocrin. 74, 382-387. - 616. Benirschke, K., M. M. Sullivan, 1965, Chromosomally discordant monozygous twins. Hum. chromos. newsl. 15, 3. - 617. Benitz, K. P., R. M. Moraski, J. R. Cummings, 1961,

Relation of heart weight, ventricular ratio and kidney weight to body weight and arterial blood pressure in normal and hypertensive rats. Lab. invest. 10, 934-946. - 618. Benjamin, B. R., E. W. Stringam, 1969, "Snorter" dwarfism in the bovine. Can. J. gen. cyt. 11, 609-612. - 619. Benjamin, B. R., E. W. Stringam, R. J. Parker, 1970, Some skin characteristics of "snorter" dwarfism in the bovine. Can. J. anim. sci. 50, 43-47. - 620. Bennejean, G., P. Mérat, A. Perramon, M. Guittet, J. P. Picault, 1976, Groupes sanguins et maladie de Marek chez la poule: résistance d'un génotype hétérozygote. Ann. gén. sél. anim. 8, 173-180. - 621. Bennett, D., 1964, Selection toward normality in genetically tailless mice, and some correlated effects. Am. nat. 98, 5-11. - 622. Bennett, D., 1977, Developmental antigens and differentiation. Birth def. proc. 432, 169-177. - 623. Bennett, D., L. C. Dunn, 1957, Studies of effects of t-alleles in the house mouse. I. J. repr. fert. 13, 421-428. - 624. Bennett, D., L. C. Dunn, 1971, Transmission ratio distorting genes on chromosome IX and their interactions. In: Immunogen. of the H-2-System, S. Karger, Basel. - 625. Bennett, J., J. Bauer, C. K. Wu, A. E. Kolker, 1973, Recombination between buphthalmos and albino loci in the rabbit. J. hered. 64, 363-364. - 626. Bennett, M., R. A. Steeves, G. Cudkowicz, E. A. Mirand, L. B. Russell, 1968, Mutant Sl alleles of mice affect susceptibility to Friend spleen focus forming virus. Science 162, 564- 565. - 627. Bennett, P. H., T. A. Burch, 1968, The epidemiology of rheumatoid arthritis. Med. clin. N. Am. 52, 479-491. - 628. Bennett, R. C., 1972, The nature of white heifer disease and its mode of inheritance. Diss. abstr. B 33, 512-513. - 629. Bennetts, H. W., A. B. Beck, 1942, Enzootic ataxia and copper deficiency of sheep. Bull. Counc. sci. ind. res. Melb. 147, 1-52. - 630. Benoff, F. H., 1980, Defective egg production in a population of dwarf White Leghorns. Brit. poult. sci. 21, 233-240. - 631. Bennoff, F. H., P. B. Siegel, 1976, Genetic analysis of tonic immobility in young Japanese quail (Coturnix coturnix japonica). Anim. learn. beh. 4, 160-162. - 632. Benoff, F. H., E. G. Buss, 1976, Water consumption and urine volume in polydipsic and normal White Leghorn chickens. Poult. sci. 55, 1140-1142. - 633. tenBensel, R. W., E. M. Stadlan, W. Krivit, 1966, The development of malignancy in the course of the Aldrich syndrome. J. ped. 68, 761-767. - 634. v. Benten, C., K. Petzoldt, B. Sonnenschein, K. v. Benten, 1977, Mehrjährige Unttersuchungen über Abortursachen in der Warmblutzucht. Dt. tierärztl. Wschr. 84, 453-459. - 635. Bentvelzen, P., J. H. Daams, 1969, Hereditary infections with mammary tumor viruses in mice. J. nat. canc. inst. 43, 1025-1035. - 636. Benveniste, R. E., C. J. Sherr, M. M. Lieber, R. Callahan, G. J. Todaro, 1975, Evolution of primate type-C viral genes. In: Gottlieb u. Mit. a. a. O. - 637. Berardino, D., F. E. Arrighi, N. M. Kieffer, 1979, Nucleolus organizer regions in two species of Bovidae. J. hered. 70, 47-50. - 638. Bercovich, Z., M. F. de Jong, 1976, (Shortening of the upper jaw (Brachygnathia superior) as a clinical feature of atrophic rhinitis in approximately eight -week-old piglets). Tijds. diergeneesk. 101, 1011-1022. - 639. Bereskin, B., 1979, Genetic aspects of feet and legs soundness in swine. J. anim. sci. 48, 1322-1328. - 640. Bereskin, B., C. E. Shelby, K. E. Rowe, W. E. Rempel, A. E. Dettmers, H. W. Norton, 1970, Inbreeding and swine productivity in Minnesota experimental herds. J. anim. sci. 31, 278-288. - 641. Bereskin, B., C. E. Shelby, D. F. Cox, 1973, Some factors affecting pig survival. J. anim. sci. 36, 821-827. - 642. Bereskin, B., R. L. Figulski, 1976, Some genetic aspects of soundness of feet and legs in swine. Proc. 4th int. pig vet. soc. congr., Q4. - 643. Bereskin, B., L. T. Frobish, 1981, Some genetic and environmental effects on sow productivity. J. anim. sci. 53, 601-610. - 644. Berg, J. M., J. Stern, 1958, Iris colour in phenylketonuria. Ann. hum. gen. 22, 370-372. - 645. Berg, P., H. W. Baltimore, H. W.

Boyer,S. N.Cohen,R.W.Davis,D.S.Hogness,D. Nathan,R. Roblin,J.D.Watson, S.Weissman,N.D. Zinder,1974, Potential biohazards of recombinant DNA molecules.Science 185,303.- 646. Berg,P.A.,1979, Kurze Physiologie der Immunreaktionen. Med.Klin.74,973-982. - 647. Berg,R.,R.Meister,B.Eigendorf,A. Litschke,R. Loos,H.J.Wenzel,1976, Anatomische Untersuchungen zur quantitativen Entwicklung von Leber,Herz un d Nebenniere bei Weißen-Neuseeländer-Kaninchen. Arch.exp.Vet.med. 30,217-225. - 648.Berg,R.T.,1977, Pers.Mitt. - 649. Berg,R.T., L.A.Goonewardene,1974, Arthrogryposis or crippled calf condition in cattle. Ref.Anim.breed.abstr.43,6. - 650. Berg,R. T.,L.A.Goonewardene,1974, The genetics of arthrogryposis in Charolais cattle. 1.Wld.congr.gen.appl.livest.,635-642. - 651. Berg,R.T.,M.Adam, G.M.Weiss,1978, Breeding considerations for minimizing difficult calvings. Agr.for.bull.univ.Alb.,15-17. - 652. Berge,S.,1965, Haarfarbe und Haarzeichnung bei Kreuzung von gelbweißen Charolaise mit roten und schwarzen Kühen. Z.Tierz.Zücht.biol.81,46-54. - 653.Berge,S.,1965, Storefarger.Med.Norg. Landb.sk.201,46 p. - 654. Berge,S.,1965, Arv av hornvekst hos husdyra vare, Tids.nor.landbr.72,35-50. - 655. Berge,S.,1967, A propos de la couleur des chèvres.Rév.élev. 22,111-115. - 656. Berge,S.,1974, Sheep colour genetics. Z.Tierz.Zücht.biol.90,297-321. - 657. Berge,S.,1974, Sheep colour genetics, Z.T.Z.90,297-321. - 658. Berge,S.,T.Bihang,1963, Abnehmende Pigmentierung mit steigendem Alter bei verschiedenen Farbtypen des norwegischen, kurzschwänzigen Landschafes. Z.Tierz. Zücht.biol.79,269-274. - 659. Berger,G.,1979, Klauenerkrankungsrate bei Kühen verwchiedener Genotypen unter den Bedingungen der einstreulosen Laufstallhaltung. Mh.Vet.med.34,161-164. - 660. Berger,M.,G.v.Schöning,H.Zühlke,1976, Untersuchungen am Göttinger Miniaturschwein zur Prüfung eines hydraulischen Sphinktersystems zur Behebung der Stuhlinkontinenz. Zbl.Vet.med.23 A,347-351. - 661. Berger,M.,P. Berchtold,H.Zimmermann,1980, Butter oder Margarine ? Dt. med.Wschr.105,1292-1299. - 662. Berger,R.,M.Binoux,E.Massa,J.Lejeune,1972, Dysgénésie gonadique pure familiale. Ann.endocr.33,35-40. -663. Berghe,H.,J.Dequeker,J.P.Fryns,G.David,1978, Familial occurrence of severe ulnar aplasia and lobster claw feet: a new syndrome. Hum.gen.42,109-113. - 664. Berglund,O.,B.J.Frankel, B.Hellman,1978, Development of insulin secretory defect in genetically diabetic (db/db) mouse. Act.endocr.87, 543-551. - 665. Bergmann,V.,1975, Zur Ultrastruktur der Mitochondrien in der Skelettmuskulatur des Schweines. Arch.exp.Vet.med.28,225-241. - 666. Bergmann,V.,1976, Elektronenmikroskopische Befunde an der Skelettmuskulatur von neugeborenen Ferkeln mit Grätschstellung. Arch.exp.Vet.med.30, 239-260. - 667. Bergmann,V.,1978, Ultrastrukturelle Veränderungen am Schweineherzen nach Transportstress. Arch.exp.Vet.med.32,957-964. -668. Bergmann,V.,1979, Belastungsmyopathien beim Schwein - Erscheinungsformen und Pathogenese. Mh.Vet.med.34,21-28. - 669.Bergmann,V.,J.Scheer, 1976, Beiträge zur Differentialdiagnose der Bewegungsstörungen beim Junghuhn.3. Mh.Vet.med.31,576-581. - 670. Bergmann,V.,M.Pietsch,1976,Beiträge zur Differentialdiagnose der Bewegungsstörungen beim Junghuhn.4.Mh. Vet.med.31,581-585. - 671. Bergmann,V,M.Göllnitz,1976, Akute Rückenmuskelnekrose beim Schwein. Mh.Vet.med.31,945-946. - 672. Bergmann,V.,J. Scheer,1977, Beiträge zur Differentialdiagnose der Bewegungsstörungen beim Junghuhn.5. Mh.Vet.med.32,141-148. - 673. Bergmann,V.,J.Scheer,1979, Ökonomisch bedeutungsvolle Verlustursachen bei Schlachtgeflügel. Mh.Vet. med. 34,543-547. - 674. Bergsma,D.R.,K.M.Kaiser,1974, A new form of albinism. Am.J.ophth.77,837-844. - 675. Berman,A.,1960, Peripheral effects of L-thyroxine on hair growth and coloration in cattle. J. endocr. 20, 288-292. - 676. Berman, E. R., 1974, Biochemical diagnostic tests in genetic and metabolic eye diseases. In: Goldberg a. a. O.. - 677. Berman, E. R., N. Segal, S. Photion, H. Rothman, C. Feeney-Burns, 1981, Inherited retinal dystrophy in RCS rats: a deficiency in vitamin-A esterification in pigment epithelium. Nature 293, 217-220. - 678. Berman, P. W., J. Patrick, 1980, Linkage between the frequency of muscular weakness and loci that regulate immune responsiveness in murine experimental myasthenia gravis. J. exp. med. 152, 507-520. - 679. Bernacki, Z., R. Hoppe, P. Sysa, J. Liwska, 1977, (Incidence and types of cryptorchidism in pigs.). Med. wet. 33, 555-558. - 680. Bernard, C. C. A., 1976, Experimental autoimmune encephalomyelitis in mice: genetic control of susceptibility. J. immunogen. 3, 263-274. - 681. Bernard, M. A., V. E. Valli, 1977, Familial renal disease in Sa moyed dogs. Can. vet. J. 18, 181-189. - 682. Bernard, R., A. Stahl, J. Coignet, F. Giraud, M. Hartung, Y. Brusquet, P. Passeron, 1967, Triploidie chromosomique chez un nouveau-né polymalformé. Ann. gén. 10, 70-74. - 683. Bernard, S., M. Haase, G. Guidot, 1980, Trypanosomose der Rinder in Obervolta, epizootologische Ermittlungen und Beitrag zum Problem Trypanotoleranz. Berl. Münch. tierärztl. Wschr. 93, 482-485. - 684. Bernau, U., 1969, Versuche über das Farbsehvermögen der Erdmännchen (Suricata suricata). Z. Säugetierk. 34, 223-226. - 685. Bernheimer, H., E. Kaibe, 1970, Morphologische und neurochemische Untersuchungen von 2 Formen der amaurotischen Idiotie des Hundes: Nachweis einer G_{m2} - Gangliosidose. Act. neurop. 16, 243-261. - 686. Bernier, B. E., T. Cooney, 1954, Black down colour and riboflavin deficiency in embryos of the domestic fowl. 10th Wld. poult. congr., 66-71. - 687. Bernin g, A. K., E. M. Eicher, W. E. Paul, I. Scher, 1980, Mapping of the x-linked immune deficiency mutation (xid) of CBA/N mice. J. immunol. 124, 1875-1877. - 688. Berns, M. W., W. K. Cheng, A. D. Floyd, Y. Ohnuki, 1971, Chromosome lesions produced with an argon laser microbeam without dye sensitization. Science 171, 904-903. - 689. Bernstein, S. E., 1963, Analysis of gene action and characterization of a new hematological abnormality, hemolytic anemia. Proc. XI. int. congr. gen., 1, 186. - 690. Bernstein, S. E., 1969, Hereditary disorders of the rodent erythron. In: Lindsay a. a. O.. - 691. Bernstein, S. E., 1980, Inherited hemolytic disease in mice: a review and update. Lab. anim. sci. 30, 197-205. - 692. Berrens, L., W. Kersten, 1979, Das Atopiesyndrom, Med. Klin. 74, 125-131. - 693. Berridge, M. V., R. Moore, B. F. Heslop, L. J. McNeilage, 1973, Another nude rat (nznu). Rat newsl. 4, 23-26. - 694. Berridge, M. V., N. O'Kech, L. J. McNeilage, B. F. Heslop, R. Moore, 1979, Rat mutant (nznu) showing "nude" characteristics. Transplant. 27, 410-413. - 695. Berruecos, J. M., 1977, (Three lethal genes in pigs). Mem. ass. latinam. prod. anim. 13, 153. - 696. Berruecos, J. M., O. W. Robison, 1972, Inheritance of gastric ulcers in swine. J. anim. sci. 35, 20-24. - 697. Berry, A. C., D. E. Mutton, D. G. M. Lewis, 1978, Mosaicism and the trisomy 8 syndrome. Clin. gen. 14, 105-114. - 698. Berry, C. L., D. E. Poswillo, 1975, Teratology. Springer, Berl., N. Y.. - 699. Berry, R. J., 1961, The inheritance and pathogenesis of hydrocephalus-3 in the mouse. J. path. bact. 81, 157-167. - 700. Berry, R. J., 1978, Genetic variation in wild house mice: where natural selection and history meet. Am. sci. 66, 52-60. - 701. Berry, R. J., 1980, The great mouse festival. Nature 283, 15-16. - 702. Berry, R. J., G. M. Truslove, 1968, Age and eye lens weight: the house mouse. J. zool. 155, 247-252. - 703. Berson, E. L., G. Watson, 1980, Electroretinograms in English Setters with neuronal ceroid lipofuscinosis. Invest. ophth. vis. sci. 19, 87-90. - 704. Bertha, B., 1975, (Occurrence of tremor and splayleg in piglets). Mag. All. Lapj. 30, 413-416. - 705. Berthet, J., C. de Duve, 1951, Tissue fractionation studies. Biochem. J. 50, 174-181. -706. Bertles, J. F., 1957, Sodium transport across the surface membrane of red blood cells in hereditary spherocytosis. J. clin. inv. 36, 816-824. - 707. Bertrams, J., P. Sodomann, F. A. Gries, B. Sachsse, K. Jahnke, 1981, Die HLA-Assoziation des insulinempfindlichen Diabetes mellitus, Typ I. Dt. med. Wschr. 106, 927 - 932.-708. Bertrams, J., C. Rittner, 1981, Der HLA-Komplex. Dt. med. Wschr. 106, 952. - 709. Bertrand, M., 1971, Les causes generales de la subfertilité animale. Bull. techn. inform. 257, 109-114. - 710. Bertrand, M., 1979, Les anomalies chromosomiques chez les mammifères domestiques. Rev. méd. vét. 130, 155-168. - 711. Berzofsky, J. A., R. H. Schwartz, A. N. Schechter, D. H. Sachs, 1978, H-2 linked control of the antibody and cellular immune response to nuclease at the level of individual regions of the molecule. Proc. 3rd Wksh. Ir gene, 423-431. - 712. Bessman, S. P., M. L. Williamson, R. Koch, 1978, Diet, genetics, and mental retardation interaction between phenylketonuric heterozygous mother and fetus to produce nonspecific diminution of IQ. Proc. nat. ac. sci. 75, 1562-1566. - 713. Bester, A. J., W. Gevers, A. O. Hawtrey, 1974, A possible defect in protein synthesis underlying inherited cardiomyopathy of Syrian hamsters. In: Bajusz u. Rona a. a. O., - 714. Betancourt, A., C. Gutierrez, A. Sanchez, 1974, Importance of chromosome studies in cattle selected as breeders. 1. Wld. congr. gen. appl. livest., 213-218. - 715. Betancourt, A., A. Sanchez, C, Gutierrez, 1978, Centric fusion in Santa Gertrudis breed. 14th int. congr. gen., I, 13-20. - 716. Bettini, T. M., D. Matassino, E. Cosentino, D. Iannelli, P. Masina, B. Zacchi, 1972, (12 haematochemical parameters in Italian Friesian cows). Prod. anim. 11, 179-206. - 717. Beukert, O., Biochemische Grundlagen der Depression. Klin. Wschr. 57, 651-660. - 718. Beutler, E., 1968, Hereditary disorders of erythrocyte metabolism. Grune u. Stratton, N. Y.. - 719. Beutler, E., 1977, Glucose-6-phosphate dehydrogenase deficiency and red cell glutathione peroxidase. Blood 49, 467-469. - 720. Beutler, E., 1979, Red cell enzyme defects as nondiseases and as diseases. Blood 54, 1-7. - 721. Beutler, E., 1979, The biochemical genetics of the hexosaminidase system in man. Am. J. hum. gen. 31, 95-105. - 722. Beutler, E., C. K. Mathai, J. E. Smith, 1968, Biochemical variants of glucose-6-phosphate dehydrogenase giving rise to congenital nonspherocytic hemolytic disease. Blood 31, 131-150. - 723. Beutler, E., P. V. Baranko, J. Feagler, F. Matsumoto, M. Miro-Quesdada, G. Selby, P. Singh, 1980, Hemolytic anemia due to pyrimidine-5-nucleotidase deficiency. Blood 56, 251-255. - 724. Beznak, M., B. Korecky, G. Thomas, 1969, Regression of cardiac hypertrophies of various origin. Can. J. phys. pharm. 47, 579-586. - 725. Bhambhani, R., J. Kuspira, S. M. Singh, N. Muntjewerff, R. Neifer, 1977, A familial occurrence of osteogenesis imperfecta. J. hered. 68, 53-54. - 726. Bhargava, A. K., D. C. Dhablania, R. Tyagi, 1975, Congenital cataract in cattle. Ind. vet. J. 52, 478-479. - 727. Bhaskaran, B., U. S. Krishnamurti, 1979, Genetics of erythrocyte glutathione in Mandya, Madras Red and their crossbred sheep. Cheiron 8, 125-129. - 728. Bhatia, S. K., D. R. Hadden, D. A. D. Montgomery, 1969, Hand volume and skin thickness in normal population and in acromegaly. Act. endocr. 61, 385-392. - 729. Bhatia, S. K., V. Shanker, 1980, Capra hircus: Sex chromatin types in leucocytes of Alpines, Beetals and their crossbred. Goat sheep res. 1, 176-181. - 730. Bhatia, S. S., P. K. Sharma, 1977, A study on the nature and extent of variation affecting teat number in Landrace pigs. J. anim. morph. phys. 24, 396-398. - 731. Bhatnagar, D. P., L. S. Sidhu, N. D. Agarwal, 1977, Family studies for the mode of inheritance in arthrogryposis multiplex congenita. Z. Morph. Anthr. 68, 233-240. - 732. Bhatnagar, V.

S.,1976,Autosomal polymorphism in albino rats,Rattus norwegicus B..Cytol. 41,671-677. - 733. Bhattacharya,P.,S.Prabhu,S.N.Chatterjee,1956, Twin and multiple births in Indian cattle. Z.Tierz.Zücht.biol.66,301-310. - 734. Bias,W.B.,1973,The genetic basis of asthma.In: Austen u.Lichtenstein a.a. O.. - 735. Bickel,H.,1973,The clinical pattern of inborn metabolic errors with brain damage. In: Hommes u.v.d.Berg a.a.O. , - 736. Bickhardt,K.,1970, Beziehungen zwischen Enzymaktivitäten und Metabolitgehalten im Blut vor und nach körperlicher Belastung sowie der Wäßrigkeit des Fleisches bei Schweinen. Dt.tierärztl.Wschr.77,535-538. - 737. Bickhardt,K.,S.Ueberschär,W. Giese,1967, Protrahierte Atrophie der caudalen Oberschenkelmuskulatur beim Schwein.Dt.tierärztl.Wschr.74,326-333. - 738. Bickhardt,K.,H.J.Chevalier, 1969, Klinische,histopathologische und biochemische Untersuchungen bei akuter Rückenmuskelnekrose. Proc.1st congr.int.pig vet soc.,60. - 739. Bickhardt,K.,H.J.Chevalier,K.Tuch,1975, Zur Ätiologie und Pathogenese der Akuten Rückenmuskelnekrose des Schweines. Dt.tierärztl.Wschr.82,475 - 479. - 740. Bickhardt,K.,L.Richter,D.K.Flock,1979, First results of a selection programme using the creatine-kinase test. Act.agr.scand.Suppl.21, 379-385. - 741. Biddle,F.G.,1975, Teratogenesis of acetazolamide in CBA/ J and SWV strains of mice.Teratol.11,31-46. - 742. Biddle,F.G.,F.C.Fraser,1976, Genetics of cortisone-induced cleft palate in the mouse- embryonic and maternal effects. Genetics 84,743-754. - 743. Biddle,F.G.,F.C.Fraser, 1977, Cortisone-induced cleft palate in the mouse. Genetics 85,289-302. - 744. Bieber,H.,E.Lubnow,1970, Die Farbanpassung mit ihren genetischen und modifikatorischen Ursachen bei der Hausmaus Mus musculus und der afrikanischen Bergratte Aethomys namaquensis. Z.Naturf.25b,389-398. -745. Biederman,B.,P.Bowen,1978, Balanced(t8;9)(q12;q33)pat carrier with phenotypic abnormalities attributable to a de novo terminal deletion of the long arm of chromosome 7. Hum.gen.41,101-107. - 746. Bielanska-Osuchowska,Z., 1960, Hermaphroditism in goat. Med.wet.16,658-662. - 747. Bielanski,W., A.Kleczowska,M.Tischner,M.Jaglarz,1980, (Cytogenetic comparison of parents and sibs of a foal with male pseudohermaphroditism). Med.wet.36,492-494. - 748. Bielschowsky,M.,B.J.Helyer,J.B.Howie,1959, Spontaneous haemolytic anaemia in mice of the NZB/BL strain. Proc.univ.Otago med.sch. 37,9. - 749. Bierich,J.R.,1980, Alkoholembryopathie. Dt.med.Wschr.105, 1340. - 750. Bierich,J.R.,1981, Pubertät.Klin.Wschr.59,985-994. - 751. Bierman,E.L.,1978, Atherosclerosis and aging. Fed.proc.37,2832-2836.- 752. Bierman,E.L.,J.T.Hamlin,1961, The hyperlipemic effect of a low-fat high-carbohydrate diet in diabetic subjects. Diabet.10,432-437. - 753. Biesold,D.,1979,Kritische Phasen der Entwicklung des Nervensystems. Wiss. Z.Humb.Univ.Berl.M.N.R.28,347-350. - 754. Biggs,P.M.,1966, Avian leukosis and Marek's disease. 13th Wld.poult.congr.,91-118. - 755. Biggs,P. M.,1982, The world of poultry disease. Av.path.11,281-300. - 756. Biggs,P. M.,L.N.Payne,1967, Studies on Marek's diseaseI. J.nat.canc.inst.39,267-280. - 757. Biggs,P.M.,R.J.Thorpe,L.N.Payne,1968, Studies on genetic resistance to Marek's disease in the domestic chicken.Brit.poult.sci.9,37-52.- 758. Biggs,P.M.,P.L.Long,S.G.Kenzy,D.G.Rootes,1969, Investigations into the association between Marek's disease and coccidiosis. Act.vet.Brno 38,65-75. - 759. Biggs,P.M.,R.F.W.Shilleto,A.M.Lawn,D.M.Cooper,1982, Idiopathic polyneuritis in SPF chickens. Av.path.11,163-178. - 760. Bila,V., V.Kren,1978, Dominant polydactyly-luxate syndrome(DPLS)- a new mutant of the Norway rat. Fol.biol.Czech.24,369-370. - 761. Bilgemre,K.,O.Düzgünes,1952, Hornlessness in Angora goats. Z.Tierz.Zücht.biol.60,282-284. -

762. Bille,N.,J.L.Larsen,N.C.Nielsen,1972, An analysis of perinatal losses in pigs. Proc.2nd int.congr.pig vet soc.,25.- 763. Bille,N.,N.C.Nielsen,1977, Congenital malformations in a post mortem material. Nord.vet. med.29,128-136.- 764. Bindon,B.M.,1975,Ovulation in ewes selected for fecundity: effect of Gn-RH injected on the day of oestrus. J.repr.fert.43,400-401.- 765. Bindon,B.M.,L.R.Piper,1980, Genetic control of ovulation rate. Res.rep.CSIRO Austr.,62-64.- 766. Bindon,B.M.,L.R.Piper,1980, Breeding cattle for twinning.Res.rep.CSIRO Austr.,80.- 767. Bingle,G.J.,J.D. Niswander,1977, Maternal effects in human cleft lip and palate.Am.J.hum. gen.29,605-609.- 768. Binkert,F.,W.Schmid,1977,Pre-implantation embryos of Chinese hamster. I.Mut.res.46,63-76.- 769. Binns,W.,J.F.Lynn,J.L. Shupe,G.A.Everett,1963,Congenital cyclopian-type malformation in lambs induced by ingestion of a range plant, Veratrum californicum.Am.J.vet.res. 24,1164-1175.- 770. Binz,H.,H.Wigzell,1978,Horror autotoxicus ? Fed.proc. 37,2365-2369.- 771. Bird,M.T.,E.Shuttleworth,A.Koestner,J.Reinglass, 1971, The wobbler mouse mutant: an animal model of hereditary motor system disease. Act.neuropath.19,39-50.- 772. Bird,T.D.,G.H.Kraft,1978, Charcot-Marie-Tooth disease: data for genetic counseling relating age to risk. Clin.gen.14,43-49.- 773. Birtwell,W.M.,B.F.Magsamen,P.A.Fenn,J.S Torg,C.D.Tourtelotte,J.H.Martin,1970, An unusual hereditary osteomalacic disease - pseudo-vitamin-D deficiency. J.bone jt.surg.52,1224-1228.- 774. Bishop,J.A.,D.J.Hartley,G.G.Partridge,1977, The population dynamics of genetically determined resistance to warfarin in Rattus norvegicus from mid Wales. Hered.39,389-398.- 775. Bishop,M.,H.Cembrowicz,1964,A case of "amputate", a rare recessive lethal condition of Friesian cattle. Vet.rec.76, 1049-1053.- 776. Bishop,M.W.H.,1972, Genetically determined abnormalities of the reproductive system.J.repr.fert.Suppl.15,51-78.- 777. Bisping, W.,K.H.Böhm,E.Weiland,1968, Zur derzeitigen Verlaufsform des chronischen Rotlaufs beim Schwein. III.Dt.tierärztl.Wschr.75,445-450.- 778.Bjerkas,I.,1977, Hereditary "cavitating" leucodystrophy in Dalmatian dogs.Act. neuropath.40,163-169.- 779. Bjerkas,I.,1979, (Hereditary leucodystrophy in Dalmatian dogs in Norway).Nor.vet.tids.91,167-170.- 780. Bjerkas,I.,A. Ommundsen,1980,(Progressive ataxia in Charolais cattle).Nor.vet.tids.92, 717-720.- 781. Björck,G.,K.E.Everz,H.J.Henricson,1973,Congenital cerebellar ataxia in the Gotland Pony breed. Zbl.Vet.med.A 20,341-354.- 782. Björklund,N.E.,B.Henricson,1965,Studies on pneumonia and chronic atrophic rhinitis in pigs. Nord.vet.med.17,137-146.- 783. Björklund,N.E.,1976, Perinatal death in pigs.Vet.rec.99,286.- 784. Black,D.,1972, Renal disease. Blackwell sci.publ.,Oxf..- 785. Black,H.E.,C.C.Capen,D.M.Young,1973, Ultimobranchial thyroid neoplasms in bulls. Cancer 32,865-878.- 786. Blackburn,H.,1977, Coronary disease prevention.Adv.card.20,1-26.- 787. Blackshaw,A.W.,P.F.Massey,1973, The effect of cryptorchidism on the quantitative histology, histochemistry and hydrolytic enzyme activity of the rat testis. J.biol.sci.31,53-64.- 788. Blackshaw,J.K.,1980, Effects of gastric ulceration on growth rate of intensively reared pigs. Vet.rec.106,52-54.- 789.Blackshaw,J.K.,1981, Some behavioural deviations in weaned domestic pigs: persistent inguinal nose thrusting, and tail and ear biting. Anim.prod.33,325 - 332.- 790. Blackwell,J.,J.Freeman,I.Bradley,1980, Influence of H-2 complex on acquired resistance to Leishmania donovani infection in mice.Nature 283,72-74.- 791. Blackwood,W.,J.A.N.Corselis,1976,Greenfield's neuropathology. E.Arnold, Lond..- 792. Bladon,M.T.,A.Milunsky,1978, Use of microtechniques for the detection of lysosomal enzyme disorders: Tay-Sachs-

disease, Gm_1-gangliosidosis and Fabry disease. Clin. gen. 14, 359-366. -793.
Blaine, E. W.[1], C. H. Conway, 1969, The role of the spleen and adrenal in anemia
of subordinate mice. Phys. zool. 42, 334-347. - 794. Blake, C. C. F., 1978, Hormone receptors. Endeav. 2, 137-141. - 795. Blake, R. L., J. G. Hall, E. S. Russell,
1976, Mitochondrial proline dehydrogenase deficiency in hyperprolinemic PR
O/Re mice: genetic and enzymatic analyses. Bioch. gen. 14, 739-757. - 796.
Blakemore, C., R. C. Sluyters, C. K. Peck, A. Hein, 1975, Development of cat visual cortex following rotation of one eye. Nature 257, 584-586. - 797. Blakemore, W. F., 1975, Lysosomal storage diseases. Vet. ann. 15, 242-245. - 798.
Blakeslee, L. H., R. S. Hudson, H. R. Hunt, 1943, Curly coat of horses. J. hered.
34, 115-118. - 799. Blancou, J., M. F. A. Aubert, L. S. Crispim, D. Oth, 1980, Sensibilité comparée de differentes souches de souris à la rage expérimentale.
Sci. techn. anim. lab. 5, 17-22. - 800. Blau, K., J. M. Rattenbury, J. Pryse-Davies,
P. Clark, M. Sandler, 1978, Prenatal detection of hypophosphatasia. J. inher.
met. dis. 1, 37-39. - 801. Blazak, W. F., 1980, Reproductive consequences of
Z-autosome translocation heterozygosity in male domestic fowl (Gallus dom.
L.). Dissert. abstr. B 40, 2996-2997. - 802. Blazak, W. F., F. E. Eldridge, 1977,
A Robertsonian translocation and its effect upon fertility in Brown Swiss cattle. J. dairy sci. 60, 1133-1142. - 803. Blazak, W. F., N. S. Fechheimer, 1979,
Gonosome-autosome translocations in the domestic fowl. Biol. repr. 21, 575-
582. - 804. Blazak, W. F., N. S. Fechheimer, 1981, Gonosome-autosome translocations in fowl. Genet. res. 37, 161-171. - 805. Blechschmidt, E., 1969, The
early stages of human limb development. In: Swinyard a. a. O.. - 806. Bleicher,
H., 1981, Zitzenbeurteilung beim Schwein- ein wesentliches Selektionskriterium.
Zuchtw. Bes. 96, 67-68. - 807. Blendl, H. M., 1981, Zur Problematik des CK- und
Halothan -Testes beim Schwein. Prakt. Tierarzt 62, 81-84. - 808. Blendl, H. M.,
E. Hußlein, H. Bleicher, 1981, Zitzenbeurteilung beim Schwein- ein wesentliches Selektionskriterium. Bay. landw. Jb. 58, 250-255. - 809. Blendl, H. M., W.
Hollwich, P. Matzke, J. Härtl, 1981, Halothan-Test als Selektionsmethode beim
Schwein- bisherige Erfahrungen der MPA Grub. Bayer. landw. Jb. 4, 475-483. -
810. Blietz, R., J. Kruchten, K. Riedl, J. Wagner, 1967, Membranwirkungen des
Insulins bei x-chromosomal recessiv erblicher progressiver Muskeldystrophie (Typ Duchenne). H. S. Z. physiol. Chem. 348, 1609-1615. - 811. Blin, P. C.,
J. J. Lauvergne, 1967, La probatocéphalie, anomalie héréditaire des bovins,
dits "Tête de mouton". Ann. zoot. 16, 65-88. - 812. Block, L. H., J. Furer, R. A.
Locher, W. Siegenthaler, W. Vetter, 1981, Changes in tissue sensitivity to vasopressin in hereditary hypothalamic diabetes insipidus. Klin. Wschr. 59, 831 -
836. - 813. Block, M. A., R. C. Horn, J. M. Miller, J. L. Barrett, B. E. Brush, 1967,
Familial medullary carcinoma of the thyroid. Ann. surg. 166, 403-412. - 814.
Blom, E., 1966, A new sterilizing and hereditary defect (the "Dag" defect) located in the bull sperm tail. Nature 209, 739-740. - 815. Blom, E., 1972, Segmental aplasia of the Wolffian duct in the bull. Ripr. anim.fec. art., Bologna,
57-63. - 816. Blom, E., 1976, A sterilizing tail stump sperm defect in a Holstein
-Friesian bull. Nord. vet. med. 28, 295-298. - 817. Blom, E., 1977, A decapitated sperm defect in two sterile Hereford bulls. Nord. vet. med. 29, 119-123. -
818. Blom, E., 1973, The corkscrew sperm defect in Danish bulls- a possible
indicator of nuclear fallout ? Nord. v et. med. 30, 1-8. - 819. Blom, E., 1979,
Studies on seminal vesiculitis in the bull. Nord. vet. med. 31, 241-250. - 820.
Blom, E., N. O. Christensen, 1952, Eine neue vererbbare Mißbildung der Geschlechtsorgane bei Bullen (Aplasia segmentalis ductus Wolffi). Wien. tierärztl.
Mschr. 39, 340-344. - 821. Blom, E., N. O. Christensen, 1963, Einige Ergebnisse
über eine 5-jährige klinische Untersuchung dänischer Ausstellungsbullen in be-

zug auf die Geschlechtsorgane. Ber. 17. Welttierärztekongr. Hannover, 1319-1321. - 822. Blom, E., A. Birch-Andersen, 1968, The ultrastructure of the "pseudo-droplet-defect" in bull sperm. 6e congr. repr. ins. art. Paris, 25. - 823. Blom, E., P. Jensen, 1977, Study of the inheritance of SME seminal defect in the boar. Nord. vet. med. 29, 194-198. - 824. Blood, D. C., D. R. Hutchins, K. V. Jubb, J. H. Whitten, 1957, Prolonged gestation of Jersey cows. Austr. vet. J. 33, 329. - 825. Blood, D. C., C. C. Gay, 1971, Hereditary neuraxial oedema of calves. Austr. vet. J. 47, 520. - 826. Bloom, B. R., 1980, Interferons and the immune system. Nature 284, 593-595. - 827. Bloom, B. R., 1980, Immunological changes in multiple sclerosis. Nature 287, 275-276. - 828. Bloom, B. R., B. Diamond, R. Muschel, N. Rosen, J. Schneck, G. Damiani, O. Rosen, M. Scharff, 1978, Genetic approaches to the mechanism of macrophage functions. Fed. proc. 37, 2765 - 2771. - 829. Bloom, S. E., 1969, Chromosome abnormalities in early chicken (Gallus domesticus) embryos. Chromosoma 28, 357-369. - 830. Bloom, S. E., 1970, Haploid chicken embryos: evidence for diploid and triploid cell populations. J. hered. 61, 147-150. - 831. Bloom, S. E., 1970, Marek's disease: chromosome studies of resistant and susceptible strains. Av. dis. 14, 478-490. - 832. Bloom, S. E., 1972, Chromosome abnormalities in chicken embryos. Chromosoma 37, 309-326. - 833. Bloor, J. H., 1980, Inherited qualitative and quantitative variation of pancreatic amylase in the house mouse, Mus musculus. Dissert. abstr. B 40, 4116-4117. - 834. Blosser, T. H., 1979, Economic losses from and the National research program on mastitis in the United States. J. dairy sci. 62, 119-127. - 835. Blue, M. G., A. N. Bruere, H. F. Dewes, 1978, The significance of the XO syndrome in infertility of the mare. N. Z. vet. J. 26, 137-141. - 836. Blum, H. F., 1961, Does melanin pigment of human skin have adaptative value ? Quart. rev. biol. 36, 50-63. - 837. Blumberg, B. S., 1973, Australia antigen. In: Prier, J. E., H. Friedman, Macmillan Press, Lond.. - 838. Blume, R. S., S. M. Wolff, 1972, The Chediak Higashi syndrome. Medic. 51, 247-280. - 839. Blumenberg, B., 1980, Heterozygosity levels in a mammal: a determination derived from allele frequencies at loci controlling gross morphology. Theor. appl. gen. 56, 183-185. - 840. Blyth, H., B. G. Ockenden, 1971, Polycystic disease of kidneys and liver presenting in childhood. J. med. gen. 8, 257-284. - 841. Board, P. G., 1975, Erythrocyte oxidized glutathione in Australian Merino sheep. An. bld. grps. biodi. gen. 6, 65-69. - 842. Board, P. G., D. W. Peter, 1974, Postnatal changes in glutathione reductase in lambs. Proc. Austr. phys. phar. soc. 5, 42-43. -843. Board, P. G., N. S. Agar, M. A. Gruca, J. D. Harley, J. Roberts, R. Shine, 1975, A deficiency of NADH-methaemoglobin reductase in nucleated erythrocytes. Proc. int. biochi. soc. 8, 35. - 844. Board, P. G., D. W. Peter, R. J. H. Morris, 1976, Seasonal variations in sheep erythrocyte reduced glutathione. J. agr. sci. 87, 461-463. - 845. Board, P. G., R. J. H. Morris, D. W. Peter, 1976, The enzymes of glutathione synthesis in erythrocytes from GSH-high and GSH-low type Australian Merino sheep. Int. J. bioch. 7, 381-384. - 846. Boccard, R., 1964, Relations entre l'hypertrophie musculaire des bovins culards et le métabolisme du collagène. Ann. zoot. 13, 389-391. - 847. Boccard, R., B. L. Dumont, 1974, Conséquences de l'hypertrophie musculaire héréditaire des bovins sur la musculature. Ann. gén. sél. anim. 6, 177-186. - 848. Bode, H. H., J. D. Crawford, 1969, Nephrogenic diabetes insipidus in North America- the Hopewell hypothesis. N. E. J. med. 280, 750-754. - 849. Bodmer, W. F., J. G. Bodmer, 1974, The HL-A histocompatibility antigens and disease. Adv. med. symp. 10, 157. - 850. Bodon, L., 1972, Results of the campaign against bronchopneumonia in a large herd of pigs. Proc. 2nd. int. congr. pig vet. soc., 27. - 851. Boecker, W., 1977, Diabetes mellitus. J. Thieme, Stuttg.. - 852. Boening, K. J., 1981, Maxilla angusta.

Prakt. Tierarzt 62, 615-616. - 853. Boer, K., G. J. Boer, D. F. Swaab, 1981, Reproduction in Brattleboro rats with diabetes insipidus. J. repr. fert. 61, 273-280. - 854. deBoer, G. F., C. Terpstra, D. J. Houwers, 1979, Studies in epidemiology of maedi/visna in sheep. Res. vet. sci. 26, 202-208. - 855. de Boer, P., 1973, Fertile tertiary trisomy in the mouse. Cytogen. cell gen. 12, 435-442. - 856. de Boer, P., F. A. v. d. Hoeven, J. A. P. Chardon, 1976, The production, morphology, karyotypes and transport of spermatozoa from tertiary trisomic mice and the consequences for egg fertilization. J. repr. fert. 48, 249-256. - 857. deBoer, P., J. H. Nijhoff, 1981, Incomplete sex chromosome pairing in oligospermic male hybrids of Mus musculus and M. musculus molossinus in relation to the source of the Y chromosome and the presence or absence of a reciprocal translocation, J. repr. fert. 62, 235-243. - 858. Boering, G., 1971, Diseases of the oral cavity and salivary glands. J. Wright u. sons, Bristol. - 859. Boesiger, E., 1975, 1975, Relation entre le degré d'hétérozygotie et l'homéostase chez des embryons de cailles incubés à température basse. Rev. suiss. zool. 82, 27-34. - 860. Bogart, R., R. W. Mason, H. Nicholson, H. Krueger, 1958, Genetic aspects of fertility in mice. Int. J. fert. 3, 86-104. - 861. Bogdanov, L. V., V. I. Poljakovski, 1970, The nature of transferrin polymorphism in cattle. Ref. Anim. breed. abstr. 39, 260. - 862. Boge, A., 1965, Untersuchungen über verschiedene prädisponierende Faktoren für die Entstehung von Mastitiden. Dissert. Hannover. - 863. Bohlen, H. G., B. A. Niggl, 1979, Arteriola anatomical and functional abnormalities in juvenile mice with genetic or Streptozotocin-induced diabetes mellitus. Circ. res. 45, 390-396. - 864. Bohn, F. K., 1975, Beitrag zur derzeitigen Situation des Diabetes mellitus-Syndroms bei Mensch und Kl eintier. Eff. Rep. Kleintiernahr. 2, 32. - 865. Bois, E., J. Feingold, P. Frenay, M. L. Briard, 1976, Infantile cystinosis in France. J. med. gen. 13, 434-438. - 866. Bojar, H., M. Unnewehr, K. Balzer, W. Staib, 1977, Geschlechtsspezifische Wirkung von Insulin auf den Glucosemetabolismus lymphatischer Gewebe von Ratte und Mensch. J. clin. chem. clin. biochem. 15, 311-318. - 867. Böker, M., 1967, Beige Mutation. Chinch. Post 12, 140-141. - 868. Bolande, R. P., 1977, Childhood tumors and their relationship to birth defects. In: Mulvihill u. Mit. a. a. O. . - 869. Bölling, E., 1980, Erhebungen über die Vorfahren von mit Afterenge behafteten Rindern. Dissert. Hannover. - 870. Bollwahn, W., 1967, Die Zusammensetzung der Synovia bei entzündlichen und degenerativen Gelenkerkrankungen des Schweines. Dt. tierärztl. Wschr. 74, 341-346. - 871. Bollwahn, W., E. Lauprecht, J. Pohlenz, W. Schulze, E. Werhahn, 1970, Untersuchungen über das Auftreten und die Entwicklung der Arthrosis deformans tarsi beim Schwein in Abhängigkeit vom Alter der Tiere. Z. Tierz. Zücht. biol. 87, 207-219. - 872. Bollwahn, W., B. Krudewig, 1972, Die symptomatische Behandlung der Grätschstellung neugeborener Ferkel. Dt. tierärztl. Wschr. 79, 229-231. - 873. Bölske, G., T. Kronevi, N. O. Lindgren, 1978, Congenital tremor in pigs in Sweden. Nord. vet. med. 30, 534- 537. - 874. Bolton, W., 1957, The incidence of head retraction in newly hatched chicks and the manganese contents of eggs of some inbred lines of Brown Leghorn fowls. Poult. sci. 36, 732-735. - 875. Bomsel-Helmreich, O., 1976, Experimental heteroploidy in mammals. Curr. top. path. 62, 155-175. - 876. Bonadonna, T., 1966, Le croisement interspecifique reciproque cheval-âne et la fécundité des hybrides obtenus. Wld. rev. anim. prod. 2, 46-68. - 877. Bonadonna, T., G. Succi, 1971, Certaines caractéristiques somatiques et comportement sexuel de bovins albinos. X. Int. Tierz. Kongr., Versailles, Ber. . - 878. Bonafede, R. P., M. C. Botha, P. Beighton, 1979, Inherited anaemias in the Greek community of Cape Town. J. med. gen. 16, 197-200. - 879. Bonaiti, C., A. Langaney, 1981, Génétique formelle des pigmentations humaines à variations continues: beaucoup d'hypothèse, peu de conclusions. Ann. gen. sél. anim. 13, 37-42. -880. Bonaiti-Pellié, C., C. Smith, 1974, Risktables for genetic counselling in some common congenital malformations. J. med. gen. 11, 374-377. - 881. BonDurant, R. H., M. C. McDonald, A. Trommershausen-Bowling, 1980, Probable freemartinism in a goat. J. A. V. M. A. 177, 1024-1025. - 882. Bondy, P. K., 1969, Duncan's diseases of metabolism. W. B. Saunders, Philad. . - 883. Bone, J. F., 1963, Dwarfism in cattle. Mod. vet. pract. 44, 37-40. - 884. Bonfert, A., F. Mai, 1958, Beobachtungen über erbliches Auftreten von doppeltem Muttermund beim Rind. Zuchthyg. 2, 82-90. - 885. Bongso, A., P. K. Basrur, 1976, Chromosome anomalies in Canadian Guernsey bulls. Corn. vet. 66, 476-489. - 886. Bongso, T. A., M. R. Jainudeen, S. Dass, 1981, Examination of droughtmaster bulls for breeding soundness. Theriogen. 15, 415-425. - 887. Bongso, T. A., M. R. Jainudeen, J. Y. S. Lee, 1981, Testicular hypoplasia in a bull with XX/XY chimerism. Corn. vet. 71, 376-382. - 888. Bonner, J. J., H. C. Slavkin, 1975, Cleft palate susceptibility linked to histocompatibility-2 (H-2) in the mouse. Immunogen. 2, 213-218. - 889. Bonnevie, K., 1936, Vererbbare Gehirnanomalie bei kurzschwänzigen Tanzmäusen. Act. path. microb. scand. Suppl. 26, 20-26. - 890. Bonnier, G., A. Hansson, H. Skjervold, 1948, Studies on monozygous cattle twins. IX. Act. agr. scand. 3, 1-57. - 891. Bonsma, F. N., J. G. Boyazoglu, H. P. A. de Boom, 1967, Skewfaced Jersey cattle in South Africa. J. S. Afr. vet. med. ass. 38, 389-394. - 892. Bonsma, J. C., zit. n. Hutt, 1958, a. a. O. . - 893. Bonucci, E., A. DelMarco, B. Nicoletti, P. Petrinelli, L. Pozzi, 1976, Histological and histochemical investigations of achondroplastic mice: a possible model of human achondroplasia. Growth 40, 241-251. - 894. Böök, J., L. Wetterberg, K. Modrzewska, 1978, Epidemiology, genetics and biochemistry: Schizophrenia in a North Swedish geographical isolate. Clin. gen. 14, 373-394. - 895. Boom, H. P. A. de, 1965, Anomalous animals. S. Afr. J. sci. 61, 159-171. - 896. Boom, H. P. A. de, T. F. Adelaar, M. Terreblanche, 1968, Hereditary laminitis of Jersey cattle: a preliminary report. Proc. 3rd congr. S. Afr. gen. soc., 58-62. - 897. Boon, A. R., D. F. Roberts, 1976, A family study of coarctation of the aorta. J. med. gen. 13, 420-433. - 898. Booth, N. H., C. A. Maaske, T. W. Nielsen, 1966, Ventricular weight ratios of normal swine and from swine with pulmonic stenosis. J. appl. phys. 21, 1256-1260. - 899. Bootsma, D., 1978, DNA repair defects in genetic diseases in man. J. bioch. 60, 1173-1174. - 900. Booyse, F. M., A. J. Quarfoot, J. Radek, S. Feder, 1981, Correction of various abnormalities in cultured porcine von Willebrand endothelial cells by inhibition of plasminogen-dependent protease activity. Blood 58, 573-583. - 901. Bordas, A., A. Obeidah, P. Mérat, 1978, On the heredity of water intake and feed efficiency in the fowl. Ann. gén. sél. anim. 10, 233-250. - 902. Bordas, A., L. E. Monnet, P. Mérat, 1980, Gène cou nu, performance de ponte et efficacité alimentaire selon la température chez la poule. Ann. gén. sél. anim. 12, 343-361. - 903. Borisova, S. K., 1967, An inherited cause of low activity in male white mink. Uch. zap. petr. univ. 15, 96-99. -904. Borland, E. D., 1971, Curled tongue and beak deformity in fowls(Gallus domesticus). Vet. rec. 89, 135-136. - 905. Bornstein, S., 1967, The genetic sex of two intersexual horses and some notes on the karyotype of normal horses. Act. vet. scand. 8, 291-300. - 906. Borodin, P. M., 1980, Selective influence of stress on reproduction of mice. 9th int. congr. anim. repr. A. I., III, 79. -907. Bosma, A. A., 1976, Chromosomal polymorphism and G-banding patterns in the wild boar (Sus scrofa L.) from the Netherlands. Genet. 46, 391-399. - 908. Bosma, M. J., Bosma, G. C., 1974, Congenic mouse strains: the expression of a hidden immunoglobulin allotype in a congenic partner strain of BALB/c mice. J. exp. med. 139, 512-527. - 909. Bosma, A. A., B. Colenbrander, C. J. G. Wensing, 1975, Studies on phenotypically female pigs with hernia inguinalis and ovarian aplasia. Proc. Kon. Ned. ak. wet. C 78, 43-46. - 910. Bosma, A. A., F. A. Necteson, 1977, G-banding patterns in chromosomes of pigs with atresia ani. Gen. phaen. 19, 41-44. - 911. Bosma, A. A., J. Kroneman, 1979, Chromosome studies in cattle with hereditary zinc deficiency (lethal trait A 46). Vet. quart. 1, 121-125. -912. Bosma, G. C., J. Owen, G. Eaton, G. Marshall, C. Dewitt, M. J. Bosma, 1980, Concentration of IgG1 and IgG2a allotypes in serum of nude and normal allotypecongenic mice. J. immunol. 124, 879-884. - 913. Bossi, L., J. R. Roth, 1980, The influence of codon context on genetic code translation. Nature 256, 123-127. - 914. Botkin, M. P., 1968, Eliminating inherited defects. Proc. symp. gen. impr. wool Ib. prod. Texas univ., 122-139. - 915. Böttger, T., 1954, Beobachtungen über das Auftreten und die Erblichkeit der tumorösen Form der Rinderleukose. Z. Tierz. Zücht. biol. 63, 223-238. - 916. Böttger, T., 1955, Weitere Ermittlungen über das Auftreten und die Erblichkeit der tumorösen Form der Rinderleukose. Z. Tierz. Zücht. biol. 65, 243-252. - 917. Bottini, G., A. Polzonetti, N. Lucarini, R. Palmarino, M. Orzalesi, E. Carapella, G. Maggioni, 1979, Sex ratio in man: an analysis of the relationships with ABO blood groups and placental alkaline phosphatase phenotype. Hum. hered. 29, 143-146. - 918. Bouchard, P., F. Kuttenn, I. Mowszowicz, G. Schaison, M. C. Roux-Eurin, P. Maurois-Jarvis, 1981, Congenital adrenal hyperplasia due to partial 21-hydroxylase deficiency. Act. endocr. 96, 107-111. - 919. Boulange, A., E. Planchie, N. T. Tonnu, X. Leliepvre, M. Joliff, P. de Gasquet, 1980, Métabolisme lipidique chez le rat nouveau -né génétiquement obèse (fa/fa). C. R. soc. biol. 174, 527-532. - 920. Bourne, G. H., M. N. Golarz, 1963, Muscular dystrophy in man and animals. Karger, Basel. - 921. Bouters, R., M. Vandeplassche, 1965, (The male sex chromosome as a possible cause of the development of freemartinism in cattle). Vla. diergeneesk. Tijds. 33, 229-241. - 922. Bouters, R., M. Vandeplassche, 1970, Equine heterosexual chimeric twins: anatomical and chromosomal findings. Giess. Beitr. Erbpath. Zuchthyg. 1, 127-130. - 923. Bouters, R., M. Vandeplassche, 1972, Cytogenetics and reproduction in large domestic animals. VII th int. congr. anim. repr. A. I., 207-208. - 924. Bouters, R., P. Bonte, J. Spincemaille, M. Vandeplassche, 1974, Chromosomal abnormalities associated with reproductive disorders. Vlaams diergeneesk. tijds. 43, 85-91. - 925. Bouters, R., P. Bonte, M. Vandeplassche, 1974, Chromosomal abnormalities and embryonic death in pigs. 1. wld. congr. gen. appl. livest., 169-171. - 926. Bouters, R., M. Vandeplassche, A. de Moor, 1975, An intersex (male pseudohermaphrodite) horse with 64XX/XXY mosaicism. J. repr. fert. Suppl. 23, 375-376. - 927. Bovée, K. C., T. Joyce, R. Eynolds, S. Segal, 1978, Spontaneous Fanconi syndrome in the dog. Metab. clin. exp. 27, 45-52. - 928. Bovée, K. C., T. Joyce, B. Blazer-Yost, M. S. Goldschmidt, S. Segal, 1979, Characterization of renal defects in dogs with a syndrome similar to the Fanconi syndrome in man. J. A. V. M. A. 174, 1094-1099. - 929. Bowden, D. E. J., D. H. Gorse, 1969, Inheritance of tooth size in Liverpool families. J. med. gen. 6, 55-58. - 930. Bowden, D. M., 1970, Achondroplasia in Holstein-Friesian cattle. J. hered. 61, 163-164. - 931. Bowden, R. S. T., S. F. Hodgman, J. M. Hime, 1963, Neo-natal mortality in dogs. 14. Welttierärztekongr. Hannover, 1009-1013. - 932. Bowden, V., 1982, Type classification in dairy cattle: a review. Anim. breed. abstr. 50, 147-162. - 933. Bowen, J. M., D. M. Blackman, J. E. Heavner, 1970, Neuromuscular transmission and hypocalcemic paresis in the cow. Am. J. vet. res. 31, 831-839. - 934. Bowen, P., B. Biederman, K. A. Swallow, 1978, The x-linked syndrome of macroorchidism and mental retardation: further observations. Am. J. med. gen. 2, 409 - 414. - 935. Bower, R. K., 1962, A quantitation of the influence of the chick embryo genotype on tumor production of Rous sarcome virus on the chorioallantoic membrane. Virol. 18, 372-377. - 936. Bowman, J.C., C.R.C. Hendy, 1970, The incidence, repeatability and effect on dam performance of twinning in British Friesian cattle. Anim. prod. 12, 55-62. - 937. Bowman, J.C., I.J.M. Frood, P.D.P. Wood, 1970, A note on the variation and heritability of twinning in British Friesian cattle, Anim. prod. 12, 531-533. - 938. Boxer, L.A., M. Rister, J. M. Allen, R. L. Baehner, 1977, Improvement of Chediak-Higashi leukocyte function by cyclic guanosine monophosphate. Blood 49, 9-17. - 939. Boyd, H., A. Jamieson, J.G. Hall, 1969, Fertilization rate and embryonic survival in dairy cows in relation to transferrin an J antigen groupings of sires and dams. J. repr. fert. 18, 317-323. - 940. Boyazoglu, J.G., S. Casu, J.J. Lauvergne, 1973, Les pendants d'oreille dans la race ovine Sarde. Ann. gén. sél. anim. 5, 451 - 461. - 941. Boyd, H., P. Bacsich, A. Young, J.A. McCracken, 1969, Fertilization and embryonic survival in dairy cattle. Brit. vet. J. 125, 87-97. - 942. Boyd, M.M., 1914, Crossing bison and cattle. J. hered. 5, 189-197. - 943. Boyer, S.H., P. Hathaway, F. Pascasio, C. Orton, J. Bordley, M.A. Noughton, 1966, Hemoglobins in sheep: multiple differences in amino acid sequences of the beta-chains and possible origins. Science 153, 1539-1543. - 944. Boylan, W.J., W.K. Roberts, 1968, Genetic differences for fatty acids and other body components in mice. J. agr. sci. 70, 73-76. - 945. Boyland, E., 1958, The biological examination of carcinogenic substances. Brit. med. bull. 14, 93-98. - 946. Brachtel, R., H. Walter, W. Beck, M. Hilling, 1979, Associations between atopic diseases and the polymorphic systems ABO, kidd, Inv and red cell acid phosphatase. Hum. gen. 49, 337-348. - 947. Brackmann, M., 1975, Vergleichende Verhaltensuntersuchungen an Haushühnern unter verschiedenen Haltungsbedingungen mit besonderer Berücksichtigung des Sozial- und Sexualverhaltens. Dissert. Hannover. - 948. Braconi, L., 1962, La ricerca gemellologica nell'epilessia. Act. gen. med. 11, 138-157. - 949. Brade, V., 1979, Komplement. Münch. med. Wschr. 121, 1521-1526. - 950. Braden, A.W.H., 1972, T-locus in mice: segregation distortion and sterility in the male. In: The genetics of the spermatozoon, Proc. int. symp. Edinb., 289-305. - 951. Bradford, G.E., 1972, Genetic control of litter size in sheep. J. repr. fert. Suppl. 15, 23-41. - 952. Bradley, D.J., 1977, Regulation of Leishmania populations within the host. II. Clin. exp. immunol. 30, 130-140. - 953. Bradley, D.J., B.A. Taylor, J. Blackwell, E.P. Evans, J. Freeman, 1979, Regulation of Leishmania populations within the host. III. Clin. exp. immunol. 37, 7-14. - 954. Bradley, R., 1964, Pityriasis rosea in pigs. Vet. rec. 76, 1479-1480. - 955. Bradley, R., 1978, Double-muscling in cattle- boon or bane? Vet. ann. 18, 51-59. - 956. Bradley, R., 1978, Hereditary "daft-lamb" disease of Border Leicester sheep: the ultrastructural pathology of the skeletal muscles. J. path. 125, 205-212. - 957. Bradley, R., S. Terlecki, 1977, Muscle lesions in hereditary "daft lamb" disease of Border Leicester sheep. J. path. 123, 225-236. - 958. Bradley, R., G.A.H. Wells, 1978, Developmental muscle disorders in the pig. Vet. ann. 18, 144-157. - 959. Bradley, R., F.D. Kirby, 1979, Anomalous development of the spinal cord in a calf. Vet. path. 16, 49-59. - 960. Bradley, R., G.A.H. Wells, L.J. Gray, 1979, Back muscle necrosis of pigs. Vet. rec. 104, 183-187. - 961. Bradley, R., P.S. Ward, J. Bailey, 1980, The ultrastructural morphology of the skeletal muscles of normal pigs and pigs with splayleg from birth to one week of age. J. comp. path. 90, 433-446. - 962. Bradley, R., G.A. H. Wells, 1980, The Pietrain "creeper" pig: a primary myopathy. In: Animal models of neurological disease. Pitman med. Ltd., U.K.. - 963. Brain, W.R., 1962, Diseases of the nervous system. Oxf. univ. Press. - 964. Braley-Mullen, H., G. C. Sharp, M. Kyriathos, 1975, Differential susceptibility of strain 2 and strain 13 guinea pigs to induction of experimental autoimmune thyroiditis. J. immunol. 114,371-373. - 965. Branch,C.E.,B.T.Robertson,S.D.Beckett,A.L.Waldo, 1977,An animal model of spontaneous syncope and sudden death. J. lab. clin. med. 90, 592. - 966. Brander, N.R. ,B. Palludan,1965, Leucoencephalopathy in mink.Act.vet.scand.6,41-51. - 967. Brandes,J.W.,K.P. Littmann,H.A.Körst, H.Muth,1980,Caroli-Syndrom mit klinischenBesonderheiten.Münch. med.Wschr. 122, 347-348. - 968. Br ands,A.F.A. , J.Banerjee-Schotsman,S. J.Dieten, A. v. Loen,1965,Geslachtsverhouding van kalveren bij de geborte.Tijds.Diergeneesk. 90,909-922. - 969. Brandsch,H. ,1959,Die Vererbung geschlechtlicher Mißbildung und des Hornes bei der Hausziege in ihrer gegenseitigen Beziehung. Arch.Gefl.k.Kleint.z. 8,310-362. - 970. Brandt,E.J. ,1976,The beige (Chediak-Higashi) mutation in the mouse: its genetics and role in lysosome regulation. Dissert. abstr.B 36,4847-4848. - 971. Brandt,G.W. ,1941,Achondroplasia in calves. J. hered. 32,183-186. - 972. Brandt,H. ,C.Revaz,1958, Jumelles univitellines et situs inversus. J. gén. hum. 7, 33-45. - 973. Brandt,I. ,,Kopfumfang und Gehirnentwicklung. Klin.Wschr. 59,995-1007. - 974. Brandt,N.J. , E.Christensen,N.Hobolth,1979, (Prenatal diagnosis of hereditary galactosemia). Ugesk. laeg. 141,3226-3227. - 975. Branisteanu,M., L.Pepelea,1970,Ocular lesions in albinism.Oftalm.14,345-350. - 976. Brännäng,E.,J.Rendel, 1958, A comparison between morphological and immunological methods of diagnosing zygosity in cattle twins. Z. Tierz. Zücht. biol. 71, 299-314. - 977. Branscheid,W.,K.Loeffler,1979, Morphologische und substrathistochemische Untersuchungen an Gelenken und Epiphysenfugen von Saug- und Absatzferkeln. Zbl.Vet.med. 26A,253-278. - 978. Bransome,E.D. ,1968, Regulation of adrenal growth. Endocrin. 83,956-964. - 979. Bratcher,R.L. ,1979,High responder rabbits to SRBC, a familial incidence. J. immunol. 122, 49-53. - 980. Bratusch-Marrain,P.,H.Haydl,W.Waldhäusl,R.Dudczak,W.Graninger,1979, Familial thyroxine-binding globulin deficiency in association with non-toxic goitre.Act. endocr. 91, 70-76. - 981. Braun,D.G.,K.Eichmann,R.M.Krause,1969,Rabbit antibodies to streptococcal carbohydrates. J.exp.med.129, 809-830. - 982. Braun,D.G.,H.Huser,W.F.Riesen,1976,Rabbit antibody light chains. Eur. J. immun. 6, 570-578. - 983. Braun,H.S.,H.W.Schlote,G.Franke,H.Wecke,1975, Über den Wert humangenetischer Methoden bei der Glaukomfrüherfassung. Wiss. Z. Univ. Rostock M.N.R. 24, 5-7. - 984. Braun,W.F.,J.M.Thompson, C.V.Ross,1980,Ram scrotal circumference measurements.Theriogen.13, 221-229. - 985. Braun-Falco,O.,1967,Häufigste Ursache der Nagelbrüchigkeit ? Dt. med.Wschr. 92,1694-1695. - 986. Braun-Falco,O. ,1981,Maligne Melanome der Haut. Münch. med. Wschr. 123, 1916-1917. - 987. Braunitzer,G., 1967, Die Primärstruktur der Eiweißstoffe. Naturwiss. 54, 407-417. - 988. Bray, G.A.,D.A.York,1979,Hypothalamic and genetic obesity in experimental animals: an autonomic and endocrine hypothesis. Phys. rev. 59, 719-809. - 989. Bray,G.A. ,Y.Shimomura,M.Ohtake,P.Walker,1982, Salivary gland weight and nerve growth factor in the genetically obese (ob/ob) mouse. Endocrin. 110, 47-50. - 990. Breeuwsma,A.J. ,1968,A case of XXY sex chromosome constitution in an intersex pig. J.repr.fert.16,119-120. - 991. Breeuwsma,A.J., 1969,Intersexualiteit bij varkens. Tijds. diergeneesk. 94, 493-504. - 992. Breeuwsma,A.J. ,1971,Onderzoekingen betreffende intersexualiteit bij het varken. Tijds.diergeneesk.96,514-519. - 993. Breining,H. ,1968, Die Massenverhältnisse menschlicher Leichenherzen bei Tod an akuter Lungenembolie. Zbl. all. Path. path. Anat. 111,89-92. - 994. Brennan,B.G.,D.H.Carr,1979, Parental origin of triploidy and D and G trisomy in spontaneous abortions. J. med.gen. 16,285-287. - 995. Brenner,D.A.,J.R.Bloomer,1979,Comparison of human and bovine protoporphyria. Yale J. biol. med. 52, 449-456. - 996. Bresch, C., R. Hausmann, 1970, Klassische und molekulare Genetik. Springer, Berl.- 997. Breslow, J. H., J. McPherson, J. Epstein, 1981, Distinguishing homozygous and heterozygous cystic fibrosis fibroblasts from normal cells by differences in sodium transport. N. E. J. med. 304, 1-5. - 998. Brest, A. N., J. H. Meyer, 1968, Cardiovascular disorders. F. A. Davis, Philad. . - 999. Breukink, H. J., H. C. Hart, C. v. Arkel, N. A. v. d. Velden, C. C. v. d. Watering, 1972, Congenital afibrinogenemia in goats. Zb. Vet. med. A 19, 661-676. - 1000. Breuning, M. H., J. B. Bijlsma, J. B. France, 1977, Partial trisomy 6p due to familial translocation t(6;20)(p21;p13). Hum. gen. 38, 7-13. - 1001. Brewen, J. G., N. T. Christie, 1967, Studies on the induction of chromosomal aberrations in human leukocytes by cytosine arabinoside. Exp. cell res. 46, 276-291. - 1002. Brewer, A. K., D. R. Johnson, W. J. Moore, 1977, Further studies on skull growth in achondroplastic (cn) mice. J. embr. exp. morph. 39, 59-70. - 1003. Brewer, H. B., 1981, Current concepts of the molecular structure and metabolism of human apolipoproteins and lipoproteins. Klin. Wschr. 59, 1023-1035. - 1004. Brewer, R. N., W. M. Reid, H. Botero, S. C. Schmittle, 1968, Studies on acute Marek's disease. Poult. sci. 47, 2003-2012. - 1005. Brézin, C., P. A. Cazenave, 1976, Allotypes of the a series and their variants in rabbit immunoglobulins . Ann. d'immunol. 127 C, 333-346. - 1006. Brézin, C., P. A. Cazenave, 1980, Alloptypy of rabbit immunoglobulins: a fifth allele at the a locus. J. immunol. 125, 59-62. - 1007. Bridges, B. A., D. G. Harnden, 1981, Untangling ataxia-telangiectasia. Nature 289, 222 - 223. - 1008. Briehl, R., 1978, Sickle cell: a metastable disease. Nature 276, 666- 668. - 1009. Briggs, D. M., A. W. Nordskog, 1973, Influence of sex chromosomes on laying-house performance of chickens. Brit. poult. sci. 14, 403-412. - 1010. Briles, D. E., 1979, Genetic differences in Salmonella susceptibility of BSVS and C57BL/6 mice. Fed. proc. 38, 1288. - 1011. Briles, D. E., R. M. Krause, J. M. Davie, 1977, Immune response deficiency of BSVS mice. I. Immunogen. 4, 381-392. - 1012. Briles, W. E., 1963, Current status of blood groups in domestic birds. Z. Tierz. Zücht. biol. 79, 371-391. - 1013. Briles, W. E., 1974, Associations between the B and R blood group loci and resistance to certain oncogenic viruses in chickens. 1. wld. congr. gen. livest., 299-306. -1014. Briles, W. E., H. A. Stone, R. K. Cole, 1977, Marek's disease: effects of B histocompatibility alloalleles in resistant and susceptible fowl lines. Science 195, 193 - 195. - 1015. Briles, W. E., R. W. Briles, W. H. McGibbon, H. A. Stone, 1978, Resistance and immunity to Marek's disease. Sem. EEC progr., W. Berl., 395- 416. - 1016. Brimblecombe, F. S. W., F. J. Lewis, M. Vowles, 1977, Complete 5p trisomy: 1 case and 19 translocation carriers in 6 generations. J. med. gen. 14, 271-274. - 1017. Bring-Larsson, K., P. E. Sundgren, P. E., 1977, (Studies on locomotory disturbances in pigs). Landb. med. A 284, 30p. - 1018. v. d. Brink, L., 1975, Pers. Mitt. . - 1019. Brinks, J. S., J. E. Olson, E. J. Carroll, 1973, Calving difficulty and its association with subsequent productivity in Herefords. J. anim. sci. 36, 11-17. - 1020. Brinton, M. A., 1981, Genetically controlled resistance to Flavivirus and lactate-dehydrogenase-elevating virus-induced disease. Curr. top. microb. imm. 92, 1-14. - 1021. Briquet, R., J. L. Lush, 1947, Heritability of amount of spotting in Holstein-Friesian cattle. J. hered. 38, 99 - 105. - 1022. Briscoe, A. M., C. Ragan, 1967, Relation of magnesium to calcium in human blood serum. Nature 214, 1126-1127. - 1023. Britt, B. A., 1979, Etiology and pathophysiology of malignant hyperthermia. Fed. proc. 38, 44-48. - 1024. Britt, B. A., W. Kalow, L. Endrenyi, 1977, Malignant hyperthermia -pattern of inheritance in swine. 2nd int. symp. Hyperthermia, 195-211. - 1025. Brittenham, G., B. Lozoff, J. W. Harris, Y. H. Kan, A. M. Dozy, N. V. S. Nayudu, 1980,

Alpha globin gene number: Population and retriction endonuclease studies.
Blood 55,706-708. - 1026. Brock,D.J.H.,O.Mayo,1972,The biochemical genetics of man.Ac.Press,N.Y.. - 1027.Brock,D.J.H.,A.E.Bolton,J.B.Seringeour,1974,Prenatal diagnosis of spina bifida and anencephaly through maternal plasma-alpha-fetoprotein measurement. Lancet, 767-769. - 1028. Brock,
K.T.,N.H.Granholm,1979,Histological analyses of lethal yellow mouse embryos (A^y/A^y) at 90 and 132 h post coitum.Anat.embr.157,161-166. - 1029.
Brockamp,A.,1967,Eineiige Rinderzwillinge und ihre Verwendung als Versuchstiere zur Klärung der Zusammenhänge zwischen Fütterung und Fruchtbarkeit.Dissert.Hannover. - 1030. Brodal,A.,E.Haughe-Hansen,1959,Congenital hydrocephalus with defective development of the cerebellar vermis (
Dandy-Walker-syndrome). J.neurol.neurosurg.psych.22,99-108. - 1031.Brodeur,J.M.,G.V.Dahl,D.L.Williams,R.E.Tipton,D.K.Kalwinsky,1980,Transient leukemoid reaction and trisomy 21 mosaicism in a phenotypically normal
newborn. Blood 55,691-693. - 1032.Brodey,R.S.,1966,Canine and feline neoplasia.S.W.vet.19,269-275. - 1033.Brodey,R.S.,D.A.Abt,1976,Results of
surgical treatment in 65 dogs with osteosarcoma.J.A.V.M.A.168,1032-1035.-
1034.Brodish,A.,E.S.Redgate,1973,Brain-pituitary-adrenal interrelationships.S.Karger,Basel. - 1035.Broekhuisen,E.G.,M.v.Albada,1953,A hereditary lethal abnormality of the beak in Barnevelders.Genet.26,415-429. -
1036. Broll,O.,A.Herzog,1974,Ätiologische Bedeutung einiger Umweltfaktoren bei der Brachygnathia inferior des Rindes. Giess.Beitr.Erbpath.6,24 -
32. - 1037. Bronski,D.,N.R.Dennis,J.M.Neale,L.J.Brooks,1979, Hirschsprung's disease and Waardenburg's syndrome.Pediat.63,803-805. - 1038.
Brooker,M.J.,L.H.SDolling,1965, Pigmentation of sheep.Austr.J.agr.res.
16,219-228. - 1039.Brooker,M.G.,L.H.S.Dolling,1969,Pigmentation in sheep.
II.Austr.J.agr.res. 20,387-394. - 1040. Brooksbank,N.H.,1958, Congenital
deformity of the tail in pigs.Brit.vet.J. 114,50-55. - 1041.Brotman,H.F.,
1977, Epidermal-dermal tissue interactions between mutant and normal embryonic back skin: site of mutant gene activity determining abnormal feathering is in the epidermis.J.zool.200,243-257. - 1042. Brower,G.R.,G.H.Kiracofe,1978, Factors associated with the buller-steer-syndrome.J.anim.sci.
46,26-31. - 1043.Browman,L.G.,1970,Fertility in rats with microphthalmia.
Anat.rec.166,283. - 1044.Brown,C.W.,G.R.Scott,J.G.Brotherston,1955, Lapinised rinderpest vaccine: post-inoculation reactions in high-grade Guernsey cattle.Vet.rec.67,467-468. - 1045.Brown,D.F.,S.H.Kinch,J.T.Doyle,
1965,Serum triglycerides in health and in ischemic heart disease.N.E.J.med.
273,947-952. - 1046.Brown,E.R.,T.Nakano,G.L.Vankin,1970,Early development of an inherited cataract in mice.Exp.anim.19,95-100. - 1047. Brown,K.
S.,1973,Genetic features of deafness.J.ac.soc.Am.54,569-575. - 1048.Brown,
K.S.,L.C.Harne,1973,Recessive anencephalus in the oel strain of mice.Genetics 74,31-32. - 1049. Brown,K.S.,R.E.Cranley,R.Greene,H.K.Kleinman,
J.P.Pennypacker,1981,Disproportionate micromelia(Dmm): an incomplete
dominant mouse dwarfism with abnormal cartilage matrix.J.embr.exp.morph.
62,165-182. - 1050. Brown,R.V.,Y.Teng,1975,Studies of inherited pyruvate
kinase deficiency in the Basenji.J.Am.anim.hosp.ass.11,362-365. - 1051.
Brown,T.T.,A.de Lahunta,S.I.Bistner,F.W.Scott,K.McEntee,1974,Pathogenetic studies of infection of the bovine fetus with bovine viral diarrhea virus.I.Cerebellar atrophy.Vet.path.11,486-505. - 1052. Brownlie,S.A.,J.G.
Campbell,K.W.Head,P.Imlah,H.S.McTaggart,J.G.McVie,1978,Prednisolone treatment of hereditary pig lymphoma.Eur.J.canc.14,983-994. - 1053.
Brownstein,M.J.,H.Gainer,1977,Neurophysin biosynthesis in normal rats

and in rats with hereditary diabetes insipidus. Proc. nat. ac. sci. 74, 4046 - 4049. - 1054. Bruce, E. J., F. J. Ayala, 1978, Humans and apes are genetically similar. Nature 276, 264-265. - 1055. Bruce, M. E., A. G. Dickinson, H. Fraser, 1976, Cerebral amyloidosis in scrapie in the mouse: effect of agent, strain and mouse genotype. Neuropath. appl. neurobiol. 2, 471-478. - 1056. Brückner, D., 1976, Nachweis der Heterosis für das Merkmal Temperaturregulierung bei der Honigbiene (Apes mellifica). Apidol. 7, 243-248. - 1057. Brueggemann, J. M., M. Merkenschlager, B. Kirchner, U. Loesch, 1967, Eine erbliche Hypo-bzw. Dysgammaglobulinämie beim Haushuhn. Naturwiss. 54, 97-98. - 1058. Bruère, A. N., 1967, Evidence of age aneuploidy in the chromosomes of the sheep. Nature 215, 658-659. - 1059. Bruère, A. N., 1969, Male sterility and an autosomal translocation in Romney sheep. Cytogen. 8, 209-218. - 1060. Bruère, A. N., 1969, Dwarfism in beef cattle: diagnosis and control. N. Z. vet. J. 17, 205-209. - 1061. Bruère, A. N., 1973, Population studies on a further familial translocation of sheep. Vet. rec. 92, 319-320. - 1062. Bruère, A. N., 1974, The discovery and biological consequences of some important chromosome anomalies in populations of domestic animals. 1. wld. cong. gen. appl. livest., 151-175. - 1063. Bruère, A. N., 1974, The segregation patterns and fertility of sheep heterozygous and homozygous for three different Robertsonian translocations. J. repr. fert. 41, 453-464. - 1064. Bruère, A. N., 1975, The future of cytogenetics in the manipulation of domestic animal populations. N. Z. vet. J. 23, 295-298. - 1065. Bruère, A. N., J. MacNab, 1968, A cytogenetical investigation of six intersex sheep, shown to be freemartins. Res. vet. sci. 9, 170-180. - 1066. Bruère, A. N., E. D. Fielden, H. Hutchings, 1968, XX/XY mosaicism in lymphocyte cultures from a pig with freemartin characteristics. N. Z. vet. J. 16, 31-38. - 1067. Bruère, A. N., R. O. Marshall, D. P. J. Ward, 1969, Testicular hypoplasia and XXY sex chromosome complement in two rams: The ovine counterpart of Klinefelter's syndrome in man. J. repr. fert. 19, 103-108. - 1068. Bruère, A. N., R. A. Mills, 1971, Observations on the incidence of Robertsonian translocations and associated testicular changes in a flock of New Zealand Romney sheep. Cytogen. 10, 260-272. - 1069. Bruère, A. N., H. M. Chapman, D. R. Wyllie, 1972, Chromosome polymorphism and its possible implications in the select Drysdale breed of sheep. Cytogen. 11, 233-240. - 1070. Bruère, A. N., H. M. Chapman, 1973, Autosomal translocations in two exotic breeds of cattle in New Zealand. Vet. rec. 92, 615-618. - 1071. Bruère, A. N., H. M. Chapman, 1974, Double translocation heterozyggosity and normal fertility in domestic sheep. Cytogen. cell gen. 13, 342-351. - 1072. Bruère, A. N., D. L. Zartman, H. M. Chapman, 1974, The significance of the G-bands and C-bands of three different Robertsonian translocations of domestic sheep. Cytogen. 13, 479-488. - 1973. Bruère, A. N., R. Kilgaur, 1974, Normal behaviour patterns and libido in chromatin-positive Klinefelter sheep. Vet. rec. 95, 437-440. - 1074. Bruère, A. N., H. M. Chapman, P. M. Jaine, R. M. Morris, 1976, Origin and significance of centric fusions in domestic sheep. J. hered. 67, 149-154. - 1075. Bruère, A. N., E. P. Evans, M. Burtenshaw, B. B. Brown, 1978, Centric fusion polymorphism in Romney Marsh sheep in England. J. hered. 69, 8-10. - 1076. Bruère, A. N., M. G. Blue, P. M. Jaine, K. S. Walker, L. M. Henderson, H. M. Chapman, 1978, Preliminary observations on the occurrence of the equine XO syndrome. N. Z. vet. J. 26, 145-146. - 1077. Bruère, A. N., P. M. Ellis, 1979, Cytogenetics and reproduction of sheep with multiple centric fusions. J. repr. fert. 57, 363-375. - 1078. Bruère, A. N., I. S. Scott, L. M. Henderson, 1981, Aneuploid spermatocyte frequency in domestic sheep heterozygous for three Robertsonian translocations. J. repr. fert. 63, 61-66. - 1079. Bruesh, S. R., L. B. Arey, 1942, The number of myelinated and unmyelinated fibers in the optic nerve of vertebrates. J. comp. neur. 77, 631-665. - 1080. Brüggemann, H., 1950, Wasserkopf beim Kalb. Züchtungsk. 22, 280-284. -1081. Brumbaugh, J. A., 1968, Ultrastructural differences between forming eumelanin and pheomelanin as revealed by the pink-eye mutation in the fowl. Dev. biol. 18, 375-390. - 1082. Brumbaugh, J. A., 1971, The ultrastructural effects of the J and S loci upon black-red melanin differentiation in the fowl. Dev. biol. 24, 392-412. - 1083. Brumbaugh, J. A., K. W. Lee, 1975, The gene action and function of two dopa oxidase positive melanocyte mutants of the fowl. Genet. 81, 333-347. - 1084. Brummerstedt, E., E. Andresen, A. Basse, T. Flagstad, 1974, Lethal trait A 46 in cattle. Nord. vet. med. 26, 279-293. - 1085. Bruner, D. W., F. E. Hull, P. R. Edwards, E. R. Doll, 1948, Icteric foals. J. A. V. M. A. 112, 440-441. - 1086. Bruner, D. W., E. F. Hull, E. R. Doll, 1948, The relation of blood factors to icterus in foals. Am. J. vet. res. 9, 237-242. - 1087. Brunhouse, R. F., J. J. Cebra, 1978, Guinea pig immunoglobulin light chain isotypes. I. Eur. J. immun. 8, 881-888. - 1088. Brunhouse, R. F., J. J. Cebra, 1978, Guinea pig immunoglobulin light chain isotypes. II. Eur. J. immun, 8, 889-895. - 1089. Brunner, D., S. Altman, L. Nelten, J. Reider, 1964, The relative absence of vascular diseases in diabetic Yemenite Jews. Diabetes 13, 268-272. - 1090. Bruton, O. C., 1952, Agammaglobulinemia. Pediat. 9, 722-727. - 1091. de Bruyn, C. H. M., 1978, Bemerkungen zur prä- und postnatalen Diagnostik und Heterozygoten-Detektion bei Hyperurikämie. In:Haeckel a. a. O.. - 1092. Bruynooghe, D., 1964, Der Einfluß der Kokzidiose auf die Wirtschaftlichkeit der Legehennenhaltung. Dt. Gefl. wirt. 16, 257-259. - 1093. Bryan, J. H. D., 1977, Spermatogenesis revisited. III. Cell tiss. res. 180, 173-186. - 1094. Bryan, J. H. D., 1977, Spermatogenesis revisited. IV. Cell tiss. res. 180, 187-201. - 1095. Bryden, W. L., R. B. Cunning, A. B. Lloyd, 1980, Sex and strain response to aflatoxin B_1 in the chicken. Av. path. 9, 539-550. - 1096. Bubenik, G., 1982, Cyclopia combined with anencephalia in White-tailed deer, Odocoileus virginianus Z.). Säugetierk-Mitt. 30, 158-160. - 1097. Buch, N. H., M. B. Jorgensen, 1966, Maternal diabetes and the ears of newborns. J. laryng. 80, 1105-1114. - 1098. Buchanan, G. R., R. I. Handin, 1976, Platelet function in the Chediak-Higashi syndrome. Blood 47, 941-948. - 1099. Buchanan, G. R., S. S. Bottomley, R. Nitschke, 1980, Bone marrow delta-aminolaevulinate synthetase deficiency in a female with congenital sideroblastic anemia. Blood 55, 109-115. - 1100. Bucher, G. A., T. J. Marlowe, 1975, Relation of inbreeding to chromosomal abnormalities in laboratory mice. Virg. polytech. inst. res. div. rep. 163, 66. - 1101. Büchi, H. F., 1979, Die Carpal-Arthritis bei Milchziegen als Genotyp-Umweltproblem. Kleinviehz. 27, 825-829. - 1102. Buchwald, J. S., C. H. Huang, 1975, Far-field acoustic response : origins in the cat. Science 189, 382-384. - 1103. Buchwald, J. S., K. A. Brown, 1977, The role of acoustic inflow in the development of adaptive behavior. Ann. N. Y. ac. sci. 290, 270-284. - 1104. Buchwalder, R., T. Hiepe, L. Israel, 1977, Experimentelle Untersuchungen zur Alter-und Rasseresistenz des Haushuhnes bei Ascaridia galli-Infektionen. Mh. Vet. med. 32, 898. - 1105. Buckel, P., 1979, Reicht die "Zunftethik" der Genetiker aus ? Münch. med. Wschr. 121, 333-334. - 1106. Buckland, R. B., R. O. Hawes, 1968, Comb type and reproduction in the male fowl. Poult. sci. 47, 704-710. - 1107. Buckland, R. B., R. O. Hawes, 1968, Comb type and reproduction in the male fowl. Can. J. gen. cyt. 10, 395-400. - 1108. Buckley, M. R., O. Erten, 1979, The epidemiology of anencephaly and spina bifida in Izmir, Turkey, in the light of recent aetiological theories. J. epid. comm. hlth. 33, 186-190. - 1109. Bückmann, M., 1973, Statistische Ermittlung einiger Merkmale des Tarsalgelenkes beim Schwein und ihre Prüfung auf Erblichkeit. Dissert. Hannover. - 1110. Buckton, K. E., D. G. Harnden, A. G. Baiku,

G.E.Woods,1961,Mongolism and leukemia in the same sibship. Lancet,171-172. - **1111.** Buckton,K.E.,C.Cunningham,1971,Variations of the chromosome number in the red fox (Vulpes vulpes).Chromos.33,268-272. - **1112.** Buckton,K.E.,M.S.Newton,I.J. Lander,R.deMey,D.Elliot,R.Skinner,1975,Familial transmission of a (21q22q) translocation.Cyt. cell gen.15,103-111. -**1113.** Buddecke,E.,1970,Grundriss der Biochemie.W. de Gruyter,Berlin. - **1114.** Buechi,H.F.,1957,Untersuchungen über das verschoben e Geschlechtsverhältnis, die Intersexualität und die Fruchtbarkeit bei der Milchziege. Z.Tierz. Zücht.biol.69,30-90. - **1115.** Buell,P.,1965,Nasopharynx cancer in Chinese in California.Brit.J.surg.19,459-470. - **1116.** Buffington,D.E.,S.H.Kieven, K.A.Jordan,1975,The incidence of leg and foot abnormalities in Wrolstad White turkeys.Poult.sci.54,457-461. - **1117.** Buisson,F.,B.Millanvoye,F.Bariteau,C.Legault,1974,Facteurs de variation de la production et de la qualité de la semence du verrat: effets saisonniers, héritabilité, corrélations entre variables.Ref.Anim.breed.abstr.42,619. - **1118.** Bulfield,G.,1977, Nutrition and animal models of inherited metabolic disease.Proc.nutr.soc.36,61-67. - **1119.** Bulfield,G.,S.Walker,1974,Genetic control of metabolism: heritability estimates of enzyme activities in random-bred mice. Theor.appl.gen.45, 140-142. - **1120.** Bulla,J.,G.Eikelenboom,J.Zelnik,J.Poltarsky,1979,Halothane test in early diagnosis of stress susceptibility.Act.agr.scand.Suppl.21, 469-478. - **1121.** Bullough,P.G.,T.W.Heard,1967,Pathological lesion s associated with the "leg weakness" syndrome in pigs.Brit.vet.J.123,305-310. - **1122.** Bulman,D.C.,1979,A possible influence of the bull on the incidence of embryonic mortality in cattle.Vet.rec.105,420-422. - **1123.** Bulmer,M.G., 1970,The biology of twinning in man. Clarendon Press, Oxf.. - **1124.** Bunch,T. D.,1978,Fundamental karyotype in domestic and wild species of sheep, J. hered.69,77-80. - **1125.** Bunch,T.D.,W.C.Foote,J.J.Spilett,1976,Translocations of acrocentric chromosomes and their implications in the evolution of sheep(Ovis).Cytogen.cell gen.17,122-136. - **1126.** Bunch,T.D.,W.C.Foote, 1977, Evolution of the 2n= 54 karyotype of domestic sheep (Ovis aries).Ann. gén.sél.anim.9,509-515. - **1127.** Bunch,T.D.,C.F.Nadler,L.Simmons,1978, G-band patterns,hemoglobin and transferrin types of the bharal.J.hered.69, 316-320. - **1128.** Bunch,T.D.,T.C.N'Guyen,J.J.Lauvergne,1978, Hemoglobins of the Corsico-Sardinian Mouflon(Ovis musimon) and their implications for the origin of Hb A in domestic sheep (Ovis aries).Ann.gén.sél.anim.10, 503-506. - **1129.** Bunge,R.P.,1980,Neurological mutants affecting myelination.Nature 286,106-107. - **1130.** Bünger,L.,L.Schüler,1981,Zu den Auswirkungen einer Wachstumsselektion auf die Belastbarkeit- Untersuchungen an Labormäusen als Modelltiere. Tierz.35,229-232. - **1131.** Bunn,H.F.,1981, Evolution of mammalian hemoglobin function.Blood 58,189-197. - **1132.** Burch, P.R.J.,1969,Klinefelter's syndrome,dizygotic twinning and diabetes mellitus. Nature 221,175-177. - **1133.** Burch,P.R.J.,1976,The biology of cancer- a new approach.MTP Press, Lancaster. - **1134.** Burch,P.R.,J.B.Dawson,1969,Aetiological implications of the sex- and age-distribution of renal lithiasis. In: Hodgkinson u. Nordin a.a.O..- **1135.** Burchardt,P.,H.Flenker,H.J.Schoop, 1981, Tödlicher Kontrastmittelzwischenfall bei unbehandeltem Morbus Waldenström. Dt.med.Wschr.106,1223-1225. - **1136.** Burden,M.L.,1964,Squamous-cell carcinoma of the vulva of cattle in Kenya.Res.vet.sci.5,497-505.- **1137.** Burdin,M.L.,C.D.H.Boarer,1972,Glucose-6-phosphate dehydrogenase levels and haemoglobin types of cattle in East Africa in relation to resistance to East coast fever.Vet.rec.90,299-302. - **1138.** Burditt,L.J.,K.Chotai, S.Hirani,P.Nugent,B.G.Winchester,W.F.Blakemore,1980,Biochemical studies on a case of feline mannosidosis. Biochem. J. 189, 467-473. - 1139. Burfening, P. J., R. L. Friedrick, J. L. Horn, 1977, Estimates of early embryonic loss in ewes mated to rams selected for high and low prolificacy. Theriogen. 7, 285-291. - 1140. Burfening, P. J., D. D. Kress, R. L. Friedrich, D. Vaniman, 1978, Calving ease and growth rate of Simmental-sired calves. J. anim. sci. 46, 930-936. - 1141. Burfening, P. J., D. D. Kress, R. L. Friedrich, D. Vaniman, 1979, Ranking sires for calving ease. J. anim. sci. 48, 293-297. - 1142. Burfening, P. J., D. D. Kress, R. L. Friedrich, D. D. Vaniman, 1978, Phenotypic and genetic relationships between calving ease, gestation length, birth weight and preweaning growth. J. anim. sci. 47, 595-600. - 1143. Burgoyne, P. S., 1979, Evidence for an association between univalent Y chromosomes and spermatocyte loss in XYY mice and men. Cytogen. cell gen. 23, 84-89. - 1144. Burgoyne, P. S., T. G. Baker, 1981, Oocyte depletion in XO mice and their XX sibs from 12 to 200 days post partum. J. repr. fert. 61, 207-212. - 1145. Burnet, F. M., 1977, Autoimmunity and aging. In: Autoimmunity. Ac. Press, N. Y. - 1146. Burnet, M., M. C. Holmes, 1965, Genetic investigations of autoimmune disease in mice. Nature 207, 368-371. - 1147. Burnet, M., 1970, The newer immunology: an evolutionary approach. In: Mudd a. a. O.. - 1148. Burns, A. L., S. Spence, K. Kosche, F. Ramirez, J. G. Mears, H. Schreiner, C. Miller, M. Baird, D. Leibovitz, P. Giardina, A. Markenson, A. Bank, 1981, Isolation and characterization of cloned DNA: The δ and β globin genes in homozygous β + thalassemia. Blood 57, 140-146. - 1149. Burns, K. N., R. Allcroft, 1967, Hypomagnesaemic tetany in cattle. Brit. vet. J. 123, 340-343. - 1150. Burridge, M. J., C. J. Wilcox, J. M. Hennermann, 1979, Influence of genetic factors in the susceptibility of cattle to bovine leukemia virus infection. Eur. J. canc. 15, 1395-1400. - 1151. Burton, B. K., Recurrence risks for congenital hydrocephalus. Clin. gen. 16, 47-53. - 1152. Burton, D. R., J. Boyd, A. D. Brampton, S. B. Easterbrook-Smith, E. J. Emanuel, J. Novotny, T. W. Rademacher, M. R. v. Schwavendijk, M. J. E. Sternberg, R. A. Dwek, 1980, The C1q receptor site on immunoglobulin G. Nature 288, 338-344. - 1153. Burtonwood, E., 1957, The albino nutria. Fur tr. J. can. 34, 15. - 1154. Busch, H., 1979, The complexity of the cancer problem. Fed. proc. 38, 94-96. - 1155. Busch, R., M. Voigt, 1979, Mißbildungen und perinatale Mortalität. Wiss. Z. Humb. Univ. M. N. R. 28, 490. - 1156. Busch, R., H. Voigt, C. Zwahr, 1981, Über Zusammenhänge zwischen Risikofaktoren aus sozialmedizinischen Bereichen und perinataler Mortalität unter epidemiologischen Gesichtspunkten. Wiss. Z. Univ. Rostock 30, 55-56. - 1157. Buschmann, G., K. Bickhardt, H. J. Reinhard, H. J. Chevalier, A. Pfeiffer, 1970, Elektromyographische Untersuchungen an gesunden Schweinen und an Schweinen mit protrahierter Atrophie der kaudalen Oberschenkelmuskulatur. Berl. Münch. tierärztl. Wschr. 83, 477-480. - 1158. Buschmann, H., 1974, Der Einfluß des Geschlechts auf Immunität und Infektionsresistenz. Berl. Münch. tierärztl. Wschr. 87, 194-196. - 1159. Buschmann, H., D. O. Schmid, 1968, Serumgruppen bei Tieren. P. Parey, Berl.. - 1160. Buschmann, H., J. Meyer, 1981, Resistenzzucht bei der Maus. Zbl. Vet. med. B 28, 713-732. - 1161. Buselmaier, W., S. Geiger, W. Reichert, 1978, Monogene inheritance of learning speed in DBA and C3H mice. Hum. gen. 40, 209-214. - 1162. Bush, B. M., 1969, Thyroid disease in the dog-a review. J. sm. anim. pract. 10, 95-109. - 1163. Bush, I. E., 1953, Species differences and other factors influencing adrenocortical secretion. Ciba found. coll. 7, 210-232. - 1164. Bush, I. E., 1953, Species differences in adrenocortical secretion. J. endocr. 9, 95-100. - 1165. Busse, H., 1964, Betrachtungen zur Fruchtbarkeit einer sächsisch-anhaltischen Kaltblutpferdezucht. Arch. Tierz. 7, 367-397. - 1166. Bustad, L. K., R. O. McClellan, 1968, Miniature swine: development, management, and utilization. Lab. anim. care 18,

280-287. - **1167.** Butcher, E. O., R. F. Sognnaes, 1962, Fundamentals of keratinization. Am. Ass. adv. sci., Wash. - **1168.** Butenandt, O., 1974, Genetischer und endokriner Minderwuchs. Dt. Ärztevlg., Lövenich. - **1169.** Butenandt, O., 1980, Growth hormone deficiency and growth hormone therapy in Ullrich-Turner-syndrome. Klin. Wschr. 58, 99-101. - **1170.** Butler, L., 1967, The inheritance of diabetes in the Chinese hamster. Diabetol. 3, 124-129. - **1171.** Butler, L., 1972, The inheritance of glucosuria in the KK and A^y mouse. Can. J. gen. cytol. 14, 265-269. - **1172.** Butler, L., G. C. Gerritsen, 1970, A comparison of the modes of inheritance of diabetes in the Chinese hamster and the KK mouse. Diabetol. 6, 163-167. - **1173.** Butterfield, W. J. H., 1962, Aetiology of diabetes. In: Pyke a. a. O. - **1174.** Butterworth, K. R., M. Mann, 1957, A quantitative comparison of the sympathicomimetic amine content of the left and right adrenal glands of the cat. J. physiol. 136, 294-299. - **1175.** Butterworth, K. K., M. Mann, 1960, The percentage of noradrenaline in the adrenal glands of families of cats. J. physiol. 154, 43P. - **1176.** Butterworth, J., Diagnosis of the mucopolysaccharidoses using cultured skin fibroblasts and amniotic fluid cells. J. inh. met. dis. 1, 25-28. - **1177.** Butterworth, R. F., E. Hamel, F. Landreville, A. Barbeau, 1979, Amino acid changes in thiamine-deficient encephalopathy: some implications for the pathogenesis of Friedreich's ataxia. Can. J. neur. sci. 6, 217-222. - **1178.** Buttle, H., J. Hancock, 1966, The chromosomes of goats, sheep and their hybrids. Res. vet. sci. 7, 230-231. - **1179.** Butz, H., Sonnenbrodt, T. Böttger, 1942, Gaumenspalten bei unseren Haussäugetieren, insbesondere beim Schaf. Dt. tierärztl. Wschr. 50, 65-67. - **1180.** Butz, H., W. Schnelle, 1952, Vererbung der Afterlosigkeit (Atresia ani) beim Schwein. Dt. tierärztl. Wschr. 59, 353 - 355. - **1181.** Butz, H., R. Schmahlstieg, 1955, Erblicher Milchmangel als Folge einer Hypoplasie des Drüsenparenchyms im Euter mit formal- und kausalgenetischer Analyse. Dt. tierärztl. Wschr. 62, 463-468. - **1182.** Butz, H., H. Meyer, 1957, Epitheliogenesis imperfecta neonatorum equi. Dt. tierärztl. Wschr. 64, 555-559. - **1183.** Butz, H., H. Meyer, 1960, Über einen Zuchtversuch bei Schweinen mit Lippenkiefergaumenspalten. Dt. tierärztl. Wschr. 67, 522-525. - **1184.** v. Buul, S., J. L. v. d. Brande, 1978, The Snell-dwarfmouse I. Act. endocr. 89, 632-645. - **1185.** v. Buul, S., J. L. v. d. Brande, 1978, The Snell-dwarfmouse. II. Act. endocr. 89, 646-658. - **1186.** Buvanendran, V., 1972, Sexual abnormality and polledness in Indian goats. Ceyl. vet. J. 20, 81-83. - **1187.** Buvanendran, V., T. Sooriyamoorthy, R. A. Ogunsusi, I. F. Adu, 1981, Haemoglobin polymorphism and resistance to helminths in Red Sokoto goats. Trop. anim. hlth. prod. 13, 217 - 221. - **1188.** Buven, L. C., B. E. Seguin, A. F. Weber, R. N. Shoffner, 1981, X-trisomy karyotype and associated infertility in a Holstein heifer. J. A. V. M. A. 179, 808-811. - **1189.** Buxton, J. C., N. H. Brooksbank, 1953, Haemolytic disease of new-born pigs caused by iso-immunization of pregnancy. Nature 172, 355. - **1190.** Bwibo, N. O., M. D. Mkono, 1970, Waardenburg's syndrome in an African child. Hum. hered. 20, 19-22. - **1191** Cabral, J. R., H. J. Chevalier, W. Drommer, P. Mathies, C. Messow, J. Pohlenz, L. C. Schulz, G. Trautwein, S. Ueberschär, 1968, Zur derzeitigen Verlaufsform des chronischen Rotlaufs beim Schwein. II. Dt. tierärztl. Wschr. 75, 423-444. - **1192.** Cacheiro, N. L. A., L. B. Russell, M. S. Swartout, 1974, Translocations, the predominant cause of total sterility in sons of mice treated with mutagens. Genet. 76, 73-91. - **1193.** Cacheiro, N. L. A., L. B. Russell, 1975, Evidence that linkage group IV as well as linkage group X of the mouse are in chromosome 10. Genet. res. 25, 193-195. - **1194.** Cady, R. A., L. D. v. Vleck, 1978, Factors affecting twinning and effects of twinning in Holstein dairy cattle. J. anim. sci. 46, 950-956. - **1195.** Caffier, H., 1980, Brustkrebs-

Entstehung: ein multifaktorielles Geschehen. Med. Klin. 75, 713-720. - 1196. Cagianut, B., 1968, Augenbefunde bei Chromosomenkrankheiten. Ophthalm. 155, 143-166. - 1197. Cain, D. P., 1977, Seizure development following repeated electrical stimulation of central olfactory structure. Ann. N. Y. ac. sci. 290, 200-216. - 1198. Cairella, M., V. Siani, P. Arnesano, R. Godi, 1978, (Problems and limits of prevention of obesity). Clin. diet. 5, 637-638. - 1199. Calin, A., J. F. Fries, 1975, Striking prevalence of ankylosing spondylitis in "healthy" W 27 positive males and females. N. E. J. med. 293, 835-839. - 1200. Callahan, R., M. M. Lieber, G. J. Todaro, 1976, Bovine leukemia virus genes in the DNA of leukemic cattle. Science 192, 1005-1007. - 1201. Calnek, B. W., 1968, Lymphoid leukosis virus: a survey of commercial breeding flocks for genetic resistance and incidence of embryo infection. Av. dis. 12, 104-111. - 1202. Camara, S., H. O. Gravert, 1971, Untersuchungen über den Klauenabrieb bei Rindern. Züchtungsk. 43, 111-126. - 1203. Camara, S., H. O. Gravert, 1971, Untersuchungen über den Klauenabrieb bei Rindern. X. int. Tierz. Kongr. Versailles. - 1204. Camerini-Davalos, R. A., H. S. Cole, 1973, Vascular and neurological changes in early diabetes. Ac. Press, N. Y.. - 1205. Campbell, A. G., 1980, Genetic resistance to facial eczema. N. Z. agr. res. div. ann. rep., 94-95. - 1206. Campbell, A. G., P. H. Mortimer, B. L. Smith, J. N. Clarke, J. W. Ronaldson, 1975, Breeding for facial eczema resistance? Proc. Ruak. Farm. conf. 27, 62-64. - 1207. Campbell, A. G., H. H. Meyer, H. Henderson, C. Wesselink, 1981, Breeding for facial eczema resistance- a progress report. Proc. N. Z. soc. anim. prod. 41, 273-278. -1208. Campbell, J. G., E. C. Appleby, 1966, Tumours in young chickens bred for rapid growth (broiler chickens): a study of 351 cases. J. path. bact. 92, 77 - 90. - 1209. Campbell, T. M., R. M. Lording, R. H. Wright, R. B. Lavell, 1980, Portal vein anomaly and hepatic encephalopathy in three dogs. Austr. vet. J. 56, 593-598. - 1210. Cancilla, P. A., R. M. Barlow, N. Weissman, W. F. Coulson, W. H. Carnes, 1967, Dietary production of congenital copper deficiency in swine. J. nutr. 93, 438-444. - 1211. Cancro, M. P., N. R. Klinman, 1981, B cell repertoire ontogeny: heritable and dissimilar development of parental and F_1 repertoires. J. immunol. 126, 1160-1164. - 1212. Canki, N., B. Dutrillaux, 1979, Two cases of familial paracentric inversion in man associated with sex chromosome anomaly. Hum. gen. 47, 261- 268. - 1213. Cantalamessa, L., E. Reschini, A. Catania , G. Giustina, 1976, Pituitary hormone responses to hypothalamic releasing hormones in acromegaly. Act. endocr. 83, 673-683. - 1214. Cantell, K., 1978, Towards the clinical use of interferon. Endeav. NS 2, 27-30. - 1215. Cantu, J. M., R. Ruenes, D. Garcia-Cruz, 1978, Autosomal recessive sensineural-conductive deafness, mental retardation, and pinna anomalies. Hum. gen. 40, 231-234. -1216. Cantu, J. M., E. Corona-Rivera, M. Diaz, C. Medina, E. Esquinca, V. Cortes-Gallegos, G. Vaca, A. Hernandez, 1980, Post-pubertal female psychosexual orientation in incomplete male pseudohermaphroditism type 2 (5ξreductase deficiency). Act. endocr. 94, 273-279. - 1217. Capen, C. C., C. R. Cole, J. W. Hibbs, A. K. Wagner, 1966, Bioassay and quantitative morphologic analysis of the parathyroid glands, and serum and urine changes of cows fed high levels of vitamin D. Am. J. vet. res. 27, 1177-1186. - 1218. Capen, C. C., D. M. Young, 1967, The ultrastructure of the parathyroid glands and thyroid parafollicular cells of cows with parturient paresis and hypocalcemia. Lab. invest. 17, 717-737. - 1219. Capute, A. J., D. L. Rimoin, B. W. Konigsmark, 1969, Congenital deafness and multiple lentigines. Arch. derm. 100, 207-213. - 1220. Cardoso, S. S., R. Prewitt, W. B. Wood, N. Wojciechowski, R. Crowell, 1982, Prevention of hypertension in spontaneously hypertensive rats (SHR) by simulated high altitude. Fed. proc. 41, 7076. -

1221. Carey, N., 1979, Unsuspected relatives of the ovalbumin gene. Nature 279, 101-102. - 1222. Carlson, H., B. Gustafsson, K. L. Möller, 1937, Quantitative mikromorphologische Studien über die Nebennieren einjähriger weißer Mäuse unter besonderer Berücksichtigung von Geschlechtsverschiedenheiten. Upps. Läk. förh. 43, 49-82. - 1223. Carlson, J. P., L. L. Christian, D. L. Kuhlers, B. A. Rasmusen, 1980, Influence of the porcine stress syndrome on production and carcass traits. J. anim. sci. 50, 21-28. - 1224. Carlson, L. A., F. Wahlberg, 1966, Serum lipids, intravenous glucose tolerance and their interrelation studied in ischemic cardiovascular disease. Act. med. scand. 180, 307-315. - 1225. Carmena, M., 1949, Hyperthyreoidismus bei eineiigen Zwillingen. Z. menschl. Vererb. Konst. forsch. 29, 386-392. - 1226. Carnahan, D. L., M. M. Guffy, C. M. Hibbs, H. W. Leipold, K. Huston, 1968, Hip dysplasia in Hereford cattle. J. A. V. M. A. 152, 1150-1157. - 1227. Carnevale, A., V. DelCastillo, A. G. Sotillo, J. Larrondo, 1976, Congenital absence of gluteal muscles. Clin. gen. 10, 135-138. - 1228. Caroli, J., M. Bessis, 1947, Immunisation de la mère par le foetus chez la jument mulassière. C. R. soc. biol. 141, 386-387. - 1229. Carothers, A. D., S. Collyer, R. de Mey, A. Frackiewicz, 1978, Parental age and birth order in the seriology of some sex chromosome aneuploidies. Ann. hum. gen. 41, 277-287. - 1230. Carpenter, A. M., G. C. Gerritsen, W. E. Dulin, A. Lazarow, 1967, Islet and beta cell volumes in diabetic Chinese hamsters and their non-diabetic siblings. Diabetol. 3, 92-96. - 1231. Carr, D. H., 1967, Cytogenetics of abortions. In: Benirschke a. a. O.. - 1232. Carr, D. H., 1967, Chromosomes after oral contraceptives. Lancet II, 830-831. - 1233. Carr, D. H., 1969, Lethal chromosome errors. In: Benirschke a. a. O.. - 1234. Carr, W. R., J. Macleod, B. Woolf, R. L. Spooner, 1974, A survey of the relationship of genetic markers, tick infestation level and parasitic diseases in Zebu cattle in Zambia. Trop. anim. hlth. prod. 6, 203-214. - 1235. Carrig, C. B., A. A. Seawright, 1969, A familial canine polyostotic fibrous dysplasia with subperiosteal cortical defects. J. sm. anim. pract. 10, 397-405. - 1236. Carroll, E. J., W. A. Aanes, L. Ball, 1964, Persistent penile frenulum in bulls. J. A. V. M. A. 144, 747-740. - 1237. Carroll, F. D., R. B. Thiessen, W. C. Rollins, N. C. Powers, 1978, Comparison of beef from normal cattle and heterozygous cattle for muscular hypertrophy. J. anim. sci. 46, 1201-1205. - 1238. Carroll, W. A., B. S. Jay, W. I. McDonald, A. M. Halliday, 1980, Two distinct patterns of visual evoked response asymmetry in human albinism. Nature 286, 604-606. - 1239. Carson, J. R., R. K. Cole, 1944, Absence of breed differences in bactericidal power of blood plasma of chickens over Salmonella pullorum. Poult. sci. 23, 43-48. - 1240. Carstens, P., A. Mehner, J. Prüfer, 1934, Untersuchungsergebnisse über das Auftreten und Verhalten von Albinos beim Braunvieh. Züchtungsk. 9, 399-411. - 1241. Carstens, P. A., G. Wenzler, M. Dürr, 1937, Einige Untersuchungsergebnisse über Vererbungserscheinungen beim Schwein. Züchtungsk. 12, 205-217. - 1242. Carter, A. H., 1960, An inherited blindness (cataract) in cattle. Proc. N. Z. soc. anim. prod. 20, 108. - 1243. Carter, A. H., 1975, Inherited taillessness in sheep. Ann. rep. res. div. N. Z. agr. res., 44-45. - 1244. Carter, A. H., Inherited taillessness in sheep. Ann. rep. res. div. N. Z. agr. res., 33-34. (1979). - 1245. Carter, C., R. Sweetnam, 1958, Familial joint laxity and recurrent dislocation of the patella. J. bone jt. surg. 40 B, 664-667. - 1246. Carter, C. O., 1961, The inheritance of congenital pyloric stenosis. Brit. med. bull. 17, 251-254. - 1247. Carter, C. O., 1969, Genetics of common disorders. Brit. med. bull. 25, 52-57. - 1248. Carter, C. O., J. A. Wilkinson, 1964, Genetic and environmental factors in the etiology of congenital dislocations of the hip. Clin. orth. 33, 119-128. - 1249. Carter, C. O., T. J. Fairbank, 1974, The genetics of loomotor disorders. Oxf. Univ. Press. - 1250. Carter, C. O., K. Evans, G. Pescia, 1979, A family study of renal agenesis. J. med. gen. 16, 176-188. - 1251. Carter, R. C., W. H. McClure, J. A. Gaines, D. W. Vogt, 1964, Heterosis from crosses among British breeeds of beef cattle. Proc. XI th int. congr. genet., The Hague, 265-266. - 1252. Carter, T. C., A mosaic mouse with an anomalous segregation ratio. J. genet. 51, 1-6. - 1253. Carter, C. O., D. MacCarthy, 1951, Incidence of mongolism and its diagnosis in the newborn. Brit. J. soc. med. 5, 83-90. -1254. Casady, R. B., A. E. Snitor, 1964, Yellow colored fat in domestic rabbits. Allpets 35, 34-35. - 1255. Cascos, A. S., J. M. G. Sagredo, 1975, Genetics of patent ductus arteriosus. Bas. res. card. 70, 456-466. - 1256. Casey, C. E., K. M. Hambridge, P. Walravens, 1979, Zinc binding in human duodenal secretion. J. pediat. 95, 1008-1010. - 1257. Casey, M. D., C. E. Blank, D. R. K. Street, L. J. Segall, J. H. McDougall, P. J. McGrath, J. L. Skinner, 1966, YY-chromosomes and anti social behaviour. Lancet ii, 859. - 1258. Casida, L. E., A. B. Chapman, 1951, Factors affecting the incidence of cystic ovaries in a herd of Holstein cows. J. dairy sci. 34, 1200-1205. - 1259. Caspar, L., 1925, Typisches Kolobom des Iris und Aderhaut nach oben. Klin. Mbl. Aug. hlk. 75, 707-708. - 1260. Caspari, E. L., P. D. P. Wood, J. M. Newton, 1980, Eyelid pigmentation and the incidence of infectious bovine kerato-conjunctivitis in Hereford cross-bred calves. Brit. vet. J. 136, 210-213. - 1261. Cassidy, S. B., T. Whitworth, D. Sanders, C. A. Lorber, E. Engel, 1977, Five month extrauterine survival in a female triploid (69, XXX) child. Ann. génét. 20, 277-279. - 1262. Cassuto, Y., R. R. J. Chaffee, 1966, Effects of prolonged heat exposure on the cellular metabolism of the hamster. Am. J. physiol. 210, 423-426. - 1263. Castelino, J. B., J. B. Preston, 1979, The influence of breed and age on the prevalence of bovine fascioliasis in Kenya. Brit. vet. J. 135, 198-203. - 1264. Castell, A. G., J. P. Bowland, 1968, Supplemental copper for swine. Can. J. anim. sci. 48, 415-424. - 1265. Castellano, C., B. E. Eleftheriou, D. W. Bailey, A. Oliveiro, 1974, Chlorpromazine and avoidance: a genetic analysis. Psychopharmac. 34, 309-316. - 1266. Castle, W. E., F. H. Smith, 1953, Silver dapple, a unique color variety among Shetland ponies. J. hered. 44, 139-145. - 1267. Castle, W. E., W. R. Singleton, 1961, The Palomino horse. Genet. 46, 1143-1150. - 1268. Castleberry, R. S., H. J. Schneider, J. G. Peeples, J. L. Johnson, H. W. Leipold, R. R. Schalles, 1981, Embryo transfer and its effects on genetic research. Theriogen. 15, 130. - 1269. Caston, H., 1973, Stress and the feline urological syndrome. Fel. pract. 3, 14-22. - 1270. Casu, S., J. G. Boyazoglu, J. J. Lauvergne, 1970, Hérédité des pendeloques dans la race ovine sarde. Ann. gén. sél. anim. 2, 249-261. - 1271. Casu, S., J. G. Boyazoglu, J. J. Lauvergne, 1971, "Pendants" d'oreilles dans la race ovine Sarde. X. int. Tierz. Kongr., Versailles. - 1272. Cathala, F., J. Chatelain, P. Brown, L. Court, N. Bouchard, J. C. Mestries, 1979, La tremblante du mouton est-elle à l'origine de la maladie de Creutzfeldt-Jakob de l'homme ? Bull. mens. soc. vét. prat. France 63, 99-117. - 1273. Cattanach, B. M., 1961, XXY mice. Genet. res. 2, 156-158. - 1274. Cattanach, B. M., 1974, Position effect variegation in the mouse. Genet. res. 23, 291-306. - 1275. Cattanach, B. M., C. E. Pollard, 1969, An XYY sex-chromosome constitution in the mouse. Cytogen. 8, 80-86. - 1276. Cattanach, B. M., C. E. Pollard, S. G. Hawkes, 1971, Sex-reversal mice: XX and XO males. Cytogen. 10, 318-337. - 1277. Cattanach, B. M., C. E. Williams, 1972, Evidence of non-random X chromosome activity in the mouse. Gen. res. 19, 229-240. - 1278. Cattanach, B. M., H. G. Wolfe, M. F. Lyon, 1972, A comparative study of the coats of chimaeric mice and those of heterozygotes for X-linked genes. Genet. res. 19, 213-228. - 1279. Cattanach, B. M., C. A. Iddon, H. M. Charton, S. A. Chiappa, 1977, Gonadotrophin-releasing hormone deficiency in a mutant mouse with hypogonadism. Nature 269, 338-340. - **1280.** Cauchy, L., J. Higginson, J. Huppert, A. L. Parodi, G. de Thé, 1976, Virus, cancers et hérédité. Rev. méd. vét. 127, 1435-1450. - **1281.** Cavalcanti, S. de, 1979, (Occurrence of stillborn piglets and its relationship with some reproductive characters). Arqu. esc. vet. Min. Ger. 31, 501-502. - **1282.** Cavalier-Smith, T., 1980, How selfish is DNA ? Nature 285, 617-620. - **1283.** Cavalli-Sforza, L. L., 1972, Pygmies, an example of hunters-gatherers, and genetic consequences for man of domestication of plants and animals. In: de Grouchy u. Mit. a. a. O.. - **1284.** Cavallin-Stahl, E., T. Landberg, Z. Ottow, F. Mitelman, 1977, A clinical and cytogenetic study: Hodgkin's disease and akute leukaemia. Scand. J. haemat. 19, 273-280. - **1285.** Cawley, G. D., R. Bradley, 1979, Presumed congenital myodegeneration in a calf. Vet. rec. 105, 398-399. - **1286.** Cawthorne, M. A., S. Cornish, 1979, Lipogenesis in vivo in lean and genetically obese (ob/ob) mice fed on diets with a high fat content. Int. J. obes. 3, 83-90. - **1287.** Cazemier, C. H., 1965, Mastitis und Melktechnik. Tierzücht. 17, 125-126. - **1288.** Cech, P., A. Papathanassiou, G. Boreux, P. Roth, P. A. Miescher, 1979, Hereditary myeloperoxidase deficiency. Blood 53, 403-411. - **1289.** Ceh, L., J. G. Hauge, R. Svenkerud, A. Strande, 1976, Glycogenosis type III in the dog. Act. vet. scand. 17, 210-222. - **1290.** Center, E. M., 1977, Genetical and embryological comparison of two mutations which cause foetal blebs in mice. Genet. res. 29, 147-157. - **1291.** Centerwall, W. R., 1974, The new hybrids. Cats mag. 1, 65-68. - **1292.** Centerwall, W. R., K. Benirschke, 1973, Male calico and tortoiseshell cats: animal models of sex chromosome mosaics, aneuploids, and chimerics. Genetics 74, 41. - **1293.** Centerwall, W. R., K. Benirschke, 1973, Male tortoiseshell and calico (T-C) cats. J. hered. 64, 272-278. - **1294.** Centerwall, W. R., K. Benirschke, 1975, An animal model for the XXY Klinefelter's syndrome in man: tortoiseshell and calico male cats. Am. J. vet. res. 36, 1275-1280. - **1295.** Cermak, K., M. Vulinec, 1979, Bildbericht. Dt. tierärztl. Wschr. 86, 416. - **1296.** Cervenka, J., R. J. Gorlin, V. E. Anderson, 1967, The syndrome of pits of the lower lip and cleft lip and -or palate. Am. J. hum. gen. 19, 416-432. - **1297.** Chai, C. K., 1958, Endocrine variation. J. hered. 49, 143-148. - **1298.** Chai, C. K., 1969, Effects of inbreeding in rabbits. J. hered. 60, 64-70. - **1299.** Chai, C. K., 1970. Effects of inbreeding in rabbits. J. hered. 61, 2-8. - **1300.** Chai, C. K., 1970, Genetic basis of leukocyte production in mice. J. hered. 61, 57-71. - **1301.** Chai, C. K., 1975, Genes associated with leukocyte production in mice. J hered. 66, 301-308. - **1302.** Chai, C. K., 1981, Dactyaplasia in mice. J. hered. 72, 234-237. - **1303.** Chai, C. K., E. M. Clark, 1967, Droopy-ear, a genetic character in rabbits. J. hered. 58, 149 - 152. - **1304.** Chaikof, L., W. H. Janke, P. C. Pesaros, J. L. Ponka, B. E. Brush, 1961, Effects of prednisone and corticotropin on gastric secretion. Arch. surg. 83, 32-41. - **1305.** Chait, A., J. J. Albers, J. D. Brunzell, 1980, Very low density lipoprotein overproduction in genetic forms of hypertriglyceridaemia. Eur. J. clin. inv. 10, 17-22. - **1306.** Chakravarti, M. R., R. Chakravartti, 1978, ABO blood groups and fertility in an Indian population. J. génét. hum. 26, 133-144. - **1307.** Challey, J. R., 1966, Changes in adrenal constituents and their relationship to corticosterone secretion in chickens selected for genetic resistance and susceptibility to cecal coccidiosis. J. parasit. 52, 967-974. - **1308.** Challey, J. R., T. K. Jeffers, W. H. McGibbon, 1966, Response of commercial egg production stocks to experimental infection with Eimeria tenella and its relation to field mortality. Poult. sci. 45, 1075. - **1309.** Chambers, J. R., A. D. Smith, I. McMillan, G. W. Friars, 1974, Comparison of normal and dwarf broiler breeder hens. Poult. sci. 53, 864-870. - **1310.** Chamla, M. C., 1964, Note sur l'évolution de la pigmentation des cheveux et des yeux des français entre 1880 et 1940.

Biotypol. 25, 149-172. - 1311. Chamley, W. A., D. B. Pickering, 1966, Taillessness in the rat. Austr. J. sci. 29, 78-79. - 1312. Champion, L. R., 1950, The inheritance of resistance to cecal coccidiosis in the domestic fowl. Poult. sci. 29, 753. - 1313. Champion, L. R., 1952, The inheritance of resistance to Eimeria tenella in the domestic fowl. Poult. sci. 31, 911. - 1314. Champion, L. R., 1954, The inheritance of resistance to cecal coccidiosis in the domestic fowl. Poult. sci. 33, 670-681. - 1315. Champlin, A. K., W. G. Beamer, S. C. Carter, J. G. Shire, W. K. Witten, 1980, Genetic social modifications of mating patterns of mice. Biol. repr. 22, 164-172. - 1316. Chan, F. P. H., F. R. Sergovich, E. L. Shaver, 1977, Banding patterns in mitotic chromosomes of the rabbit(Oryctolagus cuniculus). Can. J. gen. cyt. 19, 625-632. - 1317. Chandler, D., 1981, Breeding pigs resistant to colibacillosis caused by Escherichia coli with the K88 adhesive antigen. Vict. vet. proc. 39, 33. - 1318. Chandler, F. L., 1958, Studies on the tolerance of N'Dama cattle to typanosomiasis. J. comp. path. 68, 253-260. - 1319. Chandley, A. C., R. V. Short, W. R. Allen, 1975, Cytogenetic studies of three equine hybrids. J. repr. fert. Suppl. 23, 365-370. - 1320. Chandley, A. C., J. Fletcher, P. D. Rosdale, C. K. Peace, S. W. Ricketts, R. J. McEnery, J. P. Thorne, R. V. Short, W. R. Allen, 1975, Chromosome abnormalities as a cause of infertility in mares. J. repr. fert. Suppl. 23, 377-383. - 1321. Chandley, A. C., J. Fletcher, J. A. Robinson, 1976, Normal meiosis in two 47XXY men. Hum. gen. 33, 231 - 240. - 1322. Chandra, R. K., 1980, Cell-mediated immunity in genetically obese (C57B L/6J, ob/ob) m ice. Am. J. clin. nutr. 33, 13-16. - 1323. Chandra, R. K., G. Heresi, B. Au, 1981, Serum thymic hormone activity in genetically obese mice. Brit. J. nutr. 45, 211-213. - 1324. Chang, J. C., G. F. Temple, R. F. Trecartin, Y. Waikan, 1979, Suppression of the nonsense mutation in homozygous β^0-thalassaemia. Nature 281, 602-603. - 1325. Chang, M. C., 1977, Digynic triploidy after superovulation. Nature 266, 382-383. - 1326. Chang, S. S., W. A. Hildemann, 1964, Inheritance of susceptibility to polyoma virus in mice. J. nat. canc. inst. 33, 303-313. - 1327. Chapelle, A. de la, 1972, Analytic review: Nature and origin of males with XX sex chromosomes. Am. J. hum. gen. 24, 71-105. - 1328. Chapelle, A. de la, J. Fellman, V. Unnerus, 1967, Determination of human paternity from the length of the Y chromosome. Ann. génét. 10, 60-64. - 1329. Chapin, C. A., L. D. v. Vleck, 1980, Effects of twinning on lactation and days open in Holstein. J. dairy sci. 63, 1881-1886. - 1330. Chapman, H. M., A. N. Bruère, 1975, The frequency of aneuploidy in the secondary spermatocytes of normal and Robertsonian translocation-carrying rams. J. repr. fert. 45, 333-342. - 1331. Chapman, H. M., A. N. Bruère, 1977, Chromosome morphology during meiosis of normal and Robertsonian translocation-carrying rams(Ovis aries)C J. gen. cyt. 19, 93-102. - 1332. Chapman, H. M., A. N. Bruere, P. M. Jaine, 1978, XY gonadal dysgenesis in a Charolais heifer. Anim. repr. sci. 1, 9-18. - 1333. Chapman, R. E., B. F. Short, 1965, Crimp in wool: the skin histology of normal and doggy-fleeced sheep. Austr. J. agr. res. 16, 211-218. - 1334. Chappel, R. J., A. C. Dunkin, 1974, Relation of concentration of growth hormone in blood plasma to growth rate and carcass characters in the pig. Anim. prod. 20, 51-61. - 1335. Charache, S., R. Jacobsen, B. Brimhall, E. A. Murphy, P. Hathaway, R. Winslow, R. Jones, C. Rath, J. Simkovich, 1978, Hb Potomac (101 Glu → Asp): speculations on placental oxygen transport in carriers of high affinity hemoglobins. Blood 51, 331-338. - 1336. Charbonneau, G., J. C. Risset, 1975, Différences entre oreille droite et oreille gauche pour la perception de la hauteur des sons. C. R. ac. sci. 281, 163-166. - 1337. Charbonnel, B., M. Shupin, A. LeGrand, J. Guillon, 1981, Pituitary function in idiopathic haemochromatosis: hormonal study in 36 male patients. Act. endocr. 98, 178-183. - **1338.** Chardon, P., C. Renard, M. Vaiman, 1981, Characterization of class II histocompatibility antigen in pigs. Anim. bld. grps. bioch. gen. 12, 59-65. - **1339.** Charpentier, J., G. Monin, L. Ollivier, 1971, Relations entre les réactions du porc a un choc thermique et la qualité de la viande. X. int. Tierz. Kongr. Versailles. - **1340.** Chase, H. B., 1944, Studies on an anophthalmic strain of mice. Genetics 29, 264-269. - **1341.** Chase, L. R., G. L. Melson, G. D. Aurbach, 1969, Pseudohypoparathyroidism: Defective excretion of 3', 5' - AMP in response to parathyroid hormone. J. clin. inv. 48, 1832-1844. - **1342.** Chase, M. W., zit. n. Batchelor in Cinader a. a. O.. - **1343.** Chateau, P. de, O. Finnström, F. Probst, 1975, Kindred with a hereditary caudal malformation syndrome. Neuropäd. 6, 210-219. - **1344.** Chatelain, J., F. Cathala, P. Brown, S. Raharison, L. Court, D. C. Gaidusek, 1981, Epidemiologic comparisons between Creutzfeldt-Jakob disease and scrapie in France during the 12-year period 1968-1979. J. neur. sci. 51, 329-337. - **1345.** Chaudry, N., N. Cheema, 1980, Atresia ani and rectovaginal fistula in an acaudate filly. Vet. rec. 107, 95. - **1346.** Cheah, K. S., A. M. Cheah, 1976, The trigger for PSE condition in stress-susceptible pigs. J. sci. food agr. 27, 1137-1144. - **1347.** Cheah, K. S., A. M. Cheah, 1981, Mitochondrial calcium transport and calcium-activated phospholipase in porcine malignant hyperthermia. Bioch. biophys. act. 634, 70-84. - **1348.** Chediak, M. M., 1952, Nouvelle anomalie leucocytaire de caractère constitutionnel et familial. Rev. hémat. 7, 362-367. - **1349.** Chediak, J., M. C. Telfer, T. Javjaverenkul, D. Green, 1980, Lower factor VIII coagulant activity in daughters of subjects with hemophilia A compared to other obligate carriers. Blood 55, 552 - 558. - **1350.** Cheers, C., I. F. C. McKenzie, 1978, Resistance and susceptibility of mice to bacterial infection: genetics of listeriosis. Inf. immun. 19, 755-762. - **1351.** Chemke, J., B. Goldman, 1977, Familial Down's syndrome. J. génét. hum. 25, 189-193. - **1352.** Chemke, J., A. Miskin, Z. Rav-Acha, A. Porath, M. Sagiv, M. Katz, 1977, Prenatal diagnosis of Meckel syndrome: alpha-feto protein and beta-trace protein in amniotic fluid. Clin. genet. 11, 285-289. - **1353.** Chemke, J., R. Nisani, R. Kassif, M. Lancet, R. Beiser, N. Hurwitz, 1979, Prenatal diagnosis of severe congenital malformations associated with elevated amniotic fluid alpha-feto protein. Clin. gen. 15, 351-355. - **1354.** Chen, K. C. S., T. J. Kindt, R. M. Krause, 1975, Primary structure of the L chain from a rabbit homogeneous antibody to streptococcal carbohydrate. II. J. biol. chem. 250, 3289-3296. -**1355.** Chen, L. T., L. Weiss, 1980, Megakaryocytes in steel mutant mice. Anat. embr. 159, 277-288. - **1356.** Chen, P. C., M. F. Lavin, C. Kidson, 1978, Identification of ataxia telangiectasia heterozygotes, a cancer prone population. Nature 274, 484-486. - **1357.** Chen, S., F. D. Struuck, M. Duran-Reynals, F. Lilly, 1980, Genetic and nongenetic factors in expression of infectious murine leukemia viruses in mice of the DBA/2 xRF cross. Cell 21, 849-855. - **1358.** Cheng, K. M., R. N. Shoffner, K. N. Gelatt, G. G. Gum, J. S. Otis, J. J. Bitgood, 1980, An autosomal recessive blind mutant in the chicken. Poult. sci. 59, 2179-2182. - **1359.** Chenoweth, D. E., T. E. Hugli, 1980, Human C5a and C5a analogs as probes of the neutrophil C5a receptor. Mol. immun. 17, 151-161. - **1360.** Chenoweth, P. J., 1981, Libido and mating behavior in bulls, boars and rams. Theriogen. 16, 155-177. - **1361.** Chenoweth, P. J., H. G. Osborne, 1978, Breed differences in abnormalities of the reproductive organs of young beef bulls. Austr. vet. J. 54, 463-468. -**1362.** Chern, C. J., C. M. Croce, 1975, Confirmation of the synteny of the human genes for mannose phosphate isomerase and pyruvate kinase and of their assigment to chromosome 15. Cytogen. cell gen. 15, 299-305. - **1363.** Chernoff, G. F., 1981, Shiverer: an autosomal recessive mutant mouse with myelin deficiency. J. hered. 72, 128. - **1364.** Chernozemsky, I. N., T. Petkova-Bocharova, I. G. Nikolov,

I.S.Stoynov,1978, Familial aggregation of urinary system tumors in a region with endemic nephropathy. Canc. res. 38, 965-968. - 1365. Cherry, J. A., P.B. Siegel, 1978, Dwarfism in diverse genetic backgrounds: diet-egg production relationships. Poult. sci. 57, 325-329. - 1366. Cherry, J. A., P.B. Siegel, 1979, Dwarfism in diverse genetic backgrounds. 3. Poult. sci. 58, 991-993. - 1367. Cherry, J. A., P.B. Siegel, 1981, Dwarfism in diverse genetic backgrounds. 4. Poult. sci. 60, 683-685. - 1368. Chesebro, B., K. Wehrly, 1979, Identification of a non-H-2 gene (Rfv-3) influencing recovery from viremia and leukemia induced by Friend virus complex. Proc. nat. ac. sci. 76, 425-429. - 1369. Cheville, N. F., 1968, The gray collie syndrome. J. A. V. M. A. 152, 620-630. - 1370. Chiang, C. L., J. Klein, 1978, Immunogenetic analysis of H-2 mutations. Immunogen. 6, 333-342. - 1371. Chick, W. L., A.A. Like, 1970, Studies in the diabetic mutant mouse. Diabetol. 6, 243-251. - 1372. Childs, B., 1977, Persistent echoes of the nature-nurture argument. Am. J. genet. 29, 1-13. - 1373. Chio, L. F., K. Bunden, P. Vohra, F. Kratzer, 1976, An abnormal requirement for iron in dystrophic chickens. Poult. sci. 55, 808-813. - 1374. Chipman, S.S., A. M. Lilienfeld, B.G. Greenberg, J. F. Donnelly, 1966, Research methodology and needs in perinatal studies. C.C. Thomas, Springfield. - 1375. Chitty, H., 1961, Variations in the weight of the adrenal glands of the field vole, Microtus agrestis. J. endocr. 22, 387-393. - 1376. Chitty, H., J. R. Clarke, 1963, The growth of the adrenal gland of laboratory and filed voles, and changes in it during pregnancy. Can. J. zool. 41, 1025-1034. - 1377. Chiu, H.C., N. Zenker, 1968, Some effects of thyroxine administration on adrenal function in the rat. Life sci. 7, 891-896. - 1378. Chiyo, H., J. Furuyama, N. Suehara, Y. Obashi, H, Kikkawa, F. Ikoma, 1976, Possible intrachromosomal duplication in a case of trisomy 9p. Hum. gen. 34, 217-221. - 1379. Chlud, K., 1977, in Wagenhäuser a. a. O.. - 1380. Cho, B.R., 1977, Studies of turkey herpesvirus viremia in two strains of vaccinated chickens: strain differences and effects of vaccine dose. Av. dis. 21, 394-401. - 1381. Field and experimental studies of bovine congenital defects. Cho, 1977, Diss. abstr. 38B, 430-431. - 1382. Cho, D.Y., H.W. Leipold, 1977, Spina bifida und spinale Dysraphie bei Kälbern. Zbl. Vet. med. A 24, 680-695. - 1383. Cho, D.Y., H.W. Leipold, 1977, Congenital defects of the bovine central nervous system. Vet. bull. 47, 489-504. - 1384. Cho, D.Y., H.W. Leipold, 1978, Anencephaly in calves. Corn. vet. 68, 60-69. - 1385. Cho, D.Y., H.W. Leipold, 1978, Agenesis of corpus callosum in calves. Corn. vet. 68, 99-107. - 1386. Cho, D.Y., H.W. Leipold, 1978, Hereditary neuraxial edema in polled Hereford calves. Path. res. pract. 163, 158-162. - 1387. Choi, E., M. Kuehl, R. Wall, 1980, RNA splicing generates a variant light chain from an aberrantly rearranged gene. Nature 286, 776-779. - 1388. Chomiak, M., S. Szteyn, M. Lewandowski, 1971, Weitere Untersuchungen über die Veränderungen im Zentralnervensystem von Rindern mit spastischer Parese. Mh. Vet. med. 26, 813-815. - 1389. Chorazyna, H., L. Stepien, 1961, Impairment of auditory recent memory produced by cortical lesions in dogs. Act. biol. exp. 21, 177-178. - 1390. Chorlton, S., 1966, Dwarfism in sheep. Wool tech. 13, 83-84. - 1391. Chorobski, J., 1951, The syndrome of crocodile tears. Arch. neur. psych. 65, 299-318. - 1392. Chow, F.C., D.W. Hamar, I. Dysart, L. J. Rich, 1975, Feline urolithiasis/cat foods. Fel. pract. 5, 15-19. - 1393. Christadoss, P., V.A. Lennon, E. Lambert, C. S. David, 1979, Genetic control of autoimmune myasthenia gravis (EAMG) in mice. Fed. proc. 38, 1164. - 1394. Christadoss, P., V.A. Lennon, C. David, 1979, Genetic control of experimental autoimmune myasthenia gravis in mice. J. immunol. 123, 2540-2543. - 1395. Christadoss, P., C. J. Kroo, V. A. Lennon, E. M. Lambert, C. S. David, 1981, Experimental autoimmune myasthenia gravis (EAMG) in mice: role of Ia molecule. Fed. proc. 40,

4195. - 1396. Christakos,A.C.,J.L.Simpson,1969,Anencephaly in three siblings.Obst.gyn.33,267-270. - 1397. Christensen,A.G.,A.D.Knight,1975,Observations on the effects of music exposure to growing performance of meat-type chicks. Poult.sci.54,619-621. - 1398. Christensen, E.,B.Palludan,1965, Late infantile familial metachromatic leucodystrophy in minks.Act.neuropath. 4,640-645. - 1399. Christensen,K.,1970,A note on lack of polymorphism in serum transferrin in pigs of Danish Landrace breed.Anim.bld.grps.bioch. gen.2,123-124. - 1400. Christensen, K., N.G.Hansen,T.Moller,O.Venge,1976, (Genetically conditioned uraemia- the death of 6-wk old mink).Dansk.pelsd. 39,334-336. - 1401. Christensen, K.,N.G.Hansen,T.Moller,O.Venge,1977, (Further investigations on genetically conditioned uraemia in mink).Dansk pelsd.40,352. - 1402. Christensen, K., K.Smedegard,1978,Chromosome marker in domestic pigs.Hereditas 88,269-272. - 1403. Christensen,K.,P.Fischer, K.E.B.Knudsen,S. Larsen,H.Sorensen, O.Venge,1979,A syndrome of hereditary tyrosinemia in mink (Mustela vison S.).Can.J.comp.med.43,333-340.- 1404. Christensen, K.,O.Venge,H.Sörensen,1980,Hereditary tyrosinaemia in mink.Scientifur 4,12-13. - 1405. Christensen,K.,H.Pedersen,1980,(Variation in chromosome number in Danish blue foxes).Dansk pelsd.43,435. - 1406. Christensen, K.,P.B.Nielsen,1980,A case of blood chimerism(XX,XY) in pigs.Anim.bld.grps.bioch.gen.11,55-57. - 1407. Christensen,N.O.,1950, Impotentia coeundi in boars due to arthrosis deformans.Proc.15th int.vet.cong. Stockholm,I,742-745. - 1408. Christensen,S.,1973,(Beef bulls tested for difficult calvings are available for A.I.).Husdj.7,22. - 1409. Christian,C.L., 1976,Aetiology and pathogenesis of rheumatoid arthritis.In: Hughes a.a.O.- 1410. Christian,J.C., P.A.Andrews,R.M.Conneally,J.Muller,1971,The adducted thumbs syndrome: An autosomal recessive disease with arthrogyrposis, dysmyelination, craniostenosis and cleft palate.Clin.gen.2,95-103.-1411. Christian,J.C.,K.W.Kang,J.A.Norton,1974,Choice of estimate of genetic variance from twin data. Am.J.hum.gen.26,154-161. - 1412. Christian,J.J., 1953,The relation of adrenal weight to body weight in mammals. Science 117, 78-80. - 1413. Christian,J.J.,1967,Adrenal weight in prairie deer mice and white-footed mice.J.mammal.48,598-605. - 1414. Christian,J.J.,D.E.Davis,1964,Endocrines,behaviour and population.Science 146,1550-1560. -1415. Christian,J.J.,D.E.Davis,1966,Adrenal gland in female voles (Microtus pennsylvanicus) as related to reproduction and population size.J.mammal.47,1-18. - 1416. Christian,W.,1968,Klinische Elektroenzephalographie.G.Thieme Vlg.,Stuttg.. - 1417. Christomanou,H.,C.Cap,K.Sandhoff,1978,Prenatal diagnosis of Tay-Sachs-disease in cell-free amniotic fluid.Klin.Wschr.56,1133-1135. - 1418. Christoph,H.J.,1977,Das urologische Syndrom bei männlichen Katzen.Mh.Vet.med.32,481-484. - 1419. Christopherson,R.J.,R.J.Hudson, 1978,Effects of temperature and wind on cattle and bison.Agr.for.bull.univ. Alb.spec.iss.40,41. - 1420. Chu,E.H.Y.,H.C.Thuline,D.E.Norby,1964,Triploid-diploid chimerism in a male tortoiseshell cat. Cytogen.3,1-18. - 1421. Chubb,R.C.,A.E.Churchill,1968,Precipitating antibodies associated with Marek's disease.Vet.rec.83,4-7. - 1422. Chung,C.S.,N.E.Morton,H.A.Peters,1960,Serum enzymes and genetic carriers in muscular dystrophy. Am. J.hum.gen.12,52-66. - 1423. Chung,T.W.,1972,Waardenburg's syndrome in a Chinese family.As.J.med.,439-443. - 1424. Church,A.C.,J.L.Fuller, L. Dann,1979,Alcohol intake in selected lines of mice: importance of sex and genotype.J.comp.phys.psych.93,242-246. - 1425. Churchill,D.N.,C.M.Maloney,J.Bear,D.G.Bryant,G.Fodor,M.H.Gault,1980,Urolithiasis- a study of drinking water hardness and genetic factors. J.chron.dis.33,727-731. -

1426. Chusid,J.G.,J.J.McDonald,1967,Correlative neuroanatomy and functional neurology.Blackwell sci.publ.,Oxf..- 1427. Cinader,B.,1968,Regulation of the antibody response.C.C.Thomas,Springfield.- 1428. Cizadlo,G.R., N.H.Granholm,1978,In vivo development of the lethal yellow (A^y/A^y) mouse embryo at 105 hours post coitum.Gentica 48,89-93.- 1429. Claas,F.H.,A.M. Deelder,1979, H-2 linked immune response to murine experimental Schistosoma mansoni infections.J.immunogen.6,167-175.- 1430.Claflin,J.L.,B.A.Taylor,M.Cherry,M.Cubberley,1978,Linkage in mice of genes controlling an immunoglobulin kappa-chain marker and the surface alloantigen Ly-3 on T lymphocytes.Immunogen.6,379-387.- 1431.Clapp,H.,1934,Cystic ovaries and twinning in Holsteins.Corn.vet.24,309-324.- 1432. Clark,C.H.,G.L.Alexander,1971,The development of a breed of dairy cattle suitable for tropical and sub-tropical areas of Australia.X.int.Tierz.Kongr.Versailles.- 1433. Clark, D.G.,D.L.Topping,R.J.Illman,R.P.Trimble,R.S.Malthus,1980,A glycogen storage disease (gsd/gsd) rat: studies on lipid metabolism,lipogenesis,plasma metabolism,and bile acid secretion.Metabol.29,415-420.- 1434. Clark,E.A., R.C.Harmon,1979,The physiology of mammalian histocompatibility immunogenes.Transplant.proc.11,1113-1117.- 1435. Clark,F.H.,1934,The inheritance and linkage relations of a new recessive spotting in the house mouse. Genet.19,365-393.- 1436. Clark,W.T.,J.E.Cox,M.J.Birtles,1978,Atresia of the small intestine in lambs and calves.N.Z.vet.J.26,120-122.- 1437.Clarke,A.G.,C.M.Hetherington,1972,Immunogenetic aspects of maternal fetal relations.J.repr.fert.Suppl.15,99-118.- 1438. Clarke,B.,1976,The ecological genetics of host-parasite relationships.Blackwell sci.publ.,Lond..-1439. Clarke,C.A.,T.M.D.Gimlette,A.M.Scott,1978,Symposium:haemolytic disease of the newborn foal.J.roy.soc.med.71,574-585.- 1440. Clarke,E.G.C., 1976,Species difference in toxicology.Vet.rec.98,215-218.- 1441. Clarke,J. N.,A.H.Kirton,1976,Docking and castration: is it necessary ?Proc.6th sem. N.Z.vet.ass.,3-11.- 1442. Clarke,L.M.,J.H.Edwards,V.Smallpiece,1961, 21 trisomy/normal mosaicism in an intelligent child with some mongoloid characters. Lancet,1028-1030.- 1443. Clarke,J.N.,1980,Inheritance of jaw defects in Romney hoggets.N.Z.agr.res.div.,ann.rep.,53-54.- 1444.Clarkson, T.B.,1972,Animal models of atherosclerosis.Adv.vet.sci.comp.med.16,151-173.- 1445. Clarkson,T.B.,1973,Animal models of atherosclerosis.In: Harmison a.a.O..- 1446.Clarkson,T.B.,R.W.Prichard,M.G.Netsky,H.B.Lofland,1959,Atherosclerosis in-pigeons.Arch.path.68,143-147.- 1447. Clarkson,T.B.,H.B.Loflan d,1961,Effects of cholesterol-fat diets on pigeons susceptible and resistant to atherosclerosis.Circ.res.9,106-109.- 1448. Clarkson,T.B.,H.B.Lofland,B.C.Bullock,H.O.Goodman,1971,The genetic control of plasma cholesterol levels and atherosclerosis in squirrel monkeys.Arch. path.92,37-45.- 1449. Clarkson,T.B.,N.D.M.Lehner,B.C.Bullock,1974, Arteriosclerosis research.In: Weisbroth u.Mit.a.a.O..- 1450. Classen,H. L.,J.R.Smyth,1977,The influence of pea comb and naked neck on apteria width in domestic fowl.Poult.sci.56,1683-1685.- 1451. Claussen,1937,Ein Ehering als Ursache der Unfruchtbarkeit.Dt.tierärztl.Wschr,45,58.- 1452. Claussen,F.,F.Steiner,1965,Zwillingsforschung zum Rheumaproblem.F.Steiner,Wiesbaden.- 1453. Clayton,R.M.,1975,Failure of growth regulation of the lens epithelium in strains of fast-growing chicks.Genet.res.25,79-82.- 1454. Clayton,R.M.,G.Eguchi,D.E.S.Truman,M.M.Perry,J.Jacob,O.P. Flint,1976,Abnormalities in the differentiation and cellular properties of hyperplastic lens epithelium from strains of chickens selected for high growth rate.J.embr.exp.morph.35,1-23.- 1455.Claxton,J.H.,N.T.M.Yeates,1972,

The inheritance of cryptorchidism in a small crossbred flock of sheep. J. hered. 63,141-144. - 1456. Clayton, G. A., J. C. Powell, P. G. Hiley, 1981, Inheritance of teat number and teat inversion in pigs. Anim. prod. 33, 299-304. - 1457. Cleaver, J. E., 1968, Defective repair replication of DNA in Xeroderma pigmentosum. Nature 218, 652-656. - 1458. Cleaver, J. E., D. Bootsma, E. Friedberg, 1975, Human diseases with genetically altered DNA repair processes. Genet. 79, 215-225. - 1459. Clegg, G., S. Terlecki, R. Bradley, 1981, Blindness in dairy cows. Vet. rec. 109, 101-103. - 1460. Clegg, J. B., D. J. Weatherall, P. F. Milner, 1971, Haemoglobin constant spring - a chain termination mutant ? Nature 234, 337-340. - 1461. Clemens, M., J. O. Jost, P. Langhans, E. Strunk, 1980, Das Meckelsche Divertikel. Dt. med. Wschr. 105, 764-766. - 1462. Clemmesen, J., 1965, Statistical studies in the aetiology of malignant neoplasms. Act. path. microb. scand. Suppl. 174, 1-543. - 1463. Cline, M. J., H. Stang, K. Mercola, L. Morse, R. Ruprecht, J. Browne, W. Salzer, 1980, Gene transfer in intact animals. Nature 284, 422-425. - 1464. Cloppenburg, R., 1966, Geburtsablauf bei Nachkommen von schwarzbunten Bullen einer westfälischen Besamungsstation. Dissert. Göttingen. - 1465. Clough, J. D., S. FRank, L. H. Calabrese, 1979, Defective T-cell regulation of IgM anti-DNA production in systemic Lupus erythematosus (SLE). Fed. proc. 38, 1462. - 1466. Cockburn, F., C. M. Drillien, 1974, Neonatal medicine. Blackwell sci. publ., Oxf.. - 1467. Cockrem, F. R. M., 1975, Physiological genetics as a basis for the study of susceptibility to bloat in cows. Proc. N. Z. soc. anim. prod. 35, 21-28. - 1468. Cockrem, F. R., J. T. McIntosh, 1975, Genetics of susceptibility to bloat in cattle. N. Z. J. agric. res. 19, 177-183. - 1469. Coco, R., C. Bergada, 1977, Cytogenetic findings in 125 patients with Turner's syndrome and abnormal karyotypes. J. génét. hum. 25, 95-107. - 1470. Coetzer, J. A. W., 1980, (Brain teratology as a result of transplacental virus infection in ruminants). J. S. Afr. vet. ass. 51, 153-157. - 1471. Coetzer, J. A. W., B. J. H. Barnard, 1977, Hydrops amnii in sheep associated with hydranencephaly and arthrogryposis with Wesselsbron disease and Rift Valley fever viruses as aetiological agents. Onderst. J. vet. res. 44, 119-126. - 1472. Coetzer, J. A. W., T. A. T. Louw, 1978, The pathology of an inherited lysosomal storage disorder of calves. Onderst. J. vet. res. 45, 245-253. - 1473. Coffino, P., 1981, Hormonal regulation of clonedgenes. Nature 292, 492-493. - 1474. Cohen, B. J., R. W. deBruin, W. J. Kort, 1970, Heritable hydronephrosis in a mutant strain of Brown Norway rats. Lab. anim. care 29, 489-493. - 1475. Cohen, E. N., J. W. Belville, B. W. Brown, 1971, Anesthesia frequency and miscarriage: A study of operating room nurses and anestheticists. Anesthes. 35, 343-347. - 1476. Cohen, J. C., H. E. Varmus, 1979, Endogenous mammary tumour virus DNA varies among wild mice and segregates during inbreeding. Nature 278, 418-423. - 1477. Cohen, M. M., M. W. Shaw, 1964, Effects of mitomycin C on human chromosomes. J. cell. biol. 23, 386-395. - 1478. Cohen, T., E. Stern, A. Rosenmann, 1979, Sib risk of neural tube defect: is prenatal diagnosis indicated in pregnancies following the birth of a hydrocephalic child ? J. med. gen. 16, 14-16. - 1479. Cohlan, S. Q., 1953, Excessive intake of vitamin A as a cause of congenital anomalies in the rat. Science 117, 535-536. - 1480. Cohlan, S. K., 1963, Teratogenic agents and congenital malformations. J. ped. 63, 650-659. - 1481. Cohrs, P., 1933, Vererbbare Agenesie und Hypoplasie der Neuroepithelschicht der Retina bei albinotischen Mäusen. Arch. Augenhlk. 107, 489-500. - 1482. Cohrs, P., 1957, Angeborene, aber nicht erbliche Krankheiten der Haustiere. Züchtungsk. 29, 419-426. - 1483. Cohrs, P., G. Comberg, H. Meyer, G. Trautwein, 1963, Erbliche Meningocele cerebralis beim Schwein. Dt. tierärztl. Wschr. 70, 437-440. - 1484. Cohrs, P., H. Köhler, C. Messow, L. C. Schulz, H. Sedlmeier, 1971, Lehrbuch der allgemeinen Pathologie. F.Enke,Stuttg.. - 1485. Cole, L.J., E.v. Loon, I. Johansson,1934,Albinotic dilution of color in cattle.J.hered. 25,145-156. - 1486. Cole, L.J., W.A.Craft,1945, An acephalic lamb monster in sheep.J.hered. 36,29-32. - 1487. Cole,R.J.,1972,Animal mutants and medical genetics: hereditary disorders of mouse erythropoiesis as experimental tools. Post grad. med. J. 48,222-226. - 1488. Cole,R.K.,1942, The "talpid" lethal in the domestic fowl. J. hered. 33,83-86. - 1489. Cole,R.K.,1957,Congenital loco in turkeys. J. hered. 48,173-175. - 1490. Cole,R.K.,1961, Paroxysm- a sex-linked lethal of the fowl. J. hered. 52,46-52. - 1491. Cole,R.K.,1966,Hereditary hypothyroidism in the domestic fowl. Genet. 53,1021-1033. - 1492. Cole,R.K., Genetic resistance to JM-leucosis virus (Marek's disease). Poult. sci. 45, 1077. - 1493. Cole,R.K.,1966,A metapodia, a dominant mutation in the fowl. Poult.sci. 45,1077. - 1494. Cole,R.K.,1967,A metapodia, a dominant mutation in the fowl. J. hered. 58,141-146. - 1495. Cole,R.K.,1968,Studies on genetic resistance to Marek's disease.Av.dis.12,9-28. - 1496. Cole,R.K.,J.H.Kite, E.Witebsky,1968,Hereditary autoimmune thyroiditis in the fowl. Science 160, 1357-1358. - 1497. Cole,R.,F.B.Hutt,1973,Selection and heterosis in Cornell White Leghorns. Anim. breed. abstr. 41,103-118. - 1498. Cole,R.K.,F.B.Hutt, 1974, Combining selection with heterosis for maximum productivity.1.Wld. congr.gen. appl. livest. ,75-83. - 1499. Cole,R.K.,R.E.Austic,1980, Hereditary uricemia and articular gout in chickens. Poult. sci. 59, 951-960. - 1500. Coleclough,C.,R.P. Perry, K.Karjalainen, M.Weigert, 1981, Aberrant rearrangements contribute significantly to the allelic exclusion of immunoglobulin gene expression. Nature 290, 372-378. - 1501. Coles,R.,1962,Changes in the sex ratio of domestic fowl. Brit. poult. sci. 3,121-126. - 1502. Coleman,D.L., 1979, Obesity genes: beneficial effects in heterozygous mice. Science 203, 663-665. - 1503. Coleman,D.L.,1980, Acetone metabolism in mice: increased activity in mice heterozygous for obesity genes. Proc. nat. ac. sci. 77, 290-293. - 1504. Coleman,D.L.,K.P.Hummel,1967,Studies with the mutation, diabetes, in the mouse. Diabetol. 3,238-248. - 1505. Coleman,D.L.,K.P.Hummel,1973, The influence of genetic background on the expression of the obese (ob) gene in the mouse. Diabetol. 9,287-293. - 1506. Coleman,D.L., K.P.Hummel,1975, The influence of genetic background on the expression of mutations at the diabetes locus in the mouse. In:Shafrir a. a. O. .-1507. Colle,E.,R.D.Guttman, T.Seemayer,1981, Spontaneous diabetes mellitus syndrome in the rat. J. exp. med. 154,1237-1242. - 1508. Colles,C.M., L.B.Jeffcott,1977, Laminitis in the horse. Vet. rec. 100,262-264. - 1509. Collins,D.H.,W.Goldie,1940, Observations on polyarthritis and on experimental Erysipelothrix infection of swine. J. path. bact. 50,323-353. - 1510. Collins,J.D.,1975, Autoimmune haemolytic anemia in the horse. Proc. 1st int. symp. equ. haemat. ,342-348. - 1511. Collins,W.M., W.Hubbard,1958, Influence of plumage color on hatching and growth rate in chickens. Poult. sci. 37,69-77. - 1512. Collins,W.M.,J.W.Hardiman,W.E. Urban,A.C.Corbett,1975, Genetic differences in susceptibility to ulcerative enteritis in Japanese quail. Poult. sci. 54,2051-2054. - 1513. Collins,W.M., W.E.Briles,R.M.Zsigray,W.R.Dunlop,A.C.Corbett, K.K.Clark, J.L.Marks, T.P.McGrail,1977, The B locus (MHC) in the chicken: association with the fate of RSV-induced tumors. Immunogen. 5, 333-343. - 1514. Collins,W.M.,E. W.Heinzelmann,A.C.Corbett,R.M.Zsigray,W.R.Dunlop,1980, Rous sarcoma regression in seven highly inbred lines of White Leghorns. Poult. sci. 59, 1172-1177. - 1515. Collis,S.C.,G.C.Millson,R.H.Kimberlin,1977,Genetic markers in Herdwick sheep: no correlation with susceptibility or resistance to experimental scrapie. Anim. bld. grps. bioch. gen. 8, 79-83. - 1516. Collis,S.C.,R.H.

Kimberlin, G. C. Millson, 1979, Immunoglobulin G concentrations in the sera of Herdwick sheep with natural scrapie. J. comp. path. 89, 389-396. - **1517.** Colombani, B., 1964, (A case of total albinism in a Sardinian ass). Ann. fac. med. vet. 16, 76-81. - **1518.** Colombani, M. J., M. Pla, D. Mouton, L. Degos, 1979, H-2 typing of mice genetically selected for high or low antibody production. Immunogen. 8, 237-243. - **1519.** Colombatti, A., A. de Rossi, J. Hilkens, D. Collavo, L. Chieco-Bianchi, 1979, Age dependence and genetics of expression of ecotropic murine leukemia virus in SJL/J mice. J. nat. canc. inst. 62, 1451-1457. - **1520.** Colten, H. R., 1976, Biosynthesis of complement. Adv. immunol. 22, 67-118. - **1521.** Comberg, G., U. Velten, 1962, Der Einfluß von Zwillingsgeburten auf Fruchtbarkeit und Gesundheit beim schwarzbunten Niederungsrind. Züchtungsk. 34, 49-62. - **1522.** Comberg, G., H. Meyer, K. G. Weferling, 1968, Untersuchungen zur Erblichkeit und Pathogenese des Zwischenklauenwulstes beim Rind. I. Z. Tierz. Züchtungsbiol. 85, 1-13. - **1523.** Comberg, G., G. Sponer, H. Feder, G. Aschermann, K. Plischke, W. Wegner, 1972, Einige qualitative und quantitative Eigenschaften und ihre Beziehungen zueinander in Populationen Deutscher Schwarzbunter Rinder. I. Z. Tierz. Zücht. biol. 89, 109-122. - **1524.** Comberg, G., R. Plischke, W. Wegner, H. Feder, 1972, Die Auswirkung suboptimaler Temperaturen (+8°C) auf die Leistungen von Pietrains, Belgischer Landrasse und deren Kreuzungen. Züchtungsk. 44, 91-97. - **1525.** Comberg, G., W. Wegner, E. Stephan, R. Plischke, H. Feder, 1973, Die Auswirkung von Temperaturen oberhalb des Optimums (+30°C) auf Pietrains, Belgische Landrasse und deren Kreuzungen. Züchtungsk. 45, 366-374. - **1526.** Comberg, G., H. Focke, W. Wegner, 1976, Zur Problematik der Limaxfrühdiagnose beim Rind. Prakt. Tierarzt 58, 89-91. - **1527.** Comfort, A., 1958, Coat colour and longevity in Thoroughbred mares. Nature 182, 1531-1532. - **1528.** Comings, D. E., 1975, Chromosome banding. J. histochem. cytochem. 23, 461-462. - **1529.** Comings, D. E., 1978, Mechanisms of chromsomal banding and implications for chromosome structure. Ann. rev. gen. 12, 25-46. - **1530.** Comings, D. E., 1979, Pc 1 Duarte, a common polymorphism of a human brain protein, and its relationship to depressive disease and multiple sclerosis. Nature 277, 28-32. - **1531.** Como, R. M., P. R. Graze, 1979. Emergence of a cell line with extreme hypodiploidy in blast crisis of chronic myelocytic leukemia. Blood 53, 707-711. - **1532.** Conaway, H. H., C. J. Brown, L. L. Sanders, S. F. Cernosek, H. E. Farris, S. I. Roth, 1980, Spontaneous diabetes mellitus in the New Zealand white rabbit. J. hered. 71, 179-186. - **1533.** Conaway, H. H., F. H. Faas, S. D. Smith, L. L. Sanders, 1981, Spontaneous diabetes mellitus in the New Zealand white rabbit. Metab. 30, 50-56. - **1534.** Conconi, F., L. del Senno, 1974, Defective translational control in the β-thalassemia of Ferrara. In: Kolm u. Shatkay a. a. O. . - **1535.** Confer, A. W., B. C. Ward, 1972, Spinal dysraphism: a congenital myelodysplasia in the Weimaraner. J. A. V. M. A. 160, 1423-1426. - **1536.** Congote, L. F., 1981, Rapid procedure for globin chain analysis in blood samples of normal and ß-thalassemic fetuses. Blood 57, 353-360. - **1537.** Conn, J. W., R. F. Knopf, R. M. Nesbit, 1964, Clinical characteristics of primary aldosteronism from an analysis of 145 cases. Am. J. surg. 107, 159-172. - **1538.** Connolly, G. E., 1969, The eye lens weight as an indicator of age in the black-tailed jack rabbit. J. wildl. managem. 33, 159-164. - **1539.** Conroy, J. D., P. D. Beamer, 1970, The development of cutaneous and oral pigmentation in Labrador Retriever fetuses (Canis fam.). J. inv. dermat. 54, 304-315. - **1540.** Consroe, P., A. Picchiani, L. Chin, 1979, Audiogenic seizure susceptible rats. Fed. proc. 38, 2411-2416. - **1541.** Constantinou, A., A. Louca, A. P. Mavrogenis, 1981, The effect of the gene for polledness on conception rate and litter size in the Damascus goat. Ann. gén. sél. anim. 13, 111-118. - **1542.** Contaldo, F., H. Garber,W.A.Coward,P.Trayhorn,1980,Milk intake in preweanling genetically obese mice.Eur.J.clin.inv.10,7. - 1543. Cool,S.J.,M.L.J.Crawford,1972,Absence of binocular coding in striate cortex units of siamese cats.Vis.res.12, 1809-1814. - 1544. Coons,E.E.,H.A.White,1977,Tonic properties of orosensation and the modulation of intracranial self-stimulation.Ann.N.Y.ac.sci. 290,158-179. - 1545. Cooper,J.E.,M.Green,I.R.McFayden,R.Wootton,1978, Early appearance of "runting" in piglets.Vet.rec.102,529-530. - 1546. Cooper, D.W.,P.G.Johnston,C.E.Murtagh,G.B.Sharman,J.L.Vandeberg,W.E.Poole,1975,Sex-linked isozymes and sex chromosome evolution and inactivation in kangaroos.In: Isozymes III.Ac.Press,N.Y.. - 1547. Cooper,J.E.,1975, Use of pig as an animal model to study problems associated with low birth weight.Lab.anim.9,329-336. - 1548. Cooper,M.D.,N.L.Warner,1974,Contemporary topics in immunbiology.3.Plenum Press,N.Y.. - 1549. Cooper,R. W.,1968,Small species of primates in biomedical research.Lab.anim.care 18,267-270. - 1550. Cöp,W.A.G.,1968,Hemolytic disease in newborn pigs as a result of blood group antagonism.Tijds.diergeneesk.93,1156-1165. - 1551. Coquerelle,G.,P.Mérat,1979,Gène de réduction de taille lié au sexe chez la poule (dw^B): effet sur la ponte et la consommation d'aliment.Ann.gén.sél.anim.11,267-269. - 1552. Corbel,M.J.,S.M.Eades,1977,Experimental mucormycosis in congenitally athymic (nude) mice.Mycopath.62,117-120. - 1553. Cordes,D.O.,D.C.Dodd,1965. Bilateral renal hypoplasia of the pig.Path.vet. 2,37-48. - 1554.Cordy,D.R.,W.P.C.Richards,G.E.Bradford,1967,Systemic neuroaxonal dystrophy in Suffolk sheep.Act.neuropath.8,133-140. - 1555. Cordy,D.R.,W.P.C.Richards,C.Stormont,1970,Hereditary neuraxial edema in Hereford calves.Path.vet.6,487-501. - 1556. Corey,M.J.,J.R.MacLean,B. Chown,1967,A case of XX/XY mosaicism.Am.J.hum.gen.19,378-387. - 1557. Cork,L.C.,J.F.Munnell,M.D.Lorenz,J.V.Murphy,H.J.Baker,M.C.Rattazzi,1977,GM$_2$ ganglioside lysosomal storage disease in cats with ß-hexosaminidase deficiency.Science 196,1014-1017. - 1558. Cork,L.C.,J.F.Munnell,M. D.Lorenz,1978,The pathology of feline Gm$_2$ gangliosidosis.Am.J.path.90, 723-734. - 1559. Cornelius,C.E.,R.R.Gronwall,1965,A mutation in Southdown sheep affecting the hepatic uptake of BSP,indocyanine green,rose bengal,sodium cholate and phylloerythrin from blood. Fed.proc.24,144. - 1560. Cornelius,C.E.,R.R.Gronwall,1968,Congenital photosensitivity and hyperbilirubinemia in Southdown sheep in the United States. Am.J.vet.res.29,291-295. - 1561. Cornelius,E.A.,1970,Amyloidosis and renal papillary necrosis in male hybrid mice. Am.J.path.59,317-324. - 1562. Cornell,C.N.,M.E.Muhrer, 1964, Coagulation factors in normal and hemophiliac-type swine. Am.J.phys. 206,926-928. - 1563.Correa,P.,C.Restrepo,M.R.Montenegro,L.A.Solberg, 1968,Coronary atherosclerosis and heart weight. Lab.invest.18,580-585. - 1564. Corte,G.,A.M.Ferraris,J.K.H.Rees,A.Bargellesi,F.G.J.Hayhoe, 1978,Correlation of serum IgD level with clinical and histologic parameters in Hodgkin disease.Blood 52,905-910. - 1565. Cory,S.,J.Jackson,J.M.Adams, 1980,Deletions in the constant region locus can account for switches in immunoglobulin heavy chain expression.Nature 285,450-456. - 1566. Coryn,M.,A. deMoor,R.Bouters,M.Vandeplassche,1981,Clinical, morphological and endocrinological aspects of cryptorchidism in the horse.Theriogenol.16,489-496. - 1567. Cossu,P.,G.Diana,M.Mameli,S.Cardia,A.Milia,G.Floris,A.Cao,1979, A case of D13 ring chromosome.Hum.gen.46,111-114. - 1568. Cotchin,E., 1960, Testicular neoplasms in dogs.J.comp.path.70,232-247. - 1569. Cottier, H.,M.W.Hess,B.Roos,B.Sordat,1970,The importance of cell proliferation and differentiation in resistance to infection, in: Dunlap u. Moon a.a.O.. -

1570. Cotton, R. B., L. U. Cornelius, P. Theron, 1971, Diabetes mellitus in the dog: a clinicopathological study. J. A. V. M. A. 159, 863-870. - **1571.** Cotzias, G. C., 1958, Manganese in health and disease. Phys. rev. 38, 503-532. - **1572.** Couillin, P., A. Boué, N. Van-long, D. Weil, R. Rebourcet, J. Frézal, 1975, Confirmation de la localization sur le chromosome humain F19 d'un gène de structure des récepteurs du poliovirus. C. R. ac. sci. D 281, 293-295. - **1573.** Coulter, D. B., M. J. Swenson, 1973, Plasmatic and erythrocytic electrolytes in iron-deficiency anemia of pigs. Comp. bioch. phys. 44A, 461-466. - **1574.** Coulter, G. H., R. J. Oko, J. W. Costerton, 1978, Incidence and ultrastructure of "crater" defect of bovine spermatozoa. Theriogen. 9, 165-173. - **1575.** Court-Brown, W. M., R. Doll, 1957, Leukemia and aplastic anaemia in patients irradiated for ankylosing spondylitis. Med. res. counc. spec. rep. 295, HMSO, Lond.. - **1576.** Court-Brown, W. M., R. Doll, 1965, Mortality from cancer and other causes after radiotherapy for ankylosing spondylitis. Brit. med. J. ii, 1327-1332. - **1577.** Couteaudier, J. F., R. Regis, F. Menissier, 1971, Possibilité de sélection de l'aptitude au vêlage en race Charolaise. X. int. Tierz. kongr. Versailles. - **1578.** Coverdale, O. R., D. H. Cybinski, T. D. St. George, 1978, Congenital abnormalities in calves associated with Akabane virus and Aino virus. Austr. vet. J. 54, 151-152. - **1579.** Cowell, K. R., 1976, Mucopolysaccharidosis in a cat. J. A. V. M. A. 169, 334 - 339. - **1580.** Cowie-Whitney, J., 1977, J., 1977, Diseases of the commercial rabbit. Vet. rec. 101, 299-303. - **1581.** Cox, D. F., 1960, The relation between sex and survival in swine. J. hered. 51, 284-288. - **1582.** Cox, D. F., 1964, Genetic variation in the gestation period of swine. J. anim. sci. 23, 746-751. - **1583.** Cox, F. E. G., 1981, Leishmaniasis and mouse genetics. Nature 291, 111- 112. - **1584.** Cox, J. E., G. B. Edwards, P. A. Neal, 1979, An analysis of 500 cases of equine cryptorchidism. Equ. vet. J. 11, 113-116. - **1585.** Cox, J. L., D. E. Becker, A. H. Jensen, 1966, Electrocardiographic evaluation of potassium deficiency in young swine. J. anim. sci. 25, 203-206. - **1586.** Craighead, J. E., D. A. Higgins, 1974, Genetic influences affecting the occurrence of a diabetes-mellitus-like disease in mice infected with the encephalomyocarditis virus. J. exp. med. 139, 414-426. - **1587.** Cramer, D. V., T. J. Gill, 1975, Genetics of urogenital abnormalities in ACI inbred rats. Teratol. 12, 27-32. - **1588.** Cramer, P., R. B. Painter, 1981, Bleomycin-resistant DNA synthesis in ataxia telangiectasia cells. Nature 291, 671-672. - **1589.** Cramon, A. v., 1978, Kannibalismus - ein ungelöstes Problem ? Dt. tierärztl. Wschr. 85, 371-373. - **1590.** Crary, D. D., R. R. Fox, P. B. Sawin, 1966, Spina bifida in the rabbit. J. hered. 57, 236-243. - **1591.** Crary, D. D., R. R. Fox, 1975, Hereditary vestigial pulmonary arterial trunk and related defects in rabbits. J. hered. 66, 50-55. - **1592.** Crary, D. D., R. R. Fox, 1978, Retroesophageal right subclavian artery in rabbits. J. hered. 69, 19-21. - **1593.** CRary, D. D., R. R. Fox, 1981, Left ostium straight: an inherited anomaly of the female genital tract in the rabbit. J. hered. 72, 362-363. - **1594.** Crawford, R. D., 1970, Epileptiform seizures in domestic fowl. J. hered. 61, 185-188. - **1595.** Crawford, R. D., 1971, Rose comb and fertility in Silver spangled Hamburgers. Poult. sci. 50, 867-869. - **1596.** Crawford, R. D., J. R. Smyth, 1964, Infertility and action of the gene for rose comb in the domestic fowl. Can. J. gen. cyt. 6, 298-303. - **1597.** Crawford, M. D., 1978, Renal dysplasia and asplenia in two sibs. Clin. gen. 14, 338-344. - **1598.** Crawhall, J. C., S. Segal, 1965, Sulphocysteine in the urine of the blotched Kenya genet. Nature 208, 1320-1322. - **1599.** Creagan, R. P., Y. T. Tan, S, Chen, F. H. Ruddle, 1975, Somatic cell genetic analysis of the interferon system. Fed. proc. 34, 2222-2226. - **1600.** Creek, M. J., B. L. Nestel, 1964, Charolais calves- are they too big ? Caribb. agr. 1, 74-78. - **1601.** Crenshaw, T. D., E. R. Peo, A. J. Lewis, B. D. Moser, 1981, Bone strength as a trait for assessing mineralization in swine: A critical review of techniques involved. J. anim. sci. 53, 827-835. - 1602. Crepeau, R. H., G. Dykes, R. Garrell, S. J. Edelstein, 1978, Diameter of haemoglobin S fibres in sickled cells. Nature 274, 616-617. - 1603. Creutzfeldt, W., J. Köbberling, J. V. Neèl, 1976, The genetics of diabetes mellitus. Springer, Berlin. - 1604. Crew, F. A. E., 1923, The significance of an achondroplasia-like condition met with in cattle. Proc. roy. soc. B 95, 228-255. - 1605. Crew, F. A. E., S. S. Munro, 1938, Gynandromorphism and lateral asymmetry in birds. Proc. roy. soc. 58, 114-134. - 1606. Cribiu, E. P., 1975, Breed differences in the length of the bovine Y chromosome. Ann. gén. sél. anim. 7, 139-144. - 1607. Cribiu, E. P., Freemartinisme et chimerisme leucocytaire chez les bovins. Elev. insém. 158, 26-28. - 1608. Cribiu, E., C. Popescu, 1978, Etude des anomalies cariotypiques. Elev. insém. 165, 21-23. - 1609. Cribiu, E. P., C. P. Popescu, 1979, Etude des anomalies caryotypiques. Elev. insém. 170, 5-6. - 1610. Cribiu, E. P., A. de Giovanni, 1978, Le caryotype du cheval domestique (Equus caballus), de l'âne (Equus asinus) et du mulet par la méthode des bandes C. Ann. gén. sél. anim. 10, 161-170. - 1611. Cribiu, E. P., A. Obeidah, 1978, The C-banding pattern of the Egyptian Water buffalo (Bubalus bubalis). Ann. gén. sél. anim. 10, 271-274. - 1612. Cribiu, E. P., C. P. Popescu, 1980, Chromosome constitution of a hybrid between East African buffalo (Syncerus caffer caffer) and dwarf forest buffalo (Syncerus caffer nanus). Ann. gén. sél. anim. 12, 291-293. - 1613. v. Criegern, T., 1979, Morbus haemolyticus neonatorum durch Rhesusinkompatibilität. Med. Klin. 74, 1013-1022. - 1614. Cripps, M. M., 1979, Pleiotropic effects of a neurological mutant in the laboratory mouse. Dissert. abstr. B 40, 1514-1515. - 1615. Crispens, C. G., 1974, Genetic influence on development of reticulum cell sarcoma in SJL/J mice. Experientia 30, 412-413. - 1616. Cristofalo, C., C. Crimella, 1981, (Observations on diagnosis and prophylaxis of haemolytic disease in newborn foal). V. Congr. naz. ipp. Grosseto, 80-84. - 1617. Crittenden, L. B., 1973, Genetic control of endogenous RNA tumor virus production in the chicken. Genet. 74, 56. - 1618. Crittenden, L. B., 1975, Two levels of genetic resistance to lymphoid leucosis. Av. dis. 19, 281-292. - 1619. Crittenden, L. B., 1981, Exogenous and endogenous leukosis virus genes: a review. Av. path. 10, 101-112. - 1620. Crittenden, L. B., W. Okazaki, 1965, Genetic influence of the R-locus on susceptibility to avian tumor viruses. J. nat. canc. inst. 35, 857-863. - 1621. Crittenden, L. B., H. A. Stone, R. Reamer, W. Okazaki, 1966, Two loci controlling genetic cellular resistance to avian leukosis-sarcoma virus. Poult. sci. 45, 1079. - 1622. Crittenden, L. B., B. R. Burmester, 1969, Influence of host genotype on mortality from lymphoid leukosis and Marek's disease after artificial and natural exposure. Poult. sci. 48, 196-204. - 1623. Crittenden, L. B., W. E. Briles, H. A. Stone, 1970, Susceptibility to avian leukosis-sarcoma virus: close association with an erythrocyte isoantigen. Science 169, 1324-1325. - 1624. Crittenden, L. B., E. J. Wendel, D. Ratzsch, 1971, Genetic resistance to the avian leukosis-sarcoma virus group: determining the phenotype of adult birds. Av. dis. 15, 503-507. - 1625. Crittenden, L. B., E. J. Wendel, J. V. Motta, 1973, Interaction of genes controlling resistance to RSV(RAV-0). Virol. 52, 373-384. - 1626. Crittenden, L. B., J. V. Motta, 1975, The role of the tvb locus in genetic resistance to RSV(RAV-0). Virol. 67, 327-334. - 1627. Crittenden, L. B., E. J. Smith, R. A. Weiss, P. S. Sarma, 1974, Host gene control of endogenous avian leukosis virus production. Virol. 57, 128-138. - 1628. Crittenden, L. B., J. V. Motta, E. J. Smith, 1977, Genetic control of RAV-0 production in chickens. Virol. 76, 90-97. - 1629. Crittenden, L. B., J. S. Gavora, F. A. Gulvas, R. S. Gowe, 1979, Complete endogenous RNA tumour virus production by inbred and non-inbred chickens. Av. path. 8, 125-131. - 1630.

Croce, G. d., A. Buonaccorsi, N. Pellegrini, 1976, (Death of newborn calves with erythrocytic glucose-6-phosphate dehydrogenase deficiency). Att. soc. it. bui. 8, 361-370. - **1631.** Croft, P., 1971, Fits in dogs. Vet. rec. 88, 118-120. - **1632.** Cropp, G. J. A., 1969, Cardiovascular function in children with severe anemia. Circul. 39, 775-784. - **1633.** Croshaw, J. E., D. A. Abt, R. R. Marshak, W. C. D. Hare, J. Switzer, J. Ipsen, R. M. Dutcher, 1963, Pedigree studies in bovine lymphosarcoma. Ann. N. Y. ac. sci. 108, 1193-1202. - **1634.** Cross, R. S. N., 1966, Equine periodic ophthalmia. Vet. rec. 78, 8-13. - **1635.** Crossman, P. J., 1972, Experimental evidence of sire effect on piglet mortality. Proc. 2nd int. pig vet. soc. congr., 187. - **1636.** Crowe, M. W., 1978, Tobacco- a cause of congenital arthrogryposis. In: Effects of poisonous plants on livestock, Keeler u. Mit., Ac. Press, N. Y.. - **1637.** Crowell, W. A., C. Stephenson, H. S. Gosser, 1976, Epitheliogenesis imperfecta in a foal. J. A. V. M. A. 168, 56-58. - **1638.** Cruciger, Q. V. J., S. Pathak, R. Cailleau, 1976, Human breast carcinomas: marker chromosomes involving 1q in seven cases. Cytogen. cell gen. 17, 231-235. - **1639.** Cruse, J. P., M. R. Lewin, G. P. Ferulano, C. G. Clark, 1978, Co-carcinogenic effect of dietary cholesterol in experimental colon cancer. Nature 276, 822-825. - **1640.** Cruz, J. C., J. I. Reeves, B. E. Russell, A. F. Alexander, D. H. Will, 1980, Embryo transplanted calves: the pulmonary hypertensive trait is genetically transmitted. Proc. soc. exp. biol. med. 164, 142-145. - **1641.** Cucchi, P., C. Vullo, I. Barrai, 1977, Population genetics in the province of Ferrara. II. Am. J. hum. gen. 29, 178-183. - **1642.** Cudworth, A. G., 1981, IgG heavy chain (Gm) allotypes in diabetes. Immunol. tod. 2, 170-171. - **1643.** Cuenot, L., 1905, Les races pures et leurs combinaisons chez les souris. Arch. zool. exp. gén. 4, 3, 123-132. -**1644.** Cullen, J. W., B. H. Fox, R. N. Isom, 1976, Cancer: the behavioral dimension. Raven Press, N. Y.. - **1645.** Culliton, B., 1975, XYY: Harvard researcher under fire stops newborn screening. Science 188, 1284-1285. - **1646.** Cumming, I. A., M. A. Blockley, C. G. Winfield, R. A. Parr, A. H. Williams, 1975, A study of relationships of breed, time of mating, level of nutrition, live weight, body condition and face cover to embryo survival in ewes. J. agr. sci. 84, 559-569. - **1647.** Cumming, R. B., 1979, Genetic variation in susceptibility of commercial stock to infectious bronchitis. Proc. 3rd Austr. poult. conv., 197-200. - **1648.** Cummings, I. W., A. Y. Liu, W. A. Salzer, 1978, Identification of a new chicken λ-globin structural gene by complementary DNA cloning. Nature 276, 418-419. - **1649.** Cummings, J. F., A. deLahunta, 1977, An adult case of canine neuronal ceroid-lipofuscinosis. Act. neuropath. 39, 43-51. - **1650.** Cummins, J. M., T. D. Glover, 1970, Artificial cryptorchidism and fertility in the rabbit. J. repr. fert. 23, 423-433. - **1651.** Cundiff, L. V., K. E. Gregory, R. M. Koch, 1974, Effects of heterosis on reproduction in Hereford, Angus and Shorthorn cattle. J. anim. sci. 38, 711-727. - **1652.** Cundiff, L. V., K. E. Gregory, C. R. Long, 1975, Genetic variation among and within herds of Angus and Hereford cattle. J. anim. sci. 41, 1270 - 1280. - **1653.** Cunliffe-Beamer, T. L., D. B. Feldman, 1976, Vaginal septa in mice: incidence, inheritance and effect on reproductive performance. Lab. anim. sci. 26, 895-898. - **1654.** Cunningham, E. P., T. M. O'Byrne, J. Lederer, J. McKay, 1979, The effect of age of parent on heritability. Anim. prod. rep. Dunsin., 66. - **1655.** Cunningham, P. J., M. E. England, L. D. Young, D. R. Zimmerman, 1979, Selection for ovulation rate in swine: correlated response in litter size and weight. J. anim. sci. 48, 509-516. - **1656.** Cuperlovic, K., K. I. Altaif, J. D. Dargie, 1978, Genetic resistance to helminths: a possible relationship between haemoglobin type and the immune responses of sheep to non-parasitic antigens. Res. vet. sci. 25, 125-126. - **1657.** Cuq, P., M. Woronoff, 1980, Propositions pour une classification et une nomenclature des monstres doubles. Anat. hist. embr.

9,108-128. - **1658.** Curtis,G.C.,M.L.Fogel,D.McEnroy,C.Zarate,1968,Effects of weight,sex and diurnal variation on the excretion of 17-hydroxycorticosteroids. J. clin. endocr. met. 28,711-713. - **1659.** Curtis,M.R.,W.F.Dunning, F.D.Bullock,1933,Genetic factors in relation to the etiology of malignant tumors.Am.J.canc.17,894-923. - **1660.** Custodio,R.W.S.,1974,Growth and egg production as affected by genes at the dw locus in egg-type chickens.Diss. abstr.B 34,544-545. - **1661.** Custodio,R.W.S.,R.G.Jaap,1973,Sex-linked reduction of body size in Golden Sebright bantams. Poult. sci. 52,204-210. -**1662.** Cusworth,D.C.,C.E.Dent,1969,Homocystinuria.Brit. med.bull. 25,42-47. - **1663.** Cuthbertson,C.J.,1980,Genetic variation in feather-pecking behaviour. Poult.sci. (Brit.)21,447-450. - **1664.** Cvetkovic, L.J.,K.Cuperlovic,M.Movsesijan,R.Lalic,1978, (Genetic resistance of sheep to infection with Haemonchus contortus).Act.parasit.iugosl.9,75-79. - **1665.**Cypess,R.H.,J.H.Waller,C. K.Redmond,R.J.Tashjian,A.I.Hurwitz,1974,Epidemiologic and pedigree study of the occurrence of lymphosarcoma from 1953 to 1971 in a closed herd of Jersey cows.Am.J.epidem.99,37-43. - **1666.** Czech,J.,1979,Aufschlußreiche Informationen über Kälberverluste aus der Tierkörperverwertung. Tierzücht. 31,96-98. - **1667.**Dade,E.,D.A.Hems,1972,The turnover of glycerol and free fatty acid in blood of genetically obese mice.Biochem.J. 127,41 P. - **1668.** Dahl, L.K.,M.Heine,L.Tassinari,1962,Role of genetic factors in susceptibility to experimental hypertension due to chronic excess salt ingestion.Nature 194,480-482. - **1669.** Dahl, L.K.,M.Heine,L.Tassinari,1965,Effects of chronic excess salt ingestion. J. exp. med. 122,533-545. - **1670.** Dahlberg,P.A.,G. Holmlund,F.A.Karlsson,J.Säfwenberg,1981,HLA-A,-B,-C and -DR antigens in patients with Graves' disease and their correlation with signs and clinical course.Act.endocr.97,42-47. - **1671.** Dahlquist,S.,B.Henricson,C.A.Hultnäs, 1904,Polydactyly, a dominant defect mutation in the Swedish red -and white breed.Ber. 9. vet. Kongr. 1,118-120. - **1672.** Dahme,E.,H.Helmig,1960,Mikrophthalmie beim Rotwild, ein neuer Erbfehler.Dt.tierärztl.Wschr.67,129- 133, 152-155. - **1673.** Dain,A.,1971,The incidence of free-martinism in sheep.J. repr.fert. 24,91-97. - **1674.** Dain,A.R.,1974,A study of the proportions of male and female leucocytes in the blood of chimaeric sheep. J.anat.118,53-59. - **1675.** Dain,A.R.,1974,Intersexuality in a Cocker Spaniel dog. J.repr.fert.39, 365-371. - **1676.** Dain,A.R.,E.M.Tucker,1970,Cytogenetic,anatomical and blood group studies of sheep twin chimaeras.Proc.roy.soc.B 175,183-200. - **1677.** Dain,A.R.,P.S.Bridge,1978,A chimaeric calf with XX/XXY mosaicism and intersexuality.J.repr.fert.54,197-201. - **1678.** Dale,G.L.,W.Beutler,E. Kuhl,1979,Incorporation of glucocerebrosidase into Gaucher's disease monocytes in vitro.Proc.nat.ac.sci. 76,473-475. - **1679.** Dallmeier,E.,D.Henschler,1981,Halothan-Belastung am Arbeitsplatz im Operationssaal.Dt.med.Wschr. 106,324-328. - **1680.** Dally,M.R.,W.Hohenboken,D.L.Thomas,A.M. Craig,1980,Relationships between hemoglobin type and reproduction, lamb, wool and milk production and health-related traits in crossbred ewes. J.anim. sci. 50,418-427. - **1681.** Daly,G.D.,W.T.K.Hale,1955,A note on the susceptibility of British and some Zebu-type cattle to tickfever (Babesiosis).Austr. vet.J.31,152. - **1682.** Dämmrich,K.,1963,Die Beeinflussung des Skeletts durch die Schilddrüse bei Tieren.Berl.Münch.tierärztl.Wschr.76,31-34,53-56. - **1683.** Dämmrich,K.,1966,Zur morphologischen Diagnostik der Nebennierenrinden-Insuffizienz bei Hunden.Berl.Münch.tierärztl.Wschr.79,412-417. - **1684.** Dämmrich,K.,S.Seibel,F.W.Huth,U.Andreae,1976,Adaptationskrankheiten des Bewegungsapparates bei 12,15 und 18 Monate alten und unterschiedlich gefütterten Mastbullen.Berl.Münch.tierärztl.Wschr.89,84-88. - **1685.**Danes, B. S., M. E. Hodson, J. Batten, 1977, Cystic fibrosis: evidence for a genetic compound from a family study in cell culture. Clin. gen. 11, 83-90. - 1686. Daniel, R. C. W., W. R. Kelly, 1982, Progressive ataxia in Charolais cattle. Austr. vet. J. 58, 32. - 1687. Daniels, F., 1975, Sunlight. In: Schottenfeld a. a. O.. - 1688. Daniels, L. B., P. J. Coyle, N. S. Radin, R. S. Labow, 1981, Brain glucocerebrosidase in Gaucher's disease. Fed. proc. 40, 1275. - 1689. Danks, D. M., 1979, Current status of PKU diagnosis and treatment. Paed. J. 15, 227-228. - 1690. Danks, D. M., E. Cartwright, B. J. Stevens, R. W. Townley, 1972, Menke's kinky hair disease: further definitions of the defect in copper transport. Science 179, 1140-1142. - 1691. Danneel, R., 1965, Die Scheckung der schwarzbunten Niederungsrinder II. Z. Naturforsch. 20b, 375-378. - 1692. Danneel, R., U. Lindemann, S. Lorenz, 1959, Die Scheckung der schwarzbunten Niederungsrinder I. Forsch. ber. Ld. Nrh. -Westf. 796, 1-39. - 1693. Danneel, R., H. Schumann, 1961, Über die Entstehung und Vererbung der Blesse bei Mäusen. Z. Vererbgsl. 92, 69-73. - 1694. Danneel, R., H. Schumann, 1963, Die Entstehung des Farbmusters beim Lakenfelder Huhn. Roux Arch. Entw. mech. Org. 154, 405-416. - 1695. Dantzer, R., F. Hatey, 1981, Plasma dopamine-betahydroxylase and platelet monoamine oxidase activities in pigs with different susceptibility to the malignant hyperthermia syndrome induced by halothane. Repr. nut. dev. 21, 103-108. - 1696. Daoud, A. S., J. Jarmolych, J. M. Augustyn, K. E. Fritz, J. K. Singh, K. T. Lee, 1976, Regression of advanced atherosclerosis in swine. Arch. path. lab. med. 100, 372-379. - 1697. Dar, H., S. T. Winter, 1969, A cytogenetic study of familial deafness. J. med. gen. 6, 298-303. - 1698. Darcel, C., L. Niilo, R. J. Avery, A. R. Bainborough, 1960, Microphthalmia and macrophthalmia in piglets. J. path. bact. 80, 281-286. - 1699. D'Arces, J., 1966, Über die Anpassung europäischer Rinderrassen an heißes Klima. Berl. Münch. tierärztl. Wschr. 79, 141-143. - 1700. Dardillat, J., G. Trillat, P. Larvor, 1978, Colostrum immunoglobulin concentration in cows: relationship with their calf mortality and with the colostrum quality of their female offspring. Ann. rech. vét. 9, 375-384. - 1701. Darlington, C. D., 1978, A diagram of evolution. Nature 276, 447-452. - 1702. Darlington, C. D., K. R. Lewis, 1966, Chromosomes today. Oliver u. Boyd, Edinb.. - 1703. Darnell, M. B., H. Koprowski, K. Lagerspetz, 1974, Genetically determined resistance to infection with group B arboviruses. J. inf. dis. 129, 240-247. - 1704. Darré, R., H. M. Quéinnec, H. M. Berland, Y. Ruckebusch, J. Fargeas, 1970, Sur un cas de nanisme dans l'espèce bovine. Rév. méd. vét. 121, 1115-1126. - 1705. Darré, R., H. M. Berland, G. Quéinnec, 1974, Une nouvelle translocation Robertsonian chez les bovins. Ann. gén. sél. anim. 6, 297-303. - 1706. Darré, R., M. Muorwell, H. M. Berland, G. Quéinnec, 1974, Variations de la longueur relative du chromosome Y chez les bovins. 1st wld. congr. gen. appl. livest., 125-130. - 1707. Das, L. N., J. H. Magilton, 1971, Age changes in the relationship among endocrine glands of the Beagle. Exp. ger. 6, 313-324. - 1708. Das, R. K., R. N. Kar, 1981, A 41, XYY mouse. Experientia 37, 821-822. - 1709. Datta, S. K., P. J. McConahey, N. Manny, A. N. Theofilopoulos, F. J. Dixon, R. S. Schwartz, 1978, Genetic studies of autoimmunity and retrovirus expression in crosses of New Zealand Black mice. J. exp. med. 147, 872-881. - 1710. Datta, S. K., R. S. Schwartz, 1978, Genetic, viral and immunologic aspects of autoimmune disease in NZB mice. Proc. wksh. gen. contr. autoimm. disease, 193-206. - 1711. Datta, S. P., H. Harris, 1953, Urinary amino acid patterns of some mammals. Ann. eugen. 18, 107-116. - 1712. Datta, S. P., W. H. Stone, W. J. Tyler, M. R. Irwin, 1963, Cattle transferrins and their relation to fertility and milk production. J. anim. sci. 24, 313-318. -1713. Dausch, D., W. Wegner, W. Michaelis, I. Reetz, 1977, Ophthalmologische Befunde in einer Merlezucht. Dt. tierärztl. Wschr. 84, 468-475. - 1714. Dausch, D.,

W.Wegner,W.Michaelis,I.Reetz,1978, Augenveränderungen beim Merlesyndrom des Hundes.Alb.v.Graef.Arch.klin.exp.Ophth.206,135-150. - 1715.D. Dausch,W.Wegner,K.D.Franke,M.Flach,1982,Sinnesverluste bei genetischen Pigmentmangelsyndromen.Dt.med.Wschr.107,1029-1032. - 1716.David,J.S. E.,1976,The incidence of freemartins in heifer calves from markets.Vet.rec. 98,417-418. - 1717. Davidorf,F.,I.Eglitis,1966,A study of a hereditary cataract in the mouse.J.morph.119,89-100. - 1718.Davidson,J.M.,1972,Hypothalamic-pituitary regulation of puberty,evidence from animal experimentation. Proc.conf.onset puberty,Airlie,8-11. - 1719. Davidson,K.B.,1969,An unusual outbreak of babesiosis.Vet.rec.85,391-392. - Davidson,W.F.,V.Manohar, T.M.Chused,H.C.Morse,1981,Autoimmunity in PN mice: Ontogeny of functional and phenotypic abnormalities of B and T lymphocytes.Fed.proc.40,4199. - 1721.Davignon,J.,Y.S.Huang,J.P.Wolf,A.Barbeau,1979,Fatty acid profile of major lipid classes in plasma lipoprotein of patients with Friedreich's ataxia. Can.J.neurol.sci.6,275-283. - 1722. Davis,B.D.,1977,The recombinant DNA scenarios: Andromeda strain, chimera and Golem.Am.sci.65,547-555. - 1723. Davis,D.R.,R.A.Yeary,1979,Impaired fertility in the jaundiced female (Gunn) rat.Lab.anim.sci.29,739-743. - 1724. Davis,G.B.,E.J.Thompson,R.J.Kyle,1975,Hereditary neuraxial oedema of calves.N.Z.vet.J.23, 181. - 1725. Davis,G.B.,B.J.Stevenson,M.C.Price,1979,Inherited goitre in sheep.N.Z.vet.J.27,126-127. - 1726. Davis,S.L.,K.M.Hill,D.L.Ohlson,J. A.Jacobs,1976,Influence of chronic thyrotropin-releasing hormone injections on secretion of prolactin,thyrotropin and growth hormone and on growth rate in wether lambs.J.anim.sci.42,1244-1250. - 1727. Dawson,M.,1980,Maedi/ visna: a review.Vet.rec.106,212-216. - 1728. Dawson,P.L.L.,1975,The economic aspect of spastic paresis of the hind legs of Friesian cattle.Vet.rec.97, 432-433. - 1729. Dawson,T.J.,J.V.Evans,1962,Haemoglobin and erythrocyte potassium types in sheep and their influence on oxygen dissociation and haemoglobin denaturation.Austr.J.biol.sci.15,371-378. - 1730.Dawson,T.J.,J. V.Evans,1966,Effect of hypoxia on oxygen transport in sheep with different hemoglobin types.Am.J.phys.210,1021-1025. - 1731.Dayton,K.K.,1970,Oculomotor and visual problems in deaf children.Am.orth.J.20,75-80. - 1732. Dayton,S.,J.Dayton,F.Drimmer,F.E.Kendall,1960,Rates of acetate turnover and lipid synthesis in normal,hypothyroid and hyperthyroid rats.Am.J.phys. 199,71-76. - 1733. Deak,S.B.,M.Chu,J.C.Myers,A.C.Nicholls,F.M.Pope, D.Rowe,D.J.Prockop,1982,A form of osteogenesis imperfecta in which the mRNA for Proα2(I) is inefficiently translated in fibroblasts.Fed.proc.41,3405. - 1734. Dean,G.,1969,The porphyrias.Brit.med.bull.25,48-51. - 1735.Deantl,D.L.,J.L.Frias,E.F.Gilbert,J.M.Opitz,1979,The Johanson-Blizzard syndrome.Am.J.med.gen.3,129-135. - 1736. Deas,D.W.,1959,A note on hereditary opacity of the cornea in British Friesian cattle.Vet.rec.71,619-620. - 1737. Deavers,S.,R.A.Huggins,E.L.Smith,1972,Absolute and relative organ weight of the growing beagle.Growth 36,195-208. - 1738. Debray,Q.,V.Caillard,J.Stewart,1979,Schizophrenia: a study of genetic models.Hum.hered.29, 37-36. - 1739. Debre,P.,S.Gisselbrecht,F.Pozo,J.P.Levy,1979,Genetic control of sensitivity to Moloney leukemia virus in mice.J.immunol.123,1806 - 1812. - 1740. Debre,P.,S.Gisselbrecht,B.Boyer,J.Levy,1981,Incidence and phenotypic heterogeneity of Moloney virus-induced leukemias: a multigenic control. Blood cells 7,301-311. - 1741. DeBusk,A.G.,1968,Molecular genetics.Macmillan Co.N.Y.. - 1742. Deckard,B.S.,J.M.Tepper,K.Schlesinger, 1976,Selective breeding for acoustic priming.Behav.gen.6,375-383. - 1743. Deckers,J.F.M.,1971,The XO mouse as a subject of genetical-physiological investigation. Gen. Phaen. 14, 47-48. - 1744. Deckers, J. F. M., P. H. W. v. d. Kroon, 1981, Some characteristics of the XO mouse (Mus musculus L.), Genetica 55, 179-185. - 1745. Decraemere, H., W. Oyaert, E. Muylle, L. Ooms, 1976, (Displacement of the abomasum in cattle). Vlaams diergeneesk. tijds. 45, 125-136. - 1746. Deeb, S., M. A. Omar, 1980, Freemartinism in buffalo. Ind. vet. J. 57, 200-204. - 1747. Deerberg, F., K. G. Rapp, W. Pittermann, S. Rehm, 1980, Zum Tumorspektrum der Han:Wist-Ratte. Z. Versuchstierk. 22, 267-280. - 1748. Defries, J. C., 1969, Pleiotropic effects of albinism on open field behaviour in mice. Nature 221, 65-66. - 1749. Defries, J. C., J. P. Hegmann, M. W. Weir, 1966, Open-field behavior in mice: evidence for a major gene effect mediated by the visual system. Science 154, 1577-1579. - 1750. Degenhardt, K. H., 1967, Die Bedeutung des Tierexperiments in der Ursachenforschung angeborener Mißbildungen. Wien. med. Wschr. 117, 382-386. - 1751. Degenhardt, K. H., J. Michaelis, 1981, Mißbildungen durch Vaginalspermizide ? Dt. med. Wschr. 106, 1279-1280. - 1752. Degnbol, B., A. Green, 1978, Diabetes mellitus among first- and second-degree relatives of early onset diabetics. Ann. hum. gen. 42, 25-47. - 1753. Degode, F., Beobachtung und Untersuchung einer Anzahl von Ziegenintersexen, 1940, Z. Naturwiss. 73, 145-230. - 1754. DeGoey, L. W., R. C. Wahlstrom, R. J., Emerick, 1971, Studies of high level copper supplementation to rations for growing swine. J. anim. sci. 33, 52-57. - 1755. DeHamer, D. L., 1976, A biochemical study of lethal mutations at the c-locus in the mouse. Dissert. abstr. B 36, 5396-5397. - 1756. Deisseroth, A., A. Nienhuis, P. Turner, R. Velez, W. F. Anderson, F. Ruddle, J. Lawrence, 1977, Localization of the human α-globin structural gene to chromosome 16 in somatic cell hybrids by molecular hybridization assay. Cell 12, 205-218. - 1757. Deitrich, R. A., G. E. McLearn, 1981, Neurobiological and genetic aspects of the etiology of alcoholism. Fed. proc. 40, 2051-2055. - 1758. Delatte, L. C., A. Rapado, A. Hodgkinson, 1973, Urinary calculi. S. Karger, Basel. - 1759. Delbarre, F., A. Holtzer, C. Auscher, 1969, Lithiase urinaire xanthique et xanthinurie chez un chien teckel. C. R. ac. sci. D 269, 1449-1452. - 1760. Delhanty, J. D. A., J. G. Matthews, L. West, G. Brightley, G. Hawkey, D. G. Ashton, P. Bircher, 1979, Chromosome studies on 21 Przewalski horses, Equus przewalski. Int. Zoo yearb. 19, 236-239. - 1761. Delleman, J. W., M. J. Hageman, 1978, Ophthalmological findings in 34 patients with Waardenburg syndrome. J. ped. ophth. strab. 15, 341-345. - 1762. Demenais, F., C. Bonaiti, M. L. Briard, J. Feingold, J. Frézal, 1979, Congenital glaucoma: genetic models. Hum. gen. 46, 305-317. - 1763. Demura, R., H. Yamaguchi, I. Wakabayashi, H. Demura, K. Shizuma, 1980, The effect of hGH on hypothalamic-pituitary-thyroid function in patients with pituitary dwarfism. Act. endocr. 93, 13-19. - 1764. Denef, J. F., A. C. Cordier, S. Haumont, C. Beckers, 1980, The influence of thyrotropin and growth hormone on the thyroid gland in the hereditary dwarf mouse: a morphometric study. Endocrin. 107, 1249-1257. - 1765. Denis, B., M. Théret, P. C. Blin, C. Bernard, J. J. Lauvergne, 1975, Hypotrichose congénitale en race bovine Normande. Ann. gén. sél. anim. 7, 251-261. - 1766. Dennis, S. M., 1975, Embryonic duplications in sheep. Austr. vet. J. 51, 83-87. - 1767. Dennis, S. M., 1975, Congenital defects of the nervous system of lambs. Austr. vet. J. 51, 385-388. - 1768. Dennis, S. M., 1975, Congenital respiratory tract defects in lambs. Austr. vet. J. 51, 347-350. - 1769. Dennis, S. M., 1979, Hypospadias in Merino Lambs. Vet. rec. 105, 94-96. - 1770. Dennis, S. M., 1979, Urogenital defects in sheep. Vet. rec. 105, 344-347. - 1771. Dennis, S. M., H. W. Leipold, 1968, Congenital cardiac defects in lambs. Am. J. vet. res. 29, 2337-2340. - 1772. Dennis, S. M., H. W. Leipold, 1979, Ovine congenital defects. Vet. bull. 49, 233-239. -1773. Densen, P., S. Wilkinson-Kroovand, L. Mandell, G. Sullivan, R. Oyen, W. C. Marsh,

1981, Kx: Its relationship to chronic granulomatous disease and genetic linkage with Xg. Blood 58,34-37. - 1774. Denson,K.W.E.,1972,Coagulation disorders. In: Brock u. Mayo a.a.O.. - 1775. Dent,A.C.,R.B.Richards,M.E.Nawsi,1979, Congenital progressive ovine muscular dystrophy in Western Australia.Austr. vet.J.55,297. - 1776. Dent,C.E.,1969,Idiopathic iuvenile osteoporosis.Birth def.Ser.5,134-139. - 1777. Deokiouliyar,G.K.,1976,Cloaca in piglets.Ind.vet. J.53,66-69. - 1778. Deol,M.S.,1954,The anomalies of the labyrinth of the mutants varitint-waddler,shaker-2 and jerker in the mouse.J.genet.52,562-588. - 1779. Deol,M.S.,1961,Genetical studies on the skeleton of the mouse.Proc. roy.soc.B 155,78-95. - 1780. Deol,M.S.,1967,The neural crest and the acoustic ganglion.J.embr.exp.morph.17,533-541. - 1781. Deol,M.S.,1968,Inheritance of coat colour in laboratory rodents.In: Lane-Petter a.a.O.. - 1782.Deol,M.S.,1970,The origin of the acoustic ganglion and effects of the gene dominant spotting (W^v) in the mouse.J.embr.exp.morph.23,773-784. - 1783.Depelchin,A.,D.Bruyère,1980, Le contrôle génétique de l'immunité antiinfectieuse. Ann.méd.vét.124,329-343. - 1784. Deray,A.,1977, La population germinale aux stades embryonnaires et juvéniles chez la cane hybride issue du croisement Pékin ♂ X Barbarie ♀.C.R.soc.biol.171,334-340. - 1785. Derivaux,J.,F.Ectors,J.F.Beckers,1976,Hormonelle Befunde bei Störungen der Ovarialfunktion des Rindes,Dt.tierärztl.Wschr.83,561-563. - 1786. Derka,J.,1979,Allotypes of chicken immunoglobulin G (IgG).Act.vet.Brno 48,25-33. - 1787. Derka,J.,K.Hala,1979,Syngeneic lines of chickens. Fol.biol.Czech.25,266-270. - 1788. Derlogea,V.,T.Pirlea,S.Ilea, V.Catarig,1965,(Observations on a new congenital anomaly in cattle in Romania- general alopecia. Luc.inst.zoot.22, 483-490. - 1789. Dernell,W.S.,1982,Myoclonia congenita in swine.Vet.prof. top.8,1-4. - 1790. DeRoth,L.,A.Bisaillon,A.Dallaire,1930, Evaluation ponderale des glandes endocrines chez le porcelet nouveau-né hypothrepsique . Can.J.anim.sci.60,1015-1017. - 1791. Descailleaux,J.,R.Estrada,1978,homozygous deficiency of short arms of chromosome 1 in Cavia porcellus L.XIV. Congr.genet.abstr.,I.,253. - 1792. Desmecht,M.,1975,La paratuberculose. Ann.méd.vét.119,371-382. - 1793. Detkens,S.,1973,(Causes of dystocia in cows and their effects on the reproductive capacity of cattle).Med.wet.29,113-116. - 1794. DeTolla,L.J.,L.H.Semprevivo,N.C.Palczuk,H.C.Passmore, 1980,Genetic control of acquired resistance to visceral leishmaniasis in mice. Immunogen.10,353-361. - 1795. DeTolla,L.J.,P.A.Scott,J.P.Farrell,1981, Single gene control of resistance to cutaneous leishmaniasis in mice. Immunog. 14,29-39. - 1796. Dettmers,A.,1956,Die Zucht eines neuen Versuchstieres, des Miniaturschweines,in Amerika.Z.Tierz.Zücht.biol.68,37-41;73,311-315. - 1797. Detweiler,D.K.,1964,Genetic aspects of cardiovascular diseases in animals.Circul.30,114-127. - 1798. Deutman,A.F.,1971,The hereditary dystrophies of the posterior pole of the eye.Assen,Niederl.. - 1799. Deutman,A. F.,1974,Macular dystrophies.In: Goldberg a.a.O.. - 1800. Deutschen,S.,F. H.Epstein,M.O.Kjelsberg,1966,Familial aggregation of factors associated with coronary heart disease.Circul.33,911-924. - 1801.Deutschmann,V.,1978, Dupuytrensche Kontraktur.Med.Klin.73,1288-1291. - 1802. Dev,V.G.,J.F. Lasley,1969,Growth hormone level in the blood of dwarf and normal Hereford cattle.J.anim.sci.29,384-388. - 1803. Dev,V.G.,D.A.Miller,O.J.Miller, 1973,Chromosome markers in Mus musculus: strain differences in C-banding. Genet.75,663-670. - 1804. DeWolf,W.C.,P.H.Lange,M.E.Einarson,E.J.Yunis,1979,HLA and testicular cancer.Nature 277,216-217. - 1805. Dhom,G., 1967,Chirurgie der Nebennieren.Münch.med.Wschr.102,975. - 1806.Diamond, E.L.,H.Schmerler,A.M.Lilienfeld,1973,Relationship of intrauterine radiation to subsequent mortality and the development of leukemia in children. Am. J. epid. 97, 283-313. - 1807. Diamond, L. K., W. Jacobson, R. L. Sidman, 1967, Testosterone-induced DNA synthesis in human bone marrow. In: Spickett a. a. O., - 1808. Diaz, P. M., M. Pombo, 1974, Waardenburg syndrome. Arch. soc. oft. 34, 263-270. - 1809. DiBenedetto, J., T. Padre-Mendoza, M. M. Albala, 1979, Pure red cell hypoplasia associated with long-arm deletion of chromosome 5. Hum. gen. 46, 345-348. - 1810. Dickerson, G. E., 1968, Breeding for leukosis resistance. Wld. poult. sci. J. 24, 107-116. - 1811. Dickerson, J. E., H. O. Hetzer, E. V. Kochbiel, A. E. Flower, 1974, Effectiveness of reciprocal selection for performance of crosses between Montana No 1 and Yorkshire swine. J. anim. sci. 39, 24-41. - 1812. Dickie, M. M., 1954, The tortoiseshell house mouse. J. hered. 45, 158-, 190. - 1813. Dickie, M. M., 1964, New mutations. Mouse newsl. 30, 30. - 1814. Dickie, M. M., 1970, Genetics of animals with spontaneous diabetes. Adv. metab. disord. Suppl. 1, 23-27. - 1815. Dickinson, A. G., 1975, Host-pathogen interactions in scrapie. Genet. 79, Suppl., 387-395. - 1816. Dickinson, A. G., J. T. Stamp, C. C. Renwick, J. C. Rennie, 1968, Some factors controlling the incidence of scrapie in Cheviot sheep injected a cheviot-passaged scrapie agent. J. comp. path. 78, 313-321. - 1817. Dickinson, A. G., V. M. H. Meikle, 1973, Genetic kyphoscoliosis in mice. Lancet 1, 1186. - 1818. Dickinson, A. G., H. Fraser, G. W. Outram, 1975, Scrapie incubation time can exceed natural lifespan. Nature 256, 732-735. - 1819. Dickinson, A. G., H. Fraser, I. McConnell, G. W. Outram, 1978, Mitogenic stimulation of the host enhances susceptibility to scrapie. Nature 272, 54-55. - 1820. Diehl, R. F., H. J. Langholz, W. Pabst, 1977, Vergleichende Untersuchungen zur Fortpflanzungsleistung nach Einfachkreuzung beim Rind. Zuchthyg. 12, 31. - 1821. Diehl, V., 1981, Rätsel der Hodgkin-Zellen gelüftet. Münch. med. Wschr. 123, 1827-1828. - 1822. Dieker, H., R. H. Edwards, G. z. Rhein, 1969, The lissencephaly syndrome. Birth def. 5, 53-64. - 1823. v. Dieten, S. W. J., 1964, (Is the damage caused by "hereditary defects" in cattle known ?). Veet. Zuiv. ber. 7, 190-193. - 1824. v. Dieten, S. W., 1964, (Calf mortality at birth). Veet. zuiv. ber. 7, 20-29. - 1825. Dieterle, P., 1981, Aktuelle Probleme des Diabetes. Münch. med. Wschr. 123, 677-679. - 1826. Dietz, O., E. Li, R. Berg, G. Schönmuth, U. Stolzenburg, 1971, Die spastische Parese der Hintergliedmaßen des Rindes. Mh. Vet. med. 26, 24-30. - 1827. Dietz, R., A. Schömig, H. Haebara, J. F. E. Mann, W. Rascher, J. B. Lüth, N. Grünherz, F. Gross, 1978, Studies on the pathogenesis of spontaneous hypertension of rats. Circ. res. 43, Suppl. I., 98-106. - 1828. Dietz, O., G. Prietz, 1981, Klauenhornqualität-Klauenhornstatus. Mh. Vet. med. 36, 419-422. - 1829. Dietz, O., G. Prietz, 1981, Untersuchungen zur Objektivierung von Spreizklauen beim Rind. Mh. Vet. med. 36, 422-424. - 1830. v. Dijk, H., F. M. A. Hofhuis, E. M. J. Berns, C. v. d. Meer, J. M. Willers, 1980, Killed Listeria monocytogenes vaccine is protective in C3H/HeJ mice without addition of adjuvants. Nature 286, 713-714. - 1831. Dillon, R., 1973, Handbook of endocrinology. Lea u. Febiger. Philad.. - 1832. Dimitropoulos, E., 1972, La sélection du caractère culard ou hypertrophie musculaire au sein de la race bovine de Moyenne et Haute Belgique et la fécondité. Ann. méd. vét. 116, 451-464. - 1833. Dingle, J. T., H. B. Fell, 1969, Lysosomes I. N. Holl. Publ., Amsterd.. - 1834. Dingle, J. T., H. B. Fell, 1969, Lysosomes II. N. Holl. Publ., Amsterd.. - 1835. Dingle, J. T., R. T. Dean, 1975, Lysosomes IV. N. Holl. Publ., Amsterd.. - 1836. Dinkel, C. A., K. E. Gregory, 1965, Evaluation of the profilometer for detection of Hereford bulls heterozygous for the Snorter dwarf gene. J. anim. sci. 24, 438-440. -1837. Dinu, M., C. Maximilian, S. Oprescu, A. Sachelaire, 1971, Observations sur la monstrosité Ischiopagus tetrapus pseudohermaphrodite viable chez les suides. X. int. Tierz. Kongr. Versailles. - 1838. DiSant'Agnese, P. A., R. C. Talamo, 1967, Pathogenesis and physiopathology of Cystic fibrosis of the pancreas. N.

E.J.med.277,1287,1343,1399. - 1839. Diskin,M.G.,J.M.Sreenan,1980,Fertilization and embryonic mortality rates in beef heifers after artificial insemination. J.repr.fert.59,463-468. - 1840. Disteche,C.M.,E.M.Eicher,S.A.Latt, 1981, Late replication patterns in adult and embryonic mice carrying Searle's X-autosome translocation.Exp.cell res.133,357-362. - 1841. Distelhorst,C. W.,D.S.Wagner,E.Goldwasser,J.W.Adamson,1981,Autosomal dominant familial erythrocytosis due to autonomous erythropoietin production.Blood 58,1155-1158. - 1842. Dittmar,J.,1962,Klinische Untersuchungen der Bullen als Grundlage der Selektion auf Fruchtbarkeit. Züchtungsk.34,307-313. - 1843. Dittrich, L.,1980,Die Vererbung des Albinismus beim Westeuropäischen Igel,Erinaceus europaeus Linné,1758.Säugetierk.Mitt.28,281-286. - 1844. Diwan,B.A.,H. Meier,1974,The inheritance of susceptibility and resistance to teratogenic effect of 1-ethyl-1-nitrosourea in inbred strains of mice.Teratol.9,45-49. - 1845. Diwan,B.A.,K.E.Blackman,1977,Genetic variations in the induction of bladder tumors.Naturwiss.64,647-649. - 1846. Dixon,F.J.,J.Feldman,J. J.Vazquez,1961,Experimental glomerulonephritis.J.exp.med.113,899-920. - 1847. Dobberstein,J.,1951,Das Problem der Erbkrankheiten in seiner Bedeutung für die Veterinärmedizin in der Tierzucht.Z.Tierz.Zücht.biol.59,309-321. - 1848. Dobberstein,J.,V.Goerttler,1942,Ist die Bekämpfung der Zuchtseuchen und Zuchtschäden durch Zuchtauswahl möglich ? Züchtungsk.17,158-169. - 1849. Dobson,K.J.,1968,Congenital splayleg of piglets.Austr.vet.J.44, 26-28. - 1850. Dobzhansky,T.,1957,Genetic loads in natural populations.Science 126,191-194. - 1851. Dodd,F.H.,F.K.Neave,1951,Machine milking rate and mastitis.J.dairy res.18,240-245. - 1852. Dodds,W.J.,1975,Inherited hemorrhagic disorders.J.Am.anim.hosp.ass.11,366-373. - 1853. Dodds,W.J., 1976,Hemophilia in the horse.Proc.1st int.symp.equ.hem.,206-208. - 1854. Dodson,D.L.,T.H.Coleman,1972,Crooked neck: an inherited condition in Japanese quail.Poult.sci.51,82-85. - 1855. Dodson,W.E.,D.Alexander,M.Alamish,F.de la Cruz,1969,The Di George syndrome.Lancet,574-575. - 1856. Doherr,W.,1973,Blutgruppenbestimmung und serologische Verträglichkeitstestung vor und nach verträglichen und unverträglichen Bluttransfusionen beim Hund.Dissert.Leipzig. - 1857. Döhler,H.,G.Dehner,1974,Untersuchungen über die Zuchtuntauglichkeit von auf den Märkten des Verbandes Mittelfränkischer Schweinezüchter aufgetriebenen Jungebern und über die Abgangsursachen von Zuchtebern aus Herdbuchbetrieben im Jahre 1973.Berl.Münch.tierärztl. Wschr.87,447-450. - 1858. Doig,D.,B.Chesebro,1979,Anti-Friend virus antibody is associated with recovery from viremia and loss of viral leukemia cell-surface antigens in leukemic mice.J.exp.med.150,10-19. - 1859. Doige, C.E.,1980,Pathological changes in the lumbar spine of boars.Can.J.comp. med.44,382-389. - 1860. Doll,K.,J.Busch,1950,Hereditary factors in peptic ulcer.Ann.eugen.15,135-146. - 1861. Dollahon,J.C.,M.Koger,J.F.Hentges, A.C.Warnick,1959,A comparison of certain blood constituents of dwarf-carrier and non-carrier cattle.J.anim.sci.18,947-953. - 1862. Dollahon,J.C., K.G.Owens,M.Koger,J.F.Hentges,A.C.Warnick,1959,Cerebrospinal fluid pressures of snorter dwarf-carrier and noncarrier cattle.J.A.V.M.A.135, 109-111. - 1863. Dolling,L.H.S.,M.G.Brooker,1966,A viable hypotrichosis in Poll Dorset sheep.J.hered.57,86-90. - 1864. Dolling,C.E.,B.F.Good,1976, Congenital goitre in sheep: isolation of the iodoproteins which replace thyroglobulin.J.endocr.71,179-192. - 1865. Donahue,R.P.,1975,Normal and abnormal chromosomal behavior in the meiotic divisions of mammalian oocytes. Proc.int.symp.ag.gam.,50-71. - 1866. Donald,H.P.,D.Anderson,1953,A study of variation in twin cattle.J.dairy res.20,361-369. - 1867. Donald,H.P.,

W. S. Russell, 1968, Some aspects of fertility in purebred and crossbred dairy cattle. Anim. prod. 10, 465-471. - 1868. Donaldson, J. C., 1928, Adrenal gland in wild gray and albino rat. Proc. soc. exp. biol. med. 25, 300-301. - 1869. Donaldson, L. E., J. N. Aubrey, 1960, Posthitis and prolapse of the prepuce in cattle. Austr. vet. J. 36, 380-383. - 1870. Done, J. T., 1964, Pityriasis rosea in pigs. Vet. rec. 76, 1507. - 1871. Done, J. T., 1968, Congenital nervous diseases of pigs :A review. Lab. anim. 2, 207-217. - 1872. Done, J. T., 1972, Myoclonia congenita in piglets. Proc. 2nd. int. congr. pig vet. soc., Hannover. - 1873. Done, J. T., 1972, Atrophic rhinitis: use of control charts for herd monitoring. Proc. 2nd int. congr. pig vet. soc., Hannover. - 1874. Done, J. T., 1972, Asymmetric hind quarter syndrome (AHQS) of pigs. Proc. 2nd int. congr. pig vet. soc., Hannover. - 1875. Done, J. T., 1976, Facial deformity in pigs. Vet. ann. 17, 96-102. -1876. Done, J. T., 1976, Developmental disorders of the nervous system in animals. Adv. vet. sci. comp. med. 20, 69-114. - 1877. Done, J. T., 1978, Virus teratogens and domesticated animals. Vet. ann. 18, 1-12. - 1878. Done, J. T., 1978, Canine tracheal collapse. Vet. ann. 18, 255-260. - 1879. Done, J. T., 1980, Zitzenmängel beim Schwein. Dt. tierärztl. Wschr. 87, 437-439. - 1880. Done, J. T., R. A. Loosmore, C. N. Saunders, 1967, Dermatosis vegetans in pigs. Vet. rec. 80, 291-297. - 1881. Doney, J. M., R. G. Gunn, W. F. Smith, 1973, Transuterine migration and embryo survival in sheep. J. repr. fert. 34, 363-367. - 1882. Done, J. T., W. M. Allen, J. Bailey, P. H. de Grouchy, M. K. Curran, 1975, Asymmetric hindquarter syndrome (AHQS) in the pig. Vet. rec. 96, 482-488. - 1883. Done, S. H., R. A. Drew, 1976, Observations on the pathology of tracheal collapse in dogs. J. sm. anim. pract. 17, 783-791. - 1884. Donham, K. J., J. W. Berg, R. S. Sawin, 1980, Epidemiologic relationships of the bovine population and human leukemia in Iowa. Am. J. epid. 112, 80-92. - 1885. Donnelly, F., 1979, Skin folds affect Merino production. Agr. gaz. N. S. Wales 90, 2-3. - 1886. Donnelly, W. J. C., B. J. Sheahan, 1981, GM$_1$ gangliosidosis of Friesian calves: a review. Ir. vet. J. 35, 45-48, 51-55. - 1887. Donner, L., P. Chyle, H. Sainerova, 1969, Malformation syndrome in Gallus domesticus associated with triploidy. J. hered. 60, 113-115. - 1888. Dooher, G. B., D. Bennett, 1974, Abnormal microtubular systems in mouse spermatids associated with a mutant gene at the T-locus. J. embr. exp. morph. 32, 749-761. - 1889. Dooher, G. B., K. Artzt, D. Bennett, U. Hurtenbach, 1981, Observations on autoimmune orchitis in sterile mice carrying a recessive lethal mutation at the T/t complex exhibiting spontaneous allergic orchitis. J. repr. fert. 62, 505-511. - 1890. Doolittle, D. P., 1979, Selection for spot size in mice. J. hered. 70, 390-394. - 1891. Doolittle, D. P., S. P. Wilson, L. L. Hulbert, W. H. Kyle, H. D. Goodale, 1975, The Goodale white-spotted mice: a historical report. J. hered. 66, 376-380. - 1892. Doolittle, D. P., K. M. Schweikart, 1977, Myelin deficient, a new neurological mutant in the mouse. J. hered. 68, 331-332. - 1893. Doolittle, D. P., N. Baumann, G. Chernoff, 1981, Allelism of two myelin deficiency mutations in the mouse. J. hered. 72, 285. - 1894. Doolittle, W. F., C. Sapienza, 1980, Selfish genes, the phenotype paradigm and genome evolution. Nature 284, 601-603. - 1895. Dorf, M. E., 1978, Complementation of H-2-linked genes controlling immune responsiveness. Spring. sem. immun. 1, 171-206. - 1896. Dorf, M. E., B. Benacerraf, 1975, Complementation of H-2-linked Ir genes in the mouse. Proc. nat. ac. sci. 72, 3671-3675. - 1897. Dörken, B., W. Hunstein, 1979, Klassifizierung der malignen Non-Hodgkin-Lymphome. Med. Klin. 74, 337-347. - 1898. Dorling, P. R., C. R. Huxtable, P. Vogel, 1978, Lysosomal storage in Swainsonia spp. toxicosis: an induced mannosidosis. Neuropath. appl. neurobiol. 4, 285-295. -1899. Dorn, F. K., 1965, Rassekaninchenzucht. Neumann, Radebeul. - 1900. Dorst, J., H. Sajonski, 1974, Morphometrische Untersuchungen am Tubulussystem des Schweinehodens während der postnatalen Entwicklung. Mh. Vet. med. 29, 650 -

652. - 1901. Dorst, J., H. Sajonski, 1974, Zur Quantität der Gewebskomponenten des Schweinehodens während der postnatalen Entwicklung. Mh. Vet. med. 29, 904-906. - 1902. Dorus, E., 1978, The finding of a higher frequency of long Y chromosomes in criminals: does the Y chromosome play a role in human behavior ? Clin. gen. 13, 96-98. - 1903. Doss, M., 1981, Das porphyrinfluoreszierende Ei für den Hepatologen. Dt. med. Wschr. 106, 911-914. - 1904. Doss, M., R. v. Tiepermann, 1978, Biochemical and clinical relationships among the hereditary acute hepatic porphyrias: new concepts. J. clin. chem. clin. bioch. 16, 34-35. - 1905. Doss, M., R. v. Tiepermann, F. Verspohl, 1978, Hereditäre Koproporphyrie in der Bundesrepublik Deutschland. J. clin. chem. clin. bioch. 16, 519 - 524. - 1906. Doss, M., R. v. Tiepermann, D. Look, H. Henning, J. Nikolowski, F. Ryckmanns, O. Braun-Falco, 1980, Hereditäre und nicht-hereditäre Form der chronischen hepatischen Porphyrie : Unterschiedliches Verhalten der Uroporphyrinogen-Decarboxylase in Leber und Erythrozyten. Klin. Wschr. 58, 1347-1356. - 1907. Doty, R. W., 1977, Tonic retinal influences in primates. Ann. N. Y. ac. sci. 290, 139-151. - 1908. Doube, B. M., R. H. Wharton, 1980, The effect of locality, breed and previous tick experience on seasonal changes in the resistance of cattle to Boophilus microplus (Ixodoidea:Ixodidae). Experientia 36, 1178-1179. - 1909. Doughty, B. R., 1977, The changes in ABO blood group frequency within a mediaeval English population. Med. lab. sci. 34, 351-354. - 1910. Douglass, E. C., I. T. Mayrath, E. C. Lee, J. Whang-Peng, 1980, Cytogenetic studies in non-african Burkitt lymphoma. Blood 55, 148-155. - 1911. Dover, G. J., S. H. Boyer, 1980, Quantitation of hemoglobin within individual red cells. Blood 56, 1082-1091. - 1912. Dow, C., 1962, Testicular tumours in the dog. J. comp. path. 72, 247-265. - 1913. Dow, J. K. D., 1976, A survey of the transport and marketing conditions of slaughter cattle, sheep and pigs in the United Kingdom. Anim. hlth. trust, 23 pp. - 1914. Dowling, D. F., 1980, Adaptability of low cost tick-resistant cattle for growth. Austr. vet. J. 56, 552-554. - 1915. Doyle, L. B., M. V. Doyle, M. B. A. Oldstone, 1980, Susceptibility of newborn mice with H-2^k backgrounds to lymphocytic choriomeningitis virus infection. Immun. 40, 589-596. - 1916. Dozy, A. M., Y. W. Kan, S. H. Embury, W. C. Mentzer, W. C. Wang, B. Lubin, J. R. Davis, H. M. Koenig, 1979, ᐃ -globin gene organization in blacks precludes the severe form of ᐊ-thalassaemia. Nature 280, 605-607. - 1917. Dräger, N., 1977, Dermatophilose und Demodikose im Chobe-Distrikt (Nordbotswana). Berl. Mü. tierärztl. Wschr. 90, 454-457. - 1918. Draper, D., J. Kluge, W. J. Miller, 1976, Clinical and pathological aspects of spinal dysraphism in dogs. Proc. 20th wld. vet. congr., 134-137. - 1919. Draper, P., D. Shapcott, A. Larose, J. Stankova, F. Levesque, B. Lemieux, 1979, Glucose tolerance and erythrocyte insulin receptors in Friedreich's ataxia. Can. J. neur. sci. 6, 233-239. - 1920. Dren, C. N., P. K. Pani, 1977, Genetic control of resistance to subgroup A and subgroup C tumour viruses in Rhode Island Red fowl. J. gen. virol. 35, 13-23. - 1921. Drescher, C. K., P. Jargiello, T. J. Gill, H. W. Kunz, 1980, Analysis of the Giemsabanding patterns of the chromosomes from rats carrying the genes of the growth and reproductive complex (Grc). J. immunogen. 7, 427-430. - 1922. Dresser, D. W., 1962, Specific inhibition of antibody production. Immunol. 5, 161-168. - 1923. Dresser, D. W., K. D. Keller, J. M. Philips, 1976, Immunoglobulin allotypes of the mouse. Bioch. soc. trans. 4, 34-38. - 1924. Dressler, D., 1972, Grundsätze einer vollwertigen Mineralisierung wachsender Schweine. Proc. 2nd int. congr. pig vet. soc., 50. - 1925. Drews, R. C., 1973, Heterochromia iridum with coloboma of the optic disc. Arch. ophth. 90, 437. - 1926. Drews, R. C., G. Pico, 1971, Heterochromia associated with coloboma of the iris. Am. J. ophth. 72, 827. - 1927. Drews, U., 1981, Geschlechtsbestimmung und Geschlechtsdifferenzierung.

Naturwiss. 68, 177-182. - **1928.** Drews, U., S. R. Blecher, D. A. Owen, S. Ohno, 1974, Genetically directed preferential X-inactivation seen in mice. Cell 1, 3-8. - **1929.** Dreyer, D., 1964, Völlige Schwanzlosigkeit bei einem schwarzbunten Kalb. Dt. tierärztl. Wschr. 71, 586-588. - **1930.** Dreyer, D., 1973, Nachkommenprüfung auf Leichtkalbigkeit und geringe Kälberverluste. Tierzücht. 25, 58-61. - **1931.** Dreyer, D., D. Smidt, 1966, Welche Bedeutung haben Schwergeburten und Kälberverluste für die züchterische Beurteilung von Besamungsbullen. Tierz. 18, 528-529. - **1932.** Dreyer, D., L. Leipnitz, 1971, Kälberverluste und Schwergeburten. Tierzücht. 23, 397-400. - **1933.** Dreyer, D., S. El-Kashab, D. Smidt, 1975, Die Trächtigkeitsdauer beim Rind. Tierzücht. 27, 276-279. - **1934.** Dring, L. A., H. F. Hintz, L. D. v. Vleck, 1981, Coat color and gestation length in Thoroughbred mares. J. hered. 72, 65-66. - **1935.** Dronamraju, K. R., 1965, The function of the Y-chromosome in man, animals, and plants. Adv. gen. 13, 227-310. - **1936.** Drost, M., H. O. Dunn, C. Stormont, 1974, Bovine quadruplets-a clinical and cytogenetic report of two cases. Theriogen. 1, 35-37. - **1937.** Drouliscos, N. J., J. P. Bowland, J. I. Elliot, 1970, Influence of high dietary copper levels on copper concentration of blood, selected tissues and digestive tract contents. Can. J. anim. sci. 50, 113-120. - **1938.** Dubart, A., M. Goossens, Y. Benzard, N. Monplaisir, U. Testa, P. Basset, J. Rosa, 1980, Prenatal diagnosis of hemoglobinopathies. Blood 56, 1092-1099. - **1939.** Duber, M. M., 1974, Chromosome abnormalities, sex ratio and fertility in Gallus domesticus. Diss. abstr. B 34, 545. - **1940.** Dublin, W. B., 1967, Fundamentals of neuropathology. C. C. Thomas, Springfield. - **1941.** Duboff, G. S., E. D. Luby, 1964, Adrenocortical, anterior pituitary and gonadal activity in an extremely obese male. Metabol. 13, 60-62. - **1942.** Dubois, A., J. Josse, F. Martinat-Botte, M. leDenmat, J. Saulnier, P. Vannier, J. Vaudelet, 1980, Sow cullings: result of an inquiry. Proc. 6th int. pig vet. soc. congress, 45. - **1943.** Ducayen, M. B., G. M. Jagiello, P. W. Allerdice, W. A. Miller, R. Grey, J. S. Fang, 1974, A study of the chromosomes of the normal male rabbit and two intersex rabbits with quinacrine fluorescence and Giemsa banding. Cytol. 39, 839-845. - **1944.** Duchen, L. W., 1975, Sprawling: a new mutant mouse with failure of myelination of sensory axons and a deficiency of muscle spindles. Neuropath. appl. neurobiol. 1, 89-101. - **1945.** Ducimetiere, P., E. Eschwege, L. Papoz, J. L. Richard, J. R. Claude, G. Rosselin, 1980, Relationship of plasma insulin levels to the incidence of myocardial infarction and coronary heart disease mortality in a middle-aged population. Diabetol. 19, 205-210. - **1946.** Dücker, G., 1960, Welche Säugetiere sehen ihre Umwelt farbig ? Kosmos 57, 420-423. - **1947.** Duerst, J. U., 1911, Selektion und Pathologie. M. u. H. Schaper, Hannover. - **1948.** Duerst, J. U., 1931, Grundlagen der Rinderzucht. Springer, Berl. - **1949.** Dufour, J. J., M. H. Fahmy, G. L. Roy, 1981, The influence of pelvic opening and calf size on calving difficulties of beef x dairy crossbred cows. Can. J. anim. sci. 61, 279-288. - **1950.** Duke-Elder, S., 1964, System of ophthalmology. Kimpton, Lond. - **1951.** Dukes, C. E., 1952, Familial intestinal polyposis. Ann. eugen. 17, 1-29. - **1952.** Dumas, R., P. Lhoste, N. Chabeuf, J. Blancon, 1971, Note on the hereditary susceptibility of cattle to streptothricosis. Rev. él. méd. vét. pays trop. 24, 349-353. - **1953.** =1952. - **1954.** Dumont, B. L., O. Schmitt, G. Roy, 1969, A comparison of muscular development in Pietrain and Large White pigs. Rec. méd. vét. 145, 937-947. - **1955.** Dumont, B. L., O. Schmitt, 1973, Conséquences de l'hypertrophie musculaire héréditaire sur la trame conjonctive du muscle de bovin. Ann. gén. sél. anim. 5, 499-506. - **1956.** Dun, R. B., D. S. Douglass, 1966, The comparative reproductive performance of polled and horned rams. Austr. J. exp. agr. anim. husb. 5, 102-105. - **1957.** Duncan, W. R., 1979, Heterozygosity of H-2 loci in wild mice. Nature 281, 603-605. - **1958.** Duncker, H., 1929, Genetik der Kanarienvögel. Züchter 1, 111-125. - **1959.** Dung, H. C.,

1975,Evidence of prolactin cell deficiency in connection with low reproductive efficiency of female "torpid" mice. J. repr. fert. 45, 91-99. - 1960. Dung, H. C., 1977, Transplantation 23, 39-43. - 1961. Dungal, N., G. Gislason, E. L. Taylor, 1938, Epizootic adenomatosis in the lungs of sheep. J. comp. path. ther. 51, 46-68. - 1962. Dunlop, R. H., H. W. Moon, 1970, Resistance to infectious disease. Saskatoon mod. Press. - 1963. Dunn, G. R., 1972, Expression of a sex-linked gene in standard and fusion-chimeric mice. J. exp. zool. 181, 1-16. - 1964. Dunn, H. O., K. McEntee, 1964, Semen quality and fertility in dairy bulls with testicular tumors. Int. J. fert. 9, 613-617. - 1965. Dunn, H. O., K. McEntee, W. Hansel, 1970, Diploid-triploid chimerism in a bovine true hermaphrodite. Cytogen. 9, 245-259. - 1966. Dunn, H. O., S. J. Roberts, 1972, Chromosome studies of an ovine acephalic-acardiac monster. Corn. vet. 62, 425-431. - 1967. Dunn, H. O., J. T. Vaughan, K. McEntee, 1974, Bilaterally cryptorchid stallion with female karyotype. Corn. vet. 64, 265-275. - 1968. Dunn, H. O., D. H. Lein, K. McEntee, 1977, A 61, XXY chromosome complement in a bull with testicular hypoplasia. Mamm. chrom. newsl. 18, 18. - 1969. Dunn, H. O., K. McEntee, C. E. Hall, R. H. Johnson, W. H. Stone, 1979, Cytogenetic and reproductive studies of bulls born co-twin with freemartins. J. repr. fert. 57, 21-30. - 1970. Dunn, H. O., D. H. Lein, K. McEntee, 1980, Testicular hypoplasia in a Hereford bull with 61, XXY karyotype. Corn. vet. 70, 137-146. - 1971. Dunn, H. O., J. R. Duncan, K. McEntee, 1981, Two equine true hermaphrodites with 64, XX/64, XY chimerism. Corn. vet. 71, 123-135. - 1972. Dunn, H. O., R. H. Johnson, 1981, Sample size for detection of Y-chromosomes in lymphocytes of possible freemartins. Corn. vet. 71, 297-304. - 1973. Dunn, L. C., H. F. Webb, M. Schneider, 1923, The inheritance of degrees of spotting in Holstein cattle. J. hered. 14, 229-240. - 1974. Dunn, L. C., D. Bennett, J. Cookingham, 1973, Polymorphism for lethal alleles in European populations of Mus musculus. J. mammal. 54, 822-830. - 1975. Dunn, P. G. C., 1980, Intensive livestock production: Costs exceed benefits. Vet. rec. 106, 131-132. - 1976. Dunnington, E. A., J. M. White, W. E. Vinson, 1977, Genetic parameters of serum cholesterol levels, activity and growth in mice. Genet. 85, 659-668. - 1977. Dunson, W. A., E. G. Buss, 1968, Abnormal water balance in a mutant strain of chickens. Science 161, 167-169. - 1978. Dunson, W. A., E. A. Buss, W. H. Sawyer, H. W. Sokol, 1972, Hereditary polydipsia and polyuria in chickens. Am. J. phys. 222, 1167-1176. - 1979. Duquesnay, R. J., 1972, J. immunol. 108, 1578-1590. - 1980. Dürr, A., 1975, Pyometra nach Ostrogenbehandlung. Schweiz. Arch. Tierhlk. 117, 349-354. - 1981. Dürr, M., 1936, Die Vererbung der Glasäugigkeit beim Schwein. Dissert. Hohenheim. - 1982. Dürr, M., 1937, Die Vererbung der Glasäugigkeit beim Schwein. Z. Tierz. Zücht. biol. 37, 129-158. - 1983. Dürrigl, T., 1977, in: Wagenhäuser a. a. O.. - 1984. DuShane, G. P., 1934, The origin of pigment cells in Amphibia. Science 80, 620-621. - 1985. DuShane, G. P., 1935, An experimental study of the origin of pigment cells in Amphibia. J. exp. zool. 72, 1-31. - 1986. DuShane, G. P., 1944, The embryology of vertebrate pigment cells. Quart. rev. biol. 19, 98-117. - 1987. Duthie, I., F. Lancaster, 1964, Polyarthritis and epiphyseolysis of pigs in England. Vet. rec. 76, 263-272. - 1988. Duysings, P. M. J., L. J. Hooghiemstra, R. D. Politiek, 1979, Milk cell counts in first lactations of progeny groups of Á. I. bulls. Z. Tierz. Zücht. biol. 96, 48-55. - 1989. Düzgünes, O., I. Yorkin, R. Sönmez, 1960, A study on the variation in colour in the fat-tailed White Karamen sheep, Merino-Fleisch-Schafe and their crosses. Z. Tierz. Zücht. biol. 74, 36-47. - 1990. Dwivedi, S. K., O. P. Gautam, 1979, Comparative susceptibility of Hariana and crossbred calves to experimental Babesia bigemina infection. Har. vet. 18, 8-10. - 1991. Dyer, S. A., G. A. Harris, M. E. Ensminger, 1960. Effect of nutrition on the incidence of a congenital deformity - crooked calves. J. anim. sci. 19, 1259. - 1992. v. Dyke, D., M. L.

Nohr,B.Tennant,1968,Erythropoietin and the development of erythrocytes.
Nature 217,1027-1028. - 1993. Dyrendahl,A.S.,1956,(Epitheliogenesis imperfecta in der SRB-Rasse). Nord. vet. med. 8,953-958. - 1994. Dyrendahl,A.S.,
L.Hallgren,1956,(Neue Fälle von Acroteriasis congenita in der Niederungsrasse). Nord. vet. med. 8,959-965. - 1995. Dyrendahl,I., L.Hallquist,H. Ohlson,
1979,(Weak legs with small inner digits- an inherited defect).Svinsk.61,18-
19. - 1996. Dyrendahl,I., J.Mattson,B.Pehrson,1977,Retained placenta in cattle- incidence,clinical data and effects on fertility. Zbl.Vet.med.A 24,529 -
541. - 1997. Dyrendahl,I., I.Gustavsson,1979,Sexual functions,semen characteristics and fertility of bulls carrying the 1/29 chromosome translocation.Hereditas 90,281-289. - 1998.Dyrendahl,S.,B.Henricson,1960,Hereditary hyperplastic gingivitis of silver foxes.Act.vet.scand.1,121-139. - 1999.Dyrmundsson,
O.R., S.Adalsteinsson,1980,Coat-color gene suppresses sexual activity in Icelandic sheep. J. hered. 71,363-364. - 2000. Dyson,D.A.,A.E.Wrathall,1977,
Congenital deformities in pigs possibly associated with exposure to hemlock
(conium maculatum).Vet.rec.100,241-242. - 2001. Dzapo,V.,R.Wassmuth,
1979, Untersuchungen über die Enzymsysteme des energieliefernden Stoffwechsels im Rückenmuskel und die Konstitution des Schweines. Z. Tierz. Zücht.biol.
95,310-320,96,60-85. - 2002. Dziuk,P.J.,M.C.Hervey,A.L.Brundage,J.D.
Donker,1952,The heritability of the length of the estrous cycle in the bovine.
J.anim.sci.11,740. - 2003. Dziurdzik,B.,1978,Histological structure of the
hair in hybrids of European bison and domestic cattle.Act.theriol.23,277-284. -
2004. Dzu,N.M.,A.Pustovar,W.Bathke,W.Hubrig,T.Krauße,D.Schimmel,
1971, Zur Ätiologie und Diagnose der Mykoplasmose der Schweine.Mh.Vet.med.
26,169-181. - 2005. Eagleton,G.E.,J.G.Hall,W.S.Russell,1970,An estimation
of dominance at the locus controlling blood potassium in sheep.Anim.bld.grps.
bioch.gen.1,135-143. - 2006. Eakins,D.,1965,Atherosclerosis and malignant
disease.Brit.J.canc.19,9-14. - 2007. Eales,L.,R.S.Day,N.Pimstone,1978,
The clinical biochemistry of variegate porphyria. J.clin.chem.clin.bioch.16,
36. - 2008.East,J.,J.J.Harvey,M.Tuffrey,R.J.Tilly,1978,Transmission of
autoimmune haemolytic anaemia and murine leukaemia virus to hybrid progeny of allophenic NZB$\leftrightarrow$CFW and NZB$\leftrightarrow$BALB/c male mice.Clin.exp.immunol.
31,260-269. - 2009. Easton,J.M.,P.H.Levine,R.R.Connelly,N.E.Day,1979,
Studies on nasopharyngeal carcinoma in the United States.Comp.immun.micr.
inf.dis.2,221-228. - 2010. Eaton,G.J.,H.C.Outzen,R.P.Custer,F.N.Johnson,1975,Husbandry of the "nude" mouse in conventional and germfree environment.Lab.anim.sci.25,309-314. - 2011. Eaton,G.J.,R.P.Custer,F.N.
Johnson,K.T.Stabenow,1978,Dystrophic cardiac calcinosis in mice.Am.J.path.
90,173-182. - 2012. Eaton,G.J., F.N.Johnson,R.P.Custer,A.R.Crane,1980,
The Icr:Ha (ICR) mouse: a current account of breeding, mutations, diseases
and mortality. Lab.anim.14,17-24. - 2013. Eaton,J.W.,G.J.Brewer,C.C.Beck,
D.C.Shreffler,1967,ATP and potassium content of sheep erythrocytes.Bioch.
biophys.res.comm.28,898-903. - 2014. Eaton,O.N.,1937,A hereditary eye
defect in guinea pigs.J.hered.28,353-358. - 2015. Eaton,W.A.,1980,The relationship between coding sequences and function in haemoglobin.Nature 284,
183-185. - 2016. Ebbe,S.,E.A.Phalen,F.Stohlman,1972,Some abnormalities
of megakaryocytes and platelets in W/W^V and Sl/Sl^d mice.Blood 40,964.-2017.
Eberhard,G.,1968,Peptic ulcer in twins.Act.psych.scand.44,Suppl.205. -
2018. Ebert,J.D.,1967,Entwicklungsphysiologie.Bayr. Landw.Vlg.,München.-
2019. Ebert,P.D.,J.S.Hyde,1976,Selection for agonistic behaviour in wild female Mus musculus.Behav.gen.6,291-304. - 2020.Ebringer,A.,P.Wooley,C.
R.Young,1977,Genetic control of the immune response to Salmonella typhimurium in mice.Heredity 38,275. - 2021. Edelson,E.,1976,New abortion issue:

sex selection. Philad. inqu. 11. 8. ,3A. - 2022. Edelstein,S. J. ,R. Josephs,H.S. Jarosch,R. H. Crepeau,J. N. Telford,G. Dykes,1975,Structure of hemolglobin S fibers in sickled cells and gelled hemolysates. Proc. symp. mol. cell. asp. sickle cell dis. ,33-59. - 2023. Eder,M. ,K. Schwarz,1960,Die Beziehungen der Grösse und Funktion der Nebennierenrinde zu Hypertonien,Herzklappenfehlern und zur Herzinsuffizienz. Kli n. Wschr. 38, 641-650. - 2024. Edey,T. N. ,1969,Prenatal mortality in sheep: a review.Anim. breed. abstr. 37, 173-190. - 2025. Edfors-Lilja,I. ,B. Gahne,K. Lundström,K. Darelius, L. E. Edquist,1978,Repeatability and genetic variation of cholesterol concentration in bovine blood plasma. Swed.J. agr. res. 8, 113-122. - 2026. Edfors-Lubs,M. J. ,1971,Allergy in 7000 twin pairs.Act. allerg. 26, 249-285. - 2027. Edgar,S. A. ,K. F. Tam,C. Flanagan, 1965,Duration of accquired immunity to chicken coccidia and notes on genetic and parental resistance. Poult. sci. 44, 1366. - 2028. Edgar,S. A. ,C. Flanagan, K. F. Tam,D. Bond,1968,Factors related to immunity of chickens to coccidiosis. Poult. sci. 47, 1668. - 2029. Edgell,C. J. S. ,H. N. Kirkman,E. Clemons,P. D. Buchanan,C. H. Miller,1978,Prenatal diagnosis by linkage: hemophilia A and polymorphic glucose-6-phosphate dehydrogenase.Am. J. hum. gen. 30, 80-84. - 2030. Ediger,R. D. ,C. L. Warnick,C. C. Hong,1975,Malocclusion of the premolar and molar teeth in the guinea pig. Lab. anim. sci. 25, 760-762. - 2031. Edman, C. D. ,N. P. Silvers,E. C. Gangloff,R. F. Krause,1963,Creatine, creatine phosphate and creatinine levels in hypoxia hypertrophied rat hearts. Am. J. phys. 204, 2005-2007. - 2032. Edmonds,H. L. ,G. A. Hegreberg,N. M. v. Gelder,D. M. Sylvester,R. M. Clemmons,C. C. Chatburn,1979,Spontaneous convulsions in beagle dogs. Fed. proc. 38, 2424-2428. - 2033. Edmonds, L. ,D. Crenshaw, L. A. Selby, 1973,Micrognathia and cerebellar hypoplasia in an Aberdeen Angus herd. J. hered. 64, 62-64. - 2034. Edwards,C. Q. ,M. H. Skolnick,J. P. Kushner,1981, Coincidental nontransfusional iron overload and thalassemia minor: Association with HlA-linked hemochromatosis.Blood 58, 844-848. - 2035. Edwards, J. A. ,R. M. Bannerman,1970,Hereditary defect of intestinal iron transport in mice with sex-lin ked anemia. J. clin. inv. 49, 1869-1871. - 2036. Edwards,J. A. , J.E. Hoke,1972,Defect of intestinal mucosal iron uptake in mice with hereditary microcytic anemia. Proc. soc. exp. biol. med. 141, 81-84. - 2037. Edwards,J. A. ,A. L. Sullivan,J. E. Hoke,1980,Defective delivery of iron to the developing red cell of the Belgrade laboratory rat.Blood 55, 645-648. - 2038. Edwards,J. H. ,1961,The syndrome of sex-linked hydrocephalus.Arch. dis. child. 36, 486-493. - 2039. Edwards,J. H. ,1965,The meaning of the associations between blood groups and disease.Ann. hum. gen. 29, 77-83. - 2040. Edwards,J. H. ,1969, Familial predisposition in man. Brit. med. bull. 25, 58-64. - 2041. Edwards,J. H. ,1973,Genetic effects of counseling and selective abortion. 4th int. conf. birth def. , 15. - 2042. Edwards,J. H. ,D. G. Harnden,A. H. Cameron,V. M. Crosse,O. H. Wolff, 1960, A new trisomic syndrome. Lancet, 787-790. - 2043.Edwards,J. H. ,C. Yuncken,D. I. Rushton,S. Richards, U. Mittwoch,1967, Three cases of triploidy in man.Cytogen. 6, 81-104. - 2044. Edwards,M. J. ,1978,Congenital defects due to hyperthermia.Adv. vet. sci. comp. med. 22, 29-52. - 2045. Edwards, R. G. ,1962,The size and endocrine activity of the pituitary in mice selected for large or small body size. Genet. res. 3, 428-443. - 2046. Efremov,G. ,M. Braend,1966,Haemoglobin N of sheep.Anim. prod. 8, 161-169. - 2047. Eggers, H. ,S. Akkermann,M. Voigt,1979, Zum Problem der pränatalen Risiken für Prä- und Dysmaturität.Wiss. Z. Univ. Berlin 28, 473-476. - 2048. Egle,D. ,D. Esch, 1981, Hereditäres Auftreten einer Neurofibrosarkomatose bei Morbus v. Recklinghausen. Münch. med. Wschr. 123, 307-309. - 2049. Egoscue,H. J. ,B. N. Day, 1958, Orange-tan, a recessive mutant in deermice. J. hered. 49, 189-192. -2050. Egozcue,J. ,S. Irvin,C. A. Maruffo,1968,Chromosomal damage in LSD users.

J.A.M.A.204,214-218. - **2051.** Eguchi,Y., 1969, Interrelationships between the fetal and maternal hypophyseal-adrenal axes in rats and mice.In: Bajusz a.a. O.. - **2052.** Egui,E.M.,A.C.Allison,1980,Differences in susceptibility of various mouse strains to haemoprotozoan infections: possible correlation with natural killer activity. Paras. immun. 2, 277-292. - **2053.** Ehling, U., 1957, Untersuchungen zur kausalen Genese erblicher Katarakte beim Kaninchen. Z. menschl. Vererb. Konst. l. 34, 77-104. - **2054.** Ehling, U., E. Krokowski, 1959, Die Entwicklung des Radiokataraktes in Abhängigkeit vom Genotypus. Z. Naturforsch. 141, 201-205. - **2055.** Ehling, U., L.Machemer,W.Buselmaier,J.Dycka,H. Frohberg, J. Kratochvilova, R. Lang, D, Lorke, D. Müller, J. Peh, G. Röhrborn, R. Roll, M. Schulze-Schenking, H.Wiemann,1978,Standard protocol for the dominant lethal test on male mice. Arch. toxic. 39, 173-185. - **2056.** Ehnvall,R.,A.Blomquist, S.Einarsson,K.Karlberg,1981,Culling of gilts with special reference to reproductive failure. Nord. vet. med. 33, 167-171. - **2057.** Ehrlich,R.M.,L.J.Dougherty, P. Tomashefsky, J.K. Latimer, 1969, Effect of gonadotropin in cryptorchidism. J. urol. 102, 793. - **2058.** Eichelberg,H.,R. Friedrich,E.Weber,1979,Vergleichende Untersuchungen über das embryonale Wachstum einer normalgrossen und einer zwergwüchsigen Rasse des Haushuhnes Gallus gallus domesticus. Z. Tierz. Zücht. biol. 95, 118-131. - **2059.** Eichelmann, H., 1981, Über den Einfluß der Melkmaschine auf den Gesundheitszustand des Euters. Lohm. Inf., 9-10. - **2060.** Eicher, E.M., M.C.Green, 1972, The T6 translocation in the mouse. Genet. 71, 621-632. - **2061.** Eicher, E.M., M.N. Nesbitt, U. Francke, 1972, Cytological identification of the chromosomes involved in Searle's translocation and the location of the centromere in the X chromosome of the mouse. Genet. 71, 643-648. - **2062.** Eicher,E.M., P.C.Hoppe, 1973, Use of chimaeras to transmit lethal genes in the mouse and to demonstrate allelism of the two x-linked male lethal genes jp and msd. J. exp. zool. 183, 181-184. - **2063.** Eicher,E.M., W.G. Beamer, 1976, Inherited ateliotic dwarfism in mice. J. hered. 67, 87-91. - **2064.** Eicher,E.M., W.G.Beamer, 1980, New mouse dw allele: Genetic location and effects on lifespan and growth hormone levels. J. hered. 71, 187-190. - **2065.** Eichinger,H.M., 1978, Stress und Fleischqualität beim Schwein. Bayer. Landw. JB. 55, Suppl. 1, 62-69. - **2066.** Eieland, E., 1964, Experiences with regard to predisposition of some cattle breeds to mastitis. Ber. 9. nord. vet. m. 2, 700-705. - **2067.** Eieland, E., E.A.Saeter, 1958, Erfaringer om arvelige disposisjoner for spenetrakk og mastitis. Proc. 8. nord. vet. m., 1112-1120. - **2068.** Eikelenboom, G., D.Minkema, W.Sybesma, 1978, The halothane test, a new selection tool in pig breeding. Wld. anim. rev. 28, 9-12. - **2069.** Eikelenboom,G., D.Minkema, P. v.Eldik, W.Sybesma, 1980, Performance of Dutch Landrace pigs with different genotypes for the halothane-induced malignant hyperthermia syndrome. Livest. prod. sci. 7, 317-324. - **2070.** Eikmeier, H., 1961, Diabetes beim Hund. Zbl. Vet. med. 8, 793-801. - **2071.** Eis, G., 1959, Hypertrichose im mitteldeutschen Kudrun-Epos. Dt. tierärztl. Wschr. 66, 400. - **2072.** Eisen, E.J., 1974, The laboratory mouse as a mammalian model for the genetics of growth. 1. wld. congr. gen. appl. livest., 467-492. - **2073.** Eisen, E.J., 1977, Effects of early pregnancy on reproduction, growth and feed efficiency of polygenic obese mice. Growth 41, 263-276. - **2074.** Eisenstein, A.B., 1967, The adrenal cortex. Little, Brown Co., Boston. - **2075.** Ekholm, R., B.E. Ingelmark, 1953, Functional thickness variations of human articular cartilage. Act. soc. med. Ups. 57, 39-59. - **2076.** Eklund, C.M., W.J.Hadlow, R.C. Kennedy, C.C.Boyle, T.A. Jackson, 1968, Aleutian disease of mink: properties of the etiologic agent and the host responses. J. inf. dis. 118, 510-526. - **2077.** Eklund, J., E. Loomis, H. Abplanalp, 1980, Genetic resistance of White Leghorn chickens to infestations by the northern fowl mite, Ornithonyssus sylviarum. Arch. Gefl. k. 44, 195-199. - **2078.** Elbling, L.,

1975,Congenital malformations in mice after gonadotropin-induced ovulation. Proc.soc. exp.biol. med. 149,376-379. - 2079. Elder,J.K.,J.F.Kearnan,K.S. Waters,J.H.Dunwell, F.R.Emmerson,S.G.Knott,R.S.Morris,1980,A survey concerning cattle tick control in Queensland. Austr. vet. J. 56,219-223. - 2080. Elias,B.,D.Hamori,1975,(Data on the aetiology of atrophic rhinitis in pigs). Mag.all.lapj.30,535-539. - 2081. Eldridge, F.E.,1974,A dicentric Robertsonian translocation in a Dexter cow. J.hered. 65,353-355. - 2082. Eldridge,F.E., 1975,High frequency of a Robertsonian translocation in a herd of British White cattle. Vet. rec. 97,71-73. - 2083. Eldridge, F.E., F.W.Atkeson,1953,Streaked hairlessness in Holstein-Friesian cattle. J. hered. 44,265-271. - 2084. Eldridge, F.,W.F.Blazak,1976,Horse,ass and mule chromosomes. J. hered. 67, 361-367. - 2085. Eldridge, F.E.,C.R.Balakrishnan,1977,C-band variations in Robertsonian translocations in cattle. Nucleus 20,28-30. - 2086. Eldridge, F. E.,W.F.Blazak,1977,Chromosomal analysis of fertile female heterosexual twins in cattle. J. dairy sci. 60,458-463. - 2087. Eleftheriou,B.E.,D.W.Bailey, V.H.Denenberg,1974,Genetic analysis of fighting behavior in mice. Phys. behav.13,773-777. - 2088. Eleftheriou,B.E.,M.F.Elias,C.Castellano,A.Oliveiro,1975,Cortex weight: a genetic analysis in the mouse. J. hered. 66,207-212. - 2089. Elejalde,B.R.,J.Holguin,A.Valencia,E.FGilbert,J.Molina,G. Marin, L.A.Arango, 1979, Mutations affecting pigmentation in man. Am. J. med. gen.3,65-80. - 2090. El-Hassan,A.M.,R.O.Ramadan,1982,Malignant melanoma in the goat. Proc. 3rd int. conf. goat prod.,373. - 2091. El-Hefnawi,H.,S.M. Smith, L.S. Penrose,1965,Xeroderma pigmentosum. Ann. hum. gen. 28,273 - 290. - 2092. Elias,B.,D.Hamori,1976,Data on the aetiology of swine atrophic rhinitis. Act. vet. ac. sci. hung. 26,13-19. - 2093. Ellenberg,M.,H.Rifkin,1970, Diabetes mellitus. McGraw-Hill Publ., N.Y. - 2094. Ellendorf, F.,A.König, N.Parvizi,1974, Neuere Erkenntnisse der Endokrinologie der Fortpflanzung bei Haustieren. Dt. tierärztl. Wschr. 81,185-364. - 2095. Ellinwood,E.H.,A. Sudilowsky,R.Grabowy,1973,Olfactory forbrain seizures induced by methamphetamine and disulfiram. Biol. psych. 7,89-99. - 2096. Elliot,T.R.,I.Tuckett, 1906,Cortex and medulla in the suprarenal glands. J. phys. 34,332-369. - 2097. Elliott,D.N.,T.M.McGee,1965,Effect of cochlear lesions upon audiograms and intensity discrimination in cats. Ann. otol. rhin. lar. 74,386-408. - 2098. Ellis, P.R.,M.E.Hugh-Jones,1976,Disease as a limiting factor to beef production in developing countries. In: Smith a.a.O.. - 2099. Elloyd,J.A.,J.J.Christian, D.E.Davis, F.H.Bronson,1964, Effects of altered social structure on adrenal weights and morphology in populations of woodchucks (Marmota monox). Gen. comp. endocr. 4,271-276. - 2100. Ellsworth,S.M.,S.R.Paul,T.D.Bunch, 1979,A 14/28 dicentric Robertsonian translocation in a Holstein cow. Theriog. 11,165-171. - 2101. Elmer,D.,1978,Untersuchungen über eine Skeletterkrankung bei Mastlämmern. Dissert. München. - 2102. El-Metaing,A.Y.,M.K.Youssef.A.A.Omar,1980,Karyological study of Gallus domesticus macrochromosomes. Beitr. trop. Landw. Vet. med. 18,395-398. - 2103. El-Nahass,E.,S.Paufler,1974,Ergebnisse der Untersuchung von Zuchtbullen auf Chromosomenanomalien. Zuchthyg. 9,75. - 2104. El-Nahass, E.,H.W.Michelmann,S. Paufler, 1976,Chromosomale Untersuchungen von Zucht- und Schlachtrindern. Züchtungsk. 48, 264-277. - 2105. El-Nahass,E.,A.Syrjalla,H.W.Michelmann,S.Paufler,1974,Mosaik einer x-chromosomalen Aberration als wahrscheinliche Ursache der Sterilität bei einem Rind. Dt. tierärztl. Wschr. 81,405-406. - 2106. Eloff,H.P.,1963,An albino calf at Mara, Proc. S. Afr. soc. anim. prod. 2,87. - 2107. Elsaesser, F.,A.König,1974,1974,Neuere Erkenntnisse der Endokrinologie der Fortpflanzung bei Haustieren. Dt. tierärztl. Wschr. 81, 229-412. -2108.

El Said,G.M.,M.El Guindy,1979,Familial valvular pulmonic stenosis involving three siblings. Cardiov.dis.6,50-54. - 2109. Elsinghorst,T.A.M.,1969, (Intra-uterine growth and birth weight in pigs,with special reference to perinatal mortality). Tijdschr.diergeneesk.94,1558-1568. - 2110. Ely,R.S.,V.C.Kelly,R.B.Raile,1953,Studies of 17-hydroxycorticosteroids in children. J.pediat. 42,38-45. - 2111. Ely,R.W.,1979,Hereditary arthrogryposis in Yorkshire piglets.Dissert.abstr.39,4284-4285. - 2112. Emanuel,B.S.,E.H.Zackai,M.M. Aronson,W.J.Mellman,P.S.Moorhead,1976, Abnormal chromosome 22 and recurrence of trisomy-22 syndrome.J.med.gen.13,501-506. - 2113. Emanuel, I.,S.Huang,L.T.Gutman,F.Yu,C.Lin,1972,The incidence of congenital malformations in a Chinese population. Teratol.5,159-169. - 2114. Embury,D.H., C.E.Whiting,A.J.Sinclair,1981,A comparison of fluorimetric and colorimetric methods for the determination of α-mannosidase activity in bovine plasma. Austr.vet.J.57,281-283. - 2115. Emeljanov,A.S.,1968,The breeding of lines and families of cows immune to leucosis and mastitis.Anim.breed.abstr.36, 49. - 2116. Emerit,I.,J.Feingold,A.Levy,E.Martin,E.Housset,1980,Tumor incidence and development of autoimmune hemolytic anemia in two breeding lines of the NZB mouse strain that differ in chromosome breakage. J.nat.canc. inst.64,513-517. - 2117. Emery,A.E.,E.R.Clack,S.Simon,J.L.Taylor,1967, Detection of benign x-linked muscular dystrophy.Brit.med.J.5578,522-523. - 2118. Emery,A.E.H.,J.N.Walton,1967,The genetics of muscular dystrophy. Progr.med.gen.5,116-145. - 2119. Emmerson,M.A.,L.N.Hazel,1956,Radiographic demostration of dwarf gene-carrier beef animals. J.A.V.M.A.128, 381-390. - 2120. Emmrich,K.,1967, Neue Methoden zur Diagnostik und Therapie der Hyperthyreose.Münch.med.Wschr.109,2217-2221. - 2121.Endrejat,E., 1967,Ein Überblick über die wirtschaftliche Bedeutung der wichtigsten Ektoparasiten. des Schafes.Vet.med.Nachr.67,2. - 2122. Engelking,L.R.,R.Gronwall,1979,Bile acid clearance in sheep with hereditary hyperbilirubinemia. Am.J.vet.res.40,1277-1280. - 2123. Engle,R.L.,L.A.Wallis,1969,Immunoglobulinopathies.C.C.Thomas,Springfield. - 2124. Englert,G.,H.Milbradt, 1977,Bovine Nierentuberkulose bei einem Landwirt.Dt.tierärztl.Wschr.84,51-52. - 2125. Englert,H.K.,1960,Bedeutung von Hypophyse und Nebennierenrinde bei Schweineerkrankungen.Dt.tierärztl.Wschr.67,262-266. - 2126.Englert, H.K.,1967,Orientierende Untersuchungen über Knochenaschegehalt von Schweinen mit und ohne Bewegungsstörungen.Tierärztl.Umsch.22,289-290. - 2127. Englert,H.K.,C.Kopp,1957,Schweineerkrankungen infolge Mangels an tierischem Eiweiß,zugleich ein Beitrag zur Ätiologie und Therapie des enzootischen Herztodes.Z.Tierern.Futt.k.12,195-202. - 2128. Englert,H.K.,C.Kopp,G. Dietrich,1959,Über die Morenkrankheit im Schwarzwald.Dt.tierärztl.Wschr. 66,485-490. - 2129. English,P.R.,W.J.Smith,1975,Some causes of death in neonatal piglets.Vet.ann.15,95-104. - 2130. Enig,M.G.,R.J.Munn,M.Keeney, 1978,Dietary fat and cancer trends -a critique.Fed.proc.37,2215-2220. -2131. Entrican,J.H.,H.Williams,I.A.,Cook,W.M.Lancaster,J.C.Clark,L.P.Joyner,D.Lewis,1979,Babesiosis in man.J.inf.1,227-234. - 2132. Entrikin,R.E., L.C.Erway,1972,A genetic investigation of roller and tumbler pigeons. J.hered. 63,351-354. - 2133. Epstein,C.J.,G.M.Martin,A.L.Schultz,A.G.Motulsky, 1966,Werner's syndrome.Medic.45,177-221. - 2134. Epstein,C.J.,G.Tucker, B.Travis,1977,Gene dosage for isocitrate dehydrogenase in mouse embryos trisomic for chromosome 1. Nature 267,615-616. - 2135. Epstein,C.J.,S. Smith,B.Travis,G.Tucker,1978,Both x chromosomes function before visible x-chromosome inactivation in female mouse embryos.Nature 274,500-503. - 2136. Epstein,C.J.,B.Travis,1979,Preimplantation lethality of monosomy for mouse chromosome 19.Nature 280,145-147. - 2137. Epstein,L.B.,1981,

Interferon as a model lymphokine. Fed. proc. 40, 56-61. - 2133. Epstein, M. A., 1978, Epstein-Barr virus as the cause of a human cancer. Nature 274, 740 - 2139. Erb, H. N., S. W. Martin, 1978, Age, breed and seasonal patterns in the occurrence of ten dairy cow diseases. Can. J. comp. med. 42, 1-9. - 2140. Erb, H. N., S. W. Martin, N. Ison, S. Swaminathan, 1981, Interrelationships between production and reproductive diseases in Holstein cows. J. dairy sci. 64, 272-28). - 2141. Erb, R. E., M. F. D'Amico, B. P. Chew, P. V. Malven, C. N. Zamet, 1981, Variables associated with peripartum traits in dairy cows. J. anim. sci. 52, 346-358. - 2142. Ercanbrack, S. K., A. D. Knight, 1978, Frequencies of various birth defects of Targhee and Columbia sheep. J. hered. 69, 237-243. - 2143. Erdheim, J., 1906, Tetania parathyreopriva. Mitt. Grenzgeb. med. Chir. 16, 632-744. - 2144. Erdmann, E., H. D. Bolte, B. E. Strauer, G. Hübner, 1980, Myokardiale Beteiligung bei M. Fabry. Dt. med. Wschr. 105, 1618-1622. - 2145. Erhardt, G., F. Meyer, B. Senft, 1982, Umweltbedingte und genetische Aspekte der Mastitis. Züchtungsk. 54, 86-105. - 2146. Erickson, J. D., 1978, Down syndrome, paternal age, maternal age and birth order. Ann. hum. gen. 41, 289-298. - 2147. Erickson, R. P., t-alleles and the possibility of post-meiotic gene expression during mammalian spermatogenesis. Fed. proc. 37, 2517-2521. - 2148. Erickson, R. P., S. E. Lewis, K. S. Slusser, 1978, Deletion mapping of the t complex of chromosome 17 of the mouse. Nature 274, 163-164. - 2149. Eriksson, K., 1943, Hereditary forms of sterility in cattle. H. Öhlssons, Lund. - 2150. Eriksson, K., 1955, Hereditary aniridia with secondary cataract in horses. Nord. vet. med. 7, 773-793. - 2151. Ernst, E., 1971, Kreuzungsversuche mit Charolais. Züchtungsk. 43, 324-335. - 2152. Ernst, E., 1981, Raynaud-Phänomen. Münch. med. Wschr. 123, 1265-1268. - 2153. Ernst, L. K., P. G. Klabukov, D. V. Karlikov, L. A. Zhivotovskii, A. Tsalitis, R. O. Grinberg, O. K. Pridneik, A. K. Anzinya, 1973, (A genetic analysis of Latvian Brown cattle in relation to leucosis resistance), Anim. breed. abstr. 42, 304. - 2154. Ernst, L. K., P. G. Klabukov, D. V. Karlikov, R. O. Grinberg, 1974, A statistical study of bovine leukemia. 1st. wld. congr. gen. appl. livest., 187-190. -2155. Ernst, L. K., M. M. Lebedev, P. G. Klabukov, D. V. Karlikov, T. M. Vill, R. O. Grinberg, 1976, Influences des facteurs héréditaires sur la résistance des bovins aux leucoses. Bul l. off. int. epiz. 85, 299-309. - 2156. Ernst, L. K., A. I. Zhigachev, I. L. Goldman, P. F. Sorokovoi, V. A. Semenov, 1977, (Congenital head abnormalities in Kostroma calves). Genet. 13, 2050-2052. -2157. Ernst, L. K., A. I. Zhigachev, 1981, The role of genetic factors in umbilical hernia in cattle, Genet. 17, 1103-1106. - 2158. Ernstson, S., 1970, Heredity in a strain of the waltzing guinea pig. Act. oto-lar. 69, 358-362. - 2159. Erpenstein, H., R. A. Pfeiffer, 1967, Geschlechtsgebunden-dominant erbliche Zahnunterzahl. Humangenet. 4, 280-293. - 2160. Erway, L., L. S. Hurley, A. Fraser, 1966, Neurological defect: Manganese in phenocopy and prevention of a genetic abnormality of inner ear. Science 152, 1766-1768. - 2161. Erway, L. C., S. E. Mitchell, 1973, Prevention of otolith defect in pastel mink by manganese supplementation. J. hered. 64, 111-119. - 2162. Erway, L. C., N. A. Purichia, 1974, Manganese, zinc, and genes in otolith development. In: Hoekstra u. Mit., a. a. O.. - 2163. Erzleben, H., H. Wolf, 1975, Arch. Tiersch. 5, 70-72. - 2164. Escobar, V., L. A. Corey, D. Bixler, W. E. Nance, A. Biegel, 1979, The human x-chromosome and the levels of serum immunoglobulin M. Clin. gen. 15, 221-227. - 2165. Esnault, C., R. Ortavant, 1967, The origin of diploid spermatozoa in the ejaculate of a Charolais bull. Ann. biol. anim. bioch. biophys. 7, 25-28. - 2166. Espinasse, J., A. L. Parodi, 1979, Maladie de la Hyène. Bull. grp. tech. vét. 3, 51-57. - 2167. Essien, F. B., A lethal mutation (cib) affecting heart function in the mouse. Gen. res. 33, 57-59. - 2168. Estep, G., R. C. Fanguy, T. M. Ferguson, 1966, Serum cholesterol and blood group alleles. Poult. sci. 45, 1083. - 2169. Estep, G. D., R. C. Fanguy, T. M. Ferguson, 1969, The effect of age and heredity upon serum cholesterol levels in chickens. Poult. sci. 48, 1908-1911. - 2170. Esterly, J. R., 1965, Congenital hereditary lymphedema. J. med. gen. 2, 93-98. - 2171. Etches, R. J., R. B. Buckland, R. O. Hawes, 1974, The effect of the genes for rose comb and polydactyly on sperm transport in the hen's oviduct. Poult. sci. 53, 422-424. - 2172. Ettinger, S., 1971, Idiopathic cardiomyopathy. J. Am. anim. hosp. ass. 7, 70. - 2173. Evan, G. W., B. L. Reis, 1978, Impaired copper homeostasis in neonatal male and adult female Brindled (Mo^h) mice. J. nutr. 108, 554-560. - 2174. Evans, E. P., C. E. Ford, A. G. Searle, 1969, A 39, X/41, XYY mosaic mouse. Cytogen. 8, 87-96. - 2175. Evans, E. P., J. S. Phillips, 1975, Inversion heterozygosity and the origin of XO daughters of Bpa/x female mice. Nature 256, 40-41. - 2176. Evans, E. P., C. V. Beechey, M. D. Burtenshaw, 1978, Meiosis and fertility in XYY mice. Cytogen. cell gen. 20, 249 - 263. - 2177. Evans, E. P., M. D. Burtenshaw, B. B. Brown, 1980, Meiosis in Sxr male mice. Chromosoma 81, 19-26. - 2178. Evans, E. T. R., 1967, Sickling phenomenon in sheep. Nature 217, 74-75. - 2179. Evans, G. W., R. E. Wiederanders, 1967, Pituitary -adrenal regulation of ceruloplasmin. Nature 215, 766-767. - 2180. Evans, G. W., R. E. Wiederanders, 1968, Effect of hormones on ceruloplasmin and copper concentrations in the plasma of the rat. Am. J. phys. 214, 1152-1154. - 2181. Evans, H. J., R. A. Buckland, A. T. Summer, 1973, Chromosome homology and heterochromatin in goat, sheep and ox studied by banding techniques. Chromos. 42, 383-402. - 2182. Evans, J. A., A. G. W. Hunter, J. L. Hamerton, 1978, Down syndrome and recent demographic trends in Manitoba. J. med. gen. 15, 43-47. - 2183. Evans, J. V., 1957, The stability of the potassium concentration in the erythrocytes of individual sheep compared with the variability between different sheep. J. phys. 136. 41-59. - 2184. Evans, J. V. 1961. Differences in the concentration of potassium and the type of haemoglobin between strains and sexes of Merino sheep. Austr. J. biol. sci. 14, 274-287. - 2185. Evans, J. V., J. W. B. King, B. L. Cohen, H. Harris, F. C. Warren, 1956, Genetics of haemoglobin and blood potassium differences in sheep. Nature 178, 849-850. - 2186. Evans, J. V., A. T. Phillipson, 1957, Electrolyte concentrations in the erythrocytes of the goat and ox. J. phys. 139, 87-96. - 2187. Evans, J. V., M. H. Blunt, 1961, Variation in the gene frequencies of potassium and haemoglobin types in Romney Marsh and Southdown sheep established away from their native environment. Austr. J. biol. sci. 14, 100-108. - 2188. Evans, J. V., M. H. Blunt, W. H. Southcott, 1963, The effects of infection with Haemonchus contortus on the sodium and potassium concentration in the erythrocytes and plasma in sheep of different haemoglobin types. Austr. J. agr. res. 14, 549-558. - 2189. Evans, J. V., H. Turner, 1965, Haemoglobin type and reproductive performance in Australian Merino sheep. Nature 207, 1396-1397. - 2190. Evans, J. V., H. G. Turner, 1965, Interrelationships of erythrocyte characters and other traits of British and Zebu crossbred beef cattle. Austr. J. biol. sci. 18, 124-139. - 2191. Evans, J. V., N. S. Agar, J. Roberts, 1970, A physiologic approach to breeding for environment. Proc. Austr. soc. anim. prod. 8, 80-85. - 2192. Evans, J. V., E. W. Moodie, E. J. Burr, J. Roberts, B. J. McGuirk, R. Barlow, 1973, Phenotypic and genetic associations between production characters and blood characters in sheep. J. agr. sci. 80, 315-322. - 2193. Evans, W., 1964, Alcoholic myocardiopathy. Progr. cardiov. dis. 7, 151-171. - 2194. Eyster, M. E., R. L. Ladda, H. S. Bowman, 1977, Carriers with excessively low factor VIII procoagulant activity (VIII AHF). Blood 49, 607-618. - 2195. v. Faber, H., H. Haid, 1972, Endokrinologie. E. Ulmer, Stuttgart. - 2196. Fabricant, J. D., 1977, Foetal mortality and aneuploidy in relation to maternal age. Dissert. abstr. B 37, 5514. - 2197. Fabricant, J., B. W. Calnek, K. A. Schat, K. K. Murphy, 1978, Marek's disease virus-induced tumour transplants.

Av.dis.22,646-658.- 2198. Fabris,N.,1971,Clin.exp.immun.9,209-225. - 2199. Fadhli,H.A.,R.Dominguez,1963,ABO blood groups and multiple cancers. J.A.M.A. 185,757-759.- 2200. Faed,M.J.,M.Lamont,H.G.Morton, J.Robertson,P.Smail,1978,An XYY boy with short stature and a case of Klinefelter's syndrome (XXY) in a family with inversion 9.Clin.gen.14,241-245.- 2201. Fahmy,M.H.,C.Bernard,1971,Causes of mortality in Yorkshire pigs from birth to 20 weeks of age.Can.J.anim.sci.51,351-359.- 2202. Fahmy,M. H.,C.S.Bernard,1978,Selection for high haemoglobin level in piglets to develop an anemic-resistant line of swine. Livest.prod.sci.5,225-230.- 2203. Fahmy,M.H.,W.B.Holtmann,T.MacIntyre,J.E.Moxley,1978,Evaluation of piglet mortality in 28 two-bred crosses among eight breeds of pig.Anim.prod.26, 277-285.- 2204. Fahrländer,H.,1980,Salazosulfapyridin in der Schwangerschaft.Dt.med.Wschr.105,1729-1731.- 2205. Fahrudin,H.,1966,The effect of alleles causing albino phenotype in horses.In: Proc.symp.mut.popul., Prag, 35-40.- 2206. Fairbanks,V.F.,A.G.Nepo,E.Beutler,E.R.Dickson,G.Honig, 1980,Glucose-6-phosphate dehydrogenase variants.Blood 55,216-220.- 2207. Faith,R.E.,1979,Possible animal model for Waardenburg's syndrome. Int.J. derm.18,372-373.- 2208. Fajer,A.B.,M.Vogt,1963,Adrenocortical secretion in the guinea-pig.J.phys.169,373-385.- 2209. Falco,M.J.,K.Whitewell,A. C.Palmer,1976,An investigation into the genetics of "wobbler disease" in Thoroughbred horses in Britain.Equ.vet.J.8,165-169.- 2210. Falco,M.,K.C.Barnett,1978,The inheritance of ocular colobomata in Charolais cattle.Vet.rec. 102,102-104.- 2211. Falconer,D.S.,1967,The inheritance of liability to diseases with variable age of onset,with particular reference to diabetes mellitus.Ann.hum.gen.31,1-20.- 2212. Falconer,D.S.,J.H.Isaacsson,1962,The genetics of sex-linked anaemia in the mouse.Gen.res.3,248-250.- 2213. Falconer,D.S.,M.Latsyzewski,J.H.Isaacsson,1964,Diabetes insipidus associated with oligosyndactyly in the mouse.Gen.res.5,473-488.- 2214. Falconer, D.S.,J.H.Isaacsson,1972,Sex-linked variegation modified by selection in brindled mice.Gen.res.20,291-316.- 2215. Falconer,D.S.,P.J.Avery,1978,Variability of chimaeras and mosaics.J.embr.exp.morph.43,195-219.- 2216. Falconer,D.S.,I.K.Gauld,R.C.Roberts,D.A.Williams,1981,The control of body size in mouse chimaeras.Gen.res.38,25-46.- 2217. Falconer,I.R.,1965, Biochemical defect causing congenital goitre in sheep. Nature 205,978-980.- 2218. Falconer,I.R.,1966,Congenital goitre in the sheep,resulting from a defect in thyroid hormone biosynthesis.In: Spickett a.a.O..- 2219. Falconer,I. R.,1976,Interrelationships between the thyroid gland and adrenal cortex during fear,cold and restraint in the sheep. Austr.J.biol.sci.29,117-123.- 2220. Fallis,A.M.,1971,Ecology and physiology of parasites.Univ.Toronto press.- 2221. Falls,H.F.,C.W.Cotterman,1948,Choriodo-retinal degeneration.Arch. ophth.40,685-703.- 2222. Falsetti,H.L.,J.D.Schnatz,D.G.Greene,I.L.Bunnell,1968, Lipid and carbohydrate studies in coronary artery disease.Circul. 37,184-191.- 2223. Faludi,G.,J.Gotlieb,J.Meyers,1966,Factors influencing the development of steroid-induced myopathies.Ann.N.Y.ac.sci.138,61-72.- 2224. Fankhauser,R.,1977, Über die Epilepsie des Hundes.Schweiz.Kyn.Ges., Bern.- 2225. Fankhauser,R.,R.Fatzer,E.Frauchiger,1972,Bemerkungen zur spastischen Parese des Rindes.Schweiz.Arch.Tierhlk.114,24-32.-2226. Fantoni,A.,M.G.Farace,R.Gambari,1981,Embryonic hemoglobins in man and other mammals. Blood 57,623-633.- 2227. Faraldo,M.J.,A.Dux,O.Mühlbock,G.Hart,1979,Histocompatibility genes (the H-2 complex) and susceptibility to spontaneous lung tumors in mice.Immunogen.9,383-404.- 2228. Farb, R.M.,G.S.Lazarus,A.Chiaramonti,L.A.Goldsmith,R.S.Gilgor,C.V.Bala -

krishnan,1980,The effect of 13-cis retinoic acid on epidermal lysosomal hydrolase activity in Darier's disease and pityriasis rubra pilaris. J. inv. derm. 75, 133-135. - 2229. Farnsworth,V.,R.Goodfliesh,S.Rodkey, L.Hood,1976,Immunoglobulin allotypes of rabbit kappa chains. Proc. nat. ac. sci. 73,1293-1295. - 2230. Farrell,P. M., L. L. Tureen,1968, Phenotypic expression in chickens heterozygous for hereditary muscular dystrophy. Proc. soc. exp. biol. med. 127, 678-682. - 2231. Farrington,A. J.,W. J. Mellen,1967,Thyroid activity and endocrine gland weight in fast- and slow-growing chickens. Growth 31,43-59. -2232. Fass,D. N.,E. J. W. Bowie,C. A. Owen, P. E. Zollman,1979, Inheritance of porcine Von Willebrand disease. Blood 53,712-719. - 2233. Fassbender, H. G.,1977, Morphologie der chronischen Polyarthritis und der Arhtritis psoriatica.In: Wagenhäuser a. a. O.. - 2234. Fatzer, R., H. Hähi, E. Scholl,1981, Kongenitaler Tremor und zerebelläre Hypoplasie bei Ferkeln nach Behandlung der Mutterschweine mit Neguvon während der Trächtigkeit. Schweiz. Arch. Tierhlk. 123, 29-36. - 2235. Faure, J. M., J. C. Folmer,1975, Genetic study of early activity in open-field of the young chicken. Ann. gén. sél. anim. 7, 123-132. - 2236. Faure, J. M., P. Yvoré, 1980, Influence d'une sélection sur le comportement sur la réponse a l'infection coccidienne chez la poule. Ann. gén. sél. anim. 12, 377 - 381. - 2237. Favera, R. D., E. P. Gelmann, R. C. Gallo, F. Wang-Staal,1981, A human onc gene homologous to the transforming gene (v-sis) of simian sarcoma virus. Nature 292,31-35. - 2238. Favara, B. E., R. A. Franciosi, V. M. Miles,1972, Idiopathic adrenal hypoplasia in children. Am. J. clin. path. 57, 287 - 296. - 2239. Fazekas,A. T. A., J. Homok, W. M. Teller, W. Gans,1975, Genetic differences in the cortisol concentration of the adrenal and other tissues of white and coloured guinea -pigs. J. endocr. 66, 159-164. - 2240. Fechheimer, N. S.,1972, Causal basis of chromosome abnormalities. J. repr. fert. Suppl. 15, 79-98. - 2241. Fechheimer, N. S.,1973, A cytogenetic survey of young bulls in the USA. Vet. rec. 93, 535-536. - 2242. Fechheimer, N. S., R. C. Miller, K. P. Boerger,1972, Genetic influence on incidence and type of chromosome aberrations in early chicken embryos. Anim. breed. abstr. 41,42. - 2243. Fechheimer, N. S., R. A. Beatty, 1974, Chromosomal abnormalities and sex ratio in rabbit blastocysts. J. repr. fert. 37, 331-341. - 2244. Fechheimer, N. S., R. G. Jaap, 1978, The parental source of heteroploidy in chick embryos determined with chromosomally marked gametes. J. repr. fert. 52, 141-146. - 2245. Feder, H., 1969, Untersuchungen zum Mineralstoffgehalt mittels Atomabsorptionsspektralphotometrie und zum Cystingehalt im Klauenhorn verschiedener Rinderrassen. Dissert. Hannover. - 2246. Feder, H., W. Wegner,1975, Zum gaschromatographisch ermittelten Hydroxyprolingehalt im Blutplasma bei Ebernachkommengruppen der Deutschen Landrasse. Dt. tierärztl. Wschr. 82,198-202. - 2247. Feder, H., I. Reetz, W. Wegner,1975, Statistik, Erblichkeit und korrelative Bindung einiger Merkmale des Kreislaufsystems bei weiblichen Mastschweinen der Deutschen Landrasse. III. Zbl. Vet. med. A 22, 819-846. - 2248. Fedyk,S., M. Krasinska,1971,Studies on the spermatogenesis in European bison and domestic cattle hybrids. Act. theriog. 16, 449-464. - 2249. Fedyk, S., P. Sysa,1971, Chromosomes of European bison, domestic cattle and their hybrids. Act. ther. 16, 465-470. - 2250. Feher, L., H. H. Feher,1967, Über die Zusammenhänge des Caeruloplasmins und des neuroendokrinen Systems. Wien. klin. Wschr. 79, 737-739. - 2251. Fehr, J.,1980, Diagnostische Maßnahmen bei Hämochromatose. Dt. med. Wschr. 105, 978-979. - 2252. Feigin, R. D., D. L. Rimoin, R. L. Kaufman, 1970, Nephrogenic diabetes insipidus in a Negro kindred. Am. J. dis. child. 120, 64-68. - 2253. Fekete, L., I. Monostori, I. Herold,1959, Az "anyai hortas" vizsgalata kutyakon. Agr. eg. mez. tud. K. K.,37-53. - 2254. Feldman, M. W., M. Nab-

holz,W. F.Balmer,1969,Evolution of the Rh polymorphism.Am. J. hum.gen. 21,
171-193. - 2255. Feldman,S. ,1973,The inheritance of neural and endocrine
factors regulating hypothalamic activity.Int. symp. Brain-pit. -adr. -rel. ,224-
238. - 2256. Feldt,R.H. ,E. J. O'Connell,G.B.Stickler, W. H. Weidman,1968,
Etiological factors in congenital heart diseases. Am. J. dis. child. 115,552 -
556. - 2257. Feltkamp,T.E. ,1975,Autoimmunkrankheiten. J. F. Lehmanns,München. - 2258. Fenner, F. ,1963, in: Shull,W. J. ,Genetic selection in man. Univ.
Mich. press,Ann. Arb.. - 2259. Fenner, F. ,1972,Genetic aspects of viral diseases of animals.Progr. med.gen .8,1-60. - 2260. Fenner, F. ,F. N. Ratcliff,
1965, Myxomatosis. Cambridge Univ. press. - 2261. Fenner, F. ,D.O. White,
1976, Medical virology. Ac. Press, N.Y.. - 2262. Fennoy,D.H. ,1972,Einige Gesichtspunkte der Geflügelfleischbeschau in den Vereinigten Staaten. Bundesges.
bl.15, 33-36. - 2263. Ferenc,H. ,1978,(The incidence and consequences of cryptorchidism).Allatten.27,159-165. - 2264. Ferguson, F.G. ,G.W. Irwing,M. A.
Stedham,1979,Three variations of hairlessness associated with albinism in the
laboratory rat. Lab. anim. sci. 29,459-465. - 2265. Ferguson, J. J. ,1972, The
mechanism of action of adrenocorticotropic hormone. In: Litwack a. a. O.. -
2266. Ferguson, J. M. ,M. E. Wallace,D. R. Johnson, 1978,A new type of chondrodystrophic mutant in the mouse. J. med.gen. 15,128-131. - 2267. Ferguson,W. ,
1966, Grazing behaviour of dwarf cattle in Nigeria with some husbandry implications. Proc. 1st symp. soc. vet. eth. ,1-2. - 2268. Ferm,V.H. ,1967,Developmental malformations as manifestations of reproductive failure. In: Benirschke a. a. O.. - 2269. Ferm,V.H. ,S. J. Carpenter,1968,The relationship of cadmium and zinc in experimental mammalian teratogenesis. Lab. inv. 18,429 -
432. - Ferm,V.H. ,R. R. Ferm,1979, Teratogenic interaction of hyperthermia
and vitamin A.Biol. neon.36,168-172. - 2271. Fernandes,G. ,E. J. Yunis, M. Miranda, J.Smith,R. A. Good,1978, Nutritional inhibition of genetically determined renal disease and autoimmunity with prolongation of life in kdkd mice. Proc.
nat. ac. sci. 75,2888-2892. - 2272. Fernandez,C. ,R. Hinojosa,1974, Postnatal
development of endocochlear potential and stria vascularis in the cat. Act. otolar. 78,173-186. - 2273. Fernhoff, P. M. ,N. Fitzmaurice, P. Dembure, L. J. Elsas,1980, Comprehensive newborn metabolic screening. Ped. res. 14, 514. -
2274. Festenstein,H. , P. Demant,1975, Immunogenetic aspects of antigenic
strength. J. immunogen. 2, 273-279. - 2275. Festing, M. ,1973,Genetic monitoring of laboratory animal populations by mandible analysis.Genet. 74, 79. -2276.
Festing, M. F. W. ,1977,Some notes on guinea-pig genetics.Guin. -pig newsl.
12,23-26. - 2277. Festing, M. F. W. ,1978,Congenital abnormalities in guineapigs. Guin. pig newsl. 13,11-15. - 2278. Festing, M. F. W. ,1979, Inbred strains
in biomedical research. Oxf. Univ. Press. - 2279. Festing, M. F. W. ,1979, Animal models of obesity. Macmillan, Lond.. - 2280. Festing, M. F. W. ,D. King,
1974, Large scale production of nude mice. Proc. 1st int wksh. nude mice,203-
208. - 2281. Festing,M. F.W. ,D. May, T. A. Connors,D. Lovell,S. Sparrow,1978,
An athymic nude mutation in the rat.Nature 274, 365-366. - 2282. Fesüs, L. ,
1980, Zusammenhang zwischen Hämoglobintyp, Spurenelementenversorgung und
Fortpflanzungsleistung bei den Mutterschafen der ungarischen Merinorasse.
Ann. gén. sél. anim. 12,421. - 2283. Feuer,G. ,1969,Difference in emotional behaviour and in function of the endocrine system in genetically different strains
of albino rats. In: Bajusz a. a. O.. - 2284. Feurle,G.E. ,B. Dörken, E. Schöpf,
V. Leuckard, 1979, HlA B27 and defects in the T-cell system in Whipple's disease. Eur. J. clin. inv. 9, 385-389. - 2285. Feurle,G.E. ,A.D. Ho,U.Wosiewitz,
A.Encke,1980,Cholelithiasis bei einem bisher nicht beschriebenen Fall von

Porphyria erythropoetica congenita. Dt. med. Wschr. 105, 1153-1156. - 2286. Fiddes, J.C., H.M. Goodman, 1980, The cDNA for the ß-subunit of human chorionic gonadotropin. Nature 286, 684-687. - 2287. Fiedler, H., K.G. Breitenstein, S. Piur, 1979, Die Bewertung der Euterform bei der Züchtung des Milchrindes für die industriemäßige Produktion. Tierzucht 33, 255-257. - 2288. Field, A.C., N.F. Suttle, 1970, Mineral excretion by monozygotic cattle twins. Proc. nutr. soc. 29, 34. - 2289. Field, A.C., N.F. Suttle, 1979, Effect of high potassium and low magnesium intakes on the mineral metabolism of monozygotic twin cows. J. comp. path. 89, 431-439. - 2290. Field, E.J., 1976, Scrapie: a review of its relation to human disease and ageing. J. med. gen. 13, 479-495. - 2291. Fielden, E.D., 1959, Micrencephaly in Hereford calves. N.Z. vet. J. 7, 80-82. -2292. Fielder, J.H., 1952, The taupe mouse. J. hered. 43, 75-76. - 2293. Figueredo, C., H.M. Barros, M.C.G. Gomes, 1976, Supernumerary teats in cattle. Proc. 20th wld. vet. congr., 1125-1128. - 2294. Filippich, L.J., P.B. English, A.A. Seawright, 1977, Comparison of renal function in a congenital hyperbilirubinaemic Southdown sheep and normal sheep. Res. vet. sci. 23, 204-212. - 2295. Filla, A., R.F. Butterworth, A. Barbeau, 1979, Pilot studies on membranes and some transport mechanisms in Friedreich's ataxia. Can. J. neur. sci. 6, 285-289. - 2296. Finch, V.A., 1981, Black cattle in the cool pastoral highlands of Kenya. J. agr. sci. 97, 739-742. - 2297. Fincher, M.G., W.L. Williams, 1926, Arrested development of Muellerian ducts associated with inbreeding. Corn. vet. 16, 1-19. -2298. Finco, D.R., H.J. Kurtz, D.G. Low, V. Perman, 1970, Familial renal disease in Norwegian Elkhound dogs. J.A.V.M.A. 156, 747-760. - 2299. Finco, D.R., J.R. Duncan, W.A. Crowell, M.L. Hulsey, 1977, Familial renal disease in Norwegian Elkhound dogs: morphological examinations. Am. J. vet. res. 38, 941-947. -2300. Finger, K.H., R. Wassmuth, D. Krueger, 1974, Beobachtungen über die Vorkommenshäufigkeit von Schwergeburten bei Schafen. Zuchthyg. 9, 92. - 2301. Finger, K.H., F. Haring, R. Wassmuth, R. Beuing, 1974, Die Reaktion von Merino x Haarschaf-Kreuzungen auf eine thermische Belastung. Züchtungsk. 46, 376-382. - 2302. Finger, K.H., E. Renner, B. Senft, J. Steinbach, R. Wassmuth, 1977, Aktuelle Probleme der Tierzüchtung und Tierhaltung zur Verbesserung der Qualität tierischer Nahrungsstoffe. Tierärztl. Umsch. 32, 319-322. - 2303. Fink, H., O. Hockwin, E. Weigelin, 1970, Growth curve of the eye lens of some domestic and test animals. Ophth. res. 1, 321-337. - 2304. Finke, J., R. Schott, 1968, Familiäres Vorkommen von multipler Sklerose. Nervenarzt 39, 513-515. - 2305. Finkel, M.P., B.O. Biskis, P.B. Jinkins, 1966, Virus induction of osteosarcomas in mice. Science 151, 698-701. - 2306. Finkelstein, M., J.M. Shaefer, 1979, Phys. rev. 59, 353-406. - 2307. Finn, R., 1960, Protective factors in erythroblastosis. Ann. hum. gen. 24, VI. - 2308. Finnie, E., D. Leaver, 1965, Cerebellar hypoplasia in calves. Austr. vet. J. 41, 287-288. - 2309. Fischer, H., 1953, Die Genetik der Doppellendigkeit beim Rind. Fortpfl. Bes. Haust. 3, 25-27. - 2310. Fischer, H., 1956, Angeborene Zehenverkrümmung, ein Erbfehler beim Haushuhn. Arch. Gefl. k. 20, 118-127. - 2311. Fischer, H., 1956, Büffelzwillinge mit Euterhypoplasien. Berl. Münch. tierärztl. Wschr. 69, 89-91. - 2312. Fischer, H., 1960, "Wall" eyes in the water buffalo. Comm. vet. 4, 43-46. - 2313. Fischer, H., 1966, Short-tailed Murrah buffaloes. Zbl. Vet. med. A 13, 352-355. - 2314. Fischer, H., 1974, Cytogenetic observations on crossbreds between Swamp and Murrah buffaloes. Zuchthyg. 9, 105-110. - 2315. Fischer, H., B.G. Richards, 1965, A polled water buffalo. Z. Tierz. Zücht. biol. 81, 355-357. - 2316. Fischer, H., E. Scheuermann, 1977, Ergebnisse zytogenetischer Untersuchungen an Nutz- und Wildtierpopulationen Süd- und Südostasiens. Tierärztl. Umsch. 32, 314-318. -2317. Fischer, K., 1975, Was ist ein streßempfindliches Schwein ? Fleischwirtsch.

55,1411-1414. - 2318. Fischer,T.,T.Gedde-Dahl,1979,Epidermolysis bullosa simplex and mottled pigmentation: a new dominant syndrome.Clin.gen.15,228-238. - 2319. Fischer,W.,H.Sommer,1978,Untersuchungen zum Erblichkeitsgrad verschiedener Metaboliten und einiger Mineralstoffe im Blutserum von Schwarzbunten Jungbullen.Züchtungsk.50,114-126.- 2320. Fischerleitner,F., B.Mayr,W.Schleger,1980,Vererbung von Mehrzitzitzigkeit bei einem Besamungsstier.Wien.tierärztl.Mschr.67,374-375.- 2321. Fischerleitner, F.,F. Sinowatz,B.Mayr,E.Möstl,1981,Zur Frage des paraxialen Schwanzansatzes bei Rinderspermien.Zuchthyg.16,116-126. - 2322. Fiser,P.S.,1976,Legless-a lethal condition in the domestic fowl.Poult.sci.55,2463-2465. - 2323. Fiser, P.S.,F.N.Jerome,R.Morris,1972,A lethal defect in the domestic fowl.Poult. sci.51,2006-2009.- 2324. Fiser,P.S.,F.N.Jerome,P.K.Basrur,1973,A feather mutation in the domestic fowl.Poult.sci.52,121-126.- 2325. Fiser,P.S., B.S.Reinhart,R.W. Fairfull,1975,The lethal nature of "wiry" mutation in the domestic fowl.Poult.sci.54,1303-1306. - 2326. Fish,B.S.,P.Consroe,R.R. Fox,1981,Inheritance of &9-tetrahydrocannabinol seizure susceptibility in rabbits.J.hered.72,215-216.- 2327. Fisher,E.W.,1963,Clinical-pathological correlation of cardiac disease in cattle.Ber.17.Welttierärztekongr.,1177-1181.- 2328. Fisher,L.F.,H.J.Olander,1978,Spontaneous neoplasms of pigs- a study of 31 cases.J.comp.path.88,505-517. - 2329. Fisher,L.J.,C.J.Williams, 1978,Effect of environmental factors and fetal and maternal genotype on gestation length and birth weight of Holstein calves.J.dairy sci.61,1462-1467.- 2330. Fishman,J.E.,N.Cristal,1973,Sensorineural deafness: familial incidence and additional defects.Am.J.med.sci.266,111-117.- 2331. Fitch, L.,1937, Inheritance of a white forelock.J.hered.28,413-414.- 2332. Fitch,N.,1957,An embryological analysis of two mutants in the house mouse both producing cleft palate.J.exp.zool.136,329-361. - 2333. Fitch,N.,1961,Development of cleft palate in mice homozygous for the shorthead mutation.J.morph.109,151. - Fitch,N.,1979,Classification and identification of inherited brachydactylies. J.med.gen.16,36-44.- 2335. Fitko,R.,1971,Moderne Methoden zur Erhöhung der Vermehrungsquote landwirtschaftlicher Nutztiere.Int.Z.Landw.4,447 - 452. - 2336. Fitzgerald,P.H., L.A.Brehant,F.T.Shannon,H.B.Angus,1970, Evidence of XX/XY sex chromosome mosaicism in a child with true hermaphroditism.J.med.gen.7,383-388. - 2337. Fitzpatrick,T.B.,W.C.Quevedo, 1966,Albinism.In: Stanbury u.Mit.,a.a.O.. - 2338. Fjölstad,M.,O.Helle,1974, A hereditary dysplasia of collagen tissues in sheep.J.path.112,183-188.-2339. Flach,M.,1980,Fluoreszenzangiografische und oto-histopathologische Untersuchungen zum Merlesyndrom.Dissert.Hannover. - 2340. Flach,M.,D.Dausch, W.Wegner,1980,Fluoreszenzangiographie bei Teckeln.Tierärztl.prax.8,375-383. - 2341. Flagstad,T.,1976,Lethal trait A46 in cattle.Nord.vet.med.28, 160-169. - 2342. Flagstad,T.,1977, Intestinal absorption of 65 zinc in A46 (Adema disease) after treatment with oxychinolines (in calf).Nord.vet.med.29, 96-100. - 2343. Flatla,J.L.,M.A.Hansen,P.Slagsvold,1958,Pityriasis rosea hos gris. Proc.8th nord.vet.meet.,78-84.- 2344. Flatla, J.L.,M.A.Hansen, P.Slagsvold,1961,Dermatosis vegetans bei Schweinen.Zbl.Vet.med.8,25-42.- 2345. Flatz,G.,H.W.Rotthauwe,1971,Evidence against nutritional adaptation of tolerance to lactose.Humangen.13,118-125. - 2346. Flechsig,J.,1952,Einseitiger abdominaler Kryptorchismus bei einem Landbeschäler und seine genetische Analyse.Dissert.Berlin.- 2347. Flesch,P.,1963,Inhibition of keratinizing structures by systemic drugs.Pharm.rev.15,653-671.- 2348. Fletch, S.M.,P.H.Pinkerton,1972,An inherited anaemia associated with hereditary chondrodysplasia in the Alaskan Malamute.Can.vet.J.13,270-271.- 2349.

Fletch,S.M., P.H.Pinkerton,1973,Animal model for human disease.Am.J. path.71,477-480. - 2350. Fletcher,T.F.,1968,Ablation and histopathological studies on myoclonia congenita in swine.Am.J.vet.res.29,2255-2262.-2351. Fletcher,T.F.,H.J.Kurtz,1972,Animal model for human disease: globoid cell leukodystrophy,Krabbe's disease.Am.J.path.66,375-378. - 2352. Flewellen, E.H.,T.E.Nelson,1978,A comparison of dantrolene and procainamide on in vivo muscle twitch of malignant hyperthermia susceptible pigs. Fed.proc.37, 331. - 2353. Flock,D.,1968,Farbhelligkeit im Musculus longissimus dorsialis Selektionsmerkmal beim Schwein. Fleischwirtsch.48,1362-1365. - 2354. Flock, D.K.,1974,Recent results on advantages of reciprocal recurrent selection (R.R.S.) within split populations of White Leghorn strains.1st wld.congr.gen. apl.livest.,925-930. - 2355. Flock,D.K.,C.M.v.Krosigk,F.Pirchner,H.Landgraf,1975,Genetische Veränderungen hinsichtlich Marek-Resistenz und Produktionseigenschaften in Leghornkreuzungen.Arch.Gefl.k.39,21-28.-2356. Flock,D.K.,H.Landgraf,E.Vielitz,1976,Untersuchungen über die Marek-Resistenz verschiedener Legehybridherkünfte.Arch.Gefl.k.40,109-114. -2357. Flock,D.K.,H.Leithe,1980,Nutzung von Markergenen in der Geflügelzucht. Sem.Haustiergen.1,68-81. - 2358. Flottorp,G.,I.Foss,1982,Development of hearing in hereditary deaf white mink (Hedlund) and normal mink (Standard) and the subsequent determination of the auditory response in Hedlund mink. Scientifur 6,22-23. - 2359. Flüge,A.,1980,Zur Untersuchung der Geschlechtsorgane von Warmbluthengsten vor der Körung.Dt.tierärztl.Wschr.87,178 - 180. - 2359. Flüge,A.,1980,Zur Untersuchung der Geschlechtsorgane von Warmbluthengsten vor der Körung.Dt.tierärztl.Wschr.87,178-180. - 2360. Flüge, A.,H.C.Löliger,1963,Klinik und Pathologie der segmentalen Aplasie des Nebenhodenkanals (Aplasia segmentalis ductus wolffii) beim Bullen.Zuchthyg.7, 89-101. - 2361. Flüge,A.,R.Scherbarth,D.Krause,A.R.Günzel,1980,Über das Vorkommen von Nebenhoden-Aplasien (Aplasia segmentalis ductus wolffii) bei schwarzbunten Jungbullen bei Untersuchungen vor der Zuchtverwendung.Dt. tierärztl.Wschr.87,200-202. - 2362. Flyger,V.,E.Y.Levin,1977,Animal model: normal porphyria of fox squirrels (Sciurus niger).Am.J.path.86,269 - 272. - 2363. Fochen,K.,1967,Einführung in die geburtshilfliche und gynäkologische Röntgendiagnostik.Thieme,Stuttgart. - 2364. Fodor,A.,G.Pethes,1974, Monogenic determination of the degree of sensitivity of domestic fowl to thyrotropin (TSH).Gen.comp.endocr.24,140-151. - 2365. Foerster,W.,M.Glitsch, 1975,Chromosomenaberrationen bei der chronisch myeloischen Leukämie mit Philadelphia-Chromosomen (Mensch).2.Eur.Koll.Zytogen.Vet.med.,110 - 121. - 2366. Fogarty,N.M.,1977,Inherent susceptibility to pneumonia in Border Leicester sheep.3rd int.congr.SABRAO,7-11. - 2367. Fogarty,N.M.,J. M.Thompson,1974,Relationship between pelvic dimensions,other body measurements and dystocia in Dorset Horn ewes.Austr.vet.J.50,502-506. - 2368. Fogh,J.,B.C.Giovanella,1978,The nude mouse in experimental and clinical research.Ac.Press,N.Y. - 2369. Fokin,V.B.,A.Y.Slesarev,A.Braunagel,1977, (Pleiotropic effects of the American Palomino gene in mink).Ref.Anim.breed. abstr.46,5101. - 2370. Fonseca,V.O.,F.Megale,V.V.Filho,O.de Garcia,J. J.de Abreu,C.A.de Pimentel,V.J.de Andrade,1973,(The occurrence of harelip in an inbred herd of Gir cattle).Ref.Anim.breed.abstr.43,121. - 2371. Foote,C.L.,F.M.Foote,1950,A comparative study of normal and piebald hamsters.Trans.Ill.ac.sci.43,237-243. - 2372. Foote,R.H.,1970,Inheritance of fertility- facts,opinions,and speculations.J.dairy sci.53,936-944. - 2373. Foote, R.H.,1977,Sex ratios in dairy cattle under various conditions.Theriog.8,349- 356. - 2374. Foote,R.H.,J.Hahn,L.L.Larson,1970,Testicular measurements as predictors of sperm output and semen quality. Proc. 3rd tech. conf. A. I., Ill., 31-35. - 2375. Ford, C. E., 1969, Mosaics and chimaeras. Brit. med. bull. 25, 104-109. - 2376. Ford, C. E., 1977, Genetic control of testicular differentiation in mammals. Proc. 6th int. chrom. conf., 163-176. - 2377. Ford, C. E., H. M. Clegg, 1969, Reciprocal translocations. Brit. med. bull. 25, 110-114. - 2378. Ford, C. E., E. P. Evans, 1975, Some properties of paracentric inversions in the mouse. 2. Eur. Koll. Zytogen. Vet. med., 146-154. - 2379. Ford, E. H. R., 1978, Complex patterns of inheritance in human disease. Nature 272, 755-756. - 2380. Ford, H. C., E. Lee, L. L. Engel, 1979, Circannual variation and genetic regulation of hepatic testosterone hydroxylase activities in inbred strains of mice. Endocrin. 104, 857-861. - 2381. Ford, L., 1969, Cyclic neutropenia in Collies. Mod. vet. pract. 50, 54-55. - 2382. Förde, O. H., D. S. Thelle, 1977. The Tromsö heart study. Am. J. epidem. 105, 192-199. - 2383. Forejt, J., 1976, Spermatogenic failure of translocation heterozygotes affected by H-2 linked gene in mouse. Nature 260, 143-145. - 2384. Forejt, J., 1979, Meiotic studies of translocations causing male sterility in the mouse. II. Cytogen. cellgen. 23, 163-170. - 2385. Forejt, J., S. Gregorova, 1977, Meiotic studies of translocations causing male sterility in the mouse. I. Cytogen. cell gen. 19, 159-179. - 2386. Forejt, J., J. Capkova, S. Gregorova, 1980, T(16;17)43H translocation as a tool in analysis of the proximal part of chromosome 17 (including T-t gene complex) of the mouse. Gen. res. 35, 165-177. - 2387. Formston, C., E, W. Jones, 1956, A spastic form of lameness in Friesian cattle. Vet. rec. 68, 624-627. - 2388. Forni, G., G. Serrati, L. Giordano, M. Giovarelli, S. Rendine, S. Landolfo, 1980, Interaction of H-2 and non-H-2 genes in spontaneous resistance to adenocarcinoma ADK-1t in F1 mice. J. nat. canc. inst. 65, 651-655. - 2389. Förster, M., I. v. Butler, 1979, Mutagene Effekte des Halothans. Z. Tierz. Zücht. biol. 95, 306-309. - 2390. Förster, M., G. Stranzinger, B. Hellkuhl, 1980, X-chromosome gene assignment of swine and cattle. Naturwiss. 67, 48-49. - 2391. Förster, M., H. Willeke, L. Richter, 1981, Eine autosomale, reziproke 1/16 Translokation bei Deutschen Landrasse Schweinen. Zuchthyg. 16, 54-57. - 2392. Fortmeyer, H. P., 1981, Thymusaplastische Maus (nu/nu); Thymusaplastische Ratte (rnu/rnu). P. Parey, Berl. . - 2393. Fortner, J., G. Wellmann, 1952, Auf dem Wege zur Selektion rotlaufresistenter Schweine. Mh. Tierhlk. 4, 448-454. - 2394. Fosgate, O. T., V. R. Smith, 1954, Prenatal mortality in the bovine between pregnancy diagnosis at 34-50 days post-insemination and parturition. J. dairy sci. 37, 1071-1073. - 2395. Foster, G. V., I. MacIntyre, 1968, The endocrine control of calcium metabolism. Rec. adv. end. 8, 95-110. - 2396. Foster, M., 1954, Wright's studies of effects of maternal age on spotting and polydactyly in the guinea pig. Ann. N. Y. ac. sci. 57, 491-493. - 2397. Foster, M., 1956, Enzymatic studies of the physiological genetics of guinea pig coat coloration. I. Genet. 41, 396-409. - 2398. Foster, M., 1965, Mammalian pigment genetics. Adv. gen. 13, 311-339. - 2399. Foster, S. J., 1967, The " urolithiasis" syndrome in male cats. J. sm. anim. pract. 8, 207-214. - 2400. Foster, S. J., 1975, Diabetes mellitus - a study of the disease in the dog and cat in Kent. J. sm. anim. pract. 16, 295-315. - 2401. Fougner, J. A., 1973, (Segmental aplasia of the Müllerian ducts in the Shadow blue fox). Nord. vet. med. 25, 155-159. - 2402. Foulley, J. L., F. Menissier, J. Gaillard, A. M. Nebreda, 1975, Aptitudes maternelles des races laitières, mixtes, rustiques et à viande pour la production de veaux de boucherie par croisement industriel. Livest. prod. sci-2, 39-49. - 2403. Fourie, P. J., 1939, Erbliche Porphyrinurie des Rindes ("Rosa Zahn") mit Berücksichtigung ihrer fleischbeschaulichen Bedeutung. Z. f. Fleisch-, Milchhyg. 50, 64. - 2404. Fournie, G. J., M. G. T. Minh, S. Haas, J. P. Pourrat, J. J. Conte, 1980, Evidence for the triggering of the NZBxNZW mouse

Lupus disease at 2 month of age. Eur. J. clin. inv. 10,12. - 2405. Fournie, G. J., M. G. T. Minh, M. M. Conte, S. Haas, P. H. Lambert, J. J. Conte, 1980, Experimental approach to the treatment of Lupus nephritis by use of an accelerated model of NZB x NZW mouse disease. Eur. J. clin. inv. 10,12. - 2406. Fowler, J. H., J. E. Till, E. A. McCulloch, 1967, The cellular basis for the defect in haemopoiesis in flexed tailed mice. Brit. J. haemat. 13, 256-264. - 2407. Fox, M. W., 1963, Postnatal ontogeny of the canine eye. J. A. V. M. A. 143, 968-974. - 2408. Fox, M. W., 1964, The otocephalic syndrome in the dog. Corn. vet. 54, 250-259. - 2409. Fox, R. R., D. D. Crary, E. J. Babino, L. B. Sheppard, 1969, Buphthalmia in the rabbit. J. hered. 60, 206-212. - 2410. Fox, R. R., G. Schlager, C. W. Laird, 1969, Blood pressure in the thirteen strains of rabbits. J. hered. 60, 312-314. - 2411. Fox, R. R., C. W. Laird, E. M. Blau, H. S. Schultz, B. P. Mitchell, 1970, Biochemical parameters of clinical significance in rabbits. J. hered. 61, 261-265. - 2412. Fox, R. R., H. Meier, D. D. Crary, D. D. Myers, R. F. Norberg, C. W. Laird, 1970, Lymphosarcoma in the rabbit: genetics and pathology. J. nat. canc. inst. 45, 719-724. - 2413. Fox, R. R., D. D. Crary, 1971, Mandibular prognathism in the rabbit. J. hered. 62, 23-27. - 2414. Fox, R. R., W. L. Krinsky, D. D. Crary, 1971, Hereditary cortical renal cysts in the rabbit. J. hered. 62, 105-109. - 2415. Fox, R. R., D. D. Crary, 1973, Hereditary diaphragmatic hernia in the rabbit. J. hered. 64, 333-336. - 2415. Fox, R. R., D. D. Crary, 1975, Hereditary chondrodystrophy in the rabbit. J. hered. 66, 271-276. - 2416. Fox, R. R., H. Meier, 1976, Identical genetic basis for lymphosarcoma and hemolytic anemia in the rabbit. J. hered. 67, 99-102. - 2417. Fox, R. R., S. H. Weisbroth, D. D. Crary, S. Scher, 1976, Accessory spleens in domestic rabbits (Oryctolagus cuniculus). Teratol. 13, 243-251. -2418. Fox, R. R., D. D. Crary, 1978, Genetics and pathology of hereditary adrenal hyperplasia in the rabbit. J. hered. 69, 251-254. - 2419. Fox, R. R., D. D. Crary, 1979, Hereditary macrostomus in the rabbit. J. hered. 70, 369-372. - 2420. Fox, T. O., S. J. Wieland, 1981, Isoelectric focusing of androgen receptors from wildtype and Tfm mouse kidneys. Endocrinol. 109, 790-797. - 2421. Fraccaro, M., O. Zuffardi, 1977, 15/15 translocation in Prader-Willi syndrome. J. med. gen. 14, 275-278. - 2422. Fraley, E. E., A. Y. Elliott, A. E. Castro, P. H. Cleveland, D. L. Bronson, T. R. Hakala, N. Stein, 1975, Evidence for RNA virus associated with human transitional cell cancers of the urinary tract. In:Gottlieb u. Mit. a. a. O. - 2423. Franceschetti, A., J. Francois, J. Babel, 1963, Les hérédo-dégénérescences choriorétiniennes. Masson Cie., Paris. - 2424. Franceschi, P. F., L. Ollivier, 1981, Fréquences de quelques gènes importantes dans les populations porcines. Z. Tierz. Zücht. biol. 98, 176-186. - 2425. Francis, B. M., 1973, Influence of sex-linked genes on embryonic sensitivity to cortisone in three strains of mice. Teratol. 7, 119-125. - 2426. Francis, D. W., R. H. Roberson, L. A. Holland, 1967, Observations on "angel wing" in White Chinese geese. Poult. sci. 46, 768-769. - 2427. Francis, D. W., R. S. Hansen, D. C. Hutto, 1969, Effects of altitudes of origin, hatch and rearing location on body, gland, and organ weights of S. C. White Leghorn males during growth. Growth 33, 303-318. - 2428. Francis, J., 1966, Resistance of Zebu and other cattle to tick infestation and babesiosis with special reference to Australia. Brit. vet. J. 122, 301-307. - 2429. Francis, J., D. A. Little, 1964, Resistance of Droughtmaster cattle to tick infestation and babesiosis. Austr. vet. J. 40, 247-253. - 2430. Francis, J., G. C. Ashton, 1967, Tick resistance in cattle: its stability and correlation with various genetic characteristics. Austr. J. exp. biol. med. sci. 45, 131-140. - 2431. Francis, T., 1944, Studies on hereditary dwarfism in mice. Act. path. micr. scand. 21, 928-944. - 2432. Franck, M., J. M. Robert, 1981, La pathologie chromosomique. Rev. méd. vét. 132, 405-412. - 2433. Francke, U., P. A. Lalley, W. Moss, J. Ivy, J. D. Minna,

1977,Gene mapping in Mus musculus by interspecific cell hybridization.Cytog. cell gen. 19, 57-84. - 2434. Francois, J. ,1969,Syndrome malformatif avec cryptophthalmie.Act.gen. med.gem. 18,18-50. - 2435. Francois, J. , R. Berger, H. Savaux,1972, Les aberrations chromosomiques en ophthalmologie. Masson Cie. , Paris. - 2436. Frangione,B. ,E.C. Franklin,1978, Unusual genes at the aminoterminus of human immunoglobulin variants. Nature 273,400-401. - 2437. Frank, A. , J. Marolt,1966, Ein Beitrag zum Augenalbinismus bei Tieren. Dt. tierärztl. Wschr. 73, 177-180. - 2438. Frankenhuis, M. T. ,1975, (Autofertilization in the chicken). Tijdschr.diergeneesk.100,821-823. - 2439. Franks,R.C. ,W. E. Nance,1970,Hereditary adrenocortical unresponsiveness to ACTH. Pediat.45,43-48. - 2440. Franz,W. ,R. Widmaier,1960,Ein intersexuelles,kernmorphologisch weibliches Pferd. Berl. Münch. tierärztl. Wschr. 73,341-345. - 2441. Fraser,A. F. ,J.H. Penman,1971,A clinical study of ram infertilities in Scotland. Vet. rec. 89,154-158. - 2442. Fraser,D.R. ,E. Kodicek,1970, Unique biosynthesis by kidney of a biologically active vitamin D metabolite. Nature 228, 764-766. - 2443. Fraser,F.C. ,1965,Some genetic aspects of teratology. In: Wilson u. Warkany a.a. O. . - 2444. Fraser,F.C. ,1976,The multifactorial/threshold concept - uses and misuses.Teratol. 14,267-280. - 2445. Fraser, F.C. ,1977,Congenital defects involving joints. In:Schaffer u.Avery a.a. O. . - 2446. Fraser,F.C. ,H. Kalter,B.E.Walker, T.D. Fainstat, 1954, Experimental production of cleft palate with cortisone and other hormones. J.cell.comp.phys.43,237. - 2447. Fraser, F.C. ,H. Pashagen, 1970, Relation of face shape to susceptibility to congenital cleft lip. J. med.gen. 7, 112-117. - 2448. Fraser, F.C. , J.J.Nora,1975,Genetics of man. Lea u. Febiger, Philad. . - 2449. Fraser, F.C. ,T.Gunn,1977,Diabetes mellitus, diabetes insipidus and optic atrophy. J. med.gen. 14,190-193. -2450. Fraser,G.R. ,1970,Genetical aspects of severe visual impairment in childhood. J.med.gen. 7,257-267. - 2451. Fraser,G.R. ,1971,The genetics of congenital deafness. Otolar. clin. N.Am.4,227-247. - 2452. Fraser,G.R. , A. Friedman, 1967,The causes of blindness in childhood. J. Hopkins, Baltimore. - 2453. Fraser,H. ,A.G.Dickinson,1973,Scrapie in mice. J. comp. path. 83,29-40. - 2454. Fraser, P.A. ,Hypoimmunoglobulinemia D. Fed. proc. 38, 939. - 2455. Frauchiger,E. ,R. Fankhauser, 1952,Arnold-Chiari-Hirnmißbildung mit Spina bifida und Hydrozephalus beim Kalb. Schweiz.Arch. Tierhlk. 94, 145-148. - 2456. Fraumeni, J. F. ,1967, Stature and malignant tumors of bone in childhood and adolescence. Cancer 20,967-973. - 2457. Frawley, T. F. ,1967, Adrenal cortical insufficiency. In: Eisenstein a.a. O. -2458. Frayha,G. J. ,W. K. Lawler, R. M. Dajain, 1971, Echinococcus granulosus in albino mice. Exp. parasit. 29, 255-262. - 2459. Freddi,M. , F. Guizzardi, 1979, (Cystic nephropathy in swine).Riv. zoot. vet. 6, 395-400. - 2460. Fredeen, H. T. , 1965, Genetic aspects of disease resistance. Anim. breed. abstr. 33, 17-26. - 2461. Fredeen, H. T. , A. P. Sather, 1978, Joint damage in pigs reared under confinement. Can. J. anim. sci. 58, 759-773. - 2462. Fredella, G. ,1974, (Mortality of lambs in the first month of life). Ann. inst. sper. zoot. 7, 237-259. - 2463. Fredericksen, T. L. , B. M. Longenecker, F. Pazderka, D. G. Gilmour, R. F. Ruth,1977, A T-cell antigen system of chickens. Immunogen. 5, 535-552. - 2464. Fredrickson, D. S. , D. S. Levy, R. S. Lees, 1967, Fat transport in lipoproteins- and integrated approach to mechanisms and disorders. N.E.J. med. 276, 34-281. - 2465. Freed, J. ,E. Freed, 1970, Stable haploid cultured cell lines from frog embryos. Proc. nat.ac. sci. 65, 337-344. - 2466. Freedman, B. D. , R. M. Leach, 1982, Lysozyme activity of the abnormal cartilage cells associated with tibial dyschondroplasia. Fed. proc. 41, 3411. - 2467. Freemann, A. E. ,1958, Curved limbs- a lethal in dairy cattle. J. hered. 49, 229-232. - 2468. Freeman,A.E. ,1976, Management traits in dairy cattle.

Livest. prod. sci. 3,13-26. - 2469. Fregin, G. F., D. A. Deem, 1981, Epistaxis in horses with atrial fibrillations. Proc. 26th ann. conv. am. ass. equ. pract., 431-433. - 2470. Freire-Maia, A., F. J. Laredo, N. Freire-Maia, 1978, Genetics of acheiropodia (the handless and footless families of Brazil). Am. J. med. gen. 2, 321-330. - 2471. Freire-Maia, N., M. Pinheiro, 1979, Recessive anochyia totalis and dominant aplasia (or hypoplasia) of upper lateral incisors in the same kindred. J. med. gen. 16, 45-48. - 2472. Frels, W. I., V. M. Chapman, 1979, Paternal X chromosome expression in extraembryonic membranes of XO mice. J. exp. zool. 210, 553-560. - 2473. French, E. A., K. B. Roberts, A. G. Searle, 1971, Linkage between a hemoglobin locus and albinism in the Norway rat. Bioch. gen. 5, 397-404. - 2474. French, G. T., 1959, A clinical and genetic study of eye cancer in Hereford cattle. Austr. vet. J. 35, 474-481. - 2475. French, H. L., A. W. Nordskog, 1973, Performance of dwarf chickens compared with normal small-bodied chickens. Poult. sci. 52, 1318-1328. - 2476. French, J. E., M. A. Jennings, J. C. F. Poole, D. S. Robinson, H. Flory, 1963, Intimal changes in the arteries of ageing swine. Proc. roy. soc. 158, 24-42. - 2477. Frerking, H., 1979, Geburtsverlauf beim Rind in Abhängigkeit vom Gewicht von Muttertier und Kalb. Tierzücht. 31, 329-330. - 2478. Frerking, H., E. Grunert, R. Miosge, 1971, Zur Ätiologie, Diagnose und Therapie der Follikel-Theca-Zysten des Rindes unter besonderer Berücksichtigung des Lebensschicksals der Tiere. Prakt. Tierarzt 52, 570-573. - 2479. Frerking, H., K. H. Lotthammer, 1981, Infektionsrate und Erblichkeit überzähliger Zitzenanlagen beim Rind. Tierzücht. 33, 64-69. - 2480. Fretz, P. B., W. C. D. Hare, 1976, A male pseudohermaphrodite horse with 63XO?/65 XXY mixoploidy. Equ. vet. J. 8, 130-132. - 2481. Freudenberg, F., 1957, Die Bedeutung der Intersexualität beim Schwein als erbliche Geschlechtsumbildung. Mh. Vet. med. 12, 608-613. - 2482. Freudenberg, F., 1960, Intersexuelle Genitalmißbildung beim Stutfohlen eines zweigeschlechtlichen Zwillingspaares. Dt. tierärztl. Wschr. 67, 214-216. - 2483. Freudenthal, P., 1976, Erhebungen über Vorfahren und Behandlungsergebnisse bei schwarzbunten Kälbern und Rindern mit angeborenen Mißbildungen (Paresis spastica posterior, Atresia ani und/oder Agenesie von Darmteilen, Foramen interventriculare persistens, Fissura diaphragmatica congenita, Malformatio vaginae et vulvae). Dissert. Hannover. - 2484. Freudiger, U., 1965, Die kongenitale Nierenrindenhypoplasie beim bunten Cocker Spaniel. Schweiz. Arch. Tierhlk. 107, 547-566. - 2485. Freudiger, U., 1975, Untersuchungen über die chronische exokrine Pankreas-Insuffizienz (CPI), speziell des Deutschen Schäferhundes. Eff. Forsch. Kleintiern. Rep. 1, 2-13. - 2486. Freudiger, U., 1976, Epidemiologie, Ätiologie, Klinik und Diagnose der chronischen exokrinen Pankreasinsuffizienz. Prakt. Tierarzt 57, 300-314. - 2487. Frey, O., Die Zwillingsträchtigkeit und ihr Einfluß auf Lebenskraft und Milchleistung beim württembergischen Braunvieh. Züchtungsk. 31, 55-68. - 2488. Freye, H. A., 1967, Dysmorphie-Syndrome im Kopfbereich und Chromosomen-Aberrationen. Dt. Zahn-, Md. -Kieferhlk. 49, 8-16. - 2489. Friars, G. W., J. R. Chambers, A. Kennedy, A. D. Smith, 1972, Selection for resistance to Marek's disease in conjunction with other economic traits in chickens. Av. dis. 16, 2-10. - 2490. Fried, K., M. Feinmesser, J. Tsitsianov, 1969, Hearing impairment in female carriers of sex linked syndrome of deafness with albinism. J. med. gen. 6, 132-134. - 2491. Fried, K., S. Perpinyal, S. Rosenblatt, E. Caspi, 1977, Familial balanced reciprocal translocation t(1;16)(q12;p13) ascertained because of multiple abortions in a carrier. Hum. hered. 27, 362-365. - 2492. Fried, K., S. Beer, H. I. Krespin, H. Leiba, M. Djaldetti, D. Zitman, 1978, Biochemical, genetic and ultrastructural study of a family with the sea-blue histiocyte syndrome/**chronic** non-neuronopathic Niemann-Pick disease. Eur. J. clin. inv. 8, 249-253. - 2493. Friedel, K.,

R. Wassmuth, V. Dzapo, H. Reuter, 1974, Ferkelerzeugung durch Mastsauenvornutzung. Züchtungsk. 46, 207-216. - 2494. Frieden, E., 1968, The biochemistry of copper. Sci. Am. 218, 103-114. - 2495. Friedl, H. W. Rautenburg, 1980, Häufigkeit und Zeitpunkt der Diagnose von angeborenen Herzfehlern in der Praxis. Dt. med. Wschr. 105, 954-958. - 2496. Friedli, U., 1965, Häufigkeit der einzelnen Geburtsstörungen beim Rind unter schweizerischen Praxisverhältnissen. Schweiz. Arch. Tierhlk. 107, 497-532. - 2497. Friedman, M. J., 1979, Oxidant damage mediates variant red cell resistance to malaria. Nature 280, 245-247. - 2498. Friedmann, J. C., M. Hurtrel, A. M. Conrard, B. Jacotot, 1975, Influence des facteurs génétiques dans la lipidémie et l'hyperlipidémie chez la souris. Exp. anim. 8, 241-248. - 2499. Friedrich, U., K. Hansen, M. Hauge, I. Hägerstrand, K. Kristoffersen, E. Ludvigsen, U. Merrild, 1979, Prenatal diagnosis of polycystic kidneys and encephalocele(Meckel syndrome). Clin. gen. 15, 278-286. - 2500. Friend, M., 1967, Some observations regarding eye-lens weight as a criterion of age in animals. N. Y. Fish agme J. 14, 91.-121. - 2501. Frings, H., M. Frings, 1953, The production of stocks of albino mice with predictable susceptibilities to audiogenic seizures. Behav. 5, 305-319. - 2502. Frisch, J. E., 1975, The relative incidence and effect of bovine infectious keratoconjunctivitis in Bos indicus and Bos taurus cattle. Anim. prod. 21, 265-274. - 2503. Frisch, J. E., 1976, The comparative incidence of foot rot in Bos taurus and Bos indicus cattle. Austr. vet. J. 52, 228-229. - 2504. Frisch, J. E., Polledness. Res. rep. CSIRO, Austral. - 2505. Frisch, J. E., J. E. Vercoe, 1979, Adaptive and productive features of cattle growth in the tropics. Trop. anim. prod. 4, 214-222. - 2506. Frisch, J. E., H. Nishimura, K. J. Cousins, H. G. Turner, 1980, The inheritance and effect on production of polledness in four crossbred lines of beef cattle, Anim. prod. 31, 119-126. - 2507. Fritz, T. E., 1971, Thyroiditis in the dog. XIX. Welttierärztekongr. Mexiko, 1055-1057. - 2508. Fritz, T. E., L. S. Lombard, S. A. Tyler, W. P. Norris, 1976, Pathology and familial incidence of orchitis and its relation to thyroiditis in a closed beagle colony. Exp. mol. path. 24, 142-158. - 2509. Fritzsche, K., 1963, Experimentelle Untersuchungen über Osteopetrosis der Hühner. 17. Welttierärztekongr. Hannover, 1397-1402. - 2510. Froget, J., J. Coulon, M. C. Nain, J. M. Dalbiez, 1972, Anomalie chromosomique de type fusion centrique chez un veau charolais. Bull. soc. sci. vét. méd. comp. Lyon, 74, 131-134. - 2511. Froget, J., J. M. Dalbiez, M. Franck, M. C. Nain, 1975, De quelques anomalies observées à l'examen caryotype de taureaux utilisés pour l'insémination artificielle. Bull. soc. sci. vét. méd. comp. 77, 209-210. - 2512. Frolkis, A., E. Somowa, 1978, Ulkuskrankheit und Genetik. Dt. med. Wsch. 103, 589. - 2513. Frost, A. J., D. D. Wanasinghe, J. B. Woolcock, 1977, Some factors affecting selective adherence of microorganisms in the bovine mammary gland. Inf. imm. 15, 245-253. - 2514. Froystein, T., K. A. Schie, S. O. Nostvold, 1979, Halothane sensitivity, blood CPK-values and meat quality characteristics in pigs selected for rate of gain and backfat thickness. Act. agr. scand. Suppl. 21, 432-440. - 2515. Fryns, J. P., F. D'Hondt, P. Goddeeris, H. v. Berghe, 1977, Full monosomy 21: clinically recognizable sybdrome ? Hum. gen. 37, 155-159. - 2516. Fryns, J. P., K. de Boeck, J. Jaeken, H. v. d. Berghe, 1978, Malformative syndrome associated with a ring 10 chromosome and a translocated 10q/19 chromosome. Hum. gen. 43, 239-244. - 2517. Fryns, J. P., H. v. d. Berghe, 1979, Ring chromosome 22 in a mentally retarded child and mosaic 45XX-15-22 + t(15;22)(p 11;q11)/46XX, r(22)/46XX karyotype in the mother. Hum. gen. 47, 213-216. - 2518. Fudenberg, H. H., 1971, Genetically determined immune deficiency as the predisposing cause of "autoimmunity" and lymphoid neoplasia. Am. J. med. 51, 295-298. - 2519. Fudenberg, H. H., V. S. Byers, A. S. Levin, 1975, Viral etiology of human osteosarcoma. In: Gottlieb u. Mit. a. a. O. - 2520. Fuhrmann, W., 1958,

Diskordantes Auftreten angeborener Angiokardiopathien bei eineiigen Zwillingen. Z. menschl. Vererb. Konst. l. 34, 563-586. - 2521. Fuhrmann, W., 1961, Genetische und exogene Faktoren in der Ätiologie der angeborenen Angiokardiopathien, zit. n. Vogel a. a. O. - 2522. Fuji, T., 1978, Inherited disorders in the regulation of serum calcium in rats raised from parathyroidectomised mothers. Nature 273, 236-238. - 2523. Fujio, Y., 1976, Maternal effects on expression of lethality in the Creeper chicken. Jap. J. gen. 51, 347-354. - 2524. Fujio, Y., T. Shibuya, 1974, Expression lethality caused by Creeper gene in the chicken. Jap. J. gen. 49, 87-91. - 2525. Fujita, H., Y. Wakafuji, Y. Agematsu, T. Imamichi, 1980, (Variation in the number of nipples in Wistar-Imamichi rats). Exp. anim. 29, 61-66. - 2526. Fukuhara, S., J. D. Rowley, D. Variakojis, D. L. Sweet, 1978, Banding studies on chromosomes in diffuse histiocytic lymphomas. Blood 52, 989-1002. - 2527. Fuller, J. L., 1967, Effects of the albino gene upon behaviour in mice. Anim. behav. 15, 467-470. - 2528. Fulton, R. D., J. Caldwell, D. F. Weseli, 1978, Methemoglobin reductase in three species of Bovidae. Bioch. gen. 16, 635-640. - 2529. Furgeson, H. E., 1979, Simmenthal-Fleckvieh cattle-structural variations and genetic irregularities. Simm. news 19, 14-16. - 2530. Furtmayr, L., 1975, Untersuchungen über Metabolitkonzentrationen und Enzymaktivitäten im Blutserum von Hochleistungsrindern. Dissert. München. - 2531. Fuster, V., E. J. W. Bowie, 1978, The von Willebrand pig as a model for atherosclerosis research. Thromb. hae most. 39, 322-327. - 2532. Fuster, V., E. J. W. Bowie, J. C. Lewis, D. N. Fass, C. A. Owen, A. L. Brown, 1978, Resistance to arteriosclerosis in pigs with von Willebrand's disease. J. clin. inv. 61, 722-730. - 2533. Fyfe, T., M. G. Dunnigan, E. Hamilton, R. J. Rae, 1968, Seasonal variation in serum lipids, and incidence and mortality of ischaemic heart disease (human). J. atheroscl. res. 8, 591-596. - 2534. v. d. Gaag, I., D. Tibboel, 1980, Intestinal atresia and stenosis in animals: a report of 34 cases. Vet. path. 17, 565-574. - 2535. Gabka, J., 1971, Hasenscharte und Wolfsrachen. W. de Gruyter, Berlin. - 2536. Gabka, J., 1976, Ist eine Prävention gegen Lippen-Kiefer-Gaumenspalten möglich ? Münch. med. Wschr. 118, 949-953. - 2537. Gabka, J., 1981, Genetische Prävention. Münch. med. Wschr. 123, 1138. - 2538. Gabka, J., 1981, Verhütung von Lippen-Kiefer-Gaumenspalten. Münch. med. Wschr. 123, 1139-1141. - 2539. Gabriel, E. G., 1978, Unequal transmission of the complementary meiotic products of a centric fission by heterozygous cocks in Gallus domesticus. Dissert. abstr. 38, 3545-. - 2540. Gabris, J., 1972, The heritability of susceptibility to tuberculosis in bulls of the Slovakian spotted cattle. Act. vet. Brno 41, 161-166. - 2541. Gabris, J., 1977, (The frequency of genes for patent foramen ovale in a pig). Veterin. 27, 354-355. - 2542. Gabris, J., R. Jendrejak, 1973, (Heritability of susceptibility to mastitis in Slovakian Pied and Pinzgau cows). Vet. med. 18, 173-179. -2543. Gadgil, B. A., S. P. Agarwal, W. G. Patel, 1970, Spastic paresis in adult Indian cattle. Vet. rec. 86, 694-697. - 2544. Gadgil, B. A., S. P. Agarwal, U. G. Patel, 1972, A hereditary aspect of luxation of patella in cattle. Ind. vet. J. 49, 313-317. - 2545. Gaertner, U., 1978, Homozygote familiäre Hypercholesterinämie. Med. Klin. 73, 849-854. - 2546. Gaffney, L., 1975, Chondrodystrophy: An inherited lethal condition in turkey embryos. J. hered. 66, 339-343. - 2547. Gagné, C., S. Moorjani, D. Brun, M. Toussaint, P. J. Lupien, 1979, Heterozygous familial hypercholesterolemia. Atheroscl. 34, 13-24. - 2548. Gahne, B., 1963, Genetic variation of phosphatase in cattle serum. Nature 199, 305-306. - 2549. Gahne, B., 1967, Inherited high alkaline phosphatase activity in cattle serum. Hereditas 57, 83-99. - 2550. Gahne, B., 1967, Transferrin variation in Swedish cattle. Act. agr. scand. 17, 185-194. - 2551. Gahrton, G., K. Friberg, L. Zech, 1978, Constitutional chromosomal aberration, t(4;12)(q23;11), in a patient with Ph[1] positive chronic myelocytic leukemia. Hereditas 89,169-173. - 2552. Gaidysheva, V. D.,1976,(Some difficulties in crossing yaks with cattle). Nauch. trud. tyum. univ. 23,125-127. - 2553. Gaillard, C.,1969, Untersuchungen über die Häufigkeit von Schwer-und Totgeburten beim Simmenthaler Fleckvieh und beim Braunvieh. Schweiz. Arch. Tierhlk. 111, 695-702. - 2554. Gaillard, C., Genetische Korrelationen zwischen verschiedenen Merkmalen beim Rindvieh. Schrift. schweiz. V. Tierz. 46,23-28. - 2555. Gaillard,C.,1974, Genetische Beziehungen zwischen verschiedenen Eigenschaften beim Rindvieh. Mitt. Schweiz. V. KB,12-13. -2556. Gaines, J. A., W. H. McClure, D. W. Vogt, R. C. Carter, C. M. Kincaid, 1966, Heterosis from crosses among British breeds of beef cattle. J. anim. sci. 25, 5-13. - 2557. Galal, E. S., E. A. Afifi, I. S. El-Kimary, I. A. Ahmad, A. F. Shawar, 1981, Lamb survival as affected by inbreeding and cross-breeding. J. agr. sci. 96,1- 5. - 2558. Galbraith, D. B., G. L. Wolff, N. L. Brewer, 1980, Hair pigment patterns in different integumental environments of the mouse. J. hered. 71, 229-234. - 2559. Gall, C., 1980, Ist das Zuchtziel "hornlos" noch zeitgemäß ?Dt. Kleint. z. 18,4. - 2560. Gallant, E. M., 1980, Histochemical observations on muscle from normal and malignant hyperthermia-susceptible swine. Am. J. vet. res. 41,1069- 1071. - 2561. Gallatin, W. M., B. M. Longenecker, 1979, Expression of genetic resistance to an oncogenic herpesvirus at the target cell level. Nature 280, 587-589. - 2562. Gallatin, W. M., B. M. Longenecker, 1980, Non-MHC-associated genetic resistance to Marek's disease. In:Biggs, P. M., Resistance and immunity to Marek's disease. C. E. C., Luxemb.. - 2563. Gallo, R. C., R. E. Gallagher, H. Mondal, D. H. Gillespie, 1975, Human acute leukemia. In:Kolber a. a. O.. - 2564. Galloway, D. E., D. G. Topel, J. A. Will, W. E. Weirich, R. G. Kauffman, R. G. Cassens, E. J. Briskey, 1969, Effect of environment on physiological characteristics of pigs with fast and slow glycolysing muscles. J. anim. sci. 29,122. -2565. Gallup, G. G., 1974, Genetic influence on tonic immobility in chickens. Anim. learn. behav. 2,145-147. - 2566. Galton, M., 1967, Immunological interactions between mother and fetus. In:Benirschke a. a. O.. - 2567. Gambardella, P. C., C. A. Osborne, J. B. Stevens, 1975, Multiple cartilaginous exostoses in the dog. J. A. V. M. A. 166, 761-768. - 2568. Gängel, H., J. Stumpf, 1969, Lahmheiten bei Zuchtschweinen langen Typs. Mh. Vet. med. 23, 731-737. - 2569. Ganjam, V. K., R. M. Kenney, 1975, Androgens and oestrogens in normal and cryptorchid stallions. J. repr. fert. Suppl. 23, 67-73. - 2570. Garay, R. P., G. Dagher, M. G. Pernoleet, M. A. Devynck, P. Meyer, 1980, Inherited defect in a Na^+, K^+ - co-transport system in erythrocytes from essential hypertensive patients. Nature 284, 281-283. - 2571. Garden, S., J. B. Sprout, 1978, Inherited predisposition to nutritional myopathy. Vet. rec. 103, 478. - 2572. Gardiner, M. R., J. L. Anderson, D. E. Robertson, 1972, Cancer eye of cattle. J. agr. W. Austr. 13, 53-56. - 2573. Gardner, E. J., 1962, Follow-up study of family group exhibiting dominant inheritance for a syndrome including intestinal polyps, osteomas, fibromas and epidermal cysts. Am. J. hum. gen. 14, 376-390. - 2574. Gardner, E. J., J. l. Shupe, N. C. Leone, A. E. Olson, 1975, Hereditary multiple exostosis. J. hered. 66, 318-322. - 2575. Gardner, K. D., 1971, Evolution of clinical sigs in adult-onset cystic disease of the renal medulla. Ann. int. med. 74, 47-54. - 2576. Gardner, K. D., 1976, Cystic diseases of the kidney. J. Wiley Sons, N. Y.. - 2577. Gardner, R. J. M., N. Brown, 1976, Lowe's syndrome. J. med. gen. 13, 449-454. - 2578. Gardner, R. J. M., 1977, A new estimate of the achondroplasia mutation rate. J. clin. gen. 11, 31-38. - 2579. Gardner, R. L., A. J. Munro, 1974, Successful construction of chimaeric rabbit. Nature 250, 146-147. - 2580. Garfield, E., 1975, Genetic engineering. Curr. cont. 35, 5-7. - 2581. Garlepp, M., B. Farrow, P. Kay, R. L. Dawkins, 1979, Antibodies to the acetylcholine receptor in myasthenic dogs. Immunol. 37,

807-810. - 2582. Garlinger, P., S. A. McGeary, E. Magenis, 1977, Partial trisomy 22: a recognizable syndrome. Clin. gen. 12, 9-16. - 2583. Garm, O., 1949, Investigation on cystic ovarian degeneration in the cow with special regard to etiology and apthogenesis. Corn. vet. 39, 39-52. - 2584. Garner, A., 1970, Tumours of the retinal pigment epithelium. Brit. J. ophth. 54, 715-723. - 2585. Garnhaft, R., 1926, Über die Elastizität des Hornes gesunder, kranker, pigmentierter und unpigmentierter Pferdehufe. Arch. Tierhlk. 54, 380. - 2586. Garriott, M. L., C. L. Chrisman, D. P. Doolittle, 1976, Effect of maternal parity on aneuploidy in early mouse embryos. J. hered. 67, 396-399. - 2587. Garriott, M. L., C. L. Chrisman, 1981, Investigation of hyperthermia-induced dominant lethal mutations in male mice. J. hered. 72, 338-342. - 2588. Garrod, A. E., 1902, The incidence of alkaptonuria: A study in chemical individuality. Lancet 2, 1616. - 2589. Gärtner, K., 1969, Hereditärer Kryptorchismus bei Wistarratten. Z. Versuchstierk. 11, 179-189. - 2590. Gärtner, K., 1969, Der spontane Diabetes mellitus bei Haustieren. In: Pfeiffer, E. F., Hbd. Diabetes mellitus I., J. F. Lehmann, München. - 2591. Gärtner, K., 1977, Selektionszucht von Mäusen mit hereditärer Disposition für Diabetes mellitus. Wiss. Arb. ber. Sonderforsch. 146, 111-124. - 2592. Gärtner, K., A. Kirschner, I. Mandl, 1968, Untersuchungen zur Disposition der Hündin für Diabetes mellitus. Zbl. Vet. med. A 15, 517-526. - 2593. Gärtner, K., H. Reznik-Schüller, G. Reznik, 1973, The influence of overcrowding on spermatogenesis, size of Leydig-cell nuclei and the adrenal corticosterone contents in mice. Act. endocr. 74, 783-791. - 2594. Gärtner, K., E. Baunack, 1981, Is the similarity of monozygotic twins due to genetic factors alone ? Nature 292, 646-647. - 2595. Garwood, V. A., P. C. Lowe, C. G. Haugh, 1979, Method for improving eggshell strength by selection. Brit. poult. sci. 20, 289-295. - 2596. Gaskell, C. J., 1978, Urolithiasis in the dog and the cat. Vet. rec. 102, 546-547. - 2597. Gasser, D. L., C. M. Newlin, J. Palm, N. K. Gonatas, 1973, Genetic control of susceptibility to experimental allergic encephalomyelitis in rats. Science 181, 872-873. - 2598. Gaull, G. E., 1973, Biology of brain dysfunction. Plenum Press, N. Y.. - 2599. Gault, M. H., J. Stein, A. Aronoff, 1966, Serum ceruloplasmin in hepatobiliary and other disorders. Gastroent. 50, 8-18. - 2600. Gaunt, S. N., N. Raffio, E. T. Kingsbury, R. A. Damon, W. H. Johnson, B. A. Mitchell, 1980, Variation of lactoferrin and mastitis and their heritabilities. J. dairy sci. 63, 1874-1880. - 2601. Gavora, J. J., A. A. Grunder, J. L. Spencer, R. S. Gowe, A. Robertson, G. W. Speckmann, 1974, An assessment of effects of vaccination on genetic resistance to Marek's disease. Poult. sci. 53, 889-897. - 2602. Gavora, J. S., J. L. Spencer, A. A. Grunder, A. Robertson, G. W. Speckmann, 1974, Genetic resistance to Marek's disease (MD). Proc. XV wld. poult. congr., 255-257. - 2603. Gavora, J. S., E. S. Merritt, A. A. Grunder, R. S. Gowe, 1975, Effects of strain of chickens and vaccination with turkey herpesvirus on Marek's disease and lymphoid leukosis in breeding stocks. Brit. poult. sci. 16, 375-388. - 2604. Gavora, J. S., J. L. Spencer, R. S. Gowe, J. A. Emsley, J. Petit, 1980, Performance of diallel crosses of Leghorn strains under various degrees of protection and exposure to Marek's disease. EEC progr. Marek rsist., Lux., 455-471. - 2605. Gearhart, J., M. L. Oster-Granite, 1981, Age-related pigmentation changes in the coats of allophenic mice. J. hered. 72, 3-5. - 2606. Gebhart, W., G. W. Niebauer, 1977, Beziehungen zwischen Pigmentschwund und Melanomatose am Beispiel des Lipizzanerschimmels. Arch. derm. res. 259, 29-42. - 2607. Geczy, A. F., T. L. W. Rothwell, 1981, Genes within the major histocompatibility complex of the guinea pig influence susceptibility to Trichostrongylus colubriformis infection. Parasitol. 82, 281-286. - 2608. Gedde-Dahl, T. W., N. Standal, 1970, A note on a tremor condition in adolecent pigs. Anim. prod. 12, 665-668. - 2609. Gehrke,

E., W. Verter, 1965, Ein Beitrag zur Leukosetilgung in der Rinderzucht. Arch. Tierz. 8, 305-315. - 2610. Gehrke, E., W. Verter, 1968, Zu Problemen der Rinderleukose. Mh. Vet. med. 23, 249-255. - 2611. Geisler, L. S., 1980, Taubenzüchterlunge. Dt. med. Wschr. 105, 1360-1363. - 2612. Geissler, E. N., E. C. McFarland, E. S. Russell, 1981, Analysis of pleiotropism at the dominant white-spotting (W) locus of the house mouse: a description of ten new W alleles. Genet. 97, 337-361. - 2613. Gelato, M., J. Dibbet, S. Marshall, J. Meites, W. Wuttke, 1976, Prolactin-adrenal interactions in the immature female rat. Ann. biol. anim. bioch. biophys. 16, 395-397. - 2614. Gelatt, K. N., 1971, Cataracts in cattle. J. A. V. M. A. 159, 195-200. - 2615. Gelatt, K. N., 1975, Congenital cataracts in a litter of rabbits. J. A. V. M. A. 167, 598-599. - 2616. Gelatt, K. N., 1976, Congenital ophthalmic anomalies in cattle. Mod. vet. pract. 57, 105-109. - 2617. Gelatt, K. N., K. Huston, H. W. Leipold, 1969, Ocular anomalies of incomplete albino cattle: ophthalmoscopic examination. Am. J. vet. res. 1313-1316. - 2618. Gelatt, K. N., H. W. Leipold, 1971, Bilateral optic nerve hypoplasia in two dogs. Can. vet. J. 12, 91-96. - 2619. Gelatt, K. N., W. E. Rempel, T. P. E. Makombera, J. F. Anderson, 1973, Heterochromia irides in Miniature swine. J. hered. 64, 343-347. - 2620. Gelatt, K. N., J. D. Henderson, G. R. Steffen, 1976, Fluorescein angiography of the normal and diseased ocular fundi of the laboratory dog. J. A. V. M. A. 169, 980-984. - 2621. Geloso, J. P., 1971, Role of the hypophysis in the initiation and evolution of thyroid function in mammals. In: Hamburgh u. Barrington a. a. O.. - 2622. Gentry, P. A., S. Crane, F. Lotz, 1975, Factor XI (Plasmathromboplastin antecedent) deficiency in cattle. Can. vet. J. 16, 160. - 2623. Gentry, P. A., W. D. Black, 1980, Prevalence and inheritance of factor XI deficiency in cattle. J. dairy sci. 63, 616-620. - 2624. Geisel, O., H. Kriegleder, 1978, Uratsteine bei Reptilien. Berl. Münch. tierärztl. Wschr. 91, 267-268. - 2625. Gendrel, D., M. Roger, J. L. Chaussain, P. Canlorbe, J. C. Job, 1977, Correlation of pituitary and testicular responses to stimulation tests in cryptorchid children. Act. endocr. 86, 641-650. - 2626. Génermont, J., 1981, Maintien d'un gène létal dans une population: le cas des chats sans queue de l'Ile de Man. Ann. gén. sél. anim. 13, 371-380. - 2627. de Gennes, J. L., S. Jambart, G. Turpin, F. Elkik, M. Roger, 1982, 17α-hydroxylase deficiency syndrome associated with bilateral streak gonads and impaired development of Müllerian ducts derivatives. Act. endocr. 100, 68-76. - 2628. George, F. W., J. F. Noble, J. D. Wilson, 1981, Female feathering in Sebright cocks is due to conversion of testosterone to estradiol in skin. Science 213, 557-559. - 2629. George, J. M., 1973, Dystokia in ewes. 3rd wld. conf. anim. prod. 2c, 4-6. - 2630. George, J. M., 1976, The incidence of dystocia in Dorset Horn ewes. Austr. vet. J. 52, 519-523. - 2631. George, J. M., E. A. Farleigh, A. N. A. Harris, 1966, Occurrence of goitre in summer born lambs of different breeds. Austr. vet. J. 42, 1-4. - 2632. George, W., B. J. Weir, 1972, Record chromosome number in a mammal ? Nature 236, 205-206. - 2633. Geraldes, A., 1975, Effects of interferon on cells, viruses and the immune system. Ac. Press, N.Y.. - 2634. Geres, V., 1978, Die röntgenologische Erfassung der Erkrankungen der Skelettanteile der Wirbelsäule, der Bandscheiben und der Rückenmarkshäute bei Hunden, Katzen un d Pferden. Zbl. Vet. med. A 25, 363-382. -2635. Geri, G., M. Lucifero, 1964, (Investigations on achondroplastic anomalies in the Romagna breed and their genetic control). Ed. Illi, Florenz. - 2636. Gericke, A. M., 1958, Lateral asymmetry in plumage colour and crest in geese. Wld. poult. sci. J. 14, 16-20. - 2637. Gericke, D., 1978, Krebs, was wissen wir, was können wir tun ? Naturwiss. 65, 370-375. - 2638. Geringer, H., 1977, (Inherited abnormalities in the progeny of the Polish Red-and-White Lowland bull Mina s Roland). Med. wet. 33, 292-294. - 2639. Geringer, H., 1977, (Inherited abnormalities of Polish lowland breeds of cattle in Lower Silesia). Nauk. ak. roln. 10, 26. -2640.

German, J., 1968, Mongolism, delayed fertilization and human sexual behaviour. Nature 217, 516-518. - 2641. Gerneke, W. H., 1967, Cytogenetic investigations on normal and malformed animals with special reference to intersexes. Onderst. J. vet. res. 34, 219-299. - 2642. Gerneke, W. H., 1969, Sterility in a bull, co-twin to a freemartin. J. S. Afr. vet. med. ass. 40, 279-283. - 2643. Gerneke, W. H., R. I. Conbrough, 1970, Intersexuality in the horse. Onderst. J. vet. res. 37, 211-216. - 2644. Gershwin, L. J., 1975, Familial canine diabetes mellitus. J. A. V. M. A. 167, 479-483. - 2645. Gershwin, M. E., K. Erickson, J. Montero, H. Abplanalp, J. Eklund, A. A. Benedict, R. Ikeda, 1980, The immunopathology of spontaneously acquired dysgammaglobulinemia in chickens. 17, 15-30. - 2646. Gerson, D. E., G. Szabo, 1968, Effect of single gene substutution on the melanocyte system of the C 57B1 mouse. Nature 218, 381-382. - 2647. Gerstein, D. D., D. R. Dantzker, 1969, Retinal vascular changes in hereditary visual cell degeneration. Arch. ophth. 81, 99-105. - 2648. Gerth, -, 1937, Mißbildung bei einem Fohlen. Dt. tierärztl. Wschr. 45, 512-513. - 2649. Gerwig, C., P. Vögeli, D. Schwörer, 1979, Halothane sensitivity in a positive and negative selection line. Act. agr. scand. Suppl. 21, 441-450. - 2650. Gethin, S. A., 1977, Arthrogryposis-palatoschisis in a Charolais herd. Vet. rec. 101, 41. - 2651. Geurts, R., 1970, De structuur van de fokkerij van het Friese paard. Tijdschr. diergeneesk. 95, 536-540. - 2652. Gey, W., 1970, Dq-, multiple Mißbildungen und Retinoblastom. Hum. gen. 10, 362-365. - 2653. Geyer, H., H. Bertschinger, J. Strittmatter, J. Morel, 1975, Erbliche Unfruchtbarkeit bei männlichen weißen Chinesenhamstern. Z. Versuchstierk. 17, 78-90. - 2654. Ghighineisvili, N. S., 1975, The selection of the grey Karakul sheep based on a new system. Yearb. Karak. br. soc. S. Afr. 17, 79-98. - 2655. Ghoneim, K. E., J. W. McCarty, 1969, Studies on inbreeding in sheep. J. anim. prod. U. A. R. 7, 11-16. - 2656. Giannoni, M. A., I. Ferrari, 1977, (Biometrical study on karyotypes in Sus scrofa). Cientif. 5, 199-208. - 2657. Gianola, D., A. B. Chapman, 1976, Follicular population and body weight in relation to genetic differences in ovarian response to gonadotropin in rats. J. anim. sci. 42, 36 - 42. - 2658. Giavarini, I., W. Bergami, 1977, (Dwarfism in poultry breeding and its use in intensive poultry production). Avicolt. 46, 25-36. - 2659. Gibb, S., E. M. Hakansson, L. G. Lundin, J. G. M. Shire, 1981, Reduced pigmentation (rp), a new coat colour gene with effects on kidney lysosomal glycosidases in the mouse. Genet. res. 37, 95-103. - 2660. Gibbons, R. A., R. Sellwood, M. Burrows, P. A. Hunter, 1977, Inheritance of resistance to neonatal E. coli diarrhoea in the pig. Theor. appl. gen. 51, 65-70. - 2661. Giblett, E. R., 1969, Genetic markers in human blood. Blackwell sci. publ., Oxf.. - 2662. Gibson, E. A., 1976, The "barker" (neonatal distress) syndrome in the pig. Vet. rec. 98, 476-479. - 2663. Gibson, J. A., R. J. Rogers, 1980, Congenital porcine hyperostosis. Austr. vet. J. 56, 254-255. - 2664. Gidley-Baird, A. A., C. W. Emmens, 1978, Pituitary hormone control of implantation in the mouse. Austr. J. biol. sci. 31, 657-666. - 2665. Gieseke, W. H., D. R. Osterhoff, 1974, The significance of milk protein phenotyping in the prevention of septic bovine mastitis and the improvement of Friesland dairy herds. Anim. bld. grps. bioch. gen. 5, 35. - 2666. Gifford, D. R., P. C. Stephens, A. L. Pullman, 1976, Charolais, Friesian and British beef sires for beef production in a Mediterranean environment. Austr. J. exp. agr. anim. husb. 16, 613-622. - 2667. Giglioni, B., P. Comi, R. Taramelli, S. Ottolenghi, M. A. Ciocca-Vasino, C. Anè, M. D. Cappellini, A. M. Gianni, 1980, Organization of the Δ -globin genes in Hb Hasharon (α 47 asp $\rightarrow$ his) carriers. Blood 56, 1145-1149. - 2668. Gileva, E. A., N. A. Chebotar, 1979, Fertile XO males and females in the varying lemming. Hered. 42, 67-77. - 2669. Gill, M. S., C. W. Holmes, 1978, Somatic cell counts, mastitis and milk production in dairy herds. N. Z. J. dairy sci.tech.13,157-161. - 2670. Gill,T.J.,1965,Studies on synthetic polypeptide antigens. J. immunol. 95,542-545. - 2671. Gill,T.J.,H.W. Kunz,1979,Evidence for a T/t-like complex in the rat.Transpl.proc.11,1608-1610. - 2672. Gillespie, D.,R.E.Gallagher,R.G.Smith,W.C.Saxinger,R.C.Gallo,1975,On the evidence for type-C RNA tumor virus information and virus-related reverse transcriptase in animals and in human leukemia cells.In: Gottlieb u.Mit.a.a.O..-2673. Gillespie, F.D.,1965,Aniridia,cerebellar ataxia and oligophrenia in siblings. Arch.ophth.73,338-341. - 2674. Gillespie,J.H.,1975,Natural selection for resistance to epidemics.Ecol.56,493-495.-2675,Gillies,M.T.,1964,Selection for host preference in Anopheles Gambiae. Nature 203,852-854. - 2676. Gilman, J.P.W.,1956,Congenital hydrocephalus in domestic animals.Corn.vet.46,487-499. - 2677. Gilman, K.G.,1972,Hemoglobin beta chain structural variation in mice.Science 178,873-874. - 2678. Gilman,J.P.W.,E.W.Stringam,1953,Hereditary umbilical hernia in Holstein cattle.J.hered.44,113-116. - 2679. Gilmore, L.O.,1950,Inherited non-lethal anatomical characters in cattle: a review.J. dairy sci.33,147-165. - 2680. Gilmore, L.O.,N.S. Fechheimer,1963,Gene-hormone-interactions on hair pigmentation in cattle. Proc.XIth int.congr.gen.I, 264. - 2681. Gilmore, L.O.,N.S. Fechheimer,1968,Etiological aspects of congenital abnormalities in cattle.Proc.XIIth int.congr.gen.,I,277. - 2682. Gilmore, L.O.,N.S. Fechheimer,1969,Congenital abnormalities in cattle and their general etiological factors.J.dairy sci.52,1831-1836. - 2683. Gilmour,D.G., J.R.Morton,1970,Association of genetic polymorphisms with embryonic mortality in the chicken.Gen.res.15,265-284. - 2684. Gilmour,R.S.,J.D.Windass, N.Affara,J.Paul,1975,Control of transcription of the globin gene.J.cell.phys. 85,449-458. - 2685. Gimeno, M., L.Dominguez,S.Climent,V.J.Götzens,1980, (Congenital malformations in the sheep: cyclocephaly).Anat.hist.embr.9,129-133. - 2686. Gindele,H.R.,W.D.Köppen,W.Oster,W.Petri,H.Haberkorn,1980, Erfahrungen mit dem Halothantest an der MPA Forchheim.Tierärztl. Umsch. 35,338-340. - 2687. Ginsberg,J.,S.Soukup,1974,Ocular findings associated with ring B chromosome.Am.J.ophth.78,624-629. - 2688. Ginsberg,L.,N.Hillman,1974,Meiotic drive in t-bearing mouse spermatozoa.J.repr.fert.38,157-163. - 2689. Giordano,M.,1971,Metabolisch bedingte Arthrosen.In:Lindner u. Mit.a.a.O..- 2690. Giovanni,A.de,C.P.Popescu,G.Succi,1975,Première étude cytogénétique dans un centre Italien d'insémination artificielle.Ann.gén. sél.anim. 7,311-315. - 2691. Giovanni,A.de,G.Succi,L.Molteni,M.Castiglioni,1979,A new autosomal translocation in "Alpine Grey cattle".Ann.gén.sél. anim.11,115-120. - 2692. Gipp, F.,W.G.Pond,S.E.Smith,1967,Effects of level of dietary copper, molybdenum,sulfate and zinc on body weight gain,hemoglobin and liver copper storage of growing pigs.J.anim.sci.26,727-730. - 2693. Gipp,W.F.,W.G.Pond,J.Tasker,D.v.Campen, L.Krook,W.J.Visek, 1973,Influence of level of dietary copper on weight gain,hematology and liver copper and iron storage of young pigs.J.nutr.103,713-719. - 2694. Gipson,T. G.,M.Immamuro,M.A.Conliffe,W.J.Martin,1978,Lung tumor-associated derepressed alloantigen coded for by the K region of the H-2 major histocompatibility complex.J.exp.med.147,1363-1373. - 2695. Girolani,A.,S.Coccheri, G.Palaretto,M.Poggi,A.Burul,G.Cappellato,1978,Prothrombin Molise: A new congenital dysprothrombinemia,double heterozygosis with an abnormal prothrombin and true prothrombin deficiency.Blood 52,115-125. - 2696. Gissel, C.,A.Lindfeld,K.H.Althelmig,1976,Untersuchungen über den Cholesteringehalt im Eidotter von zehn Zuchtrassen.Arch.Gefl.k.40,177-181. - 2697. Gladstone,R.M.,1969,Development and significance of heterochromia of the iris.Arch.neur.21,184-192. - 2698. Glahn-Luft,B.,H.Schneider,J.Schneider,

R.Wassmuth,1978,Agnathie beim Schaf mit Chromosomenaberrationen und Hb-Mangel.Dt.tierärztl.Wschr.85,472-474. - 2699. Glaner, H.D.,1970,Vergleich der Mast-,Schlacht-und Zuchtleistungen von Rassen und Kreuzungen bei Schweinen an Hand der Ergebnisse eines landwirtschaftlichen Großbetriebes in Ostholstein. Züchtungsk.42,67-78. - 2700. Glaser, J.S.,1974,Heredofamilial disorders of the optic nerve.In: Goldberg a.a.O.. - 2701. Glastonbury,J.R.W., 1977, Preweaning mortality in the pig.Austr.vet.J.53,315-318. - 2702. Glawischnig,E.,1965,Ein Beitrag zur chronisch deformierenden Arthrose des Knie - und Sprunggelenkes beim Schwein.Wien.tierärztl.Mschr.52,17-21. - 2703. Glawischnig,E.,R.Swoboda,H.Schlecht,1974, Zum Vorkommen der Dermatosis vegetans des Schweines in Österreich.Dt.tierärztl.Wschr.81,5-9. - 2704. Gleason,D.F.,1967,Correlation of the masses of the separated ventricles of the human heart with disease states and the electrocardiographic findings during life.Diss.abstr.B 28,244-245. - 2705. Gleichauf,R.,1957,Das weiße Gefieder unserer Hühnerrassen und seine Beziehungen zum Albinismus.Cell.Jb.Kl.t.z. 5,91-99. - 2706. Gleichauf,R.,1965,Verklebte Daunen bei Eintagsküken der Weißen Leghorn-Rasse.Arch.Gefl.k.29,107-134. - 2707. Gleichauf,R.,1973, Die Anwendung des Zwerggens "dw" in der Broiler-Produktion.Arch.Gefl.k.37, 1-6. - 2708. Glenthoj,A.,M.D.Nielsen,J.Starup,1980,Congenital adrenal hyperplasia due to 11ß-hydroxylase deficien cy.Act.endocr.93,94-99. - 2709. Glicken,A.,J.W.Kendrick,1977,Hoof overgrowth in Holstein-Friesian dairy cattle.J.hered.68,386-390. - 2710. Glodek,P.,1967,Möglichkeiten und Probleme der Verbesserung von Aufzuchtleistung und Masterfolg der Schweine durch Gebrauchskreuzung. Schweinez.Schweinem.15,269-297. - 2711. Glodek,P.,1977, Bedeutung und Möglichkeiten der Bekämpfung von Erbfehlern in der Schweinezucht.Tierzücht.29,518-521. - 2712. Glorieux,F.,C.R.Scriver,T.M.Reade,H. Goldman,A.Roseborough,1972,Use of phosphate and vitamin D to prevent dwarfism and rickets in X-linked hypophosphatemia.N.E.J.med.287,481-487. - 2713. Glorieux,F.,C.R.Scriver,1972, Loss of parathyroid hormone-sensitive component of phosphate transport in X-linked hypophosphatemia.Science 175, 997-1000. - 2714. Gluecksohn-Waelsch,S.,1960,The inheritance of hemoglobin types and other biochemical traits in mammals.J.cell.comp.phys.56,89-101. - 2715. Gluecksohn-Waelsch,S.,1979,Genetic control of morphogenetic and biochemical differentiation: lethal albino deletions in the mouse.Cell 16,225 - 237. - 2716. Gluecksohn-Waelsch,S.,R.P.Ericksohn,1970,The T-locus of the mouse.Curr.top.dev.biol.5,281-316. - 2717. Gluecksohn-Waelsch,S.,M.B. Schiffman,M.H.Moscona,1975,Glutamine synthetase in newborn mice homozygous for lethal albino alleles.Dev.biol.45,369-371. - 2718. Gluecksohn-Waelsch, S.,L.S.Teicher,L.Pick,C.F.Cori,1980,Genetic rescue of lethal genotype in the mouse.Dev.gen.1,219-228. - 2719. Gluhovschi,N.,M.Bistriceanu,M.Nafornita,V.Iusco,M.Bratu,1967,Identification d'une anomalie héréditaire chez les porcines caractérisée par l'abréviation de la colonne vertébrale et la réduction du nombre des vertèbres.Rec.méd.vét.143,827-839. - 2720. Gluhovschi,N.,M.Bistriceanu,N.Codreanu,M.Bratu,1968,Cytogenetic study of brachygnathia inferior in cattle,and the mechanisms of the inheritance of this malformation.Rec.méd.vét.144,829-837. - 2721. Gluhovschi,N.,M.Bistriceanu, A.Suciu,M.Bratu,1970,A case of intersexuality in the horse with type 2A + XXXY chromosome formula.Brit.vet.J.126,522-525. - 2722. Gluhovschi,N., M.Bistriceanu,P.Bilcea,M.Bratu,C.Majina,1972,Klinische,histopathologische und zytogenetische Untersuchungen über die angeborene Ovarienhypoplasie.Mh.Vet.med.27,176-178. - 2723. Gluhovschi,N.,M.Bistriceanu,R.Palicica,N.Codreanu,F.Marschang,M.Bratu,1972,Beitrag zum klinischen und zytogenetischen Studium des Zwergwuchses beim Rind. Vet. med. Nachr., 107-116. - 2724. Glydmin, J., S. Alexandrovicz, W. Folejewski, M. Ratajszak, 1964. Genetically determined resistance of pigs to tuberculosis. Med. wet. 20, 594-596. - 2725. Glynn, L. E., E. J. Holborrow, 1965, Autoimmunity and disease. Oxford, Blackwell. - 2726. Go, S., Y. Kitamura, M. Nishimura, 1980, Effect of W and W^V alleles on production of tissue mast cells in mice. J. hered. 71, 41-44. -2727. Göbel, T., H. Helmig, R. Heerlein, 1960, Erbliche Zahn-und Kieferanomalien bei den Haustieren mit eigenen Untersuchungen über das Auftreten verschiedener Zahnanomalien in der Nachzucht des Hengstes G. Tierärztl. Umsch. 15, 71-78. - 2728. Goebel, F. D., H. Füeßl, C. Kolmar, E. Neumaier, 1982, Zur Diagnostik der heterozygoten ß-Thalassämie. Med. Klin. 77, 224-226. - 2729. Godet, J., G. Verdier, V. Nigon, M. Belhani, F. Richard, P. Colonna, J. Mitchell, R. Williamson, P. Tolstoshev, 1977, $ß_0$ - Thalassemia from Algeria. Blood 50, 463-470. - 2730. Godglück, G., 1962, Mißbildungen des Herzens bei Tieren. Dt. tierärztl. Wschr. 69, 98-102. - 2731. Goedde, H. W., K. Altland, K. Bross, 1963, Genetik und Biochemie der Pseudocholinesterasen. Dt. med. Wschr. 88, 2510-2522. - 2732. Goedde, H. W., V. Riedel, 1964, Activities of pseudocholinesterases in Macaca mulatta (rhesus) and Cercopithecus aethiops. Nature 203, 1405-1406. - 2733. Goedde, H. W., W. Fuss, 1964, Differenzierung von Pseudocholinesterase-Varianten im Diffusionstest. Klin. Wschr. 42, 286-289. - 2734. Goedde, H. W., W. Fuss, D. Gehring, H. Baitsch, 1964, Studies on formal genetics of the pseudocholinesterase polymorphism. Bioch. pharm. 13, 603-608. - 2735. Goedde, H. W., W. Fuss, H. Ritter, H. Baitsch, 1965, Über die Verwendung des Pseudocholinesterase-Polymorphismus im Paternitätsgutachten. Hum. gen. 1, 311-318. - 2736. Goedde, H. W., D. Gehring, R. A. Hofmann, 1965, On the problem of a "silent gene" in pseudocholinesterase polymorphism. Bioch. biophys. act. 107, 391-393. - 2737. Goedde, H. W., D. Gehring, R. A. Gehring, R. A. Hofmann, 1965, Biochemische Untersuchung zur Frage der Existenz eines "silent gene" im Polymorphismus der Pseudocholinesterasen. Humangen. 1, 607-620. - 2738. Goedde, H. W., R. A. Hofmann, W. Fuss, K. Omoto, 1966, Weitere Untersuchungen zur Phylogenetik der Pseudocholinesterasen. Humangen. 2, 42-51. - 2739. Goedde, H. W., D. P. Agarwal, 1981, Alkohol-metabolisierende Enzyme: Eigenschaften, genetisch bedingte Heterogenität und Bedeutung für den Alkoholstoffwechsel des Menschen. J. clin. chem. clin. bioch. 19, 179-189. - 2740. Goedegebuure, S. A., H. J. Häni, P. C. v. d. Valk, P. G. v. d. Wal, 1980, Osteochondrosis in six breeds of slaughter pigs. Vet. quart. 2, 28-47. - 2741. Goedegebuure, S. A., H. Häni, P. W. Poulos, 1981, Kongenitale Osteopetrose bei zwei Kälbern und einem Schaf. Zbl. Vet. med. A 28, 345-356. - 2742. Goerttler, K., 1960, Die Ätiopathogenese angeborener Entwicklungsstörungen vom Standpunkt des Pathologen. Anat. Anz. 109, 35. - 2743. Goerttler, V., 1965, Die Konstitution als medizinisches und tierzüchterisches Problem. Nov. act. Leopold. 173, 433-442. - 2744. Goetinck, P. F., 1971, Genetic tests on the association of brachydactyly and ptilopody in fowl. J. hered. 62, 28-30. - 2745. Goffinet, A. M., 1979, An early developmental defect in the cerebral cortex of the reeler mouse. Anat. embr. 157, 205-216. -2746. Goischke, H. K., 1978, Die Beziehungen der Nebennierenrinde zu Schilddrüsenfunktionsstörungen. Med. Klin. 73, 1523-1526. - 2747. Gold, R. J. M., M. J. Dobrinski, D. P. Gold, 1977, Cystinuria and mental deficiency. Clin. gen. 12, 329-332. - 2748. Golda, J., 1978, (Incidence of supernumerary teats and their characterization in cows). Nas Chov 38, 103-105. - 2749. Golda, J., B. Suchanek, 1975, Vorkommen von Afterzitzen und deren Klassifikation bei Kühen. Ziv. vyr. 20, 905-917. - 2750. Goldammer, E., 1980, Erfahrungen und Ergebnisse bei der Senkung der Tierverluste. Tierz. 34, 85-87. - 2751. Goldberg, M. F., 1974, Genetic and metabolic eye disease. Little, Brown Co., Boston. - 2752. Goldblatt, J., P. Beighton, 1979, Gaucher's disease in South Africa. J. med. gen. 16, 302-305. - 2753. Goldfischer, S., C. Smith, D. Hamerman, 1967, Increased lysosomes in rheumatoid synovial cells in tissue culture. Arthr. rheum. 10, 281-282. - 2754. Goldman, A. S., M. Katsumata, S. J. Yaffe, D. L. Gasser, 1977, Palatal cytosol cortisol-binding protein associated with cleft palate susceptibility and H-2 genotype. Nature 265, 643-645. -2755. Goldman, A. S., B. H. Shapiro, M. Katsumata, 1978, Human foetal palatal corticoid receptors and teratogens for cleft palate. Nature 272, 464-466. - 2756. Goldman, M. B., C. Cohen, J. N. Goldman, 1981, Genetic control of C6 polymorphism and C6 deficiency in rabbits. Fed. proc. 40, 4750. - 2757. Goldstein, G. L., J. D. Wilson, 1975, Genetic and hormonal control of male sexual differentiation. J. cell. phys. 85, 365-378. - 2758. Goldstein, S., C. B. Harley, 1979, In vitro studies of age associated diseases. Fed. proc. 38, 1862-1867. - 2759. Golomb, H. M., J. Vardiman, J. D. Rowley, 1976, Acute nonlymphocytic leukemia in adults. Blood 48, 9-21. - 2760. Goman, E. M., A. S. Feigenbaum, E. A. Schenk, 1967, Spontaneous aortic lesions in rabbits. J. atheroscl. res. 7, 131-141. - 2761. Gomes, W. R., S. K. Jain, 1976, Effect of unilateral and bilateral castration and cryptorchidism on serum gonadotrophins in the rat. J. endocr. 68, 191-196. - 2762. Gomot, L., 1975, Intersexuality in birds. In: Reinboth a. a. O. - 2763. Gonet, A. E., W. Stauffacher, R. Pictet, A. E. Renold, 1965, Obesity and diabetes mellitus with striking congenital hyperplasia of the islets of Langerhans in spiny mice. Diabetol. 1, 162-171. - 2764. Gonzalez, Y. M., E. J. Garcia, B. J. Correa, 1979, (Congenital erythropoietic porphyria in Holstein-Friesian twin calves). Agr. tecn. 39, 63-65. - 2765. Good, K. A., J. Finstad, R. A. Gatti, 1970, Bulwarks of the bodily defense. In: Mudd a. a. O. - 2766. Goodchild, W. M., 1977, Hernia of the posthepatic septum of Gallus domesticus. Av. path. 6, 307-311. - 2767. Goodman, B. L., 1973, Comb-type trends in a selected population. Poult. sci. 52, 381-382. -2768. Goodnight, C., 1914, My experience with Bison hybrids. J. hered. 5, 197-198. - 2769. Goonewardene, L. A., R. T. Berg, 1976, Arthrogryposis in Charolais cattle. Ann. gén. sél. anim. 8, 493-499. - 2770. Goonewardene, L. A., R. T. Berg, 1976, Arthrogryposis in Charolais cattle. Can. J. anim. sci. 56, 829-850. - 2771. Gordon, C. D., C. W. Beard, S. R. Hopkins, H. S. Siegel, 1971, Chick mortality as a criterion for selection toward resistance or susceptibility to Newcastle disease. Poult. sci. 50, 783-789. - 2772. Gordon, I., 1974, Induction of twin-pregnancy in cattle. Wld. rev. anim. prod. 10, 18-36. - 2773. Gordon, I., 1975, Problems and prospects in cattle egg transfer. Ir. vet. J. 29, 21-30. - 2774. Gordon, M., 1958, Genetic concept for the origin of melanoma. Ann. N. Y. ac. sci. 71, 1213-1222. - 2775. Gorer, P. A., H. Schütze, 1938, Genetical studies on immunity in mice. J. hyg. 38, 647-662. - 2776. Gorer, P. A., N. Kaliss, 1959, The effect of isoan tibodies in vivo on three different transplantable neoplasms in mice. Canc. res. 19, 824-830. - 2777. Gorgas, K., 1967, Vergleichende Studien zur Morphologie, mikroskopischen Anatomie und Histochemie der Nebennieren von Chinchilloidea und Cavioidea. Z. wiss. Zool. 175, 54-236. - 2778. Gorham, J. R., J. B. Henson, T. B. Crawford, G. A. Padgett, 1976, The epizootology of Aleutian disease. In: Kimberlin a. a. O. - Gorlin, R. J., J. Cervenka, S. Pruzansky, 1971, Facial clefting and its syndromes. Birthdef. VII, 3. - 2780. Gorlin, R. J., R. W. Goltz, 1960, Multiple nevoid basal cell epithelioma, jaw cysts and bifid rib. N. E. J. med. 262, 908-912. - 2781. Gorvoy, J. D., J. Smulewicz, S. H. Rothfeld, 1962, Unilateral renal agenesis in two siblings: Case report. Pediat. 29, 270-273. -2782. Goss, L. Z., R. M. Rosa, W. M. O'Brien, C. R. Ayers, J. E. Wood, 1969, Predicting death from renal failure in primary hypertension. Arch. int. med. 124, 160-164. - 2783. Goss, S. J., H. Harris, 1975, New method for mapping genes in human chromosomes. Nature 255, 680-684. - 2784. Goto, Y., M. Kakizaki, N. Masaki,

1975,Spontaneous diabetes produced by selective breeding of normal Wistar rats. Proc. Jap. ac. 51,80-85. - 2785. Gottlieb,A.A.,O.J.Plescia,D.H.L.Bishop,1975, Fundamental aspects of neoplasia.Springer,Berlin,N.Y.. - 2786. Gottlieb,P.D.,1980,Immunoglobulin genes. Mol. immun.17,1423-1435. -2787. Gottschall,A.,L.Pelz,G.Göretzlehner,1977, Pränatale Diagnostik genetisch bedingter Leiden.Wiss.Z.Univ.Rostock M.N.R.26,993-1001. - 2788. Gottstein, U.,D.J.Yoo,H.Büttner,1967,C'1 -Esterase und C'1 -Esterase-Inhibitor im Serum von Kranken mit hereditärem genuinem Quincke-Ödem. Klin. Wschr.45, 230-235. - 2789. Gottwald,N.,1967, Über das Vorkommen von Zwergwuchs in der Nachzucht eines Fleckviehbullen. Zuchthyg.2,63-67. - 2790. Götze,R.,1932, Spastische Parese der hinteren Extremität bei Kälbern und Jungrindern.Dt. tierärztl.Wschr.40,197-200. - 2791. Götze,R.,G. Ziegenhagen,1953, Zur Frage der Ursachen und der Bekämpfung der Rinderleukose.Dt.tierärztl.Wschr. 60,55-59. - 2792. Goudswaard, J.,R.H.v.Dam,J.A.v.d.Donk,1979, Induction and effector phases of the immune response. Comp.imm.micr.inf.dis.1,229-242. - 2793. Gourmelen,M.,M.T.Pham-Hun-Trung,M.G.Breton,F.Girard, 1979, 17-Hydroxyprogesterone in the cosyntropin test. Act.endocr.90,481 - 489. - 2794. Gowen,J.W.,1948, Inheritance of immunity in animals. Ann. rev. microbiol.,215-254. - 2795. Gowen,J.W.,1960,Genetic effects in nonspecific resistance to infectious disease. Bact. rev. 24,192-200. - 2796. Gowen, J.W., 1961, Experimental analysis of genetic determinants in resistance to infectious disease. In:Osborne a.a.O.. - 2797. Gowen, J.W., R.G.Schott,1933,A genetic technique for differentiating between acquired and genetic immunity.Am.J. hyg.18,688-694. - 2798. Goya,N.,S.Miyazaki,S.Kodate,B. Ushio,1972,A family of congenital atransferrinemia. Blood 40,239-245. - 2799. Graaf,K.,L.E. Magnusson,1980, Upward fixation and retention of the patella in the horse.31. Jahrestgg. EVZ, München. - 2800. Grabe,C.v.,J.Harmeyer,1980,Vitamin-D-dependant rickets in the pig.Contr.nephr.19,162-166. - 2801. Grabherr,H., 1936,Atresia ani beim Kalb. Wien.tierärztl.Wschr.,362. - 2802. Grädinger,F., 1947,Erhebungen über die Häufigkeit von Zahnfehlern beim Pferd. Dissert. Hannover. - 2803. Graf,R.,1976,Das visuelle Orientierungsvermögen der Schweine in Abhängigkeit von der Beleuchtungsstärke. Dissert.Bern. - 2804. Grafodatskii,A.S.,Y.G.Ternovskaya,D.V.Ternovskii,G.A.Voronov,V.G.Voronov, 1979,(G-and C-banding of the chromosomes of the itatsi or Japanese mink). Zool. Zhurn.58,1607-1608. - 2805. Graham,D.L.,L.L.Hasenstab,L.Kinney, J.A. Kuntz,1980,The effects of litter size on the expressivity of the jaundice genotype in Gunn rats.Dev.psych.13,55-60. - 2806. Graham,J.B.,R.W.Winters,1961, Familial hypophosphatemia. In:Osborne a.a.O.. - 2807. Graham,S. H.,H.Dayal,T.Rohrer,M.Swanson,H.Shultz,D.Shedd,S.Fischman,1977,Dentition,diet,tobacco,and alcohol in the epidemiology of oral cancer. J.nat.canc. inst.59,1611-1618. - 2808. Grahn,D.,K.H.Allen,R.J.M.Fry,J.Hulesch,1969, Genetics of the "mottled" alleles on the X-chromosome of the mouse. Rep. Arg. nat. lab.biol. med. res. dis.,154-156. - 2809. Granat,J.,J.Zelnik,J.Bulla,1974, Beitrag zum Studium der Vererbung von Brachygnathia superior bei Kaninchen. Z. Tierz. Zücht. biol. 91,131-137. - 2810. Grandel,E.,E.Grandel,1979, Über die akute Rückenmuskelnekrose des Schweines und deren Behandlung. Tierärztl. Umsch.34,626-628. - 2811. Granholm,N.H.,L.C.Stevens,K.Theiler,1979,Development of velvet coat (Ve/Ve), another early lethal mutation in the house mouse. Anat. embr.157,237-242. - 2812. Grant,H.T.,1956, Underdeveloped mandible in a herd of Dairy Shorthorn cattle. J. hered.47,165-170. - 2813. Grant, M.E.,F.S.Steven,D.S.Jackson,L.B.Sandberg,1971,Carbohydrate content of insoluble elastins prepared from adult bovine and calf ligamentum nuchae and

tropoelastin from copper-deficient porcine aorta. Bioch. J. 121, 197-202. -2814.
2814. Gräsbeck, R., G. Kvist, 1967, Kongenitale spezifische Vitamin B$_{12}$ -Malabsorption mit Proteinurie. Münch. med. Wschr. 109, 1936-1944. - 2815. Grauel, E. L., 1980, Entwicklung der Säuglingssterblichkeit in der DDR. Wiss. Z. Un. Berlin M. N. R. 29, 543-544. - 2816. Gravert, H. O., E. Schröder, 1972, Erhebungen über tierärztliche Hilfe bei Milchkühen. Züchtungsk. 44, 75-80. - 2817. Gray, A. P., 1971, Mammalian hybrids. Comm. agr. bur., Farnh. Engl. . - 2818. Gray, E., V. K. Hurt, 1979, Distribution of sexes in cattle. J. hered. 70, 273-274. -2819. Graybiel, A., J. L. Patterson, C. S. Houston, 1950, Changes in heart size in man during partial acclimatization to simulated altitudes. Circul. 1, 991-999. -2820. Greaves, J. H., 1981, Wavy: a new recessive rexoid mutant in the Norway rat. J. hered. 72, 291-292. - 2821. Greaves, J. H., P. Ayres, 1969, Linkages between genes for coat colour and resistance to warfarin in Rattus norwegicus. Nature 224, 284-285. - 2822. Greaves, J. H., R. Redfern, B. Anasuya, 1976, Inheritance of resistance to warfarin in Rattus rattus. J. stor. prod. res. 12, 225-228. - 2823. Greaves, J. H., R. Redfern, P. B. Ayres, J. E. Gill, 1977, Warfarin resistance: a balanced polymorphism in the rat. Genet. res. 30, 257-263. - 2824. Greaves, M., T. R. C. Boyde, 1967, Plasma-zinc concentration in patients with psoriasis, other dermatoses and venous leg ulceration. Lancet, 1019-1020. - 2825. Gredbeck, U., 1976, Verbesserung der Erstbesamungsergebnisse bei Rindern durch Gonadotropin-Releasing-Hormone (Gn-RH). Dissert. Hannover. - 2826. Green, C. E., M. Vandevelde, K. Braund, 1976, Lissencephaly in two Lhasa Apso dogs. J. A. V. M. A. 169, 405-410. - 2827. Green, D., J. R. Chediak, 1977, von Willebrand's disease: current concepts. Am. J. med. 62, 315-318. - 2828. Green, E. L., 1966, Biology of the laboratory mouse. McGraw Hill, N. Y. . - 2829. Green, J. R., G. C. Buchan, E. C. Alvord, A. S. Swanson, 1967, Hereditary and idiopathic types of diabetes insipidus. Brain 90, 707-714. - 2830. Green, M. C., 1967, Dev. biol. 15, 62-89. - 2831. Green, M. C., 1970, The developmental effects of congenital hydrocephalus (ch) in the mouse. Dev. biol. 23, 585-608. - 2832. Green, M. C., 1979, Genetic nomenclature for the immunoglobulin loci of the mouse. Immunogen. 8, 89-97. - 2833. Green, M. C., L. D. Shultz, 1975, Motheaten, an immunodeficient mutant of the mouse. J. hered. 66, 250-258. - 2834. Green, M. C., H. O. Sweet, L. E. Bunker, 1976, Tight-skin, a new mutation of the mouse causing excessive growth of connective tissue and skeleton. Am. J. path. 82, 493-512. - 2835. Green, M. C., D. Durham, T. C. Mayer, P. C. Hoppe, 1977, Evidence from chimaeras for the pattern of proliferation of epidermis in the mouse. Genet. res. 29, 279-284. - 2836. Green, M. C., C. L. Jahn, 1977, Bradypneic, a new mutation in mice causing slow breathing, runting, and early death. J. hered. 68, 150-156. - 2837. Greenberg, J., H. L. Trembley, 1954, The apparent transfer of pyrimethamine resistance from the BI strain of Plasmodium gallinaceum to the M strain. J. parasit. 40, 667-672. - 2838. Greenberg, L. D., H. B. Moon, 1961, Blood lipid studies in a rhesus monkey with essential hypercholesterolemia. Fed. proc. 20, A 256 d. - 2839. Greene, H. J., 1978, Causes of dairy calf mortality. Ir. J. agr. res. 17, 295-301. - 2840. Greene, H. J., H. W. Leipold, K. M. Gelatt, K. Huston, 1973, Complete albinism in Beef Shorthorn calves. J. hered. 64, 189-192. - 2841. Greene, H. J., H. W. Leipold, K. Huston, J. L. Noordsy, S. M. Dennis, 1973, Congenital defects in cattle. Ir. vet. J. 27, 37-45. - 2842. Greene, H. J., K. Huston, H. W. Leipold, 1973, Taillessness in cattle. Giess. Beitr. Erbpath. Zuchthyg. 5, 158-170. - 2843. Greene, H. J., H. W. Leipold, K. Huston, 1974, Bovine congenital skeletal defects. Zbl. Vet. med. 21, 789-796. - 2844. Greene, H. J., H. W. Leipold, 1974, Hereditary internal hydrocephalus and retinal dysplasia in Shorthorn calves. Corn. vet. 64, 367-375. - 2845. Greene, H. J., D. D. Wray, J. A. Greenway, 1975, The equine congenital cardiac anomalies. Ir. vet. J. 29, 115-117. - 2846. Greene, H. J., G. Saper-

stein,R.Schalles,H.W. Leipold,1978,Internal hydrocephalus and retinal dysplasia in Shorthorn cattle.Ir.vet.J.32,65-69. - 2847.Greene,H.J.,H.A.Bakheit,1980,Analysis of stillbirth.11th int.congr.dis.cattle rep.2,934-944. - 2848.Greene,H.S.N.,A dwarf mutation in the rabbit.J.exp.med.71,839-856.- 2849.Greene,M.H.,M.S.Sy,A.Nisonoff,B.Benacerraf,1980,The genetic and cellular basis of antigen and receptor stimulated regulation.Mol.immun.17, 857-866.- 2850.Greene,W.A.,H.O.Dunn,R.H.Foote,1977,Sex-chromosome ratios in cattle and their relationship to reproductive development in freemartins.Cytogen.cell gen.18,97-105. - 2851.Greene,W.A.,L.G.Mogil,D.H.Lein, A.D.McCauley,R.H.Foote,1979,Growth and reproductive development in freemartins hormonally treated from 1 to 79 weeks of age.Corn.vet.69,248-261.- 2852.Gregory,K.E.,V.H.Artland,R.M.Koch,L.A.Swiger,1962,Inheritance of a spastic lethal in cattle.J.hered.53,130-132. - 2853.Gregory,K.E.,S.L. Spahr,1979,Miniature calves.J.hered.70,217-219. - 2854.Gregory,N.G.,J. N.Lucke,J.D.Wood,D.Lister,1976,Breed differences in the position of the urethral meatus of gilts.Res.vet.sci.21,360-361. - 2855.Gregory,N.G.,R. D.Lovell,J.D.Wood,D.Lister,1977,Insulin-secreting ability in Pietrain and Large White pigs.J.agr.sci.89,407-413. - 2856.Gregory,P.W.,L.M.Julian, W.S.Tyler,1965,Bovine achondroplasia: the progeny test.Growth 28,191-212.- 2857.Gregory,P.W.,L.M.Julian,W.S.Tyler,1967,Bovine achondroplasia.J. hered.58,220-224. - 2858.Gregory,P.W.,W.S.Tyler,L.M.Julian,1967,Bovine achondroplasia.Growth 30,393-418. - 2859.Greig,W.A.,1963,Diabetes insipidus in the dog and cat.17.Welttierärztekongr.,1117-1118. - 2860.Greig, W.R.,J.A.Boyle,J.A.Duncan,J.Nicol,M.J.B.Gray,W.W,Buchanan,L.M. McGirr,1967,Genetic and non-genetic factors in simple goitre formation: evidence from a twin study.Quart.J.med.36,175-188. - 2861.Gresti,A.de,1978, (Cleft palate in the horse).Clin.vet.101,25-27. - 2862.Greve,J.P.,1972,Untersuchungen am Herzen verendeter Transportschweine.Dissert.Hannover.- 2863.Gries,F.A.,1977,Diabetes und Fettstoffwechsel.9.Mergenth.Stoffwechs. tgg.,126-136. - 2864.Griffen,A.B.,M.C.Bunker,1967,Four further cases of autosomal primary trisomy in the mouse.Proc.nat.ac.sci.58,1446-1452. - 2865.Griffin,D.,D.Price,1977,Slow persistent infection caused by visna virus.Science 195,175-177. - 2866.Griffin,L.,1978,African trypanosomiasis in sheep and goats.Vet.bull.48,819-825. - 2867.Griffin,L.,E.W.Allonby,1979, Studies on the epidemiology of trypanosomiasis in sheep and goats in Kenya. Trop.anim.hlth.prod.11,133-142. - 2868.Griffin,L.,E.W.Allonby,1979,Trypanotolerance in breeds of sheep and goats with an experimental infection of Trypanosoma congolense.Vet.parasit.5,97-105. - 2869.Griggs,T.R.,W.P. Webster,H.A.Cooper,R.H.Wagner,K.M.Brinkhous,1974,Von Willebrand factor. Proc.nat.ac.sci.71,2087-2090. - 2870.Grigsby,J.S.,W.G.Bergen,R.A. Merkel,1976,The effect of testosterone on skeletal muscle development and protein synthesis in rabbits.Growth 40,303-316. - 2871.Grob,P.,E.Pfister, 1980,Idiopathischer Immunglobulinmangel bei Jugendlichen und Erwachsenen. Schweiz.med.Wschr.110,596-604. - 2872.Gröbner,W.,1978,Diagnostische Strategie bei Verdacht auf einen Enzymdefekt als Ursache einer Hyperurikämie. In: Haeckel a.a.O..- 2873.Gröbner,W.,N.Zöllner,1979,Eigenschaften der Hypoxanthinguaninphosphoribosyltransferase (HGPRTase) bei einem Gichtpatienten mit verminderter Aktivität dieses Enzyms.Klin.Wschr.57,63-68.- 2874.Grommers,F.J.,A.F.A.Brands,A.Schoenmakers,1965,(Mortality of calves at parturition in Dutch cattle).Tijdschr.diergeneesk.90,231-244. - 2875.Grondalen,T.,1972,Anatomical construction of the elbow and the knee joints in relation to joint lesions in young pigs.Proc.2nd int.congr.pig vet. soc.,67. - 2876.Grondalen,T.,1974,Osteochondrosis and arthrosis in pigs.

Act.vet.scand.15,43-52. - 2877.Grondalen,T.,1974, Leg weakness in pigs.Act. vet.scand.15,555-586. - 2878.Grondalen,T.,N.Standal,1972,Gastric ulcers in swine.Proc.2nd int.congr.pig vet.soc.,66. - 2879.de Groot,B.,1962,A case of unilateral cryptorchism of a probably non-genetic nature in the bull.Z. Tierz.Zücht.biol.78,287-290. - 2880.de Groot,B.,1965,The diagnosis of zygosity in bull twins by means of the discriminant function for body conformation.Genet.36,277-285. - 2881.de Groot,T.,S.R.Numans,1946,Over de erfelijkheid der impotentia coeundi bij stieren.Tijdschr.diergenesk.71,372-379. - 2882.Grootenhuis,G.,1976,The difference in hereditary susceptibility to three mastitis agents between two daughter groups.Tijdschr.diergeneesk.101,779-786. - 2883.Grootenhuis,G.,1978,Difference in susceptibility to mastitis between the Dutch-Friesian and Meuse-Yssel breeds of cattle.Tijdschr.diergen. 103,1270-1276. - 2884.Grootenhuis,G.,1980,(Genetic aspects of mastitis).Tijdschr.diergeneesk.105,715-718. - 2885.Grootenhuis,G.,1981,Mastitis prevention by selection of sires.Vet.rec.108,258-260. - 2886.Grootenhuis,G.,J.K. Oldenbroek,J.v.d.Berg,1979,Differences in mastitis susceptibility between Holstein Friesian,Dutch Friesian and Dutch Red and White cows.Vet.quart. 1,37-46. - 2887.Gropp,A.,1970,Chromosomenpathologie in der Humangenetik. Giess.Beitr.Erbpath.Zuchthyg.1,78-92. - 2888.Gropp,A.,1976,Morphological consequences of trisomy in mammals.In: Embryogenesis in mammals; Elsevier,Amsterd.. - 2889.Gropp,A.,1981,Chromosomenaberrationen, Geschwülste und Entwicklungsstörungen.Klin.Wschr.59,965-975. - 2890.Gropp, A.,D.Giers,U.Tettenborn,1969,Das Chromosomenkomplement des Wildschweins. Exper.25,778. - 2891.Gropp,A.,P.Citoler,1969,Patterns of autosomal heterochromatin.In: Benirschke a.a.O.. - 2892.Gropp,A.,U.Kolbus,D.Giers,1975, Systematic approach to the study of trisomy in the mouse.Cytogen.cell gen. 14,42-62. - 2893.Gropp,A.,B.Putz,U.Zimmermann,1976,Autosomal monosomy and trisomy causing developmental failure.Curr.top.path.62,177-192. - 2894.Gross,S.R.,M.A.Longshore,S.Pangburn,1975,The phosphorylase kinase deficiency (Phk) locus in the mouse.Bioch.gen.13,567-584. - 2895.Gross, W.B.,1976,Plasma steroid tendency,social environment and Eimeria necatrix infections.Poult.sci.55,1508-1512. - 2896.Gross,W.B.,G.Colmano,1971,Effect of infectious agents on chickens selected for plasma corticosterone response to social stress.Poult.sci.50,1213-1217. - 2897.Gross,W.G.,P.B.Siegel,R.W.Hall,C.H.Domermuth,T.DuBoise,1980,Production and persistence of antibodies in chickens to sheep erythrocytes.Poult.sci.59,205-210. - 2898. Grossbard,L.,D.Rosen,E.McGiloray,A.DeCapra,O.J.Miller,A.Bank,1968, Acute leukemia with Ph$_1$ - like chromosomes in an LSD user.J.A.M.A.205, 791-793. - 2899.Grosse-Wilde,H.,H.M.Vriesendorp,B.Netzel,W.Mempel,H. J.Kolb,R.Wank,S.Thierfelder,E.D.Albert,1975,Immunogenetics of seven LD alleles of the Dl-A complex in mongrels,Beagles and Labradors.Transpl.proc. 7,Suppl.1,159-164. - 2900.Grossman,Z.,I.R.Cohen,1980,A theoretical analysis of the phenotypic expression of immune response genes.Eur.J.immun. 10,633-640. - 2901.Großklaus,O.,1972,Fremde Stoffe und gesundheitlich bedenkliche Rückstände im Geflügelfleisch.Bundesges.bl.15,42-50. - 2902.de Grouchy,P.Royer,C.Salmon,M.Lamy,1964,Délétion partielle des bras longs du chromosome 18.Sem.hôp.12,579-582. - 2903.de Grouchy,J.,F.J.G.Ebling, I.W.Henderson,1972,Human genetics.Excerpta med.,Amsterd.. - 2904.Groves,M.G.,J.V.Osterman,1978,Host defenses in experimental scrub typhus. Inf.immun.19,583-588. - 2905.Grubb,R.,A.B.Laurell,1956,Hereditary serological human serum groups.Act.path.microb.scand.39,390-398. - 2906.Gruenwald,P.,1975,Embryological basis of abnormal development with special reference to cell death. In:Hafez a. a. O.. - 2907. Grunder,A.A., J. L. Spencer,A. Robertson,G.W.Speckmann,R.S.Gowe,1974,Resistance to Marek's disease observed among sire families and inbred lines. Brit. poult. sci. 15,167-175. - 2908. Grundleger, M. L., V.Y. Godbole,S.W. Thenen,1980,Age-dependent development of insulin resistance of soleus muscle in genetically obese (ob/ob) mice.Am. J. phys. 239,E363-371. - 2909. Grundy, J.E., J.S. Mackenzie, N. F. Stanley, 1981, Influence of H-2 and non-H-2 genes on resistance to murine cytomegalovirus infection. Inf. immun. 32, 277-286. - 2910. Grüneberg, H., 1936, Greylethal, a new mutation in the house mouse. J. hered. 27, 105-109. - 2911. Grüneberg,H.,1939, Fertility in cross-bred mice. J. hered. 30, 83-84. - 2912. Grüneberg,H.,1939,Inherited macrocytic anemias in the house mouse. Genet. 24, 777-810-. 2913. Grüneberg,H.,1943,Congenital hydrocephalus in the mouse, a case of spurious pleiotropism. J. genet. 45, 1. - 2914. Grüneberg, H., 1950, Animal genetics and orthodontics. Dent. res. 70, 152-160. - 2915. Grüneberg,H.,1952, The genetics of the mouse. M. Nijhoff, Den Haag. - 2916. Grüneberg, H., 1953, The relations of microphthalmia and white in the mouse. J. genet. 51, 359-362. - 2917. Grüneberg, H., 1953, Genetical studies on the skeleton of the mouse. J. genet. 51, 327- 358. -2918. Grüneberg, H., 1954, Variation within inbred strains of mice. Nature 173, 674-676. - 2919. Grüneberg, H., 1954, Genetical studies on the skeleton of the mouse. J. genet. 52, 52-67. - 2920. Grüneberg, H., 1954,Genetical studies on the skeleton of the mouse. J. genet. 52,441-455. - 2921. Grüneberg, H., 1960, Genetical studies on the skeleton of the mouse. Genet. res. 1, 196-213. - 2922. Grüneberg,H., 1961, Genetical studies on the skeleton of the mouse. Genet. res. 2, 33-42. - 2923. Grüneberg,H.,1963,The pathology of the development. Blackwell,Oxford. - 2924. Grüneberg,H., 1968,Die Wirkungsweise von Genen im X-Chromosom von Säugern. Human gen. 5, 83-97. - 2925. Grüneberg,H.,1969,Threshold phenomena versus cell heredity in the manifestation of sex-linked genes in mammals. J. embr. exp. morph. 22, 145-179. - 2926. Is there a viral component in the genetic background ? Nature 225, 39-41. - 2927. Grüneberg, H., G.M. Truslove, 1960, Two closely linked genes in the mouse. Genet. res. 1, 69-90. - 2928. Grüneberg, H., K. Huston, 1968, The development of bovine syndactylism. J. embr. exp. morph. 19, 251-259. - 2929. Grüneberg, H., B.M. Cattanach, A. McLaren, H.G. Wolfe, P. Bowman, 1972, The molars of tabby chimaeras in the mouse. Proc. roy. soc. B 182, 183-192. - 2930. Grunert, E., 1959. Zentraler Dammriß eines Schweines mit Hypoplasia vulvae et vestibuli. Dt. tierärztl. Wschr. 66, 385-386. - 2931. Grunert, E., 1976, Eierstockszysten beim Rind. Tierzücht. 28, 541-543. - 2932. Grunert, E., 1976, Ein Beitrag zur Ätiologie von Ovulationsstörungen beim Rind. Dt. tierärztl. Wschr. 83, 558 - 561. - 2933. Grunert, E., 1980, Kleine Blasen blockieren die Fruchtbarkeit. Topagr. 2, 28-32. - 2934. Grunert, E., H.A. Poggel, 1973, Beziehungen zwischen Ovarialzysten und Milchleistung beim Rind. Zuchthyg. 8, 55-62. - 2935. Grunert, E., J. Diez, 1982, Untersuchungen zur Ätiologie von Zitzenverletzungen beim Rind. Prakt. Tierarzt 63, 148- 154. - 2936. Grünhagen, H., 1969, Untersuchungen zum Beinschwäche-Syndrom beim Mastschwein. Dissert. Göttingen. - 2937. Grünhagen, H., D. Steinhauf, J.H. Weniger, 1970, Untersuchungen zum Beinschwächesyndrom beim Mastschwein. Züchtungsk. 42, 374-384. - 2938. Gruys, E., M. Bethlehem, 1976, The dysraphic state in the calf, lamb and piglet. Zbl. Vet. med. 23 A, 811-818. - 2939. Gschwend, T., 1931, Das Herz des Wildschweins. Diss. Zürich. - 2940. Gsell, O., W. Mohr, 1972, Rickettsiosen und Protozoenkrankheiten. Springer, Berl. - 2941. Guanti, G., P. Minola, 1978, A Robertsonian translocation in the female cells of a bull, co-twin to a freemartin. Corn. vet. 68, 94-98. - 2942. Guarda, F., 1980, Pathologie und Ätiologie der prä-und perinatalen

Mortalität beim Kalb. Wien. tierärztl. Mschr. 67, 359-362. - 2944. Guénet, J. L., G. Marchal, G. Milon, P. Tambourin, F. Wendling, 1979, Fertile dominant spotting in the house mouse. J. hered. 70, 9-12. - 2945. Guénet, J. L., B. Salzgaber, M. T. Tassin, 1979, Repeated epilation: a genetic epidermal syndrome in mice. J. hered. 70, 90-94. - 2946. Guénet, J. L., J. Gaillard, F. Jacob, 1980, t-wPa1, t-wPa2, t-wPa3 three new t-haplotypes in the mouse. Gen. res. 36, 211-217. - 2947. Guénet, J. L., R. Stanescu, P. Maroteaux, V. Stanescu, 1981, Fragilitas ossium: a new autosomal mutation in the mouse. J. hered. 72, 440-441. - 2948. Guérin, G., L. Ollivier, P. Sellier, 1978, Déséquilibre de linkage entre les locus Hal, PHI et 6-PGD dans deux lignées Piétrain. Ann. gén. sél. anim. 10, 125-130. - 2949. Guérin, G., L. Ollivier, P. Sellier, 1979, Linkage disequilibria between the Hal, PHI and 6-PGD loci in two Piétrain lines. Proc. 16th int. conf. anim. bld. gr. bioch. polym. III, 49-155. - 2950. Guérin, G., L. Ollivier, P. Sellier, 1979, Hitchhiking and linkage disequilibrium: the example of two closely linked loci in the pig, halothane sensitivity (Hal) and phosphohexose isomerase (PHI). Pap. 30th. ann. meet. Eur. ass. anim. prod., G61. - 2951. Guffy, M. M., H. N. Leipold, 1977, Radiological diagnosis of economically important genetic defects in cattle. J. Am. vet. rad. soc. 18, 109-116. - 2952. Guggenheim, K., J. Menzel, A. Reshef, A. Schwartz, Y. B. Menachem, D. S. Bernstein, M. Hegsted, F. J. Stare, 1971, An epidemiological study of osteoporosis in Israel. Arch. env. health 22, 259-264. - 2953. Guillemin, R., 1968, Hypothalamic hormones regulating the secretions of the anterior pituitary. In: Jasmin a. a. O. . - 2954. Guillery, R. W., 1969, An abnormal retino-geniculate projection in Siamese cats. Brain res. 14, 739-741. - 2955. Guillery, R. W., J. H. Kaas, 1971, A study of normal and congenitally abnormal retinogeniculate projections in cats. J. comp. neur. 143, 73-100. -2956. Guillery, R. W., J. H. Kaas, 1973, Genetic abnormality of the visual pathways in a white tiger. Science 180, 1287-1289. - 2957. Guillery, R. W., G. L. Scott, B. M. Cattanach, M. S. Deol, 1973, Genetic mechanisms determining the central visual pathways of mice. Science 179, 1014-1016. - 2958. Guillery, R. W., T. L. Hickey, P. D. Spear, 1981, Do blue-eyed white cats have normal or abnormal retinofugal pathways ? Inv. ophth. vis. sci. 21, 27-33. - 2959. Guizar-Vazquez, J., F. Arredondo-Vega, I. Rostenberg, C. Manzano, S. Armendares, 1978, Microtia and meatal atresia in mother and son. Clin. gen. 14, 80-82. - 2960. Gulkevich, Y., V. Kulazhenko, 1973, Chromosome abnormalities in parents with spontaneous abortions. 4th int. conf. birth def., 71-72. - 2961. Gülzow, M., 1975, Erkrankungen des exokrinen Pankreas. G. Fischer, Jena. - 2962. Gumbmann, M. R., S. N. Williams, A. N. Booth, P. Vohra, R. A. Ernst, M. Bethard, 1970, Aflatoxin susceptibility in various breeds of poultry. Proc. soc. exp. biol. med. 134, 683-688. - 2963. Gumbreck, L. G., A. J. Stanley, J. E. Allison, R. B. Easley, 1972, Restriction of color in the rat with associated sterility in the male and heterochromia in both sexes. J. exp. zool. 180, 333-349. - 2964. Gumport, S. L., M. N. Harris, 1976, Melanoma of the skin. In: Cancer of the skin, W. B. Saunders, Philad. . - 2965. Günther, K. D., 1971, Mineralstoffbedarf des Fleischschweines. Tierzücht. 23, 291-292. - 2966. Günther, K., R. Witting, W. Lenkeit, 1967, Untersuchungen über die vergleichende Entwicklung und Mineralisierung der einzelnen Skeletteile beim Ferkel in Abhängigkeit von der Ca- und P-Versorgung. Z. Tierphys. Tierern. Futterm. k. 23, 106-125. - 2967. Günther, K. H., R. A. Parsi, W. Geißler, N. Porstmann, 1935, Idiopathische Herzhypertrophie. Dt. med. Wschr. 90, 1241 - 1247. - 2968. Günther, R., 1977, Zur Differentialdiagnose von chronischer Polyarthritis und Arthritis psoriatica. In: Wagenhäuser a. a. O. . - 2969. Gunz, F. W., P. N. Fitzgerald, P. E. Crossen, I. S. McKinsey, C. P. Powels, G. R. Jensen, 1965, Multiple cases of leukemia in a sibship. Blood 27, 482-489. - 2970. Gustafson, D. P., C. L. Kanitz, 1974, Experimental transmission of congenital tremors in swine. Proc. ann. meet. U.S. anim. hlth. ass. 78, 338-345. - 2971. Gustavsson, I., 1969, Cytogenetics, distribution and phenotypic effects of a translocation in Swedish cattle. Hereditas 63, 68-169. - 2972. Gustavsson, I., 1971, Distribution of the 1/29 translocation in the A.I. bull population of Swedish Red and White cattle. Hereditas 69, 101-106. - 2973. Gustavsson, I., 1971, Chromosomes of repeat-breeder heifers. Hereditas 68, 331-332. - 2974. Gustavsson, I., 1971, Culling rates in daughters of sires with a translocation of centric fusion type. Hereditas 67, 65-73. - 2975. Gustavsson, I., 1974, Appearance and persistence of the 1/29 translocation in cattle. Coll. acc. chromos. reprod., Paris, 147-153. - 2976. Gustavsson, I., 1974 Chromosomal polymorphism. 1wld. congr. gen. appl. livest., 191-199. - 2977. Gustavsson, I., 1975, Die gegenwärtigen Probleme innerhalb der Zytogenetik der Haustiere. 2. Eur. Koll. Zytogen. Vet. med., 1- 16. - 2978. Gustavsson, I., 1975, New information on the reduced fertility of cattle with the 1/29 translocation. 2. Eur. Koll. Zytogen. Vet. med., 184-189. - 2979. Gustavsson, I., 1977, Cytogenetic analysis of cattle chromosomes. Ann. gén. sel. anim. 9, 459-462. - 2980. Gustavsson, I., 1979, (Lowered fertility in the blue fox due to a chromosome defect). Var. pälsd. 50, 83-89. - 2981. Gustavsson, I., 1979, Distribution and effects of the 1/29 Robertsonian translocation in cattle. J. dairy sci. 62, 825-835. - 2982. Gustavsson, I., 1980, Chromosome aberrations and their influence on the reproductive performance of domestic animals - a review. Z. Tierz. Zücht. biol. 97, 176-195. - 2983. Gustavsson, I., C. O. Sundt, 1967, Chromosome elimination in the evolution of the silver fox. J. hered. 58, 74-78. - 2984. Gustavsson, I., J. Rendel, 1971, A translocation in cattle and its association to polymorphisms in red cell antigens, transferrins and carbonic anhydrases. Hereditas 67, 35-38. - 2985. Gustavsson, I., M. Hageltorn, L. Zech, S. Reiland, 1973, Identification of the chromosomes in a centric fusion/fission polymorphic system of the pig (Sus scrofa L.). Hereditas 75, 153-155. - 2986. Guth, O., 1909, Wurden die Interessen der Landwirtschaft in der nördlichen Oberpfalz dadurch, daß man die öffentliche Förderung der Viehzucht auf einen Landschlag konzentrierte, irgendwie vernachlässigt oder geschädigt ? Dissert. Bern. - 2987. Gutman, A., A. Andrews, J. H. Ader, 1975, Hyperinsulinemia, insulin resistance and cataract formation in sand rats. In: Shafir a.a. O.. - 2988. Gutsche, H., H. D. Holler, 1975, Diabetes epidemiology in Europe. G. Thieme Vlg. Stuttg. -2989. Gutte, G., I. Grütze, 1978, Zu Bau und Funktion der Epiphysis cerebri bei den Haussäugetieren. Mh. Vet. med. 33, 871-873. - 2990. Gyles, N.R., J. L. Miley, C. J. Brown, 1966, Tumor size, score, and speed of development as criteria for measuring genetic resistance of chickens to rous sarcoma virus. Poult. sci. 45, 1089. - 2991. Gyles, N.R., B.R. Stewart, L. J-Brown, 1968, Mechanisms of genetic resistance in the chicken to Rous sarcoma virus. Poult. sci. 47, 430 - 450. - 2992. Gyles, N.R., C.J. Brown, 1971, Selection in chickens for retrogression of tumors caused by Rous sarcoma virus. Poult. sci. 50, 901-905. - 2993. Gyles, N.R., M. Blythe, P. Test, A. Bowanko, C.J. Brown, 1977, Immune response in progressor and regressor strains of chickens at specific intervals after a primary challenge with Rous sarcoma virus. Poult. sci. 56, 758-766. - 2994. Haarhoff, K., 1969, Koronarsklerose, Hypertonie, Myokardinfarkt. Beitr. path. Anat. 139, 170-186. - 2995. de Haas, E.B.H., K.E.W.P. Tan, 1966, Waardenburg's syndrome. Doc. ophth. 21, 239-282. - 2996. de Haas, E.B.H., G.H.M. v. Lith, J. Rijnders, A.M. L. Rümke, C. Volmer, 1970, Usher's syndrome. Doc. ophth. 28, 166-190. - 2997. Haase, E., 1967, Vergleichende makroskopische, quantitative, mikroskopisch-anatomische sowie histochemische Untersuchungen an Hypophysen verschiedener Arten der Familie Canidae Gray 1821. Z. wiss. Zool. 176, 1-121. - 2998. Haase, G., 1977, Present status in research, development and commercialization of polyunsaturated meat and dairy products. Milchwiss. 32,

257-260. - **2999.** Haase,H.,H.Ebermann,1976,Zur Oberkieferverkürzung (Brachygnathia superior) beim Kalb. Tierzucht 30,447-448. - **3000.** Haase,M.,S. Bernard,G.Guidot,1980,Trypanosomose der Rinder in Obervolta, epizootologische Ermittlungen und Beitrag zum Problem Trypanotoleranz. Berl. Münch. tierärztl.Wschr. 93,400-402. - **3001.** Habermehl,G.,S.Göttlicher,E.Klingbiel, 1973,Röntgenstrukturanalyse organischer Verbindungen.Springer Vlg.,Berl. - **3002.** Hackel,D.B.,E.Mikat,H.E. Lebovitz,K.Schmidt-Nielsen,E.S.Horton, T.D.Kinney,1967,The sand rat (Psammomys obesus) as an experimental animal in studies of diabetes mellitus.Diabetol. 3,130-134. - **3003.** Hädge,D.,H. Fiebig,H.Ambrosius,1977,Strukturelle Untersuchungen an Immunglobulinen niederer Wirbeltiere.Wiss. Z. Univ. Leipzig M.N.R. 26,67-80. - **3004.** Hadorn, E.,1955,Letalfaktoren.G. Thieme,Stuttg.. - **3005.** Haeckel,R.,1978,Diagnostik der Hyperurikämie. J. clin. chem. bioch. 16,463-469. - **3006.** Haenszel,W.,M. Hillhouse,1959,Uterine-cancer morbidity in New York City and its relation to the pattern of regional variation within the United States. J. nat. canc. inst. 22,1157-1181. - **3007.** Hafez,E.S.E.,1967,Reproductive failure in domestic mammals.In: Benirschke a.a.O.. - **3008.** Hafez,E.S.E.,1967,Degeneration of overcrowded placentae.In: Benirschke a.a.O..- **3009.** Hafez,E.S.E.,1974, Reproduction in farm animals. Lea u. Febiger,Philad.. - **3010.** Hafez,E.S.E., 1975,The mammalian fetus.C.C.Thomas,Illinois. - **3011.** Hafez,E.S.E.,C. O'Mary,M.E.Ensminger,1958,Albino-dwarfism in Hereford cattle. J. hered. 49,111-116. - **3012.** Hafez,E.S.E.,M.R. Jainudeen,1966,Intersexuality in farm animals. Anim.breed.abstr. 34,1-15. - **3013.** Haffer,K.,M.Sevoian,1979,In vitro studies on the role of the macrophages of resistant and susceptible chickens with Marek's disease. Poult. sci. 58,295-297. - **3014.** Haffer,K.,M.Sevoian,M.Wilder,1979,The role of the macrophage in Marek's disease.Int. J. canc. 23,648-656. - **3015.** Hagen,L.O.,1953,Lipid dystrophic changes in the central nervous system in dogs.Act. path. microb. scand. 33,22-35. - **3016.** Hagberg,B.,L.Svennerholm,L.Thoren,1962,Cholelithiasis in childhood. Act. chir. scand. 123,307-315. - **3017.** Hageltorn,M.,I.Gustavsson,1974,The application of new staining techniques in the identification of individual chromosome pairs in domestic animals. 1.wld.congr.gen.appl.livest.,203-211. - **3018.** Hageltorn, M.,I.Gustavsson,L.Zech,1976,Detailed analysis of a reciprocal translocation (13q-;14q+) in the domestic pig by G- and Q-staining techniques.Hereditas 83, 268-272. - **3019.** Hageltorn,M.,I.Gustavsson,1979,Identification by banding techniques of the chromosomes of the domestic rabbit (Oryctolagus cuniculus L.).Hereditas 90,269-279. - **3020.** Hageman,M.,1977,Audiometric findings in 34 patients with Waardenburg's syndrome.J. laryng. otol. 91,575-584. - **3021.** Hageman,M.J.,J.W.Delleman,1977,Heterogeneity in Waardenburg syndrome. Am.J.hum.gen. 29,468-485. - **3022.** Hageman,M.J.,W.J.Oosterveld,1977,Vestibular findings in 25 patients with Waardenburg's syndrome.Arch. otolar. 103,648-652. - **3023.** Hagemann,E.,G.Schmidt,1960,Ratte und Maus.W.de Gruyter u.Co.,Berlin. - **3024.** v.d.Hagen,D.,H.C.Löliger,S.Matthes,1971,Vergleichende Untersuchungen in vitro und in vivo über die Empfänglichkeit und Resistenz meherer Hühnerlinien gegen verschiedene Leukose- und Sarkom-stämme.Arch.Gefl.k. 35,205-209. - **3025.** v.d.Hagen,D.,H.C.Löliger,W.Hartmann,1975,Untersuchungen über die Beziehungen zwischen der Zellempfänglichkeit und der Antikörperbildung und ihre Bedeutung in der Pathogenese aviärer Leukosen.Av.path. 4,109-117. - **3026.** Hagen,K.L.,L.E.Young,R.G.Tissoi,C.Cohen,1978,Factors affecting natural antiallotype antibody production in rabbits.Immunogen. 6,355-366. - **3027.** Hagenäs,L.,E.M.Ritzen,J.Svensson,V.Hansson,K.Purvis,1978,Temperature dependence of Sertoli cell function. Int. J. andr., Suppl. 2, 449-456. - 3028. Hagenbeck, C. C., 1968, Untersuchungen an Ohrmuscheln bei Deutschen verdedelten Landschweinen. Dissert. Hannover. - 3029. Haghshenass, M., F. Ismail-Beigi, J. B. Clegg, D. J. Weatherall, 1977, Mild sickle-cell anemia in Iran associated with high levels of fetal haemoglobin. J. med. gen. 14, 168-171. - 3030. Hahn, J., 1969, Inheritance of fertility in cattle inseminated artificially. J. dairy sci. 52, 240-244. - 3031. Hahn, J., 1972, Hodengröße und - konsistenz als Fruchtbarkeitskriterium. Tierzücht. 24, 172-174. - 3032. Hahn, J., R. H. Foote, G. E. Seidel, 1969, Testicular growth and related sperm output in dairy bulls. J. anim. sci. 29, 41-47. - 3033. Hahn, M. E., S. B. Haber, 1978, A diallel analysis of brain and body weight in male inbred laboratory mice (mus musculus). Behav. gen. 8, 251-260. - 3034. Hahn, M. E., S. B. Haber, 1979, Dominance for large brains in laboratory mice. Beh. gen. 9, 243-244. - 3035. Hairston, M. A., R. J. Reed, V. J. Derbes, 1964, Dermatosis papulosa nigra. Arch. derm. 89, 655-658. - 3036. Hakansson, E. M., L. G. Lundin, 1975, Genetic variation in the number of pituitary PAS-purple cells in the house mouse. J. hered. 66, 144-146. - 3037. Halama, A. K., 1979, Unvollständige Skeletmineralisierung bei Jungmasthühnern. Wien. tierärztl. Mschr. 66, 142-145. - 3038. Halbritter, R., M. Aumailley, R. Rackwitz, T. Krieg, P. K. Müller, 1981, Case report and study of collagen metabolism in Marfan's syndrome. Klin. Wschr. 59, 83-90. - 3039. Hale, F., 1933, Pigs born without eye balls. J. hered. 24, 105-106. - 3040. Halgaard, C., 1981, Epidemiologic factors in piglet diarrhea. Nord. vet. med. 33, 403-412. - 3041. Halipré, A., 1973, Etude du caractère culard. X. Ann. gén. sél. anim. 5, 441-449. - 3042. Hall, G. M., J. N. Lucke, D. Lister, 1977, Porcine malignant hyperthermia. V. Brit. J. anaesth. 49, 855-863. - 3043. Hall, J. G., 1974, Blood groups and their association with physiological variables, reproduction and production. Anim. bld. grps. bioch. gen. Suppl. 1, 35-36. - 3044. Hall, J. G., E. A. Hunter, 1973, The effects of Ka and Hb genotypes on blood electrolytes and hemoglobin in sheep. Hered. 31, 325-337. - 3045. Hall, J. G., A. F. Purser, 1979, Lamb production and haemoglobin type. Anim. breed. res. rep. Edinb. 9-12. - 3046. Hall, L. W., N. Woolf, J. W. P. Bradley, D. W. Jolly, 1966, An unusual reaction to suxamethonium chloride. Brit. med. J. 2, 1305. - 3047. Hall, R., J. Anderson, G. A. Smart, M. Besser, 1974, Fundamentals of clinical endocrinology. Pitman med., Lond.. - 3048. Hall, R. D., W. B. Gross, 1975, Effects of social stress and inherited plasma corticosterone levels in chickens on populations of northern fowl mite Ornithonyssus sylvarum. J. parasit. 61, 1096-1100. -3049. Hall, R. E., H. R. Colten, 1978, Genetic defect in biosynthesis of the precursor form of the fourth component of complement. Science 199, 69-70. - 3050. Haller, H., W. Leonhardt, M. Hanefeld, A. Knorr, 1979, Risikofaktoren degenerativer Herz-Kreislauf-Erkrankungen bei Diabetikern unter oraler Diabetestherapie im Vergleich zu alleiniger Diätbehandlung. Dt. Gesundh. wes. 34, 778-781. - 3051. Haller, O., 1981, Inborn resistance of mice to Orthomyxoviruses. Curr. top. microb. immunl. 92, 25-52. - 3052. Haller, O., J. Lindemann, 1974, Athymic (nude) mice express gene for myxovirus resistance. Nature 250, 679-680. - 3053. Haller, O., H. Arnheiter, I. Gresser, L. Lindenmann, 1979, Genetically determined, interferon-dependent resistance to influenza virus in mice. J. exp. med. 149, 601-612. - 3054. Haller, O., H. Arnheiter, J. Lindenmann, I. Gresser, 1930, Host gene influences sensitivity to interferon action selectively for influenza virus. Nature 283, 660-662. - 3055. Hallgren, W., 1951, Abnormt leng drägtighet hos ko. Nord. vet. med. 3, 1043-1060. - 3056. Hallgrimsson, S., 1977, The effect of ram on ewe fertility in Icelandic sheep. J. agr. res. Icel. 9, 83-88. - 3057. Halliday, R., 1974, Variations in immunoglobulin concentrations in Merino and Scottish Blackface lambs. Anim. prod. 19, 301-308. - 3058. Halliday, R.,

1976, Variations in immunoglobulin concentrations in Finnish x Dorset Horn lambs. Res. vet. sci. 21, 331-334. - 3059. Halnan, C. R. E., 1972, Autosomal deletion and infertility in cattle. Vet. rec. 91, 572. - 3060. Halnan, C. R. E., 1975, Chromosomes of cattle. Vet. rec. 96, 148-151. - 3061. Halnan, C. R. E., 1976, A cytogenetic survey of 1101 Australian cattle of 25 different breeds. Ann. gén. sél. anim. 8, 131-139. - 3062. Halnan, C. R. E., J. Francis, 1976, Bos taurus Y chromosome of Africander cattle and the development of improved breeds for the tropics. Vet. rec. 98, 88-90. - 3063. Halnan, C. R. E., D. B. Galloway, J. I. Watson, J. J. McKee, J. Norman, 1980, An autosomal centric fusion translocation in the Red Poll breed in Australia. Vet. rec. 107, 177-178. - Halnan, C. R. E., J. I. Watson, J. J. McKee, 1981, G-band patterns of the karyotype of Bos indicus. Vet. rec. 109, 34-37. - 3065. Halnan, C. R. E., W. L. Potter, 1982, Morphology of cattle Y chromosome. Austr. vet. J. 58, 122-123. - 3066. Halse, J., J. O. Gordeladze, 1978, Urinary hydroxyproline excretion in acromegaly. Act. endocr. 89, 483-491. -3067. Halse, J., H. N. Haugen, 1980, Calcium and phosphate metabolism in acromegaly. Act. endocr. 94, 459-467. - 3068. Hamada, T., 1974, Serum creatinine phosphokinase levels in calves with arthrogryposis-hydranencephaly syndrome. Vet. rec. 95, 441. - 3069. Hamana, K., T. Tajri, 1976, (Studies on the reproductive failure of Japanese Black beef cattle in Miyazaki)VI. Bull. fac. agr. 23, 127-133. - 3070. Hamburg, D. A., S. Kessler, 1967, A behavioural-endocrine -genetic approach to stress problems. In: Spickett a. a. O.. - 3071. Hamburgh, M., E. J. W. Barrington, 1971, Hormones in development. Appleton Cent. Crofts. N. Y. -3072. Hamerton, J. L., 1968, Significance of sex chromosome derived heterochromatin in mammals. Nature 219, 910-914. - 3073. Hamerton, J. L., 1968, Robertsonian translocations in man. Cytogen. 7, 260-276. - 3074. Hamerton, J. L., J. M. Dickson, L. E. Pollard, S. A. Grieves, R. V. Short, 1969, Genetic intersexuality in goats. J. repr. fert. Suppl. 7, 25-51. - 3075. Hamerton, J. L., F. Gianelli, 1970, Non-random inactivation of the X chromosome in the female mule. Nature 228, 1322-1323. - 3076. Hamerton, J. L., B. J. Richardson, P. A. Gee, W. R. Allen, R. V. Short, 1971, Non-random X chromosome expression in female mules and hinnies. Nature 232, 312-315. - 3077. Hamilton, J. M., 1975, A review of recent advances in the study of the aetiology of canine mammary tumours. Vet. ann. 15, 276-283. - 3078. Hamir, A. N., O. B. Parry, 1980, An abattoir study of bovine neoplasms with particular reference to ocular squamous cell carcinoma in Canada. Vet. rec. 106, 551-553. - 3079. Hamlyn, P., 1976, Control of transcription of the ovalbumin gene. Nature 261, 11-12. - 3080. Hamm, R., 1969, Das Problem des wässrigen, blassen Schweinefleisches im Lichte der gegenwärtigen Forschung. Fleischwirtsch. 49, 652-656. - 3081. Hammar, F. A., 1924, Methode, die Menge des Marks der Rinde und der Rindenzone, sowie die Menge und Verteilung der Lipoide der menschlichen Nebenniere zahlenmäßig festzustellen. Z. mikr. anat. Forsch. 1, 85-190. - 3082. Hammerberg, C., 1981, The influence of T^{ori} upon male fertility in t-bearing mice. Gen. res. 37, 71-77. - 3083. Hammerberg, G., J. Klein, 1975, Linkage relationships of markers on chromosome 17 of the house mouse. Gen. res. 26, 203-211. - 3084. Hammerman, C., A. I. Eidelman, L. Gartner, 1979, Hypocalcemia: a possible factor in persistent patency of the ductus arteriosus (PDA). Ped. res. 13, 345. - 3085. Hammerschlag, V., 1908, Zur Kenntnis der heredität-degenerativen Taubstummheit. Z. Ohrenhlk. 56, 126-138. - 3086. Hammond, D. M., P. L. Long, 1973, The coccidia. Univ. Park Press, Baltimore. - 3087. Hamori, D., 1940, Beiträge zur Vererbbarkeit der Eigenschaften des Hufes. Dt. tierärztl. Wschr. 49, 90. - 3088. Hamori, D., 1941, Karpfen- und Hechtgebiß als Erbfehler. Allatorv. lap. 9, 57-58. - 3089. Hamori, D., 1942, Bockhuf und Stelzfuß in erbpathologischer Betrachtung. Ref. Dt. tierärztl. Wschr. 50, 231. - 3090. Hamori, D., 1962, Über Anlagen zur Hernienbildung bei

Schweinen. Zuchthyg. 6, 80-84. - 3091. Hamori, D., 1962, Kraterzitzen bei Sauen. Zuchthyg. Fortpfl. Bes. 6, 91-94. - 3092. Hamori, D., 1964, Das Entropium der Schafe. Zuchthyg. Fortpfl. Bes. 1, 73-80. - 3093. Hamori, D., 1964, (Zum Vorkommen des Kryptorchismus der Schafe in Ungarn). Allatorv. Lap. 13, 133-140. - 3094. Hamori, D., 1966, (The inheritance of agenesia musculi sphincteris ani in piglings). Mag. All. lapj. 21, 41-42. - 3095. Hamori, D., 1967, The spastic syndrome in Hungarian Red Spotted cattle. Mag. All. lapj. 22, 163-169. - 3096. Hamori, D., 1970, (Hereditary hypoplasia of the genital organs of Hungarian Simmental heifers). Zuchthyg. 5, 128-133. - 3097. Hamori, D., 1974, (Study of mastitis susceptibility in Hungarian Pied cattle). Ref. Anim. breed. abstr. 43, 669. - 3098. Hamori, D., 1974, (Hereditary constitutional defects and diseases of domestic animals). Act. agr. sci. hung. 25, 246-247. - 3099. Hamori, D., 1975, The hereditary-pathological and breeding hygienic problems of twinning in cattle. Act. agr. ac. sci. hung. 24, 11-17. - 3100. Hamori, D., 1976, (Population-genetic studies on the transmission of spastic paresis in cattle). Mag. all. lapj. 31, 641 - 644. - 3101. Hamori, D., 1978, (Breeding hygiene studies on large farms). Mag. all. lapj. 33, 295-301. - 3102. Hamori, D., G. Ronay, 1965, (Untersuchungen über die angeborene Unfruchtbarkeit von Färsen). Mag. all. lapj. 20, 67-72. - 3103. Hamori, D., L. Bodon, D. Karasszon, 1976, (Contribution to the trembling disease of newborn piglets. I.). MAg. all. lapj. 31, 119-122. - 3104. Hampl, A., E. Petrovsky, L. Machnikova, 1979 Eye variability in chick embryos. Brit. poult. sci. 20, 385-390. - 3105. Han, F. S., J. R. Smyth, M. Sevoian, F. N. Dickinson, 1969, Genetic resistance to leukosis caused by the JM virus in the fowl. Poult. sci. 48, 76-87. - 3106. Hanada, H., S. Muramatsu, 1980, A case of subfertile cow with structural abnormalities of the X-chromosome. Ann. gén. sél. anim. 12, 209-213. - 3107. Hanada, H., S. Muramatsu, T. Abe, T. Fukushima, 1981, Robertsonian chromosome polymorphism found in a local herd of the Japanese Black cattle. Ann. gen. sél. anim. 13, 205-211. - 3108. Hanada, H., S. Muramatsu, 1981, A phenotypically normal cattle with 60XY/61XYY karyotype. Jap. J. gen. 56, 519-522. -3109. Hancock, J., 1950, zit. n. Wiesner u. Willer a. a. O. - 3110. Hancock, J., 1954, Bloat in relation to grazing behaviour. J. agr. sci. 45, 80-95. - 3111. Hancock, J., A. Lonca, 1975, Polledness and intersexuality in the Damascus breed of goat. Anim. prod. 21, 227-231. - 3112. Hancock, J. L., M. G. Daker, 1981, Testicular hypoplasia in a boar with abnormal sex chromosome constitution (39 XXY). J. repr. fert. 61, 395-397. - 3113. Handa, S., T. Yamakawa, 1971, Biochemical studies in cat and human gangliosidosis. J. neurochem. 18, 1275-1280. - 3114. Handel, M. A., J. J. Eppig, 1979, Sertoli cell differentiation in the testes of mice genetically deficient in germ cells. Biol. repr. 20, 1031-1038. - 3115. Handin, R. I., V. Martin, W. C. Moloney, 1976, Antibody-induced von Willebrand's disease. Blood 48, 393-405. - 3116. Hanford, W. C., R. L. Nep, S. M. Arfin, 1974, Genetic variation in histidine ammonia-lyase activity in the mouse. Bioch. biophys. res. comm. 61, 1434-1437. - 3117. Hanhart, E., 1953, Die Rolle der Erbfaktoren bei Störungen des Wachstums. Schweiz. med. Wschr. 83, 198-203. - 3118. Hanig, J. P., P. D. Yoder, S. Krop, 1976, Convulsions in weaning rabbits after a single topical application of 1% lindane. Tox. appl. pharm. 38, 463-469. - 3119. Hanna, W., D. McCarroll, T. McDonald, F. Painter, J. Tuller, J. Chen, R. Lange, 1981, Variant von Willebrand's disease and pregnancy. Blood 58, 873-879. - 3120. Hannan, J., 1971, Recent advances in our knowledge of iron deficiency anaemia in piglets. Vet. rec. 88, 181-190. - 3121. Hannapel, E., U. Drews, 1979, Mosaic character of spermatogenesis in carriers of the sex reversed factor in the mouse. Horm. metab. res. 11, 682-689. - 3122. Hannappel, E., W. Siegler, U. Drews, 1980, Demonstration of 2n spermatids in carriers of the sex reversed factor in the mouse by Feulgen cytophotometry. Histochem. 69, 299-306. - 3123. Hanrahan, J. P., 1974, Ovulation rate as a selection criterion for fecundity in sheep. 1. wld. congr. gen. appl. livest., 1033-1038 - 3124. Hanrahan, J. P., J. F. Quirke, N. P. Wilkins, E. M. Gosling, 1977, Haemoglobin genotype, reproduction performance and response to PMSG in sheep. J. repr. fert. 51, 499-501. - 3125. Hänsch, J., 1981, Zum Vorkommen der Porphyrie beim Schwein. Mh. Vet. med. 36, 418-419. - 3126. Hansen, J. S., 1977, Urachal remnant in the cat. Vet. med. sm. anim. clin. 72, 1735-1741, 1744-1746. - 3127. Hansen, K. M., 1965, Hasernes sundhed hos en A. I. -tyrs dotre. Aarsber. inst. ster. Kopenhagen, 13-15. - 3128. Hansen, K. M., 1973, Q-band karyotype of the goat (Capra hircus) and the relation between goat and bovine Q-bands. Hereditas 75, 119-129. - 3129. Hansen, K. M., 1973, The karyotype of the domestic sheep (Ovis aries) identified by quinacrine mustard staining and fluorescence microscopy. Hereditas 75, 233-240. - 3130. Hansen, K. M., 1977, Identification of the chromosomes of the domestic pig (Sus scrofa domestica). Ann. gén. sél. anim. 9, 517-526. - 3131. Hansen, M., 1974, Relationship between beef production traits and calving performance in two breeds of dual purpose cattle. 1. wld. congr. gen. appl. livest., 749-754. - 3132. Hansen, M., 1975, Calving performance in Danish breeds of dual purpose cattle. Livest. prod. sci. 2, 51-58. - 3133. Hansen, M., 1979, (Aleutian disease in mink.). Dansk. vet. tidskr. 62, 900-902. - 3134. Hansen, R. S., 1976, Nervousness and hysteria of mature female chickens. Poult. sci. 55, 531-543. - 3135. Hansen-Melander, E., Y. Melander, 1969, Mosaicism for translocation heterozygosity in a malformed pig. Hereditas 64, 199-202. - 3136. Hanset, R., 1965, Research into white heifer disease and its genetic determination. Anim. breed. abstr. 34, 280-281. - 3137. Hanset, R., 1965, Recherches sur la White heifer disease et son déterminisme génétique. C. R. inst. enc. rech. sci. ind. agr. Brux. 33, 181. - 3138. Hanset, R., 1967, Un syndrome achondroplasique dans les races bovines de Moyenne Belgique et de Flandre orientale. Ann. méd. vét. 111, 493-505. - 3139. Hanset, R., 1967, Syndromes achondroplasiques chez les animaux domestiques. Ann. méd. vét. 111, 506-531. - 3140. Hanset, R., 1967, The problem of muscular hypertrophy or the culard character in the Central and Upper Belgian breed. Ann. méd. vét. 111, 140-180. - 3141. Hanset, R., 1969, Croisement expérimentaux avec des génisses atteintes de la "White heifer disease". Ann. méd. vét. 113, 3-11. -3142. Hanset, R., 1969, La "White heifer disease" dans la race bovine de Moyenne et Haute Belgique. Ann. méd. vét. 113, 12-21. - 3143. Hanset, R., 1974, Modèles de selection en faveur d'un gène: application au cas du gène "culard" en race Blanc Bleu Belge. Ann. méd. vét. 118, 507-518. - 3144. Hanset, R., 1975, Peut-on sélectionner les animaux pour la résistance aux maladies infectieuses ? Ann. méd. vét. 119, 287-293. - 3145. Hanset, R., 1975, L'exploitation du gène "culard" en croisements. Ann. méd. vét. 119, 1-10. - 3146. Hanset, R., 1976, Crossbreeding plans with double-muscled cattle. EEC sci. tech. inf., 55-66. - 3147. Hanset, R., 1980, Die Doppellendigkeit beim Rind. Tierzücht. 32, 498-501. - 3148. Hanset, R., 1981, Le caractère "culard" chez les bovins. Ann. méd. vét. 125, 85-95. - 3149. Hanset, R., M. Ansay, 1967, Dermatosparaxie chez le veau: un défaut général du tissu conjonctif, de nature héréditaire. Ann. méd. vét. 111, 451-470. - 3150. Hanset, R., C. M. Lapière, 1974, Inheritance of dermatosparaxis in the calf. J. hered. 65, 356-358. - 3151. Hanset, R., R. Camerlynck, 1974, L'héritabilité du nombre de mammelles chez le porc de Piétrain et le porc Landrace Belge. Ann. gén. sél. anim. 6, 91-101. - 3152. Hanset, R., M. Ansay, M. Jandrain, 1977, Morphology of the double-muscled calf. EEC sci. tech. inf., 399-411. - 3153. Hanset, R., M. Jandrain, 1977, Selection for double-muscling and calving problems. EEC progr. coord. res. beef prod., 91-104. - 3154. Hanset, R., P. Leroy, C. Michaux, 1978, Le syndrome arthrogrypose et palatochisis (S. A. P.) dans un troupeau de croisés Charolais. Ann. méd. vét. 122, 591-596. - 3155. Hanset,

R., C. Michaux, 1978, Anomalies of the lower jaw in double muscled cattle. Ann. méd. vét. 122, 649-655. - 3156. Hanset, R., A. Stasse, C. Michaux, 1979, Feed intake and feed efficiency in double-muscled and conventional cattle. 30th ann. meet. Eur. ass. anim. prod. GN 4, 9. - 3157. Hansmann, I., R. Zmarsly, H. D. Probeck, J. Schäfer, J. Jenderny, 1979, Aneuploidy in mouse fetuses after paternal exposure to X rays. Nature 280, 228-229. - 3158. Hanson, H. M., 1975, Psychophysical evaluation of toxic effects on sensory systems. Fed. proc. 34, 1852 - 1857. - 3159. Hansson, A., 1945, Studies on monozygous cattle twins. Act. agr. scand. 1, 163-169. - 3160. Hansson, A., 1962, Praktische Ergebnisse der Zwillingsforschung beim Rind. Züchtungsk. 34, 435-450. - 3161. Hansson, A., 1975, Compensatory mechanisms in the satellite association patterns of individuals with Robertsonian translocations. Hereditas 81, 101-112. - 3162. Hansson, A., M. Mikkelsen, 1978, The origin of the extra chromosome 21 in Down syndrome. Cytogen. cell gen. 20, 194-203. - 3163. Harada, K., 1979, A cytological study of turkey parthenogenesis. Dissert. abstr. B 40, 72-73. - 3164. Harada, K., E. G. Buss, 1981, Turkey-chicken hybrids. J. hered. 72, 264-266. - 3165. Harada, K., E. G. Buss, 1981, Cytogenetic studies of embryos developing parthenogenetically in turkeys. Poult. sci. 60, 1362-1364. - 3166. Haralambie, G., 1969, Zum Normalwert des Coeruloplasmins im Serum und seine Beeinflussung durch Körperarbeit. Z. klin. Chem. klin. Bioch. 7, 352-355. - 3167. Harata, M., R. Shoji, R. Semba, 1978, Genetic background and expressivity of congenital cataract in mice. Jap. J. gen. 53, 147-152. - 3168. Hard, W. L., 1967, The anatomy and cytogenetics of male pseudo-hermaphroditism in swine. Anat. rec. 157, 255-256. - 3169. Harding, J. D., J. T. Done, J. H. Darbyshire, 1966, Congenital tremors in piglets and their relation to swine fever. Vet. rec. 79, 388-390. - 3170. Harding, J. D., J. T. Done, J. F. Harbourne, F. R. Gilbert, 1973, Congenital tremor type AIII in pigs. Vet. rec. 92, 527-529. - 3171. Hare, J. F., A. S. Hare, 1979, Epileptiform mice, a new neurological mutant. J. hered. 70, 417-420. - 3172. Hare, W. C. D., 1976, Congenital retroflexion of the penis and inguinal cryptorchidism in a presumptive bovine twin with a 60 XY/60 XX/61 XX+ cen chromosome constitution. Can. J. comp. med. 40, 429-433. - 3173. Hare, W. C. D., R. R. Marshak, D. A. Abt, R. M. Dutcher, J. E. Croshaw, 1964, Bovine lymphosarcoma. Can. vet. J. 5, 180-198. - 3174. Hare, W. C. D., R. A. McFeely, 1966, Chromosome abnormalities in lymphatic leukaemia in cattle. Nature 209, 108. - 3175. Hare, W. C. D., W. T. Weber, R. A. McFeely, T. J. Yang, 1966, Cytogenetics in the dog and cat. J. sm. anim. pract. 7, 575-592. - 3176. Hare, W. C. D., K. Bovee, 1974, A chromosomal translocation in Miniature poodles. Vet. rec. 95, 217-218. - 3177. Hare, W. C. D., R. A. McFeely, D. F. Kelly, 1974, Familial 78 XX male pseudohermaphroditism in three dogs. J. repr. fert. 36, 207-210. - 3178. Hare, W. C. D., E. L. Singh, K. J. Betteridge, M. D. Eaglesome, G. C. B. Randall, D. Mitchell, R. J. Bilton, A. O. Trounson, 1980, Chromosomal analysis of 159 bovine embryos collected 12 to 18 days after estrus. Can. J. gen. cyt. 22, 615-626. - 3179. Hariga, J., J. Moutschen, 1969, On the inheritance of heredoataxias. Hum. hered. 19, 457-472. - 3180. Haring, F., A. Schaaf, 1951, Erbgang der Tigerscheckung in der Zucht des schwarzen Cornwall-Schweines. Z. Tierz. Zücht. biol. 59, 112-135. - 3181. Haring, F., R. Gruhn, D. Smidt, B. Scheven, 1963, Die Züchtung eines Miniaturschweines als Laboratoriumstier. Zbl. Bakt. Paras. Inf. Hyg. 189, 521-537. - 3182. Haring, F., J, Steinbach, B. Scheven, 1966, Untersuchungen über den mütterlichen Einfluß auf die Prä- und postnatale Entwicklung von Schweinen extrem unterschiedlicher Grössen. Z. Tierz. Zücht. biol. 82, 37-53. - 3183. Haring, F., R. Gruhn, D. Smidt, 1969, Einige Gesichtspunkte der Verwendung von Miniaturschweinen als Laboratoriumstiere. Proc. I. congr. int. pig vet. soc., 33. - 3184. Haring, F., R. Gruhn,

1970,Mikrophthalmie,ein einfach rezessiver Erbfehler beim Schaf.Züchtungsk. 42,385-390. - 3185.Harisch,G. ,A.Dey-Hazra,K.Enigk,J.Schole,1971,Der Einfluß subletaler Röntgenbestrahlung auf die Coccidien- und Capillaria-Infektion des Huhnes.Zbl.Vet.med.B 18,527-533. - 3186.Harkins,R.K.,J.E.Allison, R.M.Macy,1974,Ocular sites of gene expression in the Norway rat.J.hered. 65,273-276. - 3187.Harley,R.D.,1975,Pediatric ophthalmology.W.B.Saunders, Philad.. - 3188.Harley,R.D.,D.R.Manley,1975,Glaucoma in infants and children.In: Harley a.a.O.. - 3189.Harman,P.J.,J.P.Tassoni,R.L.Curtis,M.B. Hollinshead,1963,Muscular dystrophy in the mouse.In: Bourne u.Golarz a.a.O. - 3190.Harmeyer,J.,1977,Charakterisierung eines erblichen Rachitismodells bei Schweinen.Wiss.Arb.ber.Sonderforsch.146,149-154. - 3191.Harmeyer,J., 1979,Untersuchungen zum Vitamin D Stoffwechsel an einem Rachitismodell bei Schweinen.Tierlabor.6,27-36. - 3192.Harmeyer,J.,H.Plonait,1967,Generalisierte Hyperaminoacidurie mit erblicher Rachitis bei Schweinen.Helv.ped.act. 22,216-229. - 3193.Harmison,L.T.,1973,Research animals in medicine.DHEW-Publ.,Washington. - 3194.Harmon,D.E.,1978,Predicting the rate of mastitis and level of milk production from the collapsibility of the mammary system of the dairy cow.Dissert.abstr.B 39,1063. - 3195.Harmon,R.C., E.A.Clark, C.O'Toole,L.S.Wicker,1977,Resistance of H-2 heterozygous mice to parental tumors.Immunogen.4,601-607. - 3196.Harmon,T.P.,K.S.Morton,1966, Osteogenic sarcoma in four siblings.J.bone jt.surg.48,493-498. - 3197.Harmsen,L.,1955,(Hypertrichosis, a hereditary defect in cattle).Hem.zoa 62,93-94. - 3198.Harper,J.A.,J.E.Parker,1967,Herditary muscular dystrophy in the domestic turkey.J.hered.58,189-193. - 3199.Harper,J.A.,P.E.Bernier, D.H.Helfer,J.A.Schmitz,1975,Degenerative myopathy of the deep pectoral muscle in the turkey.J.hered.66,362-366. - 3200.Harper,P.,B.J.Brotherton, D.Cochlin,1976,Genetic risks in Perthes' disease.Clin.gen.10,178-182. - 3201.Harradine,I.R.,1981,Congenital cardiomyopathy in the Poll Hereford breed.64th ann.conf.ass.vet.insp.Sydn.,67-70. - 3202.Harris,D.J.,1981,Factors predisposing to partial paresis.Austr.vet.J.57,357-361. - 3203.Harris, H.,1950,The familial distribution of diabetes mellitus.Ann.eugen.15,95-119. - 3204.Harris,H.,1968,Molecular basis of hereditary disease.Brit.med.J.,135-141. - 3205.Harris,H.,1969,Enzyme and protein polymorphism.Brit.med.bull. 25,5-13. - 3206.Harris,H.,1972,Genetic aspects of renal disease.In: Black a. a.O.. - 3207.Harris,J.J.,M.G.Crane,1964,Urinary cortisol excretion as a test of adrenal cortical function.Metabol.13,45-59. - 3208.Harris,M.W.,F. C.Fraser,1968,Lidgap in newborn mice.Teratol.1,417-423. - 3209.Harrison, L.C.,A.Itui,1979,A possible mechanism for insulin resistance and hyperglykaemia in NZO mice.Nature 279,334-336. - 3210.Harsa-King,M.L.,1978,Experimental studies on a mutant gene,a, causing albinism in the axolotl,Ambystoma mexicanum.Dev.biol.62,370-368. - 3211.Hart,K.G.,P.J.Healy,1980, Galloway cattle heterozygous for mannosidosis.Austr.vet.J.56,255-256. - 3212.Hart,M.v.d.,J.J.v.Loghem,1967,Blood group chimerism.Vox sang.12, 161-172. - 3213.Hartigan,P.J.,1978,Some data on the length of gestation and on dystokia in primiparous cows in a Grade A Charolais herd.Ir.vet.J.33,7-11. - 3214.Hatigan,P.J.,C.P.Ahern,V.J.McLoughlin,1980,Endocardial cushion defects in a litter of malignant hyperthermia-susceptible pigs.Vet.rec. 106,152. - 3215.Hartke,G.T.,H.W.Leipold,K.Huston,J.E.Cook,G.Saperstein, 1974,Three mutations and the karyotype of the prairie vole.J.hered.65,301-307. - 3216.Hartl,J.,1938,Die Vererbung des Kryptorchidismus beim Hund. Kleint.Felt.14,1-37. - 3217.Hartley,W.J.,W.F.Blakemore,1973,Neurovisceral glucocerebroside storage (Gaucher's disease) in a dog. Vet.path.10,191 - 201. - 3218.Hartman,H.,1974,The fetus in experimental teratology.In: Weisbroth u. Mit. a. a. O. . - 3219. Hartmann, F. ,1970, Chronische Polyarthritis. Chir. 41,210-215. - 3220. Hartmann, W. ,1972, Möglichkeiten zur Verringerung der Krankheitsbelastung von Haustierpopulationen durch Resistenzzüchtung. Ber. Landw. 50,3. - 3221. Hartmann, W. ,1978, Untersuchungen zur Wirtschaftlichen Bedeutung des geschlechtsgebundenen Verzwergungsfaktors "dw" beim Mastgeflügel. Arch. Gefl. k. 42,29-34. - 3222. Hartmann, W. , M. Sanz,1971, Resistance to Marek's disease in broiler strains under natural and artificial exposure. Arch. Gefl. k. 35,1-6. - 3223. Hartmann, W. , D. v. d. Hagen, H. C. Löliger,1973, Weitere Untersuchungen zur Frage der Leukose-Resistenz von Leghornlinien. Arch. Gefl. k. 37, 84-92. - 3224. Hartmann, W. , R. Gleichauf,1974, Untersuchung von Linieneinflüssen auf Merkmale der Samenproduktion von Weißen Leghorn-Hähnen und Zusammenhänge mit dem Befruchtungsergebnis. Zuchthyg. 9,77 - 78. - 3225. Hartmann, W. , M. Sanz,1974, Heritability of resistance to Marek's disease and genetic correlation with growth rate in broiler strains. XVth wld. congr. poult. , 253-255. - 3226. Hartmann, W. , L. Steinke,1974, Embryonalsterblichkeit und Schlupfergebnisse bei Weißen Leghorn-Linien und ihren Kreuzungen. Zuchthyg. 9,78. - 3227. Hartmann, W. , D. v. d. Hagen, H. C. Löliger,1978, Zur Methodik der Bestimmung des Genotyps für Infektionsresistenz gegen Geflügelleukose. Arch. Gefl. k. 42,145-149. - 3228. Hartsack, T. G. , H. B. Graves,1976, Neonatal behavior and nutrition related mortality in domestic swine. J. anim. sci. 42,235-241. - 3229. Hartsough, G. R. , J. R. Gorham, 1956, zit. a. Kimberlin ,1976, a. a. O. . - 3230. Hartsough, J. , 1978, Signs of hereditary neuraxial edema in a Polled Hereford calf. Vet. med. sm. anim. clin. 73,75-77. - 3231. Hartung, M. , M. A. Stahl,1974, Identification du chromosome W chez la caille japonaise. C. R. ac. sci. D 278, 2157-2160. - 3232. Hartwigk, H. ,1952, Über eine angeborene Beinverdrehung bei Hühnerküken. Dt. tierärztl. Wschr. 59,130-132. - 3233. Hartz, A. , E. Giefer, A. Rimm,1977, Relative importance of the effect of family environment and heredity on obesity. Ann. hum. gen. 41,185-193. - 3234. Harvald, B. , M. Hauge,1963, Heredity of cancer elucidated by a study of unselected twins. J. A. M. A. 186,749-753. - 3235. Harvald, B. , M. Hauge,1965, Hereditary factors elucidated by twin studies. In: Neel, Shaw, Schull, Genetics and the epidemiology of chronic diseases. Washington. - 3236. Harvey, C. E. ,1972, Perianal fistula in the dog. Vet. rec. 91, 25-32. - 3237. Harvey, M. J. A. ,1972, Chromosome abnormalities of cattle in Britain. Vet. rec. 91, 630. - 3238. Harvey, M. J. A. ,1972, Chromosome analysis of cattle in Great Britain. VII th int. congr. anim .repr. A. I. ,211. - 3239. Harvey, M. J. A. ,1974, Cytogenetic studies in bulls. Vet. rec. 95,353. - 3240. Harvey, M. J. A. ,1976, Veterinary cytogenetics. Vet. rec. 98,479-481. - 3241. Harvey, M. J. A. , D. N. Logue,1975, Studies on the 13/21 Robertsonian translocation in Swiss Simmental cattle. 2. Europ. Koll. Zytogen. Vet. med. ,155-161. - 3242. Hasebroek, K. ,1917, Die Entwicklungsmechanik des Herzwachstums. Arch. ges. Phys. 168,247-350. - 3243. Hash, D. D. C. , 1980,1980, Membrane-related abnormalities associated with the pink-eyed sterile syndrome in mice. Dissert. abstr. B 41,1645-1646. - 3244. Haske-Cornelius, H. , H. Bogner, W. Peschke,1979, Untersuchungen zum Verhalten von Mastschweinen in verschiedenen Stallsystemen unter besonderer Berücksichtigung des Schwanz-und Ohrenbeißens. Bayer. landw. Jb. 56,162-200. - 3245. Haskins, M. E. , P. F. Jezyk, R. J. Desnick, S. K. McDonough, D. F. Patterson,1979, Mucopolysaccharidosis in a domestic short-haired cat. J. A. V. M. A. 175, 384-387. - 3246. Hassan, G. M. , A. V. Nordskog,1974, Heterozygosis and buffering capacity in chickens. Egyp. J. gen. cytol. 3, 95-105. - 3247. Haßenkamp, F. ,1974, Glaskörperveränderungen bei Sportpferden. Dissert. Hannover. - 3248. Haukipuro, K. , N. Keränen, E. Kovisto, R. Lindholm, R. Norio, L. Punto,1978, Familial occurrence of lumbar spondylosis and spondylolisthesis. Clin. gen. 13, 471-476. -3249.

Hauptmann,G.,M.M.Tongio,H.Grosse-Wilde,S.Mayer,1977,Linkage between C2 deficiency and the HLA-A10,B18,Dw2/BfS haplotype in a French family. Immunogen.4,557-565. - 3250.Hauschka,T.S.,1961,The chromosomes in ontogeny and oncogeny.Canc.res.21,957-974. - 3251.z.Hausen,H.,H.Schulte-Holthausen,H.Wolf,1975,Recognition of virus genomes in cells by molecular hybridization.In: Kolber a.a.O.. - 3252.Hautschek-Jungen,E.,R.Meili,1967,Vergleich der Chromosomensätze von Steinwild (capra ibex) und Hausziege (Capra hircus). Chromos.21,198-210. - 3253.Havalad,S.,H.Noblett,B.D.Speidel,1979, Familial occurrence of omphalocele suggesting sex-linked inheritance.Arch. dis.child.54,142-143. - 3254.Havas,F.,1981,Vorkommen des Kryptorchismus bei Schweinen.Fleischwirtsch.61,793-795. - 3255.Hawes,R.O.,W.T.Cook,J. A.Arthur,1974,Genetic differences in fecal output and their association with economic traits in the chicken.15th wld.poult.congr.N.Orleans,268-270. - 3256.Hawk,H.W.,J.N.Wiltbank,H.E.Kidder,L.E.Casida,1955,Embryonic mortality between 16 and 34 days post breeding in cows of low fertility.J.dairy sci.38,673-676. - 3257.Hawkes,R.O.,R.J.Etches,R.B.Buckland,1973,Tipsy: a new mutant in the domestic fowl.J.hered.64,310-311. - 3258.Hay,D.A., 1975,Y chromosome an d aggression in mice.Nature 255,658. - 3259.Hay,S., H.Barbano,1972,Independent effects of maternal age and birth order on the incidence of selected congenital malformations. Teratol.6,271-279. - 3260.Hayashi,A.,1977,Structural alterations, functional modifications and clinical manifestations of hemoglobin variants.Jap.J.hum.gen.22,102-112. - 3261.Hayashi,M.,Y.Ide,S.Shoya,C.Enomoto,H.Mizoguchi,1979,Observation of xanthinuria and xanthine calculosis in beef calves.Jap.J.vet.sci.41,505-510. - 3262. Haydon,M.,1975,Inherited congenital porphyria in calves.Can.vet.J.16,118-120. - 3263.Haye,U.,P.C.M.Simons,1978,Twisted legs in broilers.Brit.poult. sci.19,549-557. - 3264.Hayes,J.A.,H.G.Lowell,1966,Heart weight of Jamaicans.Circul.33,450-454. - 3265.Hayes,J.P.,1968,Skin pigmentation in broilers. Farm.S.Afr.44,9. - 3266.Hayward,A.H.S.,1978,Xanthosis,an abnormal pigmentation of cattle.Vet.rec.102,96-97. - 3267.Hayward,P.,J.G.M.Shire,1974, Y chromosome effect on adult testis size.Nature 250,499-500. - 3268.Head, K.W.,1965,Some data concerning the distribution of skin tumours in domestic animals.In: Rook u.Walton a.a.O.. - 3269.Head,K.W.,J.G.Campbell,P.Imlah,A.H.Laing,K.A.Linklater,H.S.McTaggart,1974,Hereditary lymphosarsoma in a herd of pigs.Vet.rec.95,523-527. - 3270.Healy,P.J.,1981,Modified granulocyte test for determination of mannosidosis genotype of cattle.Res.vet. sci.30,281-283. - 3271.Healy,P.J.,1981,Inherited enzyme deficiencies.64th ann.conf.ass.vet.insp.Sydn.,29-30. - 3272.Healy,P.J.,P.McInnes,1975,Serum alkaline phosphatase activity in relation to liveweight of lambs.Res.vet. sci.18,157-160. - 3273.Healy,P.J.,P.J.Nicholls,P.Butrej,1978,A granulocyte test for detection of cattle heterozygous for mannosidosis.Clin.chim.act. 88,429-435. - 3274.Healy,P.J.,P.J.Butrej,1979,Use of EDTA blood samples for mannosidosis testing.Austr.vet.J.55,534-536. - 3275.Healy,P.J.,J.T. Skaman,I.A.Gardner,C.A.Sewell,1981, ß-Mannosidase deficiency in Anglo - Nubian goats.Austr.vet.J.57,504-507. - 3276.Hearing,V.J.,Tyrosinase activity in subcellular fractions of black and albino mice.Nature 245,81-83.-3277. Heath,E.,J.P.Kukreti,1979,Persistent truncus arteriosus communis in a two -year-old steer.Vet.rec.105,527-530. - 3278.Hebel,P.,W.Söngen,R.Beuing, 1979,Der Einfluß verschiedener phänotypischer und genetischer Eigenschaften des Euters des Rindes auf seine Prädisposition für Mastitiden.Zbl.Vet.med. B 26,652-667. - 3279.Hedt,F.,B.K.McCaw,1977,Chromosome instability syndromes.In: Mulvihill u.Mit.a.a.O.. - 3280.Hedel,A.J.M.,F.Borm,H.J.L. Maas,B.H.Rispens,1970,Genetic differences in Marek's disease in meat -

type poultry breeds. XIV wld. poult. congr., 83-86. - 3281. Hedge, K. S., W. M. Reid, 1969, Effects of single species of coccidia on egg production and culling rate of susceptible layers. Poult. sci. 48, 928-932. - 3282. Hedrick, S. M., 1980, Major histocompatibility gene control of immune recognition. Dissert. abstr. B 41, 32. - 3283. v. Herden, K. M., 1963, Investigations into the cause of abortions in Angora goats in South Africa. Onderst. J. vet. res. 30, 23-84. - 3284. Heggveit, H. A., 1966, Hypophysectomy and heart size. Am. heart J. 71, 570-571. - 3285. Hegmann, J. P., 1979, A gene-imposed nervous system difference influencing behavioral covariance. Behav. gen. 9, 165-175. - 3286. Hegreberg, G. A., G. A. Padgett, J. R. Gorham, J. B. Henson, 1969, A connective tissue disease of dogs and mink resembling the Ehlers-Danlos syndrome of man. J. hered. 60, 249 - 254. - 3287. Hegreberg, G. A., G. A. Padgett, D. J. Prieur, M. L. Johnson, 1975, Genetic studies of a muscular dystrophy of mink. J. hered. 66, 63-66. - 3288. Heggeli, A., 1966, Congenital myotonia in animals. In: Kuhn a. a. O. . - 3289. Heiberg, A., 1974, Heritability of serum lipids and lipoproteins. Proc. 3rd int. symp. ath. 455-457. - 3290. v. d. Heide, L., 1981, Virale Arthritis/Tenosynovitis und andere Geflügelbeinprobleme. Lohmann Inf., 1-2. - 3291. Heidelberger, C., 1975, Studies on the cellular mechanisms of chemical oncogenesis in culture. In:Gottlieb u. Mit. a. a. O. . - 3292. Heidenreich, C. J., V. A. Garwood, M. W. Carter, 1962, Seasonal influence on serum cholesterol levels in swine. Am. J. vet. res. 23, 457-459. - 3293. Heider, L., M. Wyman, J. Burt, C. Root, H. Gardner, 1975, Nasolacrimal duct anomaly in calves. J. A. V. M. A. 167, 145-147. - 3294. Heidler, W., U. Sporns, 1978, Genetische Analyse ausgewählter Fruchtbarkeitsleistungen von Jungsauen einer industriemäßig produzierenden Anlage. Wiss. Z. Univ. Rostock 27, 63-68. -3295. Heidrich, H. J., 1972, Die geburtshilflich-gynäkologische Forschung und ihre Bedeutung für die Fruchtbarkeitssteigerung bei Haustieren. Tierzücht. 24, 326-327. - 3296. Heidrich, H. J., H. G. Wirth, 1966, Über die Häufigkeit des Auftretens der Hyperthelie und Hypermastie beim Rind. Berl. Mün. tierärztl. Wschr. 79, 46; 63-64. - 3297. Heidrich, H. J., S. Dragan, 1972, Über die Häufigkeit des Auftretens der Hyperthelie und Hypermastie beim Rind. 5. Berl. Münch. tierärztl. Wschr. 85, 1-2. - 3298. Heilbronner, H., K. G. Wurster, K. Harzer, 1981, Pränatale Diagnose der Gaucher-Krankheit. Dt. med. Wschr. 106, 652-654. - 3299. Heilmann, K., T. Nemetschek, A. Völkl, 1971, Das Ehlers-Danlos-Syndrom aus morphologischer und chemischer Sicht. Virch. Arch. ges. Path. A 354, 268-284. - 3300. Heim, T., A. Ziegler, H. Marek, S. Göbel, 1975, Risikofaktoren für die ischämische Herzkrankheit. Wiss. Z. K. M. Univ. M. N. R. 24, 579-587. - 3301. Heiman, M. R., 1968, Trends in some biological characters in an A. I. cattle population. VIe congr. répr. insém. art., 253. - 3302. Heine, C., W. Neumann, 1977, Die Doppellendigkeit beim Rind. Arch. Tierz. 20, 405-418. - 3303. Heine, H., W. A. Valder, D. Manz, 1976, Zum Problem der Herzanfälligkeit des Schweines. Z. Tierz. Zücht. biol. 93, 31-37. - 3304. Heiniger, H., H. Meier, N. Kaliss, M. Cherry, H. W. Chen, R. D. Stoner, 1974, Hereditary immunodeficiency and leukemogenesis in HRS/J mice. Canc. res. 34, 201-211. - 3305. Heiniger, H. J., R. J. Huebner, H. Meier, 1976, Effect of allelic substitutions at the hairless locus on endogenous ecotropic murine leukemia virus titers and leukemogenesis. J. nat. canc. inst. 56, 1073-1074. - 3306. Heinle, R. A., D. Fredrickson, R. I. Levy, M. V. Herman, R. Gorlin, 1967, Incidence of metabolic abnormalities in angiographically demonstrated coronary heart disease. J. clin. inv. 46, 1069. - 3307. Heinze, W., 1964, Polyodontie bei einem etwa 6jährigen Pferd. Mh. Vet. med. 19, 592. - 3308. Helbig, D., J. Sallandt, 1980, Duodenalstenose und Duodenalatresie beim Neugeborenen. Münch. med. Wschr. 122, 704-708. - 3309. Helbig, K., 1958, Untersuchungen über die wirtschaftliche Bedeutung und die Erblichkeit der Langhaarigkeit beim schwarzbunten Niederungsrind. Dt. tierärztl. Wschr. 65, 431-437. - 3310. Helbig, K., 1967, Genetische Untersuchungen über die Impotentia coeundi infolge Richtungsfehler des Penis bei Schwarzbunten Bullen. Züchtungsk. 39, 218-226. - 3311. Held, K. R., 1981, Pharmakotherapie in der Schwangerschaft. Münch. med. Wschr. 123, 1235-1238. - 3312. Helgebostad, A., 1968, Anaemia in mink. Nord. vet. med. 20, 161-172. - 3313. Helle, O., N. N. Nes, 1972, A hereditary skin defect in sheep. Act. vet. scand. 13, 443-445. -3314. Heller, H., S. G. Spickett, 1967, Neurohypophysial hormone polymorphisms. In: Spickett a. a. O. - 3315. Heller, C. J., 1981, Isovolumetric properties of ventricles of spontaneously hypertensive rats. Am. J. phys. 240, 927-933. - 3316. Heller, S., 1967, Zur Funktion des Zink-Cysteins im Tapetum lucidum. H. S. Z. phys. Chem. 348, 1211-1212. - 3317. Helletzgruber, M., J. Kovarik, H. Plenk, G. Seidl, W. Lünkesch, H. Tilscher, M. Weissel, 1980, Die Osteopetrose Albers-Schönberg. Dt. med. Wschr. 105, 1463-1468. - 3318. Hellgren, L., 1967, Psoriasis. Almquist u. Wiksell, Stockholm. - 3319. Hellmann, W., 1979, Effects of fever and hyperthermia on the embryonic development of rabbits. Vet. rec. 104, 389-390. - 3320. Helmig-Schumann, H., 1964, Beitrag zum Problem der Kälbersterblichkeit. Züchtungsk. 36, 217-236. - 3321. Helsinki, D. R., S. N. Cohen, M. Tomoeda, 1973, Bacterial plasmids. Science 181, 471-472. - 3322. Hemingway, R. G., N. S. Ritchie, 1965, The importance of hypocalcaemia in the development of hypomagnesaemic tetany. Proc. nutr. soc. 24, 54-63. - 3323. Hemmingsen, B., 1967, (Defects in mink). Dansk Pelsdyr. 30, 200-203. - 3324. Hemminsen, B., N. Heje, 1964, (Genetically conditioned hypergammaglobulinaemia in Aleutian mink). Nord. vet. Med. 16, 881-889. - 3325. Hemmingsen, B., T. Möller, 1968, Hydrops congenitus universalis hos mink. Nord. vet. med. 20, 306-312. - 3326. Henderson, N. D., 1979, Dominance for large brains in laboratory mice. Beh. gen. 9, 45-49. - 3327. Hendricks, H. B., E. D. Aberle, D. J. Jones, T. G. Martin, 1973, Muscle fiber type, rigor development and bone strength in double muscled cattle. J. anim. sci. 37, 1305-1311. - 3328. Hendy, C. R. C., J. C. Bowman, 1970, Twinning in cattle. An. breed. abstr. 38, 22-37. - 3329. Hengartner, H., T. Meo, E. Miller, 1978, Assignment of genes for immunoglobulin k and heavy chains to chromosomes 6 and 12 in mouse. Proc. nat. ac. sci. 75, 4494-4498. - 3330. Henkels, P., 1935, Kampf dem Hufkrebs. Dt. tierärztl. Wschr. 43, 180-186. - 3331. Henkels, P., 1949, Kritik und Vorschlag zum Abschluß des Problems der Sehnenstelzfußbehandlung. Dt. tierärztl. Wschr. 56, 91-95. - 3332. Henn, R., H. Gerken, H. R. Wiedemann, 1965, Über die cerebrale Ödem-Krankheit des frühen Kindesalters. Z. Kinderhlk. 93, 277-292. - 3333. Henricson, B., 1957, Genetical and statistical investigations into the so-called cystic ovaries in cattle. Act. agr. scand. 7, 3-93. - 3334. Henricson, B., 1963, Atresia ani beim Schwein. Act. vet. scand. 4, 263-270. - 3335. Henricson, B., H. Olson, 1961, Statistische Untersuchungen über die Rinderleukose. Act. vet. scand. Suppl. 2, 55-62. - 3336. Henricson, B., L. Bäckström, 1965, Translocation heterozygosity in a boar. Hereditas 52, 166-170. - 3337. Henricson, B., G. Jonsson, B. Pehrson, 1975, Serum calcium and magnesium levels during pregnancy and at calving in heifers and young cows and the relationship between these components and the incidence of puerperal paresis in older half-sisters. Zbl. Vet. med. A 22, 625-631. - 3338. Henry, K. R., K. Schlesinger, 1967, Effects of the albino and dilute loci on mouse behavior. J. comp. phys. psych. 63, 320-323. - 3339. Henry, L. W., 1982, Multiple myeloma in a mink handler following exposure to Aleutian disease. Scientif. 6, 72. - 3340. Henry, T. A., T. H. Ingalls, W. Binns, 1967, Teratogenesis of craniofacial malformations in animals. Arch. env. hlth. 13, 715-718. - 3341. Henschel, V., 1976, Ergebnisse von klinischen Hoden- und Nebenhodenuntersuchungen bei wachsenden Jungbullen unter Berücksichtigung ihrer körperlichen Entwicklung. Dissert.

Hannover. - 3342. Henson, E., 1981, A study of the congenital defect "split eyelid" in the multihorned breeds of British sheep. Ark 8, 84-90. - 3343. Henson, J. B., J. R. Gorham, R. W. Leader, 1963, The familial occurrence of hypergammaglobulinemia in mink. Tex. rep. biol. med. 21, 37-42. - 3344. Henze, K., A. Wallmüller-Strycker, M. Bauer, C. Barth, G. Wolfram, N. Zöllner, 1981, Cholesterin und Triglyceride im Serum einer Münchener Bevölkerungsgruppe. J. clin. chem. clin. bioch. 19, 1013-1019. - 3345. Heptinstall, R. H., 1974, Pathology of the kidney. Little, Brown u. Co., Boston. - 3346. Herberg, L., 1980, Genetisch bedingte Unterschiede im Kohlehydratstoffwechsel bei Mäusen. Sem. Haustiergen. 1, 51-58. - 3347. Herberg, L., D. L. Coleman, 1977, Laboratory animals exhibiting obesity and diabetes syndromes. Metab. clin. exp. 26, 59-99. - 3348. Herd, Z. L., J. W. E. Edmonds, 1977, Population genetics of Aa and Ab immunoglobulin allotypes in wild rabbits of south-eastern Australia. I. J. immunogen. 4, 315-323. - 3349. Heritage, D. W., S. C. English, R. B. Young, A. T. L. Chen, 1978, Cytogenetics of recurrent abortions. Fert. steril. 29, 414-417. - 3350. Herman, V., 1966, Die Vererbung letaler und semiletaler Merkmale in der Kaninchenzüchtung. Landw. Zbl. 11, 2455. - 3351. Hermans, P. G. C., 1973, Steatitis as a congenital disease in pigs. Tijdschr. diergeneesk. 98, 668-672. - 3352. Hermans, W. A., (A hereditary defect in Shetland ponies). Tijdschr. diergeneesk. 94, 989-997. - 3353. Herndon, C. N., R. G. Jennings, 1951, A twin-family study of susceptibility to poliomyelitis. Am. J. hum. gen. 3, 17-46. - 3354. Héroux, O., E. Schönbaum, 1959, Comparison between seasonal and thermal acclimation in white rats. Can. J. bioch. phys. 37, 1255-1261. - 3355. Herre, W., M. Röhrs, 1973, Haustierezoologisch gesehen. G. Fischer, Stuttg.. - 3356. Herrick, C. A., 1934, The development of resistance to the protozoan parasite, Eimeria tenella, by the chicken. J. parasit. 20, 329-330. - 3357. Herrick, C. S., 1978, Genetic control of Y-chromosome length in the house mouse. XIV int. congr. gen., I, 1-12. - 3358. Herrman, G. R., 1925, The heart of the racing greyhound. Proc. soc. exp. biol. med. 23, 856-857. - 3359. Herrmann, M. K., J. A. Hunziker, C. M. Szymanski, S. A. Koch, 1973, Peripheral retinal albinotic spots in 3 dogs. J. A. V. M. A. 163, 1175-1176. - 3360. Herrmann, W. P., 1973, Melanom und Sonnenstrahlen. Dt. med. Wschr. 103, 1155-1156. - 3361. Hers, H. G., F. v. Hoof, 1969, Lysosomes and mucopolysaccharidoses. Bioch. J. 115, 34P - 36P. - 3362. Hers, H. G., F. v. Hoof, 1973, Lysosomes and storage diseases. Ac. Press, N. Y., - 3363. Herschkowitz, N. N., 1973, Genetic disorders of brain development: Animal models. In: Gaull a. a. O.. - 3364. Herschler, M. S., N. S. Fechheimer, 1967, The role of sex chromosome chimerism in altering sexual development of mammals. Cytogen. 6, 204-212. - 3365. Hertrampf, B., 1971, Der Fleischhelligkeitswert in Abhängigkeit von Körpertemperatur, Atem- und Herzfrequenz vor und nach einer Transportbelastung sowie die Beziehungen des Fleischhelligkeitswertes und einiger Herzmaße zum Elektrokardiogramm des Schweines. Dissert. Hannover. -3366. Herva, R., I. Saarinen, L. Leukkonen, 1977, The r(20) syndrome. J. med. gen. 14, 281-283. - 3367. Herz, F., E. Kaplan, E. J. Gleiman, 1967, Acetylcholinesterase and glucose-6-ph-dehydrogenase activities in erythrocytes of fetal, newborn and adult sheep. Proc. soc. exp. biol. med. 124, 1185-1187. - 3368. Herzenberg, L. A., L. A. Herzenberg, 1974, Short-term and chronic allotype suppression in mice. In: Cooper u. Warner a. a. O.. - 3369. Herzog, A., 1969, Korrelieren die pathologisch-anatomischen Befunde an den Geschlechtsorganen von Rinderzwicken mit den quantitativen Relationen des Gonosomenschimärismus (XX/XY) in Blutzellen ? Zuchthyg. 4, 156-159. - 3370. Herzog, A., 1974, Autosomale Trisomie bei der letalen Brachygnathie des Rindes (bovines Trisomie-Brachygnathie-Syndrom). Dt. tierärztl. Wschr. 81, 78-80. - 3371. Herzog, A., H. Höhn, 1968, Autosomale Trisomie bei einem Kalb mit Brachygnathia inferior und Ascites congenitus. 75, 604-606. - 3372. Herzog, A., R. Adam, 1968, Zur Neuromyodysplasia congenita (kongenitale Arthrogrypose) der Hintergliedmaßen beim Kalb. Dt. tierärztl. Wschr. 75, 237-243. - 3373. Herzog, A., G. W. Rieck, 1969, Chromosomenanomalie bei einem Acardius (Amorphus globosus) vom Rind. Zuchthyg. 4, 57-60. - 3374. Herzog, A., H. Höhn, 1971, Zytogenetische Befunde bei angeborenen Anomalien des Zentralnervensystems des Rindes. Ann. gén. sél. anim. 4, 225-234. - 3375. Herzog, A., H. Höhn, 1971, Autosomale Trisomie bei der letalen Brachygnathie des Rindes. Cytogen. 10, 347-355. - 3376. Herzog, A., H. Höhn, I. Melchior, 1975, Identifizierung und Entstehung einer autosomalen Trisomie beim Rind. 2. Eur. Koll. Zytogen. Vet. med., 180-183. - 3377. Herzog, A., H. Höhn, G. W. Rieck, 1977, Survey of recent situation of chromosome pathology in different breeds of German cattle. Ann. gén. sél. anim. 9, 471-491. - 3378. Herzog, W. H., 1961, PhD Thesis, Cincinnati, Ann Arb., 62, 4784. - 3379. Hesse, R., 1921, Das Herzgewicht der Wirbeltiere. Zool. Jb. Abt. allg. Zool. 38, 243-364. - 3380. Heston, L. L., 1970, The genetics of schizophrenic and schizoid disease. Science 167, 249-256. - 3381. Heston, W. E., 1965, Genetic factors in the etiology of cancer. Canc. res. 25, 1320-1326. - 3382. Heston, W. E., 1974, Genetics of cancer. J. hered. 65, 262-272. - 3383. Heston, W. E., 1977, View of a mammalian cancer geneticist. In: Mulvihill u. Mit. a. a. O. - 3384. Hetherington, C. M., M. A. Hegan, 1975, Breeding nude (nu/nu) mice. Lab. anim. 9, 19-20. - 3385. Hetherington, C. M., M. A. Hegan, 1978, The effect of fostering nude mice with allogeneic mothers on subsequent mortality. J. immunogen. 5, 411-413. - 3386. Hetzer, H. O., 1954, Effectiveness of selection for extension of black-spotting in Beltsville No. 1 swine. J. hered. 45, 214-223. - 3387. Heumann, A. M., C. Stiffel, 1979, Antibody response in crosses between high or low immune responder and inbred strains of mice. J. immunogen. 6, 65-74. - 3388. Hewetson, R. W., 1968, Resistance of cattle to cattle tick, Boophilus microplus. Austr. J. agr. res. 19, 323; 497-505. - 3389. Hewetson, R. W., 1972, The inheritance of resistance by cattle to cattle tick. Austr. vet. J. 48, 299-303. - 3390. Heyek, H., 1978, Muskelkrankheiten. Springer, Berl. - 3391. Heyek, H., G. Laudahn, 1969, Die progressiv-dystrophischen Myopathien. Springer, Berl. - 3392. v. Heycop, T. H., H. de Jager, 1963, Progressive myoclonus epilepsy with Lafora bodies. Epilepsia 4, 95-119. - 3393. Heyden, S., 1980, Niedrige Cholesterin-Werte: ein Risikofaktor für Krebs ? Med. Klin., 728-732. - 3394. Heywood, R., 1971, Intraocular pressures in the Beagle dog. J. sm. anim. pract. 12, 119-121. - 3395. Heywood, R., 1971, Developmental changes in the lens of the young Beagle dog. Vet. rec. 88, 411-414. - 3396. Heywood, R., P. l. Hepworth, J. J. v. Abbe, 1976, Age changes in the eyes of the Beagle dog. J. sm. anim. pract. 17, 171-177. - 3397. Hibbs, J. W., H. R. Conrad, 1976, Milk fever in dairy cows. J. dairy sci. 59, 1944-1946. - 3398. Hickmann, C. G., 1964, Teat shape and size in relation to production characteristics and mastitis in dairy cows. J. dairy sci. 47, 777-782. - 3399. Hickman, C. G., H. O. Dunn, 1961, Differences in percentage of non-returns to service between transferrin types of bulls. Can. J. gen. cyt. 3, 391-395. - 3400. Hierl, H. F., 1976, Beziehungen zwischen dem Heterozygotiegrad, geschätzt aus Markergenen, und der Fruchtbarkeit beim Rind. Theor. appl. gen. 47, 69-75. - 3401. Hieter, P. A., S. J. Korsmeyer, T. A. Waldmann, P. Leder, 1981, Human immunoglobulin k light-chain genes are deleted or rearranged in λ - producing B cells. Nature 290, 368-372. - 3402. Higashi, O., 1954, Congenital gigantism of peroxidase granules. Toh. J. exp. med. 59, 315-332. - 3403. Higgins, S., R. K. Moore, B. W. Kennedy, 1980, Heritabilities of teat conformation traits and their relationships with somatic cell counts in Holsteins. Can. J. anim. sci. 62, 231-239. - 3404. Higginson, J., 1972, In: Environment and cancer. 24th symp. fund. canc. res., 69-92. - 3405. Higgs, D. R., J. M. Old, L. Pressby, J. B. Clegg, D. J. Weatherall, 1980, A novel

ﻷ - globin gene arrangement in man. Nature 284, 632-635. - 3406. Higurashi, M., K. Ijima, N. Ishikawa, H. Hoshina, N. Watanabe, 1979, Incidence of major chromosome aberrations in 12319 newborn infants in Tokyo. Hum. gen. 49, 163-172. - 3407. Hiilesma, V., K. Teramo, M. L. Grauström, A. H. Bardy, 1981, Fetal head growth retardation associated with maternal antiepileptic drugs. Lancet, 8239, 165-167. - 3408. Hilbrich, P., 1965, Kokzidiostatikadosierung und Broilerwachstum. Dt. tierärztl. Wschr. 72. 417-420. - 3409. Hildebrandt, W., 1935, Rassenmischung und Krankheit. Hippokrates Vlg., Stuttg.. - 3410. Hildemann, W. H., 1970, Immunogenetics. Holden-Day, San Franc.. - 3411. Hildemann, W. H., 1978, The Syrian hamster in immunologic perspective. Fed. proc. 37, 2102-2105. - 3412. Hill, C. H., 1974, Influence of high levels of minerals on the susceptibility of chicks to Salmonella gallinarum. J. nutr. 104, 1221-1226. - 3413. Hill, D. W., 1970, Fluorescence angiography and inherited degeneration of the fundus oculi. J. med. gen. 7, 285-288. - 3414. Hill, D. W., S. Young, 1973, Arterial fluorescence angiography of the Fundus oculi of the cat. Exp. eye res. 16, 457-465. - 3415. Hill, W. G., R. B. Land, 1975, Superovulation and ovum transplantation in genetic improvement programmes. EEC sem. sci. techn. inf., 355-363. - 3416. Hillman, N., M. Nadijcka, 1980, Sterility in mutant (tLx/tLy) male mice. J. embr. exp. mor. 59, 27-37. - 3417. Himano, K., R. Nagano, K. Mogi, T. Abe, T. Hosoda, 1969, Studies on haemolytic disease of newborn piglets. Jap. J. zootech. sci. 40, 212-219. - 3418. Hinchlife, J. R., D. A. Ede, 1973, Cell death and the development of limb form and skeletal pattern in n ormal and wingless (ws) chick embryos. J. embr. exp. morph. 30, 753-772. - 3419. Hinds, M. W., L. N. Kolonel, J. Lee, T. Hirohata, 1980, Associations between cancer incidence and alcohol/cigarette consumption among five ethnic groups in Hawaii. Brit. J. canc. 41, 929-940. - 3420. Hindson, J. C., 1978, Quantification of obstetric traction. Vet. rec. 102, 327-332. - 3421. Hinrichsen, J. K., 1974, Die Zwillingsträchtigkeit beim Rind in Abhängigkeit von und in Zusammenhang mit Vererbung, Fruchtbarkeit, Ernährung und Haltung. Zuchthyg. 9, 79. - 3422. Hinrichsen, J. K., 1974, Untersuchungen zur Zwillingsträchtigkeit beim Rind. 1. wld. congr. gen. appl. livest., 651-660. - 3423. Hintner, H., G. Tappeimer, F. Gschnait, S. Schwarz, K. Wolff, 1979, Danazoltherapie des hereditären Angioödems. Dt. med. Wschr. 104, 1269-1273. - 3424. Hintz, H. F., L. D. v. Vleck, 1979, Lethal dominant roan in horses. J. hered. 70, 145 - 146. - 3425. Hirsch, S. E., S. R. Waltman, F. G. LaPiana, 1973, Bilateral nanophthalmos. Arch. ophth. 89, 353. - 3426. Hirschfeld, A. J., J. K. Fleshman, 1969, An unusually high incidence of salt losing congenital adrenal hyperplasia in an Alaskan Eskimo. J. ped. 75, 492-494. - 3427. Hirschhorn, K., 1973, Chromosome identification. Ann. rev. med. 24, 67-74. - 3428. Hirschhorn, K., M. Swift, 1966, Fanconi's anemia: inherited susceptibility to chromosome breakage. 3rd cong. hum. gen., Chikago. - 3429. Hirschhorn, K., M. H. Cohen, 1969, Induced chromosomal aberrations with special reference to man. In: Benirschke a. a. O.. -3430. Hirst, R. G., M. E. Wallach, 1976, Inherited resistance to Corynebacterium kutscheri in mice. Inf. immun. 14, 475-482. - 3431. Hirth, L., Pers. Mitt.. - 3432. Hirth, L., E. Schöpf, H. G. Benkmann, H. W. Goedde, 1971, Untersuchungen der Hautfurchen bei Patienten mit endogenem Ekzem mit einem Beitrag zur Technik der Daktyloskopie. Anthr. Anz. 33, 26-38. - 3433. Hirth, L., D. G. Tabatabai, R. Knussmann, 1976, Konstitutionsuntersuchungen bei Patienten mit primärer Amotio retinae. Alb. v. Graef. Arch. klin. exp. Ophth. 201, 117-121. - 3434. Hirth, L., G. Grotzsch, H. W. Goedde, 1977, Methodischer Beitrag zum Studium der Augenfarbe. Z. Morph. Anthr. 68, 249-256. - 3435. Hirth, L., H. W. Goedde, G. Pfeifer, J. Kastein, 1978, Lippenfurchen und Hautleisten bei Zwillinge n mit Lippen-Kiefer-(Gaumen)-Spalten. Z. Morph. Anthr. 69, 197-204. - 3436. Hjerpe, C. A., G. H. Theilen, 1964, Malignant melanomas in porcine littermates. J. A. V. M. A.

144,1129-1131. - 3437. Hlynczak,A.J.,H.Greinert,M.Kawczynska,Z.J.Stelmaszyk,Z.Wozniak,1975,(Studies on congenital abnormalities in cattle in Pomerania).XXII.Zes.nauk.ak.roln.zootech.52,85-91. - 3438.Hoare,M.,D.C. Davies,I.H.Pattison,1977,Experimental production of scrapie-resistance Swaledale sheep.Vet.rec.101,482-484. - 3439.Hobbs,A.,M.Seabright,S.Mould, 1977,Two cases of trisomy 21 and one XXY case with atypical clinical features. Hum.gen.38,239-244. - 3440.Hobom,B.,1980,Genchirurgie.Med.Klin.75,834-841. - 3441.Hobom,B.,G.Hobom,1981,Aktuelles aus der Gentechnologie.Mün. med.Wschr.123,1423-1426. - 3442.Höcker,U.,1976,Konstitutionsmängel bei Zuchtschweinen.Schweinez.Schweinem.24,286-289. - 3443.Hocking,J.D.,R.D. Jolly,R.D.Batt,1972,Deficiency of ᴅ-mannosidase in Angus cattle.Bioch.J. 128,69-78. - 3444.Hodgkinson,A.,B.E.C.Nordin,1969,Renal stone research symposium.J.A.Churchill,Lond.. - 3445.Hoekstra,P.,1960,Driekleurige runderen.Tijdschr.diergeneesk.85,894. - 3446.Hoekstra,P.,P.Wensvoort,1976, Cheilognathoschisis in Texel sheep.Tijdschr.diergeneesk.101,71-76. - 3447. Hoekstra,R.,M.G.Vos-Maas,1968,Het verband tussen horneloosheid en onvruchtbaarheid bij geiten.Tijdschr.diergeneesk.93,1059-1066. - 3448.v.Hoesslin,H.,1921,Die Beziehungen der Haut und ihrer Gebilde zur Konstitution ihres Trägers.Münch.med.Wschr.68,797-801. - 3449.Hoff-Jörgensen,R.,1977, Slow virus infections with particular reference to Maedi-visna and enzootic bovine leukaemia.Vet.sci.comm.1,251-263. - 3450.Hoffman,H.A.,C.K.Grieshaber,1976,Genetic studies of murine catalase.Bioch.gen.14,59-66. - 3451. Hoffman,R.A.,P.F.Robinson,H.Magalhaes,1968,The golden hamster,its biology and use in medical research.Ames,Iowa St.univ.Press. - 3452.Hoffmann, D.,P.B.Spradbrow,B.E.Wilson,1978,An evaluation of exfoliative cytology in the diagnosis of bovine ocular squamous cell carcinoma.J.comp.path.88,497-504. - 3453.Hoffmann,D.,P.A.Jennings,P.B.Spradbrow,1981,Immunotherapy of bovine ocular squamous cell carcinomas with phenol-saline extracts of allogeneic carcinomas.Austr.vet.J.57,159-162. - 3454.Hoffmann,D.,P.A. Jennings,P.B.Spradbrow,1981,Autografting and allografting of bovine ocular squamous cell carcinoma.Res.vet.sci.31,48-53. - 3455.Hoffmann,J.P.,P. Sellier,L.Ollivier,1980,Aspect génétique de l'abduction des membres ("splayleg") dans les lignées de porcs Large White et Piétrain et leurs croisements. Ann.gen.sél.anim.12,422. - 3456.Hoffmann,R.,1967,Chromosomenanomalie der Hodenzellen eines kryptorchiden Kalbes (60 XY/62 XX - Chimerismus). Berl.Münch.tierärztl.Wschr.80,390-391. - 3457.Hofmann,W.,1971,Zur vergleichenden Pathologie der Frühformen der Aortensklerose.Virch.Arch.Path. Anat.352,246-254. - 3458.Hoft,R.H.,J.P.Bunker,H.I.Goodman,P.B.Gregory,1981,Halothane hepatitis in three pairs of closely related women.N.E.J. med.304,1023-1024. - 3459.Hogan,G.R.,L.Gutmann,R.Schmidt,E.Gilvert, 1969,Pompe's disease.Neurol.19,894-900. - 3460.Hogan,S.,J.Himms-Hagen, 1981,Abnormal brown adipose tissue in genetically obese mice (ob/ob):effect of thyroxine.Am.J.phys.241,436-443. - 3461.Hohenboken,W.D.,1981,Possibilities for genetic manipulation of sex ratio in livestock.J.anim.sci.52,265-277. - 3462.Hohenboken,W.D.,G.Nellhaus,1970,Inheritance of audiogenic seizures in the rabbit.J.hered.61,107-112. - 3463.Hohlfeld,R.,H.Wekerle,1981, Myasthenia gravis.Münch.med.Wschr.123,1207-1211. - 3464.Höhn,E.O.,A. K.Sarkar,A.Dzubin,1965,Adrenal weight in wild mallard and domestic ducks and seasonal adrenal weight changes in the mallard.Can.J.zool.43,475-487. - 3465.Höhn,W.,1942,Adaktylie,ein neuer rezessiver Letalfaktor in der Schafzucht.Dt.tierärztl.Wschr.50,349-350. - 3466.Hohns,H.,1970,Physiologische Untersuchungen am Herz-Kreislauf-System bei Schweinen verschiedener Rassen.Dissert.Göttingen. - 3467.Holahan,J.R.,G.C.White,1981,Heterogeneity of membrane surface proteins in Glanzmann's thromasthenia. Blood 57, 174-181. - 3468. Holan, V., J. Chutna, M. Hasek, 1978, Participation of H-2 regions in neonatally induced transplantation tolerance. Immunogen. 6, 397-401. -3469. Holcombie, J. H., B. S. Keenan, B. L. Nichols, R. T. Kirkland, G. W. Clayton, 1980, Neonatal salt loss in the hypertensive form of congenital adrenal hyperplasia. Pediat. 65, 777-781. - 3470. Holcombe, R., 1958, Ägstockshypoplasie hos finsk boskap i mellersta Finland. Proc. VIIIth nord. vet. congr., 591-592. - 3471. Holden, K. S., R. A. Reader, 1979, Induced calving in Charolais cattle. Vet. rec. 104, 174. - 3472. Holland, E., 1949, A case of transplacental metastasis of malignant melanoma from mother to fetus. J. obst. gyn. Brit. Comm. 56, 529-536. - 3473. Holland, L. A., J. H. Knox, 1967, Vaginal prolapse in Hereford cows. J. anim. sci. 26, 885. - 3474. Holland, W. W., R. Doll, C. O. Carter, 1962, The mortality from leukemia and other cancers among patients with Down's syndrome and among their parents. Brit. J. canc. 16, 177-186. - 3475. Hollander, W. F., 1944, Mosaic effects in domestic birds. Quart. rev. biol. 19, 285-307. - 3476. Hollander, W. F., 1960, Genetics in relation to reproductive physiology in mammals. J. cell. phys. 56, 61-72. - 3477. Hollander, W. F., 1975, Sectorial mosaics in the domestic pigeon. J. hered. 66, 197-202. - 3478. Hollander, W. F., 1981, Linkage relations of dumpy, a recessive mutant on chromosome 13 of the mouse. J. hered. 72, 358-359. - 3479. Hollander, W. F., K. S. Waggie, 1977, Gnome and other effects of a small translocation in the mouse. J. hered. 68, 41-47. - 3480. Hollander, W. F., K. S. Waggie, 1977, Meander tail: a recessive mutant located in chromosome 4 of the mouse. J. hered. 68, 403-406. - 3481. Hollander, W. F., W. J. Miller, 1978, Amputated, frayed and sideburns: three new mutants in the pigeon. Iowa St. J. res. 53, 109-118. - 3482. Hollands, K. G., E. S. Merritt, 1973, Blood pressure and its genetic variation and co-variation with certain economic traits in egg type chickens. Poult. sci. 52, 1722-1728. - 3483. Hollands, K. G., A. A. Grunder, 1980, Response to five generations of selection for blood cholesterol levels in White Leghorns. Poult. sci. 59, 1316-1323. - 3484. Hollmann, P., 1979, Kephalomelie bei einem Fleckviehkalb. tierärztl. prax. 7, 25-28. - 3485. Holm, L. W., 1958, Some aspects of glucose metabolism in calves after prolonged gestation. Am. J. vet. res. 19, 842-847. - 3486. Holm, L. W., H. R. Parker, S. J. Galligan, 1961, Adrenal insufficiency in postmature Holstein calves. Am. J. obst. gyn. 81, 1000. - 3487. Holma, K., 1973, Calf mortality in Finnish cattle breeds. Ref. Anim. breed. abstr. 43, 8. - 3488. Holman, C. W., C. Muschenheim, 1972, Bronchopulmonary diseases and related disorders. Harper u. Row, N. Y. - 3489. Holmberg, C. A., B. I. Osburn, T. G. Terrell, J. S. Manning, 1978, Cellular immunologic studies of malignant lymphoma in rhesus macaques. Am. J. vet. res. 39, 469-472. -3490. Holmberg, L., B. Gustavii, E. Cordenius, A. C. Kristoffersson, R. Ljung, L. Löfberg, P. Strömberg, I. M. Nilsson, 1980, Prenatal diagnosis of hemophilia B by immunoradiometric assay of factor IX. Blood 56, 397-401. - 3491. Holmes, E., J. S. O'Brien, 1978, Feline Gm1 gangliosidosis. Am. J. hum. gen. 30, 505-515. - 3492. Holmes, J. H. G., D. W. Robinson, 1970, Hereditary muscular hypertrophy in the bovine. J. anim. sci. 31, 776-780. - 3493. Holmes, J. H. G., C. R. Ashmore, D. W. Robinson, 1973, Effects of stress on cattle with hereditary muscular hypertrophy. J. anim. sci. 36, 684-694. - 3494. Holmes, J. R., G. B. Young, 1954, Symmetrical alopecia in cattle. Vet. rec. 66, 704. - 3495. Holmes, J. R., G. B. Young, 1957, A note on exophthalmos with strabismus in Shorthorn cattle. Vet. rec. 69, 148-149. - 3496. Holmes, J. R., J. R. Baker, E. T. Davies, 1964, Osteogenesis imperfecta in lambs. Vet. rec. 76, 980-984. - 3497. Holmes, R. S., G. P. Timms, 1981, Mouse aldehyde dehydrogenase genetics. Anim. bld. grps. biochem. gen. 12, 1-5. - 3498. Holmes, T. M., R. Aksel, J. R. Royce, 1974, Inheritance of avoidance behavior in Mus musculus. Beh. gen. 4, 357-371. - 3499. Holschneider, A. M., 1975,

Über die heutige Auffassung zum Maldescensus testis-Problem. tierärztl. prax. 3, 123-127. - 3500. Holstein, T. J., J. B. Burnett, W. C. Quevedo, 1967, Genetic regulation of multiple forms of tyrosinase in mice: action of a and b loci. Proc. soc. exp. biol. med. 126, 415-418. - 3501. Holt, J. P., E. A. Rhode, H. Kines, 1968, Ventricular volumes and body weight in mammals. Am. J. phys. 215, 704-715. - 3502. Holt, S. B., 1968, The genetics of dermal ridges. C. C. Thomas, Springfield. - 3503. Holt, S. B., J. Lindsten, 1964, Dermatoglyphic anomalies in Turner's syndrome. Ann. hum. gen. 28, 87-100. - 3504. Holtmann, W. B., M. H. Fahmy, T. M. MacIntyre, J. E. Moxley, 1975, Evaluation of female reproductive performance of 28 one-way crosses produced from eight breeds of swine. Anim. prod. 21, 199-207. - 3505. Holtz, C. R., 1976, Epidemiologische Untersuchungen zum Vorkommen der Pelger-Anomalie unter der Hauskaninchenpopulation. Dissert. Hannover. - 3506. Holtz, C. R., J. Pfaff, K. Gärtner, 1977, Untersuchungen zur Häufigkeit der Pelgeranomalie in der Hauskaninchenpopulation. Zbl. Vet. med. A 24, 409-412. - 3507. Holtz, W., F. Haring, D. Smidt, 1970, Vorkommen und Bedeutung der Zwillingsträchtigkeit beim Rind. Züchtungsk. 42, 329-341. - 3508. Holub, A., J. Filka, D. Padalikova, 1961, The growth of the heart in piglets. Vet. med. 34, 223-230. - 3509. Holub, M., P. Rossmann, H. Tlaskalova, H. Vidmarova, 1975, Thymus rudiment of the athymic nude mouse. Nature 256, 491-493. - 3510. Holzel, A., T. Meren, M. L. Thomson, 1962, Severe lactose intolerance in infancy. Lancet ii, 1346-1348. - 3511. Homburger, F., 1972, Pathology of the Syrian hamster. S. Karger, Basel. - 3512. Homburger, F., J. R. Baker, G. F. Wilgram, J. B. Caulfield, C. W. Nixon, 1966, Hereditary dystrophy-like myopathy. Arch. path. 81, 302-307. - 3513. Homburger, F., C. W. Nixon, M. Eppenberger, J. R. Baker, 1966, Hereditary myopathy in the Syrian hamster. Ann. N. Y. ac. sci. 138, 14-27. -3514. Homma, K., M. Jinno, K. Sato, A. Ando, 1968, Studies on perfect and imperfect albinism in the Japanese quail (Coturnix coturnix japonica). Jap. J. zootech. sci. 39, 348-352. - 3515. Hommes, F. A., C. J. v. d. Berg, 1973, Inborn errors of metabolism. Ac. Press, N. Y.. - 3516. Hommer, K., 1967, Die Hemeralopie als Leitsymptom hereditärer Augenleiden. Wien. klin. Wschr. 79, 476-479. - 3517. Hong, C. C., M. Sevoian, 1971, Interferon production and host resistance to type II avian (Marek's) leukosis virus (JM strain). Appl. microb. 22, 818-820. - 3518. Hong. C. C., R. D. Ediger, 1978, Self-mutilation of the penis in C57BL/6N mice. Lab. anim. 12, 55-57. -3519. Hongell, K., S. Knuutila, T. Westermarck, 1978, Two cases of an abnormal short arm of chromosome 8(8p+) associated with mental retardation. Clin. gen. 13, 237-240. - 3520. Honig, G. R., R. G. Mason, L. N. Vida, M. Shamsuddin, 1974, Synthesis of hemoglobin Abraham Lincoln (ß32 leu $\rightarrow$ pro). Blood 43, 657-664. - 3521. Honig, G. R., G. Mason, M. Shamsuddin, L. N. Vida, K. R. P. Rao, 1980, Two new sickle cell syndromes. Blood 55, 655-660. - 3522. Honig, G. R., M. Shamsuddin, R. Zaizov, M. Steinherz, I. Solar, C. Kirschmann, 1981, Hemoglobin Petah Tikva ($\measuredangle$ 110 Ala $\rightarrow$ Asp): a new unstable variant with α-thalassemia-like expression. Blood 57, 705-711. - 3523. Honjo, T., T. Kataoka, 1978, Organization of immunoglobulin heavy chain genes and allelic deletion model. Proc. nat. ac. sci. 75, 2140-2144. - 3524. v. Hoof, F., H. G. Hers, 1968, The abnormalities of lysosomal enzymes in mucopolysaccharidoses. Eur. J. bioch. 7, 34-44. - 3525. van't Hooft, A., 1959, (A hereditary foot and mouth defect in cattle). Tijdschr. diergeneesk. 84, 1556-1574. - 3526. Hoogeveen, A. T., F. W. Verheijen, A. d'Arzo, H. Galjaard, 1980, Genetic heterogeneity in human neuraminidase deficiency. Nature 285, 500-502. - 3527. Hoogschagen, P., 1967, (The inheritance of black colour in Dutch sheep). Veet. zuiv. ber. 10, 22-27. - 3528. Hook, E. B., 1978, The ratio of de novo unbalanced translocation to 47, trisomy 21 Down syn-

drome. Mut. res. 52,427-439. - 3529. Hook,E.B., P.M. Marden, N.P. Reiss, D.
V. Smith, 1976, Some aspects of the epidemiology of human minor birth defects
and morphological variants in a completely ascertained newborn population (
Madison study). Teratol. 13,47-56. - 3530. Hook, E.B., A. Lindsjö, 1978, Down
syndrome in live births by single year maternal age interval in a Swedish study: comparison with results from a New York State study. Am. J. hum. gen. 30,
19-27. - 3531. Hook, R. R., M. D. Aultman, E. H. Adelstein, R. Oxenhandler, L. E.
Millikan, C.C. Middleton, 1979, Influence of selective breeding on the incidence
of melanomas in Sinclair miniature swine. Int. J. canc. 24,668-672. - 3532. Hoornbeek, F.K., C. Schreiner, 1973, Abnormal segregation and sex ratio and reduced
litter size associated with the siren phenotype in mice. Teratol. 7,195-198. -
3533. Hoornbeek, F.K., M.J. Adams, 1975, Modification toward dominance of a
recessive lethal in the mouse. J. hered. 66,124-126. - 3534. Hopkins, D.J., 1970,
The association of bilateral clinical anophthalmos with familial and multiple
ocular defects. J. ped. ophth. 7,92-94. - 3535. Hopkinson, W.I., 1980, Syringomyelia in pigs. Austr. vet. J. 56,506-508. - 3536. Hoppe, P.C., W.K. Whitten, 1972,
Does X chromosome inactivation occur during mitosis of first cleavage ? Nature 239,520-526. - 3537. Hoppe, R., 1970, Observations on the inheritance of
paresis spastica of the hind limbs in cattle. Gen. pol. 10,147-151. - 3538. Hoppe, R., M. Chomiak, Z. Millart, 1970, (A case of spastic paresis of the legs in
a bull of the Black-and-White Lowland breed). Med. wet. 26,467-470. - 3539. Hoppe, R., W. Empel, W. Karczewski, 1973, (Preliminary investigations on the inheritance of hock joint angle and of spastic paresis in Black-and-White cattle
in Poland). Ref. Anim. breed. abstr. 42,489. - 3540. Hoppe, R., A. Morawski, 1976,
Experiments in the genetics of spastic paresis of the hind legs in cattle. VIIIth
int. congr. anim. repr. A.I., Comm. abstr. I, 309. - 3541. Hoppe, R., W. Empel,
W. Karczewski, 1977, (Incidence of spastic paresis in AI bulls in Poland). Med.
wet. 33,232-234. - 3542. Horan, R.F., I.Z. Beitins, H.H. Bode, 1978, LH-RH testing in men with Down's syndrome. Act. endocr. 88,594-600. - 3543. Hore, D.E.,
W.H. Thompson, N.E. Tweddle, E.M. Brough, D.J. Harris, 1973, Nasal granuloma in dairy cattle. Austr. vet. J. 49,330-334. - 3544. Hormaeche, C.E., 1979, Natural resistance to Salmonella typhimurium in different inbred mouse strains.
Immunol. 37,311-318. - 3545. Hormaeche, C.E., 1979, Genetics of natural resistance to salmonellae in mice. Immunol. 37,319-327. - 3546. Horn, F.T., P.H.
Beighton, 1978, Osteopathia striata with cranial sclerosis. Clin. gen. 13,201 -
206. - 3547. Horn, J., C. Herfarth, 1978, Das Gastarbeiterulcus. Med. Klin. 73,
1417-1421. - 3548. Horng, W.J., K.H. Roux, A. Cilman-Sachs, S. Dray, 1979, Concomitant effects of simultaneous suppression of the a2 and n81 allotypes controlled by trans-chromosomal Ig VH and C$_\mu$ n genes in heterozygous rabbits.
Fed. proc. 38,1004. - 3549. Horoupian, D.S., D.K. Zucker, S. Moshe, H.D. Peterson, 1979, Behr syndrome: a clinicopathologic report. Neurol. 29,323-327. -
3550. Horst, P., J. Petersen, 1977, The importance of the dwarf gene (dw) on
laying hen breeding. Arch. Gefl. k. 41,246-252. - 3551. Horst, P., J. Petersen,
1981, The effect of the dwarf gene on the adaptability of laying hens to high environmental temperatures. Anim. res. dev. 13,69-74. - 3552. Horstmann, G., R.
Schwarz, 1974, Die Beurteilung zystöser Gelbkörper beim Rind aufgrund morphologischer Befunde am Ovar und an der Uterusschleimhaut. Zuchthyg. 9,75. -
3553. Horton, M.B., G.B. Anderson, R.H. Bondurant, P.T. Cupps, 1980, Freemartins in beef cattle twins induced by embryo transfer. Theriogen. 14,443-451. -
3554. Hörügel, K., A. Lorenz, 1979, Untersuchungen zum angeborenen Beinspreizen bei Ferkeln in einer industriemäßig produzierenden Zuchtanlage. Mh. Vet.
med. 34,183-187. - 3555. Horuk, R., P. Goodwin, K. O'Connor, R.W. J. Neville,
N.R. Lazarus, 1979, Evolutionary change in the insulin receptors of hystrico-

morph rodents. Nature 279, 439-440. - 3556. Hoshino, K., S. I. Oda, Y. Kameyama, 1979, Tail anomaly lethal, Tal : a new mutant gene in the rat. Teratol. 19, 27 - 34. - 3557. Hösli, J., 1977, Perinatale Fohlensterblichkeit. Schweiz. Arch. Tierhlk. 119, 103-110. - 3558. Hotes, C., W. Hort, 1968, Herzgewichte bei frischen und vernarbten Infarkten, bei Herzruptur und Herzwandaneurysma. Z. Kreislf. forsch. 57, 1040-1049. - 3559. Houchens, D. P., A. A. Ovejera, 1978, The use of athymic (nude) mice in cancer research. G. Fischer, Stuttg. - 3560. Houghton, M., 1980, Human interferon gene sequences. Nature 285, 536. - 3561. Hourrigan, J. L., 1963, Epidemiology of scrapie in the United States. 17. Welttierärztekongr. , 619-624. - 3562. Howard, A. N., 1974, Animal models of atherosclerosis and/ or myocardial infarction. Proc. 3rd int. symp. atheroscl., 308-318. - 3563. Howard, C. P., D. M. Huse, A. B. Hayles, G. B. Stickler, 1979, Growth in patients with familial hypophosphatemic rickets treated with large doses of phosphate. Ped. res. 13, 380. - 3564. Howard, D. R., J. E. Breazile, 1972, Normal visual corticalevoked response in the dog. Am. J. vet. res. 33, 2155-2157. - 3565. Howard, D. R., W. F. Keller, G. L. Blanchard, 1973, Clinical electroretinography. J. Am. anim. hosp. ass. 9, 219-226. - 3566. Howard, J. C., 1976, H-2 and HLA sequences. Nature 261, 189-190. - 3567. Howard, J. G., C. Hale, W. L. Chan-Liew, 1980, Immunological regulation of experimental cutaneous leishmaniasis. Paras. immunol. 2, 303-314. - 3568. Howard, R. O., 1974, Chromosome deletion and eye disease. In: Goldberg a. a. O. - 3569. Howard, R. O., J. Boué, C. Deluchat, 1974, The eyes of embryos with chromosome abnormalities. Am. J. ophth. 78, 167-188. - 3570. Howard-Peebles, P. N., G. R. Stoddard, M. Mims, 1979, Familial X-linked mental retardation, verbal disability, and marker X chromsomes. Am. J. hum. gen. 31, 214-222. - 3571. Howe, G. R., J. D. Burch, A. B. Miller, G. M. Cook, J. Esteve, B. Morrison, P. Gordon, L. W. Chambers, G. Fodor, G. M. Winsor, 1980, Tobacco use, occupation, coffee, various nutrients, and bladder cancer. J. nat. canc. inst, 64, 701-713. - 3572. Howell, J. M., 1968, Observations on the histology and possible pathogenesis of lesions in the CNS of sheep with swayback. Proc. nutr. soc. 27, 85-88. - 3573. Howell, J. M., P. B. Siegel, 1963, Phenotypic variability of taillessness in Manx cats. J. hered. 54, 167-169. - 3574. Howell, J. M., P. R. Dorling, R. D. Cook, W. F. Robinson, S. Bradley, J. M. Gawthorne, 1981, Infantile and late onset form of generalized glycogenosis type II in cattle. J. path. 134, 266-277. - 3575. Howell, W. E., J. J. Lauvergne, 1978, SAP frequency in Saskatchewan Charolais cattle. Ann. gén. sél. anim. 10, 171-179. - 3576. Howie, S., M. Feldmann, 1978, Immune response (Ir) genes expressed at macrophage -B lymphocyte interactions. Nature 273, 664-666. - 3577. Howlett, C. R., 1972, Inherited degenerative arthropathy of the hip in young beef bulls. Austr. vet. J. 48, 562-563. - 3578. Hoyer, L. W., 1981, The factor VIII complex: structure and function. Blood 58, 1-13. - 3579. Hsia, D. Y., 1966, Inborn errors of metabolism. Year bk. med. publ., Chikago. - 3580. Hsia, D. Y., 1967, Genetic and biochemical aspects of reproductive failure. In: Benirschke a. a. O. - 3581. Hsia, D. Y., 1968, Human developmental genetics. Yearb. med. publ., Chikago. - 3582. Hsu, P. L., R. B. Buckland, R. O. Hawes, 1975, A new dwarf isolate in the chicken: a possible new allele at the dw locus. Poult. sci. 54, 1315-1319. - 3583. Hsu, T. C., 1975, A possible function of constitutive heterochromatin. Genetics 79 (Suppl.), 137-150. - 3584. Hsu, T. C., R. A. Mead, 1969, Mechanisms of chromosomal changes in mammalian speciation. In: Benirschke a. a. O. - 3585. Hsu, T. C., F. E. Arrighi, 1971, Distribution of constitutive heterochromatin in mammalian chromosomes. Chromsoma 34, 243-253. - 3586. Hsu, T. C., K. Benirschke, 1975, An atlas of mammalian chromosomes. Springer, Berl., N. Y. - 3567. Hsu, F., R. P. Fosnaugh, P. F. Lesney, 1961, Studies on albinism. Arch. derm. 83, 723-729. -3588. Huang, C. M., M. P. Mi, D. W. Vogt, 1981, Mandibular prognathism in the rabbit:

discrimination between single-locus and multifactorial models of inheritance.
J. hered. 72, 296-298. - 3589. Huang, J. Y., 1978, Quantitative inheritance of immunological response in swine. Dissert. abstr. B 38, 4057. - 3590. Hubel, D. H.,
T. N. Wiesel, 1965, Binocular interaction in striate cortex of kittens reared with
artificial squint. J. neurophys. 28, 1041-1059. - 3591. Hubel, D. H., T. NWiesel,
1971, Aberrant visual projections in the Siamese cat. J. phys. 218, 33-62. -3592.
Hudecki, M. S., E. A. Barnard, 1976, Retardation of symptoms of dystrophy in
genetically dystrophic chickens by chemotherapy. Res. comm. chem. path. phar.
14, 167-176. - 3593. Hudson, W. R., R. J. Rubin, 1962, Hereditary deafness in the
Dalmatian dog. Arch. otolar. 75, 213-219. - 3594. Huebner, R. J., J. G. Todaro,
1969, Oncogenes of RNA tumor viruses as determinants of cancer. Proc. nat.
ac. sci. 64, 1087-1094. - 3595. Huestis, R., R. Anderson, 1954, Inherited jaundice
in peromyscus. Science 120, 852-853. - 3596. Huestis, R. R., R. S. Anderson, A.
G. Motulsky, 1956, Hereditary spherocytosis in peromyscus. J. hered. 47, 225-
228. - 3597. Huff, W. E., 1980, Evaluation of tibial dyschondroplasia during aflatoxicosis and feed restriction in young broiler chickens. Poult. sci. 59, 991-
995. - 3598. Hugenholz, A. P., W. R. Bruce, 1979, Sperm size abnormalities in
homozygous and heterozygous In(5)9Rk mice. Can. J. gen. cyt. 21, 115-119. -
Hughes, B. O., I. J. Duncan, 1972, The influence of strain and environmental factors upon feather pecking and cannibalism in fowls. Brit. poult. sci. 13, 525 -
547. - 3600. Hughes, B. O., Black, A. J., 1974, The effect of environmental factors
on activity, selected behaviour patterns and "fear" of fowl in cages and pens.
Brit. poult. sci. 15, 375-380. - 3601. Hughes, B. O., A. J. Black, 1974, Influence of
social interactions upon performance of laying hens in battery cages. Appl. an.
eth. 1, 49-55. - 3602. Hughes, C. W., H. J. Pottinger, J. Safron, 1981, On the origin
of domesticity: a test of Keeler's black-gene hypothesis. Bull. psychosom. soc.
17, 289-292. - 3603. Hughes, G. R. L., 1976, Modern topics in rheumatology. W.
Heinemann Med. bks., Lond. . - 3604. Hughes, J. T., 1966, Pathology of the spinal cord. Lloyd-Luke Ltd., Lond. . - 3605. Hughes, K. L., K. G. Haughey, W. J.
Hartley, 1972, Spontaneous congenital developmental abnormalities observed
at necropsy in a large survey of newly born dead lambs. Teratol. 5, 5-10. -
3606. Hughes, J. P., P. C. Kennedy, K. Benirschke, 1975, XO-gonadal dysgenesis
in the mare. Equ. vet. J. 7, 109-112. - 3607. Hughes, J. P., K. Benirschke, P. C.
Kennedy, A. Trommershausen-Smith, 1975, Gonadal dysgenesis in the mare. J.
repr. fert., Suppl. 23, 385-390. - 3608. Hughes, J. P., A. Trommershausen-Smith,
1976, Karyotype anomalies in reproductive failure of the equine. Proc. VIIIth
int. congr. anim. repr. A. I., 109. - 3609. Hughes, J. V., A. Trommershausen-Smith,
1977, Infertility in the horse associated with chromosomal abnormalities. Austr.
vet. J. 53, 253-257. - 3610. Hughes, S. H., E. Stubblefield, F. Payvar, J. D. Engel,
J. B. Dodgson, D. Spector, B. Cordell, R. T. Schimke, H. E. Varmus, 1979, Gene localization by chromosome fractionation. Proc. nat. ac. sci. 76, 1348-1352. -3611.
Huheey, J. E., 1977, Concerning the origin of handedness in humans. Beh. gen.
7, 29-32. - 3612. Hühn, U., I. König, 1980, Pränatale Verluste beim Schwein. Mh.
Vet. med. 35, 885-888. - 3613. Huisman, T., H. Adams, M. Dimmock, W. Edwards,
J. Wilson, 1967, The structure of goat haemoglobulins. J. biol. chem. 242, 2534-
2541. - 3614. Huisman, T. H. J., C. Altay, B. Webber, A. L. Reese, M. E. Gravely,
K. Okonjo, J. B. Wilson, 1981, Quantitation of three types of γ-chain of Hb F by
high pressure liquid chromatography. Blood 57, 75-82. - 3615. Huisman, T. H. J.,
C. Altay, 1981, The chemical heterogeneity of the fetal hemoglobin of black newborn babies and adults: a reevaluation. Blood 58, 491-500. - 3616. Hulan, H. W.,
F. G. Proudfoot, D. Ramey, K. B. McRae, 1980, Influence of genotype and diet on
general performance and incidence of leg abnormalities of commercial broilers reared to roaster weight. Poult. sci. 59, 748-757. - 3617. Hulbert, L. L.,

1972,Quantitative inheritance of white pelage color in mice.Dissert.abstr.B 33,2495. - 3618.Hulbert,L.,D.P.Doolittle,1973,Inheritance of white spotting in mice.J.hered.64,260-264. - 3619.Hulland,T.J.,1957,Cerebellar ataxia in calves.Can.J.comp.med.21,72-76. - 3620.Hulley,S.B.,R.H.Rosemann,R.D. Bawol,R.J.Brand,1980,Epidemiology as a guide to clinical decisions.N.E.J. med.302,1383-1389. - 3621.Hulot,F.,P.K.Basrur,1969,La détermination du sexe chromosomique dans l'étude de l'intersexualité associé à l'absence de cornes chez la chèvre d'origine alpine.Ann.gén.sél.anim.1,383-390. - 3622. Hultgren,H.N.,E.Marticorena,H.Miller,1965,Right ventricular hypertrophy in animals at high altitude. J.appl.phys.18,913-918. - 3623.Hultgren,H.N.,H. Miller,1967,Human heart weight at high altitude.Circul.35,207-218. - 3624. Hummel,K.P.,1970,Hypodactyly,a semidominant lethal mutation in mice.J. hered.61,219-220. - 3625.Hummel,K.P.,M.M.Dickie,D.L.Coleman,1966, Diabetes,a new mutation in the mouse.Science 153,1127-1128. - 3626.Hum - phrey,J.H.,R.G.White,1970,Immunology for students of medicine.Blackw. scient.publ.,Oxf.. - 3627.Hünermund,G.,1973,Disposition der Ayreshireras- se zu karzinomatösen Veränderungen an Vulva und Membrana nictitans bei ex- tremer Sonneneinwirkung in den Tropen.Berl.Münch.tierärztl.Wschr.86,414- 415. - 3628.Hungerford,T.G.,1969,Diseases of poultry.Angus u.Robertson, Sydn.,Lond.. - 3629.Hunnemann,W.A.,M.T.Voets,A.M.F.de Bok,G.v.d. Kieft,1978,Enkele aspecten ten aanzien van de bestrijding van atrofische rhi- nitis.Tijdschr.diergeneesk.103,801-803. - 3630.Hunt,H.R.,C.A.Hoppert,W. G.Erwin,1944,Inheritance of susceptibility to caries in albino rats (Mus nor- wegicus). J.dent.res.23,385-401. - 3631.Hunter,G.D.,S.C.Collis,G.C.Mill- son,R.H.Kimberlin,1976,Search for scrapie-specific RNA and attempts to de- tect an infectious DNA or RNA.J.gen.vir.32,157-162. - 3632.Hunter,G.D.,G. C.Millson,1977,The scrapie agent.In: Recent advances in clinical virology.I. Churchill,Edinb.. - 3633.Huntzinger,R.S.,L.R.Weitkamp,P.D.Roca,1978, Linkage relations of a locus for congenital total nuclear cataract.J.med.gen. 15,113-115. - 3634.Hupka,E.,M.Horn,1956,Beitrag zur Ätiologie des Zitter- krampfes der Saugferkel.Dt.tierärztl.Wschr.63,422-425. - 3635.Hurst,R.E., R.C.Cezayirli,A.E.Lorincz,1975,Nature of the glycosaminoglycanuria (Mu- co polysacchariduria) in brachycephalic "snorter" dwarf cattle.J.comp.path. 85,481-486. - 3636.Huston,K.,S.Wearden,1958,Congenital taillessness in cat- tle.J.dairy sci.41,1359-1370. - 3637.Huston,K.,H.T.Gier,1958,An anatomi- cal description of a hydrocephalic calf from prolonged gestation and the pos- sible relationship of these conditions.Corn.vet.48,45-53. - 3638.Huston,K., H.W.Leipold,A.E.Freeman,1968,Heterochromia irides in dairy cattle.J.dai- ry sci.51,1101-1102. - 3639.Huston,K.,W.H.Leipold,D.L.MacFadden,1968, Smooth tongue in Brown Swiss cattle.J.hered.59,65-67. - 3640.Huston,K.,H. W.Leipold,1971,Hereditary osteopetrosis in Aberdeen Angus calves.Ann.gen. 3,419-423. - 3641.Huston,R.,G.Saperstein,H.W.Leipold,1977,Congenital de- fects in foals.J.equ.med.surg.1,146-161. - 3642.Huston,R.,G.Saperstein,D. Schoneweis,H.W.Leipold,1978,Congenital defects in pigs.Vet.bull.48,645 - 674. - 3643.Hutchinson,J.S.,P.Schelling,J.Möhring,D.Gonten,1976,Pressor action of centrally perfused angiotensin II in rats with hereditary hypothalamic diabetes insipidus.Endocr.99,819-823. - 3644.Hutt,F.B.,1934,Inherited le- thal characters in domestic animals.Corn.vet.24,1-25. - 3645.Hutt,F.B., 1937,Gynandromorphism in the fowl.Poult.sci.16,354-355. - 3646.Hutt,F.B., 1949,Genetics of the fowl.McGraw-hill Co.,N.Y.. - 3647.Hutt,F.B.,1951,Le- thal action of the gene for extension of black pigment in the fowl.Genetics 36, 213-234. - 3648.Hutt,F.B.,1958,Genetic resistance to disease in domestic a- nimals.Corn.Univ.Press. -3649.Hutt,F.B.,1960,Sex-linked dwarfism in the

fowl. J. hered. 50, 209-221. - 3650. Hutt, F. B., 1961, In: Osborne a. a. O.. - 3651.
Hutt, F. B., 1961, Genetic variation in the utilization of riboflavin, thiamine and
other nutrients. In: Osborne a. a. O.. - 3652. Hutt, F. B., 1963, The utilisation of
genetic rsistance to disease in domestic animals. Genet. tod. 3, 755-783. -3653.
Hutt, F. B., 1963, A note on six kinds of genetic hypotrichosis in cattle. J. hered.
54, 186-187. - 3654. Hutt, F. B., Animal genetics. Ronald Press, N. Y.. - 3655.
Hutt, F. B., 1967, Malformations and defects of genetic origin in domestic animals. In: Benirschke a. a. O.. - 3656. Hutt, F. B., 1968, Genetic defects of bones
and joints in domestic animals. Corn. vet. 58, Suppl., 104-113. - 3657. Hutt, F. B.,
1969, Genetic aspects of infertility. In: Benirschke a. a. O.. - 3658. Hutt, F. B.,
1970, Geneticresistance to infection. In: Dunlop u. Moon a. a. O.. - 3659. Hutt, F.
B., 1972, Advances in breeding for resistance to disease in domestic animals.
Act. vet. Brno 41, 309-319. - 3660. Hutt, F. B., 1974, Genetic indicators of resistance to disease in domestic animals. 1. wld. congr. gen. appl. livest., 179-185. -
3661. Hutt, F. B., L. Z. Saunders, 1953, Viable genetic hypotrichosis in Guernsey
cattle. J. hered. 44, 97-103. - 3662. Hutt, F. B., R. D. Crawford, 1960, On breeding chicks resistant to pullorum disease without exposure thereto. Can. J. gen.
cyt. 2, 357-370. - 3663. Hutt, F. B., A. de Lahunta, 1971, A lethal glossopharyngeal defect in the dog. J. hered. 62, 291-293. - 3664. Hwang, P. T., C. J. McGrath,
P. B. Addis, W. E. Rempel, E. W. Thompson, A. Antonik, 1978, Blood creatine kinase as a predictor of the porcine stress syndrome. J. anim. sci. 47, 630-633. -
3665. Hyde, J. S., P. D. Ebert, 1976, Correlated response in selection for aggressiveness in female mice. I. Beh. gen. 6, 421-427. - 3666. Hyman, L. R., A. D. Steinberg, R. B. Colvin, E. F. Bernard, 1976, Immunopathogenesis of autoimmune tubulointerstitial nephritis. II. J. immunol. 117, 1894-1897. - 3667. Hymes, K., P.
H. Schur, S. Karpatkin, 1980, Heavy -chain subclass of bound antiplatelet Ig G in
autoimmune thrombocytopenic purpura. Blood 56, 84-87. - 3668. Iannelli, D.,
1978, Water buffalo (Bub. bub. Arnee) allotypes. Anim. bld. grps. bioch. gen. 9,
105-113. - 3669. Immunogenetics of a sheep (Ovis aries) serum antigen. Gen.
res. 31, 209-213. - 3670. I'Ansson, V. A., D. L. Gasser, 1973, Relationship between graft-vs-host reactivity and possession of the high leukemia genotype hr/
hr. J. immunol. 111, 1604-1606. - 3671. Ibrahim, M. A., W. Pinsky, R. Kolm, P. J.
Binette, W. Winkelstein, 1968, Coronary heart disease. Arch. env. hlth. 16, 235-
240. - 3672. Ideguchi, H., N. Hamasaki, Y. Ikehara, 1981, Abnormal phosphoenolpyruvate transport in erythrocytes of hereditary spherocytosis. Blood 58, 426-
430. - 3673. Idowu, L., 1976, Observations on the chromosomes of a lymphosarcoma in a dog. Vet. rec. 99, 103. - 3674. Idowu, L., 1977, The chromosomes of
the transmissible venereal tumour of dogs in Ibadan. Res. vet. sci. 22, 271-273. -
3675. Ielasi, A., I. Kotlarski, 1969, Species variation in antibody response. I. Austr.
J. exp. biol. med. sci. 47, 689-699. - 3676. Iinuma, I., Y. Handa, 1976, A consideration of racial incidence of congenital dyschromats in males and females. In:
Verriest a. a. O.. - 3677. Ikejima, T., T. Takeuchi, 1974, Genetic modification
of the molecular forms of tyrosinase in the house mouse. Jap. J. gen. 49, 37-43. -
3678. Ilancic, D., 1956, Einfluß der genetischen und paragenetischen Faktoren
auf das Fohlengewicht bei der Geburt. Züchtungsk. 28, 430-435. - 3679. Ilancic,
D., 1966, Physiologisch-wirtschaftliche Eigenschaften verschiedener Schweinerassen bzw. Produktionstypen und ihre Beziehungen zur Schilddrüse. Züchtungsk. 38, 319-329. - 3680. Ilbert, P. L., D. Williams, 1967, Evidence of freemartinism in the goat. Cytogen. 6, 276-285. - 3681. Ilbery, P. L., G. Alexander, D. Williams, 1967, The chromosomes of sheep x goat hybrids. Austr. J. biol. sci. 20,
1245-1247. - 3682. Ilemobade, A. A., 1977, Heartwater in Nigeria. Trop. anim. h.
prod. 9, 177-180. - 3683. Ilgner, J., S. Heinz, 1972, Probleme der Reproduktion

von Kuhbeständen in industriemäßig produzierenden Milchviehanlagen. Tierz. 26,404-406. - 3684. Illarionov, M. S., 1976, (Behaviour of female foxes and their reproductive ability). Krolik. Zverov. 6, 17-18. - 3685. Illes, J., L. Mikulas, N. Andrusova, J. Havrankova, 1977, (A hereditary disorder in the progeny of a tested bull). Veterinarstvi 27, 397-399. - 3686. Iloeje, M. U., L. D. v. Vleck, 1977, Genetics of dairy goats. J. dairy sci. 61, 1521-1528. - 3687. Imai, H. T., 1975, Evidence for non-random localization of the centromere on mammalian chromosomes. J. theor. biol. 49, 111-123. - 3688. Imamura, T., 1977, The molecular basis of the thalassemia syndromes. Jap. J. hum. gen. 22, 113-128. - Imlah, P., 1970, Evidence for the Tf locus being associated with an early lethal factor in a strain of pigs. Anim. bld. grps. bioch. gen. 1, 5-13. - 3690. Imlah, P., 1975, Recent developments in the study of blood groups of pigs. Vet. ann. 15, 137-139. - 3691. Imlah, P., S. R. M. Thomson, 1979, The H blood group locus and meat colour, and using blood groups to predict halothane reactors. Act. agr. scand. Suppl. 21, 403-410. - 3692. Imlak, P., S. E. Brownlie, K. W. Head, H. S. McTaggart, J. G. McVie, 1979, Serum gamma globulin levels and the detection of IgG heavy chain and light chain in the serum and urine of pig hereditary lymphosarcoma. Eur. J. canc. 15, 1337-1349. - 3693. Immisch, F., 1966, Untersuchungen über Skelettmaße sowie Stellungs-und Bewegungsfehler bei Zuchtschweinen. Dissert. Hannover. - 3694. Inaba, Y., T. Omori, H. Kurogi, M. Matumoto, 1975, Akabane disease. Austr. vet. J. 51, 584-585. - 3695. Ingerman, C. M., J. B. Smith, S. Shapiro, A. Sedar, M. J. Silver, 1978, Hereditary abnormality of platelet aggregation attributable to nucleotide storage pool deficiency. Blood 52, 332-344. - 3696. Ingram, V. M., 1963, The hemoglobins in genetics and evolution. Col. Univ. Press, N. Y. - 3697. Innes, S., D. M. Lavigne, 1979, Comparative energetics of coat colour polymorphs in the eastern grey squirrel, Sciurus carolinensis. Can. J. zool. 57, 585-592. - 3698. Inouye, E., 1960, Observations on forty twin index cases with chronic epilepsy and their co-twins. J. nerv. ment. dis. 130, 401-416. - 3699. Iodice, A. A., I. M. Weinstock, 1965, Cathepsin A in nutritional and hereditary muscular dystrophy. Nature 207, 1102. - 3700. Iodice, A. A., V. Leong, I. M. Weinstock, 1966, Proteolytic activity of skeletal muscle of normal and dystrophic chickens and rabbits. Enz. biol. clin. 6, 269-278. - 3701. Ionasescu, V., G. Hug, C. Hoppel, 1980, Combined partial deficiency of muscle carnitine palmitoyltransferase and carnitine with autosomal dominant inheritance. J. neurol. neurosurg. psych. 43, 679-682. - 3702. Ippen, H., 1978, Pathologische Lichtreaktionen der Haut. Med. Klin. 73, 1299-1309. - 3703. Irvin, A. D., C. G. D. Brown, G. K. Kanhai, D. A. Stagg, 1977, Transplantation of bovine lymphosarcoma cells to athymic (nude) mice. Res. vet. sci. 22, 53-55. - 3704. Irvin, A. D., E. R. Young, G. D. Osborn, 1978, Attempts to infect T lymphocyte-deficient mice with Babesia species of cattle. Res. vet. sci. 25, 245-246. - 3705. Isenman, D. E., N. R. Cooper, 1981, The structure and function of the third component of human complement. 1. Mol. immunol. 18, 331 - 339. - 3706. Ishimaru, T., T. Hoshino, M. Ishimaru, H. Okada, T. Tomiyasu, T. Tsushimoto, T. Yamamoto, 1971, Leukemia in atomic bomb survivors, Hiroshima and Nagasaki, 1. oct. 1950-30. Sept. 1966. Rad. res. 45, 216-233. - 3707. Islam, A. B. M., W. G. Hill, R. B. Land, 1976, Ovulation rate of lines of mice selected for testis weight. Gen. res. 27, 23-32. - 3708. Isler, D., G. Lott-Stolz, 1978, Die wichtigsten Krankheits-und Todesursachen der Katze. Kleintierprax. 23, 333-337. -3709. Itakura, H., S. Ohno, 1973, The effect of the mouse X-linked testicular feminization mutation on the hypothalamus-pituitary axis. I. Clin. gen. 4, 91-97. - 3710. Itakura, K., T. Hirose, R. Crea, A. D. Riggs, H. L. Heyneker, F. Bolivar, H. W. Boyer, 1977, Expression in Escherichia coli of a chemically synthesized gene for the hormone somatostatin. Science 198, 1056. - 3711. Ito, S., M. Yamaguchi, N.

Miyamoto, T. Yanase, 1977, The 17ᾱ -hydroxylase deficiency found in genotypically female and male siblings, both phenotypically female. Jap. J. hum. gen. 21, 247-256. - 3712. Ittner, N. R. , H. R. Guilbert, F. D. Carroll, 1954, Adaptation of beef and dairy cattle to the irrigated desert. Bull. Calif. agr. exp. stat. No. 745. - 3713. Ivanova, O. A. , 1973, (The role of heredity in cattle leucosis and its transmission). Ref. Anim. breed. abstr. 42, 11. - 3714. Ivanova, O. A. , 1974, (The inheritance of leucosis in cattle). Ref. An. breed. abstr. 42, 602. - 3715. Ivanyi, 'P. , 1978, Some aspects of the H-2 system, the major histocompatibility system in the mouse. Proc. roy. soc. B 202, 117-158. - 3716. Ivanyi, P. , M. Mickova, 1971, Further studies on genetic factors in the nineth linkage group influencing reproductive performance in male mice. In:Immunogenetics of the H-2 system. , S. Karger, Basel. - 3717. Ivy, C. A. , M. C. Nesheim, J. C. Geary, G. D. Ryan, 1972, Frequency of abnormally shaped eggs in White Leghorn strains. Poult. sci. 51, 1414-1417. - 3718. Iwanov, P. , C. Madrov, 1961, Die Rinderzucht Bulgariens unter besonderer Berücksichtigung der Häuteproduktion. Arch. Tierz. 4, 143-153. - 3719. Iwanov, P. , C. Madrov, 1962, Die Rohhäute des bulgarischen Großhornviehs und ihre Mikrostruktur. Züchtungsk. 34, 216-225. - 3720. Jackson, A. E. , 1978, Congenital arthrogryposis in Charolais calves. Vet. rec. 102, 149-150. - 3721. Jackson, A. W. , S. Muldal, C. H. Ockey, P. J. O'Connor, 1965, Carcinoma of male breast in association with the Klinefelter syndrome. Brit. med. J. I, 223-225. - 3722. Jackson, B. , V. P. Capiello, 1964, Ranges of normal organ weights of dogs. Toxicol. appl. pharm. 6, 664-668. - 3723. Jackson, C. A. , D. J. Kingston, L. A. Hemsley, 1972, A total mortality survey of nine batches of broiler chickens. Austr. vet. J. 48, 481-487. - 3724. Jackson, C. E. , B. Frame, M. A. Block, 1977, Prevalence of endocrine neoplasia syndromes in genetic studies of parathyroid tumors. In: Mulvihill u. Mit. a. a. O. . - 3725. Jackson, G. J. , R. Herman, I. Singer, 1970, Immunity to parasitic animals. Appleton Cent. Crofts, N. Y. . - 3726. Jackson, N. , R. E. Chapman, 1975, Response to selection in Australian Merino sheep. VI. J. agr. res. 26, 375-392. - 3727. Jackson, O. F. , 1974, Spring rise in the incidence of feline urolithiasis. Vet. rec. 95, 540. - 3728. Jackson, O. F. , D. J. Sutor, 1970, Ammonium acid urate claculus in a cat with high uric acid excretion possibly due to a renal tubular reabsorption defect. Vet. rec. 86, 335-337. - 3729. Jackson, P. G. G. , 1975, The incidence of stillbirth in cases of dystocia in sows. Vet. rec. 97, 411. - 3730. Jackson, W. B. , D. Kaukunin, 1972, Resistance of wild Norway rats in North Carolina to warfarin rodenticide. Science 176, 1343-1344. - 3731. Jackson, W. P. U. , A. I. Vinik, 1970, Hyperglycemia and diabetes in the elderly. In: Ellenberg u. Rifkin a. a. O. . - 3732. Jacob, H. S. , J. H. Jandl, 1964, Increased cell membrane permeability in the pathogenesis of hereditary spherocytosis. J. clin. inv. 43, 1704-1720. - 3733. Jacobs, P. A. , 1969, Structural abnormalities of the sex chromosomes. Brit. med. bull. 25, 94-98. - 3734. Jacobs, P. A. , 1969, The chromosome basis of some types of intersexuality in man. J. reprod. fert. Suppl. 7, 73-78. - 3735. Jacobs, P. A. , J. A. Strang, 1959, A case of human intersexuality having a possible XXY sex-determining mechanism. Nature 183, 302-303. - 3736. Jacobs, P. A. , W. H. Price, W. M. Court-Brown, R. P. Brittain, P. B. Whatmore, 1968, Chromosome studies on men in a maximum security hospital. Ann. hum. gen. 31, 339-347. - 3737. Jacobs, P. A. , E. B. Hooke, 1975, XYY genotype. Science 189, 1044-1045. - 3738. Jacobs, P. A. , R. R. Angell, I. M. Buchanan, T. J. Hassold, A. M. Matsuyama, B. Manuel, 1978, The origin of human triploids. Ann. hum. gen. 42, 49-57. - 3739. Jacobs, P. A. , C. M. Wilson, J. A. Sprenkle, N. B. Rosenschein, B. R. Migeon, 1980, Mechanism of origin of complete hydatiform moles. Nature 286, 714-716. - 3740. Jaeger, W. , V. J. Schneider, 1976, Colour vision deficiencies and haemophilia. In: Verriest a. a. O. . - 3741. Jaffé, E.

1970,Hereditary hemolytic disorders and enzymatic deficiencies of human erythrocytes.Blood 35,116-134. - 3742. Jaffe,W. P.,1966,Avian immunbiology. Poult.sci.45,109-118. - 3743. Jahnke,H.E.,1976,Tsetse flies and livestock development in East Africa.Weltforum Vlg.,München. - 3744. Jain,A.K.,S.C. Joshi,J.S.Rawat,M.D.Pandey,1977,Blood glutathione polymorphism and its relationship with certain economic traits in poultry.Ind.vet.J.54,801-803. - 3745. Jain,A.P.,I.Prakash,1981,Eye-lens as an indicator of age in the Indian gerbil,Tatera indica.Growth 45,119-122. - 3746. Jain, N.C.,C.S.Kono,A.Myers,K.Bottomly,1980,Fusiform erythrocytes resembling sickle cells in angora goats. Res.vet.sci.28,25-35. - 3747. Jaimudeen,M.R.,E.S.E.Hafez,1965, Attempts to induce bovine freemartinism experimentally.J.repr.fert.10,281-283. - 3748. Jäkel,H.P.,I.Fleischer,J.Gedschold,1979,Zellbiologie,Biochemie und Genetik der Mucoviszidose.Biol.Zbl.98,55-83. - 3749. Jalbert,P.,H.Jalbert,B.Sele,D.Tachker,1977,Chromosome 20 en anneau: un nouveau syndrome.Ann.génét.20,258-262. - 3750. James,C.C., L.P.Lassman,B.E.Tomlinson,1969,Congenital anomalies of the lower spine and spinal cord in Manx cats. J.path.97,269-276. - 3751. James,S.C.,G.Hooper,J.H.Asher,1980,Effects of the gene Wh on reproduction in the Syrian hamster,Mesocricetus auratus.J. exp.zool.214,261-275. - 3752. James,W.H.,1979,Sexes of affected cases in sibships containing two or more members with anencephaly or spina bifida.J. med.gen.16,306-308. - 3753. Jandl,J.H.,1968,Hereditary spherocytosis.In: Beutler a.a.O.. - 3754. Janerich,D.T.,1973,Epidemic waves in the prevalence of anencephaly and spina bifida in N.Y.State.Teratol.8,253-256. - 3755. Janerich,D.T.,J.Piper,1978,Shifting genetic patterns in anencephaly and spina bifida.J.med.gen.15,101-105. - 3756. Jankus,E.F.,N.A.Staley,G.R.Noren, 1973,Turkey round heart disease: a model cardiomyopathy.In: Harmison a.a. O..-- 3757. Jannsen,R.,1973,Vergleichend klinisch-hämatologische Untersuchungen bei der Prophylaxe der Saugferkelanämie mit einem oral applizierbarem Eisenpräparat und einem parenteral anwendbaren Eisenpräparat (Myofer 100). Dissert.Hannover. - 3758. Janshen,G.,1959,Untersuchungen über die Sommerdermatitis ("Sommerräude") beim Pferd unter besonderer Berücksichtigung einer erblichen Disposition.Dissert.Hannover. - 3759. Janson,C.H.,1980,Metabolic characteristics and susceptibility to laminitis in Morgan and Thoroughbred horses.Dissert.abstr.41 B,2085. - 3760. Janus,E.D.,A.Nicoll,R.Wootton,P. R.Turner,P.J.Magill,B.Lewis,1980,Quantitative studies of very low density lipoprotein.Eur.J.clin.inv.10,149-159. - 3761. Janus,E.D.,A.M.Nicoll,P.R. Turner,P.Magill,B.Lewis,1980,Kinetic bases of the primary hyperlipidaemias. Eur.J.clin.inv.10,161-172. - 3762. Janz,D.,1973,Denkschrift Epilepsie.H. Boldt,Boppard. - 3763. Janz,D.,1980,Was ist Epilepsie ? Kleintierprax.25, 44-45. - 3764. Jaoum,K.C.,1979,Entamoeba histolytica: genetic control of susceptibility in chicken eggs.Exp.parasit.47,54-64. - 3765. Jarvik, L.F.,A.Falek,1962,Comparative data on cancer in ageing twins.Canc.15,1009-1018. - 3766. Jasiorowski,H.,1966,New lethal gene in Friesian cattle- gap in the spinal column.9th int.congr.ani m.prod.Edinb.,20-21. - 3767. Jasmin,G.,1968, Endocrine aspects of disease processes.W.H.Green,St.Louis. - 3768. Jaszczak, K.,1975,The influence of parental age on the genetic quality of the progeny of mice.IV.Genet.pol.16,109-115. - 3769. Jatzkewitz, H.,1961,Zur Biochemie neurologischer und psychiatrischer Krankheitsbilder.Dt.med.Wschr.86,474-480.- 3770. Jatzkewitz,H.,1981,Zufall und Entdeckung in der Forschung nach der Ursache der infantilen amaurotischen Idiotie.Naturwiss.68,257-262. - 3771. Jay, B.,1974,Recent advances in ophthalmic genetics.Brit.J.ophth.58,427-437. - 3772. Jay,B.,A.Bird,1973,X-linked Retinitis pigmentosa.Trans.Am.ac.oph.

otol. 77, 641-651. - 3773. Jayasekara, M. U., H. W. Leipold, 1979, Epitheliogenesis imperfecta in Shorthorn and Angus cattle. Zbl. Vet. med. A 26,497-501. - 3774. Jayasekara, M. U., H. W. Leipold, R. Phillips, 1979, Ehlers-Danlos syndrome in cattle. Z. Tierz. Zücht. biol. 96, 100-107. - 3775. Jayasekara, U., H. W. Leipold, 1981, Albinism in US Charolais cattle. Ann. gén. sél. anim. 13, 213-218. - 3776. Jean, P., C. L. Richer, M. Murer-Orlando, D. H. Lun, J. H. Joncas, 1979, Translocation 8;14 in an ataxia telangiectasia derived cell line. Nature 277, 56-58. - 3777. Jeffcott, L. B., K. Whitwell, 1973, Twinning as a cause of foetal and neonatal loss in the Thoroughbred mare. J. comp. path. 83, 91-106. - 3778. Jeffers, T. K., J. R. Challey, W. H. McGibbon, 1967, Response of inbred lines and their F1 progeny to experimental infection with Eimeria tenella. Poult. sci. 46, 1276. - 3779. Jeffers, T. K., J. R. Challey, W. H. McGibbon, 1969, Response to Eimeria tenella infection among lines of fowl selected for differential resistance to avian leukosis. Poult. sci. 48, 1604-1607. - 3780. Jeffers, T. K., G. E. Wagenbach, 1970, Embryonic response to Eimeria tenella infection. J. parasit. 56, 656-662. - 3781. Jeffers, T. K., J. R. Challey, W. H. McGibbon, 1970, Response of several lines of fowl and their single cross progeny to experimental infection with Eimeria tenella. Av. dis. 14, 203-210. - 3782. Jeffreys, A. J., I. W. Craig, U. Francke, 1979, Localisation of the Gγ -, Aα -, δ - and ß-globin genes on the short arm of human chromosome 11. Nature 281, 606-608. - 3783. Jeghers, H., V. A. McKusick, K. H. Katz, 1949, Generalized intestinal polyposis and melanin spots of oral mucosa, lips, digits. N. E. J. med. 241, 993-1005. - 3784. Jenkins, T., E. Nicholls, E. Gordon, D. Mendelsohn, H. C. Seftel, M. J. A. Andrew, 1980, Familial hypercholesterolaemia - a common genetic disorder in the Afrikaans population. S. Afr. med. J. 57, 943-946. - 3785. Jennings, F. W., D. D. Whitelaw, P. H. Holmes, G. M. Urquhart, 1978, The susceptibility of strains of mice to infection with Trypanosoma congolense. Res. vet. sci. 25, 399-400. - 3786. Jennings, I. W., 1970, Vitamins in endocrine metabolism. W. Heinemann Med. Bks., Lond.. - 3787. Jennings, P. A., D. Hoffmann, 1979, Attempted immunotherapy and autotransplantation of bovine vulval squamous cell carcinoma. Austr. vet. J. 55, 604-605. - 3788. Jensen, A. D., 1974, Heritable ectopia lentis. In: Goldberg a. a. O.. - 3789. Jensen, M., V. Zahn, A. Rauch, D. Loukopoulos, 1979, Prenatal diagnosis of ß-thalassemia. Klin. Wschr. 57, 37-42. - 3790. Jensen, O. M., A. M. Bolander, P. Sigtryggsson, M. Vercelli, X. Nguyen-Dinh, R. McLennan, 1980, Large-bowel cancer in married couples in Sweden. Lancet i, 1161-1163. - 3791. Jensen, P., 1964, Analyse af geners additive virking pa haemoglobinprocenten i grisenes blod. Ugeskr. land. 109, 331-334. - 3792. Jensen, P., 1975, Goda slaktegenskaper hos korsningsgriserna. Svinsk. 65, 16-17. - 3793. Jensen, P., Incidence of halothane susceptibility in the Danish Landrace breed and its association with meat quality. Act. agr. scand. Suppl. 21, 427-431. - 3794. Jensen, P., E. Andresen, 1980, Testing methods for PSE syndrome. Livest. prod. sci. 7, 325-335. - 3795. Jensen, P. T., P. G. Rasmussen, A. Basse, 1976, Congenital osteogenesis imperfecta in Charollais cattle. Nord. vet. med. 28, 304-308. - 3796. Jensen, R., L. H. Lauerman, P. M. Park, P. M. Bradley, D. P. Horton, M. F. Flack, M. F. Cox, N. Einertson, G. K. Miller, C. E. Rehfeld, 1980, Limb arthropathies and periarticular injuries in feedlot cattle. Corn. vet. 70, 329-343. - 3797. Jensen, S., E. Goldschmidt, 1971, Genetic counselling in sporadic cases of congenital cataract. Act. ophth. 49, 572-576. -3798. Jerome, F. N., C. M. Huntsman, 1959, A gynandromorph which arose from a sexlinked cross. Poult. sci. 38, 727-731. - 3799. Jervis, G. A., 1967, Phenylketonuria. In: Nyhan a. a. O.. - 3800. Jesserer, H., 1967, Therapie der Hypocalcämie. Dt. med. Wschr. 92, 1776-1777. - 3801. Jesserer, H., 1979, Erbliche Knochenbrüchigkeit. Med. Klin. 74, 296-304. - 3802. Jesserer, H., 1979, Knochenbrüchigkeit.

Med. Klin. 74, 289-295. - 3803. Jester, H. G., 1977, Lymphödem-Distichiasis. Hum. gen. 39, 113-116. - 3804. Jezierski, T., W. Bessei, 1978, Der Einfluß von Genotyp und Umwelt auf die lokomotorische Aktivität von Legehennen in Käfigen. Arch. Geflk. 42, 159-166. - 3805. Jezyk, P. F., M. E. Haskins, D. F. Patterson, W. J. Mellman, M. Greenstein, 1977, Mucopolysaccharidosis in a cat with arylsulfatase B deficiency: a model for Maroteaux-Lamy syndrome. Science 198, 834-836. - 3806. Jick, H., B. Westerholm, M. P. Vessey, G. P. Lewis, D. Slone, W. H. Inman, S. Shapiro, J. Worcester, 1969, Venous thrombembolic disease and ABO blood type. Lancet 7594, 539-542. - 3807. Jilek, A. F., R. E. Bradley, 1969, Hemoglobin types and resistance to Haemonchus contortus in sheep. Am. J. vet. res. 30, 1773-1778. - 3808. Jöchle, W., 1957, Zur Dauer der Tragzeit und der Geschlechtsverteilung beim Pferd. Züchtungsk. 29, 303-305. - 3809. Joe, M., J. M. Teasdale, J. R. Miller, 1962, A new mutation (sph) causing neonatal jaundice in the house mouse. Can. J. gen. cyt. 4, 219-225. - 3810. Joenje, H., F. Arwert, A. W. Eriksson, H. de Konning, A. B. Oostra, 1981, Oxygen-dependence of chromosomal aberrations in Fanconi's anaemia. Nature 290, 142-143. - 3811. Johannsen, U., 1979, Untersuchungen zur Pathomorphologie des Herzens bei Schweinen mit Transporttod. Arch. exp. Vet. med. 33, 377-391. - 3812. Johannsen, U., S. Menger, 1978, Degenerative Skelettmuskelveränderungen bei normal geschlachteten Fleischschweinen unterschiedlicher genetischer Konstruktionen sowie bei auf dem Transport verendeten Schweinen. Mhf. Vet. med. 33, 863-867. - 3813. Johansson, I., 1953, A new type of achondroplasia in cattle. Hereditas 39, 75-87. - 3814. Johansson, I., 1965, Lebensfähigkeit und Fruchtbarkeit bei den Farbmutanten der Nerze. Dt. Pelztierz. 39, 161-165. - 3815. Johansson, I., 1965, Studies on the genetics of ranch-bred mink. Z. Tierz. Züchtbiol. 81, 55-88. - 3816. Johansson, I., 1965, Hereditary defects in farm animals. Wld. rev. anim. prod. 1, 19-30. - 3817. Johansson, I., 1969, Die Blutgruppenforschung und einige ihrer Anwendungen. Dt. Pelzt. 43, 105-106. - 3818. Johansson, I., O. Venge, 1951, Studies on the value of various morphological characters for the diagnosis of monozygosity of cattle twins. Z. Tierz. Züchtbiol. 59, 389-424. - 3819. Johansson, I., J. Rendel, H. O. Gravert, 1966, Haustiergenetik und Tierzüchtung. P. Parey, Hbg, Berl. - 3820. Johansson, I., B. Lindhe, F. Pirchner, 1974, Causes of variation in the frequency of monozygous and dizygous twinning in various breeds of cattle. Hereditas 78, 201-234. - 3821. John, M. E., 1979, Sheep hemoglobin E. Hemogl. 3, 93-97. -3822. John, M. E., M. John, 1977, A new hemoglobin ß chain variant in sheep. An. Bld. grps. bioch. gen. 8, 183-190. - 3823. John, M. E., J. Barnabas, 1978, Gene diversity of bovid hemoglobins. Bioch. gen. 16, 787-798. - 3824. Johns, A. R., 1954, Bloat in cattle on red clover. N. Z. J. sci. tech. 36A, 289-320. - 3825. Johnson, A. H., W. J. C. Donnelly, 1977, The glycosaminoglycan content of the liver in bovine GM1 gangliosidosis. Res. vet. sci. 22, 265-266. - 3826. Johnson, B. C., F. H. Epstein, M. C. Kjelsberg, 1965, Distributions and familial studies of blood pressure and serum cholesterol levels in a total community, Tecumseh, Michigan. J. chron. diseas. 14, 147-160. - 3827. Johnson, C. A., D. A. Bass, A. A. Trillo, M. S. Snyder, L. R. DeChatelet, 1980, Functional and metabolic studies of polymorphonuclear leukocytes in the congenital Pelger-Huet anomaly. Blood 55, 466-469. - 3828. Johnson, D. D., H. L. Davis, R. D. Crawford, 1979, Pharmacological and biochemical studies in epileptic fowl. Fed. proc. 38, 2417-2423. - 3829. Johnson, D. R., 1967, Extra toes: a new mutant gene causing multiple abnormalities in the mouse. J. embr. exp. morph. 17, 543-581. - 3830. Johnson, D. R., 1978, The growth of femur and tibia in three genetically distinct chondrodystrophic mutants of the house mouse. J. anat. 125, 267-275. - 3831. Johnson, D. R., D. M. Hunt, 1975, Endocrinological findings in sterile pink-eyed mice. J. repr. fert. 42, 51-58. -

3832. Johnson,D.W., L.S. Palmer,1939, Individual and breed variations in pigs on rations devoid of vitamin D. J.agr.res.58,929-940. - 3833. Johnson,D.R., 1977, Ultrastructural observations on stumpy (stm), a new chondrodystrophic mutant in the mouse. J.embr.exp. morph. 39,279-284. - 3834. Johnson,D.R., M.E. Wallace, 1979, Crinkly-tail, a mild skeletal mutant in the mouse. J.embr. exp. morph.53,327-333. - 3835. Johnson,E.R., 1981, Carcass composition of double-muscled cattle. Anim. prod. 33, 31-38. - 3836. Johnson, G.J., M.E. Kaplan, E. Beutler, 1977, G-6-PD Long Prairie. Blood 49, 247-251. - 3837. Johnson, G.R., J.E. Oliver, R.Selcer, 1975, Globoid cell leukodystrophy in a Beagle. J. A.V.M.A.167,380-384. - 3838. Johnson,J.C., T,B.Stewart, O.M.Hale,1975, Differential response of Duroc, Hampshire and crossbred pigs to a superimposed experimental infection with the intestinal threadworm, Strongyloides ransomi. J. parasit. 61, 517-524. - 3839. Johnson, J. L., H.W. Leipold, R. R. Schalles, M. M. Guffy, J. G. Peeples, R. S. Castleberry, H. J. Schneider, 1981, Hereditary polydactyly in Simmental cattle. J. hered. 72, 205-208. - 3840. Johnson, K.R., D. Fourt, R. Ross, 1958, Hereditary congenital ataxia in Holstein-Friesian calves. J. dairy sci. 61, 1371-1375. - 3841. Johnson, J. L., 1980, Progeny testing of cattle for syndactylism and polydactylism. Dissert.abstr. B 41,1674. - 3842. Johnson, L.E., J. L. Lush, 1939, "Legless"- a new lethal in swine. Genetics 24, 79. - 3843. Johnson, L. M., R. L. Sidman,1979, A reproductive endocrine profile in the diabetes (db) mutant mouse. Biol. repr.20, 552-559. - 3844. Johnson, L.W., S.A. Edgar, 1969, Effects of B blood group genotypes in Leghorn lines selected for resistance and susceptibility to cecal coccidiosis and their reciprocal crosses. Poult.sci.48,1827. - 3845. Johnson, N., R.C.Schwartz,A.M. Chutorian, 1981, Artificial insemination by donors. N.E.J. med. 304,755-757. - 3846. Johnson, R.T., K.P. Johnson, 1968, Hydrocephalus following viral infection. J. neur. path. exp. neur. 27, 591-606. - 3847. Johnson, V.P., T.Aceto,C. Likness, 1979, Trisomy 14 mosaicism. J. med. gen. 3, 331-339. - 3848. Johnston,E.F., J.H. Zeller, G. Cantwell, 1958, Sex anomalies in swine. J. hered. 49, 255-261. - 3849. Johnston, L.A.Y., 1937, Epidemiology of bovine babesiosis in Northern Queensland. Austr. vet. J. 43, 427-432. - 3850. Johnston, P.G., 1981, X chromosome activity in female germ cells of mice heterozygous for Searle's translocation T(X;16) 16H. Genet. res. 37, 317-322. - 3851. Johnston, P.G., B.M. Cattanach, 1981, Controlling elements in the mouse. Gen. res. 37, 151-160. - 3852. Johnston,W.G., G.B. Young, 1958, A congenital muscle contracture and chondrodysplasia syndrome in cattle. Vet.rec. 70, 1219-1220. - 3853. Jolly, R.D., 1971, The pathology of the central nervous system in pseudolipidosis of Angus calves. J. path. 103, 113-121. - 3854. Jolly, R.D., 1975, Mannosidosis of Angus cattle. Adv.vet.sci. 19,1-21. - 3855. Jolly, R.D., 1978, Mannosidosis and its control in Angus and Murray Grey cattle. N.Z.vet. J.26,194-198. - 3856. Jolly, R.D., D.M.West, 1976, Blindness in South Hampshire sheep: a neuronal ceroid-lipofuscinosis. N.Z. vet. J. 24, 123. - 3857. Jolly, R.D., K.G. Thompson, 1977, Mannosidosis-pathogenesis of lesions in exocrine cells. J. path. 121, 59-62. - 3858. Jolly, R.D., W.J. Hartley, 1977, Storage diseases of domestic animals. Austr.vet. J. 53, 1-8. - 3859. Jolly, R.D., N.S.v.d.Water, R.Richards, P.R.Dorling, 1977, Generalized glycogenosis in Beef Shorthorn cattle-heterozygote detection. Austr. J. exp. biol. med. sci. 55, 141-150. - 3860. Jolly, R.D., K.G. Thompson, 1978, The pathology of bovine mannosidosis. Vet. path. 15, 141-152. - 3861. Jolly, R.D., A. Janmaat, N. S.v.d. Water, 1977, Heterozygote detection: a comparative study using neutrophils, lymphocytes, and two reference parameters in the bovine-mannosidosis model. Bioch. med. 18, 402-409. - 3862. Jolly, R.D., P.M. Slack, P.J. Winter, C. E. Murphy, 1980, Mannosidosis: patterns of storage and urinary excretion of oligosaccharids in the bovine model. Austr. J. exp. biol. med. sci. 58,421-428. - 3863. Jolly, R. D. , A. Janmaat, D. M. West, I. Morrison, 1980, Ovine ceroid-lipofuscinosis: a model of Batten's disease. -Neuropath. appl. neurobiol. 6, 195 - 209. - 3864. Jones, A. , 1961, The lethal recessive problem in cattle in Guernsey. Vet. rec. 73, 937-941. - 3865. Jones, B. R. , R. B. Richards, 1977, Myelomalacia in Afghan hounds. Austr. vet. J. 53, 452-453. - 3866. Jones, D. G. , W. Morgan, 1956, Woolly feathering in the fowl. J. hered. 47, 137-141. - 3867. I. C. Jones, 1947, A tri-colour (mosaic) Shorthorn cow. Nature 160, 337-338. - 3868. Jones, J. M. , F. Jensen, J. D. Feldman, 1978, Genetic control of immune responses to Moloney leukemia virus in rats. J. nat. canc. inst. 60, 1467-1472. - 3869. Jones, M. Z. , R. A. Laine, 1981, Caprine oligosaccharide storage disease. J. biol. chem. 256, 5181-5184. - 3870. Jones, M. Z. , G. Dawson, 1981, Caprine ß-mannosidosis: inherited deficiency of ß-D-mannosidase. J. biol. chem. 256, 5185-5188. - 3871. Jones, J. S. , 1980, How much genetic variation ? Nature 288, 10-11. - 3872. Jones, R. W. , J. M. Old, R. J. Trent, J. B. Clegg, D. J. Weatherall, 1981, Major rearrangement in the human ß-globin gene cluster. Nature 291, 39-44. - 3873. Jones, T. C. , D. B. Hackel, G. Migaki, M. Pendleton, 1978, Animal models of human disease. U. S. A. F. reg. comp. path. 20305. , Washington. - 3874. Jones, T. H. , A. E. McClintock, G. F. Smith, G. Williams, 1978, Achondroplasia in British Friesians. Vet. rec. 102, 404. - 3875. Jones, W. E. , 1979, The overo white foal syndrome. J. equine med. surg. 3, 54-56. - 3876. Jones, W. E. , R. Bogart, 1971, Genetics of the horse. Edw. Broth. , Michigan. - 3877. Jong, J. M. de, J. S. Reinders, 1962, Gebroken ruggegraten bij pasgeboren kalveren. Tijdschr. diergeneesk. 87, 557-558. - 3878. Jönsson, G. , 1979, Ätiologie und Prophylaxe der Gebärparese des Rindes. Übers. Tierern. 7, 193-216. - 3879. Jönsson, G. , O. Swahn, 1968, Morbiditet och mortalitet hos inköpta kalvar. Nord. vet. med. 20, 377-395. - 3880. Jönsson, G. , I. Gustavsson, 1969, Blood cell chimerism in one of three triplet lambs. J. hered. 60, 175-179. -3881. Jönsson, G. , 1978, Milk fever prevention. Vet. rec. 102, 165-169. - 3882. Jonsson, P. , J. Wismer-Pedersen, 1974, Genetics of sex odours in boars. Livest. prod. sci. 1, 53-66. - 3883. Jordan, A. M. , 1976, Tsetse flies as vectors of trypanosomes. Vet. parasit. 2, 143-152. - 3884. Jores, A. , H. Nowakowski, 1976, Praktische Endokrinologie. G. Thieme Vlg. , Stuttg. - 3885. Jorge, W. , 1974, Chromosome study of some breeds of cattle. Caryol. 27, 325-329. - 3886. Jörgens, V. , P. Berchtold, M. Berger, C. Daweke, F. A. Gries, H. Zimmermann, 1980, High-density lipoprotein-cholesterol and coronary risk factors in obese patients. Eur. J. clin. inv. 10, 17. - 3887. Jörgensen, G. , 1968, Genetische Untersuchungen bei funktionell-obstruktiver subvalvulärer Aortenstenose (irregulär hypertrophischer Kardiomyopathie). Humangen. 6, 13-28. - 3888. Jörgensen, G. , 1980, Genetische Gesichtspunkte bei Risikofaktoren. Münch. med. Wschr. 122, 628-632. - 3889. Jörgensen, G. , 1981, Chromosomenanomalien und strafrechtliche Verantwortung. Münch. med. Wschr. 123, 117-118. - 3890. Jörgensen, G. , 1981, Genetische Determination des Alkoholismus. Münch. med. Wschr. 123, 1230-1231. - 3891. Jörgensen, G. , 1981, Chromosomenanomalien und deren Folgen für abweichendes Verhalten. Münch. med. Wschr. 123, 119-123. - 3892. Jörgensen, G. , 1981, Auch väterlicher Effekt bei der Trisomie 21 (Down-Syndrom). Münch. med. Wschr. 123, 1315-1317. - 3893. Jörgensen, G. , 1981, Möglichkeiten und Grenzen der genetischen Familienberatung. Münch. med. Wschr. 123, 1167-1172. - 3894. Jörgensen, G. , Humangenetik und Infektionskrankheiten. Münch. med. Wschr. 123, 1447-1452. - 3895. Jorgensen, L. , M. A. Packham, H. C. Rowsell, J. F. Mustard, 1972, Deposition of formed elements of blood on the intima and signs of intimal injury in the aorta of rabbit, pig and man. Lab. inv. 27, 341-350. - 3896. Jörgensen, P. F. , 1979, Polymorphic systems in blood. Act. agr. scand. Suppl. 21, 386-395. - 3897. Jörgensen, P. F. ,1978,Halothane sensitivity,the H blood group system and phosphohexase isomerase (PHI) in pigs. Act. vet. scand. 19,458-460. - 3898. Jörgensen, P. F. , P. Wäfler,1978,(Halothane sensitivity and blood parameters in Swiss Improved Landrace pigs). Aarsber. Inst. ster. fors. 21,39-48. - 3899. Jörgensen, S. K. ,1956, Angeborene, chronische Porphyrie beim Schwein. Nord. vet. med. 8, 562-580. - 3900. Jörgensen, S. K. ,1959, Congenital porphyria in pigs. Brit. vet. J. 115,1-16. - 3901. Jörgensen,S. K. , T. K. With, 1955,Congenital porphyria in swine and cattle in Denmark. Nature 176,156-158. - 3902. Jörgensen, S. K. , T. K. With, 1965, Congenital porphyria in animals other than man. In: Rook u. Walton a. a. O. . - 3903. Jortner, B. S. , A. M. Jonas,1968, The neuropathology of globoid cell leukodystrophy in the dog. Act. neuropath. 10,171-182. - 3904. Josefowicz, W. I. , M. H. Hardy,1978, The expression of the gene asebia in the laboratory mouse. Gen. res. 31, 53-65. - 3905. Josefowicz, W. J. , M. H. Hardy,1978, The expression of the gene asebia in the laboratory mouse. II. Gen. res. 31, 145 - 155. - 3906. Josefowicz, W. J. , M. H. Hardy,1978, The expression of the gene asebia in the laboratory mouse. III. Gen. res. 31,157-166. - 3907. Joseph, M. M. , A. H. Meier,1974,Circadian component in the fattening and reproductive responses to prolactin in the hamster. Proc. soc. exp. biol. med. 146,1150-1155. - 3908. Jost, A. ,1968, Full or partial maturation of fetal endocrine systems under pituitary control. Persp. biol. med. 11, 371-375. - 3909. Jost, A. , M. Chodkiewicz, P. Mauléon, 1963, Intersexualité du foetus de veau produite par des androgènes. C. R. ac. sci. B 256,274-276. - 3910. Jost, A. , J. P. Perchellet, J. Prepin, B. Vigier,1975, The prenatal development of bovine freemartins. In: Reinboth a. a. O. . - 3911. Jotterand-Bellomo, M. , M. Baettig, 1981, Etude cytogénétique de deux sangliers (Sus scrofa L.) de couleur claire, capturés aux environs de Genève (Suisse). Rev. suisse zool. 88, 787-795. - 3912. Joubert, D. M. ,1973, Goats in the animal agriculture of Southern Africa. Z. Tierz. Zücht. biol. 90, 245-262. - 3913. Julian, L. M. ,1976, Osteoporosis in chickens with hereditary muscular dystrophy. Theriogen. 6,183-191. - 3914. Julian, L. M. , V. S. Asmundson, 1963, Muscular dystrophy of the chicken. In: Bourne u. Solarz a. a. O. . - 3915. Julian, R. J. , 1960, Ichthyosis congenita in cattle. Vet. med. 55, 35-41. - 3916. Julien, W. E. , H. R. Conrad, J. W. Hibbs, W. L. Crist,1977, Milk fever in dairy cows. J. dairy sci. 60,431-436. - 3917. Jung, K. , S. Gutermann,1981, Blutgruppenverteilung bei 100-Kilometer-Läufern. Münch. med. Wschr. 123,1420-1422. - 3918. Jung, R. T. , P. S. Shetty, W. P. T. James, 1979, Reduced thermogenesis in obestity. Nature 279,322-323. - 3919. Jürgens, H. W. ,1961, Gibt es Pauperierungserscheinungen bei menschlichen Rassenmischungen ? Dt. med. Wschr. 86, 302-307. - 3920. Juriloff, D. M. ,1975, Genetics of soft palate in chickens and the relationship between the occurrence of the trait and maternal riboflavin deficiency. Poult. sci. 54, 334-346. - 3921. Juriloff, D. M. ,1978, Genetics of spontaneous and 6-aminonicotinamide-induced cleft lip in mice. Dissert. abstr. B 39,1623. -3922. Juriloff, D. M. , C. W. Roberts,1977, "Palatal pits" - a new trait in chickens ? Poult. sci. 56, 386-388. - 3923. Juriloff, D. M. , F. C. Fraser,1980, Genetic maternal effects on cleft lip frequency in A/J and Cl/Fr mice. Teratol. 21,167-175. - 3924. Just, G. , K. H. Bauer, E. Hanhart, J. Lange,1940, Handbuch der Erbbiologie des Menschen. II. J. Springer, Berlin. - 3925. Kaas, J. H. , R. W. Guillery,1973, The transfer of abnormal visual field representations from the dorsal lateral geniculate nucleus to the visual cortex in Siamese cats. Brain res. 59, 61-95. - 3926. Kacser, H. , G. Bulfield, M. E. Wallace,1973, Histidinaemic mutant in the mouse. Nature 244, 77-79. - 3927. Kaemmerer, K. ,1954, Messungen an Ziegenböcken. Z. Tierz. Zücht. biol. 63, 71-86. - 3928. Kaiser, G. ,1971, Die Reproduktionsleistung der Haushunde in der Beziehung zur Körpergröße und zum Gewicht der Rassen. Z. Tierz. Zücht. biol. 88, 118-168. - 3929. Kaiser, G., 1972, Studien zur Feststellung der korrelativen Beziehungen zwischen Ovar und Körpergewicht beim Haushund. Jb. Naturhist. Mus. Bern, 253-275. - 3930. Kaja, R. W., C. Olson, 1982, Non-infectivity of semen from bulls infected with bovine leukosis virus. Theriogen. 18, 107-111. - 3931. Kakihana, R., L. B. Ellis, S. A. Gerling, S. L. Blum, S. Kessler, 1974, Bruce effect competence in yellow-lethal heterozygous mice. J. repr. fert. 40, 483-436. - 3932. Kalich, J., K. Krumbacher, B. Ruf, 1968, Über die Erfahrungen bei Zucht und Haltung sowie einige physiologische Daten des Hanford-Miniaturschweines. Z. ges. exp. Med. 145, 312-325. - 3933. Kalies, I., J. R. Kalden, F. Heinz, R. W. C. Janzen, L. Lachenmayer, 1979, Nachweis von Acetylcholin-Rezeptor-Antikörpern im Serum von Myasthenia gravis Patienten unter Verwendung affinitätschromatisch gereinigter humaner Acetylcholin-Rezeptor-Präparationen. Klin. Wschr. 57, 875-881. - 3934. Kalil, R. E., S. R. Jhaveri, W. Richards, 1971, Anomalous retinal pathways in the Siamese cat. Science 174, 302-305. - 3935. Kalinowski, T., W. Rudolph, 1974, Zur Vererbung der Oberkieferverkürzung (Brachygnathia superior) beim Hauskaninchen. Wiss. Z. Univ. Rostock M. N. R. 23, 131-135. - 3936. Kaliss, N., 1957, Facilitation immunologique d'homogreffes de tumeur chez la souris. La biol. homogreff., Paris. - 3937. Kalla, A. K., S. C. Tiwari, 1970, Sex differences in skin colour in man. Act. gen. med. gemell. 19, 472-476. - 3938. Kallee, E., J. Bohner, H. Eichstätt, R. Haasis, R. Wall, K. Kochsiek, 1978, Absoluter TBG-Mangel (Athyropexinämie) und hypertrophische obstruktive Kardiomyopathie. Klin. Wschr. 56, 1213-1216. - 3939. Kallfelz, F. A., 1968, zit. n. McDonald a. a. O. - 3940. Kallmann, F. J., 1953, Heredity in health and mental disorder. W. Norten u. Co., N. Y. - 3941. Kallmann, F. J., Reisner, 1943, Twin studies on genetic variations in resistance to tuberculosis. J. hered. 34, 269-276. - 3942. Kalousek, D., C. J. Biddle, M. Rudner, G. H. Arronet, F. C. Fraser, 1978, 47, X, i(Xq), Y karyotype in Klinefelter's syndrome. Hum. gen. 43, 107-110. - 3943. Kalow, W., 1962, Pharmacogenetics. W. B. Saunders Co., Philadel. - 3944. Kalter, H., 1959, Seasonal variation in frequency of cortisone-induced cleft palate in mice. Genet. 44, 78. - 3945. Kalter, H., 1968, Teratology of the central nervous system. Univ. Chikago Press. - 3946. Kalter, H., 1975, Prenatal epidemiology of spontaneous cleft lip and palate, open eyelid and embryonic death in A/J mice. Teratol. 12, 245-257. - 3947. Kalter, H., 1978, Elimination of fetal mice with sporadic malformations by spontaneous resorption in pregnancies of elder females. J. repr. fert. 53, 407-410. - 3948. Kalter, H., 1979, The history of the A family of inbred mice and the biology of its congenital malformations. Teratol. 20, 213-232. - 3949. Kalter, H., J. Warkany, 1959, Experimental production of congenital malformations in mammals by metabolic procedure. Phys. rev. 39, 69-115. - 3950. Kaluzewski, B., D. Podkul, I. Zaborowska, T. Moruzgala, L. Jakobowski, 1977, The 48, XXXX/49, XXXXY/49, XX-XX, i(Yq) mosaicism in a 3-year-old boy from a twin pregnancy. Hum. gen. 37, 355-359. - 3951. Kamel, S. H., E. A. Ezzat, 1969, Preparation of antisera and identification of blood groups in dogs. Zbl. Vet. med. A 16, 827-833. - 3952. Kamer, O., 1960, Über Farbanomalien im Augenhintergrund von Haustieren. Schw. Arch. Tierhlk. 102, 501-519. - 3953. Kan, Y., A. M. Dozy, G. Stamatoyannopoulos, M. G. Hadjiminas, Z. Zachariades, M. Furbetta, A. Cao, 1979, Molecular basis of hemoglobin -H disease in the Mediterranean population. Blood 54, 1434-1438. - 3954. Kanagawa, H., K. Kawata, T. Ishikawa, 1966, (Sex chromosome chimerism (XX/XY) in heterosexual twins in cattle.). Jap. J. anim. repr. 12, 13-18. - 3955. Kanagawa, H., S. Kosaka, T. Hosoda, T. Ishikawa, 1969, Leucocyte and erythrocyte chimerism in heterosexual bovine quadruplets. Jap. J. zootech. sci. 40, 407 - 411. - 3956. Kaneko, Y., J. D. Rowley, D. Variakojis, R. R. Chilcote, J. W. Moohr,

D.Patel,1981,Chromosome abnormalities in Down's syndrome patients with acute leukemia.Blood 58,459-466. - 3957. Kansky,A.,M.Bercic,1978,Incidence of porphyrias in Slovenia. J. clin. chem. clin. bioch. 16,48. - 3958. Kanwqar,Y.S., C.A.Krakower,J.R.Manaligod,P.Justice,P.W.K.Wong,1975,Biochemical, morphological and hybrid studies in hyperprolinemic mice.Biomed. 22,209 - 216. - 3959. Kaplan,S.S.,S.S.Boggs,M.A.Nardi,R.E.Basford,J.M.Holland, 1978, Leukocyte-platelet interaction in a murine model of Chediak-Higashi-syndrome. Blood 52,719-725. - 3960. Kapp,J.A.,D.S.Strater,1978,H-2 linked Ir gene control of antibody responses to porcine insulin. J. immunol. 121,978-982. - 3961. Kappeler,A.,1974,Statistische und populationsgenetische Erhebungen von Merkmalen der Schilddrüse und Nebeniere bei Schweinen der Dt. Landrasse und Belgischer Rassen.Dissert,Hannover. - 3962. Karakoz,I.,J.Krejci, K.Hala,B.Blaszczyk,T.Hraba,J.Pekarek,1974,Genetic determination of tuberculin hypersensitivity in chicken inbred lines. Eur. J. immunol. 4,545-548. - 3963. Karasek,J.,W.Oehlert,1968,Die Ultrastruktur der Schweineepidermis. Z. mikr. anat. Forsch. 79,157-169. - 3964. Karasszon,D.,L.Bodon,D.Hamori, 1977,(Contribution to trembling disease (congenital tremor) of newborn piglets. Mag.All.lapj.32,101-102. - 3965. Kariv,I.,S.Feldman,1974,Familial cardiomyopathy.In: Bajusz u.Roma a.a.O.. - 3966. Karlikov,D.V.,P.G.Klabukov, 1978, (Genetic variability in the incidence of leucosis in cattle). Byull. nauch. rab. 54,51-55. - 3967. Karlovic,M.,B.Ilijas,1977,Perosomus elumbis bei einem Ferkel.Dt.tierärztl.Wschr.84,350-351. - 3968. Karlson,P.,1961,Biochemische Wirkungsweise der Hormone.Dt. med. Wschr. 86,668-674. - 3969. Karlson,P.,1967,The effects of ecdysone on giant chromosomes,RNA metabolism and enzyme induction. In: Spickett a.a.O.. - 3970. Karlson,P.,1970,Biochemie. J.Thieme,Stuttgart. - 3971. Karlson,P.,1979,Hormonrezeptoren und Hormonwirkung. Klin.Wschr.57,607-612. - 3972. Karlson,P.,C.E.Sekeris,1966,Biochemical mechanism of hormone action.Act.endocr.53,505-518. - 3973. Karlsson,U.,B.Gustafsson,1978, (Predisposing factors for teat treading by cows). Svensk vet. tidn. 30,367-372. - 3974. Karmanova,E.P.,A.E.Bolgov,1979,(The inheritance of resistance to mastitis in dairy cattle). Genetika 15,1298-1303. - 3975. Karnofsky,D.A.,1965,Drugs as teratogens in animals and man. Ann. rev. pharm. 5,447-472. - 3976. Karp,L.E.,W.D.Smith,1975,Experimental production of aneuploidy in mouse oocytes.Gyn. inv. 6,321-380. - 3977. Karpatkin,S., 1980, Autoimmune thrombocytopenic purpura.Blood 56,329-343. - 3978. Kärre, K.,G.O.Klein,R.Kiessling,G.Klein,J.C.Roder,1980, Low natural in vivo resistance to syngeneic leukemias in natural killer-deficient mice.Nature 284, 624-626. - 3979. Kase,F.,1976,Angeborene Gerinnungsdefekte der Säuger.Mh. Vet. med. 31,154-157. - 3980. Kasper,C.K.,B.Osterud,J.Y.Minami,W.Shonick, S.I.Rapaport,1977,Hemophilia B.Blood 50,351-366. - 3981. Kasström,H.,K. Suzuki,S.E.Olsson,P.O.Gustafson,1975,Growth and remodeling of the hip joint and proximal femur in adolescent dogs.Act. radiol. Suppl. 344, 75-80. - 3982. Kästli,F.,1974,Über ungleichgeschlechtige Rinderzwillinge.Schweiz.Ar. Tierhlk.116,423-428. - 3983. Kästli,F.,1979,Neuere Untersuchungen über die Rinderzwicke.Schweiz.Arch.Tierhlk.121,425-429. - 3984. Kästli,F.,J.G.Hall, 1978,Cattle twins and freemartin diagnosis.Vet.rec.102,80-83. - 3985. Kastrup, K.W.,J.Zapf,1979,Non-suppressible insulin-like activity in Laron's syndrome.Act. endocr. 90,414-420. - 3986. Katyare,S.S.,J.L.Howland,1978,Enhanced oxidative metabolism in liver mitochondria from genetically obese mice. Arch.bioch.biophys.188,15-20. - 3987. Katz,D.,B.Albini,J.H.Kite,1981,Immune complexes in thyroids,kidneys and cecal tonsils of obese strain chickens with B1B1 and B4B4 genotypes. Fed. proc. 40,4198. - 3988. Katzmann,J.A.,D.

K. Mujwid, R. S. Miller, D. N. Fass, 1981, Monoclonal antibodies to von Willebrand's factor. Blood 58, 530-536. - 3989. Kauffman, R. G., H. W. Norton, 1966, Growth of the porcine eye lens during insufficiencies of dietary protein. Growth 30, 463-470. - 3990. Kauffman, R. G., H. W. Norton, B. G. Harmon, B. C. Breidenstein, 1967, Growth of the porcine eye lens as an index to chronological age. J. anim. sci. 26, 31-35. - 3991. Kaufman, M. H., 1973, Parthenogenesis in the mouse. Nature 242, 475-476. - 3992. Kaufman, M. H., E. Huberman, L. Sachs, 1975, Genetic control of haploid parthenogenetic development in mammalian embryos. Nature 254, 694-695. - 3993. Kaufman, M. H., S. C. Baton, M. A. H. Surrani, 1977, Normal post-implantation development of mouse parthenogenetic embryos to the free-limb bud stage. Nature 265, 53-55. - 3994. Kaufman, M. H., M. Guc-Cubrilo, M. F. Lyon, 1978, X chromosome inactivation in diploid parthenogenetic mouse embryos. Nature 271, 547-548. - 3995. Kaufmann, H., 1940, Die Dreibeinigkeit in einer Zucht des veredelten Landschweines. Dissert. Hannover. - 3996. Kaufmann, R. B., 1978, Experimentelle Untersuchungen zur Belastbarkeit einer maternalen Immunität von Saugmäusen gegen infektiöse Ektromelie. Dissert. München. - 3997. Kay, H. D., 1966, Copper in biology. Wld. rev. anim. prod. 2, 21-27. -3998. Kay, R. M., W. Little, B. A. Kitchenham, 1976, A comparison of the growth performance and blood composition of twin and singleton calves. Anim. prod. 22, 19-25. - 3999. Kazmierowski, J. A., R. J. Elin, H. Y. Reynolds, W. A. Durbin, S. M. Wolff, 1976, Chediak-Higashi syndrome. Blood 47, 555-559. - 4000. Keeler, C. E., 1947, Modification of brain and endocrine glands. J. Tenn. ac. sci. 22, 202-209. - 4001. Keeler, C. E., 1948, The genetic synthesis of behavior trends. Proc. 8th int. congr. gen., 605-607. - 4002. Keeler, C. E., 1963, Albinism and diet choice in the ring neck dove. J. hered. 54, 289-291. - 4003. Keeler, C., 1970, A new hereditary degeneration of the mouse retina. J. hered. 61, 62-63. - 4004. Keeler, C., S. Ridgway, L. Lipscomb, E. Fromm, 1968, The genetics of adrenal size and tameness in colorphase foxes. J. hered. 59, 82-84. - 4005. Keeler, C., T. Mellinger, E. Fromm, L. Wade, 1970, Melanin, adrenalin and the legacy of fear. J. hered. 61, 81-88. - 4006. Keeler, R. F., 1973, Lupin alkaloids from teratogenic and nonteratogenic lupins. Teratol. 7, 31-36. - 4007. Keeler, R. F., S. Young, D. Brown, G. F. Stallknecht, D. Douglas, 1978, Congenital deformities produced in hamsters by potato sprouts. Teratol. 17, 327-334. - 4008. Keeler, R. F., L. D. Balls, K. Panter, 1981, Teratogenic effects of Nicotiana glauca and concentration of anabasine, the suspect teratogen in plant parts. Corn. vet. 71, 47-53. - 4009. Keep, J. M., 1968, zit. n. Hungerford a. a. O. . - 4010. Kehoe, J. M., J. D. Capra, 1974, Phylogenetic aspects of immunoglobulin variable region diversity. In: Ada a. a. O. . - 4011. Kehoe, M., R. Sellwood, P. Shipley, 1981, Genetic analysis of K88-mediated adhesion of enterotoxigenic Escherichia coli. Nature 291, 122-126. - 4012. Keil, A., 1966, Grundzüge der Odontologie. Bornträger Gebr., Berlin. - 4013. Keil, T. U., 1979, Genchirurgie doch ungefährlich ? Münch. med. Wschr. 121, 901. - 4014. Kelikian, H., 1974, Congenital deformities of the hand and forearm. W. B. Saunders Co., Philad. . - 4015. Keller, C., G. Lohmöller, H. Schmitz, 1980, Homozygote familiäre Hypercholesterinämie. Münch. med. Wschr. 122, 1717 - 1720. - 4016. Keller, D. G., 1980, Milk production in cattalo cows and its influence on calf gains. Can. J. anim. sci. 60, 1-9. - 4017. Keller, D. G., J. E. Lawson, 1978, Influence of bison percentage on pre- and postweaning traits of cattalo calves. Can. J. anim. sci. 58, 537-545. - 4018. Keller, F., H. Leonhardt, 1980, Verbesserung der Blutviskosität bei Sichelzellenanämie durch Pentoxifyllin. Dt. med. Wschr. 105, 893-900. - 4019. Keller, K., 1934, Über das Verhalten des Chorions bei der Zwillingsträchtigkeit des Pferdes. Wien. tierärztl. Mschr. 21, 453-456. - 4020. Keller, K., T. Niedoba, A. Schotterer, 1940, Ein Fall von Fünflingen

bei einer Kuh.Dt.tierärztl.Wschr.48,33-40. - 4021. Kellermann,G.,C.R.Shaw,
M. Luyten-Kellermann,1973,Arylhydrocarbon hydroxylase inducibility and bronchogenic carcinoma.N.E.J.med.289,934-937. - 4022. Kellner,R.,W.Rumler,
1979,Ergebnisse epidemiologischer Untersuchungen über die konnatale Struma
in Halle und Umgebung.Wiss.Z.Humb.Univ.Berlin M.N.R.28,429-430. -4023.
Kelly,D.F.,P.G.G.Darke,1976,Cushing's syndrome in the dog.Vet.rec.98,
28-30. - 4024. Kelly,D.F.,S.E.Long,G.D.Strohmenger,1976,Testicular neoplasia in an intersex dog.J.sm.anim.pract.17,247-253. - 4025. Kelly,J.F.,W.
J.Ash,1976,Abnormal feathers of micromelic syndrome in White Pekin ducks.
J.hered.67,63-64. - 4026. Kendrick,J.W.,K.Sittmann,1966,Inherited osteoarthritis of dairy cattle.J.A.V.M.A.149,17-21. - 4027. Kennard,M.A.,M.D.Willner,1941,Findings in 216 routine autopsies of Macaca mulatta. Endocrin.28,
955-966. - 4028. Kennard,M.A.,M.D.Willner,1941,Findings of autopsies of
seventy anthropoid apes.Endocrin.28,967-976. - 4029. Kennard,M.A.,M.D.
Willner,1941,Weights of brain and organs of 132 New and Old world monkeys.
Endocrin.28,977-984. - 4030. Kennedy,B.W.,J.E.Moxley,1980,Genetic factors influencing atrophic rhinitis in the pig.Anim.prod.30,277-283. - 4031. Kennedy,B.W.,M.S.Sethar,J.E.Moxley,B.R.Downey,1982,Heritability of somatic cell count and its relationship with milk yield and composition in Holsteins.
J.dairy sci.65,843-847. - 4032. Kennedy,P.C.,J.W.Kendrick,C.Stormont,1957,
Adenohypophyseal aplasia,an inherited defect associated with abnormal gestation
in Guernsey cattle.Corn.vet.47,160-178. - 4033. Kennedy,P.C.,G.C.Liggins,
L.W.Holm,1967,Prolonged gestation.In: Benirschke a.a.O.. - 4034. Kenney,
F.T.,J.R.Reel,1971,Hormonal regulation of enzyme synthesis.In: Hamburgh
u.Barrington,Hormones in development.Appl.cent.Crofts,N.Y.. - 4035. Kensett,B.C.,S.K.Ho,S.P.Touchberry,1980,Influence of level of dietary fat on
the growth of dwarf chickens.Poult.sci.59,2065-2070. - 4036. Kent,R.L.,M.
A. Lutzner,K.P.Smith,1976,Skin exfoliation and purulent conjunctivitis in a new
mutant: the exfoliative mouse.J.inv.derm.66,248-251. - 4037. Kepler,H.,1966,
Untersuchungen über die Struktur des Klauenhornes bei verschiedenen Schafrassen und ein Vergleich mit der Wollfeinheit.Dissert.Berlin. - 4038. Kerbel,
R.S.,P.Frost,1982,Heritable alterations in tumor-cell immunogenicity.Imm.
tod.3,34-35. - 4039. Kerl,H.,1967,Frequenz und Typen der Herz-Gefäßmißbildungen in einem großen Obduktionsgut.51.Vhlg.Dt.Ges.Path.,253-256. -4040.
Kern,R.,K.Schärer,1970,Über eine angeborene Katarakt der Ratte.Ophth.161,
255-263. - 4041. Kero,T.,J.Kuussaari,1978,Spinal ataxia in the horse.Nord.
vet.med.30,546-551. - 4042. Kerr,M.,1971,Prenatal mortality and genetic
wastage in man.J.biosoc.sci.3,223-237. - 4043. Kerwin,A.J.,1944,Observations on heart size of natives living at high altitudes.Am.heart J.28,69-80. -
4044. Kesel,A.,M.Dewulf,A.de Moor,1931,(Congenital articular rigidity (arthrogryposis) in calves.Vlaams dierg.tids.50,4-13. - 4045. Kessler,I.,L.
Aurelian,1975,Uterine cervix.In: Schottenfeld a.a.O.. - 4046. Kessler,L.,G.
Tymnik,H.S.Braun,1977,Hereditäre Hörstörungen.J.A.Barth,Leipzig. -4047.
Kessler,S.,G.R.Elliott,E.K.Orenberg,J.D.Barchas,1977,A genetic analysis
of aggressive behavior in two strains of mice.Beh.gen.7,313-321. - 4048. Kettendörfer,H.,1976,Untersuchungen der Krankheitsentwicklung,Altersverlauf
und Körperzusammensetzung bei Mäusen(GG-D1A) mit hereditär bedingtem latenten Diabetes mellitus.Dissert.Hannover. - 4049. Kety,S.R.,1979,The biological substrates of abnormal mental states.Fed.proc.37,2267-2270. - 4050.
Keverne,E.B.,C.de la Riva,1982,Pheromones in mice.Nature 296,148-150. -
4051. Key,J.A.,1927,Hypermobility of joints as a sex-linked hereditary characteristic.J.A.M.A.88,1710-1712. - 4052. Keys,A.,1967,Blood lipids in man.

J.Am.diet.ass.51,508-516. - **4053.** Keys,A.,1980,Coronary heart disease,serum cholesterol,and diet.Act.med.scand.207,153-160. - **4054.** Khalaf,A.M., D.L.Doxey,J.T.Baxter,W.J.M.Black,J.Fitzsimons,J.A.Ferguson,1979,Late pregnancy ewe feeding and lamb performance in early life.1.Anim.prod.29, 393-399. - **4055.** Khalaf,A.M.,D.L.Doxey,J.T.Baxter,W.J.M.Black,J.Fitzsimons,J.A.Ferguson,1979,Late pregnancy ewe feeding and lamb performance in early life.2.Anim.prod.29,401-410. - **4056.** Khan,A.G.,R.G.Jaap,A.K.Kanoun,1975,Body growth response to selection and crossbreeding in dwarf and normal broiler-type chickens.Poult.sci.54,1239-1244. - **4057.** Khan,M.M.H., S.Jayarajan,S.S.Sathyamoorhy,1979,Studies on swine mortality.Cheiron 8, 12-18. - **4058.** Khattab,A.G.H.,J.H.Watson,R.E.Axford,1964,Association between serum transferrin polymorphism and disturbed segregation ratios in Welsh Mountain sheep.Anim.prod.6,207-213. - **4059.** Khavary,H.,1974,Le caryotype normal de la race ovine Zel.1.wld.congr.gen.appl.livest.,219-222. - **4060.** Kidder,H.E.,W.G.Black,J.N.Wiltbank,C.C.Ulberg,L.E.Casida,1954, Fertilization rates and embryonic death rates in cows bred to bulls of different levels of fertility.J.dairy sci.37,691-697. - **4061.** Kiddy,C.A.,R.H.Miller,C. Stormont,F.N.Dickinson,1975,Transferrin type and transmitting ability for production in dairy bulls.J.dairy sci.58,1501-1506. - **4062.** Kidner,E.M.,1965, A note on the comparative efficiency of different sets of twin cows for live - weight gain and milk yield.E.Afr.agr.for.J.30,246-243. - **4063.** Kiefer,H., 1979,Die Urikämie des Mastgeflügels.Berl.Münch.tierärztl.Wschr.92,155-157. - **4064.** Kieffer,J.D.,R.D.Mirel,H.Mover,J.Erban,F.Maloof,1978,Decreased thyroid function and high plasma prolactin levels in rats of the Buffalo strain.Endocrinol.102,1506-1510. - **4065.** Kieffer,N.M.,T.C.Cartwright,1968, Sex chromosome polymorphism in domestic cattle. J.hered.59,35-36. - **4066.** Kieffer,N.M.,A.M.Sorensen,1971,Some cytogenetic aspects of intersexuality in the bovine.J.anim.sci.32,1219-1228. - **4067.** Kieffer,N.M.,S.J.Burns,N. G.Judge,1976,Male pseudohermaphroditism of the testicular feminizing type in a horse.Equ.vet.J.8,38-41. - **4068.** Kieras,F.J.,G.E.Houck,J.H.French, K.Wisniewski,1982,Low sulfated glycosaminoglycans are excreted in patients with Lowe syndrome.Fed.proc.41,3410. - **4069.** Kiessling,K.H.,1978,Muscle metabolism in a hybrid between guinea-hen and laying hen.Swed.J.agr.res.8, 55-58. - **4070.** Kießling,W.R.,R.Beckmann,1981,Serum levels of myoglobin and creatine kinase in Duchenne muscular dystrophy.Klin.Wschr.59,347-348. - **4071.** Kikuchi,Y.,S.Hitotsumachi,M.Nomura,T.Nakaguchi,1977,A true hermaphroditic rat (Rattus norvegicus) with 41,X/42,XYq-complement.Jap.J.gen. 52,73-79. - **4072.** Kilham,L.,G.Margolis,1966,Viral etiology of spontaneous ataxia of cats.Am.J.path.48,991-1011. - **4073.** Killam,E.K.,1979,Photomyoclonic seizures in the baboon,Papio papio.Fed.proc.38,2429-2433. - **4074.** Kim, Y.T.,G.W.Siskind,1978,Studies on the control of antibody synthesis.Immunol. 34,669-678. - **4075.** Kimball,E.,1958,On the nature of white plumage.Poult.sci. 37,730-731. - **4076.** Kimberlin,R.H.,1976,Slow virus diseases of animals and man.N.Holl.Publ.Co.,Amsterdam. - **4077.** Kimberlin,R.H.,1976,Experimental scrapie in the mouse.Sci.progr.63,461-481. - **4078.** Kimberlin,R.H.,1979,An assessment of genetical methods in the control of scrapie.Livest.prod.sci.6, 233-242. - **4079.** Kimberlin,R.H.,1979,Aetiology and genetic control of natural scrapie.Nature 278,303-304. - **4080.** Kimberlin,R.H.,1981,Scrapie.Brit.vet. J.137,105-112. - 4081.Kimberlin,R.H.,C.A.Walker,1978,Pathogenesis of mouse scrapie.J.comp.path.88,39-47. - **4082.** Kimberlin,R.H.,C.A.Walker,1979, Pathogenesis of scrapie.J.gen.vir.42,107-117. - **4083.** Kimberling,W.J.,R.A. Taylor,R.G.Chapman,H.A.Labs,1978,Linkage and gene localization of hereditary spherocytosis (HS). Blood 52, 859-867. - 4084. Kindred, B., E. Weiler, 1971, Recessive inheritance of rapid anti-allotype antibody production. J. immunol. 107, 389-393. - 4085. King, C. F., 1976, Ovine congenital goitre associated with minimal thyroid enlargement. Austr. J. exp. agr. anim. husb. 16, 651-655. - 4086. King, H., E. Diamond, A. M. Lilienfeld, 1963, Some epidemiological aspects of cancer of the prostate. J. chron. dis. 16, 117-153. - 4087. King, J. W. B., 1971, Crossbreeding of pigs and poultry. 10. int. Tierz. Kongr. Versailles, 117-130. - 4088. King, J. W. B., 1975, Retarded growth in Hampshire piglets. Livest. prod. sci. 2, 69-77. - 4089. King, R. A., C. J. Witkop, 1976, Hair bulb tyrosinase activity in oculocutaneous albinism. Nature 263, 69-71. - 4090. King, W. A., P. K. Basrur, 1979, Ultrastructural changes in herditary muscular hypertrophy in cattle. Act. vet. scand. 20, 245-257. - 4091. King, W. A., T. Linares, 1980, Three cases of segmental aplasia of the uterus in inbred gilts. Act. vet. scand. 21, 149-151. - 4092. Kingdon, H. S., T. M. Hassell, 1981, Hemophilic dog model for evaluating therapeutic effectiveness of plasma protein fractions. Blood 58, 868-872. - 4093. Kingsbury, P. F., F. J. Roemer, 1940, The development of the hypophysis of the dog. Am. J. anat. 66, 449-481. - 4094. Kini, K. R., D. L. v. Dyke, L. v. Weiss, M. S. Logan, 1979, Ring chromosome 6. Hum. gen. 50, 145-149. - 4095. Kircher, W., 1968, Weitere Untersuchungsergebnisse zur Frage der unterschiedlichen Verteilung der ABO-Blutgruppen bei erstgeborenen und nachgeborenen Kindern. Humangen. 5, 350-352. - 4096. Kirchner, H., R. Zawatzky, V. Schirrmacher, 1979, Interferon production in the murine mixed lymphocyte culture. Eur. J. immun. 9, 97-99. - 4097. Kirkeby, K., 1972, Fatty acid composition of serum lipids in hyper- and hypothyroidism. Act. endocr. 71, 62-72. - 4098. Kirkman, N., H. D. Riley, B. B. Crowell, 1960, Different enzymic expressions of mutants of human glucose-6-phosphate dehydrogenase. Proc. nat. ac. sci. 46, 938-943. - 4099. Kirton, A. H., B. Crane, D. J. Paterson, N. T. Clare, 1973, Yellow fat in lambs. Proc. N. Z. soc. anim. prod. 33, 191. - 4100. Kishimoto, R. A., H. Rozmiarek, E. W. Larson, 1978, Experimental Q fever infection in congenitally athymic nude mice. Inf. immun. 22, 69-71. - 4101. Kistenmacher, M. L., H. H. Punnett, M. Aronson, R. C. Miller, A. E. Greene, L. L. Corriell, 1975, A ring 9 chromosome. Cytogen. cell. gen. 15, 122-123. - 4102. Kitamura, Y., S. Go, K. Hatanaka, 1978, Decrease of mast cells in W/W^v mice and their increase by bone marrow transplantation. Blood 52, 447-452. - 4103. Kitchen, H., F. W. Putnam, W. J. Taylor, 1964, Hemoglobin polymorphism. Science 144, 1237-1239. - 4104. Kitchen, H., C. W. Easley, F. Putnam, W. J. Taylor, 1963, Structural comparison of polymorphic hemoglobins of deer with those of sheep and other species. J. biol. chem. 243, 1204-1211. - 4105. Kitt, T., 1971, Lehrbuch der allgemeinen Pathologie. F. Enke, Stuttgart. - 4106. Klarenbeck, A., S. Koopmans, J. Wimser, 1942, Een aanvalsgewijs optredende stoornis in de regulatie van de spiertonus waargemanen bij Schotse Terriers. Tijd. diergeneesk. 69, 14-21. -4107. Klaus, D., 1981, Genetische Disposition- eine Ursache der essentiellen Hypertonie. Dt. med. Wschr. 106, 1523-1525. - 4108. Kleberger, E., 1960, Pigmentierung der Augen des partiellen Albinos des Goldhamsters. Naturwiss. 47, 263-264. - 4109. Klee, J. G., 1979, (Wilson's disease). Uges. laeg. 141, 3310. - 4110. Kleesiek, K., E. Masseck, Z. Pusztai-Markos, W. Spölgen, T. Raguse, H. P. Bräcker, 1978, Immundefektsyndrom bei Morbus Crohn. Klin. Wschr. 56, 1217-1224. - 4111. Klein, D., 1947, Albinisme partiel (leucisme) accompagné de surdimutité, d'ostéo-myodysplasie, de raideurs articulaires congénitales multiples et d'autres malformations congénitales. Arch. Jul. Klaus-Stift. 22, 336-342. - 4112. Klein, D., 1950, Albinisme partiel (leucisme) avec surdimutité, blepharophimoses et dysplasie myo-ostéo-articulaire. Helv. paed. act. 5, 38-58. - 4113. Klein, G., 1981, The role of gene dosage and genetic transposisitions in carcinogenesis. Nature 294,313-318. - 4114. Klein,G.,G.O. Klein,K. Kärre,R. Kiessling,1978,"Hybrid resistance" against parental tumors. Immunogen. 7,391-404. - 4115. Klein, J.,1981, Demystifying the major histocompatibility complex. immun. tod. 2,166-168. - 4116. Klein, J.,A. Juretic,C.N. Baxevanis, Z.A. Nagy,1981, The traditional and new version of the mouse H-2 complex. Nature 291,455-460. - 4117. Klemola,V.,1933, The "pied" and "splashed white" patterns in horses and ponies. J. hered. 24,65-69. - 4118. Klesius,P.H.,A.L. Elston,W.H. Chambers,H.H. Fudenberg,1979, Resistance to coccidiosis (Eimeria ferrisi) in C57BL/6 mice. Clin. immun. immunopath. 12,143-149. - 4119. Kliesch, J., 1954, Tierzucht und Zwillingsforschung. Tierzücht. 6, 183-185. - 4120. Kliesch, J., P. Horst, 1967, Beitrag zur Frage der Schnüffelkrankheit(Rhinitis atrophicans) und ihrer Diagnose am lebenden Schwein mit Hilfe von Röntgenaufnahmen. Züchtungsk. 39,126-133. - 4121. Klimes,B., V. Orel,1969, Investigation of genetic resistance to coccidiosis. Act. vet. Brno 38, 51- 57. - 4122. Kline, K., C.J. Morton,B.G. Sanders,1979, Genetic analyses of an immunodeficiency in hereditary muscular dystrophic chickens. J. hered. 70, 354-356. -4123. Kline,R.D., V.W. Hays,G.L. Cromwell,1970, Copper, zinc and iron interrelationships in swine. J. anim. sci. 31, 205. - 4124. Klinefelter. H.F., E.C. Reifenstein, F. Albright,1942, Syndrome characterized by gynecomastia, aspermatogenesis without A-Leydigism, and increased excretion of follicle-stimulating hormone. J. clin. endocr. 2, 615-627. - 4125. Klingmüller, W.,1981, Möglichkeiten und Grenzen der genetischen Manipulation. Naturwiss. 68, 120-127. - 4126. Klose,G.,H. Greten,1980, Lipidsenkende Behandlung und Regression der Arteriosklerose. Münch. med. Wschr. 122,479-482. - 4127. Klöting,I., H. Brandsch,1976, Der Einfluß unterschiedlicher Heterozygotiegrade auf die Konzeptionsrate, Trächtigkeitsdauer und Wurfgröße bei Mäusen. Arch. Tierz. 19, 361-369. - 4128. Klöting,I., H.J. Hahn,1981, Zucht der spontandiabetischen Sandratte (Psammomys obesus) unter Laborbedingungen. Z. Versuchtierk. 23, 84-90. - 4129. Klöting, I., H. Brandsch,1981, Untersuchungen zur Hydronephrosen-Prädisposition bei C 57BL/KsJ -Mäusen. Z. Versuchstierk. 23, 327-332. - 4130. Klotz,J.L., R.L. Teplitz,1978, Genetic control of autoimmunity in New Zealand Black mice. XIV. int. congr. gen., II,21-32. - 4131. Klug, E., R.M. Gregory,F. Wentz, M. Garibay, A. Parra, F. Vazquez,1979, Beitrag zur chirurgischen Behandlung des habituellen Vorfalls der Präputialschleimhaut beim Bullen. Vet. med. Nachr., 59-66. - 4132. Knapp,B.,A.L. Baker,R.W. Phillips,1943, Variations in the occurrence of bloat in the steer progeny of beef bulls. J. anim. sci. 2, 221-225. - 4133. Knapp, B.H., S. Polivanov,1953, Anophthalmic albino, a new mutation in the Syrian hamster. Am. nat. 92, 317-318. - 4134. Knapp, K.,1969, Radiological aspects of thalidomide embryopathy. In: Swinyard a. a. O. - 4135. Knehaus,A.W., D.R. Romsos,1982, Reduced norepinephrine turnover in brown adipose tissue of ob/ob mice. Am. J. phys. 242, 253-261. - 4136. Knight, J.G., D.D. Adams,H.D. Purves, 1977, The genetic contribution of the NZB mouse to the renal disease of the NZB x NZW hybrid. Clin. exp. immun. 28, 352-358. - 4137. Knight,J.W., F.W. Bazer, W.W. Thatcher,D.E. Franke,H.D. Wallace,1977, Conceptus development in intact and unilateral hysterectomized-ovariectomized gilts. J. anim. sci. 44, 620-637. - 4138. Knight, K.L., J.R. Battisto,1980, Organization of immunoglobulin genes and B cell differentiation. Fed. proc. 39, 2601-2604. - 4139. Knight,T.W., S.H. Rowe,1978, Relationship between plasma progesterone in late gestation and the incidence of dystocia in Romney ewes. Theriogen. 11, 345- 348. - 4140. Knoblauch, H.,1971, Abgangsursachen bei Besamungsbullen in der Welt. Mh. Vet. med. 26, 532-539. - 4141. Knobler,R.L., M.V. Haspel,M.B. Oldstone,1981, Mouse hepatitis virus type 4 (JHM-strain)-induced fatal central nervous system disease. J. exp. med. 153, 832-841. - **4142.** Knölker, U., 1979, Zerebrale Anfallsleiden im Kindes- und Jugendalter. Münch. med. Wschr. 121, 813-816. -**4143.** Knorr, D., 1971, Diagnose und Therapie der Deszensusstörungen des Hodens. Chir. prax. 15, 113-118. - **4144.** Knowler, W. C., P. H. Bennett, R. Hamman, M. Miller, 1978, Diabetes incidence and prevalence in Pima Indians. Am. J. epidem. 108, 497-505. - **4145.** Knox, B., J. Askaa, V. Bitch, M. Eskildsen, M. Mandrup, H. E. Ottosen, E. Overby, K. A. Pedersen, F. Rasmussen, 1978, Congenital ataxia and tremor with cerebellar hypoplasia in piglets borne by sows treated with Neguvon vet. (Metrifonate, Trichlorfon) during pregnancy. Nord. vet. med. 30, 538-545. - **4146.** Knox, B., J. Askaa, A. Basse, V. Bitch, M. Eskildsen, M. Mandrup, H. E. Ottosen, E. Overby, K. B. Pedersen, F. Rasmussen, 1980, Angeborene Ataxie und Krämpfigkeit durch Kleinhirnhypoplasie bei Ferkeln, deren Muttersauen mit Neguvon vet. (Metrifonate, Trichlorfon) während der Trächtigkeit behandelt wurden. tierärztl. prax. 8, 171-177. - **4147.** Knox, J. M., R. E. Rossman, R. G. Freeman, 1962, Environment and skin cancer. In: Tumors of the skin. Year bk. med. publ. Inc. - **4148.** Knox, W. E., 1958, Sir Archibald Garrod's "Inborn errors of metabolism." Am. J. hum. gen. 10, 249-267. - **4149.** Knox, W. E., 1966, Phenylketonuria. In: Stanbury u. Mit. a. a. O. . - **4150.** Knox, W. E., 1966, Cystinuria. In: Stanbury a. a. O. . - **4151.** Knox, W. E., L. M. Lister-Rosenoer, 1978, Infantile ichthyosis in rats. J. hered. 69, 391- 394. - **4152.** Knudsen, O., 1956, Chromosomen-Untersuchungen beim Bullen. Fortpfl. Zuchthyg. Bes. 6, 5-8. - **4153.** Knudson, A. G., 1975, Genetics of human can cer. Genetics 79, Suppl., 305-316. - **4154.** Knudson, A. G., L. C. Strong, 1972, Mutation and cancer. J. nat. canc. inst. 48, 313-324. - **4155.** Kobilinsky, L., W. D. Hardy, R. Ellis, N. K. Day, 1979, Activation of feline complement by feline leukemia virus. Fed. proc. 38, 1010. - **4156.** Kobozieff, N., G. Lucotte, E. Gemahling, 1974, Seuil de pénétrance et expressivité d'un gène récessif. Exp. anim. 7, 163-172. - **4157.** Kobozieff, N., E. Gemehling, G. Lucotte, 1975, Sélection de la pénétrance du gène responsable de la cataracte chez la souris. Exp. anim. 8, 209-211. - **4158.** Koch, G., 1968, Genealogische demographische Untersuchungen über Mikrocephalie in Westfalen. Forsch. ber. N. Westf. Nr. 1963. - **4159.** Koch, J., E. Scupin, G. Stranzinger, E. Mitscherlich, 1968, Untersuchungen über Beziehungen zwischen Blutgruppenfaktoren und Mastitisresistenz beim schwarzbunten Niederungsrind. Z. Tierz. Zücht. biol. 85, 36-45. -**4160.** Koch, P., 1954, Brachygnathie und Agnathie als Erbleiden. Dt. tierärztl. Wschr. 61, 140-141. - **4161.** Koch, P., 1957, Die Vererbbarkeit des Wackelhorns beim Rind. Dt. tierärztl. Wschr. 34, 428. - **4162.** Koch, P., 1957, Über die Erblichkeit des chronisch alveolären Lungenemphysems des Pferdes. Dt. tierärztl. Wschr. 64, 435-436. - **4163.** Koch, P., 1958, Über Haemophilie und haemophilieartige Erkrankungen bei Mensch und Säugetier. Berl. Münch. tierärztl. Wschr. 71, 421-423. - **4164.** Koch, P., H. Fischer, H. Schumann, 1957, Erbpathologie der landwirtschaftlichen Haustiere. P. Parey, Berl. - **4165.** Koch, S. A., L. F. Rubin, 1971, Distribution of cones in the hemeralopic dog. J. A. V. M. A. 159, 1257-1259. - **4166.** Koch, W., T. Capeller, 1960, Über die wirtschaftliche Bedeutung erblich großer Kälber. Züchtungsk. 32, 112-114. - **4167.** Kociba, G. J., O. D. Ratnoff, W. F. Loeb, K. L. Watt, L. E. Heider, 1969, Bovine plasma thromboplastin antecedent (factor XI) deficiency. J. lab. clin. med. 74, 37-41. - **4168.** Kodama, Y., M. Sasaki, 1977, Variation in length of the Y chromosome among 12 inbred strains of the laboratory rat. Chromos. inform. serv. 23, 31-32. - **4169.** Koefoed-Johnsen, H. H., H. Pedersen, 1971, Further observations on the Dag-defect of the tail of the bull spermatozoon. J. repr. fert. 26, 77-83. - **4170.** Koefoed-Johnsen, H. H., J. B. Andersen, E. Andresen, E. Blom, H. Philipsen, 1980, The Dag defect of the tail of the bull sperm. Theriogen. 14, 471-475. - **4171.** Koerner, D. R., L.

Hellman,1964,Effect of thyroxine administration on the 11-ß-hydroxysteroid dehydrogenases in rat liver and kidney. Endocrinol. 75, 592-601. - **4172.** Koetter, U., 1967, Wollertrag, Wollqualität und Vliesbildung beim Angorakaninchen. Züchtungsk. 39, 56-66. - **4173.** Kögel, J., 1981, Mast-und Schlachtleistung sowie Protein- und Fettansatz von Deubrid-Schweinen bei unterschiedlicher Nährstoffversorgung. Bayer. landw. Jb. 58, 3-50. - **4174.** Kögel, S., H. Strasser, W. W. Lampeter, 1980, Zwillingsgeburten in einer Fleckvieh-Fleischrinderherde. Ann. gén. sél. anim. 12, 412. - **4175.** Koh, E. T., M. S. Chi, F. W. Lowenstein, 1980, Comparison of selected blood components by race, sex, and age. Am. J. clin. nutr. 33, 1828-1835. - **4176.** Kohli, I. S., 1972, A note on cryptorchidism in a herd of Rathi cattle. Ind. J. anim. prod. 3, 171-172. - **4177.** Kohn, G., M. M. Cohen, M. Aronson, R. C. Miller, A. E. Greene, L. L. Corriell, 1975, A (4;15) translocation, balanced, 46 chromosomes. Cytogen. cell gen. 15, 124-125. - **4178.** Kolm, A., A. Shatkay, 1974, Control of gene expression. Adv. exp. med. biol. 44; Plenum Press, N. Y. - **4179.** Kojima, A., T. Kubota, A. Sato, T. Yamada, A. Harada, M. Utsumu, M. Sakoda, S. Baba, Y. Yamori, K. Okamoto, 1976, Abnormal thyroid function in spontaneously hypertensive rats. Endocrinol. 98, 1109-1115. - **4180.** Kolataj, A., Z. Reklewski, J. Dembowski, D. Tyrawska-Spychalowa, C. Dziewiecki, 1979, Physiological aspects of muscular hypertrophy in cattle. 1. Z. Tierz. Zücht. biol. 95, 222-226. - **4181.** Kolataj, A., A. H. Swiergiel, C. Dziewiecki, A. M. Konecka, 1979, Physiological aspects of muscular hypertrophy in cattle. 3. Z. Tierz. Zücht. biol. 96, 186-190. - **4182.** Kolb, E., 1978, Neuere Erkenntnisse zur Biochemie der Fortpflanzungsvorgänge beim weiblichen Schwein unter besonderer Berücksichtigung der frühembryonalen Verluste. Mh. Vet. med. 33, 791-795. - **4183.** Kolb, E., 1979, Neuere ernährungsbiochemische Erkenntnisse zur Entstehung und Verhütung der Gebärparese. Mh. Vet. med. 34, 65-69. - **4184.** Kolb, E., 1979, Neuere biochemische Erkenntnisse zur Entstehung der malignen Hyperthermie und des PSE - Fleisches beim Schwein. Mh. Vet. med. 34, 32-36. - **4185.** Kolb, E., 1980, Neuere Erkenntnisse zur Beeinflussung des Wachstums der Embryonen und der Feten beim Schwein. Mh. Vet. med. 35, 389-392. - **4186.** Kolb, E., 1981, Neuere biochemische Erkenntnisse zum Mechanismus der Entstehung und Vererbung der Ketokörper. Mh. Vet. med. 36, 625-629. - **4187.** Kolb, E., 1981, Neuere Erkenntnisse über die Funktion und Eigenschaft der Hypothalamus-Hormone. Mh. Vet. med. 36, 714-720. - **4188.** Kolb, E., K. Horügel, K. Nestler, C. Schineff, M. Stein, 1981, Untersuchungen über den Gehalt an Protein-N, an Myofibrillen-N, an Sarkoplasma-N, an Bindegewebe-N und an Nichtprotein-N in verschiedenen Muskeln von gesunden Ferkeln sowie von Ferkeln mit Stehunvermögen (Ausgrätschen). Arch. exp. Vet. med. 35, 715-724. - **4189.** Kolb, L. C., A. M. Harvey, R. Whitehill, 1938, Clinical study of myotonic dystrophy and myotonia congenita with special reference to therapeutic effect of quinine. Bull. J. Hopk. hosp. 62, 188-215. - **4190.** Kolber, A., 1975, Tumor virus-host cell interactions. Plenum Press, N. Y. - **4191.** Koller, P. C., 1972, The role of chromosomes in cancer biology. In: Recent results in cancer research 38. - **4192.** Komar, G., L. Szutter, 1968, Tierärztliche Augenheilkunde. P. Parey, Berl. - **4193.** Komatsu, M., T. Abe, K. Nakajima, T. Oishi, M. Kanemaki, 1980, Gene frequencies and membrane properties of high potassium type red cells in cattle and goats. Jap. J. zoot. sci. 51, 215-222. - **4194.** Komiyama, T., T. Ueno, Y. Miyazono, 1977, (Breed differences in incidence of articular gout induced by feeding a high protein diet). Jap. poult. sci. 14, 10-14. - **4195.** Kommerij, R., 1972, Wat kunnen wij doen tegen mastitis ? Bedrijfsesontw. 3, 669-671. - **4196.** Kondo, I., H. Hamaguchi, A. Matsuura, H. Nakajima, A. Koyama, H. Takita, 1979, A case of Turner's syndrome with familial balanced translocation t(1;2)(q32;q21)mat. J. med. gen. 16, 321-323. - **4197.** Kondo,T.,Y.Watanabe,1975,A heritable hyperlipemic rabbit.Exp.anim.24,89 - 94. - 4198. Konecka,A.M.,A.Kolataj,S.Dziewiecki,A.Swiergiel,1979,Physiological aspects of muscular hypertrophy in cattle.2.Z.Tierz.Zücht.biol.95, 227-231. - 4199. Kongshavn,P.A.L.,C.Sadarangani,E.Skamene,1979,Genetically determined differences in anti-bacterial activity of macrophages are expressed in the environment in which macrophage precursors mature.Fed.proc. 38,1288. - 4200. König,B.,A.Tonitis,R.Fatzer,1980,Angeborene morphologische Anomalien bei Kälbern aus dem Raum Bern.Schweiz.Arch.Tierhlk.122, 435-458. - 4201. König,H.,W.Weber,H.Kupferschmied,1972,Zur Nebenhodenaplasie beim Stier und beim Eber.Schweiz.Arch.Tierhlk.114,73-82. - 4202. König,K.H.,1979,Genetische Aspekte der Fortpflanzungsleistung beim weiblichen Schaf.Wiss.Z.K.M.Univ.Leipzig 28,287-293. - 4203. Konigsmark,B.W., 1969, Hereditary deafness in man.N.E.J.med.281,713-720. - 4204. Konigsmark,B.W.,1972,Hereditary childhood hearing loss and integumentary system disease.J.ped.80,909-919. - 42 05. Konigsmark,B.W.,D.L.Knox,I.E.Hussels, H.Moses,1974,Dominant congenital deafness and progressive optic nerve atrophy.Arch.ophth.91,99-103. - 4206. Konstantinov,B.A.,J.S.Petrosian,1973, Surgical treatment of congenital coronary fistulas.In: Sharma u.Mit.,a.a.O.. - 4207. Konjuhov,B.V.,V.V.Osipov,1968,Interallelic complementation of the genes microphthalmia and white in the mouse.Genetika 4,65-76. - 42 08. Konyukhov,B.V.,M.P.Vakhrusheva,1968,Disturbance in eye development in mice of C57BL/6J strain. Fol.biol. Krak.16,3-14. - 4209. Konyukhov,B.V.,M.P.Vakruseva,1969,Abnormal development of eyes in mice homozygous for the fidget gene.Teratol.2,147-157. - 4210. Konyukhov,B.V.,Y.V.Paschin,1970,Abnormal growth of the body, internal organs and skeleton in the achondroplastic mice.Act.biol.hung.21,347-354. - 4211. Konyukhov,B.V.,O.V.Mironova,1979, (Interaction of the mutant genes splotch and fidget in mice).Genetika 15,641-645. - 4212. Kopf,A.W.,R.S.Bart,R.S.Rodriguez-Sains,1978,Malignant melanoma.Derm.surg.onc.3,41-125. - 4213. Koriyama,K.,J.C.Daniels,1979,Effect of thymosin on T cell subsets in systemic Lupus erythematosus (SLE). Fed. proc. 38,1462. - 4214. Korf,B.R.,S.E.Bloom,1974,Cytogenetic and immunologic studies in chickens with autoimmune thyroiditis.J.hered.65,219-222. - 4215. Koriath,G.,1966,Beziehungen zwischen einigen Merkmalen aus der Aufzuchtperiode weiblicher Rinderzwillinge und der FCM-Leistung in der ersten 305-Tage-Laktation.Arch.Tierz.9,421-436. - 4216. Koriath,G.,J.Lenschow, C.Dannemann,H.Steger,1965,Untersuchungen des Milcheiweißes nach der Kjeldahl- und Formoltitrations-Methode bei Rinderzwillingen.Arch.Tierz.9, 277-294. - 4217. Korkmann,N.,1955,Die Vererbung von verschiedenen Euterformen.Züchtungsk.27,266-270. - 4218. Körner,E.,1963,Untersuchungen über das Auftreten einer Arthrosis deformans des Sprunggelenks bei Schweinen holländisch-dänischer Blutführung.Dissert.Hannover. - 4219. Kornfeld,M.,1977, Neuronal lipofuscinosis as a manifestation of lipidosis.Am.J.path.86,39a.- 4220. Kornitzer,M.,G.de Backer,M.Dramaux,C.Thilly,1979,Regional differences in risk factor distributions, food habits and coronary heart disease mortality and morbidity in Belgium.Int.J.epid.8,23-31. - 4221. Kosaka,S.,H.Kanagawa,T.Ishikawa,1969,Abnormal blood type and female type chromosome in a male of heterosexual bovine twins.Jap.J.zootech.sci.40,238-242. -4222. Kosaka,Y.,1932,Quantitative Forschung von Nebennierenmark und- rinde beim erwachsnenen Meerschweinchen. Fol.anat.jap.10,601-620. - 4223. Kosanke,S. D.,K.R.Pierce,W.W.Bay,1978,Clinical and biochemical abnormalities in porcine GM_2-gangliosidosis.Vet.path.15,685-699. - 4224. Kosanke,S.D.,K.R. Pierce,W.K.Read,1979,Morphogenesis of light and electron microscopic lesions in porcine GM2-gangliosidosis. Vet. path. 16, 6-17. - **4225.** Koske-Westphal, T., R. E. Pruszal-Seel, R. Niss, E. Passarge, 1978, Partial trisomy 13 presumably due to recombination in an inversion heterozygote and by unequal crossing over. Ann. hum. gen. 41, 315-322. - **4226.** Kosower, N. S., S. Gluecksohn-Waelsch, 1963, Hemoglobin polymorphism and susceptibility to Plasmodium infection in mice. Genetics 50, 841-845. - **4227.** Kossila, V., 1969, On the thyroid morphology and the level of milk yield among the progeny of goitrous and apparently normal cows. Maat. Aik. 41, 213-221. - **4228.** Kosswig, L., H. P. Ossent, 1931, Die Vererbung der Haarfarben beim Schwein. Z. Tierz. Zücht. biol. 22, 297-383. - **4229.** Kostanecki, W., E. Kwiatkowska, M. Gawkowska, 1968, The effect of inflammatory conditions of the scalp upon hair growth and hair melanogenesis in man. Dermatol. 136, 95-104. - **4230.** Kösters, J., W. Leyk, 1972, Zwillingsembryonen imbebrüteten Hühnerei. Dt. tierärztl. Wschr. 79, 41. - **4231.** Kot, M., 1967, The heritability of some blood indices in pigs. An. breed. abstr. 35, 469. - **4232.** Kotlarek, F., E. Schütz, 1982, Angeborene Behinderung - ein unvermeidbares Schicksal ? Med. Klin. 77, 96-104. - **4233.** Kouwenhoven, B., M. Vertommen, J. H. Eck, 1978, Runting and leg weakness in broilers. Vet. sci. comm. 2, 253 - 259. - **4234.** Kovacs, A., I. Meszaros, M. Sellyei, L. Vass, 1973, Mosaic centromeric fusion in a Holstein-Friesian bull. Act. biol. ac. sci. hung. 24, 215-220. -**4235.** Kow, L. M., D. W. Pfaff, 1977, Sensory control of reproductive behavior in female rodents. Ann. N. Y. ac. sci. 290, 72-97. - **4236.** Kowalczyk, T., V. A. Muggenburg, 1964, Recent developments in gastric ulcers in swine. 17. Welttierärztekongr., 1311-1314. - **4237.** Kowalski, C. J., C. E. Nasjleti, J. E. Harris, G. F. Walker, 1978, Chromosome surface area. Exp. cell res. 114, 397-402. - **4238.** Kozak, C., W. P. Rowe, 1978, Genetic mapping of xenotropic leukemia virus-inducing loci in two mouse strains. Science 199, 1448-1449. - **4239.** Krabbe, S., N. Skakkebaek, J. G. Berthelsen, F. V. Eyten, P. Volsted, K. Mauritzen, J. Eldrup, A. H. Nielsen, 1979, High incidence of undetected neoplasia in maldescended testes. Lancet, 999-1000. - **4240.** Kraft-Schreyer, N., E. T. Annelakos, 1982, Blood pressures of offspring of hypertensive monkeys. Fed. proc. 41, 7078. - **4241.** Krakauer, R. S., J. D. Clough, D. N. Sauder, T. S. Alexander, M. Cathcart, J. T. Sundeen, T. Currie, S. Frank, 1979, Abnormalities of immunoregulation in systemic Lupus erythematosus. Fed. proc. 38, 1462. - **4242.** Krallinger, H. F., 1937, Über die Aufspaltung weißer Kälber in einer schlesischen Herde des schwarzbunten Niederungsviehs. Züchtungsk. 12, 273-276. - **4243.** Krallinger, H. F., M. Chodziesner, 1931, Eine Studie über die Kokzidienresistenz der Faverolle-Leghornkreuzungen. Landw. Jb. 74, 697-711. - **4244.** Kralova, A., J. Kral, 1979, (Effect of vitamin E and selenium in preventing the splayleg syndrome in swine). Veterin. 29, 262. - **4245.** Kramer, J. W., W. C. Davis, D. J. Prieur, 1975, An inherited condition of enlarged leukocytic and melanin granules in cats. Fed. proc. 34, 861. - **4246.** Kramer, J. W., W. C. Davis, D. J. Prieur, J. Baxter, G. D. Norsworthy, 1975, An inherited disorder of Persian cats with intracytoplasmic inclusions in neutrophils. J. A. V. M. A. 166, 1103-1104. - **4247.** Kramer, J. W., W. C. Davis, D. J. Prieur, 1977, The Chediak-Higashi syndrome of cats. Lab. inv. 36, 554-562. - **4248.** Kranz, D., U. J. Schmidt, G. Büschke, I. Kalbe, E. Hofer, 1968, Über Veränderungen des Herzgewichtes neugeborener Ratten bei chronischem Eisenmangel während der Trächtigkeit. Act. biol. med. germ. 21, 135-137. - **4249.** Krasinska, M., 1971, Hybridisation of European bison with domestic cattle. Act. theriog. 16, 413-422. - **4250.** Krasinska, M., 1971, Postnatal development of B1 hybrids of European bison and domestic cattle. Act. theriog. 16, 423-438. - **4251.** Kraszewska-Domanska, B., B. Pawluczuk, 1977, The gene of golden plumage colour linked with lower fertility in Mangurian Golden quail. Theor. appl. gen. 51, 19-

20. - 4252. Krauel,X., R.Berger,C.A. Tison,1977,Gigantisme cérébral. J.gén.
hum. 25, 205-214. - 4253. Kraus,H.,H. Kirschner,1981,Erfassung von Anomalien. Jahresber. Landesanst. Tierz. Grub 21, 59-60-. 4254. Krause,G.,1942,Literarische Studien über Kryptorchismus bei Mensch und Tier mit Untersuchungen über Vererblichkeit derselben bei Schaf und Pferd. Dissert.Hannover. -
4255. Kräusslich,H., J. Meyer,A. Radzikowski, K. Osterkorn, H. Buschmann,
1974, Zur Phagozytoseaktivität verschiedener Schweinerassen, untersucht anhand der Stimulierung des Hexosephosphat- Zyklus von Leukozyten. Z. Tierz.
Zücht. biol. 91, 271-277. - 4256. Kräusslich,H.,A. Gottschalk, 1975,Die Erfassung der Kälbersterblichkeit und des Geburtsverlaufs in der Besamungszucht.
Tierzücht. 27, 8-10. - 4257. Krejci, J., I. Karakoz, J. Pekarek, T. Hraba, K. Hala,
1974, Differences between inbred lines of chicken in development of tuberculin
sensitivity. Immunol. 27, 133-136. - 4258. Kren, V., V. Bila, D. Krenova, 1978, Genetics of the polydactyly-luxate syndrome in the Norway rat and its association
with histocom_patibility. XIV. int. congr. gen., I, 13-20. - 4259. Kress, D.D.,
1970, Genetic-environmental interactions for growth, feed consumption, reproductive performance and production traits of identical and fraternal twin beef
cattle. Diss. abstr. B 31, 700. - 4260. v. Kreybig, T.,1981, Erweiterung der Lippen-Kiefer-Gaumen-Spaltprävention zur Verhütung auch anderer Fehlbildungsformen. Münch. med. Wschr. 123, 1151-1152. - 4261. Krieg, R., D.v.d. Hagen, W.
Hartmann, H.C. Löliger, 1978, Untersuchungen über Linieneinflüsse auf die Immunglobulinbildung bei Leghornküken. Arch. Gefl. k. 42, 1-5. - 4262. Krieg, R.,
W.Hartmann, D.v.d. Hagen, H.C. Löliger, 1932, Immunglobulinbildung bei experimentell belasteten Leghornlinien mit unterschiedlichem Genotyp für Resistenz gegen Infektion durch Leukose-Viren. Arch. Gefl. k. 46, 69-75. - 4263. Krisisa, A., 1968, Svensk husdjursk. 6, 35. - 4264. Krill, A.E., 1967, Observations
of carriers of x-chromosomal-linked chorioretinal degenerations. Am. J. oph.
64, 1029-1040. - 4265. Krim, M.,1980, Towards tumor therapy with interferons.
Blood 55, 875-884. - 4266. Krishnalingam, V., P.W. Ladds, K.W. Entwistle, 1982,
Quantitative macroscopic and histological study of testicular hypoplasia in Bos
indicus strain bulls. Res. vet. sci. 32, 131-139. - 4267. Krista, L.M., M.E. Lisano, G.R. Daniel, E.C. Mora, 1979, Plasma corticosterone values in genetic hypertensive and hypotensive strains of turkeys. Poult. sci. 58, 252-254. - 4268.
Kristjansson, F.K., 1964, Transferrin types and reproductive performance in
the pig. J. repr. fert. 8, 311-317. - 4269. Kritzler, R.A., J.Y. Terner, J. Lindenbaum, J. Magidson, R. Williams, R. Presig, G.B. Phillips, 1964, Chediak-Higashi
syndrome. Am. J. med. 36, 583-594. - 4270. Kroeske, M., 1968, Kreuzungsmöglichkeiten in der holländischen Schweinezucht. Schweinez. schweinem., 298 -
301. - 4271. Kroll, W., 1941, Untersuchungen über Erbfaktoren einer Kaninchenrasse und ihre Anlage zur Epilepsie. Dissert. Hannover. - 4272. Kromann, H.,
A. Lernmark, B. Vestergaard, J. Egeberg, J. Nerup, 1979, The influence of the
major histocompatibility complex (H-2) on experimental diabetes in mice. Diabetol. 16, 107-114. - 4273. Kronacher, C., 1932, Zwillingsforschung beim Rind.
Z. Tierz. Zücht. biol. 25, 327-414. - 4274. Kronacher, C., D. Sanders, 1936, Neue
Ergebnisse der Zwillingsforschung beim Rind. Z. Zücht. B 34, 1-83, 133-220. -
4275. Krone, H.A.,1967,Die Bedeutung der Plazenta für die Entstehung von
Mißbildungen. Wien. med. Wschr. 117, 393-396. - 4276. Krone, W., U. Wolf, H.W.
Goedde, H. Baitsch,1964, Enhancement of erythrocyte-galactokinase activity in
Langdon-Down trisomy. Lancet 7359, 590. - 4277. Krone, W., U. Wolf,1977, Chromosome variation and gene action. Hereditas 86, 31-36. - 4278. Kroneman, J.,
G.J.W.v.d. Mey, A. Helder, 1975, Hereditary zinc deficiency in Dutch Friesian
cattle. Zbl. Vet. med. A 22, 201-208. - 4279. Krook, L., 1978, (Osteochondrosis
in pigs- too rapid growth or genetic predisposition ?). Svensk vet.tidn. 30, 605-

4280. v. Krosigk, C. M., C. F. McClary, E. Vielitz, D. V. Zander, 1972, Selection for resistance to Marek's disease and its expected effects on other important traits in White Leghorn strain crosses. Av. dis. 16, 11-19. - 4281. Krudewig, B., 1971, Die Behandlung der Grätschstellung neugeborener Ferkel. Dissert. Hannover. - 4282. Krueger, D., R. Wassmuth, 1974, Untersuchungen über den Schwergeburtenanteil verschiedener Schafrassen und Rassenkreuzungen. Z. Tierz. Zücht. biol. 91, 138-144. - 4283. Krüger, G., 1968, Tierkrankheiten in den Tropen und Subtropen. Terra-Vlg., Konstanz. - 4284. Krüger, W., 1953, Untersuchungen über die Beziehung zwischen Galtanfälligkeit und Leistung bei schwarzbunten und rotbunten Schleswig-Holsteiner Kühen. Z. Tierz. Zücht. biol. 61, 283-295. - 4285. Krüger, W., 1957, Welcher Beitrag ist von der Züchtung tuberkuloseresistenter Rinder für die planmäßige Rindertuberkulosebekämpfung zu erwarten ? Z. Tierz. Zücht. biol. 70, 193-196. - 4286. Krüger, W., 1957, Tilgung der Rindertuberkulose. J. Fischer, Jena. - 4287. v. Kruiningen, H. J., R. J. Montali, D. Strandberg, R. W. Kirk, 1965, A granulomatous colitis of dogs with histologic resemblance to Whipple's disease. Path. vet. 2, 521-544. - 4288. Krulich, L., E. Hefco, P. Illner, C. B. Read, 1974, The effects of acute stress on the secretion of LH, FSH, prolactin and GH in the normal male rat, with comments on their statistical evaluation. Neuroendocrinol. 16, 293-311. - 4289. Kruse, H. P., F. Kuhlencordt, 1980, Pathogenesis and natural course of primary osteoporosis. Lancet, i, 280-282. - 4290. Kruska, D., 1972, Volumenvergleich optischer Hirnzentren bei Wild- und Hausschweinen. Z. Anat. Entw. gesch. 138, 265-282. - 4291. Krüskemper, H. L., 1958, Veränderungen des Relativgewichtes der Nebennieren normaler und mit Corticoiden behandelter RAtten unter dem Einfluß von Thyroxin und Trijodthyronin. Act. endocr. 28, 373-383. - 4292. Kryston, L. J., R. A. Shaw, 1975, Endocrinology and diabetes. Grune and Stratton, N. Y.. - 4293. Krzanowska, H., 1976, Inheritance of sperm head abnormality types in mice. Gen. res. 28, 189-198. - 4294. Krzanowska, H., B. Wabik, 1972, Selection for expression of sex-linked gene Ms (mosaic) in-heterozygous mice. Gen. pol. 12, 537-544. - 4295. Krzanowska, H., B. Wabik, 1973, Expression of the sex-linked gene Ms (mosaic) in mice selected for different levels of variegation. Genet. 74, 146. - 4296. Krzanowska, H., B. Wabik, 1973, Further studies on the expression of sex-linked gene Ms (mosaic) in heterozygous mice. Gen. pol. 14, 193-198. - 4297. Kubicek, J., B. Meinecke, 1978, Frequenz und Schweregrad von Klauentrittverletzungen der Zitzen unter Berücksichtigung des Zitzenspitzen-Bodenabstandes. Z. Tierz. Zücht. biol. 94, 312-318. - 4298. Kudlac, E., K. Bechyne, 1974, (Twinning in different cattle breeds and its effects on subsequent fertility). Vet. med. 19, 637-645. - 4299. Kudoh, T., K. Kikuchi, F. Nakamura, S. Yokoyama, K. Karube, S. Tsugawa, R. Minami, T. Nakao, 1978, Pränatale Diagnose der GM2-Gangliosidose. Hum. gen. 44, 287-293. - 4300. Kudryavtsev, P. N., V. V. Rogacheva, E. K. Kirillova, V. T. Khristenko, 1978, Morphology and inheritance of crateriform nipples in swine. XIV. int. congr. gen., I, 520. - 4301. Kudryavtsev, I. V., Z. A. Oshchepkova, A. K. Golubev, O. P. Yurchenko, V. D. Antal, E. A. Ptashkina, 1980, (Parthenogenesis in fowls and the possibility of its use in practical poultry breeding). Sels. biol. 15, 431-435. - 4302. Kueppers, F., 1977, The α 1-antitrypsin polymorphism and chronic obstructive pulmonary disease. 5th int. congr. gen., 397. - 4303. Kuhn, E., 1966, Progressive Muskeldystrophie, Myotonie, Myasthenie. Springer, Berl. - 4304. Kuhn, E., 1979, Muskeldystrophie Duchenne- und Becker-Kiener-Typ. Dt. med. Wschr. 104, 1817-1820. - 4305. Kuhn, E., 1980, Hereditäre metabolische Myopathien durch nachweisbaren Enzymdefekt. Dt. med. Wschr. 105, 1469-1473. - 4306. Kuhnlein, U., B. Lee, E. Penhoet, E. S. Linn, 1978, Xeroderma pigmentosum fibroblasts of the D group lack an apurinic DNA endonuclease species with a low apparent Km. Nucl. ac. res. 5, 951-960. - 4307. Kuit, A. R., A. Zegwaard, 1974,

The colour genotype as predictor for pigmentation of the abdominal cavity in
broiler chickens. 1. wld. congr. gen. appl. livest., 1215-1218. - 4308. Kukoyi, E.
A., P. B. Addis, C. J. McGrath, W. E. Rempel, F. B. Martin, 1981, Porcine stress
syndrome and postmortem muscle characteristics of two purebreds and three
specific terminal crosses. J. anim. sci. 52, 278-284. - 4309. Kulbach, W. L., 1961,
Der Nerz und seine Zucht. F. C. Mayer Vlg., München-Solln. - 4310. Kulbach,
W. L., 1969, Dickkopf. Dt. Pelzt. 43, 211. - 4311. Kumahara, Y., Y. Okada, K. Mi-
yai, H. Iwatsubo, 1970, Typical cases of isolated hormonal deficiency with autosomal recessive inheritance. Act. endocr. 63, 618-624. - 4312. Kuman, V., P. Resnick, J. W. Eastcott, M. Bennett, 1978, Mechanism of genetic resistance to Friend
virus leukemia in mice. J. nat. canc. inst. 61, 1117-1123. - 4313. Kumar, V., M.
Bennett, 1981, Genetic resistance to Friend virus-induced erythroleukemia and
immunosuppression. Curr. top. immunol. 92, 65-82. - 4314. Kumazaki, K., J. Mori, 1962, Albino cattle of the Holstein Friesian breed appearing in the Western
region of Japan. Jap. J. zoot. sci. 32, 362-368. - 4315. Kumazaki, K, H. Hamakawa,
1970, Studies on the relationship between transferrin type and production traits
in Japanese beef cattle. Bull. fac. agr. Miy. univ. 17, 59-67. - 4316. Kumbilus, J.,
A. J. Tarascio, H. P. Baden, 1979, Steroid-sulfatase deficiency in sex-linked ichthyosis. Am. J. hum. gen. 31, 50-53. - 4317. Kumi-Diaka, J., D. I. K. Osori, 1979,
Perineal hypospadias in two related bull calves, a case report. Theriogen. 11,
163-164. - 4318. Kumi-Diaka, J., G. G. Kwanashie, 1981, D. Ogwu, Cryptorchidism
and malformations of the scrotum and testes of donkeys. Theriogen. 15, 241 -
243. - 4319. Kumi-Diaka, J., D. Ogwu, D. I. K. Osori, 1981, Significance of atrophic ovaries in livestock production in Northern Nigeria. Vet. rec. 108, 277 -
278. - 4320. Kummerfeld, H. L., E. A. Oltenacu, R. H. Foote, 1978, Embryonic mortality in dairy cows estimated by non returns to service, estrus, and cyclic milk
progesterone patterns. J. dairy sci. 61, 1773-1777. - 4321. Kummerow, F. A., B.
H. S. Cho, W. Y. T. Huang, H. Imai, A. Kamio, M. J. Deutsch, W. M. Hooper, 1976,
Additive risk factors in atherosclerosis. Am. J. clin. nutr. 29, 579-584. - 4322.
Kunz, W., 1977, Klinische Untersuchungen zur Diagnostik der Paratuberkulose
des Rindes und zur Epidemiologie der Krankheit in Bayern. Tierärztl. Umsch.
32, 571-579. - 4323. Kunze, H. G., 1954, Die Erythropoese bei einer erblichen
Anämie röntgenmutierter Mäuse. Fol. haem. 72, 391-436. - 4324. Kupferschmied,
H., C. Gaillard, A. Kozak, 1974, Biometrische Untersuchungen über den Skrotal-
umfang beim Simmentaler Fleckvieh. Schweiz. Arch. Tierhlk. 116, 263-272. -
4325. Kuroki, Y., Y. Yammamoto, Y. Matsui, T. Kurita, 1977, Down syndrome and
maternal age in Japan, 1950-1973. Clin. gen. 12, 43-46. - 4326. Kurtz, D. J., J. N.
Kaufer, 1970, Cerebral acid hydrolase activities. Science 168, 259-260. - 4327.
Küster, E., F. Kröning, 1938, Der Einfluß des Genotyps und der Einfluß äußerer
Faktoren auf die Tuberkuloseresistenz beim Meerschweinchen. Arb. Inst. exp.
Ther., H. 35. - 4328. Kuzmenko, L. G., 1968, Genetic polymorphism of transfer-
rins in connection with fertility in pigs. Biol. abstr. 49, 124930. - 4329. Kuznecov,
G. A., G. M. Diveeva, 1970, (Hereditary predisposition to wet belly disease in
mink). Nauk. trud. inst. zver. krol. 9, 18-24. - 4330. Labhardt, F., 1963, Die Schi-
zophrenieähnlichen Emotionspsychosen. Springer, Berl.. - 4331. Labik, K., 1972,
Hereditarily controlled anomalies of the facial part of the animal head. Act. vet.
Brno 41, 167-176. - 4332. Labik, K., P. Horin, L. Mikulas, J. Havrankova, 1977,
Hereditarily conditioned cases of atresia ani, hernia umbilicalis and syndacty-
lia in cattle. Act. vet. Brno 46, 111-122. - 4333. Labik, K., L. Mikulas, J. Pelikan,
J. Petrova, 1977, (Syndactyly in cattle-a hereditary disorder). Veterin. 27, 118-
119. - 4334. LaDu, B. N., 1966, In: Stanbury u. Mit. a.a. O.. - 4335. Lagerlöf, N.,
I. Settergren, 1961, Gonadohypoplasie beim Rind der schwedischen Gebirgsras-

se. Zuchthyg. Fortpfl. Bes. Hst. 5, 141-158. - **4336.** Lagier, R., 1971, The role of conventional methods of morbid anatomy in research on osteoarthrosis. In : Lindner u. Mit. a. a. O.. - **4337.** Lagos, F., H. A. Fitzhugh, 1979, Factors influencing preputial prolapse in yearling bulls. J. anim. sci. 30, 949-952. - **4338.** Laing, J. A., F. B. Leech, 1975, The frequency of infertility in Thoroughbred mares. J. repr. fert. Suppl. 23, 307-310. - **4339.** Lalley, P. A., T. B. Shows, 1977, Lysosomal acid phosphatase deficiency. Genetics 87, 305-317. - **4340.** Lalley, P. A., J. D. Minna, 1978, Conservation of autosomal gene synteny groups in mouse and man. Nature 274, 160-162. - **4341.** Lalouel, J. M., N. E. Morton, C. J. MacLean, J. Jackson, 1977, Recurrence risks in complex inheritance with special regard to pyloric stenosis. J. med. gen. 14, 408-414. - **4342.** Lalouel, J. M., N. E. Morton, J. Jackson, 1979, Neural tube malformations. J. med. gen. 16, 8-13. - **4343.** Lalthanluanga, R., J. M. Gulati, J. Barnabas, 1975, Hemoglobin genetics in bovines and equines. Ind. J. biochem. biophys. 12, 51-57. - **4344.** Lamar, C. H., D. C. v. Sickle, 1975, Evaluation of chromatin clumping and myelination of the spinal cord of pigs with congenital tremor. Vet. path. 12, 1-5. - **4345.** Lamb, R. C., I. W. Arave, J. L. Shupe, 1971, Semi-lethal abnormality of limbs in Jersey cattle. J. dairy sci. 54, 544-546. - **4346.** Lamb, R. C., C. W. Arave, J. L. Shupe, 1976, Inheritance of limber legs in Jersey cattle. J. hered. 67, 241-244. - **4347.** Lamberg, B. A., R. Pelkonen, A. Aro, B. Grahne, 1976, Thyroid function in acromegaly before and after transspenoidal hypophysectomy followed by cryoapplication. Act. endocr. 82, 254-266. - **4348.** Lambers, T., 1979, De "gebroken rug" bij het kalf. Tijds. diergeneesk. 104, 557-560. - **4349.** Lambert, W. V., S. R. Speelman, B. B. Osborne, 1939, Differences in incidence of encephalomyelitis in horse. J. hered. 30, 349-352. - **4350.** Lambotte, C., 1981, Biochemical polymorphism in man- its relation to disease. An. bld. grps. bioch. gen. 12, 149-166. - **4351.** Lambrecht, G., H. Frerking, E. Henkel, 1982, Bestimmung von IgG, IgA und IgM im Erstkolostrum des Rindes mit Hilfe der Nephelometrie und der radialen Immunodiffusion unter besonderer Berücksichtigung von Jahreszeit, Laktationsnummer und Vererbung. Dt. tierärztl. Wschr. 89, 107-110. - **4352.** Lamoreux, M. L., 1981, White spotting allele alters color of yellow mice. J. hered. 72, 223-224. - **4353.** Lamoreux, M. L., E. S. Russell, 1979, Developmental interaction in the pigmentary system of mice. J. hered. 70, 31-36. - **4354.** Lampo, P., 1977, Creatine kinase and lactate dehydrogenase as stress indicators in the pig. Rev. agr. 30, 383-402. - **4355.** Lampo, P., 1980, (Stress susceptibility in pigs.) Vlaams dierg. tijds. 49, 187-194. - **4356.** Lampo, P., v. d. Broeck, 1975, Der Einfluß der Erblichkeit einiger Zuchtparameter bei Kaninchen und die Korrelationen zwischen diesen Parametern. Arch. Gefl. k. 39, 208-211. - **4357.** Lamy, M., J. de Grouchy, D. Schweisguth, 1957, Genetic and non-genetic factors in the etiology of congenital heart disease. Am. J. hum. gen. 9, 17-41. - **4358.** Lamy, M., P. Maroteaux, 1969, The genetic study of limb malformations. In: Swinyard a. a. O.. - **4359.** Lancaster, F. M., 1968, Sex-linked winglessness in the fowl. Hered. 23, 257-262. - **4360.** Lancker, J. L. v., 1977, DNA injuries, their repair, and carcinogenesis. Curr. top. path. 64, 65-127. - **4361.** Land, R. B., 1974, Physiological studies and genetic selection for sheep fertility. An. breed. abstr. 42, 155-158. - **4362.** Land, R. B., 1978, Genetic improvement of mammalian fertility. Anim. repr. sci. 1, 109-135. -**4363.** Landauer, W., 1943, Sex and season in relation to malformations of chicken embryos. Anat. rec. 86, 365-372. - **4364.** Landauer, W., 1956, A second diplopod mutation of the fowl. J. hered. 47, 57-63. - **4365.** Landauer, W., 1957, Phenocopies and genotype, with special reference to sporadically-occurring developmental variants. Am. natur. 91, 79-90. - **4366.** Landauer, W., 1965, Nanomelia, a lethal mutation of the fowl. J. hered. 56, 131-138. - **4367.** Landauer, W., 1965, Chondrodystrophy of the fowl. J. hered. 56, 209-214. - **4368.** Landauer, W., 1969, Dynamic

aspects of hereditary and induced limb malformations. In: Swinyard a.a.O..-
4369. Landauer,W., 1969,A bibliography on micromelia. In: Swinyard a.a.O..-
4370. Landgraf, F., 1967, Untersuchungen im Bereich des Lüneburger Herdbuches e.V. über das Zuchtverhalten jüngerer Bullen in Beziehung zu dem bei
der ersten Körung ermittelten Hodenbefund. Dissert. Hannover. - 4371. Landing,
B.H., F.N.Silverman, J.M.Craig, M.D.Jacoby, M.E. Lahey, D.L.Chadwick,
1964, Familial neurovisceral lipidosis. Am. J.dis. child. 108, 503-522. - 4372.
Landing,B.H., T.R.Wells,C.Wang,1969,Abnormality of the epididymis and
vas deferens in cystic fibrosis. Arch. path. 88, 569-580. - 4373. Lando, Z.,D.
Teitelbaum, R.Arnon, 1979,Genetic control of susceptibility to experimental
allergic encephalomyelitis in mice.Immunogen.9,435-442. - 4374. Landreth,
K.S.,K.McCoy,J.Clagett, F.J.Bollum,C.Rosse,1981,Deficiency in cells expressing terminal transferase in autoimmune (motheaten) mice. Nature 290,
409-411. - 4375. Landry, M.,S.A.Muller, 1972,Generalized pustular psoriasis.
Arch.derm.105, 711-716. - 4376. Landthaler, M., O.Braun-Falco, 1979, Familiäres hereditäres malignes Melanom. Med. Klin. 74, 353-357. - 4377. Lane, J.
D., V.Neuhoff, 1980, Phenylketonuria. Naturwiss. 67, 227-233. - 4378. Lane, J.
G.,D.G.S.Burch,1975,The cryosurgical treatment of canine anal furunculosis.
J.sm.anim. pract.16, 387-392. - 4379. Lane, P.W., E.D. Murphy, 1972, Susceptibility to spontaneous pneumonitis in an inbred strain of beige and satin mice.
Genetics 72, 451-460. - 4380. Lane, P.W., M.S. Deol, 1974, Mocha, a new coat
color and behavior mutation on chromosome 10 of the mouse. J. hered. 65, 362-
364. - 4381. Lane, P.W., T.C.Beamer, D.D.Myers, 1976,Myodystrophy, a new
myopathy on chromosome 8 of the mouse. J. hered. 67, 135-138. - 4382. Lane,
P.W.,J.E.Womack,1979,Ashen, a new color mutation on chromosome 9 of the
mouse. J. hered. 70, 133-135. - 4383. Lang, C.M., 1967, Effects of psychic stress
on atherosclerosis in the squirrel monkey (Saimiri sciureus). Proc. soc. exp.
med.biol. 126, 630-634. - 4384. Lange, A. L., 1980, Tissue culture studies on a
suspected lysosomal storage disease in Abyssinian cats. Onderst. J. vet. res.
47, 121-127. - 4385. Langford, G., S.G. Knott, L.K. Dimmock, P.Derrington, 1971,
Haemolytic disease of newborn calves in a dairy herd in Queensland. Austr. vet.
J.47,1-4. - 4386. Langholz, H. J., 1972, Züchterische Betrachtungen zur Kälbererzeugung. Tierzücht. 24, 200-202. - 4387. Langholz, H. J., 1980, Gedanken und
experimentelle Ergebnisse zum Problem der Kälberverluste aus züchterischgenetischer Sicht. Prakt. Tierarzt 61, 16-21. - 4388. Langlet, J., 1950, Genetische Beobachtungen an grauen Karakuls. Z. Tierz. Zücht. biol. 58, 242-257. -
4389. Langlet, J., 1951, Eine neue Form der Grau-und Braunschimmelfärbung
bei Karakullämmern. Z. Tierz. Zücht. biol. 59, 253-256. - 4390. Langlet, J., 1956,
Ein neuer Beitrag zur Frage der Farbvererbung und des Letalfaktors bei Karakuls. Züchtungsk. 28, 435-437. - 4391. Langlet, J., H.Ewert,1950, Hydrops bei
Ferkeln, ein Letalfaktor in der Schweinezucht. Züchtungsk. 22, 275-280. -4392.
Langley, O.H., 1979, Calving difficulty in cows and heifers. Duns. res. rep. 1977,
113-114. - 4393. Langsenkamp, H., 1940, Erbanalytische Untersuchung über die
spastische Spinalparese des Rindes im Bereich des Zuchtgebietes der Osnabrücker Herdbuchgesellschaft. Dissert. Hannover. - 4394. Lanier, J.D., J.A.Mc
Crary, J.Justice, 1976,Autosomal recessive retinitis pigmentosa and Coats disease. Arch. ophth. 94, 1737-1742. - 4395. Lanman, J.T., 1953, The fetal zone of
the adrenal gland. Medic. 32, 389-430. - 4396. Lannon, J., L.Cazin, W.Precht, M.
Toupet, 1982, Optokinetic, vestibular and optokinetic-vestibular responses in
albino and pigmented rats. Pflüg. Arch. 393, 42-44. - 4397. Lanyon, W.E., 1979,
Hybrid sterility in meadowlarks. Nature 279, 557-558. - 4398. Laor, N., A.D.
Korczyn, 1973, Waardenburg syndrome with a fixed dilated pupil. Brit. J. ophth.

62,491-494. - 4399. Larkins,R.G., L.Simeonova,M.C.Veroni,1980,Glucose utilization in relation to insulin secretion in NZO and C57Bl mouse islets.Endocr.107,1634-1638. - 4400. Laron,Z., J.Levi,1965,Diagnosis,treatment and follow-up of 326 cases referred as undescended testes.Act.endocr.49,Suppl. 101,14. - 4401. Laron,Z.,A.Pertzelan,S.Mannheimer,1966,Genetic pituitary dwarfism with high serum concentration of growth hormone.Is.J.med.2,152-155. - 4402. Laron,Z.,A.Pertzelan,J.Frenkel,1971,Growth and development in the syndromes of familial isolated absence of HGH or pituitary dwarfism with high serum concentration of an immunoreactive but biologically inactive HGH.In: Hamburgh u. Barrington a.a.O.. - 4403. Larramendy,M.L.,F.N.Dulout,1979,(Frequency of chromosome aberrations in two inbred strains of mouse (Mus musculus).Act.zool.lill.38,273-279. - 4404. Larsen,T.,N.Nes,1980, (Congenital ataxia in Dala sheep).Nor.vet.tids.92,189. - 4405. Larson,R.K., M.L.Barman,F.Kueppers,H.H.Fudenberg,1970,Genetic and environmental determinants of chronic obstructive pulmonary disease.Am.int.med.72,627-632. - 4406. Larsson,A.,1960,Otosclerosis.Act.oto!ar.Suppl.154,1-86. -4407. Larsson,B.,N.Obel,B.Aberg,1956,On the biochemistry of keratinization in the matrix of the horse's hoof in normal conditions and in laminitis.Nord.vet.med.8,761-776. - 4408. Laskey,R.A.,W.C.Earnshaw,1980,Nucleosome assembly.Nature 286,763-767. - 4409. Lasley,J.F.,1978,Genetics of livestock improvement.Prentice-Hall,Inc.,N.Jersey. - 4410. Laster,D.B.,1973,Effects of calving difficulty on calf mortality and postpartum rebreeding.Ref.An.breed. abstr.42,117. - 4411. Laster,D.B.,1973,Factors affecting calving difficulty. Ref.An.breed.abstr.42,310. - 4412. Laster,D.B.,K.E.Gregory,1973,Factors influencing peri-and postnatal calf mortality.J.anim.sci.37,1092-1097. -4413. Laster,D.B.,H.A.Glimp,L.V.Cundiff,K.E.Gregory,1973,Factors affecting dystocia and the effects of dystocia on subsequent reproduction in beef cattle. J.anim.sci.36,695-705. - 4414. Laszczka,A.,1965,Effect of forced exercise on the rubbing off and the shape of bull claws.Roczn.nauk.roln.87 B1,47-72.- 4415. Laszlo,J.,M.Gaal,P.Bosze,1977,Nonmosaic 46X,r(Y) karyotype with female phenotype.Hum.gen.38,351-356. - 4416. Latimer,F.,L.L.Wilson,M. F.Cain,1982,Scrotal measurements in beef bulls.J.anim.sci.54,473-479. - 4417. Lauber,J.K.,1964,Sex-linked albinism in the Japanese quail.Science 146, 948-950. - 4418. Laucher,J.,H.Kräusslich,1974,Untersuchungen zur Zwischenlammzeit und Zwillingsträchtigkeit in einer Merinolandschafherde.Zuchthyg. 9,111-115. - 4419. Lauder,P.,1964,Rex and hairless in the domestic cat.J.cat gen.1,10-11. - 4420. Lauprecht,E.,1926,Über die Scheckung des schwarzbunten Niederungsrindes und ihre Vererbung. Z.f.ind.Abstammungs-u.Vererb.l.15, 139-196. - 4421. Lauprecht,E.,1930,Über die Vererbung körperlicher Merkmale beim Rinde.Züchtungsk.5,241-261. - 4422. Lauprecht,E.,1942,Die Rinderzucht auf der Insel Jersey.Züchtungsk.17,369-386. - 4423. Lauprecht,E., W.Schulze,W.Bollwahn,1967,Untersuchungen über das Vorkommen von Bewegungsstörungen und Erkrankungen der Gliedmaßen bei Fleischschweinen. Z. Tierz.Zücht.biol.83,297-311. - 4424. Laurell,C.B.,S.Eriksson,1963,The electrophoretic α1-globulin pattern of serum in α1-antitrypsin deficiency.Scan. J.clin.lab.inv.15,132-140. - 4425. Lauvergne,J.J.,1962,Nouveau cas de polydactylie héréditaire chez les bovins.Ann.zoot.11,151-156. - 4426. Lauvergne, J.J.,1966,(The genetics of coat colour in cattle,Bos taurus L.).Bibl.gen.20, 1-68. - 4427. Lauvergne,J.J.,1967,A propos de l'anomalie héréditaire "Bouledogue" en race"Francaise Frisonne Pie-Noire".Bull.soc.prat.vét.51,179-185. - 4428. Lauvergne,J.J.,1970,Gonadal hypoplasia and white coat color in Swedish Highland cattle.J.hered.61,43-44. - 4429. Lauvergne,J.J.,1970,(Probatocephaly,a hereditary anomaly in cattle known as "sheep's head".Ann.gén.sél.anim.

2,363-379. - **4430.** Lauvergne,J.J.,1972,Utilisation consciente et inconsciente de certains facteurs mendélinens dans la sélection des grosses espèces domestiques. Ann.gén.sél.anim.4,79-85. - **4431.** Lauvergne,J.J.,Etat présent des connaissances sur le syndrome d'arthrogrypose et de palatoschisis (SAP) dans le bétail Charolais en France. Ann.gén.sél.anim. 7,321-330 (1975). - **4432.** Lauvergne,J.J.,1978,Anomalies congénitales héréditaires ou non en race bovine Normande. Ann.gén.sél.anim.10,131-134. - **4433.** Lauvergne,J.J.,1978,Gènes de coloration du pelage de chèvres Alpines chamoisées et Poitevines. Ann.gén. sél.anim. 10,181-189. - **4434.** Lauvergne,J.J.,1981,L'homologie entre l'homme et les autres mammifères pour les loci de coloration du pelage. Ann.gén.sél. anim. 13,57-66. - **4435.** Lauvergne,J.J.,P.C.Blin,1967,Fissure palatine héréditaire associée à l'ankylose des membres dans la race Charolaise. Ann.zoot. 16,291-300. - **4436.** Lauvergne,J.J.,J.G.Boyazoglu,D.Hubert,1968,Le phénomène culard chez les bovines. Bull.tech.rech.agr.2,49p. - **4437.** Lauvergne,J. J.,C.Pavaux,1969,Hydrocéphalie et cardiopathie héréditaire en race bovine Limousine. Ann.gén.sél.anim.1,109-117. - **4438.** Lauvergne,J.J.,H.U.Winzenried,1972, Les mutants géniques à effets visibles dans les races bovines de Suisse. Ann.gén.sél.anim.4,523-535. - **4439.** Lauvergne,J.J.,H.U.Winzenried, G.Succi,1974, Nouvelles precisions sur l'albinisme en race Brune des Alpes. 1.wld.congr.gen.appl.anim.prod.,41-43. - **4440.** Lauvergne,J.J.,A.Faucon, 1976, Le syndrome d'arthrogrypose et de palatoschisis (SAP) en race bovine Charolaise. Ann.gén.sél.anim. 8,51-70. - **4441.** Lauvergne,J.J.,B.Denis,M. Théret,1977,Hybridisation entre un Mouflon de Corse (Ovis ammon musimon Schreber 1872) et des brébis de divers génotypes. Ann.gén.sél.anim. 9,151 - 161. - **4442.** Lauvergne,J.J.,W.E.Howell,1978,Un premier inventaire génétique de la chèvre Corse (gène à effets visibles. In: Races domestiques en péril. Maison nat.élev.Paris. - **4443.** Lauvergne,J.J.,W.E.Howell,F.Rieger,A. Faucon,1979,A review of literature on the syndrome of arthrogryposis and palatoschisis (SAP) in Charolais cattle 1976-1979. Ann.gén.sél.anim. 11, 271 - 280. - **4444.** Lauwers,H.,1965,A study on twins in large domestic animals. An. breed.abstr.33,359. - **4445.** LaVail,M.M.,1981,Fawn-hooded rats,the fawn mutation and interaction of pink-eyed and red-eyed dilution genes. J.hered. 72, 286-287. - **4446.** LaVail,M.M.,1981,Assignment of retinal dystrophy (rdy) to linkage group IV of the rat. J.hered.72,294-296. - **4447.** LaVail,M.M.,R.L. Sidman,C.O.Gerhardt,1975,Congenic strains of RCS rats with inherited retinal dystrophy. J.hered.66,242-244. - **4448.** Laven,H.,1968,Genetische Methoden zur Schädlingsbekämpfung. Anz.Schädl.41,1-7. - **4449.** Lawrence,J.S.,1969, Disc degeneration. Ann.rheum.dis.28,121-138. - **4450.** Laws, L.,J.R.Saal, 1968, Lipidosis of the hepatic reticulo-endothelial cells in a sheep. Austr.vet. J.44,416-417. - **4451.** Lawson,J.E.,D.G.Keller,H.F.Peters,1977,Slaughter and carcass characteristics of cattalo,Hereford and 1/4 Brahman-3/4 Hereford yearlings. Can.J.anim.sci.57,689-695. - **4452.** Lawson,L.J.,W.R.Myklebust,1970, Ophthalmological deficiencies in deaf children. Exc.child.37,17-20. - **4453.** Lawton,S.E.,R.O.Mossey,1954, Pancreatic cysts. Am.M.A.Arch. surg.68,734-743. - **4454.** Lax,T.,1971,Hereditary splayleg in pigs. J.hered. 62,250-252. - **4455.** Laycock,J.F.,1976,Brattleboro rat with hereditary hypothalamic diabetes insipidus as an ideal experimental model. Lab.anim.10,261-270. - **4456.** Layde,P.M.,K.Dodey,J.D.Erickson,L.D.Edmonds,1980, Is there an epidemic of ventricular septal defects in the USA ? Lancet,407-412. -**4457.** Layton,L.L.,1951,Cortisone inhibition of mucopolysaccharide synthesis in the intact rat. Arch.bioch.32,224-226. - **4458.** Layton,W.M.,1976,Random determination of a developmental process. J.hered.67,336-338. - **4459.** Layton,W. M.,J.M.Smith,1977,Craniomyeloschisis: a spontaneous mutation of the rat.

Teratol. 15, 171-177. - **4460.** Lazzeri, L., I. R. dePaula, H. I. Ferreira, 1972, (Cerebellar ataxia in calves). Ref. An. breed. abstr. 42, 11. - **4461.** Leach, R. M., E. G. Buss, 1977, The effect of inherited chondrodystrophy on the hexosamine content of cartilage from turkey embryos. Poult. sci. 56, 1043-1045. - **4462.** Leader, R. W., G. A. Padgett, J. R. Gorham, 1963, Studies of abnormal leukocyte bodies in the mink. Blood 22, 477-484. - **4463.** Lebioda, H., 1971, Variability and inheritance of the colour and structure of the iris. Mat. prac. anthr. 82, 123-190. -**4464.** Leck, I, 1972, The etiology of human malformations. Teratol. 5, 303-314. - **4465.** LeDouarin, N. M., 1980, The ontogeny of the neural crest in avian embryo chimaeras. Nature 286, 663-669. - **4466.** Lee, D. L., 1971, Helminths as vectors of micro-organisms. In: Fallis a. a. O.. - **4467.** Lee, G. R., S. Nacht, J. N. Lukens, G. E. Cartwright, 1968, Iron metabolism in copper deficient swine. J. clin. inv. 47, 2058-2069. - **4468.** Lee, G. R., G. E. Cartwright, M. M. Wintrobe, 1968, Heme biosynthesis in copper deficient swine. Proc. soc. exp. biol. med. 127, 977-981. - **4469.** Lee, K. E., 1974, Studies of behavioral and physiological bases of genetically controlled epileptiform seizures in domestic fowl. Dissert. abstr. B 34, 1807-1808. - **4470.** Lee, L. F., P. C. Powell, M. Rennie, L. J. Ross, L. N. Payne, 1981, Nature of genetic resistance to Marek's disease in chickens. J. nat. canc. inst. 66, 789-796. - **4471.** Lee, M. M. C., P. C. Chu, H. C. Chan, 1969, Effects of cold on the skeletal growth of albino rats. Am. J. anat. 124, 239-250. - **4472.** Lee, V. W. K., I. A. Cumming, D. M. Kretser, J. K. Findlay, B. H^{U}dson, E. J. Keogh, 1976, Regulation of gonadotrophin secretion in rams from birth to sexual maturity. J. repr. fert. 46, 7-11. - **4473.** Leech, F. B., 1976, Some biological factors affecting survival, with particular regard to farm animals. Brit. vet. J. 132, 335-345. - **4474.** Leeflang, P., 1975, Trypanosomiasis and animal production in Nigeria. Nig. J. anim. prod. 2, 27-31. - **4475.** Leestma, J. E., S. Sepsenwol, 1980, Sperm tail axoneme alteration in the Wobbler mouse. J. repr. fert. 58, 267-270. - **4476.** v. Leeuwen, E. F., A. E. G. K. v. d. Borne, I. E. v. Riesz, L. E. Nijenhuis, C. P. Engelfriet, 1981, Absence of platelet-specific allo-antigens in Glanzmann's thrombasthenia. Blood 57, 49-54. - **4477.** v. Leeuwen, J. F. M., 1970, (The fertility of dairy cows). Bedrijfsontw. 1, 32-38. - **4478.** v. Leeuwen, W., 1977, Acyclicity and dyscyclicity in mares. Tijds. diergeneesk. 102, 86-105. - **4479.** Lefebre, J., P. Auriol, J. de Presmesnil, M. Dupont, 1974, Analyse multidimensionelle de la croissance et de la conformation des bovins jumeaux monozygotes. 1. wld. congr. gen. appl. livest., 99-104. - **4480.** Lefort, G., J. J. Lauvergne, P. Fabregue, 1977, Fréquence et penetrance du gène responsable du syndrome d'arthrogrypose et de palatoschisis dans le bétail Charolais en France. Ann. gén. sél. anim. 9, 283-300. - **4481.** Legates, J. E., C. D. Grinnels, 1952, Genetic relationships in resistance to mastitis in dairy cattle. J. dairy sci. 35, 829-833. - **4482.** Legault, C., 1973, Genetic analysis of sexual precocity, ovulation rate and number of embryos in the sow. J. rech. porc. France 22, 22-2. - **4483.** Legault, C., C. P. Popescu, 1981, Mise en evidence et conséquences zootechniques d'une translocation réciproque chez le porc. J. rech. porc. Fr., 239-246. - **4484.** Legosin, G. P., 1967, The resistance to mastitis of cows of various breeds and its heritability. Sb. nauch. rab. inst. zhiv. 2, 72-76. - **4485.** Legrand, P., 1957, Contributions à l'étude de la constitution génotypique du pelage blanc de certaines races de lapins. Gen. phaen. 2, 84-88. - **4486.** v. Lehmann, E., 1951, Die Iris-und Rumpfscheckung beim Pferd. Z. Tierz. Zücht. biol. 59, 175-228. - **4487.** v. Lehmann, E., 1975, Zur Farbgenetik des Pferdes unter besonderer Berücksichtigung der Wildformen. Z. Tierz. Zücht. biol. 92, 106-117. - **4488.** v. Lehmann, E., 1980, Steh-oder Kippmähne ? Equus 2, 134-142. - **4489.** v. Lehmann, E., 1981, Zur Genetik eines abgestuften Farbmerkmales (Tigerung) beim Pferd (Equus caballus L.) und Hauskaninchen (Oryctolagus cuniculus L.).Bonn.zool.Beitr. 32,47-66. - 4490. Lehmann,H.,1959,The haemoglobins of 103 Indian Gir cattle.Man 59,66-67. -4491. Lehmann,H.,R.W.Carrell,1969,Variations in the structure of human haemoglobin.Brit. med. bull. 25,14-23. - 4492. Lehmann,H.,R.G.Huntsman,1974, Man's haemoglobins. N.Holl. Publ.,Amsterd.. - 4493. Lehner,N.D.,1970,Lipid metabolism and atherosclerosis in the squirrel monkey.Thesis,Wake Forest Univ.,N.Carol.. - 4494. Lehner,T.,J.R.Lamb,K.L.Welsh,R.Batchelor, 1981,Association between HLA-DR antigens and helper cell activity in the control of dental caries.Nature 292,770-772. - 4495. Lehr,P.A.,M.Doss,1981, Chronische hepatische Porphyrie mit Uroporphyrinogen-Decarboxylase-Defekt in vier Generationen.Dt. med.Wschr. 106,241-245. - 4496. Leibrandt,H.,1940, Gehäuftes Auftreten von Afterlosigkeit in Zuchten des hannoverschen veredelten Landschweines.Disst.Hannover. - 4497. Leidl,W.,R.Stolla,A.Botzenhardt, J.Widmann,1974,DNS-Gehalt der Spermien bei Teratospermie.Dt.tierärztl. Wschr. 81,81-83. - 4498. Leigh,D.,E.Marley,1967,Bronchial asthma. Pergamon Pr.,Oxford. - 4499. Leipold,H.W.,K.Huston,1967,A herd of glass-eyed albino Hereford cattle.J. hered. 57,179-182. - 4500. Leipold,H.W.,K.Huston, M.M.Guffy,J.L.Noordsby,1967,Spastic paresis in beef Shorthorn cattle.J.A. V.M.A. 151,598-601. - 4501. Leipold,H.W.,K.Huston,1968, Incomplete albinism and heterochromia irides in Herefords.J. hered. 59,3-8. - 4502. Leipold, H.W.,K.Huston,1968,Dominant incomplete albinism of cattle.J. hered. 59,223-224. - 4503. Leipold,H.W.,K.Huston,K.N.Gelatt,1968,Complete albinism in a Guernsey calf.J. hered. 59,218-220. - 4504. Leipold,H.W.,W.F.Cates,O.M. Radostits,N.E.Howell,1969,Spinal dysraphism,arthrogryposis and cleft palate in newborn Charolais calves.Can. vet. J. 10,268-273. - 4505. Leipold,H.W., R.W.Adrian,K.Huston,D.M.Trotter,S.M.Guffy,1969,Anatomy of hereditary bovine syndactylism.J.dairy sci. 52,1422-1431. - 4506. Leipold,H.W.,K.N.Gelatt,K.Huston,1971,Multiple ocular anomalies and hydrocephalus in grade Beef Shorthorn cattle.Am.J.vet.res. 32,1019-1026. - 4507. Leipold,H.W.,K.Huston, S.M.Dennis,1971,Hereditary osteopetrosis in Aberdeen Angus calves.Ann. gén.sél.anim. 3,245-253. - 4508. Leipold,H.W.,S.M.Dennis,K.Huston,D.Trotter,R.Adrian,1971,Anatomy of hereditary bovine syndactylism.V.Giess.Beitr. Erbpath.Zuchthyg.,6-22. - 4509. Leipold,H.W.,S.M.Dennis,K.Huston,1972, Congenital defects of cattle.Adv.vet.sci.comp.med. 16,103-150. - 4510. Leipold,H.W.,F.W.Oehme,J.E.Cook,1973,Congenital arthrogryposis associated with ingestion of jimsonweed by pregnant sows.J.A.M.A. 162,1059-1060. - 4511. Leipold,H.W.,B.Blaugh,K.Huston,G.M.Edgerly,C.M.Hibbs,1973,Weaver syndrome in Brown Swiss cattle.Vet. med. 68,645-642. - 4512. Leipold,H. W.,J.H.L.Mills,K.Huston,1973,Epitheliogenesis imperfecta in Holstein-Friesian calves.Can.vet.J. 14,114-118. - 4513. Leipold,H.W.,S.A.Ojo,K.Huston, 1974,Genetic defects of the skeletal system in cattle.1.wld.congr.gen.appl. livest.,35-40. - 4514. Leipold,H.W.,G.Saperstein,1975,Rectal and vaginal constriction.J.A.V.M.A. 166,231-232. - 4515. Leipold,H.W.,G.Saperstein,D.D. Johnson,S.M.Dennis,1976,Intestinal atresia in calves.Vet. med. 71,1037-1039. - 4516. Leipold,H.W.,J.E.Cook,1977,Animal model: Osteopetrosis in Angus and Hereford calves.Am.J.path. 86,745-748. - 4517. Leipold,H.W.,R.Schalles, 1977,Genetic defects in cattle.Vet. med. 72,80-85. - 4518. Leipold,H.W.,G.Saperstein,R.Swanson,M.M.Guffy,R.Schalles,1978,Inheritance of tibial hemimelia in Galloway cattle. Z.Tierz. Zücht.biol. 94,291-295. - 4519. Leipold,H. W.,R.Ely,D.Schoneweis,1978,Arthrogryposis in piglets.Rep.agr.progr.exp. st.Kans. 342,38. - 4520. Leipold,H.W.,J.E.Smith,R.D.Jolly,F.E.Eldridge, 1979,Mannosidosis of Angus calves.J.A.V.M.A. 175,457-459. - 4521. Leipold, H.W.,M.U.Jayasekara,J.E.Cook,1979,Diagnosis of congenital diseases of the bovine skin. Proc. Am. ass. vet. lab. diag. 22, 69-76. - 4522. Leitch, I., F. E. Hytten, W. Z. Billewicz, 1959, The maternal and neonatal weights of some mammalia. Proc. zool. soc. Ld., 133, 11-28. - 4523. Leiter, E. H., T. Cunliffe-Beamer, 1977, Exocrine pancreatic insufficiency syndrome in CBA/J mice. Gastroenter. 73, 260-266. - 4524. Leiter, E. H., D. L. Coleman, A. B. Eisenstein, I. Strack, 1980, A new mutation (db3J) at the diabetes locus in strain 129/J mice. Diabetol. 19, 58-65. - 4525. Leiter, E. H., D. L. Coleman, A. B. Eisenstein, I. Strack, 1981, Dietary control of pathogenesis in C57BL/KsJ db/db diabetes mice. Metabol. 30, 554-562. - 4526. Lejeune, J., M. Gautier, R. Turpin, 1959, Etude des chromosomes somatiques de neuf enfants mongoliens. C. R. ac. sci. 248, 1721-1722. - 4527. Lejeune, J., J. Lafourcade, R. Berger, J. Vialatte, M. Boeswillarald, P. Seringe, R. Turpin, 1963, Trois cas de délétion partielle du bras court d'un chromosome 5. C. R. ac. sci. 257, 3098-31 02. - 4528. Leman, A. D., A. G. Mueller, 1972, Breeding herd performance on 90 Illinois pig production farms. Proc. 2nd int. congr. pig vet. soc., 101. - 4529. Lembke, A., 1969, Erkenntnisse über Zusammenhänge zwischen Herz/Kreislauferkrankungen und den Verzehr von Milch, insbesondere von Milchfett. Milchwiss. 24, 406-412. - 4530. Lembke, A., H. Greggersen, H. Kay, G. Rathjen, F. Steinicke, 1981, Zur Frage der atherogenen Wirkung von Casein. Milchwiss. 36, 557-561. - 4531. Lenfant, J., P. Regondaud, R. Tricode, 1968, Influence des sécrétions thyroidiennes sur les concentrations plasmatiques en ions Na+, K+ et Ca++ chez le lapin. C. R. soc. biol. 161, 2016 - 2021. - 4532. Lengerken, G. v., H. Hennebach, 1977, Der Zusammenhang zwischen Stellungs- bzw. Bewegungsstörungen und der Mast- und Schlachtleistung bei Mastschweinen aus der Linienzucht. Arch. Tierz. 20, 237-248. - 4533. Lennox, W. G., M. A. Lennox, 1960, Epilepsy and related disorders. Little, Brown u. Co., Boston. - 4534. Lenoir, F., M. J. Lichtenberger, 1978, The Y chromosome of the Basolo hybrid beefalo is a Y of Bos taurus. Vet. rec. 102, 422-423. - 4535. Le Noir, J. L., 1966, Congenital idiopathic talipes. C. C. Thomas, Ill.. - 4536. Lenz, W., 1961, Welchem Erbgang folgt die Chondrodystrophie? Dt. med. Wschr. 86, 829. - 4537. Lenz, W., 1967, Die sensible Phase der Thalidomid-Embryopathie bei Affe und Mensch. Dt. med. Wschr. 92, 2186-2187. - 4538. Lenz, W., 1977, Amyotrophische Verkrümmung der Vordergliedmaße beim Rind und deren Behandlung in der Landpraxis. Wien. tierärztl. Mschr. 64, 277-281. - 4539. Lenz, W., H. Nowakowski, A. Prader, C. Schirren, 1959, Die Ätiologie des Klinefelter-Syndroms. Schweiz. med. Wschr. 89, 727-731. - 4540. Lenz, W., K. Knapp, 1962, Die Thalidomid-Embryopathie. Dt. med. Wschr. 87, 1232-1242. - 4541. Léonard, A., 1976, Heritable chromosome aberrations in mammals after exposure to chemicals. Rad. env. bioph. 13, 1-8. - 4542. Léonard, A., G. H. Deknudt, 1969, Dose response relationship for translocations induced by x-irradiation in spermatogonia of mice. Rad. res. 40, 276-284. - 4543. Leone, C. R., D. A. Russell, 1970, Congenital Horner's syndrome. J. ped. ophth. 7, 152-154. - 4544. Leopold, G., G. Prietz, 1980, Die Bedeutung der Beziehungen zwischen physikalischen Eigenschaften und histologischen Merkmalen für die Erkennung der Klauenhornqualität beim Rind. Mh. Vet. med. 35, 173-175. - 4545. LePogamp, P., 1980, HLA-DRW4 antigen and IgA -nephropathy (Berger's disease). Eur. J. clin. inv. 10, 29. -4546. Lerner, D. J., M. D. McCracken, 1978, Hyperelastosis cutis in 2 horses. J. equ. med. surg. 2, 350-352. - 4547. LeRoy, H. L., 1955, Populationsgenetische Betrachtungen zu einem Fall rezessiver Vererbung aus der praktischen Rinderzucht. Z. Tierz. Zücht. biol. 65, 135-168. - 4548. LeRoy, H. L., H. Lörtscher, 1955, Die wichtigsten Methoden der Heritabilitätsbestimmung. Z. Tierz. Zücht. biol. 66, 17-37. - 4549. Lesch, M., W. L. Nyhan, 1964, A familial disorder of uric acid metabolism and central nervous system function. Am. J. med. 36, 561-570. -4550. Lessof, M., 1964, Growth hormone. Dev. med. child. neur. 6, 57-59. - 4551. Letard,E.,1930, Le mendélisme expérimental. Rev. vét. 82, 609-617. - **4552.** Letchworth,G.J., J.Bentinck-Smith,G.R.Bolton, J. F.Wootton, L. Family,1977,Cyanosis and methemoglobinemia in two dogs due to a NADH methemoglobin reductase deficiency. J.A.A.H.A. 13, 75-79. - **4553.** Letenneur, L. ,1978,Crossbreeding N'Dama and Jersey cattle in Ivory Coast. Wld. anim. rev. 27, 36-42. - **4554.** Leuchtenberger,C. , F. Schrader,S. Hughes-Schrader, P.W. Gregory,1956,Certain cytochemical and cytological aspects of dwarfism in cattle. J. morph. 99, 481-512. - **4555.** Leukkunen,A. , U.B. Linström,1981,Genetic and environmental factors affecting return rates, embryo losses and fertilization of ova in artificially inseminated cows. Z. Tierz. Zücht. biol. 98, 102-107. - **4556.** Levene,A., 1966,Comparative aspects of the melanoma of grey and white horses, a unique proliferative disorder of pigment production. In: d. Porta, G. , O. Mühlbock, Structure and control of the melanocyte. Springer, Berl. . - **4557.** Levene, R. Z. , 1970, Glaukoma. Arch. ophth. 83, 232-254. - **4558.** Levene,R. Z. , P. L. Workman, S.W. Broder, K. Hirschhorn, 1970, Heritability of ocular pressure in normal and suspect ranges. Arch. ophth. 84, 730-734. - **4559.** Levenson, J. E. , B. F. Crandall,R. S. Sparkes, 1971, Partial deletion syndromes of chromosome 18. Ann. ophth. 3, 756-760. - **4560.** Lever, W. F. , 1967, Histopathology of the skin. J. B. Lippincott, Philadelphia. - **4561.** Leveziel, H. , 1979, Le complexe d' histocompatibilité majeur chez l'homme et chez les animaux. Ann. gén. sél. anim. 11, 281-356. - **4562.** Levine, L. , R. F. Rockwell, J. Grossfield, 1980, Sexual selection in mice. Am. natur. 116, 150-156. - **4563.** Levine, S. , D. M. Treiman, 1964, Differential plasma corticosterone response to stress in four inbred strains of mice. Endocrin. 75, 142-144. - **4564.** Levine, S. , D. M. Treiman, 1969, Determinants of individual differences in the steroid response to stress. In: Bajusz a. a. O. . - **4565.** Levinsky, H. , 1966, Untersuchungen des Melaningehaltes von Haar- und Hautproben normal gefärbter Rinder im Vergleich mit albinotischen Tieren. Bodenkult. 17, 373-381. - **4566.** Levitt, R. , R. V. Pierre, W. L. White, R. G. Siekert, 1978, Atypical lymphoid leukemia in Ataxia telangiectasia. Blood 52, 1003-1011. -**4567.** Levy, H. B. , 1970, Genome function and disease. In: Dunlop u. Moon a. a. O. - **4568.** Lew, A. M. , C. S. Hosking, M. J. Studdert, 1980, Immunologic aspects of combined immunodeficiency disease in Arabian foals. Am. J. vet. res. 41, 1161-1166. - **4569.** Lewandowski, M. , 1977, (Behaviour of the symptom of spasticity and the spinal refelxes during anaesthesia of cattle with spastic paresis). Med. wet. 33, 530-533. - **4570.** Levis, B. , 1981, Genes and nutrition in the regulation of human lipoprotein metabolism. Klin. Wschr. 59, 1037-1042. - **4571.** Levitt, R. C. , J. M. Fysh, N. M. Jensen, D. W. Nebert, 1979, The Ah locus. Genetics 92, 1205-1210. - **4572.** Lewis, D. G. , 1968, Symposium on canine recto-anal disorders. J. sm. an. pract. 9, 329-336. - **4573.** Lewis, J. , L. Wolpert, 1979, Diploidy, evolution and sex. J. theor. biol. 78, 425-438. - **4574.** Lewis, L. A. , I. H. Page, 1956, Hereditary obesity. Circul. 14, 55-59. - **4575.** Lewis, L. D. , F. H. Chow, G. F. Taton, D. W. Hamar, 1978, Effect of various dietary mineral concentrations on the occurrence of feline urolithiasis. J. A. V. M. A. 172, 559-563. - **4576.** Lewis, R. M. , 1971, Canine diseases related to autoimmunization. XIX. Welttierärztekongr. , 1051 - 1054. - **4577.** Lewis, S. E. , 1976, Developmental analysis of two embryonic lethal alleles in the mouse. Dissert. abstr. B 37, 1108. - **4578.** Lewis, S. E. , H. A. Turchin, T. E. Wojtowicz, 1978, Fertility studies of complementing genotypes at the albino locus of the mouse. J. repr. fert. 53, 197-202. - **4579.** Lewis, U. J. , 1967, Growth hormone of normal and dwarf mice. In: Spickett a. a. O. . - **4580.** Lewkonia, R. M. , J. P. Edmonds, 1976, Hl-A antigens in rheumatology. In: Hughes a. a. O. . - **4581.** Ley, G. de, A. de Moor, 1977, (Seasonal occurrence of spastic paresis in cattle). Vlaams dierg. tids. 46, 179-184. - **4582.** Leydolph, W. , H. Ellersiek, 1955, Untersuchungen über die Vererbung der Haarrichtung der Locken des Karakulschafes. Z. Tierz. Zücht. biol. 65, 381-397. - **4583.** Liddle, G. W., 1967, Cushing's syndrome. In: Eisenstein a. a. O.. - **4584.** Lherminier, P., 1969, Constantes sanguines chez les bovins porteur des caractères culard, palais fendu, veaux amputes, veaux blancs. El. insém. 112, 14-20. - **4585.** Li, , C. C., 1961, Genetic methods for epidemiological investigations. In: Osborne a. a. O.. - **4586.** Li., C. C., 1970, More fuel for the genetic-load stove. J. hered. 61, 105-106. - **4587.** Li, W. H., T. Gojobori, M. Nei, 1981, Pseudogenes as a paradigm of neutral evolution. Nature 292, 277-239. - **4588.** Liberfarb, R. M., L. Atkins, L. B. Holmes, 1978, Down syndrome in two of three triplets. Clin. gen. 14, 261-264. -**4589.** Lie, O., H. Solbu, 1981, A working model for the evaluation of different immunological traits as indicators of resistance to infection in dairy cattle. Act. vet. scand. 22, 238-245. - **4590.** Lie, O., 1977, Genetic variations in the antibody response in young bulls. Act. vet. scand. 18, 572-574. - **4591.** Lieberman, J., N. O. Borhani, M. Feinleib, 1979, ∝ 1-Antitrypsin deficiency in twins and parents of co-twins. Clin. gen. 15, 29-36. - **4592.** Lieberman, M., D. Lieberman, 1978, Lactase deficiency. Am. natur. 112, 625-627. - **4593.** Liebermann, R., W. E. Paul, 1974, Genetic ontrol of antibody responses to myeloma proteins of mice. In: Cooper u. Warner a. a. O.. - **4594.** Lieberman, T. W., 1974, Ocular pharmacogenetics. In: Goldberg a. a. O.. - **4595.** Liebke, H., 1954, Über die Erblichkeit von Euteranomalieh des Rindes unter besonderer Berücksichtigung der Teller-und Trichterzitzen. Dissert. Berlin. - **4596.** Lie-Injo, L. E., A. M. Dozy, Y. W. Kan, D. Todd, 1979, The ∝-globin gene adjacent to the gene for HbQ- ∝ 74 Asp → His is deleted but not that adjacent to the gene for Hb G - ∝ 30 Glu → Gln. Blood 54, 1407-1416. - **4597.** Likoff, W., B. L. Segal, W. Insall, J. H. Moyer, 1972, Atherosclerosis and coronary heart disease. Grune u. Stratton, N. Y.. - **4598.** Lilienfeld, A. M., 1963, The epidemiology of breast cancer. Canc. res. 23, 1503-1513. - **4599.** Lill, A., 1968, Some observations on the isolating potential of aggressive behaviour in the domestic fowl. Behav. 31, 127-143. - **4600.** Lillie, F. R., 1922, The etiology of the freemartin. Corn. vet. 12, 332-337. - **4601.** Lilly, F., 1972, Mouse leukemia. J. nat. canc. inst. 49, 927-934. - **4602.** Lilly, F., T. Pincus, 1973, Genetic control of murine viral leukemogenesis. Adv. canc. res. 17, 231-277. - **4603.** Lim, D. J., C. C. Erway, 1974, Influence of manganese on genetically defective otolith. Ann. otol. 83, 565-581. - **4604.** Lima de Faria, A., 1975, The relation between chromomeres, replicons, operons, transcription units, genes, viruses and palindromes. Hereditas 81, 249-284. - **4605.** Lin, C. C., D. H. Johnston, R. O. Ramsden, 1972, Polymorphism and quinacrine fluorescence karyotypes of red foxes (Vulpes vulpes). Can. J. gen. cyt. 14, 573-580. - **4606.** Lin, C. C., D. R. Newton, R. B. Church, 1977, Identification and nomenclature for G-banded bovine chromosomes. Can. J. gen. cyt. 19, 271-282. - **4607.** Lin, C. Y., G. W. Friars, E. T. Moran, 1980, Genetic and environmental aspects of obesity in broilers. Wld. poult. sci. J. 36, 103-111. - **4608.** Lin, P. F., F. H. Ruddle, 1981, Murine DNA repair gene located on chromosome 4. Nature 289, 191-194. - **4609.** Linares, T., W. A. King, L. Ploen, 1980, Observations on the early development of embryos from repeat breeders. Nord. vet. med. 32, 433-443. - **4610.** Lindberg, L. A., A. Häkkinen, L. Vasenius, S. Talanti, 1980, Adenohypophyseal aplasia in an Ayreshire calf. Nord. vet. med. 32, 400-401. - **4611.** Lindblad, B., S. Linstedt, G. Steen, 1977, On the enzymic defects in hereditary tyrosinemia. Proc. nat. ac. sci. 74, 4641 - 4645. - **4612.** Lindenbaum, R. H., 1973, 3:1 segregation from reciprocal translocations. 4th int. conf. birth def., 72. - **4613.** Lindenmann, J., 1981, Perspektiven der Interferon-Forschung. Naturwiss. 68, 9-13. - **4614.** Lindgren, L. A. H., 1941, (A case of mandibular beak fissure accompanied by prolapsus of the tongue, in wild duck (Anas platyrhyncha). Skand. vet. tids. 31, 283-295. - **4615.** Lindh, J., B. Kallen, 1978, Genetics of susceptibility to experimental autoimmune encephalomyelitis studied in three rat strains. J. immunogen. 5, 347-354. - **4616.** Lindhé, B., 1966, Dead and difficult births in cattle and measures for their prevention. Wld. rev. anim. prod. 2, 53-58. - **4617.** Lindhé, B., 1967, (Studies on the incidence of stillborn and malformed calves in Swedish breeds of cattle). Med. sv. husdj. 13, 48p. - **4618.** Lindhé, B., 1976, Aspekter pa galtarnas konstitution. Sv. vet. tid. 28, 796-801. - **4619.** Lindner, J., J. R. Rüttner, P. A. Miescher, E. Wilhelmi, 1971, Arthritis-Arthrose. H. Huber, Bern. - **4620.** Lindsay, D. R., G. Dunsmore, J. Williams, G. J. Syme, 1976, Audience effects on the mating behaviour of rams. An. behav. 24, 818-821. - **4621.** Lindsay, G. C., F. C. Heck, R. B. England, 1978, Ocular squamous cell carcinoma. Res. vet. sci. 24, 113-117. - **4622.** Lindsay, J. R., 1969, Genetics in laboratory animal medicine. Nat. ac. sci. publ. 1679, Wash. - **4623.** Lindsay, J., R. R. Fox, 1974, Inherited diseases and variations. In: Weisbroth u. Mit., 1974, a.a. O.. - **4624.** Lindsten, J., 1963, The nature and origin of x chromosome aberrations in Turner's syndrome. Almquist u. Wiksell, Stockh.. - **4625.** Lindstrom, J., 1978, How the autoimmune response to acetylcholine receptor impairs neuromuscular transmission in myasthenia gravis and its animal model. Fed. proc. 37, 2828-2830. - **4626.** Lindstrom, U. B., V. Vilva, 1977, Frequency of stillborn calves and its association with production traits in Finnish cattle breeds. Z. Tierz. Zücht. biol. 94, 27-43. - **4627.** Lindstrom, U. B., J. Syväjärvi, 1978, (Factors affecting the frequency of stillbirths). Suom. eläinlääk. 84, 551-565. - **4628.** Lindt, S., 1962, Die Morphologie der Nebennieren bei Rindeninsuffizienz unter besonderer Berücksichtigung der Verhältnisse bei Tieren. Dt. tierärztl. Wschr. 69, 1-7. - **4629.** Linhart, J., V. Trojan, 1976, (Ear lobe defect in Landrace pigs). Sborn. Praz. fak. agr. B 2, 121-128. - **4630.** Linklater, K. A., 1972, Iso-immunisation of sows by incompatible foetal blood cells. Proc. 2nd int. pig vet. soc. congr., 103. - **4631.** Linneweh, F., 1962, Erbliche Stoffwechselkrankheiten. Urban u. Schwarzenberg, München. - **4632.** Lino, B., 1980, Le prolapsus rectal. L'élev. porc. 99, 46-51. - **4633.** Lintern-Moore, S., E. M. Pantelouris, 1976, Ovarian development in athymic nude mice. Mech. ag. dev. 5, 259-265. - **4634.** Lipecka, C., A. Domanski, 1972, Effects of birth type on twinning in sheep. Gen. pol. 12, 393-399. - **4635.** Lister, D., 1971, Physiological aspects of meat quality and adaptation in pigs. 10. int. Tierz. Kongr., Versailles. - **4636.** Lister, D., 1973, Corrections of adverse response to suxamethonium in susceptible pigs. Brit. med. J. i, 208. - **4637.** v. Lith, G. H. M., 1970, The clinical value of the ERG, the EOG and the EEG for the evaluation of disturbances of retinal transmission. Ophthalm. 160, 83. - **4638.** Little, C. C., 1917, The relation of yellow coat color to black-eyed white spotting of mice in heredity. Anat. rec. 11, 501. - **4639.** P. Little, P. Curtis, C. Contelle, J. v. Berg, R. Dalgleish, S. Malcolm, M. Courtner, D. Westaway, R. Willaimson, 1978, Isolation and partial sequence of recombinant plasmids containing human α-, ß- and γ-globin cDNA fragments. Nature 273, 640-643. - **4640.** Little, P. F. R., R. A. Flavell, J. M. Kooter, G. Annison, R. Williamson, 1979, Structure of the human fetal globin gene locus. Nature 278, 227-231. - **4641.** Little, P. F. R., G. Annison, S. Darling, R. Williamson, L. Camba, B. Modell, 1980, Model for antenatal diagnosis of ß-thalassaemia and other monogenic disorders by molecular analysis of linked DNA polymorphisms. Nature 285, 144-151. - **4642.** Littledike, E. T., 1976, Relationship of milk secretion to hypocalcemia in the dairy cow. J. dairy sci. 59, 1947-1953. - **4643.** Littledike, E. T., J. W. Young, D. C. Beitz, 1981, Common metabolic diseases of cattle. J. dairy sci. 64, 1465-1482. - **4644.** Littlejohn, A. I., 1969, A defect of the upper eyelid in a flock of piebald sheep. Vet. rec. 85, 189-190. - **4645.** Littlejohn, A., R. A. Schlegemilch, J. P. LeRoux, 1977, Patterns of equine disease in Southern Africa in 1973. Vet. clin. 25, 3-11. - **4646.** Littlejohn, A., E. M. Walker, 1979, Some aspects of the epidemiology of equine babesiosis. J. S. Afr. vet. ass. 50, 308-313. -

4647. Litwack,G.,1972,Biochemical actions of hormones.Ac.Press,N.Y. -
4648. Litzke, L. F.,R.Berg,1976,Quantitativ-morphologische Untersuchungen am Herzen des Miniaturschweines "Mini-LEWE".Mh.Vet. med.31,629-632. -
4649. Litzke, L. F.,R.Berg,1977,Quantitativ-morphologische Untersuchungen am Herzen des Miniaturschweines "Mini-LEWE".2. Arch.exp.Vet. med.31, 547-556. - **4650.** Liu,S.K.,1966,Genetic influence on resistance of mice to Nematospiroides dubius.Exp.parasit.18,311-319. - **4651.** Liu,S.K.,H.D.Dorfman, 1976,A condition resembling human localized myositis ossificans in two dogs. J.sm.anim.pract.17,371-377. - **4652.** Livescu,B.E.,M.Samarineanu,I.Granciu,M.Patrascu,1979,(Results of the first cytological examination of bulls used in artificial insemination in Romania). Lucr.stiintific.inst.taurin.5,19-30. - **4653.** Livingstone,M.L.,1965,A possible hereditary influence in feline urolithiasis.Vet.med.60,705. - **4654.** Lloyd,J.B.,F.Beck,1969,Lysosomes and congenital malformations.Biochem.J.115,32P-34P. - **4655.** Lloyd-Roberts,G. C.,A.W.F.Lettin,1970,Arthrogryposis multiplex congenita. J.bone jt.surg. 52 B,494. - **4656.** Lo,S.S.,W.H.Hitzig,H.R.Marti,1970,Stomatozytose.Schweiz. med.Wschr.100,1977-1979. - **4657.** Lockard,J.S.,P.C.Daley,V.M.Gunderson, 1979, Maternal and paternal differences in infant carry.Am.natur.113,235 - 246. - **4658.** Lodge,J.R.,R.L.Ax,N.S.Fechheimer,1974,Chromosome aberrations in embryos from in vivo aged chicken sperm.Poult.sci.53,1816-1819. - **4659.** Lodmell,D.L.,R.K.Bergman,W.J.Hadlow,J.J.Munoz,1971,Cellular and humoral antibody responses of normal,pastel and sapphire mink to goat erythrocytes.Inf.immun.3,221-227. - **4660.** Loeffler,K.,H.Meyer,1961,Erbliche Patellarluxation bei Toy-Spaniels.Dt.tierärztl.Wschr.68,619-622. -**4661.** v.Loen,A.,1965,A genetical investigation on the occurrence of two ora uteri externa (cervix duplex) in the cow.Tijds.diergeneesk.90,698-716. - **4662.** D. Loesch,1979,Genetical studies of the palmar and sole patterns and some dermatoglyphic measurements in twins.Ann.hum.gen.43,37-53. - **4663.** Loevy, H.,1969,Relationship between the incidence of harelip and parental age in mice.Growth 33,113-122. - **4664.** Lofland,H.B.,T.B.Clarkson,B.C.Bullock,1970, Whole body sterol metabolism in squirrel monkeys.Exp.mol.path.13,1-11. - **4665.** Löfvenberg,S.,I.Johansson,1952,Über die Farbvererbung beim Gotländer Landschaf.Z.Tierz.Zücht.biol.60,253-262. - **4666.** Logan,L.I.,S.I.Rapaport,I.Maher,1971,Albinism and abnormal platelet function.N.E.J.med. 284,1340-1345. - **4667.** Logeay,B.,B.Vissac,1970,(A study of double muscling). Ann.gén.sél.an im.2,5-17. - **4668.** Logue,D.N.,1978,Chromosome banding studies in cattle.Res.vet.sci.25,1-6. - **4669.** Logue,D.N.,1979,Tortoiseshell tom.Vet.rec.105,381-382. - **4670.** Logue,D.N.,R.G.Breeze,M.J.A.Harvey, 1977,Arthrogryposis-palatoschisis and a 1/29 translocation in a Charolais herd. Vet.rec.100,509-510. - **4671.** Logue,D.N.,M.J.A.Harvey,1978,A 14/20 Robertsonian translocation in Swiss Simmenthal cattle.Res.vet.sci.25,7-12. - **4672.** Logue,D.N.,M.J.A.Harvey,1978,Meiosis and spermatogenesis in bulls heterozygous for a presumptive 1/29 Robertsonian translocation.J.repr.fert. 54,159-165. - **4673.** Logue,D.N.,M.J.A.Harvey,C.D.Munro,B.Lennox,1979, Hormonal and histological studies in a 61XXY bull.Vet.rec.104,500-503. - **4674.** Löhle,E.,1982,The influence of chronic vitamin A deficiency on human and animal ears.Arch.otorhinolar.234,167-173. - **4675.** Löhr,G.W.,H.Waller, 1966, Pharmakogenetik und Präventivmedizin.G.Thieme,Stuttgart. - **4676.** Löhr, K.F.,1973,Susceptibility of non-splenectomized and splenectomized Sahiwal cattle to experimental Babesia bigemina infection.Zbl.Vet.med.20B,52-56. - **4677.** Lojda,L.,1967,Inheritance of spastic paresis in cattle.Veterin.17,256-260. - **4678.** Lojda,L.,1972,Chromosomal chimerism of the sire as a cause of

the shift in sex ratio in his offspring. VIIth int. congr. anim. repr. art. ins., 212. - 4679. Lojda, L., 1972, Chromosomal patterns and mode of inheritance in three different syndromes of intersexuality in the pig. VII. int. congr. anim. repr. art. ins., 213-214. - 4680. Lojda, L., P. Hovorka, 1969, An inherited reproductive disturbance in cocks due to testicular hypoplasia. Doc. vet. Brno 7, 231-238. -4681. Lojda, L., J. Havrankova, 1975, Erbliche Hodenhypoplasie in der Nachkommenschaft eines Bullen mit Chromosomenmosaik 60, XY/61, XXY/59, XO. 2. Eur. Koll. Zytogen. Vet. med., 193-198. - 4682. Lojda, L., L. Mikulas, J. Rubes, 1975, Einige Ergebnisse der Chromosomenuntersuchungen im Rahmen der staatlichen Erbgesundheitskontrolle beim Rind. 2. Eur. Koll. Zytogen. Vet. med., 269-276. - 4683. Lojda, L., J. Rubes, V. Petrickova, 1978, A comparative study of the manifestations of heterochromosomal chimerism and mosaicism in cattle. 14. int. congr. g en., I., 1-12. - 4684. Löliger, H. C., 1971, Der Einfluß von Krankheiten und krankheitsbedingten Ausfällen bei Junghühnern und Legehühnern auf die Wirtschaftlichkeit der Legehennenhaltung. Arch. Gefl. k. 35, 240-251. - 4685. Löliger, H. C., 1975, Pers. Mitt.. - 4686. Löliger, H. C., H. J. Schubert, S. Matthes, D. v. d. Hagen, 1970, Untersuchungen über die Erkrankungsrate an Marekscher Lähme bei resistenten und anfälligen Hühnerlinien nach experimenteller Übertragung von Leukosen und Sarkomatosen. XIV wld. poult. congr. comm., 303 - 307. - 4687. Löliger, H. C., H. J. Schubert, S. Matthes, D. v. d. Hagen, 1971, Untersuchungen über die Erkrankungsrate an Marek'scher Lähme bei resistenten und anfälligen Hühnerlinien nach experimenteller Übertragung von aviären Leukosen und Sarkomatosen. Arch.Gefl. k. 35, 7-10. - 4688. Lonai, P., F. C. Grumet, 1975, Mechanisms of action of Ir genes and their possible application to tumors. Transpl. proc. 7, 149-153. - 4689. Long, C. R., K. E. Gregory, 1978, Inheritance of the horned, scurred and polled condition in cattle. J. hered. 69, 395-400. - 4690. Long, P. L., 1968, The effect of breed of chickens on resistance to Eimeria infections. Brit. poult. sci. 9, 71-78. - 4691. Long, P. L., 1970, Some factors affecting the severity of infection with Eimeria tenella in chicken embryos. Parasit. 60, 435-447. - 4692. Long, P. L., 1971, Maternal transfer of anticoccidial drugs in the chicken. J. comp. path. 81, 373-382. - 4693. Long, P. L., S. G. Kenzy, P. M. Biggs, 1968, Relationship between Marek's disease and coccidiosis. Vet. rec. 83, 260-262. - 4694. Long, S. E., 1977, Cytogenetic examination of preimplantation blastocysts of ewes mated to rams heterozygous for the Massey I (tl) translocation. Cytogen. cell gen. 18, 82-89. - 4695. Long, S. E., 1978, Reproductive performance of ewes mated to rams heterozygous for the Massey I (tl) centric fusion (Robertsonian) translocation. Vet. rec. 102, 399-401. - 4696. Long, S. E., 1978, Chiasma counts and non-disjunction frequencies in a normal ram and in rams carrying the Massey I (tl) Robertsonian translocation. J. repr. fert. 53, 353-356. - 4697. Long, S. E., 1979, The fertility of bulls born twin to freemartins. Vet. rec. 104, 211-213. - 4698. Long, S. E., 1981, Testicular feminisation in an Ayrshire cow. Vet. rec. 109, 116-118. - 4699. Long, S. E., V. Williams, 1980, Frequency of chromosomal abnormalities in early embryos of the domestic sheep. (Ovis aries). J. repr. fert. 58, 197-201. - 4700. Long, S. E., J. E. David, 1981, Testicular feminisation in an Ayrshire cow. Vet. rec. 109, 116-118. - 4701. Longenecker, B. M., F. Pazderka, J. L. Spencer, R. F. Ruth, 1976, Lymphoma induced by herpesvirus. Immunogen. 3, 401-407. - 4702. Longenecker, B. M., F. Pazderka, J. S. Gavora, J. L. Spencer, E. A. Stephens, R. L. Witter, R. F. Ruth, 1977, Role of the major histocompatibility complex in resistance to Marek's disease. Av. immunol., Ac. Press, 287-298. - 4703. Lonsdale, K., 1968, Human stones. Science 159, 1199-1207. - 4704. Loogen, F., W. Krolhaus, W. Kübler, 1974, Natural history on hypertrophic obstructive cardiomyopathy. In: Bajusz u. Rona a.a. O.. - 4705. Loomis, W. F., 1967, Skin-pigment regulation of vitamin-D biosynthesis in man. Science 157, 501-506. - 4706. Loos, H., D. Roos, R. Weening, J. Houwerzijl, 1976, Familial deficiency of glutathione reductase in human blood cells. Blood 48, 53-62. - 4707. Loosli, R., 1965, Zur Prognose von koinzidenten Spontanmißbildungen in tierexperimentellen Untersuchungen über medikamentöse Teratogenese. Z. Versuchstierk. 6, 48-55. - 4708. Lopez, C., 1975, Genetics of natural resistance to herpesvirus infections in mice. Nature 258, 152-153. - 4709. Lopez, C., 1981, Resistance to Herpes simplex virus-type 1 (HSV-1). Curr. top. immunol. 92, 15-24. - 4710. Lopez-Fanjul, C., 1974, Selection from crossbred populations. Anim. breed. abstr. 42, 403-416. - 4711. Lorincz, A. E., 1961, Heritable disorders of acid mucopolysaccharide metabolism in humans and in snorter dwarf cattle. In: Osborne a. a. O.. - 4712. Lorincz, A., A. Dorfman, 1957, Occurrence of urinary acid mucopolysaccharides in the Hurler syndrome. Am. J. dis. child. 94, 552. - 4713. Losan, F., M. Macek, E. Seemanova, A. Zwinger, 1977, Turner's syndrome in a 30-month-old girl. Hum. hered. 27, 356-361. - 4714. Lösch, G. M., 1970, Syndaktylien. Thieme Vlg., Stuttgart. - 4715. Lösch, U., B. Friedrich, G. Hofmann-Fezer, 1971, Zur Charakterisierung eines erblichen Immundefektes beim Haushuhn. Tierärztl. Umsch. 26, 338-341. - 4716. Lotan, E., 1967, The influence of the sire on the frequency of bovine udder infections in the Jordan valley. Tijds. diergeneesk. 92, 1672-1677. - 4717. Lotze, R., 1937, Zwillinge. F. Rau, Oehringen. - 4718. Louw, B. P., A. W. Lishman, W. A. Botha, 1974, Stress-induced release of prolactin in cycling and anoestrous ewes, and in wethers. S. Afr. J. anim. sci. 4, 131-135. - 4719. Lovchik, J. C., 1979, Influence of background genes on Ir gene expression. Fed. proc. 38, 1289. - 4720. Low, R. J., K. Benirschke, 1972, Microchromosomes in the American red fox (Vulpes fulva). Cytol. 37, 1-11. - 4721. Lowden, J. A., 1979, Evidence for a hybrid hexosaminidase isoenzyme in heterozygotes for Sandhoff disease. Am. J. hum. gen. 31, 281-289. - 4722. Lowden, J. A., J. S. O'Brien, 1979, Sialidosis. Am. J. hum. gen. 31, 1-18. - 4723. Lowe, J. E., 1974, Sex, breed and age incidence of navicular disease. Proc. ann. conv. Am. ass. equ. pract. 20th, 37. - 4724. Lowell, A. M., L. B. Edwards, C. E. Palmer, 1969, Tuberculosis. Harv. Univ. Press, Cambridge. - 4725. Lozzio, B. B., A. I. Chernoff, E. R. Machado, C. B. Lozzio, 1967, Hereditary renal disease in a mutant strain of rats. Science 156, 1742-1744. - 4726. Lozzio, B. B., D. M. Lopez, P. Coulson, S. V. Lair, 1979, High incidence of mammary tumors in mice with inherited asplenia. Canc. res. 39, 1529-1533. - 4727. Lu, T. Y., C. L. Markert, 1980, Manufacture of diploid/tetraploid chimeric mice. Proc. nat. ac. sci. 77, 6012-6016. - 4728. Lübke, A., 1959, Durchbrechung einer angeborenen Resistenz gegenüber der Infektion mit dem Maul-und Klauenseuche-Virus durch körperliche Anstrengung. Arch. Tierhlk. 11, 291-295. - 4729. Lübke, H., 1926, Untersuchungen über die Gewichtsverhältnisse innersekretorischer Drüsen bei geschlachteten Pferden und Rindern. Dissert. Hannover. - 4730. Lubs, H. A., F. de la Cruz, 1977, Genetic counseling. Raven Press, N. Y.. - 4731. Lucas, D. R., 1954, Ocular associations of dappling in the coat colour of dogs. J. comp. path. 64, 260-266. - 4732. Lucchesi, J. C., 1978, Gene dosage compensation and the evolution of sex chromosomes. Science 202, 711-716. - 4733. Lucotte, G., A. Perramon, M. Kaminski, 1977, Molecular basis for the heterosis in the chickenquail hybrid. Comp. biochem. phys. B 56, 119-122. - 4734. Lucov, Z., S. Colan, R. Moar, 1970, Effects of low temperature on the somatic instability of an alien chromosome in Nicotiana tabacum. Hered. 25, 431-439. - 4735. Ludwig-Köhn, H., F. Messing, G. Spiteller, 1979, Profile bei chronischen Erkrankungen. J. chrom. biomed. appl. 162, 573-578. - 4736. Luft, B., 1972, Autosomale Deletion bei 2 Mutterschafen und 2 Böcken mit Brachygnathia superior. Dt. tierärztl. Wschr. 79, 327-330. - 4737. Luft, B., 1973, Eine autosomale Deletion mit Auftreten von Fragmenten bei einem Schafbock. Zuchthyg. 8, 125-129. - 4738. Luft, B., R. Wassmuth,

1973,Der Centromerindex der metazentrischen Chromosomen des Schafes unter Berücksichtigung einer bisher unbekannten Deletion. Z. Tierz. Zücht. biol. 90,77-82. - 4739. Luft,B.,R.Wassmuth, 1974,Die Vererbung der Deletion des A1-Chromosoms eines Schafbockes in der F1-Generation. 1. wld. congr. gen. appl. livest., 153-158. - 4740. Lühmann, M. , H. Vogt, 1975,Schlachtverluste und Brustmuskelgewichte bei 7-9 Wochen alten Pekingenten. Arch. Gefl. k. 39,126-134. - 4741. Lüke, F. , H. Niemann, 1970, Chronische Kupfervergiftungen und Kupferretention in der Leber bei Schafen verschiedener Rassen. Berl. Münch. tierärztl. Wschr. 83, 253-255. - 4742. Lukens, F.D.W. ,1948,Alloxan diabetes. Phys. rev. 28, 304-330. - 4743. Lund,E.E. ,1967,Response of four breeds of chicken and one breed of turkeys to experimental Heterakis and Histomonas infections. Av. dis. 11, 491-502. - 4744. Lund,R.D. ,R.P.Wise,J. Lund, 1974, The organization of the retinal projection to the dorsal lateral geniculate nucleus in pigmented and albino rats. J. comp. neur. 158, 383-404. - 4745. Lundeheim, N. , 1979, Genetic analysis of respiratory diseases in pigs. Act. agr. scand. 29, 209-215. - 4746. Lünebrink, J. , 1973, Vergleichende Analyse der männlichen Vorfahren von schwarzbunten Kühen mit oder ohne Dislocatio abomasi sinistra (DAS). Dissert. Hannover. - 4747. Lüning, K. G. , 1975, Test of recessive lethals in the mouse. Mut. res. 27, 357-366. - 4748. Lüning, K. G. , A. Eiche, 1975, X-ray-induced recessive lethal mutations in the mouse. Mut. res. 34, 163-174. - 4749. Lunseth, J. H. , 1965, Cardiac hypertrophy in rats. Arch. path. 79, 644-646. - 4750. Lunstra, D. D. , J. J. Ford, S. E. Echternkamp, 1978, Puberty in beef bulls. J. anim. sci. 46, 1054-1062. - 4751. Lüps, P. , 1963, Die Fischschuppenkrankheit (Ichthyosis universalis congenita), eine in Bayern beobachtete Erbkrankheit des Rindes. Berl. Münch. tierärztl. Wschr. 76, 204-206. - 4752. Lurie, I. W. , H. Presman, G. I. Lazjuk, 1978, Risque génétique dans les cas de translocations réciproques. J. gén. hum. 26, 385-392. - 4753. Lurie, M. B. , P. Zappasodi, A. M. Dannenberg, J. B. Swartz, 1951, Constitutional factors in resistance to infection. Science 113, 234 - 237. - 4754. Lurie, M.B. , P. Zappasodi, A. M. Dannenberg, H. G. Weiss, 1952, On the mechanism of genetic resistance to tuberculosis and its mode of inheritance in rabbits. Am. J. hum. gen. 4, 302-314. - 4755. Lurie, M.B. , S. Abramson, A. G. Heppleston, 1952, On the response of genetically resistant and susceptible rabbits to the quantitative inhalation of human type tubercle bacilli and the nature of resistance to tuberculosis. J. exp. med. 95, 119-134. - 4756. Luse, S. , 1967, Fine structure of adrenal cortex. In: Eisenstein a. a. O. . - 4757. Lush, I. E. , 1966, The biochemical genetics of vertebrates except man. N. Holl. Publ. Co. , Amsterd. . - 4758. Lush, I. E. , K. M. Andrews, 1978, Genetic variation between mice in their metabolism of coumarin and its derivatives. Gen. res. 31, 177 - 186. - 4759. Lush, J. L. , 1930, "Duck-legged" cattle on Texas ranches. J. hered. 21, 85-90. - 4760. Lush, J. L. , 1950, Inheritance of susceptibility to mastitis. J. dairy sci. 33, 120-125. - 4761. Lush, J. L. , W. F. Lamoureux, L. N. Hazel, 1948, The heritability of resistance to death in the fowl. Poul. sci. 27, 375-388. -4762. Luster, M. I. , G. A. Leslie, R. K. Cole, 1976, Selective IgA deficiency in chickens with spontaneous autoimmune thyroiditis. Nature 263, 331. - 4763. Lutter, K. , 1981, Untersuchungen zum Auftreten embryonaler und fetaler Ferkelverluste und praktis che Hinweise zu ihrer Verringerung. Mh. Vet. med. 36, 6-11. -4764. Lutz, H. , Y. Lutz-Ostertag, 1966, Le Free-Martinisme chez les vertébrés amniotes. Rev. roum. embr. cyt. 3, 11-28. - 4765. Lutzner, M. A. , 1977, Nosology among the neoplastic genodermatoses. In: Mulvihill u. Mit. a. a. O. . - 4766. Lutzner, M. A. , J. H. Tierney, E. P. Benditt, 1965, Giant granules and widespread cytoplasmic inclusions in a genetic syndrome of Aleutian mink. Lab. inv. 14, 2063-2079. - 4767. Lutzner, M. A. , C. T. Lowrie, H. W. Jordan, 1967, Giant granules in leukocytes of the beige mouse. J. hered. 58, 299-300. - 4768. Luxenburger, H. ,

1940, Zwillingsforschung als Methode der Erbforschung beim Menschen. In : Handbuch der Erbbiologie des Menschen. II., Springer, Berlin. - 4769. Luzzato, L., 1979, Genetics of red cells and susceptibility to malaria. Blood 54, 961-976. - 4770. Lygonis, C., 1966, Familial Dupuytren's contracture. Hereditas 56, 142 - 143. - 4771. Lykken, D. T., A. Tellegen, R. DeRubeis, 1978, Volunteer bias in twin research. Soc. biol. 25, 1-9. - 4772. Lynch, H. T., 1967, Hereditary factors in carcinoma. Springer Vlg., N.Y.. - 4773. Lynch, H. T., 1967, Cancer families. In : Lynch a. a. O.. - 4774. Lyn ch, H. T., 1967, History of cancer genetics in man. In: Lynch a.a. O.. - 4775. Lynch, H. T., 1972, Skin, heredity, and malignant neoplasms. H. Huber, Bern. - 4776. Lynch, H. T., 1972, Xeroderm pigmentosum. In: Lynch a.a. O., - 4777. Lynch, H. T., M. W. Shaw, C. W. Magnuson, A. L. Larsen, A. J. Krush, 1966, Hereditary factors in cancer. Arch. int. med. 117, 206-212. - 4778. Lynch, H. T., A. J. Krush, A. L. Larsen, C. W. Magnuson, 1966, Endometrial carcinoma. Am. J. med. sci. 252, 381-390. - 4779. Lynch, H. T., H. M. Lemon, A. J. Krush, 1966, A note on"cancer -susceptible" and "cancer-resistant" genotypes. Nebr. med. J. 51, 209-211. - 4780. Lynch, H. T., J. Lynch, P. Lynch, 1977, Management and control of familial cancer. In: Mulvihill u. Mit. a. a. O.. -4781. Lyne, A. G., D. E. Hollis, H. B. Chase, R. H. Hayman, 1967, Changes experimentally produced in the pigmentation of the skin and coat of sheep. Austr. J. sci. 30, 30-32. - 4782. Lyon, M. F., 1951, Absence of otoliths in the mouse. J. physiol. 114, 410-418. - 4783. Lyon. M. F., 1952, Absence of otoliths in the mouse. J. gen. 51, 638-650. - 4784. Lyon, M. F., 1961, Gene action in the x-chromosome of the mouse (Mus musculus L.). Nature 190, 372-373. - 4785. Lyon, M. F., 1970, The activity of sex chromosomes in mammals. Sci. progr. 58, 117-130. - 4786. Lyon, M. F., 1971, Possible mechanisms of x-chromosome inactivation, Nature 232, 229-232. - 4787. Lyon, M. F., 1972, X-chromosome inactivation and developmental patterns in mammals. Biol. rev. 47, 1-35. - 4788. Lyon, M. F., 1974, Mechanisms and evolutionary origins of variable x-chromosome activity in mammals. Proc. roy. soc. B 187, 243-268. - 4789. Lyon, M. F., 1974, Evolution of x-chromosome inactivation in mammals. Nature 250, 651-653. - 4790. Lyon, M. F., 1976, Distribution of crossing-over in mouse chromosomes. Gen. res. 28, 291-299. - 4791. Lyon, M. F., R. Meredith, 1969, Muted, a new mutant affecting coat colour and otoliths of the mouse, and its position in linkage group XIV. Gen. res. 14, 163-166. - 4792. Lyon, M. F., J. G. Hawkes, 1970, X-linked gene for testicular feminization in the mouse. Nature 227, 1217-1219. - 4793. Lyon, M. F., B. D. Smith, 1971, Species comparisons concerning radiation-induced dominan t lethals and chromosome aberrations. Mut. res. 11, 45-58. - 4794. Lyon, M. F., E. V. Hulse, 1971, An inherited kidney disease of mice resembling human nephronophthisis. J. med. gen. 8, 41-48. - 4795. Lyon, M. F., P. H. Glenister, S. G. Hawker, 1972, Do the H-2 and T-loci of the mouse have a function in the haploid phase of sperm ? Nature 240, 152-153. - 4796. Lyon, M. F., H. C. Ward, G. M. Simpson, 1976, A genetic method for measuring non-disjunction in mice with Robertsonian translocations. Gen. res. 26, 283-295. - 4797. Lyon, M. F., K. B. Bechtol, 1977, Derivation of mutant t-haplotypes of the mouse by presumed duplication or deletion. Gen. res. 30, 63-76. - 4798. Lyon, M. F., S. E. Jarvis, I. Sayers, D. R. Johnson, 1979, Complementation reactions of a lethal mouse t-haplotype believed to include a deletion. Gen. res. 33, 153-161. - 4799. Lyon, M. F., P. H. Glenister, 1980, Reduced reproductive performance in androgen-resistant Tfm/Tfm female mice. Proc. roy. soc. B 208, 1-12. - 4800. Maas, H. J. L., H. W. Antonisse, A. J. v. d. Zypp, J. E. Groenendal, G. L. Kok, 1981, The development of two White Plymouth Rock lines resistant to Marek's disease by breeding from survivors. Av. path. 10, 137-150. - 4801. Maas, H. J. L., G. F. de Boer, G. L. Kok, 1982, Age related resistance to avian leukosis virus. Av. path. 11, 103-112. - 4802. Maas, H. J. L., A. v.

Zypp, J. H. Groenendal, G. L. Kok, 1982, Evaluation of resistance to Marek's disease in three white Plymouth Rock lines and in two reciprocal crosses. Av. path. 11, 1-9. - 4803. Maaß, P., J. Schulze, 1979, Zur genetischen Disposition des angeborenen Beinspreizens bei Saugferkeln. Mh. Vet. med. 34, 20-21. - 4804. Mabry, J. W., 1977, Porcine stress syndrome. Dissert. abstr. B 38, 2956. - 4805. Mabry, J. W., L. L. Christian, D. L. Kuhlers, 1981, Inheritance of porcine stress syndrome. J. hered. 72, 429-430. - 4806. MacCropsey, L., 1975, Problems with the exotic cross. Bov. pract. 10, 88-89. - 4807. Macdonald, E. J., 1959, The epidemiology of skin cancer. J. i'nv. derm. 32, 379-382. - 4808. MacFarlane, J. S., J. M. Booth, D. W. Deas, B. G. Lowman, 1977, Pregnancy test and evaluation of embryonic and fetal mortality based on progesterone concentrations in fore-milk. Vet. rec. 100, 565-566. - 4809. Machin, G. A., 1978, Urinary tract malformation in the XYY male. Clin. gen. 14, 370-372. - 4810. MacKay, I. R., F. M. Burnet, 1963, Autoimmune diseases. C. C. Thomas, Springfield. - 4811. MacKellar, J. C., J. Ouhayoun, 1973, Etude du caractère culard. Ann. gén. sél. anim. 5, 163-176. - 4812. Mackenzie, D., 1967, Goat husbandry. Faber u. Faber, Lond. - 4813. McLaury, D. W., T. H. Johnson, 1967, Selection for oxygen requirements in chickens. Prog. rep. K. agr. stn. 170, 78. - 4814. McLaury, D. W., T. H. Johnson, 1972, Selection for high and low oxygen consumption in chickens. Poult. sci. 51, 591-597. -4815. Macklin, M. T., 1940, An analysis of tumors in monozygous and dizygous twins. J. hered. 31, 277-290. - 4816. Macklin, M. T., 1959, Comparison of the number of breast cancer deaths observed in relatives of breast cancer patients and the number expected on the basis of mortality rates. J. nat. canc. inst. 22, 927-951. - 4817. Macklin, M. T., 1960, Inheritance of cancer of the stomach and large intestine in man. J. nat. canc. inst. 24, 551-571. - 4818. MacMahon, B., Prenatal x-ray exposure and childhood cancer. J. nat. canc. inst. 28, 1173-1191. - 4819. MacMahon, B., M. A. Levy, 1964, Prenatal origin of childhood leukemia. N. E. J. med. 271, 1082-1085. - 4820. Macmillan, K. L., 1973, Why do bulls differ in fertility ? Proc. N. Z. soc. anim. prod. 33, 49-61. - 4821. Macswiney, F. J., M. E. Wallace, 1978, Genetics of warfarin resistance in house mice of three separate localities. J. hyg. 80, 69-76. - 4822. Macy, R. M., A. J. Stanley, L. G. Gumbreck, 1972, Genetic factors involved in heterochromia in the Norway rat. J. hered. 63, 189-190. - 4823. Madan, K., C. E. Ford, C. Polge, 1978, A reciprocal translocation, t(6p+1 14q-), in the pig. J. repr. fert. 53, 395-398. - 4824. Macdewell, B. R., C. A. Osborne, R. A. Norrdin, J. R. Stevens, R. M. Hardy, 1975, Clinicopathologic aspects of diabetes insipidus in dog. J. A. A. H. A. 11, 497-506. - 4825. Maeda, K., S. Kawaguchi, T. Niwa, T. Ohki, K. Kobayashi, 1980, Identification of some abnormal metabolites in psoriatic nail using gas chromatography-mass spectrometry. J. chr. biomed. appl. 221, 199-204. - 4826. Maeda, T., M. Ohno, M. Takada, M. Nishida, K. Tsukioka, H. Tomita, 1979, Turner's syndrome with a duplication-deficiency x-chromosome derived from a maternal pericentric inversion x chromosome. Clin. gen. 15, 259-266. - 4827. DeMaeyer, E., J. de Maeyer, 1969, Gene with quantitative effect on circulating interferon induced by Newcastle disease virus. J. virol. 3, 506-512. - 4828. Maeyer, E. de, M. C. Hoyez, J. de Maeyer-Guignard, D. W. Bailey, 1979, Effect of mouse genotype on interferon production. Immunogen. 8, 257-263. - 4829. DeMaeyer, E., J. deMaeyer-Guignard, 1980, Host genotype influences immunomodulation by interferon. Nature 284, 173-175. - 4830. Magalhaes, H., 1954, Mottled-white, a sex-linked lethal mutation in the golden hamster, Mesocricetus auratus. Anat. rec. 120, 752. - 4831. Magdon, M., E. Uecker, 1980, Untersuchungen zur Aufzucht untergewichtig geborener Ferkel an der Amme. Mh. Vet. med. 35, 888-891. - 4832. Magenis, R. E., K. M. Overton, J. Chamberlin, T. Brady, E. Lovrien, 1977, Parental origin of the extra chromosome in Down's syndrome. Hum. gen. 37, 7-16. - 4833. Magnani, G., 1969, (Genetic effects on the occurrence of gastric ulcer in the pig). Att. soc. it. sci. vet. 23, 487-490. - 4834. Magnussen, K., 1952, Beitrag zur Genetik und Histologie eines isolierten Augenalbinismus beim Kaninchen. Z. Morph. Anthr. 44, 127-135. - 4835. Magnussen, K., 1964, Augenpigmentierung bei Russen(-Himalaya-)Kaninchen. Z. Biol. 114, 410-420. - 4836. Magnusson, G., 1971, Hermaphroditism in a rat. Path. vet. 7, 474-480. - 4837. Magotra, M. L., N. C. Chakrabarti, M. V. Phadke, 1978, Dermatoglyphics in protein calorie malnutrition. Ind. ped. 85, 851-853. - 4838. Magrane, W. G., 1965, Canine ophthalmology. Lea a. Febiger, Philadelphia. - 4839. Mahdevappa, M., C. Nagarajan, B. W. X. Ponnaiya, 1967, A case of sex-linked inheritance in man. Curr. sci. 36, 644-645. - 4840. Mahley, R. W., T. L. Innerarity, K. H. Weisgraber, D. L. Fry, 1977, Canine hyperlipoproteinemia and atherosclerosis. Am. J. path. 86, 205-219. - 4841. Mahmoud, M. M., K. H. Elmalik, 1977, Trypanosomiasis. Trop. anim. hlth. prod. 9, 167-170. - 4842. Maijala, K., 1969, Über die Erblichkeit von Spermaeigenschaften von KB-Bullen. Tierzücht. 21, 62-65. - 4843. Maijala, K., V. Vainikainen, G. Lindström, 1964, On the relation between blood group genes and a lethal gene for hairlessness and prolonged gestation. Ann. agr. fenn. 3, 279-286. - 4844. Maijala, K., J. Syvajärvi, 1977, Die Möglichkeit der Entwicklung multiparer Rinder durch Selektion. Z. Tierz. Zücht. biol. 94, 136-150. - 4845. Maik, H., L. Jaskowski, 1968, Chromosome sex determination of intersexual pigs. VIe congr. repr. insém. art., 147. - 4846. Maiz - Bermejo, S., 1963, Melanomas. Med. esp. 49, 210-230. - 4847. Mäkinen, A., 1974, Chimaerism in a bull calf. Hereditas 76, 154-156. - 4848. Mäkinen, T., G. Wägar, L. Apfer, E. v. Willebrand, F. Pekanen, 1978, Evidence that the TSH receptor acts as a mitogenic antigen in Graves' disease. Nature 275, 314-315. - 4849. Mäkinen, A., I. Gustavsson, 1980, Chromosome variability in the blue fox. Scientifur 4, 6-7. - 4850. Mäkinen, A., O. Lohi, M. Suvonen, 1982, Supernumerary chromosome in the chromosomally polymorphic blue fox, Alopex lagopus. Scientifur 6, 18-19. - 4851. Makino, S., J. Muramoto, T. Ishikawa, 1965, Notes on XX/XY mosaicism in cells of various tissues of heterosexual twins of cattle. Proc. Jap. ac. 41, 414-418. - 4852. Makoto, A. D., N. G. Buck, D. E. Light, L. L. Lethola, 1981, A note on the growth of beefalo crossbred calves in Botswana. Anim. prod. 33, 215-217. - 4853. Malcolm, J. R., R. J. Brooks, 1981, Eye lens weight and body size as criteria of age in beaver (Castor canadensis). Can. J. zool. 59, 1189-1192. - 4854. Malins, J., 1968, Clinical diabetes mellitus. Eyre u. Spottiswoode, Lond.. - 4855. Mallin, S. R., 1969, Congenital adrenal hyperplasia secondary to 17-hydroxylase deficiency. Ann. int. med. 70, 69-75. - 4856. Malone, G. W., J. R. Smyth, 1979, The influence of the E, Co and I loci on the expression of the silver (S) and gold (s+) alleles in the fowl. Poult. sci. 58, 489-497. - 4857. Malthus, R., D. G. Clark, C. Watts, J. G. T. Sneyd, 1980, Glycogen-storage disease in rats, a genetically determined deficiency of liver phosphorylase kinase. Bioch. J. 188, 99-106. - 4858. v. Maltitz, L., P. A. Basson, D. L. v. d. Merwe, 1969, Suspected hereditary spinal ataxia in cattle. J. S. Afr. vet. med. ass. 40, 33-36. - 4859. Mannuta, G., 1953, Sulla durata della vita utile del cavallo. Arch. vet. it. 4, 43-50. - 4860. Mandel, E. M., F. Shabtai, U. Gafter, B. Klein, I. Halbrecht, M. Djaldetti, 1977, Ph1-positive acute lymphocytic leukemia with chromosome 7 abnormalities. Blood 49, 281-287. - 4861. Mandel, I., 1979, Dental caries. Am. sci. 67, 680-688. - 4862. Mandeville, L. C., 1949, Congenital absence of permanent maxillary lateral incisor teeth. Ann. eugen. 15, 1-10. - 4863. Manes, C., 1979, Developmental considerations in the attempt to detect mutations in the mammalian genome. Genet. Suppl. 92, 135-138. - 4864. Maniglia, A. J., D. Wolff, A. J. Herques, 1970, Congenital deafness in 13-15 trisomy syndrome. Arch. otolar. 92, 181-188. - 4865. Manis, J., 1970, Active transport of iron by intestine. Nature 227, 385-386. -4866. Manktelow, B. W., W. J. Hartley, 1975, Generalized glycogen storage disease in sheep.J.comp.path.85,139-145. - 4867. Manlan,G.K.,K.E.Scott,1978,Contribution of twin pregnancy to perinatal mortality and fetal growth retardation. Can. med.ass.J.118,365-368. - 4868. Manley,G.A.,1975, Function of cochlear hair cells. Nature 255,657. - 4869. Mann,J.F.E.,W.Rascher,A.Schömig,R.Dietz, 1978, Inhibition of the renin-angiotensin-system in Brattleboro rats with hereditary hypothalamic diabetes insipidus. Klin.Wschr.56,67-70. - 4870. Manning, P.J.,1979, Thyroid gland and arterial lesions of Beagles with familial hypothyroidism and hyperlipoproteinemia. Am.J.vet.res.40,820-828. - 4871. Manueldis, E.E., E.J.Gorgacz, L.Manueldis, 1978, Transmission of Creutzfeldt-Jacob disease with scrapie-like syndromes to mice. Nature 271,778-779. - 4872. Manwell,C.,C.M.A.Baker,1975,Ammotragus lervia:Progehitor of the domesticated sheep or specialized offshoot of caprine evolution.Experientia 31,1370 — 1371. - 4873. Manz,D.,1973, Hypotrichosis cystica bei der Ratte. Kleintierprax. 17,211-212. - 4874. Marangu, J.P.,A.W.Nordskog,1974, The allograft reaction as an index of genetic diversity in inbred chickens. Theor.appl.gen.45,215 - 221. - 4875. Marasimhan,K.S.,B.G.Katpatal, M.Dharmarajan,1979,A note on intersexuality in a horned goat. Ind.J.anim.sci.49,859-860. - 4876. Marasini, B., M.Cicardi,G.C.Martignoni,A.Agostoni,1978, Treatment of hereditary angioedema. Klin.Wschr.56,819-823. - 4877. Marchalonis, J.L.,1977, Immunity in evolution. Harv.Univ.Press, Cambridge. - 4878. Marcum,J.B.,1970,Sex-chromosome chimerism in bovine freemartins. Dissert.abstr.B 30,3504-3505. - 4879. Marcum,J.B.,1974, The freemartin syndrome. Anim.breed.abstr.42,227-242. - 4880. Marcum,J.B.,J.F.Lasley,B.N.Day,1972, Variability of sex-chromosome chimerism in cattle from heterosexual multiple births. Cytogen.11, 388-399. - 4881. Marcus,R.E.,1968, Vestibular function and additional findings in Waardenburg's syndrome. Act.oto-laryng.Suppl.229,30 p. - 4882. Marcus, R.E.,1974,Cochlear and neural diseases. Ann.otol.83,304-311. - 4883. Mardesic, D., R.Crnojevic-Ivanusic, K.Lipovac, I.Simunic, G.Katona, 1979, Hereditary tyrosinemia. Act.med.iugosl.33,471-488. - 4884. Mares,S.E.,A.C.Menge, W.J.Tyler, L.E.Casida,1961, Variation in estrual cycles in Holstein-Friesian cattle. J.dairy sci.44,897-904. - 4885. Mares,S.E.,A.C.Menge,W.J.Tyler, L. E.Casida,1961, Genetic factors affecting conception rate and early pregnancy loss in Holstein cattle. J.dairy sci.44,96-103. - 4886. Margolis, F.L.,1965, Studies with the genetically determined rabbit atropinesterase. Dissert.abstr.26, 2452-2453. - 4887. Margolis, F., P.Feigelson,1964, Genetic expression and developmental studies with rabbit serum atropinesterase. Biochim.biophys.act. 90,117-125. - 4888. Marimo, B., F.Giannelli,1975, Gene dosage effect in human trisomy 16. Nature 256,204-206. - 4889. Marks,H.L.,1980,Water and feed intake of selected and nonselected broilers under ad libitum and restricted feeding regimes. Growth 44,205-219. - 4890. Marks, H.L., K.W.Washburn,1977, Divergent selection for yolk cholesterol in laying hens. Brit.poult.sci.18,179-188. - 4891. Marks, H.L., R.D.Wyatt,1979, Genetic resistance to aflatoxin in Japanese quail. Science 206,1329-1330. - 4892. Marks, J.L., W.M.Collins,A. C.Corbett,R.M.Zsigray,W.R.Dunlop,1979,Genetic nature of regression of Rous sarcoma virus-induced tumors in crosses of Regional poultry research laboratory lines 6 and 7. Poult.sci.58,502-508. - 4893. Marks,P.A.,1981,Genetically determined susceptibility to cancer. Blood 58,415-419. - 4894. Markson, L.M., R.B.Carnaghan,G.B.Young,1959, Familial cerebellar degeneration and atrophy - a sex-linked disease affecting Light Sussex pullets. J.comp.path. 69,223-230. - 4895. Marlowe,T.J.,1964, Evidence of selection for the Snorter dwarf gene in cattle. J.anim.sci.23,454-460. - 4896. Marolt,J., D.Peitel,1969, Melanoma malignum als Ursache einer falschen Bugbeule bei einem 15jährigen Schimmel. Dt.tierärztl.Wschr.76,262. - 4897. Marolt,J., Llijas, Z.Maticic,A.

Brkic,1978,(Clinical picture and radiographic findings in polydactylia in horses).Prax.vet.26,163-167. - 4898. Maron,R., I.R.Cohen,1979, Mutation at H-2K locus influences susceptibility to autoimmune thyroiditis. Nature 279,715-716. - 4899. Marple,D.N., R.G.Cassens,1973,A mechanism for stress-susceptibility in swine. J.anim.sci.37,546-550. - 4900. Marquez-Monter,H., S.K.de Alfaro,P.H.Jauregui,1974, Meiosis in the male mule.Patolog.12,239-244. - 4901. Marschang,F.,1980, Nochmals "Hyänenkrankheit" in Süddeutschland.Dt. tierärztl.Wschr. 87,383-384. - 4902. Marsh,R.F., J.S.Semancik,W.D.Lancaster,R.P.Hanson,1978,Evidence for an essential DNA component in the scrapie agent.Nature 275,146-147. - 4903. Marston,H.R., S.H.Allen,1967,Function of copper in the metabolism of iron. Nature 215,645-646. - 4904. Martig,J., W.H.Riser,F.Germann,1972,Deforming ankylosis of the coffin joint in calves. Vet.rec.91,307-310. - 4905. Martin,C.L.,1975,Scanning electron microscopic examination of selected canine iridocorneal angle abnormalities.J.A.A.H.A. 11,300-306. - 4906. Martin,D.W., B.A.Maler,1976,Phosphoribosylpyrophosphate synthetase is elevated in fibroblasts from patients with the Lesch-Nyhan syndrome.Science 193,408-411. - 4907. Martin,G.M.,1979,Genetic and evolutionary aspects of aging. Fed.proc.38,1962-1967. - 4908. Martin,N.G., L.J. Eaves,M.J.Kearsey,P.Davies,1978,The power of the classical twin study.Hered.40,97-116. - 4909. Martin,P.A., E.L.Shaver,1972,A fertile male rabbit with a minute Y chromosome.J.exp.zool.181,87-97. - 4910. Martin,R.D., R. M.May,1981, Outward signs of breeding. Nature 293,7-9. - 4911. Martin,R.H., F.J.Dill,J.R.Miller,1976, Non-disjunction in aging female mice.Cytogen.cell gen.17,150-160. - 4912. Martin,R.J., J.L.Gobble,T.H.Hartsock,H.P.Graves, J.H.Ziegler,1973,Characterization of an obese syndrome in the pig.Proc.soc. exp.biol.med.143,198-203. - 4913. Martin,S.E., V.J.Marder,C.W.Francis, G.H.Barlow,1981,Structural studies on the functional heterogeneity of v.Willebrand protein polymers.Blood 57,313-323. - 4914. Martin,S.W., C.W.Schwabe, C.E.Franti,1975,Dairy calf mortality rate.Can.J.comp.med.39,377-388. - 4915. Martin,S.W., K.L.Kirby, R.A.Curtis, 1978,A study of the role of genetic factors of left abomasal displacement.Can.J.comp.med.42,511-518. -4916. Martinek,Z., F.Horak,1972,Epilepsie als verhaltenswissenschaftliches Problem.Wiss.Z.Univ.Berl.MNR 21,441-443. - 4917. Martinek,Z., E.Dahme, 1977,Spontanepilepsie bei Hunden. Zbl.Vet.med.A 24,353-371. - 4918. Martinez,D.,1979,Histocompatibility-linked genetic control of susceptibility to age-dependent polioencephalomyelitis in mice.Inf.immun.23,45-48. - 4919. Marusi,A.,1981,(The intersexuality in the animals).V.congr.naz.ippol.,41-44. - 4920. Marusich,W.L., E.Schildknecht,E.F.Ogrinz,P.R.Brown,M.Mitovic, 1971,Effect of coccidiosis on pigmentation in broilers.Poult.sci.50,1603. - 4921. Marx,D., J.Klempp,K.Loeffler,S.Böhm,1975,Gynäkomastie bei einem Ziegenbock.Zuchthyg.10,125-134. - 4922. Marx,M.O., J.Melnyk,G.Persinger, S.Ohno,W.McGee,W.Kaufman,A.Pessin,R.Gillespie,1973,Cytogenetics of the superhorse.J.hered.64,95-98. - 4923. Marx,W.,1980,1/29-Chromosomen-Translokation beim Braunen Atlas-Rind.Berl.Münch.tierärztl.Wschr.93,264-266. - 4924. Mash,A.J., P.Grützner,J.P.Hegmann,B.E.Spivey,1974,Strabismus. In: Goldberg a.a.O.. - 4925. Masi,A.T., L.E.Shulman,1965,Familial aggregation and rheumatoid disease.Arth.rheum.8,418-425. - 4926. Mason,I.L., 1966,Hybrid vigour in beef cattle.Anim.breed.abstr.34,453-473. - 4927. Mason,K.V.,1976,Oestral behaviour in a bilaterally cryptorchid cat.Vet.rec.99, 296-297. - 4928. Mason,T.A.,1977,Cervical vertebral instability (wobbler syndrome) in the Doberman.Austr.vet.J.53,440-445. - 4929. Massin,M., E.Donald,1965,Contribution à l'étude des strabismes concomitants familiaux.Ann. ocul.198,323-338. - 4930. Mason,T.A.,1981,A high incidence of congenital angular limb deformities in a group of foals. Vet. rec. 109, 93-94. - 4931. Massip, A., A. Pondant, 1975, Facteurs associés à la morbidité et la mortalité chez les veaux. Ann. méd. vét. 119, 491-534. - 4932. Masuda, H., T. Takahashi, A. Soejima, Y. Waide, 1978, (Centric fusion of chromosomes in a Japanese Black bull and its offspring). J. zoot. sci. 49, 853-858. - 4933. Masuda, H., Y. Shioya, R. Fukuhara, 1980, (Robertsonian translocation in Japanese Black cattle). Jap. J. zoot. sci. 51, 26-32. - 4934. Mathai, C. K., S. Ohno, E. Beutler, 1966, Sex-linkage of the glucose-6-phosphate dehydrogenase gene in the family Equidae. Nature 210, 115-116. - 4935. Mathew, J., C. K. S. V. Raja, 1978, Investigation on the incidence of cryptorchidism in goats. Ker. J. vet. sci. 9, 47-52. - 4936. Mathews, H. T., 1947, On Johne's disease. Vet. rec. 59, 397-400. - 4937. Mathews, M. B., 1967, Chondroitin sulphate and collagen in inherited skeletal defects of chickens. Nature 213, 1255-1256. - 4938. Matousek, J., 1979, Immunogenetic systems in the reproduction of livestock animals. Proc. XVI. int. conf. anim. bld. grps. bioch. polym. I, 3-53. - 4939. Matsumoto, K., Y. Tsutsumi, 1954, Albino calves found in the Holstein-Friesian breed in Japan, with notes on the hair structure. Jap. J. zoot. sci. 25, 151-154. - 4940. Matsunaga, E., 1962, The dimorphism in human normal cerumen. Ann. hum. gen. 25, 273-286. - 4941. Matsunaga, E., 1978, Hereditary retinoblastoma. Am. J. hum. gen. 30, 406-424. - 4942. Mattei, J. F., F. Giraud, 1974, La femme: une mosaique physiologique (Théorie de Mary Lyon). Mars. méd. 111, 39-46. - 4943. Mattevi, M. S., F. M. Salzano, 1975, Senescence and human chromosome changes. Humangen. 27, 1-8. - 4944. Mauderer, H., 1940, Abrachie und Torticollis, Letalfaktoren in der Pferdezucht. Dissert. Hannover. - 4945. Maudlin, I., L. R. Fraser, 1978, Maternal age and the incidence of aneuploidy in first cleavage mouse embryos. J. repr. fert. 54, 423-426. - 4946. Maugh, T. H., 1975, Diabetes. Science 188, 347-351. - 4947. Mauldin, J. M., 1978, Genetics, behaviour, and disease resistance in chickens. Dissert. abstr. B 39, 1558. - 4948. Mauldin, J. M., P. B. Siegel, W. B. Gross, 1978, Dwarfism in diverse genetic backgrounds. Poult. sci. 57, 1488-1492. - 4949. Mauldin, J. M., P. B. Siegel, 1979, "Fear", head shaking and production in five populations of caged chickens. Brit. poult. sci. 20, 39-44. - 4950. Mauldin, J. M., P. B. Siegel, W. B. Gross, 1979, Interfacing genetics, behavior and husbandry in White Leghorns presented with E. coli challenge. Appl. anim. ethol. 5, 347-359. - 4951. Mauldin, J. M., F. A. Marsteller, W. Gross, P. B. Siegel, 1981, The relationship between the dwarfing gene and E. coli infection in two populations of chickens. J. hered. 72, 125-126. - 4952. Maund, B. A., S. J. Duffell, C. E. Winkler, 1980, Lamb mortality in relation to prolificacy. Exp. husb. 36, 99-111. - 4953. Mawson, S. R., 1974, Diseases of the ear. E. Arnold, Lond.. - 4954. Maxson, S. C., B. E. Ginsburg, A. Trattner, 1979, Interaction of y-chromosomal and autosomal gene(s) in the development of intermale aggression in mice. Behav. gen. 9, 219-226. - 4955. Maxwell, C. V., R. P. Wettemann, L. E. Walters, 1976, Plasma CPK as an indicator of stress susceptibility in swine. Anim. sci. res. rep. agr. stn. Oklah., 97-101. - 4956. Maxwell, J. D., J. A. Boyle, W. R. Greig, W. W. Buchanan, 1969, Plasma corticosteroids in healthy twin pairs. J. med. gen. 6, 294-297. - 4957. May, D., K. B. Simpson, 1975, Reproduction in the rabbit. Anim. breed. abstr. 43, 253-261. - 4958. May, D., M. F. W. Festing, W. L. Ford, M. E. Smith, 1977, More on the nude rat. Rat newsl. 2, 14-16. - 4959. Mayer, A., F. Lilly, M. L. Duran-Reynals, 1980, Genetically dominant resistance in mice to 3-methylcholanthren-induced lymphoma. Proc. nat. ac. sci. 77, 2960 - 2963. - 4960. Mayer, G. P., C. F. Ramberg, D. S. Kronfeld, R. M. Buckle, C. M. Sherwood, G. D. Aurbach, J. T. Potts, 1969, Plasma parathyroid hormone concentration in hypocalcemic parturient cows. Am. J. vet. res. 30, 1587-1597. - 4961. Mayer, T. C., 1970, A comparison of pigment cell development in albino, steel, and dominant-spotting mutant mouse embryos. Devel. biol. 23, 297-309. - 4962. Mayer,T.C.,E.L.Maltby,1964,An experimental investigation of pattern development in lethal spotting and belted mouse embryos.Dev.biol.9,260-286.-4963. Mayer,T.C.,J.L.Fishbane,1972,Mesoderm-ectoderm interaction in the production of the agouti pigmentation pattern in mice.Genet.71,297-303.- 4964. Mayer,T.C.,N.J.Kleiman,M.C.Green,1976,Depilated (dep),a mutant gene that affects the coat of the mouse and acts in the epidermis.Genet.84,59-65.- 4965. Mayer,T.C.,C.K.Miller,M.C.Green,1977,Site of action of the crinkled (cr) locus in the mouse.Dev.biol.55,397-401. - 4966. Mayes,J.S.,R.G.Hansen, P.W.Gregory,W.S.Tyler,1964,Mucopolysaccharide excretion in dwarf and normal cattle.J.anim.sci.23,833-837.- 4967. Mayhew,I.G.,A.G.Watson,J.A.Heissan,1978,Congenital occipitoatlantoaxial malformations in the horse.Equ.vet. J.10,103-113. - 4968. Mayo,G.M.E.,L.J.Mulhearn,1969,Inheritance of congenital goitre due to a thyroid defect in Merino sheep.Austr.J.agr.res.20, 533-547. - 4969. Mayr,B.,1977,Nachweis einer Robertsonschen Translokation im österreichischen Fleckvieh.Wien.tierärztl.Mschr.64,186-187.- 4970. Mayr,B.,H.Themsessel,F.Wöckl,W.Schleger,1979,Reziproke Translokation 60,XY,t(10;11)(41;14) beim Rind.Z.Tierz.Zücht.biol.96,44-47.- 4971. Mayr, B.,G.Hofecker,E.Zach,E.Pilz,H.Themessl,F.Wöckl,K.Leitner,W.Schleger, 1979,Dominanter Erbgang von Lippenkiefergaumenspalten beim Rind.Züchtungsk. 51,192-195.- 4972. Mayr,B.,E.Kopp,W.Schleger,1980,Nachweis einer Robertsonschen Translokation 1/29 im österreichischen Grauvieh.Wien.tierärztl. Mschr.67,292-294.- 4973. Mayr,E.,1967,Artbegriff und Evolution.P.Parey, Hbg,Berl.. - 4974. Mayr,W.R.,V.Pausch,W.Schnedl,1979,Human chimaera detectable only by investigation of her progeny.Nature 277,210-211.- 4975. Mayrhofer,G.,R.Scheiber,G.Granig,J.Raffel,G.Schlerka,1976,Statistische Untersuchungen über einige Blutwerte beim Rind.Wien.tierärztl.Mschr.63, 344-352.- 4976. Mazanowski,A.,1970,An attempt to breed albino quail.Genet. pol.10,203-206. - 4977. Mazzoleni,A.,L.Reiner,F.L.Rodriguez,R.Freudenthal,1964,The weight of the human heart.Arch.path.77,205-217.- 4978. McBride,J.A.,M.J.King,A.G.Baikie,G.P.Crean,W.Sirms,1963,Ankylosing spondylitis and chronic inflammatory diseases of the intestines.Brit.med.J.2, 483-486.- 4979. McBride,M.L.,1979,Sib risks of anencephaly and spina bifida in British Columbia.Am.J.med.gen.3,377-387. - 4980. McBride,R.A.,D. H.Watanabe,L.W.Schierman,1978,Role of B cells in the expression of genetic resistance to growth of Rous sarcoma in the chicken.Eur.J.immunol.8, 147-149.- 4981. McCaig,J.,1975,Recent thoughts on sweet itch.Vet.ann.15, 204-206.- 4982. McCann,L.P.,1974,The battle of bull runts.L.P.McCann,Columbus,Ohio. - 4983. McCarrey,J.R.,U.K.Abbott,D.R.Benson,R.S.Riggins, 1981,Genetics of scoliosis in chickens. J.hered.72,6-10.- 4984. McCaw,B.K., S.A.Latt,1977,X-chromosome replication in parthogenic benign ovarian teratomas.Hum.gen.38,253-264.- 4985. McClearn,G.E.,J.C.Defries,1973,Introduction to behavioral genetics.W.H.Freeman u.Co.,San Franc..- 4986. McClelland,T.H.,1975,About sheep breeding,speeding up the creation of new breeds.Ref.Anim.breed.abstr.43,342-343.- 4987. McClain,C.,C.Soutor,L. Zieve,1980,Zinc deficiency: a complication of Crohn's disease.Gastroenter. 78,272-279.- 4988. McClearn,G.E.,1979,Influence of genetic variables on means,variances and covariances in behavioural responses to toxicological and pharmacological substances.J.tox.envir,hlth.5,145-156. - 4989. McClintock, A.E.,J.A.O'Neil,1974,A possible case of inherited abnormalities in the central nervous system of calves by an AI sire.Vet.rec.94,382-383.- 4990. McConnell,R.B.,1966,The genetics of gastro-intestinal disorders.Oxf.Univ.Pr.- 4991. McCosker,P.J.,1961,Paraphenylenediamine oxidase activity and copper levels in mammalian plasmas.Nature 190,887-889.- 4992. McCubbins,R.,1962,

Rat eye color. Proc. Okl. ac. sci. 43, 137-140. - 4993. McCulloch, E. A., L. Siminovitch, J. Till, 1964, Spleen-colony formation in anemic mice of genotype WW^V. Science 144, 844-846. - 4994. McCulloch, E. A., L. Siminovitch, J. E. Till, E. S. Russell, S. Bernstein, 1965, The cellular basis of the genetically determined hemopoietic defect in anaemic mice of genotype Sl/Sld. Blood 26, 399-410. - 4995. McCumber, L. J., 1979, Interspecies amino acid sequence homology among IgH immunoglobulins. Fed. proc. 38, 1005. - 4996. McDaniel, B. T., B. G. Cassell, 1980, Effects of embryo transfer on genetic change in dairy cattle. J. dairy sci. 64, 2484-2492. - 4997. McDermid, E. M., 1965, The effect of blood group genotypes of the B system on the performance of hybrid chickens. Proc. 9th Eur. anim. bld. grp. conf., 173-178. - 4998. McDevitt, H. O., M. Landy, 1972, Genetic control of immune responsiveness. Ac. Press, N. Y. - 4999. McDonald, I., J. J. Robinson, C. Fraser, 1981, Studies on reproduction in prolific ewes. J. agr. sci. 96, 187-194. - 5000. McDonald, L. E., 1975, Veterinary endocrinology and reproduction. Lea u. Febiger, Philadelph. - 5001. McDougall, J. K., 1971, Adenovirus induced chromosome aberrations in human cells. J. gen. virol. 12, 43-51. - 5002. McFayean, J., 1933, Equine melanomatosis. J. comp. path. 46, 186-204. - 5003. McFee, A. E., M. W. Banner, J. M. Rary, 1966, Variation in chromosome number among European wild pigs. Cytogen. 5, 75-81. - 5004. McFee, A. F., M. Knight, M. W. Banner, 1966, An intersex pig with XX/XY leucocyte mosaicism. Can. J. gen. cyt. 8, 502-505. - 5005. McFee, A. F., M. W. Banner, 1969, Inheritance of chromosome number in swine. J. repr. fert. 18, 9-14. - 5006. McFeely, R. A., 1966, A direct method for the display of chromosomes from early pig embryos. J. repr. fert. 11, 161-163. - 5007. McFeely, R. A., 1967, Chromosome abnormalities in early embryos of the pig. J. repr. fert. 13, 579-581. - 5008. McFeely, R. A., 1975, A review of cytogenetics in equine reproduction. J. repr. fert. Suppl. 23, 371 - 374. - 5009. McGary, T. J., 1979, Bovine serum and colostral immunoglobulins. Dissert. abstr. 39, 4729-4730. - 5010. McGavin, M. D., R. R. Gronwall, C. E. Cornelius, A. S. Mia, 1972, Renal radial fibrosis in mutant Southdown sheep with congenital hyperbilirubinemia. Am. J. path. 67, 601-612. - 5011. McGavin, M. D., H. W. Leipold, 1975, Attempted surgical correction of equine polydactylism. J. A. V. M. A. 166, 63-64. - 5012. McGeady, T. A., E. Fitzpatrick, 1978, Anatomical, histological and cytogenetic studies on an intersex goat. Ir. vet. J. 32, 191-195. - 5013. McGeown, M. G., 1975, The parathyroid glands. In: Montgomery u. Welbourn, a. a. O. - 5014. McGibbon, W. H., 1973, Crazy-a nervous disorder in Ancona chicks. J. hered. 64, 91-94. - 5015. McGibbon, W. H., 1973, Floor laying, a genetic trait in the fowl. Genetics 74, 167. - 5016. McGibbon, W. H., 1973, A third Donald Duck beak anomaly in the fowl. J. hered. 64, 46-47. - 5017. McGibbon, W. H., 1974, Pirouette: a behavioral mutant in the domestic fowl. J. hered. 65, 124-126. -5018. McGibbon, W. H., 1979, Green shanks and adult mortality in chickens. J. hered. 70, 44-46. - 5019. McGibbon, W. H., R. M. A. Shackelford, 1972, A multiple semilethal trait in fowl. J. hered. 63, 209-211. - 5020. McGiff, J., C. P. Quilley, 1981, The rat with spontaneous genetic hypertension is not a suitable model of human essential hypertension. Circ. res. 48, 455-463. - 5021. McGloughlin, P., 1975, Relationship between heterozygosity and heterosis. Res. rep. Dunsinea, 54-55. - 5022. McGloughlin, P., 1980, The relationship between heterozygosity and heterosis in reproduction traits in mice. Anim. prod. 30, 69-77. - 5023. McGloughlin, P., 1980, Genetic aspects of pigmeat quality. Pig news inf. 1, 5-9. - 5024. McGloughlin, P., C. P. Ahern, J. V. McLoughlin, 1979, Halothane sensitivity and meat quality in Irish pigs. Res. rep. Dunsinea agr. inst., 69. - 5025. McGloughlin, P., C. P. Ahern, J. V. McLoughlin, 1979, Halothane sensitivity and pH testing in Irish pigs. Act. agr. scand. Suppl. 21, 451-456. - 5026. McGovern, P. T., 1969, Goat and sheep hybrids. Anim. breed. abstr. 37, 1-11. - 5027. McGovern, P. T., 1973, The effect of maternal immunity on the survival of goat x sheep hybrid embryos. J. repr. fert. 34, 215-220. - 5028. McGovern, P. T., The barriers to interspecific hybridization in domestic and laboratory mammals. Brit. vet. J. 131, 651-706. - 5029. McGrath, J. M., 1980, The T/t complex in the mouse: male sterility and transmission ratio distortion. Dissert. abstr. B 41, 1614. - 5030. McGrath, J., N. Hillman, 1980, Sterility in mutant (tlx/tly) male mice. J. embr. exp. morph. 59, 49-58. - 5031. McGrath, J. T., 1965, Spinal dysraphism in the dog with comments on syringomyelia. Path. vet. 2, Suppl., 36 p. - 5032. McGuire, T. C., M. J. Poppie, 1973, Hypogammaglobulinemia and thymic hypoplasia in horses. Inf. immunol. 8, 272-277. - 5033. McGuire, T. C., M. J. Poppie, K. L. Banks, 1974, Combined (B- and T-lymphocyte) immunodeficiency: a fatal genetic disease of Arabian foals. J. A. V. M. A. 164, 70-76. - 5034. McGuire, T. C., K. L. Banks, M. J. Poppie, 1975, Immunodeficiency disorders of foals. Proc. 1. int. symp. equ. haem. 190-196. - 5035. McGuire, T. C., K. L. Banks, W. C. Davis, 1976, Alterations of the thymus and other lymphoid tissue in young horses with combined immunodeficiency. Am. J. path. 84, 39-49. - 5036. McGuirk, B. J., B. F. Short, 1967, The "Lustre" mutation in Merino sheep. Austr. J. exp. agr. anim. husb. 7, 296-303. - 5037. McGuirk, B. J., K. D. Atkins, E. Kowal, K. Thornberry, 1978, Breeding for resistance to fleece rot and body strike-the Trangie programme. Wool tech. shp. breed. 26, 17-24. - 5038. McGuirk, B. J., M. E. Bourke, J. Manwaring, 1978, Hybrid vigour and lamb production. Austr. J. exp. agr. anim. husb. 13, 753-756. - 5039. McGuirk, B. J., K. D. Atkins, 1980, Indirect selection for increased resistance fo fleece rot and body strike. Proc. Austr. soc. anim. prod. 13, 92-95. - 5040. McIntosh, G. H., 1978, Urolithiasis in animals. Austr. vet. J. 54, 261-271. - 5041. McIntosh, J. T., F. R. M. Cockrem, 1977, Genetics of susceptibility to bloat in cattle. N. Z. J. agr. res. 20, 263-268. - 5042. McIntosh, W. B., 1956, Linkage in Peromyscus and sequential tests for independent assortment. Contr. lab. vert. biol. Univ. Michigan 73, 1-27. - 5043. McKay, R. D. G., 1973, The mechanism of G-and C banding in mammalian metaphase chromosomes. Chromosoma 44, 1-14. - 5044. McKeever, S., 1959, Effects of reproductive activity on the weight of adrenal glands in Microtus montanus. Anat. rec. 135, 1-5. - 5045. McKeown, T., R. G. Record, 1951, Seasonal incidence of congenital malformations of central nervous system. Lancet 1, 192-196. - 5046. McKinney, B., 1974, Pathology of the cardiomyopathies. Butterworth, Lond. - 5047. McKusick, V. A., 1960, Genetics and the nature of hypertension. Circul. 22, 857-863. - 5048. McKusick, V. A., 1964, Metaphyseal dysostosis and thin hair. Lancet, 832. - 5049. McKusick, V. A., 1972, Heritable disorders of connective tissue. Mosby, St. Louis. -5050. McKusick, V. A., T. E. Kelly, J. P. Dorst, 1973, Observations suggesting allelism of the achondroplasia and hypochondroplasia genes. J. med. gen. 10, 11-16. -5051. McKusick, V. A., F. H. Ruddle, 1977, The status of the gene map of the human chromosomes. Science 196, 390-405. - 5052. McLaren, A., 1972, Germ cell differentiation in artificial chimaeras of mice. Proc. int. symp. gen. spermat., 313-323. - 5053. McLaren, A., 1975, Sex chimerism and germ cell distribution in a series of chimaeric mice. J. embr. exp. morph. 33, 205-216. - 5054. McLaren, A., 1975, The independence of germ-cell genotype from somatic influence in chimaeric mice. Gen. res. 25, 83-87. - 5055. McLaren, A., 1976, Mammalian chimaeras. Cambridge Univ. Press. - 5056. McLaren, A., 1976, Genetics of the early mouse embryo. Ann. rev. gen. 10, 361-388. - 5057. McLaren, A., I. k. Gauld, P. Bowman, 1973, Comparison between mice chimaeric and heterozygous for the x-linked gene tabby. Nature 241, 180-183. - 5058. McLaren, A., M. Monk, 1981, X-chromosome activity in the germ cells of sex-reversed mouse embryos. J. repr. fert. 63, 533-537. - 5059. McLaren, A., M. Monk, 1982, Evidence for a female Sxr carrier. Mouse Newsl. 67, 26. - 5060. McLaughlin, B. G., C. E. Doige,

P.B. Fretz, J.W. Pharr, 1981, Carpal bone lesions associated with angular limb deformities in foals. J.A.V.M.A. 178, 224-230. - 5061. McLaughlin, B.G., C.E. Doige, 1981, Congenital musculoskeletal lesions and hyperplastic goitre in foals. Can. vet. J. 22, 130-133. - 5062. McLean, C.W., 1966, Observations on laminitis in intensive beef units. Vet. rec. 78, 223-231. - 5063. McLeod, A.C., F.E. McConnell, A. Sweeney, 1971, Clinical variation in Usher's syndrome. Arch. otolaryng. 34, 321-334. - 5064. McLoughlin, J.V., 1977, Malignant hyperthermia in the pig. Vet. sci. comm. 1, 153-160. - 5065. McNeil, L.W., J.F. Daniell, M.H. Russell, D. Rabin, 1981, Isolated growth hormone deficiency, ovarian dysgenesis and Turner stigmata with normal chromosomal complement. Act. endocr. 98, 95-98. - 5066. McPhee, C.P., L. Laws, 1976, An analysis of leg abnormalities of boars in the Queensland performance testing station. Austr. vet. J. 52, 123-125. - 5067. McPhee, C.P., A. Takken, K.J. D'Arcy, 1979, Genetic variation in meat quality and the incidence of malignant hyperthermia syndrome in Large White and Landrace boars. Austr. J. exp. agr. an. husb. 19, 43-47. - 5068. McPherson, E.A., I.S. Beattie, J.B. Young, 1964, An inherited defect in Friesian calves. Rep. 3rd. int. meet. dis. cattle, 533-540. - 5069. McSharry, J.J., R.J. Pickering, L.A. Caliguri, 1979, Requirement for early complement components in the inhibition of VSV infectivity. Fed. proc. 38, 1010. - 5070. McSporran, K.D., E.D. Fielden, 1979, Studies on dystocia in sheep. N.Z.J. agr. 27, 75-78. - 5071. McTaggart, H.S., 1972, Lymphosarcoma (leukosis) of young pigs. Proc. 2nd. int. cong. pig vet. soc., 105. - 5072. McTaggart, H.S., K.W. Head, A.H. Lanig, 1971, Evidence for a genetic factor in the transmission of spontaneous lymphosarcoma (leukaemia) of young pigs. Nature 232, 557-558. - 5073. McTaggart, H.S., A.H. Laing, P. Imlah, K.W. Head, S.E. Brownlie, 1979, The genetics of hereditary lymphosarcoma of pigs. Vet. rec. 105, 36. - 5074. McWhirter, D.W., P.L. Dalby, J. H. Asher, 1974, A new mutant in the yellow-bellied cotton rat. J. hered. 65, 316-319. - 5075. McWhirter, K., 1969, XYY chromosome and criminal acts. Science 164, 1117. - 5076. Meachim, G., O. Illman, 1967, Articular cartilage degeneration in hamsters and in pigs. Z. Versuchtierk. 9, 33-46. - 5077. Meadows, G.E., J.L. Lush, 1957, Twinning in dairy cattle and its relation to production. J. dairy sci. 40, 1430-1436. - 5078. Mears, J.G., C. Beldjord, M. Benabadij, Y.A. Belghiti, M.A. Baddon, D. Labie, R.L. Nagel, 1981, The sickle gene polymorphism in North Africa. Blood 58, 599-601. - 5079. Mechling, E.A., R.C. Carter, 1964, Selection for twinning in a grade Aberdeen Angus herd. J. hered. 55, 73-75. - 5080. Mechling, E.A., R.C. Carter, 1969, Genetics of multiple births in sheep. J. hered. 60, 261-266. - 5081. Medeiros-Neto, G.A., M. Knobel, M.D. Bronstein, J. Simonetti, F.F. Filho, E. Mattar, 1979, Impaired cyclic-AMP response to thyrotrophin in congenital hypothyroidism with thyroglobulin deficiency. Act. endocr. 92, 62-72. - 5082. Medina, M., S. Kofman-Alfaro, G. Perez-Palacios, 1982, 46, XX gonadal absence. Act. endocr. 99, 585-587. - 5083. Meens, M.H.C., J.B. Litjens, 1978, (Degeneration of the head of the femur in poultry). Tijds. diergeneesk. 103, 907-909. - 5084. Mehner, A., U. Koetter, 1965, Dichte und Gruppierung der Haarfollikel in der Haut des Angorakaninchens. Z. Tierz. Zücht. biol. 81, 241-259. - 5085. Mehnert, H., 1980, Diabetes mellitus 1980. Dt. med. Wschr. 105, 1665-1667. - 5086. Meiburg, D.E., 1975, Effect of ACTH on glucocorticoids in stress-susceptible and stress-resistant pigs. Mich. agr. exp. stn. res. rep. 289, 116. - 5087. Meier, H., 1963, Experimental pharmacogenetics. Ac. Press, N.Y.. - 5088. Meier, H., 1969, Muscular dystrophy, a hereditary disorder in mice. Proc. int. congr. neur. gen., neur. ophth. I, 72-78. - 5089. Meier, H., G. Yerganian, 1959, Spontaneous hereditary diabetes mellitus in Chinese hamsters. Proc. soc. exp. biol. med. 100, 810-815. - 5090. Meier, H., D.D. Myers, R.J. Huebner, 1969, Genetic control by the hr-locus of susceptibility and resistance to leukemia. Proc.

nat.ac.sci. 63, 759-766. - **5091.** Meier, H., C. K. Chai, 1970, Spastic, an hereditary neurological mutation in the mouse charcterized by vertebral arthropathy and leptomeningeal formation. Exp. med. surg. 28, 24-38. - **5092.** Meier, H., J. L. Southard, 1970, Muscular dystrophy in the mouse caused by an allele at the dy-locus. Life sci. II, 9, 137.-144. - **5093.** Meier, H., A. D. Macpike, 1973, Pleiotropic gene effects on muscle ultrastructure of normal and dystrophic mice. Exp. neur. 40, 258-262. - **5094.** Meier, H., A. D. MacPike, 1977, Myopathies caused by three mutations of the mouse. J. hered. 68, 383-385. - **5095.** Meijer, W. C., 1962, Verkregen en aangeboren depigmentaties bij de huisdieren gezien in het licht van de recente stand der humane dermatologie. Tijds. diergeneesk. 87, 1305-1320. - **5096.** Meijer, W. C., 1966, Pigmentverlust des Integumentes und die dermatologische Diagnose bei der Beurteilung von Pferden und Rindern. Dt. tierärztl. Wschr. 73, 85-88. - **5097.** Meijering, A., 1980, Predictability of levels of calving difficulties and stillbirths in heifers from calving data from older cows. 31. EVZ-Jahrestagg., C5, 6. - **5098.** Meinecke, C. F., J. K. Skeeles, E. L. Stephenson, T. S. Nelson, 1980, An inherited problem with tibial dyschondroplasia. Av. dis. 24, 517-519. - **5099.** Meischke, H. R., W. R. Ramsay, F. D. Shaw, 1974, The effect of horns on bruising in cattle. Austr. vet. J. 50, 432-434. - **5100.** Meissner, M., 1924, Die Schilddrüse beim Zwerghund. Z. Anat. Entw. gesch. 70, 598-600. - **5101.** Meistrich, M. L., S. Lake, L. L. Steinmetz, B. L. Gledhill, 1978, Increased variability in nuclear DNA content of testis cells and spermatozoa from mice irregular meiotic sgregation. Mut. res. 49, 397-405. - **5102.** Melander, Y., E. Hansen-Melander, L. Holm, B. Somlev, 1971, Seven swine intersexes with XX chromosome constitution. Hereditas 69, 51-57. - **5103.** Melhorn, I., P. Rittenbach, W. Seffner, 1970, Kongenitale Muskelhypoplasie bei Saugferkeln. Mh. Vet. med. 25, 781-784. - **5104.** Mellin, G. W., 1966, A prospective epidemiological study of prenatal influences on fetal development and survival. In: Chipman u. Mit. a. a. O., - **5105.** Mellor, D. J., 1969, Chorionic fusion and the occurrence of free-martins. Brit. vet. J. 125, 442-444. - **5106.** Melnick, T. Jaskoll, H. C. Slavkin, 1981, Corticosteroid-induced cleft palate in mice and H-2 hyplotype. Immunogen. 13, 443-450. - **5107.** Melrose, D. R., 1967, Beinschwäche bei Schweinen. Der Tierz. 19, 322. - **5108.** Melvin, D. M., M. M. Brooke, 1962, Parasitologic surveys on Indian reservations in Montana, South Dakota, N. Mexico, Arizona and Wisconsin. Am. J. trop. med. hyg. 11, 765-772. - **5109.** Melvold, R., 1971, Spontaneous somatic reversion in mice. Mut. res. 12, 171-174. - **5110.** Melvold, R. W., 1974, The effects of mutant p-alleles in the reproductive system in mice. Gen. res. 23, 319-325. - **5111.** Mende, I., 1925, Über eine Familie hereditär degenerativer Taubstummer mit mongoloidem Einschlag und teilweisem Leukismus der Haut und Haare. Arch. Kinderhlk. 79, 214-222. - **5112.** Menge, A., 1969, Early embryo mortality in heifers isoimmunized with semen and conceptus. J. repr. fert. 18, 67-74. - **5113.** Menge, A. C., S. E. Mares, W. J. Tyler, L. E. Casida, 1962, Variation and association among postpartum reproduction and production characteristics in Holstein-Friesian cattle. J. dairy sci. 45, 233-241. - **5114.** Mengel, C. E., E. Frei, R. Nachman, 1972, Hematology. Year bk. med. publ., Chikago. - **5115.** Menissier, F., 1974, Hypertrophie musculaire d'origine génétique chez les bovins. 1. wld. congr. gen. appl. livest., 85-107. - **5116.** Menne, F., H. J. Otte, M. Krüger, D. Winterhoff, 1979, Screening der Neugeborenen von 1977 des Landes Westfalen-Lippe auf Phenyketonurie, Histidinämie, Homozystinurie und Ahornsirupkrankheit. Münch. med. Wschr. 121, 833-834. - **5117.** Mennerich, A., 1977, Eine Analyse der Abgangsursachen von Kühen aus der Milchleistungsprüfung. Inf. tagg. Rechenz. Verden, 9. 2. 77. - **5118.** Mentzer, W. C., R. Warner, J. Addiego, B. Smith, T. Walter, 1980, G6PD San Francisco. Blood 55, 195-198. - **5119.** Menzel, K., U. Zimmermann, B. Töpke, 1979, Untersuchungen zur Morbidität des Rh-bedingten Morbus haemolyticus neonatorum in den Bezirken Erfurt und Suhl nach Einführung der Anti-D-Prophylaxe. Wiss. Z. Humb. Univ. Berlin MNR 28, 442-443. - 5120. Menzies, J. I., 1957, Gene-controlled sterility in the African mouse (Mastomys). Nature 179, 1142. - 5121. Meo, C., 1980, HLA und Krankheit. Münch. med. Wschr. 122, 1398-1399. - 5122. Mérat, P., 1964, Effet maternel sur le taux d'éclosion lié au gène "blanc récessif" chez la poule. Ann. biol. anim. bioch. biophys. 4, 99 - 100. - 5123. Mérat, P., 1969, Données complémentaires sur des anomalies de ségrégation au locus R chez la poule lorsque le père est hétérozygote. Ann. gén. sél. anim. 1, 227-235. - 5124. Mérat, P., 1969, Etude d'un gène de nanisme lié au sexe chez la poule. Ann. gén. sél. anim. 1, 19-26. - 5125. Mérat, P., 1970, Paramètres biométriques et effets maternels associés à un gène de nanisme chez la poule. XIV wld. poult. congr., 283-287. - 5126. Mérat, P., 1970, Proportions mendéliennes anomales limitées a un sexe chez la poule. Ann. gén. sél. anim. 2, 139-144. - 5127. Mérat, P., 1973, Différences de mortalité embryonnaire ou post-embryonnaire associées à certains gènes connus chez la poule. Ann. gén. sél. anim. 5, 39-51. - 5128. Mérat, P., F. H. Ricard, 1974, Etude d'un gène de nanisme lié au sexe chez la poule. Ann. gén. sél. anim. 6, 211-217. - 5129. Mérat, P., A. Bordas, 1974, Consommation alimentaire d'animaux à plumage réduit (gène Na) ou normal en présence ou en l'absence du gène de nanisme dw. Ann. gén. sél. anim. 6, 17-27. - 5130. Mérat, P., A. Bordas, J. Lefebre, 1975, Effets associés aux gènes dw (nanisme) et Na ("cou nu") chez la poule sur la production d'oeufs et la consommation alimentaire à deux températures. Ann. gén. sél. an. 6, 331-343. - 5131. Mérat, P., M. Stupfel, G. Coquerelle, A. Perramon, 1978, Sex-linked dwarf gene and chick survival to acute hypoxia. Ann. gén. sél. anim. 10, 525-531. - 5132. Mérat, P., A. Bordas, F. Jonon, A. Ferramon, 1981, Effets quantitatifs associés au gène albinos lié au sexe chez la caille japonaise. Ann. gén. sél. anim. 13, 75-92. - 5133. Meredith, F. J., R. L. Walford, 1979, Autoimmunity, histocompatibility, and ageing. Mech. ag. dev. 9, 61-77. - 5134. Merin, S., 1974, Congenital cataracts. In: Goldberg a. a. O. . - 5135. Merkow, L., M. Pardo, S. M. Epstein, E. Verney, H. Sidransky, 1968, Lysosomal stability during phagocytosis of Aspergillus flavus spores by alveolar macrophages of cortisone-treated mice. Science 160, 79-81. - 5136. Merritt, A. M., W. H. Riser, 1968, Laminitis of possible hereditary origin in Jersey cattle. J. A. V. M. A. 153, 1074-1084. - 5137. Merryman, C. F., P. H. Maurer, J. H. Stimpfling, 1975, Unigenic and multigenic I gene control of the immune responses of mice to the GAT10 and GLø-GLT terpolymers. Immunogen. 2, 441-448. - 5138. Mertz, D. P., 1978, Gicht. G. Thieme, Stuttgart. - 5139. Merwe, L. v. d., 1979, Field experience with heartwater (Cowdria ruminatium) in cattle. J. S. Afr. vet. ass. 50, 323-325. - 5140. Messinis, I. E., S. J. Nillius, 1981, 46, XY male pseudohermaphroditism due to early foetal testicular dysgenesis. Act. endocr. 98, 308-311. - 5141. Metaxotou, C., A. Kalpini-Mavrou, 1977, Ring chromosome 9, 46, XY, r(9) in a male with ambiguous external genitalia. Hum. gen. 37, 351-354. - 5142. Metenier, L., M. A. Driancourt, E. P. Cribiu, 1979, An XO chromosome constitution in a sterile mare (Equus caballus). Ann. gén. sél. anim. 11, 161-163. - 5143. Metrakos, J. D., K. Metrakos, 1966, Childhood epilepsy of cortical "centrencephalic" origin. Clin. ped. 5, 536-542. - 5144. Meurier, C., 1972, Comportement des femelles dw en testage à la station de Ploufragan vis-à-vis de la maladie de Marek. Ann. gén. sél. anim. 4, 229-231. - 5145. Meurier, C., P. Mérat, 1972, Résistance de certains génotypes à la maladie de Marek chez la poule. II. Ann. gén. sél. anim. 4, 41-43. - 5146. Meurier, C., M. Mével, G. Bénnéjean, 1972, Résistance de certains génotypes à la maladie de Marek chez la poule. I. Ann. gén. sél. anim. 4, 35-39. - 5147. Meurier, C., M. Mevel, G. Bennejean, G. Hubert, M. Guittet, J. P. Picault, 1973, Résistance à la maladie de Marek chez la poule. Bull. inf. stn. exp. Ploufr. 13, 96-116. -

5148. Meurier, C., G. Bennejean, M. Mevel, G. Hubert, M. Guittet, J. P. Picault, N. Fourre, 1973, Résistance à la maladie de Marek et à la coccidiose chez la poule. Bull. inf. stn. exp. avic. Ploufr. 13, 119-120. - 5149. Mevorah, B., E. Frenk, G. Pescia, 1978, Ichthyosis vulgaris showing features of the autosomal dominant and the x-linked recessive variants in the same family. Clin. gen. 13, 462-470. - 5150. Mey, G. J. W. v. d., A. Helder, S. W. J. v. Dieten, 1978, Calving difficulties and perinatal mortality in four daughter groups of MRY bulls. Livest. prod. 5, 405-413. - 5151. Mey, G. J. H. v. d., H. Bos, 1980, (Genetics and latent defects in animals). Tijds. diergeneesk. 105, 792-795. - 5152. v. d. Mey, J. W., E. F. Kleyn, C. C. v. d. Watering, 1967, (An investigation into the hereditary tendency for navicular disease in the horses). Tijds. diergeneesk. 92, 1261-1271. - 5153. Meyer, E. H. H., 1980, A submetacentric Y chromosome and haemoglobin I, unique genetic markers of South African Bos indicus cattle breeds. Ann. gén. sél. anim. 12, 424. - 5154. Meyer, F., B. Senft, K. Rudolph, R. Beuing, 1978, Genetische Aspekte der Molkenproteine. Züchtungsk. 50, 281-292. - 5155. Meyer, H., 1963, Vorkommen und Verbreitung der Blutkaliumtypen in deutschen Schafrassen. Z. Tierz. Zücht. biol. 79, 162-182. - 5156. Meyer, H., 1966, Einfluß von Züchtung und Vererbung auf den Mineralstoffwechsel und Mineralstoffbedarf bei Nutztieren. Dt. tierärztl. Wschr. 73, 169-173. - 5157. Meyer, H., 1967, Erbfehler. Dt. tierärztl. Wschr. 74, 109-112. - 5158. Meyer, H., 1968, Vererbung und Krankheit bei Haustieren. M. u. H. Schaper, Hannover. - 5159. Meyer, H., 1972, Über eine Anomalie der renalen Phosphor-Ausscheidung bei Schafen. Dt. tierärztl. Wschr. 79, 426-427. - 5160. Meyer, H., P. Schmidt, 1958, Der Einfluß von Thyroxin auf den Magnesium- und Kalziumstoffwechsel beim Kalb. Dt. tierärztl Wschr. 65, 602-604. - 5161. Meyer, H., W. Wegner, 1964, Vorkommen und Verteilung der Hämoglobin-Typen in deutschen Rinderrassen. Dt. tierärztl. Wschr. 71, 123-126. - 5162. Meyer, H., G. Trautwein, 1966, Experimentelle Untersuchungen über erbliche Meningocele cerebralis beim Schwein. Path. vet. 3, 529-542. - 5163. Meyer, H., B. Lohse, M. Gröning, 1967, Ein Beitrag zum Hämoglobin- und Blutkaliumpolymorphismus beim Schaf. Z. Tierz. Zücht. biol. 83, 341-357. - 5164. Meyer, H., H. Becker, 1967, Eine erbliche Kieferanomalie beim Rind. Dt. tierärztl. Wschr. 74, 309-310. - 5165. Meyer, H., H. Plonait, 1968, Über eine erbliche Kalzium-Stoffwechselstörung beim Schwein. Zbl. Vet. med. A 15, 481-493. - 5166. Meyer, H., W. Drommer, 1968, Erbliche Hypotrichie beim Schwein. Dt. tierärztl. Wschr. 75, 13-18. - 5167. Meyer, H., K. G. Weferling, W. Wegner, 1968, Untersuchungen zur Erblichkeit und Pathogenese des Zwischenklauenwulstes beim Rind. II. Z. Tierz. Zücht. biol. 85, 14-26. - 5168. Meyer, H., G. Sponer, K. G. Weferling, 1969, Untersuchungen zur Erblichkeit und Pathogenese des Zwischenklauenwulstes beim Rind. IV. Züchtungsk. 41, 1-13. - 5169. Meyer, H., L. Dahms, 1969, Statistische Erhebungen zum Vorkommen der hypokalzämischen Gebärlähmung in deutschen Rinderrassen. Dt. tierärztl. Wschr. 76, 504-509. - 5170. Meyer, H., H. Scholz, 1972, Untersuchungen über die Pathogenese der hypomagnesämischen Tetanie. Dt. tierärztl. Wschr. 79, 55-61. - 5171. Meyer, H., W. Wegner, 1973, Vererbung und Krankheit bei Haustieren. M. u. H. Schaper, Hannover. - 5172. Meyer, H., H. Kröger, 1973, Kupferfütterung beim Schwein. Übers. Tierern. 1, 9-44. - 5173. Meyer, H., H. Kröger, 1973, Vergleichende Untersuchungen über Wachstumswirkungen von Kupfer- und Antibiotikazulagen bei Ferkeln. Züchtungsk. 45, 439-446. - 5174. Meyer, H. H., G. E. Bradford, 1974, Estrus, ovulation rate and body composition of selected strains of mice on ad libitum and restricted feed intake. J. anim. sci. 38, 271-278. - 5175. Meyer, H. H., J. N. Clarke, 1978, Genetic and environmental effects on incidence and causes of lamb mortality. Proc. N. Z. soc. anim. prod. 38, 181-184. - 5176. Meyer, J., H. Kräusslich, A. Radzikowski, H. Buschmann, K. Osterkorn, 1973, Variationsursachen der Phagozytoseaktivität bei Mäusen. Z. Tierz. Zücht. biol. 90, 94-102. - 5177. Meyer, J. N., U. Schmidt, F. Glodek, E. Kallweit, 1979, Relations of blood group and enzyme loci with sensitivity to halothane in the pig. Proc. 16th int. conf. anim. bld. grps. bioch. polym. III, 193-196. - 5178. Meyer, W., 1977, Untersuchungen zur Morphometrie und zur Reproduktion in einer Merlezucht. Dissert. Hannover. - 5179. Meyers, K. M., H. Holmsen, C. L. Seachord, G. Hopkins, J. Gorham, 1979, Characterization of platelets from normal mink and mink with the Chediak-Higashi syndrome. Am. J. haemat. 7, 137-146. - 5180. Meyers, K. M., H. Holmsen, C. L. Seachord, G. E. Hopkins, R. E. Borchard, G. A. Padgett, 1979, Storage pool deficiency in platelets from Chediak-Higashi cattle. Am. J. phys. 237, 239-248. - 5181. Mi, M. P., M. N. Rashad, F. K. Koh, 1973, Genetic control of blood biochemistry. J. hered. 64, 329-330. - 5182. Miall, W. E., P. D. Oldham, 1958, Factors influencing arterial blood pressure in the general population. Clin. sci. 17, 409-444. - 5183. Michaelis, U., 1981, Versuche zur Erstellung von Mäusechimären. Dissert. Hannover. - 5184. Michaelis, W., 1977, Augenveränderungen beim Merlesyndrom des Hundes. Dissert. Hannover. - 5185. Michalek, K., 1964, (Cannibalism, a psychosis). Proc. 2. Eur. poult. conf., 113-116. - 5186. Michaux, C., R. v. Sichem-Reynaert, G. Peeters, R. Hanset, 1980, Plasma growth hormone (GH) level in double-muscled and conventional bulls during the first year of life. Z. Tierz. Zücht. biol. 98, 187-196. - 5187. Michaux, C., R. Hanset, 1981, Sexual development of double-muscled and conventional bulls. Z. Tierz. Zücht. biol. 98, 29-37. - 5188. Michaux, C., R. Hanset, 1981, Sexual development of double-muscled and conventional bulls. II. Z. Tierz. Zücht. biol. 98, 38-44. - 5189. Michel, C., H. Fritz-Niggli, 1978, Induction of developmental anomalies in mice by maternal stress. Experientia 34, 105-106. - 5190. Michel, G., 1980, Zum System der Abwehrzellen im Tierkörper. Mh. Vet, med. 35, 670-673. - 5191. Michel, G., K. H. Eulenberger, K. Elze, 1977, Zum embryonalen Fruchttod beim Schwein. Mh. Vet. mcd. 32, 152-157. - 5192. Michel, J., 1878, Ein Fall von Anophthalmus bilateralis. Arch. ophth. 24, 71-83. - 5193. Michel, U., O. P. Hornstein, 1982, Akroosteopathia ulcero-mutilans der Füße. Dt. med. Wschr. 107, 169-175. - 5194. Michiels, J., J. P. Dernonchamps, 1971, L'hétérochromie de l'iris. Bull. soc. franc. ophth. 84, 395-417. - 5195. Mickova, M., P. Ivanyi, 1974, Sex-dependent and H-2-linked influence on expressivity of the brachyury gene in mice. J. hered. 65, 369-372. - 5196. Micks, D. W., 1949, Investigations on the mosquito transmission of Plasmodium elongatum Huff 1930. J. nat. mal. doc. 8, 206-218. - 5197. v. Mickwitz, G., J. Pohlenz, 1968, Zur derzeitigen Verlaufsform des chronischen Rotlaufs beim Schwein. Dt. tierärztl. Wschr. 75, 417-423. - 5198. Middelhoff, G., R. Mordasini, H. Zebe, H. Greten, 1978, Koronare Herzkrankheit bei Patienten mit Hyperlipoproteinämie Typ V. Klin. Wschr. 56, 457-460. - 5199. Miehlke, K., 1970, Zur Frühdiagnostik entzündlich-rheumatischer Erkrankungen. Präv. Med. 4, 185-193. - 5200. Mikami, H., Y. Yamada, 1975, The heritability of liability to lay abnormal eggs. Poult. sci. 12, 253-258. - 5201. Mikami, H., H. T. Fredeen, 1979, A genetic study of cryptorchidism and scrotal hernia in pigs. Can. J. gen. cyt. 21, 9-19. - 5202. Mikamo, K., H. Hamaguchi, 1973, Chromosomal disorder caused by preovulatory overripeness of oocytes. Ref. An. Breed. abstr. 44, 29. - 5203. Mikelsaar, A. V., T. Ilus, S. Kivi, 1977, Variant chromosome 3(inv 3) in normal newborns and their parents, and in children with mental retardation. Hum. gen. 41, 109-113. -5204. Miki, E., A. Like, J. S. Soeldner, J. Steinke, G. F. Cahill, 1966, Acute ketotic-type diabetic syndrome in sand rats (Psammomys obesus) with special reference to the pancreas. Metabol. 15, 749-760. - 5205. Mikkelsen, M., G. Fischer, J. Stene, E. Petersen, 1976, Incidence study of Down's syndrome in Copenhagen, 1960-1971. Ann. hum. gen. 40, 177-182. - 5206. Miklos, G. L. G., B. John, 1979, Heterochromatin and satellite DNA in man. Am. J. hum. gen. 31, 264-280. - 5207. Mikuni, M., K. Ishii, R. Makabe, 1960, Zum Durchmesser der Sehnervpapillen bei Japanern. Klin. Mbl. Augenhlk. 136, 544-557. - 5208. Milaire, J., 1969, Some histochemical considerations of limb development. In: Swinyard a. a. O.. - 5209. Miles, C. P., G. Moldavannu, D. G. Miller, A. Moore, 1970, Chromosome analysis of canine lymphosarcoma. Am. J. vet. res. 31, 783-790. - 5210. Milet, R. G., B. B. Mukherjee, 1972, Cellular distribution and possible mechanism of sex-differentiation in XX/XY chimeric mice. Can. J. gen. cyt. 14, 933-941. - 5211. Miller, C. H., J. B. GRaham, C. R. Goldin, R. C. Elston, 1979, Genetics of classic von Willebrand's disease. I. Blood 54, 117-136. - 5212. Miller, C. H., J. B. Graham, L. R. Goldin, R. C. Elston, 1979, Genetics of classic von Willebrand's disease. II. Blood 54, 137-145. - 5213. Miller, D. A., 1977, Evolution of primate chromosomes. Science 198, 1116-1124. - 5214. Miller, D. A., V. G. Dev, R. Tantravahi, O. J. Miller, M. B. Schiffman, R. A. Yates, S. Gluecksohn-Waelsch, 1974, Cytological detection of the c25H deletion involving the albino (c) locus on chromosome 7 in the mouse. Genet. 78, 905-910. - 5215. Miller, E. R., R. W. Luecke, D. E. Ullrey, B. V. Baltzer, B. L. Bradley, J. A. Hoefer, 1968, Biochemical, skeletal and allometric changes due to zinc deficiency in the baby pig. J. nutr. 95, 278-286. - 5216. Miller, F. J. W., R. M. E. Seal, M. D. Taylor, 1963, Tuberculosis in children. J. u. A. Churchill, Lond.. - 5217. Miller, J. R., 1965, Some genetic factors in human infertility. Fert. steril. 16, 455-460. - 5218. Miller, O. J., D. A. Miller, 1975, The mouse chromosome map. Fed. proc. 34, 2218-2221. - 5219. Miller, O. J., D. A. Miller, R. Tantravahi, V. G. Dev, 1978, Nucleolus organizer activity and the origin of Robertsonian translocations. Cytogen. cell gen. 20, 40-50. - 5220. Miller, R. C., N. S. Fechheimer, R. G. Jaap, 1971, Chromosome abnormalities in 16-to 18-hour chick embryos. Cytogen. 10, 121-136. - 5221. Miller, R. C., N. S. Fechheimer, R. G. Jaap, 1976, Distribution of karyotype abnormalities in chick embryo sibships. Biol. repr. 14, 549-560. - 5222. Miller, R. W., 1969, Delayed radiation effects in atomic bomb survivors. Science 166, 569-574. - 5223. Miller, R. W., 1970, Neoplasia and Down's syndrome. Ann. N. Y. ac, sci. 171, 637-644. - 5224. Miller, R. W., 1975, Radiation. In: Schottenfeld a. a. O.. - 5225. Miller, R. W., 1977, Ethnic differences in cancer occurrence. In: Mulvihill u. Mit. a. a. O.. - 5226. Miller, S. J., G. R. Moule, 1954, Clinical observations on the reproductive organs of Merino rams in pastoral Queensland. Austr. vet. J. 30, 353-363. - 5227. Miller, W. A., 1977, Genetic traumatic occlusion in the mouse. J. period. res. 12, 64-72. - 5228. Miller, W. A., K. L. Flynn-Miller, 1976, Achondroplastic brachymorphic and stubby chondrodystrophies in mice. J. comp. path. 86, 349-363. - 5229. Millic, A. M. B., 1969, Racial factors in anencephaly. Am. J. obst. gyn. 104, 134-139. - 5230. Milstien, S., S. Kaufman, G. K. Summer, 1980, Hyperphenylalaninemia due to dihydropteridine reductase deficiency. Pediat. 65, 806-810. - 5231. Minami, R., Y. Matsuura, F. Nakamura, T. Kudoh, H. Sogawa, K. Oyanagi, K. Sukegawa, 1979, Sphingomyelinase activities in cultured skin fibroblasts with Niemann-Pick disease. Hum. gen. 47, 159-167. - 5232. Minckler, J., 1971, Pathology of the nervous system. McGraw-Hill Bk. Co.. - 5233. Minezawa, M., N. Wakasugi, 1977, Studies on a plumage mutant (Black at hatch) in the Japanese quail. Jap. J. gen. 52, 183-195. - 5234. Minkema, D., G. Eikelenboom, P. v. Eldik, 1976, Inheritance of MHS-susceptibility in pigs. Proc. 3rd int. conf. prod. dis. frm. anim., 203-207. - 5235. Mintschev, P., K. Bakardshiev, V. Sherov, 1972, Über Verbreitung und Therapie der Begattungsimpotenz bei Schafböcken. Zuchthyg. 7, 116-123. - 5236. Minty, A., P. Newmark, 1980, Gene regulation. Nature 288, 210-211. - 5237. Mintz, B., 1960, Embryological phases of mammalian gametogenesis. J. cell. comp. phys. 56, Suppl., 31-48. - 5238. Mintz, B., 1967, Gene control of mammalian pigmentary differetiation. Proc. nat. ac. sci. 58, 344-351. - 5239. Mintz, B., G. Slemmer, 1969, Gene control of neoplasia. J. nat. canc. inst. 43, 87-95. - 5240. Miro, R., M.

R. Caballin, S. Marina, J. Egozcue, 1978, Mosaicism in XX males. Hum. gen. 45, 103-106. - 5241. Misra, R. K., V. K. Singh, 1976, Genetic resistance of a heterogenous sheep population to contagious foot-rot epidemic. Food farm. agr. 8, 7-9. - 5242. Mitchell, D., 1960, Bovine abortion-an analysis of 227 cases. Can. vet. J. 1, 337-343. - 5243. Mitchell, G., 1980, Unilateral diaphragmatic aplasia in a thoroughbred foal. Austr. vet. J. 56, 610-611. - 5244. Mitchell, G., J. J. A. Heffron, 1980, The occurrence of pale, soft, exsudative musculature in Landrace pigs susceptible and resistant to the malignant hyperthermia syndrome. Brit. vet. J. 136, 500-506. - 5245. Mitchell, G., J. J. A. Heffron, 1981, Plasma cortisol levels in pigs susceptible and resistant to malignant hyperthermia. J. S. Afr. vet. ass. 52, 109-112. - 5246. Mitscherlich, E., 1974, Zelluläre Stätten und Prozesse der Immunitätsbildung. Dt. tierärztl. Wschr. 81, 172-174, 191-197. - 5247. Mitscherlich, E., F. Hogreve, J. Koch, E. Scupin, 1966, Untersuchungen über die Beziehungen zwischen Mastitisresistenz und Blutgruppenfaktoren beim schwarzbunten Niederungsrind. Dt. tierärztl. Wschr. 73, 97-102. - 5248. Mitton, J. B., 1978, Relationship between heterozygosity for enzyme loci and variation of morphological characters in natural populations. Nature 273, 661-662. - 5249. Mittwoch, U., 1973, Genetics of sex differentiation. Ac. Press, N. Y.. - 5250. Mittwoch, U., S. Mahadevaiah, 1980, Additional growth - a link between mammalian testes, avian ovaries, gonadal asymmetry in hermaphrodites and the expression of H-Y antigen. Growth 44, 287-300. - 5251. Miwa, S., K. Nakashima, H. Fujii, M. Matsumoto, K. Nomura, 1977, Three cases of hereditary hemolytic anemia with pyrimidine 5'-nucleotidase deficiency in a Japanese family. Hum. gen. 37, 361 - 364. - 5252. Miyahara, M., E. Matsunaga, 1966, Association of ear-wax types with susceptibility to arteriosclerosis. Ann. rep. inst. gen. 17, 127. - 5253. Miyake, Y. I., 1972, Cytogenetical studies on swine intersexes. Jap. J. vet. res. 20, 84-85. - 5254. Miyake, Y. I., 1973, Cytogenetic studies on swine intersexes. Jap. J. vet. res. 21, 41-49. - 5255. Miyake, Y. I., T. Ishikawa, 1978, The possibility of chromosome classification as identified by trypsin-Giemsa banding patterns. Zuchthyg. 13, 33-37. - 5256. Miyake, Y. I., T. Ishikawa, K. Kawata, 1979, Three cases of mare sterility with sex-chromosomal abnormality (63, X). Zuchthyg. 14, 145-150. - 5257. Miyake, Y. I., T. Ishikawa, T. Abe, M. KOmatsu, Y. Kodama, 1980, A fertile case of a bovine heterosexual twin female with sex-chromosomal chimerism. Zuchthyg. 15, 103-106. - 5258. Miyake, Y., T. Ishikawa, K. Kawata, 1980, The relationship between sex chromosomal chimerism and vaginal length in bovine heterosexual twin females. Jap. J. anim. repr. 26, 69-73. - 5259. Miyamoto, M., T. B. F. Fitzpatrick, 1957, Competitive inhibition of mammalian tyrosinase by phenylalanine and its relationship to hair pigmentation in phenylketonuria. Nature 179, 199-200. - 5260. Moake, J. L., S. S. Tang, J. D. Olson, J. H. Troll, P. L. Cimo, P. J. A. Davies, 1981, Platelets, von Willebrand factor, and prostaglandin I2. Am. J. phys. 241, H54-H59. - 5261. Modiano, G., G. Battistuzzi, G. J. F. Esan, U. Testa, L. Luzzatto, 1979, Genetic heterogeneity of "normal" human erythrocyte glucose-6-phosphate dehydrogenase. Proc. nat. ac. sci. 76, 852 - 856. - 5262. Modrovich, G. L., 1969, Genetische Zusammenhänge zwischen Doppelbildungen und Zwillingsveranlagung beim Rind. Dissert. Gießen. - 5263. Moffa, A. M., J. A. White, 1979, Heritability of cranium bifidum and spina bifida in the golden hamster. Gen. res. 34, 189-194. - 5264. Mogensen, S. C., 1977, Genetics of macrophage-controlled resistance to hepatitis induced by herpes simplex virus type 2 in mice. Inf. immun. 17, 268-273. - 5265. Mogensen, S. C., 1979, Role of macrophages in natural resistance to virus infections. Microb. rev. 43, 1-26. - 5266. Moger, W. H., 1975, Serum testosterone and luteinizing hormone concentrations in castrated immature rats treated with testosterone. J. endocr.

67,135-136. - 5267. Mohamed,S.D.,E.McKay,W.H.Galloway,1966,Juvenile familial megaloblastic anaemia due to selective malabsorption of vitamin B12. Quart. J. med. 35,433-453. - 5268. Mohan, K.,S.D.Ahuja,S.K.Agarwal,S.C.Mohapatra,1978,Incidence and pattern of chick mortality in four White Leghorn strains. Ind. vet. J. 55,976-981. - 5269. Mohanty,A.,1979,Inheritance of threshold characters in dairy cattle.Thesis abstr.Har.agr.univ. 5,26. - 5270. Mohler,H.,1980, Lipoproteine und Arteriosklerose-Risiko. Mitt.Geb. Leb. mitt.Hyg. 71,46-61. - 5271. Mohr,E.,1969,Die Apfelschimmel von Pech-Merle. Z. Säug. 34,316-318. - 5271. Mohr,W.,F.Weyer,E.Asshauer,1972,zit.n.Gsell u.Mohr a.a.O.. - 5272. Moldovan, M.,I.Diaconescu,S.Bolte,S.Birdeanu,D.Bojidar,1978, (Pelvic dysplasia syndrome in intensively reared swine).Ser.med.vet.inst.agr. Timisoara 15,151-155. - 5273. Mole, L.E.,1975,A genetic marker in the variable region of rabbit immunoglobulin heavy chain.Biochem. J. 151,351-359. - 5274. Mole, L.E.,1976,Structural studies on rabbit immunoglobulin allotypes. Bioch. soc. transact. 4,33-34. - 5275. Molenat, M.,B. Thibault,1977,Héritabilité du nombre de fausses tétines chez la truie. J. rech. porc.franc. 12,69-73. - 5276. Molgaard,H.V.,1980,Assembly of immunoglobulin heavy chain genes. Nature 286,657-659. - 5277. Moller,K.,J.P.James,1975,Brachygnathia inferior-is it heritable ? N.Z.vet. J. 23,175-179. - 5278. Mollica, F.,L.Pavone,G. Nuciforo,G.Sorge,1979,A case of cyclopia: role of environmental factors.Clin. gen. 16, 69-71. - 5279. Mollica, F., S.Livolzi, L.Pavone, R.Vigo, S.Raiti,1981, Convergence of two types of familial short stature in a pedigree. Act. endocr. 97,315-319. - 5280. Molne, K.,1969,The adrenal weight of mice with spontaneous adrenocortical lipid depletion.Act. path. micr. scand. 75,37-50. - 5281. Mondino,B. J., S. I. Brown,1976,Hereditary congenital alacrima. Arch. ophth. 94,1478-1480. - 5282. Mong,S. J., M.D.Snyder,N.S. Fechheimer,R.G. Jaap,1974,The origin of triploidy in chick (Gallus domesticus) embryos.Can. J. gen. cyt. 16, 317-322. - 5283. Moniwa, H.,1960,Statistical studies on correlation between ABO blood groups and some diseases. Toh. J. exp. med. 72,275-289. - 5284. Monji,Y., M.Yokoyama,A.Ohsawa,S.Watanabe,1979,(A study on the external genital organs and chromosome constitution of intersex pigs). Jap. J. swine husb. res. 16,158-164. - 5285. Monk, M., M. Harper,1978,X.-chromosome activity in preimplantation mouse embryos from XX and XO mothers. J. embr. exp. morph. 46,53-64. - 5286. Monnet,I.E.,A. Bordas, P. Mérat,1979,Gene cou nu et performances de croissance selon la température chez le poulet. Ann. gén. sél. anim. 11,397-412. - 5287. Monnier, L.H., C.Colette,C. Ribot,C.Mion, J.Mirouze,1980, Evidence for 25-hydroxyvitamin D deficiency as a factor contributing to osteopenia in diabetic patients with idiopathic haemochromatosis. Eur. J. clin. inv. 10, 185-187. - 5288. Monteiro, J., G. Barata,1980,Exostoses no cavalo. Rev. port. cienc. vet. 75,31--39. - 5289. Montgomery,D.A.D.,R.B.Welbourn,1975,Medical and surgical endocrinology. E.Arnold, Lond.. - 5290. Montgomery, I.N., H. C.Rauch,1979,EAE in mice. Fed. proc. 38,1289. - 5291. Moon, R.G., M.N.Rashad,M.P.Mi,1975,An example of polyploidy in pig blastocysts. J. repr. fert. 45,147-149. - 5292. Mooney,D.,1970,Pigmentation after long term topical use of adrenaline compounds. Brit. J. ophth. 54, 823-826. - 5293. Moo-Penn,W.,R. G.Schneider, T.Shih,R.T.Jones,S.Govindarajan, L.C.Patchen,1980,Hemoglobin Ohio (ß 142 Ala→ Asp).Blood 56,246-250. - 5294. Moore,D.H.,1973,Do homologous chromosomes differ ? Cytogen. cell gen. 12,305-314. - 5295. Moore, G.C.,C.W.Zwillich, J.D.Battaglia,E.K.Cotton, J.V.Weil,1976,Respiratory failure associated with familial depression of ventilatory response to hypoxia and hypercapnia. N.E. J. med. 295, 861-865. - 5296. Moore, K.L.,1973,The developing human. W.B.Saunders, Philad.. - 5297. Moore, L.A.,P. J.Schaible,

1936, Inheritance of umbilical hernia in rats. J. hered. 27, 273-280. - 5298. Moore, N. W., J. Epplestone, 1976, Inter-species fertilization between sheep and goats. 4th int. symp. comp. biol. repr., 45-46. - 5299. Moore, N. W., C. R. E. Halnan, J. J. McKee, J. I. Watson, 1981, Studies on hybridization between a Barbary ram (Ammotragus lervia) and domestic ewes (Ovis aries) and nanny goats (Capra hircus). J. repr. fert. 61, 79-82. - 5300. Moore, S. L., W. C. Godley, G. v. Vliet, J. P. Lewis, E. Boyd, T. H. J. Huisman, 1966, The production of hemoglobin C in sheep carrying the gene for hemoglobin A. Blood 28, 314-329. - 5301. Moorhead, E. L., M. J. Brennan, J. R. Caldwell, W. C. Averill, 1965, Pheochromocytoma: A familial tumor. H. Ford hosp. med. bull. 13, 467-478. - 5302. Moraes, J. C. F., M. S. Mattevi, F. M. Salzano, J. L. Poli, 1980, A cytogenetic survey of five breeds of cattle from Brazil. J. hered. 71, 146-148. - 5303. Morejohn, G. V., 1955, A heritable crippling anomaly in the fowl. Poult. sci. 34, 64-67. - 5304. Morelli, A., U. Benatti, G. F. Gaetani, A. de Flora, 1978, Biochemical mechanisms of glucose-6-phosphate dehydrogenase deficiency. Proc. nat. ac. sci. 75, 1979-1983. -5305. Morgan, D. O., J. E. Wilson, 1939, The occurrence of Heterakis gallinae in poultry and its relation to disease, breed and to other helminths. J. helm. 17, 177-182. - 5306. Morgan, D. R., 1977, Observations on the breeding and maintenance of athymic nude mice. J. inst. an. tech. 28, 83-90. - 5307. Morgan, J. H. L., F. S. Pickering, G. C. Everitt, 1969, Some factors affecting yellow fat colour in cattle. Proc. N. Z. soc. anim. prod. 29, 164-175. - 5308. Morgan, J. H. L., G. R. Saul, D. W. McKeown, 1976, The effects of sire breed on calving difficulty and weaning weight in a beef breeding herd. Proc. Austr. soc. anim. prod. 11, 109-112. - 5309. Morgan, J. H. L., G. R. Saul, 1981, A comparison of breeds and their crosses for beef production. Austr. J. agr. res. 32, 399-409. - 5310. Morgan, J. P., W. D. Carlson, O. R. Adams, 1962, Hereditary multiple exostosis in the horse. J. A. V. M. A. 140, 1320-1322. - 5311. Morgan, J. P., G. Ljunggren, R. Read, 1967, Spondylosis deformans (vertebral osteophytosis) in the dog. J. sm. anim. pract. 8, 57-66. - 5312. Morgan, W., 1968, Male monovular avian twins. J. hered. 59, 346-347. - 5313. W. Morgan, 1968, Advantages and disadvantages of topless beak in chickens. Proc. S. Dak. ac. sci. 47, 156-160. - 5314. Mori, M., M. Sasaki, S. Makino, T. Ishikawa, K. Kawata, 1969, Autosomal trisomy in a malformed newborn calf. Proc. Jap. ac. 45, 955-959. - 5315. Moriwaki, K., K. Sakakibara, 1975, B10BR mouse with a partially deleted Y-chromosome. Ann. rep. nat. inst. gen. 26, 38. - 5316. Morkin, E., J. L. Garrett, A. P. Fishman, 1968, Effects of actinomycin D and hypophysectomy on development of myocardial hyperthrophy in the rat. Am. J. phys. 214, 6- 9. - 5317. Moroz, L. A., 1967, Protein synthesis in hypertrophaging heart. Fed. proc. 26, 3086. - 5318. Morozova, M. S., 1966, Effect of repeated ACTH administration on 3ß-ol-dehydrogenase activity and synthesis of steroids from progesterone in adrenal glands of rabbits. Fed. proc. 25, T63-66. - 5319. Morozumi, P. A., J. W. Halpern, D. A. Stevens, 1981, Susceptibility differences of inbred strains of mice to blastomycosis. Inf. immun. 32, 160-168. - 5320. Morris, C. A., 1980, A review of relationships between aspects of reproduction in beef heifers and their lifetime production. Anim. breed. abstr. 48, 753-767. - 5321. Morris, J. R., A. E. Ferguson, F. N. Jerome, 1970, Genetic resistance and susceptibility to Marek's disease. Can. J. anim. sci. 50, 69-81. - 5322. Morris, M. D., C. D. Fitch, 1968, Spontaneous hyperbetalipoproteinemia in the rhesus monkey. Bioch. med. 2, 209-215. - 5323. Morris, P. J., 1974, Histocompatibility systems, immune response, and disease in man. In: Cooper u. Warner a; a. O.. - 5324. Morris, T., 1968, The XO and OY chromosome constitution in the mouse. Gen. res. 12, 125-137. - 5325. Morrison, W. I., G. E. Roelants, K. S. Mayor-Withey, M. Murray, 1978, Susceptibility of inbred strains of mice to Trypanosoma congolense. Clin. exp.

immun. 32, 25-40. - **5326.** Morrison, W. I. , M. Murray, 1979, Trypanosoma congolense: inheritance of susceptibility to infection in inbred strains of mice. Exp. parasit. 48, 364-374. - **5327.** Morrisroe, L. S. , 1976, Genetic resistance to Marek's disease. Austr. vet. J. 52, 215-219. - **5328.** Morriss, G. , 1980, Neural tube defects. Nature 284, 121-123. - **5329.** Morrissey, P. J. , 1979, Immunological abnormalities associated with the mutant hairless gene in the HRS/J strain of mice. Diss. abstr. B 40, 1030. - **5330.** Morrow, A. G. , 1969, Hypertrophic subaortic stenosis. Arch. surg. 99, 677-683. - **5331.** Morscher, E. , 1966, Endokrinologische Probleme bei Wachstumsstörungen in der Orthopädie. Ann. paed. 206, 150-163. - **5332.** Morse, H. C. , T. M. Chused, W. F. Davidson, 1981, Genetic control of B-and T-cell abnormalities of NZB mice. Fed. proc. 40, 4196. - **5333.** Morsier, G. de, 1967, Anencéphalie mésocéphalique avec dysraphie cérébelleuse et urogénitale. In : Morsier a. a. O. . - **5334.** Morsier, G. de, 1967, Etudes sur les malformations du cerveau. Edit. med. hyg. , Genf. - **5335.** Morson, B. C. , I. M. P. Dawson, F. A. Jones, 1972, Gastrointestinal pathology. Blackwell sci. publ. , Oxford. - **5336.** Mortelmans, J. , P. Kageruka, 1976, Trypanotolerant cattle breeds in Zaire. Wld. an. rev. 19, 14-17. - **5337.** Morton, D. L. , S. H. Golub, H. L. Sulit, R. K. Gupta, F. R. Eilber, E. C. Holmes, F. C. Sparks, 1975, Immunologic and clinical responses to active immunotherapy of malignant melanoma. In: Gottlieb u. Mit. a. a. O. . -**5338.** Morton, J. R. , 1970, Analysis of gene action in the control of body weight and tail length in the mouse. Hered. 25, 555-574. - **5339.** Morton, J. R. , D. G. Gilmore, E. M. McDermid, A. L. Ogden, 1965, Association of blood-group and protein polymorphisms with embryonic mortality in the chicken. Genet. 51, 97-107. - **5340.** Morton, N. E. , A. A. Mackinney, N. Kosower, R. F. Schilling, M. P. Gray, 1962, Genetics of spherocytosis. Am. J. hum. gen. 14, 170-184. - **5341.** Mosekilde, L. , M. S. Christensen, 1977, Decreased parathyroid function in hyperthyroidism. Act. endocr. 84, 566-575. - **5342.** Mosher, D. B. , T. B. Fitzpatrick, J. P. Ortonne, 1979, Abnormalities of pigmentation. In: Fitzpatrick u. Mit. , Dermatology in general medicine. McGraw-Hill Bk. Co. . - **5343.** Mosig, D. W. , D. A. Dewsbury, 1976, Studies of the copulatory behavior of house mice (Mus musculus). Beh. biol. 16, 463-473. - **5344.** Moss, N. S. , E. P. Benditt, 1970, The ultrastructure of spontaneous and experimentally induced arterial lesions. Lab. inv. 23, 521-535. - **5345.** Sichelzellenanämie als Erklärung unklarer rheumatischer Beschwerden. Dt. med. Wschr. 105, 1479-1478. - **5346.** Mostafa, I. E. , 1970, A case of glycogenic cardiomegaly in a dog. Act. vet. scand. 11, 197-208. - **5347.** Mostageer, A. , A. M. Obeidah, M. M. Shafir, 1974, A statistical study of some physiological factors affecting body temperature and respiration rate in buffaloes and Friesian cattle. Z. Tierz. Zücht. biol. 91, 327-333. - **5348.** Motohashi, T. , 1975, (A study on the regulatory mechanism of the hypothalamo-hypophyseo-ovarian system in oestrus cycles of rats. Fol. endocr. jap. 51, 661-675. - **5349.** Motta, J. V. , L. B. Crittenden, W. O. Pollard, 1973, The inheritance of resistance to soubgroup C leukosis-sarcoma virus in New Hampshire chickens. Poult. sci. 52, 578-586. - **5350.** Mottironi, V. D. , B. Pollara, L. E. Perryman, 1979, Studies on the major histocompatibility system (MHS) in the Arabian horse. Fed. proc. 38, 1097. - **5351.** Motulsky, A. J. , 1965, Theoretical and clinical problems of glucose-6-phosphate dehydrogenase deficiency. Symp. abn. hemogl. counc. int. org. med. sci. , 143-196. - **5352.** Motulsky, A. G. , W. Lenz, 1974, Birth defects. Exc. med. , Amsterdam. - **5353.** Motulsky, A. , H. Bowman, 1974, Genetics of atherosclerosis. Proc. 3rd int. symp. atheroscl. , 438-445. - **5354.** Mould, D. L. , 1969, Inherited characteristics affecting neurotropic behaviour of scrapie. Biochem. J. 111, 17P. - **5355.** Moule, G. R. , 1970, Australian research into reproduction in the ram. Anim. breed. ab. 38, 185-202. - **5356.** Moultrie, F. , S. A. Edgar, D. F. King, 1953, Breeding chickens for resistance to coccidiosis. zit. n. Jackson u. Mit. a. a. O.. - 5357. Moustafa, L. A., 1974, Chimaeric rabbits from embryonic cell transplantation. Proc. soc. exp. biol. med. 147, 485-488. - 5358. Moustafa, L. A., R. L. Brinster, 1972, Induced chimaerism by transplanting embryonic cells into mouse blastocysts. J. exp. zool. 181, 193-201. - 5359. Moutier, R., 1976, New mutations causing sterility restricted to the male in rats and mice. 6th symp. int. comm. lab. anim., 115-117. -5360. Moutier, R., H. Lamendin, S. Berenholc, 1973, Ostéopétrose par mutation spontanée chez le rat. Exp. anim. 6, 87-101. - 5361. Moutier, R., K. Toyama, M. F. Charrier, 1973, Himalayan allele of the albino locus in the Norway rat. J. hered. 64, 303-304. - 5362. Moutier, R., K. Toyama, M. F. Charrier, 1973, Hypodactyly, a new recessive mutation in the Norway rat. J. hered. 64, 99-100. - 5363. Moutier, R., K. Toyama, M. F. Charrier, 1974, Genetic study of osteopetrosis in the Norway rat. J. hered. 65, 373-375. - 5364. Mouton, D., Y. Bouthillier, N. Feingold, J. Feingold, J. Decreusefond, C. Decreusefond, C. Stiffel, G. Biozzi, 1975, Genetic control of macrophage function. J. exp. med. 141, 306-321. - 5365. Moutschen, J., 1979, Réévaluation de la mutabilité des gènes modificateurs de la brachyourie. Arch. zool. exp. gén. 120, 163-181. - 5366. Moutschen, J., A. Colizzi, 1975, Absence of acrosome. Mut. res. 30, 267-272. - 5367. Moyer, F. H., 1963, Genetic effects on melanosome fine structure and ontogeny in normal and malignant cells. Ann. N. Y. ac. sci. 100, 584-606. - 5368. Mozes, E., E. Maron, R. Arnon, M. Sela, 1971, Strain-dependent differences in the specifity of antibody responses toward lysozyme. J. immunol. 106, 862-864. - 5369. Mozes, E., G. M. Shearer, 1972, Genetic control of immune responses. Curr. top. imm. 59, 167-200. - 5370. Mudd, S., 1970, Infectious agents and host reactions. W. B. Saunders, Philadelphia. -5371. Mudge, J. O., 1966, The inheritance of graying and related coat color characteristics of Holstein-Friesian cattle. Diss. abstr. B 27, 1344-1345. - 5372. Mueller-Eckhardt, C., 1982, Neonatale Autoimmunthrombozytopenie. Dt. med. Wschr. 107, 228-230. - 5373. Mühe, W., 1972, Eine Möglichkeit zur objektiven Bestimmung der Hodengröße beim Hengst. Diss. Hannover. - Mühlbock, O., 1976, Proceedings of the workshop on basic aspects of freeze preservation of mouse strains. G. Fischer, Stuttgart. - 5375. Mühlbock, O., A. Dux, 1971, Histocompatibility genes and mammary cancer in mice. In: Immunogenetics of the H-2 system. S. Karger, Basel. - 5376. a. d. Mühlen, K., H. Ockenfels, 1968, Morphologische Veränderungen im Diencephalon und Telencephalon nach Störungen des Regelkreises Adenohypophyse-Nebennierenrinde. Z. Zellforsch. 85, 124-144. - 5377. Muhrer, M. E., E. Lechler, C. N. Cornell, J. L. Kirkland, 1965, Antihemophilic factor levels in bleeder swine following infusions of plasma and serum. Am. J. phys. 208, 508-510. - 5378. Muir, A. R., 1970, Normal and regenerating skeletal muscle fibres in Pietrain pigs. J. comp. path. 80, 137-143. - 5379. Mulay, D. M., 1963, Skin cancer in India. J. nat. canc. inst. 10, 215-223. - 5380. Mullen, R. J., W. K. Whitten, 1971, Relationship of genotype and degree of chimerism in coat color to sex ratios and gametogenesis in chimeric mice. J. exp. zool. 178, 165-176. - 5381. Mullen, R. J., M. M. LaVail, 1976, Inherited retinal dystrophy. Science 192, 799-801. - 5382. Müller, E., F. Rittmannsperger, J. Szilagyi, 1971, Untersuchungen über Heritabilität, phänotypische und genetische Korrelationen von Reproduktionsmerkmalen bei intensiv aufgezogenen Jungstieren. Wien. tierärztl. Mschr. 58, 167-171. - 5383. Müller, F., G. Pietruschka, 1967, Lehrbuch der Augenheilkunde. Edition Leipzig. - 5384. Müller, H., 1980, Supermänner und Superfrauen durch Chromosomenanomalien. Med. Klin. 75, 10-12. - 5385. Müller, H., H. P. Klinger, M. Gl asser, 1975, Chromosomal polymorphism in a human newborn population. Cytogen. cell gen. 15, 239-255. - 5386. Müller, G., M. Nicht, H. Kuhne, 1969, Organgewichte von Gerbillus pyramidum Geoffroy, 1825. Z. Versuchstierk.

11,122-135. - 5387. Muller, L.D., D.K. Ellinger, 1981, Colostral immunoglobulin concentrations among breeds of dairy cattle. J. dairy sci. 64, 1727-1730. - 5388. Müller, M., 1977, Das Vorkommen der Pyogenesmastitis bei Jungrindern und Färsen unter Berücksichtigung verschiedener Genanteile. Mh. Vet. med. 32, 24-27. - 5389. Müller, M., 1909, Einiges über Beziehungen zwischen äußeren und inneren Brustmaßen und den im Brustraume eingeschlossenen Organen. Landw. Jb. 38, 593-627. - 5390. Müller, U., 1956, Über einen Fall von Polydaktylie. Dt. tierärztl. Wschr. 63, 151-152. - 5391. Müller, W., 1883, Die Massenverhältnisse des menschlichen Herzens. L. Voss, Hbg.. - 5392. Müller, W., L. Kelker, K. Wünsche, S. Willer, H. Haase, T. Barth, 1982, Derzeitiger Stand der Ermittlüngen zum Vorkommen und zur Ätiologie des angeborenen Darmverschlusses bei Kälbern im Bezirk Dresden. Mh. Vet. med. 37, 84-89. - 5393. Müller, W.A., 1978, Diabetes mellitus, eine bihormonale Krankheit ? Dt. med. Wschr. 103, 1219-1221. - 5394. Müller, W.D., M. Haidvogl, S. Scheibenreiter, 1979, Phenylalanin-Fetopathie bei Zwillingen einer nicht diagnostizierten phenylketonurischen Mutter. Klin. Päd. 191, 609-612. - 5395. Müller-Haye, B., T. Linares, 1972, La incidencia de hydrops congenitus y ascites en lechones. Rev. agr. trop. 22, 657 - 662. - 5396. Müller-Haye, B., O. Verde, R. Vecchionacce, 1978, (Birth weight and other factors affecting the rate of survival in piglets). Mem. ass. lat. prod. anim. 13, 195-201. - 5397. Müller-Peddinghaus, R., 1982, Aleutian-disease of mink as a model of an immune complex disease. Scientif. 6, 61. - 5398. Müller-Peddinghaus, R., H.M. Schwabedissen, J.R. z. Kalden, G. Trautwein, S. Ueberschär, 1980, Studies on the pathogenesis of Aleutian disease of mink. Zbl. Vet. med. B 27, 1-10. - 5399. Müller-Peddinghaus, R., J.R. Kalden, H.M. z. Schwabedissen, G. Trautwein, S. Ueberschär, 1980, Immune complex glomerulonephritis of mink with Aleutian disease. Cent. nephr. 19, 101-103. - 5400. Muller, G.H., S.R. Jones, 1973, Pituitary dwarfism and alopecia in a German shepherd with a cystic Rathke's cleft. J.A.A.H.A. 9, 567-572. - 5401. Mullink, J.W., G.T. Haneveld, 1979, Polyarteritis in mice due to spontaneous hypertension. J. comp. path. 89, 99-106. - 5402. Mulvihill, J.J., 1972, Congenital and genetic disease in domestic animals. Science 176, 132-137. - 5403. Mulvihill, J.J., 1977, Genetic repertory of human neoplasia. In: Mulvihill u. Mit. a.a.O.. - 5404. Mulvihill, J.J., R.W. Miller, J.F. Fraumeni, 1977, Genetics of human cancer. Raven Press, N.Y.. - 5405. Mund, M.L., M.M. Rodriguez, B.S. Fine, 1972, Light and electron microscopic observations on the pigmented layers of the developing human eye. Am. J. ophth. 73, 167-182. - 5406. Munro, A.J., M.J. Taussig, 1975, Two genes in the major histocompatibility complex control immune response. Nature 256, 103-106. - 5407. Munro, R., 1978, Caprine dermatophilosis in Fiji. Trop. an. hlth. prod. 10, 221-222. - 5408. Munsinger, H., 1977, The identical-twin transfusion syndrome: a source of error in estimating IQ resemblance and heritability. Ann. hum. gen. 40, 307-321. - 5409. Murachi, S., H. Itoh, Y. Sugiura, 1979, Tricho-rhino-phalangeal syndrome type II. Jap. J. hum. gen. 24, 27-36. - 5410. Mutamatsu, T., M. Watanabe, Y. Nagashima, 1979, (Embryonic and secondary sex ratios in the domestic fowl). Bull. coll. agr. Utson. Univ. 10, 49-54. - 5411. Murayama, U., R.M. Nalbandian, 1973, Sickle cell hemoglobin- molecule to man. Little, Brown Co, Boston. - 5412. Murdoch, J.L., B.A. Walker, J.G. Hall, H. Abbey, K.K. Smith, V.A. McKusick, 1970, Achondroplasia- a genetic and statistical survey. Ann. hum. gen. 33, 227-244. - 5413. Murken, J.G., 1963, Über multiple cartilaginäre Exostosen. Z. menschl. Vererb. Konst. l. 36, 469-505. - 5414. Murphy, D.B., 1976, Genetic and functional analysis of the Ia antigens. Transpl. rev. 30, 197-235. - 5415. Murphy, E.D., 1977, Effects of mutant steel alleles on leukemogenesis and life-span in the mouse. J. nat. canc. inst. 58, 107-110. - 5416. Murphy, E.D., J.B. Roths,

1977,Proc.Am.ass.canc.res.18,157. - 5417. Murray,D.M.,1982,Heat tolerance of cattle.Austr.vet.J.58,27-28. - 5418. Murray,M.,W.I.Morrison,P.K.Murray,D.J.Clifford,J.C.M.Trail,1979,Trypanotolerance.Wld.rev.anim.31,2-12. - 5419. Murti,G.S.,D.L.Gilbert,A.R.Borgmann,1966,Canine intersex states. J.A.V.M.A.149,1183-1185. - 5420. Mussgay,M.,1965,Virusarten als Erreger von Tumoren.Dt.tierärztl.Wschr.72,41-45. - 5421. Mussgay,M.,1981,Virus und Krebs.tierärztl.prax.9,287-294. - 5422. Mustacchi,P.,1961,Ramazzini and Rigoni-Stern on parity and breast cancer.Arch.int.med.108,639-642. - 5423. Muth,K.L.,S.L.Ryan,B.E.Peterson,K.L.Knight,W.C.Hanly,1979,Serologic comparison of rabbit IgA-f allotypes. Fed-proc.38,1004. - 5424. Myers,K., 1967, Morphological changes in the adrenal glands of wild rabbits. Nature 213, 147-150. - 5425. Myhr,B.C.,D.Turnbull,J.A.DiPaolo,1979, Ultraviolet mutagenesis of normal and Xeroderma pigmentosum variant human fibroblasts. Mut. res.62,341-353. - 5426. Myres,A.W.,J.P.Bowland,1973,Effects of environmental temperatures and dietary copper on growth and lipid metabolism in pigs.Can.J.anim.sci. 53,115-132. - 5427. Nachtsheim,H.,1931, Über eine erbliche Nervenkrankheit (Syringomyelie) beim Kaninchen. Z.Pelzt.Rauchw.3,254-259. - 5428. Nachtsheim,H.,1936,Die Genetik einiger Erbleiden des Kaninchens, verglichen mit ähnlichen Krankheiten des Menschen.Dt.tierärztl.Wschr.44, 742-746. - 5429. Nachtsheim,H.,1938,Erbpathologie der Haustiere. Fortschr. Erbpath.2,58-104. - 5430. Nachtsheim,H.,1939,Krampfbereitschaft und Genotypus.Z.Konst.1.22,791-810. - 5431. Nachtsheim,H.,1947,Eine erbliche,fetale Erythroblastose beim Tier und ihre Beziehungen zu den Gruppenfaktoren des Blutes.Klin.Wschr.24,590-592. - 5432. Nachtsheim,H.,1947,Die Pelger-Anomalie, eine erbliche Kernanomalie der weißen Blutkörperchen bei Mensch und Tier. Mh.Vet.med.2,89-94. - 5433. Nadakal,A.M.,A.Mohandas,K.O.John, M.Simon,1973, Resistance potential of certain breeds of domestic fowl exposed to Raillietina tetragona infections.Poult.sci.52,1068-1074. - 5434. Nadakal,A. M.,K.O.John,A.Mohandas,M.Simon,1974,Resistance potential of certain breeds of domestic fowl exposed to Raillietina tetragona infection on egg-laying birds. Arch.Gefl.k.38,138-142. - 5435. Nadler,C.F.,D.M.Lay,J.D.Hassinger,1971,Cytogenetic analyses of wild sheep populations in northern Iran. Cytogen.10,137-152. - 5436. Nadler,C.F.,T.D.Bunch,1977,G-band patterns of the Siberian snow sheep (Ovis nivicola) and their relationship to chromosomal evolution in sheep. Cytogen.cell gen.19,108-117. - 5437. Nadijcka,M.D., N.Hillman,S.Gluecksohn-Waelsch,1979, Ultrastructural studies of lethal c25H/C25H mouse embryos.J.embr.exp.morph.52,1-11. - 5438. Naerland,G.,1940, (Kommt der Doppellendercharakter bei anderen Haustieren als bei Rindern vor ?).Skand.vet.tid.,811-830. - 5439. Näf, F.,1974,Die Ausbreitung von Letalfaktoren in einer Rinderpopulation.Schweiz.landw.Mh.52,16-22. - 5440. Nagarcenkar,R.,A.Mohanty,K.N.Sharma,1974,Inheritance of threshold characters in Zebu cattle.1.wld.cong.gen.appl.livest.,775-781. - 5441. Nagata, S.,N.Mantei,C.Weissman,1980,The structure of one of the eight or more distinct chromosomal genes for human interferon-α. Nature 287,401-408. - 5442. Nagel,E.,H.Seifert,1980,Zur Heritabilität röntgendiagnostisch erfassbarer Osteochondropathien des Fleischschweines. Mh.Vet.med.35,698-699. - 5443. Nagel,M.,H.Hoehn,1971,On the non-random involvement of D-group chromosomes in centric fusion translocations in man. Humangen.11,351-354. -5444. Nagel,R.,1976,Molecular basis of sickling. Proc.1.nat.sickle cell educ.symp. 121-125. - 5445. Nagl,W.,1972,Chromosomen.W.Goldmann,München. - 5446. Naik,S.M.,H.P.Randelia,1978,Carcinoma of the horn in Indian cattle.Ind.J. canc.15,28-33. - 5447. Naik,S.N.,V.Balakrishnan,1963,Horn cancer in bovines of Western India. Ind. vet. J. 40, 216-221. - 5448. Naik, S. N., D. E. Anderson, J. H. Jardine, D. H.Clifford, 1971, Glucose-6-phosphate dehydrogenase deficiency, haptoglobin and hemoglobin variants in dogs. Anim. bld. grps. bioch. gen. 2, 89-94. - 5449. Naito, M., 1953, Studies on the anterior lobe of hypophysis in the intersexual goats. Z. Tierz. Zücht. biol. 61, 201-252. - 5450. Nakagome, Y., T. Kitagawa, K. Iinuma, E. Matsunaga, T. Shinoda, T. Ando, 1977, Pitfalls in the use of chromosome variants for paternity dispute cases. Hum. gen. 37, 255-260. -5451. Nakajima, A., T. Kimura, K. Kitamura, M. Uesugi, Y. Handa, 1969, Studies on the heritability of some metric traits of the eye and the body. Jap. J. hum. gen. 13, 20-39. - 5452. Nakamura, M., K. Yamada, 1967, Studies on a diabetic (KK) strain of the mouse. Diabetol. 3, 212-221. - 5453. Nakamura, T., M. Fuji, M. Kaiho, M. Kumegawa, 1974, Sex difference in glucose-6-phosphate dehydrogenase activity in the submandibular gland of mice. Bioch. biophys. act. 362, 110-120. -5454. Nakano, T., F. X. Aherne, J. R. Thompson, 1981, Minerailzation of normal and osteochondrotic bone in swine. Can. J. anim. sci. 61, 343-348. - 5455. Nakashima, T., Y. Iwanaga, Y. Nakaura, 1964, Pathologic study of hypertensive heart. Act. path. jap. 14, 129-141. - 5456. Namikawa, T., 1981, Geographic distribution of bovine hemoglobin-beta (Hbb) alleles and the phylogenetic analysis of the cattle in Eastern Asia. Z. Tierz. Zücht. biol. 98, 151-159. - 5457. Nance, W. E., 1977, Relevance of twin studies in cancer research. In: Mulvihill u. Mit. a. a. O.. - 5458. Nance, W. E., E. Engel, 1967, Autosomal deletion m apping in man. Science 155, 692-694. - 5459. Nance, W. E., C. E. Jackson, C. J. Witkop, 1970, Amish albinism. Am. J. hum. gen. 22, 579-586. - 5460. Nandi, S., C. Helmich, 1974, Transmission of the mammary tumor virus by the GR mouse strain. J. nat. canc. inst. 52, 1567-1570. - 5461. Nanko, S., S. Saito, M. Makino, 1979, X and Y chromatin survey among 1581 Japanese juvenile delinquents. Jap. J. hum. gen. 24, 21-25. - 5462. Selective immunoglobulin deficiency in cattle and susceptibility to infection. Act. path. micr. scand. 80B, 49. - 5463. Narayanaswamy, M., K. R. Yadav, 1980, Factors associated with lamb mortality in Bannur sheep. Livest. adv. 5, 24-27. - 5464. Narisawa, K., Y. Igarashi, H. Otomo, K. Tada, 1978, A new variant of glycogen storage disease type I probably due to a defect in the glucose-6-phosphate transport system. Bioch. biophys. res. comm. 83, 1360-1364. - 5465. Narita, M., S. Inui, Y. Hashiguchi, 1979, The pathogenesis of congenital encephalopathies in sheep experimentally induced by Akabane virus. J. comp. path. 89, 229-240. - 5466. Nash, D. J., 1975, An unusual two-tailed mouse. Teratol. 12, 121-124. -5467. Nash, D. J., E. Kent, M. M. Dickie, E. S. Russell, 1964, The inheritance of "mick", a new anemia in the house mouse. Abstr. Am. zool. 14, 404-405. - 5468. Näsholm, L., 1967, Swedish Polled cattle show the most superior fertility. Sv. husdj., 109-110. - 5469. Nasim, M., M. I. Chowdhury, M. Shamsuddin, 1967, Observations on incidence of multiple birth in cattle in East Pakistan. Pak. J. vet. sci. 1, 120 - 124. - 5470. Nathan, D. G., 1979, Progress in thalassemia research. Nature 280, 275-276. - 5471. Nation, P. N., 1978, Epistaxis of guttural pouch origin in horses. Can. vet. J. 19, 194-197. - 5472. Natsuume-Sakai, S., J. I. Hayakawa, M. Takahashi, 1978, Genetic polymorphism of murine C3 controlled by a single co-dominant locus on chromosome 17. J. immunol. 121, 491-498. - 5473. Natta, C., G. A. Niazi, S. Ford, A. Bank, 1974, Balanced globin chain synthesis in hereditary persistence of fetal hemoglobin. J. clin. inv. 54, 433-438. - 5474. Natta, C. L., F. Ramirez, J. A. Wolff, A. Bank, 1976, Decreased $\measuredangle$ globin mRNA in nucleated red cell precursors in $\measuredangle$ thalassemia. Blood 47, 899-907. - 5475. Natural, N. G., K. Sato, M. Miyake, 1977, The seminal characteristics and serum testosterone concentrations of a monorchid and six normal colts. Res. bull. Obih. univ. 10, 637-641. - 5476. Nanndorf, H., W. Arnold, 1981, Breeding of nude mice under improved conventional conditions. Z. Versuchstierk. 23, 77-79. - 5477. Naus, A. H.,

1982,The presence of congenital undesirable defects in purebred males and females imported to Chile. Proc. 3rd int. conf. goat prod.,547. - 5478. Nawara,W., R. Rzepecki,A. Szewczyk,A. Tokarz,1980,Herkunfteinfluß der Eltern aus Einzel- oder Zwillingsgeburten auf die Schafsfruchtbarkeit der Polnischen Merinorasse. Roczn. nauk. 18,139-146. - 5479. Nawrot, P. S. ,W. E. Howell,H. W. Leipold,1980,Arthrogryposis. Austr. vet. J. 56,359-364. - 5480. Naylor,E. W. ,E. J. Gardner,1977,Penetrance and expressivity of the gene responsible for the Gardner syndrome. Clin. gen. 11,381-393. - 5481. Nazarov,S. ,1969,Relationship between the mineral composition of Karakul lamb hair and its color. Biol. abstr. 50,110335. - 5482. Nebert,D. W. ,J. R. Robinson,A. Niwa,K. Kumaki,A. P. Poland,1975,Genetic expression of aryl hydrocarbon hydroxylase activity in the mouse. J. cell. phys. 85,393-414. - 5483. Necheles, T. F. , N. Maldonado,A. Barquet-Chediak,D. M. Allen,1969,Homozygous erythrocyte glutathione-peroxidase deficiency. Blood 33,164-169. - 5484. Nechiporenko,V. K. , N. M. Oprishko, 1976,(Cytogenetic characteristics of pig intersexes). Svinarstv. 25,101-104. - 5485. Neeb-Chrubasik,S. ,H. Minne,W. Kerner,1980,Das Noonan-Syndrom. Mü. med. Wschr. 122,1508-1510. - 5486. Neel,J. V. ,1962,Diabetes mellitus. Am. J. hum. gen. 14,353-362. - 5487. Neel,J. V. ,1969,Current concepts of the genetic basis of diabetes mellitus and the biological significance of the diabetic predisposition. In: Diabetes Proc. 6th int. congr. fed. ,68-78. - 5488. Neel,J. V. ,1970, The genetics of diabetes mellitus. Adv. metab. disord. Suppl. 1,3-10. - 5489. Neel, J. V. ,1971,Familial factors in adenocarcinoma of the colon. Cancer 28,46-50. - 5490. Neel,J. V. ,1979,Some trends in the study of spontaneous and induced mutation in man. Genet. 92,Suppl. ,25-37. - 5491. Neeteson, F. A. ,1965,(Some hereditary defects in pigs). Tijds. diergeneesk. 89,1005-1010. - 5492. Neethling, L. P. ,J. M. M. Brown,D. R. Osterhoff,P. J. de Wet,I. S. Ward-Cox,1968,A note on an abnormal haemoglobin in cases of the geeldikkop-enzootic icterus disease complex. J. S. Afr. vet. med. ass. 39, 89. - 5493. Nehse, E. ,1936,Beiträge zur Morphologie,Variabilität und Vererbung des menschlichen Kopfhaares. Z. Morph. 151. - 5494. Neidhardt,B. ,K. T. Schricker,1981,Angeborener Faktor-VII-Mangel. Med. Klin. 76,45-48. - 5495. Neidle,S. ,1978,Carcinogen binding to DNA. Nature 276,444-445. - 5496. Neiman,P. E. ,1973,Measurement of RD 114 virus nucleotide sequences in feline cellular DNA. Nature 244,62-64. - 5497. Nel,J. A. ,1964,Hypotrichosis congenita in Karakul sheep. S. Afr. J. agr. sci. 7,875-877. - 5498. Nel,J. A. ,1967,Genetic studies in Karakul sheep. Ann. univ. Stellenbosch A 42,153-317. - 5499. Nel,J. A. ,1968,The identification of sub-lethal grey Karakul lambs at birth. Proc. 3rd congr. S. Afr. gen. soc. ,78-80. - 5500. Nenadovic,M. ,N. Radakovic,R. Jovanovic,V. Zivkovic,J. Plancak,1978,(The incidence and degree of acetonaemia in cows of different genotypes and ages). Vet. glasn. 32,913-921. - 5501. v. Nes,J. J. ,A. J. Venker-v. Haagen,W. E. Goodegebuure,W. E. v. d. Brom,1978, Glomus jugulare tumour in a dog. Tijds. diergeneesk. 103,1091-1098. - 5502. Nes, N. ,1953,Arvelig muskelkontraktur hos dolefe. Nord. vet. med. 5,869-883. - 5503. Nes,N. ,1958,Erbliche Zungenmißbildung,Gaumenspalte und Hasenscharte beim Schwein. Nord. vet. med. 10,625 - 643. - 5504. Nes, N. ,1959,Spina bifida ledsaget av muskelkontraktur og andere defekter hos kalv. Nord. vet. med. 11,33-54. - 5505. Nes,N. ,1963,An investigation of the relation of the Heggedahl factor to the Black Cross factor. Act. agr. scand. 13,359-370. - 5506. Nes, N. ,1964,The homozygous lethal effect of the Heggedahl factor. Act. agr. scand. 14,208-228. - 5507. Nes, N. ,1965,Abnormalities of the female genital organs in mink heterozygous for the Heggedahl factor. Act. vet. scand. 6,65-99. - 5508. Nes,N. ,1966,Diploid-triploid chimerism in a true hermaphrodite mink (Mustela vison). Hereditas 56,159-170. - 5509. Nes,N. ,1966,Testikulaer feminisering hos storfe. Nord. vet. med. 18,19 -29. -

5510. Nes, N., 1968, (Importance of chromosome aberrations in animals). Fors. landbr. 19, 393-410. - 5511. Nes, N., 1975, (Inheritance of the Shadow factor in the arctic fox). Nor. pelsd. 49, 12-15. - 5512. Nes, N., 1978, (Blue fox and silver fox colour types and their genetics). Nor. pelsd. 52, 414-419. - 5513. Nes, N., 1978, (Blue fox and silver fox colour types and their genetics. 2.). Nor. peld. 52, 465-470. - 5514. Nesbitt, M. N., 1974, Chimeras vs X inactivation mosaics. Dev. biol. 38, 202-207. - 5515. Neseni, R., G. Koriath, 1967, Mineralbestand in Rinderhaaren. Wien. tierärztl. Mschr. 54, 16-24. - 5516. Ness, H., G. Leopold, W. Müller, 1982, Zur Genese des angeborenen Darmverschlusses (Atresia coli et jejuni) des Kalbes. Mh. Vet. med. 37, 89-92. - 5517. Nestel, B. L., 1958, Bovine congenital porphyria (pink tooth) with a note on five cases observed in Jamaica. Corn. vet. 48, 430-439. - 5518. Nestor, K. E., 1978, Hereditary chondrodystrophy in the turkey. Poult. sci. 57, 577-580. - 5519. Nestor, K. E., R. G. Jaap, 1966, Genetic changes in the androgenic comb response of baby chicks may be detrimental to egg production. Poult. sci. 45, 458-462. - 5520. Nestor, K. E., P. A. Renner, K. I. Brown, 1973, Heritability of viability during the early growing period of turkeys. Poult. sci. 52, 2260-2266. - 5521. Nestor, K. E., K. I. Brown, P. A. Renner, 1974, Effect of genetic changes in egg production, growth rate, semen yield and response to cold stress on early mortality of turkey poults. Poult. sci. 53, 204-210. - 5522. Netter, K. J., 1964, Genetische Ursachen abnormer Arzneimittelwirkungen. Internist 5, 224-232. - 5523. Neufeld, E. F., R. W. Barton, 1973, Genetic disorders of mucopolysaccharide metabolism. In: Gaull a. a. O.. - 5524. Neumann, F., 1974, Bedeutung der vergleichenden Fortpflanzungsphysiologie, Endokrinologie und Anatomie in der Hormonforschung. Berl. Münch. tierärztl. Wschr. 87, 308-312. - 5525. Neumann, H. J., 1981, Chloramphenikol - ein teratogenes Antibiotikum ? Wiss. Z. Univ. Rost. 30, 89-93. - 5526. Neumann, W., W. Matthes, 1976, Zur Realisierung der im Zuchtprogramm enthaltenen Aufgaben für die Fleischrindzuc_ht. Tierzucht 30, 515-518. - 5527. Neustadt, P. M., T. S. Cody, A. A. Monjan, 1978, Failure to find H-2 -associated susceptibility to LCM disease. J. immunogen. 5, 397-400. - 5528. Neuwirt, J., P. Ponka, 1977, Regulation of haemoglobin synthesis. M. Nijhoff, Den Haag. - 5529. Neville, H., D. Armstrong, B. Wilson, N. Koppang, C. Wehling, 1980, Studies on the retina and the pigment epithelium in hereditary canine ceroid lipofuscinosis. Inv. ophth. vis. sci. 19, 75-86. - 5530. Nevo, S., 1978, Familial ovarian carcinoma. Clin. gen. 14, 219-222. - 5531. Newburgh, L. H., J. W. Conn, 1939, A new interpretation of hyperglycemia in obese middle-aged persons. J. A. M. A. 112, 7-11. - 5532. Newby, T. J., J. Bourne, 1977, The nature of the local immune system of the bovine mammary gland. J. immunol. 118, 461-465. - 5533. Newcombe, D. S., 1975, Inherited biochemical disorders and uric acid metabolism. HM + M Publ., Aylesbury. - 5534. Newman, M. T., 1961, Biological adaptation of man to his environment. In: Osborne a. a. O.. - 5535. Newman, P. K., P. J. B. Tilley, 1979, Myelopathy in Marfan's syndrome. J. neur. neurosurg. psy. 42, 176-178. - 5536. Newmark, P., 1981, Interferon. Nature 291, 105-108. - 5537. Newsholme, S. J., L. W. Marshall, 1980, Unilateral hindleg spasticity. J. S. Afr. vet. ass. 51, 195-198. - 5538. Newton, J. R., P. J. Cunningham, D. R. Zimmerman, 1977, Selection for ovulation rate in swine. J. anim. sci. 44, 30-35. - 5539. Nicholls, E. M., 1973, Development and elimination of pigmented moles, and the anatomical distribution of primary malignant melanoma. Cancer 32, 191-195. - 5540. Nichols, C. W., M. Yanoff, 1969, Dermoid of rat cornea. Path. vet. 6, 214-216. - 5541. Nichols, J., 1950, Effects of captivity on adrenal glands of wild Norway rat. Am. J. phys. 162, 5-9. - 5542. Nichols, W., A. Levan, W. Heneen, M. Peluse, 1965, Synergism of the Schmidt-Ruppin strain of the Rous sarcoma virus and cytidine triphosphate in the induction of chromosome breaks in human cultured leucocytes. Hereditas 54,213-236. - 5543. Nickel,R., A.Schammer,E.Seiferle,1975, Lehrbuch der Anatomie der Haustiere. IV. P. Parey, Berlin. - 5544. Nicolas, E., 1909, Trois cas d'ectopie congénitale du cristallin chez le cheval. Bull. soc. cent. méd. vet. 63, 453-455. - 5545. Nie, C. J.v., 1961, Congenitale hartmisvormingen bij het varken. Diss. Utrecht. - 5546. v. Nie, C.J., 1963, Congenital malformations of the pig heart. 17. Welttierärztekongr., 417-418. - 5547. v. Nie, G.J., 1977, Entropion in newborn lambs. Tijds. diergen. 102, 1093-1096. - 5548. Nie, C.J.v., 1980, Das Leitungssystem von Herzen mit angeborenen Abweichungen beim Schwein. Anat. hist. embr. 9, 330-336. - 5549. v. Nie,C. J.,A. P. Zeeuwen, 1979, Musculaire subaortastenose als oorsaak van een cardiale hypertrofie bij het varken. Tijds. diergen. 104, 308-311. - 5550. Niebauer,G.W., 1978, Ohrspitzenkarzinom bei einer weißen Katze. Wien. tierärztl. Mschr. 65, 253-256. - 5551. Niedermüller, H., 1976, Lipofuszin-Untersuchungen in der experimentellen Gerontologie. Wien. tierärztl. Mschr. 63, 388-395. - 5552. Nielsen, E., C.W. Friis, 1981, Development of immunoglobulins in conventional and SPF-mice of the BALB/c strain after stimulation with bovine serum albumin. Z. Versuchstierk. 23, 52-58. - 5553. Nielsen, J., 1978, Large Y chromosome (Yq+) and increased risk of abortion. Clin. gen. 13, 415-416. - 5554. Nielsen, J., M. Vetner, V. Holm, S. A. Askjaer, E. Reske-Nielsen, 1977, A newborn child with karyotype 47,XX,+der(12 pter- 12q12:8q24- 8qter),t(8;12)(q24;q12)pat). Hum. gen. 35, 357-362. - 5555. Nielsen, J., A. Homma, F. Christiansen, K. Rasmussen, P. Saldana-Garcia, 1977, Deletion long arm 13. Hum. gen. 37, 339-345. -5556. Nielsen, K.B., E.Wamberg, 1979, Maternal phenylketonuria. Ugesk. laeg. 141, 3218-3220. - 5557. Nielsen, N.C., K.Christensen, N.Bille, J.L. Larsen, 1974, Preweaning mortality in pigs. Nord. vet. med. 26, 137-150. - 5558. Niemand, H. G., 1959, Diabetes beim Hunde und seine Therapie. Kleintierprax. 4, 2-5. - 5559. Niepomniszcze, H., A.H. Coleoni, H.M. Targoonik, S. Iorcansky, O.J.Degrossi, 1980, Congenital goitre due to thyroid peroxidase-iodinase defect. Act. endocr. 93, 25-31. - 5560. Nieschlag, E., H.Wenner, H.Bren, E.J.Wickings, G. Schellong, 1980, Adrenogenitales Syndrom. Dt. med.Wschr. 105, 600-603. - 5561. Nihleen, B., K. Eriksson, 1958, A hereditary lethal defect in calves- atresia ilei. Nord. vet. med. 10, 113-128. - 5562. Niikawa, N., T. Matsuda, T. Ohsawa, T. Kajii, 1978, Familial occurrence of a syndrome with mental retardation, nasal hypoplasia, peripheraldysostosis ,and blue eyes in Japanese siblings. Hum. gen. 42, 227-232. - 5563. Nüni, T., W.Schleger, 1974, Tetrazygotie bei Fleckviehvierlingen. Zuchthyg. 9, 145-149. - 5564. Nijenhuis, L.E., 1977, Genetic considerations on association between HLA and disease. Hum. gen. 38, 175-182. - 5565. Nilsson, C., A.Hansson, G.Nilsson, 1975, Influence of thyroid hormones on satellite association in man and the origin of chromosome abnormalities. Hereditas 80, 157-166. - 5566. Nirankari, M.S., M.R.Chaddah, 1962, Supernumerary punctum on the caruncle. Brit. J. ophth. 46, 380-381. - 5567. Nishida, S., J. Otsuka, Y. Kano, T. Yamagishi, M. Kondo, 1974, Sex ratio of offspring in domestic animals : swine (5). Bull. Az. vet. coll. 28, 50-54. - 5568. Nishida, S., J. Otsuka, H. Hayashi, 1976, (Sex ratio of offspring in domestic animals: pigs). Jap. J. anim. repr. 22, 106-108. - 5569. Nishida, S., J. Otsuka, T. Sakasegawa, 1978, (Sex ratio of offspring in domestic animals). Bull. Az. vet. coll. 3, 267-272. - 5570. Nishimune, Y., T.Haneji, Y. Kitamura, 1980, The effects of steel mutation on testicular germ cell differentiation. J. cell. phys. 105, 137-141. - 5571. Nishimura, H., J.E. Frisch, 1977, Eye cancer and circumocular pigmentation in Bos taurus, Bos indicus and crossbred cattle. Austr. J. exp. agr. anim. husb. 17, 709-711. - 5572. Nisonoff, A., J.E.Hopper, S.B.Spring, 1975, The antibody molecule. Ac. Press, N.Y. - 5573. Nitsch, M., 1947, Untersuchungen über einige Konstitutionsmerkmale und über erbliche Veranlagung zur Streptococcen-Mastitis in einer Braunviehzucht.

Dissert. Hohenheim. - 5574. Nitter, G., 1978, Breed utilization for meat production in sheep. Anim. breed. abstr. 46, 131-143. - 5575. Nixon, C. W., 1972, Hereditary hairlessness in the Syrian golden hamster. J. hered. 63, 215-217. - 5576. Nixon, C. W., M. E. Connelly, 1967, Dark grey and lethal gray-two new coat color mutations in Syrian hamsters. J. hered. 58, 295-296. - 5577. Nixon, C. W., M. E. Connelly, 1968, Hind-leg paralysis: a new sex-linked mutation in the Syrian hamster. J. hered. 59, 276-278. - 5578. Nixon, C. W., R. Whitney, J. H. Beaumont, M. E. Connelly, 1969, Dominant spotting: a new mutation in the Syrian hamster. J. hered. 60, 299-300. - 5579. Nixon, C. W., R. Whitney, M. E. Connelly, 1969, Additional data on the dominant lethal gray in Syrian hamsters. J. hered. 60, 74. - 5580. Nixon, C. W., R. Robinson, 1973, Genetic studies of the Syrian hamster. Genetica 44, 588-590. - 5581. Noack, G., 1975, Nachweis und Beeinflussung von pH-abhängigen Strukturumwandlungen in Lysosomenmembranen mit Hilfe der ESR-Technik. Dissert. Gießen. - 5582. Noble, B., 1976, J. immunol. 117, 1447-1455. - 5583. Noble, E. R., G. A. Noble, 1976, Parasitology. Lea u. Febiger, Phil. - 5584. Noble, N. A., G. J. Brewer, F. J. Oehlshlegel, 1978, Association between cholesterol and 2,3-diphosphoglycerate in genetically selected hooded rat lines. Bioch. gen. 16, 39-44. - 5585. Noebels, J. L., 1979, Analysis of inherited epilepsy using single locus mutations in mice. Fed. proc. 38, 2405-2410. - 5586. Noguchi, T., A. N. Schechter, 1981, The intracellular polymerization of sickle hemoglobin and its relevance to sickle cell disease. Blood 58, 1057-1068. - 5587. Nolte, D., 1980, Die Asthma-Krankheit. Med. Klin. 75, 466-473. - 5588. Nombela, J. J. A., C. R. Murcia, 1977, Spontaneous double Robertsonian translocations Rb(2,3) and Rb(X,3) in the mouse. Cytogen. cell gen. 19, 227-230. - 5589. Nongbri, S. S., C. K. Rajkonwar, B. N. Borgohain, 1979, Study on the incidence of anatomical abnormalities of the genital organs of indigenous cows of Assam. Vetcol. Ind. 19, 25-28. - 5590. Nora, J. J., C. W. McGill, D. G. McNamara, 1970, Empiric recurrence risk in common and uncommon congenital heart lesions. Teratol. 3, 325-330. - 5591. Nora, J. J., F. C. Fraser, 1974, Medical genetics. Lea u. Febiger, Philadelphia. - 5592. Nora, J. J., R. H. Lortscher, R. D. Spangler, A. H. Nora, W. J. Kimberling, 1980, Genetic-epidemiologic study of early-onset ischemic heart disease. Circul. 61, 503-508. - 5593. Norberg, H. S., A. O. Refsdal, O. N. Garm, N. Nes, 1976, A case report on $\bar{X}$-trisomy in cattle. Hereditas 82, 69-72. - 5594. Norcross, N. L., 1971, Immune response in the mammary gland. J. dairy sci. 54, 1880-1885. - 5595. Nordby, J. E., 1933, Congenital melanotic skin tumors in swine. J. hered. 24, 361-364. - 5596. Nordby, J. E., 1934, Congenital defects in the mammae of swine. J. hered. 59, 186-187. - 5597. Nordskog, A. W., 1977, Success and failure of quantitative genetic theory in poultry. Proc. int. conf. quant. gen. Ames, 569-586. - 5598. Nordskog, A. W., I. Y. Pevzner, 1977, Sex-linkage versus maternal antibodies in the genetic control of disease. Wld. poult. sci. J. 33, 21-30. - 5599. Nordstoga, K., 1965, Thrombocytopenic purpura in baby pigs caused by maternal isoimmunization. Path. vet. 2, 601-610. - 5600. Norio, R., M. Koskiniemi, 1979, Progressive myoclonus epilepsy. Clin. gen. 15, 382-398. - 5601. Norman, A. P., 1971, Congenital abnormalities in infancy. Blackwell sci. publ., Oxf. - 5602. Norman, L. M., W. Hohenboken, 1979, Genetic and environmental effects on internal parasites, foot soundness and attrition in crossbred ewes. J. anim. sci. 48, 1329-1337. - 5603. Norn, M. S., 1971, Iris pigment defects in uveitis. Act. oph. 49, 895-900. - 5604. Norris, F. H., A. J. Moss, P. N. Yu, 1966, On the possibility that a type of human muscular dystrophy commences in myocardium. Ann. N. Y. ac. sci. 138, 342-354. - 5605. Norrish, J. G., J. C. Rennie, 1968, Observations on the inheritance of atresia ani in swine. J. hered. 59, 186-187. - 5606. Norton, J. H., 1980, Cataracts in sows. Austr. vet. J. 56, 403. - 5607. Norval, M. A., N.

King, 1950, A biometric study of the excretion of corticosteroids in children in relation to age, height and weight. Biometr. 6, 395-398. - 5608. Norwood, P. K., K. Hinkelmann, 1978, Measures of association between disease and genotype. Biometr. 34, 593-602. - 5609. Nosadini, R., F. Ursini, P. Tessari, M. C. Garotti, F. de Biasi, A. Tiengo, 1980, Hormone and metabolic characteristics of genetically obese Zucker and dietary obese Sprague-Dawley rats. Eur. J. clin. inv. 10, 113-118. - 5610. Noseda, G., 1967, Die chronische Myopathie bei Schilddrüsenüberfunktion. Schweiz. med. Wschr. 97, 797-803, 842-847. - 5611. Notani, G. W., E. C. Hahn, N. H. Sarkar, A. J. Kenyon, 1976, Characterization of Aleutian disease antigens. Nature 261, 56-58. - 5612. Notenboom, R., S. Dubiski, B. Cinader, B. Underdown, 1979, Allotype related charge differences between immunoglobulins and light chains from rabbits differing at the Ab locus. Mol. immun. 16, 77-84. - 5613. Nott, C. F. G., 1974, The effects of the m gene for muscular hypertrophy on body conformation and size in beef cattle. Dissert. abstr. B 34, 1395-1396. - 5614. Nott, C. F. G., W. C. Rollins, 1973, Effects of the m gene for muscular hypertrophy on body conformation and size in beef cattle. Genet. 74, 198-199. - 5615. Nott, C. F. G., W. C. Rollins, 1979, Effects at the m gene for muscular hypertrophy on birth weight and growth to one year of age in beef cattle. Growth 43, 221-234. - 5616. Nott, C. F. G., W. C. Rollins, M. Tanaka, 1980, Effects of the m gene for muscular hypertrophy on conformation at one year of age in beef cattle. Ann. gén. sél. anim. 12, 143-155. - 5617. Novak, E. K., R. T. Swank, 1979, Lysosomal dysfunction assiciated with mutations at mouse pigment genes. Genet. 92, 189-204. - 5618. Novak, E. K., R. T. Swank, M. H. Meisler, 1980, Pigmentation and lysosomal function in mice homozygous for both pale ear and Beige-J pigment genes. Genet. res. 35, 195-204. - 5619. Novak, E. K., F. Wieland, G. P. Jahreis, R. T. Swank, 1980, Altered secetion of kidney lysosomal enzymes in the mouse pigment mutants ruby-eye, ruby-eye-2-J and maroon. Bioch. gen. 18, 549-561. - 5620. Novak, E. K., S. Hui, R. T. Swank, 1981, The mouse pale ear pigment mutant as a possible model for human platelet storage pool deficiency. Blood 57, 38-43. - 5621. Novak, E., S. K. Hui, R. T. Swank, 1982, Mouse pigment mutants with defective lysosomal enzyme secretion have platelet storage pool deficiency. Mouse Newsl. 67, 35. - 5622. Novakofski, J. E., R. G. Kauffman, R. Cassens, 1981, Biological detection of heterozygosity for double muscling in cattle. J. anim. sci. 52, 1430-1436. - 5623. Novakofski, J. E., R. G. Kauffman, 1981, Biological detection of heterozygosity for double muscling in cattle. II. J. anim. sci. 52, 1437-1441. - 5624. Novikoff, A. B., H. Beaufay, C. de Duve, 1956, Electron microscopy of lysosome-rich fractions from rat liver. J. biophys. bioch. cyt. 2, Suppl. 4, 179-184. - 5625. Novikov, G., S. Serdyuk, 1980, (Genitalia of gilts reared at large farms). Svinovod. 9, 33-34. - 5626. Novy, J., S. Karac, S. Jarabek, 1979, (A phenogenetic analysis of twinning in cattle). Act. zootec. Nitra 35, 71-86. - 5627. Nowak, A., R. Puls, E. Otto, 1976, Kreislaufbelastungstest und Fleichbeschaffenheit bei Mastschweinen bekannter genetischer Herkunft. Arch. exp. Vet. med. 30, 387-395. - 5628. Nowinski, R. C., M. Brown, T. Doyle, R. L. Prentice, 1979, Genetic and viral factors influencing the development of spontaneous leukemia in AKR mice. Virol. 96, 186-204. - 5629. Nudleman, K. L., A. A. Travill, 1971, A morphological and histochemical study of thalidomide-induced upper limb malformations in rabbit fetuses. Teratol. 4, 409-426. - 5630. Nuki, G., 1976, Some aspects of gout and purine metabolism. In: Hughes a. a. O. - 5631. Nunez, E. A., D. V. Becker, E. D. Furth, B. E. Belshaw, J. P. Scott, 1970, Breed differences and similarities in thyroid function in purebred dogs. Am. J. phys. 218, 1337-1341. - 5632. Nurden, A. T., T. J. Kunicki, D. Dupuis, C. Soria, J. P. Caen, 1982, Specific protein and glycoprotein deficiencies in platelets isolated from two patients with the gray paltelet syndrome. Blood 59, 709-718. - 5633. Nussbaum, R. E.,

W. M. Henderson, I. H. Pattison, N. V. Elcock, D. C. Davies, 1975, The establishment of sheep flocks of predictable susceptibility to experimental scrapie. Res. vet. sci. 18, 49-58. - 5634. Nwokoro, N., E. F. Neufeld, 1979, Detection of Hunter heterozygotes by enzymatic analysis of hair roots. Am. J. hum. gen. 31, 42-49. - 5635. Nyaga, P. N., A. D. Wiggins, W. A. Priester, 1980, Epidemiology of equine influenza, risk by age, breed and sex. Comp. immun. micr. inf. dis. 3, 67-73. - 5636. Nyberg, K., 1980, (Crossing blue foxes (Alopex lagopus) by means of artificial insemination). Nord. Vet. med. 32, 132-138. - 5637. Nyhan, W. L., 1967, Amino acid metabolism and genetic variation. McGraw-Hill Bk. Co., N. Y.. -5638. Nytorp, N., 1958, (Relationship between white colour and hypoplasia). Lantman. 42, 30-31. - 5639. Oakberg, E. F., 1943, Constitution of liver and spleen as a physical basis for genetic resistance to mouse typhoid. J. inf. dis. 78, 78-79. -5640. Obeidah, A., A. Mostageer, M. M. Shafie, 1974, Genetic and phenotypic parameters of body temperature and respiration rate in Fayoumi chicks. Ann. gén. sél. anim. 6, 267-274. - 5641. Obeidah, A., P. Mérat, A. Bordas, 1977, Polydipsia and polyuria at high environmental temperatures in association with the productive traits in the fowl. Ann. gén. sél. anim. 9, 431-447. - 5642. O'Bleness, L. D. v. Vleck, C. R. Henderson, 1960, Heritability of some type appraisal traits and their genetic and phenotypic correlations with production. J. dairy sci. 43, 1490-1498. - 5643. O'Brien, A. D., D. L. Rosenstreich, I. Scher, G. H. Campbell, R. P. McDermott, S. B. Formal, 1980, Genetic control of susceptibility to Salmonella typhimurium in mice. J. immunl. 124, 20-24. - 5644. O'Brien, A. D., D. L. Rosenstreich, B. A. Taylor, 1980, Control of natural resistance to Salmonella typhimurium and Leishmania donovani in mice by closely linked but distinct genetic loci. Nature 287, 440-442. - 5645. O'Brien, D., D. Spapcott, 1971, Iuvenile diabetes mellitus and the gene defect. In: Sussman a. a. O.. - 5646. O'Brien, D., S. Berlow, G. Donnell, P. Justice, S. Kaufman, H. L. Levy, E. R. McCabe, S. Snyderman, 1980, New developments in the hyperphenylalanin emia. Pediat. 65, 844-843. - 5647. O'Brien, J. S., 1978, The cherry red spot-myoclonus syndrome. Clin. gen. 14, 55-60. - 5648. O'Brien, S. J., M. H. Gail, D. L. Levin, 1980, Correlative genetic variation in natural populations of cats, mice and men. Nature 288, 580-583. - 5649. O'Brien, W. M., 1968, Twin studies in rheumatic disease. Arthr. rheum. 11, 81-86. - 5650. Obst, J. M., The relationship between plasma corticoid and growth rate in cattle., 1974, Proc. Austr. soc. anim. prod. 10, 41-44. - 5651. Obst, J. M., R. F. Seamark, C. J. McGowan, 1971, Haemoglobin type and fertility of Merino ewes grazing oestrogenic (Yarloop clover) pastures. Nature 232, 497-498. - 5652. Ocana, I. J. M., H. A. Orgaz, C. A. Martinez, 1974, Neonatal Klinefelter's syndrome with esophageal atresia, microphthalmia and hypospadias. Rev. esp. ped. 30, 121-126. - 5653. Ochs, H., 1967, Das Thibarrind der Weißen Väter der Domäne St. Joseph/Tunesien. Tierzücht. 19, 152-157. - 5654. Ochs, H. D., S. J. Slichter, L. A. Harker, W. E. v. Behrens, R. A. Clark, R. J. Wedgwood, 1980, The Wiskott-Aldrich syndrome. Blood 55, 243-252. - 5655. O'Connell, R. J., 1978, Olfaction, pheromones, and the major histocompatibility complex. Fed. proc. 37, 2099 - 2101. - 5656. Oda, S. I., T. Watanabe, K. Kondo, 1980, A new mutation, eye lens obsolescence, Elo on chromosome 1 in the mouse. Jap. J. gen. 55, 71-75. - 5657. Odaka, T., 1969, Inheritance of susceptibility to Friend mouse leukemia virus. J. virol. 3, 543-548. - 5658. Odaka, T., 1970, Inheritance of susceptibility to Friend mouse leukemia virus. VII. Int. J. canc. 6, 18-23. - 5659. Odaka, T., 1973, Inheritance of susceptibility to Friend mouse leukemia virus. XI. Int. J. canc. 12, 124-128. - 5660. Odaka, T., 1973, Inheritance of susceptibility to Friend mouse leukemia virus. X. Int. J. canc. 11, 567-574. - 5661. Odaka, T., 1974, Inheritance of susceptibility to Friend mouse leukemia virus. XII. Int. J. canc. 14, 252-258. -

5662. Odaka,T., H.Ikeda,K. Moriwaki,A. Matsuzawa, M. Mizuno, K. Kondo,1978, Genetic resistance in Japanese wild mice (Mus musculus molossinus) to an NB-tropic Friend murine leukemia virus. J. nat. canc. inst. 61,1301-1306. - 5663. Odaka, U., H. Ikeda, K. Moriwaki,A. Matsuzawa, M. Mizuno,1979,Genetic resistance to murine leukemia and sarcoma viruses in strain G and Japanese wild mice. In : Oncogenic viruses and host cell genes. Ac. Press, N. Y. - 5664. Odegaard, S. A., 1973, Parturient paresis in dairy cows. Nord. vet. med. 25, 634 - 638. - 5665. Odell,W.D., 1966, Isolated deficiencies of anterior pituitary hormones. J. A. M. A. 197,1006-1016. - 5666. Odenthal, K. P., 1972,Untersuchungen zur Entwicklung einer hereditär bedingten Ectopia testis bei der Wistarratte.Diss. Hannover. - 5667. O'Donnell, F. E., G.W. Hambrick, W. R. Green, W. J. Iliff, D. L. Stone, 1976, X-linked ocular albinism. Arch. ophth. 94,1883-1892. - 5668. O' Donoghue, J. L., C. Reed, 1981, The hairless immune-deficient guinea pig. In : Immunol. def. in lab. anim., Plenum Press, N. Y. - 5669. Oelschlaeger, A., D. F. Gibson, P. F. Scanlon, H. P. Veit, 1981, Segmental aplasia in the uterus of European wild pig (Sus scrofa). Theriogen. 15,157-159. - 5670. O' Ferrall, G., J. More,H.O. Hetzer, J. A. Gaines, 1968, Heterosis in preweaning traits of swine. J. anim. sci. 27,17-21. - 5671. Ohlrogge, J., 1965, Mißbildungen beim Schwein. Dissert. Hannover. - 5672. Ohno, S., 1969, The spontaneous mutation rate revisited and the possible principle of polymorphism generating more polymorphism. Can. J. gen. cyt. 11, 457-467. - 5673. Ohno, S., 1969, The mammalian genome in evolution and conservation of the original X-linkage group. In: Benirschke a. a. O.. - 5674. Ohno,S., 1969,Concluding remarks. In: Benirschke a.a. O.. - 5675. Ohno,S., 1969, The problem of the bovine freemartin. J. repr. fert., Suppl. 7, 53-61. - 5676. Ohno,S., 1973, Regulatory genetics of sex differentiation. In: Birth defects, Proc. 4th int. conf., 148-154. - 5677. Ohno,S.,1974, Conservation of ancient linkage groups in evolution and some insight into the genetic regulatory mechanism of X-inactivation. Cld. sprg. harb. symp. quant. biol. 38,155-164. - 5678. Ohno,S.,1977, The Y-linked H-Y antigen locus and the X-linked Tfm locus as major regulatory genes of the mammalian sex determining mechanism. J. ster. bioch. 8, 585-592. - 5679. Ohno,S., J. M. Trujillo, C. Stennis, L. C.Christian, K. L. Teplitz,1962, Possible germ cell chimeras among newborn dizygotic twin calves (Bos taurus). Cytogen. 1, 258-265. - 5680. Ohno, S., W. A. Kittrell, L. C. Christian, C. Stennis, G. A. Witt,1963, An adult triploid chicken (Gallus domesticus) with a left ovotestis. Cytogen. 2, 42-49. - 5681. Ohno,S., J. Poole, I. Gustavsson, 1965, Sex-linkage of erythrocyte glucose-6-phosphate dehydrogenase in two species of wild hares. Science 150, 1737-1738. - 5682. Ohno, S., U. Wolf, N. B. Atkin, 1968, Evolution from fish to mammals by gene duplication. Hereditas 59, 169-187. - 5683. Ohno, S., L. Christian, B. J. Attardi, J. Kan, 1973, Modification of expression of the testicular feminization (Tfm) gene of the mouse by a "controlling element" gene. Nature 245, 92-93. - 5684. Ohno, S., L. N. Geller, J. Kan, 1974, The analysis of Lyon's hypothesis through preferential X-inactivation. Cell 1, 175-184. - Ohno, T., H. Yoshida, 1981, "Atrichosis", a new hairless gene with cyst formation in rats. Experientia 37, 126-127. - 5686. Ohotori, H., T. Yoshida, T. Inuta, 1968, "Small eye and cataract", a new dominant mutation in the mouse. Exp. anim. Tok. 17, 91-96. - 5687. Ohshima, K., D. T. Shen, J. B. Henson, J. R. Gorham, 1978, Comparison of the lesions of Aleutian disease in mink and hypergammaglobulinemia in ferrets. Am. J. vet. res. 39, 653-657. - 5688. Ojala, L., 1943, Ein Beitrag zur Kenntnis der kongenitalen Taubheit beim Albinismus. Act. oto-laryng. 31, 128-151. - 5689. Ojo, S. A., H. W. Leipold, D. Y. Cho, M. M. Guffy, 1975, Osteopetrosis in two Hereford calves. J. A. V. M. A. 166, 781-783. - 5690. Ojo, S. A., H. W. Leipold, M. M. Guffy, C. M. Hibbs, 1975, Syndactyly in Holstein-Friesian, Hereford, and crossbred Chianina cattle. J.A.V.M.A. 166, 607-609. - 5691. Ojo, S.A., H.W. Leipold, M.M. Guffy, 1975, Facial-digital syndrome in purebred Angus cattle. Vet. med. 70, 28-29. - 5692. Ojo, S.A., H.W. Leipold, 1976, Ocular albinism in a herd of Nigerian-Holstein-Friesian cattle. Z. Tierz. Zücht. biol. 93, 252-254. - 5693. Okada, I., Y. Yamada, M. Akiyama, I. Nishimura, N. Kano, 1977, Changes in polymorphic gene frequencies in strains of chickens selected for resistance to Marek's disease. Brit. poult. sci. 18, 237-246. -5694. Okada, I., H. Bansho, S. Aoyama, T. Tsue, 1979, Genetic load in the chicken. Jap. poult. sci. 16, 35-38. - 5695. Okamoto, A., 1974, (Studies on the sex chromatin of swine intersexes). Ref. An. breed. abstr. 42, 564. - 5696. Okamoto, A., H. Masudo, 1977, Cytogenetic studies of intersex swine. Proc. Jap. ac. B 53, 276-281. -5697. Okamoto, K., 1972, Spontaneous hypertension. Igaku Shoin, Tokio. - 5698. Okamoto, K., K. Aoki, 1963, Development of a strain of spontaneously hypertensive rats. Jap. circ. J. 27, 282-293. - 5699. Okamoto, S., 1963, Statistical studies on the inheritance of heat tolerance in dairy cows. Ref. An. breed. abstr. 32, 473; 33, 558. - 5700. Okano, K., 1980, (Studies on a hereditary nervous disorder in the Gifu native fowl. Jap. poult. sci. 17, 151-153. - 5701. O'Kelly, J.C., W.G. Spiers, 1976, Resistance to Boophilus microplus (Canestrini) in genetically different types of calves in early life. J. parasit. 62, 312-317. - 5702. Oksanen, A., 1972, Congenital defects in Finnish calves. Nord. vet. med. 24, 156-161. - 5703. Oku, S., M. J. Sole, B.A. Britt, C.C. Liew, 1981, Analysis of non-histone chromatin proteins in porcine malignant hyperthermia. J. neur. sci. 50, 373-379. - 5704. Okuda, K., P.R. Christadoss, S. Twining, M.Z. Atassi, C.S. David, 1978, Genetic control of immune response to sperm whale myoglobin in mice. J. immunol. 121, 866-868. - 5705. Okumara, F., B.D. Crocker, M.A. Denborough, 1979, Identification of susceptibility to malignant hyperpyrexia in swine. Brit. J. anaest. 51, 171-176. - 5706. Olbrich, S.E., F.A. Martz, N.D. Johnson, S.W. Phillips, A.C. Lippincott, E. S. Hilderbrand, 1972, Effect of constant ambient temeratures of 10C and 31 C on ruminal responses of cold tolerant and heat tolerant cattle. J. anim. sci. 34, 64-69. - 5707. Old, J.M., J.B. Clegg, D.J. Weatherall, 1978, Haemoglobin J Tongariki is associated with α thalassaemia. Nature 273, 319-320. - 5708. Olds, P. J., 1970, Effect of the T locus on sperm distribution in the house mouse. Biol. repr. 2, 91-97. - 5709. Oldstone, M.B.A., F.J. Dixon, G.F. Mitchell, 1973, Histocompatibility-linked genetic control of disease susceptibility. J. exp. med. 137, 1201-1212. - 5710. O'Leary, J.L., J.M. Smith, R.R. Fox, A.B. Harris, M.B. O'Leary, 1968, Hereditary ataxia of animals. Arch. neur. 19, 34-46. - 5711. Olholm-Larsen, P., 1979, Serum zinc levels in heterozygous carriers of the gene for acrodermatitis enteropathica. Hum. gen. 46, 65-74. - 5712. Olins, D.E., A.L. Olins, 1978, Nucleosomes. Am. sci. 66, 704-711. - 5713. Oliver, C., E. Essner, 1973, Distribution of anomalous lysosomes in the beige mouse. J. histoch. cytoch. 21, 218-228. - 5714. Oliver, R.T.D., 1978, HLA-D locus and susceptibility to disease. Nature 274, 14-15. - 5715. Oliverio, A., B.E. Eleftheriou, D.W. Bailey, 1973, Exploratory activity. Phys. behav. 10, 893-899. - 5716. Ollivier, L., 1968, Etude du déterminisme héréditaire de l'hypertrophie musculaire du porc de piétrain. Ann. zoot. 17, 393-407. - 5717. Ollivier, L., 1968, A study of the genetic determination of muscular hypertrophy in the Piétrain pig. Proc. XII th int. cong. gen. I, 276. - 5718. Ollivier, L., 1980, Le déterminisme génétique de l'hypertrophie musculaire chez le porc. Ann. gén. sél. anim. 12, 383-394. - 5719. Ollivier, L., J.J. Lauvergne, 1967, A study of the inheritance of the muscular hypertrophy of the Piétrian pig. Ann. méd. vét. 111, 104-109. - 5720. Ollivier, L., P. Sellier, G. Monin, 1975, Déterminisme génétique du syndrome d'hyperthermie maligne chez le porc de Piétrain. Ann. gén. sél. anim. 7, 159-166. - 5721. Ollivier, L., P. Sellier, G. Monin, 1978, Fréquence du syndrome d'hyperthermie maligne dans des populations porcines francaises. Ann. gén. sél. anim. 10, 191-208. - 5722. Ollivier, L., P. Sellier, G. Monin, 1979, Fréquence du syndrome d'hyperthermie maligne dans des populations porcines francaises. Tech. porc 2, 13-16. - 5723. Ollivier, L., C. Legault, 1981, Les généticiens préparent le porc de l'an 2000. L'élev. porc. 105, 27-30. - 5724. Olsen, H., 1968, (Shadow mink-good and bad points). Dansk pelsd. 30, 468-471. - 5725. Olsen, M. N., Twelve year summary of selection for parthenogenesis in Beltsville small white turkeys. Brit. poult. sci. 6, 1-6. - 5726. Olsen, M. W., 1966, Segregation and replication of chromosomes in turkey parthenogenesis. Nature 212, 435-436. - 5727. Olsen, M. W., 1966, Frequency of parthenogenesis in chicken eggs. J. hered. 57, 23-25. - 5728. Olsen, M. W., 1967, Age as a factor influencing the level of parthenogenesis in eggs of turkeys. Proc. soc. exp. biol. med. 124, 617-619. - 5729. Olsen, M. W., 1969, Potential uses of parthenogenetic development in turkeys. J. hered. 60, 346-348. -5730. Olsen, M. W., 1972, Further studies on hybridization of chickens and turkeys. J. hered. 63, 264-266. - 5731. Olsen, M. W., 1972, Influence of turkey sires and dams on the level of parthenogenesis in eggs of their daughters. Poult. sci. 51, 2035-2039. - 5732. Olsen, M. W., 1974, Frequency and cytological aspects of diploid parthenogenesis in turkey eggs. Theor. appl. gen. 44, 216-221. - 5733. Olsen, M. W., S. J. Marsden, 1954, Development in unfertilized turkey eggs. J. exp. zool. 126, 337-347. - 5734. Olsen, M. W., S. J. Marsden, 1954, Natural parthenogenesis in turkey eggs. Science 120, 545-546. - 5735. Olsen, M. W., H. L. Marks, S. P. Wilson, 1968, Parthenogenetic chick. J. hered. 59, 67-68. - 5736. Olsen, M. W., S. P. Wilson, H. L. Marks, 1968, Genetic control of parthenogenesis in chickens. J. hered. 59, 41-42. - 5737. Olsen, M. W., E. G. Buss, 1972, Segregation of two alleles for color of down in parthenogenetic and normal turkey embryos and poults. Genet. 72, 69-75. - 5738. Olson, T. A., 1980, Choice of a wild-type standard in color genetics of domestic cattle. J. hered. 71, 442-444. - 5739. Olson, T. A., 1981, The genetic basis for piebald patterns in cattle. J. hered. 72, 113 - 116. - 5740. Olsson, N., 1941, Studie über die Verwendbarkeit wachsender Küken zur Bestimmung des antirachitischen Effekts von Vitamin D und ultraviolettem Licht. Dissert. Lund. - 5741. Oltenacu, E. A. B., 1974, A genetic analysis of fertility in the Finnsheep and its crosses. Diss. abstr. B 35, 2525. - 5742. Oltenacu, E. A. B., W. J. Boyalan, 1974, Inheritance of tail length in crossbred Finnsheep. J. hered. 65, 331-334. - 5743. Oluyemi, J. A., E. Babatola, 1973, The heritability and the economic importance of nipple numbers in swine. E. Afr. agr. for. J. 38, 215-217. - 5744. O'Malley, B. W., 1981, Studies on gene structure, expression and regulation. Fed. proc. 40, 1255. - 5745. O'Mary, C. C., M. E. Ensminger, 1959, The occurrence of albinism in registered Hereford beef cattle. J. anim. sci. 18, 1462. - 5746. Omenn, G. S., 1978, Prenatal diagnosis of genetic disorders. Science 200, 952-958. - 5747. Omura, Y., 1977, Morphological and chromosome studies on the genital organs of intersex goats and bovine freemartins. Hir. J. med. sci. 26, 81-102. - 5748. Onet, E., 1972, Über die Häufigkeit und Art einiger utero-vaginaler Veränderungen bei Schlachtkühen. Dt. tierärztl. W-schr. 79, 366-370. - 5749. Onodera, T., J. W. Yoon, K. S. Brown, A. L. Notkins, 1978, Evidence for a single locus controlling susceptibility to virus-induced diabetes mellitus. Nature 274, 693-696. - 5750. Onstad, O., 1970, (Ovarian hypoplasia in cattle). Nor. vet. tids. 82, 76-77. - 5751. Ooi, Y. M., H. R. Colten, 1979, Genetic defect in secretion of complement C5 in mice. Nature 282, 207-208. - 5752. Oppenborn, G., 1979, Das japanische Mövchen. Voliere 2, 58-62. - 5753. Opsahl, W., R. B. Rucker, R. S. Riggins, C. Kenney, U. Abbott, 1982, Collagen crosslinks in vertebral discs from scoliotic chickens. Fed. proc. 41, 3409. - 5754. O'Reilly, P. J., 1979, Oestrous cycles and fertility in porcine hermaphrodites. Vet. rec. 104, 196. - 5755. Orel, V., B. Klimes, 1969, Investigation on genetic resistance to coccidiosis.Act.vet.Brno 38,59-64. - 5756. Orgel, L.E., F.H.C.Crick,1980,Selfish DNA : the ultimate parasite.Nature 284,604-607. - 5757. Orgel, L.E., F. H.C.Crick,C.Sapienza,1980,Selfish DNA. Nature 288,645-648. - 5758. Orr, J. P.,1980,Osteochondrodystrophy and paresis in beef calves. Proc. 23rd ann. meet. Am.ass.vet.lab.diag.,281-292. - 5759. Orsini, M.W.,1952,The piebald hamster. J.hered.43,37. - 5760. Orstadius, K.,1969,Hautkrankheiten beim Hunde. Nord. vet. med. 21,465-484. - 5761. Ortavant,R.,1958,Dissert. Paris. - 5762. Ortmann, N.H.,1979,Untersuchung zur Ätiologie der Zitterkrankheit der Ferkel.Diss. Hannover. - 5763. Ortonne,J.P.,H.Perrot,A.J.Beyrin,1976, Le syndrome de Waardenburg Klein.Ann.derm.syph.103,245-256. - 5764. Ortonne,J.P.,J.P. Benedetto,1981,Mélanocytes épidermiques et mélanocytes folliculaires. Ann. gén.sél.anim.13,17-26. - 5765. Osborne,R.,1969,Consequences of selection techniques on selection for disease resistance and elimination of specific pathogens.Wld.poult.sci.J.25,112-123. - 5766. Osborne,R.H.,1961,Genetic perspectives in disease resistance and susceptibility.Ann.N.Y.ac.sci.91,595-818. - 5767. Osborne,R.H.,1961,The "host factor" in disease.In: Osborne a.a.O. - 5768. Osborne,R.H., F.V.DeGeorge,1964, Neoplastic diseases in twins.Canc. 17,1149-1154. - 5769. Oseid,S.,E.O.R.Pruett,1976,Studies in congenital generalized lipodystrophy.Act.endocr.83,839-855. - 5770. Oser,G.,B.V.Rautenfeld,1977,Langfedrigkeit als Anomalie beim Wellensittich.Prakt.Tierarzt 58, 552. - 5771. Osetowska,E.,1967,(A new hwreditary disease of the laboratory rabbit.Act. neuropath.8,331-344. - 5772. Osetowska,E.,H.Wisniewski,1966, Familial ataxia in the rabbit,differing from the hereditary disease of Savin-Anders.Act.neuropath.6,243-250. - 5773. O'Shaugnessy,R.,J.Russ,F.P.Zuspan,1979,Glycosylated hemoglobins and diabetes mellitus in pregnancy.Am. J.obst.gyn.135,783-790. - 5774. O'Shea,J.D.,C.S.Lee,I.A.Cumming,1974, Normal duration of the oestrus cycle in ewes with congenital absence of one uterine horn.J.repr.fert.38,201-204. - 5775. Osinga,A.,1978,Endocrine aspects of bovine dystocia with special reference to estrogens.Theriogen.10,149-166. - 5776. Osipov,V.V.,M.P.Vakhrusheva,1974,(Interaction of the genes white and ocular retardation in mice).Genetika 10,51-53. - 5777. O'Steen,W.K., K.Nandy,1970, Lipofuscin pigment in neurons of young mice with a hereditary central nervous system defect.Am.J.anat.128,359-366. - 5778. Osterhoff,D. R.,1971,Haemoglobin types and the geeldikkop-enzootic icterus disease complex in sheep.Anim.bld.grps.bioch.gen.2,181-184. - 5779. Osterhoff,D.R.,1974, Blood groups in horses.J.S.Afr.vet.ass.45,191-194. - 5780. Osterhoff,D.R., J.O.Hof,G.de Beer,R.I.Conbrough,1973,Isoenzyme studies in aborting and non-aborting Angora goats.J.S.Afr.vet.ass.44,171-174. - 5781. Osterhoff,D. R.,I.S.Ward-Cox,W.Giesecke,1973,The relationship between protein polymorphism and mastitis in Friesland cows.J.S.Afr.vet.ass.44,47-51. -5782. v.Ostertag,R.,1936,Grundsätzliches zur Frage der Bekämpfung und der Tilgung der Tuberkulose des Rindes.V.Schwetz,Berlin. - 5783. Ostrander,L.O., T.Francis,N.S.Hayner,M.O.Kjelsberg,F.H.Epstein,1965,The relationship of cardiovascular disease to hyperglycaemia.Ann.int.med.62,1188-1198. - 5784. Ostrowski,J.E.B.,1972,Familiäre Unfruchtbarkeit in einer Dairy-Shorthorn-Herde mit gehäuftem Auftreten von Aplasia segmentalis ductus Wolffii. Dt.tierärztl.Wschr.79,473-475. - 5785. O'Sullivan,B.M.,C.P.McPhee,1975, Cerebellar hypoplasia of genetic origin in calves.Austr.vet.J.51,469-471 . - 5786. O'Sullivan,B.M.,J.Healy,I.R.Fraser,R.E.Nieper,R.J.Whittle,C.A. Hewell,1981,Generalized glycogenosis in Brahman cattle.Austr.vet.J.57,227-229. - 5787. Osuna,A.,A.Moreno,1977,Regular G21-trisomy in 3 sibs from mother with trisomy 21 mosaicism.J.med.gen.14,286-287. - 5788. Oth,D.,F. Robert,M.Berebbi,G.Meyer,1976,Decreased resistance in some heterozygotes in H-2-linked immune response to polyoma-induced tumour. Nature 259, 316-317. - 5789. Ott, A., 1951, Erfahrungen aus Zwillingsgeburten. Züchtungsk. 23, 20-27. - 5790. Ott, G., 1978, Knochensarkome. Münch. med. Wschr. 120, 1295-1298. - 5791. Ott, J., 1979, Human gene mapping by postreduction and recombination frequencies under complete interference. Clin. gen. 15, 11-16. - 5792. Ott, V., H. Wurm, 1957, Spondylitis ankylopoetica. D. Steinkopff, Darmstadt. - 5793. Otte, P., 1968, Degeneration des Gelenkknorpels. Münch. med. Wschr. 110, 2677-2683. - 5794. Otto, B., G. H. Schumacher, 1978, Gebißanomalien beim Vietnamesischen Hängebauchschwein. Z. Versuchstierk. 20, 122-131. - 5795. Oud, J. L., 1973, Identification of Chinese hamster chromosome bivalents at diakinesis by quinacrine mustard fluorescence. Genetica 44, 416-427. - 5796. Oughton, S. M. J., L. N. Owen, 1974, Transplantation of dog neoplasms into the mouse mutant "nude". Res. vet. sci. 17, 414-416. - 5797. Overzier, C., 1961, Die Intersexualität. G. Thieme Verl., Stuttgart. - 5798. Owen, J. B., 1976, Sheep production. Bailliere, Tindall, Lond.. - 5799. Owen, K., D. D. Thiessen, G. Lindzey, 1970, Acrophobic and photophobic responses associated with the albino locus in mice. Behav. gen. 1, 249-255. - 5800. Owen, R. D., 1946, Erythrocyte mosaics among bovine twins and quadruplets. Genet. 31, 227. - 5801. Oxender, W. D., L. E. Newman, D. A. Morrow, 1973, Factors influencing dairy calf mortality in Michigan. J. A. V. M. A. 162, 458-460. - 5802. Pache, H. D., C. Förster, I. Butenandt, C. Döhlemann, J. Schöber, J. Wilske, 1978, Die chronische zentrale alveoläre Hypoventilation (Undine-Syndrom). Münch. med. Wschr. 120, 1049-1052. - 5803. Packer, S. O., 1967, The eye and skeletal effects of two mutant alleles at the microphthalmia locus of Mus musculus. J. exp. zool. 165, 21-45. - 5804. Packham, A., L. K. Triffitt, 1966, Association of ovulation rate and twinning in Merino sheep. Austr. J. agr. res. 17, 515-520. - 5805. Padeh, B., M. Wysoki, M. Soller, 1971, Further studies on a Robertsonian translocation in the Saanen dairy goat. Cytogen. 10, 61-69. - 5806. Padeh, B., M. Soller, 1976, Genetic and environmental correlations between brain weight and maze learning in inbred strains of mice and their F1 hybrids. Beh. gen. 6, 31-41. - 5807. Padgett, G. A., N. W. Rautanen, J. E. Alexander, 1982, Hemivertebra. Scientif. 6, 67. - 5808. Padgett, G. A., R. W. Leader, J. R. Gorham, C. C. O'Mary, 1964, The familial occurrence of the Chediak-Higashi syndrome in mink and cattle. Genet. 49, 505-512. - 5809. Padgett, G. A., J. R. Gorham, J. B. Henson, 1968, Mink as a biomedical model. Lab. anim. care 18, 258-266. -5810. Padgett, G. A., C. W. Reiquam, J. B. Henson, J. R. Gorham, 1968, Comparative studies of susceptibility to infection in the Chediak-Higashi syndrome. J. path. bact. 95, 509-522. - 5811. Padgett, G. A., J. M. Holland, W. C. Davis, J. B. Henson, 1970, The Chediak-Higashi-syndrome. Curr. top. path. 51, 175-194. - 5812. Padua, R. A., G. Bulfield, J. Peters, 1978, Biochemical genetics of a new glucosephosphate isomerase allele (Gpi-1c) from wild mice. Bioch. gen. 16, 127-143. - 5813. Page, A. R., A. E. Hansen, R. A. Good, 1963, Occurrence of leukemia and lymphoma in patients with agammaglobulinemia. Blood 21, 197-206. - 5814. Paigen, K., 1959, Genetic influences on enzyme localization. J. histoch. cytoch. 7, 248-249. - 5815. Paigen, K., R. T. Swank, S. Tomin, R. E. Ganschow, 1975, The molecular genetics of mammalian glucuronidase. J. cell. phys. 85, 379-392. - 5816. Paigen, K., C. Labarca, G. Watson, 1979, A regulatory locus for mouse ß-glucuronidase, Gur, controls messenger RNA activity. Science 203, 554-556. - 5817. Palek, J., S. C. Liu, J. Prchal, R. Castleberry, 1981, Altered assembly of spectrin in red cell membranes in hereditary pyropoikilocytosis. Blood 57, 130-139. - 5818. Palludan, B., 1966, A-avitaminosis in swine. Munksgaard, Kopenhagen. - 5819. Palmer, C. G., A. Reichmann, 1976, Chromosomal and clinical findings in 110 females with Turner syndrome. Hum. gen. 35, 35-49. - 5820. Palmer, M. L., J. E. Allison, E. E. Peeples, G. D. Whaley, 1974, Coat-color restriction gene in rats. J. hered. 65,

291-296. - 5821. Paloyan,E.,A.M. Lawrence,F.H.Strans,1973,Hyperparathyroidism.Grune u. Stratton,N.Y.. - 5822. Palsson,P.A.,B.Sigurdsson,1958,(A slow progressive disease affecting the central nervous system of sheep). Proc. VIII. nord. vet. meet.,179-191. - 5823. Pammenter,M.,C.Albrecht,N.Liebenberg,P.v.Jaarsveld,1978,Afrikander cattle congenital goiter. Endocr. 102,954-965. - 5824. Pammenter,M.,A.Bester,C.Albrecht,P.v.Jaarsveld,1979,Afrikander cattle congenital goiter. Endocr. 104,1853-1861. - 5825. Panaretto,B.A., K.A. Ferguson,1969, Pituitary adrenal interactions in shorn sheep exposed to cold, wet conditions.Austr.J.agr.res.20,99-113. - 5826. Panaretto,B.A.,K.A. Ferguson,1969,Comparison of the effects of several stressing agents on the adrenal glands of normal and hypophysectomized sheep.Austr.J.agr.res.20,115-124. - 5827. Pancani,I.,F.Cristofori,G.Sartore,G.Aria,1976,(Further studies on congenital arthrogryposis in calves of the Piedmont breed).Ann.fac.med. vet.Tor.23,63-69. - 5828. Panda,B.,G.F.Combs,1964,Effect of coccidiosis on different glands of the growing chick.Av.dis.8,7-12. - 5829. Pandey,J.P.,O. D.Holton,H.H.Fudenberg,1979,Preponderance of γ G3 subclass and GmAND Km allotype preference in breast cancer patients with anti-tumor antibodies. Fed.proc.38,939. - 5830. Panepinto,L.M.,R.W.Phillips,J.L.Cleek,N.Westmoreland,1981,Genetically mediated response to dietary stress causative to development of diabetes in Yucatan miniature swine.Fed.proc.40,4100. - 5831. Pang,T.,R.V.Blanden,1977,Genetic factors in the stimulation of T cell responses against ectromelia virus-infected cells.Austr.J.exp.biol.med.sci. 55,549-559. - 5832. Pangaro,J.A.,M.Weinstein,M.C.Devetak,R.J.Soto,1974, Red cell zinc and red cell zinc metalloenzymes in hyperthyroidism.Act.endocr. 76,645-650. - 5833. Pangerl,H.,1969,Untersuchungen über die Geschlechtersequenz bei Nachkommen des Höhenfleckviehs.Dissert.München. - 5834. Pani, P.K.,1974,Studies in genetic resistance to RSV (RAV-O).J.gen.virol.23,33-40. - 5835. Pani,P.K.,1974,Close linkage between genetic loci controlling response of fowl to subgroup A and subgroup C sarcoma viruses.J.gen.virol.22, 187-195. - 5836. Pani,P.K.,1974,Influence of the dominant white plumage gene on susceptibility of fowl to subgroup C Rous sarcoma virus.1.wld.cong.gen. appl.livest.,53-58. - 5837. Pani,P.K.,1974,Plumage colour gene (i+),a possible modifier on cellular susceptibility to RSV (RAV 49) in White Leghorn fowl. Theor.appl.gen.44,17-23. - 5838. Pani,P.K.,1976,Further genetic studies in resistance of fowl to RSV(RAV O).J.gen.virol.32,441-453. - 5839. Pani,P.K., P.M.Biggs,1973,Genetic control of susceptibility of A subgroup sarcoma virus in commercial chickens.Av.path.2,27-41. - 5840. Pani,P.K.,L.N.Payne, 1973, Further evidence for two loci which control susceptibility of fowl to RSV (RAV-O).J.gen.virol.19,235-244. - 5841. Pani,P.K.,P.M.Biggs,1974,Heritability and number of genes controlling susceptibility of chick embryo chorioallantoic membranes (CAM) to RSV.Av.path.3,115-122. - 5842. Panish,O.F., E.B.Stanley,C.E.Safely,1955,The inheritance of a dwarf anomaly in beef cattle.J.anim.sci.14,200-207. - 5843. Pahnish.O.F..E.B.Stanley.C.E.Saflev. 1955,The breeding history of an experimental herd of dwarf beef cattle.J.an. sci.14,1025-1033. - 5844. Pantelouris,E.M.,1968,Absence of thymus in a mouse mutant.Nature 217,370-371. - 5845. Pantke,O.A.,1971,The Waardenburg syndrome.In: Birth def. Orig.art.ser.VII,147-152. - 5846. Pantoja,E.,R.E. Llobet,B.Roswit,1976,Melanomas of the lower extremity among native Puertoricans.Cancer 38,1420-1423. - 5847. Papaioannou,V.,R.L.Gardner,1979, Investigation of the lethal yellow Ay/Ay embryo using mouse chimaeras.J.emb. exp.morph.52,153-163. - 5848. Papaioannou,V.E.,J.D.West,1981,Relationship between the parental origin of the X chromosomes,embryonic cell lineage and X chromosome expression in mice.Gen.res.37,183-197. - 5849. Papayannopoulou,T.,P.E.Nute,G.Stamatoyannopoulos,T.C.McGuire,1977,Hemoglobin ontogenesis.Science 196,1215-1216. - 5850. Papayannopoulou,T.,W.Rosse, G.Stamatoyannopoulos,1978,Fetal hemoglobin in paroxysmal nocturnal hemoglobinuria (PNH).Blood 52,740-749. - 5851. Papayannopoulou,T.,J.Buckley,B. Nakamoto,S.Kurachi,P.E.Nute,G.Stamatoyannopoulos,1979,Hb F production in endogenous colonies of polycythemia vera.Blood 53,446-454. - 5852. Papp,E., D.Sikes,1964,Electrophoretic distribution of protein in the serum of swine with rheumatoid-like arthritis.Am.J.vet.res.25,1112-1119. - 5853. Papp,Z.,E.Varadi,Z.Szabo,1977,Grandmaternal age at birth of parents of children with trisomy 21.Hum.gen.39,221-224. - 5854. Parade,G.W.,1967,Genetische Faktoren beim Herzinfarkt.Wien.med.Wschr.117,82-85. - 5855. Parant,M.,F.Parant, L.Chedid,1977,Inheritance of lipopolysaccharide-enhanced nonspecific resistance to infection and of susceptibility to endotoxic shock in lipopolysaccharide low-responder mice.Inf.immun.16,432-438. - 5856. Pare,C.M.B.,J.W.Mack, 1971,Differentiation of two genetically specific types of depression by the response to antidepressant drugs. J. med. gen. 8,306-309. - 5857. Parfitt,A.M.,1971, Incidence of hypoparathyroid tetany after thyroid operations.Med.J.Aust.1 , 1103-1107. - 5858. Parish,W.E.,J.T.Done,1962,Seven apparently congenital non-infectious conditions of the skin of the pig, resembling congenital defects in man. J. comp. path. 72, 286-298. - 5859. Parizek,M.,E.Kudelka,L.Groch,1966, Heredity of defective nipples in sows and their transmission by breeding. Sb. vys. zemed.Brne B 13, 301-312. - 5860. Park,A.W.,B.J.A.Nowosielski-Skepowrou,1979,Hydrocephaly and familial linkage.IRCS med.sci.libr.comp.7,200.- 5861. Parks,B.J.,K.M.Brinkhous,P.F.Harris,G.D.Penick,1964, Laboratory detection of female carriers of canine hemophilia.Thromb.diab.haem.12,368-376. - 5862. Parmley,R.T.,W.M.Crist,A.H.Ragab,L.A.Boxer,A.Malluh,V. K.Lui,C.P.Darby,1980,Congenital dysgranulopoietic neutropenia.Blood 56, 465-475.- 5863. Parodi,A.L.,J.Espinasse,1975,A propos d'une nouvelle affectation bovine dénommée "maladie de la hyène".Rec.méd.vét.151,535-537.- 5864. Parry,H.B.,1962,Scrapie,a transmissible and hereditary disease of sheep.Heréd.17, 75-105. - 5865. Parry,H.B.,1979,Elimination of natural scrapie in sheep by sire genotype selection. Nature 277,127-129. - 5866. Parsons, P.A.,1971,Extreme-environment heterosis and genetic loads.Hered.26,479-483.- 5867. Parsons,R., 1979,Genotype control of the dystrophia muscularis gene in mice.Nature 279,79-80. - 5868. Parsonson,I.M.,A.J.DellaPorta,W. A.Snowdon,1975,Congenital abnormalities in foetal lambs after inoculation of pregnant ewes with Akabane virus.Austr.vet.J.51,585-586.- 5869. Partsch,C. J.,1962,Hereditäre Taubheit beim Syndrom nach Waardenburg-Klein.Z.Lar. rhin.otol.41,752-762.- 5870. Partridge,G.G.,1979,Relative fitness of genotypes in a population of Rattus norvegicus polymorphic for warfarin resistance. Hered.43,239-246.- 5871. Partridge,J.P.,M.H.Gough,1961,Congenital abnormalities of the anus and rectum.Brit.J.surg.49,37-50.- 5872. Pascoe,J.R., J.D.Wheat,1981,Historical background, prevalence, clinical findings and diagnosis of exercise-induced pulmonary hemorrhage (EIPH) in the racing horse. Proc.26th ann.conv.Am.ass.equ.pract.,417-420.- 5873. Pascoe,L.,1982,Measurement of fleece wettability in sheep and its relationship to susceptibility to fleece rot and blowfly strike.Austr.agr.res.J.33,141-148.- 5874. Passarge, E.,1967,Genetics of Hirschsprungs disease.N.E.J.med.276,138-143.-5875. Passey,R.D.,1922,Experimental soot cancer.Brit.med.J.2,1112-1113.-5876. Pastirnac,N.,1977,The "wet belly" disease in mink(Mustela vison).Scientif. 1,34-39.- 5877. Pastirnac,N.,I.A.S.Prejmer,R.S.Brasov,1979,Anaemia in mink.Scientif.3,21-27.- 5878. Pasvol,D.J.Weatherall,R.J.M.Vilson,1978, Cellular mechanism for the protective effect of haemoglobin S against P.falciparum malaria. Nature 274,701-703. - 5879. Patau,K., D.W.Smith,E.Therman,S. L.Inhorn,H. P.Wagner,1960,Multiple congenital anomaly caused by an extra autosome. Lancet,790-793. - 5880. Patel,V.,,N. Koppang,B.Patel,W. Zeman,1974,P-phenylenediamine-mediated peroxidase deficiency in English Setters with neuronal ceroid-lipofuscinosis. Lab.inv.30,366-368. - 5881. Pathak, M.,F.Daniels,C.E.Hopkins,T.B. Fitzpatrick,1958, Ultra-violet carcinogenesis in albino and pigmented mice receiving furocoumarins. Nature 183,728 - 730. - 5882. Patil. N. A. ,M. Singh,1980. Note on the embryonic malpositions in two strains of white Leghorns. Ind. J.anim. sci. 50,1024-1026. - 5883. Patnaik, B. ,1966, Lumbar paralysis in Beetal goats and their graded progeny in Orissa. Ind. J. anim. hlth. 5,1-9. - 5884. Patnode,R. ,E.Bartle,E. J.Hill,V. LeQuire,J. H. Park,1976,Enzymological studies on hereditary avian muscular dystrophy. J.biol. chem. 251,4468-4475. - 5885. Patterson,D.S.P.,J.T.Done,1977,Neurochemistry as a diagnostic aid in the congenital tremor syndrome of piglets.Brit. vet. J. 133,111-119. - 5886. Patterson, L.T.,L.W.Johnson,S.A.Edgar,1961,The comparative resistance of several inbred lines of S.C.White Leghorns to certain infectious diseases .Poult. sci. 40,1442. - 5887. Patterson,R. ,C.Chrichton, 1960,Grass staggers in large scale dairying on grass. J.brit.grassl.soc. 15, 100. - 5888. Pattie,W.A. , F. Menissier,1980,Calving difficulties among purebred Charolais, Limousin,Maine-Anjou and Hereford cattle in France. Proc. Austr.soc.an.prod. 13,357-360. - 5889. Patton, N. M. ,R.V.Brown,C.C.Middleton,1974,Familial cholesterolemia in pigeons. Atheroscl. 19,307-314. - 5890. Pattullo,D.A.,,1973,Perinatal deaths of calves born in heifers mated as yearlings.Austr.vet. J. 49,427-437. - 5891. Pauchard, J.,G. Pousset,J.Orgiazzi, 1973,Syndrome de Waardenburg Klein associé à une stérilité sécrétaire avec phénomènes d'auto-immunisation testiculaire. Lyon med. 230,517-521. -5892. Paufler,S.,,1971,Die Chromosomenanalyse bei Haustieren und deren Bedeutung im Rahmen der Zuchthygiene. Tierzücht. 23,276-279. - 5893. Paufler,S., 1974,In vivo Beurteilung der Samenproduktion beim Kaninchen durch Vergleich der ejakulierten Spermamenge mit der Hodengröße und verschiedenen volumetrischen Anteilen des Hodenbiopsiegewebes. Act. anat. 89,226-239. - 5894. Paufler,S., ,1975,Quantitative Bestimmung der Samenzellbildung vom Biopsiegewebe durch Berechnung des maximalen Produktionsvermögens der Hoden beim Kaninchen. Act. anat. 91, 205-212. - 5895. Pauling,C., H. A. Itano,S. J. Singer, J. C. Wells,1949,Sickle cell anemia,a molecular disease. Science 110,543-548. - 5896. Pavlovic,S. ,B.Sovljanski,B. Radovic,1975,Influence de l'ordre de naissance des porcelets à la mise bas sur l'apparition de porcelets morts-nés. Proc. 20th wld. vet. congr. ,1132-1134. - 5897. Pawelek, J. ,A. Körner,A.Bergstrom, J. Bologne,1980, New regulators of melanin biosynthesis and the autodestruction of melanoma cells. Nature 286,617-619. - 5898. Pawlowitzki,I. H. ,G. Pfefferkorn,1973,Eine Methode zur Darstellung der Gestalt von Chromosomen- Oberflächen im Lichtmikroskop.Exp. cell res. 80, 27-30. - 5899. Payne,H. W., K.Ellsworth,A. deGroot,1968,Aneuploidy in an infertile mare. J.A.V.M.A. 153, 1293--1299. - 5900. Payne, L. N., ,1973,Genetics and control of avian diseases.Av. path. 2, 237-250. - 5901. Payne, L. N., P. M. Biggs,1964,Differences between highly inbred lines of chickens in the response to Rous sarcoma virus of the chorioallantoic membrane and of embryonic cells in tissue culture. Virol. 24,610-616. - 5902. Pazderka, F. ,B. M. Longenecker,G.R. Law, H. A. Stone, W. E.Briles,R. F.Ruth,1974,Detection of identical B alleles in different strains of chickens.Anim. bld. grps.bioch. gen. 5,Suppl. 1,18. - 5903. Pazderka, F. ,B. M. Longenecker, G. R. Law, H. A. Stone, R. F. Ruth, 1975, Histocompatibility of chicken populations selected for resistance to Marek's disease. Immunogen. 2,93- 100. - 5904. Pearce, L. ,W. H. Brown,1948,Hereditary osteopetrosis in the rabbit. J. exp. med. 88, 579-596. - 5905. Pearce, W. G., R. Sanger, R. R. Race, 1968, Ocular albinism and Xg. Lancet, 1282-1283. - 5906. Pearce, W. G., G. J. Johnson, J. G. Gillan, 1972, Nystagmus in a female carrier of ocular albinism. J. med. gen. 9, 126-128. - 5907. Pearson, C. M., zit. n. Batchelor in Cinader a. a. O.. - 5908. Pearson, H., 1975, The treatment of vaginal prolapse in the cow. Vet. ann. 15, 54-56. - 5909. Pearson, L., R. E. McDowell, 1968, Crossbreeding of Dairy cattle in temperate zones. Anim. breed. abstr. 36, 1-15. - 5910. Pearson, T. A., E. C. Kramer, K. Solez, R. H. Heptinstall, 1977, The human atherosclerotic plaque. Am. J. path. 86, 657-664. - 5911. Pease, A. H. R., C. Smith, 1965, A note on the heritability of muscle colour in pigs. Anim. prod. 7, 273-274. - 5912. Pech, M., J. Höchtl, H. Schnell, H. G. Zachau, 1981, Differences between germ-line and rearranged immunoglobulin Vk coding sequences suggest a localized mutation mechanism. Nature 291, 668-670. - 5913. Peck, D. A., H. B. Lynn, L. E. Harris, 1963, Congenital atresia and stenosis of the colon. Arch. surg. 87, 428-439. - 5914. Pedersen, J. F., L. Molsted-Pedersen, 1979, Early growth retardation in diabetic pregnancy. Brit. med. J., 18-19. - 5915. Peeples, E. E., P. H. Ireland, 1974, Cyclic AMP and genetic sterility of a male restricted (Hre/+) mutant of Rattus. Biochem. gen. 12, 367-373. - 5916. Peet, R. L., B. Micke, 1976, The "Dag" and swollen abaxial midpiece spermatozoan defect in bulls. Austr. vet. J. 52, 476-477. - 5917. Pehrson, B., 1966, Studies on ketosis in dairy cows. Act. vet. scand. Suppl. 15. - 5918. Peleg, B. A., M. Soller, N. Ron, K. Hornstein, T. Brody, E. Kalmar, 1976, Familial differences in antibody response of broiler chickens to vaccination with attenuated and inactivated Newcastle disease virus vaccine. Av. dis. 20, 661-668. - 5919. Peller, S., P. Pick, 1955, Leukemia in American physicians. Act. un. int. canc. 11, 292-294. - 5920. v. Pelt, A. F., R. Knorr, K. Cain, 1969, A new hairless mutant in the house-mouse. J. hered. 60, 78-96. - 5921. Peltz, R. S., 1975, Further data on folded eared cats. Carn. gen. news l. 2. 326-327. -5922. Pelz, L., W. Mieler, 1972, Klinische Zytogenetik. G. Fischer, Stuttgart. - 5923. Pemberton, D. H., K. W. Thomas, M. J. Terry, 1980, Hypogammaglobulinaemia in foals. Austr. vet. J. 56, 469-473. - 5924. Pencea, V., P. Cernea, E. Zbranca, 1974, Ocular manifestations in Turner's syndrome. Oto-rino-lar. oft. 19, 161-166. - 5925. Pendergrass, T. W., H. M. Hayes, 1975, Cryptorchism and related defects in dogs. Teratol. 12, 51-55. - 5926. Penny, R. H. C., 1975, Ear biting in pigs. J. A. V. M. A. 166, 963. - 5927. Penny, R. H. C., F. W. G. Hill, J. E. Field, J. Plush, 1972, Tail-biting in pigs. Vet. rec. 91, 482-483. - 5928. Penny, R. H. C., J. R. Walters, S. J. Tredget, 1981, Tail-biting in pigs. Vet. rec. 108, 35. - 5929. Pennycuik, P. R., 1971, Unresponsiveness of nude mice to skin allografts. Transplant. 11, 417-419. - 5930. Pennycuik, P. R., 1971, Effect of acclimatization to 33° C on the oxygen uptake, growth rate, and reproductive productivity of hairless and naked mice. Austr. J. biol. sci. 24, 301-310. - 5931. Pennycuik, P. R., 1980, Total and regional vertebral numbers and lumbo-sacral morphology in mice. J. hered. 71, 93-99. - 5932. Pennycuik, P. R., 1980, Quantitative genetics-mice. Res. rep. CSIRO, Austr.. - 5933. Pennycuik, P. R., P. G. Johnston, W. Z. Lidicker, N. H. Westwood, 1978, Introduction of a male sterile allele (tw2) into a population of house mice housed in a large outdoor enclosure. Austr. J. zool. 26, 69-81. - 5934. Penrose, L. S., 1967, Mongolism. Ciba found. stud. grp. No. 25. - 5935. Penrose, L. S., H. J. Mackenzie, M. N. Karn, 1948, A genetical study of mammary cancer. Brit. J. canc. 2, 168-176. - 5936. Penzhorn, E. J., 1964, Hereditary tongue-playing in the Jersey. Proc. S. Afr. soc. an. prod. 3, 90-91. - 5937. Percy, D. H., T. J. Hulland, 1967, Dermatosis vegetans in Canadian swine. Can. vet. J. 8, 3-9. - 5938. Perez, H., F. Labrador, J. W. Torrealba, 1979, Variations in the response of five strains of mice to Leishmania mexicana. Int. J. paras. 9, 27 - 32. - 5939. Perez, I. J., J. E. Perez, 1977, (Electrophoretic separation of hemoglobins in some breeds of cattle).Agr.trop.27,293-300. - 5940. Perez-Castillo, A.,J.A.Abrisqueta,1977,Ring chromosome 4 and Wolf syndrome.Hum.gen.37, 87-91. - 5941. Perez-Palacios,G.,H.E.Scaglia,S.Kofman-Alfaro,D.Saavedra, S.Ochoa,O.Larraza,A.E.Perez,1981,Inherited male pseudohermaphroditism due to gonadotrophin unresponsiveness.Act.endocr.98,148-155. - 5942. Perlik, F.,Z.Zidek,1974,Z.Immunit.f.147,191-193. - 5943. Perrin,W.R.,J.P.Bowland,1977,Effects of enforced exercise on the incidence of leg weakness in growing boars.Can.J.anim.sci.57,245-253. - 5944. Perrin,W.R.,F.X.Aherne,J. P.Bowland,T.Hardin,1978,Effects of age,breed and floor type on the incidence of articular cartilage lesions in pigs.Can.J.an.sci.58,129-138. - 5945. Perris,A.D.,J.F.Whitfield,1967,Calcium and the control of mitosis in the mammal.Nature 216,1350-1351. - 5946. Perry,T.L.,D.F.Hardwick,R.B.Lowry, S.Hansen,1968,Hyperprolinaemia in two successive generations of a North American Indian family.Ann.hum.gen.31,401-407. - 5947. Perryman,L.E.,1979, Primary and secondary immune deficiencies of domestic animals.Adv.vet.sci. comp.med.23,23-52. - 5948. Perryman,L.E.,T.C.McGuire,1978,Mixed lymphocyte culture responses in combined immunodeficiency of horses.Transpl. 25,50-52. - 5949. Perryman,L.E.,T.C.McGuire,B.J.Hilbert,1977,Selective immunoglobulin M deficiency in foals.J.A.V.M.A.170,212-215. - 5950. Perryman,L.E.,T.C.McGuire,T.B.Crawford,1978,Maintenance of foals with combined immunodeficiency.Am.J.vet.res.39,1043-1047. - 5951. Perryman,L.E., R.L.Torbeck,1980,Combined immunodeficiency of Arabian horses.J.A.V.M. A.176,1250-1251. - 5952. Persson,J.,1973,(Scrotal hernia).Husdj.3,30-31. - 5953. Perutz,M.F.,J.C.Kendrew,H.C.Watson,1965,Structure and function of haemoglobin.J.mol.biol.13,669-678. - 5954. Perutz,M.F.,J.Rosa,A.Schechter,1978,Therapeutic aspects for sickle cell disease.Nature 275,369-370. - 5955. Petcu,I.,1978,(Aspects of the hereditary transmission of atrophic rhinitis in swine,and diagnostic methods).Rev.crest.anim.28,46-52. - 5956. Peters, H.F.,S.B.Slen,1964,Hair coat characteristics of bison,domestic (cattle) x bison hybrids,cattalo,and certain domestic breeds of beef cattle.Can.J.anim. sci.44,48-57. - 5957. Peters,H.F.,S.B.Slen,1966,Range calf production of cattle x bison,cattalo,and Hereford cows.Can.J.anim.sci.46,157-164. -5958. Peters,J.,D.M.Swallow,S.J.Andrews,L.Evans,1981,A gene (Neu-1) on chromosome 17 of the mouse affects acid λ-glucosidase and codes for neuraminidase.Gen.res.38,47-55. - 5959. Peters,R.I.,K.M.Meyers,1977,Regulation of serotonergic neuronal systems affecting locomotion in Scottish terrier dogs. Fed.proc.36,1023. - 5960. Peterse,D.J.,W.Antonisse,1981,Genetic aspects of feet soundness in cattle.Livest.prod.sci.8,253-261. - 5961. Petersen,J., 1977,Phänotypische und genetische Untersuchungen über die Aussagefähigkeit verschiedener Eischalenstabilitätsprüfmethoden.Arch.Gefl.k.41,13-17. -5962. Petersen,K.,I.Tygstrup,E.Thamdrup,1977,Familial adrenocortical hypoplasia with early clinical and biochemical signs of mineralocorticoid deficiency (Hypoaldosteronism).Act.endocr.84,576-587, - 5963. Peterson,D.W.,W.H.Hamilton,A.L.Lilyblade,1971,Retardation of fatty infiltration in atrophic muscle of genetically dystrophic chickens by diet or exercise.J.nutr.101,453-464. - 5964. Peterson,J.S.,1975,Frost: a coat color mutation in the Syrian hamster. J.hered.66,102-103. - 5965. Peterson,J.S.,C.H.Yoon,1975,Jute: a new coat color mutation in the Syrian hamster.J.hered.66,246-247. - 5966. Peterson, M.E.,W.D.Drucker,1981,Advances in the diagnosis and management of canine cushing's syndrome.31st Gaines vet.symp.,17-24. - 5967. Peterson,R.D., M.D.Cooper,R.A.Good,1965,The pathogenesis of immunologic deficiency diseases.Am.J.med.38,579-604. - 5968. Peterson,R.E.,J.Imperato-McGinley, T.Gautier,E.Sturla,1977,Male pseudohermaphroditism due to steroid 5λ -

reductase deficiency. Am. J. med. 62, 170-191. - 5969. Peterson, W. E., L. O. Gilmore, J. B. Fitch, L. M. Winters, 1944, Albinism in cattle. J. hered. 35, 134-144. - 5970. Petit, J. P., 1977, Hemoglobin polymorphism studies of West African trypanotolerant taurine breeds (Bos taurus typicus). Anim. bld. grps. bioch. gen. 8, Suppl. 1, 32. - 5971. Petitjean, M. J., 1970, Résultats expérimentaux sur la sub-fertilité liée à la crête rosacée chez le coq. An. bred. abstr. 41, 161, - 5972. Petras, M. L., 1967, Studies of natural populations of Mus. Can. J. gen. cyt. 9, 287-296. - 5973. Petrov, R. V., E. Panteleev, V. Manko, V. Egorova, 1966, Interlinear differences in antibody response in inbred mice strains and their genetic conditioning. Genetika 7, 78-89. - 5974. Petrovska, E., J. Cechovsky, 1970, Variability of ovalbumins in White Leghorn hens. Ziv. vyr. 15, 387-392. - 5975. Petrovsky, E., J. Macha, J. Soutorova, 1968, Blood groups and biochemical poly morphism in different populations of chickens. Proc. XIth Eur. conf. an. bld. grps. bioch. polym., 397-402. - 5976. Petters, R. M., C. L. Markert, 1980, Production and reproduction performance of hexaparental and octaparental mice. J. hered. 71, 71-74. - 5977. Petukhov, V. L., 1977, (The inheritance of resistance to tuberculosis in cattle). Zhivod. 8, 20-21. - 5978. Petukhov, V. L., 1981, (The genetics of the resistance of cattle to tuberculosis). Genetika 17, 1088-1094. - 5979. Petukhov, V. L., 1981, (Some problems of the genetic resistance of cattle to brucellosis). Genetika 17, 1080-1087. - 5980. Peuler, J. D., K. H. Beyer, 1982, Age dependence of dietary sodium in spontaneously hypertensive (SH) rats. Fed. proc. 41, 7075. - 5981. Pevzner, I. Y., 1974, Disease resistance as related to sex chromosomes and blood groups in the fowl. Diss. abstr. 35, 2003. - 5982. Pevzner, I. Y., I. Kujdych, A. W. Nordskog, 1981, Immune response and disease resistance in chickens. Poult. sci. 60, 927-932. - 5983. Pevzner, I. Y., H. A. Stone, A. W. Nordskog, 1981, Immune response and disease resistance in chickens. Poult. sci. 60, 920-926. - 5984. Peyron, J. G., 1967, Le cartilage articulaire et l'arthrose. Sem. hop. 43, 114-129. - 5985. Pfaff, G., 1976, Incidence of epistaxis in racehorses in South Africa. J. S. Afr. vet. ass. 47, 215-218. - 5986. Pfaff, J., K. Gärtner, B. Rode, D. Gandszuhn, 1978, Untersuchungen zur Heritabilität der Glukosemetabolisationsgeschwindigkeit bei der Maus. Zbl. Vet. med. A 25, 393-402. - 5987. Pfeffer, A., H. Winter, 1977, Hermaphrodites in Australian pigs. Austr. vet. J. 53, 153-162. - 5988. Pfeifer, G., T. v. Kreybig, 1975, Über die Entstehung von Lippen-Kiefer-Gaumenspalten-Formen beim Menschen und im Tierexperiment. Z. Kinderchir. 16, 358-365. - 5989. Pfeiffer, R. A., W. Kiera, 1968, Dermatoglyphen bei Turner-Syndrom. Act. gen. med. 17, 507-522. - 5990. Pfleiderer, U. E., 1973, Skelettveränderungen und ihre Beziehung zum Schlachtkörper beim Schwein. Ber. EVT-Tagg., Wien. - 5991. Pfleiderer, U. E., 1973, Zum Einfluß der Hinterhandschwäche auf die Mastleistung bei Mastprüfungs schweinen. Kleinviehz. 21, 957-960. - 5992. Pfleiderer, U. E., 1973, Konstitutionsschwäche und Leistung. Schweinez. Schweinem. 26, 329-331. - 5993. Pfeiffer, H., G. v. Lengerken, H. Hennebach, 1975, Der Zusammenhang zwischen Stellungs-bzw. Bewegungsstörungen und der Mast-Schlacht- sowie Ansatzleistung beim Schwein. Arch. Tierz. 18, 193-202. - 5994. Pfeiffer, R. A., E. K. Kessel, K. H. Soer, 1977, Partial trisomies of chromosome 21 in man. Clin. gen. 11, 207-213. - 5995. Phelan, E. L., F. H. Smirk, 1960, Cardiac hypertrophy in genetically hypertensive rats. J. path. bact. 80, 445-448. -5996. Philip, P., A. Drioshrem, 1976, G-banding analysis of complex aneuploidy in multiple myeloma bone marrow cells. Blood 47, 69-77. - 5997. Philipsson, J., 1971, (Calving difficulties and stillbirths). Busk. avdr. 23, 234-235. - 5998. Philipsson, J., 1976, Studies on calving difficulty, stillbirth and associated factors in Swedish cattle breeds. Act. agr. scand. 26, 211-220. - 5999. Philipsson, J., 1976, Studies on calving difficulty, stillbirth and associated factors in Swedish cattle breeds. V. Act. agr. scand. 26, 230-234. - 6000. Philipsson, J., 1977, Studies on calving difficulty. VI, Act. agr. scand. 27, 58-64. - **6001.** Philipsson, J., J. L. Folley, J. Lederer, T. Liboriussen, A. Osinga, 1978, Normes de qualification des taureaux et stratégies de sélection en vue de limiter des difficultés de vélage et la mortinatalité. Bull. tech. dép. gén. anim. 27, 78-104. - **6002.** Philipsson, J., B. Thafvelin, I. Hedebro-Velander, 1980, (Genetic analysis of disease data, comparing two cattle breeds). Sv. vet. tidn. 32, 233-235. - **6003.** Philipsson, J., B. Thafvelin, I. Hedebro-Velander, 1980, Genetic studies on disease recordings in first lactation cows of Swedish dairy breeds. Act. agr. scand. 30, 327-335. - **6004.** Phillips, J. A., A. F. Scott, K. D. Smith, K. E. Young, K. L. Lightbody, R. M. Jiji, H. H. Kazazian, 1979, A molecular basis for Hemoglobin-H disease in American Blacks. Blood 54, 1439-1445. - **6005.** Phillips, J. A., T. A. Vik, A. F. Scott, K. E. Young, H. H. Kazazian, K. D. Smith, V. F. Fairbanks, H. M. Koenig, 1980, Unequal crossing over. Blood 55, 1066-1069. - **6006.** Phillips, R. B., 1977, Inheritance of Q and C band polymorphisms. Can. J. gen. cyt. 19, 405-413. - **6007.** Phillips, R. E., P. B. Siegel, 1966, Development of fear in chicks of two closely related genetic lines. Anim. beh. 14, 84-88. - **6008.** Phillips, R. J. S., S. G. Hawker, H. J. Moseley, 1973, Bare-patches, a new sex-linked gene in the mouse, associated with a high production of XO females. Gen. res. 22, 91-99. - **6009.** Phillips, R. J., M. H. Kaufman, 1974, Bare-patches, a new sex-linked gene in the mouse, associated with a high production of XO females. II. Gen. res. 24, 27-41. - **6010.** Phillips, R. W., L. M. Panepinto, D. H. Will, 1979, Genetic selection for diabetogenic traits in Yucatan miniature swine. Diabetes 28, 1102-1107. - **6011.** Phillips, R. W., L. M. Panepinto, D. H. Will, G. L. Case, 1980, The effects of alloxan diabetes on Yucatan miniature swine and their progeny. Metabol. 29, 40-45. - **6012.** Piacenza, C., 1979, Anwendung des Erythrozyten-Antikörper-Rosettentests beim erblich dysgammaglobulinämischen und normogammaglobulinämischen Huhn. Dissert. München. - **6013.** Piatkowski, B., H. Jung, 1965, Der Eiweißansatz wachsender Schweine verschiedenen Geschlechts und verschiedener Typrichtung. Arch. Tierz. 9, 307 - 313. - **6014.** Pich, P., G. Saglio, C. Camaschella, O. David, M. A. C. Vasino, G. Ricco, U. Mazza, 1978. Interaction between Hb Hasharon and λ -thalassemia. Blood 51, 339-346. - **6015. Pi**cha, J., D. Pichova, 1968, Study of relationship between thyroid gland function and growth of Landrace, Czechoslovak White improved and Cornwall gilts. Ziv. vyr. 13, 683-690. - **6016.** Picha, J., D. Pichova, J. Burjankova, 1970, Relationship between histological structure of thyroid gland and production type in pigs. Ziv. vyr. 15, 259-264. - **6017.** Pichler, W. A., 1973, Statistische Untersuchungen an einigen Fruchtbarkeitskriterien bei weiblichen Rinderzwillingen im Vergleich zu Zeit-Stallgefährtinnen. Veröff. Inst. Bod. kult., 119-125. - **6018.** Pickering, G., 1968, High blood pressure. J. u. A. Churchill, Lond.. - **6019.** Pickett, B. W., J. L. Voss, 1975, Abnormalities of mating behaviour in domestic stallions. J. repr. fert. Suppl. 23, 129-134. - **6020.** Pidduck, H. G., D. S. Falconer, 1978, Growth hormone function in strains of mice selected for large and small size. Gen. res. 32, 195-206. - **6021.** Piel, H., 1956, Genealogische Untersuchungen über die Tuberkulose-Häufigkeit auf Grund von Fleischbeschaubefunden eingetragenen Zuchtviehs. Z. Tierz. Zücht. biol. 68, 348-395. - **6022.** Pierce, H. I., S. Kurachi, K. Sofroniadou, G. Stamatoyannopoulos, 1977, Frequencies of thalassemia in American Blacks. Blood 49, 981-986. - **6023.** Pierce, K. R., S. D. Kosanke, W. W. Boy, C. H. Bridges, 1976, Animal model: porcine cerebrospinal lipodystrophy (Gm2-gangliosidosis). Am. J. path. 83, 419-422. -**6024.** Pierpaoli, W., E. Sorkin, 1972, Alterations of adrenal cortex and thyroid in mice with congenital absence of the thymus. Nature 238, 282-285. - **6025.** Pierro, L. J., 1958, An analysis of the pigmentary process in the eye of the mouse. Diss. abstr. 18, 370. - **6026.** Pierro, L. J., J. Spiggle, 1967, Congenital eye defects in the mouse. J. exp. zool. 166, 25-37. - **6027.** Pikkarainen, J., J. Takkunen, E. Kulonen,

1966,Serum cholesterol in finnish twins. Am. J. hum. gen. 18, 115-126. - 6028.
Piko, L., O. Bomsel-Helmreich, 1960, Triploid rat embyos and other chromosomal deviants after colchicine treatment and polyspermy. Nature 186, 737-739. - 6029. Pilz, H., R. Heipertz, D. Seidel, 1979, Basic findings and current developments in sphingolipidoses. Hum. gen. 47, 113-120. - 6030. Pimentel, C. A., 1973, (Ovarian hypoplasia in a herd of Gir cattle.)Thesis, Univ. Minas Gerais. -6031. Pinheiro, L. E. L., I. Ferrari, R. B. Lobo, 1979, Robertsonian translocation in imported bulls utilized at artificial insemination centers in Brazil. Rev. Bras.gen. II, 135-143. - 6032. Pinheiro, L. E., J. C. Moraes, M. S. Mattevi, B. Erdtmann, F. M. Salzano, F. A, Mies, 1980, Two types of Y chromosomes in a Brazilian cattle breed. Caryol. 33, 25-32. - 6033. Pinheiro, L. E., I. Ferrari, 1980, (Occurrence of chimaerism in bulls). Res. 5. encontr. pesqu. vet., 96. - 6034. Fink, R., 1976, Chicken immunoglobulin allotypes. Bioch. soc. trans. 4, 38. - 6035. Pinkerton, P. H., 1968, Histological evidence of disordered iron transport in the x-linked hypochromic anaemia if mice. J. path. bact. 95, 155-165. - 6036. Pinkerton, P. H., R. M. Bannerman, 1967, Hereditary defect in iron absorption in mice. Nature 216, 482-483. - 6037. Pinkerton, P. H., S. M. Fletch, P. J. Brueckner, D. R. Miller, 1974, Hereditary stomatocytosis with hemolytic anemia in the dog. Blood 44, 557 - 567. - 6038. Pinter, A. J., 1979, Dominant spotting in a natural population of the vole. J. hered. 70, 441-443. - 6039. Pinter, A. J., A. K. McLean, 1970, Hereditary hairlessness in the montane vole. J. hered. 61, 112-114. - 6040. Piper, L, R., L. leJambre, W. H. Southcott, 1980, Basic genetics of Haemonchus contortus resistance in the sheep. Res. rep. CSIRO, Austr. . - 6041. Pirchner, F., 1969, Verlängerte Trächtigkeit bei Pinzgauer Kühen. Ann. gen. sel. anim. 1, 27-31. - 6042. Pirchner, F., 1973, Wechselwirkungen zwischen Mastverfahren und Zwillingsgenotypen bei Rindern. Bayer. Landw. Jb. 50, 74-78. - 6043. Pirchner, F., 1979, Genetischer Antagonismus bei Rindern. Züchtungsk. 51, 423-433. - 6044. Pirchner, F., W. Grünberg, 1970, (Alopecia in Pinzgau cattle). Ann. gen. sel. anim. 2, 129-133. - 6045. Pirchner, F., C. M. v. Krosigk, 1973, Genetic parameters of cross-and purebred poultry. Brit. poult. sci. 14, 193-202. - 6046. Pirofsky, B., 1969, Autoimmunization and the autoimmune hemolytic anemias. Williams u. Williams Co., Baltimore. - 6047. Pisani. J. F. W. E. Kerr. 1961. Lethal equivalents in domestic animals. Genet. 46, 773-786. - 6048. Piser, J. A., E. S. Edmonds, v. Hoftiezer, 1981, Sperm motility and histomorphometry of the testis of the genetically obese Zucker rat. J. androl. 2, 200-204. - 6049. Pitot, H. C., 1975, Genes, chromosome loci and disease. Fed. proc. 34, 2207-2208. - 6050. Pitot, H. C., 1978, Interactions in the maternal history of aging and carcinogenesis. Fed. proc. 37, 2841-2847. - 6051. Planchenault, D., P. Sellier, L. Ollivier, 1978, Le développement des cornets nasaux chez le porc. Ann. biol. anim. bioch. biophys. 18, 211-218. - 6052. Plant, J., A. A. Glynn, 1974, Natural resistance to Salmonella infection, delayed hypersensitivity and Ir genes in different strains of mice. Nature 243, 345-347. - 6053. Plant, J., A. A. Glynn, 1976, Genetics of resistance to infection with Salmonella typhimurium in mice. J. inf. dis. 133, 72-78. - 6054. Plant, J., A. A. Glynn, 1979, Locating Salmonella resistance gene on mouse chromosome 1. Clin. exp. immun. 37, 1-6. - 6055. Plant, J. W., R. Marchant, T. D. Mitchell, J. R. Giles, 1978, Neonatal lamb losses due to feral pig production. Austr. vet. J. 54, 426-429. - 6056. Plapp, F. W., 1976, Biochemical genetics of insecticide resistance. Ann. rev. entomol. 21, 179-197. - 6057. Platt, H., 1973, Etiological aspects of perinatal mortality in the Thoroughbred. Equ. vet. J. 5, 116-120. -6058. Platt, H., 1973, Aetiological aspects of abortion in the Thoroughbred mare. J. comp. path. 83, 199-205. - 6059. Platt, H., 1975, Causes of mortality in the young foal. Vet. ann. 15, 153-155. - 6060. Platt, H., 1979, A survey of perinatal mortality and disorders in the Thoroughbred. An. hlth. trust Newmarket equ. stn, 52p.

6061. Platzer, R., A. Küpfer, J. Bircher, R. Preisig, 1978, Polymorphic acetylation and aminopyrine demethylation in Gilbert's syndrome. Eur. J. clin. inv. 8, 219-223. - 6062. Platzer, S., H. Fill, G. Riccabona, J. Glatzl, J. Seidl, G. Cenderelli, M. Migliardi, H. Varetto, A. Costa, 1977, Endemic goitre in Alto Adige (Italy). Act. endocr. 85, 325-334. - 6063. Pleasants, J. R., B. S. Reddy, S. Zimmerman, E. Bruckner-Kardoss, B. S. Wostmann, 1967, Growth, reproduction and morphology of naturally born, normally suckled germfree guinea pigs. Z. Versuchstierk. 9, 195-204. - 6064. v. d. Ploeg, L. H. T., A. Konings, M. Oort, D. Roos, L. Bernini, R. H. Flavell, 1980, ɣ - ß-thalassemia studies showing that deletion of the ɣ -and ɣ -genes influences ß-globin gene expression in man. Nature 283, 637-642. -6065. Plonait, H., 1965, Erbliche Rachitis bei Saugferkeln. Dt. tierärztl. Wschr. 72, 255-256. - 6066. Plonait, H., Erbliche Rachitis der Saugferkel. Zbl. Vet. med. A 16, 289-316. - 6067. Plonait, H., 1970, Die Ausscheidung von Hydroxyprolin - Peptiden im Harn von Schweinen als Indikator der Intensität des Knochenstoffwechsels. Berl. Münch. tierärztl. Wschr. 83, 11-14. - 6068. Plonait, H., 1970, Die Bedeutung von Erkrankungen der Atmungsorgane in der intensiven Schweinehaltung. Schweinez. Schweinem. 18, 281-284. - 6069. Plum, M., 1959, Hetero blood types and breeding performance. Science 129, 781-782. - 6070. Pobisch, A., 1961, Beitrag zur Ätiologie der Zitterkrankheit (Tremor) des Schweines. Wien. tierärztl. Mschr. 43, 162-179. - 6071. Podgornaya, E. K., 1976, (The role of haemoglobin type in the adaptation of sheep to the hypoxic conditions of high mountains). Ref. Zhurn. 4. 58. 276. - 6072. Podliachouk, L., M. Vandeplassche, R. Bouters, 1974, Gestation gemellaire, chimerisme et freemartinisme chez le cheval. Act. zool. path. Antw. 58, 13-28. - 6073. Podvinec, S., B. Milhaljevic, A. Marcetic, M. Simonovic, 1965, Schädigungen des fötalen Cortischen Organs durch Streptomycin. Mschr. Ohr. hlk. 99, 20-24. - 6074. Poggel, H. A., 1971, Untersuchungen über das Lebensschicksal von Rindern mit Ovarialzysten in 14 Herden der sauerländischen Rotbuntzucht. Dissert. Hannover. - 6075. Pohly, W., 1918, Die Stallklauen der Rinder. Arch. Tierhlk. 44, 39-66. - 6076. Poiley, S. M., A. A. Ovejera, A. P. Otis, C. R. Reeder, 1974, Reproductive behavior of athymic nude (nu/nu - BALB/c/A/BOM Cr) mice in a variety of environments. Proc. 1st int. wksh. nude mice, 189-202. - 6077. Poirson, J., 1980, L'hémophile chez le chien à propos de cinq cas rencontrés dans la race Berger Allemand. Point vét. 10, 7-10. -6078. Polani, P. E., 1969, Autosomal imbalance and its syndromes, excluding Down's. Brit. med. bull. 25, 81-93. - 6079. Polednak, A. P., F. A. Oski, 1976, Changes in congenital oral cleft incidence in relation to induced abortions. Am. J. obst. gyn. 126, 734-735. - 6080. Politiek, R. D., 1977, Sire evaluation for dystocia in Dutch cattle breeds. Sem. EEC progr. beef res., 206-219. - 6081. Politiek, R. D., 1981, (Does selection for characteristics of the udder, teats, ease of milking and udder health offer any prospects of improvement of resistance to mastitis ?). Tijds. diergen. 106, 546-553. - 6082. Polkinghorne, R. W., 1974, Fat content of birds possessing the Para Mini gene. J. Austr. inst. agr. sci. 40, 74-75. - 6083. Pollak, A., J. A. Widness, R. Schwartz, 1979, "Minor hemoglobins". Biol. neon. 36, 185-192. - 6084. Pollak, A., K. Widhalm, L. Havelec, H. Frisch, E. Schober, 1980, Glycosylated hemoglobin (HbA1c) and plasma lipoproteins in juvenile onset diabetes mellitus. Acta ped. scand. 69, 475-479. - 6085. Pollak, E. J., 1976, Dystocia in Holsteins. Diss. abstr. B 36, 3136. - 6086. Pollak, E. J., A. E. Freeman, 1976, Parameter estimation and sire evaluation for dystocia and calf size in Holsteins. J. dairy sci. 59, 1817-1824. - 6087. Pollock, D. L., 1974, Chromosome studies in artificial insemination sires in Great Britain. Vet. rec. 95, 266-267. - 6088. Pollock, D. L., 1975, Sex chromosome chimerism in Friesian bulls. 2. Eur. Koll. Zytogen. Vet. med., 199-203. - 6089. Pollock, D. L., J. C. Bowman, 1974, A Robertsonian translocation in British Friesian cattle. J. repr. fert. 40, 423-432. -

6090. Pollock, D. L., N. S. Fechheimer, 1976, The chromosome number of Gallus domesticus. Brit. poult. sci. 17, 39-42. - 6091. Pollock, D. L., J. Fitzsimons, W. D. Deas, J. A. Fraser, 1979, Pregnancy termination in the control of the tibial hemimelia syndrome in Galloway cattle. Vet. rec. 104, 258-260. - 6092. Pomeroy, R. W., 1960, Infertility and neonatal mortality in the sow. J. agr. sci. 54, 31-56. - 6093. Pongratz, D., J. Schaub, C. Koppenwallner, G. Hübner, 1981, Zur Morphologie und Biochemie der Glykogenose Typ V (McArdle). Klin. Wschr. 59, 1053-1059. - 6094. Poole, D. B. R., 1970, An outbreak of sway back in lambs, with particular reference to breed susceptibility. Ir. vet. J. 24, 189-192. - 6095. Poole, T. W., W. K. Silvers, 1976, An experimental analysis of the recessive yellow color mutant in the mouse. Dev. biol. 48, 377-381. - 6096. Poon, M. C., O. Ratnoff, 1976, Evidence that functional subunits of antihemophilic factor (Factor VIII) are linked by noncovalent bonds. Blood 48, 87-94. - 6097. Popescu, P. C., 1968, Observations cytogénétique chez les bovins charolais normaux et culards. Ann. gén. 11, 262-264. - 6098. Popescu, C. P., 1973, Nouvelles observations sur une fusion centrique chez Bos taurus L. Ann. gén. sél. anim. 5, 435-440. - 6099. Popescu, C. P., 1976, New data on pericentric inversion in cattle (Bos taurus L.). Ann. gén. sél. anim. 8, 443-448. - 6100. Popescu, C. P., 1977, Anomalies chromosomiques et troubles de la fertilité. El. insém. 159, 11-15. - 6101. Popescu, C. P., 1977, Les anomalies chromosomiques des bovins (Bos taurus L.). Ann. gén. sél. anim. 9, 463-470. - 6102. Popescu, C. P., E. P. Cribiu, P. Tschudi, 1976, Deux cas de fusion centrique chez Bos taurus L. en Suisse. Ann. gén. sél. anim. 7, 317-319. - 6103. Popescu, C. P., E. P. Cribiu, J. P. Poivey, J. L. Seitz, 1979, Etude cytogénétique d'une population bovine de Côte-d'Ivoire. Rev. el. méd. vét. pays trop. 32, 81-84. - 6104. Popescu, C. P., C. Legault, 1979, Une nouvelle translocation réciproque t(4q+;14q-) chez le porc domestique (Sus scrofa dom.). Ann. gén. sél. anim. 11, 361-369. - 6105. Popescu, C. P., J. P. Quéré, P. Franceschi, 1980, Observations chromosomiques chez le sanglier français(Sus scrofa scrofa). Ann. gén. sél. anim. 12, 395-400. - 6106. Popescu-Vifor, S., 1974, Genetic and environmental parameters of reproductive performances in swine. 1st wld. cong. gen. appl. livest., 431-436. - 6107. Popp, D., 1979, Inheritance of serum immunoglobulin A levels in mice. Fed. proc. 38, 939. - 6108. Popp, R. A., P. A. Lalley, J. B. Whitney, 1981, Mouse α-globin genes and ι-like pseudogenes are not syntenic. Fed. proc. 40, 3033. - 6109. Popper, H., F. Schaffner, 1972, Progress in liver diseases. Grune u. Stratton, N. Y. - 6110. Poppie, M. J., T. C. McGuire, 1976, Combined immunodeficiency with failure of colostral immunoglobulins transfer in foals. Vet. rec. 99, 44-46. - 6111. Poppie, M. J., T. C. McGuire, 1977, Combined immunodeficiency in foals of Arabian breeding. J. A. V. M. A. 170, 31-33. -6112. Porter, D. D., A. E. Larsen, H. G. Porter, 1980, Aleutian disease of mink. Adv. immun. 29, 261-286. - 6113. Porter, D. D., A. E. Larsen, H. G. Porter, 1982, Aleutian disease of mink. Scientif. 6, 62-63. - 6114. Porter, P., 1979, Structural and functional characteristics of immunoglobulins of the common domestic species. Adv. vet. sci. comp. med. 23, 1-21. - 6115. Portmann, M., J. Darrouzet, M. Niaussat, 1971, L'organe de Corti chez la souris Swiss/RB. Audiol. 10, 298-314. -6116. Potter, W. L., 1977, Sex chromosome mosaicism in heterosexual cattle twins. Austr. vet. J. 53, 350. - 6117. Potter, W. L., P. C. Upton, A. W. Blackshaw, 1979, Presumptive 1/29 autosomal translocation in Australian cattle. Austr. vet. J. 55, 209-213. - 6118. Potter, W. L., P. C. Upton, 1979, Y chromosome morphology of cattle. Austr. vet. J. 55, 539-541. - 6119. Potter, W. L., P. C. Upton, J. Cooper, A. W. Blackshaw, 1979, C-and G-banding pattern and chromosomal morphology of some breeds of Australian cattle. Austr. vet. J. 55, 560-567. - 6120. Potter, W. L., J. W. Cooper, A. W. Blackshaw, 1980, Cytogenetical studies of infertile pigs. Aust. vet. J. 56, 133-136. - 6121. Potts, J. T., 1972, Pseudoparathyroidism. In: Stanbury

u. Mit. a. a. O.. - 6122. Pouillande, J. M., 1971, Hypomagnésémie congénitale primitive et chronique avec hypocalcémie magnesio-dépendante. Arch. franc. péd. 28, 1021-1023. - 6123. Poulos, P. W., 1978, Osteochondrosis and skeletal deformities in turkeys, broilers and Leghorns. Ak. avh., Uppsala. - 6124. Poulos, P. W., 1978, Tibial dyschondroplasia (osteochondrosis) in the turkey. Act. rad. Sup. 358, 197-227. - 6125. Poulos, P. W., S. Reiland, K. Elwinger, S. E. Olsson, 1978, Skeletal lesions in the broiler, with special reference to dyschondroplasia (osteochondrosis). Act. rad. Suppl. 358, 229-275. - 6126. Pounds, J. C., J. S. Brinks, R. A. Kainer, 1981, Amount and distribution of ocular pigmentation in Hereford cattle. Jt. meet. can. am. soc. an. sci., 344-346. - 6127. Pour, P., J. Althoff, S. Z. Salmasi, K. Stepan, 1979, Spontaneous tumors and common diseases in three types of hamsters. J. nat. canc. inst. 63, 797-811. - 6128. Powell, P. C., 1981, Immunity to Marek's disease. In: Avian immunology. M. E. Rose u. Mit., Brit. poult. sci. Ltd., Edinb.. - 6129. Powell, P. C., A. M. Lawn, L. N. Payne, M. Rennie, L. J. N. Ross, 1980, The effect of virus dose on the development of Marek's disease in two strains of chickens. Av. path. 9, 567-574. - 6130. Prader, A., 1981, Normales Wachstum und Wachstumsstörungen bei Kindern und Jugendlichen. Klin. W-schr. 59, 977-984. - 6131. Prader, A., R. Illig, E. Heiferli, 1961, Eine besondere Form der primären Vitamin-D-resistenten Rachitis mit Hypocalcämie und autosomal-dominantem Erbgang, die hereditäre Pseudo-Mangelrachitis. Helv. paed. act. 16, 452-468. - 6132. Prahlad, K. V., G. Skala, D. G. Jones, W. E. Briles, 1979, Limbless, a new genetic mutant in the chick. J. exp. zool. 209, 427-434. - 6133. Prasse, K. W., D. Crouser, E. Beutler, M. Walker, W. D. Schall, 1975, Pyruvate kinase deficiency anemia with terminal myelofibrosis and osteosclerosis in a beagle. J. A. V. M. A. 166, 1170-1175. - 6134. Pratt, D. M., 1980, An analysis of the phenotype and gene action of microphthalmic white (Mi^{wh}) in the house mouse. Diss. abstr. B 41, 817-818. - 6135. Pratt, T. C., 1967, The genetics of neurological disorders. Oxf. Univ. Press, Lond.. - 6136. Pratt-Thomas, H. R., H. C. Heins, E. Latham, E. J. Dennis, F. MacIver, 1956, The carcinogenic effect of human smegma. Canc. 9, 671-680. - 6137. Pravtcheva, D., G. Manolov, 1975, Genesis of the Philadelphia chromosome. Hereditas 79, 301-303. - 6138. Prchal, J. T., A. J. Carroll, J. F. Prchal, W. M. Crist, H. W. Skalka, W. J. Gealy, J. Harley, A. Malluh, 1980, Wiskott-Aldrich syndrome. Blood 56, 1048-1054. - 6139. Prchal, J. T., W. M. Crist, A. Malluh, A. Visek, W. N. Tauxe, A. J. Carroll, 1980, A new glucose-6-phosphate dehydrogenase deficient variant in a patient with Chediak-Higashi syndrome. Blood 56, 476-480. - 6140. Press, J. L., 1981, The CBA/N defect defines two classes of T cell-dependent antigens. J. immunol. 126, 1234-1240. - 6141. Preston, J. M., E. W. Allonby, 1978, The influence of breed on the susceptibility of sheep and goats to a single experimental infection with Haemonchus contortus. Vet. rec. 103, 509-512. - 6142. Preston, J. M., E. W. Allonby, 1979, The influence of breed on the susceptibility of sheep to Haemonchus contortus infection in Kenya. Res. vet. sci. 26, 134-139. - 6143. Preston, J. M., E. W. Allonby, 1979, The influence of haemoglobin type on the susceptibility of sheep to Haemonchus contortus infection in Kenya. Res. vet. sci. 26, 140-144. - 6144. Price, D. J., A. D. Smith, R. B. Teskey, 1966, A sex-linked respiratory defect in chickens. Poult. sci. 45, 423-424. - 6145. Price, D., E. Ortiz, J. J. P. Zaaijer, 1971, In vitro studies of the relation of fetal sex hormones to sex differentiation in the guinea pig. In: Hamburgh u. Barrington a. a. O.. - 6146. Price, P. M., K. Hirschhorn, 1975, In situ hybridization of chromosome loci. Fed. proc. 34, 2227-2232. - 6147. Price, T. D., J. N. Wiltbank, 1978, Predicting dystocia in heifers. Theriogen. 9, 221-249. - 6148. Price, T. D., J. N. Wiltbank, 1978, Dystocia in cattle. Theriogen. 9, 195-219. - 6149. Price, W. H., 1979, A high incidence of chronic inflammatory bowel disease in patients with Turner's syndrome. J. med. gen. 16, 263-266. -

6150. Priebe, J., 1966, Die Veränderungen des Skeletts und der statischen Verhältnisse beim sogen. modernen Fleischschwein. Tierärztl. Umsch. 21, 633-640. - 6151. Priebs, G., G. Preetz, 1977, Die Herzmasse- ein Selektionskriterium für die Beschaffenheit von Schweinefleisch ?Fleisch 31, 98. - 6152. Priester, W. A., 1972, Sex, size, and breed as risk factors in canine patellar dislocation. J. A. V. M. A. 160, 740-742. - 6153. Priester, W. A., A. G. Glass, N. S. Waggoner, 1970, 1970, Congenital defects in domesticated animals. Am. J. vet. res. 31, 1871-1879. - 6154. Prieur, D. J., 1981, Preliminary studies of the structural lesions associated with the Maltese dilution (d/d) in domestic cats. Carn. gen. newsl. 4, 178 - 182. - 6155. Prieur, D. J., J. M. Holland, T. G. Bell, D. M. Young, 1976, Ultrastructural and morphometric studies of platelets from cattle with the Chediak-Higashi syndrome. Lab. inv. 35, 197-204. - 6156. Prieur, D. J., V. M. Camara, 1979, Inheritance of lysozyme deficiency in rabbits. J. hered. 70, 181-184. - 6157. Primer, G., 1979, Bronchusanomalien. Med. Klin. 74, 955-958. - 6158. Prince, W. R., H. W. Gawen, 1966, An investigation of the resistance of white Leghorn chicks to Salmonella gallinarum. Poult. sci. 45, 1149-1153. - 6159. Prins, H. W., C. J. A. v. d. Hamer, 1980, Abnormal copper-thionein synthesis and impaired copper utilization in mutated Brindled mice. J. nutr. 110, 151-157. - 6160. Prip, M., 1975, Hysteria in laying hens in Denmark. Wlds. poult. sci. J. 31, 306-308. - 6161. Pritchard, D. H., D. V. Napthine, A. J. Sinclair, 1980, Globoid cell leucodystrophy in Polled Dorset sheep. Vet. path. 17, 399-405. - 6162. Pritchard, D. J., R. M. Clayton, W. L. Cunningham, 1974, Abnormal lens capsule carbohydrate associated with the dominant gene "small eye" (Sey) in the mouse. Exp. eye res. 19, 335-340. - 6163. Probst, A., J. Behringer, 1968, Zur Frage prädisponierender Faktoren bei Mastitis. II. Milchwirtsch. 23, 395-398. - 6164. Probst, A., J. Behringer, F. Kiermeier, 1968, Zur Frage prädisponierender Faktoren bei Mastitis. III. Züchtungsk. 40, 249-253. - 6165. Probst, A., K. Guthy, F. Kiermeier, 1969, Zur Frage prädisponierender Faktoren bei Mastitis. V. Milchwirtsch. 24, 98-100. - 6166. Prohaska, J. R., W. W. Wells, 1974, Copper deficiency in the developing rat brain. J. neurochem. 23, 91-98. - 6167. Prota, G., A. G. Searle, 1978, Biochemical sites of gene action for melanogenesis in mammals. Ann. gén. sél. anim. 10, 1-8. -6168. Proudfoot, N., 1980, Pseudogenes. Nature 286, 840-841. - 6169. Prud'hon, M., 1975, Physiologie de la reproduction. In: Le lapin. Inf. techn. serv. vét., 87-105. - 6170. Przytulski, T., Porzeczkowska, 1979, Serum protein and enzyme polymorphism and leptospirosis of pigs of Polish Large White breed. Ann. gén. sél. anim. 11, 121-125. - 6171. Przytulski, T., D. Porzeczkowska, 1980, Studies on genetic resistance to leptospirosis in pigs. Brit. vet. J. 136, 25-32. - 6172. Przytulski, T., D. Porzeczkowska, 1980, Genetic markers of resistance to leptospirosis in pigs of the Large White Polish breed. Act. vet. Brno 49, 237-244. -6173. Pschyrembel, W., 1972, Klinisches Wörterbuch. W. de Gruyter, Berl. - 6174. Pugliese, A., D. Cortese, G. Forni, 1980, Polygenic control of interferon production induced by poly I:C in vivo. Arch. virol. 65, 83-87. - 6175. Pullen, C. M., 1970, True bilateral hermaphroditism in a beagle. Am. J. vet. res. 31, 1113-1117. - 6176. Pulos, W. L., F. B. Hutt, 1969, Lethal dominant white in horses. J. hered. 60, 59-63. - 6177. Pumfrey, R. A., R. K. Johnson, P. J. Cunningham, D. R. Zimmerman, 1980, Inheritance of teat number and its relationship to maternal traits in swine. J. anim. sci. 50, 1057-1060. - 6178. Pum, C. F., 1961, Hereditary kidney hypoplasia in the domestic fowl. Poult. sci. 40, 842-847. - 6179. Purchase, H. G., L. H. Cunningham, B. R. Burmester, 1966, Genetic differences among chicken embryos in response to inoculation with an isolate of infectious bronchitis. Av. dis. 10, 162-172. - 6180. Purchio, A. F., E. Erikson, J. S. Brugge, R. L. Erikson, 1978, Identification of a polypeptide encoded by the avian sarcoma virus src gene. Proc. nat. ac. sci. 75, 1567-1571. - 6181. Puret, R., 1954, Quintuplets. Bull.

soc. sci. vét. 56, 59-60. - 6182. Purohit, W. D., P. K. Basrur, B. S. Reinhart, 1974, Malpositions in chicken-pheasant hybrid embryos. Brit. poult. sci. 15, 145-151. - 6183. Purohit, V. D., P. K. Basrur, B. S. Reinhart, 1977, Exencephaly in chicken-pheasant hybrids. Brit. poult. sci. 18, 143-146. - 6184. Purpura, D. P., H. J. Baker, 1977, Meganeurites and other aberrant processes of neurons in feline Gm1 gangliosidosis. Brain res. 143, 13-26. - 6185. Purser, A. F., 1966, Increase in heterozygote frequency with differential fertility. Hered. 21, 322-327. - 6186. Purser, A. F., G. B. Young, 1964, Mortality among twin and single lambs. Anim. prod. 6, 321-329. - 6187. Purtscher, E., 1972, Das vordere Stromablatt der Iris als Beispiel für die Biomorphose eines kollagenen Bindegewebes. Klin. MBL. Aug. hlk. 160, 296-299. - 6188. Püschel, E., 1967, Zur Geschichte der Dysmelien und ihrer ätiologischen Vorstellungen. Wien. med. Wschr. 117, 371-376. - 6189. Pussell, B. A., M. Nayet, E. Bourke, S. Morris, D. K. Peters, 1980, Complement deficiency and nephritis. Lancet, 675-677. - 6190. Pyke, D. A., 1962, Disorders of carbohydrate metabolism. Pitman med. publ. Co.. - 6191. Qazi, Q. H., A. Masakawa, C. Madahar, R. Ehrlich, 1977, Trisomy 9 syndrome. Clin. gen. 12, 221-226. - 6192. Quéinnec, G., R. Darre, H. M. Berland, J. C. Raynaud, 1974, Etude de la translocation 1-29 dans la population bovine du sud-ouest de la France. 1. wld. congr. gen. appl. livest., 131-151. - 6193. Quéinnec, G., R. Babilé, R. Darré, H. M. Berland, J. Espinasse, 1975, Induction d'anomalies chromosomique par le furoxone ou le chloramphenicole. Rév. méd. vét. 126, 1610. - 6194. Quevedo, W. C., 1973, Genetic control of melanin metabolism within the melanin unit of mammalian epidermis. J. inv. derm. 60, 407-417. - 6195. Quinan, C., A. A. Berger, 1933, Observations on human adrenals with special reference to the relative weight of the normal medulla. Ann. int. med. 6, 1180-1192. - 6196. Quiring, D. P., 1939, A comparison of certain gland, organ and body weights in some African ungulates and the African elephant. Growth 2, 335-346. - 6197. Rabe, F., 1970, Die Kombination hysterischer und epileptischer Anfälle. Springer Vlg., Berlin. - 6198. Rabinovitch, A., A. Gutzeit, V. Grill, M. Kikuchi, A. E. Renold, E. Cerasi, 1975, Defective insulin secretion in the spiny mouse. In: Shafrir a. a. O.. - 6199. Rac, R., G. N. Hill, R. W. Pain, C. J. Mulhearn, 1968, Congenital goitre in Merino sheep due to an inherited defect in the biosynthesis of thyroid hormone. Res. vet. sci. 9, 209-223. - 6200. Rac, R., P. R. Gieseke, 1975, Lysosomal storage disease in Chihuahuas. Austr. vet. J. 51, 403-404. - 6201. Race, R. R., R. Sanger, 1969, Xg and sex-chromsome abnormalities. Brit. med. bull. 25, 99-103. - 6202. Radbruch, A., 1973, Cytogenetische Analyse der Farbvererbung bei der Tabakmaus. Z. Säugetierk. 38, 168-172. - 6203. Radev, T., 1960, Inheritance of hypocatalasemia in guinea-pigs. J. genet. 57, 169-172. - 6204. Radochonska, A., 1971, Effect of the gene mosaic (Ms) on growth rate, weight of organs and hair structure in mouse. Gen. pol. 11, 257-274. - 6205. Radzhabli, S. I., A. A. Isaenko, V. T. Volobuev, 1978, (An investigation of the nature and role of supernumerary chromosomes in the silver-black fox). Genetika 14, 438-443. - 6206. Radzikowski, A., J. Meyer, H. Buschmann, G. Averdunk, H. M. Blendl, K. Österkorn, 1974, Zur Variation der Immunantwort bei mehreren Schweinerassen. Z. Tierz. Zücht. biol. 91, 59-74. - 6207. Radzikowski, A., J. Meyer, H. Buschmann, G. Averdunk, H. M. Blendl, K. Österkorn, 1974, Zur Variation der Immunantwort bei mehreren Schweinerassen. Z. Tierz. Zücht. biol. 91, 59-74. - 6208. Rafiquzzaman, M., R. Svenkerud, A. Strande, J. G. Hauge, 1976, Glycogenosis in the dog. Act. vet. scand. 17, 196-209. - 6209. Rager, G. R., 1969, L'infarctus ne tue pas. Flammarion, Paris. - 6210. Rahbar, S., K. Winkler, J. Louis, C. Rea, K. Blume, E. Beutler, 1981, Hemoglobin Great Lakes (ß68 (E12) Leucine → Histidine). Blood 58, 813-817. - 6211. Raicu, P., M. Nicolaescu, 1974, Cytogenetic researches in hamsters. 1. wld. cong. gen. appl. liv. 187-191. - 6212. Raiser, M. W., 1980, Ist Kolonkrebs eine Zivilisationskrankheit?

Dt. med. Wschr. 105, 941-942. - 6213. Raises, M. B., in Hungerford a. a. O.. - 6214. Rajaratnam, G., J. D. Summers, A. S. Wood, E. T. Moran, 1971, Some physiological and nutritional aspects of the dwarf chicken. Can. J. anim. sci. 51, 209 - 216. - 6215. Rakic, R., R. L. Sidman, 1973, Weaver mutant mouse cerebellum. Proc. nat. ac. sci. 70, 240-244. - 6216. Rako, A., B. Okljesa, M. Jakovac, 1962, Mastitiden als wirtschaftliches Problem in der Rinderzucht. Züchtungsk. 34, 367-374. - 6217. Ramaley, J. A., D. Bartosik, 1975, Precocious puberty. Endocrin. 96, 269-274. - 6218. Ramberg, C. F. J., G. P. Mayer, D. S. Kronfeld, G. D. Aurbach, L. M. Sherwood, J. T. Potts, 1967, Plasma calcium and parathyroid hormone responses to EDTA infusion in the cow. Am. J. phys. 213, 878-882. - 6219. Ramirez, F., D. Starkman, A. Bank, H. Kerem, G. Cividalli, E. A. Rachmilewitz, 1978, Absence of ßmRNA in ß⁰-thalassemia in Kurdish Jews. Blood 52, 735-739. - 6220. Ramos, C., L. Rivera, J. Benitez, E. Tejedor, A. Sanchez-Cascos, 1979, Recurrence of Down syndrome associated with microchromosome. Hum. gen. 49, 7-10. - 6221. Ramot, B., 1974, Genetic polymorphisms and diseases in man. Ac. Press, N.Y. - 6222. Randall, C. J., 1982, Acute pectoral myopathy in broiler breeders. Av. path. 11, 245-252. - 6223. Randall, C. J., I. McLachlan, 1979, Retinopathy in commercial layers. Vet. rec. 105, 41-42. - 6224. Randall, C. J., C. P. J. Mills, 1981, Observations on leg deformity in broilers with particular reference to the intertarsal joint. Av. path. 10, 407-431. - 6225. Randall, W. R., B. W. Wilson, 1980, Properties of muscles from chickens with inherited muscular dystrophy. J. neurol. sci. 46, 145-155. - 6226. Rangachar, T. R. S., 1978, Potassium and sodium distribution pattern in blood of LK and HK types of buffaloes. Ind. J. dairy sci. 31, 88-90. - 6227. Ranney, H., 1976, Sickle cell anemia. Proc. 1. nat. sickl. cell ed. symp., 11-17. - 6228. Rao, A. V. N., T. S. Murthy, 1980, Note on incidence of freemartinism in Indian water buffalo (Bubalus bubalis). Ind. vet. J. 57, 783-784. - 6229. Rao, D. V., S. Sundaram, K. Ramani, S. Ramachandran, G. R. Scott, 1975, Observations on resistance of domestic buffalo (Bos indicus) and graded Zebu to rinderpest. Ind. vet. J. 52, 201-208. - 6230. Rao, P. R., B. S. Rajya, 1976, A note on the developmental abnormalities of the female genital tract of bovines. Ind. vet. J. 53, 586-588. - 6231. Rapacz, J., R. M. Shackelford, 1966, Erythrocyte antigen mosaicism in domestic mink. J. hered. 57, 19-22. - 6232. Rapado, A., H. J. Mendoza, L. C. Delatte, 1973, Genetics of xanthinuria. In: Delatte u. Mit. a. a. O.. - 6233. Rapaport, F. T., R. J. Bachvaroff, J. Grullan, H. W. Kunz, T. J. Gill, 1981, Genetic variations in host responses to trauma. Fed. proc. 40, 3034. - 6234. Rapp, J. P., 1982, A mendelian locus controlling vascular smooth muscle response in spontaneously hypertensive rats. Fed. proc. 41, 7082. - 6235. Rapp, J. P., K. D. Knudsen, J. Iwai, L. K. Dahl, 1973, Genetic control of blood pressure and corticosteroid production in rats. Circ. res. 32, Suppl. 1, 139-147. - 6236. Rapp, J. P., R. P. McPartland, D. L. Sustarsic, 1979, Inheritance of blood pressure and pituitary colloid protein in Dahl rats. J. hered. 70, 169-174. - 6237. Rary, J. M., R. L. Murphree, 1973, Quantitative analysis of swine chromosomes. Trans. Nebr. ac. sci. 2, 152-162. - 6238. Rasch, D., 1967, Wieviel Töchter benötigt man zum Inzuchttest auf rezessive unerwünschte Allele ? Arch. Tierz. 10, 159-163. - 6239. Rascher, W., R. E. Lang, T. Unger, D. Ganten, F. Gross, 1982, Vasopressin in brain of spontaneously hypertensive rats. Am. J. phys. 242, 496-499. - 6240. Rasmusen, B. A., E. M. Tucker, J. C. Ellory, R. L. Spooner, 1974, The relationship between the S system of blood groups and potassium levels in red blood cells of cattle. Anim. bld. gr. bioch. gen. 5, 95-104. - 6241. Rasmusen, B. A., L. L. Christian, 1976, H blood types in pigs as predictors of stress susceptibility. Science 191, 947-948. - 6242. Rasmusen, B. A., C. K. Beece, L. L. Christian, 1978, The porcine stress syndrome (PSS) and linkage in pigs of genes for H red blood cell antigens, phosphohexose isomerase (PHI) and 6-phosphohexose isomerase (6-PGD). XIV. int. cong.

gen. abstr. I., 532. - 6243. Rasmusen, B. A., C. K. Beece, L. L. Christian, 1980, Halothane sensitivity and linkage of genes for red H blood cell antigens, PHI and 6-PGD variants in pigs. Anim. bld. grps. bioch. gen. 11, 93-107. - 6244. Rasmusen, E. W., A. T. Hostmark, 1973, Age-related changes in the concentration of plasma cholesterol and triglycerides in two groups of rats with inherited widely different levels of spontaneous physical activity. Circ. res. 42, 598-603. - 6245. Rastan, S., M. H. Kaufman, A. H. Handyside, M. F. Lyon, 1980, X-chromosome inactivation in extraembryonic membranes of diploid parthenogenetic mouse embryos demonstrated by differential staining. Nature 288, 172-173. - 6246. Rastogi, R., F. G. Youssef, F. O. Gonzalez, 1978, Beef type water buffalo of Trinidad-Beefalypso. Wld. rev. anim. prod. 14, 59-56. - 6247. Ratajozak, K., 1979, (Pathogenesis of interdigital skin hyperplasia in cattle). Zes. nauk. wet. 36, 39-62. - 6248. Ratcliffe, H. L., H. Luginbühl, 1971, The domestic pig: a model for experimental atherosclerosis. Atheroscl. 13, 133-136. - 6249. Rath, E. A., S. W. Thenen, 1980, Influence of age and genetic background on in vivo fatty acid synthesis in obese (ob/ob) mice. Biochim. bioph. act. 618, 18-27. - 6250. Rath, F., O. Stur, G. Geyer, 1969, Familiärer Morbus Addison. Z. Kinderhlk. 106, 197-205. - 6251. Rathke, F. W., 1965, Der jugendliche Rundrücken. Dt. med. Wschr. 90, 520-527. - 6252. Rathore, A. K., 1975, Relationship between teat shape, production and mastitis in Friesian cross. Proc. 20th wld. vet. congr., 1152-1153. - 6253. Rathore, A. K., 1975, Teat shape associated with teat cup crawl and production in Friesian cows. J. agr. sci. 85, 377-379. - 6254. Rathore, A. K., 1976, Teat shape, production and mastitis in dairy cows. Proc. Austr. soc. anim. prod. 11, 501-504. - 6255. Rathore, A. K., 1976, Relationship between teat shape, production and mastitis in Friesian cows. Brit. vet. J. 132, 389-392. - 6256. Rathore, A. K., 1977, Teat diameter gradient associated with milk yield and somatic cell count in British Friesian cows. Anim. prod. 24, 401-406. - 6257. Ratnoff, O. D., B. Bennett, 1973, The genetics of hereditary disorders of blood coagulation. Svience 179, 1291-1298. - 6258. Ratnoff, W. D., R. E. Gress, 1980, The familial occurrence of polycythemia vera. Blood 56, 233-236. - 6259. Ratzmann, K. P., S. Witt, B. Schulz, P. Heinke, H. Bibergeil, 1979, Änderungen von Kohlehydrattoleranz und Insulinsekretion bei Personen mit hereditärer Diabetesbelastung. Dt. Ges. wes. 34, 2069-2074. - 6260. Rauluszkiewicz, S., P. Wyrost, J. Grabinski. 1977. (Karyological investigation of cattle with congenital heart displacement). Med. wet. 33, 91-93. - 6261. Raushenbakh, Y. O., E. K. Podgornaya, V. M. Kamenek, 1974, (The role of biochemical polymorphism in ecological and genetic differentiation of sheep). Ref. An. breed. abstr. 44, 70. - 6262. Raushenbach, Y. I., V. M. Kamenek, 1979, The role of biochemical polymorphism in ecologo-genetical differentiation of animals and its significance in selection for resistance to extreme environmental conditions. Proc. XVI. int. conf. anim. bld. gr. bioch. polym. III, 58-63. - 6263. Raveche, E. S., A. D. Steinberg, L. W. Klassen, J. H. Tijo, 1978, Genetic studies in NZB mice. I. J. exp. med. 147, 1487-1502. - 6264. Raveché, E. S., J. H. Tijo, A. D. Steinberg, 1979, Genetic studies in NZB mice. II. Cytogen. cell gen. 23, 182-193. - 6265. Raveché, E. S., J. H. Tijo, A. D. Steinberg, 1980, Genetic studies in NZB mice. IV. Arthr. rheum. 23, 48-56. - 6266. Rawles, M. E., 1947, Origin of pigment cells from the neural crest in the mouse embryo. Phys. zool. 20, 248-266. - 6267. Rayford, P. L., 1974, Pituitary -ovarian relationships in prepubertal gilts. Dissert. abstr. B 34, 3013-3014. - 6268. Read, D. H., D. D. Harrington, T. W. Keenan, E. J. Hinsman, 1976, Neuronal-visceral GM1 gangliosidosis in a dog with ß-galactosidase deficiency. Science 194, 442-445. - 6269. Read, W. K., C. H. Bridges, 1969, Neuronal lipodystrophy. Path. vet. 6, 235-243. - 6270. Rebar, R. W., L. C. Morandini, G. F. Erickson, J. E. Petze, 1981, The hormonal basis of reproductive defects in athymic mice. Endocrin. 108, 120-126. - 6271. Reddy, P.

R.K.,P.B.Siegel,1977,Chromosomal abnormalities in chickens selected for high and low body weight. J. hered. 68, 253-256. - 6272. Redo, S. F., 1972, Surgical problems peculiar to the newborn and infant. In: Holman u. Muschenheim a. a. O. . - 6273. Reed, C., J. L. O'Donoghue, 1979, A new guinea pig mutant with abnormal hair production and immunodeficiency. Lab. anim. sci. 29, 744-748. -6274. Reed, W. B., 1970, Genetische Aspekte in der Dermatologie. Hautarzt 21, 8-16. - 6275. Rees, H., 1974, B chromosomes. Sci. progr. 61, 535-554. - 6276. Rees, H., R. N. Jones, 1972, The origin of the wide species variation in nuclear DNA content. Int. rev. cytol. 32, 53-92. - 6277. Reeser, F., G. W. Weinstein, K. B. Feiock, R. S. Oser, 1970, Electro oculography as a test of retinal function. Am. J. ophth. 70, 505-514. - 6278. Reetz, I., W. Wegner, 1973, Angeborene Mehrfach-Mißbildung des Skeletts in einem Wurf Deutscher Schäferhunde. Dt. tierärztl. Wschr. 80, 524-528. - 6279. Reetz, I., W. Wegner, H. Feder, 1975, Statistik, Erblichkeit und korrelative Bindung einiger Merkmale des Kreislaufsystems bei weiblichen Mastschweinen der Deutschen Landrasse. II. Zbl. Vet. med. A 22, 741-755, - 6280. Reetz, I., M. Stecker, W. Wegner, 1977, Audiometrische Befunde in einer Merlezucht. Dt. tierärztl. Wschr. 84, 273-277. - 6281. Reeve, E., F. W. Robertson, 1953, Factors affecting multiple births in sheep. Anim. breed. abstr. 21, 211-224. - 6282. Reeve, R., H. K. Silver, P. Ferrier, 1960, Marfan's syndrome (arachnodactyly) with arthrogryposis (amyoplasia congenita). A. M. A. J. dis. child. 99, 101-106. - 6283. Refsdal, A. O., 1976, Low fertility in daughters of bulls with 1/29 translocation. Act. vet. scand. 17, 190-195. - 6284. Refsdal, A. O., 1979, (Studies on heifers and cows culled because of failure to breed). Thesis, Oslo. - 6285. Rehm, S., F. Deerberg, E. Sickel, 1980, Spontanerkrankungen und pathologische Veränderungen bei Han:NMRI nu/nu Mäusen. Z. Versuchstierk. 22, 309-316. - 6286. Reichenbach, E., 1970, Der Habsburger Unterkiefer. Med. Bld. 13, 112-115. - 6287. Reichert, N., U. Seligsohn, B. Ramot, 1974, Thrombasthenia in Iraqi Jews. In: Ramot a. a. O. . - 6288. Reichlin, S., K. Saperstein, I. M. D. Jackson, A. E. Boyd, Y. Patel, 1976, Hypothalamic hormones. Ann. rev. phys. 38, 389-424. - 6289. Reid, C. S. W., R. T. J. Clarke, M. P. Gurnsey, R. E. Hungate, K. L. Macmillan, 1972, Breeding dairy cattle with reduced susceptibility to bloat. Proc. N. Z. soc. anim. prod. 32, 96-98. - 6290. Reid, J. D., 1965, Duodenal carcinoma in the Pentz-Jeghers syndrome. Canc. 18, 970-977. - 6291. Reif, A. E., 1981, The causes of cancer. Am. sci. 69, 437-447. - 6292. Reiland, S., 1974, (Osteochondrosis associated with rapid growth). Sv. vet. tidn. 26, 28-33. - 6293. Reiland, S., P. Poulos, H. J. Hansen, N. O. Lindgren, S. E. Olsson, 1977, (Tibial dyschondroplasia). Sv. vet. tid. 29, 123-127. - 6294. Reiland, S., N. Ordell, N. Lundeheim, S. E. Olsson, 1978, Heredity of osteochondrosis, body constitution and leg weakness in the pig. Act. rad. 358, Suppl., 123-137. - 6295. Reiland, S., S. E. Olsson, P. W. Poulos, K. Elwinger, 1978, Normal and pathologic skeletal development in broiler and leghorn chickens. Act. rad. 358, Suppl., 277-298. - 6296. Rein, G., 1971, Umweltverhältnisse bei Mißbildungen des Zentralnervensystems und des Gesichts und Gesichtsschädels beim Rind in Hessen. Diss. Gießen. - 6297. Reinboth, R., 1975, Intersexuality in the animal kingdom. Springer, Berl., N. Y. . - 6298. Reindell, H., H. Kiefer, K. Koenig, H. Stein, K. Musshoff, 1967, Die Größe des Herzens bei angeborenen und erworbenen Vitien. Radiol. 7, 191-197. - 6299. Reindell, H., H. Koenig, W. Gebhardt, K. Musshoff, 1967, Die Größe des suffizienten und insuffizienten volumen- und druckbelasteten Herzens extrakardialer Genese. Radiol. 7, 183-191. - 6300. Reinelt, T., E. Friedrich, 1981, Intersexualität. Münch. med. Wschr. 123, 1575-1579. - 6301. Reiner, L., A. Mazzoleni, F. L. Rodriguez, R. R. Freudenthal, 1961, The weight of the human heart. Arch. path. 71, 180-201. -6302. Reiner, L., R. R. Freudenthal, F. H. Suarez, 1968, Cardiac weights of rats after experimental myocardial infarction. Arch. path. 86, 465-474. - 6303. Reinhardt,

1955,Pferd mit Polydaktylie an allen vier Füßen.Dt.tierärztl.Wschr.62,109.- 6304. Reis,B. L.,G.W.Evans,1977,Genetic influence on zinc metabolism in mice.J.nutr.107,1683-1686. - 6305. Reisfeld,R.A.,M.A.Pellegrino,S.Ferrone, S.Oh,1975,Expression of HL-A antigens on lymphoblastoid cells.In: Gottlieb u. Mit.a.a.O..- 6306. Reiss,J.A.,P.M.Brenes,J.Chamberlin,R.E.Magenis,E. W.Lovrien,1979,The 8p- syndrome.Hum.gen.47,135-140.- 6307. Remky,H., 1971,Maculadystrophie bei erblicher Taubstummheit als Äquivalent einer typischen Retinopathia pigmentosa.Klin.Mbl.Aug.hlk.158,471-478.- 6308. Remmen,J.W.A.,J.Blom,1970,(Studies on calf mortality on dairy farms in North Brabant province in 1969 and 1970).Tijds.diergeneesk.98,193-199.- 6309. Remmers,H.,1939,Erblich bedingte Vordergliedmaßenverkrümmung beim Rind in einem Hochzuchtgebiet Nordwestdeutschlands.Dissert.Hannover.- 6310. Rendel,J.M.,1952,White heifer disease in a herd of dairy Shorthorns.J.genet.51, 89-94.- 6311. Rendel,J.,1956,Heritability of m ultiple birth in sheep.J.anim. sci.15,193-201.- 6312. Rendel,J.,1963,A study of the variation in cattle twins and pairs of single born animals.Z.Tierz.Zücht.biol.79,319-327.- 6313. Rendel,J.,T.Sundberg,1962,Factors influencing the type and incidence of mastitis in Swedish dairy cattle.Act.vet.scand.3,13-32.- 6314. Rendel,J.,I.Johansson,1967,A study of the variation in cattle twins and single born animals.Z.Tierz. Zücht.biol.83,56-71.- 6315. Rendel,J.M.,1972,Breeding cattle for the Australian North.Wld.rev.anim.prod.8,48-56. - 6316. Rendel,J.M.,1980,Low calving rates in Brahman cross cattle.Theor.appl.gen.58,207-210.- 6317.Renne, U.,L.Schüler,1981,Sel ektion auf Komponenten der Fruchtbarkeit bei der Laboratoriumsratte unter den Bedingungen der Brunstsynchronisation mit Suisynchron-Prämix.Arch.exp.Vet.med.35,299-305.- 6318. Renner,E.,U.Kosmack, 1976,Genetische Aspekte zum Auftreten von Sekretionsstörungen beim Rind. Züchtungsk.48,10-21. - 6319. Renner,J.E.,1974,Vulvakarzinom bei einer schwarzbunten Kuh.Dt.tierärztl.Wschr.81,593.- 6320. Renner,J.E.,1977,(A congenital anomaly in cattle). Gac.vet.39,43-45.- 6321. Renner,R.,1981,Diabetes mellitus.Med.Klin.76,18-23.- 6322. Rennie,M.J.,R.H.T.Edwards,D. J.Millward,S.L.Wolman,D.Halliday,D.E.Matthews,1982,Effects of Duchenne muscular dystrophy on muscle protein synthesis.Nature 296,165-167.-6323. Renold,A.E.,1968,Spontaneous diabetes and/or obesity in laboratory rodents. Adv.metab.dis.3,49-84. - 6324. Renold,A.E.,W.E.Dulin,1967,Spontaneous diabetes in laboratory animals.Diabetol.3,63-64.- 6325. Renold,A.E.,I.Burr, W.Stauffacher,1970,On the pathogenesis of diabetes mellitus.Proc.13th Nob. symp.,215-231.- 6326. Renold,A.E.,W.Stauffacher,G.F.Cahill,1972,Diabetes mellitus.In: Stanbury u.Mit.a.a.O..- 6327. Rensch,B.,1957,Ästhetische Faktoren bei Farb-und Formbevorzugungen von Affen.Z.Tierpsych.14,71-99.- 6328. Renshaw,H.W.,W.C.Davis,1979,Canine granulocytopathy syndrome,an inherited disorder of leukocyte function.Am.J.path.95,731-744.- 6329. Renzoni,A.,P.Omodeo,1972,Polymorphic chromosome system in the fox.Caryol. 25,173-187.- 6330. Requate,H.,1959,Federhauben bei Vögeln.Z.wiss.Zool. 162,191-313.- 6331. Resende,J.,F.Megale,V.R.do Vale Filho,O.S.de Garcia, 1972,(Occurrence of cystic corpora lutea in slaughtered zebu cows).Ref.An. breed.abstr.42,16.- 6332. Resler,D.R.,J.B.Snow,G.R.Williams,1966,Multiplicity and familial incidence of carotid body and glomus jugulare tumors. Ann.otol.75,114-122.- 6333. Resnick,M.,D.B.Pridgen,H.O.Goodman,1968, Genetic predisposition to formation of calcium renal calculi.N.E.J.med.278, 1313-1318.- 6334. Resnick,S.,1972,Hypocalcemia and tetany in the dog.Vet. med.67,637-641.- 6335. Reta,G.,B.Bohren,H.E.Moses,1963,Sire and dam effects on hemagglutination titers in avian eggs following inoculation with Newcastle disease virus.Poult.sci.42,1182-1187.- 6336. Rett,A.,1967,Symposion über angeborene Mißbildungen. Wien. med. Wschr. 117, 367-371. - 6337. Reusen, A. J., G. Andria, E. de Wit-Verbeek, A. Hoggeveen, E. DelGiudice, D. Halley, 1979, A two-year-old patient with an atypical expression of Gml-ß-galactosidase deficiency. Hum. gen. 46, 11-19. - 6338. Reuter, W., 1962, Blauschalige Hühnereier. Z. Tierz. Zücht. biol. 77, 217-219. - 6339. Revelle, T. J., O. W. Robison, 1973, An explanation for the low heritability of litter size in swine. J. anim. sci. 37, 668-675. - 6340. Rey, M., C. Quenum, M. Guerin, 1966, Paludisme pernicieux mortel chez un drépanocytaire. Bull. soc. méd. Afr. noire lg. franc. 11, 802-807. - 6341. Reynolds, D. J., T. K. Nicholl, 1978, Tetralogy of Fallot and cranial mesenteric arteritis in a foal. Equ. vet. J. 10, 185-187. - 6342. Reynolds, D. L., T. M. DeRouen, S. Moin, K. L. Koonce, 1980, Factors influencing gestation length, birth weight and calf survival of Angus, zebu and zebu cross beef cattle. J. anim. sci. 51, 860-867. - 6343. Reynolds, W. L., T. M. DeRouen, S. Moin, K. L. Koonce, 1980, Factors influencing gestation length, birth weight and calf survival of Angus, Zebu and Zebu cross beef cattle. J. anm. sci. 51, 860-867. - 6344. Rezai, Z., C. H. Yoon, 1972, Abnormal rate of granule cell migration in the cerebellum of "weaver" mutant mice. Dev. biol. 29, 17-26. - 6345. Rhodes, A. J., C. E. v. Rooyen, 1968, Textbook of virology. Williams and Wilkins Co., Baltimore. - 6346. Rhodes, J. C., L. S. Wicker, W. J. Urba, 1980, Genetic control of susceptibility to Cryptococcus neoformans in mice. Inf. immun. 29, 494-499. - 6347. Rhody, J., W. J. Kuenzel, 1981, Electroencephalograms, electrocardiograms and blood pressure of seizure-prone chicks (Gallus domesticus). Phys. behav. 26, 1007-1011. - 6348. Ricard, F. H., 1969, Déterminisme héréditaire du caractère"crête pâle" chez la poule. Ann. gén. sél. anim. 1, 33-37. - 6349. Ricard, F. H., 1972, Croissance et caractéristiques de carcasse de poules issus de mères normales ou naines (dw). Ann. gén. sél. anim. 4, 173-182. - 6350. Riccardi, V. M., J. E. Cleaver, 1972, Tissue culture experiments in hereditary skin cancer. In: Lynch a. a. O., -6351. Rice, M. C., S. J. O'Brien, 1980, Genetic variation of laboratory outbred Swiss mice. Nature 283, 157-161. - 6352. Rich, A., N. Davidson, 1968, Structural chemistry and molecular biology. W. H. Freeman Co., San Franc.. - 6353. Richard, C., La maladie aléoutienne du vison. Bull. mens. soc. vét. prat. Fr. 64, 773-790. - 6354. Richards, J. S., A. R. Midgley, 1976, Protein hormone action. Biol. repr. 14, 82-94. - 6355. Richkind, K. E., 1979, Genetic responses to air pollution in mammalian populations. Diss. abstr. B 40, 76-77. - 6356. Richman, D. P., C. M. Gomez, P. W. Berman, S. A. Burres, F. W. Fitch, B. G. W. Arnason, 1980, Monoclonal anti-acetylcholine receptor antibodies can cause experimental myastenia. Nature 286, 738-739. - 6357. Richter, C. P., 1954, The effects of domestication and selection on the behavior of the Norway rat. J. nat. canc. inst. 15, 727-738. - 6358. Richter, F., 1955, Untersuchungen über den Verbleib der Nachkommen von RL-Kühen des Höhenviehs. Z. Tierz. Zücht. biol. 65, 223-242. - 6359. Richter, L., D. K. Flock, K. Bickhardt, 1973, Creatin-Kinase-Test als Selektionsmerkmal zur Schätzung der Fleischbeschaffenheit im Rahmen der Eigenleistungsprüfung beim Schwein. Züchtungsk. 45, 429-438. - 6360. Richter, L., K. Bickhardt, D. K. Flock, 1976, Performance testing for meat quality using the creatin-kinase test(CK-test). Proc. int. pig vet. soc. congr., T1. - 6361. Richter, S., 1967, Untersuchungen über die Heritabilität des Strabismus concomitans. G. Thieme, Leipzig. - 6362. Ricordeau, G., 1967, Hérédité des pendeloques en race Saanen. Ann. zoot. 16, 263-271. - 6363. Ricordeau, G., 1972, Distinction phénotypique des caprins homo-et hétérozygotes sans cornes. Ann. gén. sél. anim. 4, 469-475. - 6364. Ricordeau, G., 1973, Discrimination phénotypique des génotypes homozygotes(PP) et hétérozygotes (Pp) sans cornes chez les caprins de race Alpine. II. conf. int. él. capr., 360-361. - 6365. Ricordeau, G., 1973, Pénétrance de l'effet de stérilité totale lié à l'action du gène sans cornes P chez les boucs d'origine Alpine.

II. conf. int. élev. capr., 17-19. - 6366. Ricordeau, G., J. J. Lauvergne, 1967, Hypothèse génétique unique pour expliquer la présence d'intersexués, de mâles en excès et de mâles stériles en race caprine Saanen. Ann. zoot. 16, 323-334. - 6367. Ricordeau, G., F. Sanchez, 1981, Evolution de la fréquence du cornage dans quatre races caprines françaises. Ann. gén. sél. anim. 13, 353-362. - 6368. Riddell, C., 1975, Pathology of developmental and metabolic disorders of the skeleton of domestic chickens and turkeys. Vet. bull. 45, 629-640. - 6369. Riddell, C., 1977, Studies on the pathogenesis of tibial dyschondroplasia in chickens. Av. dis. 21, 9-15. - 6370. Ridinger, L.B., G.W. Sherritt, P.J. Phillips, J.H. Ziegler, R.D. Searth, 1967, Differences in color markings, polledness, live animal measurements and carcass traits of progeny selected beef sires. Progr. rep. Penns. agr. exp. stn. No. 275. - 6371. Ridler, M.A.C., R. Laxova, K. Dewhuest, P. Saldana-Garcia, 1977, A family with syndaktyly type II (synpolydactyly). Clin. gen. 12, 213-220. - 6372. Rieck, G.W., 1963, Heterotope Pseudozitze an der Vulva beim Rind, zugleich ein Beitrag zur Polyphänie der Hyperthelie-Anlage. Dt. tierärztl. Wschr. 70, 70-73. - 6373. Rieck, G.W., 1967, Müssen wir mit einer Verbreitung unerwünschter Erbanlagen durch die Haustierbesamung rechnen ? Prakt. Tierarzt 48, 403-408. - 6374. Rieck, G.W., 1965, Untersuchungen zur Verbreitung und zur Ätiologie der angeborenen Anomalien beim Rind. Zuchthyg. Fortpfl. Bes. Hst. 1, 362-342. - 6375. Rieck, G.W., 1966, Über Schwanzlosigkeit beim Rind. Dt. tierärztl. Wschr. 73, 80-85. - 6376. Rieck, G.W., 1969, Genetische Ursachen der vorgeburtlichen Sterblichkeit. Tierzücht. 21, 158-161. - 6377. Rieck, G.W., 1971, Die testikuläre Feminisierung beim Rind als Sterilitätsursache von Färsen. Zuchthyg. 6, 145-154. - 6378. Rieck, G.W., 1972, Syndaktylie beim Deutschen Rotbunten Rind. Giess. Beitr. Erbpath. Zuchthyg. 4, 1-13. - 6379. Rieck, G.W., 1974, Chromosomenanomalien und ihre pathologischen Folgeerscheinungen bei den Haustieren. 1. wld. congr. gen. appl. livest., 177-190. - 6380. Rieck, G.W., 1975, Zur Problematik des autonomen XX/XY- Syndroms beim Rind. 2. eur. Kol. Zytogen. Vet, med., 212-235. - 6381. Rieck, G.W., 1976, Erbpathologie I. Dok. Inst. Erbpath. Gießen. - 6382. Rieck, G.W., H.W. Leipold, 1965, Untersuchungen über die pathogenetischen Beziehungen der Steilstellung der Hintergliedmaßen beim Rind zur spastischen Parese. Zbl. Vet. med. A 12, 559-579. - 6383. Rieck, G.W., H. Bähr, 1967, Akroteriasis congenita beim deutschen schwarzbunten Rind. Dt. tierärztl. Wschr. 74, 356-364. - 6384. Rieck, G.W., H. Höhn, A. Herzog, 1968, Familiäres Vorkommen der zentromeren Chromosomenfusion beim Rind. Zuchthyg. 3, 177-182. - 6385. Rieck, G.W., K.H. Finger, 1968, Mißbildungen bei Nachkommen von Besamungsbullen. Zuchthyg. 3, 116-128. - 6386. Rieck, G.W., H. Höhn, A. Herzog, 1969, Hypogonadismus, intermittierender Kryptorchismus und segmentäre Aplasie der Ductus Wolffii bei einem männlichen Rind mit XXY- Gonosomen-Konstellation bezw. XXY-/XX-/XY-Gonosomen-Mosaik. Dt. tierärztl. Wschr. 76, 133-138. - 6387. Rieck, G.W., K.H. Finger, A. Herzog, 1972, Untersuchungen zur teratologischen Populationsstatistik und zur Ätiologie der embryonalen Entwicklungsstörungen beim Rind. Gieß. Beitr. Erbpath. Zuchthyg. 4, 39-69. - 6388. Rieck, G.W., K.H. Finger, 1973, Untersuchungen zur teratologischen Populationsstatistik und zur Ätiologie der embryonalen Entwicklungsstörunge beim Rind. Gieß. Beitr. Erbpath. Zuchthyg. 5, 71-138. - 6389. Rieck, G.W., A. Herzog, W. Rau, 1973, Untersuchungen zur teratologischen Populationsstatistik und zur Ätiologie der embryonalen Entwicklungsstörungen beim Rind. Gieß. Beitr. Erbpath. Zuchthyg. 5, 1-70. - 6390. Rieck, G.W., A. Herzog, W. Rau, 1973, Untersuchungen zur teratologischen Populationsstatistik und zur Ätiologie der embryonalen Entwicklungsstörungen beim Rind II. Gieß. Beitr. Erbpath. Zuchthyg. 5, 1-70. - 6391. Rieck, G.W., A. Herzog, 1974, Erbpathologie II. Dok. Inst. Erbpath. Gießen. - 6392. Rieck, G.W., H. Höhn, K. Loeffler, D. Marx, S. Böhm,

1975,Gynäkomastie bei einem Ziegenbock. Zuchthyg.10,159-168. - 6393.Rieck, G.W.,W.Schade,1975,Statistische Feststellungen zur Häufigkeit von Gliedmassenmißbildungen in einer geschlossenen Rinderpopulation und zur Korrelation von Gliedmaßendefekten mit Mißbildungen anderer Organe. Gieß.Beitr.Erbpath. Zuchthyg. 6,95-108. - 6394.Rieck,G.W.,W.Schade,1975,Die Arachnomelie (Spinnengliedrigkeit),ein neues erbliches letales Mißbildungssyndrom des Rindes.Dt.tierärztl.Wschr. 82,342-347. - 6395.Rieck,G.W.,A.Herzog,W.Schade, 1977,Modell Hessen: Populationsweites Kontrollsystem zur pathogenetischen Überwachung der Besamungsbullen. Tierärztl. Umsch.32,305-314. - 6396.Rieck, G.W.,A.Herzog,H.Rieke,1978,Tätigkeitsber.Inst.Zuchthyg.vet.med.Genet., Gießen. - 6397.Rieger, F.,M.Pincon-Raymond,P.Dreyfus,M.Guittard,M.Fardeau,1979,The syndrome of arthrogryposis and palatoschisis (SAP) in Charolais cattle.Ann.gén.sél.anim.11,371-380. - 6398.Riek,R.F.,1962,Studies on the reactions of animals to infestation with ticks.Austr.J.agr.res.13,532 - 550. - 6399.Rieke,H.,1979,Erbliche Lippenkiefergaumenspalte kombiniert mit Kryptorchismus bei schwarzbunten Rind.Dt.tierärztl.Wschr. 86,108-113. -6400. Rieke,H.,E.Allmacher,1982,Die operative Behandlung der Notomelie.Dt.tierärztl.Wschr. 89,113-114. - 6401.Riemann,J.F.,L.Demling,1979,Enteritis regionalis Crohn.Dt.med.Wschr.104,787-789. - 6402.Riese,G.,1975,Untersuchungen über das Farbsehvermögen des Schafes.Dissert.München. - 6403.Riese,K.,1974,Veränderungen des Glaskörpers beim Pferd.Dissert.Hannover. - 6404.Riesenfeld,A.,1970,Body posture and litter size.Act.anat.76,90-101. - 6405.Rife,D.C.,1962,Color and horn variation in water buffalo. J.hered.53, 238-246. - 6406.Rigby, P.G.,R.C.Rosenhof,P.T.Pratt,H.M.Lemon,1966,Leukemia and lymphoma. J.A.M.A.197,25-30. - 6407.Rigdon,R.H.,1971,Scoliosis in ducks. Zbl.Vet.med.A 18,243-249. - 6408.Riley,R.L.,H.McGrath,R.P. Taylor,1979, Low activity anti-DNA antibodies in systemic Lupus erythematosus (SLE). Fed.proc.38,1462. - 6409.Rimoin,D.L.,1967,Genetics of diabetes mellitus.Diabetes 16,346-351. - 6410.Rimoin,D.L.,1975,The chondrodystrophies. Adv.hum.gen. 5,1-118. - 6411.Rimoin,D.L.,T.J.Merimee,D.Rabinowitz,L. L.Cavalli-Sforza, V.A.McKusick,1969,Peripheral subresponsiveness to human growth hormone in African pygmies.N.E.J.med.281,1383-1388. - 6412.Rimoin, D.L.,N.Schimke,1972,Genetic disorders of the endocrine glands.F.Enke Vlg. Stuttgart. - 6413.Rinaldi,A.,M.Velivasakis,M.Latte,B.Filippi,G.Siniscalco, 1978,Triplo-X constitution of mother explains apparent occurrence of two recombinants in sibship segregating at closely X-linked loci.Am.J.hum.gen.30, 339-345. - 6414.Ring,J.,1981,Mechanismen der akuten allergischen Reaktion. Münch.med.Wschr.123,1670-1673. - 6415.Ringelhann,B.,C.T.A.Acquaye,J. H.Oldham, F.I.D.Konotey-Ahulu,G.Yawson,P.K.Sukumaran,W.A.Schroeder, T.H.J.Huisman,1977,Homozygotes for the hereditary persistence of fetal hemoglobin.Biochem.gen.15,1083-1096. - 6416.Ringsdorf,W.M.,E.Cheraskin, F.H.Medford,1979,Familial biochemical patterns.Ecol.food nutr.8,123-126. - 6417.Riquet,R.,1981,Valeur adaptative de la pigmentation cutanée chez l'homme.Ann.gén.sél.anim.13,27-36. - 6418.Risch,M.A.,1976,Die biochemische Genetik der Spurenelemente.Wiss. Z.Univ.Leipz.M.N.R.25,215-227. - 6419. Rister,M.,1979,Granulozytäre Phagozytosestörungen.Dt.med.Wschr.104, 1535-1539. - 6420.Rittenhouse,E.,L.C.Dunn,J.Cookingham,C.Calo,M.Spiegelman,G.B.Dooher,D.Bennett,1978,Cartilage matrix deficiency (cmd): a new autosomal recessive lethal mutation in the mouse.J.embr.exp.morph.43,71-84. - 6421.Ritter,H.,1964,Untersuchungen zur Genetik der Irispigmentierung. Z.Morph.Anthr.54,293-345. - 6422.Ritter,H.,1965,Studien über die Übertragungswege bei der enzootischen Rinderleukose.Dt.tierärztl.Wschr.72,56-60. - 6423.Rivelis,C.F.,R.Coco,C.J.Bergada,1978,Ovarian differentiation in Turner's syndrome. J. gén. hum. 26, 69-83. - 6424. Rivera-Ortiz, C. I., R. Nussenzweig, 1976, Trichinella spiralis: anaphylactic antibody formation and susceptibility in strains of inbred mice. Exp. path. 39, 7-17. - 6425. Rizek, R. L., B. Friend, L. Page, 1974, Fat in todays food supply. J. Am. oil chem. soc. 51, 244-250. - 6426. Rizza, J. M., S. E. Downing, 1971, Bilateral renal agenesis in two female sibships. Am. J. dis. child. 121, 60-63. - 6427. Robbins, M. E. C., 1976, Seizure resistance in albino gerbils. Lab. anim. 10, 233-235. - 6428. Robert, A., 1968, Endocrine factors in the etiology of peptic ulcer. In: Jasmin a. a. O.. - 6429. Roberts, A., 1978, Genetic factors in the development of atheromata and on serum total cholesterol levels in inbred mice and their hybrids. Dissert. abstr. B 39, 1582-1583. -6430. Roberts, A. M., 1978, The origins of fluctuations in the secondary sex ratio. J. biosoc. sci. 10, 169-182. - 6431. Roberts, C. J., A. R. Gray, 1973, Studies on trypanosome-resistant cattle. Trop. anim. hlth. prod. 5, 211-219. - 6432. Roberts, C. J., A. R. Gray, 1973, Studies on trypanosome-resistant cattle. II. Trop. anim. hlth. prod. 5, 220-233. - 6433. Roberts, C. W., 1979, Rough-textured: a feather structure mutant of Japanese quail. Can. J. gen. cyt. 21, 443-448. - 6434. Roberts, C. W., G. Jain, D. M. Juriloff, J. Gehring, 1974, Selection of a cleft palate line of chickens beginning with the relationship between the trait and the level of riboflavin in the diet. Poult. sci. 53, 700-713. - 6435. Roberts, D. C. K., C. E. West, T. G. Redgrave, B. Smith, 1974, Plasma cholesterol concentration in normal and cholesterol-fed rabbits. Atheroscl. 19, 369-380. - 6436. Roberts, D. C. K., C. E. West, 1974, The heritability of plasma cholesterol concentration in the rabbit. Hered. 33, 347-351. - 6437. Roberts, E., L. E. Card, 1935, Inheritance of resistance to bacterial infection. Ill. agr. exp. stat. B .419. - 6438. Roberts, G., M. J. Rand, 1977, Chromosomal damage induced by some ergot derivatives in vitro. Mut. res. 48, 205-214. - 6439. Roberts, J. A. F., 1929, The inheritance of a lethal muscle contracture in the sheep. J. genet. 21, 57. - 6440. Roberts, J. A. F., 1959, Some associations between blood groups and disease. Brit. med. bull. 15, 129 - 133. - 6441. Roberts, J. A. F., 1973, An introduction to medical genetics. Oxf. Un. Press., Lond.. - 6442. Roberts, L. D., 1948, Microphthalmia in swine. J. hered. 39, 146-148. - 6443. Roberts, R. C., 1965, Some contributions of the laboratory mouse to animal breeding research. Anim. breed. abstr. 33, 339-353; 515-526. - 6444. Roberts, R. C., N. R. Mendell, 1975, A case of polydactyly with multiple thresholds in the mouse. Proc. roy. soc. B 191, 427-444. - 6445. Roberts, S. J., 1965, Hereditary spastic diseases affecting cattle in N. Y. State. Corn. vet. 55, 637-644. - 6446. Robertson, A., 1965, The interpretation of genotypic ratios in domestic animal populations. Anim. prod. 7, 319-324. - 6447. Robertson, J. M., L. Samankova, T. H. Ingalls, 1966, Hydrocephalus and cleft palate in an inbred rabbit colony. J. hered. 57, 142-148. - 6448. Robertson, M., 1980, Chopping and changing in immunoglobulin genes. Nature 287, 390-392. - 6449. Robertson, M., 1981, Genes of lymphocytes. Nature 290, 625-627. - 6450. Robeson, B. L., E. J. Eisen, J. M. Leatherwood, 1981, Adipose cellularity, serum glucose, insulin and cholesterol in polygenic obese mice fed high-fat or high-carbohydrate diets. Growth 45, 198-215. - 6451. Robiller, F., K. Trogisch, 1982, Grünzügelpapagei mit Beinanomalie. Voliere 5, 19. - 6452. Robinson, G. C., J. E. Jan, H. G. Dunn, 1977, Infantile polymyoclonus. Clin. gen. 11, 53-56. - 6453. Robinson, H. L., 1978, Inheritance and expression of chicken genes that are related to avian leukosis sarcoma virus genes. Curr. top. micr. immun. 83, 1-36. - 6454. Robinson, J. A., 1977, Meiosis I non-disjunction as the main cause of trisomy 21. Hum. gen. 39, 27-30. - 6455. Robinson, J. J., 1981, Prenatal growth and development in the sheep and its implications for the viability of the newborn lamb. Livest. prod. sci. 8, 273-281. - 6456. Robinson, R., 1958, Genetic studies of the Syrian hamster. J. genet. 56, 85-102. - 6457. Robinson, R., 1962, Anophthalmic white: a mutant with unusual morphological and pigmentary properties in the Syrian hamster. Am. Nat. 96, 183-185. - 6458. Robinson, R., 1963, Color mosaics in Syrian hamsters. J. hered. 54, 31-34. - 6459. Robinson, R., 1968, Genetics and karyology. In: Hoffman u. Mit. a. a. O.. - 6460. Robinson, R., 1972, Genetic studies of the Syrian hamster. Genet. 43, 239-243. - 6461. Robinson, R., 1973, An albino badger. Carn. gen. newsl. 2, 149. - 6462. Robinson, R., 1975, Linkage of white band and long hair in the Syrian hamster. J. hered. 66, 312. - 6463. Robinson, R., 1976, Genetic studies of the Syrian hamster. Hered. 36, 181-184. - 6464. Robinson, R., 1979, Cytogenetics of the Felidae. Carniv. 2, 63-68. - 6465. Robinson, W. F., R. R. Thompson, W. T. Clark, 1981, Sinoatrial arrest associated with primary atrial myocarditis in a dog. J. sm. an. pract. 22, 99-107. - 6466. Robson, J. M., F. M. Sullivan, R. L. Smith, 1965, Embryopathic activity of drugs. J. + A. Churchill Ltd., Lond.. - 6467. Rodan, G. A., S. B. Rodan, S. C. Marks, 1978, Parathyroid hormone stimulation of adenylate cyclase activity and lactic acid accumulation in calvaria of osteopetrotic (ia) rats. Endocrinol. 102, 1501-1505. - 6468. Rodenbeck, H., 1978, Leitsymptom "Foetor ex ore". Prakt. Tierarzt 59, 78-81. - 6469. Roder, J., A. Duwe, 1979, The beige mutation in the mouse selectively impairs natural killer cell function. Nature 278, 451-453. - 6470. Roder, J. C., T. Haliotis, M. Klein, S. Korec, J. R. Jett, J. Ortaldo, R. B. Heberman, P. Katz, A. S. Fauci, 1980, A new immunodeficiency disorder in humans involving NK cells. Nature 284, 553-555. - 6471. Roderick, G. W., 1968, Man and heredity. MacMillan, Lond.. - 6472. Roderick, T. H., M. T. Davisson, 1982, Linkage map of the mouse. Mouse Newsl. 67, 6-8. - 6473. Rodewald, A., H. Zankl, H. Wischerath, B. Borkowsky-Fahr, 1977, Dermatoglyphic patterns in trisomy 8 syndrome. Clin. gen. 12, 28-38. - 6474. Rodgers, R. J., G. W. Blight, S. G. Knott, 1978, A study of the epidemiology of Anaplasma marginale infections of cattle in southern Queensland. Austr. vet. J. 54, 115-120. - 6475. Roelants, G. E. 1981, Resistant cattle. Nature 293, 96. - 6476. Roffi, J., 1971, Mechanisms of action of corticosteroids on physiological maturation of foetal adrenal medulla. In: Hamburgh u. Barrington a. a. O.. - 6477. Rogan, W. J., S. M. Brown, 1979, Some fundamental aspects of epidemiology. Fed. proc. 38, 1875-1879. - 6478. Rogers, P. V., C. P. Richter, 1948, Anatomical comparison between the adrenal glands of wild Norway, wild Alexandrine and domestic Norway rats. Endocrin. 42, 46-55. - 6479. Rogers, W. A., E. F. Donovan, G. J. Kociba, 1975, Idiopathic hyperlipoproteinemia in dogs. J. A. V. M. A. 166, 1087-1091. - 6480. Rogers, W. A., E. F. Donovan, J. Kociba, 1975, Lipids and lipoproteins in normal dogs and in dogs with secondary hyperlipoproteinemia. J. A. V. M. A. 166, 1092-1100. -6481. Röhl, J., V. Bergmann, 1978, Zehen- und Ballenveränderänderungen der Broilerelterntiere bei Käfighaltung. Mh. Vet. med. 33, 675-677. - 6482. Rohloff, D., 1973, Ein Beitrag zur Beurteilung der täglichen Spermienproduktion bei Ebern der Deutschen Landrasse. Zuchthyg. 8, 72-75. - 6483. Röhrborn, G., O. Kuhn, I. Hansmann, K. Thon, 1971, Induced chromosomal aberrations in early embryogenesis of mice. Humangen. 11, 316-322. - 6484. Roine, K., 1977, Observations on genital abnormalities in dairy cows using slaughterhouse material. Nord. vet. med. 29, 188-193. - 6485. Roine, K., H. Saloniemi, 1978, Incidence of infertility in dairy cows. Act. vet. scand. 19, 354-367. - 6486. Rollins, W. C., R. B. Casady, 1967, An analysis of pre-waening deaths in rabbits with special emphasis on enteritis and pneumonia. Anim. prod. 9, 87-97. - 6487. Rollins, W. C., M. Tanaka, C. F. G. Nott, R. B. Thiessen, 1972, On the mode of inheritance of double-muscled conformation in bovines. Hilgard. 41, 433-455. - 6488. Rollinson, D. H. L., 1956, Hereditary factors affecting reproductive efficiency in cattle. Anim. breed. abstr. 23, 215-249. - 6489. Rollinson, D. H. L., 1963, Haemoglobin types in animals. E. Afr. agr. for. J. 29, 1-6. - 6490. Romero-Herrera, A. E., H. Lehmann, O. Castillo, K. A. Joysey, A. E. Friday, 1976, Myoglobin of the orangutan as a phylogenetic enigma. Nature 261,162-164. - 6491. Romsos, D. R., 1981, Efficiency of energy retention in genetically obese animals and in dietary-induced thermogenesis. Fed. proc. 40, 2524-2529. - 6492. Ronen, A., M. Marcus, 1978, Caffeine and artificial insemination. Mut. res. 53, 343-344. - 6493. Rönningen, K., 1973, Change in the frequency of recessive genes due to selection of males in artificial insemination. Act. agr. scand. 23, 157-164. - 6494. v. Rood, J. J., 1977, Immunologische HLA-Typisierung. Klin. Wschr. 55, 1209-1215. - 6495. Rook, A. J., G. S. Walton, 1965, Comparative physiology and pathology of the skin. Blackwell sci. publ., Oxford. - 6496. Rooze, M. A., 1973, Analyse des lésions squelettiques des membres posterieurs chez les souris Dh/+. Arch. biol. 84, 513-538. - 6497. Ropers, J. H., G. Wolff, H. W. Hitzeroth, 1978, Preferential X inactivation in human placenta membranes. Hum. gen. 43, 265-273. - 6498. Ropers, H. H., H. B. Sliwowski, 1979, Periodic hypokalemic paralysis transmitted by an unaffected male with negative family history. Hum. gen. 48, 113-116. - 6499. DaRosa, F. M., 1945, Una nova mutacao. Rev. med. vet. Lisb. 40, 103-125. - 6500. Rosa, J. S., 1979, (Testicular and epididymal anomalies in domestic fowls (Gallus gallus domesticus). Arqu. esc. vet. univ. Min. Ger. 31, 513-519. - 6501. Rosamond, J., 1980, Special sites in genetic recombination. Nature 286, 202-204. - 6502. Rose, M., B. Charlesworth, 1980, A test of evolutionary theories of senescence. Nature 287, 141-142. -6503. Rose, M. E., P. L. Long, 1969, Immunity to coccidiosis. Experientia 25, 183-184. - 6504. Rose, N. R., L. D. Bacon, R. S. Sundick, Y. M. Kong, P. E. Bigazzi, 1977, Genetic regulation in autoimmune thyroiditis. In: Autoimmunity. Ac. Press, N. Y.. - 6505. Rose, N. R., L. D. Bacon, R. S. Sundick, 1978, Genetic determinants of thyroiditis in the OS chicken. Transpl. rev. 31, 264-285. - 6506. Rosenbauer, K. A., 1969, Entwicklung, Wachstum, Mißbildungen und Altern bei Mensch und Tier. Wiss. Vlg. Ges. Stuttg.. - 6507. Rosenbaum, S., 1951, The problem of congenital skin defects. Act. med. or. 10, 209-211. - 6508. Rosenberg, M. M., 1941, A study of inheritance of resistance to Eimeria tenella in the domestic fowl. Poult. sci. 20, 472. - 6509. Rosenberg, M. M., J. E. Alicata, A. L. Palafox, 1954, Further evidence of hereditary resistance and susceptibility to cecal coccidiosis in chickens. Poult. sci. 33, 972-980. - 6510. Rosenberg, Y., 1978, Autoimmune and polyclonal B cell responses during murine malaria. Nature 274, 170-172. -6511. Rosenberger, G., 1939, Späterkrankungen an spastischer Parese der Hintergliedmaßen beim Rinde. Dt. tierärztl. Wschr. 47, 18-23. - 6512. Rosenberger, G., 1939, Angeborene Haarlosigkeit (Hypotrichia adnata) bei einem Kalb. Dt. tierärztl. Wschr. 47, 212-213. - 6513. Rosenberger, G., 1955, Über eine erbbedingte Trübung der Hornhaut beim Rind (Leucoma corneae binocularis hereditaria). Dt. tierärztl. Wschr. 62, 81-82. - 6514. Rosenberger, G., 1963, Ergebnisse zwölfjähriger Leukose-Untersuchungen an der Rinderklinik Hannover. Dt. tierärztl. Wschr. 70, 410-417. - 6515. Rosenberger, G., 1970, Krankheiten des Rindes. P. Parey Vlg., Berl.. - 6516. Rosenbloom, A. H., D. A. Fisher, 1975, Radioimmunoassayable AVT and AVP in adult mammalian brain tissue. Neuroendocr. 17, 354-361. - 6517. Rosenfeld, R. S., D. K. Fukushima, T. F. Gallagher, 1967, Metabolism of adrenal cortical hormones. In: Eisenstein a. a. O.. - 6518. Rosenkranz, K. O., 1972, Zur Informatik der Fruchtbarkeitsparameter bei Besamungsbullen. Diss. Hannover. - 6519. Rosenkranz, W., 1969, Theorie der Chromosomenanomalien. Wien. klin. Wschr. 81, 21-24. - 6520. Rosenmann, A., I. Arad, A. Simcha, T. Schaap, 1976, Familial Ebstein's anomaly. J. med. gen. 13, 532-535. - 6521. Rosenmann, E., L. Yanko, A. M. Cohen, 1975, Comparative study of the pathology of sucrose-induced diabetes in the rat and adult-onset diabetes in man. In: Shafrir a. a. O. - 6522. Rosenstreich, D. L., 1980, Genetics of resistance to infection. Nature 285, 436-437. - 6523. Rosenthal, A. S., 1978, Determinant selection and macrophage function in genetic control of the immune response. Immun. rev. 40, 136-152. -

6524. Rosenthal, A. S., L. J. Rosenwasser, M. A. Barcinski, 1978, Determinant selection. In: Ir genes and Ia antigens. Ac. Press, N. Y.. - 6525. Rosenthal, A. S., M. A. Barcinski, L. J. Rosenwasser, 1978, Function of macrophages in genetic control of immune responsiveness. Fed. proc. 37, 79-85. - 6526. Rosenthal, D., 1971, A program of research on heredity in schizophrenia. Beh. sci. 16, 191-201. - 6527. Rosenthal, D., P. H. Wender, S. S. Kety, J. Welner, F. Schulsinger, 1971, The adopted-away offspring of schizophrenics. Am. J. psych. 128, 307-311. -6528. Roslanowski, K., 1967, (Morphological change in the structure of spermatozoa occurring in the semen of a bull and his sons. Med. wet. 23, 300-301. - 6529. Rosner, F., V. Vallejo, F. A. Khan, Z. Wessely, H. W. Grunwald, C. Calas, 1978, Hypogammaglobulinemia and selctive immunoglobulin A deficiency. N. Y. State J. med. 78, 1459-1463. - 6530. Ross, D. B., 1957, A suspected case of congenital porphyria (pink tooth) in a heifer. Vet. rec. 69, 345-346. - 6531. Ross, D. S., W. J. Thomas, 1978, The possibility of germ cell chimaerism in dizygotic twin bulls. Ani m. bld. grps. bioch. gen. 9, 3-8. - 6532. Ross, E. J., 1968, The cancer cell as an endocrine organ. Rec. adv. endocr. 8, 293-327. - 6533. Ross, J., M. F. Sanders, 1977, Innate resistance to myxomatosis in wild rabbits in England. J. hyg. 79, 411-415. - 6534. Ross, J. G., J. Amour, P. Lee, 1960, Further observations on the influence of genetical factors in resistance to helminthiasis in Nigerian Zebu cattle. Vet. rec. 72, 119-122. - 6535. Ross, J. G., 1970, Genetic differences in the susceptibility of sheep to infection with Trichostrongylus axei. Res. vet. sci. 11, 465-468. - 6536. Ross, M. E., T. Onodera, K. S. Brown, A. L. Notkins, 1976, Virus-induced diabetes mellitus. Diabetes 25, 190-197. - 6537. Ross, R., J. A. Glomset, 1973, Atherosclerosis and the arterial smooth muscle cell. Science 180, 1332-1339. -6538. Ross, R., J. Glomset, L. Harker, 1977, Response to injury and atherogenesis. Am. J. path. 86, 675-684. - 6539. Rossini, A. A., M. A. Apel, R. M. Williams, A. A. Like, 1977, Genetic influence of the streptozotocin-induced insulitis and hyperglycemia. Diabetes 26, 916-920. - 6540. Rossow, N., R. Fichtner, 1977, Ätiologie und Pathogenese generalisierter Osteochondropathien bei Mastrindern. Mh. Vet. med. 32, 844-850. - 6541. Roth, D. G., C. M. Richman, J. D. Rowley, 1980, Chronic myelodysplastic syndrome (Preleukemia) with the Philadelphia chromosome. Blood 56, 262-264. - 6542. Roth, S., K. Havemann, G. A. Martini, H. G. Benkmann, H. W. Goedde, M. Gramse, U. Hillig, G. Hug, R. Keitzer, E. Lazza, R. Raukolb, 1980, Pränataler Ausschluß eines Alpha-1-Antitrypsinmangels. Klin. Wschr. 58, 617-624. - 6543. Rothenbacher, H., D. S. Schwartz, 1980, 52nd Ann. meet. N. E. conf. av. dis., 20: History and pathologic lesions in chickens with hysteria. - 6544. Roth-Maier, D. A., M. Kirchgessner, 1972, Zur Retention von Mengenelementen und Spurenelementen von Mastküken bei Zulagen von Coccidiostatica. Zbl. Vet. med. A 19, 111-116. - 6545. Rothschild, M. F., A. B. Chapman, 1976, Factors influencing serum cholesterol levels in swine. J. hered. 67, 47-48. - 6546. Rothuizen, J., G. Voorhout, A. C. Okkens, W. J. Bierwenga, 1978, Urovagina associated with female pseudohermaphroditism in four bitches from one litter. Tijds. diergeneesk. 103, 1109-1113. - 6547. Rott, H. D., 1979, Kartagener's syndrome and the syndrome of immotile cilia. Hum. gen. 46, 249-261. - 6548. Rott, H. D., H. Warnatz, R. Pasch-Hilgers, A. Weikl, 1978, Kartagener's syndrome in sibs. Hum. gen. 43, 1-11. - 6549. Rott, M., 1976, Ursache und Bedeutung von Verhaltensstörungen in der Geflügelintensivhaltung. Mh. Vet. med. 31, 935-939. - 6550. Rott, M., 1978, Verhaltensstörungen in der Geflügelintensivhaltung. Mh. Vet. med. 33, 455-458. - 6551. Rott, M., 1978, Wirkung von Besatzdichte, Gruppengröße und Käfiggröße auf das Leistungsvermögen von Legehennenelterntieren. Mh. Vet. med. 33, 458-462. - 6552. Rott, M., G. Rott, 1978, Wirkung von Sitzstangen in Elternkäfigen. Mh. Vet. med. 33, 462-465. - 6553. Rottmann, O., 1979, Embryomanipulation in der Tierzucht. Züchtungsk. 51, 185-191. - 6554. Rougeot, J., 1981, Déterminisme de la répartition de la pigmentation dans le pelage et la peau des mammifères. Ann. Gén. sél. anim. 13, 9-16. - 6555. Roulston, W. J., R. H. Wharton, 1967, Acaricide tests on the Biarra strain of organophosphorus resistant cattle tick Boophilus microplus from Southern Queensland. Austr. vet. J. 43, 129-134. - 6556. Roux, K. H., A. Gilman-Sachs, W. J. Horng, S. Dray, 1979, Additional rabbit IgM allotypes. Fed. proc. 38, 1004. - 6557. Rowe, D. W., E. B. McGoodwin, G. R. Martin, M. D. Sussman, D. G.Rahn, B. Faris, C. Franzblau, 1974, A sex-linked defect in the cross-linking of collagen and elastin associated with the mottled locus in mice. J. exp. med. 139, 180-192. - 6558. Rowe, W. P., J. W. Hartley, T. Brenner, 1972, Genetic mapping of a murine leukemia virus-inducing locus of AKR mice. Science 178, 860-862. - 6559. Rowlatt, U., 1967, Functional anatomy of the heart of the fruit-eating bat, Eidolon helvum, Kerr. J. morph. 123, 213-230. - 6560. Rowlatt, U., 1968, Functional morphology of the heart in mammals. Am. zool. 8, 221-229. - 6561. Rowley, D., 1970, Genetic control of species susceptibility to infection. In: Sterzl u. Riha a. a. O. . - 6562. Rowley, J., 1973, A new consistent chromosomal abnormality in chronic myelogenous leukaemia identified by quinacrine fluorescence and Giemsa staining. Nature 243, 290-293. - 6563. Rowley, J. D., 1976, The role of cytogenetics in haematology. Blood 48, 1-7. - 6564. Rowley, P. T., J. Kurmick, R. Cheville, 1970, Hereditary haemorrhagic telangiectasia. Lancet, 474-475. - 6565. Rowson, L. E. A., 1975, Egg transfer in cattle. EEG-Komm. agr. res. sem., Lux. . - 6566. Roy, J. H. B., 1980, Factors affecting susceptibility of calves to disease. J. dairy sci. 63, 650-664. - 6567. Roy, J. S., 1974, Observation on the albinism in a breeding bull in Uttarpradesh. Ind. vet. J. 51, 654 - 655. - 6568. Royal, A., A. Garapin, B. Cami, F. Perrin, J. L. Mandel, M. LeMeur, F. Brégégère, F. Gannon, J. P. LePennec, P. Chambon, P. Kourilsky, 1979, The ovalbumin gene region. Nature 279, 125-132. - 6569. Roychoudury, P. N., 1969, (Some semen characters of an albino Italian Brown bull). Att. soc. ital. sci. vet. 23, 402-404. - 6570. Ruben, R. J., 1971, Some syndromes of deafness associated with ophthalmologic disorders in children. Trans. Penn. ac. ophth. 24, 121-122. - 6571. Rubin, L. F., 1971, Clinical features of hemeralopia in the adult Alaskan Malamute. J. A. V. M. A. 158, 1696-1698. - 6572. Rubin, L. F., T. K. Bournes, L. H. Lord, 1967, Hemeralopia in dogs. Am. J. vet. res. 28, 355-357. - 6573. Rubin, H., 1960, A virus in chick embryos which induces resistance in vitro to infection with Rous sarcoma virus. Proc. nat. ac. sci. 46, 1105-1119. - 6574. Rubin, H., 1965, Genetic control of cellular susceptibility to pseudotypes of Rous sarcoma virus. Virol. 26, 270-276. - 6575. Ruddle, F. H., R. P. Creagan, 1975, Parasexual approaches to the genetics of man. Ann. rev. gen. 9, 407-486. - 6576. Rüdiger, H. W., 1978, Genetisch bedingte Risikofaktoren für maligne Tumoren beim Menschen. Dt. med. Wschr. 103, 77-84. - 6577. Rudolfsky, U. H., R. L. Dilwith, K. S. Tung, 1980, Susceptibility differences of inbred mice to induction of autoimmune renal tubulointerstitial lesions. Lab. inv. 43, 463-470. - 6578. Rudorf, B., 1979, Gewebsmechanische Tests an der Arteria coronaria dextra des Schweines. Diss. Hannover. - 6579. Rufer, V., J. Bauer, F. Soukup, 1970, On the heredity of eye color. Act. univ. car. med. 16, 429-434. - 6580. Ruitenberg, E. J., A. Elgersma, 1976, Absence of intestinal mast cell response in congenitally athymic mice during Trichinella spiralis infection. Nature 264, 258-260. - 6581. Rushton, W. A. H., 1970, Pigments in anomalous colour vision. Brit. med. bull. 26, 179-181. -6582. Rusov, O., P. Petrovic, 1968, Determination of plasma iron in sows and their piglets. Vet. glasn. 22, 617-622. - 6583. Russell, A., A. Moschos, L. J. Butler, J. M. Abraham, 1966, Gonadal dysgenesis and its unilateral variant with testis in monozygous twins. J. clin. endocr. 26, 1282-1292. - 6584. Russell, E. S., 1979, Hereditary anemias of the mouse. Adv. gen. 20, 357-459. - 6585. Russell, E. S., S. E. Bernstein, E. C. McFarland, W. R. Modeen, 1963, The cellular basis of differential radiosensitivity of normal and genetically anemic mice. Rad. res. 20, 677-694. - 6586. Russell, E. S. , S. E. Bernstein, 1966, Blood and blood formation. In: Biology of the laboratory mouse. McGraw-Hill bk. Co. , N. Y. . - 6587. Russell, E. S. , D. J. Nash, S. E. Bernstein, E. L. Kent, E. C. McFarland, S. M. Matthews, M. S. Norwood, 1970, Characterization and genetic studies of microcytic anemia in house mouse. Blood 35, 838-850. - 6588. Russell, E. S. , E. C. McFarland, E. L. Kent, 1970, Low viability, skin lesions, and reduced fertility associated with microcytic anemia in the mouse. Transpl. proc. 2, 144-151. - 6589. Russell, E. S. , A. Keighley, 1972, The relation between erythropoiesis and plasma erythropoietin levels in normal and genetically anaemic mice during prolonged hypoxia or after whole-body irradiation. Brit. J. haem. 22, 437-452. - 6590. Russell, L. B. , F. N. Woodiel, 1966, A spontaneous mouse chimera formed from separate fertilization of two meiotic products of oogenesis. Cytogen. 5, 106-119. - 6591. Russell, L. B. , D. L. DeHamer, 1973, Complementation analysis of c locus lethals in the mouse. Genet. 74, 236. - 6592. Russell, L. B. , W. L. Russell, R. A. Popp, C. Vaughan, K. B. Jacobson, 1976, Radiation-induced mutations at mouse hemoglobin loci. Proc. nat. ac. sci. 73, 2843-2846. -6593. Russell, L. B. , W. L. Russell, E. M. Kelly, 1979, Analysis of the albino locus region of the mouse. Genet. 91, 127-139. - 6594. Russell, L. B. , G. D. Raymer, 1979, Analysis of the albino-locus region of the mouse. Genet. 92, 205-213. - 6595. Russell, L. D. , P. J. Gardner, 1974, Testicular ultrastructure and fertility in the restricted color (H^{re}) rat. Biol. repr. 11, 631-643. - 6596. Russell, R. G. , 1980, Studies of neuromuscular development in inherited syndrome of arthrogryposis and palatoschisis in Charolais cattle. Diss. abstr. B 41, 487-488. - 6597. Russell, W. C. , J. S. Brinks, R. A. Kainer, 1976, Incidence and heritability of ocular squamous cell tumors in Hereford cattle. J. anim. sci. 43, 1156-1162. - 6598. Russell, W. S. , 1976, Effect of twin birth on growth of cattle. Anim. prod. 22, 167-173. - 6599. Rust, C. C. , R. K. Meyer, 1969, Hair color, molt, and testis size in male, short-tailed weasels treated with melatonin. Science 165, 921-922. - 6600. Ruth, G. R. , S. Schwartz, B. Stephenson, 1977, Bovine protoporphyria. Science 198, 199-201. - 6601. Rütt, A. , 1957, Histologische Befunde der Gelenkkapsel und der periartikulären Weichteile bei der Arthrosis deformans. Z. Orthop. 89, 180-188. - 6602. Rutter, J. M. , 1981, Gene manipulation and biotechnology. Vet. rec. 109, 192-194. - 6603. Rutter, J. M. , M. R. Burrows, R. Sellwood, R. A. Gibbons, 1975, A genetic basis for resistance to enteric disease caused by E. Coli. Nature 257, 135-136. - 6604. Rüttner, J. R. , 1977, Die chronische Polyarthritis aus morphologischer Sicht. In: Wagenhäuser a. a. O. . -6605. Rüttner, J. R. , M. A. Spyder, K. Lothe, 1971, Pathomorphology of human osteoarthrosis. In: Lindner u. Mit. a. a. O. . - 6606. Ruutu, P. , T. Ruutu, H. Repo, P. Vuopio, T. Timonen, T. U. Kosunen, A. de la Chapelle, 1981, Defective neutrophil migration in monosomy 7. Blood 58, 739-745. - 6607. Ryan, K. J. , K. Benirschke, O. W. Smith, 1961, Conversion of androstenedione-4-C14 to estrone by the marmoset placenta. Endocrin. 69, 613-618. - 6608. Ryder, M. L. , 1980, Fleece colour in sheep and its inheritance. Anim. breed. abstr. 48, 305-324. - 6609. Ryder, O. A. , N. C. Epel, K. Benirschke, 1978, Chromosome banding studies of the equidae. Cytogen. cell gen. 20, 323-350. - 6610. Rygaard, J. , C. W. Friis, 1974, The husbandry of mice with congenital absence of the thymus (nude mice). Z. Versuchstierk. 16, 1-10. - 6611. Rygaard, J. , C. O. Povlsen, 1977, Bibliography of the nude mouse 1966-1976. G. Fischer Vlg. , Stuttgart. - 6612. Ryniewicz, Z. , 1971, Some observations on the bull's role in the heritable resistance to mastitis of cattle. Atti V. simp. int. zoot. , 847-852. - 6613. Saacke, R. G. , R. P. Amann, C. E. Marshall, 1968, Acrosomal cap abnormalities of sperm from subfertile bulls. J. anim. sci. 27, 1391-1400. - 6614. Sabec, D. , 1960, Untersuchungen über eine Arthrosis des

Sprunggelenkes beim Schwein. Dissert. Hannover. - **6615.** Sabec, D., 1963, Arthrosis of the tarsal joints in Swedish Landrace pigs in S. R. Slovenia. Veterinar. 12, 250-256. - **6616.** Sabec, D., E. Schilling, L. C. Schulz, 1961, Eine Arthrosis deformans des Sprunggelenkes beim Schwein. Dt. tierärztl. Wschr. 68, 231-236. - **6617.** Sabec, D., F. Zagozen, J. Urbas, J. Subelj, 1980, Untersuchungen über die Heritabilität einiger morphometrischer und biomechanischer Merkmale des Wachstumsknorpels beim Schwein. Dt. tierärztl. Wschr. 87, 452-455. - **6618.** Sacher, G. A., P. H. Duffy, 1979, Genetic relation of life span to metabolic rate for inbred mouse strains and their hybrids. Fed. proc. 38, 184-188. - **6619.** Sachs, E. S., M. G. J. Jahoda, M. Niermeijer, H. Galjaard, 1977, An unexpected high frequency of trisomic fetuses in 229 pregnancies monitored for advanced maternal age. Hum. gen. 36, 43-46. - **6620.** Sachsenweger, R., 1975, Neuroophthalmologie. G. Thieme, Stuttgart. - **6621.** Sack, G. H., 1978, A dominantly inherited form of arthrogryposis multiplex congenita with unusual dermatoglyphics. Clin. gen. 14, 317-323. - **6622.** Sadarangani, C., E. Skamene, P. Kongshavn, 1979, Radiation effect on antilisterial response in genetically resistant and sensitive mouse strains. Fed. proc. 38, 1288. - **6623.** Sagebiel, J. A., G. F. Krause, B. Sibbit, L. Langford, J. E. Comfort, A. J. Dyer, J. F. Lasley, 1969, Dystocia in reciprocally crossed Angus, Hereford and Charolais cattle. J. anim. sci. 29, 245-250. - **6624.** Saiella, J. E., 1973, An unusual case of acquired epilepsy in a dog. J. A. A. H. A. 9, 346-348. - **6625.** Saiduddin, S., G. A. Bray, D. A. York, R. S. Swerdloff, 1973, Reproductive function in the genetically obese "fatty" rat. Endocrinol. 93, 1251-1256. - **6626.** Saiduddin, S., H. P. Zassenhaus, 1979, Uterine progesterone receptor and biological responses to progesterone in the infertile Zucker fatty female rat. Biol. repr. 20, 939-945. - **6627.** Sailer, D., 1981, Ursachen und Risiken der Hyperurikämie. Med. Klin. 76, 114-116. - **6628.** Saito, H., Y. Okano, M. Furuta, 1974, Temporal bone findings in trisomy D. Arch. otolar. 100, 386-389. - **6629.** Sakai, K., T. Fujishima, 1965, Bilateral asymmetry in the legs of the domsetic fowl. Rep. nat. inst. Mis. 15, 52-54. - **6630.** Sakano, H., R. Maki, Y. Kurosawa, W. Roeder, S. Tonegawa, 1980, Two types of somatic recombination are necessary for the generation of complete immunoglobulin heavy-chain genes. Nature 286, 676-683. - **6631.** Sakano, Y. Kurosawa, M. Weigert, S. Tonegawa, 1981, Identification and nucleotide sequence of a diversity DNA segment (D) of immunoglobulin heavy-chain genes. Nature 290, 562-565. - **6632.** Saleh, K., 1976, Möglichkeiten einer Selektion auf Cholesteringehalt im Ei. G. f T. Tagg. Göttingen. - **6633.** Salmon, H. A., 1962, The cytochrome c content of the heart, kidney, liver and skeletal muscle of iron-deficient rats. J. physiol. 164, 17-30. - **6634.** Salomon, J. C., N. Lynch, 1977, Discrepancies in nude mice. Biomed. 26, 77-78. - **6635.** Salsbury, D. L., 1970, An anatomic defect as the cause of neonatal death in pigs. Vet. med. 65, 479-481. - **6636.** Sambraus, H. H., 1976, Kronisma bei Schweinen. Dt. tierärztl. Wschr. 83, 17-19. - **6637.** Samman, P. O., 1965, The nails in disease. Heineman, Lond. - **6638.** Samoilo, G. A., 1969, Heritability of semen production by bulls. Ref. An. breed. abstr. 39, 75. - **6639.** Samuels, L. T., T. Uchikawa, 1967, Biosynthesis of adrenal steroids. In: Eisenstein a. a. O. - **6640.** Sanada, Y., N. Yosogawa, N. Katunuma, 1978, Serine protease in mice with hereditary muscular dystrophy. J. biochem. 83, 27-33. - **6641.** Sanders, B. G., K. Kline, 1977, IgG immunoglobulin deficiency in genetically muscular dystrophic chickens. J. hered. 68, 55-56. - **6642.** Sanders, M., F. White, C. Bloor, 1977, Cardiovascular responses of dogs and pigs exposed to similar physiological stress. Comp. biochem. phys. 58A, 365-370. - **6643.** Sanderson, K. V., 1965, The incidence and distribution of epithelial tumours in man. In: Rook u. Walton a. a. O. - **6644.** Sandh, G., 1977, Pelzfehler am lebenden Nerz. Dt. Pelztierz. 51, 175-177. - **6645.** Sandhoff, K., K. Harzer, W. Wässle, H. Jatzkewitz,

1971,Enzyme alterations and lipid storage in three variants of Tay-Sachs disease. J. neurochem. 18, 2469-2489. - 6646. Sandhoff, K., H. Christomanou, 1979, Biochemistry and genetics of gangliosidoses. Hum. gen. 50, 107-143. - 6647. Sandstrom, B., J. Westman, P. A. Okersman, 1969, Glycogenosis of the central nervous system in the cat. Act. neuropath. 14, 194-200. - 6648. Sandusky, G. E., C. W. Smith, 1981, Congenital cardiac anomalies in calves. Vet. rec. 108, 163 - 165. - 6649. Sanford, S. E., T. W. Dukes, 1978, Acquired bilateral cortical cataracts in mature sows. J. A. V. M. A. 173, 852-853. - 6650. Sanger, R., P. Tippett, J. Gavin, A. Gooch, R. R. Race, 1969, Inheritance of testicular feminization syndrome. J. med. gen. 6, 26-27. - 6651. Sanderson, K. J., R. W. Guillery, R. M. Shackelford, 1974, Congenitally abnormal visual pathways in mink (Mustela vison) with reduced retinal pigment. J. comp. neur. 154, 225-248. - 6652. Sanpitak, N., H. Delbrück, J. Muangintra, B. Wintar, G. Flatz, 1972, Polymorphism of erythrocyte phosphoglucomutase, adenylate kinase and adenosine deaminase in Northern Thailand. Humangen. 14, 330-332. - 6653. Santivatr, D., R. R. Simonson, J. A. Newman, B. S. Pomeroy, 1981, Studies on strain susceptibility of chickens to IBDV using differing techniques. 30th West. poult. dis. conf., 1-3. - 6654. Sanyal, S., R. K. Hawkins, 1979, Dysgenetic lens (dyl): a new gene in the mouse. Inv. oph. vis. sci. 18, 642-645. - 6655. Sanzari, N. P., G. Possanza, R. C. Troop, 1965, Lack of correlation between body weight and cortisol secretion and between adrenal weight and cortisol secretion in the dog. Life sci. 4, 1345-1351. - 6656. Saperstein, G., 1981, Diprosopus in a Hereford calf. Vet. rec. 108, 234-235. - 6657. Saperstein, G., H. W. Leipold, S. M. Dennis, 1975, Congenital defects of sheep. J. A. V. M. A. 167, 314-322. - 6658. Sarnat, B. G., 1972, Relationship of rabbit eye and orbit to sex, weight and age. J. ped. ophth. 9, 52-55. - 6659. Sarto, G. E., J. M. Opitz, S. L. Inhorn, 1969, Considerations of sex chromosome abnormalities in man. In: Benirschke a. a. O.. - 6660. Sarvella, P., 1970, Sporadic occurrence of parthenogenesis in poultry. J. hered. 61, 215-219. - 6661. Sarvella, P., 1973, Possibilities for fertility in chicken-pheasant hybrids. Genet. 74, 239. - 6662. Sarvella, P., 1973, Adult parthenogenetic chickens. Nature 243, 171. - 6663. Sarvella, P., 1974, Environmental effects on a parthenogenetic line of chickens. Poult. sci. 53, 273-279. - 6664. Sarvella, P., 1975, Multiple-yolked eggs from a parthenogenetic stock of chickens. Poult. sci. 54, 1467-1471. - 6665. Sarvella, P. A., L. B. Russell, 1956, Steel, a new dominant gene in the house mouse with effects on coat pigment and blood. J. hered. 47, 123-128. - 6666. Sasaki, M., Y. Kodama, M. C. Yoshida, 1979, Chromosome markers in 12 inbred strains of the Norway rat. Cytogen. cell gen. 23, 231-240. - 6667. Sashegyi, K., 1935, Über die vergleichende Anatomie der Nebennieren unserer Haussäugetiere. Dissert. Budapest. - 6668. Satcher, D., 1976, The dimension of self-concept in sickle cell counseling. Proc. 1. nat. sickle cell ed. symp., 98-101. - 6669. Säteri, H., 1975, Investigations on the exocrine pancreatic function in dogs suffering from chronic exocrine pancreatic insufficbency. Act. vet. scand. Suppl. 53, 86 p. - 6670. Sauer, E., U. Fink, W. Theiss, J. Rastetter, 1979, Zeitlich und örtlich gehäuftes Vorkommen eines osteogenen Sarkoms. Mü. med. Wschr. 121, 343-344. - 6671. Sauer, H. I., 1962, Epidemiology of cardiovascular mortality- geographic and ethnic. Am. J. publ. hlth. 52, 94-105. - 6672. Sauerland, H., 1964, Ein kritischer Beitrag zu den sogenannten "dominant-weißen Mutanten" der Chinchilla. Dt. Pelztierz. 38, 169-173. - 6673. Saugstad, L. F., 1975, Anthropological significance of phenylketonuria. Clin. gen. 7, 52-61. - 6674. Saul, G. B., E. B. Garrity, K. Benirschke, H. Valtin, 1968, Inherited hypothalamic diabetes insipidus in the Brattleboro strain of rats. J. hered. 59, 113-117. - 6675. Saunders, L. Z., 1965, The histopathology of hereditary congenital deafness in white mink. Path. vet. 2, 256-263. - 6676. Saunders, L. Z., M. G. Fincher, 1951, Hereditary multiple eye defects in grade Jersey calves. Corn. vet. 41, 351-366. - 6677. Saunders, L. Z., L. F. Rubin, 1975, Ophthalmic pathology of animals. S. Karger, Basel. - 6678. Saunders, P. J., P. W. Ladds, 1978, Congenital and developmental anomalies of the genitalia of slaughtered bulls. Austr. vet. J. 54, 10-13. - 6679. Saunders, R. W., 1977, Field evidence of embryonic loss. Biotech. soc. trans. 5, 447-448. - 6680. Savage, J. E., D. W. Bird, G. Reynolds, B. L. O'Dell, 1969, Comparison of copper deficiency and lathyrism in turkey poults. J. nutr. 88, 15-25. - 6681. Savell, J., J. R. Cook, 1976, Optic nerve colobomas of autosomal dominant heredity. Arch. ophth. 94, 395-400. - 6682. Savey, M., J. Espinasse, 1980, Observation clinique: syndrome arthrogrypose-palatoschisis dans un troupeau de race Charolaise. Point vét. 10, 27-30. - 6683. Sawin, P. B., D. Glick, 1943, Atropinesterase, genetically determined enzyme in rabbits. Proc. nat. ac. sci. 29, 55-59. - 6684. Sawin, P. B., D. D. Crary, J. Webster, 1959, Morphogenetic studies of the rabbit. Genet. 44, 609-624. - 6685. Saxen, L., J. Rapola, 1969, Congenital defects. Holt, Rinehart + Winston, N.Y.. - 6686. Say, B., E. Tuncbilck, B. Yamak, S. Balis, 1970, An unusual chromosomal aberration in a case of Chediak Higashi syndrome. J. med. gen. 7, 417-421. - 6687. Scanlon, P. F., 1972, Embryo loss and prenatal mortality in sheep. VIIth int. congr. anim. repr. art. ins., 225. -6688. Scanlon, P. F., I. Gordon, J. Sreenan, 1973, Multiple ovulations, multiple pregnancies and multiple births in Irish cattle. J. dep. agr. fish. 70, 45-61. - 6689. Scaria, K. S., L. S. Premalatha, 1967, Cold induced adrenal weight and volume changes in white rats. Ind. J. exp. biol. 5, 256-257. - 6690. Scarlato, G., G. Meola, 1978, Chronic myopathy with cytoplasmic bodies in the pig. J. comp. path. 88, 31-37. - 6691. Scarr, S., A. J. Pakstis, S. H. Katz, W. B. Barker, 1977, Absence of a relationship between degree of white ancestry and intellectual skills within a black population. Hum. gen. 39, 68-86. - 6692. Scarsi, R. M., 1977, Myoclonia congenita in pigs. Dissert. abstr. B 38, 541-542. - 6693. Schaaf, A. v. d., 1974, (A hereditary condition associated with increased zinc requirements in Friesian calves). Tijd. diergeneesk. 99, 1017-1020. - 6694. Schade, H., 1978, Nimmt die Zahl der erblich Behinderten zu ? Dt. med. Wschr. 42, 1631-1634. - 6695. Schade, W., 1974, Cataracta congenita lenti beim Kalb. Gieß. Beitr. Erbpath. Zuchthyg. 6, 43-44. - 6696. Schaede, A., H. R. Ochs, M. Thelen, P. Thurn, 1978, Koronarinsuffizienz und plötzlicher Tod durch Koronaranomalien. Dt. med. Wschr. 103, 1363-1367. - 6697. Schaefer, E. J., L. A. Zech, D. E. Schwartz, H. B. Brewer, 1980, Coronary heart disease prevalence and other clinical features in familial high-density lipoprotein deficiency (Tangier disease). Ann. int. med. 93, 261-266. - 6698. Schaefer, H. H., E. H. Hess, 1959, Color preferences in imprinting objects. Z. Tierpsych. 16, 161-172. - 6699. Schaefer, M. M., W. J. Kuenzel, 1978, Brain noradrenaline concentration in seizure-prone chicks. Poult. sci. 57, 1052-1055. - 6700. Schäfer, H., 1960, Farbvererbung und Letalfaktor bei der grauen Variante der Karakuls. Zücht. kund. 32, 410-424. - 6701. Schaffer, A. J., M. E. Avery, 1977, Diseases of the newborn. W. B. Saunders Co., Philad.. - 6702. Schaible, R. H., 1968, Progeny testing for recessive genes. J. hered. 59, 120-125. - 6703. Schalk, C., P. Hoekstra, 1959, (Preliminary investigations about the presence of straight hocks in Dutch cattle). Tijds. diergeneesk. 84, 927-934. - 6704. Schaller, A., 1975, Geburtsmedizinische Teratologie. Urban u. Schwarzenberg. München. - 6705. Schams, D., A. Lahlan-Kassi, P. Glatzel, 1981, Vergleich von Gonadotropinprofilen im peripheren Blut von zwei marokkanischen Schafrassen mit niedriger und hoher Fruchtbarkeit. Zuchthyg. 16, 77. - 6706. Schanbacher, B. D., 1980, Androgen secretion and characteristics of testicular HCG binding in cryptorchid rats. J. repr. fert. 59, 145-150. - 6707. Schäper, W., 1937, Konstitutionelle Hauterkrankungen beim Pferd. Z. Tierz. Z ü. biol. 37, 295-330. - 6708. Schäper, W., 1939, Konstitutionsforschung in der Veterinärmedizin. Berl. Münch. tierärztl. Wschr., 69-73. - 6709. Schäper, W., 1939, Über die Erblichkeit des Kehlkopfpfeifens beim Pferd. Dt. tierärztl. Wschr. 47, 385-388. - 6710. Schardlin, J. L., J. A. Lucas, J. E. Fitzgerald, 1975, Retinal dystrophy in Sprague-Dawley rats. Lab. anim. sci. 25, 323-326. - 6711. Scharnhölz, R., 1976, Vergleich von Trächtigkeitsdauer, Geburtsmonat, und Alter der Mutter mit der Rennleistung von Vollblutpferden sowie Erhebungen über Zwillingsträchtigkeit und Fohlenverluste. Dissert. Hannover. - 6712. Schärrer, J., 1977, Gegenwärtiger Stand der Untersuchungen über die angeborene Blindheit beim Braunvieh. Mitt. Schweiz. Vbd. K. B. 15, 6. - 6713. Schattenkirchner, K., Krüger, P. Herzer, 1980, B27-positive Krankheiten. Münch. med. Wschr. 122, 1725-1728. -6714. 6714. Schauder, P., W. Hintz, 1981, Bestimmung glykosylierter Hämoglobine mit dem "Fast Hemoglobin Test System". Dt. med. Wschr. 106, 262-266. - 6715. Schebitz, H., L. C. Schulz, 1965, Zur Pathogenese der spinalen Ataxie beim Pferd. Dt. tierärztl. Wschr. 72, 496-501. - 6716. Schechter, I., O. Wolf, R. Zemell, V. Burstein, 1979, Structure and function of immunoglobulin genes and precursors. Fed. proc. 38, 1839-1845. - 6717. Scheelje, R., H. Niehaus, K. Werner, A. Krüger, 1975, Kaninchenmast. E. Ulmer, Stuttgart. - 6718. Scheinfeld, A., 1968, Twins and supertwins. Chatto + Windus, London. - 6719. Schellong, G., J. Schneider, 1973, Morbus haemolyticus neonatorum. In: Urbaschek, B., Blutgruppenkunde. Mediz. Vlg. GmbH, Marburg. - 6720. Schena, F. P., C. Manno, 1980, A kinetic test for the assay of the C1 esterase-inhibitor. J. clin. chem. clin. bioch. 18, 17-21. - 6721. Scher, I., 1975, J. exp. med. 141, 788-803. - 6722. Scherbarth, R., 1980, Zum Vorkommen embryonaler Fruchtresorption bei Stuten in der hannoverschen Warmblutzucht. Dt. tierärztl. Wschr. 87, 189-191. - 6723. Scherbaum, W. A., P. A. Berg, 1981, Bedeutung von Autoantikörpern in der Diagnostik endokrinologischer Erkrankungen. Dt. med. Wschr. 106, 308-313. - 6724. Schernthaner, G., 1981, Glykohämoglobin. Dt. med. Wschr. 106, 259-261. - 6725. Schettler, G., R. Mordasini, 1977, Cholesterin- Risikofaktor und Streitobjekt. Umsch. 77, 739-743. - 6726. Scheufler, H., 1969, Eine Mutante der Hausmaus mit Anämie. Z. Versuchstierk. 11, 348-353. - 6727. Scheurmann, E., C. Rönmelt, M. R. Jainudeen, H. Fischer, 1975, G-Banden beim thailändischen Sumpfbüffel im Vergleich mit dem Murrahbüffel. 2. Eur. Koll. Zytogen. Vet. med., 65-74. - 6728. Schiavetti, L., 1971, Possibilités de prévention de la coxarthrose. In: Lindner u. Mit. a. O. - 6729. Schiebel, I. F., 1943, Hereditary differences in the capacity of guinea pigs for the production of diphtheria antitoxin. Act. path. micr. scand. 20, 464-484. - 6730. Schiereh, J., 1947, Über den Identitäts- und Verwandtschaftsnachweis beim Rind, Dt. tierärztl. Wschr. 54, 362-363. - 6731. Schierman, L. W., D. H. Watanabe, R. A. Mc Bride, 1977, Genetic control of Rous sarcoma regression in chickens. Immunog. 5, 325-332. - 6732. Schierman, L. W., O. J. Fletcher, 1978, Genetic control of Marek's disease virus-induced transient paralysis. Sem. EEC progr. mech. res. Marek. dis., 429-440. - 6733. Schiff, L., 1969, Diseases of the liver. J. B. Lippincott, Philad.. - 6734. Schiffman, M. B., M. L. Santorineou, S. Lewis, H. A. Turchin, S. Gluecksohn-Waelsch, 1975, Lipid deficiencies, leukocytes, brittle skin- a lethal syndrome caused by a recessive mutation, edematous (oed) in the mouse. Genet. 81, 525-536. - 6735. Schildmeyer, H., 1925, Untersuchungen über die Gewichtsverhältnisse innersekretorischer Drüsen bei Schlachttieren. Dissert. Hannover. - 6736. Schildt, C. S., W. H. McGibbon, 1953, Coccidiosis resistance varies within breeds. Univ. Wisc. bull. 500, 27. - 6737. Schiliro, G., 1978, Sicily: the world reservoir for thalassemias and haemoglobinopathies. Nature 276, 761. - 6738. Schiliro, G., A. Russo, R. Curreri, S. Marino, A. Schiotto, G. Russo, 1979, Glucose-6-phosphate dehydrogenase deficiency in Sicily. Clin. gen. 15, 183-188. - 6739. Schillhorn, T. W., D. O. B. Folaramni, 1978, The haemoglobin types of northern Nigerian sheep. Res. vet. sci. 25, 397-398. - 6740. Schilling, E., 1957, Angeborene doppelseitige Atrophie des M. biceps beim Schwein. Anat. Anz. 104, 150-156. - 6741. Schilling, E., 1958, Veränderung des Sprunggelenks bei einem lahmenden Schwein. Züchtungsk. 30, 222-225. - 6742. Schilling, E., 1958, Über Wachstumsbeziehungen im multiparen Uterus unter besonderer Berücksichtigung der Variabilität in den Foetengewichten. Z. Tierz. Zücht. biol. 71, 228-242. - 6743. Schilling, E., 1962, Rassenunterschiede am Skelett des Beckens und der Hinterextremitäten beim Schwein. Z. Tierz. Zücht. biol. 78, 293-324. - 6744. Schilling, E., 1964, Eiweißüberfütterung und Bau der Nebenniere beim Rind. Zbl. Vet. med. A 11, 315-322. -6745. Schimke, D. J., C. W. Nixon, M. E. Connelly, 1973, Long-hair: a new mutation in the Syrian hamster. J. hered. 64, 236-232. - 6746. Schimmel, J. G., J. S. Brink, B. E. Russell, W. L. Mangus, A. H. Denham, 1980, Genetic aspects of high mountain disease in beef cattle. Am. soc. anim. sci., West. sect. meet., 20-22. - 6747. Schimmel, J. G., J. S. Brinks, G. V. Richardson, 1981, Heritability and repeatability of pulmonary arterial pressure in beef cows. Jt. meet. Can. Am. soc. anim. sci., 307-309. - 6748. Schimrigk, K., H. G. Mertens, K. Ricker, J. Führ, P. Eyer, D. Pette, 1967, McArdle-Syndrom (Myopathie bei fehlender Muskelphosphorylase). Klin. Wschr. 45, 1-17. - 6749. Schindler, R., W. Meiser, F. Sturm, 1977, Zystöse Entartung der Ovarien bei einer Katze. tierärztl. prax. 5, 97-98. - 6750. Schlaak, F., 1941, Untersuchungen über die Vererbung von Nabelbrüchen in einem Pferdezuchtgebiet. Dissert. Hannover. - 6751. Schlager, G., 1965, Heritability of blood pressure in mice. J. hered. 56, 278-284. - 6752. Schlager, G., 1969, Genetic and physiological studies of the blood pressure in mice. Can. J. gen. cyt. 10, 853-864. - 6753. Schlager, G., 1974, Selection for blood pressure levels. Genetics 76, 537-549. - 6754. Schlager, G., M. M. Dickie, 1967, Spontaneous mutations and mutation rates in the house mouse. Genet. 57, 319-330. - 6755. Schlager, G., R. S. Weibust, 1967, Genetic control of blood pressure in mice. Genet. 55, 497-506. - 6756. Schlager, G., M. M. Dickie, 1971, Natural mutation rates in the house mouse. Mut. res. 11, 89-96. - 6757. Schlatterer, B., 1978, Das Huhn- ein biochemisch-endokrinologisches Modell. Dt. tierärztl. Wschr. 85, 477-482. - 6758. Schlegel, F., A. Benda, W. Müller, S, Willer, 1981, Versuche zur chirurgischen Behandlung von Kälbern mit partieller Aplasie des Colon descendens. Mh. Vet. med. 36, 613-616. - 6759. Schlegel, A. V., 1962, Physiological attributes of coat colour in beef cattle. Austr. J. agr. res. 13, 943-959. - 6760. Schleger, W., 1959, Auftreten eines Albinokalbes bei der Murbodnerrasse. Wien. tierärztl. Mschr. 46, 196-199. - 6761. Schleger, W., 1976, Programmierte Erbhygiene in der Rinderzucht. Dt. tierärztl. Wschr. 83, 547-549. - 6762. Schleger, W., G. Mayrhofer, F. Pirchner, 1974, Relationship between heterozygosity as estimated from genetic markers and performance and average effects of marker genes. Anim. bld. grps. bioch. gen. 5, 37. - 6763. Schleger, W., G. Mayrhofer, I. Stur, 1977, Relationships between marker gene heterozygosity and fitness in dairy cattle. Anim. bld. grps. bioch. gen. 8, Suppl. 1, 42. - 6764. Schleger, W., B. Mayr, 1981, Derzeitiger Stand der Untersuchungen an Nukleolusorganisator-Regionen in Lymphozyten. Wien. tierärztl. Mschr. 68, 362-364. -6765. Schlenker, G., L. Jugert, M. Steinhardt, G. Furcht, B. Hahlweg, K. Schmutzler, 1981, Enzymaktivitäten bei Ebern am 100. und 180. Lebenstag unter besonderer Berücksichtigung der Kreatinkinase sowie genetischer Konstruktionen. Arch. exp. Vet. med. 35, 869-878. - 6766. Schlesselman, J. J., P. S. Spiers, 1975, Anencephaly, spina bifida and dizygotic twinning. Am. J. epid. 101, 14-16. - 6767. Schloot, W., J. D. Murken, H. W. Goedde, 1966, Vergleich der Aktivitäten verschiedener Serumenzyme bei Zwillingen. Humangen. 2, 36-41. - 6768. Schlüter, H., J. Thuffert, F. Burmeister, 1981, Untersuchungen zum Saugverhalten, zur Häufigkeit und zu den Ursachen des Milchsaugens. Mh. Vet. med. 36, 403-407. - 6769. Schmahlstieg, R., 1960, Die Mastitis. Dt. tierärztl. Wschr. 67, 104-107; 159-163. -

6770. Schmahlstieg, R., D. Smidt, 1958, Ist die Mehrzitzigkeit ein Merkmal der Fruchtbarkeit ? Züchtungsk. 30, 118-128. - 6771. Schmahlstieg, R., H. Meyer, 1960, Angeborene Starre und Verkrümmung der Gelenke (Arthrogryposis congenita) beim Kalb. Dt. tierärztl. Wschr. 67, 41-44. - 6772. Schmahlstieg, R., U. Mätzke, 1962, Untersuchungen zur Klärung des Sitzes, der Ätiologie und Erblichkeit der Spastischen Parese des Rindes. Zbl. Vet. med. A 9, 12-45, 507-519. - 6773. Schmid, D. O., 1961, Zwillings- und Mehrlingsforschung beim Rind aus der Sicht des Immunogenetikers. Z. Tierz. Zücht. biol. 76, 408-415. - 6774. Schmid, D. O., P. Thein, 1970, Embryonic mortality and egg-white protein polymorphism in chicken. Proc. XI. th Eur. conf. anim. bld. grps. bioch. gen., 581-584. - 6775. Schmid, G., M. Palkovits, U. Balmer, A. Heidland, 1980, Altered cyclic AMP levels in specific cardiovascular brain centers of spontaneously hypertensive rats (SHR). Klin. Wschr. 58, 1091-1097. - 6776. Schmid, W., 1967, Chromosomenanomalien bei Blutkrankheiten. Schweiz. med. Wschr. 97, 1057-1059. - 6777. Schmid, W., 1977, Cytogenetical problems in prenatal diagnosis. Hereditas 86, 37-44. - 6778. Schmidinger, S., K. R. Held, H. W. Goedde, 1966, Hydrolysis of succinylcholine by pseudocholinesterase at low concentrations. Humangen. 2, 221-224. - 6779. Schmidt, G. H., L. D. v. Vleck, 1965, Heritability estimates of udder disease measured by various tests and their relationship to each other and to milk yield, age and milking. J. dairy sci. 48, 51-55. - 6780. Schmidt, G. R., L. L. Kastenschmidt, R. G. Cassens, E. J. Briskey, 1970, Serum enzyme and electrolyte levels of stress resistant Chester White pigs and stress-susceptible Poland China pigs. J. anim. sci. 31, 1168-1171. - 6781. Schmidt, K. L., C. Mueller-Eckhardt, H. Breithaupt, 1978, HLA-B27, antinuclear antibodies and drug-induced agranulocytosis. Klin. Wschr. 56, 1189-1191. - 6782. Schmidt, P., C. U. v. Mickwitz, 1964, Zur Häufigkeit und Pathologie der kongenitalen Herzfehler bei Schwein und Rind. Mh. Vet. med. 19, 541-546. - 6783. Schmidt, R., H. M. Nitowsky, 1977, Split hand and foot deformity and the syndrome of ectrodactyly, ectodermal dysplasia, and clefting(EEC). Hum. gen. 39, 15-25. - 6784. Schmidt, R. P., B. J. Wilder, 1968, Epilepsy. Blackwell sci. publ., Oxford. - 6785. Schmidt, U., H. H. Fiedler, B. Hertrampf, 1974, Thrombozytopenische Purpura beim Saugferkel. Dt. tierärztl. Wschr. 81, 530-532. - 6786. Schmidt, U., G. Trautwein, B. Hertrampf, H. Ehard, H. H. Fiedler, 1977, Thrombozytopenische Purpura beim Saugferkel. Zbl. Vet. med. 24B, 386-397. - 6787. Schmidt, V., 1973, Augenkrankheiten der Haustiere. F. Enke, Stuttgart. - 6788. Schmidt-Nielsen, K., 1967, The unusual animal, or to expect the unexpected. Fed. proc. 26, 981-986. - 6789. Schmidt-Nielsen, K., H. B. Haines, D. B. Hackel, 1964, Diabetes mellitus in the sand rat induced by standard laboratory diets. Science 143, 689-690. - 6790. Schmidt-Redemann, B., R. Beckmann, W. Schaupeter, W. Schmidt-Redemann, 1978, Kardiomyopathie bei Duchennescher Muskeldystrophie. Med. Klin. 73, 1621-1626. - 6791. Schmitt, H., 1981, Melanotische Lid-und Bindehauttumoren. Med. Klin. 76, 495-497. - 6792. Schmitten, F., 1972, Über die 3-Rassen-Kreuzung als Gebrauchskreuzungsmethode in der Fleischrinderhaltung. Züchtungsk. 44, 385-396. - 6793. Schmitten, F., K. Finke, W. T$_r$appmann, 1974, Vergleich der Fleischleistung von Schweinen der Deutschen Landrasse und der Belgischen Landrasse. Züchtungsk. 46, 12-20. - 6794. Schmitten, F., K. H. Schepers, E. Wagner, W. Trappmann, 1981, Untersuchungen zur Diagnose der Streßanfälligkeit und ihrer Beziehungen zu Leistungseigenschaften beim Schwein. Züchtungsk. 53, 236-244. - 6795. Schmitt-Verhulst, A. M., G. M. Shearer, 1978, Involvement of I region products in T-cell immunity against TNP-modified autologous cells. Proc. 3rd Ir gene wksh., 379-385. - 6796. Schnapperelle, H., J. Koch, 1980, Untersuchungen zum Auftreten und zur Therapie des angeborenen Beinspreizens bei Saugferkeln. Mh. Vet. med. 35, 858-860. - 6797. Schneck, G., 1972, Über das vermehrte Auftreten von Harnblasenentzündungen und Harnröhrenobstruktionen bei Katzen. Wien. tierärztl. Mschr. 59, 279-280. - 6798. Schneck, G., 1976, Ein Fall von Hermaphroditismus bei einem Sheltie. Kleintierprax. 21, 67-68. - 6799. Schnedl, W., R. Czaker, 1974, Centromeric heterochromatin and comparison of G-banding in cattle, goat and sheep chromosomes (Bovidae). Cytogen. cell gen. 13, 246-255. - 6800. Schneider, A., D. Schwörer, J. Blum, 1980, Beziehung des Halothan-Genotyps zu den Produktions-und Reproduktionsmerkmalen der Schweizerischen Landrasse. Ann. gén. sél. anim. 12, 417. - 6801. Schneider, J., S. J. Brinkmann, H. J. Jeschinsky, G. Schellong, H. Welsch, 1973, Zur Prophylaxe der Rhesus-Sensibilisierung mit Anti-D. H. Boldt Vlg., Boppard. - 6802. Schneider, L. E., J. Omdahl, H. P. Schedl, 1976, Effects of vitamin D and its metabolites on calcium transport in the diabetic rat. Endocr. 99, 793-799. - 6803. Schneider, W., E. Morgenstern, H. J. Reimers, 1979, Disassembly of microtubules in the Lesch-Nyhan-syndrome. Klin. Wschr. 57, 181 - 186. - 6804. Schnitzlein, W., 1960, Ergebnisse einer röntgenologischen Reihenuntersuchung der Wirbelsäule bei Boxerhunden. Dt. tierärztl. Wschr. 67, 155-158. - 6805. Schnyder, U. W., 1970, Inherited ichthyosis. Arch. derm. 102, 240 - 252. - 6806. Schoen, R., 1967, Die atypische chronische Polyarthritis. Münch. med. Wschr. 109, 1777-1783. - 6807. Schole, J., G. Harisch, H. P. Sallmann, 1978, Belastung, Ernährung und Resistenz. Fortschr. Tierphys. Tierern. 9, 85p. - 6808. Schollmeyer, P., D. Jeschke, K. Caesar, 1969, Familiäre Kardiomegalie mit vermehrter Glykogenspeicherung. Dt. med. Wschr. 94, 1012-1019. - 6809. Scholten, J. A., R. M. Liptrap, 1978, A role for the adrenal cortex in the onset of cystic ovarian follicles in the sow. Can. J. comp. med. 42, 525-533. - 6810. Scholtyssek, S., P. Doll, 1978, Nutz-und Ziergeflügel. E. Ulmer, Stuttgart. - 6811. Scholz, H., H. Meyer, 1972, Untersuchungen über die Pathogenese der hypomagnesämischen Tetanie. II. Dt. tierärztl. Wschr. 79, 615-619. - 6812. Scholz, H., H. Meyer, 1976, Untersuchungen zur Pathogenese der hypomagnesämischen Tetanie. VI. Dt. tierärztl. Wschr. 83, 302-305. - 6813. Scholz, S., E. Albert, 1980, Vererbung der HLA-gekoppelten Krankheitsempfänglichkeit bei Zöliakie. Münch. med. Wschr. 122, 602-604. - 6814. Schömig, A., R. Dietz, W. Rascher, J. B. Lüth, J. F. E. Mann, M. Schmidt, J. Weber, 1978, Sympathetic vascular tone in spontaneous hypertension of rats. Klin. Wschr. 56, Suppl. I, 131-138. - 6815. Schön, K., H. W. Koeppe, 1979, Unspezifische Immunmechanismen. Med. Klin. 74, 461-469. - 6816. Schönberg, A., 1966, Euter- und Zitzenformen, Hyperthelie und Hypermastie bei rotbunten Niederungskühen. Dissert. Berlin. - 6817. Schönberger, W., P. Benes, B. Morsches, B. Zabel, E. Scheidt, 1982, Verbesserung des Längenwachstums bei Ullrich-Turner-Syndrom durch Oxandrolon. Dt. med. Wschr. 107, 1008-1011. - 6818. Schönfelder, M., H. Zschoch, 1967, Konstitution, Körper-und Herzgewicht bei Koronarsklerose und Myokardinfarkt. Z. ges. inn. Med. Grenzgeb. 22, 415-420. - 6819. S. Schönherr, 1956, Die Unfruchtbarkeit der Ziegenböcke, ihre Verbreitung, frühzeitige Erkennung und Bekämpfung. Z. Tierz. Züchtg. biol. 66, 209-234, 381-416. - 6820. Schönlein, K., 1951, Verbreitung der Rindertuberkulose in einem Landkreis Nordbayerns. Dissert. München. - 6821. Schönmuth, G., H. Seifert, E. Nagel, 1970, Experimentelle Untersuchungen zur Vererbung der Rhinitis atrophicans suum ("Schnüffelkrankheit") mit Hilfe des Röntgentests. Arch. Tierz. 13, 345-360. - 6822. Schönmuth, G., U. Stolzenburg, O. Dietz, E. Li, R. Berg, 1971, Die spastische Parese der Hintergliedmaßen des Rindes. Mh. Vet. med. 26, 17-24. - 6823. Schoop, G., W. Groth, W. Becker, 1962, Rassenbedingte Unterschiede in Wachstum und Eisenstoffwechsel beim Ferkel. Dt. tierärztl. Wschr. 69, 272-275. - 6824. Schoop, P. G., 1953, Die Vererbung von Zahnstellungs- und Bißanomalien beim Pferd. Dissert. Berlin. - 6825. Schott, A., 1956, Angeborene Haarlosigkeit beim Kalb. Züchtungsk. 28, 333-337. - 6826. Schott, A., 1960, Gleiches und Verschiedenes bei eineiigen Zwillingen. Züchtungsk. 32, 114-119. - 6827. Schott, G. D., 1978, Hereditary brachydactyly with nail dysplasia. J. med. gen. 13, 119-122. - 6828. Schott, R.G., 1932, The inheritance of resistance to Salmonella Aertrycke in various strains of mice. Genetics 17, 203-229. - 6829. Schottenfeld, D., 1975, Cancer epidemiology and prevention. C.C. Thomas, Springfield, Ill.. - 6830. Schreiber, A., 1967, Mucopolysaccharidosen. Schweiz. med. Wschr. 97, 1197-1198. - 6831. Schreiber, R., H.P. Lorenz, K. Bühlmeyer, 1982, Hämostase und Hämatokrit. Klin. Wschr. 60, 61-69. - 6832. Schreiber, V., 1971, Analysis of the action of hormone on growth and function of the adrenal adenohypophysis. In: Hamburgh u. Barrington a.a.O.. - 6833. Schreiber, W.E., E.H. Fischer, 1981, Altered protein kinase and phosphoprotein phosphatase activities in erythrocytes from patients with hereditary spherocytosis. Fed. proc. 40, 1264. - 6834. Schreiner, C.H., F.K. Hoornbeek, 1973, Developmental aspects of sirenomelia in the mouse. J. morph. 141, 345-357. - 6835. Schreiner, F., 1981, Untersuchung der renalen 25-Hydroxycholecalciferol-1-Hydroxylase- und der 25-Hydroxycholecalciferol-24-Hyroxylaseaktivität bei gesunden und kongenital rachitischen Schweinen. Dissert. Hannover. - 6836. Schriefers, H., H.G. Hoff, F. Pohl, 1968, D4-5&-Hydrogenase der Leber und Nebennierenrinden-Aktivität unter Einfluß von Schilddrüsenhormon. Act. endocr. 59, 325-334. - 6837. Schroeder, T.M., R. Kurth, 1971, Spontaneous chromosomal breakage and high incidence of leukemia in inherited disease. Blood 37, 96-112. - 6838. Schröder, F., 1921, Die Größenverhältnisse am Herzen von Schwein und Schaf und über den Einfluß der Kastration auf die Entwicklung des Herzens. Dissert. Berlin. - 6839. Schröder, J.H., 1975, Mottled Neuherberg (MoN), a new male-lethal coat colour mutation of the house mouse(Mus musculus). Theor. appl. gen. 46, 135-142. - 6840. Schröter, J., H. Seidel, 1976, Die experimentelle Hypokalzämie als Modell zum Studium ätio-pathogenetischer Faktoren der hypokalzämischen Gebärparese der Milchkuh. Arch. exp. Vet. med. 30, 497-512. - 6841. Role of the spleen in congenital stomatocytosis associated with high sodium low potassium erythrocytes. Klin. Wschr. 59, 173-179. - 6842. Schubert, K., 1921, Vergleichende Anatomie der Nebennieren bei den Haustieren. Dissert. Berlin. - 6843. Schuh, F.T., 1981, Maligne Hyperthermie. Dt. med. Wschr. 106, 1428-1430. - 6844. Schuler, A., 1968, Die Myopathia exsudativa beim Schwein und ihre frei schbeschauliche Beurteilung. Schweiz. Arch. Tierhlk. 110, 154 - 158. - 6845. Schüler, L., P.M. Borodin, M.N. Radionova, 1977, Genetische Analyse der Fruchtbarkeitsmerkmale der weiblichen Maus unter den Bedingungen der Belastung. Arch. Tierz. 20, 193-206. - 6846. Schull, W.J., 1979, Genetic structure of human populations. J. tox. envir. hlth. 5, 17-25. - 6847. Schulz, K.C.A., 1964, The inheritance of the susceptibility of congenital goitre in Africander cattle in South Africa. An. breed. abstr. 32, 474. - 6848. Schulz, L.C., 1963, Die Bedeutung der Permeabilitätsstörungen bei Stoffwechselerkrankungen der Tiere. Ber. 17. Welttierärztekongr., 333-342. - 6849. Schulz, L.C., 1966, Die wichtigsten pathologisch-anatomischen Charakteristika der Differentialdiagnose zwischen Eisenmangelanämie und der isohämolytischen Anämie der Neugeborenen. Dt. tierärztl. Wschr. 73, 109. - 6850. Schulz, L.C., W. Bisping, 1968, Zur derzeitigen Verlaufsform des chronischen Rotlaufs beim Schwein. Dt. tierärztl. Wschr. 75, 451-456. - 6851. Schulze, C., 1981, Ätiologie der Lippen-Kiefer-Gaumenspalte. Münch. med. Wschr. 123, 1145-1150. - 6852. Schulze, F., E. Kolb, H. Seidel, 1970, Untersuchungen an Schweinen. Arch. exp. Vet. med. 24, 893-902. - 6853. Schulze, W., 1971, Angiopathien beim chronischen Rotlauf des Schweins. Ber. Sonderfor. ber. 54, 71-73. - 6854. Schulze, W., H. Ganz, 1972, Hörstörungen beim Waardenburg Syndrom. H.N.O. 20, 203-207. - 6855. Schumann, H., 1955, Krüperhühner. Dt. tierärztl. Wschr. 62, 193-194. - 6856. Schumann, H., 1956, Federmißbildungen beim Geflügel. Arch. Gefl. k. 20, 421-434. - 6857. Schumann, H., 1956, Erbliche Hautkrankheiten und Anomalien des Haarkleides beim Schwein. Dt. tierärztl. Wschr. 63, 459-462. - 6858. Schumann, H., 1957, Erbliche Mißbildungen der Extremitäten beim Schwein. Tierärztl. Umsch. 12, 37-42. - 6859. Schumann, H., 1957, Die Glöckchen bei Schwein, Schaf und Ziege. Z. Tierz. Zücht. biol. 69, 24-29. - 6860. Schumann, H., 1973, Prüfung von Bullen auf Schwergeburten aus der Sicht eines Landeskontrollverbandes. Tierzücht. 25, 56-57. - 6861. Schütz-Hänke, W., M. Stöber, W. Drommer, 1979, Klinische, genealogische und pathomorphologische Untersuchungen an schwarzbunten Rindern mit beiderseitigem exophthalmischkonvergierendem Schielen. Dt. tierärztl. Wschr. 86, 185-191. - 6862. Schwark, H. J., 1969, Spermatologische Richtwerte für die besamungstechnische Selektion und Nutzung von Jungebern. 19. int. Fachtagg. K. B. Haust., Wels. - 6863. Schwark, H. J., W. Döring, 1970, Zum Auftreten von Erbschäden und Leistungsdepressionen in Inzuchtwürfen von Schweinen. Tierzucht 24, 256-257. - 6864. Schwark, H. J., H. Oehler, 1972, Die Geburtsmasse des Kalbes als Ergebnis des intrauterinen Wachstums und die Ursachen ihrer Variabilität. Arch. Tierz. 15, 307-324. - 6865. Schwark, H. J., H. Oehler, 1973, Untersuchungen zur Aufzuchtwürdigkeit von Kälbern, die aus Zwillingsgeburten stammen. Arch. Tierz. 16, 201-212. - 6866. Schwartz, N. B., J. Belch, J. Henry, J. Hupert, K. Sugahara, 1982, Enzyme defect in PAPS synthesis in brachymorphic mice. Fed. proc. 41, 3402. - 6867. Schwartz, J. T., 1968, Twin studies in ophthalmology. Am. J. ophth. 3, 66, 323 - 327. - 6868. Schwartz, R. S., R. H. Khiroya, 1981, A single dominant gene determines susceptibility to a leukaemogenic recombinant retrovirus. Nature 292, 245-246. - 6869. Schwartzman, R. M., 1965, In: Rook n. Walton a. a. O., - 6870. Schwellnus, M., G. Guerin, 1977, Difference between the Hb C variants in Brahman and in indigenous southern African cattle breeds. Anim. bld. grps. bioch. gen. 8, 161-169. - 6871. Schwinger, E., D. Wiebusch, 1970, Iris-und Aderhautkolobom beim XYY Syndrom. Klin. Mbl. Augenhlk. 156, 873-877. - 6872. Schwörer, D., J. Blum, A. Rebsamen, 1980, Parameters of meat quality and stress resistance of pigs. Livest. prod. sci. 7, 337-348. - 6873. Scofield, A. M., 1975, Embryonic mortality in the pig. Vet. ann. 15, 91-94. - 6874. Scofield, V. L., J. L. Spence, W. E. Briles, H. R. Bose, 1978, Differential mortality and lesion responses to reticuloendotheliosis virus infection in Marek's disease-resistant and susceptible chicken lines. Immunogen. 7, 169-172. - 6875. Scott, A. M., L. B. Jeffcott, 1978, Haemolytic disease of the newborn foal. Vet. rec. 103, 71-74. - 6876. Scott, D. W., R. D. Schultz, J. E. Post, G. R. Bolton, C. A. Baldwin, 1973, Autoimmune hemolytic anemia in the cat. J. A. A. H. A. 9, 530-539. - 6877. Scott, H. H., 1925, Congenital malformations of the kidney in reptiles, birds and mammals. Proc. zool. soc. 2, 1259-1270. - 6878. Scott, J. P., J. L. Fuller, 1965, Genetics and the social behavior of the dog. Univ. Chikago Press. - 6879. Scott, J. P., R. Montgomery, 1981, Platelet von Willebrand's antigen. Blood 58, 1075-1080. - 6880. Scott, T., R. D. Crawford, 1977, Feather number and distribution in the throat tuft of naked neck chicks. Poult. sci. 56, 686-688. - 6881. Scouras, J., A. Catti, J. F. Cuendet, 1970, The congenital microphthalmias. Ann. ocul. 203, 953-970. - 6882. Scriver, C. R., 1965, Screening newborns for hereditary metabolic disease. Ped. clin. N. Am. 12, 807-821. - 6883. Scriver, C. R., 1969, Inborn errors of amino-acid metabolism. Brit. med. bull. 25, 35-41. - 6884. Scriver, C. R., O. H. Wilson, 1967, Amino-acid transport. Science 155, 1428-1430. - 6885. Scrivner, L. H., 1964, Transmission of resistance to ovine ostertagiasis. J. A. V. M. A. 144, 1024-1027. - 6886. Scrivner, L. H., 1967, Genetic resistance to ostertagiasis and haemonchosis in lambs. J. A. V. M. A. 151, 1443-1446. - 6887. Scrutton, M. C., C. W. Wu, D. A. Goldthwait, 1971, The presence and possible role of zinc in RNA polymerase obtained from Escherichia coli. Proc. nat. ac. sci. 68, 2497-2501. - 6888. Seabright, M., 1971, A rapid banding technique for human chromosomes. Lancet, 971-972. - 6889. Seabright, M., 1977, Some unusual chromosome abnormalities in humans. Nucl. 20, 180 -

182. - 6890. Seager, K., H.V.Bashir, A.F.Geczy, J.Edmonds, A.de Verre-Tyndall, 1979, Evidence for a specific B27-associated cell surface marker on lymphocytes of patients with ankylosing spondylitis. Nature 277, 68-70. - 6891. Searcy, G.P., D.R. Miller, J.B. Tasker, 1971, Congenital hemolytic anemia in the Basenji dog due to erythrocyte pyruvate kinase deficiency. Can. J. comp. med. 35, 67-70. - 6892. Searcy, R.L., 1971, Lipopathies. C.C. Thomas, Springfield, Ill. - 6893. Searle, A.G., 1952, A lethal gene of dilute in the mouse. Hered. 6, 395-401. - 6894. Searle, A.G., 1968, Comparative genetics of coat colour in mammals. Ac. Press, N.Y. - 6895. Searle, A.G., 1972, Spontaneous frequencies of point mutations in mice. Humangen., 16, 33-38. - 6896. Searle, A.G., G.M. Truslove, 1970, A gene triplet in the mouse. Gen. res. 15, 227-235. - 6897. Searle, A. G., C.V. Beechey, 1978, Complementation studies with mouse translocations. Cytogen. cell gen. 20, 282-303. - 6898. Searle, A.G., C.V. Beechey, E.P. Evans, 1978, Meiotic effects in chromosomally derived male sterility of mice. Ann. biol. anim. bioch. biophys. 18, 391-398. - 6899. Searle, B.M., S.E. Bloom, 1979, Influence of the bn on mitosis of immature red blood cells in turkeys. J. hered. 70, 155-160. - 6900. Seefelder, R., 1908, Pathologisch-anatomische Beiträge zur Kenntnis der angeborenen Kolobome des Auges. Arch. Augenhk. 68, 275-353. - 6901. Seegmiller, R.E., F.C. Fraser, 1977, Mandibular growth retardation as a cause of cleft palate in mice homozygous for the chondrodysplasia gene. J. embr. exp. morph. 38, 227-238. - 6902. Seerley, R.W., C.W. Foley, D.J. Williams, S.E. Curtis, 1972, Hemoglobin concentration and thermostability in neonatal piglets. J. anim. sci. 34, 82-84. - 6903. Seffner, W., 1977, Untersuchungen zur Pathologie des Hüftgelenkes beim Schwein als Beitrag zu den Osteochondrosen und Arthrosen des Schweines. Mh. Vet. med. 32, 469-474. - 6904. Segal, B.L., 1968, Congenital lesions with left-to right shunts. In: Brest u. Moyer a.a.O.. - 6905. Segal, S., J.Y. Rutman, G.W. Frimpter, 1979, Galactokinase deficiency and mental retardation .J. ped. 95, 750-752. - 6906. Segi, M., 1963, World incidence and distribution of skin cancer. J. nat. canc. inst. 10, 245-255. - 6907. Seguin, B.E., 1976, Endocrine status of cows with ovarian cystic degeneration and therapeutic efficiency of gonadotropin releasing hormone and human chorionic gonadotrophin in affected cows. Dissert. abstr. 36B, 6008-6009. - 6908. Seibold, H.R., C.L. Davis, 1967, Generalized myositis ossificans (familial) in pigs. Path. vet. 4, 79-88. - 6909. Seidel, H., M. Fürll, B. Fürll, 1976, Die glukoneogenetische Kapazität von Saugferkeln und Läuferschweinen. Arch. exp. vet. med. 30, 481-490. - 6910. Seidman, J.G., P. Leder, 1978, The arrangement and rearrangement of antibody genes. Nature 276, 790-795. - 6911. Seifert, G.W., 1971, Variations between and within breeds of cattle in resistance to field infestations of the cattle tick(BOophilus microplus). Austr. J. agr. res. 22, 159-168. - 6912. Seifert, G.W., 1977, The genetics of helminth resistance in cattle. 3rd int. congr. soc. adv. breed. res. As. Oc., 7-8. - 6913. Seifert, G.W., K.G. Bean, R.P. Bryan, K.C. Bremner, 1980, Genetics of worm-tolerance. Res. rep. CSIRO, Austr., 94. - 6914. Seifert, H., 1971, Genetische Aspekte der Rhinitis atrophicans beim Schwein. Mh. Vet. med. 26, 770-772. - 6915. Seifert, H., 1976, Zur Effektivität der Selektion gegen Rhinitis atrophicans suum in der Praxis. Wiss. Z. Humb. Univ. Berlin M.N.R. 25, 673-681. - 6916. Seifert, H., G. Schönmuth, E. Nagel, 1971, Ergebnisse experimenteller Untersuchungen auf Wirkung genetischer Faktoren bei der Rhinitis atrophicans suum (R.a.s.). Wiss. Z. Humb. Univ. Berlin M.N.R. 20, 371-387. - 6917. Seifert, H., E. Nagel, W. Seffner, G. Baumann, 1981, Populationsgenetische Untersuchungen zum Vorkommen, zur Häufigkeit und zur depressiven Wirkung der juvenilen Osteochondropathien beim Fleischschwein. Mh. Vet. med. 36, 778-780. - 6918. Seifert, H., E. Nagel, W. Seffner, G. Bachmann, 1981, Populationsgenetische Untersuchungen und Heritabilitätsschätzung zu den juvenilen Osteochondropathien des

Fleischschweines mit Hilfe der phänotypischen Bonitur. Mh. Vet. med. 36, 781-783. - 6919. Seiler, R. J., I. Punita, 1979, Neoplasia of domestic mammals. Kaj. Vet. 11, 80-84. - 6920. Selby, P., 1978, Do some reciprocal translocations cause malformations in balanced translocation carriers ? XIV Int. congr. gen., II, 21-32. - 6921. Selby, P., P. R. Selby, 1977, Gamma-ray-induced dominant mutations that cause skeletal abnormalities in mice. Mut. res. 43, 357-375. - 6922. Sellier, P., 1979, Le test à l'halothane et la sensibilité aux stress. L'élev. porc. 87, 17-21. - 6923. Sellier, P., 1980, La sensibilité à l'halothane. L'élev. porc. 91, 16-18. - 6924. Sellwood, R., 1979, Escherichia coli diarrhoea in pigs with or without the K88 receptor. Vet. rec. 105, 228-230. - 6925. Selmanoff, M. K., S. C. Maxson, B. E. Ginsburg, 1976, Chromosomal determinants of intermale aggressive behavior in inbred mice. Beh. gen. 6, 53-69. - 6926. Selmanoff, M. K., B. D. Goldman, S. C-Maxson, B. E. Ginsberg, 1977, Correlated effects of the Y-chromosome of mice on developmental changes in testosterone levels and intermale aggression. Life sci. 20, 359-365. - 6927. Selye, H., 1953, Einführung in die Lehre vom Adaptationssyndrom. G. Thieme Vlg., Stuttgart. - 6928. Sen, A., R. Debdutta, S. Bhattacharya, N. C. Deb, 1966, Hemoglobins of Indian Zebu cattle and the Indian buffalo. J. anim. sci. 25, 445-448. - 6929. Senet, A., 1950, Mise au point sur la génétique du chat. Rec. méd. vét. 126, 535-556. - 6930. Senft, B., F. Meyer, K. Rudolphi, 1977, Genetische Aspekte des natürlichen Abwehrsystems der Milchdrüse in Hinblick auf die Mastitisbekämpfung. Berl. Münch. tierärztl. Wschr. 90, 389-392. - 6931. Senft, B., F. Meyer, G. Ehrhardt, 1980, Lysozym-ein brauchbarer Resistenzparameter in der Rinderzucht ? Tierzücht. 32, 132-134. - 6932. Sengupta, B. P., 1974, Adaptive significance of red cell potassium types in buffaloes. J. agr. sci. 82, 563-566. - 6933. Sengupta, B. P., 1974, Distribution of red cell potassium and evidence of its genetic control in buffaloes. J. agr. sci. 82, 559-561. - 6934. Seon, B. K., 1982, Unique amino acid sequences of Bence Jones proteins in the urine of patients with adult Fanconi syndrome. Mol. immunol. 19, 83-86. - 6935. Serfontain, P. J., L. F. Payne, 1934, Inheritance of abnormal anatomical condition in the tibial metatarsal joints. Poult. sci. 13, 61-63. - 6936. Sergent, D., A. Bordas, P. Merat, 1978, Gène cou nu (Na) et activité en open field chez le jeune poussin. Ann. gén. sél. anim. 10, 353-357. - 6937. Serov, O. L., S. M. Zakijan, V. A. Kulichkov, 1978, Allelic expression in intergeneric fox hybrids (Alopex lagopus x Vulpes vulpes). Biochem. gen. 16, 145-157. - 6938. Serra, A., L. Pizzamiglio, A. Boari, S. Spera, 1978, A comparative study of cognitive traits in human sex chromosome aneuploids and sterile and fertile euploids. Beh. gen. 8, 143-154. - 6939. Sesoko, S., B. L. Pegram, I. Kuwajima, E. D. Frohlich, 1982, Hemodynamic studies in spontaneously hypertensive rats with congenital arteriovenous shunts. Am. J. phys. 242, 722-725. - 6940. Seth, R. K., D. S. Balaine, S. C. Chopra, 1978, Studies on the inheritance of threshold traits in Hariana pure-breds and their crosses with some exotic breeds. Ind. J. anim. sci. 48, 344-346. - 6941. Settergren, I., 1961, The relationship between body and ear colour and ovarian development in females of the Swedish Highland breed. Proc. IVth int. congr. anim. prod. 4, 752-755. - 6942. Settergren, I., D. B. Galloway, 1965, Studies on genital malformations in female cattle using slaughterhouse material. Nord. vet. med. 17, 9-16. - 6943. Semmler, K. O., 1975, Euterentzündung. Tierzücht. 27, 260-262. - 6944. Seyfried, T. N., 1979, Audiogenic seizures in mice. Fed. proc. 38, 2399-2404. - 6945. Seyfried, T. N., W. L. Daniel, 1977, Inheritance of brain weight in two strains of mice. J. hered. 68, 337-338. - 6946. Seyfried, T. N., G. H. Glaser, R. K. Yu, 1979, Genetic variability for regional brain gangliosides in five strains of young mice. Bioch. gen. 17, 43-55. - 6947. Seyfried, T. N., R. K. Yu, G. H. Glaser, 1980, Genetic analysis of audiogenic seizure susceptibility in C57BL/6J x DBA/2J recombinant inbred strains of mice. Genetics 94, 701-718. - 6948. Shackelford, R. M., L.

J.Cole,1947,"Screw neck" in pastel color phase of ranch-bred mink. J. hered. 45,173-176. - 6949. Shaeffer, J. R., R. E. Kingston, M. J. McDonald, H. F. Bunn, 1978, Competition of normal ß chains and sickle haemoglobin ß chains for ⍺ chains as a post-translational control mechanism. Nature 276,631-632. - 6950. Shafir,R., B. Bonne-Tamir, S. Ashbel, H. Tsur, R. M. Goodman, 1979, Genetic studies in a family with inverted nipples. Clin. gen. 15,346-350. - 6951. Shaffner, R. N., D. I. Weiss, 1970, Congenital and pediatric glaucomas. C. V. Mosby Co., St. Louis. - 6952. Shaffner, R. N., L. M. Krista, P. E. Waibel, G. J. Quarforth, 1971, Strain crosses within and between lines of turkeys selected for high and low blood pressure. Poult. sci. 50,342-345. - 6953. Shafrir,E.,1975, Contemporary topics in the study of diabetes and metabolic endocrinology. Ac. Press, N. Y. - 6954. Shaham,Y., J. Lelyveld, U. Marder, H. Mendelssohn, G. Paz, P. F. Kraicer, 1978, Establishment of an albino sand rat (Psammomys obesus) colony and comparison with natural coloured animals. Lab. anim. 12,13-17. - 6955. Shalev,A., N. A. Nelson, J. L. Hamerton, 1980, Evidence for the role of the maternal immune system in balancing the sex ratio of mice. J. repr. immun. 2,187-198. - 6956. Shand, A., G. B. Young, 1964, A note on congenital alopecia in a Friesian herd. Vet. rec. 76,907-909. - 6957. Shannon, D. C., G. Johnson, K. F. Austen, 1966, Genetic and clinical aspects of the syndrome of chronic moniliasis and endocrine deficit. Soc. ped. res., 101. - 6958. Shapira, J. F., R. J. Kircher, R. J. Martin, 1980, Indices of skeletal muscle growth in lean and obese Zucker rats. J. nutr. 110, 1313-1318. - 6959. Sharkey, F. E., J. M. Fogh, P. J. Fitzgerald, J. Fogh, 1977, Experience with heterotransplanted human tumors in the nude mouse. Am. J. path. 86,29a. - 6960. Sharkis, S. J., J. L. Spivak, A. Ahmed, J. Misiti, R. K. Stuart, W. Wiktor-Jedrzejcak, K. W. Sell, L. L. Sensenbrenner, 1980, Regulation of hematopoiesis. Blood 55,524-527. - 6961. Sharma, A. K., N. K. Vijaykumar, S. K. Khar, S. K. Verma, J. M. Nigam, 1980, XY gonadal dysgenesis in a heifer. Vet. rec. 107, 328-330. - 6962. Sharma, D., D. Newby, R. J. Hegyeli, 1973, Congenital heart disease symposium. DHEW-Publ. No. 74-613. - 6963. Sharma, G., H. Polasa, 1978, Induction of dominant lethality in mice by influenza virus. Ind. J. med. res. 68, 1-6. - 6964. Sharma, J. M., B. R. Burmester, 1979, Immune mechanisms in Marek's disease. Comp. imm. micr. inf. dis. 1,153-158. - 6965. Sharma, R. P., C. C. Willhite, M. T. Wu, D. K. Salunkhe, 1978, Teratogenic potential of blighted potato concentrate in rabbits, hamsters, and miniature swine. Teratol. 18,55-61. -6966. Sharman, G. B., E. S. Robinson, S. M. Walton, P. J. Berger, 1970, Sex chromosomes and reproductional anatomy of some intersexual marsupials. J. repr. fert. 21, 57-68. - 6967. Sharp, A. J., S. S. Wachtel, K. Benirschke, 1980, H-Y antigen in a fertile XY female horse. J. repr. fert. 58,157-160. - 6968. Shatz, C., 1977, Abnormal interhemipheric connections in the visual system of Boston Siamese cats. J. comp. neur. 171,229-246. - 6969. Shaver, E. L., D. H. Carr, 1967, Chromosome abnormalities in rabbit blastocysts following delayed fertilization. J. repr. fert. 14,415-420. - 6970. Shaw, C. R., 1966, Glucose-6-phosphate dehydrogenase: homologous molecules in deer mouse and man. Science 153,1013-1015. - 6971. Shaw, D., G. R. Tudhope, 1979, Thrombocytosis, thrombocythaemia and iron deficiency in patients with polycythaemia vera. Act. haemat. 62,223-228. - 6972. Shaw, R. F., R. W. Bloom, J. E. Bowman, 1977, Hemoglobin and the genetic code. J. mol. evol. 9, 225-230. - 6973. Shawler, D. L., A. N. Theofilopoulos, R. S. Balderas, F. T. Liu, F. J. Dixon, 1981, Functional and surface characteristics of B cells derived from SLE-prone murine strains. Fed. proc. 40,4208. - 6974. Sheahan, B. J., W. J. C. Donnelly, T. D. Grimes, 1978, Ocular pathology of bovine GM1 ganglisosidosis. Act. neuropath. 41,91-95. - 6975. Shear, C. L., R. R. Frerichs, R. Weinberg, G. S. Berenson, 1978, Childhood sibling aggregation of coronary artery disease risk factor variables in a biracial community. Am. J. epid. 107,522-528. - 6976. Sheena, J., C. J. Meade, 1978, Mice bearing the ob/ob mutation have impaired immunity. Int. arch. all. appl. imm. 57, 263-268. - 6977. Shekelle, R. B., A. M. Shryock, O. Paul, M. Lepper, J. Stamler, S. Liu, W. J. Raynor, 1981, Diet, serum cholesterol and death from coronary heart disease. N. E. J. med. 304, 65-70. - 6978. Sheldon, B. L., B. H. Yoo, R. N. Podger, M. H. Thorne, L. Q. Bobr, 1980, Poultry cytogenetics. Res. rep. CSIRO, Austr., 82. - 6979. Shelton, M., 1968, A recurrence of the Ancon dwarf in Merino sheep. J. hered. 59, 267-268. - 6980. Shepherd, N. C., C. D. Gee, T. Jessep, G. Timmins, S. N. Carroll, R. B. Bonner, 1978, Congenital bovine epizootic arthrogryposis and hydranencephaly. Austr. vet. J. 54, 171-177. - 6981. Shepherd, R. C. H., J. W. Edmonds, I. F. Nolan, A. Gocs, 1978, Myxomatosis in the Mallee region of Victoria, Australia. J. hyg. 81, 239-243. - 6982. Sheridan, A. K., 1964, A sex-linked mutation, causing low hatchability in the broiler chicken. Proc. Austr. poult. conv., 87-90. - 6983. Sheridan, A. K., 1974, Genetic studies of tibial dyschondroplasia in the broiler chicken. Proc. Austr. poult. sci. convent., 86. - 6984. Sheridan, A. K., 1979, Further studies with a sex-linked lethal gene in the fowl. Brit. poult. sci. 20, 571-573. - 6985. Sheridan, A. K., 1981, Crossbreeding and heterosis. Anim. breed. abstr. 49, 131-144. - 6986. Sheridan, A. K., C. A. W. Jackson, R. Chubb, E. B. Dettmann, 1974, Genetical studies of Marek's disease resistance. Proc. Austr. poult. sci. cOnv., 22-26. - 6987. Sheridan, A. K., C. R. Howlett, J. A. Bruyn, 1974, Genetical factors influencing tibial dyschrondroplasia in Australian meat chickens. XV wld. poult. congr., 34-35. - 6988. Sheridan, A. K., C. R. Howlett, E. B. Dettmann, 1976, Selection for tibial dyschondroplasia in Australian meat chickens. Proc. 1. st Austr. poult. st. fd. conv., 176-181. - 6989. Sheridan, A. K., C. R. Howlett, R. W. Burton, 1978, The inheritance of tibial dyschondroplasia in broilers. Brit. poult. sci. 19, 491-499. - 6990. Sheridan, W., K. Valentin, 1977, Comparative strain and hybrid investigation of dominant lethals and reciprocal translocations induced to mouse spermatogonia. Hereditas 87, 219-225. - 6991. Sherlock, P., B. M. Bell, H. Steinberg, T. P. Ahny, 1963, Familial occurrence of reciprocal enteritis and ulcerative colitis. Gastroenterol. 45, 413-420. - 6992. Sherlock, S., 1967, Genetic aspects of liver disease associated with jaundice. Progr. med. gen. 5, 102-115. - 6993. Shibuya, T., Y. Fujio, K. Kondo, 1972, Studies on the action of the creeper gene in Japanese chicken. Jap. J. gen. 47, 23-32. - 6994. Shichi, H., D. E. Gaasterland, N. M. Jensen, D. W. Nebert, 1978, Ah locus: genetic differences in susceptibility to cataracts induced by acetaminophen. Science 200, 539-541. - 6995. Shiga, N., 1973, A study on retinal changes in systemic diseases with hypertension with special emphasis on the dynamics at the branching site of retinal vessels. Act. soc. ophth. jap. 76, 1621-1638. - 6996. Shigaeva, M. L., 1979, (Effect of heredity on the incidence of brucellosis in cattle.). Tsitol. genet. 13, 216-220. - 6997. Shikobalova, N. P., 1956, Immunity in chicks, acquired as a result of infection with Syngamus. Trud. gel. lab. 8, 259-266. - 6998. Shimada, M., Y. Kitamura, M. Yokoyama, Y. Miyamo, K. Maeyama, A. Yamatodani, Y. Takahashi, 1980, Spontaneous stomach ulcer in genetically mastcell depleted W/Wv mice. Nature 283, 662-664. - 6999. Shimada, T., G. Watanabe, T. H. Ingalls, 1980, Trisomies and triploidies in hamster embryos. Arch. env. hlth. 35, 101-105. - 7000. Shimkin, M. B., 1975, Some historical landmarks in cancer epidemiology. In: Schottenfeld a. a. O.. - 7001. Shine, I., F. R. Allison, 1966, Carcinoma of the oesophagus with tylosis. Lancet, 951-953. - 7002. Shirai, T., 1982, The genetic basis of autoimmunity in murine lupus. Immun. tod. 3, 187-194. - 7003. Shire, J. G. M., 1965, Genetic variation in the structure and development of the mouse adrenal cortex. Act. endocr. Suppl. 100, 91. - 7004. Shire, J. G. M., 1968, Genetics and the study of adrenal and renal function in mice. Progr. endocr. Proc. III, 328-332. - 7005. Shire, J. G. M., 1968, Genes, hormones and behavioural variation. Eugen. soc. symp. 4, 194-205. - 7006. Shire, J. G. M., 1969, A strain difference in the adrenal zona glomerulosa determined by one gene-locus. Endocr. 85, 415-422. - 7007. Shire, J. G. M., S. G. Spickett, 1967, Genetic variation in adrenal structure. J. endocr. 39, 277-284. - 7008. Shire, J. G. M., S. G. Spickett, 1968, Genetic variation in adrenal structure. J. endocr. 40, 215-229. - 7009. Shire, J. G. M., A. Bartke, 1972, Strain differences in testicular weight and spermatogenesis with special reference to C57BL/10J and DBA/2J mice. J. endocr. 55, 163-171. - 7010. Shively, J. N., R. D. Phemister, 1968, Fine structure of the iris of dogs manifesting heterochromia iridis. Am. J. ophth. 66, 1152-1162. - 7011. Shoffner, R. N., 1974, New cytogenetic methods of promise in avian species. XV. Wld. poult. congr., 323-327. - 7012. Shoffner, R. N., 1974, Usefulness of chromosomal aberrations in animal breeding. 1. Wld. congr. gen. appl. livest., 135-149. - 7013. Shoffner, R. N., 1975, Heteroploidy and chromosomal rearrangements in Gallus domesticus. Genet. lect. 4, 177-188. - 7014. Shoffner, R. N., L. M. Krista, P. E. Waibel, G. J. Quarfoth, 1971, Strain crosses within and between lines of turkeys selected for high and low blood pressure. Poult. sci. 50, 342-345. - 7015. Shokeir, M. H. K., 1970, Quantitative variation in serum ceruloplasmin among ethnic groups. Clin. gen. 1, 166-170. - 7016. Shokeir, M. H. K., 1978, Expression of "adult" polycystic renal disease in the fetus and newborn, Clin. gen. 14, 61-72. - 7017. Shook, G. E., A. K. A. Ali, 1980, Heritability and repeatability of somatic cell concentration in herds on production testing. 31. Jahrestagg. EVZ, C5, 22. - 7018. Shore, L., M. Shemesh, 1981, Altered steroid genesis by the fetal bovine freemartin ovary. J. repr. fert. 63, 309-314. - 7019. Short, R. V., 1967, Reproduction. Ann. rev. phys. 29, 373-400. - 7020. Short, R. V., J. L. Hamerton, S. A. Grieves, C. E. Pollard, 1968, An intersex goat with a bilaterally asymmetrical reproductive trait. J. repr. fert. 16, 283-291. - 7021. Short, R. V., J. Smith, T. Mann, E. P. Evans, J. Hallett, A. Fryer, J. L. Hamerton, 1969, Cytogenetic and endocrine studies of a freemartin heifer and its bull co-twin. Cytogen. 8, 369-388. - 7022. Shows, T. B., J. A. Brown, 1974, An (Xq+;9p-) translocation suggests the assignment of G6PD and PGK to the long arm of the X chromosome in somatic cell hybrids. Hum. gen. map. 1, 146-149. - 7023. Shows, T. B., J. A. Brown, 1975, Mapping chromosomes 1 and 2 employing a 1/2 translocation in somatic cell hybrids. Hum. gen. mapp. 2, 251-255. - 7024. Shows, T. B., L. R. Scrafford-Wolff, J. A. Brown, M. H. Meisler, 1979, GM1-gangliosidosis. Som. cell gen. 5, 147-158. - 7025. Shreiner, D. P., M. L. Weisfeldt, N. W. Shock, 1969, Effects of age, sex, and breeding status on the rat heart. Am. J. phys. 217, 176-180. - 7026. Shrivastava, S. M., N. S. Sidhu, 1979, Variation in skin thickness in different genetic groups of cattle. Ind. J. hered. 11, 13-19. - 7027. Shtele, A., 1977, (Optimising the cholesterol content in eggs). Ptitsevod. 2, 21-23. - 7028. Shtompel, N. V., 1968, Variability and heritability of wool thinness in sheep. Biol. abstr. 49, 124954. - 7029. Shugart, J. I., J. B. Campbell, D. B. Hudson, C. M. Hibbs, R. G. White, D. C. Clanton, 1981, Fähigkeit von Augenfliegen, Augenschäden bei Rindern zu verursachen. Vet. med. Nachr., 203-204. - 7030. Shultz, L. D., M. C. Green, 1976, Motheaten, an immunodeficient mutant of the mouse. J. immunol. 116, 936-943. - 7031. Shultz, L. D. 1978, Comparative and developmental aspects of immunity and disease. Pergamon, N. Y., - 7032. Shung, K. K., M. Y. Lee, J. M. Reid, C. A. Finch, 1979, Effects of oxygen tension and pH on the ultrasonic absorption properties of sickle cells. Blood 54, 451-458. - 7033. Shupe, J. L., L. F. James, L. D. Balls, W. Binns, R. F. Keeler, 1967, A probable hereditary skeletal deformity in Hereford cattle. J. hered. 58, 311 - 313. - 7034. Shupe, J. L., W. Binns, L. F. James, R. F. Keeler, 1961, Crooked calf syndrome, a plant-induced congenital deformity. Zuchthyg. 2, 145-152. - 7035. Shupe, J. L., A. E. Olson, R. P. Sharma, K. R. v. Kampen, 1970, Multiple exostosis in horses. Mod. vet. pract. 51, 34-36. - 7036. Shupe, J. L., N. C. Leone, A. E. Olson, E. J. Gardner, 1979, Hereditary multiple exostoses. Am. J. vet. res. 40, 751-757. -

7037. Shustik, C., D. E. Bergsagel, W. Pruzanski, 1976, K and λ Light chain disease. Blood 48, 41-51. - 7038. Sidor, V., 1969, Study of the dynamics of haemoglobin content and protein fractions in the blood serum of White thoroughbred and Black mottled pigs during their growth up to the weight of 120 kg. Act. zoot. Nitra 19, 97-113. - 7039. Sidor, V., L. Kovacz, 1972, Caryometric analysis of thyroid glands in pigs of both sexes, in relation to meat productivity. Act. zoot. 23, 61-74. - 7040. Sidor, V., L. Kovacz, 1974, The histological composition of the thyroid gland and its relationship with meat production and some other characters in Czechoslovakian improved white pigs. Act. zoot. 28, 109-121. - 7041. Sidor, V., P. Jonsson, L. Kovac, A. Banyal, 1976, Study of the thyroid gland histological structure in relation to the meat utility of Danish Landrace pigs. Act. zoot. 30, 31-39. - 7042. Siedentopf, H. A., 1951, Über das Geschlechtsverhältnis beim veredelten Landschwein im Hoyaer Zuchtgebiet. Z. Tierz. Zücht. biol. 59, 229-252. - 7043. Siegel, H. S., 1958, Effects of increased population density on the adrenals of cockerels. Poult. sci. 37, 1242-1243. - 7044. Siegel, H. S., 1959, The relation between crowding and weight of adrenal glands in chickens. Ecol. 40, 494-498. - 7045. Siegel, P. B., H. S. Siegel, 1960, Genetic parameters of gland and body weights. J. hered. 51, 59-62. - 7046. Siegert, M., 1954, Eine Studie über das Horn des Rindes und seine Genese mit eigenen Untersuchungen über den Bau und die Vererbung des Wackelhorns. Dissert. Berlin. - 7047. Siegl, E., 1980, Zyklische Nukleotide und Immunantwort. Wiss. Z. Univ. Rostock 29, 7-11. - 7048. Siegmann, O., 1973, Kompendium der Geflügelkrankheiten. M. +H. Schaper, Hannover. - 7049. Siemens, H. W., 1952, Zur Geschichte der Zwillingsmethode. Z. menschl. Vererb. Konst. lehre 31, 171-173. - 7050. Siervogel, R. M., R. C. Elston, R. H. Lester, J. B. Graham, 1979, Major gene analysis of quantitative variation in blood clotting factor X levels. Am. J. hum. gen. 31, 199-213. - 7051. Sieslack, B., 1978, Statistische und populationsgenetische Erhebungen zur Gewebsmechanik der Aortenwand weiblicher Mastschweine. Dissert. Hannover. - 7052. Sievers, G., 1969, Discussion. In: Swinyard a. a. O.. - 7053. Sikes, D., 1958, A comparison of rheumatoid-like arthritis in swine and rheumatoid arthritis in man. Ann. N. Y. ac. sci. 70, 717-725. - 7054. Sikes, D., O. Fletcher, E. Papp, 1966, Experimental production of pannus in a rheumatoid-like arthritis of swine. Am. J. vet. res. 27, 1017-1025. - 7055. Silber, J., P. Mérat, 1974, Etude génétique de la coloration bleue de la coquille des oeufs chez la poule. Ann. gén. sél. anim. 6, 405-414. - 7056. Silberberg, R., 1971, Experimental arthrosis. In: Lindner u. Mit. a. a. O. - 7057. Silberberg, R., P. Lesker, 1975, Skeletal growth and development of achondroplastic mice. Growth 39, 17-33. - 7058. Siller, W. G., 1959, Avian nephritis and visceral gout. Lab. inv. 8, 1319-1357. - 7059. Sillito, A. M., J. A. Kemp, 1981, The role of GABAergic inhibition in the cortical effects of monocular deprivation. Nature 291, 318-320. - 7060. Silson, M., R. Robinson, 1969, Hereditary hydrocephalus in the cat. Vet. rec. 84, 477. - 7061. Silva, F. O. R., C. M. Real, 1979, (Occurrence of intersexuality in goats (Capra hircus L.) in the Bahia scrub area in Brazil). Arqu. esc. med. vet. Univ. Bah. 4, 11-28. - 7062. Silva, R. G., 1973, Improving tropical beef cattle by simultaneous selection for weight and heat tolerance. J. anim. sci. 37, 637-642. - 7063. Silver, J., J. Sapiro, 1980, The role of pigmented epithelia during morphogenesis of the optic nerve. Inv. ophth. sci. 19, Sup. 3, 9. - 7064. Silver, L. M., M. White, K. Artzt, 1980, Evidence for unequal crossing over within the mouse T/t complex. Proc. nat. ac. sci. 77, 6077-6080. - 7065. Silvers, W. K., 1956, Pigment cells. J. morph. 99, 41-55. - 7066. Silvers, W. K., 1979, The coat colors of mice. Springer Vlg., Berlin, N. Y.. - 7067. Silvers, W. K., 1961, Genes and the pigment cells of mammals. Science 134, 368-373. - 7068. Silverstein, A. M., B. I. Osburn, R. A. Prendergast, 1971, The pathogenesis of retinal dysplasia. Am. J. ophth. 72, 13-21. - 7069. Simesen, M. G., A. Basse, K. A. Christensen,

T.Christensen,1979,A syndrome with lack of udder development in a high - yielding Jersey herd.Nord.vet.med.31,367-375. - 7070.Simion,H.,1975,Formes rares de hernies congénitales chez les porcelets.Rev.méd.vét.126,1011-1015. - 7071.Simmen,H.P.,J.Müller,A.Roth,T.Hasler,1979,Das Gardner - Syndrom.Dt.med.Wschr.104,799-803. - 7072.Simms,D.D.,1974,Genetic and physiological relationships of growth hormone and growth in goats.Diss.abstr. B 34,3577. - 7073.Simon,J.,1972,Influence du gène de nanisme (dw),du gène cou nu (Na) et du rhythme d'alimentation sur la croissance et le comportement alimentaire du poulet.Ann.gén.sél.anim.4,305-310. - 7074.Bourel,M.,B.L. Marec,C.Scordia,1977,Heredity of idiopathic haemochromatosis.Clin.gen.11, 327-341. - 7075.Simons,M.J.,G.B.Wee,N.E.Day,S.H.Chan,K.Shanmugaratnam,G.de Thé,1975,Immunogenetic aspects of nasopharyngeal carcinoma(NPC). Lancet,142-143. - 7076.Simpson,E.,P.Edwards,S.Wachtel,A.McLaren,P.Chandler,1981,H-Y antigen in Sxr mice detected by H-2-restricted cytotoxic T cells. Immunogen.13,355-358. - 7077.Simpson,C.F.,R.J.Boucek,N.L.Noble,1980, Similarity of aortic pathology in Marfan's syndrome,copper deficiency in chicks and B-aminoproprionitrile toxicity in turkeys.Exp.mol.path.32,81-90. - 7078. Simpson,E.,C.Brunner,C.Hetherington,P.Chandler,M.Brenan,M.Dagg,D.W. Bailey,1979,H-Y antigen.Immunogen.8,213-219. - 7079.Sinabylya,P.M.,1972, Waardenburg's syndrome.E.Afr.med.J.49,693-695. - 7080.Sinclair,A.J.,D. H.Embury,M.J.Hagar,W.J.Slattery,1981,The interpretation of tests for mannosidosis in cattle.Vict.vet.proc.39,28-31. - 7081.Sing,C.F.,J.D.Orr,1978, Analysis of genetic and environmental sources of variation in serum cholesterol in Tecumseh,Michigan.Am.J.hum.gen.30,491-504. - 7082.Singh,B.B.,B. P.Singh,1973,Mortality rate in relation to birth weight of Hariana cattle.Ind. vet.J.50,164-169. - 7083.Singh,J.,D.C.Dhablania,B.Prasad,S.S.Rathore,1980, On the etiology of diaphragmatic hernia in buffaloes.Jap.J.vet.sci.42,89-91. - 7084.Singh,L.,K.W.Jones,1982,Sex reversal in the mouse (Mus musculus) is caused by a recurrent nonreciprocal crossover involving the X and an aberrant Y chromosome.Cell 28,205-216. - 7085.Singh,L.B.,C.H.S.Dolling,O.N.Singh, 1969,Inheritance of horns and occurrence of cryptorchism in indigenous,Rambouillet and crossbred sheep in India.Austr.J.exp.agr.anim.husb.9,262-266. - 7086.Singh,L.B.,O.N.Singh,C.H.S.Dolling,1970,Inheritance and occurrence of wattles in Malpura and crossbred sheep.Ind.vet.J.47,959-964. - 7087.Singh, O.N.,1964,Knuckled knee, a hereditary defect in Tharparker cattle.Ind.vet.J. 41,344-346. - 7088.Singh,U.B.,S.Prabhu,1966,Supernumerary teats in Indian cattle.J.anim.morph.phys.13,34-45. - 7089.Singh,V.K.,P.B.Mathur,S.K. Chattopadhygay,1970,Brachygnathia in sheep and its inheritance.Curr.sci.39, 187-188. - 7090.Singh-Kahlon,D.P.,A.Serra,R.Bova,1977,A complex mosaic with D/E translocation tdic (15,18)(p12,p11) in an oligospermic male with apparently total infertility.Clin.gen.11,342-348. - 7091.Sinha,Y.N.,C.B.Salocks, W.P.Vanderhaan,1976,Control of prolactin and growth hormone secretion in mice by obesity.Endocrin.99,881-886. - 7092.Siperstein,M.D.,R.H.Unger,C.L. Madison,1968,Studies of muscle capillary basement membranes in normal subjects,diabetic,and prediabetic patients.J.clin.inv.47,1973-1999. - 7093.Siqueira,M.,M.B.Esteves,O.M.Ibanez,V.C.A.Ferreira,O.A.Santanna,M.H.Reis, G.Biozzi,1977,Nonspecific genetic regulation of antibody responsiveness in the mouse.Eur.J.immun.7,195-203. - 7094.Sirek,O.,A.Sirek,1970,Spontaneous diabetes in animals.In: Ellenberg u.Rifkin a.a.O.. - 7095.Sirs,J.A.,1966,Oxygen dissociation of sheep haemoglobins A and B in solution.Nature 211,533 - 534. - 7096.Sis,R.F.,R.Getty,1968,Polydactylism in cats.Vet.med.63,948 - 951. - 7097.Sittmann,K.,1967,Penetrance of a rare genetic defect.Gen.res.10, 229-233. - 7098.Sittmann,K.,1973,Segregation of hermaphrodites in swine litters.Can.J.gen.cytol.15,229-232. - 7099.Sittmann,K.,1973,Scrotal hernia in boars, a sex-linked trait with sex-modified fitness.Genet.74,257-258. - 7100. Sittmann,K.,1976,Inheritance of sex-limited defects.VIIIth congr.anim.repr. A.I.,I.,242. - 7101.Sittmann,K.,J.W.Kendrick,1964,Hereditary osteoarthritis in dairy cows.Genet.35,132-140. - 7102.Sittmann,K.,W.P.C.Richards,H. Abplanalp,1965,Congenital loco in a third species of domestic fowl.Can.J.gen. cyt.7,636-640. - 7103.Sittmann,K.,B.Woodhouse,1977,Sex-limited and sex-modified genetic defects in swine-cryptorchidism.Can.J.gen.cyt.19,487-502. - 7104.Sittman,K.,J.A.Breeuwsma,J.H.A.Brake,1978,Intersexuality in swine. XIV int.congr.gen.,I,537. - 7105.Sittmann,K.,A.J.Breeuwsma,J.H.A.Brake, 1980,On the inheritance of intersexuality in swine.Can.J.gen.cyt.22,507-527. - 7106.v.Sivers,P.,1967,Die Eutererkrankungen der Milchkuh als weltweites Problem.Diss.Hannover. - 7107.Skamene,E.,P.A.Kongshavn,D.H.Sachs,1979, Resistance to Listeria monocytogenes in mice.J.inf.dis.139,228-231. - 7108. Skrabalo,Z.,1971,Babesiosis.In: Marcial-Rojas a.a.O.. - 7109.Skelton,F.R., L.L.Bernardis,1966,Effect of age,sex,hypophysectomy and gonadectomy on plasma corticosterone levels and adrenal weights following the administration of ACTH and stress.Experientia 22,551-552. - 7110.Skinner,J.D.,J.A.H.v. Heerden,E.J.Goris,1972,A note on cryptorchidism in Angora goats.S.Afr.J. anim.sci.2,93-95. - 7111.Skjervold,H.,1979,Causes of variation in sex ratio and sex combination in multiple births in sheep.Livest.prod.sci.6,387-396. - 7112.Skjervold,H.,J.W.James,1979,Causes of variation in the sex ratio in dairy cattle.Z.Tierz.Zücht.biol.95,293-305. - 7113.Skevdal,T.,1975,(False heat, return to service and intersexuality in goats).San.og geit 28,72. - 7114.Sklar, R.,B.Strauss,1981,Removal of O^6-methylguanine from DNA of normal and xeroderma skin.Nature 289,417-420. - 7115.Skolasinski,W.,Z.J.Tyszka,K.M. Charon,1977,(Differences in the incidence of mastitis caused by various microorganisms in daughters of tested bulls).Prac.mat.zoot.14,131-140. - 7116.Skolasinski,W.,Z.J.Tyszka,A.Gombos,1979,(Tests on establishment of relationships in mastitis incidence between cows and their daughters).Zes.Nauk.ak.rol. Warsz.zoot.15,87-96. - 7117.Skold,B.H.,R.Getty,1961,Spontaneous atherosclerosis of swine.J.A.V.M.A.139,655-660. - 7118.Skrede,A.,1973,Die Anämie bei Pelztieren.Dt.Pelztierzücht.47,165-170. - 7119.Slabaugh,M.B.,M.E. Lieberman,J.J.Rutledge,J.Gorski,1981,Growth hormone and prolactin synthesis in normal and homozygous Snell and Ames dwarf mice.Endocrinol.109, 1040-1046. - 7120.Sladic-Simic,D.,N.Zivkovic,D.Pavic,D.Marinkovic,P.N. Martinovitch,1963,Changes in the offspring of female rats exposed to 50 r of X rays when eight days old.Brit.J.rad.36,542-543. - 7121.Sladic-Simic,D.,P. N.Martinovitch,N.Zivcovic,D.Pavic,J.Martinovic,1969,A thalassemia-like disorder in Belgrade laboratory rats.Ann.N.Y.ac.sci.165,93-99. - 7122.Slagsvold,P.,1974,(Are there differences between breeds in the incidence of production diseases ?).Nor.vet.tids.86,179. - 7123.Slanina,L.,V.Konrad,V.Vajda, L.Lojda,M.Zibrin,R.Skarda,V.Bajova,J.Lehocky,J.Sokol,J.Madar,1976, (Mass outbreak of congenital cutaneous neurofibromatosis in calves).Veterin. 26,245-249. - 7124.Slanina,L.,V.Konrad,V.Vajda,L.Lojda,M.Zibrin,E.Tomajkova,J.Sokol,J.Lehocky,R.Skarda,J.Madar,1978,(Congenital neurofibromatosis of the skin in calves).Kongenitale Neurofibromatose der Haut bei Kälbern.Dt.tierärztl.Wschr.85,41-54. - 7125.Slater,E.,1953,Psychotic and neurotic illness in twins.Med.res.counc.spec.rep.2781,1-385. - 7126.Slatter,D. H.,J.D.Lavach,G.A.Severin,S.Young,1977,Überreiter's syndrome (chronic superficial keratitis) in dogs in the Rocky Mountain area.J.sm.anim.pract.18, 757-772. - 7127.Slee,J.,1965,The genetics of hair growth.In: Rook u.Walton a.a.O.. - 7128.Slee,J.,1977,Cold stress and lamb mortality.Symp.Stirl.Univ.

perinat. loss. lambs, 30-34. - 7129. Slee, J., H. B. Carter, 1961, A comparative study of fleece growth in Tansanian fine Merino and Wiltshire ewes. J. agr. sci. 57, 11-19. - 7130. Sleijfer, D. T., N. H. Mulder, H. O. Nieweg, G. J. Anders, W. L. Gouw, 1980, Acquired pancytopenia in relatives of patients with aplastic anaemia. Act. med. scand. 207, 397. - 7131. Sleisinger, M. H., J. S. Fordtran, 1973, Gastrointestinal disease. W. B. Saunders, Philadelphia. - 7132. Sloan, H., M. M. Kirsh, D. M. Behrendt, 1973, Open heart surgery in infants. In: Sharma u. Mit. a. a. O.. - 7133. Smals, A. G. H., P. W. C. Kloppenborg, R. M. Lequin, T. J. Benraad, 1976, The effect of gonadotrophin releasing hormone on pituitary-gonadal function in Klinefelter's syndrome. Act. endocr. 83, 829-838. - 7134. Smelser, R. E., 1982, Polymastia and polythelia in dairy goats. Proc. 3. int. conf. goat prod., 548. - 7135. Smidt, D., 1962, Einige Beobachtungen über das Vorkommen von Zwittern beim Schwein. Zuchthyg. Fortpfl. Bes. Haust. 6, 371-373. - 7136. Smidt, D., 1966, Züchterische und züchtungstechnische Möglichkeiten zur Steigerung des Kälberanfalls. Tierzücht. 18, 524-525. - 7137. Smidt, D., 1968, Der Geschlechtsgeruch des Ebers und seine Bedeutung für die Schweineproduktion. Schweinz. Schweinem. 237-240. - 7138. Smidt, D., 1969, Ausmaß und Bedeutung der vorgeburtlichen Sterblichkeit in der Tierproduktion. Tierzücht. 21, 154-156. - 7139. Smidt, D., 1974, Möglichkeiten der Erzeugung von Zwillingskälbern mit Hilfe der Eitransplantation. Tierzücht. 26, 334. - 7140. Smidt, W. J., 1972, Congenital defects in pigs. VII. Int. congr. anim. repr. A. I., 221-222. - 7141. Smidt, D., R. Cloppenburg, 1967, Die Schwergeburt beim Rind aus züchterischer Sicht. Berl. Münch. tierärz. Wschr. 80, 1-4. - 7142. Smirk, F. H., W. H. Hall, 1958, Inherited hypertension in rats. Nature 182, 727-728. - 7143. Smith, A., H. G. Coetzee, 1978, Distribution of udder infections between cows and between quarters within cows. S. Afr. J. dairy tech. 10, 131-132. - 7144. Smith, A. J., 1976, Beef cattle production in developing countries. Univ. Edinburgh. - 7145. Smith, B. L., T. A. Stanbridge, P. P. Embling, 1980, Sheep breed differences in pentobarbitone sleeping-time and response to experimental sporidesmin intoxication. N. Z. vet. J. 28, 35-36. - 7146. Smith, C., 1966, A note on the heritability of leg weakness scores in pigs. Anim. prod. 8, 345-348. - 7147. Smith, C., P. R. Bampton, 1977, Inheritance of reaction to halothane anaesthesia in pigs. Gen. res. 29, 287-292. - 7148. Smith, C., 1974, Concordance in twins. Am. J. hum. gen. 26, 454-466. - 7149. Smith, C. W., J. L. Stowater, 1975, Osteochondritis disseccans of the canine shoulder joint. J. A. A. H. A. 11, 658-662. - 7150. Smith, D. G., 1979, The genetic hypothesis for susceptibility to lepromatous leprosy. Hum. gen. 50, 163-177. - 7151. Smith, D. H., 1969, Hybrid pig. Eur. ass. anim. prod. conf. Helsinki, 23. 6. 69. - 7152. Smith, D. P., 1972, Diagnostic criteria in dominantly inherited juvenile optic atrophy. Am. J. ophth. 49, 183. - 7153. Smith, D. W., 1970, Recognizable patterns of human malformation. W. B. Saunders, Philadelphia. - 7154. Smith, G. F., 1969, The eradication of hereditary conditions in cattle. Vet. rec. 84, 622-623. - 7155. Smith, E. M., 1979, Epidemiology of oral and pharyngeal cancers in the United States. J. nat. canc. inst. 63, 1189-1198. - 7156. Smith, G. M., 1977, Factors affecting birth weight, dystocia and preweaning survival in sheep. J. anim. sci. 44, 745-753. - 7157. Smith, H. J., R. G. Stevenson, 1973, Congenital hydrocephalus in swine. Can. vet. J. 14, 311-312. - 7158. Smith, I. D., 1968, Agnathia and micrognathia in the sheep. Austr. vet. J. 44, 510-511. - 7159. Smith, J. C., J. R. Smyth, 1970, Knobby, a semilethal mutation resulting in defective down in the turkey. J. hered. 61, 119-122. - 7160. Smith, J. E., 1976, Animal models of human disease. AmJ. path. 82, 233-235. - 7161. Smith, J. E., B. A. Holdridge, 1967, Comparison of erythrocyte glucose-6-phosphate dehydrogenases of man and various ungulates. Comp. bioch. phys. 22, 737-743. - 7162. Smith, J. H., T. J. A. Marlowe, 1971, A chromosomal analysis of 25-day-old pig embryos. Cytogen. 10, 385-391. - 7163. Smith, L. J., K. F. Stein, 1962, Axial elongation in the mouse and its retardation in homozygous loop tail mice. J. embr. exp. morph. 10, 73-87. - 7164. Smith, M., 1979, The first complete nucleotide sequencing of an organism's DNA. Am. sci. 67, 57-67. - 7165. Smith, N. E., R. L. Baldwin, 1974, Effects of breed, pregnancy and lactation on weight of organs and tissues in dairy cattle. J. dairy sci. 57, 1055-1060. - 7166. Smith, R. S., H. Hoffman, C. Cesar, 1969, Congenital cataract in the rat. Arch. ophth. 81, 259-263. - 7167. Smith, R. T., M. Landy, 1975, Immunobiology of the tumor-host-relationship. Ac. Press, N. Y.. - 7168. Smith, S. E., B. F. Barrentine, 1943, Hereditary cataract. J. hered. 34, 8-10. - 7169. Smith Baxter, J., 1975, Posterior paralysis in the rabbit. J. sm. anim. pract. 16, 267-271. - 7170. Smithells, R. W., S. Sheppard, C. J. Schorah, M. J. Seller, N. C. Nevin, R. Harris, A. P. Read, D. W. Fielding, 1980, Possible prevention of neural-tube defects by periconceptional vitamin supplementation. Lancet, 339-340. - 7171. Smollich, A., 1955, Formen, Maße, Gewichte und Lage der Nebennieren des Rindes. Dissert. Berlin. - 7172. Smollich, A., 1966, Beitrag zur Orthologie und Morphokinese des Nebennierenmarks. Zbl. Vet. med. A 13, 444-466. - 7173. Smyth, J. R., 1981, Reappearance of the multiple trait semilethal mutation (psp) in the fowl. Poult. sci. 60, 2371-2373. - 7174. Smyth, J. R., R. E. Boissy, K. V. Fite, 1981, The DAM chicken. J. hered. 72, 150-156. - 7175. Snell, G. D., 1978, T cells, T cell recognition structures, and the major histocompatibility complex. Immun. rev. 38, 3-69. - 7176. Snodgrass, D. R., D. S. Chandler, T. J. Makin, 1981, Inheritance of Escherichia coli K88 adhesion in pigs. Vet. rec. 109, 461-463. - 7177. Snyder, L. J., 1980, Evolutionary conservation of linkage groups. Bioch. gen. 18, 209-220. - 7178. Snyder, M. D., N. S. Fechheimer, R. G. Jaap, 1975, Incidence and origin of heteroploidy, especially haploidy, in chick embryos from intraline and interline matings. Cytogen. cell gen. 14, 63-75. - 7179. Sobey, W. R., 1969, Selection for resistance to myxomatosis in domestic rabbits (Oryct. cunic.). J. hyg. 67, 743-754. - 7180. Sobusiak, T., R. Zinny, W. Silny, K. Grottel, 1972, Primary vestibular afferents to the abducens nucleus and accessory cuneate nucleus. Anat. Anz. 131, 238-247. - 7181. Soderquist, N. A., W. B. Reed, 1968, Pachyonychia congenita with epidermal cysts and other congenital dyskeratoses. Arch. derm. 97, 31-33. - 7182. Sofaer, J. A., 1979, Additive effects of the genes tabby and crinkled on tooth size in the mouse. Gen. res. 33, 169-174. - 7183. Sohrab, M., P. T. McGovern, J. L. Hancock, 1973, Two anomalies of the goat karyotype. Res. vet. sci. 15, 77-81. - 7184. Sokoloff, B., 1939, Predisposition to cancer in the Bonaparte family. Am. J. surg. 40, 673-678. - 7185. Solbu, H., 1980, Influence of twinning on retained placenta and calving difficulties in Norwegian dairy cattle. Ann. gén. sél. anim. 12, 412. - 7186. Soller, M., 1978, The use of loci associated with quantitative effects in dairy cattle improvement. An. prod. 27, 133-139. - 7187. Soller, M., M. Laor, R. Barnea, Y. Weiss, N. Ayalon, 1963, Polledness and infertility in male Saanen goats. J. hered. 54, 237-240. -7188. Soller, M., H. Angel, 1964, Polledness and abnormal sex ratios in Saanen goats. J. hered. 55, 139-142. - 7189. Soller, M., O. Kempenich, 1965, Polledness and litter size in Saanen goats. J. hered. 55, 301-304. - 7190. Soller, M., M. Wysoki, B. Padeh, 1966, A chromosomal abnormality in phenotypically normal Saanen goats. Cytogen. 5, 88-93. - 7191. Soller, M., B. Padeh, M. Wysoki, N. Ayalon, 1969, Cytogenetics of Saanen goats showing abnormal development of the reproductive tract associated with the dominant gene for polledness. Cytogen. 8, 51-67. -7192. Solomon, E., 1980, The collagen gene family. Nature 286, 656-657. - 7193. Solomon, L., 1963, Hereditary multiple exostosis. J. bone jt. surg. 4513, 292-304. - 7194. Solomon, L. M., N. B. Esterly, 1974, The skin and the eye. In: Goldberg a. a. O.. - 7195. Solomons, C., S. P. Ringel, E. I. Nwuke, H. Suga, 1977, Abnormal adenine metabolism of erythrocytes in Duchenne and myotonic muscular dystrophy. Nature 268, 55-56. - 7196. Solter, D., I. Damjanov, 1979, Teratocarcinomas rare-

ly develop from embryos transplanted into athymic mice. Nature 278, 554-555. -
7197. Solursh, M., A. Gorbman, 1971, The role of transcriptional events in tissue
specific responses to thyroxine in induced Anuran metamorphosis. In: Hamburgh
u. Barrington a. a. O.. - 7198. Somes, R. G., 1968, Sleepy-eye, an eye-lid mutant
of the fowl. J. hered. 59, 375-378. - 7199. Somes, R. G., 1968, A multitrait case
of lateral asymmetry in the fowl. J. hered. 59, 53-56. - 7200. Somes, R. G., 1969,
Further studies of prenatal, a sex-linked lethal in fowl. J. hered. 60, 185-186. -
7201. Somes, R. G., 1969, Genetic perosis in the domestic fowl. J. hered. 60, 163-
166. - 7202. Somes, R. G., 1969, Delayed feathering, a third allele at the K locus
of the domestic fowl. J. hered. 60, 281-286. - 7203. Somes, R. G., 1978, New linkage groups and revised chromosome map of the domestic fowl. J. hered. 69, 401-
403. - 7204. Somes, R. G., 1979, White-wing, a lethal feather achromatic mutant
in the fowl. J. hered. 70, 373-378. - 7205. Somes, R. G., J. R. Smyth, 1967, Prenatal, a sex-linked lethal mutation of the fowl. J. hered. 58, 25-29. - 7206. Somes,
R. G., R. M. Jakowski, 1974, A survey of possible associations between morphologic traits and resistance to Marek's disease. Poul. sci. 53, 1675-1680. -7207.
Somes, R. G., M. S. Pabilonia, 1981, Ear tuftedness. J. hered. 72, 121-124. -7208.
Somlev, B., Y. Melander, E. Hansen-Melander, J. Aamdal, K. Andersen, 1970, Another swine intersex with a female chromosome complement. Hereditas 64, 296-
297. - 7209. Somlev, B., E. Hansen-Melander, Y. Melander, L. Holm, 1970, XX/XY
chimerism in leucocytes of two intersexual pigs. Hereditas 64, 203-210. - 7210.
Sommer, O. A., J. Kripp!, G. M. Furthmann, 1961, Untersuchungen über die Vererbung der Euter-und Zitzenformen beim Deutschen Fleckvieh und Deutschen
Braunvieh. Bayer. landw. Jb. 38, 643-675. - 7211. Sonnenbichler, J., 1979, Advances in chromatin research. Naturwissensch. 66, 244-250. - 7212. Sonnenbrodt,
1940, Ankylose beim schwarzbunten Niederungsrind. Dt. tierärztl. Wschr. 48, 167-
168. - 7213. Sonnenbrodt, Ranninger, 1950, Die Nymphomanie in der Rindviehzucht des Waldviertels (Niederdonau), eine Erbkrankheit. Z. Tierz. Zücht. biol.
58, 108-117. - 7214. Sönnichsen, M. L., J. Claus, E. Kalm, 1980, Halothanempfindlichkeit und Beziehungen zur Fleischleistung von den Vaterrassen Piétrain und
Belgische Landrasse. Ann. gén. sél. anim. 12, 416. - 7215. Sönnichsen, M. L., E.
Ernst, J. Claus, 1981, Zusammenhänge zwischen verschiedenen Merkmalen für
die Streßanfälligkeit beim Schwein. Züchtungsk. 53, 227-235. - 7216. Sonta, S.,
R. Semba, 1980, A 21, X/23, XYY mosaic Chinese hamster. Proc. Jap. ac. B 56,
528-533. - 7217. Sorfleet, J. L., E. R. Chavez, 1980, Comparative biochemical profiles in blood and urine of two strains of mink and changes associated with the
incidence of wet belly disease. Can. J. phys. pharm. 58, 499-503. - 7218. Sorsby, A.,
1958, Noah-an albino. Brit. med. J. 2, 1587-1589. - 7219. Sorsby, A., 1970, Ophthalmic genetics. Butterworth, Lond.. - 7220. Sorsby, A., J. B. Davey, 1954, Ocular
associations of dappling (or merling) in the coat colour of dogs. J. genet. 52, 425-
440. - 7221. Sorsby, A., J. B. Davey, 1955, Dominant macular dystrophy. Brit. J.
ophth. 39, 385-397. - 7222. Soudek, D., H. Sroka, 1979, Chromosomal variants in
mentally retarded and normal men. Clin. gen. 16, 109-116. - 7223. Soulsby, E. J.
L., 1972, Immunity to animal parasites. Ac. Press, N. Y.. - 7224. Southwick, C.
H., V. P. Bland, 1959, Effect of population density on adrenal glands and reproductive organs of CFW mice. Am. J. phys. 197, 111-114. - 7225. Sovljanski, B., S.
Milosavljevic, 1965, The effect of litter number and size on the incidence of stillbirths. Vet. glasn. 19, 197-204. - 7226. Sparkes, R. S., H. Muller, I. Klisak, J. A. Abraham, 1979, Retinoblastoma with 13q-chromosomal deletion associated with
maternal paracentric inversion of 13q. Science 203, 1027-1029. - 7227. Sparrow,
A. H., A. F. Nauman, 1976, Evolution of genome size by DNA doublings. Science
192, 524-529. - 7228. Speck, J., 1973, Resistenz deutscher Hühnerlinien gegenüber dem Aviären Myeloblastose-Virus(AMV). Dt. tierärztl. Wschr. 80, 352-355. -

7229. Speicher, J. A., R. E. Hepp, 1973, Factors associated with calf mortality in Michigan dairy herds. J. A. V. M. A. 162, 463-466. - 7230. Speirs, R. S., R. K. Meyer, 1949, The effects of stress, adrenal and adrenocorticotrophic hormones on the circulating eosinophils of mice. Endocrinol. 45, 403-429. - 7231. Spencer, J. L., J. S. Gavora, A. A. Grunder, A. Robertson, G. W. Speckmann, 1974, Immunization against Marek's disease. Av. dis. 18, 33-44. - 7232. Spencer, R., 1968, The various patterns of intestinal atresia. Surg. 64, 661-668. - 7233. Spencer, W. H., M. J. Hagen, 1960, Ocular manifestations of Chediak-Higashi-syndrome. Am. J. ophth. 50, 1197-1203. - 7234. Sperling, H., W. Dingeldein, 1972, Beitrag zur Ätiologie der Zitterkrankheit (Myoclonia congenita). Proc. 2nd cong. int. pig vet. soc. 11. - 7235. Sperling, O., P. Boer, S. Brosh, E. Zoref, A. de Vries, 1978, Overproduction disease in man due to enzyme feedback resistance mutation. Enzyme 23, 1-9. - 7236. Sperrhake, P., 1969, Klinische Erhebungen auf einem Auktionsplatz zum Vorkommen nicht zentralnervös bedingter Motilitätsstörungen bei Jungebern. Dissert. Hannover. - 7237. Spicer, S. S., A. Sato, R. Vincent, M. Eguchi, K. C. Poon, 1981, Lysosome enlargement in the Chediak-Higashi syndrome. Fed. proc. 40, 1451-1455. - 7238. Spickett, S. G., 1967, Endocrine genetics. Cambr. Univ. Pr. - 7239. Spiegelman, S., R. Axel, W. Baxt, D. Kufe, J. Schlom, 1975, The molecular genetics of human cancer and its etiologic implications. Genet. 79, Suppl., 317-338. - 7240. Spiro, R., M. L. Lubs, 1976, Survey of amniocentesis for fetal sex determinations in hemophilia carriers. Clin. gen. 10, 337-342. - 7241. Spitznas, M., 1971, Morphogenesis and nature of the pigment granules in the adult human retinal pigment epithelium. Z. Zellforsch. 122, 378-388. - 7242. Splitter, G. A., G. S. Incefy, M. Dardenne, T. Iwata, T. C. McGuire, 1979, Arabian horses with severe combined immunodeficiency. Dev. comp. immun. 3, 359-363. - 7243. Splitter, G. A., L. E. Perryman, N. S. Magnuson, T. C. McGuire, 1980, Combined immunodeficiency of horses. Dev. comp. immun. 4, 21-32. - 7244. Spoljar, M., U. Drews, 1978, Identical action of Y chromosome and Sxr factor in early testicular development in the mouse. Anat. embyol. 155, 115-126. - 7245. Sponenberg, D. P., 1970, Inheritance of pathological conditions in dairy bulls. Dissert. abstr. B 40, 2556-2557. - 7246. Spooner, R. L., 1974, The relationships between marker genes and production characters in cattle, sheep and pigs. 1. Wld. congr. gen. appl. livest., 267 - 271. - 7247. Spooner, R. L., 1981, Diagnosing wrong parentage, freemartins, translocations and mannosidosis. Brit. vet. J. 137, 2-7. - 7248. Spooner, R. L., J. S. Bradley, G. B. Young, 1975, Genetics and disease in domestic animals with particular reference to dairy cattle. Vet. rec. 97, 125-130. - 7249. Spooner, R, L., G. B. Young, 1975, Genetics and disease in dairy cattle. Vet. ann. 15, 4-6. - 7250. Sporn, P., U. Losert, W. Baumgartner, E. Glawischnig, K. Herkner, K. Steinbereithner, 1977, Ein neuer Screeningtest für das sogenannte "Porcine stress syndrome". Wien. tierärztl. Mschr. 64, 318-322. - 7251. Spörri, H., 1954, Warum ist das Schwein für den Herztod prädisponiert ? Zbl. Vet. med. 1, 799-809. - 7252. Spörri, H., 1954, Untersuchungen über die Systolen- und Diastolendauer des Herzens bei den verschiedenen Haustierarten und ihre Bedeutung für die Klinik und Beurteilungslehre. Schweiz. Arch. Tierhlk. 96, 593-604. - 7253. Spradbrow, P. B., B. E. Wilson, D. Hoffmann, W. R. Kelly, J. Francis, 1977, Immunotherapy of bovine ocular squamous cell carcinomas. Vet. rec. 100, 376-378. - 7254. Spradbrow, P. B., D. Hoffmann, 1980, Bovine ocular squamous cell carcinoma. Vet. bull. 50, 449-459. - 7255. Sprent, J. F. A., 1959, The evolution of living organisms. Symp. roy. soc., Melbourne. - 7256. Spriggs, D. N., 1946, White heifer disease. Vet. rec. 58, 405-409, 415-418. - 7257. Springer, W. T., J. Johnson, W. M. Reid, 1969, Transmission of histomoniasis with male Heterakis gallinarum. Parasitol. 59, 401-405. - 7258. Springgate, C. F., A. S. Mildran, R. Abramsson, J. L. Engle, L. A. Loeb, 1973, Escherichia coli desoxyribonuleic acid polymerase I, a zinc metalloenzyme. J.

biol. chem. 248, 5987-5993. - 7259. Spry, C. J. F., K. G. Piper, 1969, Increased retention of orally administered zinc and raised blood cell zinc concentrations in iron-deficient rats. Brit. J. nutr. 23, 91-96. - 7260. Srivastava, S. K., N. H. Ansari, 1978, Altered ∝ subunits in Tay-Sachs disease. Nature 273, 245-246. - 7261. Srsen, S., 1979, Alkaptonuria. J. Hopk. med. J. 145, 217-226. - 7262. Staats, J., 1975, Diabetes in the mouse due to two mutant genes. Diabetol. 11, 325-327. - 7263. Stableforth, A. W., 1961, The control of Johne's disease. Tijds. diergen. 86, 1744-1756. - 7264. Stadie, U., 1971, Gewicht, Volumen und Aschegehalt gesunder und arthrotisch veränderter Tarsalknochen des Schweines. Dissert. Hannover. - 7265. Stafford, M. J., 1972, The fertility of bulls born co-twin to heifers. Vet. rec. 90, 146-148. - 7266. Stäger, J., E. R. Froesch, 1981, Congenital familial thyroid aplasia. Act. endocrin. 96, 188-191. - 7267. Stahl, A., A. M. Vaguer-Capodano, 1972, Etude des chromosomes du poulet par les techiques de fluorescence. C. R. séanc. ac. sci. D 275, 2367-2370. - 7268. Stähli, J., 1908, Über Persistenz von Resten der fötalen Pupillarmembran. Kl. Mbl. Augenhlk. 51, 433-439. -7269. Stamatoyannopoulos, G., W. G. Wood, T. Papayannopoulou, P. E. Nute, 1975, A new form of hereditary persistence of fetal hemoglobin in blacks and its association with sickle cell trait. Blood 46, 683. - 7270. Stamatoyannopoulos, G., B. B. Rosenblum, T. Papayannopoulou, M. Brice, B. Nakamoto, T. H. Shepard, 1979, Hb F and Hb A production in erythroid cultures from human fetuses and neonates. Blood 54, 440-450. - 7271. Stamler, J., 1979, Research related to risk factors. Circul. 60, 1575-1587. - 7272. Stamler, J., 1980, The established relationship among diet, serum cholesterol and coronary heart disease. Act. med. scand. 207, 433-446. - 7273. Stamp, J. T., 1980, Slow virus infections of the nervous system of sheep. Vet. rec. 107, 529-530. - 7274. Stanbury, J. B., 1966, Familial goiter. In: Stanbury u. Mit. a. a. O.. - 7275. Stanbury, J. B., 1967, Iodothyronine synthesis and the so-called "coupling defect" in familial goitre. In: Spickett a. a. O.. - 7276. Stanbury, J. B., zit. n. Batchelor in Cinader a. a. O.. - 7277. Stanbury, J. B., J. B. Wyngaarden, D. S. Fredrickson, 1972, The metabolic basis of inherited disease. McGraw-Hill Bk. Co., N. Y.. - 7278. Standl, E., 1978, Diabetische Mikroangiopathie. Dt. med. Wschr. 103, 841-844. - 7279. Stang, V., 1940, Gehäuftes Vorkommen von erblicher allgemeiner Gelenkverkrümmung in Verbindung mit Gaumenspalt beim Rind. Z. Tierz. Zücht. biol. 46, 280-284. - 7280. Stanik, J., I. Krupa, P. Solar, 1978, (The effect of sires on the genetic predisposition of their daughters to mastitis in Slovakian Pied cattle and their crosses with Ayrshires). Veterin. 28, 157-159. - 7281. Stanik, J., I. Krupa, P. Solar, 1978, (The inheritance of accessory teats from Slovakian Pied bulls and their crossbreds with Ayrshire cattle). Ziv. vyrob. 23, 893-899. - 7282. Stanik, J., J. Ivan, 1980, (Hypoplasia and aplasia of the udder quarters in imported black pied cattle). Polnohospod. 26, 499-503. - 7283. Stanley, A. J., L. G. Gumbreck, J. E. Allison, R. B. Easley, 1962, A dominant mutant gene producing sterility and restriction of color pattern in the male rat. Univ. Okl. Med. cent.. - 7284. Starck, D., 1955, Embryologie. G. Thieme, Stuttgart. - 7285. Starling, S. F., 1977, Some genetic and maternal effects of susceptibility to Anaplasma marginale in Bos taurus. Dissert. abstr. B 38, 431-432. - 7286. St. Arnault, G. Nagel, D. Kirkpatrick, R. Kirkpatrick, J. F. Holland, 1970, Melanoma in twins, Cancer 25, 672-677. - 7287. Startup, F. G., 1969, Diseases of the canine eye. Bailliere, Tindall, Cassell, Lond.. - 7288. Startup, F. G., 1974, The Collie eye anomaly. Vet. ann., 164-166. - 7289. Statham, M., T. B. Koen, 1982, Control of goitre in lambs by injection of ewes with iodized poppy seed oil. Austr. J. exp. agr. anim. husb. 22, 29-34. - 7290. Staun, H., P. Jensen, 1974, Genetic aspects of meat quality in pigs. 1. wld. congr. gen. appl. livest., 885-892. - 7291. Stavikova, M., L. Lojda, J. Polacek, 1980, (Heritability of location of supernumerary teats in Bohemian Red Pied cows). Vet. med. 25, 129-137. - 7292. Stecher, R. M., 1957,

Heredity in joint diseases. Doc. rheumat. 12, 5-74. - 7293. Stecker, M., 1976, Tg. Arb. gem. Dt. Audiol. Neurootol., Mainz. - 7294. Steel, E. G., D. A. Witzel, A. Blanks, 1976, Acquired coagulation factor X activity deficiency connected with Hymenoxys odorata DC (Compositae) bitterweed poisoning in sheep. Am. J. vet. res. 37, 1383-1386. - 7295. Steel, K. P., G. R. Bock, 1980, The nature of inherited deafness in deafness mice. Nature 288, 159-161. - 7296. Steele, E. J., A. J. Cunningham, 1978, High proportion of Ig-producing cells making autoantibody in normal mice. Nature 274, 483-484. - 7297. Steel, J. D., R. G. Beilharz, G. A. Stewart, M. Goddard, 1977, The inheritance of heart score in racehorses. Austr. vet. J. 53, 306-309. - 7298. Steele, D. G., 1959, Cribbing and windsucking in thoroughbreds. Blood horse 78, 50-58. - 7299. Steelman, C. D., T. W. White, P. E. Schilling, 1976, Efficacy of Brahman characters in reducing weight loss of steers exposed to mosquito attack. J. econ. entom. 69, 499-502. - 7300. Steeves, R., F. Lilly, 1977, Interactions between host and viral genomes in mouse leukemia. Ann. rev. gen. 11, 277-296. - 7301. Steeves, R. A., M. Bennett, E. A. Mirand, G. Cudkowicz, 1968, Genetic control by the W locus of susceptibility to (Friend) spleen focusforming virus. Nature 218, 372-374. - 7302. Stefos, K., F. E. Arrighi, 1974, Repetitive DNA of Gallus domesticus and its cytological locations. Exp. cell res. 83, 9-14. - 7303. Stegenga, T., 1964, Some physiological limitations of reproduction in cattle. Tijdschr. diergeneesk. 89, 1628-1638. - 7304. Stegenga, T., 1964, (Congenital anomalies in cattle). Tijdschr. diergeneesk. 89, 286-293. - 7305. Steger, H., B. Rupatz, F. Püschel, P. Rommel, E. C. Wessely, 1974, Biochemische Kennwerte als Selektionsmerkmal. Arch. Tierz. 17, 3-12. - 7306. Steger, R. W., 1976, Aging and the hypothalamo-hypophyseal-gonadal axis. In: Ag. and repr. physiol., Ann Arb. sci. publ. - 7307. Steinbach, J., D. Smidt, B. Schewen, 1967, Untersuchungen über den mütterlichen Einfluß auf die prä- und postnatale Entwicklung von Schweinen extrem unterschiedlicher Größe. Z. Tierz. Zücht. biol. 83, 312-330. - 7308. Steinbach, P., H. Fabry, W. Scholz, 1979, Unstable ring Y chromosome in an aspermic male. Hum. gen. 47, 227-231. - 7309. Steinbach, P. D., 1980, Warum sind Kurzsichtige intelligenter ? Dt. med. Wschr. 105, 741-743. - 7310. Steinberg, A. G., 1960, The genetics of acute leukemia in children. Cancer 13, 985 - 999. - 7311. Steinberg, A. G., 1967, Genetic variations in human immunoglobulins. Adv. immunogen., 75-98. J. B. Lippincott Co. - 7312. Steinberg, A. G., F. C. Fraser, 1946, The expression and interaction of hereditary factors affecting hair growth in mice. Can. J. res. 24, 1-9. - 7313. Steiner, L. A., M. N. Margolies, A. G. Steinberg, 1979, The crystallizable myeloma protein DOB has a hinge deletion. Fed. proc. 38, 1004. - 7314. Steiner, T., J. B. Hutchison, 1981, Androgen increases formation of behaviourally effective oestrogen in dove brain. Nature 292, 345-347. - 7315. Steinhardt, M., U. Bünger, 1978, Zur Anämiefrequenz bei Mastschweinen. Mh. Vet. med. 33, 373-379. - 7316. Steinhauf, D., 1969, Das Problem des wässerigen Schweinefleisches im Lichte der gegenwärtigen Forschung. Fleischwirtsch. 49, 659-660. - 7317. Steinheim, B., 1886, Anophthalmus dexter, Coloboma iridis et chorioideae sinister. Zbl. prakt. Aug. hlk. 10, 201-202. - 7318. Steinke, L., S. Matthes, H. G. Torges, 1973, Untersuchungen über den Einfluß von Abstammung, Lagerung und Keimgehalt von Bruteiern auf ihre Schlupffähigkeit und die Vitalität der Küken. Arch. Gefl. k. 37, 110-113. - 7319. Steinmetz, J., E. Panek, G. Siest, 1980, Personal and familial factors in cholesterolemia. Clin. chem. 26, 219-226. - 7320. Stempfel, R. S., G. M. Tomkins, 1966, Congenital virilizing adrenocortical hyperplasia. In: Stanbury u. Mit. a. a. O. - 7321. Stene, J., G. Fischer, E. Stene, M. Mikkelsen, E. Petersen, 1977, Paternal age effect in Down's syndrome. Ann. hum. gen. 40, 299-306. - 7322. Stene, J., S. Stengel-Rutkowski, 1977, Risk for short arm 10 trisomy. Hum. gen. 39, 7-13. - 7323. Stengel, H., 1962, Probleme der Rassenmischung. Dt. med. Wschr. 87, 1866-1868. - 7324. Stengel, H., 1962, Herz- und Körpergewicht und deren korrelative Beziehungen bei der Kreuzung extremer Kaninchenrassen. Z. Tierz. Zücht. biol. 77, 374-381. - 7325. Stenglein, B., G. H. Thoenes, E. Günther, 1978, Genetic control of susceptibility to autologous immune complex glomerulonephritis in inbred rat strains. Clin. exp. immun. 33, 88-94. - 7326. Stephens, J. F., R. O. Taylor, B. D. Barnett, 1965, Coccidioisis as a stress factor in the development of air sac disease. Poult. sci. 44, 165-169. - 7327. Stephens, J. F., M. S. Dreyfuss, 1978, Sex-linked dwarfism and response to two Newcastle disease vaccines. Poult. sci. 57, 823-826. - 7328. Stephenson, S. K., A. R. Gates, 1973, The incidence in Australasia of dystocia among calvings involving a Charolais crossbred calf. Austr. vet. J. 49, 494-495. - 7329. Stern, C., 1968, Grundlagen der Humangenetik. G. Fischer Vlg., Jena. - 7330. Sternlieb, I., I. H. Scheinberg, 1961, Ceruloplasmin in health and disease. Ann. N. Y. ac. sci. 94, 71-76. - 7331. Sternlieb, F., I. H. Scheinberg, 1963, The diagnosis of Wilson's disease in asymptomatic patients. J. A. M. A. 183, 747-750. - 7332. Sterzl. J. . I. Riha, 1970, Developmental aspects of antibody formation and structure. Ac. Press, N. Y.. - 7333. Stetson, C. A., 1966, The state of hemoglobin in sickled erythrocytes. J. exp. med. 123, 341-346. - 7334. Stevens, L. C., 1978, Totipotent cells of parthenogenetic origin in a chimeric mouse. Nature 276, 266-267. - 7335. Stevens, L. C., J. A. Mackensen, 1958, The inheritance and expression of a mutation in the mouse affecting blood formation, the axial skeleton and body size. J. hered. 49, 153-160. - 7336. Stevens, L. C., J. A. Mackensen, S. E. Bernstein, 1959, A mutation causing neonatal jaundice in the house mouse. J. hered. 50, 35-39. - 7337. Stevens, P. R., 1970, Anterior lenticonus and the Waardenburg syndrome. Brit. J. ophth. 54, 621-623. - 7338. Stevens, R. W., G. J. King, 1968, Genetic evidence for a lethal mutation in Holstein-Friesian cattle. J. hered. 59, 366-368. - 7339. Stevenson, A. C., M. Bobrow, 1967, Determinants of sex proportions in man. J. med. gen. 4, 190-221. - 7340. Stevenson, M. M., P. A. L. Kongshavn, E. Skamene, 1981, Genetic linkage of resistance to Listeria monocytogenes with macrophage inflammatory responses. J. immunol. 127, 402-407. - 7341. Stewart, A. D., A. Manning, J, Batty, 1980, Effects of Y-chromosome variants on the male behaviour of the mouse Mus musculus. Gen. res. 35, 261 -268. - 7342. Stewart, J. L., 1951, The West African Shorthorn cattle. Vet. rec. 63, 454-457. - 7343. Stewart, J. R., M. A. Bagshaw, 1965, Malignant testicular tumors appearing simultaneously in iden tical twins. Cancer 18, 895-898. - 7344. Stewart, M. A., R. F. Miller, J. R. Douglas, 1937, Resistance of sheep of different breeds to infestation by Ostertagia circumcincta. J. agr. res. 55, 923-930. - 7345. Stewart, R. W., R. W. Menges, L. A. Selby, J. D. Rhoades, D. B. Crenshaw, 1972, Canine intersexuality in a pug breeding kennel. Corn. vet. 62, 464-473. - 7346. Stewart, R. W., L. A. Selby, L. A. Edmonds, 1972, A survey of cran ium bifidum: an inherited defect in swine. Vet. med. 67, 677-681. - 7347. Stich, H. F., 1963, Chromosomes and carcinogenesis. Can. canc. conf. 5, 99-115. - 7348. Stickle, R. L., J. F. Fessler, 1978, Retrospective study of 350 cases of equine cryptorchidism. J. A. V. M. A. 172, 343-346. - 7349. Stigler, R., 1964, Normaler und hoher Blutdruck und kardiovaskuläre Mortalität bei verschiedenen Völkern. D. Steinkopff, Darmstadt. - 7350. Stiles, K. A., P. Dougan, 1940, A pedigree of malformed upper extremities. J. hered. 31, 65 - 72. - 7351. Stills, H. F., B. C. Bullock, 1981, Congenital defects of squirrel monkeys (Saimiri sciureus). Vet. path. 18, 29-36. - 7352. Stini, W. A., 1981, Association of early growth patterns with the process of aging. Fed. proc. 40, 2588-2594. - 7353. Stitt, J. T., 1979, Fever versus hyperthermia. Fed. proc. 38, 39-43. - 7354. Stöber, M., 1971, Parakeratose beim schwarzbunten Niederungskalb. Dt. tierärz-Wschr. 78, 257-265. - 7355. Stöber, M., F. Deerberg, 1964, Beitrag zum klinischen Bild und zur Ätiologie des sog. "Sonnenbrandes" beim Rind in Nordwestdeutschland. Rep. 3rd int. meet. dis. cattle, 475-485. - 7356. Stöber, M., P. Saratsis, 1974,

Vergleichende Messungen am Rumpf von schwarzbunten Kühen mit oder ohne linksseitiger Labmagenverlagerung. Dt. tierärztl. Wschr. 81, 549-604. - 7357. Stöber, M., W. Wegner, J. Lünebrink, 1974, Untersuchungen über die familiäre Disposition zur linksseitigen Lagmagenverlagerung beim Rind. Dt. tierärztl. Wschr. 81, 430-433. - 7358. Stöber, M., G. Trautwein, H. Scholz, W. Münzenmayer, 1982, Übermäßige Dehnbarkeit und Verletzbarkeit der Haut beim schwarzbunten Niederungsrind (Bindegewebsschwäche, Dermatosparaxie). Prakt. Tierar. 63, 139-148. - 7359. Stock, A. D., 1976, Chromosome banding pattern relationships of hares, rabbits and pikas (order Lagomorpha). Cytogen. cell gen. 17, 78-88. - 7360. Stockard, C. R., 1941, The genetic and endocrine basis for differences in form and behaviour as elucidated by studies of contrasted pure-line dog breeds and their hybrids. Am. anat. mem. 19, 775 p. - 7361. Stocker, H., G. Stranzinger, 1981, H-Y antigen. Zuchthyg. 16, 1-10. - 7362. Stohlman, S. A., J. A. Frelinger, 1978, Resistance to fatal central nervous system disease by mouse hepatitis virus strain JHM. Immunogen. 6, 277-281. - 7363. Stokes, J., 1970, Pediatric immunization as a developing mirror of nature. In: Mudd a. a. O. - 7364. Stolkowski, J., 1967, Infuence possible de la nutrition minérale sur la réparition des sexes chez la vache. C. R. ac. sci. D 265, 1059-1062. - 7365. Stoll, C., E. Flori, A. Clavert, D. Beshara, P. Buck, 1979, Abnormal children of a 47, XYY father. J. med. gen. 16, 66-68. - 7366. Stoll, C., E. Flori, J. Macler, R. Renaud, 1979, Prenatal diagnosis and postnatal follow-up of an abnormal child with two de novo apparently balanced translocations. Hum. gen. 47, 221-224. - 7367. Stolla, R., 1981, Zur Selektion von Spermien im weiblichen Genitale. Zuchthyg. 16, 11-21. - 7368. Stolpe, J., E. Wiesner, 1970, Das Fibrinogen bei nasenblutenden Galopprennpferden und Trabern. Arch. exp. Vet. med. 24, 903-911. - 7369. Stolzenburg, U., G. Schönmuth, 1967, Zur spastischen Parese der Nachhand des Rindes. Arch. Tierz. 10, 369-397. - 7370. Stolzenburg, U., J. Schönmuth, 1971, Zuchtversuche zur Vererbung der spastischen Parese des Rindes. X. Int. Tierz. Kongr., Vers. - 7371. Stolzenburg, U., G. Schönmuth, 1971, Zuchtversuche zur Vererbung der Spastischen Parese des Rindes. 10th int. congr. anim. prod. - 7372. Stolzenburg, U., G. Schönmuth, 1971, Zuchtversuche zur Vererbung der spastischen Parese des Rindes. Xe congr. int. zootech., Versailles. - 7373. Stolzenburg, U., G. Schönmuth, 1971, Experimentelle Untersuchungen über die ökonomischen Auswirkungen und die Vererbung der spastischen Parese der Hintergliedmaßen. Wiss. Z. Humb. Univ. Berlin M. N. R. XX, 353-370. - 7374. Stolzenburg, U., G. Schönmuth, 1980, Erste Ergebnisse eines Experimentes zur Erhöhung der Zwillingsgeburtenfrequenz beim Rind. 31. int. Tierz. Kongr., GC2, 22. - 7375. Stone, H. A., 1974, Genetic resistance to Marek's disease in experimental crosses. XV. Wld. poult. congr., 257-259. - 7376. Stone, H. A., W. E. Briles, W. H. McGibbon, 1977, The influence of the major histocompatibility locus on Marek's disease in the chicken. Avian immunbiology. Ple. Press, N. Y. - 7377. Stone, I., 1979, Eight decades of scurvy. J. orth. psych. 8, 58-62. - 7378. Stormont, C., 1975, Neonatal isoerythrolysis in domestic animals. Adv. vet. sci. comp. med. 19, 23-43. - 7379. Stormont, C., W. C. Weir, L. L. Lane, 1953, Erythrocyte mosaicism in a pair of sheep twins. Science 118, 695-696. - 7380. Stormont, C., J. W. Kendrick, P. C. Kennedy, 1956, A new syndrome of inherited lethal defects associated with abnormal gestation in Guernsey cattle. Genet. 41, 663. - 7381. Stormont, C., Y. Suzuki, 1975, The atropinesterase-cocainesterase system of isozymes in rabbits. In: Isozymes IV., Ac. Press, N. Y. - 7382. Stormont, C. J., B. Morris, Y. Suzuki, 1977, Analysis of bison-derived genetic markers in the blood of beefalo and the bison-cattle hybrids. An. bld. grps. bioch. gen. 8, Suppl. 1, 33. - 7383. Stormorken, H., R. Svenkerud, P. Slagsvold, H. Lie, J. Lundevall, 1963, Thrombocytopenic bleedings in young pigs due to maternal isoimmunization. Nature 198, 1116-1117. - 7384. Storrs, E.,

R. J. Williams, 1968, A study of monozygous quadruplet armadillos in relation to mammalian inheritance. Proc. nat. ac. sci. 60, 910-914. - 7385. Stossel, T. P., R. K. Root, M. Vaughan, 1972, Phagocytosis in chronic granulomatous disease and the Chediak-Higashi syndrome. N. E. J. med. 286, 120-123. - 7386. Stott, G. G., W. E. Haensly, R. Getty, 1971, Age changes in the weight of the ovary of the dog. Exp. geront. 6, 37-42. - 7387. Stout, D. B., 1946, Further notes on albinism among the San Blas Cuna, Panama. Am. J. phys. anthr. 4, 483-490. - 7388. Stout, J. T., E. G. Buss, 1979, Initial identification of chondrodystrophic turkey embryos. J. hered. 70, 139-141. - 7389. Stout, J. T., E. G. Buss, 1979, Identification of a 16-17-day lethal factor in a chondrodystrophic stock of turkeys. J. hered. 70, 62-64. - 7390. Stoyanovskaya, V. L., A. Islamov, 1977, (Colour genetics of white Karakul sheep). Trud. nauch. inst. karak. 7, 32-41. - 7391. Straaten, H. W. M. v., 1977, Histometrical aspects of testicular ontogenesis in the normal and unilateral cryptorchid pig. Act. morph. neerl. scand. 15, 101. - 7392. Straaten, H. W. M. v., 1978, Lack of primary defect in maldescended testis of the neonatal pig. Biol. repr. 19, 994-998. - 7393. Straaten, H. W. M. v., R. de Ridder, C. J. G. Wensing, 1978, Early deviations of testicular Leydig cells in the naturally unilateral cryptorchid pig. Biol. repr. 19, 171-176. - 7394. Straaten, H. W. M. v., B. v. Colenbrander, C. J. G. Wensing, 1979, Maldescended testis. Int. J. fert. 24, 74-75. - 7395. Strachan, R. T., J. R. Wythes, R. D. Newman, 1980, Comparison in the same environment of calving problems in heifers from herds with a history of a low and high incidence of dystocias. Austr. vet. J. 56, 365-368. - 73! . Strain, W. H., 1967, Zink-das Metall für Mensch und Tier. Jb. Tierern. Fütt. 6, 40-48. - 7397. Strange, F. G. S. C., 1965, The hip. W. Heinemann Med. Bks., Lond.. - 7398. Stranzinger, G. F., J. R. Lodge, 1974, Sperm aging effects on the chromosomal complement in rabbit blastocysts. Z. Tierz. Zücht. biol. 91, 1 25-130. - 7399. Stranzinger, G. F., N. S. Fechheimer, 1974, Mosaik einer X-Chromosomen-Deletion bei einem ausgewachsenen Kaninchen. Zuchthyg. 9, 15-19. - 7400. Stranzinger, G. F., M. Förster, 1976, Autosomale Chromosomentranslokationen beim Fleck- und Braunvieh. Experientia 32, 24-27. - 7401. Stranzinger, G., H. R. Fries, 1979, Frühzeitige Feststellung der Kleinhodigkeit bei Ziegen durch die Chromosomenanalyse. Mitt. Schweiz. Vb. K. B. 17, 8-10. - 7402. Stranzinger, G., K. Emler, G. Bauer, C. Gaillard, 1981, Konzeptionsergebnisse bei Mischspermaeinsatz von Stieren verschiedener Rassen und Chromosomenzahl. Zuchthyg. 16, 49-53. - 7403. Strasser, H., H. H. Märki, 1967, Zur klinischen Bedeutung der Fett- und Lipoproteinuntersuchung im Serum. Schweiz. med. Wschr. 97, 1397-1399. - 7404. Strassmann, G., 1958, Weight of brain, heart, spleen and kidneys in elderly, mentally ill patients. Geriat. 13, 110-115. - 7405. Straub, G., J. H. Weniger, E. S. Tawfik, D. Steinhauf, 1976, The effect of high environmental temperatures on fattening performance and growth of boars. Livest. prod. sci. 3, 65-74. - 7406. Straub, O. C., 1969, Versuche über die vertikale Übertragung der Rinderleukose. Dt. tierärztl. Wschr. 76, 365-368. - 7407. Straub, O. C., 1969, Epitheliogenesis imperfecta bei einem Kalb. Vet. med. Nachr., 189-193. - 7408. Straub, O. C., F. Weiland, B. Frenzel, 1974, Ergebnisse von hämatologischen und serologischen Untersuchungen bei natürlichen und experimentellen Rinderleukose-Übertragungsversuchen. Dt. tierärztl. Wschr. 81, 581-583. - 7409. Strauch, G., E. Modigliani, H. Bricaire, 1970, L'Hypersécrétion somatotrope permanente et non suppressible de l'acromégalie. Presse méd. 78, 167-170. - 7410. Strauss, L. J., 1977, An analysis of the effects of homozygosity for a lethal allele (p') in the mouse. Dissert. abstr. B 37, 3260. - 7411. Strauss, M. B., L. G. Welt, 1971, Diseases of the kidney. Little, Brown Co., Boston. - 7412. Streisinger, G., C. Walker, N. Dower, D. Knamber, F. Singer, 1981, Production of clones of homozygous diploid zebra fish (Brachydanio perio), Nature 291, 293-296. - 7413. Strombeck, D. R., D. J. Meyer, R. A. Freedland, 1975,

Hyperammonemia due to a urea cycle enzyme deficiency in two dogs. J.A.V.M. A. 166,1109-1111. - 7414. Stromberg, M.W., R. L. Kitchell, 1958, Studies on myoclonia congenita. Am. J. vet. res. 19, 377-382. - 7415. Strong, L.C., 1952, Differences in response among mice of fifteen inbred strains to the subcutaneous injection of methylcholanthrene. Zit. n. Kalow a. a. O. . - 7416. Strosberg, A.D., L. Emorine, 1979, Multiple amino acid substitutions between b4, b6 and b9 rabbit Kappa light chains. Fed. proc. 38, 1004. - 7417. Strother, G.R., E.C. Burns, L.I. Smart, 1974, Resistance of purebred Brahman, Hereford and Brahman x Hereford crossbred cattle to the lone star tick, Amblyomma americanum. J. med. entom. 11, 559-563. - 7418. Studdert, M.J., Primary, severe, combined immunodeficiency disease of Arabian foals. Austr. vet. J. 54, 411-417. - 7419. Studzinski, G. P., O. C. F. Hay, T. Symington, 1963, Observations on the weight of the human adrenal gland and the effect of preparations of corticotropin of different purity on the weight and morphology of the human adrenal gland. J. clin. endocr. met. 23, 248-254. - 7420. Stufflebean, C. E., J. F. Lasley, 1969, Hereditary basis of serum cholesterol level in beef cattle. J. hered. 60, 15-16. - 7421. Stünzi, H., H. F. Büchi, H. L. LeRoy, W. Leemann, 1964, Endemische Arthritis chronica bei Ziegen. Schweiz. Arch. Tierhlk. 106, 778-788. - 7422. Stur, L., E. Neumeister, B. Mayr, E. Glawischnig, W. Schleger, 1976, Untersuchungen über Zusammenhänge zwischen Mastitisresistenz und Heterozygotiegrad sowie Milchproteinen beim österreichischen Braunvieh. Wien. tierärztl. Mschr. 63, 352-356. - 7423. Stur, I., W. Schleger, 1976, Verlängerte Trächtigkeit im österreichischen Fleckvieh. Wien. tierärztl. Mschr. 63, 120-122. - 7424. Stur, I., W. Pinsker, B. Mayr, 1978, Über das Auftreten von Brachygnathia inferior in einem österreichischen Fleckviehzuchtgebiet. Wien. tierärztl. Mschr. 65, 200-202. - 7425. Stur, I., B. N. Singh, W. Schleger, 1980, Über den Einfluß verschiedener Faktoren auf die Antikörperproduktion. Wien. tierärztl. Mschr. 67, 26-28. - 7426. Sturkie, P.D., 1942, Suppression of a dominant character, polydactylism, in the domestic fowl. Genet. 27, 172. - 7427. Sturkie, P. D., 1970, Seven generations of selection for high and low blood pressure in chickens. Poult. sci. 49, 953-956. - 7428. Sturmans, F., P.G.H. Mulder, H.A. Valkenburg, 1977, Estimation of the possible effect of interventive measures in the area of ischemic heart diseases by the attributable risk percentage. Am. J. epid. 105, 281-289. - 7429. Su, L.C., 1981, Copper metabolism in normal dogs and Bedlington terriers. Dissert. abstr. B 41, 4068-4069. - 7430. Succi, G., 1973, Contribution à l'étude de l'albinisme en race Brune des Alpes. Ann. gén. sél. anim. 5, 143-145. - 7431. Succi, G., A. de Giovanni, L. Molteni, 1976, Nouvelles observations sur une translocation robertsonienne en race bovine Romagnole. Ann. gén. sél. anim. 8, 37-40. - 7432. Sucheston, M.E., M.S. Cannon, 1968, Development of zonular patterns in the human adrenal gland. J. morph. 126, 477-492. - 7433. Sudeck, M., D. Hosenfeld, W. Grote, 1978, Untersuchungen zur Erkennung von Konduktorinnen der Hämophilie A. Dt. med. Wschr. 103, 2076-2078. - 7434. Suga, F., 1972, Partial albinism of the eye and congenital deafness in man and white cats. Audiol. jap. 15, 138-144. - 7435. Suga, F., S. Oono, 1972, Congenital deafness with iris of abnormal color. Otol. Fukuoka 18, 83-88. - 7436. Sugiura, Y., I. Sugiura, H. Iwata, 1976, Hereditary multiple exostosis. Jap. J. hum. gen. 21, 149-167. - 7437. Sulimovici, S., R. Weissenberg, B. Lunenfeld, B. Padeh, M. Soller, 1978, Testicular testosterone biosynthesis in male Saanen goats with XX sex chromosomes. Clin. gen. 13, 397-403. - 7438. Summers, J.D., 1972, Nutrition of the dwarf layer. Ann. gén. sel. anim. 4, 251-258. - 7439. Sumner, A. T., H.J. Evans, 1973, Mechanisms involved in the banding of chromosomes with quinacrine and Giemsa. Exp. cell res. 81, 223-236. - 7440. Sun, C.C., R. Garcia-Bunuel, 1977, The thymus in perinatal death. Am. J. path. 86, 8a-9a. - 7441. Sundför, H., 1939, A pedigree of skin-spotting in man. J. hered. 30, 67-77. - 7442. Sundick, R.S., N. Bagchi, M.D. Livezey, T. Brown, R.E. Mack, 1979, Abnormal thyroid regulation in chickens with autoimmune thyroiditis. Endocrinol. 105, 493-498. - 7443. Surborg, H., 1976, Untersuchungen über den Nabelbruch beim Rind. Dissert, Hannover. - 7444. Sussman, K. E., 1971, Iuvenile type diabetes and its complications. C. C. Thomas, Springfield. - 7445. Sutherland, G. R., A. R. Murch, A. J. Gardiner, R. F. Carter, C. Wiseman, 1976, Cytogenetic survey of a hospital for the mentally retarded. Hum. gen. 34, 231-245. - 7446. Sutherland, G. R., P. L. C. Ashforth, 1979, X-linked mental retardation with macroorchidism and the fragile site at Xq27 or 28. - 7447. Sutherland, I. R., 1974, Hereditary pectoral myopathy in the domestic turkey. Can. vet. J. 15, 77-81. - 7448. Sutherst, R. W., G. A. Norton, N. D. Barlow, G. R. Conway, M. Birley, H. N. Comins, 1979, An analysis of management strategies for the cattle tick (Boophilus microplus) control in Australia. J. appl. ecol. 16, 359-382. - 7449. Sutherst, R. W., R. H. Wharton, I. M. Cook, I. D. Sutherland, A. S. Bourne, 1979, Long-term population studies on the cattle tick (Boophilus microplus) on untreated cattle selected for different levels of tick resistance. Austr. J. agr. res. 30, 353-368. - 7450. Suzuki, T., I. Tsuge, S. Higa, A. Hayashi, Y. Yamamura, Y. Takaba, A. Nakajima, 1979, Catecholamine metabolism in familial amyloid polyneuropathy. Clin. gen. 16, 117-124. - 7451. Suzuki, Y., K. Koga, J. Kanzaki, 1972, Clinical and genetic study of deafness in twins. Audiol. jap. 15, 124-129. - 7452. Svendsen, J., N. C. Nielsen, N. Bille, H. J. Riising, 1976, Ursachen von Aussonderung und Tod bei Sauen. tierärztl. prax. 4, 303-315. - 7453. Swallow, D. M., L. Evans, G. Thomas, P. K. Stewart, J. D. Abrams, 1979, Sialidosis type 1. Ann. hum. gen. 43, 27-35. - 7454. Swanson, C. P., T. Merz, W. J. Young, 1970, Zytogenetik. G. Fischer Vlg., Stuttgart. - 7455. Swanson, H. H., 1980, The "hairless" gerbil. Lab. anim. 14, 143-147. - 7456. Swanson, W., W. Morgan, 1956, Morphological effects of the woolly mutation on feather structure. Proc. S. D. ac. sci. 35, 211-214. - 7457. Swatland, H. J., N. M. Kieffer, 1974, Fetal development of the double muscled condition in cattle. J. anim. sci. 38, 752-757. - 7458. Swcasey, D., D. S. P. Patterson, 1980, Neurochemical diagnosis of congenital tremor in piglets. In: Rose, F. C., P. O. Behan, Animal models of neurological disease. Pitman Medical. - 7459. Sweet, H. O., P. W. Lane, 1980, X-linked polydactyly (Xpl), a new mutation in the mouse. J. hered. 71, 207-209. - 7460. Sweet, H. O., M. C. Green, 1981, Progressive ankylosis, a new skeletal mutation in the mouse. J. hered. 72, 87-93. - 7461. Swerdloff, R. S., R. A. Batt, G. A. Bray, 1976, Reproductive hormonal function in the genetically obese (ob/ob) mouse. Endocrinol. 98, 1359-1364. - 7462. Swerdlow, A. J., Incidence of malignant melanoma of the skin in England and Wales and its relationship to sunshine. Brit. med. J., 2, 1324-1327. - 7463. Swift, M., 1977, Malignant neoplasms in heterozygous carriers of genes for certain autosomal recessive syndroms. In: Mulvihill u. Mit. a. a. O.. - 7464. Swift, M., C. Chase, 1979, Cancer in families with xeroderma pigmentosum. J. nat. canc. inst. 62, 1415-1420. - 7465. Swinyard, C. A., 1969, Limb development and deformity. C. C. Thomas, Ill.. - 7466. Swinyard, C. A., B. Pinner, 1969, Some morphological considerations of normal and abnormal human limb development. In: Swinyard a. a. O.. - 7467. Switzer. M. E.. P. A. McKee. 1979, Immunologic studies of native and modified human factor VIII/von Willebrand factor. Blood 54, 310-321. - 7468. Sybesma, A. M., 1960, Aneurysma-Bildung auf erblicher Grundlage als Ursache intraabdominaler Verblutungen beim Rind. Dissert. Utrecht. - 7469. Sybesma, R. P., 1964, Spastic paresis. Tijds. diergeneesk. 89, 613-615. - 7470. Sybesma, W., 1978, Production characteristics of Dutch Landrace and Dutch Yorkshire pigs as related to their susceptibility for the halothane-induced malignant hyperthermia syndrome. Livest. prod. sci. 5, 277-284. - 7471. Synenki, R. M., E. J. Eisen, G. Matrone, O. W. Robison, 1972, Thyroid activity in lines of mice selected for large and small body weight. Can. J. gen. cyt. 14, 483-494. - 7472. Syrett, J. E., J. E. Gray, E. Grace, S. M. Bowser, P. J. Riley, L. Cook, E. B. Robson, P. W. Teesdale, 1975, Two informative 1p translocation families. Hum. gen. map. 2, 269-271. - 7473. Syrstad, O., 1973, (Twin calvings). Busk. avdr. 25, 258-259. - 7474. Syrstad, O., 1974, Genetic aspects of twinning in dairy cattle. Act. agr. scand. 24, 319-322. - 7475. Syrstad, O., 1975, A note on two cases of extreme variation in milk yield within pairs of monozygous twins. Act. agr. scand. 25, 167-168. - 7476. Szabo, K. T., R. L. Steelman, 1967, Effects of maternal thalidomide treatment on pregnancy, fetal development, and mortality of the offspring in random-bred mice. Am. J. vet. res. 28, 1823-1828. - 7477. Szabuniewicz, M., J. D. McCrady, 1969, Some aspects of the anatomy and physiology of the Armadillo. Lab. anim. care 19, 843-848. - 7478. Szewczuk, M. R., R. J. Campbell, 1980, Loss of immune competence with age may be due to auto-anti-idiotypic antibody regulation. Nature 286, 164-166. - 7479. Szilagyi, M., F. Felkai, 1978, (Biochemical studies on piglets with congenital splayleg). Mag. All. lap. 33, 302-305. - 7480. v. Szily, A., 1955, Die Morphographie und Phänogenetik der Papilla nervi optici. Mbl. Aug. hlk. 126, 641-670. - 7481. Szopa, J., 1978, Weitere Untersuchungen zur genetischen Determination metrischer Merkmale des Menschen. Gen. pol. 19, 521-528. - 7482. Szopa, J., 1978, Inheritance and genetic determination of measurements and width/length index of the nose in man. Gen. pol. 19, 79-96. - 7483. Tada, T., K. Hayakawa, K. Okumura, M. Taniguchi, 1980, Coexistence of variable region of immunoglobulin heavy chain and I region gene products on antigen-specific suppressor T cells and suppressor T cell factor. Mol. immunol. 17, 867-875. - 7484. Tager, H., B. Given, D. Baldwin, M. Mako, J. Markese, A. Rubenstein, J. Olefsky, M. Kobayashi, O. Kolterman, 1979, A structurally abnormal insulin causing human diabetes. Nature 281, 122-125. - 7485. Tagher, P., L. E. Reisman, 1966, Reproduction in Down's syndrome (mongolism). Obstet. gyn. 27, 182-184. - 7486. Taha, N. T., 1980, A genetic study of crooked toes and crooked keels in chickens. Dissert. abstr. B 40, 5477-5478. - 7487. Taibel, A. M., R. Grilletto, 1967, Atavic polydactyly in the fore-limbs of a llama. Zool. Gart. 33, 174-181. - 7488. Takagi, N., M. Sasaki, 1976, Digynic triploidy after superovulation in m ice. Nature 264, 278-281. - 7489. Takagi, Y., A. Veis, 1982, Evidence for a molecular defect in the organic matrix of dentin in Dentinogenesis imperfecta. Fed. proc. 41, 3408. - 7490. Takano, K., J. R. Miller, 1972, ABO incompatibility as a cause of spontaneous abortion. J. med. gen. 9, 144-150. - 7491. Takashima, Y., Y. Mizuma, 1981, Studies on the chicken-quail hybrids. Jap. poult. sci. 18, 267-272. - 7492. Takashima, Y., Y. Mizuma, 1981, The sex ratio of chicken-quail hybrids. Jap. poult. sci. 19, 53-55. -- 7493. Takeuchi, T., 1968, Genetic analysis of a factor regulating melanogenesis in the mouse melanocyte. Jap. J. gen. 43, 249-256. - 7494. Talamo, R. C., K. F. Austin, 1972, Hereditary pulmonary diseases. In: Holman u. Muschenheim a. a. O.. - 7495. Talbott, J. H., 1967, Gout. Grune u. Stratton, N. Y.. - 7496. Talmadge, J. E., M. Meyers, D. J. Prieur, J. R. Starkey, 1980, Role of NK cells in tumour growth and metastasis in beige mice. Nature 284, 622-624. - 7497. Tamaki, Y., Y. Tanabe, 1971, Heritability estimates of thyroxine secretion rates and their relation to age in chicken maintained at a constant temperature. Jap. J. zoot. sci. 42, 232-236. - 7498. Tan, Y. H., 1975, Linkage analysis of animal cell virus interaction by somatic cell genetics. In: Geraldes a. a. O.. - 7499. Tanabe, Y., T. Omi, K. Ota, 1978, Genetic variants of hemoglobin in canine erythrocytes. Anim. bld. grps. bioch. gen. 9, 79-83. -7500. Tanaka, K., K. Honda, T. Nose, M. Tanimura, N. Yoshida, 1976, A genetic study on orthostatic responses and orthostatic dysregulation. Jap. J. hum. gen. 21, 97-121. - 7501. Tanaka, T., S. Katayama, K. Kuma, H. Tamai, F. Matsuzuka, H. Hidaka, 1980, Clinical and pathological significance of sibling Graves' disease. Act. endocrin. 94, 498-502. - 7502. Tanase, H., Genetic control of blood pressure in spontaneously hypertensive rats. (SHR). Exp. anim. 28, 519-530. - 7503. Tanase, H., Y. Suzuki, 1971, Strain difference and genetic determination of blood pressure in rats.

Exp. anim. 23, 1-5. - 7504. Tanase, H., Y. Suzuki, A. Ooshima, Y. Yamori, K. Okamoto, 1972, Further genetic analysis of blood pressure in spontaneously hypertensive rats. In: Okamoto a. a. O.. - 7505. Tandler, J., K. Keller, 1911, Über das Verhalten des Chorions bei verschiedengeschlechtlicher Zwillingsgravidität des Rindes und über die Morphologie des Genitales der weiblichen Tiere, welche einer solchen Gravidität entstammen. Dt. tierärztl. Wschr. 10, 148-149. - 7506. Taneja, G. C., 1967, Water intake in relation to blood potassium types in desert sheep. Experientia 23, 645-646. - 7507. Taneja, G. C., 1982, Poll gene association with inter-sexuality and related constraints in Shami goat rearing enterprises in Syria. Proc. 3rd int. conf. goat prod., 549. - 7508. Taneja, G. C., B. M. Fuladi, R. K. Abichandani, 1967, Blood potassium types and body temperature during exercise in Marwari sheep. Ind. J. exp. biol. 5, 188-189. - 7509. Taneja, G. M., G. S. Bawa, 1972, Waardenburg syndrome. Ind. J. otolaryng. 24, 181-183. - 7510. Tange, M., 1949, Further data on crossing of albino ring doves with white ones. J. Fac. agr. Kyushu Univ. 9, 127-142. - 7511. Tankano, N., 1968, The heredity of congenital essential hemeralopia. Act. soc. ophth. Jap. 72, 2218-2221. - 7512. Tanner, A. R., L. Scott-Morgan, R. Mardell, R. S. Lloyd, 1982, The incidence of occult thyroid disease associated with thyroid antibodies identified on routine autoantibody screening. Act. endocrin. 100, 31-35. - 7513. Tanner, C. E., 1978, The susceptibility to Trichinella spiralis of inbred lines of mice differing at the H-2 histocompatibility locus. J. parasit. 64, 956-957. - 7514. Tantravahi, R., V. G. Dev, I. L. Firschein, D. A. Miller, O. J. Miller, 1975, Karyotype of the Gibbons Hylobates lar and H. moloch. Cytogen. cell gen. 15, 92-102. - 7515. Tapley, D. F., C. Cooper, 1956, Effect of thyroxine on swelling of mitochondria isolated from various tissues of rat. Nature 178, 1119. - 7516. Tarkowski, A. K., 1961, Mouse chimaeras development from fused eggs. Nature 190, 857-860. - 7517. Tasman, W., 1971, Retinal diseases in children. Harper u. Row, N. Y.. - 7518. Tata, J. R., 1966, Requirement for RNA and protein synthesis for induced regression of the tadpole tail in organ culture. Dev. biol. 13, 77-94. - 7519. Tata, J. R., C. C. Widnell, 1966, Ribonucleic acid synthesis during the early action of thyroid hormones. Bioch. J. 98, 604-620. - 7520. Taub, E., R. D. Heitmann, G. Barro, 1977, Alertness, level of activity, and purposive movement following somatosensory deafferentation in monkeys. Ann. N. Y. ac. sci. 290, 348-365. - 7521. Tauchi, K., K. Suzuki, T. Imamichi, 1980, (Establishment of a strain of a rat having extremely high incidence of congenital hydronephrosis and its morphological characteristics. Congen. anom. 20, 1-6. - 7522. Taurog, J. D., H. M. Moutsopoulos, Y. J. Rosenberg, T. M. Chused, A. D. Steinberg, 1979, CBA/N X-linked defect inhibits NZB B-cell hyperactivity. Fed. proc. 38, 1288. - 7523. Taworski, T., 1967, (Offspring of wisent x cattle hybrid backcrossed to wisent). Act. theriol. 12, 491. - 7524. Tay, C. H., 1971, Waardenburg's syndrome and familial periodic paralysis. Postgrad. med. J. 47, 354-360. - 7525. Taylor, A. I., 1967, Eye colour in the Tristan da Cunha population. Hum. biol. 39, 316-318. - 7526. Taylor, A. I., 1970, Dq-, Dr, and melanoblastoma. Humangen. 10, 209-217. - 7527. Taylor, D. M., 1974, Is congenital esotropia functionally curable ? J. ped. ophth. 11, 3-35. - 7528. Taylor, K. G., G. Holdsworth, D. J. Galton, 1980, Lipoprotein lipase in adipose tissue and plasma triglycerides clearance in patients with primary hypertriglyceridaemia. Eur. J. clin. inv. 10, 135-138. - 7529. Taylor, L. W., 1966, Further genetic studies on scoliosis in chickens. Poult. sci. 45, 1131. - 7530. Taylor, L. W., 1971, Kyphoscoliosis in a longterm selection experiment with chicken. Av. dis. 15, 376-390. - 7531. Taylor, L. W., 1974, Further studies on diplopodia. Can. J. gen. cytol. 16, 121-135. - 7532. Taylor, R. B., 1980, Lamarckist revival in immunology. Nature 286, 837-838. - 7533. Taylor, S. C. S., G. B. Young, 1964, Variation in growth and efficiency in twin calves. J. agr. sci. 62, 225-236. - 7534. Taylor, S. C. S., J. Craig, 1965, Genetic correlation during growth of twin cattle. Anim. prod. 7, 83-102. - 7535. Taylor, S. C. S., J. Craig, 1967, Variation during growth of twin cattle. Anim. prod. 9, 35-60. - 7536. Taylor, S. C. S., L. S. Monteiro, B. Perreau, 1975, Possibility of reducing calving difficulties by selection. Ann. gén. sél. anim. 7, 49-57. - 7537. Tchen, P., E. Bois, J. Feingold, N. Feingold, J. Kaplan, 1977, Inbreeding in recessive diseases. Hum. gen. 38, 163-167. - 7538. Teheran, J., W. J. Mandy, 1976, Constant region IgG allotypes in cottontail rabbits. Immunochem. 13, 221-227. - 7539. Teicher, L. S., E. W. Caspari, 1978, The genetics of blind-a lethal factor in mice. J. hered. 69, 86-90. - 7540. Teige, J., 1979, (Ulcers in the stomach of swine and the abomasum of cattle. Nor. Vet. tids. 91, 743-749. - 7541. Teixeira, N. M., 1979, Genetic differences in dystocia, calf condition and calf livability in Holsteins. Dissert. abstr. B 39, 4733-4734. - 7542. Teller, W., H. Bechtelsheimer, V. Totovic, 1967, Die Heparitinsulfat-Mucopolysaccharidose (Sanfilippo). Klin. Wschr. 45, 497-504. - 7543. Telloni, R. V., 1976, Phenotypic effects of a chromosomal translocation involving the Z chromosome and a micro-chromosome in chickens. Dissert. abstr. B 36, 5373. - 7544. Temin, H. M., 1971, The protovirus hypothesis. J. nat. canc. inst. 46, 2, III-VII. - 7545. Tenhumberg, H., 1977, Genetische Einflüsse auf die Calcium- und Phosphor-spiegel im Blutplasma von kalbenden Färsen. Dissert. München. - 7546. Tenhumberg, H., F. Graf, 1979, Genetische Einflüsse auf die Calcium-Phosphorspiegel im Blutplasma von kalbenden Färsen. Zbl. Vet. med. A 26, 182-190. - 7547. Tennant, B., A. C. Asbury, R. C. Laben, W. P. C. Richards, J. J. Kaneko, P. T. Cupps, 1967, Familial polycythemia in cattle. J. A. V. M. A. 150, 1493-1509. - 7548. Teplitz, R. L., Y. S. Moon, P. K. Basrur, 1967, Further studies of chimerism in heterosexual cattle twins. Chromosoma 22, 202-209. - 7549. Terada, N., T. Kuramoto, T. Ino, 1977, Comparison of susceptibility to the T strain of reticuloendotheliosis virus among families of Japanese quail. Jap. poult. sci. 14, 259-265. - 7550. Terhune, M. W., H. H. Sandstead, 1972, Decreased RNA polymerase activity in mammalian zinc deficiency. Science 177, 68-69. - 7551. Terlecki, S., 1976, Border disease. Vet. ann. 17, 74-79. - 7552. Terlecki, S., G. B. Young, D. Buntain, 1973, Absence of simple genetic factors in progressive retinal degeneration (bright blindness) in sheep. Brit. vet. J. 129, XLV-XLVIII. - 7553. Terman, C. R., 1960, The relationship between spatial distribution and weight of the adrenal glands in populations of Prairie Deermice. Anat. rec. 137, 397. - 7554. Terplan, G., 1966, Hygiene und technischer Fortschritt in der Milcherzeugung. Dt. tierärztl. Wschr. 73, 525-528. - 7555. Terris, M., M. Oalman, 1960, Carcinoma of the cervix. J. A. M. A. 174, 1847-1851. - 7556. Tessler, S., P. Olds-Clarke, 1981, Male genotype influences sperm transport in female mice. Biol. repr. 24, 806-813. - 7557. Testa, J. R., H. M. Golomb, J. D. Rowley, J. W. Vardiman, D. L. Sweet, 1978, Hypergranula promyelocytic leukemia (APL). Blood 52, 272-280. - 7558. Testa, J. R., A. Kinnealey, J. D. Rowley, D. W. Golde, D. Potter, 1978, Deletion of the long arm of chromosome 20(del(20)(q11)) in myeloid disorders. Blood 52, 868-877. - 7559. Testa, U., Y. Beuzard, W. Vainchenker, M. Goossens, A. Dubarz, N. Monplaissir, C. P. Brizard, T. Papayannopoulou, J. Rosa, 1979, Elevated Hb F associated with an unstable hemoglobin, hemoglobin Saint Etienne. Blood 54, 334-343. - 7560. Teter, J., R. Tarlowski, 1960, Tumors of the gonads in cases of gonadal dysgenesis and male pseudohermaphroditism. Am. J. obst. gyn. 79, 321-329. - 7561. Teuscher, T., 1972, Das Beinschwächesyndrom in seiner Beziehung zur Mastleistung und zum Schlachtkörperwert. Tagg. Dt. Ges. Tz. wiss., Stuttg., 9. - 7562. Thalhammer, O., L. Havelse, E. Knoll, E. Wehle, 1977, Intellectual level (IQ) in heterozygotes for phenylketonuria (PKU). Hum. gen. 38, 285-288. - 7563. Thalhammer, O., G. Lubec, H. Königshofer, 1979, Intracellular phenylalanine and tyrosine concentrations in 19 heterozygotes for phenylketonuria (PKU) and 26 normals. Hum. gen. 49, 333-336. - 7564. Thapliyal, J. P., P.

D. Tewary, 1963, Effect of estrogen and gonadotropic hormones on the plumage pigmentation in Lal munia (Estrilda am.). Naturwiss. 50, 529. - 7565. Thatcher, L. P., H. J. Pascoe, 1973, Whoever heard of a sheep without wool ? J. agr. Vict. 71, 2-5. - 7566. Thavalingam, M., T. A. Bongso, H. Geldermann, 1982, A study of intersex in Katjang goat. Proc. 3rd int. conf. goat prod., 538. - 7567. Theiler, K., D. Varnum, L. C. Stevens, 1974, Development of rachiterata, a mutation in the house mouse with 6 cervical vertebrae. Z. Anat. Entw. gesch. 145, 75-80. - 7568. Theiler, K., D. S. Varnum, J. L. Southard, L. C. Stevens, 1975, Malformed vertebrae: a new mutant with the "Wirbel-Rippen-Syndrom" in the mouse. Anat. embr. 147, 161-166. - 7569. Theiler, K., D. S. Varnum, L. C. Stevens, 1978, Development of Dickie's small eye, a mutation in the house mouse. Anat. embryol. 155, 81-86. - 7570. Theiler, K., D. Varnum, L. C. Stevens, 1980, Development of Dickie's small eye. Anat. embr. 161, 115-120. - 7571. Theiss, W., E. Sauer, J. Rastetter, 1979, Lymphogranulomatose bei Geschwistern. Münch. med. Wschr. 121, 309 - 312. - 7572. Theml, H., 1980, Rationaler Umgang mit dem Krebsproblem. Med. Klin. 75, 5. - 7573. Theml, H., W. Siegert, H. W. L. Ziegler, D. Huhn, 1982, Interferon, eine der interessantesten biologischen Substanzen, aber kein Allheilmittel. Med. Klin. 77, 132-139. - 7574. Thenen, S. W., R. H. Carr, 1980, Influence of thyroid hormone treatment on growth, body composition and metabolism during cold stress in genetically obese mice. J. nutr. 110, 189-199. - 7575. Theofilopoulos, A. N., F. J. Dixon, 1981, Etiopathogenesis of murine SLE. Immun. rev. 55, 179-216. - 7576. Thieme, R., 1979, Analyse der Säuglingssterblichkeit des Bezirkes Karl-Marx-Stadt 1971-1977. - 7577. Thiessen, D. D., V. G. Nealey, 1962, Adrenocortical activity, stress response and behavioral reactivity of five inbred mouse strains. Endocrinol. 71, 267-270. - 7578. Thiessen, D. D., G. Lindzey, K. Owen, 1970, Behavior and allelic variations in enzyme activity and coat color at the C locus of the mouse. Behav. gen. 1, 257-267. - 7579. Thiessen, R. B., 1974, Muscular hypertrophy in cattle. Dissert. abstr. B 34, 1396-1397. - 7580. Thirloway, L., R. Rudolph, H. W. Leipold, 1977, Malignant melanomas in a Duroc boar. J. A. V. M. A. 170, 345-347. - 7581. Thomas, G. H., R. E. Tipton, L. T. Chien, L. W. Reynolds, C. S. Miller, 1978, Sialidase (⍺-N-acetyl neuraminidase) deficiency. Clin. gen. 13, 369-379. - 7582. Thomas, J. W., 1974, Genetic implications of atherosclerosis in susceptible and non-susceptible pigeons. Diss. abstr. B 35, 4497-4498. - 7583. Thomas, K. W., D. A. Lowther, 1976, Manganese levels and the morphology of the epiphyseal plate in broilers with slipped tendons. Poult. sci. 55, 1962-1968 . - 7584. Thomas, P. E., J. J. Hutton, B. A. Taylor, 1973, Genetic relationship between arylhydrocarbon hydroxylase inducibility and chemical carcinogen induced skin ulceration in mice. Genet. 74, 655-659. - 7585. Thompson, D. L., K. D. Elgert, W. B. Gross, P. B. Siegel, 1980, Cell-mediated immunity in Marek's disease virus-infected chickens genetically selected for high and low concentration of plasma corticosterone. Am. J. vet. res. 41, 91-96. - 7586. Thompson, J. R., A. E. Freeman, P. J. Berger, 1980, Relationship of dystocia transmitting ability with type and production transmitting ability in Holstein bulls. J. dairy sci. 63, 1462-1464. - 7587. Thompson, J. R., A. E. Freeman, P. J. Berger, 1981, Age of dam and maternal effects for dystocia in Holsteins. J. dairy sci. 64, 1603-1609. - 7588. Thompson, J. S., 1969, Atheromata in an inbred strain of mice. J. atheroscl. res. 10, 113-122. - 7589. Thompson, K. W., 1937, Augmentary factor in animal sera after injections of pituitary extract. Proc. soc. exp. biol. med. 35, 640-644. - 7590. Thompson, M. W., E. A. McCulloch, L. Siminovitch, J. E. Till, 1966, The cellular basis for the defect in haemopoiesis in flexed-tail mice. Brit. J. haemat. 12, 152-160. - 7591. Thompson, M. W., E. A. McCulloch, L. Siminovitch, J. E. Till, 1966, The cellular basis for the defect in hemopoiesis in mice with Hertwig's anemia. Genet. 54, 366. - 7592. Thoren-Tolling, K., 1979, CK isozymes in serum of halothane sensitive and non-reactive pigs. Act. vet. scand. 20, 309-311. - 7593. Thorne, M. H., B. L. Sheldon, I. R. Franklin, 1980, Cattle cytogenetics. Res. rep. CSIRO, Austr., 79. - 7594. Thuline, H. C., A. C. Morrow, A. G. Motulsky, 1967, Autosomal phosphogluconic dehydrogenase polymorphism in the cat. Science 157, 431-432. - 7595. Thurlby, P. L., P. Trayhurn, 1979, The role of thermoregulatory thermogenesis in the development of obesity in genetically obese (ob/ob) mice pair-fed with lean siblings. Brit. J. nutr. 42, 377-385. - 7596. Thurley, D. C., 1965, Arthropathy in pigs. Proc. roy. soc. med. 58, 369-370. - 7897. Thurley, D. C., 1965, Muskulaturentwicklung und Gliedmaßenschwäche ("leg weakness") bei Schweinen. Dt. tierärztl. Wschr. 74, 336-338. - 7598. Thurley, D. C., F. R. Gilbert, J. T. Done, 1967, Congenital splayleg of piglets. Vet. rec. 80, 302-304. - 7599. Thurley, D. C., J. T. Done, 1969, The histology of myofibrillar hypoplasia of newborn pigs. Zbl. Vet. med. 16A, 732-740. - 7600. v. Tiepermann, R., M. Doss, 1978, Uroporphyrinogen-Decarboxylase in Erythrozyten. J. clin. chem. clin. bioch. 16, 513-517. - 7601. Tierney, M. L., 1978, Easy care Merinos through cross-breeding with Wiltshire Horn sheep. W l. techn. shp. breed. 26, 21-25. - 7602. Tikhonov, V. N., A. I. Troshina, 1976, Reproduction in hybrids between domestic and wild pigs with various chromosome numbers. 8th int. congr. anim. repr. A. I., 262. - 7603. Tillement, J. P., M. C. Debarle, P. Simon, J. R. Boissier, 1971, Level of brain amines in a strain of "quaking" mice. Experientia 27, 268. - 7604. Tillon, J. P., J. M. Garrau, P. Vannier, G. Perrin, J. Pitre, P. Drouin, 1977, Tremblement congénital du porcelet. J. rech. porc. Fr., 129-133. - 7605. Tilsch, K., U. Falk, R. Lüdecke, L. Meisel, T. G. Schultz, 1976, Die Zuchtwertprüfung von Fleischrindbullen unter besonderer Berücksichtigung des Geburtsverlaufs und der Geburtsmasse von Hybridnachkommen. Tierzucht 30, 103-106. - 7606. Tipton, C. M., 1965, Training and bradycardia in rats. Am. J. phys. 209, 1089-1094. - 7607. Tipton, R. E., J. S. Berns, W. E. Johnson, R. S. Wilroy, R. L. Summitt, 1979, Duplication 6q syndrome. Am. J. med. gen. 3, 325-330. - 7608. Tisherman, S. E., F. J. Gregg, T. S. Donowski, 1962, Familial pheochromocytoma. J. A. M. A. 182, 152-156. - 7609. Tissot, R. G., C. Cohen, 1972, A new congenital cataract in the mouse. J. hered. 63, 197-201. - 7610. Tissot, R. G., D. W. Lancki, M. E. Blaesing, 1979, Homozygous cell typing for the RLA-D locus in unrelated rabbits. Fed. proc. 38, 1097. - 7611. Tobin, R. R., W. A. Coleman, 1965, A family study of phosphorylase deficiency in muscle. Ann. int. med. 62, 313-327. - 7612. Todaro, G. J., 1978, RNA-tumour-virus genes and tranforming genes. Brit. J. canc. 37, 139-158. - 7613. Todd, E. P., R. L. Vick, J. T. Turlington, 1968, Influence of epinephrine upon plasma potassium concentration. Proc. soc. exp. biol. med. 128, 188-191. - 7614. Tokuhata, G. K., 1964, Familial factors in human lung cancer and smoking. Am. J. pub. hlth. 54, 24-32. - 7615. Tokuhata, G. K., 1969, Morbidity and mortality among offspring of breast cancer mothers. Am. J. epidem. 89, 139-153. - 7616. Tokuhata, G. K., A. M. Lilienfeld, 1963, Familial aggregation of lung cancer in the humans. J. nat. canc. inst. 30, 289-312. - 7617. Toll, G. L., C. R. E. Halnan, 1976, The giemsa banding pattern of the Australian swamp buffalo. Can. J. gen. cyt. 18, 303-310. - 7618. Tomazic, V., N. R. Rose, D. C. Shreffler, 1974, Autoimmune murine thyroiditis. J. immun. 112, 965-969. - 7619. Tomkins, G. M., T. D. Gelehrter, 1972, The present status of genetic regulation by hormones. In: Litwack a. a. O.. - 7620. Tomlinson, M. J., V. Perman, R. L. Westlake, 1982, Urate nephrolithiasis in ranch mink. J. A. V. M. A. 180, 622-626. - 7621. Töndury, G., 1967, Die Entstehung angeborener Mißbildungen. Wien. med. Wschr. 117, 376-379. - 7622. Tonegawa, S., A. M. Maxam, R. Tizard, O. Bernard, W. Gilbert, 1978, Sequence of a mouse germ-line gene for a variable region of an immunoglobulin light chain. Proc. nat. ac. sci. 75, 1485 - 1489. - 7623. Tong, J. H., A. D'Ioro, C. Kandaswami, 1979, On the characteristics of mitochondrial monoamine oxidase in pancreas and adipose tissues from genetically obese mice. Can. J. bioch. 57, 197-200. - 7624. Toinoto, A., T. Onodera, J. Yoon, A. L. Notkins, 1980, Induction of diabetes by cumulative environmental insults from viruses and chemicals. Nature 288, 383-385. - 7625. Toolan, H. W., 1978, Susceptibility of the Syrian hamster to virus infection. Fed. proc. 37, 2065-2068. - 7626. Top, W., 1969, Incidence of some diseases of cattle in relation to season, age, number of calvings, breed and other factors. Vlaams diergen. tijds. 38, 362-368. - 7627. Top, W., 1976, Bovine claw and interdigital lesions in relation to age and season. Vlaams diergen. tijds. 45, 99-103. - 7628. Torgun, P. M., 1965, Histofunctional changes taking place in the cortex of adrenals in Mustela vison Briss in the course of the year. Dokl. ak. nauk. SSR 162, 1205-1208. -7629. Torpin, R., 1968, Fetal malformations. C. C. Thomas, Springfield. - 7630. Torres, S. T., S. P. Odyr, E. F. de Paula, L. B. Klaczko, 1977, Coxsackie virus susceptibility of newborn mice of different isogenic strains. Rev. Bras. biol. 37, 357-361. - 7631. Torres-Hernandez, G., W. Hohenboken, 1979, Genetic and environmental effects on milk production, milk composition and mastitis incidence in crossbred ewes. J. anim. sci. 49, 410-417. - 7632. Touchburn, S. P., J. C. Blum, 1972, Effects of the genes for dwarfism (dw) and naked neck (Na) on chick growth and lipid metabolism. Ann. gén. sél. anim. 4, 311-316. - 7633. Touchburn, S. P., J. Guilleaume, B. Leclerq, J. C. Blum, 1980, Lipid and energy metabolism in chicks affected by dwarfism (dw) and naked neck (Na). Poult. sci. 59, 2189-2197. - 7634. Townes, P. L., 1976, Ectopia lentis et pupillae. Arch. ophth. 94, 1126-1128. -7635. Toyama, Y., 1974, Sex chromosome mosaicisms in five swine intersexes. Jap. J. zootech. sci. 45, 551- 557. - 7636. Trager, W., J. B. Jenson, 1978, Cultivation of malarial parasites. Nature 273, 621-622. - 7637. Trail, J. C. M., C. H. Hoste, Y. J. Wissoq, F. Lhoste, I. L. Mason, 1979, Trypanotolerant livestock in West and Central Africa. 1. Int. livest. cent. Afr., Addis Abeba. - 7638. Trail, J. C. M., C. H. Hoste, Y. J. Wissocq, P. Lhoste, I. L. Mason, 1979, Trypanotolerant livestock in West and Central Africa. 2. Int. livest. cent. Afr., Addis Abeba. - 7639. Trainin, Z., R. Meirom, H. Ungar-Waron, A. Barnea, 1977, Impairment of the primary response in leukemic cows. Scand. J. immun. 6, 756-. - 7640. Tranekjer, A. S., 1965, Thorakopagus mit Genitalmißbildung. Zbl. Gyn. 87, 984. - 7641. Trautman, J., Z. Kunysz, 1978, (Cases of congenital abnormalities of calves in the AI district Krasne nr. Rzeszow). Med. wet. 34, 661-664. - 7642. Trautmann, M., F. W. Oeken, 1981, Sozialgehör und Festlegung der Höhe des Körperschadens. Wiss. Z. K. M. Univ. Leipzig MNR 30, 501-505. - 7643. Trautwein, G., 1972, Autoantikörper und Autoimmunkrankheiten bei Tieren. Dt. tierärztl. Wschr. 79, 138-140, 280 - 284, 306-310. - 7644. Trautwein, G., H. Meyer, 1966, Experimentelle Untersuchungen über erbliche Meningocele cerebralis beim Schwein. Path. vet. 3, 543-555. - 7645. Trayhurn, L. Fuller, 1980, The development of obesity in genetically diabetic-obese (db/db) mice pair-fed with lean siblings. Diabetol. 19, 148-153. -7646. Treadwell, P. E., 1969, The inheritance of susceptibility to anaphylaxis in inbred mice and their hybrid progenies. J. reticul. soc. 6, 343-353. - 7647. Treece, J. M., L. O. Gilmore, K. Laird, N. S. Fechheimer, 1958, Factors affecting the expression of spotting in Holstein-Friesian cattle. J. hered. 49, 139-142. - 7648. Tress, W., W. Michaely, P. Schulz, 1981, Die psychischen Folgen der Progenie. Münch. med. Wschr. 122, 255-258. - 7649. Trenchi, H., C. Estable, 1965, (Study of symptoms and histopathology of Hutt's congenital tremor). Cent. inv. vet. Minist. agr. Urug. 2, 21-22. - 7650. Treu, H., I. Reetz, W. Wegner, D. Krause, 1976, Andrologische Befunde in einer Merlezucht. Zuchthyg. 11, 49-61. - 7651. Triebler, G., V. Engel - mann, W. Kempe, H. Kirchhoff, 1976, Die züchterisch-ökonomische Bedeutung von Erbfehlern und genetisch bedibgten Defekten beim Schwein. Wiss. Z. Humb. Uni. M. N. R. 23, 399-407. - 7652. Trimble, B. K., M. E. Smith, 1978, The incidence of genetic disease and the impact on man of an altered mutation rate. Can. J. gen.

cyt. 19, 375-385. - 7653. Tripp, H., U. v. Manteuffel, L. Krüger, 1972, Geben Bestimmungen von Enzymaktivitäten Auskunft über die Mastleistung von Rindern? Tierzücht. 24, 521-522. - 7654. Trippodo, N. C., E. D. Frohlich, 1981, Similarities of genetic (spontaneous) hypertension. Circ. res. 48, 309-319. - 7655. Trischmann, T., H. Tanowitz, M. Wittner, B. Bloom, 1978, Trypanosoma cruzi: role of the immune response in the natural resistance of inbred strains of mice. Exp. parasit. 45, 160-168. - 7656. Trommershausen-Smith, A., 1977, Lethal white foals in matings of overo spotted horses. Theriogen. 8, 303-311. - 7657. Trommershausen-Smith, A., 1980, Aspects of genetics and disease in the horse. J. anim. sci. 51, 1087-1095. - 7658. Trommershausen-Smith, A., C. Stormont, Y. Suzuki, 1975, Alloantibodies: their role in equine noenatal isoerythrolysis. Proc. 1. int. symp. equ. haemat., 349-355. - 7659. Trommershausen-Smith, A., J. P. Hughes, D. P. Neely, 1979, Cytogenetic and clinical findings in mares with gonadal dysgenesis. J. repr. fert., Suppl. 27, 271-276. - 7660. Trounson, A. O., N. W. Moore, 1972, Ovulation rate and survival of fertilized ova in Merino ewes selected for and against multiple births. Austr. J. agr. res. 23, 851-858. - 7661. Truelove, S. C., P. C. Reynell, 1972, Diseases of the digestive system. Blackwell scient. Publ. Oxford. - 7662. Trueman, J. W. H., 1978, A program to reduce the incidence of combined immunodeficiency. Theriogen. 10, 365-370. - 7663. Trujillo, J. M., B. Walden, P. O'Neil, H. B. Anstall, 1965, Sex-linkage of glucose-6-phosphate dehydrogenase in the horse and donkey. Science 148, 1603-1604. - 7664. Trujillo, J. M., S. Ohno, J. H. Jardine, N. B. Atkins, 1969, Spermatogenesis in a male hinny. J. hered. 60, 79-84. - 7665. Trujillo, J. M., A. Cork, M. J. Ahearn, E. L. Youness, K. B. McCredie, 1979, Hematologic and cytologic characterization of 8/21 translocation acute granulocytic leukemia. Blood 53, 695-706. - 7666. Trut, L. N., D. K. Belyaev, A. O. Ruvinsky, 1974, Embryonic mortality in foxes with different genotypes under the influence of phot operiodic conditions. 1. Wld. congr. gen. app. livest., 59-64. - 7667. Trygstad, O., I. Foss, 1977, Congenital generalized lipodystrophy and experimental lipoatrophic diabetes in rabbits treated successfully with fenfluramide. Act. endocr. 85, 436-448. - 7668. Tschöpe, W., E. Ritz, M. Haslbeck, H. Mehnert, H. Wesch, 1981, Prevalence and incidence of renal stone disease in a German population sample. Klin. Wschr. 59, 411-412. - 7669. Tschopp, J., A. F. Esser, H. J. Müller-Eberhardt, 1981, Biosynthesis of an incomplete C8 molecule in some patients with homozygous C8 deficiency. Fed. proc. 40, 4749. - 7670. Tschopp, T. B., M. B. Zucker, 1972, Hereditary defect in platelet function in rats. Blood 40, 217-226. - 7671. Tschudi, P., G. Ueltschi, J. Martig, U. Küpfer, 1975, Autosomale Trisomie als Ursache eines hohen Ventrikelseptumdefekts bei einem Kalb der Simmenthalerrasse. Schweiz. Arch. Tierhlk. 117, 335-340. - 7672. Tschudi, P., B. Zahner, U. Küpfer, G. Stampfli, 1977, Chromosomenuntersuchungen an schweizerischen Rinderrassen. Schweiz. Arch. Tierhlk. 119, 329-336. - 7673. Tsuboi, T., 1977, Genetic aspects of febrile convulsions. Hum. gen. 38, 169-173. - 7674. Tsuboi, T., W. Christian, 1976, Epilepsy. Springer Vlg., Berlin. -7675. Tsuboi, T., S. Endo, 1977, Incidence of seizures and EEG abnormalities among offspring of epileptic patients. Hum. gen. 36, 173-189. - 7676. Tuchmann-Duplessis, H., 1965, Teratogenic action of drugs. Pergamon Press, Oxford. - 7677. Tuchmann-Duplessis, H., 1967, Medikamentöse Teratogenese. Wien. med. Wschr. 117, 379-382. - 7678. Tucker, E. M., 1966, The life span and other physiological properties of sheep red cells containing type A, B or C (N) haemoglobin. Res. vet. sci. 7, 368-378. - 7679. Tucker, E. M., 1976, Some physiological aspects of genetic variation in the blood of sheep. Anim. bld. grps. bioch. gen. 7, 207-215. - 7680. Tucker, E. M., 1981, Haemoglobin D in three rare Dutch breeds of sheep. Anim. bld. grps. bioch. gen. 12, 107-112. - 7681. Tucker, E. M., I. Kilgour, 1970, An inherited glutathione deficiency and a concomitant reduction in potassium concentration in sheep red cells.Experientia 26,203-204. - 7682. Tucker,E. M., L. Kilgour, J.D.Young,1976,The genetic control of red cell glutathione deficiencies in Finnish Landrace and Tasmanian Merino sheep and in crosses between these breeds. J. agr. sci. 87, 315-323. - 7683. Tucker,E. M.,A. R. Dain, R. M. Moor, 1978,Sex chromosome chimaerism and the transmission of blood group genes by tetraparental rams. J. repr. fert. 54, 77-83. - 7684. Tucker, M. J. ,1980,Explanation of sterility in tx ty male mice. Nature 288, 367-368. - 7685. Tudor,D.C., 1979, Congenital defects of poultry. Wld. poult. sci. J. 35,20-26. - 7686. Tuff, P., A. Gleditsch, 1949, (Ichthyosis congenita bei Kälbern- ein hereditärer Letalfaktor). Nord. vet. med. 1, 619-627. - 7687. Tulacek, F. ,1980,(Eye colour in domestic fowls). Chovat. 19, 244-245. - 7688. Tung, K. S. K., L. Ellis,C. Teuscher,S. Kolmo, R. Howell, 1982, Infertile male mink. Scientifur 6, 32-33. - 7689. Tünte, W. ,1965, Vergleichende Untersuchungen über die Häufigkeit angeborener menschlicher Mißbildungen. G. Fischer, Stuttgart. - 7690. Tünte, W. ,1968, Zur Frage der jahreszeitlichen Häufigkeit der Anencephalie. Humangen. 6, 225-236. - 7691. Türcke, F. ,1980,Erhaltung und Zucht der Wisente in Deutschland. Dt. tierärztl. W-schr. 87,401-424. - 7692. Turk, D. E., J. F. Stephens, 1967, Eimeria necatrix infections and oleic acid absorption in broilers. Poult. sci. 46, 775-777. - 7693. Turkenkopf, I. J., P. R. Johnson, M. R. C. Greenwood, 1982, Development of pancreatic and plasma insulin in prenatal and suckling Zucker rats. Am. J. phys. 242, 22o-225. - 7694. Turkington, R. W. ,1965, Familial factor in malignant melanoma. J. A. M. A. 192, 77-82. - 7695. Turner, C. D. , 1969, Experimental reversal of germ cells. Embryol. 10, 206-230. - 7696. Turner, H. N. ,1973,Trends in the Australian Merino. Z. Tierz. Zücht. biol. 90, 278-296. - 7697. Turner, H. N. ,1978, Selection for reproduction rate in Australian Merino sheep. Austr. J. agr. res. 29, 327 - 350. - 7698. Turner, J. W. ,1980, Genetic and biological aspects of Zebu adaptability. J. anm. sci. 50, 1201-1205. - 7699. Turner, J. W. , B. R. Farthing, G. L. Robertson, 1968, Heterosis in reproductive performance of beef cows. J. anim. sci. 27, 336-338. - 7700. Turner, M. ,1976, Structural localization of human immunoglobulin allotypes. Bioch. soc. trans. 4, 29-33. - 7701. Turner, M. ,1980, How trypanosomes change coats. Nature 284, 13-14. - 7702. Turner, W. J. ,1937, Studies on porphyria I. J. biol. chem. 118, 519-530. - 7703. Turton, J. D. ,1981, Crossbreeding of dairy cattle. Anim. breed. abstr. 40, 293-300. - 7704. Tvedegaard, E., V. Frederiksen, K. Ölgaard, M. D. Nielsen, J. Starup, 1981, Two cases of 17α -Hydroxylase deficiency-one combined with complete gonadal agenesis. Act. endocr. 98, 267-273. - 7705. Tyagi, R. P. S., D. Krishnamurthy, B. R. Rao, 1974, Inherited impaired patellar (subluxation) functions of bovines. Ind. vet. J. 51, 715-717. - 7706. Tyan, M. L. , 1978, Multifactorial control of susceptibility to cortisone induced cleft palate. XIV int. congr. gen. , I, 13-20. - 7707. Tyan, M. L. , K. K. Miller, 1978, Genetic and environmental factors in cortisone induced cleft palate. Proc. soc. exp. biol. med. 158, 618-621. - 7708. Tyler, A. , 1961, Approaches to the control of fertility based on immunological phenomena. J. repr. fert. 2, 473-506. - 7709. Tyler, P. A. , 1970, Coat color differences and runway learning in mice. Behav. gen. 1, 149-155. - 7710. Überreiter, P. , 1960, Neubildungen bei Tieren. Wien. tierärztl. Mschr. 47, 805-832. - 7711. Überschaar, J. , 1981, Der Einfluß genetisch bedingter Unterschiede im Kopulationsverhalten männlicher Inzuchtratten auf den Aussagewert der Kopulationskompetitionstests. Dissert. Hannover. - 7712. Udomratn, T. , M. H. Steinberg, G. D. Campbell, F. J. Oelshlegel, 1977, Effects of ascorbic acid on glucose-6-phosphate dehydrogenase-deficient erythrocytes. Blood 49, 471-475. - 7713. Udris, A. , 1972, (Inheritance of white spots in Standard mink). Var. pälsd. 43, 328-331. - 7714. Uesaka, S. , R. Kawashima, 1961, On the achromatrichia of the Japanese black cattle. VIIIth int. congr. anim. prod. , 92. -

7715. Ueshima,Y.,S.Fukuhara,T.Hattori,T.Uchiyama,K.Takatsuki,H.Uchinov,1981,Chromosome studies in adult T-cell leukemia in Japan.Blood 58, 420-425. - 7716. Ulloa,G.,J.de Alba,1957,(Resistance to external parasites in some breeds of cattle).Turrialba 7,8-12. - 7717. Ullrich,K.,1966,Zur Diagnose und Therapie der Struma beim Hunde.Kleintierprax.11,94-97. - 7718. Ullrich, J.,1971,Die cerebralen Entmarkungskrankheiten im Kindesalter.Springer Vl. Berlin. - 7719. Ungar,H.,J.H.Adler,1978,The histogenesis of hepatoma occurring spontaneously in a strain of sand rats (Psammomys obesus).Am.J.path. 90,399-410. - 7720. Unger,R.,L.Orci,1975,The essential role of glucagon in the pathogenesis of diabetes mellitus.Lancet,14-16. - 7721. Uno,H.,T.Sasazuki,H.Tamai,H.Matsumoto,1981,Two major genes, linked to HLA and Gm,control susceptibility to Graves' disease.Nature 292,768-770. - 7722. Unshelm,J., 1973,Einflüsse extremer Unterschiede in der Nährstoffversorgung auf Konstitutionsmerkmale bei Schweinen der Deutschen Landrasse.Ber.Tgg.Ges.Tz. wiss.Gießen. - 7723. Unshelm,J.,1976,Konstitutionsprobleme beim Schwein. Landbauforsch.Völkenr.26,97-101. - 7724. Unshelm,J.,1981,Physiological defects in pigs resulting from selection.Pig nws.inf.2,275-278. - 7725. Unshelm, J.,H.Hohns,B.Oldigs,B.Ruhl,1971,Konstitutionskriterien bei Schweinen unterschiedlicher Nutzungsrichtung und Größe.Ber.X.int.Tierz.kongr.. - 7726. Unshelm,J.,D.Smidt,1977,Zusammenhängende symmetrische Doppelmißbildung (Cephalothorakoomphalopagus) mit doppelter Ohranlage und Gaumenspalte bei einem Ferkel.Dt.tierärztl.Wschr.84,61. - 7727. Urbaschek,B.,1973,Blutgruppenkunde.Mediz.Vlg.ges.,Marburg. - 7728. Urbich,R.,1975,Untersuchungen zur Ätiologie und Klinik der zerebralen Anfallsleiden beim Schottischen Schäferhund (Collie).Dissert.Gießen. - 7729. Urman,H.K.,M.B.Rhodes,O.D.Grace, C.L.Marsh,1964,Morphological and serum enzyme studies on the "congenital hydrocephalus syndrome in calves".Ber.17.Welttierärztekongr.,381-386. - 7730. Urman,H.K.,O.D.Grace,1964,Hereditary encephalomyopathy.Corn.vet. 54,229-249. - 7731. Utech,K.B.W.,G.W.Seifert,R.H.Wharton,1978,Breeding Australian Illawarra Shorthorn cattle for resistance to Boophilus microplus. Austr.J.agr.res.29,411-422. - 7732. Utech,K.B.W.,R.H.Wharton,J.D.Kerr, 1978,Resistance to Boophilus microplus (Canestrini) in different breeds of cattle.Austr.J.agr.res.29,885-895. - 7733. Uthemann,H.,R.Kotitschke,G.Lissner,G.Goerz,1980,Serologische Hepatitis-B-Marker bei Porphyria cutanea tarda.Dt.med.Wschr.105,1718-1720. - 7734. Utroska,B.,1980,Autoimmune hemolytic anemia in sibling cats.Vet.med.75,1699-1701. - 7735. Uzzell,T.M.,1963, Natural triploidy in salamanders related to Ambystoma jeffersonianum.Science 139,113-115. - 7736. Vahlensieck,W.,1980,Epidemiologie und Pathogenese des Harnsteinleidens.Dt.med.Wschr.105,799-804. - 7737. Vaiman,M.,C.Renard, P.LaFarge,J.Ameteau,P.Nizza,1970,Evidence for a histocompatibility system in swine (SL-A).Transplant.10,155-164. - 7738. Vainisi,S.J.,B.Beck,1971,Retinal degeneration in a baboon.Proc.coll.vet.ophth.2,92. - 7739. Vainisi,S.J., M.F.Goldberg,1974,Animal models of inherited human eye disease.In: Goldberg a.a.O.. - 7740. Vakil,D.V.,M.P.Botkin,G.P.Roehrkasse,1968,Influence of hereditary and environmental factors on twinning in sheep.J.hered.59,256-259. - 7741. Valbuena,O.,K.B.Marcu,C.M.Croce,K.Huebner,M.Weigert,R.P. Perry,1978,Chromosomal locations of mouse immunoglobulin genes.Proc.nat. ac.sci.75,2883-2887. - 7742. Valdez,R.,C.F.Nadler,T.D.Bunch,1978,Evolution of wild sheep in Iran.Evol.32,56-72. - 7743. Valentine,G.H.,1975,The chromosome disorders.W.Heinemann Med.Bks.,Lond. - 7744. Valentine,W.N.,1977, The molecular lesion of hereditary spherocytosis (HS).Blood 49,241-245. -7745. Valle,D.,G.S.Pai,G.H.Thomas,R.E.Pyeritz,1980,Homocystinuria due to cystathione ß-synthase deficiency.J.Hopk.med.J.146,110-117. - 7746. Valtin,H., 1968,Hereditary diabetes insipidus.Proc.III.int.congr.endocr.,321-317. -

7747. Vandeplassche, M., 1974, Die Vererbung des Merkmals "Doppellender" und dessen Bedeutung für die Rindfleischproduktion. Tierzücht. 26, 335-338. - 7748. Vandeplassche, M., L. Podliachouk, 1970, Chimerism in horses. Proc. XI. Eur. conf. anim. bld. grps. bioch. polym., 459-462. - 7749. Vandeplassche, M., L. Podliachouk, R. Beaud, 1970, Some aspects of twin-gestation in the mare. Can. J. comp. med. 34, 218-226. - 7750. Vandermeer, J., E. Barto, 1969, Axonal dystrophy in a deer mouse with an inherited ataxia and tremor. J. neuropath. exp. neur. 28, 257-266. - 7751. Vandevelde, M., R. Fatzer, R. Fankhauser, 1974, Chronisch-progressive Form der Staupe-Enzephalitis des Hundes. Schweiz. Arch. Tierhlk. 116, 391-404. - 7752. Vangen, O., 1972, Mortality in two lines of pigs selected for rate of gain and thickness of backfat. Act. agr. scand. 22, 238-242. - 7753. Vangen, O., 1981, Problems and possibilities for selection for fecundity in multiparous species. Pig news inf. 2, 257-263. - 7754. Vannier, P., E. Plateau, J. P. Tillon, 1981, Congenital tremor in pigs farrowed from sows given hog cholera virus during pregnancy. Am. J. vet. res. 42, 135-137. - 7755. Varadin, M., L. Stipancevic, A. Pavlovic, 1975, Die Bedeutung der saisonabhängigen Veränderungen der Hodengröße und des Samenkanälchendurchmessers bei Schafböcken. Zuchthyg. 10, 119-124. - 7756. Varejcko, J., A. Martinez del Pino, J. P. Stuart, I. Ruibal, 1974, Ictiosis congenita en el ganado Cebu. 1. Wld. congr. gen. appl. livest., 27-31. - 7757. Varet, B., A. Cannai, S. Gisselbrecht, 1977, Genetic control of antinuclear antibodies in mice infected with Rauscher leukemia virus. Canc. res. 37, 1115-1118. - 7758. Vargas, A. de, K. Evans, P. Ransley, A. R. Rosenberg, D. Rothwell, T. Sherwood, D. I. Williams, 1978, A family study of vesicoureteric reflux. J. med. gen. 15, 85-96. - 7759. Varnum, D. S., L. C. Stevens, 1968, Aphakia, a new mutation in the mouse. J. hered. 59, 147-150. - 7760. Varnum, D. S., L. C. Stevens, 1974, Rachiterata: a new skeletal mutation on chromosome 2 of the mouse. J. hered. 65, 91-93. - 7761. Varnum, D. S., S. C. Fox, 1981, Head blebs: a new mutation on chromosome 4 of the mouse. J. hered. 72, 293. - 7762. Varsanyi, M., A. Vrbica, L. M. G. Heilmeyer, 1980, X-linked dominant inheritance of partial phosphorylase kinase deficiency in mice. Bioch. gen. 18, 247-261. - 7763. Vaughan, L. C., 1969, Locomatory disturbance in pigs. Brit. vet. J. 125, 354-365. - 7764. Vecchi, A., 1936, Un caso di ginandromorfismo bipartito con mosaico somatico nel pollo. Arch. zool. ital. 23, 377-395. - 7765. Veen, T. W. S., D. O. B. Folaranmi, 1978, The haemoglobin types of northern Nigerian sheep. Res. vet. Sci. 25, 397-398. - 7766. Veghelyi, P. V., M. Osztovics, G. Kardos, L. Leisztner, Szaszovszky, S. Igall, J. Imrei, 1978, The fetal alcohol syndrome. Act. paed. ac. sci. hu. 19, 171-189. - 7767. v. d. Velden, N. A., 1976, (Some aspects of hereditary perceptive deafness and albinism). Tijds. diergeneesk. 101, 1386-1391. - 7768. Velling, K., 1975, Bovine pancreolithiasis in Denmark. Act. vet. scand. 16, 327-340. -7769. Venev, I., 1977, (The incidence and genetic determination of cratered teats in pigs). Zhiv. nauk. 14, 65-71. - 7770. Venge, O., 1957, Auswirkungen der vorgeburtlichen Entwicklung auf Lebenskraft und Leistungsfähigkeit. Züchtungsk. 29, 409-413. - 7771. Venker, A. J., v. Hagen, 1975, zit. n. Lengnick, H., Stimmbandlähmung beim Hund. Kleintierprax. 20, 34. - 7772. Ventruto, V., B. Festa, L. Sebastio, G. Sebastio, 1976, Larsen syndrome in two generations of an Italian family. J. med. gen. 13, 538-539. - 7773. Verdijk, A. T. M., 1969, Bewegingsstornissen en beenszwakte bij varkens. Tijds. diergeneesk. 94, 1649-1666. - 7774. Verma, G. S., S. S. Tomar, O. S. Tomer, 1982, Inheritance of wattles and their relationship with economic traits in goats. Proc. 3. int. con f. goat prod., 547. - 7775. Verma, R. S., H. Dosik, R. C. Ihaveri, J. Warman, 1978, Cytogenetic polymorphism or Y/15 translocation in a black male with ambiguous genitalia. J. gén. hum. 26, 405-409. - 7776. Verma, R. S., C. Benjamin, H. Dosik, 1981, Morphology of nucleolar organizer regions (NORs) of human acrocentric chromosomes as studied by acridine orange reverse banding (RFA) and silver staining (NSG). Fed. proc. 40, 3035. - **7777.** Vermorken, A. J. M., 1979, Glucose-6-phoaphate dehydrogenase deficiency. J. clin. chem. clin. bioch. 17, 325-329. - **7778.** Verrett, M. J., W. F. Scott, E. F. Reynaldo, E. K. Alterman, C. A. Thomas, 1980, Toxicity and teratogenicity of food additive chemicals in the developing chicken embryo. Toxicol. appl. pharm. 56, 265-273. - **7779.** Verriest, G., 1976, Colour vision deficiencies III. Mod. prob. oph. 17. S. Karger, Basel, N. Y. - **7780.** v. Verschuer, O., 1937, Erbpathologie. T. Steinkopff, Dresden. - **7781.** v. Verschuer, O., Die Zwillingsforschung im Dienste der inneren Medizin. Verh. dt. Ges. inn. Med. 64, 262-273. - **7782.** v. Verschuer, O., 1961, Die Frage der Erblichkeit bei Infektionskrankheiten und malignen Tumoren. Dt. med. Wschr. 86, 1029-1035. - **7783.** Versteeg, D. H., M. Tanaka, E. R. de Kloet, 1978, Catecholamine concentration and turnover in discrete region of the brain of the homozygous Brattleboro rat deficient in vasopressin. Endocrin. 103, 1654-1661. - **7784.** Verter, W., E. Gehrke, 1965, Die Ausbreitung der Leukose in Kuhfamilien. Mh. Vet. med. 20, 533-537. - **7785.** Vertessen, K., 1970, (Chromosome investigations in veterinary science). Vlaams diergeneesk. tijds. 39, 426 - 441. - **7786.** Vertommen, M., J. H. H. v. Eck, B. Kouwenhoven, N. v. Kot, 1980, Infectious stunting and leg weakness in broilers. Av. path. 9, 133-142. - **7787.** Vestri, R., C. Crema, M. Marinucci, P. C. Giordano, L. F. Bernini, 1980, Possible duplication of the hemoglobin α chain locus in sheep. Bioch. biophys. act. 625, 328-336. - **7788.** Vetter, U., E. Heinze, W. Beischer, E. Kohne, E. Kleihauer, W. M. Teller, 1980, Haemoglobin A1c. Act. paed. scand. 69, 481-483. - **7789.** Vickers, A. D., 1969, Delayed fertilization and chromosomal anomalies in mouse embryos. J. repr. fert. 20, 69-76. - **7790.** Videback, A., J. Mosbech, 1954, The aetiology of gastric carcinoma elucidated by a study of 302 pedigrees. Act. med. scand. 149, 137-159. - **7791.** Vig, B. K., 1979, Hyperthermic enhancement of chromosome damage and lack of effect on sister-chromatid exchanges induced by bleomycin in Chinese hamster cells in vitro. Mut. res. 61, 309-317. - **7792.** Vigier, B., J. Prépin, A. Jost, 1973, Absence de chimérisme XX/XY dans les tissus somatiques chez les foetus de veau freemartins et leurs jumeaux males. Ann. gén. 16, 149-155. - **7793.** Vigier, B., A. Locatelli, J. Prépin, F. du Mesnil du Buisson, A. Jost, 1976, Les premières manifestations du "freemartinisme" chez le foetus de veau ne dépendent pas du chimérisme chromosomique XX/XY. C. R. ac. sci. D 282, 1355-1358. - **7794.** Vigier, B., J. Prépin, J. P. Perchellet, A. Jost, 1977, Développement de l'effet freemartin chez le foetus de veau. Ann. méd. vét. 121, 521-536. - **7795.** Vigneron, P., C. Bressot, J. Goussopoulos, 1980, Effet du gène de nanisme lié au sexe dw sur la croissance du poulet. Ann. gén. sél. anim. 12, 181-189. - **7796.** Vijlder, J. J. M. de, W. F. v. Voorthuizen, J. E. v. Dijk, A. v. Rijnberk, W. H. H. Tegelaers, 1978, Hereditary congenital goitre with thyroglobulin deficiency in a breed of goats. Endocrinol. 102, 1214-1222. - **7797.** Vill, T. M., T. P. Storozhilova, S. M. Fedorova, 1975, (Inherited effects of Black Pied sires of pedigree lines on the distribution of leucosis in cows in the Leningrad region). Bull. inst. gen. zhiv. 12, 3-9. - **7798.** Villee, D. B., S. G. Driscoll, 1965, Prequenolone and progesterone metabolism in human adrenals from twin female fetuses. Endocrinol. 77, 602 - 608. - **7799.** Virelizier, J. L., 1981, Role of macrophages and interferon in natural resistance to mouse hepatitis virus infection. Curr. top. micr. imm. 92, 53-64. - **7800.** Virgo, N. S., J. R. Miller, 1977, Genetic analysis of the nephrogenic diabetes insipidus defect in SWV mice. Can. J. gen. cyt. 19, 667-678. - **7801.** Visek, W. J., S. K. Clinton, C. R. Truex, 1978, Nutrition and experimental carcinogenesis. Corn. vet. 68, 3-39. - **7802.** Vissac, B., 1978, Twenty years of research in beef cattle breeding in France (1956-1976). Ann. gén. sél. anim. 10, 275-307. - **7803.** Vissac, B., B. Perreau, F. Menissier, P. Mauleon, 1971, Etude du caractère culard. zit. n. Abdallah u. Mit. a. a. O. - **7804.** Vissac, B., F. Menissier, B. Perreau,

1973,Etude du caractère culard. VII. Ann. gén. sél. anim. 5, 23-38. - 7805. Vissac, B., P. Mauleon, F. Menissier, 1974, Etude du caractère culard. IX. Ann. gén. sél. anim. 6, 35-47. - 7806. Vistorin, G., R. Gamperi, W. Rosenkranz, 1977, Studies on sex chromosomes of four hamster species. Cytogen. cell gen. 18, 24-32. - 7807. Viza, D., J. R. Sugar, R. M. Binner, 1970, Lymphocyte stimulation in pigs. Nature 227, 949-950. - 7808. v. Vliet, G., 1962, (Differentiation in hemoglobins in the Dutch sheep). Tijds. diergeneesk. 87, 597-606. - 7809. Voelker, H. H., K. Huston, 1968, Intercalary mammary glands in inbred Holstein Friesian cows. Proc. S. Dak. ac. sci. 47, 103-105. - 7810. Vogel, F., 1961, Lehrbuch der allgemeinen Humangenetik. Springer Vlg., Berlin. - 7811. Vogel, F., 1968, Wie stark ist die theoretische Häufigkeit von Trisomie-Syndromen durch Verschiebungen im Altersaufbau der Mütter zurückgegangen ? Zool. Beitr. 13, 451-462. - 7812. Vogel, F., 1967, Genetic prognosis in retinoblastoma. Mod. trd. ophth. 4, 34-42. - 7813. Vogel, F., 1981, Genetisch bedingte Variabilität in der geistig-seelischen Entwicklung. Klin. Wschr. 59, 1009-1018. - 7814. Vogel, F., 1981, Humangenetische Aspekte der Sucht. Dt. med. Wschr. 106, 717-723. - 7815. Vogel, F., R. Rathenberg, 1975, Spontaneous mutation in man. Adv. hum. gen. 5, 223-318. - 7816. Vogel, F., A. G. Motulsky, 1979, Human genetics. Springer Vlg., Berlin, N. Y. - 7817. Vogel, I., E. Par, G. W. Niebauer, E. Kapp, 1980, Unterschiede in der Lymphozytenproliferation bei melanomtragenden und melanomfreien Schimmelpferden. Berl. Münch. tierärztl. Wschr. 93, 281-283. - 7818. Vogelberg, K. H., K. Dannehl, F. A. Gries, 1981, Glukosestoffwechselstörungen und Diabetesmanifestation im Behandlungsverlauf endogener Hypertriglyzeridämien. Münch. med. Wschr. 123, 1862-1866. - 7819. Vogt, D. W., 1967, Chromosome condition of two atresia ani pigs. J. anim. sci. 26, 1002-1004. - 7820. Vogt, D. W., D. E. Anderson, G. T. Easley, 1963, Studies on bovine ocular squamous carcinoma. J. anim. sci. 22, 762-766. - 7821. Vogt, D. W., D. E. Anderson, 1964, Studies on bovine ocular squamous carcinoma (Cancer eye). J. hered. 55, 133-135. - 7822. Vogt, D. W., D. T. Arakaki, C. C. Brooks, 1974, Reduced litter size associated with aneuploid cell lines in a pair of full-brother Duroc boars. Am. J. vet. res. 35, 1127-1130. - 7823. Vogt-Rohlf, O., 1974, Vorkommen und Auswirkungen von Zwillingsgeburten beim Rind. Tierzücht. 26, 332-333. - 7824. Vold, E., 1967, Blood volume and carcass quality in bacon pigs. Ref. Anim. breed. abstr. 37, 470. - 7825. Vora, S., L. Corash, W. K. Engel, S. Durham, C. Seaman, S. Piomelli, 1980, The molecular mechanism of the inherited phosphofructokinase deficiency associated with hemolysis and myopathy. Blood 55, 629-635. - 7826. Vosberg, H. P., 1982, Die Gentechnologie in der Medizin. Dt. med. Wschr. 107, 5-9. - 7827. Voulot, C., 1981, Etude biochimique de l'albinisme chez les mammifères et chez l'homme. Ann. gén. sél. anim. 13, 51-56. - 7828. de Vries, F., 1975, Verslag van een onderzoek naar de relatie tussen slotgatbeschadiging als gevolg van het machinaal melken en uierontsteking. Rapport C-270, Inst. Veet. onderz."Schoonord". - 7829. Vulovic, D., B. Marjanovic, L. Stojanov, R. Hadjukovic, N. Vilhar, M. Banicevic, D. Zamurovic, 1979, (Inborn errors of metabolism and mental retardation). Jugosl. ped. 22, 99-103. - 7830. Waardenburg, P. J., 1951, A new syndrome combining developmental anomalies of the eyelids, eyebrows and nose root with pigmentary defects of the iris and head hair and with congenital deafness. Am. J. hum. gen. 3, 195-253. - 7831. Waardenburg, P. J., 1954, Squint and heredity. Doc. ophth. 7, 422-494. - 7832. Waardenburg, P. J., 1957, Hyperplasia interocularis com dystopia lateroversa canthi medialis, blepharophimosis, dyschromia iridocutanea et dysplasia auditiva. Act. ophth. 35, 311-324. - 7833. Wabik, B., 1972, Effect of homo-and heterozygous genetic background on the survival rate of male mice with lethal mosaic (Ms) gene. Gen. pol. 12, 545-556. - 7834. Wachtel, S. S., 1980, The dysgenetic gonad. Biol. repr. 22, 1-8. - 7835. Wachtel, S. S., P. Basrur, G. C. Koo, 1978, Recessive male-determining genes. Cell 15,

279-281. - 7836. Wacker, R., 1976, Untersuchungen über das Vorkommen von Autoantikörpern bei der Aleutenkrankheit der Nerze. Dissert. Hannover. -7837. Waelsch, H., 1955, Biochemistry of the developing nervous system. Ac. Press, N.Y.. - 7838. Wagener, D. K., L. L. Cavalli-Sforza, 1975, Ethnic variation in genetic disease. Am. J. hum. gen. 27, 348-364. - 7839. Wagener, K., 1954, Tatsachen zeugen gegen Irrtümer. Dt. Tierärztebl. 2, 216-217. - 7840. Wagenhäuser, F. J., 1969, Die Rheuma morbidität. H. Huber, Bern. - 7841. Wagenhäuser, F. J., 1977, Polyarthritiden. H. Huber, Bern. - 7842. Waggie, K. S., C. T. Hansen, J. R. Ganaway, T. S. Spencer, 1981, A study of mouse strain susceptibility to Bacillus piliformis (Tyzzer's disease). Lab. anim. sci. 31, 139-142. - 7843. Wagland, B. M., 1975, Host resistance to cattle tick (Boophilus microplus) in Brahman cattle. Austr. J. agr. res. 26, 1073-1080. - 7844. Wagland, B. M., 1978, Host resistance to cattle tick (Boophilus microplus) in Brahman (Bos indicus) cattle . II. Austr. J. agr. res. 29, 395-400. - 7845. Wagland, B. M., 1978, Host resistance to cattle tick (Boophilus microplus) in Brahman (Bos indicus) cattle. III. Austr. J. agr. res. 29, 401-409. - 7846. Wagland, B. M., 1979, Host resistance to cattle tick (Boophilus microplus) in Brahman (Bos indicus) cattle. IV. Austr. J. agr. res. 30, 211 - 218. - 7847. Wagner, H., 1937, Familiäres Auftreten des Einschusses bei Pferden. Dt. tierärztl. Wschr. 45, 54-56. - 7848. Wagner, H., 1941, Beitrag zur Vererbung des Leistenbruchs beim Pferde. Berl. Münch. tierärztl. Wschr., 386 - 388. - 7849. Wagner, W. D., R. A. Peterson, 1970, Muscular dystrophy syndrome in the Cornish chicken. Am. J. vet. res. 31, 331-338. - 7850. Wahlsten, D., 1973, Contributions of the genes albinism (c) and retinal degeneration (rd) to strain-by-training procedure interaction in avoidance learning in mice. Behav. gen. 3, 303-316. - 7851. Wahlstrom, R., J. McCarty, K. E. Ghoneim, 1963, Some economic characters of No-tail-sheep. Proc. 2nd anim. prod. conf., Cairo, 2, 405-418. - 7852. Wainberg, M. A. P., Minden, D. W. Weiss, 1976, Vertical transmission of tumour resistance in guinea pigs. Nature 259, 213-215. - 7853. Wakelin, D., 1975, Genetic control of immune responses to parasites. Parasitol. 71, 51-60. -7854. Wakelin, D., A. M. Donachie, 1980, Genetic control of immunity to parasites. Par. immun. 2, 249-260. - 7855. Wal, P. G. v. d., P. C. v. d. Valk, S. A. Goedegebuure, G. v. Essen, 1980, Osteochondrosis in six breeds of slaughter pigs. Vet. quart. 2, 42-47. - 7856. Walasek, O. F., E. Margoliash, 1977, Transmission of the cytochrome c structural gene in horse-donkey crosses. J. biol. chem. 252, 830-834. - 7857. Waldeland, H., 1977, Toxoplasmosis in sheep. Act. vet. scand. 18, 237-247. -7858. Waldenström, J., B. Haeger-Aronsen, 1967, The porphyrias: a genetic problem. Progr. med. gen. 5, 58-101. - 7859. Waldmann, H., H. Pope, L. Brent, 1978, Influence of the major histocompatibility complex on lymphocyte interactions in antibody formation. Nature 274, 166-168. - 7860. Walgate, R., 1980, Thalassaemia. Nature 285, 525-526. - 7861. Walizadeh, G. R., M. Kabiri, 1978, Waardenburg-Syndrom. Mh. Kinderhlk. 126, 212-214. - 7862. Walker, D. G., 1966, Counteraction to parathyroid therapy in osteopetrotic mice as revealed in the plasma calcium level and ability to incorporate 3H proline into bon e. Endocrinol. 79, 836-842. - 7863. Walker, K. H., H. M. Acland, A. E. Cole, J. Seaman, 1977, Typical colobomata in cattle. Austr. vet. pract. 7, 25-29. - 7864. Walker, M. C., J. M. Phillips-Quagliata, 1979, Hybrid resistance to BALB/c plasmacytomas. J. immunol. 122, 1535-1543. - 7865. Walker, P. G., 1952, The preparation and properties of ß-glucuronidase. Biochem. J. 51, 223-232. - 7866. Walker, S., J. Andrews, M. M. Gregson, W. Gault, 1973, Three further cases of triploidy in man surviving to birth. J. med. gen. 10, 135-141. - 7867. Walker, S. K., 1976, The relationship between haemoglobin type and reproductive performance in sheep grazing oestrogenic and nonoestrogenic pastures. Agr. rec. 3, 45-51. - 7868. Walker, T., B. F. Fell, A. S. Jones, R. Boyne, M. Elliot, 1966, Observations on leg weakness in pigs. Vet. rec. 79, 472-

479. - 7869. Walkley, S. U., W. F. Blakemore, D. Purpura, 1981, Alterations in neuron morphology in feline mannosidosis. Act. neuropath. 53, 75-79. - 7870. Wallace, D. C., L. A. Exton, G. R. C. McLeod, 1971, Genetic factors in malignant melanoma. Canc. 27, 1262-1266. - 7871. Wallace, M. E., 1975, Keeshonds: A genetic study of epilepsy and EEG readings. J. sm. anim. pract. 16, 1-10. - 7872. Wallace, M. E., 1979, Analysis of genetic control of chylous ascites in ranged mice. Hered. 43, 9-18. - 7873. Wallace, M. E., F. J. MacSwiney, 1976, A major gene controlling warfarin-resistance in the house mouse. J. hyg. 76, 173-181. - 7874. Wallace, M. E., P. J. Knights, J. R. Anderson, 1978, Inheritance and morphology of exencephaly. Gen. res. 32, 135-149. - 7875. Wallace, M. E., F. M. MacSwiney, 1979, An inherited mild middle-aged adiposity in wild mice. J. hyg. 82, 309-318. -7876. Waller, H. D., H. C. Benöhr, 1978, Enzymdefekte in Blutzellen bei Knochenmarkinsuffizienz. Klin. Wschr. 56, 483-491. - 7877. Wallraff, H. G., 1979, Olfaction and homing in pigeons. Naturwiss. 66, 269-270. - 7878. Walsberg, G. E., G. S. Campbell, J. R. King, 1978, Animal coat color and radiative heat gain. J. comp. phys. 126, 211-222. - 7879. Walser, K., 1965, Erhöht Maschinenmelken die Mastitishäufigkeit ? Tierzücht. 17, 111. - 7880. Walser, K., 1972, Probleme der Geburt und Aufzucht der Kälber. Tierzücht. 24, 203-204. - 7881. Walser, K., 1975, Walser, K., 1975, Kälberverluste unter besonderer Berücksichtigung von Geburtsschwierigkeiten. Tierzücht. 27, 10-13. - 7882. Walser, K., H. Püschner, 1971, Über einige Fälle von Anophthalmie bei Kälbern des Deutschen Braunviehs. Zuchthyg. 6, 1-5. - 7883. Walsh, J. P., 1974, Milk secretion in machine-milked and suckled cows. Ir. J. agr. res. 13, 77-89. - 7884. Walstra, P., D. Minkema, W. Sybesma, J. G. C. v. d. Pas, 1971, Genetic aspects of meat quality and stress resistance in experiments with various breeds and breed crosses. Proc. E. V. T. Tagg., Versailles. - 7885. v. d. Walt, K., D. R. Osterhoff, 1969, Blood transfusion in cattle with special reference to the influence of blood groups. J. S. Afr. vet. med. ass. 40, 265-275. - 7886. Walther, A., 1957, Die herkömmliche Zughilfe zur Abkürzung der Austreibungsphase beim Rind und ihre Gefahren. Züchtungsk. 29, 126-130. - 7887. Walther, J. U., 1980, Genetische Beratung bei angeborenen Herzfehlern. Münch. med. Wschr. 122, 575-578. - 7888. Walton, E. A., J. D. Humphrey, 1979, Endemic goitre of sheep in the highlands of Papua New Guinea. Austr. vet. J. 55, 43-44. - 7889. Walton, J. N., 1974, Disorders of voluntary muscle. Churchill, Livingstone, Lond.. - 7890. Walzer, S., P. S. Gerald, 1975, Social class and frequency of XYY and XXY. Science 190, 1228-1229. - 7891. Wambach, G., A. Helber, G. Bönner, W. Hummerich, 1979, Natrium-Kalium-Adenosintriphosphatase-Aktivität in Erythrozytenghosts von Patienten mit essentieller Hypertonie. Klin. Wschr. 57, 169-172. - 7892. Wandeler, A., 1966, Ursachen der Nebennierenhypertrophie beim Reh. Rev. suis. zool. 73, 441-446. - 7893. Wang, N., R. N. Shoffner, 1972, Induced heteroploidy in Gallus domesticus. Genet. 71, 66. - 7894. Wansbrough, R. M., A. W. Carrie, N. F. Walker, G. Ruckenbauer, 1959, Coxa plana, its genetic aspects and results of treatment with the long Taylor walking caliper. J. bone jt. surg. 41A, 135-146. - 7895. Warburg, M., 1970, Focal dermal hypoplasia. Act. oph. 48, 525-536. - 7896. Warburg, M., 1971, The heterogeneity of microphthalmia in the mentally retarded. Monogr. hum. gen. 6, 201. - 7897. Warburg, M., S. E. Simonsen, 1968, Sex-linked recessive retinitis pigmentosa. Act. ophth. 46, 494-499. - 7898. Warburton, D., F. C. Fraser, 1964, Spontaneous abortion risks in man. Am. J. hum. gen. 16, 1-25. - 7899. Ward, A. H., 1938, zit. n. Meyer u. Wegner a. a. O.. - 7900. Ward, A. H., 1945, Inheritance of susceptibility to mastitis. 21. Ann. rep. N. Z. dairy bd., 59-61. - 7901. Ward, E. J., C. C. Lin, D. H. Johnston, 1973, Meiotic study on supernumerary microchromosomes of red fox. Can. J. gen. cyt. 15, 825-830. - 7902. Ward, J. K., M. K. Nielson, 1979, Pinkeye (Bovine infectious kerato-

conjunctivitis) in beef cattle. J. anim. sci. 49, 361-366. - 7903. Ward, P. S., 1978, The splayleg syndrome in new-born pigs. Vet. bull. 48, 279-295. - 7904. Ward, P. S., R. Bradley, 1980, The light microscopical morphology of the skeletal muscles of normal pigs and pigs with splayleg from birth to one week of age. J. comp. path. 90, 421-431. - 7905. Waring, A. D., T. W. Poole, T. Perper, 1978, White spotting in the Mongolian gerbil. J. hered. 69, 347-349. - 7906. Waris, E. K., L. Siitonen, E. Himanka, 1966, Heart size and prognosis in myocardial infarction. Am. heart J. 71, 187-195. - 7907. Warkany, J., H. Kalter, 1961, Congenital malformations. N. E. J. med. 265, 993-1046. - 7908. Warner, N. L., 1977, Genetic aspects of autoimmune disease in animals. In: Autoimmunity. Ac. Press, N. Y.. - 7909. Warren, D. C., 1933, Inheritance of albinism in the domestic fowl. J. hered. 24, 379-383. - 7910. Warren, P. N., R. Riedel, 1980, Preliminary results of hybridizing Leopardus Geoffroyi and Felis catus. Carn. gen. newl. 4, 108-121. - 7911. Warriner, C. C., W. B. Lemmon, T. S. Ray, 1963, Early experience as a variable in mate selection. Anim. beh. 11, 221-224. - 7912. Warwick, B. L., 1961, Selection against cryptorchidism in Angora goats. J. anim. sci. 20, 10-14. - 7913. Warwick, B. L., R. O. Berry, 1962, Infantile entropion in sheep. J. hered. 53, 10-11. - 7914. Washburn, K. W., 1966, A genetic and physiological investigation of achromatosis, anemia and double spurs occurring in a population of domestic fowl. Diss. abstr. 26, 6984. - 7915. Washburn, K. W., 1975, Response of chickens with genetically different hemoglobin types to infection with Eimeria tenella and mechanical bleeding. Av. dis. 19, 791-801. - 7916. Washburn, K. W., J. R. Smyth, 1971, Inheritance of auxiliary spur in the domestic fowl. Poult. sci. 50, 385-388. -7917. Washburn, K. W., R. A. Guill, 1972, Comparison of hematology between Leghorn-type and heavy-type egg production stocks. Poult. sci. 51, 946-950. - 7918. Washburn, K. W., D. F. Nix, 1974, Genetic basis of yolk cholesterol content. Poult. sci. 53, 109-115. - 7919. Washburn, K. W., H. L. Marks, 1977, Changes in fitness traits associated with selection for divergence in yolk cholesterol concentration. Poult. sci. 18, 189-199. - 7920. Washburn, R. G., L. O. Gilmore, N. S. Fechheimer, 1958, Chemical composition of cattle hair. J. dairy sci. 41, 1057-1060. - 7921. Wass, W. M., H. H. Hoyt, 1965, Bovine congenital porphyria. Am. J. vet. res. 26, 654 - 658. - 7922. Waßmuth, R., 1979, Merkmalsantagonismen und Leistungszucht beim Schaf. Züchtungsk. 51, 475-482. - 7923. Waßmuth, R., 1981, Züchterische Ansatzpunkte zur Reduzierung der Aufzuchtverluste in der Schafzucht. Tierzücht. 33, 272-274. - 7924. Watanabe, G., K. Homma, 1982, Concurrent analysis for the abnormal oviducal function in a mutant line of the Japanese quail (recessive silver) with immunoelectrophoresis and enzyme histochemistry. Jap. poult. sci. 19, 157-164. - 7925. Watanabe, M., 1964, The hybridization of the White Leghorn male with the Japanese green pheasant female by insemination. 5th int. Congr. anim. repr. A. I., 481-483. - 7926. Watanabe, S., F. Nagayama, 1979, Studies on the serum IgG level in Japanese quail. Jap. poult. sci. 16, 64. - 7927. Watanabe, S., T. Akita, C. Itakura, M. Goto, 1979, Evidence for a new lethal gene causing cardiomyopathy in Japanese black calves. J. hered. 70, 255-258. - 7928. Water, N. S, v. de, R. D. Jolly, B. R. H. Farrow, 1979, Canine Gaucher disease. Austr. J. exp. biol. med. sci. 57, 551-554. - 7929. Waters, N. F., 1967, "Porcupine" chickens. J. hered. 58, 163-164. - 7930. Waters, N. F., J. H. Bywaters, 1943, A lethal embryonic wing mutation in the domestic fowl. J. hered. 34, 213-217. - 7931. Waters, N. F., J. H. Bywaters, 1947, Prolapse in thirteen inbred lines of White Leghorn. Poult. sci. 26, 558. - 7932. Waters, N. F., B. R. Burmester, 1963, Mode of inheritance of resistance to induced erythroblastosis in chickens. Poult. sci. 42, 95-102. -7933. Watson, C. J., W. Runge, L. Taddeini, I. Bossenmaier, R. Cardinal, 1965, A suggested control gene mechanism for the excessive production of types I and III porphyrins in congenital erythropoietic porphyria. Proc. nat. ac. sci. 52, 478-485. - 7934. Watson, J. D., 1965, Molecular biology of the gene. W. A. Benjamin, N. Y. - 7935. Watt, D. A., 1972, Testicular abnormalities and spermatogenesis of the ovine and other species. Vet. bull. 42, 181-190. - 7936. Watt, D. A., 1978, Testicular pathology of Merino rams. Austr. vet. J. 54, 473-478. - 7937. Watt, J. L., P. J. Hamilton, B. M. Page, 1977, Variation in the Philadelphia chromosome. Hum. gen. 37, 141-148. - 7938. Watt, J. L., B. M. Page, 1978, Reciprocal translocation and the Philadelphia chromosome. Hum. gen. 42, 163-170. - 7939. Watts, J. E., T. Nay, G. C. Merritt, J. R. Coy, D. A. Griffiths, J. A. Dennis, 1980, The significance of certain skin characters of sheep in resistance and susceptibility to fleece - rot and body strike. Austr. vet. J. 56, 57-63. - 7940. Watts, J. E., G. C. Merritt, H. W. M. Lunney, N. W. Bennett, J. A. DEnnis, 1981, Observations on fibre diameter variation of sheep in relation to fleece-rot and body strike susceptibility. Austr. vet. J. 57, 372-376. - 7941. Watts, R, W. E., 1973, A brief report on cystine and xanthine renal lithiasis. In: Delatte u. Mit. a. a. O.. - 7942. Weatherall, D. J., 1967, The thalassemias. Progr. med. gen. 5, 8-57. - 7943. Weatherall, D. J., 1969, The genetics of the thalassaemias. Brit. med. bull. 25, 24-29. - 7944. Weaver, A. D., 1974, Erbliches neuraxiales Ödem bei hornlosen Hereford-Kälbern. Dt. tierärztl. Wschr. 81, 572-573. - 7945. Weaver, A. D., 1974, Lameness in cattle: the interdigital space. Vet. rec. 95, 115-120. - 7946. Weaver, A. D., 1975, Dwarfism in cattle. Vet. ann. 15, 7-9. - 7947. Weaver, A. D., M. J. Harvey, C. D. Munro, P. Rogerson, M. McDonald, 1979, Phenotypic intersex (female pseudohermaphroditism) in a dachshund dog. Vet. rec. 105, 230-232. - 7948. Webb, A. J., 1980, The incidence of halothane sensitivity in British pigs. Anim. prod. 31, 101-105. -7949. Webb, A. J., C. Smith, 1976, Some preliminary observations on the inheritance and application of halothane-induced MHS in pigs. Proc. 3rd int. conf. prod. dis. frm. anim., 211-213. - 7950. Webb, A. J., C. H. C. Jordan, 1979, The halothane test in genetic improvement programmes. Act. agr. scand. Suppl. 21, 418-426. - 7951. Webb, A. J., W. S. Russell, 1981, Genetic association between leg weakness and performance traits in pigs. Wint. meet. Brit. ass. anim. prod., 24. - 7952. Webb, R. F., B. F. Chick, 1976, Balanitis and vulvo-vaginitis in sheep. Austr, vet. J. 52, 241-242. - 7953. Webber, R. J., R. R. Fox, E. Sokoloff, 1981, In vitro culture of rabbit growth plate chondrocytes. Growth 45, 269-278. - 7954. Weber, G., M. Neidhardt, 1980, Korrelation zwischen Psoriasis und menschlichem Wachstumhormon. Münch. med. Wschr. 122, 1690-1694. - 7955. Weber, H., 1974, Hodenverlagerung (Ectopia testis) ins Fettgewebe als besondere Form des Kryptorchismus beim Schwein. Prakt. Tierarzt 12, 702-703. - 7956. Weber, W., 1959, Über die Vererbung medianer Nasenspalten beim Hund. Schweiz. Arch. Tierhlk. 101, 378 - 381. - 7957. Weber, W., 1960, Blinde Kälber bei einer schweizerischen Rinderrasse. Schweiz. Arch. Tierhlk. 102, 15-18. - 7958. Weber, W., 1969, (Male sterility in polled Swiss goat breeds). Ann. gén. sél. anim. 1, 379-382. - 7959. Weber, W., 1977, Spezifische Sterilitätsformen bei Ziegenböcken hornloser Rassen. Schweiz. Arch. Tierhlk. 119, 201-204. - 7960. Weber, W., J. J. Lauvergne, 1964, Trois cas d'albinisme rencontrés en Suisse dans la race brune des Alpes. Ann. zootech. 13, 151-154. - 7961. Weber, W., J. J. Lauvergne, H. U. Winzenried, 1973, Albinisme héréditaire en race tachetée rouge de Suisse. Schweiz. Arch. Tierhlk. 115, 142-144. - 7962. Webster, H. W., 1977, Factors influencing calving difficulty in beef cattle. Diss. abstr. B 37, 3171-3172. - 7963. Webster, L. T., 1933, Inherited and acquired factors in resistance to infection. J. exp. med. 57, 793-817. - 7964. Webster, W. R., P. M. Summers, 1978, Congenital polycystic kidney and liver syndrome in piglets. Austr. vet. J. 54, 451. - 7965. Wegger, I., 1978, Plasma cholesterol in swine. Act. vet. scand. 19, 469-471. - 7966. Wegger, I., 1978, (Plasma cholesterol in pigs.).

Aarsberetn. inst. ster. fors. 21, 31-38. - 7967. Wegner, W., 1965, Die elektrophoretisch nachweisbare Heterogenität des Hämoglobins bei Tieren, unter besonderer Berücksichtigung der in deutschen Rinderrassen auftretenden Hämoglobinvarianten. Dissert. Hannover. - 7968. Wegner, W., 1968, Untersuchungen zur Erblichkeit und Pathogenese des Zwischenklauenwulstes beim Rind. Z. Tierz. Zücht. biol. 85, 97-118. - 7969. Wegner, W., 1970, Neue Erkenntnisse zur Ätiologie der Limax. Dt. tierärztl. Wschr. 77, 229-232. - 7970. Wegner, W., 1970, Das Herzgewicht als Selektionsmerkmal in der Schweinezucht. Fleischwirtsch. 50, 72-74. - 7971. Wegner, W., 1971, Einige Merkmale des Herzens und von Fußknochen des Schweines und ihre Prüfung auf Erblichkeit und Selektionswürdigkeit. Habil. schrift Hannover. - 7972. Wegner, W., 1971, Zur biologischen Variation einiger quantitativ-funktioneller Merkmale der Nebennieren. Endokrinol. 58, 140-166. - 7973. Wegner, W., 1971, Das Herzgewicht- ein hoch erbliches Merkmal beim Schwein. Arch. Kreislaufforsch. 64, 1-22. - 7974. Wegner, W., 1971, Merle-Faktor bei einem Zwergrauhhaardackel. Dt. tierärztl. Wschr. 78, 476. - 7975. Wegner, W., 1971, Zusammenhänge zwischen Zugfestigkeit der Fußknochen und Lahmheit bei wachsenden Schweinen. Berl. Münch. tierärztl. Wschr. 84, 246-249. - 7976. Wegner, W., 1972, Synopsis erblicher Depigmentierungsanomalien. Dt. tierärztl. Wschr. 79, 64-68. - 7977. Wegner, W., 1972, Chromosomenaberrationen und Intersexualität. Dt. tierärztl. Wschr. 79, 455-460. - 7978. Wegner, W., 1973, Genetische Einflüsse auf die Fruchtbarkeit beim Rind. Dt. tierärztl. Wschr. 80, 434-437, 459-463. - 7979. Wegner, W., 1973, Resistenzsteigerung gegenüber Coccidien durch Selektion beim Huhn ? Dt. tierärztl. Wschr. 80, 212-216. - 7980. Wegner, W., 1973, Zur Ermittlung und Erblichkeit einiger Merkmale des Schweineauges. Berl. Münch. tierärztl. Wschr. 86, 261-265. - 7981. Wegner, W., 1974, Zur Bio-Rheologie des Epiphysen- und Gelenkknorpels bei Tieren. 7. Wiss. Konf. dt. Naturf. Ärzt., 271-281. - 7982. Wegner, W., 1974, Zur Bio-Rheologie des Epiphysen- und Gelenkknorpels bei Tieren. Dt. tierärztl. Wschr. 81, 205-209. - 7983. Wegner, W., 1975, Zur Exo- und Endogenese einiger Gefäßwandmerkmale beim Schwein. Bas. res. cardiol. 70, 631-638. - 7984. Wegner, W., 1977, Zuchtwahl gegen Lahmheitsursachen beim Rind. milchprax. 15, 10-11. - 7985. Wegner, W., 1979, Kleine Kynologie. Terra-Vlg., Konstanz. - 7986. Wegner, W., 1980, Zur Mineralisierung der Zwischenwirbelscheiben bei Teckeln. Berl. Münch. tierärz. Wschr. 93, 74-77. - 7987. Wegner, W., 1980, Zur Genetik der Mastitis. milchprax. 18, 76-77. - 7988. Wegner, W., 1981, Zur Statistik und zur Zuchtsituation beim Dalmatiner. Dalm. Post 3, 2, 3-10. - 7989. Wegner, W., G. Osburg, W. Warwas, 1969, Die Hautschrumpfung nach der Exzision (Hautretraktion) und ihre Beziehung zum Elastingehalt im Stratum reticulare der Lederhaut des Rinderfußes. Dt. tierärztl. Wschr. 76, 373-377. - 7990. Wegner, W., H. Feder, G. Sponer, K. Sabo, 1970, Zum Hämoglobin- und Transferrinsystem und zur Konzentration einiger Mineralien im Blut einer Kuhpopulation. Zbl. Vet. med. A 17, 874-888. - 7991. Wegner, W., H. Feder, G. Sponer, 1970, Das Amylasesystem sowie der Erythrozyten-Eisengehalt und ihre Beziehung zum Fleischhelligkeitswert beim Schwein. Dt. tierärztl. Wschr. 77, 59-60. - 7992. Wegner, W., J. P. Greve, 1970, Tendenz zu Cor pulmonale bei verendeten Transportschweinen. Dt. tierärztl. Wschr. 77, 637-640. - 7993. Wegner, W., I. Reetz, 1975, Aufbau einer Merlezucht. tierärztl. prax. 3, 455-459. - 7994. Wegner, W., H. Feder, I. Reetz, 1975, Statistik, Erblichkeit und korrelative Bindung einiger Merkmale des Kreislaufsystems bei weiblichen Mastschweinen der Deutschen Landrasse. I. Zbl. Vet. med. A 22, 645-670. - 7995. Wegner, W., P. Dröge, 1975, Zur Statistik und zur endogenen und exogenen Komponente der Vitalfunktionswerte bei Teckeln. Berl. Münch. tierärztl. Wschr. 88, 354-358. - 7996. Wegner, W., I. Reetz, H. Feder, 1976, Weitere Ergebnisse zur erb-und umweltbedingten Variabilität der Herzgröße beim Schwein. Berl. Mün. tierärztl. Wschr. 89, 252-255. - 7997. Wegner, W., I. Reetz, 1977, Störungen der Schwimmfähigkeit bei Tigerteckeln. Dt. tierärztl. Wschr. 84, 29-30. - 7998. Wegner, W., B. Sieslack, B. Rudorf, 1980, Genetische, topographische und methodische Einflüsse auf die Gefäßwandmechanik der Aorta ascendens und der Arteria coronaria dextra des Schweines. Dt. tierärztl. Wschr. 87, 1-4. - 7999. Wegner, W., A. Akcan, 1980, Auswirkungen des Merlefaktors auf die Area optica beim Hund. Dt. tierärztl. Wschr. 87, 342. - 8000. Wegner, W., E. F. Kaleta, M. Flach, 1981, " Sterngucker" bei Broilern. Dt. tierärztl. Wschr. 88, 32. - 8001. Wehrhahn, C. F., R. D. Crawford, 1965, Comb dimorphism in Wyandotte domestic fowl. Can. J. gen. cyt. 7, 651-657. - 8002. Weibust, R. S., 1970, Selection for high and low plasma cholesterol levels in mice. Diss. abstr. B 31, 1744-1745. - 8003. Weibust, R. S., 1973, Inheritance of plasma cholesterol levels in mice. Genet. 73, 303-312. - 8004. Weicker, H., 1958, Zum Erbgang der Marmorknochenkrankheit. Schweiz. med. Wschr. 88, 1019-1021. - 8005. Weicker, H., 1967, Das sogenannte Dysmelie-Syndrom (Thalidomid-Embryopathie) und seine Differentialdiagnose. Wien. med. Wschr. 117, 387-390. - 8006. Weicker, H., 1969, Epidemiological and etiological considerations in the increase of limb malformations in Germany. In: Swinyard a. a. O.. - 8007. Weicker, H., H. Hungerland, 1962, Thalidomid-Embryopathie. Dt. med. Wschr. 87, 992-1002. - 8008. Weidemann, H., M. Kluxen, H. Roskamm, H. Reindell, J. Nöcker, 1968, Belastung und Belastbarkeit von Herzinfarktpatienten am Arbeitsplatz. VI. Freiburg. Symp., 86-93. - 8009. Weiden, P., R. Storb, H. J. Kolb, T. Graham, J. Anderson, E. Giblett, 1974, Genetic variation of red blood cell enzymes in the dog. TRansplant. 17, 115-120. - 8010. Weigert, M., R. Riblet, 1976, Genetic control of antibody variable regions. Cld. Spr. HArb. symp. quant. biol. 41, 837-846. - 8011. Weigert, M., L. Gatmaitan, E. Loh, J. Schilling, L. Hood, 1978, Rearrangement of genetic information may produce immunoglobulin diversity. Nature 276, 785-790. - 8012. Weil, J., F. Bidlingmaier, W. G. Sippell, D. Butenandt, D. Knorr, 1979, Comparison of two tests for heterozygosity in congenital adrenal hyperplasia (CAH). Act. endocr. 91, 109-121. - 8013. Wein, B., 1978, Untersuchungen über Fruchtbarkeitsstörungen und perinatale Verluste beim Nerz. Diss. Hannover. - 8014. Weinfeld, A., J. Westin, B. Swolin, 1977, Ph-negative eosinophilic leukaemia with trisomy 8. Scand. J. haem. 18, 413-420. - 8015. Weinhold, E., 1970, Chromosomenuntersuchungen bei der Rinderleukose. Gieß. Beitr. Erbpath. Zucht. 1, 119-126. - 8016. Weinstock, I. M., 1966, Comparative biochemistry of myopathies. Ann. N. Y. ac. sci. 138, 199-212. - 8017. Weinstock, I. M., M. Lukacs, 1964, Enzyme studies in muscular dystrophy. Proc. soc. exp. biol. med. 115, 716-718. - 8018. Weir, B., P. H. Wise, J. M. Hime, 1969, Hyperglycaemia and cataract in the Tuco-tuco. J. endocr. 43, 7-8. - 8019. Weir, J. A., 1976, Allosomal and autosomal control of sex ratio in PHH and PHL mice. Genet. 84, 755-764. - 8020. Weir, J. A., R. H. Cooper, R. D. Clark, 1953, The nature of genetic resistance to infection in mice. Science 117, 328-330. - 8021. Weinberg, M. G., C. D. Malkasian, J. H. Pratt, 1970, Testicular feminization syndrome. Am. J. obst. gyn. 107, 1181-1187. - 8022. Weisberger, A., 1964, The sickling phenomenon and heterogeneity of deer hemoglobin. Proc. soc. exp. biol. med. 117, 276-280. - 8023. Weisbroth, S. H., R. E. Flatt, A. L. Kraus, 1974, The biology of the laboratory rabbit. Ac. Press, N. Y. - 8024. Weiss, E., R. Hoffmann, 1969, Eliminierung der XX-Zellen in Hoden heterosexueller Rinderzwillinge mit XX/XY- Chimerismus. Cytogen. 8, 68-73. - 8025. Weiss, G. M., E. R. Peo, R. W. Mandigo, B. D. Moser, 1975, Influence of exercise on performance and carcass parameters of confinement reared swine. J. anim. sci. 40, 457-462. - 8026. Weiss, H., M. Mayer, 1978, Die Zystenleber. Münch. med. Wschr. 120, 737-738. - 8027. Weiss, H. S., B. Angrick, F. Pitt, N. L. Somerson, 1973, Sex differences in susceptibility of mice to pneumococcus. Experientia 29,

374-375. - 8028. Weiss, M. C., H. Green, 1967, Human-mouse hybrid cell lines containing partial complements of human chromosomes and functioning human genes. Proc. nat. ac. sci. 58, 1104-1111. - 8029. Weissauer, W., 1979, Juristische Aspekte der Gen-Manipulation. Münch. med. Wschr. 121, 1461-1464. - 8030. Weissbluth, M., 1974, Molecular biology, biochemistry and biophysics. 15: Hemoglobin. Springer Vlg., Berlin, N. Y.. - 8031. Weisse, I., H. Stötzer, 1974, Altersveränderungen des Rattenauges. Berl. Münch. tierärztl. Wschr. 87, 59. - 8032. Weisse, I., J. v. Sandersleben, D. v. Bomhard, W. Frölke, T. Tiloo, 1975, Glomeruläre Lipidose beim Hund. Berl. Münch. tierärztl. Wschr. 88, 428-431. - 8033. Weissel, M., H. Frisch, E. Schober, R. Höfer, 1980, Familial athyreotic cretinism. Eur. J. clin. inv. 10, 41. - 8034. Weissmann, G., 1966, Lysosomes and joint disease. Arthr. rheum. 9, 834-840. - 8035. Weiß, R., 1972, Röntgenologische Feststellung des Epi- und Apophysenfugenschlusses beim Schwein. Dissert. Hannover. - 8036. Weitz, W., 1949, Die Vererbung innerer Krankheiten. H. Nölke, Hamburg. - 8037. Weitzel, H., 1968, Untersuchungen zur Genetik der Fruchtbarkeitsstörungen beim männlichen schwarzbunten Rind. Diss. Gießen. - 8038. Welch, J. P., D. S. Borgaonkar, H. M. Herr, 1967, Psychopathy, mental deficiency, aggressiveness and the XYY-syndrome. Nature 214, 500-501. - 8039. Wellmann, G., 1963, Weitere Beobachtungen über die Erblichkeit der Disposition zur Bauchflechte (Pityriasis rosea) der Ferkel. Berl. Münch. tierärztl. Wschr. 76, 107-111. - 8040. Wellmann, K. F., 1968, Beer drinker's myocardosis. Am. J. clin. path. 50, 444-453. - 8041. Wells, G. A. H., P. J. N. Pinsent, J. N. Todd, 1980, A progressive, familial myopathy of the Pietrain pig. Vet. rec. 106, 556-558. - 8042. Wells, G. A. H., C. N. Hebert, B. C. Robins, 1980, Renal cysts in pigs. Vet. rec. 106, 532-535. - 8043. Wells, R., K. S. Law, 1960, Incidence of leukemia in Singapore and rarity of chronic lymphocytic leukemia in Chinese. Brit. med. J. 1, 759-763. - 8044. Welsh, K., 1981, HLA genes, immunoglobulin genes and human disease. Nature 292, 673-674. - 8045. Wendt, G. G., 1955, Der individuelle Musterwert der Fingerleisten und seine Vererbung. Act. med. genet. 4, 330-337. - 8046. Wendt, G. G., 1979, Für genetisches Register. Münch. med. Wschr. 121, 535. - 8047. Wendt, K., I. Pohl, H. Mrosk, 1960, Ein Beitrag zum Kryptorchismus des Schafes. Mh. Vet. med. 15, 309-311. - 8048. Wendt, K., E. Grewe, G. Jautze, 1979, Beziehungen zwischen Milchleistung und Eutergesundheit unter industriemäßigen Produktionsbedingungen. Tierzucht 33, 259-261. - 8049. Wengler, D. A., M. Sattler, T. Kudoh, S. P. Snyder, R. S. Kingston, 1980, Niemann-Pick disease. Science 208, 1471-1473. - 8050. Wenham. G., 1981, A radiographic study of early skeletal development in foetal sheep. J. agr. sci. 96, 39-44. - 8051. Weniger, J. H., P. Horst, D. Steinhauf, F. Major, E. S. Tawfik, 1974, Modellversuche zur Selektion auf Belastbarkeit in ihrer Beziehung zum Wachstum. Z. Tierz. Zücht. biol. 91, 265-270. - 8052. Wennrich, G., 1974, Studien zum Verhalten verschiedener Hybrid-Herkünfte von Haushühnern in Boden-Intensivhaltung mit besonderer Berücksichtigung aggressiven Verhaltens sowie des Federpickens und des Kannibalismus. 1., 2., 3., 4. Arch. Gefl. k. 38, 143-149, 162-167, 221-228; 39, 7-10. - 8053. Wennrich, G., 1974, Ethological studies of feather pecking and cannibalism in domestic chickens. XV. Wld. poult. congr. 553-554. - 8054. Wensing, C. J. G., 1973, Abnormalities of testicular descent. Zuchthyg. 10, 140-141. - 8055. Wensing, C. J. G., 1973, Testicular descent in some domestic mammals. Proc. Kon. Ned. ak. wet. C 76, 196-202. - 8056. Wentink, G. H., A. E. Meijer, J. S. v. d. Linde-Sipman, 1974, Myopathy in an Irish Terrier with a metabolic defect of the isolated mitochondria. Zbl. Vet. med. A 21, 62-74. -8057. Wentzel, D., M. M. Roux, L. J. Botha, 1976, Effect of the level of nutrition on blood glucose concentration and reproductive performance of pregnant Angora goats. Agroanim. 8, 59-61. - 8058. Wenzel, B. M., 1975, The olfactory system and behavior. In: L. V. Dilava, Advances in limbic and autonomic research. Plenum Press,

N.Y.. - 8059. Wenzel, U.D., R. Zeissler, M. Sachse, 1980, Zahn- und Gebißanomalien bei Pelztieren. Dt. Pelztierz. 54,123-125. - 8060. Wenzler, G., 1936, Untersuchungen über den Letalfaktor "Dickbeinigkeit" beim Schwein. Dissert. Hohenheim. - 8061. Werkmeister, F., 1972, Vorläufige Ergebnisse der Kreuzung europäischer Rinderrassen mit kanadischen Fleischrassen. Tierzücht. 24, 16-17. - 8062. Werko, L., 1979, Diet, lipids and heart attacks. Act. med. scand. 206, 435-439. - 8063. Wernicke, O., 1935, Erbliches Augenkarzinom der Rinder. Ref. Dt. tierärztl. Wschr. 44, 68. - 8064. Werth, G., G. Müller, 1967, Vererbbarer Glucose-6-Phosphatdehydrogenasemangel in den Erythrozyten von Ratten. Klin. Wschr. 45, 265-269. - 8065. Wesch, H., H. Prznatek, D. Feist, 1980, Morbus Wilson. Dt. med. Wschr. 105, 483-488. - 8066. Wesemeier, H., 1980, Sektionsergebnisse aus einer industriemäßigen Schweineproduktionsanlage. Mh. Vet. med. 35, 203-205. - 8067. Wessing, A., 1974, Filmaufnahmen vom Augenhintergrund und Fluoreszenzangiographie. Arch. klin. exp. Ophth. 192, 227-233. - 8068. West, D. E., R. Bogart, N. A. Hartmann, 1973, Genetic factors and hormonal stimulation affecting weight and fertility of ewe lambs. J. anim. sci. 36, 828-831. - 8069. West, H. F., 1949, The aetiology of ankylosing spondylitis. Ann. rheum. dis. 8, 143 - 148. - 8070. West, J. D., W. I. Frels, V. M. Chapman, 1978, Mus musculus x Mus caroli hybrids. J. hered. 69, 321-326. - 8071. West, R. L., 1974, Red to white fiber ratios as an index of double muscling in beef cattle. J. anim. sci. 38, 1165-1175. - 8072. Westberg, J. A., H. A. Bern, E. B. Barnawell, 1957, Strain differences in the response of the mouse adrenal to oestrogen. Act. endocr. 25, 70-82. - 8073. Westermann, U., H. J. Merker, 1981, Prävention von Gaumenspalten im Tierexperiment. Münch. med. Wschr. 123, 1142-1144. - 8074. Westhuysen, J. M. v. d., 1972, The insulin tolerance test and the outcome of pregnancy in normal and habitual aborter Angora goat does. S. Afr. J. anim. sci. 2, 23. - 8075. Westhuysen, J. M. v. d., 1973, Relationship of thyroid and adrenal function to growth rate in Bos indicus and Bos taurus cattle. S. Afr. J. anim. sci. 3, 25-27. - 8076. Wexler, B. C., 1981, Inhibition of the pathogenesis of spontaneous hypertension in spontaneously hypertensive rats by feeding on high fat diet. Endocrinol. 108, 981-989. -8077. Wharton, R. H., K. L. S. Harley, P. R. Wilkinson, K. B. Utech, B. M. Kelley, 1969, A comparison of cattle tick control by pasture spelling, planned dipping and tick-resistant cattle. Austr. J. agr. res. 20, 783-797. - 8078. Wharton, R. H., K. B. W. Utech, H. G. Turner, 1970, Resistance to the cattle tick, Boophilus microplus in a herd of Australian Illawarra Shorthorn cattle. Austr. J. agr. res. 21, 163-181. - 8079. Wheat, J. D., 1960, Harelip in Shorthorn cattle. J. hered. 51, 99-101. - 8080. Wheat, J. D., 1961, Cryptorchidism in Hereford cattle. J. hered. 52, 244-246. - 8081. Wheeler, A. G., D. T. Baird, R. B. Land, R. J. Scaramuzzi, 1977, Genetic variation in the secretion of oestrogen in the ewe. J. endocrin. 75, 337-338. -8082. Wheeler, H. O., B. L. Reid, T. M. Ferguson, J. R. Couch, 1960, Differences in susceptibility of Broad Breasted Bronze and Beltsville Small White turkeys to dietary-induced pendulous crop. Poult. sci. 39, 263-267. - 8083. White, B. J., J. H. Tijo, 1967, A mouse translocation with 38 and 39 chromosomes but normal N. F. Hereditas 58, 284-296. - 8084. White, B. J., J. H. Tijo, L. C. v. d. Water, C. Crandall, 1974, Trisomy 19 in the laboratory mouse. Cytogen. cell gen. 13, 217-231. - 8085. White, B. J., C. Crandall, E. S. Raveché, E. S. Tijo, 1978, Laboratory mice carrying three pairs of Robertsonian translocations. Cytogen. cell gen. 21, 113-138. - 8086. White, E. G., 1963, Urinary calculi in the dog. 17. Welttierärztekongr. 1055-1060. - 8087. White, J. G., 1966, The Chediak-Higashi syndrome. Blood 28, 143-156. - 8088. White, J. J., 1967, The Chediak-Higashi syndrome. Blood 29, 435-451. - 8089. White, J. M., 1972, Haemoglobin variation. In: Brock u. Mayo a. a. O. - 8090. White, J. W., F. J. Swart, 1980, Changes in polyploidization of exocrine pancreas in db/db diabetic and normal mice. Act. endocr. 94, 523-528. - 8091. White,

S. L., 1981, Clinical manifestations and pathophysiology of osteochondrosis. Proc. 26th ann. conv. Am. ass. equ. pract., 69-79. - 8092. White, W. T., H. L. Ibsen, 1934, Inherited susceptibility to acute mastitis in cattle. Hered. 25, 489. - 8093. Whitelaw, A., P. Watchorn, 1975, An investigation into dystocia in a South Country Cheviot flock. Vet. rec. 97, 489-492. - 8094. Whitelaw, D. D., J. A. Macaskill, P. H. Holmes, F. W. Jennings, G. M. Urquhart, 1980, Genetic resistance to Trypanosoma congolense infections in mice. Inf. immun. 27, 707-713. - 8095. Whitelaw, E., J. Pagnier, G. Verdier, T. Henni, J. Godet, R. Williamson, 1980, Mapping the λ -globin genes in an Algerian HbH patient and his family. Blood 55, 511-516. -8096. Whiteway, C., R. Robinson, 1975, Anophthalmic white and microphthalmic white in the cavy. Guinea-pig newsl. 9, 13-16. - 8097. Whitlock, J. H., 1963, The influence of heredity and environment on maximum hematocrit values in sheep. Corn. vet. 53, 534-550. - 8098. Whitlock, J. H., H. Madsen, 1955, The inheritance of resistance to Trichostrongylidosis in sheep. Corn. vet. 48, 127-164. - 8099. Whitmore, A. C., 1978, The genetic control of susceptibility of mice to Rous sarcoma virus oncogenesis. Diss. abstr. B 38, 5751. - 8100. Whitmore, A. C., G. Haughton, 1975, Genetic control of susceptibility of mice to Rous sarcoma virus tumorigenesis. Immunogen. 2, 379-388. - 8101. Whitmore, A. C., G. F. Babcock, G. Haughton, 1978, Genetic control of susceptibility of mice to Rous sarcoma virus tumorigenesis. II. J. immunol. 121, 213-220. - 8102. Whitney, J. B., J. Martinell, R. A. Popp, L. B. Russell, W. F. Anderson, 1981, Deletions in the λ -globin gene complex in λ -thalassemic mice. Proc. nat. ac. sci. 78, 7644-7647. - 8103. Whitney, R., 1964, Blind albino hamsters. All-Pets 35, 42-43. - 8104. Whitney, R., C. W. Nixon, 1973, Rex coat: a new mutation in the Syrian hamster. J. hered. 64, 239. - 8105. Whittinghill, M., 1965, Human genetics and its foundations. Reinhold Publ. N. Y.. - 8106. Wibaut, F., 1931, Studien über Retinitis pigmentosa. Klin. Mbl. Augenhlk. 87, 298-307. - 8107. Wibbeler, U., 1976, Beziehungen zwischen Krankheiten und Leistungskriterien sowie zwischen Krankheiten und Umwelteinflüssen bei schwarzbunten und rotbunten Kühen. Dissert. Hannover. - 8108. Wick, G., R. Gundolf, K. Hala, 1977, Major histocompatibility (B) antigens and spontaneous autoimmune thyroiditis in OS chickens. Fol. biol. 23, 408-410. - 8109. Wick, G., B. R. Olsen, R. Timpl, 1978, Immunohistologic analysis of fetal and dermatosparactic calf and sheep skin with antisera to procollagen and collagen type I. Lab. inv. 39, 151-156. - 8110. Wick, G., R. Gundolf, K. Hala, 1979, Genetic factors in spontaneous autoimmune thyroiditis in OS chickens. J. immunogen. 6, 177-183. - 8111. Wickham, B. W., 1979, Genetic parameters and economic values of traits other than production for dairy cattle. Proc. N. Z. soc. anim. prod. 39, 180-193. - 8112. Widdowson, E. M., R. A. McCance, 1955, Blood volume and heart size in normal and anaemic swine. Brit. J. exp. path. 36, 175-178. - 8113. Wiedeking, J. F., 1969, Terminologie der embryonalen Entwicklungsstörungen. Dissert. Gießen. - 8114. Wieland, H., 1981, Cholesterin, Plasmalipoproteine und Atherosklerose. Klin. Wschr. 59, 1021-1022. - 8115. Wienand, F., 1972, Vordergliedmaßenverkrümmung beim Rind. Giess. Beitr. Erbpath. Zuchthyg. 4, 22-38. - 8116. Wiener, G., 1962, Supernumerary teats in cattle. Z. Tierz. Zücht. biol. 77, 382-392. - 8117. Wiener, G., 1966, Genetic and other factors in the occurrence of sway back in sheep. J. comp. path. ther. 76, 435-447. - 8118. Wiener, G., 1971, Genetic variation in mineral metabolism of ruminants. Proc. nutr. soc. 30, 91-101. - 8119. Wiener, G., 1977, Genetic variation in lamb survival. Symp. Stirling univ., 25-29. -8120. Wiener, G., 1979, Review of genetic aspects of mineral metabolism with particular reference to copper in sheep. Livest. prod. sci. 6, 223-232. - 8121. Wiener, G., A. C. Field, 1966, Blood copper levels in sheep in relation to genetic factors, parity and previous swayback history. Nature 209, 835-836. - 8122. Wiener, G., A. C. Field, 1969, Copper concentrations in the liver and blood of sheep of different breeds in relation to swayback history. J. comp. path. 79, 7-14. - 8123. Wiener, G., M. R. Sampford, 1969, The incidence of swayback among lambs with particular reference to genetic factors. J. agr. sci. 73, 25-31. - 8124. Wiener, G., A. C. Field, J. Wood, 1969, The concentration of minerals in the blood of genetically diverse groups of sheep. J. agr. sci. 72, 93-101. - 8125. Wiener, G., A. C. Field, 1970, Genetic variation in copper metabolism of sheep. Proc. WAAP/IBP Symp. Aberdeen. - 8126. Wiener, G., N. S. M. Macleod, 1970, Breed, bodyweight and age as factors in the mortality rate of sheep following copper injections. Vet. rec. 86, 740-743. - 8127. Wiener, G., A. C. Field, 1971, The concentration of minerals in the blood of genetically diverse groups of sheep. V. J. agr. sci. 76, 513-521. - 8128. Wiener, G., J. G. Hall, S. Hayter, 1973, An association between the concentration of copper in whole blood and haemoglobin type in sheep. Anim. prod. 17, 1-7. - 8129. Wiener, G., F. K. Deeble, J. S. Broadbent, M. Talbot, 1973, Breed variation in lambing performance and lamb mortality in commercial sheep flocks. Anim. prod. 17, 229-243. - 8130. Wiener, G., J. G. Hall, S. Hayter, A. C. Field, N. F. Suttle, 1974, Relationships between haemoglobin type and copper concentrations in whole blood and its components in sheep of different breeds. Anim. prod. 19, 291-299. - 8131. Wiener, G., A. C. Field, 1974, Seasonal changes, breed differences and repeatability of plasma copper levels of sheep at pasture. J. agr. sci. 83, 403-408. - 8132. Wiener, G., J. G. Herbert, A. C. Field, 1976, Variation in liver and plasma copper concentrations of sheep in relation to breed and haemoglobin type. J. comp. path. 86, 101-109. - 8133. Wiener, G., S. Hayter, A. C. Field, 1976, Selection for plasma copper concentrations within haemoglobin type in sheep. Anim. prod. 22, 385-393. - 8134. Wienker, T. F., G. M. v. Reutern, H. H. Ropers, 1979, Progressive Myoclonus-Epilepsie. Hum. Gen. 49, 83-89. - 8135. Wierzbowski, S., 1966, (Libido and sexual efficiency in bulls). Ref. Anim. breed. abstr. 36, 1400. - 8136. Wiese, A., 1976, Literaturstudie über die spinale Ataxie des Pferdes. Diss. Hannover. - 8137. Wiesner, E., S. Willer, 1974, Veterinärmedizinische Pathogenetik. G. Fischer Vlg., Jena. - 8138. Wiesner, E., S. Willer, 1978, Problematik des Auftretens von Kraterzitzen beim Schwein. Mh. Vet. med. 33, 189-190. - 8139. Wiesner, E., S. Willer, 1978, Defekte und Krankheitsdispositionen des Magen-Darm-Kanals mit genetischer Komponente. Mh. Vet. med. 33, 98-105. - 8140. Wiesner, E., S. Willer, 1981, Die Vererbung der kongenitalen Hernia umbilicalis beim Rind. Mh. Vet. med. 36, 790-794. - 8141. Wight, P. A. L., 1976, The histopathology of a cerebral lipidosis in the Hawaiian goose, Branta sandvicensis. Neuropath. appl. neurobiol. 2, 335-347. - 8142. Wigley, R. D., K. G. Couchman, R. Maule, B. R. Reay, 1977, Degenerative arthritis in mice. Ann. rheum. dis. 36, 249-253. - 8143. Wijeratne, W. V. S., 1973, A population study of apparent embryonic mortality in cattle, with special reference to genetic factors. Anim. prod. 16, 251-259. - 8144. Wijeratne, W. V. S., D. L. Stewart, 1970, Stillbirths in cattle. Brit. vet. J. 126, 238-253. - 8145. Wijeratne, W. V. S., D. L. Stewart, 1971, Population study of abortion in cattle with special reference to genetic factors. Anim. prod. 13, 229-235. - 8146. Wijeratne, W. V. S., D. Beaton, J. C. Cuthbertson, 1974, A field occurrence of congenital meningoencephalocoele in pigs. Vet. rec. 95, 81-84. - 8147. Wijeratne, W. V. S., I. B. Munro, P. R. Wilkes, 1977, Heifer sterility associated with single-birth freemartinism. Vet. rec. 100, 333-336. - 8148. Wijeratne, W. V. S., C. D. Wilson, C. N. Hebert, S. R. Richards, R. G. Kingwill, T. K. Griffin, R. L. Spooner, 1977, Relationship of blood serum transferrin and amylase polymorphism with liability to mastitis in cattle. Anim. bld. grps. bioch. gen. 8, Suppl. 1, 43. - 8149. Wijeratne, W. V. S., R. N. Curnow, 1978, Inheritance of ocular coloboma in Charolais. Vet. rec. 102, 513. - 8150. Wijeratne, W. V. S., G. A. H. Wells, 1980, Inherited renal cysts in pigs. Vet. rec. 107, 484-488. - 8151. Wikel, S. K., 1979, Acquired resistance to ticks. Am. J. trop. med. hyg. 28, 586-590. -8152.

A genetic model for the inheritance of pituitary tumor susceptibility in F 344 rats. Endocrinol. 109, 1708-1714. - 8153. Wiktor-Jedrzejczak, W., S. Sharkis, A. Ahmed, K. W. Sell, G. W. Santos, 1977, Theta-sensitive cell and erythropoiesis. Science 196, 313-315. - 8154. Wilcox, F. H., 1958, Studies on the inheritance of coloboma of the iris in the domestic fowl. J. hered. 49, 107-110. - 8155. Wilcox, F. H., 1964, Serum enzyme levels in lines of chickens differing in susceptibility to leucosis. Proc. soc. exp. biol. med. 116, 222-225. - 8156. Wild, H., J. Eichler, 1980, Zur klinischen Problematik der kongenitalen Katarakt. Wiss. Z. Univ. Rostock 29, 77-79. - 8157. Wilde, O., 1968, Unsere Kaninchenrassen. Vlg. Reutlingen, Oertel u. Spörer. - 8158. Wilder, F. W., A. H. Dardiri, J. G. Gay, H. C. Beasley, A. A. Heflin, J. A. Acree, 1974, Susceptibility of one-toed pigs to certain diseases exotic to the United States. Proc. ann. meet. U. S. hlth. ass. 78, 195-199. - 8159. Wildervanck, L. S., 1948, Hereditary koilonychia (spoon nails) combined with little finger and toe contractures in 2 families. Ned. Tijds. geneesk. 92, 334-341. - 8160. Wilke, R., J. Harmeyer, C. v. Grabe, R. Hehrmann, R. D. Hesch, 1979, Regulatory hyperparathyroidism in a pig breed with vitamin D dependency rickets. Act. endocrin. 92, 295-308. - 8161. Wilkens, J., F. Haring, P. Glodek, 1969, Untersuchungen zur Gebrauchskreuzung beim Schwein. Schweinez. Schweinem. 17, 251-253. - 8162. Wilkes, P. R., I. B. Munro, W. V. S. Wijeratne, 1978, Studies on a sheep freemartin. Vet. rec. 102, 140-142. - 8163. Wilkes, P. R., W. V. S. Wijeratne, I. B. Munro, 1981, Reproductive anatomy and cytogenetics of freemartin heifers. Vet. rec. 108, 349-353. - 8164. Wilkinson, P. R., 1962, Selection of cattle for tick resistance and the effects of herd of different susceptibility on Boophilus populations. Austr. J. agr. res. 13, 974-983. - 8165. Will, D. H., J. L. Hicks, C. S. Card, A. F. Alexander, 1975, Inherited susceptibility of cattle to high-altitude pulmonary hypertension. J. appl. phys. 38, 491-494. - 8166. Willadsen, S. M., 1979, A method for culture of micromanipulated sheep embryos and its use to produce monozygotic twins. Nature 277, 298-300. - 8167. Willadsen, S. M., H. Lehn-Jensen, C. B. Fehilly, R. Newcomb, 1981, The production of monozygotic twins of preselected parentage by micromanipulation of non-surgically collected cow embryos. Theriogen. 15, 23-29. - 8168. Willeberg, P., 1975, A case-control study of some fundamental determinants in the epidemiology of the feline urological syndrome. Nord. vet. med. 27, 1-14. - 8169. Willeberg, P., 1975, Outdoor activity level as a factor in the feline urological syndrome. Nord. vet. med. 27, 523-524. - 8170. Willeberg, P., 1976, Interaction effects of epidemiologic factors in the feline urological syndrome. Nord. vet. med. 28, 193-200. - 8171. Willeberg, P., K. W. Kastrup, E. Andreesen, 1975, Pituitary dwarfism in German Shepherd dogs. Nord. vet. med. 27, 443-454. - 8172. Willeberg, P., W. A. Priester, 1976, Feline urological syndrome. Am. J. vet. res. 37, 975-978. - 8173. Willeke, H., 1981, Die Prüfung der Eber auf Fruchtbarkeit, eine züchterische und ökonomische Notwendigkeit ? Zuchthyg. 16, 171-175. - 8174. Willeke, H., A. Wulf, E. Kalverkamp, 1981, Vergleich der Wurfgröße von Reinzucht- und Kreuzungstieren beim Kaninchen. Arch. Gefl. k. 45, 176-178. - 8175. Willer, S., 1978, Untersuchungen der Beziehungen zwischen genetisch determinierten polymorphen Serumproteinsystemen, Serumproteinparametern und Bewegungsstörungen bei Fleischschweinen. Arch. Tierz. 21, 13-23. - 8176. Willer, S., 1982, Chromosomenaberrationen als Ursache von Reproduktionsstörungen beim Rind. Mh. Vet. med. 37, 109-117. - 8177. Willer, S., H. Willer, E. Wiesner, 1981, Chromosomenaberrationen beim Pferd. Mh. Vet. med. 36, 386-394. - 8178. William, C., C. A. Gopalakrishnan, K. S. Ramon, 1969, Incidence of malformations in dead poultry embryos. Ind. vet. J. 46, 696-699. - 8179. Williams, C. H., M. D. Shanklin, H. B. Hedrick, M. E. Muhrer, D. H. Stubbs, G. F. Krause, C. G. Payne, J. D. Benedict, D. P. Hutcheson, J. F. Lasley, 1977, The fulminant hyperthermia-stress syndrome. 2nd int. symp. mal. hyp.

113-140. - 8180. Williams, D. M., F. C. Grumet, J. S. Remington, 1978, Genetic control of murine resistance to Toxoplasma gondii. Inf. immun. 19, 416-420. - 8181. Williams, E. D., C. I. Brown, I. Doniach, 1966, Pathological series of 67 cases of medullary carcinoma of the thyroid. J. clin. path. 19, 103-113. - 8182. Williams, E. I., 1970, Lateral luxation of the patella. Vet. rec. 86, 480. - 8183. Williams, R. M., M. J. Moore, 1973, Linkage of susceptibility to experimental allergic encephalomyelitis to the major histocompatibility locus in the rat. J. exp. med. 138, 775-783. - 8184. Williams-Ashman, H. G., A. H. Reddi, 1972, Androgenic regulation of tissue growth and function. In: Litwack a. a. O.. - 8185. Williamson, B., 1978, Antenatal diagnosis of genetic defects. Nature 276, 114-125. -8186. Williamson, B., 1981, Thalassaemia. Nature 292, 405-406. - 8187. Williamson, B., 1981, The cloning revolution meets human genetics. Nature 293, 10-11. - 8188. Willis, M. B., A. Wilson, 1974, Comparative reproductive performance of Brahman and Santa Gertrudis cattle in a hot humid environment. Anim. prod. 18, 35-42. - 8189. Willis, R. A., 1962, The borderland of embryology and pathology. Butterworths, Lond.. - 8190. Wilson, A., M. B. Willis, C. Davison, 1976, Factors affecting calving difficulty and gestation length in cows mated to Chianina bulls and factors affecting the birth weight of their calves. Anim. prod. 22, 27-34. - 8191. Wilson, A. L., G. B. Young, 1958, Prolonged gestation in an Ayrshire herd. Vet. rec. 70, 73-76. - 8192. Wilson, A. J., R. Parker, K. F. Trueman, 1980, Susceptibility of Bos indicus crossbred and Bos taurus cattle to Anaplasma marginale infection. Trop. anim. hlth. prod. 12, 90-94. - 8193. Wilson, C. D., 1981, A comparison of national mastitis surveys in Great Britain and the Netherlands. Tijds. diergeneesk. 106, 485-491. - 8194. Wilson, H. R., M. G. Miller, C. R. Douglas, 1975, Debeaking method for Bobwhite quail. Poult. sci. 54, 1616-1619. - 8195. Wilson, J. G., 1965, Embryological considerations in teratology. In: Wilson u. Warkany a. a. O.. - 8196. Wilson, J. G., 1972, Environmental effects on development-teratology. In: Assali a. a. O.. - 8197. Wilson, J. G., 1972, Abnormalities of intrauterine development in non-human primates. In: Wilson a. a. O.. - 8198. Wilson, J. G., 1973, Environment and birth defects. Ac. Press, N. Y.. - 8199. Wilson, J. G., J. Warkany, 1965, Teratology. Univ. Chikago Press. - 8200. Wilson, L. L., L. A. Dinkel, 1968, Blood composition of Hereford steers. J. anim. sci. 27, 1085-1091. - 8201. Wilson, M. G., A. J. Ebbin, J. W. Spencer, W. H. Towner, 1977, Chromosomal anomalies in patients with retinoblastoma. Clin. gen. 12, 1-8. - 8202. Windhorst, D. B., A. S. Zelickson, J. G. White, C. C. Clawson, P. B. Dent, B. Pollard, R. A. Good, 1968, The Chediak-Higashi anomaly and the Aleutian trait in mink. Ann. N. Y. ac. sci. 155, 818-846. - 8203. Windsor, R. S., 1977, Urolithiasis in piglets. Vet. rec. 101, 367. - 8204. Winfield, C. G., A. H. Williams, A. W. Makin, 1972, Some factors associated with the periparturient behaviour of ewes. Proc. Austr. soc. anim. pr. 9, 365-370. - 8205. Winfield, J. B., D. Bennett, 1971, Gene-teratogen interaction. Teratol. 4, 157-170. - 8206. Winkelhake, J. L., 1978, Immunoglobulin structure and effector function. Immunochem. 15, 695-714. - 8207. Winkelstein, J. A., R. H. Drachman, 1968, Deficiency of pneumococcal serum opsonizing activity in sickle cell disease. N. E. J. med. 279, 459. - 8208. Winkelstein, J. A., L. C. Cork, D. E. Griffin, J. W. Griffin, R. J. Adams, D. L. Price, 1981, Genetically determined deficiency of the third component of complement in the dog. Science 212, 1169-1170. - 8209. Winsor, E. J. T., M. A. Ferguson-Smith, J. G. M. Shire, 1978, Meiotic studies in mice carrying the sex reversal (Sxr) factor. Cytogen. cell gen. 21, 11-18. - 8210. Winter, W. P., E. G. Buss, C. O. Clagett, R. V. Boucher, 1967, The nature of the biochemical lesion in avian renal riboflavinuria. Comp. bioch. phys. 22, 897-906. - 8211. Winters, R. W., J. B. Graham, T. F. Williams, V. W. McFalls, C. H. Burnett, 1958, A genetic study of familial hypophosphatemia and vitamin D resistant rickets with a review of the literature. Medic. 37, 97-142. - 8212. Winzenried, H.

U.,1974,Angeborene Blindheit des Kalbes.Schweiz.landw.Mhf.52,405-409. - 8213.Winzenried,H.U.,J.J.Lauvergne,1970,Spontanes Auftreten von Albinos in der Schweizerischen Braunviehrasse.Schweiz.Arch.Tierhlk.112,581-587. - 8214.Winzenried,H.U.,J.J.Lauvergne,1973,Recherches sur les gènes à effets visibles chez les bovins.Schweiz.Arch.Tierhlk.115,95-105. - 8215.Winzenried,H.U.,J.J.Lauvergne,1974,Test d'allélisme entre les albinismes de deux races bovines suisses.1.Wld.congr.gen.appl.livest.,33-34. - 8216.Winzenried,H.U.,J.J.Lauvergne,J.Morel,1974,Résultats d'une enquête sur les anomalies congénitales dans la race Brune des Alpes en Suisse.Schweiz.Arch.Tierhlk.116,525-532. - 8217.Wirth,H.D.,1978,Morphologische Untersuchungen zur Herzentwicklung bei intensiv und restriktiv gefütterten Schweinen der Deutschen Landrasse sowie bei Kreuzungstieren zwischen Europäischen Wildschweinen und Schweinen der Deutschen Landrasse in der F_1- und F_2-Generation.Dissert.Berlin. - 8218.Wirtschafter,J.D.,G.T.Denslow,I.B.Shine,1973, Quantification of iris translucency in albinism.Arch.ophth.90,274-277. - 8219. Wise,D.R.,1973,The incidence and aetiology of avian spondylolisthesis ("Kinky back").Res.vet.sci.14,1-10. - 8220.Wise,D.R.,1975,Skeletal abnormalities in table poultry.Av.path.4,1-10. - 8221.Wise,D.R.,A.R.Jennings,1972, Dyschondroplasia in domestic poultry.Vet.rec.91,285-286. - 8222.Wise,D.R., H.Nott,1975,Studies on tibial dyschondroplasia in ducks.Res.vet.sci.18,193-197. - 8223.Wise,D.R.,K.N.P.Ranaweera,1978,Shaky leg syndrome and hip lesions in turkeys.Vet.rec.103,206-209. - 8224.Wise,R.P.,R.D.Lund,1976, The retina and central projections of heterochromic rats.Exp.neurol.51,68-77. - 8225.Wissler,R.W.,T.L.Dao,S.Wood,1967,Endogenous factors influencing host-tumor balance.Univ.Chikago Press. - 8226.Wissler,R.W.,D.Vesselinovitch,1974,Differences between human and animal atherosclerosis.Proc. 3rd int.symp.atheroscl.,319-325. - 8227.Witebsky,E.,J.H.Kite,G.Wick,R. K.Cole,1969,Spontaneous thyroiditis in the obese strain of chickens.J.immun. 103,708-715. - 8228.Witebsky,E.,J.H.Kite,G.Wick,R.K.Cole,1969,Spontaneous thyroiditis in the obese strain of chickens.J.immunol.104,45-53. - 8229. Witkop,C.J.,1975,Albinism.Nat.hist.84,48-59. - 8230.Witkop,C.J.,C.W.Hill, S.Desnick,1973,Ophthalmologic,biochemical,platelet and ultrastructural defects in the various types of oculocutaneous albinism.J.inv.derm.60,443-456. - 8231.Witkowski,R.,O.Prokop,1974,Genetik erblicher Syndrome und Mißbildungen.Akad.-Vlg.,Berlin. - 8232.Witt,M.,E.Schilling,F.W.Huth,1959,Zwergwuchs bei schwarzbunten Rindern.Z.Tierz.Zücht.biol.73,201-217. - 8233.Witter,R.L.,1970,Marek's disease research.Poult.sci.50,333-341. - 8234.Witter,R.L.,G.H.Burgoyne,J.J.Solomon,1969,Evidence for a Herpesvirus as an etiological agent of Marek's disease.Av.dis.13,171-184. - 8235.Wittman,K.S., M.Hamburgh,1968,The development and effect of genetic background on expressivity and penetrance of the brachyury mutation in the mouse.J.exp.zool.168, 137-145. - 8236.Witzel,D.A.,J.R.Jones,E.L.Smith,1977,Electroretinography of congenital night blindness in an Appaloosa filly.J.equ.med.surg.1,226-220. - 8237.Witzel,D.A.,R.C.Riis,W.C.Rebhun,R.B.Hillman,1977,Night blindness in the Appaloosa.J.equ.med.surg.1,383-386. - 8238.Witzmann,P.,1975,Zur Therapie der periodischen Augenentzündung (Mondblindheit) des Pferdes.Dt. tierärztl.Wschr.82,1-4. - 8239.Wohlfarth,E.,W.Seffner,1968,Hodenhypoplasie bei Ebern.Fortpfl.Bes.Aufz.Haust.4,309-327. - 8240.Wohlgethan,J.R.,E.S. Cathcart,1979,Amyloid resistance in A/J mice is determined by a single gene. Nature 278,453-454. - 8241.Wojcieszak,A.,F.K.Hoornbeek,1978,Recombination studies involving the siren gene in the mouse.J.hered.69,51-53. - 8242. Wolf,A.M.,T.Vaithianathan,A.M.Josephson,1969,Blood group systems and serologic methods.In: Charles,A.G.,E.A.Friedman,Rh Isoimmunization and erythroblastosis fetalis. Butterworths, Lond. . - 8243. Wolf, J., G. Hussel, 1982, Züchterische Aspekte zum Auftreten von Mastitiden bei Milchkühen. Mh. Vet. med. 37, 173-175. - 8244. Wolf, U., 1981, Genetic aspects of H-Y antigen. Hum. gen. 58, 25-28. - 8245. Wolf, U., G. Feinspach, R. Böhm, S. Ohno, 1965, DNS-Reduplikations-muster bei den Riesen-Geschlechtschromosomen von Microtus agrestis. Chromosoma 16, 609-617. - 8246. Wolf, U., H. Reinwein, R. Porsch, R. Schröter, H. Baitsch, 1965, Defizienz an den kurzen Armen eines Chromosoms Nr. 4. Humangen. 1, 397-413. - 8247. Wolfe, H. G., R. P. Erickson, L. C. Schmidt, 1977, Effects on sperm morphology by alleles at the pink-eyed dilution locus in mice. Genet. 85, 303-308. - 8248. Wolff, G. L., D. B. Galbraith, O. E. Domon, J. M. Row, 1978, Phaeomelanin synthesis and obesity in mice. J. hered. 69, 295-298. - 8249. Wolkoff, A. W., L. E. Cohen, I. M. Arias, 1973, Inheritance of the Dubin - Johnson syndrome. N. E. J. med. 288, 113-117. - 8250. Womack, J. C., L. D. Tindell, R. E. Cook, 1966, Relative intra- and inter-stock aggressiveness and performance in the domestic fowl. Poult. sci. 45, 27-30. - 8251. Womack, J. E., 1979, Genetic constitution and response to toxic chemicals. J. tox. env. hlth. 5, 49-51. - 8252. Womack, J. E., A. MacPie, H. Meier, 1980, Muscle deficient, a new mutation in the mouse. J. hered. 71, 68. - 8253. Wong, M., O. Elliot, J. P. Scott, J. Levinsohn, R. Bush, 1974, Phosphoglucomutase polymorphism in the family Canidae. Act. biol. med. germ. 32, 307-310. - 8254. Wong-Staal, F., R. C. Gallo, D. Gillespie, 1975, Genetic relationship of a primate RNA tumour virus genome to genes in normal mice. Nature 256, 670-672. - 8255. Wood, A. W., A. H. Conney, 1974, Genetic variation in coumarin hydroxylase activity in the mouse. Science 185, 162-614. - 8256. Wood, A. W., B. A. Taylor, 1979, Genetic regulation of coumarin hydroxylase activity in mice. J. biol. chem. 254, 5647-5651. - 8257. Wood, E. N., 1979, Increased incidence of stillbirth in piglets associated with high levels of atmospheric carbon monoxide. Vet. rec. 104, 283-284. - 8258. Wood, P. D. P., 1975, A note on the effect of twin births on production in the subsequent lactation. Anim. prod. 20, 421-424. - 8259. Wood, W. G., K. Pearce, J. B. Clegg, D. J. Weatherall, J. S. Robinson, G. D. Thorburn, G. S. Dawes, 1976, Switch from foetal to adult haemoglobin synthesis in normal and hypophysectomised sheep. Nature 264, 799-801. - 8260. Wood, W. G., J. M. Old, A. V. Roberts, J. B. Clegg, D. J. Weatherall, N. Quattrin, 1978, Human globin gene expression. Cell 15, 437-446. - 8261. Woodruff, R. C., J. N. Thompson, R. F. Lyman, 1979, Intraspecific hybridisation and the release of mutator activity. Nature 278, 277-279. - 8262. Woods, J. W., 1957, The effects of long-term exposure to cold upon adrenal weight and ascorbic acid content in wild and domesticated Norway rats. J. physiol. 135, 384-389. - 8263. Woodward, J., J. H. Park, S. P. Colowick, 1979, The increase in hexokinase activity in hereditary avian muscular dystrophy. Biochim. biophys. act. 586, 641-644. - 8264. Woody, C. D., 1977, Changes in activity and excitability of cortical auditory receptive units of the cat as a function of different behavioral states. Ann. N. Y. ac. sci. 290, 180-199. - 8265. Wool, I. G., K. Kurihara, 1967, Determination of the number of active muscle ribosomes. Proc. nat. ac. sci. 58, 2401-2407. - 8266. Wooley, P. H., J. Griffin, G. S. Panayi, J. R. Batchelor, K. I. Welsh, T. J. Gibson, 1980, HLA-DR antigens and toxic reactions to sodium aurothiomalate and D-penicillamine in patients with rheumatoid arthritis. N. E. J. med., 300-302. - 8267. Wooley, P. H., H. S. Luthra, J. Stewart, C. S. David, 1981, Collagen arthritis in mice. Fed. proc. 40, 4197. - 8268. Woolf, C. M., 1960, An investigation of the familial aspects of carcinoma of the prostate. Cancer 13, 739-744. - 8269. Woolf, C. M., A. D. Gianas, 1976, Congenital cleft lip and fluctuating dermatoglyphic asymmetry. Am. J. hum. gen. 28, 400-403. - Wootton, J. A., R. R. Minor, D. F. Patterson, 1982, Studies of procollagen in skin of cats with a heritable defect in collagen fibrillogenesis. Fed. proc. 41, 3407. - 8271. Wortis, H. H.,

1974, Immunological studies of nude mice. In: Cooper u. Warner a. a. O. . -8272. Wortis, H. H. , S. Nehlsen, J. J. Owen, 1971, Abnormal development of the thymus in "nude" mice. J. exp. med. 134, 681-692. - 8273. Wouters, L. , A. de Moor, 1978, (Congenital and acquired affections of the lacrimal drainage system in the horse). Vlaams diergen. tijds. 47, 122-143. - 8274. Wragg, L. E. , R. S. Speirs, 1952, Strain and sex differences in response of inbred mice to adrenal cortical hormones. Proc. soc. exp. biol. med. 80, 6 80-684. - 8275. Wrathall, A. E. , 1976, An inherited respiratory distress syndrome in newborn pigs. Proc. int. pig vet. soc. congr. (4th), 10. - 8276. Wray, C. , A. D. Mathieson, A. N. Copland, 1971, An achondroplastic syndrome in South Country Cheviot sheep. Vet. rec. 88, 521-522. - 8277. Wriedt, C. , 1925, Letale Faktoren. Z. Tierz. Zücht. biol. 3, 223-230. - 8278. Wright, J. W. , R. Pal, 1967, Genetics of insect vectors of disease. Elsevier Publ. Co. - 8279. Wright, P. C. , J. D. Young, J. L. Mangan, E. M. Tucker, 1977, An inherited arginase deficiency in sheep erythrocytes. J. agr. sci. 88, 765-767. - 8280. Wright, S. , 1934, An analysis of variability in number of digits in an inbred strain of guinea pigs. Genetics 19, 506-536. - 8281. Wright, S. , 1959, Silvering (si) and diminution (dm) of coat color of the guinea pig, and male sterility of the white or near white combination of these. Genetics 44, 563-590. - 8282. Wright, S. , 1921, Factors in the resistance of guinea pigs to tuberculosis, with special regard to inbreeding and heredity. Am. natur. 55, 20-50. - 8283. Wrigley, N. G. , J. V. Heather, A. Bonsiquare, A. DeFlora, 1972, Human erythrocyte glucose-6-phosphate dehydrogenase. J. mol. biol. 68, 483-499. - 8284. Wroblewski, B. M. , 1973, Estimation of time of death by eye changes. Forens. sci. 2, 201-205. - 8285. Wudl, L. R. , M. I. Sherman, N. Hillman, 1977, Nature of lethality of t mutations in embryos. Nature 270, 137-140. - 8286. Würsch, T. G. , H. Hess, R. Walser, H. R. Koelz, S. Pelloni, E. Vogel, P. Schmid, A. L. Blum, 1978, Die Epidemiologie des Ulcus duodeni. Dt. med. Wschr. 103, 613-619. - 8287. Wurster, D. H. , K. Benirschke, 1970, Indian muntjac, Muntiacus muntjak: a deer with a low diploid chromosomal number. Science 168, 1364-1366. - 8288. Wurster, D. H. , J. R. Snapper, K. Benirschke, 1971, Unusually large sex chromosomes. Cytogen. 10, 153-176. - 8289. Wuttke, W. , 1930, Neuroendokrine Regulationsmechanismen. Naturwiss. 67, 288-295. - 8290. Wuttke, W. , K. D. Döhler, M. Gelato, 1976, Oestrogens and prolactin as a possible regulator of puberty. J. endocr. 68, 391-396. - 8291. Wyatt, G. R. , 1972, Insect hormones. In: Litwack a. a. O. . - 8292. Wyke, J. , 1981, Strategies of viral oncogenesis. Nature 290, 629-630. - 8293. Wynder, E. L. , K. Mabuchi, D. Hoffmann, 1975, Tobacco. In: Schottenfeld a. a. O. . - 8294. Wynder, E. L. , G. B. Gori, 1977, Contribution of the environment to cancer incidence. J. nat. canc. inst. 58, 825 - 832. - 8295. Wynne-Davies, R. , 1973, Heritable disorders in orthopaedic practice. Blackwell sci. publ. , Oxford. - 8296. Wyrobek, A. J. , J. A. Heddle, W. R. Bruce, 1975, Chromosomal abnormalities and the morphology of mouse sperm heads. Can. J. gen. cyt. 17, 675-681. - 8297. Wyse, P. H. , M. J. Hollenberg, 1977, Complicated colobomatous microphthalmos in the BW rat. J. anat. 149, 377-412. - 8298. Wythes, J. R. , 1979, Effect of tipped horns on cattle bruising. Vet. rec. 104, 390-392. - 8299. Wythes, J. R. , R. T. Strachan, M. R. Durand, 1976, A survey of dystocia in beef cattle in southern Queensland. Austr. vet. J. 52, 570-574. - 8300. Yaeger, J. A. , R. L. Church, M. L. Tanzer, 1975, Structure of cultured fibroblasts from dermatosparaxic calves. Vet. path. 12, 16-31. - 8301. Yamada, Y. , 1974, Genetic resistance to Marek's disease and lymphoid leukosis in chickens. 1. Wld. congr. gen. appl. livest. , 191-203. - 8302. Yamaguchi, M. , K. Yamazaki, G. Beauchamp, J. Bard, L. Thomas, E. A. Boyse, 1981, Distinctive urinary odors governed by the major histocompatibility locus of the mouse. Proc. nat. ac. sci. 78, 5817-5820. - 8303. Yamamoto, H. , 1979, A clinical, genetic and epidemiologic study of congenital club foot. Jap. J. hum. gen. 24, 37-44. - 8304. Yamamoto, R. S. , L. B. Crittenden, L. Sokoloff, G. E. Jay, 1963, Genetic variations in plasma lipid content in mice. J. lip. res. 4, 413-418. - 8305. Yamamoto, T. , 1969, Inheritance of albinism in the Medaka, Oryzias latipes, with special reference to gene interactions. Genet. 62, 797-809. - 8306. Yamamoto, S. , S. Utsu, Y. Tanioka, N. Ohsawa, 1977, Extremely high levels of corticosteroids and low levels of corticosteroid binding macromolecule in plasma of marmoset monkeys. Act. endocr. 85, 398-405. - 8307. Yamane, J. , 1928, Über die Atresia coli, eine letale, erbliche Darmmißbildung beim Pferde, und ihre Kombination mit Gehirngliomen. Z. ind. Abst. Vererb. l. 46, 188-207. - 8308. Yamashita, C. , H. Shimazaki, T. Miyake, M. Saitoh, Y. Saheki, R. Ishitani, 1980, Congenital porphyria in swine. Jap. J. vet. sci. 42, 353-359. - 8309. Yamazaki, K. , E. A. Boyse, V. Mike, H. T. Thaler, B. J. Mathieson, J. Abbott, J. Boyse, Z. A. Zayas, L. Thomas, 1976, Control of mating preferences in mice by genes in the major histocompatibility complex. J. exp. med. 144, 1324-1335. - 8310. Yamazaki, T. , T. Maruyama, 1974, Evidence that enzyme polymorphisms are selectively neutral, but blood group polymorphisms are not. Science 183, 1091-1092. - 8311. Yanagisawa, K. , D. R. Pollard, D. Bennett, L. C. Dunn, E. A. Boyse, 1974, Transmission ratio distortion at the T-locus. Immunogenet. 1, 91-96. - 8312. Yanai, R. , H. Nagasawa, 1971, Pituitary prolactin and growth hormone levels during different reproductive states in mice with a high or a low lactational performance. Horm. behav. 2, 73-82. - 8313. Yang, S. Y. , P. S. Coleman, B. Dupont, 1982, The biochemical and genetic basis for the microheterogeneity of human R-type vitamin B12 binding proteins. Blood 59, 747-755. - 8314. Yao, T. S. , O. N. Eaton, 1954, Heterosis in the birth weight and slaughter weight in rabbits. Genetics 39, 667-676. - 8315. Yaoita, Y. , T. Honjo, 1980, Deletion of immunoglobulin heavy chain genes from expressed allelic chromosomes. Nature 286, 850-853. - 8316. Yazwinski, T. A. , 1977, Breed resistance to ovine gastrointestinal parasites. Dissert. abstr. B 37, 5457-5458. - 8317. Yazwinski, T. A. , L. Goode, D. J. Moncol, G. W. Morgan, A. C. Linnerud, 1979, Parasite resistance in straightbred and crossbred Barbados Blackbelly sheep. J. anim. sci. 49, 919-926. - 8318. Yazwinski, T. A. , L. Goode, D. J. Moncol, G. W. Morgan, A. C. Linnerud, 1980, Haemonchus contortus resistance in straightbred and crossbred Barbados Blackbelly sheep. J. an im. sci. 51, 279-284. - 8319. Yeakel, E. H. , R. P. Rhoades, 1941, A comparison of the body and endocrine gland weights of emotional and non-emotional rats. Endocrinol. 28, 337. - 8320. Yen, S. S. , J. Rankin, 1970, Inappropiate secretion of follicle-stimulating hormone and luteinizing hormone in polycystic ovarian disease. J. clin. endocr. 30, 435-442. - 8321. Yen, T. T. , L. Lowry, J. Steinmetz, 1968, Obese locus in Mus musculus. Biochim. biophys. res. com. 33, 883-887. - 8322. Yen, T. T. , J. M. Acton, 1972, Locomotor activity of various types of genetically obese mice. Proc. soc. exp. biol. med. 140, 647-650. - 8323. Yen, T. T. , P. L. Yu, H. Roeder, P. Willard, 1974, Genetic study of hypertension in Okamoto-Aoki spontaneously hypertensive rats. Hered. 33, 309-316. - 8324. Yen, T. T. , W. N. Shaw, P. L. Yu, 1977, Genetics of obesity in Zucker rats and Koletsky rats. Hered. 38, 373-377. - 8325. Yerushalmy, J. , 1972, Infants with low birth weight born before their mothers started to smoke cigarettes. Am. J. obst. gyn. 112, 277-284. - 8326. Yoon, C. H. , J. Slaney, 1972, Hydrocephalus: a new mutation in the Syrian golden hamster. J. hered. 63, 344-346. - 8327. Yoon, C. H. , Z. R. Fouhar, 1973, Interaction of cerebellar mutant genes. I. J. comp. neurol. 150, 137-145. - 8328. Yoon, C. H. , A. K. Coffey, 1975, Interaction of cerebellar mutant genes. II. Brain res. 96, 219-232. - 8329. Yoon, C. H. , J. S. Peterson, D. Corrow, 1976, Spontaneous seizures: a new mutation in Syrian golden hamsters. J. hered. 67, 115-116. - 8330. Yoon, C. H. , C. T. DeGroot, J. S. Peterson, 1980, Linkage relationship of cardiomyopathy in the Syrian hamster. J. hered. 71, 61-62. - 8331. Yoon, C. H. , C. T. DeGroot, J. S. Peterson, 1980, Linkage group V in the Syrian hamster. J. hered.

71,287-288. - **8332.** Yoon, J. W., A. L. Notkins, 1976, Virus induced diabetes mellitus. J. exp. med. 143, 1170-1185. - **8333.** Yoshida, A., 1967, A single amino acid substitution (asparagine to aspartic acid) between normal (B+) and the common Negro variant (A+) of human glucose-6-phosphate dehydrogenase. Proc. nat. ac. sci. 57, 835-840. - **8334.** Yoshida, A., 1980, Identification of genotypes of blood group A and B. Blood 55, 119-123. - **8335.** Yoshida, A., Y. F. Yamaguchi, V. Dave, 1979, Immunologic homology of human blood group glycosyltransferases and genetic background of blood group (ABO) determination. Blood 54, 344-350. - **8336.** Yoshida, H., A. Kohno, K. Ohta, S. Hirose, N. Maruyama, T. Shirai, 1981, Genetic studies of autoimmunity in New Zealand mice. J. immunol. 127, 433-437. - **8337.** Yoshioka, A., Y. Fujimura, K. Yoshioka, 1977, A note on the carrier detection of hemophilia A. Jap. J. hum. gen. 22, 261-270. - **8338.** Yoshitoshi, Y., N. Shibata, S. Yamashita, 1961, Experimental studies on the beriberi heart. Jap. heart J. 2, 42-64. - **8339.** Yosida, T. H., 1977, Karyologic studies on hybrids between Asian, Ceylonese, and Oceanian type black rats, with a note on an XO female occurring in the F2 generation. Cytogen. cell gen. 19, 262-272. - **8340.** Yosida, T. H., 1978, An XXY male appeared in the F2 hybrids between Oceanian and Ceylonese type black rats. Proc. Jap. ac. B 54, 121-124. - **8341.** Yosida, T. H., 1979, Sex chromosome anomalies in F2 hybrids between Oceanian and Ceylonese type black rats. Jap. J. gen. 54, 27-34. - **8342.** Yosida, T. H., 1980, Studies on the karyotype differentiation of the Norway rat. Proc. Jap. ac. B 56, 268-272. -**8343.** Yosida, T. H., K. Moriwaki, T. Sagai, 1974, Black rat with a single X-chromosome. Ref. Anim. breed. abstr. 43, 300. - **8344.** Youinou, P., P. LeGolf, J. P. Saleun, L. Rivat, J. F. Morin, C. Fauchier, G. LeMenn, 1978, Familial occurrence of monoclonal gammopathies. Biomedic. 28, 226-232. - **8345.** Young, C., M. F. W. Festing, K. C. Barnett, 1974, Buphthalmos (congenital glaucoma) in the rat. Lab. an. 8, 21-31. - **8346.** Young, C. W., J. Legates, J. Leece, 1960, Genetic and phenotypic relationships between clinical mastitis, laboratory criteria and udder height. J. dairy sci. 43, 54-62. - **8347.** Young, F. G., 1961, Experimental research on diabetes mellitus. Brit. med. J. 2, 1449-1454. - **8348.** Young, G. B., 1974, Mendelian factors and reproductive criteria. 1. Wld. congr. gen. appl. livest., 57-63. -**8349.** Young, G. B., 1976, Some genetic defects in British livestock and their control Anim. breed. res. rep. Edinb. agr. counc., 31-35. - **8350.** Young, J. S., 1970, Studies on dystocia and birth weight in Angus heifers calving at two years of age. Austr. vet. J. 46, 1-7. - **8351.** Young, N. S., E. J. Benz, J. A. Kantor, P. Kretschmer, A. W. Nienhuis, 1978, Hemoglobin switching in sheep. Proc. nat. ac. sci. 75, 5884-5888. - **8352.** Young, P. L., 1978, Squamous cell carcinoma of the tongue of the cat. Austr. vet. J. 54, 133-134. - **8353.** Young, W., R. L. Hotovec, A. G. Romero, 1967, Tea and atherosclerosis. Nature 216, 1015-1016. - **8354.** Yunis, J. J., 1977, New chromosomal syndromes. Ac. Press, N. Y.. - **8355.** Yunis, E., R. Silva, E. Ramirez, M. A. Nossa, 1977, X/XYq-mosaicism and mixed gonadal dysgenesis. J. med. gen. 14, 262-263. - **8356.** Yunis, E., F. L. Garcia-Conti, O. M. Torres de Caballero, A. Giraldo, 1977, Yq deletion aspermia and short stature. Hum. gen. 39, 117-122. - **8357.** Zaaijer, J. J. P., D. Price, 1971, Early secretion of androgenic hormones by human fetal gonads and adrenal glands in organ culture and possible implications for sex differentiation. In: Hamburgh u. Barrington a. a. O. - **8358.** Zaalmink, W., G. J. Garssen, A. H. Visscher, 1979, (Inherited differences in sensitivity to copper in sheep). Rep. B-156, Inst. Veet. onderz. "Schoonoord". - **8359.** Zachmann, M., A. Prader, 1978, Unusual heterozygotes of congenital adrenal hyperplasia due to 21-hydroxylase deficiency. Act. endocr. 87, 557-565. - **8360.** Zachmann, M., A. Prader, 1979, Unusual heterozygotes of congenital adrenal hyperplasia due to 21-hydroxylase deficiency confirmed by HLA tissue typing. Act. endocr. 92, 542-546. - **8361.** Zacks, S. I., M. F. Sheff, M. Rhodes, A. Saito, 1969, MED myopathy. Lab. inv. 21, 143-153. - **8362.** Zahner, B., U. Küpfer, P.

Tschudi,1979,Der Einfluß der 1/29 Translokation auf die Fruchtbarkeit von Simmentaler Kühen in der Schweiz. Zuchthyg. 14,49-54. - 8363. Zaki, F.A., W. J. Kay,1973,Globoid cell leukodystrophy in a Miniature poodle. J.A.V.M.A. 163,248-250. - 8364. Zaki, L.A.,1971,An Arab family with Waardenburg syndrome. J. laryng. 85,471-480. - 8365. Zaleski, L.A., R.E.Casey, W. Zaleski,1979, Maternal phenylketonuria. Can. med. ass. J. 121,1591-1594. - 8366. Zander, J., 1979,Östrogene und Endometriumkarzinom. Münch. med. Wschr. 121,443-444. - 8367. Zanella, A.,1978,(Genetic and vaccinal resistance to Marek's disease. Clin. vet. 101,229-237. - 8368. Zanella, A., J. Valantines, G. Granelli, G. Castelli, 1975,Influence of strain of chickens on the immune response to vaccination against Marek's disease. Av. path. 4,247-253. - 8369. Zardi, O., E. Adorixsio, M. Aleandri, E. Lillini, R. Aloisi,1979,Konnatale Mißbildung durch Toxoplasmose beim Kalb. Tierärztl. prax. 7,301-304. - 8370. Zarnecki, A., Z. Stalinski, S. Mrowiec, J. Bieniek,1976, Frequency and distribution of abnormal calves in southern Poland. VIII. int. congr. anim. repr. A.I.,341. - 8371. Zartman, D. L., N.S. Fechheimer,1967,Somatic aneuploidy and polyploidy in inbred and linecross cattle. J. anim. sci. 26,678-682. - 8372. Zartman, D. L., A. L. Smith,1975, Triploidy and haploid-triploid mosaicism among chick embryos. Cytogen. cell gen. 15,138 - 145. - 8373. Zartman, D. L., L. L. Hinesley, M. W. Gnatkowski,1981,A 53,X female sheep(Ovis aries). Cytogen. cell gen. 30,54-58. - 8374. Zarzosa, Y. de, J.J.E. Canton, 1976,(Occurrence of tuberculosis among beef and dairy cattle slaughtered at Ferreria, Mexico). Rev. inv. sal. publ. 36,117-132. - 8375. Zavertyaev, B. P.,1980,(Genetic aspects of selection for decreased stillbirth rate of calves). Genetika 16,893-898. - 8376. Zayed, I., C. Gopinath, H.W. Hornstra, B. J. Spit, C. A. v.d. Heiden,1976,A light and electron microscopical study of glomerular lipoidosis in beagle dogs. J. comp. path. 86,509-517. - 8377. Zebrowski, L.,1974, Analysis of the karyotype of cattle with spastic paresis. Med. wet. 30,159. -8378. Zeigler, H. P.,1977, Trigeminal deafferentiation and feeding behavior in the pigeon. Ann. N. Y. ac. sci. 290,331-347. - 8379. Zein-el-Dein, A., H. Ayoub, P. Mérat,1981,Gène cou nu et performance de croissance de poulets à deux saisons différentes en Egypte. Ann. gén. sél. anim. 13,269-280. - 8380. Zein-el-Dein, A., M. Zeiny, H. Ayoub, 1981,Carcass measurements of naked neck and normal chicks. Ann. gén. sél. anim. 13,435-440. - 8381. Zeitlin, G., J. R. Smyth, M. Sevoian,1972, Genetic response of the fowl to exposure to Marek's disease. Poult. sci. 51, 602-608. - 8382. Zelena, J., K. Smetana, I. Jirmanova,1978,Abnormalities of the nuclear envelope in porcine muscle affected with congenital myofibrillar hypoplasia. Virch. Arch. B 28,157-166. - 8383. Zelena, J., I. Jirmanova,1979,Degenerative changes in skeletal muscles of piglets with congenital myofibrillar hypoplasia. Zbl. Vet. med. 26 A,652-665. - 8384. Zeller, R., B. Hertsch,1976, Ursachen des angeborenen Sehnenstelzfußes beim Fohlen. Arch. tierärztl. Fortb. 2,111 - 119. - 8385. Zellweger, H.,1970,Cytogenetic aspects of ophthalmology. Surv. oph. 15, 77-93. - 8386. Zellweger, H., J. K. Smith, P. Grutzner, 1974, The Marshall syndrome. J. pediat. 84, 868-870. - 8387. Zelnik, J., J. Gr. anat, J. Bulla,1973,(Penetrance of buphthalmia and its effect on the growth of rabbits). Ref. Anim. breed. abstr. 42, 327. - 8388. Zemplenyi, T., D. H. Blankenhorn, A. J. Rosenstein,1975, Inherited depression of arterial lipoamide dehydrogenase activity associated with susceptibility to atherosclerosis in pigeons. Circul. res. 36, 640-646. -8389. Zerobin, K., H. J. Bertschinger, P. Wild,1978,Diploider DNA-Gehalt in Spermien von Stieren der Schweizer Braunviehrasse. Zuchthyg. 13,113-120. - 8390. Zetterquist, P., I. Turesson, B. Hohansson, S. Laurell, N. M. Ohlsson,1971,Dominant mode of inheritance in atrial septal defect. Clin. gen. 2, 78-86. - 8391. Zeuthen, E., J. Nielsen,1978, Prevalence of Klinefelter's syndrome (47,$\overline{XXY}$) in a general male population. J. génét. hum. 26, 85-97. - 8392. Zhdanov, V. M.,1975,Integration of viral genomes. Nature 256,471-473. - 8393. Zibrin, M. ,E. Tomajkova, 1974, Ultrastructure of double-headed spermatozoa in bulls and stallions. Z. mikrosk. anat. Forsch. 88, S511-S522. - 8394. Zieger, K. ,1932, Beiträge zur Streptokokkenmastitis. Dt. tierärztl. Wschr. 40, 39-42. - 8395. Ziegler, A. , M. Rödenbeck, B. Kuklinski, H. Marek, K. Kellner, V. I. Bunajeva, I. V. Vinogradova, A. A. Aleksandrov, 1979, Beziehungen zwischen Herzinfarkt und Kohlenhydratstoffwechsel. Wiss. Z. K. M. Univ. M. N. R. 28,181-189. - 8396. Zijpp, A. J. v. d. , F. R. Leenstra, 1980, Genetic analysis of the humoral immune response of White Leghorn chicks. Poult. sci. 59, 1363-1369. - 8397. Zimmermann, E. ,1981, Die Übersterblichkeit des männlichen Geschlechts. Med. Klin. 76, 24-30. - 8398. Zimmermann, W. ,1973, Pränatale Mortalität und Wurfgrößen beim Meerschweinchen. Z. Versuchstierk. 15, 204-210. - 8399. Ziprkowski, L. , A. Adam, 1964, Recessive total albinism and congenital deaf mutism. Arch. dermat. 89,151-155. - 8400. Zöbe, E. ,1969, Über den Einfluß von Überfütterung und Wetterlage auf die Transportverluste beim Schwein. Schlacht. Viehh. Z. 69,100-104. - 8401. Zöllner, N. , 1974, Ernährung, Umwelt und moderne Ernährungsforschung. Mitt. DFG 2, 32-36. - 8402. Zubaidy, A. J. ,1978, Horn cancer in cattle in Iraq. Vet. path. 13, 453-454. - 8403. Zubaidy, A. J. ,1976, Caprine neoplasms in Iraq. Vet. path. 13, 460 - 461. - 8404. Zucker, L. M. , T. F. Zucker, 1961, Fatty, a new mutation in the rat. J. hered. 52, 275-278. - 8405. Zudong, L. , L. Zicheng, 1980, (A genetical study on sex-reversal in the fowl). Act. gen. sin. 7, 103-110. - 8406. Zui, V. D. , L. M. Romanov, A. I. Gaidukova, 1980, (The resistance of mink of different genotypes to virus infection). Vis. Kiiv. Univ. biol. 22, 74-78. - 8407. Zumalacarregui, R. J. , G. J. Burgos, 1977, Activities of enzymes involved in energy metabolism of Churra breed lambs, and changes caused by enzootic muscular dystrophy. An. fac. vet. Leon, 21, 409-419. - 8408. Zuschneid, K. , A. Bayer, E. Schäffer, 1976, Sinnes-und verhaltensphysiologische Beobachtungen am Jagdhund. Berl. Münch. tierärztl. Wschr. 89, 462-471. - 8409. Zutphen, L. F. M. v. ,1974, Serum esterase genetics in rabbits. I. Biochem. gen. 12, 309-326. - 8410. Zutphen, L. F. M. v. ,1975, Inheritance of atropinesterase in rabbits. Gen. phaen. 18, 83-86. - 8411. Zwaan, J. , R. M. Williams, 1968, Morphogenesis of the eye lens in a mouse strain with hereditary cataracts. J. exp. zool. 169, 407-421. - 8412. Zwiauer, D. , M. Menken, G. Stranzinger, L. Dempfle, 1980, Auswirkungen einer Zentromerfusion auf Form-und Leistungsmerkmale beim Rind. Zuchthyg. 15, 97-102. - 8413. Zwilling, E. , 1969, Abnormal morphogenesis in limb development. In: Swinyard a. a. O. . - 8414. Zyl, A. v. , K. Schulz, B. Wilson, D. Pausegrouw, 1965, Genetically determined goitre in cattle. S. Afr. med. J. 38,155.

8415. Abe, T., M. Komatsu, K. Yamamoto, S. Migita, 1982, Genetics and some characteristics of C_6 deficiency in rabbits. Exp. anim. 31, 21-26. - 8416. Adalsteinsson, S., 1983, Inheritance of coat colours, fur characteristics and skin quality in north European sheep breeds. Livest. prod. sci. 10, 555-567. - 8417. Adalsteinsson, S., 1984, A black-moorit mosaic-coloured Icelandic ram. J. hered. 75, 83-84. - 8418. Adalsteinsson, S., P. K. Basrur, 1984, Inheritance of spina bifida in Icelandic lambs. J. hered. 75, 378-382. - 8419. Adam, J., M. Pinta, M. Viel, 1981, Syndrome hyéniforme dans l'espèce bovine et carence en nickel. Bull. ac. vét. Fr. 54, 329-335. - 8420. Adams, J. M., 1985, Oncogene activation by fusion of chromosomes in leu - kaemia. Nature 315, 542-543. - 8421. Addis, P. B., W. E. Rempel, C. McGrath, E. D. Aberle, 1979, The use of breed differences to study porcine stress susceptibility. Act. agr. scand. Suppl. 21, 312-321. - 8422. Agre, P. J., F. Casella, W. H. Zinkham, C. McMillan, V. Bennett, 1985, Partial deficiency of erythrocyte spectrin in hereditary spherocytosis. Nature 314, 380-383. - 8423. Ahern, C. P., J. H. Milde, G. A. Gronert, 1985, Electrical stimulation triggers porcine malignant hyperthermia. Res. vet. sci. 39, 257-258. - 8424. Ahlers, D., W. Heuwieser, W. Zaremba, 1984, Segmentäre Uterusaplasie bei einer Kuh der Rasse "Deutsche Schwarzbunte". tierärztl. prax. 12, 431-434. - 8425. Aitken, W. M., H. H. Meyer, J. C. Smeaton, 1984, Inheritance of tooth wear in sheeps' teeth. Ann. rep. N. Zeal. agr. res. div., 44. - 8426. Alaku, O., J. Steinbach, P. J. Avery, 1984, Effect of season of birth and sex on heart weight and body weight and their interrelationship in pigs reared in the tropics. Anim. prod. 38, 495-502. - 8427. Alanko, M., 1985, Über die angeborenen Kopfkappenveränderungen der Eberspermien und ihre Wirkung auf die Befruchtung der Ova bei der Sau. Tierärztl. Umsch. 40, 564-566. - 8428. Albers, G. A. A., S. E. Burgess, D. B. Adams, J. S. F. Barker, L. F. LeJambre, L. R. Piper, 1984, Breeding Haemonchus contortus resistant sheep. Proc. wksh. Austr. wool corp., 41-52. - 8429. Al-Dabakh, J. A., A. A. Alrawi, H. J. Al-Ani, 1982, Genetic analysis of California mastitis test in Friesian, local and their crosses. 2nd Wld. congr. gen. appl. livest. 7, 331-335. - 8430. Ali, T. E., E. B. Burnside, L. R. Schaeffer, 1984, Relationship between external body measurements and calving difficulties in Canadian Holstein-Friesian cattle. J. dairy sci. 67, 3034-3044. - 8431. Alitalo, I., M. Kärkäinen, 1983, Osteochondrotic changes in the vertebrae of four ataxic horses suffering from vertebral malformation. Nord. vet. med. 35, 468-474. - 8432. Allen, W. R., 1984, The influence of foetal genotype on equine endometrial cup development. Vlaams dierg. tijds. 53, 253-270. - 8433. Allen, W. R., 1984, Aspects of early embryonic development in farm animals. 10th int. congr. anim. repr. A. I., 13, 1-9. - 8434. Alloisio, N., L. Marlé, E. Dorléac, O. Gentilhomme, D. Bachir, D. Guétarni, P. Colonna, M. Bost, Z. Zouaoui, L. Roda, D. Roussel, J. Delaunay, 1985, The heterozygous form of 4.1 (-) hereditary elliptocytosis. Blood 65, 46-51. - 8435. Alter, B. P., 1984, Advances in the prenatal diagnosis of hematologic diseases. Blood 64, 329-340. - 8436. Amsbaugh, D. F., S. H. Stone, 1984, Autosomal dominant congenital nuclear cataracts in strain 13/N guinea pigs. J. hered. 75, 55-58. - 8437. Anderson, W. F., J. Martinell, J. B. Whitney, R. A. Popp, 1982, Mouse models of human thalassemia. Anim. mod. inh. dis., 11-26. - 8438. Andersson, L., S. Bengtsson, U. Hellman, I. Källman, C. Ranje, 1985, Genetic variation of haemoglobin ∝ - and ß-chains in rabbits detected by isoelectric focusing and reversed-phase chromatography. An. bld. grps. bioch. gen. 16, 41-50. - 8439. Andreeff, M., J. Bressler, P. Higgins, 1985, Onkogene und Krebs. DMW 110, 30-35. - 8440. Andresen, E., 1983, Model for interaction between a chromosomal region and reproduction in pigs. 34th ann. meet. EAAP, 46. - 8441. Angell, R. R., R. J. Aitken, P. F. A. v. Look, M. A. Lamsden, A. A. Templeton, 1983, Chromosome abnormalities in human embryos after in vitro fertilization. Nature 303, 336-338. - 8442. Anon., 1981, Too soon for the rehabilitation of La -

marck. Nature 289, 631-632. - 8443. Anon, 1981, Two views of the cause of cancers. Nature 289, 431-432. - 8444. Anon., 1982, Rectal strictures in pigs. Vet. prof. top. 8, 1-2. - 8445. Anon., 1983, Freeing the manipulators. Nature 302, 465-466. - 8446. Anon., 1983, Sexual behavior and serum concentrations of reproductive hormones in impotent stallions. Theriogen. 19, 833-840. - 8447. Anon., 1983, The heritability of disease. Ann. rep. UK inst. an. dis., 34. - 8448. Anon., 1983, Trypanosomiasis resistance in cattle breeds. Ann. rep. int. lab. res. an. dis. Kenya, 44. - 8449. Anon., 1983, Trypanosome resistance in cattle breeds. Ann. rep. int. lab. an. dis. Kenya, 37-38. - 8450. Anon., 1983, Lung cancer incidence decreases. Nature 302, 95. - 8451. Anon., 1984, Gentechnologie. Naturwiss. 71, 385-386. - 8452. Anon., 1984, Cytogenetics of cattle. Ann. rep. agr. S. Afr., 29. - 8453. Anon., 1984, Congenital disease. Vet. rec. 114, 417. - 8454. Anon., 1984, Weniger Cholesterin-weniger Herzinfarkte. diagn. dial. 30, 1-5. - 8455. Anon., 1984, The Wilson white. Orej. chinch. 1, 23-25. - 8456. Anon., 1985, Waterbelly altitude disease. Poult. int. 24, 62-66. - 8457. Anson, D. S., D. E. Austen, G. G. Brownlee, 1985, Expression of active human clotting factor IX from recombinant DNA clones in mammalian cells. Nature 315, 683-685. - 8458. Antaldi, G. G. V., 1980, (Hereditary diseases of the horse). Riv. zoot. vet. 3, 218-223. - 8459. Arnault, G. A., 1982, Bovine spastic paresis. 12th Wld. congr. dis. cattle 2, 853-858. - 8460. Arnone, M., R. Dantzer, 1980, Does frustration induce aggression in pigs? Appl. an. ethol. 6, 351-362. - 8461. Arp, B., M. D. McMullen, U. Storb, 1982, Sequences of immunoglobulin $\lambda 1$ genes in a $\lambda 1$ defective mouse strain. Nature 298, 184-187. - 8462. Arriola, J., L. A. Johnson, M. Kaproth, R. H. Foote, 1985, A specific oligoteratozoospermia in a bull. Theriogen. 23, 899-913. - 8463. Artzt, K., 1984, Gene mapping within the T/t complex of the mouse. III. Cell 39, 565-572. - 8464. Artzt, K., B. Babiarz, D. Bennett, 1979, A t haplotype (tw75) overlapping two complementation groups. Gen. res. 33, 279-285. - 8465. Artzt, K., H. S. Shin, D. Bennett, A. Dimeo-Talento, 1985, Analysis of major histocompatibility complex haplotypes of t-chromosomes reveals that the majority of diversity is generated by recombination. J. exp. med. 162, 93-104. - 8466. Arvidsson-Rosén, A., 1983, (Stress susceptibility in pigs-an inherited defect). Husdj. 12, 32-33. - 8467. Ashdown, R. R., S. W. Barnett, G. Ardalani, 1982, Impotence in the boar. Vet. rec. 110, 349-356. - 8468. Ashley, T., 1983, Sex vesicle loss: a possible explanation of the excess of XO over XXY conceptuses in mice and men. Hum. gen. 65, 209-210. - 8469. Ashmore, C. R., D. W. Robinson, 1969, Hereditary muscular hypertrophy in the bovine. Proc. soc. exp. biol. med. 132, 548-554. - 8470. Assmann, G., 1983, Apolipoproteinopathien. Klin. Wschr. 61, 169-182. - 8471. Assmann, G., H. Schriewer, H. Schulte, 1985, HDL cholesterol, apolipoprotein A-I and coronary risk factors. J. clin. chem. clin. bioc. 23, 567-568. - 8472. Atchley, W. R., 1984, The effect of selection on brain and body size association in rats. Gen. res. 43, 289-298. - 8473. Atchley, W. R., B. Riska, L. A. P. Kohn, A. A. Plummer, J. J. Rutledge, 1984, A quantitative genetic analysis of brain and body size associations, their origin and ontogeny. Evol. 38, 1165-1179. - 8474. Atkinson, J. B., V. S. LeQuire, 1985, Myotonia congenita. Comp. path. bull. 17, 3-4. - 8475. Atroshi, F., K. Henriksson, L. A. Lindberg, M. Multia, 1983, A heritable disorder of collagen tissue in Finnish crossbred sheep. Zbl. Vet. med. A 30, 233-241. - 8476. Atroshi, F., S. Soukari, U. B. Lindström, 1985, Glutathione peroxidase activity in dairy goat erythrocytes in relation to somatic cell counts and milk production. Arch. exp. Vet. med. 39, 520-524. - 8477. Auffray, C., J. Kuo, R. DeMars, J. L. Strominger, 1983, A minimum of four human class II λ-chain genes are encoded in the HLA region of chromosome 6. Nature 304, 174-176. - 8478. Autrum, H., 1982, Anomalitäten des Auges und der Sehbahnen und ihre Genetik bei albinotischen Säugetieren. Biol. Zbl. 101, 213-222. - 8479. Azevedo, W. T. de, M. H. P. Franco, J. C. F. Moraes, 1984, Hemoglobin and transferrin types in Corriedale and Romney-

Marsh sheep in Brazil. Rev. Bras. gen. 7, 287-297. - 8480. Babior, B. M. , D. W. Parkinson, 1982, The NK cell: a phagocyte in lymphocyte's clothing ? Nature 298, 511. - 8481. Bacon, L. D. , L. B. Crittenden, R. L. Witter, A. Fadly, J. Motta, 1983, B5 and B15 associated with progressive Marek's disease, Rous sarcoma, and avian leukosis virus-induced tumors in inbred 151, 4 chickens. Poult. sci. 62, 573-578. -8482. Badran, A. E. , 1985, Genetic and environmental effects on mastitis disease in Egyptian cow and Buffalo. Ind. J. dairy sci. 38, 230-234. - 8483. Bail, R. J. le, J. J. Pas quet, J. Y. Detaille, 1983, Malformations of genetic origin in teratology studies. Ac. Press, Inc.. - 8484. Bailey, C. B. , 1981, Silica metabolism and silica urolithiasis in ruminants. Can. J. anim. sci. 61, 219-235. - 8485. Bailey, D. W. , 1985, Genes that affect the shape of the murine mandible. J. hered. 76, 107-114. - 8486. Baker, J. R. , D. G. Lyon, 1983, Epitheliogenesis imperfecta and gonadal malformation in pumas. Vet. rec. 112, 37. - 8487. Baker, M. L. , C. T. Blum, M. Plum, 1951, Dwarfism in Aberdeen Angus cattle. J. hered. 42, 141-143. - 8488. Balakrishnan, C. R. , B. R. Yadav , 1984, Normal and abnormal chromosomes in Indian river buffaloes. Buff. bull. 3, 13-15. - 8489. Ballard, D. H. , G. E. Hinton, T. J. Sejnowski, 1983, Parallel visual computation. Nature 306, 21-26. - 8490. Ballarini, G. , S. Maletto, 1983, Maladie de la hyène et carences minérales chez les bovins. Bull. ac. vét. Fr. 56, 227-234. - 8491. Ballarini, G. , F. Gizzardi, S. Maletto, P. P. Mussa, 1984, Malattia della jena e carenze minerali. Ob. doc. vet. 5, 55-58. - 8492. Banerjee, A. K. , A. Bordas, P. Mérat, 1982, Sex linked dwarf gene (dw) in White Leghorn laying hens under normal or hot temperature. Ann. gén. sél. anim. 14, 135-159. - 8493. Banga, J. P. , G. Pryce, L. Hammond, I. M. Roitt, 1985, Structural features of the autoantigens involved in thyroid autoimmune disease. Mol. immun. 22, 629-642. - 8494. Banik, S. , D. S. Bhatnagar , 1984, Note on the inheritance of foot rot, mastitis and utero vaginal disorders in native, exotic and their two/three crossbred adult goats. As. J. dairy res. 2, 184 - 186. - 8495. Banyard, M. R. C. , 1979, Genetic aspects of immune responsiveness and disease resistance in the bovine eye. Austr. adv. vet. sci. , 14-15. - 8496. Barandum, G. , D. Palmer, 1982, Epiphora beim Zwergkaninchen. tierärztl. prax. 10, 403-410. - 8497. Barkley, M. S. , A. Bartke, D. S. Gross, Y. N. Sinha, 1982, Prolactin status of hereditary dwarf mice. Endocrin. 110, 2088-2096. - 8498. Barkyoumb, S. D. , H. W. Leipold, 1984, Nature and cause of bilateral ocular dermoids in Hereford cattle. Vet. path. 21, 316-324. - 8499. Barlow, R. , L. R. Piper, 1985, Genetic analyses of nematode egg counts in Hereford and crossbred Hereford cattle in the subtropics of New South Wales. Livest. prod. sci. 12, 79-84. - 8500. Barnes, H. J. , O. Hedstrom, 1983, Triploidy associated with poor egg production. Proc. 32nd West. poult. dis. conf. , 77-78. - 8501. Barneveld, A. , 1984, The relationship between external features and the presence of bone spavin. 35. EVT-Tagg. , H2. 3. - 8502. Bartram, C. R. , 1984, Molekulargenetische Aspekte der chronischen myeloischen Leukämie. DMW 109, 1894-1900. - 8503. Bartram, C. R. , A. de Klein, A. Hagemeijer, T. V. Agthoven, A. G. v. Kessel, D. Bootsma, G. Grosveld, M. A. Ferguson-Smith, T. Davies, M. Stone, N. Heisterkamp, J. R. Stephenson, J. Groffen, 1983, Translocation of c-abl oncogene correlates with the presence of a Philadelphia chromosome in chronic myeloic leukemia. Nature 306, 277-280. - 8504. Bartram, C. R. , A. de Klein, A. Hagemeijer, G. Grosveld, N. Heisterkamp, J. Groffen, 1984, Localization of the human c-sis oncogene in the Ph^1-positive and Ph^1-negative chronic myeloic leukemia by in situ hybridization. Blood 63, 223-225. - 8505. Barykina, N. N. , I. L. Chepkasov, T. A. Alekhina, V. G. Kolpakov, 1983, (Selection of Wistar rats for predisposition to catalepsy). Genet. 19, 2014-2021. - 8506. Barykina, N. N. , T. A. Alekhina, I. L. Chepkasov, V. G. Kalpakov, 1984, (The genetic relationship of catalepsy with pendulum movements and audiogenic seizures in rats). Genet. 20, 1818-1823. - 8507. Basabe, J. C. , O. H. Pivetta, L. F. de Bruno, J. C. Cresto, N. J. Aparicio, 1983, A temporal study of somatostatin secretion and its inhibitory effect in genetically diabetic mice (C57BL/KsJ-db/db). Endocrin. 113, 1927-1934. - 8508. Batey, D.W., J. F. Mead, C.D. Eckhert, 1985, Characterization of pigment epithelial cell lipids in congenic RCS retinal dystrophic and normal rats. Fed. proc. 44, 1227. - 8509. Batra, T.R., A.J. McAllister, J.P. Chesnais, J.P. Darisse, J.A. Emsley, A.J. Lee, G. L. Roy, J.A. Vesely, K.A. Winter, 1983, Comparison of the heifer reproduction traits of the daughters of several sire groups. Can. J. an. sci. 63, 269-278. - 8510. Batra, T.R., A.J. McAllister, 1983, Incidence of subclinical and clinical mastitis in pureline and crossline dairy cattle. Can. J. an. sci. 63, 773-780. - 8511. Batra, T.R., A. J. McAllister, 1984, Relationships among udder measurements, milking speed, milk yield and CMT scores in young dairy cows. Can. J. an. sci. 64, 807-815. - 8512. Bauer, K.A., J.B. Ashenhurst, J. Chediak, R.D. Rosenberg, 1983, Antithrombin"Chikago". Blood 62, 1242-1250. - 8513. Baum, N., 1984, Züchterische Maßnahmen zur Erhöhung der Aufzuchtleistung bei Rind, Schwein und Schaf. Tierzucht 38, 97-100. - 8514. Baumung, A., I. König, 1984, Embryotransfer und seine Wirkung in der Züchtung. Tierzucht 38, 493-495. - 8515. Baverstock, P.R., M. Adams, R.W. Polkingthorne, M. Gelder, 1982, A sex-linked enzyme in birds. Nature 296, 763-766. - 8516. Baylis, M.S., 1984, An XO/XX mosaic sheep with associated gonadal dysgenesis. Res. vet. sci. 36, 125-126. - 8517. Bayly, W.M., S.M. Reed, C.W. Leathers, C.M. Brown, J.L. Traub, M.R. Paradis, G.H. Palmer, 1982, Multiple congenital heart anomalies in five Arabian foals. J.A.V.M.A. 181, 684-689. - 8518. Beardmore, J.A., F. Karimi-Booshehri, 1983, ABO genes are differentially distributed in socio-economic groups in England. Nature 303, 522-524. - 8519. Becht, J.L., 1983, Current concepts of the foal ulcer syndrome. Proc. 29th ann. conv. A.A. equ. pract. . -8520. Beckstedde, R., 1985, Populationsgenetische Untersuchungen an Schweineaugen zu Fragen der Farbvererbung und Heritabilität quantitativer Merkmale. Diss. Hannover. - 8521. Beech, J., G. Aguirre, S. Gross, 1984, Congenital nuclear cataracts in the Morgan horse. J.A.V.M.A. 184, 1363-1365. - 8522. Beechey, C.V., A.G. Searle, 1983, Contrasted, a steel allele in the mouse with intermediate effects. Gen. res. 42, 183-191. - 8523. Begimkulov, B.K., A.V. Bakai, 1982, (Polymorphism of sex chromosomes in the subfamily Bovinae). Sb. nauc. vet. ak. 126, 5-9. - 8524. Beisel, K.W., C.S. David, A.A. Giraldo, Y.M. Kong, N.R. Rose, 1982, Regulation of experimental autoimmune thyroiditis. Immunogen. 15, 427-430. - 8525. Belayew, A., S.M. Tilghman, 1982, Genetic analysis of α-fetoprotein synthesis in mice. Mol. cell. biol. 2, 1427-1435. - 8526. Bell, B.R., B.T. McDaniel, O.W. Robison, 1985, Effects of cytoplasmic inheritance on production traits of dairy cattle. J. dairy sci. 68, 2038 - 2051. - 8527. Bell, G.I., R.L. Pictet, W.J. Rutter, B. Cordell, E. Tischer, H.M. Goodman, 1980, Sequence of the human insulin gene. Nature 284, 26-32. - 8528. Bell, R. G., L.S. Adams, R.W. Ogden, 1984, Trichinella spiralis: genetics of worm expulsion in inbred and F1 mice infected with different worm doses. Exp. paras. 58, 345-355. - 8529. Belosevic, M., G.M. Faubert, E. Skamene, J.D. MacLean, 1984, Susceptibility and resistance of inbred mice to Giardia muris. Inf. imm. 44, 282-286. - 8530. Belyaev, D.K., A.O. Ruvinsky, P.M. Borodin, 1981, Inheritance of alternative states of the fused gene in mice. J. hered. 72, 107-112. - 8531. Belyaev, D.K., G. Isakova, 1984, Spontaneous chimaeras at the early postnatal period in mink. 3e cong. int. sci. prod. an. fourr., 2. - 8532. Benathan, M., F. Lemarchand-Béraud, C. Berthier, A. Gautier, D. Gardiol, 1983, Thyroid function in Gunn rats with genetically altered thyroid hormone catabolism. Act. endocr. 102, 71-79. - 8533. Berchtold, M., A. Mittelholzer, L. Camponovo, 1985, Atresia coli beim Kalb. Dt. tierärztl. Wschr. 92, 395-398. - 8534. Berepubo, N.A., 1985, A cytogenetic study of subfertility in the domestic cat. Can. J. gen. cyt. 27, 219-223. - 8535. Berepubo, N.A., S.E. Long, 1983, A study of the relationship between chromosome anomalies and reproductive wastage in domestic animals. Theriogen. 20,177-190. - 8536. Berg, K.A., 1984, The blood-testis barrier in sterile blue fox-silver fox hybrids compared with that in normal foxes of both species. Int. J. andr. 7, 167-175. - 8537. Berg, R. v. d., F. H. R. Levels, W. v. d. Schee, 1983, Breed differences in sheep with respect to the accumulation of copper in the liver. Vet. quart. 5, 26-31. - 8538. Berger, J., 1983, Induced abortion and social factors in wild horses. Nature 303, 59-61. - 8539. Berger, N.A., S. J. Berger, D.M. Catino, 1982, Abnormal NAD levels in cells from patients with Fanconi's anaemia. Nature 299, 271-273. - 8540. Berglund, B., K. Larsson, 1983, Milk ketone bodies and reproductive performance in post partum dairy cows. 50th ann. meet. A. A. H. A., 153-157. - 8541. Berglund, O. F., G. Hallmans, C. Nygren, I. B. Täljedal, 1982, Effects of diets rich and poor in fibres on the development of hereditary diabetes in mice. Act. endocr. 100, 556-564. - 8542. Bergmann, V., J. Reetz, 1982, Zur Leistungsfähigkeit des Herz-Kreislaufsystems beim Schwein aus pathomorphologischer Sicht. Tierzucht 36, 282-283. - 8543. Bergmann, V., J. Scheer, A. Valentin, P. Schwarz, 1984, Zum Vorkommen neoplastischer Erkrankungen bei Schlachthennen. Mh. Vet. med. 39, 82-86. - 8544. Berkloff, M., E. Ungeheuer, 1983, Die Knotenstruma. Med. Klin. 78, 290-296. - 8545. Bernacki, Z., T. Bukowinski, 1979, Study of congenital malformations in cattle at Pomerania. Terat. script. 2, Z. N. ak. pol. zoot. 15, 89-99, 137-142. - 8546. Berndt, M. C., C. Gregory, B. H. Chong, H. Zola, P. A. Castaldi, 1983, Additional glycoprotein defects in Bernard-Soulier's syndrome. Blood 62, 800-807. - 8547. Bertrams, J., 1983, Zur Pathogenese und Immuntherapie des insulinbedürftigen (Typ I) Diabetes mellitus. Klin. Wschr. 61, 255-263. - 8548. Bessei, W., 1983, Verhaltensänderungen des Huhns bei Intensivierung des Haltungssystems. Arch. Gefl. k. 47, 8-16. - 8549. Bessei, W., 1984, Untersuchungen zur Heritabilität des Federpickverhaltens bei Junghennen. Arch. Gefl. k. 48, 224-231. - 8550. Bessei, W., 1984, Genetische Beziehungen zwischen Leistung, Befiederung und Scheu bei Legehennen. Arch. Gefl. k. 48, 231-239. - 8551. Bessei, W., R. B. Jones, J. M. Faure, 1983, Das Einfangen von Japanischen Wachteln bei auf hohe und geringe Aktivitätsspiegel gezüchteten Linien. Arch. Gefl. k. 47, 134-137. - 8552. Bessei, W., G. Klinger, B. Peitz, 1984, Das Verhalten von Legehennen unter dem Einfluß der Leistungsselektion in Boden- und Käfighaltung. Arch. Gefl. k. 48, 29-35. -8553. Betancourt, A., 1985, Fertility data from daughters of a Santa Gertrudis bull with chromosomal translocation 1/29. Beitr. trop. Landw. Vet. med. 23, 77-80. - 8554. Betancourt, A., C. Gutierrez, A. Sanchez, 1982, (Effect of the 1/29 centric fusion in the Santa Gertrudis breed). Rev. sal. anim. 4, 127-132. - 8555. Betancourt, A., C. Gutierrez, A. Sanchez, 1985, Chromosomal translocation 1/29 in Santa Gertrudis sires. Beitr. trop. Landw. Vet. med. 23, 73-75. - 8556. Beutner, E. H., Autoimmunity in psoriasis. CRC Press, Boca B. Florida. - 8557. Bhalaru, S.S., M.S. Tiwana, J.S. Dhillon, M.S. Bhullar, 1982, Factors affecting incidence of dystocia in buffaloes. Ind. J. dairy sci. 35, 587-590. - 8558. Bhatia, S., V. Shanker, 1982, Practical application of sex chromatin studies in the investigation of disturbed fertility in female cattle. 2nd Wld. congr. gen. appl. livest. prod., 7, 483-488. - 8559. Bhatia, S., V. Shanker, 1983, Cytogenetic studies in female cattle. Vet. rec. 112, 230. - 8560. Bhattacharya, S.S., A. F. Wright, J. F. Clayton, W. H. Price, C. I. Phillips, C. M. McKeown, M. Gay, A. C. Bird, P. L. Pearson, E. M. Southern, H. J. Evans, 1984, Close genetic linkage between x-linked retinitis pigmentosa and a restriction fragment length polymorphism identified by recombinant DNA probe L1. 28. Nature 309, 253-255. - 8561. Bickhardt, K., 1983, Zur Diagnostik der Streßanfälligkeit beim Schwein. Prak. Tierarzt 64, 335-340. - 8562. Bickhardt, K., 1984, Pathogenese und Behandlungsmöglichkeiten der Myopathien beim Schwein. Prakt. Ta. 65, 841-844. - 8563. Bierich, J.R., 1984, Turner-Syndrom. DMW 109, 35. - 8564. Biggs, P.M., R. F. Shilleto, A.M. Lawn, D.M. Cooper, 1982, Idiopathic polyneuritis in SPF chickens. Av. path.

11,163-178. - 8565. Binde,M.,H.Bakke,1984,Relationships between teat characteristics and udder health. Nord.vet. med. 36,111-116. - 8566. Binder,C.,G.Averdunk,D.Sprengel,H.Alps,H.Bogner,1985,Beziehung zwischen Mastleistung und Körpermaßen der Väter und dem Kalbeverhalten ihrer Töchter beim Dt. Fleckvieh. 36.EVT-Tagg.,1,155. - 8567. Bindon,B.M., L.R.Piper,1984,Endocrine basis of genetic differences in ovine prolificacy. 10th int. congr. an. repr. A. I., VI, 17-26. - 8568. Bishop,C.E., P.Boursot,B.Baron, F.Bonhomme,D.Hatat,1985, Most classical Mus musculus domesticus laboratory mouse strains carry a Mus musculus musculus Y chromosome. Nature 315, 70-72. - 8569. Bitgood, J. J., J.S. Otis, R. N. Shoffner, N.S. Fechheimer,1981, A cyclical translocation, t(1;8;5), in the domestic chicken(Gallus domesticus). Cytogen. cell gen. 30, 243-247. - 8570. Blaauboer, B. J., M. van Graft,1982, Photosensensitization in ruminants. 2e Congr. europ. pharmac. toxicol., 305-308. - 8571. Blanden, R.V., 1980, How do immune response gene work? Immun. tod. 1, 33-36. - 8572. Bleuler, M., 1965, Überblick über den gegenwärtigen Stand der Psychiatrie. Nov.Act. Leop. 173,307-314. - 8573. Bleyl,D.W.R., 1983, Microtia in a Wistar rat. Z. Versuchtierk. 25, 285-286. - 8574. Blizard, D.A., L.S. Freedman, B. Liang, 1983, Genetic variation, chronic stress, and the central and peripheral noradrenergic system. Am. J. phys. 245, R600-605. - 8575. Blockey, M.A. de, E.G. Taylor, 1984, Observations on spiral deviation of the penis in beef bulls. Austr. vet. J. 61, 141-145. - 8576. Blohowiak, C.C., P.B.Siegel,1983, Plumage phenotypes and mate preferences in Japanese quail. Beh. proc. 8, 255-276. - 8577. Blohowiak, C.C., D.J.Zelenka, P.B.Siegel,1985, Ontogeny of aggressive-sexual behavior between males in lines of Japanese quail selected for mating frequency. J. comp. psych. 99, 30-34. - 8578. Blom, E., 1982, Aplasia of the ductuli efferentes. Nord.vet. med. 34,431-434. - 8579. Bloom, S.E., 1981, Detection of normal and aberrant chromosomes in chicken embryos and in tumor cells. Poult. sci. 60, 1355-1361. - 8580. Blumenkrantz, N., 1984, Increasing solubility of collagen and glycosaminoglycans by skin of minks suffering from Ehlers-Danlos' syndrome. 3e cong. int. sci. prod. fourr., 63, 1-9. - 8581. Bock, G., K. Horner, P. Steel, 1984, Nature of the auditory deficit in the jerker mouse. Mouse Nsl. 70, 92-94. - 8582. v. Bock u. Polach, U., 1983, Human-Insulin unbegrenzt verfügbar durch Biosynthese via Gentechnik. Med. Klin. 78, 230-233. - 8583. Böhm, N., B. Lippmann-Grob,W. v. Petrykowski, 1983, Familial Cushing's syndrome due to pigmented multinodular adrenocortical dysplasia. Act. endocr. 102,428-435. - 8584. Böhme,H. J., P.Bührdel, 1985, Biochemische Diagnostik der Glykogenspeicherkrankheiten. Wiss. Z. K.M. Univ. M. N. R. 34, 131-135. - 8585. Bokemeyer, B., K.G. Thiele, 1984, Cluster-Analyse bei 109 Patienten mit systemischem Lupus erythematodes. Klin. Wschr. 63, 79-83. - 8586. Boland,M. P., L.G.Hazelton, J.D. Murray,C.D. Nancarrow, 1984, Towards gene transfer into ruminant embryos. Theriogen. 21, 222. - 8587. Boland, M. P., A. Al-Kamali, T. F. Crosby, N.B. Haynes, C.M. Howles, D. L. Kellcher, I. Gordon, 1985, The influence of breed, season and photoperiod on semen characteristics, testicular size, libido and plasma hormone concentrations in rams. An. repr. sci. 9, 241-252. - 8588. Boldman, K.G., T.R. Famula, 1985, Association of sire dystocia transmitting ability with progeny linear type traits in Holsteins. J. dairy sci. 68, 2052-2057. - 8589. Bolet, G., 1982, Analyse des causes de mortalité des porcelets sous la mère. Ann. zoot. 31, 11-26. - 8590. Bongso, T.A., M.Hilmi, 1982, Chromosome banding homologies of a tandem fusion in river, swamp, and crossbred buffaloes(Bubalus bubalis). Can. J. gen. cyt. 24, 667-673. - 8591. Bongso, T.A., M. Thavalingam, T. K. Mukherjee, 1982, Intersexuality associated with XX/XY mosaicism in a horned goat. Cytogen. cell gen. 34, 315-319. - 8592. Bongso, T.A., M.Hilmi, P.K.Basrur, 1983, Testicular cells in hybrid water buffaloes(Bubalus bubalis). Res.vet.sci. 35, 253-258. - 8593. Bonner, J. J., M. L. Tyan, 1982, Cleft palate susceptibility maps in

two H-2 subregions, H. 2K to I-B and G to H-2D. J. immunogen. 9, 243-248. -8594.
Bonadio, J. , P. H. Byers, 1985, Subtle structural alterations in the chains of type I procollagen produce osteogenesis imperfecta type II. Nature 316, 363-366. - 8595.
Booth, J. E. , 1979, Sexual differentiation of the brain. Oxf. rev. repr. biol. 1, 58-158.
- 8596. Borbon, O. F. , 1982, Curative and therapeutic studies of Hereford and Holstein cattle eye cancer. 12th wld. cong. dis. cattle, 2, 1269-1272. - 8597. Börger, K. , 1985, Aspekte der Salmonellosebekämpfung. Zbl. Vet. med. B32, 505-525. - 8598.
Borisevich, V. B. , 1985, (Limax of the foot of cattle). Vet. Mosc. 4, 52-54. - 8599.
Bork, K. , W. Kreuz, G. Witzke, 1984, Hereditäres angioneurotisches Ödem. DMW 109, 1331-1335. - 8600. Borland, N. A. , I. V. Jerrett, D. H. Embury, 1984, Mannosidosis in aborted and stillborn Galloway calves. Vet. rec. 114, 403-404. - 8601. Bortolozzi, J. , H. C. Hines, 1982, Histocompatibility antigens and disease resistance in Jersey cattle. 2nd. wld. cong. gen. appl. livest. , 7, 325-330. - 8602. Bösch, B. , H. Höhn, G. W. Rieck, 1985, Hermaphroditismus verus bei einem graviden Mutterschwein mit einem 39, XX, 14+ Mosaik. Zuchthyg. 20, 161-168. - 8603. Boss, M. A. , C. R. Wood, 1985, Genetically engineered antibodies. Imm. tod. 6, 12-13. - 8604. Botner, A. , P. H. Jorgensen, 1983, An outbreak of excessive neonatal mortality in four Danish mink farms. Act. vet. scand. 24, 499-511. - 8605. Bottazzo, G. F. , I. Todd, R. Pujol-Borrell, 1984, Hypotheses on genetic contributions to the aetiology of diabetes mellitus. Imm. tod. 5, 230-231. - 8606. Bouix, Y. , P. Sellier, G. Monin, 1983, Effets de la sensibilité à l'halothane sur les caractères de croissance et de composition corporelle chez le porc. 15es j. rech. porc. Fr. , 245-254. - 8607. Bowen, S. J. , K. W. Washburn, 1984, Genetics of heat tolerance and thyroid function in Athens-Canadian randombred chickens. Theor. appl. gen. 69, 15-21. - 8608. Bowen, S. J. , K. W. Washburn, 1984, Genetics of heat tolerance in Japanese quail. Poult. sci. 63, 430-435. - 8609. Bracho, G. A. , K. Beeman, J. L. Johnson, H. W. Leipold, 1984, Further studies of congenital hypotrichosis in Hereford cattle. Zbl. Vet. med. A 31, 72-80. - 8610. Brackett, B. G. , C. L. Keefer, C. G. Troop, W. J. Donawick, K. A. Bennett, 1984, Bovine twins resulting from in vitro fertilization. Theriogen. 21, 224. - 8611. Braddick, O. , J. Atkinson, 1980, Cortical binocularity in infants. Nature 288, 363-365. - 8612. Bradley, D. J. , 1980, Genetic control of resistance to protozoal infections . A. Press, N. Y. . - 8613. Bradley, R. , J. T. Done, C. N. Hebert, E. Overby, J. Askaa, A. Basse, B. Bloch, 1983, Congenital tremor type AI. J. comp. path. 93, 43-59. - 8614.
Braend, M. , K. E. Johansen, 1983, Haemoglobin types in Norwegian horses. An. bld. grps. bioch. gen. 14, 305-307. - 8615. Braend, M. , J. B. Clegg, A. Storset, 1983, Inheritance of an abnormal haemoglobin haplotype in horses and its possible influence on blood values. Act. vet. scand. 24, 384-391. - 8616. Brahmstaedt, H. U. , G. Schönmuth, 1983, Zur Beurteilung der Befruchtungsfähigkeit der Besamungsbullen. Tierzucht 37, 489-491. - 8617. Braun, U. , M. Förster, D. Schams, 1983, Das Freemartins -Syndrom beim Schaf. tierärztl. prax. 11, 293-302. - 8618. Breckon, G. , J. R. Savage, 1982, Homozygous deficiency: Syrian hamsters with only 42 chromosomes. Cytog. cell gen. 33, 285-294. - 8619. Brem, G. , 1983, Vererbung des Geweihgewichts beim Reh. tierärztl. prax. 11, 393-398. - 8620. Brem, G. , B. Karnbaum, E. Rosenberger, 1982, Zur Vererbung der Hornlosigkeit beim Fleckvieh. Bayer. landw. Jb. 59, 688-695. - 8621. Brem, G. , H. Kräusslich, 1983, Experimentelle Erstellung monozygoter Zwillinge und Anwendungsmöglichkeiten in der Rinderzucht. 34. Tgg. EAAP-Komm. , G5. 7, 120. - 8622. Brem, G. , A. Glibotic, A. Wurm, K. Osterkorn, 1983, Analyse von Fruchtbarkeitsproblemen anhand von Aufzeichnungen in einer tierärztlichen Praxis. 34. Tgg. EAAP-Komm. , C1. 3, 414. - 8623. Brem, G. , B. Kruff, B. Szilvassy, H. Tenhumberg, 1984, Identical Simmenthal twins through microsurgery of embryos. Theriogen. 21, 225. - 8624. Brem, G. , H. Hondele, H. Kräusslich, R. Wanke, 1984, A lethal defect (arachnomelia) in a population of Braunvieh x Brown-Swiss. 35. EAAP Tgg. G5. 31, 2. - 8625. Brem, G. , J. Hondell, O. Distl, H. Kräußlich, 1985, Feldunter-

suchung über das Auftreten und Ursachen von Nabelbrüchen beim Braunvieh. Tierärztl. Umsch. 40, 877-882. - 8626. Brem, G. , H. Kräußlich, 1985, Zur Anwendung von Chimären in der Tierzucht. 36. EVT-Tgg. , 1, 171. - 8627. Brentrup, H. , L. Roming, M. Stöber, G. Trautwein, B. Liess, W. Peters, 1985, Gehäuftes Auftreten des okulozerebellären Syndroms unter neugeborenen Kälbern eines Milchrinderbestandes-Folgen einer intrauterinen BVD-Virusinfektion ?Tierärztl. Umsch. 40, 852-860. - 8628. Briles, W. E. , R. W. Briles, D. L. Pollock, M. Pattison, 1982, Marek 's disease resistance of B(MHC) heterozygotes in a cross of purebred Leghorn lines. Poult. sci. 61, 205-211. - 8629. Brindley, P. J. , C. Dobson, 1983, Genetic control of liability to infection with Nematospiroides dubius in mice. Parasit. 87, 113-127. - 8630. Brissenden, J. E. , A. Ullrich, U. Francke, 1984, Human chromosomal mapping of genes for insulin-like growth factors I and II and epidermal growth factor. Nature 310, 781-784. - 8631. Brittenham, G. M. , A. N. Schechter, C. T. Noguchi, 1985, Hemoglobin S polymerization. Blood 65, 183-189. - 8632. Brook, J. D. , R. G. Gosden, A. C. Chandley, 1983, Maternal ageing and aneuploid embryos. Hum. gen. 66, 41-45. - 8633. Brooks, H. V. , R. D. Jolly, D. M. West, A. N. Bruere, 1982, An inherited cataract in New Zealand Romney sheep. N. Z. vet. J. 30, 113-114. - 8634. Broster, W. H. , A. J. Clementis, R. E. Hill, 1983, A note on the lactation performance of twin-bearing cows. J. dairy sci. 50, 241-247. - 8635. Brown, K. S. , L. Harne, 1982, Brachymorphic (bmm/bmm), cartilage matrix deficiency (cmd/cmd) and disproportionate micromelia (Dmm/Dmm); three inborn errors of cartilage biosynthesis in mice. An. mod. inh. met. dis. , A. Liss, N. Y. . - 8636. Brown, K. S. , L. C. Harne, K. A. Holbrook, B. A. Dale, 1982, Repeated epilation Er. An. mod. inh. metab. dis. , A. Liss, N. Y. . - 8637. Brownlee, G. , C. Rizza, 1984, Clotting factor VIII cloned. Nature 312, 307. - 8638. Brownstein, D. G. , 1983, Genetics of dystrophic epicardial mineralization in DBA/2 mice. Lab. an. sci. 33, 247-248. - 8639. Brumbaugh, J. A. , T. W. Bargar, W. S. Oetting, 1983, A new allele at the C pigment locus in the fowl. J. hered. 74, 331-336. - 8640. Brunken, H. G. , J. N. Meyer, P. Glodek, 1984, Investigations of the halothane linkage group in German Landrace pigs. 35. EVT Tag. , 2, 5. 13. - 8641. Bruns, E. , C. Wagener, P. Glodek, 1980, Inzucht- ein Problem in Herdbuchschweinepopulationen ? Schweinz. Schweinem. , 153-155. - 8642. Bryan, J. H. D. , 1981, Spermatogenesis revisited. Cell tiss. res. 221, 169-180. - 8643. Brzozowski, A. , Kubasiewicz, 1979, Estimation of bulls of the Szcecin province in the range of carrying of inborn developmental defects. Ser. zoot. terat. scr. 2, 67-79. - 8644. Buck, N. G. , 1985, Balanoposthitis in breeding bulls. Vet. rec. 116, 223-224. - 8645. Bulfield, G. , W. G. Stiller, P. A. Wight, K. J. Moore, 1984, X-chromosome-linked muscular dystrophy (mdx) in the mouse. Proc. nat. ac. sci. 81, 1189-1192. - 8646. v. Bülow, V. , 1984, Neuere Erkenntnisse über Mechanismen der Resistenz gegen die Mareksche Krankheit. Mh. Vet. med. 39, 93-97. - 8647. Bunch, K. J. , D. J. Heneghan, K. G. Hibbit, G. J. Rowlands, 1984, Genetic influences on clinical mastitis and its relationship with milk yield, season and stage of lactation. Livest. prod. sci. 11, 91-104. - 8648. Bunn, C. M. , J. Hansky, A. Kelly, D. A. Titchen, 1981, Observations on plasma gastrin and plasma pepsinogen in relation to weaning and gastric(pars oesophagica) ulceration in pigs. Res. vet. sci. 30, 376-378. - 8649. Buoen, L. C. , B. E. Eilts, A. Rushmer, A. F. Weber, 1983, Sterility associated with an XO karyotype in a Belgian mare. J. A. V. M. A. 182, 1120-1121. - 8650. Burgoyne, P. S. , E. P. Evans, K. Holland, 1983, XO monosomy is associated with reduced birthweight and lowered weight gain in the mouse. J. repr. fert. 68, 381-385. - 8651. Burgoyne, P. S. , P. P. L. Tam, E. P. Evans, 1983, Retarded development of XO conceptuses during early pregnancy in the mouse. J. repr. fert. 68, 387-393 . - 8652. Burnside, E. B. , A. E. McClintock, K. Hammond, 1984, Type, production and longevity in dairy cattle. An. breed. abstr. 52, 711-719. - 8653. Burton, N. , J. S. Jones, 1983, Mitochondrial DNA: new clues about evolution. Nature 306,317-318. - 8654.Burton,R.W., A. K. Sheridan,C.R. Howlett,1981,The incidence and importance of tibial dyschondroplasia to the commercial broiler industry in Australia.Brit. poult. sci. 22,153-160. - 8655. Busby,S. ,A. Kumar,M. Joseph, L. Halpap,M. Insley, K. Berkner,K. Kuradi, R. Woodbury, 1985, Expression of active human factor IX in transfected cells. Nature 316, 271-273. - 8656. Buschmann, H. , H. Kräusslich, H. Herrmann, J. Meyer, A. Kleinschmidt,1985,Quantitative immunological parameters in pigs. Z. Tierz. Zücht.biol. 102,189-199. - 8657. vButler, I. ,1985, Abgangsursachen bei Reitpferden und Ponys. 36. EVT-Tgg. ,2,433. - 8658. Butler, L. ,D. L. Guberski,A.A. Like, 1983,Genetic analysis of the BB/W diabetic rat.Can. J. gen. cyt. 25, 7-15. - 8659. Buul-Offers,S.v. , P. J. M. v. d. Klundert, M. Feijlbrief, J. Branger,1984, The effects of pituitary, thyroid, pancreatic and sexual hormones on body length and weight and organ weights of Snell dwarf mice.Growth 48,101-119. - 8660. Cady,R.A. ,E. B. Burnside,1982,Evaluation of dairy bulls in Ontario for calving ease of offspring. J.dairy sci. 65,2150-2156. - 8661. Cagianut,B. , H. R. Schnebli, K. Rhyner, J. Furrer,1984,Decreased thiosulfate sulfur transferase (Rhodanese) in Leber's hereditary optic atrophy. Klin. Wschr. 62, 850-854. - 8662. Calabi, P. ,A. T. Lloyd,1980, Melanin and adrenalin.Carniv. 3,19-25. - 8663. Cameron, F. , P. J. Russell, J. Sullivan,A. F. Geczy,1983,Is a Klebsiella plasmid involved in the aetiology of ankylosing spondylitis in the HLA-B27 positive individuals ? Mol. immun. 20, 563-566. - 8664. Campbell,A.G. ,N.R. Towers,H. H. Meyer,1984,Heritability of blood minerals and metabolites.Ann. rep. N. Z. agr. res. div. , 79. - 8665.Campbell,T. M. , M. J. Studdert,1983,Reconstitution of primary, severe combined immunodeficiency in man and horse.Comp. imm. micr. inf.dis. 6,101-114. - 8666. Camus,E. ,1981, Epidémiologie et incidence clinique de la trypanosomose bovine dans le nord de la Côte-d'Ivoire. Rev. él. méd. vét. pays trop. 34, 289-295. - 8667. Camus, E. , E. Landais, J. P. Poivey,1981,Structure génétique du cheptel bovin sédentaire du nord de la Côte d'Ivoire. Rev. él. méd. vét. pays trop. 34,187-198. - 8668. Canavese,B. ,P. Gaidano,A. Salzotto, P.Stefanone,1979,(Epidemiological analysis of major external congenital malformations in chick embryos). Ann. fac. med. vet. Tor. 26,443-459. - 8669. Cannizzaro, L. A. ,1981, Cytogenetic studies of the horse, the donkey and the mule. Diss. abstr. B 42, 1748. - 8670. Cantor,C.R. ,1984,Charting the path to the gene. Nature 308,404-405. - 8671. Capeder, J. , W. Müller, P. Dalquen,A. Campana, 1982, Kartagener-Syndrom. DMW 107,1635-1639. - 8672. Carbonell, P. L. , H. K. Muller,1982,Bovine nasal granuloma.Austr. vet. J. 59,97-101. - 8673. Carden,A. E. , W.G. Hill,A. J. Webb,1983,The inheritance of halothane susceptibility in pigs. Gén. sél. évol. 15, 65-82. - 8674. Carden, A. E. , A. J. Webb, 1984, The effect of age on halothane susceptibility in pigs. Anim. prod. 38, 469-475. - 8675. Carlisle, H. J. , P. U. Dubuc,1982, Unchanged thermoregulatory set-point in the obese mouse. Nature 297, 678-679. - 8676. Carrell, N. ,D. A. Gabriel, P. M. Blatt, M. E. Carr, J. Mc Donagh,1983, Hereditary dysfibrinogenemia in a patient with thrombotic disease. Blood 62, 439-447. - 8677. Carrell, R. W. , J. O. Jeppson,C. B. Laurell, S. O. Brennan, M. C. Owen, L. Vaughan, D. R. Boswell, 1982, Structure and variation of human $\measuredangle$ 1-antitrypsin. Nature 298, 329-334. - 8678. Carroll, K. K. ,1982, Hypercholesterolemia and atherosclerosis. Fed. proc. 41, 2792-2796. - 8679. Carruthers, V. R. ,1983, Effect of breeding and selection in cows for bloat susceptibility on intake and digestibility of two diets. Ann. rep. N. Z. agr. res. div. , 78. - 8680. Carte, I. F. ,A. T. Leighton,1969,Mating behavior and fertility in the large white turkey. Poult. sci. 48,104-114. - 8681. Specifity of anti-DNA-antibodies in SLE. Mol. imm. 20, 573 - 580. - 8682. Castillo, H.C. , 1983, A preliminary evaluation of the reproductive and productive performance of imported Anglo-Nubians, Saanen, Alpine and Toggenburg goats in selected farms in the Philippines. Phil. J. an. ind. 38, 52-62. - 8683. Cattanach, B. M. , E. P. Evans, M. D. Burtenshaw, J. Barlow, 1982, Male, female and intersex development in mice of identical chromosome constitution. Nature 300, 445-446. - 8684. Cattanach, B. M., M. Kirk, 1985, Differential activity of maternally and paternally derived chromosome regions in mice. Nature 315, 496-498. - 8685. Cavanagh, K., R. W. Dunstan, M. Z. Jones, 1982, Plasma ⋏ - and ß-mannosidase activities in caprine ß-mannosidosis. Am. J. vet. res. 43, 1058-1059. - 8686. Cavenee, W., T. P. Dryja, R. A. Phillips, W. F. Benedict, R. Godbout, B. L. Gallie, A. L. Murphree, L. C. Strang, R. L. White, 1983, Expression of recessive alleles in retinoblastoma. Nature 305, 779-784. - 8687. Center, E. M., S. S. Spigelman, D. B. Wilson, 1982, Perinotochordal sheath of heterozygous and homozygous Danforth's shorttail mice. J. hered. 73, 299-300. - 8688. Cerquetti, M. C., D. O. Sordelli, R. A. Ortegon, J. A. Bellanti, 1983, Impaired lung defenses against Staphylococcus aureus in mice with hereditary deficiency of the fifth component of complement. Inf. imm. 41, 1071-1076. - 8689. Chaganti, R. S. K., 1983, Significance of chromosome change to hematopoietic neoplasms. Blood 62, 515-524. - 8690. Chaganti, R. S. K., S. C. Jhanwar, B. Kozimer, Z. Avlin, R. Mertelsmann, B. D. Clarkson, 1983, Specific translocations characterize Burkitt's-like lymphoma of homosexual men with Acquired immunodeficiency syndrome. Blood 61, 1265-1268. - 8691. Chakraborty, R., P. W. Hedrick, 1983, Heterozygosity and genetic distance of proteins. Nature 304, 755-756. - 8692. Chalmer, J. E., 1980, Genetic resistance to cytomegalovirus infection. Ac. Press, N. Y.. - 8693. Chandler, J. E., R. W. Adkinson, G. M. Hay, R. L. Crain, 1985, Environmental and genetic sources of variation for seminal quality in mature Holstein bulls. J. dairy sci. 68, 1270-1279. - 8694. Chandra, H. S., 1984, A model for mammalian male determination based on a passive Y chromosome. Mol gen. gen. 193, 384-388. - 8695. Chappuis, J. P., Y. Duval-Iflah, L. Ollivier, C. Legault, 1984, Escherichia coli K88 adhesion. Gén. sél. évol. 16, 385-390. - 8696. Charon, K. M., 1982, Genetic aspects of lymphatic leukaemia in dairy cattle. 33rd meet. EAAP, G3. 32, 7. - 8697. Charon, K. M., 1983, Susceptibility to lymphatic leukaemia in cows of selected male lines. Gen. pol. 24, 247-251. - 8698. Chaudhary, M. L., J. S. Sandhu, G. S. Brah, 1984, Variance-component analysis of fertility and hatchability in White Leghorns. Z. Tierz. Zücht. biol. 101, 359-366. - 8699. Chen, W. F., 1982, (Some common hereditary diseases of cattle, pigs and sheep.) Chin. J. vet. med. 8, 34-36. - 8700. Chesters, J. K., 1983, Zinc metabolism in animals. J. inh. met. dis. 6, 34-38. - 8701. Chhabra, A. K., H. E. Nielsen, P. A. Jensen, 1983, A study on the incidence of stillbirths and abnormalities in Large White Yorkshire litters. Ind. vet. J. 60, 415-416. - 8702. Chikamune, T., 1984, (Studies on white-feathered and dark-feathered Japanese quail). Jap. poult. sci. 21, 262-264. - 8703. Chikamune, T., J. Yamazaki, 1983, The influence of plumage color and egg shell color on various quantitative traits in Japanese quail. Jap. poult. sci. 20, 307-311. - 8704. Childs, B., 1975, Genetic screening. Ann. rev. gen. 9, 67-89. - 8705. Chiu, E. K. Y., J. R. McNeill, 1985, Vasopressin withdrawal produces hypotension in the spontaneously hypertensive rat. Am. J. phys. 249, H193-197. - 8706. Chmielnik, H., J. Jakubiec, E. Bukaluk, R. Labiszak, 1983, Die Beurteilung der Klauenhärte vom NCB-Rindvieh und seinen Mischlingen mit dem Holstein. 34. Tgg. EAAP, 447. - 8707. Chow, D. A., L. B. Wolosin, A. H. Greenberg, 1981, Genetics, regulation and specifity of murine natural antitumor antibodies and natural killer cells. J. nat. canc. inst. 67, 445-453. - 8708. Christmas, R. B., R. H. Harms, 1982, Incidence of double yolked eggs in the initial stages of lay as affected by strain and season of the year. Poult. sci. 61, 1290-1293. - 8709. Christensen, K., H. Pedersen, 1982, Variation in chromosome number in the Blue fox(Alopex lagopus) and its effect on fertility. Heredit. 97, 211-215. -8710. Christenson, P. J., J. L. Fourcroy, K. J. O'Connell, 1982, A case of bilateral absence of the Vas deferens and the body and tail of the epididymis in association with multiple congenital anomalies. J. andr. 3, 326-328. - 8711. Chu, M. L., C. J. Williams, G. Pepe, J. L. Hirsch, D. J. Prockop, F. Ramirez, 1983, Internal deletion in a collagen gene in a perinatal lethal form of osteogenesis imperfecta. Nature 304, 78 - 80. - 8712. Chubb, C. , C. Nolan, 1985, Animal models of male infertility. Endocrin. 117, 338-346. - 8713. Cieslicki, M. , 1983, Der Hydromyeliekomplex beim Kalb. Diss. Gießen. - 8714. Cirlan, M. , 1982, Hyperplasia interdigitalis in bulls. 4th int. symp. dis. rum. dig. , Paris. - 8715. Clark, E. A. , J. B. Roths, E. D. Murphy, J. A. Ledbetter, J. A. Clagett, 1982, The beige(bg) gene influences the development of autoimmune disease in SB/Le male mice. Ac. Press, N. Y. . - 8716. Clarke, L. A. , D. A. P. Evans, R. Harris, R. B. McConnell, J. C. Woodrow, 1968, Genetics in medicine. Quart. J. med. 37, 1-61. - 8717. Clegg, F. G. , M. Goodall, P. C. Jones, 1982, Breed susceptibility to infectious bovine keratoconjunctivitis. Vet. rec. 110, 617. - 8718. Clemens, M. R. , H. Einsele, H. D. Waller, 1985, The fatty acid composition of red cells deficient in glucose- 6-phosphate dehydrogenase and their susceptibility to lipid peroxidation, Klin. Wschr. 63, 578-582. - 8719. Closs, O. , M. Lovik, 1980, Murine leprosy as a model for the analysis of genetic factors controlling resistance to mycobacterial infection. In: Genetic control of natural resistance to infection and malignancy. Ac. Press, N. Y. . - 8720. Clutton-Brock, T. H. , S. D. Alban, F. E. Guinness, 1985, Parental investment and sex differences in juvenile mortality in birds and mammals. Nature 313, 131-133. - 8721. Cockrem, F. R. M. , J. T. McIntosh, R. McLaren, 1983, Selection for and against susceptibility to bloat in dairy cows. Proc. N. Z. soc. an. prod. 43, 101-106. - 8722. Cohen, D. I. , S. M. Hedrick, E. A. Nielsen, P. D' Eustachio, F. Ruddle, A. D. Steinberg, W. E. Paul, M. M. Davis, 1985, Isolation of a cDNA clone corresponding to an x-linked gene family (XLR) closely linked to the murine immunodeficiency disorder xid. Nature 314, 369-372. - 8724. Cohen, D. I. , A. D. Steinberg, W. E. Paul, M. M. Davis, 1985, Expression of an x-linked gene family (XLR) in late stage B cells and its alteration by the xid mutation. Nature 314, 372-374. - 8725. Cohn, Z. A. , E. Wiener, 1963, The particulate hydrolases of macrophages. J. exp. med. 118, 991-1009. - 8726. Cole, D. E. , 1985, Oculocutaneous hypopigmentation of An gus cattle. Diss. abstr. B 45, 3128. - 8727. Collins, F. S. , C. D. Boehn, P. G. Waber, C. J. Stoeckert, S. M. Weissman, B. G. Forget, H. H. Kazazian, 1984, Concordance of a point mutation 5' to the 6γ globin gene with $6\gamma \beta+$ - Hereditary persistance of fetal hemoglobin in the Black population. Blood 64, 1292-1296. - 8728. Collins, F. S. , J. E. Metherall, M. Yamakawa, J. Pan, S. M. Weissman, B. G. Forget, 1985, A point mutation in the $A\gamma$ -globin gene promoter in Greek hereditary persistance of fetal hemoglobin. Nature 313, 325-326. - 8729. Collins, W. M. , R. M. Zsigray, 1984, Genetics of the response to Rous -sarcoma virus-induced tumours in chi - ckens. Ann. bld. grps. bioch. gen. 15, 159-171. - 8730. Cook, R. W. , 1981, Cardiomyopathy and woolly hair coat in Poll Hereford calves. Austr. vet. ass. yearb. , 210. - 8731. Cooke, A. , R. M. Lydeyard, I. M. Roitt, 1983, Mechanism of autoimmunity. imm. tod. 4, 170-175 . - 8732. Copeland, N. G. , N. A. Jenkins, B. K. Lee, 1983, Association of the lethal yellow (Ay) coat color mutation with an ecotropic murine leukemia virus genome. Proc. nat. ac. sci. 80, 247-249. - 8733. Cornish-Bowden, A. , 1982, Related genes can have unrelated introns. Nature 297, 625-626. - 8734. Courtney, C. H. , 1983, Resistance of three exotic breeds of sheep to gastrointestinal nematodes. Diss. abstr. B 43, 2470-2471. - 8735. Courtney, C. H. , C. F. Parker, K. E. McClure, R. P. Herd, 1985, Resistance of exotic and domestic lambs to experimental infection with Haemonchus contortus. Int. J. paras. 15, 101-109. - 8736. Courtney, M. , S. Jallot, L. H. Tessier, A. Benavente, R. G. Crystal, J. P. Lecocq, 1985, Synthesis in E. coli of $\measuredangle 1$-antitrypsin and variants of therapeutic potential for emphysema and thrombosis. Nature 313, 149-151. - 8737. Cox, D. R. , R. D. Palmiter, 1983, The metallothioneine-I gene maps to mouse chromosome 8: implications for human Menkes' disease. Hum. gen. 64, 61-64. - 8738. Cox, J. E. , 1982, Factors affecting testis weight in normal and cryptorchid horses. J. repr. fert. , Suppl. 32, 129-134. -8739.

Coyne, J. A., 1985, The genetic basis of Haldane's rule. Nature 314, 736-738. - 8740. Crary, D.D., R.R. Fox, 1980, Frequency of congenital abnormalities and of anatomical variations among JAX rabbits. Teratol. 21, 113-121. - 8741. Crary, D.D., R. R. Fox, 1983, Narrow axis: an inherited anomaly of the second cervical vertebra in the rabbit. J. hered. 74, 47-50. - 8742. Crawford, R.D., 1983, Association of egg traits and feathering mutants in domestic fowl. Gén. sél. év. 15, 257-262. - 8743. Crettaz, M., E. S. Horton, L. J. Wardzala, E. D. Horton, B. Jeanrenaud, 1983, Physical training of Zucker rats. Am. J. phys. 244, E414-420. - 8744. Cribiu, E. P., 1984, Quelques cas de dysgénésie gonadique chez la jument causés par différentes aberrations gonosomiques. Gén. sél. év. 16, 397-404. - 8745. Cribiu, E.P., C.P. Popescu, 1982, Distribution and fertility of 60,XX/60,XY bulls. 5th Eur. coll. cytogen. d. anim., 215-221. - 8746. Crichlow, E.C., P. Mishra, R.D. Crawford, 1985, Anti-convulsant effects of ivermectin in genetically determined epileptic fowl. Fed. proc. 44, 1106. - 8747. Crichton, D.N., J.G.M. Shire, 1982, Genetic basis of susceptibility to splenic lipofuscinosis in mice. Gen. res. 39, 275-285. - 8748. Crittenden, L. B., 1983, Recent advances in the genetics of disease resistance. Av. path. 12, 1-8. - 8749. Crittenden, L.B., S.M. Astrin, E.J. Smith, 1983, Independant segregation of ev 10 and ev 11, genetic loci for spontaneous production of endogenous avian retroviruses. Virol. 129, 514-516. - 8750. Crowe, M.W., T.W. Swerczek, 1985, Equine congenital defects. Am. J. vet. res. 46, 353-358. - 8751. Cumlivski, B., 1982, Resistance to lameness of home and imported sheep races. 2nd Wld. congr. gen. appl. livest. prod., 7, 5. - 8752. Czelusniak, J., M. Goodman, D. Hewett-Emmett, M. L. Weiss, P.J. Venta, R.E. Tashian, 1982, Phylogenetic origins and adaptive evolution of avian and mammalian haemoglobin genes. Nature 298, 297-300. - 8753. Dabdoub, S.A.M., 1985, Genetic and phenotypic relationships among mastitis, somatic cell concentration and milk yield. Diss. abstr. B 45, 2037. - 8754. Dailey, J.W., C.E. Reigel, T.W. Woods, J.E. Penny, P.C. Jobe, 1985, Types of serotonergic abnormalities characteristic of genetically epilepsy-prone rats(GEPRs). Fed. proc. 44, 1107. - 8755. Dain, A. R., H. M. Dott, R. Newcomb, A. E. Schwabe, 1985, Cytogenetic studies of 1-29 translocation carrying cows and their embryos. Theriogen. 23, 641-653. - 8756. Dalal, S.K., S.C. Chopra, 1981, Variation of skin thickness and body surface area in crossbred cattle and their relationship with performance traits. Ind. J. dair. sci. 34, 246-249. - 8757. D'Allaire, S., L. Deroth, 1982, Incidence of porcine stress syndrome susceptibility at the St. Cyrille record of performance station in Québec. Can. vet. J. 23, 168. - 8758. Dalton, T.P., J.H. Edwards, E.P. Evans, M.F. Lyon, S. P. Parkinson, J. Peters, G. Searle, 1981, Chromosome maps of man and mouse. Clin. gen. 20, 407-415. - 8759. Dambacher, M.A., 1983, Diagnostik der Osteoporose. DMW 108, 707-710. - 8760. Damme, K., F. Pirchner, 1984, Genetische Unterschiede in der Befiederung von Legehennen und Beziehungen zu Produktionsmerkmalen. Arch. Gefl. k. 48, 215-222. - 8761. Danforth, D.N., L. Tamarkin, M. E. Lippman, 1983, Melatonin increases oestrogen receptor binding activity of human breast cancer cells. Nature 305, 323-325. - 8762. Darling, S., P. Goodfellow, 1985, Lymphocyte development genes and immunodeficiency disease. Nature 314, 318. - 8763. Das, R.K., A.K. Behera, 1984, A 39,X/40,XY/41,XYY mosaic male mouse. Cytog. cell gen. 38, 138-141. - 8764. Dass, L. L., P.N. Salnay, A.A. Khan, J. Prasad, 1984, Congenital absence of hooves in a calf. Vet. rec. 114, 404. - 8765. Davis, C.T., E. P. Blankenhorn, D.M. Murasko, 1984, Genetic variation in the ability of several strains of rats to produce interferon in response to polyriboinosinic-polyribocytodilic acid. Inf. imm. 43, 580-588. - 8766. Deerberg, F., K.G. Rapp, S. Rehm, 1982, Mortality and pathology of Han:Wist rats depending on age and genetics. In: Res. anim. conc. appl. clin. med., Karger, Basel. - 8767. Denborough, M.A., G.J. Galloway, K.C. Hopkinson, 1982, Malignant hyperpyrexia and sudden infant death. Lancet, II, 1068. - 8768. Denholm, L.J., W.G. Cole, 1983, Heritable bone fragility, joint laxity and dysplastic dentin in Friesian calves:a bovine syndrome of osteogenesis imperfecta.Austr.vet.J. 60,9-17. - 8769.Denstorf,W.,1986,Unveröffentlicht. - 8770.Dentine,M.R.,B.T.McDaniel,1983,Variation of edema scores from herdyear,age,calving month,and sire.J.dairy sci.66,2391-2399. - 8771.Deol,M.S., 1973,The role of the tissue environment in the expression of spotting genes in the mouse. J. embr. exp. morph. 30,483-489. - 8772.Deore, P.A.,1984,Mißgebildetes Kalb mit zwei Köpfen.Vet. med. Nachr.,95-96. - 8773.Dernell,W.S.,1982,Splayleg in pigs.Vet.prof.top.8,8-10. - 8774.Desai,D.S.,B.P.Hedge,A.V.Rai,1984, Comparative studies on the relative length of chromosomes of exotic bulls (Bos taurus) and graded cows(Bos taurus x Bos indicus).Ind.vet.J.61,958-962.-8775. Desai,D.S.,B.P.Hedge,A.V.Rai,1985,Comparative studies on chromosomes of normal and malformed crossbred cows.Ind.J.an.sci.55,387-388. - 8776.DeSchepper,G.G.,J.G.Aalbers,J.H.A.TeBrake,1982,Double reciprocal translocation heterozygosity in a bull.Vet.rec.110,197-199. - 8777.Devaney,J.A.,N.R.Gyles,J. L.Lancaster,1982,Evaluation of Arkansas Rous sarcoma regressor and progressor lines and Giant Jungle fowl for genetic resistance to the northern fowl mite. Poult.sci.61,2327-2330. - 8778.DeWulf,M.,A.deKesel,A.deMoor,1981,(Congenital articular rigidity in calves).Vlaams dierg.tijds.50,337-347. - 8779.DeWulf, M.,A.deMoor,D.Cockelbergh,1982,Congenital articular rigidity in calves.Zbl. Vet.med.A 29,747-750. - 8780.Dietz,H.H.,E.Eriksen,O.A.Jensen,1985,Coloboma of the optic nerve head in Bengal tiger kittens.Act.vet.scand.26,136-139.-8781.Dimmock,C.K.,W.R.Webster,I.A.Shiels,C.L.Edwards,1982,Isoimmune thrombocytopenic purpura in piglets.Austr.vet.J.59,157-159. - 8782.Dineen,J.K., P.M.Outteridge,R.G.Windon,1982,Genetic resistance to trichostrongylus colubriformis in the sheep.N.S.Wales vet.proc.18,31-33. - 8783.Dineen,J.K.,P.M. Outteridge,1984,Immunogenetic approaches to the control of endoparasites with particular reference to parasites of sheep. Proc.wksh.Austr.wl.corp.,Victoria. - 8784.Diringer,H.,1985, Prion-Krankheiten ? DMW 110,819. - 8785.Dirks,C., 1983,Gewährschaftsuntersuchungen auf Zuchttauglichkeit bei Jungbullen in Schleswig-Holstein von 1978-1982.Tierärztl. Umsch. 38,484-490. - 8786.Diskin,M.G., J.M.Sreenan,1984,The use of embryotransfer to induce and evaluate twinning in beef cattle. 35.EVT-Tag.,C3a7. - 8787.Disteche,C.M.,A.V.Carrano, L.K.Ashworth,K.Burkhart-Schultz,S.A.Latt,1981,Flow sorting of the mouse Cattanach X chromosome,T(X;7) 1 Ct,in an active or inactive state.Cytogen. cell gen. 29, 189-197. - 8788.Distl, O.,1985,Schätzung von Varianzkomponenten für Fruchtbarkeitsparameter und von Kovarianzkomponenten zwischen Fruchtbarkeits- und Milchleistungsparametern bei Kühen. 36.EVT-Tag.,1,83. - 8789.Distl,O.,G.Brem, A.Wurm,A.Glibotic,K.Osterkorn,H.Kräußlich,1984,Häufigkeit von Stoffwechselerkrankungen in einer Tierarztpraxis und systematische Einflüsse auf die Stoffwechselerkrankungen. 35. EVT-Tag.,MC5.6. - 8790.Distl, O.,H.Rösch,H.Kräußlich,1985,Beziehungen zwischen Milchleistungs-und Fruchtbarkeitsparametern bei Deutschem Fleckvieh im Gebiet der Besamungsstation Meggle unter Berücksichtigung der Abgangsrate.Züchtungsk.57,309-319. - 8791.Dittrich,R.,1985, Erhebungen zum Erblichkeitsgrad und zur korrelativen Bindung der Mineralisation von Backenzähnen (P1 und M1) weiblicher Mastschweine aus einer Mastprüfungsanstalt.Diss.Hannover. - 8792.Dixon, F.J.,A.N.Theofilopoulos, P.McConahey,G.J.Prud'homme,1984,Murine systemic lupus erythematosus.Progr.imm. V.,Ac.Press. - 8793.Djonlagic, H.,I.Bos,K.W.Diederich,1982,Grenzstrang - Ganglionitis bei erblichem Syndrom der QT-Verlängerung(Romano-Ward-Syndrom).DMW 107,655-660. - 8794.Dohoo,I.R.,S.W.Martin,I.McMillan,B.W.Kennedey, 1984,Disease,production and culling in Holstein-Friesian cows.Prev.vet.med.2, 655-670. - 8795.Doll,K.,T.Hänichen,A.Pospischil,1985,Dermatosparaxie bei einem Deutschen Fleckviehkalb. Tierärztl. Umsch. 40, 882-888. - 8796. Dollin, A. E., J. D. Murray, E. J. Burnett, 1985, A reciprocal translocation difference in the autosomes of F1 Brahman x Hereford hybrid cattle, visualized by electron microscopy. Livest. prod. sci. 13, 123-133. - 8797. Donaldson, C., R. W. Mason, 1984, Hereditary neuraxial oedema in a Poll Hereford herd. Austr. vet. J. 61, 188-189. - 8798. Done, J. T., D. H. Upcott, D. C. Frewin, C. N. Hebert, 1984, Atrophic rhinitis. Vet. rec. 114, 33-35. - 8799. Done, J. T., J. Woolley, D. H. Upcott, C. N. Hebert, 1984, Porcine congenital tremor type AI. Zbl. Vet. med. A 31, 81-90. - 8800. Doolittle, D. P., 1983, Effect of maternal age and parity on spot size in mice. J. hered. 74, 63-64. - 8801. Doormaal, B. J. v., L. R. Schaeffer, B. W. Kennedy, 1985, Estimation of genetic parameters for stayability in Canadian Holsteins. J. dairy sci. 68, 1763-1769. - 8802. Dorrestein, G. M., J. Schrijver, 1982, (A genetic disorder of vitamin A metabolism in recessively white canaries). Tijds. diergen. 107, 795-799. - 8803. Doss, M., 1983, Hereditärer Uroporphyrinogen-Decarboxylase-Defekt bei Porphyria cutanea tarda durch hormonale Kontrazeption. DMW 108, 1857-1858. - 8804. Doss, M., U. Becker, F. Sixel, S. Geisse, H. Solcher, J. Schneider, 1982, Persistent protoporphyrinemia in hereditary porphobilinogen synthase (δ-aminolevulinic dehydrase) deficiency under low lead exposure. Klin. Wschr. 60, 599-606. - 8805. Dresel, H. A., G. Schettler, 1983, Lipoproteine und Lipoproteinrezeptoren und ihre Bedeutung für die Pathogenese der Arteriosklerose. Klin. Wschr. 61, 1171-1179. - 8806. Dresser, D. W., 1982, Quantitative inheritance of heterophile rheumatoid factor responsiveness in mice. J. immunogen. 9, 31-42. - 8807. Dressler, J. B., J. E. Allison, K. W. Chung, 1983, Ectopic testes: a heritable mutation in the King-Holtzman rat. Biol. repr. 29, 1313-1317. - 8808. Dreyer, M., H. W. Rüdiger, K. Bujara, C. Herberhold, J. Kühman, P. Maack, H. Bartelheimer, 1982, The syndrome of diabetes insipidus, diabetes mellitus, optic atrophy, deafness, and other abnormalities (DIDMOAD-Syndrome). Klin. Wschr. 60, 471-475. - 8809. Drommer, W., F. J. Kaup, M. Stöber, 1985, Elektronenmikroskopische Befunde bei der Dermatospaxie des schwarzbunten Niederungsrindes. Tierärztl. Umsch. 40, 889-893. - 8810. Duesberg, P. H., 1983, Retroviral transforming genes in normal cells ? Nature 304, 219-226. - 8811. Duff, S. R. I., 1984, The histopathology of degenerative hip disease in male breeding turkeys. J. comp. path. 94, 115-139. - 8812. Duff, S. R. I., 1984, Osteochondrosis dissecans in turkeys. J. comp. path. 94, 467-476. - 8813. Duff, S. R. I., 1984, Dyschondroplasia of the caput femoris in skeletally immature broilers. Res. vet. sci. 37, 293-302. - 8814. Duff, S. R. I., 1984, Capital femoral epiphyseal infarction in skeletally immature broilers. Res. vet. sci. 37, 303-309. - 8815. Duff, S. R. I., 1984, Consequences of capital femoral dyschondroplasia in young adult and skeletally mature broilers. Res. vet. sci. 37, 310-319. - 8816. Duff, S. R. I., 1985, Hip instability in young adult broiler fowls. J. comp. path. 95, 373-382. - 8817. Duffell, S. J., M. W. Sharp, C. E. Winkler, S. Terlecki, C. Richardson, J. T. Done, P. L. Roeder, C. N. Hebert, 1984, Bovine virus diarrhoea-mucosal disease -virus-induced fetopathy in cattle. Vet. rec. 114, 558-561. - 8818. Dührsen, U., W. Kirch, 1985, Diagnostik des Behcet-Syndroms. DMW 110, 264-267. - 8819. Dunlap, N. E., W. E. Grizzle, 1984, Golden Syrian hamsters: A new experimental model for adrenal compensatory hypertrophy. Endocrin. 114, 1490-1495. - 8820. Dunn, L. C., D. R. Charles, 1937, Studies on spotting patterns. Genet. 22, 14-42. - 8821. Durschlag, R. P., D. K. Layman, 1983, Skeletal muscle growth in lean and obese Zucker rats. Growth 47, 282-291. - 8822. Dyck, W. P., 1979, Pathophysiologic considerations in peptic ulcerdisease. Sth. med. J. 72, 252. - 8823. Dzapo, V., W. Schnarr, R. Wassmuth, 1983, Mitochondrialer Stoffwechsel und heterotische Effekte beim Schwein. Z. Tierz. Zücht. biol. 100, 109-122. - 8824. Dzumkov, V. A., I. S. Pleshkevich, I. I. Budevich, G. I. Klemantovich, G. F. Kogan, 1983, (Genetic aspects of selection for resistance to mastitis). Nauch. Zhivotnov. 13, 8-13. - 8825. Eckel, J., A. Wirdeier, L. Herberg, H. Reinauer, 1985, Insulin resistance in the heart. Endocrin. 116,1529-1534. - 8826. Edfors-Lilja,I. ,B.Gahne,C. Johnsson,B. Morein,1984,Genetischer Einfluß auf das Antikörperbildungsvermögen von Schweinen gegenüber Escherichia coli-Antigenen. Z. Tierz. Zücht. biol. 101, 367-379. - 8827. Edmunds, R. T. ,1949, Vision of albinos.Arch. ophth. 42, 755-767. - 8828. Edwards, H. M. ,1984,Studies on the etiology of tibial dyschondroplasia in chickens. J. nutr. 114,1001-1013. - 8829. Edwards,H. M. ,J.R. Veltmann,1983,The role of calcium and phosphorus in the etiology of tibial dyschondroplasia in young chicks. J. nutr. 113,1568-1575. - 8830. v. Eerdenburg, F. ,J.Bouw,1985,Het Chediak-Higashi syndrom. Tijds. diergen. 110,391-399. - 8831. Egerton, J.R. , L.A. Ribeiro, P. J. Kjeran,C.M. Thorley,1983, Onset and remission of ovine footrot. Austr. vet. J. 60,334-336. - 8832. Eicher, E. M. , L. L.Washburn,1983,Inherited sex reversal in mice. J. exp. zool. 228, 297-304. - 8833. Eigenmann, J. E. ,1984, Endokrine und metabole Ursachen von Wachstums- und Entwicklungsstörungen. Kleintierprax. 29,149-156. - 8834. Eigenmann, U. J. ,E.Grunert, K. Luetgebrune,1983, Die Asphyxie des Kalbes. Prakt. Tierarzt 64, 603-611. - 8835. Einarson, E. J. ,1983, Fötensterblichkeit bei Fuchs und Nerz.Dt. Pelztierz. 57,33-35. - 8836. Eker, R. , J. Mossige, J. V. Johannessen,1981,Hereditary adenoma/adenocarcinoma of rat kidney. Diagn. histopath.4, 99-110. - 8837. El-Attar,A. ,A. Bordas, P. Merat,1983, Réponse de poulets normaux et nains (gène dw) à une privation à l'aliment en phase de croissance. Gén. sél. év. 15, 241-250. - 8838. Elder, J.K. ,C.R. Hass,T. J. Reid, J. F. Kearnan, F. R. Emmerson,1985,Changes in cattle tick control practices in South Eastern Queensland from 1977 to 1982.Austr. vet. J. 62, 218-222. -8839. Ellenton, J. A. , P. K. Basrur,1980, Microchromosomes of the Ontario Red fox(Vulpes vulpes).Can. J. gen. cyt. 22, 553-567. - 8840. El-Seoudy,A.A. ,1982,A genetic study of blood pressure and norepinephrine in mice.Diss. abstr.B 43,1730. -8841. Emanuelson, U. ,1982, (Genetic variation in cell count and the association between cell count and milk yield),14. Nord. vet. kongr. ,282-283. - 8842. Emery,D. L. ,D. J. ,Stewart,B. L. Clark,1984, The comparative susceptibility of five breeds of sheep to foot rot.Austr. vet. J. 61, 85-88. - 8843. Eppig, J. T. , J. E. Barker,1984, Chromosome abnormalities in mice with Hertwig's anemia.Blood 64, 727-732. - 8844. Ercanbrack,S. K. ,D.A. Price,1971, Frequencies of various birth defects of Rambouillet sheep. J. hered. 62, 223-227. - 8845. Erickson, R. P. ,1984,Cattanach's translocation (Is(7:X)(t)) corrects male sterility due to homozygosity for chromosome 7 deletions.Gen. res.43,35-41. - 8846. Ernst, E. ,1983, Beziehungen zwischen Milchleistung,Gesundheitszustand,sowie Fruchtbarkeit und modernen Haltungs - systemen bei Milchkühen. tierärztl. prax. 11,313-322. - 8847. Erway, L.C. ,A.Grider,1984,Zinc metabolism in lethal-milk mice. J. hered. 75,480-484. - 8848. Eser, A. ,1985, Internationale Konferenz über Bioethik. Bioengin. 2, 39-44. - 8849. Estes, J.W. ,1968, Platelet size and function in the heritable disorders of connective tissue. Ann. int. med. 68,1237-1249. - 8850. Etkin, N. L. , J.R. Mahoney,M.W. Forsthoefel, J.R. Eckman, J.D. McSwigan, R. F. Gillum, J.W. Eaton,1982, Racial differences in hypertension-associated red cell sodium permeability. Nature 297, 588 - 589. - 8851. Evans, E. P. , M.D. Burtenshaw, B. M. Cattanach,1982, Meiotic crossing -over between the X and Y chromosomes of male mice carrying the sex-reversing (Sxr) factor. Nature 300,443-445. - 8852. Everett, R.W. ,1984, Impact of genetic manipulation. J. dairy sci. 67, 2812-2818. - 8853. Eyestone,W. H. , R. L.Ax,1984,A review of ovarian follicular cysts in cows, with comparisons to the condition in women, rats and rabbits. Theriogen. 22, 109-125. - 8854. Fackelman, G. E. ,1981, Equine flexural deformities of developmental origin. Proc. 26th ann. conv. Am. ass. equ. pract. ,97-105. - 8855. Fainstat, T. ,1954, Cortisone-induced congenital cleft palate in rabbits. Endocrinol. 55, 502-508. - 8856. Falconer,D.S. , J.H. Isaacson,I. K. Gauld,1982, Non-random X-chromosome inactivation in the mouse. Gen. res. 39,

237-259. - **8857.** Faller, J., L. H. Fox, 1982, Ethanol-induced hyperuricemia. N. E. J. med. 307, 1598. - **8858.** Farooqui, S. U., M. P. Upadhyay, B. S. Misra, G. D. Singh, 1981, Twinning frequency and sex ratio in Hariana cattle and Murrah buffaloes. Ind. vet. J. 5, 150-151. - **8859.** Fassi-Fehri, N., M. Fassi-Fehri, 1972, Quelques observations sur les carcinomes vulvaires et palpébraux de la brebis. Maroc méd. 52, 700-710. - **8860.** Favor, J., A comparison of the dominant cataract and recessive specific-locus mutation rates induced by treatment of male mice with ethylnitrosourea. Mut. res. 110, 367-382. - **8861.** Fearon, D. T., 1984, Structure and function of the human C3b receptor. Fed. proc. 43, 2553-2557. - **8862.** Fearon, E. R., H. H. Kazazian, P. G. Waber, J. I. Lee, S. E. Antonarakis, S. H. Orkin, E. F. Vanin, P. S. Henthorn, F. G. Grosveld, A. F. Scott, G. R. Buchanan, 1983, The entire ß-globin gene cluster is deleted in a form of $\gamma\delta$ß-thalassemia. Blood 61, 1269-1274. - **8863.** Fearon, E. R., B. Vogelstein, A. P. Feinberg, 1984, Somatic deletion and duplication of genes on chromosome 11 in Wilms' tumour. Nature 309, 176-178. - **8864.** Fechheimer, N. S., G. K. Isakova, D. K. Belyaev, 1984, Mechanisms involved in spontaneous diploid - triploid chimaerism in mink (Mustela vison) and fowls(Gallus domesticus). Genet. 20, 2048-2054. - **8865.** Feddersen, E., 1984, Entwicklung eines Testverfahrens für Bullen zur Selektion auf Stoffwechselbelastbarkeit bei Kühen. 35. EVT-Tgg., MC 5. 7. - **8866.** Feddersen, E., E. Kalm, 1984, Stoffwechselbelastbarkeit bei Bullen messbar ? Tierzücht. 36, 520-521. - **8867.** Fehilly, C. B., S. M. Willadsen, A. R. Dain, E. M. Tucker, 1985, Cytogenetic and blood group studies of sheep/goat chimaeras. J. repr. fert. 74, 215-221. - **8868.** Fehr, M., 1984, Augenanomalien beim Zwergkaninchen. Kleintierprax. 29, 129-132. - **8869.** Feist, D., 1985, Bedeutung des Alpha-1-Antitrypsin-Mangels im Kindesalter. Med. Klin. 80, 279-281. - **8870.** Feldbush, T. L., M. V. Hobbs, C. D. Severson, Z. K. Ballas, J. M. Weiler, 1984, Role of complement in the immune responses. Fed. proc. 43, 2548-2552. - **8871.** Fent, R. W., R. P. Wettemann, R. K. Johnson, 1983, Breed and heterosis effects on testicular development and endocrine function of puberal boars. J. anim. sci. 57, 425-432. - **8872.** Ferrari, C., M. Boghen, A. Paracchi, P. Rampini, F. Raiteri, R. Benco, M. Romussi, F. Codecasa, M. Mucci, M. Bianco, 1983, Thyroid autoimmunity in hyperprolactinaemic disorders. Act. endocr. 104, 35-41. - **8873.** Ficher, M., M. Zuckerman, R. E. Fishkin, A. Goldman, M. Neeb, P. J. Fink, S. N. Cohen, J. A. Jacobs, M. Weisberg, 1984, Do endocrines play an etiological role in diabetic and nondiabetic sexual dysfunctions ? J. androl. 5, 8-16. - **8874.** Filipovich, A. H., J. H. Kersey, 1983, B-lymphocyte function in immunodeficiency disease. immun. tod. 4, 50-55. - **8875.** Fiorilli, M., M. Carbonari, M. Crescenzi, G. Russo, F. Aiuzi, 1985, T-cell receptor genes and ataxia telangiectasia. Nature 313, 186. - **8876.** Fischer, H., 1982, Beobachtungen an Kreuzungstieren zwischen Gayal (Bibos frontalis) und Gaur(Bibos gaurus) sowie Gayal und Banteng (Bibos banteng) in Thailand. Veterin. -humanmed. Tgg. Gießen, 151-153. - **8877.** Fischer, S., P. C. Weber, J. Dyerberg, 1985, The prostacyclin/thromboxane balance is favourably shifted in Greenland eskimos. J. clin. chem. clin. bioch. 23, 573-574. - **8878.** Fischer, U., 1984, Angeborener Fohlenstelzfuß. Mh. Vet. med. 39, 264-265. - **8879.** Flanagan, J. G., T. H. Rabbitts, 1982, Arrangement of human immunoglobulin heavy-chain constant region genes implies evolutionary duplication of a segment containing γ, ε and α genes. Nature 300, 709-713. - **8880.** Fleischhacker, H., 1936, Über die Vererbung der Augenfarbe. Z. mens. Vererb. Konst. l. 19, 643-665. - **8881.** Flemming, S., 1983, Vom "normalen" Gen zum Onkogen. Naturwiss. 70, 248. - **8882.** Flock, D. K., 1984, Untersuchungen über das Vorkommen doppeldottriger Eier bei LSL-Legehennen. Arch. Gefl. k. 48, 15-20. - **8883.** Flock, D. K., T. Aksoy, 1983, Response of White Leghorn strain crosses to simulated multiple-age conditions. Arch. Gefl. k. 47, 192-196. - **8884.** Forbes, G., 1946, Microphthalmos. Brit. J. ophth., 707-715. - **8885.** Forman, D., J. Rowley, 1982, Chromosomes and cancer. Nature 300, 403-404. - **8886.** Formston, C., 1984, Entropion in lambs. Vet. rec. 114,363. - 8887. Forrest, J.W., M.R. Fleet,1985, Lack of tanning in white Merino sheep following exposure to ultraviolet light. Austr. vet. J.,244-246.- 8888. Forrester, L.M., J.D.Ansell,1985, Parental influences on X chromosome expression.Gen.res.45,95-100.- 8889. Förster,M.,1982,Centromeric heterochromatin exchange by an autosomal reciprocal 1/16 translocation in the pig (Sus scrofa domestica).Ann.gén.sél.anim.14,279-286.- 8890. Förster,M., 1982,Chromosomenanalyse als zuchthygienische Notwendigkeit. Vet.-humanmed. Tgg. Gießen,138-139.- 8891. Förster, M., U.Braun,1984,Chromosomale Mosaikbildung des Typs 64,XX/64,XY/63,XO bei einer azyklischen Stute mit Ovarhypoplasie. Zuchthyg.19,149-154. - 8892. Fortier,A.H., M.S.Meltzer,C.A.Nacy,1984, Susceptibility of inbred mice to Leishmania tropica infection. J.immun.133,454-459. - 8893. Fougner,J.A., 1984,Artificial insemination of foxes.3rd int.sci.cong. fur anim.prod.,24.- 8894. Fougner,J.,A.Haugen,N.Nes,1984,Does the chromosome number of blue foxes have any importance for litter size in crossings with silver foxes ? Nor.pelsd.bl.58,453-454. - 8895. Fox,F.H.,1985, Large animal medicine.Corn.vet.75,111-123. - 8896. Fox,R.R.,H.D.Eaton,D.D.Crary,1982, Vitamin A,beta carotene,and hereditary buphthalmus in the rabbit. J.hered.73, 370-374.- 8897. Fox,W., J.R.Smyth,1985,The effects of recessive white and dominant white genotypes on early growth rate. Poult.sci.64,429-433. - 8898. Frankenhuis,M.T., L.E.M.deBoer,J.B.Litjens,1982,(Triploidy as a possible cause of intersexuality in fowls),Tijds.diergen.107,611-615.- 8899. Freeman,L.,P.T. McGovern,1984,Ectopia cordis thoracoabdominalis in a piglet.Vet.rec.115,431-433. - 8900. Frisch,J.E.,1982, The use of teat-size measurements or calf weaning weight as an aid to selection against teat defects in cattle.Anim.prod.32,127-133.- 8901. Froggatt,P.,1959,An outline,with bibliography,of human piebaldism and white forelock.Ir.J.med.sci., 86-94. - 8902. Fryns,J.P.,H.v.d.Berghe,1979, Typ Langer des mesomelen Zwergwuchses als möglicher homozygoter Ausdruck der Dyschondrosteose.Hum.gen.46,21-27. - 8903. Füeßl,H.S., F.D.Goebel,1983, Klinische Variabilität des autosomal-dominanten Diabetes des Jugendalters(MODY).DMW 108,1868-1871. - 8904. Fujimoto,H., K.O.Yanagisawa,C.Murosaka, 1979,Interaction of the T10r mutation and lethal t-haplotypes on chromosome 17 of the mouse.Jap.J.gen.54,47-49. - 8905. Fuller,J.L.,M.E.Hahn,1976,Issues in the genetics of social behavior.Beh.gen.6,391-406.- 8906. Fuller, P.J., J.A.Clements,G.W.Tregear,I.Nikolaidis, P.L.Whitfield,J.W.Funder,1985,Vasopressin-neurophysin II gene expression in the ovary. J.endocr.105,317-321. - 8907. Fulton,J.E.,C.W.Roberts,K.M.Cheng,1982,"Porcupine",a feather structure mutation in Japanese quail.Poult.sci.61,429-433. - 8908. Fulton,J.E.,D.M.Juriloff, K.M.Cheng,C.R.Nichols,1983,Defective feathers in Japanese quail.J.hered.74, 184-188. - 8909. Fuschini,E.,1985,Warum mußte der Stier EXPO 6316-368 Plantahof gesperrt werden ?Mitt.Schweiz.Verb.K.B.Bes.zücht.23,16. - 8910. Fuster, V.,D.N.Fass,M.P.Kaye,M.Josa,A.R.Zinsmeister,E.J.W.Bowie,1982,Arteriosclerosis in normal and v.Willebrand pigs.Circ.res.51,587-593. - 8911. Gahne, B.,R.K.Juneja,H.Pettersson,1983,Genotypes at the locus for halothane sensitivity (Hal) in pigs revealed by Hal-linked genetic markers in blood.Proc.5th int. conf.prod.dis.,100-103. - 8912. Gahrton,G., K.H.Robert,K.Friberg,G.Juliusson, P.Biberfeld, L.Zech,1982,Cytogenetic mapping of the duplicated segment of chromosome 12 in lymphoprolierative disorders. Nature 297,513-514. - 8913. Galizzi, G.V.,R.Galanti,1983,(Genetic aspects of windsucking in the English Thoroughbred).Att.soc.it.sci.vet.37,406-408. - 8914. Galley,R.H., 1983,Exercise-induced pulmonary hemorrhage in the racing quarter horse. Proc.29th ann.cnv.A.A.equ. pract.,407-413. - 8915. Garn,S.M., N.J.Smith,D.C.Clark,1975,The magnitude and the implications of apparent race differences in hemoglobin values.Am.J.clin.

nutr. 28, 563-566. - 8916. Garris, D. R. , S. K. Williams, L. West, 1985, Morphometric evaluation of diabetes-associated ovarian atrophy in the C57BL/KsJ mouse. Anat. rec. 211, 434-443. - 8917. Gatica, R. , M. P. Boland, T. F. Crosby, I. Gordon, 1984, Production of identical offspring in sheep by micromanipulation. Res. rep. fac. agr. Dub. , 95. - 8918. Gavora, J. S. , B. M. Longenecker, J. L. Spencer, A. A. Grunder, 1982, New histocompatibility haplotypes and Marek's disease in chickens. 2nd Wld. cong. gen. appl. livest., 7. , 357-361. - 8919. Gavora, J. S. , J. Chesnais, J. L. Spencer, 1983, Estimation of variance components and heritability in populations affected by disease. Theor. appl. gen. 65, 317-322. - 8920. Gavora, J. S. , J. L. Spencer, 1983, Breeding for immune responsiveness and disease resistance. An. bld. grps. bioch. gen. 14, 159-180. - 8921. Gawlikowski, J. , A. Misniakiewicz, 1979, A case of dicephalic calf (dicephalus bicollis). Nauk. ak. Szcezc. ser. zoot. terat. scr. 2, 101-109. - 8922. Gawlikowski, J. , A. Misniakiewicz, 1979, A case of polydactyly in the heifer. Nauk. ak. Szcezc. ser. zoot. terat. scr. 2, 123-128. -8923. Gawlikowski, J. , A. Misniakiewicz, 1979, Caudorecto-urogenital syndrome in calves). Z. N. ak. rol. zoot. , Teratol. scr. 15, 129-136. - 8924. Gebbers, J. O. , H. F. Otto, 1984, Lokale Immunreaktionen bei unspezifischen Enterokolitiden. Med. Klin. 79, 78-85. - 8925. Gebriel, G. M. , 1981, Role of the B complex in the genetic control of Rous sarcoma virus induced tumours in chickens. Diss. abstr. B 42, 1750. - 8926. Gebriel, G. M. , A. W. Nordskog, 1983, Influence of B complex versus non B genetic background on cellular resistance and on Rous sarcoma virus induced tumour regression in chickens. Av. path. 12, 303 - 320. - 8927. Geczy, A. F. , 1982, Genetic susceptibility to disease in humans. N. S. Wales vet. proc. 18, 23-30. - 8928. Geissler, E. N. , Analysis of pleiotropism at the white spotting (W) locus in the mouse. Diss. abstr. B 43, 44. - 8929. Gelinas, R. , B. Endlich, C. Pfeiffer, M. Yagi, G. Stomatayannopoulos, 1985, G to A substitution in the distal CCAAT box of the Aγ-globin gene in Greek hereditary persistence of fetal haemoglobin. Nature 313, 323-325. - 8930. Gentry, P. A. , 1984, The relationship between factor XI coagulant and factor XI antigenic activity in cattle. Can. J. comp. med. 48, 58-62. - 8931. Gershwin, M. E. , E. L. Cooper, 1978, Animal models of comparative and developmental aspects of immunity and disease. Pergamon Press, N. Y. , Oxf. . - 8932. Gervais, F. , M. Stevenson, E. Skamene, 1984, Genetic control of resistance to Listeria monocytogenes. J. immun. 132, 2078-2083. - 8933. Giambrone, J. J. , L. W. Johnson, P. H. Klesius, 1984, Development of cell-mediated immunity and resistance to clinical coccidiosis infection in chickens selected for resistance and susceptibility to Eimeria tenella. Poult. sci. 63, 2162-2166. - 8934. Giannelli, F. , K. H. Choo, D. J. Rees, Y. Boyd, C. R. Rizza, G. G. Brownlee, 1983, Gene deletion in patients with haemophilia B and anti-factor IX antibodies. Nature 303, 181-182. - 8935. Gibson, M. J. , H. M. Charlton, M. J. Perlow, E. A. Zimmerman, F. F. Davies, D. T. Krieger, 1984, Preoptic area brain grafts in hypogonadal (hyg) female mice abolish effects of congenital hypothalamic gonadotropin-releasing hormone (GnRH) deficiency. Endocrin. 114, 1938-1940. - 8936. Giesecke, D. , J. Meyer, W. Veitinger, 1983, Plasma insulin level and insulin response in high-yielding dairy cows at the onset of lactation. 50th ann. meet. A. A. H. ass. , 170-174. - 8937. Gilbert, F. , 1983, Retinoblastoma and recessive alleles in tumorigenesis. Nature 305, 761-762. - 8938. Ginther, O. J. , 1982, Twinning in mares. J. equ. vet. sci. 2, 127-135. - 8939. Ginther, O. J. , 1983, Effect of reproductive status on twinning and on side of ovulation and embryo attachment in mares. Theriogen. 20, 383-395. - 8940. Ginther, O. J. , R. H. Douglas, J. R. Lawrence, 1982, Twinning in mares. Theriogen. 18, 333-347. -8941. Ginther, O. J. , D. R. Bergfelt, G. S. Leith, S. T. Scraba, 1985, Embryonic loss in mares. Theriogen. 24, 73-86. - 8942. Giroud, A. , 1968, Nutrition of the embryo. Fed. proc. 27, 163-184. - 8943. Gitschier, J. , W. L. Wood, T. M. Goralka, K. L. Wion, E. Y. Chen, D. H. Eaton, G. A. Vehar, D. J. Capon, R. M. Lawn, 1984, Characterization of the human factor VIII gene. Nature 312, 326-330. - 8944. Gitschier, J. , W. I. Wood, E. G.

D. Tuddenham, M. A. Shuman, T. M. Goralka, E. Y. Chen, R. M. Lawn, 1985, Detection and sequence of mutations in the factor VIII gene of haemophiliacs. Nature 315, 427-430. - 8945. Giugliani, R., I. Ferrari, 1980, Metabolic factors in urolithiasis. J. urol. 124, 503-507. - 8946. Glastonbury, J. R., P. A. Gill, D. G. Day, 1985, Degenerative optic neuropathy in a horse. Austr. vet. J. 62, 243-244. -8947. Glick, B., 1978, The avian immune system. Av. dis. 23, 282-289. - 8948. Gluecksohn-Waelsch, S., 1962, Mammalian genetics in medicine. Progr. med. gen. 2, 295-330. - 8949. Godbole, V. Y., M. L. Grundleger, S. W. Thenen, 1980, Early development of lipogenesis in genetically obese (ob/ob) mice. Am. J. phys. 239, 265-268. - 8950. Godbout, R., T. P. Dryja, J. Squire, B. L. Gallie, R. A. Phillips, 1983, Somatic inactivation of genes on chromosome 13 is a common event in retinoblastoma. Nature 304, 451-453. - 8951. Goerttler, V., 1965, Die Konstitution als medizinisches und tierzüchterisches Problem. Nov. act. Leop. 173, 433-442. - 8952. Goff, S. P., 1984, The genetics of murine leukemia viruses. Curr. top. microb. imm. 112, 45-71. - 8953. Goher, L. M., G. A. R. Kamar, H. A. Hussein, G. E. Nasrat, 1983, Crooked neck lethal in Pekin duck embryos. Agr. res. rev. 58, 239-243. - 8954. Golding, B., H. Golding, P. G. Foiles, J. I. Morton, 1983, CBA/N X-linked defect delays expression of the Y-linked accelerated autoimmune disease in BXSB mice. J. immun. 130, 1043-1046. - 8955. Goldman, A. S., M. K. Baker, N. Tomassini, K. Hummeler, 1982, Occurrence of cleft palate, micrognathia and agnathia in selected strains of cortisone and phenytoin-treated mice. J. craniofac. gen. dev. biol. 2, 277-284. - 8956. Goldman, A. S., M. K. Baker, D. L. Gasser, 1983, Susceptibility to phenytoin-induced cleft palate in mice is influenced by genes linked to H-2 and H-3. Immunogen. 18, 17-22. - 8957. Goldsmith, L. A., J. M. Thorpe, R. F. March, 1983, Tyrosine aminotransferase deficiency in mink (Mustela vison). Scientif. 7, 1, 21. - 8958. Golenser, J., J. Miller, D. T. Spira, T. Nawok, M. Chevion, 1983, Inhibitory effect of Fava bean component on the in vitro development of Plasmodium falciparum in normal and glucose-6-phosphate dehydrogenase deficient erythrocytes. Blood 61, 507-510. - 8959. Golub, E. S., 1982, Connections between the nervous, haematopoietic and germ-cell systems. Nature 299, 483. - 8960. Gonyon, D. S., D. O. Everson, R. E. Christian, 1982, Heritability of mastitis score in Pacific Northwest dairy herds. J. dairy sci. 65, 1269 - 1276. - 8961. Goodfellow, P., 1983, Sex is simple. Nature 304, 212. - 8962. Goodfellow, P., G. Banting, D. Sheer, H. H. Ropers, A. Caine, M. A. Ferguson-Smith, S. Povey, R. Voss, 1983, Genetic evidence that a Y-linked gene in man is homologous to a gene on the X chromosome. Nature 302, 346-349. - 8963. Goodfellow, P. N., P. W. Andrews, 1983, Is there a human T/t locus ? Nature 302, 657-658. - 8964. Goodman, M., G. Braunitzer, A. Stange, B. Schrank, 1983, Evidence of human origins from haemoglobins of African apes. Nature 303, 546-548. - 8965. Goodman, S. R., K. A. Shiffer, L. A. Casoria, M. E. Eyster, 1982, Identfication of the molecular defect in the erythrocyte membrane skeleton of some kindreds with hereditary spherocytosis. Blood 60, 772-784, - 8966. Goossens, M., K. Y. Lee, S. A. Liebhaber, Y. W. Kan, 1982, Globin structural mutant ⍺125 Leu → Pro is a novel cause of ⍺-thalassaemia. Nature 296, 864-865. - 8967. Gopalakrishnakone, P., 1984, Pathological features of idiopathic torticollis in the duck. J. comp. path. 94, 453-462. - 8968. Gorski, J., F. Gannon, 1976, Current models of steroid hormone action. Ann. rev. phys. 38, 425-450. - 8969. Gottier, R. F., 1968, The dominance-submission hierarchy in the social behaviour of domestic chicken. J. gen. psych. 112, 205-226. - 8970. Goulden, B. E., L. J. Anderson, J. I. Cahill, 1985, Roaring in Clydesdales. N. Z. vet. J. 33, 73-76. - 8971. Gradov, A., N. B. Rubtsov, O. L. Serov, 1985, Chromosome localization of the biochemical loci in the American mink. Scientif. 9, 33-35. - 8972. Graf, F., O. Distl, K. Osterkorn, 1983, Einfluß der Belastung durch die Laktation - festgestellt mit Blutparametern- auf die Fruchtbarkeit. 34. EVT-Tgg., C1. 4. - 8973. Graf, T., 1983, Virus-induzierte Leukämie. Naturwiss. 70, 247. - 8974. Grainger,

R.M., R.M. Hazard-Leonards, F. Samalia, L.M. Hougan, M.R. Lesk, G.H. Thomson, 1983, Is hypomethylation linked to activation of δ -crystallin genes during lens development ? Nature 306, 88-91. - 8975. Graml, R., F. Pirchner, 1984, Relation of genetic distance between cattle breeds and heterosis of resulting crosses. An. bld. grps. bioch. gen. 15, 173-180. - 8976. Granados, J., D.V. Cramer, J.B. Caputo, D. Marcus, C.A. Alper, 1984, Genetic polymorphism of the sixth component (C6) of rat complement. J. immun. 133, 405-407. - 8977. Greaves, H.H., P.B. Ayres, 1983, Nomenclature of warfarin-resistant (Rw) alleles. Rat Newsl. 9, 39. - 8978. Greve, H., R. Achatzy, H. Dittrich, 1985, Chirurgische Behandlung des anomalen Ursprungs der linken Koronararterie aus der Arteria pulmonalis. DMW 110, 795-798. - 8979. Griffin, J.E., M. Leshin, J.D. Wilson, 1982, Androgen resistance syndromes. Am. J. phys. 243, E81-87. - 8980. Grohn, Y., J.R. Thompson, M.L. Bruss, 1984, Epidemiology and genetic basis of ketosis in Finnish Ayrshire cattle. Prev. vet. med. 3, 65-77. - 8981. Grommers, F.J., L. Elving, 1983, Geburtsvorgang beim Schaf. 34. EVT-Tag., M+S 2.18. - 8982. Grommers, F.J., L. Elving, P.v. Eldik, 1985, Parturition difficulties in sheep. An. repr. sci. 9, 365-374. - 8983. Gronborg-Pedersen, H., 1970, Adema disease. Med. dan. dyrl. 53, 143-145. - 8984. Groop, L., S. Koskimies, R. Pelkonen, E.M. Tolppanen, 1983, Increased frequency of HLA-Cw4 in type 2 diabetes. Act. endocr. 104, 475-478. - 8985. Groopman, J., M.S. Gottlieb, 1983, AIDS. Nature 303, 575-576. - 8986. Gros, P., E. Skamene, A. Forget, 1981, Genetic control of natural resistance to Mycobacterium bovis (BCG) in mice. J. immun. 127, 2417-2421. - 8987. Gross, W.B., E.A. Dunnington, P.B. Siegel, 1984, Environmental effects on the wellbeing of chickens from lines selected for responses to social strife. Arch. Gefl. k. 48, 3-7. - 8988. Grosse-Wilde, H., K.V. Toyka, U.A. Besinger, I. Doxiadis, K. Heiminger, 1983, Zur Immungenetik der Myasthenia gravis. DMW 108, 694-700. - 8989. Großklaus, D., 1981, Quo vadis Fleischqualität. Fleischwirtsch. 61, 657. - 8990. Grötsch, H., M. Hropot, E. Klaus, V. Malerczyk, 1985, Enzymuria of the rat. J. clin. chem. clin. bioch. 23, 343-347. - 8991. Grüneberg, H., 1964, The genesis of skeletal abnormalities. 2nd int. conf. cong. malf., 219-223. - 8992. Guenet, J.L., 1982, Fragilitas ossium (fro): an autosomal recessive mutation in the mouse. In: Liss, R., Anim. mod. inh. met. dis., 265-267. - 8993. Guenet, J.L., C. Sotelo, J. Mariani, 1983, Hyperspiny Purkinje cell, a new neurological mutation in the mouse. J. hered. 74, 105-108. - 8994. Guérin, G., L. Ollivier, P. Sellier, 1983, Etude du groupe le liaison Hal, Phi et Pgd chez le porc. Gén. sél. év. 15, 55-64. - 8995. Gueye, E., A. Nicolas, S.M. Toure, 1981, Etudes comparatives sur les bovins N'Dama de haute Casamance pour éyaluer leur trypanotolérance en fonction de la couleur de leur robe. Rev. él. méd. vet. pays trop. 34, 282-287. - 8996. Guhl, A.M., J.V. Craig, C.D. Mueller, 1960, Selective breeding for aggressiveness in chickens. Poult. sci. 39, 970-980. - 8997. Guidot, G., G.E. Roelants, 1982, Sensibilité de taurins Baoulé et de zébus à Trypanosoma (Duttonella) vivax et T. (Nannomonas) congolense. Rev. él. méd. vét. pays trop. 35, 233-244. - 8998. Gullotta, F., L. Pavone, M. LaRosa, A. Grasso, 1982, Minicore myopathy. Klin. Wschr. 60, 1351-1355. - 8999. Gumbreck, L.G., A.J. Stanley, J.E. Allison, E.E. Peeples, 1984, Ectopic testes in the Norway rat. J. exp. zool. 230, 151-154. - 9000. Gupta, S.C., P.K.R. Iyer, 1982, A note on congenital anomalies observed in Landrace breed of pigs. Ind. vet. med. J. 6, 155-158. - 9001. Gupta, S.C., P.K.R. Iyer, 1984, Congenital aplasia of limb in a kid. Ind. vet. med. J. 8, 129. - 9002. Gusella, J., N.S. Wexler, P.M. Conneally, S.L. Naylor, M.A. Wallace, A.Y. Sakaguchi, A.B. Young, I. Shoulson, E. Bonilla, J.B. Martin, 1983, A polymorphic DNA marker genetically linked to Huntington's disease. Nature 306, 234-238. - 9003. Gustafsson, H., K. Larsson, I. Gustavsson, 1985, Karyotypes and morphological and histological alterations of the genital tracts of repeat breeder heifers with known breeding history. Act. vet. scand. 26, 1-12. - 9004. Gustavsson, I., I. Settergren, W.A. King, 1983, Occurrence of two different reciprocal

translocations in the same litter of domestic pigs.Heredit. 99,257-267. - 9005 .
Gutensohn,W. ,1984,Inherited disorders of purine metabolism. Klin.Wschr. 62 ,
953-962. - 9006. Güttner, J. ,1980,Spontaneous atresia of the common bile duct and
secondary biliary liver cirrhosis in two ABD2F1 mice. Z. Versuchstierk, 22,135-
137. - 9007. Gyles,N.R. , L.W. Johnson,C. J. Brown,C. E.Whitfill,1982,Heritabi-
lities for regression and progression of Rous sarcomas in the chicken. Poult. sci.
61,835-841. - 9008. Gylstorff,I. ,1982,Skeletterkrankungen beim Mastgeflügel .
Wien.tierärztl.Mschr. 69,236-245. - 9009. Habermann,P.G. , T. Kniewald,S. Trot-
now,1984,Die extrakorporale Befruchtung.DMW 109,547-552. - 9010. Hadlow,W.
J. ,1984, Progressive retinal degeneration in ranch mink. Vet. path. 21,18-27. -
9011. Hadlow,W. J. , R. E. Race,R.C. Kennedy,1983,Comparative pathogenicity of
four strains of Aleutian disease virus for pastel and sapphire mink. Inf.immun.
41,1016-1023. - 9012. Haeringen,H.v. ,1982,(Twins in cattle). Tijds.diergen.107,
905-906. - 9013. Hagberg, L. ,D. E. Briles,C.S. Eden,1985,Evidence for separate
defects in C3H/HeJ and C3HeB/FeJ mice ,that affect susceptibility to gram-nega-
tive infections. J. immun. 134,4118-4122. - 9014. Hagele,W.C. ,W.CD. Hare,E. L.
Singh, J. L. Grylls,D.A.Abt,1984, Effect of separating bull semen into X and Y
chromosome -bearing fractions on the sex ratio of resulting embryos.Can. J. comp.
med. 48, 294-298. - 9015. Hagemann, R. ,1984,Allgemeine Genetik. VEB J. Fischer
Vlg. , Jena. - 9016. Hahn, J. ,1984, The value of laboratory animal models in embryo
transfer research. Theriogen. 21,45-59. - 9017. Hahn,M.V. ,B.T.McDaniel,J.C.
Wilk,1984, Genetic and environmental variation of hoof characteristics of Holstein
cattle. J.dairy sci. 67, 2986-2998. - 9018. Hajek,I. ,1979, Protein synthesis in muscles of pigs with splayleg syndrome. Phys.bohem. 28,249-250. - 9019. Halevy,S. ,
B.M.Altura,1974, Genetic factors influencing resistance to trauma in mice. Circ.
shock 1,287-293. - 9020. Halgaard,C. ,1983,Epidemiologic factors in puerperal
diseases of sow. Nord. vet. med. 35,161-174. - 9021. Hall,A. ,C. J.Marshall,N.K.
Spurr,R.A.Weiss,1983,Identification of transforming gene in two human sarcoma cell lines as a new member of the ras gene family located on chromosome 1.
Nature 303,396-400. - 9022. Hallberg, J.W. ,1985, Neural and pulmonary aspects
of the porcine stress syndrome.Diss. abstr. B 45,2607-2608. - 9023. Hallberg, J.
W. ,D.D.Draper,D.G. Topel,D.M.Altrogge,1983, Neural catecholamine deficiencies in the porcine stress syndrome.Am. J. vet. res. 44,368-371. - 9024. Halnan,
C.R.E. ,1982,Y-chromosome variants and G-band patterns in cattle. N.S.Wales
vet. proc. 18,65. - 9025. Halnan,C.R. E. ,1982, The paradox of the Y chromosome
and fertility in cattle. 5th Eur. coll. cytogen. dom. anim. ,71-83. - 9026. Hamby,C.
V. ,1985,Identification of melanoma-associated antigens in the Sinclair miniature
swine and JB/RH mouse-melanoma models.Diss. abstr.B 45,2491. - 9027. Hamet,
N. ,P.Mérat,1982, Etude des particularités de la poule Fayoumi. II.Ann. sel. gén.
anim. 14,453-462. - 9028. Hammer,R.E. ,R.D. Palmiter,R. L.Brinster,1984, Partial correction of murine hereditary growth disorder by germ-line incorporation
of a new gene. Nature 311, 65-67. - 9029. Hammer,R. E. ,R. L.Brinster,M.G. Rosenfeld,R.M. Evans,K. E. Mayo,1985, Expression of human growth hormone-re-
leasing factor in transgenic mice results in increased somatic growth. Nature 315,
413-416. - 9030. Hammer,R. E. , V.G. Pursel,C. E.Rexroad,R. J.Wall,D. J.Bolt,
K.M. Ebert,R.D. Palmiter,R. L.Brinster,1985, Production of transgenic rabbits,
sheep and pigs by microinjection. Nature 315,680-683. - 9031. Hammerberg,C. ,
1982, The effects of the t-complex upon male reproduction are due to complex interactions between its several regions.Gen. res. 39,219-226. - 9032. Hammerl,J. ,
W. Kraft,1983,Blutkörperchensenkungsreaktion beim Pferd.Berl. Münch. tierärztl.
Wschr. 96,145-153. - 9033. Hamori,D. ,1980,Importance of genetic prevention in
mastitis control. Conf. res. fact. gen. asp. mast. ,195-210. - 9034. Hanhart, E. ,1967,
Angeborene Mißbildungen. Münch. med.Wschr. 109,1929-1935. - 9035. Hansen, K.

M., 1984, (Weaver syndrome in Brown Swiss cattle). Dan. vet. tids. 67, 425-429. - 9036. Hansen, K. M., 1984, (The limberleg syndrome). Dan. vet. tids. 67, 662-664. - 9037. Hanset, R., P. Leroy, 1979, Variations du revenu brut dans un troupeau de bovine à viande du type hypermusclé. Ann. méd. vét. 123, 263-274. - 9038. Hanset, R., C. Michaux, 1983, The inheritance of muscle hypertrophy in the Belgian White - Blue breed. 34. EVT. -Tag., 129. - 9039. Hanset, R., P. Leroy, C. Michaux, K. N. Kintaba, 1983, The Hal locus and its linkage with the Phi and 6-Pgd loci in the Belgian Piétrain and Landrace breeds. 34. EVT-Tgg., I, 130-131. - 9040. Hanset, R., P. Leroy, C. Michaux, K. N. Kintaba, 1983, The Hal locus in the Belgian Pietrain breed. Z. Tierz. Zücht. biol. 100, 123-133. - 9041. Hanset, R., C. Michaux, 1985, On the genetic determination of muscular hypertrophy in the Belgian White and Blue cattle breed. I. Gén. sél. év. 17, 359-368. - 9042. Hanset, R., C. Michaux, 1985, On the genetic determinism of muscular hypertrophy in the Belgian White and Blue cattle breed. II. Gén. sél. év. 17, 369-386. - 9043. Hansmann, I., 1982, Sex reversal in the mouse. Cell 30, 331-332. - 9044. Hanzl, C. J., R. G. Somes, 1983, The effect of the naked neck gene, Na, on growth and carcass composition of broilers raised in two temperatures. Poult. sci. 62, 934-941. - 9045. Hanzl, C. J., R. G. Somes, 1983, Organoleptic and cooked meat characteristics of naked neck broilers raised in two temperatures. Poult. sci. 62, 942-946. - 9046. Happle, R., H. Traupe, Y. Bounameaux, T. Fisch, 1984, Teratogene Wirkung von Etretinat beim Menschen. DMW 109, 1476-1480. - 9047. Hargest, T. E., R. M. Leach, C. V. Gay, 1985, Avian tibial dyschondroplasia. Am. J. path. 119, 175-190. - 9048. Hargis, A. M., D. J. Prieur, 1984, Histology and ultrastructure of hepatocytes in feline Chediak-Higashi syndrome. Fed. proc. 43, 1857. - 9049. Harkin, J. T., R. T. Jones, J. C. Gillick, 1982, Rectal strictures in pigs. Austr. vet. J. 59, 56-57. - 9050. Harmeyer, J., S. Knorz, A. Dwenger, I. Winkler, 1985, The effect of vitamin D on the B-cell activity of the endocrine pancreas. Zbl. Vet. med. A 32, 606-615. - 9051. Harper, J. A., P. E. Bernier, L. L. Thompson-Cowley, 1983, Early expression of hereditary deep pectoral myopathy in turkeys due to forced wing exercise. Poult. sci. 62, 2303-2308. - 9052. Harper, M. E., G. Franchini, J. Love, M. I. Simon, R. C. Gallo, F. Wong-Staal, 1983, Chromosomal sublocalization of human c-myb and c-fes cellular onc genes. Nature 304, 169-171. - 9053. Harris, D. J., R. G. Lambell, C. J. Oliver, 1983, Factors predisposing dairy and beef cows to grass tetany. Austr. vet. J. 60, 230-234. - 9054. Harris, D. L., J. S. Gavora, J. L. Spencer, 1984, Genetic selection in presence of pathogens such as the lymphoid leukosis virus. Theor. appl. gen. 68, 397-413. - 9055. Harris, E. J., J. E. Weiermans, N. D. Nel, E. H. Meyer, 1984, An investigation of chromosomal abnormalities in certain Southern African cattle breeds. 2nd Wld. cong. shp. catt. breed., 657-661. - 9056. Harris, L., C. Blakemore, M. Donaghy, 1980, Integration of visual and auditory space in the mammalian superior colliculus. Nature 288, 56-59. - 9057. Harris, T., 1985, Persistently puzzling prions. Nature 315, 275. - 9058. Harris, T. M., C. S. Nance, L. B. Sheppard, R. R. Fox, 1983, Evidence for an hereditary defect in taurine transport in the ciliary epithelium of an inbred strain of rabbits. J. inh. met. dis. 6, 163-166. - 9059. Hartley, W. J., T. Kuberski, G. LeGonidec, P. Daynes, 1982, The pathology of Gomen disease: a cerebellar disorder of horses in New Caledonia. Vet. path. 19, 399-405. - 9060. Hartmann, W., D. v. d. Hagen, 1984, Selektion von Leghornlinien auf Resistenz gegen Infektion durch Leukose-Viren. Mh. Vet. med. 39, 86-89. - 9061. Harvey, P. H., L. Partridge, 1982, Bird coloration and parasites- a task for the future ? Nature 300, 480-481. - 9062. Harvey, T. G., J. N. Clarke, H. H. Meyer, 1985, Genetic variation in incidence of daggy sheep. Ann. rep. N. Z. res. div. agr., 39. - 9063. Hassan, H. J., M. Orlando, A. Leonardi, C. Chelucci, R. Guerriero, P. M. Manucci, G. Mariani, C. Peschke, 1985, Intragenic factor IX restriction site polymorphism in hemophilia B variants. Blood 65, 441-443. - 9064. Haughey, K. G., 1983, Selective breeding for rearing ability as an aid to improoving lamb survival. Austr. vet. J. 60, 361-363. - 9065. Haußmann, H., 1984, Möglichkeiten der züchterischen Verbesserung der maternalen und paternalen Fruchtbarkeit beim Rind. Prakt. Tierarzt 65, 63-71. - 9066. Havas, F., 1983, Vorkommen und Bedeutung der Intersexualität bei Schweinen. Fleischwirtsch. 63, 1881-1884. - 9067. Havrankova, J., M. Slavickova, M. Cerny, J. Slapnicka, 1984, (Achondroplasia in the progeny of bulls from one line). Veterin. 34, 128-130. - 9068. Hawkins, B. R., J. T. C. Ma, K. S. L. Lam, C. C. L. Wang, R. T. T. Yeung, 1985, Analysis of linkage between HLA haplotype and susceptibility to Graves' disease in multiple-case Chinese families in Hongkong. Act. endocr. 110, 66-69. - 9069. Hay, A., 1981, Rickets at bay. Nature 289, 113. - 9070. Healy, P. J., 1982, Lysosomal storage diseases in livestock. N. S. Wales vet. proc. 18, 66. - 9071. Healy, P. J., 1983, The prevalence of heterozygotes for ⱔ -mannosidosis in populations of Angus, Galloway, and Murray Grey cattle in New South Wales. Gén. sél. év. 15, 455-459. - 9072. Healy, P. J., P. J. Babidge, D. H. Embury, M. A. Harrison, G. J. Judson, R. W. Mason, D. S. Petterson, A. J. Sinclair, 1983, Control of ⱔ-mannosidosis in Angus cattle. Austr. vet. J. 60, 135-137. -9073. Healy, P. J., P. A. W. Harper, J. K. Bowler, 1985, Prenatal occurrence and mode of inheritance of neuraxial oedema in Poll Hereford calves. Res. vet. sci. 38, 96-98. - 9074. Healy, P. J., C. A. Sewell, T. Exner, A. G. Morton, B. S. Adams, 1984, Haemophilia in Hereford cattle: factor VIII deficiency. Austr. vet. J. 61, 132-133. - 9075. Hearnshaw, H., C. A. Morris, 1984, Genetic and environmental effects on a temperament score in beef cattle. Austr. J. agr. res. 35, 723-733. - 9076. Heath, A. C., K. Berg, L. J. Eaves, M. H. Solaas, L. A. Corey, J. Sundet, P. Magnus, W. E. Nance, 1985, Education policy and the heritability of educational attainment. Nature 314, 734 - 736. - 9077. Hector, R. F., J. E. Domer, E. W. Carrow, 1982, Immune responses to Candida albicans in genetically distinct mice. Inf. imm. 38, 1020-1028. - 9078. Hedin, L. G., 1985, (Low heritability makes breeding against disease more difficult). Svinsk. 75, 26-27. - 9079. Heidari, M., D. W. Vogt, S. L. Nelson, 1985, Brachygnathia in a herd of Angus cattle. Am. J. vet. res. 46, 708-710. - 9080. v. d. Heide, L., 1982, Infectious and non-infectious causes of leg problems in broilers and broiler breeders. 31st West. poult. dis. conf. , 73-75. - 9081. Heisterkamp, N., J. R. Stephenson, J. Groffen, P. F. Hansen, A. deKlein, C. R. Bartram, G. Grosveld, 1983, Localization of the c-abl oncogene adjacent to a translocation break point in chronic myeloic leukaemia. Nature 306, 239-242. - 9082. Hemmer, H., 1983, Domestikation. Vieweg Vlg., Braunschweig. - 9083. v. d. Hende, C., H. v. Canteren, P. Lampo, E. Muylle, W. Oyaert, 1978, Isometric contraction of skeletal muscle of malignant hyperthermia (MH) susceptible and resistant Belgian Landrace pigs under the influence of several drugs. Zbl. Vet. med. A 25, 509-519. - 9084. Henriksen, P., 1982, (Survey of post-mortem findings in rabbits). Nord. vet. med. 198, 388-393. - 9085. Herberg, L., 1982, Spontaneously hyperglycemic animals-models of human diabetes ? Z. Versuchstierk. 24, 3-15. - 9086. Herberman, R. B., 1982, Immunoregulation and natural killer cells. Mol. immun. 19, 1313-1321. - 9087. Herman, W. A., 1984, Lateral patellar luxation in the Shetland Pony. 35. EVT-Tag., H2. 2. - 9088. Hermas, A. S., 1984, Genetic trends and relationships of production and reproduction in Guernsey dairy cattle. Diss. abstr. B 45, 1376. - 9089. Herzog, A., 1982, Chromosomendiagnostik in der vet. med. Genetik. Tierärztl. Umsch. 37, 815-820. - 9090. Herzog, A., H. Höhn, F. Olyschläger, P. Rüsch, 1982, 17-Trisomie-Mosaik beim Rind. Berl. Münch. tierärztl. Wschr. 95, 352-354. - 9091. Herzog, A., H. Höhn, E. Vainas, 1983, Zytogenetische Befunde bei Kälbern mit Spina bifida. Tierärztl. Umsch. 38, 259-260. - 9092. Heymans, H. S., R. B. Schutgens, R. Tau, H. v. d. Bosch, P. Borst, 1983, Severe plasmalogen deficiency in tissues of infants without peroxisomes (Zellweger syndrome). Nature 306, 69-70. - 9093. v. Heyningen, V., 1984, In search of the gene. Nature 311, 104-105. - 9094. v. Heyningen, V., C. Hayward, J. Fletcher, C. McAuley, 1985, Tissue localization and chromosomal assignment of a serum protein that tracks the cystic fibrosis gene. Nature 315, 513-515. - 9095. Hibbitt, K., A. Hill, M. Williams, K. Bunch, 1980, Factors affecting the resistance of the mammary gland to infection and the influence of the sire on the susceptibility of his daughters to mastitis. Conf. resist. gen. asp. mast. contr., 114-129. - 9096. Higgs, D. R., S. E. Y. Goodbourn, J. Lamb, J. B. Clegg, D. J. Weatherall, 1983, $\measuredangle$-Thalassaemia caused by a polyadenylation signal mutation. Nature 306, 398-400. - 9097. Hill, M.A., 1985, Observations on the skeletons of young commercial pigs with reference to dys - chondroplasias including that called osteochondrosis. Diss. abstr. B 45, 2464. - 9098. Hill, M.A., G.R. Ruth, H.D. Hilley, J.L. Torrison, J.K. Bagent, A.D. Lemon, 1985, Dyschondroplasias of growth cartilages (osteochondrosis) in cross bred commercial pigs at one and 15 days of age. Vet. rec. 116, 40-47. - 9099. Hillbrand, F. W., P. Glodek, 1984, Halothananfälligkeit und Spermaqualität von Ebern aus drei Schweinezuchtlinien. 35. EVT-Tag., P5. 11. - 9100. Hirsch, H. M., A. S. Zelickson, J. F. Hartmann, 1965, Localization of melanin synthesis within the pigment cell. Z. Zellf. 65, 409-419. - 9101. Ho, M., C. Cheers, 1982, Resistance and susceptibility of mice to bacterial infection. J. inf. dis. 146, 381-387. - 9102. Hodes, R. J., R. N. Germain, J. A. Bluestone, 1984, The regulation of the immune system. Immun. tod. 5, 279 - 285. - 9103. Hoffmann, G., H. O. Gravert, 1980, Die Bedeutung von Totgeburten für die Milchrinderzucht und Möglichkeiten zur Minderung. Kiel. Milchwirtsch. Forsch. 32, 37-70. - 9104. Hofmann, S., G. Lendle-Tennant, S. Zabronsky, 1982, Die Lage - anomalien des Hodens. I. Med. Klin. 77, 755-757. - 9105. Hohenboken, W. D., 1985, The manipulation of variation in quantitative traits. J. anim. sci. 60, 101-110. -9106. Holmberg, T., S. Reiland, 1984, The influence of age, breed, rearing intensity and exercise on the incidence of spavin in Swedish dairy cattle. Act. vet. scand. 25, 113-127. - 9107. Holmes, R. S., P. B. Mather, J. A. Daley, 1985, Gene markers for alcohol-metabolizing enzymes among recombinant inbred strains of mice with differential behavioural responses towards alcohol. An. bld. grps. bioch. gen. 16, 51-57. - 9108. Hoppe, F., 1984, Osteochondrosis in Swedish horses. Thesis, Uppsala. -9109. Hoppe, F., J. Philipsson, 1984, Genetic investigations on osteochondrosis in the horse. 35. EVT-Tag., H2. 5. - 9110. Hoppe, F., J. Philipsson, 1985, A genetic study of osteochondrosis dissecans in Swedish horses. Equ. pract. 7, 7-8. - 9111. Hornykiewicz, O., 1982, Brain catecholamines in schizophrenia. Nature 299, 484-486. -9112. Horstkotte, H. J., J. Freise, M. Gebel, M. Burdelski, K. D. Rumpf, F. W. Schmidt, 1985, Hereditäre chronisch-calcifizierende Pankreatitis. DMW. 110, 753-758. - 9113. Horton, J. C., D. H. Hubel, 1981, Regular patchy distribution of cytochrome oxidase staining in primary visual cortex of macaque monkey. Nature 292, 762-764. - 9114. Hoste, C., P. Deslandes, L. Cloe, A. Havet, 1983, Etude des hématocrites des taurins N'Dama et Baoulé de Côte d'Ivoire. Rev. él. méd. vét. pays trop. 36, 273-282. -9115. Hottelmann, F. W., B. Boge, 1985, Informationssysteme zur Beurteilung von Besamungsebern nach Kriterien der Befruchtung, Spermaqualität, Spermamenge, Anomalienvererbung. Tierärztl. Umsch. 40, 558-564. - 9116. Hradecky, J., V. Hruban, J. Pazdera, J. Klaudy, 1980, Inheritance of sensitivity to halothane in pigs. Zuchthyg. 15, 219-225. - 9117. Huang, C. M., M. P. Mi, D. W. Vogt, 1981, Mandibular prognathism in the rabbit. J. hered. 72, 296-298. - 9118. Huang, M. Y., B. A. Rasmusen, 1982, Parental transferrin types and litter size in pigs. J. anim. sci. 54, 757-762. - 9119. Hudson, G. F. S., L. D. v. Vleck, 1984, Effects of inbreeding on milk and fat production, stayability, and calving interval of registered Ayrshire cattle in the Northeastern United States. J. dairy sci. 67, 171-179. - 9120. Huffman, E. M., J. H. Kirk, M. Pappaionon, 1985, Factors associated with neonatal lamb mortality. Theriogen. 24, 163-171. - 9121. Hukkelhoven, M. W., A. C. Dijkstra, A. J. M. Vermorken, 1983, Rapid high-performance liquid chromatographic method for detection of interindividual differences in carcinogen metabolism. J. chromatogr. 276, 189-196. - 9122. Hull, D., J. Winter, 1984, The development of cold-induced thermogenesis and the structure of brown adipocyte mitochondria in genetically-obese (ob/ob) mice. Brit. J. nutr. 52, 33-39. - 9123. Humblot, P., M. A. DallaPorta, J. L. Schwartz, 1982, Etude de la mortalité embryonnaire. EL insém. 189, 15-28. - 9124. Humphries, R. K., T. J. Ley, N. P. Anagnon, A. W. Baur, A. W. Nienhuis, 1984, ß0-39 Thalassemia gene. Blood 64, 23-32. - 9125. Humphries, R. K., P. Berg, J. DiPietro, S. Bernstein, A. W. Nienhuis, W. F. Anderson, 1985, Transfer of human and murine globin-gene sequences into transgenic mice. Am. J. hum. gen. 37, 295-310. - 9126. Hunsmann, G., M. Eigen, 1985, Zur Epidemiologie von AIDS. Klin. Wschr. 63, 616-617. - 9127. Hunt, D. M., 1974, Primary defect in copper transport underlies mottled mutants in the mouse. Nature 249, 852. - 9128. Hunter, R. H. F., 1985, Fertility in cattle. An. breed. abstr. 53, 83-87. - 9129. Hurley, L. S., 1968, Approach to the study of nutrition in mammalian development. Fed. proc. 27, 193-198. - 9130. Hyankova, L., B. Knize, R. Siler, J. Hyanek, 1983, Osteometric analysis in highly inbred lines of fowl. Sci. agr. bohem. 15, 303-316. - 9131. Ibrahim, M. A., H. A. Rahman, A. Kovacs, 1983, Quality, freezability and fertility of the semen of pre-selected A. I. bulls carrying various chromosome aberrations. Anim. repr. sci. 6, 167-175. - 9132. Ignjatovic, J., T. J. Bagust, 1985, Variation in susceptibility to avian sarcoma viruses and expression of endogenous avian leukosis virus antigens in specific pathogen-free chicken lines. J. gen. virol. 66, 1723-1731. - 9133. Ihara, N., 1983, A new strain of rat with an inherited cataract. Exper. 39, 909-911. - 9134. Ihigachev, A. I., N. S. Nikitin, V. V. Cherkasov, 1984, Frequency of translocations of 1/29 chromosomes in spontaneous selection of cattle. Sov. agr. sci. 4, 32-34. - 9135. Imai, Y., P. L. Nolan, C. I. Johnston, 1983, Restoration of suppressed baroreflex sensitivity in rats with hereditary diabetes insipidus by arginine-vasopressin and DDAVP. Circ. res. 53, 140-149. - 9136. Imlah, P., 1982, Linkage studies between the halothane (Hal), phosphohexose isomerase (Phi) and the S(A-O) and H red blood cell loci of Pietrain/Hampshire and Landrace pigs. An. Bld. grps. bioch. gen. 13, 245-262. - 9137. Imlah, P., 1984, Blood group association with severity and speed of the halothane reaction. An. bld. grps. bioch. gen. 15, 275-284. - 9138. Inazu, M., K. Kasai, T. Sakaguchi, 1984, Characteristics of a new hairless mutation (bald) in rats. Lab. an. sci. 34, 577-583, -9139. v. d. Ingh, T. S., J. Rothuizen, 1985, Congenital cystic disease of the liver in seven dogs. J. comp. path. 95, 405-414. - 9140. Iriondo, A., J. Garijo, J. Baro, E. Conde, J. M. Pastor, A. Sabanes, V. Hermosa, M. C. Sainz, L. P. de laLastra, A. Zubizarreta, 1984, Complete recovery of hemopoiesis following bone marrow transplantation in a patient with unresponsive congenital hypoplastic anemia (Blackfan-Diamond syndrome). Blood 64, 348-351. - 9141. Iseki, R., T. Namikawa, K. Kondo, 1984, Cream, a new coat-color mutant in the musk shrew. J. hered. 75, 144-145. - 9142. Jacobs-Cohen, R. J., M. Spiegelman, J. C. Cookingham, 1984, Knobbly, a new dominant mutation in the mouse that affects embryonic ectoderm organization. Gen. res. 43, 43-50. - 9143. Jacobsson, L., 1985, Mini-pigs as experimental animals in atherosclerosis research. Z. Versuchstierk. 27, 96. - 9144. Jagadeeswaran, P., D. Tuan, B. G. Forget, S. M. Weissman, 1982, A gene deletion ending at the midpoint of a repetitive DNA sequence in one form of hereditary persistance of fetal haemoglobin. Nature 296, 469-470. - 9145. James, N. T., M. Cabric, M. J. Wild, 1982, Qualitative and quantitative studies on Japanese waltzing mice. J. comp. path. 92, 533-545. -9146. James, P. J., G. H. Warren, A. Neville, 1984, Fleece rot in Merino sheep. Austr. J. agr. res. 35, 423-434. - 9147. Janeway, C., 1985, The immune destruction of pancreatic ß-cells. immun. tod. 6, 229-232. - 9148. Janeway, C. A., P. J. Conrad, J. Tite, B. Jones, D. B. Murphy, 1983, Efficiency of antigen presentation differs in mice differing at the Mls locus. Nature 306, 80-82. - 9149. Jaster, D., W. Kolp, 1984, Erfahrungen mit der Klumpfußoperation nach Scheel. Wiss. Z. Univ. Rostock 33, 21-23. - 9150. Jensen, A. R., 1967, Estimation of the limits of heritability of traits by comparison of monozygotic and dizygotic twins. Proc. nat. ac. sci. 58, 149-156. - 9151.

Jensen, P. T., A. Basse, D. H. Nielsen, H. Larsen, 1983, Congenital ascorbic acid deficiency in pigs. Act. vet. scand. 24, 392-402. - 9152. Jensen, P. T., D. H. Nielsen, P. Jensen, N. Bille, 1984, Hereditary dwarfism in pigs. Nord. vet. med. 36, 32-37. - 9153. Jilka, R. L., D. V. Cohn, 1983, A collagenolytic response to parathormone - 1,25-dihydroxy cholecalciferol D3, and prostaglandin E2 in bone of osteopetrotic (mi/mi) mice. Endocrin. 112, 945-950. - 9154. Jirmanova, I., 1983, The splayleg disease. Vet. res. comm. 6, 91-101. - 9155. Jirmanova, I., L. Lojda, 1985, Dexamethasone applied to pregnant minisows induces splayleg in Minipiglets. Zb. Vet. med. A 32, 445-458. - 9156. Johannsen, U., R. Schäfer, W. Wittig, 1984, Zur Pathologie der Dickbeinigkeit des Schweines. Mh. Vet. med. 39, 290-293. - 9157. Johansson, I., 1975, (Should twinning be considered in breeding ?). Husdj. 6, 10-15. - 9158. Johansson, K., B. W. Kennedy, 1982, Estimation of genetic parameters of fertility traits in pigs . 2nd. Wld. cong. gen. appl. livest., 7., 503-508. - 9159. John, M. E., W. Knöchel, 1983, Haben repetitive DNA-Sequenzen biologische Funktionen ? Naturwiss. 70, 241 - 246. - 9160. Johns, P. R., A. C. Rusoff, M. W. Dubin, 1979, Postnatal neurogenesis in the kitten retina. J. comp. neurol. 187, 545-555. - 9161. Johnson, J. L., H. W. Leipold, M. M. Guffy, S. M. Dennis, R. R. Schalles, R. E. Mueller, 1982, Characterization of bovine polydactyly. Bov. pract. 3, 7-14. - 9162. Johnson, L. W., S. A. Edgar, 1982, Responses to prolonged selection for resistance and susceptibility to acute cecal coccidiosis in the Auburn strain Single Comb White Leghorn. Poult. sci. 61, 2344-2355. - 9163. Johnson, L. W., S. A. Edgar, 1984, Ea-A and Ea-E cellular antigen genes in Leghorn lines resistant and susceptible to acute cecal coccidiosis. Poult. sci. 63, 1695-1704. - 9164. Johnson, R. K., 1984, Reproductive efficiency- limitations of the genetic approach. 10th int. cong. an. repr. A. I., 6, 27-34. - 9165. Johnston, A., 1985, Polymelia in a Hereford-cross calf. Vet. rec. 116, 585-586. - 9166. Jonen, H., 1984, Statistische und populationsgenetische Erhebungen zum Stickstoff-, Kohlenstoff- und Wasserstoffgehalt der Augenlinsen weiblicher Schweine aus einer Mastprüfungsanstalt. Diss. Hannover. - 9167. Jones, B. R., A. C. Johnstone, W. S. Hancock, 1985, Tyzzer's disease in kittens with familial primary hyperlipoproteinaemia, J. small an. pract. 26, 411-419. - 9168. Jones, J. M., R. D. Jolly, 1982, Dwarfism in Hereford cattle. N. Z. vet. J. 30, 185-189. - 9169. Jones, M. Z., J. G. Cunningham, A. W. Dade, G. Dawson, R. A. Laine, C. S. F. Williams, D. M. Alessi, U. V. Mostosky, J. R. Vorro, 1982, Caprine ß-mannosidosis. A. Liss, N. Y., - 9170. Jones, W. E., D. W. Johnsen, 1985, A fertile female mule. J. equ. vet. sci. 5, 87-90. - 9171. Jordan, R. K., J. H. Robinson, N. A. Hopkinson, K. C. House, A. L. Bentley, 1985, Thymic epithelium and the induction of transplantation tolerance in nude mice. Nature 314, 454-456. - 9172. Influence of nutrition on malignant hyperthermia in pigs. Act. vet. scand. 23, 539-543. - 9173. Junge, W., 1983, Klauenerkrankungen und ihre Ursachen bei Milchkühen. Diss. Kiel. - 9174. Junge, W., E. Ernst, 1983, Moderne Haltungsverfahren und Klauenschäden bei Milchvieh. 34. EVT-Tag., C2a3. - 9175. Jungst, S. B., D. L. Kuhlers, 1983, Effect of teat number , teat abnormalities and underline length on litter sizes and weights at 21 and 42 days in swine. J. anim. sci. 57, 802-806. - 9176. Juriloff, D. M., 1982, Differences in frequency of cleft lip among the A strain of mice. Teratol. 25, 361-368. - 9177. Juriloff, D. M., M. J. Harris, J. R. Miller, 1983, The lidgap defect in mice. Can. J. gen. cytol. 25, 246-254. - 9178. Juriloff, D. M., K. K. Sulik, T. H. Roderick, B. K. Hogan, 1985, Genetic and developmental studies of a new mouse mutation that produces otocephaly. J. craniofac. dev. biol. 5, 121-145. -9179. Jury, K. E., 1982, Developments in facial eczema. Proc. Ruak. farm. conf. 34, 65-69. - 9180. Kääntee, E., 1983, Effects of Ca and P levels in the feed on serum calcium, phosphorus, alkaline phosphatase, hydroxproline and 25. hydroxycholecalciferol levels, and on the ash content of the third metacarpal bone in pigs. Nord. vet. med. 35, 279-286. - 9181. Kadima-Nkashama, M., H. Bogner, H. Kräußlich, D. O. Schmid, D. Sprengel, P. Matzke, H. M. Blendl, H. Gehra, 1985, Beziehungen zwischen

Blutmarkern,Streßresistenz, Mast- und Schlachtleistung sowie Fleischbeschaffenheit beim Schwein der Deutschen Landrasse.Bay. landw. Jb., 601-629. - 9182. Kaelbling,M. , N.S. Fechheimer,1985,Synaptonemal complex analysis of a pericentric inversion in chromosome 2 of domestic fowl.Cytogen. cell gen. 39, 82-86. - 9183. Kagota,K. , N.Abe, K. Tokoro,1982,Clinico-hematological studies on subclinical cases of neonatal hemolytic disease in pigs. Jap. J. vet. res. 30, 79-93. - 9184. Kahn, C.R. ,1982,Autoimmunity and the aetiology of insulin-dependent diabetes mellitus. Nature 299,15-16. - 9185. Kajita,Y. ,Y. Nakajima,M. Ishida,Y. Ochi, T. Miyazaki, T. Hachiya, H. Ijechi, 1983, Characteristics of auto-antibodies to bovine TSH in the serum of two patients with Graves' disease.Act. endocr. 104,423-430. - 9186. Kalderon,B. , J.H.Adler, E. Levy,A.Gutman,1983, Lipogenesis in the sand rat.Am. J. phys. 244, E 480-486. - 9187. Kallen,B. , L. Lögdberg,1982, Low susceptibility to the induction of experimental autoimmune encephalomyelitis in a substrain of the otherwise susceptible Lewis rat. Eur. J. immun. 12, 596-599. - 9188. Kallmann, F. J., 1953, Heredity in health and mental disorder. Norton, N.Y. . - 9189. Kalow, W. ,1984, Pharmacoanthropology. Fed. proc. 43, 2314-2318. - 9190. Kalter, H. , 1980,A compendium of the genetically induced congenital malformations of the house mouse. Teratol. 21,397-429. - 9191. Kamar,G.A. , H.H. Hussain, L.Goher, M.M. elNadi, 1984, Lethal factors in Pekin ducks. Eg. J. an. prod. 23,177-185. - 9192. Kamatani, N. ,H.Yamanaka, K. Nishiaka, T. Nakamura, K. Nakano, K. Tanimoto, T. Mizuno, Y. Nishida,1984,A new method for the detection of Lesch-Nyhan heterozygotes by peripheral blood T cell culture using T cell growth factor.Blood 63, 912-916 . - 9193. Kanavikar,C.R. , G.R. Lokanath, P.V. Sreenivasalah, B.S. Ramappa, 1981, Genetic studies on sexual dimorphism in broiler strains of chicken. Ind. J. an. sci. 51, 1157-1160. - 9194. Kapelman, P.G. ,T.R.E. Pilkington, N.White, S. L. Jeffcoate , 1980, Evidence for existence of two types of massive obesity. Brit. med. J. 280, 82-83. - 9195. Kapp, J. , S. Cullen, D. Shreffler, B.Schwartz, 1983, Ir genes. immun. tod. 4,1-4. - 9196. Karathanasis, S.K. ,R.A. Norum, V.I. Zannis, J. L. Breslow,1983 , An inherited polymorphism in the human apolipoprotein A-I gene locus related to the development of atherosclerosis. Nature 301, 718-720. - 9197. Karathanasis, S. K. ,V.I. Zannis, J. L.Breslow, 1983, A DNA insertion in the apolipoprotein A-I gene of patients with premature atherosclerosis. Nature 305, 823-825. - 9198. Karbe, E. ,H.O. Fimmen, M. Handlos, H.Grell, E.K. Freitas,1982, Le degré de trypanotolérance chez le N'Dama, la race locale et leurs croisements et la signification de l'emploi stratégique de trypanocides. Rev. él. méd. vét. pays trop. 35, 365-372. - 9199. Karitzky,D. , G. Klein, I.Witt,1982,Die Lungenfunktion bei Kindern mit ausgeprägtem ⋖1-Antitrypsin-Mangel.DMW 107,977-980. - 9200. Karlson, P. ,1982, Was sind Hormone ? Naturwiss. 69, 3-14. - 9201. Karsenty,C. , F.Chanussot,M. Ulmer,G.Debry, 1985, Influence of chronic ethanol intake on obesity, liver steatosis and hyperlipidaemia in the Zucker fa/fa rat. Brit. J. nutr. 54, 5-13. - 9202. Kasser,T.G. , J.W. Maboy, L. L.Benyshek, D. J. Campion, R. J. Martin, 1983, Heterotic and maternal effects on body weight and the parameters of a logistic growth curve of LL and SS rats and their F1 offspring. Growth 47, 237-253. - 9203. Kather, H. , 1983, Natriumtransport, Fettsucht und Hypertension. Med. Klin. 78, 474-478. -9204. Kaudewitz, F. ,1983,Genetik. E. Ulmer Vlg. ,Stuttgart. - 9205. Kauer, B. , 1976, Eine Untersuchung der Frühentwicklung der heterozygoten Kurzschwanzmaus(T/t). Anat. Hist. Embr. 5, 122-134. - 9206. Kaufman, M.H. , 1983, Ethanol-induced chromosomal abnormalities at conception. Nature 302, 258-260. - 9207. Kauppinen, K. , 1983, Prevalence of bovine ketosis in relation to number and stage of lactation. Act. vet. scand. 24, 349-361. - 9208. Kauppinen, K. ,1984, Annual milk yield and reproductive performance of ketotic and non-ketotic dairy cows. Zbl. Vet. med. A31, 694-704. - 9209. Kaushik, S. N. , O.P. Gupta, S.C.Agarwal, S.C.Dass, 1980, Neo - natal mortality in Hariana- Bos taurus crossbreds. Ind. J. dairy sci. 33, 516-518. -

9210. Kawamoto,Y., T.Ino,K.Sato,1983,Heritability estimates and selection effects on survival time of Japanese quail under high and low temperature stress. 5th Wld. conf. anim. prod. 2, 135-136. - 9211. Kaysen,J.H., N.M.B.Amari,M.W. Lambert,1985, Nucleosomes increase normal human but not Xeroderma pigmentosum apurinic DNA activity. Fed. proc. 44, 853. - 9212. Kee,M., 1983, Cancer causation. Nature 303, 648. - 9213. Keitges, E., M. Rivest, M.Siniscalco,S.M.Gartler, 1985, X-linkage of steroid sulphatase in the mouse is evidence for a functional Y-linked allele. Nature 315, 226- 227. - 9214. Keller,C., O.Seidl,G. Wolfram,N. Zöllner,1983, Extracardiale Atherosklerose bei Patienten mit familiärer Hypercholesterinämie. Klin.Wschr. 61, 1123-1130. - 9215. Kempter,X., 1983, Über den Einfluß des Haltungsverfahrens auf die Ausprägung von Merkmalen der Milchleistung und der Fruchtbarkeit sowie auf einige Abgangsursachen in milchleistungskontrollierten Betrieben in Baden-Württemberg.Diss. Hohenheim. - 9216. Kennedy,B.W., J.N.Wilkis,1984, Boar, breed and environmental factors influencing semen characteristics of boars used in artificial insemination. Can. J.an. sci. 64, 833-843. - 9217. Kennedy,B.W., 1984,Selection limits. Can.J.an. sci. 64, 207-215. - 9218. Kesler, D. J., H.A. Garverick,1982, Ovarian cysts in dairy cattle. J.anim. sci. 55, 1147-1159. - 9219. Kettlewell,H.B.D., 1959, New aspects of genetic control of industrial melanism in lepidoptera. Nature 183, 918-921. - 9220. Kidd, V. J., R. B. Wallace, K. Hakura, S. L.C. Woo, 1983, ∝1-Antitrypsin deficiency detection by direct analysis of the mutation in the gene. Nature 304, 230-234. - 9221. Kiene, K., M.Wienbeck, F. Borchard, G.Strohmeyer,1984, Die kongenitale Leberfibrose. Med. Klin. 79, 111-115. - 9222. Kiesel, U., F.W. Falkenberg,H.Kolb,1983, Genetic control of low-dose streptozotocin-induced autoimmune diabetes in mice. J.immun. 130, 1719-1722. - 9223. Kikuchi, T., S. Ishiura, I. Nonaka, S. Ebashi,1981, Genetic heterozygous carriers in hereditary muscular dystrophy of chickens. Toh. J. agr. res. 32, 14-26. - 9224. Killam, E.K., K.F. Killam,1984, Evidence for neurotransmitter abnormalities related to seizure activity in the epileptic baboon. Fed. proc. 43, 2510-2515. - 9225. Kimberlin, R.H., 1979, The pathogenesis and pathology of scrapie. Eur.Wksh. EEG-Comm. publ. hlth, 4-29. - 9226. King, J.W., F. Menissier, 1980, Muscle hypertrophy of genetic origin and its use to improve beef production. M. Nijhoff,Den Haag. - 9227. King,W.A., 1984, Sexing embryos by cytological methods. Theriogen. 21, 7-17. - 9228. King,W.A., I.Gustavsson,C.P. Popescu, T. Linares, 1981, Gametic products transmitted by rcp(13q-;14q+) translocation heterozygous pigs, and resulting embryonic loss. Hereditas 95, 239-246. - 9229. King,W.A., T. Linares,1983, A cytogenetic study of repeat-breeder heifers and their embryos. Can. vet. J. 24, 112-115. - 9230. Kinoshita, S., J. Harrison, J. Lazerson, C. F. Abilgaard, 1984, A new variant of dominant type II von Willebrand's disease with aberrant multimeric pattern of factor VIII-related antigen(Type IID).Blood 63, 1369 - 1371. - 9231. Kioussis, D., E. Vanin, T. de Lange, R. A. Flavell, F.G. Grosveld, 1983, ß-Globin gene inactivation by DNA translocation in ɣß-thalassaemia. Nature 306, 662-666. - 9232. Kirchhoff,H., H. Franz, 1977, Geburtsmassen sowie Tot-und Schwergeburtenraten von Milchrindgenotypen aus züchterischer Sicht. Tierzucht 31, 18-20. - 9233. Kirk, J.H., E.M. Huffman,M. Lane,1982, Bovine cystic ovarian disease. J.A.V.M.A. 181, 474-476. - 9234. Kirkland, P.D., R.D. Barry, J. F. Macadam, 1983, An impending epidemic of bovine congenital deformities. Austr. vet. J. 60, 221-223. - 9235. Kitchen, L.W., F. Barin, J. L. Sullivan, M. F. McLane, D. B. Brettler, P. H. Levine, M. Essex, 1984, Aetiology of AIDS. Nature 312, 367-369. - 9236. Kjeldsen,T., 1985,(Stomach ulcers in swine).Dansk vet. tids. 68, 3-14. - 9237. Klein, G., E. Klein, 1985, Evolution of tumours and the impact of molecular oncology. Nature 315, 190-195. - 9238. Klein, J., Z.A. Nagy,1983, Der Haupthistokompatibilitätskomplex und die Unterscheidung zwischen Selbst und Fremd durch das Immunsystem. Naturw. 70, 265-271. - 9239. Kleinschmidt, E.G., 1983, Untersuchungen zum Zusammenhang zwischen Riechschwelle des Menschen für einige Substanzen und deren chemischer Struktur. Wiss. Z. Univ. Rost. 32, 54-58. - 9240. Kline, K., B. G. Sanders, 1984, Analyses of muscular dystrophy and Con A deficiency traits in testcross progeny of chickens. J. hered. 75, 31-33. - 9241. Klingensmith, P. M., J. P. Donahoe, J. F. Stephens, 1983, The effect of the sex-linked dwarfing gene, dw, on the immune responses of broiler breeder chickens. Poult. sci. 62, 733-740. - 9242. Klöting, I., K. Reiher, 1985, Einige Aspekte zur Haltung und Reproduktion spon tandiabetischer BB-Ratten. Z. Versuchstierk. 27, 5-11. - 9243. Kluge, W. F., 1985, Halbeuterversuche an eineiigen Rinderzwillingen zur Prüfung der Melkbarkeit. Diss. Hannover. - 9244. Knap, P. W., 1985, Breeding value estimation of AI boars for some congenital defects. 36. EVT-Tag. 1, 92. - 9245. Knap, P. W., J. A. deGrier, 1984, (Prospects for selection against stress susceptibility). Bedrijfsontw. 15, 733-736. - 9246. Knight, J., P. Laing, A. Knight, D. Adams, 1984, Forbidden clones. immun. tod. 5, 336. - 9247. Knize, B., L. Hyankova, R. Siler, J. Plachy, 1983, Minor variants of skeletal system in highly inbred lines and hybrid combinations of fowl. Z. Tierz. Zücht. biol. 100, 241-251. - 9248. Knobler, R. L., B. A. Taylor, M. L. Wooddell, W. G. Beamer, M. B. A. Oldstone, 1984, Host genetic control of mouse hepatitis virus type-4 (JHM strain) replication. Exp. clin. immunogen. 1, 217-222. - 9249. Knoth, A., H. Bohn, F. Schmidt, 1983, Passivrauchen als Lungenkrebsursache bei Nichtrauchern. Med. Klin. 78, 66-69. -9250. Knussmann, R., 1969, Biostatistische Familienuntersuchungen zur Hautleistenvariabilität des Menschen. Humangen. 8, 208-216. - 9251. Kobayashi, H., 1980, Genetic and morphological studies on congenital cataract and microphthalmia in mice. Congen. anom. 20, 391-398. - 9252. Kobayashi, T., H. Nagara, K. Suzuki, 1982, The twitcher mouse. Biochem. med. 27, 8-14. - 9253. Kobylka, V., M. Cerny, J. Hajkova, 1979, (Inherited abnormalities and defects in pedigreed herds of pigs in the Czech Republic in 1979-83). Veterin. 34, 351-352. - 9254. Koefoed-Johnson, H. H., 1984, The male factor in dissemination of hereditary traits, exemplified by a congenital sperm defect in bulls of the Jersey breed. Curr. top. vet. med. an. sci. 30, 41-43. - 9255. Köfer, J., E. Glawischnig, H. Rohrbacher, 1985, Das Halothantestprogramm in der Steiermark. Wien. tierärztl. Mschr. 72, 170-173. - 9256. Kofman-Alfaro, S., E. Valdes, J. Teron, S. S. Wachtel, B. Chavez, S. Bassol, M. Medina, G. Perez-Palacios, 1985, Endocrine and immunogenetic evaluation of an XX male infant with perineo-scrotal hypospadias. Act. endocr. 108, 421-427. - 9257. Koike, K., A. K. Rao, H. Holmsen, P. S. Mueller, 1984, Platelet secretion defect in patients with the attention deficit disorder and easy bruising. Blood 63, 427-433. - 9258. Koiranen, L., 1982, (Cell count in farm milk and mastitis incidence). 14. Nord. vet. rapp., 270-271. - 9259. Kolb, E., 1979, Neuere Erkenntnisse und Vorstellungen zur Entstehung des Ausgrätschens (der myofibrillären Hypoplasie) der Ferkel. Tierzucht 33, 508-510. - 9260. Kolb, E., S. Hillert, 1983, Biochemische und klinisch-chemische Aspekte der Ursachen sowie des Enstehens des Stehunvermögens (Ausgrätschen) der neugeborenen Ferkel. Wiss. Z. K. M. Univ. Leipz. M. N. R. 32, 295-304. - 9261. Kolb, E., G. Gründel, A. Kupski, R. Umbach, 1983, Gibt es bei trächtigen Sauen Anämie ? Tierz. 37, 278-280. - 9262. Komatsu, M., K. I. Yamamoto, T. Kawashima, S. Migita, 1985, Genetic deficiency of the $\measuredangle \gamma$ subunit of the eighth complement component in the rabbit. J. immun. 134, 2607-2609. - 9263. Konarska, L., L. Tomaszewski, J. P. Colombo, H. G. Terheggen, 1985, Human salivary arginase and its deficiency in argininaemia. J. clin. chem. clin. bioch. 23, 337-342. - 9264. Koong, L. J., J. A. Nienaber, H. J. Mersmann, 1983, Effects of plane of nutrition on organ size and fasting heat production in genetically obese and lean pigs. J. nutr. 113, 1626-1631. - 9265. Kosba, M. A., S. M. Hamdy, M. K. Shebl, 1983, Heritability estimates for the duration of fertility in Alexandria and Fayoumi chickens. Beitr. Landw. Vet. med. 21, 365-369. - 9266. Kosolapikov, A. V., 1984, (The effect of genetic factors on resistance to foot diseases in cattle). Ref. Zhurn. 1. 58. 424. - 9267. Koufos, A., M. F. Hansen, B. C. Lampkin, M. L. Workman, N. G. Capeland, N. A. Jenkins, W. K. Cavenee, 1984, Loss of alleles at loci on human chromosome 11 during genesis of Wilms' tumour. Nature 309, 170-172. - 9268. Koufos, A., M. F. Hansen, N. G. Copeland, N. A. Jenkins, B. C. Lampkin, W. K. Cavenee, 1985, Loss of heterozygosity in three embyonal tumours suggests a common pathogenetic mechanism. Nature 316, 330-334. - 9269. Kovach, J. K., 1985, Constitutional biases in early perceptual learning. J. comp psych. 99, 35.-46. - 9270. Kraay, G. J., D. P. Menard, M. Bedoya, 1983, Monozygous cattle twins as a result of transfer of a single embryo. Can. vet. J. 24, 281-283. - 9271. Krance, R. A., W. E. Spruce, S. J. Forman, R. B. Rosen, T. Hecht, W. P. Hammond, K. G. Blume, 1982, Human cyclic neutropenia transferred by allogeneic bone marrow grafting. Blood 60, 1263-1266. - 9272. Kratzer, P. G., 1982, Timing of X-chromosome inactivation is stage dependent rather than age dependent. J. exp. zool. 222, 77-80. - 9273. Kraus, H., 1985, Anomalien beim Schwein. Tierzücht. 37, 174-175. - 9274. Kräusslich, H., H. Buschmann, J. Meyer, A. Kleinschmidt, 1983, Ein Selektionsversuch auf Antikörperbildungsvermögen beim Schwein. Z. Tierz. Zücht. biol. 100, 101-108. - 9275. Kräußlich, H., G. Brem, 1985, Erstellung von Chimären durch Embryo-Mikrochirurgie und deren mögliche Bedeutung für die Rinderzucht. tierärztl. prax. Suppl. 1, 50-57. - 9276. Kreppel, H., 1981, Erhebungen über das Vorkommen der angeborenen Vordergliedmaßenverkrümmung bei Kälbern des Deutschen Fleckviehs. Diss. München. - 9277. Kroker, G. A., L. J. Cummins, G. Walsgott, 1982, Observations on the effect of selecting beef sires for high and low birthweight. 3rd conf. Austr. ass. an. breed. gen., 95-96. - 9278. Kroon, P. H. W., J. F. M. Deckers, L. T. Douglas, 1980, X-chromosomal gene activity in the XO-mouse (Mus musculus). IRCS med. sci. libr. comp. 8, 854. - 9279. Kubota, M., Y. Ito, K. Ikeda, 1983, Membrane properties and innervation of smooth muscle cells in Hirschsprung's disease. Am. J. phys. 244, G406-415. - 9280. Kudryavtsev, P. N., V. V. Rogacheva, E. K. Kirillova, 1982, (The control of sublethal genes in pig breeding), Zhiv. 8, 50-51. - 9281. Küenzlen, E., J. Bauer, B. Behringhoff, J. Ettinger, C. Mueller - Eckhardt, 1983, Das Syndrom der posttransfusionellen Purpura. DMW 108, 651 - 654. - 9282. Kumar, G. P. R., 1983, Genetic studies on haemoglobin and potassium polymorphism and their relationship with body weights in Bannur sheep. Thesis, Haryana. - 9283. Kumaran, B. N., S. N. Tandon, N. D. Khanna, 1982, Genetic heterozygosity and genetic distances between four crossbred populations of cattle emlpoying blood protein polymorphism system. Ind. J. dairy sci. 35, 13-17. - 9284. Kummerfeld, N., H. Neumann, K. Meyer, 1983, Ectopia cordis bei einer Taube. Dt. tierärztl. Wschr. 90, 179-180. - 9285. Kunavongkit, A., L. Malmgren, 1983, Endocrine studies of a pig with ovotestes. Act. vet. scand. 24, 515-517. - 9286. Kunstyr, I., S. Naumann, J. Werner, 1982, Urolithiasis in female inbred SPF rats. Z. Versuchstierk. 24, 214-218. - 9287. Kunstyr, I., K. Gärtner, 1985, High incidence of hydronephrosis in C57BL/Ks mice is caused by genes on chromosome 4. Z. Versuchstier. 27, 101. - 9288. Kunz, T. H., J. Chase, 1983, Osteological and ocular anomalies in juvenile big brown bats. Can. J. zool. 61, 365-369. - 9289. Küskinen, T., P. Andersson, 1982, The incidence of tibial dyschondroplasia in two broiler strains and their performance on different diets. Ann. agr. Fenn. 21, 169-176. - 9290. Kuznetsov, G. A., 1982, (Genetic principles of the production of white nutrias). Krol. zver. 6, 36. - 9291. Kyritsis, A. P., M. Tsokos, T. J. Triche, G. J. Chader, 1984, Retinoblastoma-origin from a primitive neuroectodermal cell ? Nature 307, 471-473. - 9292. Laird, H. E., J. W. Dailey, P. C. Jobe, 1984, Neurotransmitter abnormalities in genetically epileptic rodents. Fed. proc. 43, 2505-2509. - 9293. Lakomek, H. J., H. Will, M. Zech, H. L. Krüskemper, 1985, Ein serologisches Kriterium für Morbus Bechterew. DMW 110, 708- 713. - 9294. Lamar, E. E., E. Palmer, 1984, Y-encoded, species-specific DNA in mice. Cell 37, 171-177. - 9295. Lamberson, W. R., D. L. Tomas, 1984, Effects of inbreeding in sheep. An. breed. abstr. 52, 287-297. - 9296.

Lamont,S.J., J.R.Smyth,1984,Effect of selection for delayed amelanosis on immune response in chickens. Poult. sci. 63,436-439. - 9297. Lamont,S.J.,J.R.Smyth, 1984, Effect of selection for delayed amelanosis on immune response in chickens. 2. Poult. sci. 63,440-442. - 9298. Lamoureux, M. L. ,1983,Developmental interaction in the pigmentary system of mice. J. hered. 74,440-442. - 9299. Lampe-Schneider, G. ,1984,Untersuchung zur Bedeutung der dritten Komplement-Komponente (C3) als Parameter der Resistenz bei autochthonen und exotischen Rindern in Westafrika.Diss.Göttingen. - 9300. Lampo,C. ,1981, La sensibilité au stress chez le Landrace Belge. Rev. agr. 34,213-220. - 9301. Lane, P.W. ,H.M. Liu,1984,Association of megacolon with a new dominant spotting gene (Dom) in the mouse. J. hered. 75, 435-439. - 9302. Langhammer,H. , M. Schwerin,1984,Verschiebung des Geschlechtsverhältnisses der Nachkommenschaften von XX/XY-Chimärenbullen.Arch. Tierz. 27,305-309. - 9303. Lapostolle,A. , J. F. Hayes, J. E. Moxley,1982,Calving ease as a trait of the sire's daughters. Res. rep. an. sci. McGill Univ. ,Canada. - 9304. Laus, J. E. , I. Ferrari, R. B. Lobo,1984,Inheritance of swine intersexuality. Rev. Bras. gen. 7, 647-656. - 9305. Luavergne, J. J. , M. Danzart, M. J. Burrill,1981, Les variants colorés en race Merinos d'Arles.Ann.gen.sél.anim.13,219-243. - 9306. Lawler, J. , J. Palek, S. Liu, J. Prchal,W. M. Butler,1983,Molecular heterogeneity of hereditary pyropoikilocytosis.Blood 62,1182-1189. - 9307. Lazary,S. , H. Gerber, P. A. Glatt, R. Straub,1985,Equine leucocyte antigens in sarcoid-affected horses. Equ. vet. J. 17, 283-286. - 9308. Le, P. H. , E.H. Leiter, J. R. Leyendecker,1985,Genetic control of susceptibility to streptozotocin-diabetes in inbred mice. Endocrin. 116, 2450-2455. - 9309. Leamy, L. ,1981, Effects of alleles at the albino locus on odontometric traits in coisogenic mice. J. hered. 72,199-204. - 9310. Ledic, I. L. ,A.G. Gomes,1984,(Occurrence of a genetic disorder in the descendants of a Gir bull). Arqu.Bras. med. vet. zoot. 36, 609-611. - 9311. Lee,A.H. ,1982,Melanoma and exposure to sunlight. Epid. rev. 4,110-136. - 9312. Leenstra, F.R. , A. v. Voorst, 1982, (Selection against twisted foot),60-jar. jubil. inst. pluimv. onders. ,11-13. - 9313. Leetz, I. ,1985, Zur Häufigkeit der Untergewichtigkeit und ihrer Entwicklung in der DDR und anderen europäischen Ländern.Wiss. Z. Univ. Berl. MNR 34, 414-416 . - 9314. v. Leeuwen,W. ,1984,(Twin pregnancy in mares). Tijds.diergen. 109, 697 - 699. - 9315. v. Lehmann, E. , 1982, Einige Bemerkungen zur Streifung, Scheckung und Tigerung des Hausesels(Equus asinus L.). Bonn. zool. Beitr. 33, 237-247. - 9316. v. Lehmann, E. ,1984, Zur Zeichnung und Scheckung der Hausziege. Z. Tierz. Zücht. biol. 101,161-172. - 9317. Leiper, B.D. , R. Robinson,1984,A case of dominance modification in the Mongolian gerbil. J. hered. 75, 323. - 9318. Leipold, H.W. ,1982, Congenital defects of current concern and interest in cattle. Bov. pract. 17,101 - 114. - 9319. Leiß, O. , U. Streicher, K. v. Bergmann,1984,Allgemeine und diätetische Behandlung der Hyperlipoproteinämien. Med. Klin. 79, 622-628. - 9320. LeMarchand-Brustel, Y. , T. Gremeaux, R. Balloti, E. v. Obbergenen,1985, Insulin receptor tyrosinase kinase is defective in skeletal muscle of insulin-resistant mice. Nature 315, 676-679. - 9321. LeMeur, M. , P. Gerlinger, C. Benoist, D. Mathis,1985,Correcting an immune-response deficiency by creating EA gene transgenic mice. Nature 16, 38-42. - 9322. Lemos,A.M. , R. L. Teodoro, G. P. Oliveira, F. E. Madalena, 1985, Comparative performance of six Holstein-Friesian x Guzera grades in Brazil.An. prod.41,187-191. - 9323. Lengerken, G. v. , T. Haugwitz, M. Schwalbe,1984,Beziehungen zwischen der Halothanempfindlichkeit und einigen Belastungskriterien des Schweines.Wiss. Z. Univ. Leipz. MNR 33, 293-300. - 9324. Lenington, S. ,1983, Social preferences for partners carrying "good genes" in wild house mice.An.beh. 31, 325-333. - 9325. Lennard, M.S. ,1985, Oxidation phenotype and the metabolism and action of beta-blockers. Klin. Wschr. 63, 285-292. - 9326. Lenz, W. ,1973,Vererbung und Umwelt bei der Entstehung von Mißbildungen. Humanbiol. 121,132 - 145. - 9327. Levin, B. E. , M. B. Finnegan, E. Marquet, A. C. Sullivan,1984, Defective brown adipose oxygen consumption in obese Zucker rats. Am. J. phys. 247, 95-100. - 9328. Lezana, E. A., N. O. Bianchi, M. S. Bianchi, J. E. Zarbala-Suarez, 1977, Sister chromatid exchanges in Down syndromes and normal human beings. Mut. res. 45, 85- 90. - 9329. Liberge, P., 1981, La maladie de l'hyène chez les bovins. Thesis, Alfort. - 9330. Lidge, R. T., R. C. Bechtol, C. N. Lambert, 1957, Congenital muscular torticollis. J. bone jt. surg. 39, 1165-1182. - 9331. Lie, O., H. Solbu, R. L. Spooner, H. J. Larsen, M. Syed, 1982, General design of a study on markers of disease resistance in cattle. 2nd Wld. cong. gen. appl. livest. prod. 7, 378-384. - 9332. Lie, O., H. Solbu, R. L. Spooner, M. Syed, H. J. Larsen, 1983, Potential markers of resistance to infection in dairy cattle. 5th int. conf. prod. dis. anim., 93-99. - 9333. Lie, O., M. Syed, H. Solbu, 1983, The genetic influence on serum haemolytic complement levels in cattle. An. bld. grps. bioch. gen. 14, 51-57. - 9334. Lienhart, R., 1969, Nouvelle contribution à l'étude de l'hérédité de la panachure chez les vertèbres, les souris panachées (blanc et couleur). Bull. ac. soc. lorr. sci. 8, 1, 21-25. - 9335. Lin, C. C., E. Joyce, B. M. Biederman, S. Gerhart, 1982, The constitutive heterochromatin of porcine chromosomes. J. hered. 73, 231-233. - 9336. Linares, T., W. A. King, L. Ploen, 1980, Observations on the early development of embryos from repeat breeder heifers. Nord. Vet. med. 32, 433-443. - 9337. Lindahl, K. F., B. Hausmann, V. M. Chapman, 1983, A new H-2-linked class I gene whose expression depends on a maternally inherited factor. Nature 306, 383-385. - 9338. Lindhé, B., 1982, Possibilities to include disease resistance in dairy cattle breeding. 2nd Wld. cong. gen. app. livest. prod., 7, 336-343. - 9339. Lindsay, D., 1982, The significance of reproductive biology to the genetic improvement of farm animals. In: Future devel. gen. impr. anim., Ac. Press, Sydney. - 9340. Lindström, U. B., 1980, Breeding for mastitis resistance in cattle. Conf. res. fact. gen. asp. mast. contr., 130-150. - 9341. Lindström, U. B., M. v. Bonsdorff, J. Syväjärvi, 1983, Factors affecting bovine ketosis and its association with non-return rate. J. sci. agr. soc. Finl. 55, 497-507. - 9342. Lipton, H. L., R. Melvold, 1984, Genetic analysis of susceptibility to Theiler's virus-induced demyelinating disease in mice. J. immun. 132, 1821-1825. - 9343. Lissner, C. R., R. N. Swanson, A. D. O'Brien, 1983, Genetic control of the innate resistance of mice to Salmonella typhimurium. J. immun. 131, 3006-3013. - 9344. Litwin, S. D., 1982, Does the X chromosome have a special role in immune biology ? Med. hypo. 9, 313-324. - 9345. Liu, S. K., L. P. Tilley, 1980, Animal models of primary myocardial diseases. Yale J. biol. med. 53, 191-211. - 9346. Ljungquist, L., J. Hyldegaard-Jensen, 1983, Genetic polymorphism of the vitamin D binding protein (Gc protein) in pig plasma determined by agarose isoelectrofocusing. An. bld. grps. bioch. gen. 14, 293-297. - 9347. Löbke, A., H. Willeke, F. Pirchner, 1983, Genetische Fruchtbarkeitsparameter für die Deutsche Landrasse. 34. EVT-Tag., G+P 1. 9. - 9348. Lodemann, E., 1984, Die Interferone. Naturwiss. 71, 547-551. - 9349. Loeffler, K., I. Bidier, 1982, Morphologische, substrathistochemische und mikroradiographische Untersuchungen an Gelenken und Epiphysenfugen von Läufern und Schlachtschweinen. Zbl. Vet. med. A 29, 728-746. - 9350. Loeffler, K., D. Marx, 1983, Haltungs-und zuchtbedingte Schäden am Bewegungsapparat landwirtschaftlicher Nutztiere. tierärztl. prax. 11, 23-36. - 9351. Login, I. S., M. O. Thorner, R. M. MacLeod, 1983, Zinc may have a physiological role in regulating pituitary prolactin secretion. Neuroendocr. 37, 317-320. - 9352. Lojda, L., M. Stavikova, M. Zakova, 1980, Some genetic factors conditioning increased resistance to mastitis and their practical implications. Conf. res. fact. gen. asp. mast. contr., 242-247. - 9353. Lojda, L., M. Stavikova, J. Polacek, 1982, (The role of genotype in the functionality of supernumerary teats in cows, in relation to incidence of mastitis). Veterin. 32, 348-350. - 9354. Lojda, L., J. Stavikova, J. Polacek, 1982, Heritability of teat shape and teat end shape in cattle. Act. vet. Brno 51, 59-67. - 9355. Löliger, H. C., 1985, Die Beurteilung von Haltungssystemen von Nutzgeflügel aus klinischer Sicht. Tierärztl. Umsch. 40, 791-802. -9356.

Löliger,H.C.,D.v.d.Hagen,R.Krieg,1986,Untersuchungen über die Einflüsse von Blutgruppenmerkmalen (B-Allel),Immunoglobulinen und Leukoseinfektionen auf die Entwicklung der Marekschen Krankheit.Dt.tierärztl.Wschr.93,44-49.-9357. Long,S.E.,1984,Autosomal trisomy in a calf.Vet.rec.115,16-17.- 9358. Lostrie-Trussart,N.,J.J.Letesson,A.Depelchin,1984,Etude des fonctions phagocytaire et bactéricide des polymorphonucléaires sanguins chez des taureaux et leurs produits mâles dans la race bleu blanc belge.Ann.méd.vét. 128,125-134.- 9359. Loutit,J.F.,B.M.Cattanach,1983,Haematopoietic role for patch (Ph) revealed by new W mutant (Wct) in mice.Gen.res.42,29-39.- 9360. Lovell,D.P.,1979,Curly- a new mutant in the guinea-pig.Guin.pg.newsl.14,6-8. - 9361. Lovell,D.P.,P.Totman,F.M.Johnson,1984,Variation in the shape of the mouse mandible.Gen.res. 43,65-73.- 9362. Lovell-Badge,R.H.,1985,Transgenic animals.Nature 315,628-629. - 9363. Lowry,P.J.,L.Silas,C.McLean,E.A.Linton,F.E.Estivariz,1983, Pro-γ-melanocyte-stimulating-hormone cleavage in adrenal gland undergoing compensatory growth.Nature 306,70-73. - 9364. Lubach,D.,1982,Monilethrix.Med. Klin.77,XII. - 9365. Lucey,S.,G.J.Rowlands,1983,Relationships between production disease and milk yield.5th int.conf.prod.dis.,85-88. - 9366. Ludri,R.S.,P. V.Sarma,1981,Supernumerary teats in crossbred cows and buffaloes.Ind.J.dairy sci.34,352-353.- 9367. Lueken,W.,1967,Über Farbgene und das Problem der Dominanz.Zool.Anz.30,Suppl.,407-412.- 9368. Lühr,D.,1984,Doppelmißbildung bei einem schwarzbunten Kalb.Dt.tierärztl.Wschr.91,27. - 9369. Lui,J.F.,M.A.Giannoni,D.A.Banzatto,R.D.Carregal,1982,(Sex ratio,mortality,teat number and linear correlations between litter characters in the Duroc and Landrace breeds). Rev.soc.Bras.zoot.11,1-13. - 9370. Lukas,Z.,J.Kaman,L.Pivnik,1978,Histochemical characteristics of the splayleg syndrome in newborn piglets.Act.vet.Br. 47,51-66. - 9371. Lukefahr,S.D.,W.Hohenboken,1981,Characteristics of spermatozoon midpiece length and its relationship with economically important traits in cattle.J.dairy sci.64,508-512.- 9372. Lundeheim,N.,1983,Selection against leg weakness in pigs.5th int.conf.prod.dis.,109-112. - 9373. Lush,I.E.,1982,The genetics of tasting in mice.Chem.sens.7,93-98.- 9374. Lyon,M.F.,1984,Transmission ratio distortion in mouse t-haplotypes is due to multiple distorter genes acting on a responder locus.Cell 37,621-628. - 9375. Lyon,M.F.,P.H.Glenister, 1982,A new allele sash(Wsh) at the W-locus and a spontaneous recessive lethal in mice.Gen.res.39,315-322.- 9376. Maciulis,A.,T.D.Bunch,J.L.Shupe,N.C. Leone,1984,Detailed description and nomenclature of high resolution G-banded horse chromosomes.J.hered.75,265-268. - 9377. MacLeod,N.S.M.,G.Wiener,C. Woolliams,1983,The effects breed,breeding system and other factors on lamb mortality.J.agr.sci.100,571-580. - 9378. Maddox,J.,1984,Who will clone a chromosome ? Nature 312,306.- 9379. Maden,M.,1980,Structure of supernumerary limbs.Nature 286,803-805.- 9380. Maede,Y.,K.Noriyuki,N.Taniguchi,1982,Hereditary high concentration of glutathione in canine erythrocytes associated with high accumulation of glutamate,glutamine and aspartate.Blood 59,883-889.-9381. Maekawa,T.,Y.Sonoda,M.Taniwaki,S.Misawa,T.Abe,T.Takino,1984,Ph1-positive acute lymphoblastic leukemia with a 14q+ chromosome abnormality.Blood 63,310-313.- 9382. Mage,R.G.,K.E.Bernstein,N.McCartney-Francis,C.B.Alexander,G.O.Yang-Cooper,E.A.Podlan,G.H.Cohen,1984,The structural and genetic basis for expression of normal and latent VHa-allotypes of rabbit.Mol.imm. 21,1067-1081. - 9383. Magnuson,T.,C.J.Epstein,1984,Oligosyndactyly.Cell 38, 823-833. - 9384. Magram,J.,K.Chada,F.Costantini,1985,Developmental regulation of a cloned adult ß-globin gene in transgenic mice.Nature 315,338-340.-9385. Mahnel,H.,1985,Trinkwasserimpfung gegen Mäusepocken(Ektromelie).Zbl.Vet. med.B 32,479-487. - 9386. Maijala,K.,A.V.Cherekaev,J.M.Devillard,Z.Reklevski,G.Rognoni,D.Simon,D.E.Steane,1983,Conservation of animal genetic resources in Europe. 34. EVT-Tag. I, 47. - 9387. Majerus, M. E., P. O'Donald, J. Weir, 1982, Female mating preference is genetic. Nature 300, 521-523. - 9388. Makarechian, M., R. T. Berg, 1982, The effect of breeding group on the incidence of calf neonatal diarrhea in range beef cattle. 2nd Wld. cong. gen. appl. livest., 7, 344-350. - 9389. Makarechian, M., R. T. Berg, 1983, A study of some of the factors influencing ease of calving in range beef heifers. Can. J. anim. sci. 63, 255-262. - 9390. Mäkinen, A., 1983, The influence of variation in the number of chromosomes on the litter size of Blue fox. Scientif. 7, 1, 38-39. - 9391. Mäkinen, A., I. Gustavsson, 1982, A comparative chromosome banding study in the silver fox, the blue fox, and their hybrids. Heredit. 97, 289-297. - 9392. Malak, A. G., 1984, Hormonal patterns and histological findings in a 61, XXY young postpubertal bull. Zuchthyg. 19, 155-163. - 9393. Malick, J. B., 1985, Audiogenic seizure susceptible (AGS) mice. Fed. proc. 44, 1106. - 9394. Mallard, B. A., F. B. Burnside, J. H. Burton, B. N. Wilkie, 1983, Variation in serum immunoglobulins in Canadian Holstein-Friesians. J. dairy sci. 66, 862-866. - 9395. Malley, A., 1983, Immunotherapeutic potential of idiotype/antiidiotype regulation of the Ig E respon se. immun. tod. 4, 163-166. - 9396. Malorni, W., E. Capanna, M. Cristaldi, C. deMartino, 1982, Changes of seminiferous epithelium in hybrids of mice carrying Robertsonian karyotype. Arch. androl. 9, 333 - 341. - 9397. Malynicz, G. L., 1982, Complete polydactylism in Papua New Guinea village pig, with otocephalic homozygous monst ers. Ann. gén. sél. anim. 14, 415 - 420. - 9398. Manfredi, E. J., R. W. Everett, S. R. Searle, 1984, Phenotypic and genetic statistics of components of milk and two measures of somatic cell concentration. J. dairy sci. 67, 2028-2033. - 9399. Mani, R., 1985, Das Erfassen von Erbfehlern und Mißbildungen bei KB-Fbern. Mitt. Schweiz. Vbd. KB 23, 60-62. - 9400. Manucci. P. M., R. Lombardi, F. I. Pareti, S. Solinas, M. G. Mazzocconi, G. Mariani, 1983, A variant of von Willebrand's disease characterized by recessive inheritance and missing triplet structure of von Willebrand factor multimers. Blood 62, 1000-1005. - 9401. Manz, D., H. Klima, P. Kurzhals, 1984, Untersuchungen zur subklinischen Mastitis in Abhängigkeit von Milchleistung, Melkverfahren und Bestandsgröße. Tierärztl. Umsch. 39, 676-680. - 9402. Manz, F., K. Schärer, 1982, Long-term management of inherited renal tubular disorders. Klin. Wschr. 60, 1115-1125. - 9403. Marchington, D., N. J. Rothwell, M. J. Stock, D. A. York, 1983, Energy balance, diet-induced thermogenesis and brown adipose tissue in lean and obese (fa/fa) Zucker rats after adrenalectomy. J. nutr. 113, 1395-1402. - 9404. Marciniak, E., H. D. Wilson, R. A. Marlar, 1985, Neonatal Purpura fulminans. Blood 65, 15-20. - 9405. Marco, P. N. di, J. M. Howell, P. R. Dorling, 1984, Bovine glycogenosis type II. Neuropath. appl. neurobiol. 10, 379-395. - 9406. Markert, C. L., 1984, Cloning mammals. Theriogen. 21, 60-67. - 9407. Markert, C., 1984, Genetic manipulation of embryos. 10th int. congr. anim. repr. AI, II, 13-19. - 9408. Märki, U., D. R. Osterhoff, 1984, Disproval of an apparent goat x sheep hybrid. J. S. Afr. vet. ass. 55, 133-134. - 9409. Marks, S. C., M. F. Seifert, P. W. Lane, 1985, Osteosclerosis, a recessive skeletal mutation on chromosome 19 in the mouse. J. hered. 76, 171-176. - 9410. Marquis, G., S. Montplaisir, M. Pelletier, S. Mousseau, P. Auger, 1985, Genetic resistance to murine cryptococcosis. Inf. immun. 47, 288-293. - 9411. Marsden, C. D., 1961, Pigmentation in the nucleus substantiae nigrae of mammals. J. anat. 95, 256-261. - 9412. Martig, J., 1983, Eine neue Herzerkrankerkrankung beim Rind. Mitt. Schweiz. Vbd. KB 21, 45. - 9413. Martin, J. B., 1982, Huntington's disease. Nature 299, 205-206. - 9414. Martin, R. D., 1981, Relative brain size and basal metabolic rate in terrestrial vertebrates. Nature 293, 57-60. - 9415. Martin-DeLeon, P. A., M. L. Boice, 1982, Sperm aging in the male and cytogenetic anomalies. Hum. gen. 62, 70-77. - 9416. Martinez, M. L., A. E. Freeman, P. J. Berger, 1983, Age of dam and direct and maternal effects on calf livability. J. dairy sci. 66, 1714-1720. - 9417. Martini, H., 1981, Die Unterkieferlänge der Rehböcke einer Jahresstrecke des saarländischen Saar-Pfalz-Kreises. Z. Jagdwiss. 27, 81-90. - 9418. Martinville, B. de, U. Francke, 1983, The c-Haras 1, insulin and ß-globin loci map outside the deletion associated with aniridia-Wilm's tumour. Nature 305, 641-643. - 9419. Masangkay, J. S. , K. Kondo, 1983, Imperorate vagina in mice. Exp. anim. 32, 139-144. - 9420. Masoero, G. , S. Terramoccia, M. T. Genetti, A. Auxilia, 1980, (Genetic variability in the Piedmont breed.)Ann. ist. sperim. zoot. 13, 23-35. - 9421. Mathews, M. B. , R. M. Bernstein, 1983, Myositis autoantibody inhibits histidyl-tRNA synthetase. Nature 304, 177-179. - 9422. Mathis, G. F. , K. W. Washburn, L. R. McDougald, 1984, Genetic variability of resistance to Eimeria acervulina and E. tenella in chickens. Theor. appl. gen. 68, 385-389. - 9423. Mauerhoff, T. , E. Ritz, K. Andrassy, 1983, Nierenbeteiligung bei systemischem Lupus erythematodes. Med. Klin. 78, 260-263. - 9424. Maul, D. H. , C. H. Miller, P. A. Marx, M. L. Bleviss, D. L. Madden, R. V. Henrickson, M. B. Gardner, 1984, Immune defects in Simian acquired immunodeficiency syndrome. Fed. proc. 43, 1895. -9425. Mavilio, F. , A. Giampaolo, A. Caré, N. M. Sposi, M. Marinucci, 1983, The δß crossover region in Lepore Boston hem oglobinopathy is restricted to a 59 base pairs region around the 5'splice junction of the large globin gene intervening sequence. Blood 62, 230-233. - 9426. May, R. M. , 1985, Evolution of pesticide resistance. Nature 315, 12-13. - 9427. Mayr, B. , H. Krutzler, H. Auer, W. Schleger, 1983, Reciprocal translocation 60,XY, t(8;15)(21;24) in cattle. J. repr. fert. 69, 629-630. -9428. Mayr, B. , D. Schweizer, G. Geber, 1984, NOR activity, heterochromatin differentiation, and the Robertsonian polymorphism in Sus scrofa L. . J. hered. 75, 79-80. - 9429. Mayr, E. , 1985, Natürliche Auslese. Naturwiss. 72, 231-236. - 9430. Mayrhofer, G. , 1975, Statistische Untersuchungen über einige Blutwerte bei Rinderzwillingen. Wien. tierärztl. Mschr. 62, 96-100. - 9431. McCall, R. D. , D. Frierson , 1985, High pressure neurologic syndrome type 2 seizure in mice. J. hered. 76, 89-94. - 9432. McCluer, R. H. , C. K. Deutsch, S. K. Gross, 1983, Testosterone-responsive mouse kidney glycosphingolipids. Endocrinol. 113, 251-258. - 9433. McDowell, R. E. , 1984, Crossbreeding in tropical areas with emphasis on milk, health and fitness. J. dairy sci. 68, 2418-2435. - 9434. McFee, A. F. , S. E. Long, 1982, Sister chromatid exchanges in the active and inactive X chromosomes of cattle (Bos taurus). 5th Eur. coll. cytogen. dom. anim. , 167-171. - 9435. McGarry, R. C. , R. Walker, J. C. Roder, 1984, The cooperative effect of the satin and beige mutations in the suppression of NK and CTL activities in mice. Immunogen. 20, 527-534. - 9436. McGhee, C. C. , H. W. Leipold, 1982, Morphological studies of rectovaginal constriction in Jersey cattle. Corn. vet. 72, 427-436. - 9437. McGuirk, B. J. , K. D. Atkins, 1984, Fleece rot in Merino sheep. Austr. J. agr. res. 35, 423-434. - 9438. McGurk, J. , K. Rivlin, 1983, A BASIC computer program for chromosome measurement and analysis. J. hered. 74, 304. - 9439. McIntosh, J. T. , 1982, The J and O blood group antigens in saliva from cows selected for high and low susceptibility to bloat. N. Z. agr. res. ann. rep. , 78. - 9440. McIntosh, J. T. , F. R. M. Cockrem, 1982, 2nd Wld. cong. gen. appl. livest. , 7, 385-389. - 9441. McLaren, A. , 1976, Genetics of the early mouse embryo. Ann. rev. gen. 10, 361-388. - 9442. McLaren, A. , 1983, Sex reversal in the mouse. Different. 23, S93-98. - 9443. McLaren, A. , M. Monk, 1982, Fertile females produced by inactivation of an X chromosome of ."sex-reversed " mice. Nature 300, 446-448. - 9444. McLaren, A. , P. S. Burgoyne, 1983, Daughterless x Sxr/Y Sxr mice. Gen. res. 42, 345-349. - 9445. McLaren, A. , E. Simpson, K. Tomonari, P. Chandler, H. Hoog, 1984, Male sexual differentiation in mice lacking H-Y antigen. Nature 312, 552-555. - 9446. McLaughlin, S. , 1983, Multiple ocular defects associated with partial albinism. Can. pract. 10, 12-16. - 9447. McNatty, K. P. , K. M. Henderson, S. Lun, D. Heath, L. Kieboom, N. Hudson, J. Fannin, K. Ball, P. Smith, 1984, Ovarian activity in the Booroola x Romney ewe possessing a major gene influencing fecundity. Proc. N. Z. soc. an. prod. 44, 33-35. - 9448. McOrist, S. , K. W. Thomas, J. F. Bateman, W. G. Cole, 1982, Ovine skin collagen dysplasia. Austr. vet. J. 59, 189-

190. - 9449. McTaggart, H. S., P. Imlah, K. W. Head, 1982, Causes of death and sex differences in survival times of pigs with untreated hereditary lymphosarcoma (leukemia). J. nat. canc. inst. 68, 239-248. - 9450. Mears, J. G., H. M. Lachman, D. Labie, R. L. Nagel, 1983, Alpha-thalassemia is related to prolonged survival in sickle cell anemia. Blood 62, 286-290. - 9451. Mehes, K., E. Petrovicz, 1982, Familial benign copper deficiency. Arch. dis. chld. 57, 716-718. - 9452. Meijering, A., A. Postma, 1984, Morphologic aspects of dystocia in dairy and dual purpose heifers. Can. J. anim. sci. 64, 551-562. - 9453. Meisler, M. H., L. Wanner, J. Strahler, 1984, Pigmentation and lysosomal phenotypes in mice doubly homozygous for both light-ear and pale-ear mutant alleles. J. hered. 75, 103-106. - 9454. Melief, C., 1983, Remodelling the H-2 map. immun. tod. 4, 57-61. - 9455. Menissier, F., 1982, Intérêt du caractère culard ou hypertrophie musculaire d'origine génétique pour l'amélioration de la production de viande bovine. Bull. tech. rech. agr. 36, 132 p. - 9456. Mercer, J. T., W. G. Hill, 1984, Estimation of genetic parameters for skeletal defects in broiler chickens. Hered. 53, 193-203. - 9457. Mercy, A. R., R. L. Peet, 1983, Asymmetric hindquarter syndrome in pigs. Austr. vet. J. 60, 267-269. - 9458. Merkt, H., 1983, Aktuelles zur Fruchtbarkeitskontrolle bei der Stute. Prakt. Tierarzt 64, 98-99. - 9459. Merkt, H., E. Klug, 1980, Embryonaler Fruchttod und Zwillingsträchtigkeit beim Pferd. Tierärztl. prax. 8, 489-494. - 9460. Mersmann, H. J., 1985, Adipose tissue lipolytic rate in genetically obese and lean swine. J. anim. sci. 60, 131-135. - 9461. Mersmann, H. J., W. G. Pond, R. T. Stone, J. T. Yen, R. N. Lindvall, 1984, Factors affecting growth and survival of neonatal genetically obese and lean swine. Growth 48, 209-220. - 9462. Merz, P. A., R. A. Somerville, H. M. Wisniewski, 1983, Scrapie-associated fibrils in Creutzfeldt-Jacob disease. Nature 306, 474-476. - 9463. Metherell, J. A., 1984, Management and breeding policies for the use of the Booroola F gene for increased flock prolificacy. Proc. N. Z. soc. anim. prod. 44, 37-40. - 9464. Meyer, E. H., G. M. Schwellnus, G. Guerin, M. R. Schwellnus, 1980, Electrophoretic and other chemical-physical studies on farm animals, laboratory animals and related species (genetic polymorphism). Agr. res. div., 43. - 9465. Meyer, H. H., T. G. Harvey, J. E. Smeaton, 1983, Genetic variation in incidence of daggy sheep. Proc. N. Z. soc. an. prod. 43, 87-89. - 9466. Meyer, H. H., W. M. Aitken, J. E. Smeaton, 1983, Inheritance of wear rate in the teeth of sheep. Proc. N. Z. soc. an. prod. 43, 189-191. - 9467. Meyers, K. M., C. L. Seachard, K. Benson, M. Fukami, 1983, Serotonin accumulation in granules of storage pool-deficient platelets of Chediak-Higashi cattle. Am. J. phys. 245, H150-158. - 9468. Michaelis, O. E., D. J. Scholfield, L. B. Gardner, S. Cataland, 1980, Metabolic responses of Zucker fatty and lean rats fed carbohydrate diets ad libitum or in meals. J. nutr. 110, 1409-1420. - 9469. Michelmann, H. W., 1982, Die Auswirkungen von reziproken Translokationen auf die Fortpflanzung der Maus in vier aufeinanderfolgenden Generationen. Vet-hum. med. Tgg., 140-143. - 9470. Middelkoop, J. H. v., 1978, Types of egg produced in White Plymouth Rock hens. Wld. poult. sci. J. 34, 69-80. - 9471. Mihatsch, M. J., C. Knüsli, 1982, Phenacetin abuse and malignant tumors. Klin. Wschr. 60, 1339-1349. - 9472. Mikoshiba, K., M. Yokoyama, Y. Inone, K. Takamatsu, Y. Tsukada, T. Nomura, 1982, Oligidendrocyte abnormalities in shiverer mouse mutant are determined in primary chimaeras. Nature 299, 357-359. - 9473. Mikulas, L., 1980, (Genetic prevention aimed at the leg weakness syndrome in pigs). Nas chov 40, 365-367. - 9474. Miller, J. L., B. D. Boselli, M. Kupinski, 1984, In vivo interaction of v. Willebrand factor with platelets following cryoprecipitate transfusion in platelet-type von Willebrand's disease. Blood 63, 226-230. - 9475. Miller, O., D. A. Miller, 1975, Cytogenetics of the mouse. Ann. rev. gen. 9, 285-303. - 9476. Miller, R. H., 1982, Genetics of resistance to mastitis. 2nd Wld. cong. gen. appl. livest. 5, 186-198. - 9477. Miller, R. H., 1984, Traits for sire selection related to udder health and management. J. dairy sci. 67, 459-471. - 9478. Miller, R. H., R. E. Pearson, M.

F. Rothschild, 1980, Effect of selection for milk yield on incidence of clinical mastitis. Conf. res. fact. gen. asp. mast. contr., 223-241. - 9479. Milles, J. J., B. Spruce, P. H. Baylis, 1983, A comparison of diagnostic methods to differentiate diabetes insipidus from primary polyuria. Act. endocrin. 104, 410-416. - 9480. Millot, P., J. Chatelain, F. Cathala, 1985, Sheep major histocompatibility complex OLA: gene frequencies in two French breeds with scrapie. Immunogen. 21, 117-123. - 9481. Milner, P. F., J. D. Leibfarth, J. Ford, P. B. Barton, H. E. Grenett, F. A. Garver, 1984, Increased Hb F in sickle cell anemia is determined by a factor linked to the ßs gene from one parent. Blood 63, 64-72. - 9482. Milojevic, Z., S. Cenic, 1982, (Polymastia). Vet. glasn. 36, 225-228. - 9483. Minisola, S., R. Antonelli, G. Mazzuoli, 1985, Clinical significance of free plasma hydroxyproline measurements in metabolic bone disease. J. clin. chem. clin. bioch. 23, 515-519. - 9484. Mirsky, I., J. M. Pfeffer, M. A. Pfeffer, E. Braunwald, 1983, The contractile state as the major determinant in the evolution of left ventricular dysfunction in the spontaneously hypertensive rat. Circ. res. 53, 767-778. - 9485. Miry, C., E. Moerman, R. Ducatelle, W. Coussement, J. Hoorens, 1983, Beitrag zur Pathologie der Typ B Zitterkrankheit der Ferkel. Dt. tierärztl. Wschr. 90, 358-359. - 9486. Miry, C., E. Moerman, R. Ducatelle, W. Coussement, J. Hoorens, 1984, (Congenital tremor in piglets). Vlaams diergen. tid. 53, 38-44. - 9487. Misra, S. S., S. J. Angelo, 1983, Doppelte Vagina und Anus bei einer Kuh. Vet. med. Nachr., 223-224. - 9488. Misuraca, G., G. Prota, J. J. Lauvergne, 1974, Pigments mélaniques du pelage de qualques races bovines. Ann. sél. gén. an. 6, 399-404. - 9489. Mitchell, G., 1984, Porcine stress syndromes. Diss. abstr. B 45, 1397. - 9490. Mitchell, G. F., 1981, Exploiting mouse strain susceptibility differences in immunoparasitology. immun. tod. 2, 61-63. - 9491. Mitchell, G., J. A. Heffron, 1980, Porcine stress syndromes. S. Afr. J. sci. 76, 546-551. - 9492. Mittwoch, U., S. Mahadevaiah, L. A. Setterfield, 1984, Chromosomal anomalies that cause male sterility in the mouse also reduce ovary size. Gen. res. 44, 219-224. - 9493. Miyake, Y. I., 1982, Studies on replicating patterns of bovine sex chromosomes using 5 - bromodeoxyuridine (BrdU). Zuchthyg. 17, 145-150. - 9494. Miyake, Y. I., 1982, Studies on replicating patterns of bovine sex chromosomes using 5-bromodeoxyuridine(BrdU). III. Zuchthyg. 17, 151-158. - 9495. Miyake, Y., T. Inoue, T. Ishikawa, K. Kawata, Y. Numata, T. Kotani, M. Miyake, M. Takeishi, T. Tsunekane, K. Miyoshi, 1981, (Studies on sex chromosome chimaerism in mixed-sex triplets, quadruplets and quintuplets in dairy cattle). Jap. J. an. repr. 27, 80-85. - 9496. Miyake, Y. I., T. Inoue, H. Kanagawa, H. Satoh, T. Ishikawa, 1982, Four cases of anomalies of genital organs in horses. Zbl. Vet. med. A 29, 602-608. - 9497. Miyake, Y. I., H. Kanagawa, T. Ishikawa, 1984, Further chromosomal and clinical studies on the XY/XYY mosaic bull. Jap. J. vet. res. 32, 9 -21. - 9498. Miyawaki, S., S. Mitsuoka, T. Sakiyama, T. Kitagawa, 1982, Sphingomyelinosis, a new mutation in the mouse. J. hered. 73, 257-263. - 9499. Mizushima, Y., T. Harauchi, T. Yoshizaki, S. Makino, 1984, A rat mutant unable to synthesize vitamin C. Exper. 40, 359-361. - 9500. Moennig, V., 1984, Onkogene. Prakt. Tierarzt 65, 398-404. - 9501. Mohandas, N., L. E. Lie-Injo, M. Friedman, J. W. Mak, 1984, Rigid membranes of Malayan ovalocytes. Blood 63, 1385-1392. - 9502. Moir, D. J., P. A. Jones, J. Pearson, J. R. Duncan, P. Cook, V. J. Buckle, 1984, A new translocation, t(1;3)(p36;q21), in myelodysplastic disorders. Blood 64, 553-555. - 9503. Moll, P. P., C. F. Sing, W. H. Weidman, H. Gordon, R. D. Ellefson, P. A. Hodgson, B. A. Kottke, 1983, Total cholesterol and lipoproteins in school children. Circul. 67, 127-134. - 9504. Monardes, H. G., 1985, Genetic and phenotypic parameters of lactation cell counts in different lactations of Holstein cows. Diss. abstr. B 45, 2750. - 9505. Monardes, H. G., B. W. Kennedy, J. E. Moxley, 1983, Heritabilities of measures of somatic cell count per lactation. J. dairy sci. 66, 1707-1713. - 9506. Monardes, H. G., J. F. Hayes, J. E. Moxley, 1984, Heritability of lactation cell count measures and their relationships with milk yield and composition in Ayrshire cows. J. dairy sci, 67, 2429-2435. - 9507. Monrad, J. , A. A. Kassuku, P. Nansen, P. Willeberg, 1983, An epidemiological study of foot rot in pastured cattle. Act. vet. scand. 24, 403-417. - 9508. Moore, R. K. , B. W. Kennedy, E. B. Burnside, J. E. Moxley, 1983, Relationships between speed of milking and somatic cell count and production in Holsteins. Can. J. anim. sci. 63, 781-789. - 9509. Morch, J. , 1985, (Tibial dyschondroplasia in broiler chickens). Nord. vet. med. 37, 176-186. - 9510. Mormède, P. , R. Dantzer, 1978, Behavioural and pituitary-adrenal characteristics of pigs differing by their susceptibility to the malignant hyperthermia syndrome induced by halothane anaesthesia. Ann. rech. vét. 9, 569-576. - 9511. Mormède, P. , R. Dantzer, R. M. Bluthe, J. C. Caritez, 1984, Differences in adaptive abilities of three breeds of Chinese pigs. Gén. sél. evol. 16, 85-102. - 9512. Morris, C. A. , 1983, Ovulation data in a herd of twinning cattle. N. Z. agr. res. div. ann. rep. , 42. - 9513. Morris, C. A. , 1984, A review of the genetics and reproductive physiology of dizygotic twinning cattle. An. breed. abstr. 52, 803-819. - 9514. Morris, C. A. , R. L. Baker, J. A. Wilson, 1984, Terminal comparisons of the Charolais and Murray Grey breeds for calving difficulties, calf survival and growth. Proc. N. Z. soc. anim. prod. 44, 177-180. - 9515. Morris, M. D. , C. Bhuvaneswaran, H. Shio, S. Fowler, 1982, Lysosome lipid storage disorder in NCTR-BALB/c mice. Am. J. path. 108, 140-149. - 9516. Morrow, C. J. , C. Donaldson, R. W. Ma son, 1984, Hereditary neuraxial oedema of Hereford calves. Austr. vet. J. 61, 414. - 9517. Morrow, C. J. , S. McOrist, 1985, Cardiomyopathy associated with a curly hair coat in Poll Hereford calves in Australia. Vet. rec. 117, 312-313. - 9518. Morton, N. E. , 1955, The inheritance of human birth weight. Ann. hum. gen. 20, 125-134. - 9519. Motulsky, A. G. , 1967, Contributions of hereditary disorders of red cell metabolism to human genetics. City Hp. symp. ser. 1, 303-330. - 9520. Mueller-Eckhardt, C. , 1983, Hämochromatose-Patienten als Blutspender ? DMW 108, 800. - 9521. Muggli, N. E. , W. D. Hohenboken, L. V. Cundiff, K. W. Kelley, 1984, Inheritance of maternal immunoglobulin G1 concentration by the bovine neonate. J. anim. sci. 59, 39-48. - 9522. Muleris, M. , B. Dutrillaux, G. Chauvier, 1983, Mise en évidence d'une fission centromérique heterozygote chez un mâle Theropithecus gelada et comparaison chromosomique avec les autres Papioninae. Gén. sél. év. 15, 177-184. - 9523. Müller, E. , H. v. Faber, 1985, Vergleichende Untersuchungen zum Schilddrüsenstatus bei Pietrains- und Large White-Schweinen in Hinblick auf die Fleischbeschaffenheit. Z. Tierphys. Tierern. Futt. 53, 134-138. - 9524. Müller, H. , 1981, Die Frauen-das wahre starke Geschlecht. Med. Klin. 76, 719. - 9525. Müller, V. , H. H. Hoppe, 1983, Diagnostische Bedeutung der HLA-Merkmale für Krankheiten. DMW 108, 908-910. - 9526. Müller-Peddinghaus, R. , 1983, Das Komplementsystem als Vermittler der akuten Entzündung. Dt. tierärztl. Wschr. 90, 374-377. - 9527. Müller-Peddinghaus, R. , G. Trautwein, 1983, Studies on the pathogenesis of Aleutian disease of mink. Zbl. Vet. med. B 30, 487-501. - 9528. Mulley, R. C. , M. J. Edwards, 1984, Prevalence of congenital abnormalities in pigs. Austr. vet. J. 61, 116-120. - 9529. Murari, B. K. C. , 1984, Mandibelmessungen in einer Population weiblicher Mastschweine. Diss. Hannover. - 9530. Murawa, A. , 1983, Entwicklung, sowie physiologische, histologische und anatomische Meßwerte von Kreuzungsrindern Bos Taurus x Bos taurus indicus unter tropischen Bedingungen. Diss. Hannover. - 9531. Murray, J. D. , M. P. Boland, C. Moran, R. Sutton, C. D. Nancarrow, R. J. Scaramuzzi, R. M. Hoskinson, 1985, Occurrence of haploid and haploid /diploid mosaic embryos in untreated and androstenedione-immune Australian Merino sheep. J. repr. fert. 74, 551-555. - 9532. Murray, M. , J. M. Pawelek, M. L. Lamoreux, 1983, New regulatory factors for melanogenesis. Dev. biol. 100, 120-126. - 9533. Murray, M. , J. C. M. Trail, 1984, Genetic resistance to animal trypanosomiasis in Africa. Prev. vet. med. 2, 541-551. - 9534. Murthy, N. T. K. , Y. R. Reddy, O. Ramakrishna, 1983, Zyklopie bei einer Ziege. Vet. med. Nachr. , 114-116. - 9535. Muttini, A. , 1984, Agenesis of the oculomotor and trochlear nerves in a hydrocephalic foal. Zbl. Vet. med. A 31, 719-724. - 9536. Myant, N. B., 1983, The metabolic basis of familial hypercholersterolaemia. Klin. Wschr. 61, 383-401. - 9537. Myllykangas, O., 1974, (Genetic aspects of leg and hoof defects in cattle). Lantbr. Medd. A 225, 12p. - 9538. Nagai, I., C. H. Li, S. M. Hsieh, T. Kizaki, Y. Urano, 1984, Two cases of hereditary diabetes insipidus with an autopsy finding in one. Act. endocr. 105, 318-323. - 9539. Nakajima, Y., K. Imamura, T. Onodera, Y. Motoi, N. Goto, 1983, Hydronephrosis in the inbred mouse strain DDD. Lab. anim. 17, 143-147. - 9540. Namikawa, T., K. Kondo, O. Takenaka, K. Takahashi, H. Martojo, 1983, Primary structure of hemoglobin-ßxBali of the Bali cattle. 5th Wld. conf. an. prod. 2, 47-49. -9541. Nash, G. B., C. S. Johnson, H. J. Meiselman, 1984, Mechanical properties of oxygenated blood cells in sickle cell (HbSS) disease. Blood 63, 73-82. - 9542. Nash, V. G., D. G. Harnden, 1982, A possible autosomal dominant mutation affecting the facial structure of a strain of Hooded Lister rats. Rat newsl. 10, 27-30. - 9543. Nayman, J., S. P. Datta, deBoer, W. G., 1967, Renal transplantation in cattle twins. Nature 215, 741-742. - 9544. Neely, J. D., B. H. Johnson, E. U. Dillard, O. W. Robison, 1982, Genetic parameters for testes size and sperm number in Hereford bulls. J. anim. sci. 55, 1033-1040. - 9545. Nel, N. D., E. J. Harris, J. F. Weiermans, E. H. Meyer, K. Brix, 1985, A 1/29 chromosome translocation in Southern African Nguni cattle. Gén. sél. év. 17, 293-302. - 9546. Nenadovic, M., J. Vucinic, S. Gavrilovic, D. Mijic, 1981, (The effect of hereditary factors on lifetime fertility of cows). Zborn. rad. 11, 3-16. - 9547. Nes, N., O. Lomo, I. Bjerkas, 1982, Hereditary lethal arthrogryposis (" muscle contracture") in horses. Nord. vet. med. 34, 425-430. - 9548. Nes, N., J. A. Fougner, 1984, Two white mutants in the Blue fox. Scientif. 9, 202. - 9549. Nes, N., B. Luim, O. Sjaastad, A. Blom, O. Lohi, 1985, A Norwegian Pearl fox (Omberg Pearl) with Chediak-Higashi syndrome and its relationship to other pearl-mutations. Scientif. 9, 197-199. - 9550. Nevin, G. B., N. C. Nevin, A. O. Redmont, 1979, Cystic fibrosis in Northern Ireland. J. med. gen. 16, 122-124. - 9551. Newmark, P., 1985, Trailing AIDS in Central Africa. Nature 315, 273. - 9552. Newmark, P., 1985, The many merits of monoclonals. Nature 316, 387. - 9553. Ngarwate, N. D., 1984, Biometrische und populationsgenetische Untersuchungen zur Ermittlung der Heritabilität und der Korrelationen von Backenzahnmerkmalen bei Jungsauen. Diss. Hannover. -9554. Nguyen, T. C., 1984, The immune response in sheep. Vet. immun. immunopath. 5, 237-245. - 9555. Nicol, D. C., F. R. Emmerson, A. R. Laing, 1982, Tick resistance in Sahiwal cattle. Proc. Austr. soc. an. prod. 14, 616. - 9556. Nicolson, T. B., P. F. Nettleton, J. A. Spence, K. H. Calder, 1985, High incidence of abortions and congenital deformities of unknown aetiology in a beef herd. Vet. rec. 116, 281-284. - 9557. Nieberle, K., 1940, Sogen. Akropachie (Bamberger-Mariesche-Krankheit) beim Küken. Arch. Tierhlk. 75, 472-477. - 9558. Niederau, C., G. Strohmeyer, 1982, Aderlaß bei idiopathischer Hämochromatose. DMW 107, 1114. - 9559. Niekerk, J. L. M., J. P. Koopmans, T. Hendriks, 1984, Breeding results of rabbits with familial hypercholesterolemia. Z. Versuchstierk. 26, 61-66. - 9560. Nielsen, H. C., J. Torday, 1985, Sex differences in avian embryo pulmonary surfactant production. Endocrin. 117, 31-37. - 9561. Niemann, H., B. Sacher, 1983, Uterus didelphys bei einer 5jährigen Holstein-Friesian Kuh. Dt. tierärztl. Wschr. 90, 152. - 9562. Niemann, H., D. Smidt, 1984, Einige aktuelle und zukünftige biotechnische Methoden in der Tierproduktion. Dt. tierärztl. Wschr. 91, 280-284. - 9563. Nienhuis, A. W., 1984, Genetic mechanisms in neoplasia. Blood 64, 949-950. - 9564. Nienhuis, A. W., N. P. Anagnon, T. J. Ley, 1984, Advances in thalassemia research. Blood 63, 738-758. - 9565. Nitter, G., 1984, Theoretical aspects of selection for reproductive performance with sheep as an example. Z. Tierz. Zücht. biol. 101, 81-95. - 9566. Nogalski, S., 1979, Study on congenital malformations in cattle at Pomerania. Z. nauk. ak. roln. Szczec. 81, Ser. zoot. 15, 111-122. - 9567. Nomura, T., 1982, Parental exposure to X rays and chemicals induces heritable tumours and anomalies in mice. Nature 296, 575-577. -

9568. Nordby, J. E., 1930, An inherited skull defect in swine. J. Hered. 20, 229-232. -
9569. Nordskog, A. W., G. M. Gebriel, 1983, Genetic aspects of Rous sarcoma-induced tumor expression in chickens. Poult. sci. 62, 725-732. - 9570. Nosadini, R., A. Avogaro, L. Sacca, C. Vigorito, S. de Kreutzenberg, C. Cobelli, G. Toffolo, R. Trevisan, P. Tessari, A. Tiengo, G. Crepaldi, 1985, Ketone body metabolism in normal and diabetic human skeletal muscle. Am. J. phys. 249, E 131-136. - 9571. Novak, E. K., S. W. Hui, R. T. Swank, 1984, Platelet storage pool deficiency in mouse pigment mutations associated with seven distinct genetic loci. Blood 63, 536-544. - 9572. Nowell, P., G. Bergman, D. Besa, D. Wilmoth, B. Emanuel, 1984, Progressive preleukemia with a chromosomally abnormal clone in a kindred with the Estren-Damashek variant of Fanconi's anemia. Blood 64, 1135-1138. - 9573. Nunoya, T., M. Tajima, M. Mizutani, 1983, A hereditary nervous disorder in Fayoumi chickens. Lab. anim. 17, 298-302. - 9574. Nurmio, P., R. Remes, S. Talanti, J. Jussila, M. Leinonen, 1982, Familial undulatory nystagmus in Ayrshire bulls in Finland. Nord. vet. med. 34, 130-132. - 9575. O'Brien, A. D., D. L. Rosenstreich, 1983, Genetic control of susceptibility of C3HeB/FeJ mice to Salmonella typhimurium is regulated by a locus distinct from known Salmonella response genes. J. immun. 131, 2613-2615. -
9576. O'Brien, A. D., B. A. Taylor, D. L. Rosenstreich, 1984, Genetic control of natural resistance to Salmonella typhimurium in mice during the late phase of infection. J. immun. 133, 3313-3318. - 9577. O'Brien, P. J., M. T. Rooney, T. R. Reik, H. S, Thatte, W. E. Rempel, P. B. Addis, C. F. Louis, 1985, Porcine malignant hyperthermia susceptibility. Am. J. vet. res. 46, 1451-1456. - 9578. Odegard, A. K., 1982, (Stillborn calves). Busk. avdr. 34, 209. - 9579. Ohgaki, H., T. Kawachi, N. Matsukura, K. Morino, M. Miyamoto, T. Sugimura, 1983, Genetic control of susceptibility of rats to gastric carcinoma. Canc. res. 43, 3663-3667. - 9580. Ohno, H., S. Iizuka, K. Kondo, K. Yamamura, C. Sekiya, N. Taniguchi, 1984, The levels of superoxide dismutase, catalase and carbonic anhydrase in erythrocytes of patients with Down's syndrome. Klin. Wschr. 62, 287-288. - 9581. Ojo, S. A., K. Huston, H. W. Leipold, K. N. Gelatt, 1982, Ocular anomalies of incomplete albino Hereford cattle. Bov. pract. 17, 115-121. - 9582. Okada, I., Y. Yamamoto, T. Hashiguchi, S. Ito, 1984, Phylogenetic studies on the Japanese native breeds of chickens. Jap. poult. sci. 21, 318-329. -
9583. Okada, I., Y. Yamamoto, H. Bansho, K. Yamamoto, T. Kaizuka, 1985, Two-way selection for resistance to leucozytozoonosis in chickens. 3rd AAAP anim. sci. con. 1, 266-268. - 9584. Okamoto, A., M. Yoshizawa, T. Muramatsu, 1981, (Studies on the Robertsonian translocation in Japanese Black cattle). Bull. coll. agr. Utson. univ. 11, 1-8. - 9585. Olbrisch, R., G. v. Mallinckrodt, E. Hernde, 1982, Plastische Chirurgie beim Down-Syndrom. Med. Klin. 77, 721-723. - 9586. Oldenbroek, J. K., 1984, Direct selection as a method to avoid breeding inefficiency and health impairment in cattle. Tijds. diergen. 109, 180-185. - 9587. Oldigs, B., F. W. Schmidt, F. Douwes, 1984, Blut- und Serumwerte des Göttinger Miniaturschweines. Zbl. Vet. med. A 31, 46-58. - 9588. Olds-Clarke, P., 1983, The nonprogressive motility of sperm populations from mice with a tw32 haplotype. J. androl. 4, 136-143. - 9589. Olefsky, J. M., O. Kolterman, J. A. Scarlett, 1982, Insulin action and resistance in obesity and noninsulin-dependant type II diabetes mellitus. Am. J. phys. 243, E15-30. - 9590. Ollivier, L., 1982, Selection for prolificacy in pigs. Pig news inf. 3, 383-388. -9591. Olsen, R. W., I. Jones, T. N. Seyfried, R. T. McCabe, J. K. Wamsley, 1985, Benzodiazepine receptor binding deficit in audiogenic seizure-susceptible mice. Fed. proc. 44, 1106. - 9592. Olympio, O. S., 1983, Genetics and anatomical expression of the diplopodia-5 mutation in domestic fowl. Diss. abstr. B 43, 2448. - 9593. Olympio, O. S., R. D. Crawford, H. L. Classen, 1983, Genetics of the diplopodia-5 mutation in domestic fowl. J. hered. 74, 341-343. - 9594. Omenn, G. S., J. P. Blass, 1979, Genetic approaches to neurobiology. Nature 281, 429-430. - 9595. Ono, T., N. Wakasugi, 1983, Abnormalities in liver morphogenesis attributed to the Bh (black at hatch) lethal

gene in the Japanese quail. Jap. poult. sci. 20,158-169. - 9596. Ono, T. , N. Wakasugi, 1983, Observation on in vitro development of Black at Hatch (Bh) lethal quail embryos with special reference to liver morphogenesis. Jap. poult. sci. 20, 370-380. - 9597. Ooteghem, S. A. v. ,1983, Juvenile ataxia-a new behavioral mutation in the deermouse. J. hered. 74, 201-202. - 9598. Oppong, E. , J. Gumedze, 1982, Supernumerary teats in Ghanian livestock. Beitr. trop. Landw. Vet. med. 20, 63-67. - 9599. Oppong, E. N. W. , F. A. Canacoo, 1982, Supernumerary teats in Ghanaian livestock. 2. Beitr. trop. Landw. Vet. med. 20, 303-307. - 9600. Orkin, S. H. , 1984, Prenatal diagnosis of hemoglobin disorders by DNA analysis. Blood 63, 249-253. - 9601. Orkin, S. H. , D. S. Goldman, S. E. Sallan, 1984, Development of homozygosity for chromosome 11p markers in Wilms' tumour. Nature 309, 172-174. - 9602. Orozco, F. , 1979, Biological limits of selection. Wld. poult. sci. J. 35, 151-160. - 9603. Orr, B. Y. , S. Y. Long, A. J. Steffek, 1982, Craniofacial, caudal, and visceral anomalies associated with mutant sirenomelic mice. Teratol. 26, 311-317. - 9604. Osipov, V. V. , M. P. Vakhrusheva, 1983, (Variation in the expressivity of ocular retardation in mice). Tsitol. gen. 17, 39-43. - 9605. Osterhoff, D. R. , J. Groenewald, 1984, Horse haemoglobin phenotyping by agarose gel isoelectric focusing comparison of thoroughbreds with other Equidae. An. bld. grps. bioch. gen. 15, 37-40. - 9606. Overend, D. , G. Albers, L. leJambre, 1984, Selection of mice and survival after an acute Nematospiroides dubius infection. 4th conf. Austr. ass. an. breed. gen. , 20-21. - 9607. Ozaki, S. , H. Imura, T. Shirai, Y. Hamashima, 1983, (Genetic regulation of anemia in New Zealand Black mice). Jap. J. allerg. 32, 1151-1159. - 9608. Ozil, J. P. , 1983, Production of identical twins by bisection of blastocysts in the cow. J. repr. fert. 69, 463-468. - 9609. Padanilam, B. J. , A. E. Felice, T. H. J. Huisman, 1984, Partial deletion of the 5' ß-globin gene region causes ß0-thalassemia in members of an American Black family. Blood 64, 941-944. - 9610. Page, D. C. , M. E. Harper, J. Love, D. Botstein, 1984, Occurrence of a transposition from the x-chromosome long arm to the y-chromosome short arm during human evolution. Nature 311, 119-123. - 9611. Page, D. , A. delaChapelle, J. Weissenbach, 1985, Chromosome y-specific DNA in related human XX males. Nature 315, 224-226. - 9612. Paglia, D. E. , W. N. Valentine, C. T. Holbrock, R. Brockway, 1983, Pyruvate kinase isozyme (Pk-Greenville) with defective allosteric activation by fructose-1, 6-diphosphate. Blood 62, 972-979. - 9613. Palmer, A. C. , 1982, Progressive ataxia in Charolais cattle. 12th Wld. congr. dis. catt. 2, 887-889. -9614. Palmer, D. N. , D. R. Husbands, R. D. Jolly, 1985, Phospholipid fatty acids in brains of normal sheep and sheep with ceroid-lipofuscinosis. Bioch. biophys. act. 834, 159-163. - 9615. Palmiter, R. D. , R. L. Brinster, R. E. Hammer, M. E. Trumbauer, M. G. Rosenfeld, N. C. Birnberg, R. M. Evans, 1982, Dramatic growth of mice that develop from eggs microinjected with metallothionein-growth hormone fusion genes. Nature 300, 611-615. - 9616. Palmiter, R. D. , H. Y. Chen, A. Messing, R. L. Brinster, 1985, SV 40 enhancer and large-T antigen are instrumental in development of choroid plexus tumours in transgenic mice. Nature 316, 457-460. - 9617. Panicke, L. , S. Schwalbe, A. Baumann, K. Lembke, 1983, Züchterische Möglichkeiten zur Verbesserung der Fruchtbarkeitsleistung bei Milchrindern. Tierz. 37, 147-149. - 9618 . Papayannopoulou, T. , B. Tatsis, S. Kurachi, B. Nakamoto, G. Stamatoyannopoulos , 1984, A haemoglobin switching activity modulates hereditary persistence of fetal haemoglobin. Nature 309, 71-73. - 9619. Parakhal, P. F. , 1967, Transfer of premelanosomes into the keratinizing cells of albino hair follicle. J. cell. biol. 35, 473 - 476. - 9620. Parekh, R. B. , R. A. Dwek, B. J. Sutton, D. L. Fernandes, A. Leung, T. W. Rademacher, D. Stanworth, 1985, Association of rheumatoid arthritis and primary osteoarthritis with changes in the glycosylation pattern of total serum Ig G. Nature 316, 452-457. - 9621. Parisi, P. , M. Gatti, G. Prinzi, G. Caperna, 1983, Familial incidence of twinning. Nature 304, 626-628. - 9622. Parodi, A. L. , E. Gonzalez-Denguez, J. Espinasse, 1985, La maladie de la hyène des bovins. Rec. méd. vét. 161, 419-429. - 9623. Parry, B. W. , R. H. Wrigley, R. E. Reuter, 1982, Ventricular septal defects in three familially related female Saanen goats. Austr. vet. J. 59, 72-76. - 9624. Passarge, E., 1983, Beziehungen zwischen Chromosomenveränderungen und Tumorentstehung. DMW 108, 28-34. - 9625. Passarge, E., 1983, Extrachromosomale Vererbung. DMW 108, 1934. - 9626. Paterniti, J. R., W. V. Brown, H. N. Ginsberg, K. Artzt, 1983, Combined lipase deficiency (cld): a lethal mutation on chromosome 17 of the mouse. Science 221, 167-169. - 9627. Paulson, K. E., N. Deka, C. W. Schmid, R. Misra, C. W. Schindler, M. G. Rush, L. Kadyk, L. Leinwand, 1985, A transposon - like element in human DNA. Nature 316, 359-361. - 9628. Pazdera, J., J. Hyanek, V. Hruban, J. Hradecky, B. Gahne, 1983, Changes in the phenotype for halothane sensitivity in pigs. Livest. prod. sci. 10, 365-371. - 9629. Pecquereau, B., J. J. Claustriaux, 1982, La sensibilité au stress de deux races porcines belges. Rev. agr. 35, 3161-3169. - 9630. Pedersen, E. B., S. Haahr, S. C. Mogensen, 1983, X-linked resistance of mice to high doses of herpes simplex virus type 2 correlates with early interferon production. Inf. immun. 42, 740-746. - 9631. Pedersen, K. M., 1982, (Segmental aplasia in bulls). Aarsber. inst. ster. for. Kopenhag. 25, 139-147. - 9632. Pembrey, M. E., 1984, Do we need gene therapy ? Nature 311, 200. - 9633. Pennycuik, P. R., K. A. Raphael, 1984, The angora locus (go) in the mouse. Gen. res. 44, 283-291. - 9634. Peschle, C., F. Mavilio, A. Carè, G. Migliaccio, A. R. Migliaccio, G. Salvo, S. Petti, R. Guerriero, M. Marinucci, D. Lazzaro, G. Russo, G. Mastroberardino, 1985, Haemoglobin switching in human embryos. Nature 319, 235-238. - 9635. Peters, J., S. J. Andrews, J. F. Loutit, J. B. Clegg, 1985, A mouse ß-globin mutant that is an exact model of hemoglobin Rainier in man. Genet. 110, 709-721. - 9636. Peters, K. J., P. Horst, H. H. Kleinheisterkamp, 1982, The importance of coat colour and coat type as indicators of productive adaptability of beef cattle in a subtropical environment. Trop. anim. prod. 7, 296-304. - 9637. Peters, K. J., C. H. Stier, 1984, Einfluß der Texel-Schafe auf die Schafhaltung in Norddeutschland. 35. EVT-Tag., S4.5. - 9638. Peterson, B., E. Trell, 1983, Premature mortality in middle-aged men. Klin. Wschr. 63, 795-801. - 9639. Peterson, L., K. Venkateswara, J. T. Crosson, J. G. White, 1985, Fechtner syndrome. Blood 65, 397-406. - 9640. Pfannenstiel, P., 1984, Synthese und Wirkungsweise der Schilddrüsenhormone. diagn. dial. 29, 1-10. -9641. Pfannenstiel, P., F. A. Horster, 1982, Jodmangel in der Bundesrepublik Deutschland. DMW 107, 867-871. - 9642. Pfeffer, M. A., J. M. Pfeffer, 1983, Blood pressure and left ventricular dysfunction in the spontaneously hypertensive rat. Fed. proc. 42, 2698-2702. - 9643. Pfreundschuh, M., B. Bader, E. Feurle, 1982, T-Lymphocyte subpopulations in Crohn's disease. Klin. Wschr. 60, 1369-1371. - 9644. Philipsen, M., B. Kristensen, 1985, Preliminary evidence of segregation distortion in the SLA system. An. bld. grps. bioch. gen. 16, 125-133. - 9645. Piechowiak, H., M. Krause, E. Kohne, 1985, Haemoglobin D-ß-thalassaemia in a German family. Klin. Wschr. 63, 613-615. - 9646. Pierson, F. W., P. Y. Hester, 1982, Factors influencing leg abnormalities in poultry. Wld. poult. sci. J. 38, 5-17. - 9647. Pirastu, M., K. Y. Lee, A. M. Dozy, Y. W. Kan, G. Stamatoyannopoulos, M. G. Hadjiminas, Z. Zachariades, A. Angius, M. Furbetta, C. Rosatelli, A. Cao, 1982, Alpha-thalassemia in two Mediterranean populations. Blood 60, 509-512. - 9648. Pirastu, M., R. Galanello, M. A. Melis, C. Brancati, A. Tagarelli, A. Cao, Y. W. Kan, 1983, δ+ - Thalassemia in Sardinia. Blood 62, 341-345. - 9649. Pirchner, F., 1981, Genetischer Antagonismus in der Rinderzucht. Tierzücht. 33, 48-50. - 9650. Planche, E., M. Joliff, P. deGasquet, X. Leliepvre, 1983, Evidence of a defect in energy expenditure in 7-day-old Zucker rat (fa/fa). Am. J. phys. 245, E107-113. - 9651. Plant, J. E., J. M. Blackwell, A. D. O'Brien, D. J. Bradley, A. A. Glynn, 1982, Are the Lsh and Ity disease resistance genes at one locus on mouse chromosome 1 ? Nature 297, 510-511. - 9652. Plasse, D., 1983, Crossbreeding results from beef cattle in the Latin American tropics. An. breed. abstr. 51, 779-797. - 9653. Pohle, M., G. Schlenker, C. Wiegand, G. v. Lengerken, E. Schönfelder, S. Arndt, 1983, Halothanempfindlichkeit und neuromotorische

Belastbarkeit von Ebern. Arch. exp. Vet. med. 37, 815-827. - 9654. Polani, P. E., 1982, Pairing of X and Y chromosomes, non-inactivation of X-linked genes and the maleness factor. Hum. gen. 60, 207-211. - 9655. Pollock, B. J. , M. A. Wilson, C. J. Randall, R. M. Clayton, 1982, Preliminary observations of a new blind chick mutant (beg). In: Probl. norm. genet. abn. retin. Ac. Press, Lond. . - 9656. Pond, W. G. , L. D. Young, L. Krook, M. Wallace, 1984, Thoracic limb defect in sheep. Vet. rec. 114, 247. - 9657. Pongratz, D. , G. Hübner, T. Deufel, O. H. Willand, 1983, Zur Kenntnis mitigierter adulter Formen des Mangels an saurer Maltase (Morbus Pompe). Klin. Wschr. 61, 743-750. - 9658. Ponzoni, R. W. , 1984, The importance of resistance to fleece rot and body strike in the breeding objective of Australian Merino sheep. Wool tech. shp. breed. 32, 20-40. - 9659. Popescu, C. P. , J. Boscher, 1982, Cytogenetics of preimplantation embryos produced by pigs heterozygous for the reciprocal translocation (4q+;14q-). Cytogen. cell gen. 34, 119-123. - 9660. Popescu, C. P. , J. Boscher, M. Tixier, 1983, Une nouvelle translocation réciproque t, rcp(7q-;15q+), chez un verrat hypoprolifique. Gén. sél. ev. 15, 479-487. - 9661. Popescu, C. P. , M. Tixier, 1984, Chute de prolificité. L'elev. porc. 137, 38-39. - 9662. Popescu, C. P. , M. Bonneau, M. Tixier, I. Bahri, J. Boscher, 1984, Reciprocal translocations in pigs. J. hered. 75, 448-452. - 9663. Popoff, M. , 1980, Néphropathies en pathologie ovine courante. Bull. mens. soc. vét. prat. Fr. 64, 297-331. - 9664. Porck, H. J. , M. Frater-Schröder, R. R. Frants, L. Kierat, A. W. Erksson, 1983, Genetic evidence for fetal origin of transcobalamin II in human cord blood. Blood 62, 234-237. - 9665. Pouplard, A. , A. Constantin, J. Espinasse, M. P. Dubois, 1982, Maladie de la hyène chez les bovins. 12th Wld. congr. dis. catt. II, 896-902. - 9666. Pour, M. , F. Hovorka, J. Pavlik, M. Sprysl, 1984, (Fertility and incidence of the splayleg syndrome in crossbreds of Czechoslovakian improved White sows with Landrace boars from different lines). Sborn. vys. Pra. agr. 40, 197-206. - 9667. Poutrel, B. , 1982, Susceptibility to mastitis. Ann. rech. vét. 13, 85-99. - 9668. Powell, P. C. , L. F. Lee, B. M. Mustill, M. Rennie, 1982, The mechanism of genetic resistance to Marek's disease in chickens. Int. J. canc. 29, 169-174. - 9669. Prchal, J. T. , W. M. Crist, M. Roper, V. P. Wellner, 1983, Hemolytic anemia, recurrent metabolic acidosis, and incomplete albinism associated with glutathione synthetase deficiency. Blood 62, 754-757. - 9670. Prohaska, J. R. , T. L. Smith, 1982, Effect of dietary or genetic copper deficiency on brain catecholamines, trace metals and enzymes in mice and rats. J. nutr. 112, 1706-1717. - 9671. Przuntek, H. , 1984, Morbus Parkinson. Med. Klin. 79, 2-8. -9672. Puff, A. , 1984, Antithrombin-III-Mangel. Med. Klin. 79, 448-451. - 9673. Punch, P. I. , 1984, A review of infectious bovine keratoconjunctivitis. Vet. bull. 54, 193-207. - 9674. Purtilo, D. T. , 1983, Immunopathology of x-linked lymphoproliferative syndrome. immun. tod. 4, 291-297. - 9675. Putte, S. C. Jv. , F. A. Neeteson, 1984, The pathogenesis of hereditary congenital malformations of the anorectum in the pig. Act. morph. Neerl. -scand. 22, 17-40. - 9676. Pyeritz, R. E. , 1984, Treatment of inborn errors of metabolism by transplatation. Nature 312, 405-406. - 9677. Quéinnec, B. , G. Quéinnec, 1974, Support génétique de la robe des ovins et des caprins. Rev. méd. vét. 125, 1021-1030. - 9678. Queval, R. , 1982, La glucose-6-phosphate déshydrogénase erythrocytaire chez des races bovines trypanosensibles et trypanotolérantes de l'ouest africain. Rev. el. méd. vét. pays trop. 35, 131-136. - 9679. Queval, R. , J. P. Petit, 1982, Polymorphisme biochimique de l'hémoglobine de populations bovines trypanosensibles, trypanotolérantes et de leur croisements dans l'Ouest africain. Rev. él. méd. vét. pays trop. 35, 137-146. - 9680. Queval, R. , 1982, Polymorphisme de la transferrine chez les bovins trypanosensibles et trypanotolérants de l'Afrique de l'Ouest. Rev. él. méd. vét. pays trop. 35, 373-380. - 9681. Raadsma, H. W. , I. M. Rogan, 1984, The problem of blowfly strike in Australia and the possibility of breeding resistant sheep. 35. EVT-Tag. 2, S6a13. - 9682. Rabiet, M. J. , M. Jandrot-Perrus, J. P. Boissel, J. Ellon, F. Josso, 1984, Thrombin Metz. Blood 63, 927-934. - 9683. Ramshaw, J. A. M. , D. E. Peters, L. N. Jones, R. T. Badman, B. B. Brodsky ,

1983, Ovine dermatosparaxis. Austr, vet. J. 60, 149-151. - 9684. Randall, G. C. B.,
1978, Perinatal mortality. Adv. vet. sci. 22, 53-81. - 9685. Rantakallio, P., H. Mäkinen, 1983, The effect of maternal smoking on the timing of deciduous tooth eruption. Growth 47, 122-128. - 9686. Rao, D. G., P. N. Kamalpur, S. J. Seshadri, 1984, Congenital renal cysts of bovines. Ind. J. an. sci. 54, 890-891. - 9687. Rapaport, F. T., R. J. Bachvaroff, J. Grullon, H. Kunz, T. J. Gill, 1982, Genetics of natural resistance to thermal injury. Ann. surg. 195, 294-304. - 9688. Raphael, K. A., R. C. Marshall, P. Pennycuik, 1984, Protein and amino acid composition of hair from mice carrying the naked (N) gene. Gen. res. 44, 29-38. - 9689. Raphel, C. F., L. R. Soma, 1982, Exercise-induced pulmonary hemorrhage in Thoroughbreds after racing and breezing. Am. J. vet. res. 43, 1123-1127. - 9690. Rasenack, U., W. Caspary, 1983, Das Peutz-Jeghers-Syndrom. DMW 108, 389-391. - 9691. Rastan, S., 1982, Timing of X-chromosome inactivation in postimplatation mouse embryos. J. embr. exp. morph. 71, 11-24. - 9692. Rastan, S., B. M. Cattanach, 1983, Interaction between the Xce locus and imprinting of the paternal X-chromosome in mouse yolk-sac endoderm. Nature 303, 635-636. - 9693. Ratner, L., W. Hasseltine, R. Patarca, K. J. Livak, B. Starcich, S. F. Josephs, E. R. Doran, J. A. Rafalski, E. A. Whitehorn, K. Baumeister, L. Ivanoff, S. R. Petteway, M. L. Pearson, J. A. Lautenberger, T. S. Papas, J. Guvayeb, N. T. Chang, R. C. Gallo, F. Wong-Staal, 1985, Complete nucleotide sequence of the AIDS virus, HTLV-III. Nature 313, 277-284. - 9694. Rauch, H., 1983, Toxic milk, a new mutation affecting copper metabolism in the mouse. J. hered. 74, 141-144. - 9695. Rauch, H., D. Dupuy, R. J. Stockert, I. Sternlieb, 1984, Hepatic copper and superoxide dismutase activity in toxic milk mutant mice. Fed. proc. 43, 1856. - 9696. Rauen, H. W., P. Horst, A. Valle-Zarate, 1985, Nutzung von Majorgenen in der tropenorientierten Linienzucht bei Legehennen. 36. EVT-Tag. 1, 65. - 9697. Rawal, C. V. S., N. S. Sidhu, R. A. Singhal, 1977, Biometrical studies on length and width of clitoris in different genetic groups of cattle. Ind. J. hered. 9, 37-38. - 9698. Reason, G. K., 1983, Dairy cows with tick resistance. Queensl. agr. J. 109, 135-138. - 9699. Redi, C. A., S. Garagna, B. Hilscher, H. Winking, 1985, The effects of some Robertsonian chromosome combinations on the seminiferous epithelium of the mouse. J. embr. exp. morph. 85, 1-19. - 9700. Reef, V. B., A. L. Hattel, 1984, Echocardiographic detection of tetralogy of Fallot and myocardial abscesses in a calf. Corn. vet. 74, 81-95. - 9701. Reeve, A. E., P. J. Housiaux, R. J. M. Gardner, W. E. Chewings, R. M. Grindley, L. J. Millow, 1984, Loss of Harvey ras allele in sporadic Wilms' tumour. Nature 309, 174-176. - 9702. Refetoff, S., 1982, Syndroms of thyroid hormone resistance. Am. J. phys. 243, E88-98. - 9703. Refstie, T., 1982, Differences between rainbow trout families in resistance against vibriosis and stress. Dev. comp. imm. Suppl. 2, 205-209. - 9704. Rehm, S., P. Mehraein, A. P. Anzil, F. Deerberg, 1982, A new rat mutant with defective overhairs and spongy degeneration of the central nervous system. Lab. anim. sci. 32, 70-73. - 9705. Reich, H., 1983, Acrodermatitis enteropathica-erbliche Parakeratose der Kälber. Z. Hautkr. 58, 1410-1415. -9706. Reid, I. M., 1982, Fatty liver in dairy cows. Bov. pract. 17, 149-150. - 9707. Reid, K. B. M., R. A. Thompson, 1983, Characterization of a non-functional form of C1q found in patients with a genetically linked deficiency of C1q activity. Mol. immun. 20, 1117-1125. - 9708. Reigel, C. E., J. J. Stewart, J. D. Rinaudo, J. W. Dailey, P. C. Jobe, 1985, Extraordinarily small doses of intracerebroventricular morphine produces tonic extensor convulsions in the genetically epilepsy-prone rat (GEPR). Fed. proc. 44, 1106. - 9709. Reik, T. R., W. E. Rempel, C. J. McGrath, P. B. Addis, 1983, Further evidence on the inheritance of halothane reaction in pigs. J. anim. sci. 57, 826-831. - 9710. Renaville, R., J. Fabry, V. Halleux, A. Burny, 1983, Testosterone plasma profiles as a function of age in young bulls from the bovine double -muscled. Theriogen. 19, 159-167. - 9711. Renner, J. E., 1985, Die "Hyänenkrankheit" des Rindes. Dt. tierärztl. Wschr. 92, 433-434. - 9712. v. Reuss, O. H. Wieland,

1985, Jodmangel, kongenitale Struma und kongenitale Hypothyreose. DMW 109,1918
-1921. - 9713. Reynolds,C.W.,H.T,Holden,1982,Genetic variation in natural killer (NK) activity in the rat. In:NK cells and oth. nat. eff. cells,Ac. Press,N.Y. -
9714. Reynolds,G.P.,1983,Increased concentrations and lateral asymmetry of
amygdala dopamine in schizophrenia. Nature 305,527-529. - 9715. Richter, F.,1954,
Zwillingsforschung und Zwillingsträchtigkeit beim Rind. Landb. Völkenr. 4,14-18.
- 9716. Richter, R. F.,1984,Die Heterogenität der humoralen Antwort. Wiss. Z. Un.
Leipz. MNR 33,591-594. - 9717. Ricketts, M. H., K. Schulz,A. v. Zyl,A. JBester,C.
D. Boyd, H. Meinhold, P. P. v. Jaarsveld,1985,Autosomal recessive inheritance of
congenital goitre in Afrikander cattle. J. hered. 76,12-16. - 9718. Riddell,C.,1982,
A descriptive study of skeletal and tendon lesions in broiler chickens. 31st West.
poult. dis. conf.,75. - 9719. Riddell,C.,R. Springer,1985,An epizootiological study of acute death syndrome and leg weakness in broiler chickens in Western Canada. Av. dis. 29,90-102. - 9720. Rieck,G.W.,1985,Hypotrichie-Hypodontie-Syndrom beim Rind. Dt. tierärztl. Wschr. 92,328-329. - 9721. Rieck,G.W.,H. Höhn, I.
Schmidt,1982,Vulvaaplasie und Urethra masculina. Berl. Münch. tierärztl. Wschr.
95,181-185. - 9722. Riet-Correa, F.,M.C.Mendez,A. L.Schild,B.A.Summers,J.
A. Oliveira,1983,Intoxication by Solanum fastigiatum var. fastig. as a cause of cerebellar degeneration in cattle. Corn. vet. 73,240-256. - 9723. Rimaila-Pärnänen,
E.,1982,Recessive mode of inheritance in progressive ataxia and inco-ordination
in Yorkshire pigs. Heredit. 97,305-306. - 9724. Ringe,J.D.,1983,Klinik und Therapie des Morbus Paget (Ostitis deformans). DMW 108,1207-1212. - 9725. Roberts,
E.,C.C.Morrill,1944,Inheritance and histology of wattles in swine. J. hered. 35,
149-151. - 9726. Roberts,J.A.F.,M.E. Pembrey,1979,An introduction to medical
genetics. Oxf. Univ. Press. - 9727. Roberts,S.J.,G.Myhre,1983,A review of twinning in horses and the possible therapeutic value of supplemental progesterone to
prevent abortion of equine twin fetuses in the latter half of the gestation period.
Corn. vet. 73,257-264. - 9728. Robertson,M.,1982,The evolutionary part of the
major histocompatibility complex and the future of cellular immunology. Nature
297,629-632. - 9729. Robertson,M.,1983,What happens when cellular oncogenes
collide with immunoglobulin genes. Nature 302,474-475. - 9730. Robertson,M.,
1985,The heredity of haemophilia. Nature 314,674-675. - 9731. Robinson,J. L.,M.
R.Drabik,D.B.Dombrowski, J.H.Clark,1983,Consequences of UMP synthase deficiency in cattle. Proc. nat. ac. sci. 80,321-323. - 9732. Robinson,J. L.,D.B.Dombrowski,G.W.Harpestad,R.D.Shanks,1984,Detection and prevalence of UMP synthase deficiency among dairy cattle. J. hered. 75,277-280. - 9733. Rodero,A.,R.
Garzon,D. Llanes,I. Zarazaga,M. Vallejo,E. Monje,1982,Genetic distances between Spanish sheep breeds. Arch. zoot. 31,92-108. - 9734. Rodero,A.,M.J.Garcia,
D. Jordano,1983,Simple autosomic inheritance of cataplexy in fighting bulls. Arch.
zoot. 32,173-180. - 9735. Roe,B.A.,D.P.Ma,R.K. Wilson,J. F.H.Wong,1985,The
complete nucleotide sequence of the Xenopus laevis mitochondrial genome. J. biol.
chem. 260,9759-9774. - 9736. Roelants,G.E.,I. Tamboura,D.B.Sidiki,A.Bassinga,
M. Pinder,1983,Trypanotolerance. Act. trop. 40,99-104. - 9737. Rohner-Jeanrenaud,
F.,A.C. Hochstrasser,B. Jeanrenaud,1983,Hyperinsulinemia of preobese and obese fa/fa rats is partly vagus nerve mediated. Am. J. phys. 244, E317-322. - 9738.
Rohner-Jeanrenaud, F.,B. Jeanrenaud,1985,Involvement of the cholinergic system
in insulin and glucagon oversecretion of genetic preobesity. Endocrin. 116,830 -
834. - 9739. Roldan,E. R.S.,M.S.Merani,I. v. Lawzewitsch,1984,Two abnormal
chromosomes found in one cell line of a mosaic cow with low fertility. Gén. sél. év.
16,135-142. - 9740. Rolfsen,R.M.,L.C.Erway,1984,Trace metals and otolith defects in mocha mice. J. hered. 75,158-162. - 9741. Rolovic, Z.,T. Jovanovic, Z. Stankovic, N. Marinkovic,1985,Abnormal megakaryocytopoiesis in the Belgrade laboratory rat. Blood 65,60-64. - 9742. Romanov,Y.D.,L.V. Troshchenkova,1983,Allo-

types of blood serum and their use in the selection of pigs). Nauch. zhivot. 13, 3-8.
- 9743. Ronda, R., A. Granado, 1983, (Relationship between fat content of milk and
haemoglobin system in 3/4 Holstein-Friesian x 1/4 zebu cows). Rev. cub. cienc.
vet. 14, 129-134. - 9744. Root, R. K., P. B. Beeson, 1982, Genetic disorders of leukocyte function. Klin. Wschr. 60, 731-734. - 9745. Ropers, H. H., 1982, Evidence for x-
linkage and non-inactivation of steroid sulphatase locus in wood lemming. Nature
296, 766-762. - 9746. Rose, R., J. F. Smith, H. W. Leipold, 1983, Increased solubility
of hair from hypotrichotic Herefords. Zbl. Vet. med. A 30, 363-372. - 9747. Rosenberg, Y. J., A. D. Steinberg, 1984, Influence of Y and X chromosomes on B cell responses in autoimmune prone mice. J. immun. 132, 1261-1264. - 9748. Rosenmann,
E., C. Kreis, R. G. Thompson, M. Dobbs, J. L. Hamerton, K. Wrogemann, 1982, Analysis of fibroblast proteins from patients with Duchenne muscular dystrophy by
two-dimensional gel electrophoresis. Nature 298, 563-565. - 9749. Rossant, J., B.
A. Croy, V. M. Chapman, L. Siracusa, D. A. Clark, 1982, Interspecific chimeras in
mammals. J. anim. sci. 55, 1241- 1248. - 9750. Rossant, J., V. M. Chapman, 1983,
Somatic and germline mosaicism in interspecific chimaeras between Mus musculus and Mus caroli. J. embr. exp. morph. 73, 193-205. - 9751. Roth, F. F., C. R. Suarez, A. Rinaldi, R. L. Nagel, 1983, The effect of X chromosome inactivation on the
inhibition of Plasmodium falciparum Malaria growth by glucose-6-phosphate-de-
hydrogenase-deficient red cells. Blood 62, 866-868. - 9752. Roth, S., 1985, Are glycosyltransferases the evolutionary antecedents of the immunoglobulins ? Quart.
rev. biol. 60, 145-153. - 9753. Rother, K., 1984, Störungen des KOmplementsystems.
Med. Klin. 79, 529-535. - 9754. Rothschild, M. F., 1985, Selection for disease resistance in the pig. Pig nws. inf. 6, 277-280. - 9755. Rothschild, M. F., L. L. Christian,
D. L. Mecker, R. L. Hagenow, 1985, Response to three generations of divergent selection for front leg weakness in Duroc swine. 36. EVT-Tag. 1, 168. - 9756. Rothwell, N. J., M. F. Saville, M. J. Stock, 1983, Metabolic responses to fasting and re-
feeding in lean and genetically obese rats. Am. J. phys. 244, R615-620. - 9757. Rothwell, T. L. W., 1982, Lymphocytic markers for resistance to trichostrongylus colubriformis in guinea pigs. N. S. Wales vet. proc. 18, 34-35. - 9758. Rottmann, O.,
F. Kromka, 1983, Erhaltung aussterbender Haustierrassen ? Bay. landw. Jb., 1038-
1043. - 9759. Rousseaux, C. G., Klavano, G. G., E. S. Johnson, T. K. Shnitka, W. N. Harries, 1984, "Shaker" calf syndrome. Can. vet. J. 25, 112. - 9760. Rousseaux, C. G.,
G. G. Klavano, E. S. Johnson, T. K. Shnitka, W. N. Harries, F. F. Snyder, 1985, "Shaker"
calf syndrome. Vet. path. 22, 104-111. - 9761. Rowlands, G. J., A. M. Russell, L. A.
Williams, 1983, Effects of season, herd size, management system and veterinary
practice on the lameness incidence in cattle. Vet. rec. 113, 441-445. - 9762. Royer-
Pokora, B., W. A. Haseltine, 1984, Isolation of uv-resistant revertants from a Xeroderma pigmentosum complementation group A cell line. Nature 311, 390-392. -
9763. Rubin, H., 1984, Mutations and oncogenes- cause or effect. Nature 309, 518. -
9764. Ruch, W., J. B. Baumann, A. Häusler, U. H. Oxten, H. Siegl, J. Girard, 1984, Importance of adrenal cortex for development and maintenance of hypertension in
spontaneously hypertensive rats. Act. endocr. 105, 417-424. - 9765. Rüdenauer, M.,
1981, Die Rindfleischproduktion mit trypanotoleranten Rindern in der Guinea-Sa-
vanne Westafrikas. Diss. Hohenheim. - 9766. Ruggere, M. D., Y. C. Patel, 1984, Impaired hepatic metabolism of somatostatin-14 and somatostatin -28 in spontaneously diabetic BB rats. Endocrinol. 115, 244-248. - 9767. Rumpf, K. W., H. Kaiser,
H. H. Goebel, H. A. Wagner, B. Ullmann, S. DiMauro, F. Scheler, 1983, Muskulärer
Carnitin-Palmityl-Transferase-Mangel. DMW 108, 1058-1061. - 9768. Rupp, G. P.,
A. P. Knight, 1984, Congenital ocular defects in a crossbred beef herd. J. A. V. M. A.
184, 1149-1150. - 9769. Rupprecht, K., 1936, Statistische Erhebungen über die Häufigkeit von Gebißanomalien beim Pferde. Diss. Leipzig. - 9770. Russell, G., 1979,
Bulimia nervosa. Psych. med. 9, 429-448. - 9771. Russell, R. G., C. E. Doige, F. T.

Oteruelo,D.Hare,E.Singh,1985,Variability in limb malformations and possible significance in the pathogenesis of an inherited congenital neuromuscular disease of Charolais cattle(syndrome of arthrogryposis and palatoschisis).Vet.path.22, 2-12. - 9772.Russi,E.,K.Weigand,1983,Analbuminemia. Klin.Wschr. 61,541-545. -9773.Rutledge,J.J.,1975,Twinning in cattle.J.anim.sci.40,803-815. - 9774.Rutledge,J.J.,G.E.Seidel,1983,Genetic engineering and animal production.J.anim. sci.57,Supp.2,265-272. - 9775.Rutter,L.M.,D.F.Ray,C.B.Roubicek,1983,Factors affecting and prediction of dystocia in Charolais heifers.J.anim.sci.57,1077 -1083. - 9776.Sadamori,N.,T.H.Minowada,M.L.Bloom,E.S.Henderson,A.A. Sandberg,1983,Possible specific chromosome change in prolymphatic leukemia. Blood 62,729-736. - 9777.Sage,B.L.,1962,Albinism and melanism in birds.Brit. birds 55,201-225. - 9778.Saif,Y.M.,K.E.Nestor,R.N.Dearth,P.A.Renner,1984, Possible genetic variation in resistance of turkeys to erysipelas and fowl cholera. Av.dis.28,770-773. - 9779.Salerno,A.,D.Valerio,F.Peluso,1982,Quantitative variation of centromeric heterochromatin in the water buffalo,Bubalus bubalis L.5th Eur.coll.cytogen.dom.an.,196-208. - 9780.Salisbury,R.H.,P.R.Barrowman, 1984,Fleece-rot.J.S.Afr.vet.ass.55,147-151. - 9781.de la Salle,H.W.Altenburger ,R.Elkaim,K.Dott,A.Dieterle,R.Drillien,J.P.Cazenave,P.Tolstoshev,J.P.Lecocq,1985,Active γ-carboxylated human factor IX expressed using recombinant DNA techniques. Nature 316,268-270. - 9782.Salmon,R.K.,R.T.Berg,1983,Coat color in cattle.Agr.for.bull.Alb.,8-10. - 9783.Salzgeber,B.,J.L.Guenet,1984, Studies on "Repeated epilation" mouse mutant embryos.J.craniofac.gen.dev.4, 95-114. - 9784.Sambraus,H.H.,A.Gotthardt,1985,Präputiumsaugen und Zungenspielen bei intensiv gehaltenen Mastbullen.Dt.tierärztl.Wschr.92,465-468. -9785. Sandholm,M.,F.Atroshi,S.Sankari,1983,Erythrocyte GSH as a carrier of aminoacids into the lactating mammary gland.5th int.conf.prod.dis.anim.,81-84. -9786. Sansom,B.F.,R.Manston,M.J.Vagy,1983,Magnesium and milk fever.Vet.rec. 112,447-449. - 9787.Sather,A.P.,H.T.Fredeen,1982,The effect of confinement housing upon the incidence of leg weakness in swine.Can.J.anim.sci.62,1119- 1128. - 9788.Sather,A.P.,A.K.W.Tong,H.Doornenbal,A.H.Martin,G.G.Greer, 1983,Leg weakness and cartilage damage in the growing pig.Ann.meet.West.sec. Am.soc.an.sci.34,73-78. - 9789.Satow,Y.,N.Okamoto,L.J.Li,H.Sumida,1982, On the study of develomental genetics of isolated pulmonary hypoplasia.Hir.J.med. sci.31,97-102. - 9790.Savey,M.,J.Rainaut,J.Espinasse,R.Chermette,1983,Identification en France de la parakératose héréditaire bovine.Bull.ac.vét.Fr.56, 289-298. - 9791.Scaravilli,F.,K.Suzuki,1983,Enzyme replacement in grafted nerve of twitcher mouse. Nature 305,713-715. - 9792.Scaratt,W.K.,C.W.Lombard, C.D.Buergel,1984,Ventricular septal defects in two goats.Corn.vet.74,136-145. - 9793.Schade,W.W.,1983,Ausbreitung der Rinderleukose in einer Milchviehherde unter Breücksichtigung genetischer Einflüsse.Diss.Gießen. - 9794.Schaefer,F.V., R.P.Custer,S.Sorof,1980,Induction of abnormal development and differentiation in cultured mammary glands by cyclic adeninenucleotide and prostaglandins. Nature 286,807-809. - 9795.Schaper,J.,E.Meiser,G.Stämmler,1985,Ultrastructural morphometric analysis of myocardium from dogs,rats,hamsters,mice,and from human hearts.Circ.res.56,377-391. - 9796.Schat,K.A.,B.W.Calnek,J.Fabricant,H.Abplanalp,1981,Influence of oncogenicity of Marek's disease virus on evaluation of genetic resistance. Poult.sci.60,2559-2566. - 9797.Schattenkirchner, M.,L.Fischbacher,U.Giebner-Fischbacher,E.D.Albert,1983,Arthropathie bei der idiopathischen Hämochromatose.Klin.Wschr.61,1199-1207. - 9798.Schee,W. v.d.,G.H.v.d.Assem,R.v.d.Berg,1983,Breed differences in sheep with respect to the interaction between zinc and accumulation of copper in the liver.Vet.quart. 5,171-174. - 9799.Scherbaum,W.A.,F.Schumm,1983,Untergruppen der Myasthenia gravis.DMW 108,1218. - 9800.Scherbaum,W.A.,G.F.Bottazzo,D.Doniach,

1983,Autoimmune Form des zentralen Diabetes insipidus mit Antikörper gegen Vasopressin-produzierenden Zellen des Hypothalamus.DMW 108,1053-1058. - 9801.Scherbaum,W.A., F.Schumm,B.Maisch,C.Müller,A. Fatch-Moghadam,S. H. Flüchter,F.J.Seif,G. F.Bottazzo,P.A.Berg,1983,Myasthenia gravis.Klin.Wschr. 61,509-515.- 9802.Scheu,H.G., 1967,Beitrag zur Statistik der Ferkelverluste.Diss.Berlin. - 9803.Scheuch,G.C., W.Johnson,R.L.Conner,J.Silver,1982, Investigation of circadian rhythmus in a gentically anophthalmic mouse strain.J. comp.phys.149,333-338.- 9804.Schicktanz,W.,1986,Unveröffentlicht.- 9805. Schilcher, F. v., 1978, Verhaltensgenetik.Biol. Zentrbl. 97, 641-665. - 9806.Schimmel,J.G., 1982,Genetic aspects of high mountain disease in beef cattle.Diss.abs. B 42,4253.- 9807.Schimmel,J.G.,J.S.Brinks,1983,Heritability and relationships of pulmonary arterial blood pressure with preweaning performance traits. Ann. meet.West.sect.Am.soc.anim.sci.34,25-29.- 9808.Schinckel,A.P.,R.K. Johnson,R.J.Kittok,1984,Testicular development and endocrine characteristics of boars selected for either high or low testis size.J.anim.sci.58,675-685. - 9809.Schindera, F.,1985,Angeborener Komplementmangel.Med.Klin.80,263-267. -9810.Schmale,H.,D.Richter,1984,Single base deletion in the vasopressin gene is the cause of diabetes insipidus in Brattleboro rats.Nature 308,705-709.-9811. Schmidt,H.,O.Bartels,P.Stämmer,E.Wagner-Thiessen,1983,Akutes Leberversagen bei abdominellem Morbus Wilson im frühen Erwachsenenalter.DMW 108,614- 618.- 9812.Schmitz,J.A.,J.A.Harper,1975,Histopathology of hereditary muscular dystrophy of the domestic turkey.Can.J.comp.med.39,389-396.- 9813.Schneider,H., 1978,Untersuchungen weiterer Selektionskriterien gegen Brachygnathia und Prognathia inferior beim Schaf.Diss.Gießen.- 9814.Schnieke,A.,K.Harbers, R.Jaenisch,1983,Embryonic lethal mutation in mice induced by retrovirus insertion into ∢1(I) collagen gene.Nature 304,315-320.- 9815.Schnurrbusch, U.,K.Elze,1981,Prä- und peripartale Ferkelverluste.Mh.Vet.med.36,706-711.- 9816. Scholtyssek,S.,B.Gschwindt-Ensinger,1983,Leistungsvermögen einschließlich Befiederung und Belastbarkeit von Broilern bei unterschiedlicher Besatzdichte in Bodenhaltung.Arch.Gefl.k.47,3-8.- 9817.Scholtyssek,S.,B.Gschwindt-Ensinger, W.Bessei,1983,Der Einfluß der Zucht in unterschiedlichen Haltungssystemen auf Leistung,Verhaltens- und physiologische Parameter von Legehennen.Arch.Gefl. 47,110-123.- 9818.Schom,C.B.,W.F.Krueger,R.L.Atkinson,1982,The relationship of parthenogenetic development in Broad Breasted White turkey eggs to level of production and environmental factors.Poult.sci.61,2143-2148.- 9819.Schönmuth,G.,A.Wilke,G.Seeland,U.Schumann,1983,Züchterische Gesichtspunkte zur Langlebigkeit und Lebensleistung beim Milchrind. Tierzucht 37, 5-7. - 9820.Schröder,S.,H.F.Otto,1984,Das Turcot-Syndrom.DMW 109,187-190.- 9821.Schüler, L.,P.M.Borodin,1977,Das Verhalten der Maus im Open-field-Test.Z.Versuchst. 19,158-166.- 9822.Schulman,A., 1980,Exertional myopathy in Finnish Landrace pigs.J.sci.agr.soc.Finl.52,505-569.- 9823.Schulz,K.C.A.,J.W.Groenewald, 1983,The familial incidence of "grey" Africander calves with and without goitre. J.S.Afr.vet.ass.54,147-154.- 9824.Schulze,B.,1985,Untersuchungen zur Vererbung, zur Phänomenologie und zur Tierschutzrelevanz der Haubenbildung bei Kanarien.Diss.Hannover.- 9825.Schütz,G.,1981,Gen-Struktur und Gen-Expression. Naturwiss.68,170-176.- 9826.Schwaber,J.,H.Molgaard,S.H.Orkin,H.J. Gould, F.S.Rosen,1983,Early pre-B-cells from normal and x-linked agammaglobulinaemia produce Cμ without an attached Vh region.Nature 304,355-358.-9827. Schwanewede,M.v.,E.Beetke,H.v.Schwanewede,V.Bienengräber,1982,Klinische und histologische Untersuchungen von Zähnen mit Amelogenesis imperfecta hereditaria.Wiss.Z.Univ.Rostock 31,45-49.- 9828.Schwerin,M., U.Renne,1982,Induktion von dominanten Letalmutationen bei der Laborratte nach Zyklusblockung mit Suisynchron prämix.Arch.exp.Vet.med.36,767-774.- 9829.Schwerin,M.,G.

Nürnberg,G. v. Lengerken, K. Heinecke,1984, Mutagenitätsuntersuchungen zum Halothantest beim Schwein. Arch. Tierz. 27, 325-330. - 9830. Schwerin, M. , G. Nürnberg, G. v. Lengerken, 1985, Mutagenicity investigations of the halothane test in swine. Z. Tierz. Zücht. biol. 102, 182-188. - 9831. Searle, A. G. , 1984, List of chromosome anomalies. Mouse Newsl. 70, 45-50. - 9832. Seeler, D. C. , W. N. McDonell, P. K. Basrur, 1983, Halothane and halothane/succinylcholine induced malignant hyperthermia (porcine stress syndrome) in a population of Ontario boars. Can. J. comp. med. 47, 284- 290. - 9833. Segal, P. , B. M. Rifkind, W. J. Schull, 1982, Genetic factors in lipoprotein variation. Epid. rev. 4, 137-160. - 9834. Seidel, G. E. , 1983, Production of genetically identical sets of mammals: cloning ? J. exp. zool. 228, 347-354. -9835. Seifert, G. W. , 1984, Selection of beef cattle in northern Australia for resistance to the cattle tick (Boophilus microplus). Prev. vet. med. 2, 553-558. - 9836. Seifert, H. S. H. , 1971, Die Anaplasmose. Habil. schrift Göttingen. - 9837. Sellar, J. , 1984, In vitro fertilization. Nature 311, 288. - 9838. Sellier, P. , L. Ollivier, 1982, Etude génétique du syndrome de l'abduction des membres (splayleg) chez le prorcelet nouveau-né. Ann. Gén. sél. anim. 14, 77-92. - 9839. Sellwood, R. , 1983, Genetic and immune factors in the susceptibility of piglets to Escherichia coli diarrhoea. Ann. rech. vét. 14, 512-518. - 9840. Senft, B. , F. Meyer, G. Erhardt, 1984, Die Bedeutung der Lymphozytenantigene für die Mastitisbekämpfung. Milchwiss. 39, 25-26. -9841. Serfontein, P. J. , L. F. Payne, 1934, Inheritance of abnormal anatomical condition in the tibial metatarsal joints. Poult. sci. 13, 61-63. - 9842. Settnes, O. P. , 1982, Marek's disease, a common naturally herpesvirus-induced lymphoma of the chicken. Nord. vet. med. 34, Suppl. II, 132 p. - 9843. Seykora, A. J. , 1983, Genetic parameters of udder and teat characteristics and their relationships to somatic cell counts. Diss. abstr. B 43, 3786. - 9844. Seykora, A. J. , B. T. McDaniel, 1985, Udder and teat morphology related to mastitis resistance. J. dairy sci. 68, 2087-2093. - 9845. Shahin, K. A. , R. T. Berg, 1985, Growth patterns of muscle, fat and bone and carcass composition of Double muscled and normal cattle. Can. J. anim. sci. 65, 279-294. - 9846. Shahin, K. , R. T. Berg, 1985, Fat growth and partitioning among the depots in double muscled and normal cattle. Can. J. anim. sci. 65, 295-306. - 9847. Shahin, K. A. , R. T. Berg, 1985, Growth and distribution of muscle in double muscled and normal cattle. Can. J. anim. sci. 65, 307-318. - 9848. Shahin, K. A. , R. T. Berg, 1985, Growth and distribution of bone in double muscled and normal cattle. Can. J. anim. sci. 65, 319-332. - 9849. Shanker, V. , S. Bhatia, 1983, Sex chromatin study of a bull and its freemartin cotwin. Vet. rec. 113, 17-28. - 9850. Shanker, V. , S. Bhatia, 1983, Utility of sex chromatin as predictor of genetic merit in animal production. Wld. rev. an. prod. 19, 33-38. - 9851. Shanks, R. D. , P. J. Berger, A. E. Freeman, F. N. Dickinson, 1982, Genetic and phenotypic aspects of health traits by lactation. J. dairy sci. 65, 1601-1611. - 9852. Shapiro, M. , R. P. Erickson, S. Lewis, L. L. Tres, 1982, Serological and cytological evidence for increased Y-chromosome related material in Sxr, XY (sex-reversed carrier, male) mice. J. repr. immun. 4, 191-205. - 9853. Shearer, G. , 1983, A consequence of allogeneic Ia-antigen recognition. imm. tod. 4, 181-185. - 9854. Sheggeby, G. , D. L. Thomas, A. M. Craig, 1983, Thin-layer agarose isoelectric focusing. J. anim. sci. 57, 559-564. - 9855. Sheikh-Omar, A. R. , A. R. Kadir, A. R. Bahaman, 1985, A study of the pathology of swine kidneys condemned at slaughter at an abattoir in Malaysia. Proc. 3rd AAAP an. sci. congr. 1, 516-518. - 9856. Shibuya, T. , T. W. Mak, 1982, A host gene controlling early anaemia or polycythaemia induced by Friend erythroleukaemia virus. Nature 296, 577-579. - 9857. Shih, J. C. H. , 1983, Atherosclerosis in Japanese quail and the effect of lipoic acid. Fed. proc. 42, 2494-2497. - 9858. Shih, J. C. H. , E. P. Pullman, K. J. Kao, 1983, Genetic selection, general characterization and histology of atherosclerosis susceptible and resistant Japanese quail. Atheroscler. 49, 41-54. - 9859. Shimozawa, K. , S. Saisho, N. Saito, J. Yata, Y. Igarashi, Y. Hikita, M. Irie, K. Okada, 1984, A neonatal mass-screening for congenital adrenal hyperplasia in Japan. Act. endocr. 107, 513-518. - 9860. Shire, J.G.M., 1984, Studies on the inheritance of vaginal septa in mice, a trait with low penetrance. J. repr. fert. 70, 333-339. - 9861. Short, C. E., R.C. Harvey, 1983, Anesthetic waste gases in veterinary medicine. Corn. vet. 73, 363-374. - 9862. Shrimal, R.S., H.K.B. Parekh, 1982, Haemoglobin polymorphism and its association with economic traits in crossbreds. 2nd Wld. congr. gen. appl. livest. prod. 7, 185-191. - 9863. Shtivelman, E., B. Lifshitz, R.P. Gale, E. Canaani, 1985, Fused transcript of abl and bcr genes in chronic myelogenous leukaemia. Nature 315, 550-554. - 9864. Shultz, L.D., H.O. Sweet, M.T. Davisson, D.R. Coman, 1982, "Wasted", a new mutant of the mouse with abnormalities characteristic of ataxia telangiectasia. Nature 297, 402-404. - 9865. Sidman, R.L., H.C. Kinney, H.O. Sweet, 1985, Transmissible spongiform encephalopathy in the gray tremor mutant mouse. Proc. nat. ac. sci. 82, 253-257. - 9866. Sieber, M., G. Averdunk, H. Alps, A. Gottschalk, R. Schüssler, 1985, Beeinflussung der Nutzungsdauer von Kühen durch subjektiv erfaßte Exterieurmerkmale beim Deutschen Fleckvieh. 36. EVT-Tag. 1, 147. - 9867. Siegel, P.B., 1970, Behavior-genetics. Biosci. 20, 605-608. - 9868. Siegel, P.B., 1979, Behaviour genetics in chickens. Wld. poult. sci. J. 35, 9-19. - 9869. Siller, W.G., 1981, Renal pathology of the fowl. Av. path. 10, 187-262. - 9870. Silman, R.E., R.M. Leone, R.J.L. Hooper, M.A. Preece, 1979, Melatonin, the pineal gland and human puberty. Nature 282, 301-303. - 9871. Silva, F.O.R., R.C. Maia, B. Erdtmann, A.U. deCarvalho, 1981, (Intersexuality in horned and polled goats). Arqu. esc. med. vet. Univ. Bahia 6, 86-99. - 9872. Silva, J.R., D.E. Noakes, 1984, Pelvic dimensions, body weight and parturition in rare breeds of sheep. Vet. rec. 115, 242-245. - 9873. Silver, L.M., K. Artzt, D. Bennett, 1979, A major testicular cell protein specified by a mouse T/t complex gene. Cell 17, 275-284. - 9874. Silver, L.M., D. Lukralle, J.I. Garrels, K.R. Willison, 1984, Persistence of a lethal t haplotype in a laboratory stock of outbred mice. Gen. res. 43, 21-25. - 9875. Silverman, J., E.J. LaVoie, 1984, Chemically induced models of cancer. Lab. anim. 13, 19-23. - 9876. Silversides, F.G., M.S. Urrutia, R.D. Crawford, 1982, Missing upper beak. J. hered. 73, 295-296. - 9877. Simensen, E., K. Karlberg, 1980, A survey of preweaning mortality in pigs. Nord. vet. med. 32, 194-200. - 9878. Simpson, E., 1982, Sex reversal and sex determination. Nature 300, 404-406. - 9879. Simpson, E., P. Chandler, L.L. Washburn, H.P. Bunker, E.M. Eicher, 1983, H-Y typing of karyotypically abnormal mice. Different. 23, (Suppl.), 116-120. - 9880. Simpson, S.P., A.E. Carden, A.J. Webb, I. Wilmut, 1985, Influence of the halothane gene on reproduction in pigs. Brit. soc. an. prod. wint. meet., 38, 2p. - 9881. Singer, W., 1981, Was leistet die Neurobiologie ?, Münch. med. Wschr. 123, 1734-1736. - 9882. Singh, H., P.N. Blatt, 1981, Efficacy of polymorphic alleles for monitoring the admixture estimates in crossbreds. Ind. J. dairy sci. 34, 250-253. - 9883. Sirtori, C.R., G. Franceschini, 1985, Familial disorders of plasma apolipoproteins. Klin. Wschr. 63, 481-489. - 9884. Skamene, E., 1982, Chromosome 1 locus. In: Natural killer cells, Ac. Press, N.Y.. - 9885. Skamene, E., P. Gros, A. Forget, P.A. Kongshavn, C.S. Charles, B.A. Taylor, 1982, Genetic regulation of resistance to intracellular pathogens. Nature 297, 506-509. -9886. Skelly, R.R., K.R. Bray, M.E. Gershwin, F. Dumont, A. Ahmed, 1983, Studies of congenitally immunologically mutant New Zealand mice. J. immunogen. 10, 221-229. - 9887. Skiba, E., J. Wegrzyn, A. Janik, J. Hojny, 1983, Allotypisches System der Immunglobuline IgG bei Schweinen. 34. EVT-Tag., G5. 36. - 9888. Skibinski, D.O., R. D. Ward, 1982, Correlations between heterozygosity and evolutionary rate of proteins. Nature 298, 490-492. - 9889. Skolasinski, W., A.R. ElFalouji, Z.I. Tyszka, K. M. Charon, 1976, (Genetic aspects of resistance to mastitis caused by various agents). Zes. probl. nauk roln. 180, 399-406. - 9890. Skow, L.C., B.A. Burkhart, F.M. Johnson, R.A. Popp, D.M. Popp, S.Z. Goldberg, W.F. Anderson, L.B. Barnett, S.E. Lewis, 1983, A mouse model for ß-thalassemia. Cell 34, 1043-1052. - 9891. Slabaugh, M.B., M.E. Lieberman, J.J. Rutledge, J. Gorski, 1981, Growth hormone and prolactin synthesis in normal and homozygous Snell and Ames dwarf mice. Endocrinol. 109,1040-1046. - 9892. Slapnicka, J., K. Vesely, M. Cerny, 1984, (An analysis of the incidence of inherited abnormalities and defects in different breeds of cattle, in relation to intensification of genetic selection). Veterin. 34, 347-349. - 9893. Slatter, D. H., J.S. Bradley, B. Vale, I. J. Constable, L. K. Cullen, 1983, Hereditary cataracts in canaries. J. A. V. M. A. 183, 872-874. - 9894. Sloss, V., J. W. Brady, 1983, Abnormal births in cattle following ingestion of Cupressus macrocarpa foliage. Austr. vet. J. 60, 223. - 9895. Smedegaard, H. H., 1985, Pododermatitis circumscripta. Wien. tierärztl.Mschr. 72, 39-43. - 9896. Smeets, T., S. v. Buul-Offers, 1983, A morphological study of the development of the tibial proximal epiphysis and growth plate of normal and dwarfed Snell mice. Growth 47, 145-173. - 9897. Smit, H., B. Verbeek, 1984, Genetic aspects of claw disorders. 35. EVT-Tag. 1, MC5.11. -9898. Smith, A., N. Nes, K. A. Berg, M. Valtonen, A. Mäkinen, A. Lukola, 1983, Testicular feminization in the Finnish racoon dog(Nyctereutes procyonides). Nord. vet. med. 35, 452-459. - 9899. Smith, D. A., 1985, Dosage compensation and x-chromosome inactivation. Nature 315, 103. - 9900. Smith, H. R., T. M. Chused, A. D. Steinberg, 1983, The effect of the X-linked immune deficiency gene (xid) upon the Y chromosome-related disease of BXSB mice. J. immun. 131, 1257-1262. - 9901. Smith, S. P., F. R-Allaire, W. R. Taylor, H. E. Kaeser, J. Canley, 1985, Genetic parameters and environmental factors associated with type traits scored on an ordered scale during first lactation. J. dairy sci. 68, 2058-2071. - 9902. Smith, W. D., F. Jackson, E. Jackson, J. Williams, S. M. Willadsen, C. B. Fehilly, 1984, Resistance to Haemonchus contortus transferred between genetically histocompatible sheep by immune lymphocytes. Res. vet. sci. 37, 199-204. - 9903. Smyth, J. R., 1969, Relationships between genes affecting melanin pigmentation and other traits in the fowl. Wld. poult. sci. J. 25, 6-14. - 9904. Smyth, J. R., M. M. Jerszyk, N. Montgomery, 1985, Congenital quiver, an inherited neurological defect in the chicken. J. hered. 76, 263-266. -9905. Snyder, L. R. G., 1981, Deer mouse hemoglobins. Biosci. 31, 299-304. - 9906. Sohler, A., C. C. Pfeiffer, 1979, A direct method for the determination of manganese in whole blood. J. orthom. psych. 8, 275-280. - 9907. Sokrut, V. I., V. A. Shulga, 1979, (Inheritance of resistance to mastitis in Red Steppe cows). Trud. Dnepr. selsh. inst. 42, 71-74. - 9908. Solbu, H., 1983, Breeding for disease resistance in dairy cattle in Norway. 5th int. conf. prod. dis., 89-92. - 9909. Solbu, H., 1984, Disease recording in Norwegian dairy cattle. Z. Tierz. Zücht. biol. 101, 51-58. - 9910. Solbu, H., 1983, Disease recording in Norwegian dairy cattle. Z. Tierz. Zücht. biol. 100, 139-157. - 9911. Solbu, H., R. L. Spooner, O. Lie, 1982, A possible influence of the bovine major histocompatibility complex (BoLA) on mastitis. 2nd Wld. cong. gen. appl. livest. 7, 368-371. - 9912. Solomon, E., 1984, Recessive mutation in aetiology of Wilm's tumour. Nature 309, 111-112. - 9913. Somes, R. G., 1984, Dominant white plumage -color somatic mosaic in the domestic fowl. J. hered. 75, 71-72. - 9914. Somes, R. G., F. W. George, J. Baron, J. F. Noble, J. D. Wilson, 1984, Inheritance of the hennyfeathering trait of the Sebright bantam chicken. J. hered. 75, 99-102. - 9915. Sommer, W., L. Mahin, 1982, Chirurgische Behandlung des prolapsus praeputii bei einem Santa-Gertrudis-Bullen. Prakt. Tierarzt 63, 999-1001. - 9916. Sorensen, S. A., K. Fenger, 1974, On the use of linked markers in the diagnosis of zygosity in twins. Hum. hered. 24, 529-539. - 9917. Southwood, O. I., A. J. Webb, A. E. Carden, 1985, Halothane sensitivity of the heterozygote at the halothane locus in British Landrace pigs. Brit. soc. an. prod. wint. meet. 75. - 9918. Spence, M. A., J. Westlake, K. Lange, D. P. Gold, 1976, Estimation of polygenic recurrence risk for cleft lip and palate. Hum. hered. 26, 327-336. - 9919. Spetz, J. F., M. Haung, R. Moutier, P. F. Brain, 1982, A preliminary analysis of maternal cannibalism in two inbred strains of mice and their F1 hybrids. IRCS med. sci. libr. comp. 10, 532. - 9920. Spielman, R. S., N. Nathanson, 1982, The genetics of susceptibility to multiple sclerosis. Epid. rev. 4, 45-65. - 9921. Spilke, J. , S. Götze, 1983, Zuchtmethodische Gesichtspunkte der Einbeziehung zwergwüchsiger (dw) Populationen in ein Hybridzuchtprogramm für Legehennen. Tierzucht 37, 139-141. - 9922. Sponenberg, D. P. , 1984, Germinal reversion of the merle allele in Australian shepherd dogs. J. hered. 75, 78. - 9923. Sponenberg, D. P. , L. D. v. Vleck, K. McEntee, 1985, The genetics of the spastic syndrome in dairy bulls. Vet. med. 80, 92-94. - 9924. Sprengel, D. , 1984, Heterozygotiegrad der Blutgruppen und Leistung beim Rind. Dt. tierärztl. Wschr. 91, 60-61. - 9925. Sreenan, J. M. , 1981, Biotechnical measures for improvement of fertility in cattle. Livest. prod. sci. 8, 215-231. - 9926. Sreenan, J. M. , 1983, Embry transfer procedure and its use as a research technique. Vet. rec. 112, 494-500. - 9927. Staemmler, M. , F. Hehn, H. Kiel, 1964, Angeborene Mißbildungen des Skeletts bei Kaninchen. Méd. exp. 10, 22-26. - 9928. Stämpfli, G. , H. P. Ittig, 1983, FV blood group and haemoglobin type. An. bld. grp. bioch. gen. 14, 181-189. - 9929. Stanbury, J. B. , J. B. Wyngaarden, D. S. Fredrickson, J. l. Goldstein, M. S. Brown, 1983, The metabolic basis of inherited disease. 5. Aufl. , McGraw-Hill Co. , N. Y. . - 9930. Stanek, C. , I. Stur, 1984, Genetische Aspekte orthopädischer Erkrankungen in einer Milchviehherde. Zbl. Vet. med. A 31, 508-518. - 9931. Stanton, L. W. , R. Watt, K. B. Maren, 1983, Translocation, breakage and truncated transcripts of c-myc oncogene in murine plasmacytomas. Nature 303, 401-406. - 9932. Starkey, P. H. , 1984, N'Dama cattle-a productive trypanotolerant breed. Wld. anim. rev. 50, 2 -15. - 9933. Stavikova, M. , L. Lojda, O. Matouskova, J. Polacek, 1982, (Inheritance of supernumerary teats in Czech Pied cows). Vet. med. 27, 459-464. - 9934. Stear, M. J. , M. J. Newman, F. W. Nicholas, S. C. Brown, R. G. Holroyd, 1982, Tick resistance and the major histocompatibility system. N. S. Wales vet. proc. 18, 36-38. - 9935. Stede, M. , 1981, Atresia ani et recti bei einem Seehund. tierärztl. prax. 9, 117 -118. - 9936. v. d. Steen, H. A. , B. A. Molenaar, 1983, Relation between boar fertility and fertility of daughters. 34. EVT-Tag. I, 25. - 9937. Steiger, A. , 1975, Verhalten von Mastschweinen und Korrelationen zu Koronarsklerose, Nebennieren- und Körpergewicht. Diss. Bern. -9938. Stein, L. J. , D. M. Dorsa, D. G. Baskin, D. P. Figlewicz, H. Ikeda, S. P. Frankmann, M. R. C. Greenwood, D. Porte, S. C. Woods, 1983, Immunoreactive insulin levels are elevated in the cerebrospinal fluid of genetically obese Zucker rats. Endocrinol. 113, 2299-2301. - 9939. Steinmetz, M. , 1985, Immune response restored by gene therapy in mice. Nature 316, 14-15. - 9940. Stelzner, K. F. , 1983, Four dominant autosomal mutations affecting skin and hair development in the mouse. J. hered. 74, 193-196. - 9941. Stevens, R. W. C. , 1984, Neonatal teat necrosis in pigs. Pig nws. inf. 5, 19-22. - 9942. Stevenson, M. M. , E. Skamene, 1985, Murine malaria. Inf. immun. 47, 452-456. - 9943. Stewart, D. J. , D. L. Emery, B. L. Clark, J. E. Peterson, H. Iyer, R. G. Jarrett, 1985, Differences between breeds of sheep in their responses to Bacteroides nodosus vaccines. Austr. vet. J. 62, 116-120. - 9944. Stewart, T. A. , E. F. Wagner, B. Mintz, 1982, Human ß-globin gene sequences injected into mouse eggs, retained in adults, and transmitted to progeny. Science 217, 1046-1048. - 9945. Stöber, M. , Scholz, 1984, Übermäßige Dehnbarkeit und Zerreißlichkeit der Haut (Dermatosparaxie, Dermatorhexie) beim schwarzbunten Niederungskalb. Dt. ti erärztl. Wschr. 91, 230-231. - 9946. Stöcker, W. , M. Otte, S. Ulrich, D. Normann, K. Stöcker, G. Jantschak, 1984, Autoantikörper gegen exokrines Pankreas und gegen intestinale Becherzellen in der Diagnostik des Morbus Crohn und der Colitis ulcerosa. DMW 109, 1963-1969. - 9947. Stöcker, W. , M. Otte, P. C. Scriba, 1984, Zur Immunpathogenese des Morbus Crohn. DMW 109, 1984-1986. - 9948. Stott, A. W. , J. Slee, 1983, Genetic selection for cold resistance in newborn Scottish Blackface lambs. 34. EVT-Tag. I, 44-45. - 9949. Stowe, H. D. , E. R. Miller, 1983, Genetic predisposition of pigs to hypo- and hyperselenemia. 5th int. conf. prod. dis. , 104-108. - 9950. Stowe, H. D. , E. R. Miller, 1985, Genetic predisposition of pigs to hypo- and hyperselenemia. J. anim. sci. 60, 200-211. - 9951. Strandberg, E. , 1984, Genetic and economic effects of some breeding programs considering mastitis in dairy cattle. 35. EVT-Tag. I, G5. 19. - 9952. Stranzinger, G., 1983, Natürliche und künstliche Chimären in der Tierzucht. 32. int. Tag. Fortpfl. Besam.. - 9953. Strasia, C. A., J. L. Johnson, D. Cole, H. W. Leipold, 1983, Partial albinism (heterochromia irides) in Black Angus cattle. Bov. pract. 18, 147-149. - 9954. Straube, W., V. Briese, 1983, Pränatale Diagnostik von Neuralrohrdefekten durch AFP-Nachweis. Wiss. Z. Uni. Rost. 32, 55-57. - 9955. Straw, B. E., A. D. Leman, R. A. Robinson, 1984, Pneumonia and atrophic rhinitis in pigs from a test station. J. A. V. M. A. 185, 1544-1546. - 9956. Straw, B. E., A. D. Leman, M. R. Wilson, J. E. Dick, 1984, Sire and breed effects on mortality in the offspring of swine. Prev. vet. med. 2, 707-713. - 9957. Strian, F., 1983, Angst als Gehirnfunktion. Med. Klin. 78, 436-443. - 9958. Strothmann, A., 1982, Beitrag zum Sommerekzem (Allergische Dermatitis) der Islandpferde. Diss. Hannover. - 9959. Stuart, L. D., 1984, Bovine progressive degenerative myeloencephalopathy ("weaver") of Brown Swiss cattle. Diss. abstr. B 44, 2289-2290. - 9960. Stuart, L. D., H. W. Leipold, 1983, Bovine progressive degenerative myeloencephalopathy ("weaver") of Brown Swiss cattle. I. Bov. pract. 18, 129-146. - 9961. Stuart, L. D., H. W. Leipold, 1984, Bovine progressive degenerative myeloencephalopathy ("weaver") of Brown Swiss cattle. Adv. anim. breed., 6-8. - 9962. Stuart, L. D., H. W. Leipold, 1985, Lesions in bovine progressive degenerative myeloencephalopathy ("weaver") of Brown Swiss cattle. Vet. path. 22, 13-23. - 9963. Sturm, F., 1984, Opocephale Triocephalie beim Kalb. tierärztl. prax. 12, 435-438. - 9964. Succi, G., A. M. Macchi, L. Molteni, 1982, Preliminary observations on the influence of 25/27 translocation on fertility and milk production of Grey Alpine cows. 5th Eur. coll. cytogen. dom. anim., 142-147. - 9965. Sutherst, R. W., G. F. Maywald, J. D. Kerr, D. A. Stegemann, 1983, The effect of cattle tick (Boophilus microplus) on growth of Bos indicus x Bos taurus steers. Austr. J. agr. res. 34, 317-327. - 9966. Svare, B., C. H. Kinsley, M. A. Mann, J. Broida, 1984, Infanticide. Phys. behav. 33, 137-152. - 9967. Svendsen, J., A. C. Bengtsson, 1982, (Perinatal mortality in piglets). 14th Nord. vet. cng., 414. - 9968. Swan, R. A., E. G. Taylor, 1982, Cerebellar hypoplasia in beef Shorthorn calves. Austr. vet. J. 59, 95-96. - 9969. Swartz, H. A., 1984, Chromosome abnormalities as a cause of reproductive einefficiency in heifers. Diss. abstr. B 44, 2024-2025. - 9970. Swartz, H. A., D. W. Vogt, L. D. Kintner, 1982, Chromosome evaluation of Angus calves with unilateral congenital cleft lip and jaw (cheilognathoschisis). Am. J. vet. res. 43, 729-731. - 9971. Swartz, H. A., D. W. Vogt, 1983, Chromosome abnormalities as a cause of reproductive inefficiency in heifers. J. hered. 74, 320 - 324. - 9972. Sweeney, C. R., L. R. Soma, C. A. Bucan, S. G. Roy, 1984, Exercise-induced pulmonary hemorrhage in exercising thoroughbreds. Corn. vet. 74, 263-268. - 9973. Sweet, H. O., 1983, Dilute suppressor, a new suppressor gene in the house mouse. J. hered. 74, 305-306. - 9974. Swerdloff, R. S., M. Peterson, A. Vera, R. A. L. Batt, D. Heber, G. A. Bray, 1978, The hypothalamic-pituitary axis in genetically obese (ob/ob) mice. Endocrinol. 103, 542-547. - 9975. Switonski, M., 1981, Robertsonian translocation in the blue fox (Alopex lagopus) and its effect on the fertility. Gen. polon. 22, 463-474. - 9976. Switonski, M., 1982, Population investigation of centric fusion in the blue fox. 5th Eur. coll. cytogen. dom. anim., 386-391. - 9977. Switonski, M., R. Fries, G. Stranzinger, 1983, C-band variants of telocentric chromosomes in swine. Gén. sél. évol. 15, 469-477. - 9978. Synge, B. A., 1982, Bovine congenital goitre. Vet. rec. 111, 377. - 9979. Syrstad, O., 1984, Inheritance of multiple births in cattle. Livest. prod. sci. 11, 373-380. - 9980. Syrstad, O., 1985, Heterosis in Bostaurus x Bos indicus crosses. Livest. prod. sci. 12, 299-307. - 9981. Szuba, Z., 1979, (Bilateral asymmetry in teratology). Terat. script. 2, Z. N. ak. rol. zoot. 15, 33-41. - 9982. Tabel, H., M. Menger, W. P. Aston, M. Cochran, 1984, Alternative pathway of bovine complement. Vet. im mun. immunopath. 5, 389-398. - 9983. Takahashi, H., M. Honda, K. Watanabe, Y. Ando, R. Nagayama, A. Hattori, A. Shibata, A. B.

Federici, Z. M. Ruggeri, T. S. Zimmerman, 1984, Further characterization of platelet -type von Willebrand's disease in Japan. Blood 64, 1254-1262. - 9984. Takano, K. , N. Hizuka, K. Shizume, N. Honda, N. C. Ling, 1985, Plasma growth hormone(GH) responses to single and repetetive subcutaneous administration of GH releasing factor (hpGRF-44)in normal and GH deficient children. Act. endocr. 108, 11-19. - 9985. Takatsugi, K. , H. Ito, M. Watanabe, M. Ikushima, A. Nakamura, 1984, Histopathological changes of the retina and optic nerve in the albino mutant quail. J. comp. path. 94, 387-404. - 9986. Takeshita, B. G. Forget, A. Scarpa, E. J. Benz, 1984, Intranuclear defect in ß-globin mRNA accumulation due to a premature translation termination codon. Blood 64, 13-22. - 9987. Tan, J. Z. , 1982, (Effect of inbreeding on pig performance). Fuj. agr. sci. tech. 6, 30-35. - 9988. Tanaka, K. , T. Oishi, Y. Kurosawa, S. Suzuki, 1983, Genetic relationship among several pig populations in East Asia analysed by blood groups and serum protein polymorphisms. An. bld. grps. bioch. gen. 14, 191-200. - 9989. Tantravahi, R. , M. Schwenn, C. Henkle, M. Nell, P. R. Leavitt, J. D. Griffin, H. J. Weinstein, 1984, A pericentric inversion of chromosome 16 is associated with dysplastic marrow eosinophils in acute myelomonocytic leukemia. Blood 63, 800-802. - 9990. Tarocco, C. , F. Franchi, I. Campani, 1982, (Cytogenetic studies on intersex pigs). Zoot. nutr. anim. 8, 453-459. - 9991. Taub, R. A. , G. F. Hollis, P. A. Hieter, S. Korsmeyer, T. A. Waldmann, P. Leder, 1983, Variable amplification of immunoglobulin λ -light chain genes in human populations. Nature 304, 172-174. - 9992. Taylor, L. W. , 1973, Genetics of skeletal abnormalities in poultry. Gen. lect. 3, 103-115. - 9993. Tayor, B. A. , A. D. O'Brien, 1982, Position on mouse chromosome 1 of a gene that controls resistance to Salmonella typhimurium. Inf. immun. 36, 1257-1260. -9994. Tedesco, F. , M. A. Villa, P. Densen, G. Sirchia, 1983, ß-chain deficiency in three patients with dysfunctional C8 molecules. Mol. immun. 20, 47-51. - 9995. Temin, H. M. , 1983, We still dont understand cancer. Nature 302, 656. - 9996. Temple, G. F. , A. M. Dozy, K. L. Roy, Y. W. Kan, 1982, Construction of a functional human suppressor tRNA gene: an approach to gene therapy for ß-thalassaemia. Nature 296, 537-540. - 9997. Terrettatz, J. , B. Jeanrenaud, 1983, In vivo hepatic and peripheral insulin resistance in genetically obese (fa/fa) rats. Endocr. 112, 1346-1351. - 9998. Teuscher, A. , J. B. Herman, P. P. Studer, 1983, Vaskuläre Erkrankungen bei 534 Schweizer Diabetikern im Rahmen einer multinationalen Studie. Klin. Wschr. 61, 139-149. - 9999. Thavalingam, M. , 1983, Populations-Odontometrien an Backenzähnen weiblicher Mastschweine aus einer Mastleistungsprüfun gsanstalt. Diss. Hannover. - 10000. Theofilopoulos, A. N. , F. J. Dixon, 1985, Murine models of systemic lupus erythematosus. Adv. immun. 37, 269-390. - 10001. Thielscher, H. H. , 1983, Untersuchungen zum Glukose-, Laktat- und Pyruvatverbrauch des Myokards von Schweinen der Deutschen Landrasse und Kreuzungen Deutsche Landrasse x Wildschwein (F1 und F2). Zbl. Vet. med. A 30, 565-584. - 10002. Thielscher, H. , 1984, Zur Pathogenese des akuten Herzversagens beim Schwein. Tierärztl. Umsch. 39, 692-694. - 10003. Thomas, W. A. , 1983, Intimal smooth muscle cells as source for atherosclerotic lesions. Fed. proc. 42, 501. - 10004. Thompson, A. R. , 1984, Factor IX and prothrombin in amniotic fluid and fetal plasma. Blood 64, 867-874. - 10005. Thompson, D. L. , R. A. Godke, M. P. Walker, 1983, Increasing testicular size and spermatogenic potential of bulls by active immunization against testosterone. Adv. anim. breed. , 4-9. - 10006. Thompson, G. , A. Soutar, 1983, Genetic polymorphism and plasma lipoproteins. Nature 301, 658. - 10007. Thompson, J. R. , 1984, Genetic interelationships of parturition problems and production. J. dairy sci. 67, 628-635. - 10008. Thomson, D. B. , J. N. Wiltbank, 1983, Dystocia in relationship to size and shape of pelvic opening in Holstein heifers. Theriogen. 20, 683-692. - 10009. Thor, A. , P. H. Hand, D. Wunderlich, A. Caruso, R. Muraro, J. Schlom, 1984, Monoclonal antibodies define differential ras gene expression in malignant and benign colonic diseases. Nature 311, 562-565. - 10010. Thunert, A. , E. Sickel, 1983, Verlust-

freie Aufzucht und Haltung von nu/nu -Mäusen. Z. Versuchstierk. 25, 73-77. -10011.
Tierney, T. J. , T. H. Rudder, 1982, Using weight for age and tick resistance ratings
for bull selection. proc. 3rd conf. Austr. ass. an. breed. gen. , 71-73. - 10012. Tillil,
H. , J. Köbberling, 1985, Genetik des idiopathischen Diabetes mellitus. Med. Klin. 80,
288-291. - 10013. Timms, L. M. , 1985, Influence of a 12. 5 percent rapeseed diet
and an avian reovirus on the production of leg abnormalities in male broiler chickens. Res. vet. sci. 38, 69-76. - 10014. Tiwana, M. S. , S. S. Bhalarce, J. S. Dhillon, J.
S. Gill, 1984, Genetic and non-genetic factors affecting utero-vaginal prolapse in
buffaloes. Ind. J. dairy sci. 37, 11-15. - 10015. Toelle, V. D. , O. W. Robison, 1985,
Estimates of genetic correlations between testicular measurements and female reproductive traits in cattle. J. anim. sci. 60, 89-100. - 10016. Toh, H. , T. Miyata, 1985,
Is the AIDS virus recombinant ? Nature 316, 21-22. - 10017. Tomar, S. S. , G. S. Verma, 1981, Inheritance of supernumerary teats in native, exotic and their crossbred
cattle. Ind. J. dairy sci. 34, 451-454. - 10018. Tomar, S. S. , V. N. Tripathi, 1985, Inhe-
ritance of anoestrum in Murrah buffaloes. Ind. J. dairy sci. 38, 141-143. - 10019.
Tomoda, A. , N. A. Noble, N. A. Lachant, K. Tanaka, 1982, Hemolytic anemia in hereditary pyrimidine 5'-nucleotidase deficiency. Blood 60, 1212-1218. - 10020. Toole,
J. J. , J. L. Knopf, J. M. Wozney, L. A. Sultzman, J. L. Buecker, D. D. Pittman, R. J.
Kaufman, E. Brown, C. Shoemaker, E. C. Orr, G. W. Amphlett, W. B. Foster, M. L.
Coe, G. J. Knutson, D. N. Fass, R. M. Hewick, 1984, Molecular cloning of a cDNA en-
coding human antihaemophilic factor. Nature 312, 342-347. - 10021. Toyka, K. V. ,
R. Hohlfeld, V. Hömberg, 1983, Immungenetik der Myasthenia gravis. DMW 108,
1453. - 10022. Treisman, R. , S. H. Orkin, T. Maniatzis, 1983, Specific transcription
and RNA splicing defects in five cloned ß-thalassaemia genes. Nature 302, 591 -
596. - 10023. Triebler, G. , K. Mudra, G. Illmann, 1984, Zur Erbfehlerproblematik
beim Schwein. Wiss. Z. Humb. Uni. Berlin MNR 33, 507-511. - 10024. Troccon, J. L. ,
J. P. Ozil, D. Chupin, 1985, Production par transplantation embryonnaire de veaux
monozygotes. Bull. tech. Theix 59, 19-28. - 10025. Trotter, G. W. , C. W. McIlwraith,
1981, Osteochondrosis in horses. J. equ. vet. sci. 5, 141-160. - 10026. Trounson, A. ,
L. Mohr, 1983, Human pregnancy following cryopreservation, thawing and transfer
of an eight-cell embryo. Nature 305, 707-709. - 10027. Trowsdale, J. , J. Lee, A. Mc
Michael, 1983, HLA-DR-Bouillabaisse. immun. tod. 4, 31-35. - 10028. Tsalikian, E.,
P. Simmons, J. F. Gerich, C. Howard, M. W. Haymond, 1984, Glucose production and
utilization in children with glycogen storage disease type I. Am. J. phys. 247, E513.
-10029. Tsujimoto, Y. , F. Jaffe, J. Cossman, J. Gorham, P. C. Nowell, C. M. Croce,
1985, Clustering of breakpoints on chromosome 11 in human B-cell neoplasms
with the t(11;14) chromosome translocation. Nature 315, 340-343. - 10030. Tsuno-
da, Y. , T. Tokunaga, T. Sugie, M. Katsumata, 1985, Production of monozygotic twins
following the transfer of bisected embryos in the goat. Theriogen. 24, 337-343. -
10031. Tucek, S. , T. Svoboda, J. Ricny, A. Bass, T. Soukup, V. Vitek, 1985, The concentrations of choline and the activities of cholinesterases, creatin kinase, and lactate-
dehydrogenase in the blood of piglets with the syndrome of splayleg (Congenital
myofibrillar hypoplasia). Zbl. Vet. med. A 32, 1-10. - 10032. Tucker, E. M. , S. W.
Clarke, D. R. Osterhoff, J. Groenewald, 1983, An investigation of five genetic loci
controlling polymorphic variants of red cells in goats. An. bld. grps. bioch. gen. 14,
269-277. - 10033. Tucker, F. M. , J. D. Young, 1985, Sheep twin chimaeras with ad-
mixtures of red cell amino acid and potassium transport phenotypes. An. bld. grps.
bioch. gen. 16, 157-160. - 10034. Tucker, P. W. , 1985, Immunoglobulins. Fed. proc.
44, 2650-2651. - 10035. Tulley, D. , P. J. Burfening, 1983, Libido and scrotal circumference of rams as affected by season of the year and altered photoperiod. Theriogen. 20, 435-448. - 10036. Tung, K. S. , L. E. Ellis, G. V. Childs, M. Dufau, 1984, The
dark mink. Endocrinol. 114, 922-929. - 10037. Turkenkopf, I. J. , J. L. Olsen, L. Mo-
ray, M. R. Greenwood, P. R. Johnson, 1980, Hepatic lipogenesis in the preobese Zu-

cker rat. Proc. soc. exp. biol. med. 164, 530-533. - 10038. Turner, C. B. , 1982, Breed susceptibility to infectious keratoconjunctivitis. Vet. rec. 110, 505. - 10039. Turner, D. R. , A. A. Morley, M. Haliandros, R. Kutlaca, B. J. Sanderson, 1985, In vivo somatic mutations in human lymphocytes frequently result from major gene alterations. Nature 315, 343-345. - 10040. Turner, H. G. , 1982, Genetic variation of rectal temperature in cows and its relationship to fertility. Anim. prod. 35, 401-412. - 10041. Tyan, M. L. , 1984, Sensitivity to corticosterone-induced cleft palate is not associated with H-2. Proc. soc. biol. med. 176, 14-21. - 10042. Udalova, L. D. , 1979, (Sex ratio in C57B LxCBA hybrid mice). Byull. eksp. biol. med. 88, 473-474. - 10043. Ullrich, K. , 1983, Normal exocytosis and endocytosis of lysosomal ß-hexosaminidase in a case of Alpha1-antitrypsin deficiency. Klin. Wschr. 61, 307-309. - 10044. Unger, A. E. , M. J. Harris, S. E. Bernstein, J. C. Falcone, S. E. Lux, 1983, Hemolytic anemia in the mouse. J. hered. 74, 88-92. - 10045. Unkel, M. , 1984, Epidemiologische Erhebungen zum sogenannten Sommerekzem bei Islandpferden. Prakt. Tierarzt 65, 656 - 663. - 10046. Urrutia, M. S. , R. D. Crawford, H. L. Classen, 1983, Dysplastic remiges, a genetic abnormality reducing feathering in the domestic fowl. J. hered. 74, 101 - 104. - 10047. Vaccaro, L. , R. Vaccaro, R. Cardozo, M. A. Benezoa, 1983, Survival of imported Holstein and Friesian cattle and their locally born progeny in Venezuela. Trop. anim. prod. 8, 87-98. - 10048. Vaillantcourt, D. , C. J. Bierschwal, D. Ogwu, R. G. Elmore, C. E. Martin, A. J. Sharp, R. S. Youngquist, 1979, Correlation between pregnancy diagnosis by membrane slip and embryonic mortality. J. A. V. M. A. 175, 466- 468. - 10049. Vaiman, M. , 1985, Major histocompatibility system in farm animals. 36. EVT-Tag. 1, 114. - 10050. Valach, Z. , 1977, (The most frequent body conformation abnormalities and inherited abnormalities in sheep). Chovat. 16, 133-134. - 10051. Vale, W. G. , O. M. Ohashi, H. F. Ribeiro, J. S. Sousa, 1984, Ursachen und Vorkommen von Unfruchtbarkeit und Fruchtbarkeitsstörungen bei gemischtrassigen Zebu-Kühen im Amazonas-Gebiet in Brasilien. Vet. med. Nachr. , 133-143. - 10052. Valentine, W. N. , D. E. Paglia, 1984, Erythrocyte enzymopathies, hemolytic anemia and multisystem disease. Blood 64, 583-591. - 10053. Valenza, F. , L. Sidoli, F. Guarda, P. Schianchi, P. Bodria, 1984, (Congenital renal urolithiasis in piglets). Sel. vet. 25, Suppl. , 1531-1537. - 10054. Valle, A. , J. Velasquez, E. Garcia, 1980, (Heritability of percentage of black coat in Holstein-Friesian cattle and its importance for breeding). Agr. trop. 28, 195-204. - 10055. Valtonen, M. , A. Mäkinen, A. Lukola, 1983, (Genital abnormalities in polecats). Fin. pälsd. 17, 580-582. - 10056. Valtonen, M. , A. King, I. Gustavsson, A. Mäkinen, 1985, Embryonic development in the Blue Fox. Nord. vet. med. 37, 243-248. - 10057. Vandeplassche, M. , P. Simoens, R. Bouters, N. deVos, F. Verschooten, 1984, Aetiology and pathogenesis of congenital torticollis and head scoliosis in the equine foetus. Equ. vet. J. 16, 419-424. - 10058. Vane, J. , P. Cuatrecasas, 1984, Genetic engineering. Nature 312, 303-305. - 10059. Vargas, L. , L. Mendoza, 1982, (Epidemiology of bovine dermatophilosis in Costa Rica). Cienc. vet. C. Rica 4, 117-121. - 10060. Varnum, D. S. , 1983, Blind-sterile: a new mutation on chromosome 2 of the house mouse. J. hered. 74, 206-207. - 10061. Vecchiotti, G. A. , R. Galanti, 1984, Genetic aspects of three forms of behavioural vices in the Thoroughbred horses; cribbing, weaving and stallwalking. 35. EVT-Tag. H4. 2. - 10062. Vecchiotti, G. G. , G. Mezzadri, 1982, (Sex ratio in Thoroughbreds). Zoot. nutr. anim. 8, 269-273. - 10063. Vecchiotti, G. G. , R. Galanti, 1985, Genetic aspects of equine cryptorchids. 36. EVT-Tag. 2, 400. - 10064. v. Veen, H. M. , L. Vellenga, A. Hoogerbrugge, 1985, Mortality, morbidity and external injuries in piglets housed in two different housing systems. Tijds. diergen. 110, 127-132. - 10065. Vehar, G. A. , B. Keyt, D. Eaton, H. Rodriguez, D. G. O'Brien, F. Rotblat, H. Opperman, R. Keck, W. I. Wood, R. N. Harkins, E. G. Tuddenham, R. M. Lown, D. J. Capon, 1984, Structure of human factor VIII. Nature 312, 337-342. - 10066. Vick, U. , H. P. Vick, 1983, Augenärztliche Aufgaben und Probleme bei der Berufslenkung hochgradig hörbehinderter Jugendlicher. Wiss. Z. Uni. Rost. 32, 52-53. - 10067. Vigier, B. , D. Tran, L. Legai, J. Bézard, N. Josso,1984,Origin of anti-Müllerian hormone in bovine freemartin fetuses.J.repr. fert. 70,473-479. - 10068. Vogel, F. ,A.G. Motulsky,1982,Human genetics.Springer Vlg. ,N.Y..- 10069. Vögeli, P. ,G.Stranzinger,H.Schneebeli,C. Hagger,N. Künzi, C. Gerwig,1984,Relationships between the H and A-O blood types, phosphohexose isomerase and 6-phosphogluconate dehydrogenase red cell enzyme systems and halothane snesitivity,and economic traits in a superiorand an inferior selection line of Swiss landrace pigs. J. anim. sci. 59,1440-1450. - 10070. Vogt,A. ,R.Klußmann,1985,Die Persönlichkeit des Gichtkranken. Med. Klin. 80,369-371. - 10071. Vogt,D.W. ,T.A. Gipson,B.Akremi,S.Dover,M.R. Ellersieck,1984,Association of sire,breed,birth weight, and sex in pigs with congenital splayleg.Am. J. vet. res. 45, 2408-2409. - 10072. Volkonsky,M. ,1934, L'aspect cytologique de la digestion intracellulaire.Arch. exp. Zellf. 15,355-372. - 10073. Vonderfecht,S. L. ,A.T. Bowling,M.Cohen,1983,Congenital intestinal aganglionosis in white foals. Vet. path. 20,65-70. - 10074. Vossius,V. ,1984,Zum Patentschutz von Lebendmaterial. Naturwiss. 71, 552-559. - 10075. Voulot,C. , P. Laviolette,1976, Les tyrosinases des parties pigmentées de l'oeil chez quatre espèces de rongeurs.C.R.ac. sci. D 283, 79-81. - 10076. Wachtel,S.S. ,1984, H-A antigen in the study of sex determination and control of sex ratio.Theriogen. 21, 18-28. - 10077. Wagenaar,G. ,1980,De genetica en de verborgen gebreken bij dieren. Tijds. diergen. 105,275- 283. - 10078. Wagner,T. F. , F. A. Murray,B. Minhas,D.C.Kraemer,1984,The possibility of transgenic livestock.Theriogen. 21,29-44. - 10079. Wahlsten,D. ,1982,Mode of inheritance of deficient corpus callosum in mice. J. hered. 73, 281-285. - 10080. Wahlsten,D. , J. P. Lyons,W. Zagaja, 1983,Shaker short-tail ,a spontaneous neurological mutant in the mouse. J. hered. 74, 421-425. - 10081. Wal,P.G. v.d. ,P.C.v. d. Valk,S.A. Goedegebuure,G. v. Essen,1983,Do gilts and barrows react similarly with respect to leg weakness and osteochondrosis ?Vet. quart. 5, 175-177. - 10082. Walker,S. K. , R. W. Ponzoni, J. R. W. Walkley,A.S.C. Morbey,1985,The effect of the F gene on male reproductive traits in Booroola x South Australian Merino rams. Anim. repr. sci. 9,137-144. - 10083. Wall,A. F. ,1982, Breed susceptibility to infectious keratoconjunctivitis. Vet. rec. 110,457. - 10084. Wallraff,H.G. ,S. Benvenuti,A. Foa, 1984, Pigeon navigation. J. comp. physiol. A 155,139-150. - 10085. Walters, J.R. , P.N. Hooper, J. Gray,S.Goodman, 1983, Observations on factors affecting turbinate atrophy in the pig. Brit. soc. an. prod. wint. meet. ,130. - 10086. Walters, J.R. , R. Sellwood,1984, The performance of pigs genetically resistant to K88 E. coli. Brit. soc. an. prod. wint. meet. ,76. - 10087. Warner,C. M. ,S. O. Gollnick,S. B. Goldbard,1984, Genetic control of early embryonic development by genes in the MHC. 10th int. cong. anim. repr. A. I. ,13,10-15. - 10088. Warren, P.N. ,R. Riedel, 1980, Preliminary results of hybridizing Leopardus geoffroyi and Felis catus.Car. gen.newsl. 4,108-121. - 10089. Washburn, L. L. , E. M. Eicher,1983, Sex reversal in XY mice caused by dominant mutation on chromosome 17. Nature 303,338-340. - 10090. Water, J. v. d. , M. E. Gershwin,A.A. Benedict,H. Abplanalp,1985, Inherited dysgammaglobulinemia of chickens. Clin. immun. immunopath. 36, 1-9. - 10091. Wawro,K. ,K.Walawski,1984, (An analysis of the incidence of lethal genes in Polish Black-and-white Lowland Bulls in a progeny testing disrict). Pra. mat. zoot. 33, 17-28. - 10092. Wawschinek, O. ,W. Beyer,1982, Bestimmung von Kupfer in Leberpunktaten zur Diagnose des Morbus Wilson. J. clin. chem. clin. bioch. 20, 929-930. - 10093. Weatherall, D. ,1984,A step nearer gene therapy ? Nature 310,451. - 10094. Webb,A. J. ,1982, The halothane test for porcine stress syndrome. Rep. an. breed. res. org. UK, 5-11. - 10095. Webb,A. J. ,A. E. Carden,C. Smith, P. Imlah, 1982, Porcine stress syndrome in pig breeding. 2nd Wld. cong. gen. appl. livest. 5, 588-608. - 10096. Webb,A. J. ,W. S. Russell,D. I. Sales, 1983, Genetics of leg weakness in performance-tested boars. Anim. prod. 36,117-130. - 10097. Webb,A. J. , P. Imlah,A. E. Carden, 1984, Succinylcholine and halothane as a field test for the heterozygote at the halothane locus in pigs. Brit. soc. an. prod. wint. meet. 42. - 10098. Webster, W.S., D. Briggs, 1981, A new mouse mutant showing cerebellar abnormalities. Brain res. 218, 412-416. -10099. Wegener, R., A. Düwel, 1982, Zur genetischen Assoziation von HLA-A, B, C-Allelen. Wiss. Z. Uni. Rost. 31, 83-86. -10100. Weidenreich, F., 1912, Die Lokalisation des Pigmentes und ihre Bedeutung in Ontogenie und Phylogenie der Wirbeltiere. Z. morph. Anthr. II, 59-140. -10101. Weinberg, R. S., S. E. Antonarakis, H. Kazazian, G. Dover, S. Orkin, A. Lenes, J. Schofield, B. Alter, 1984, Fetal hemoglobin synthesis in erythroid cultures in hereditary persistence of fetal hemoglobin and ßo-thalassemia. Blood 63, 1278-1284. - 10102. Weinshilbaum, R. M., 1984, Human pharmacogenetics. Fed. proc. 43, 2295-2297. - 10103. Weinshilbaum, R. M., 1984, Human pharmacogenetics of metyl conjugation. Fed. proc. 43, 2303 - 2307. - 10104. Weiss, B., K. Donat, K. Ivens, J. Schudat, W. J. Ziegler, 1985, Akuter Herzinfarkt in der Großstadt. DMW 110, 15-19. - 10105. Weitkamp, L. R., J. W. MacCluer, S. Guttormsen, J. McKnight, N. Wert, J. Witmer, P. Boyce, J. Egloff, 1982, Genetics of Standardbred stalli on reproductive performance. 3rd int. symp. equ. rep. Sydn., 135-142. - 10106. Weitze, K. F., 1984, Fruchtbarkeit von Zebu-Fleischrindern im tropischen Brasilien. Dt. tierärztl. Wschr. 91, 409-414. - 10107. Weldon, P. R., P. A. Kongshavn, 1985, An ultrastructural investigation of Leishmania donovani infection in genetically resistant and susceptible mouse strains. Can. J. micr. 31, 256-260. - 10108. Weninger, J., 1934, Irisstruktur und Vererbung. Z. Morph. Ant. 34, 469-492. - 10109. Weringer, E. J., A. A. Like, 1984, Mechanism of immune destruction of pancreatic beta cells in Biobreeding/Worcester (BB/W) diabetic rats. Fed. proc. 43, 525. - 10110. White, D. G., 1983, Neonatal entropion in a litter of pigs. Vet. rec. 43, 524. - 10111. White, N. R., G. E. Macdonald, 1983, Embryonic auditory stimulation and posthatch distress calling in the domestic chicken. Can. J. zool. 61, 268-270. - 10112. White, R., M. Leppert, D. T. Bishop, D. Barker, J. Berkowitz, C. Brown, P. Callahan, T. Holm, L. Jerominski, 1985, Construction of linkage maps with DNA markers for human chromosomes. Nature 313, 101-105. - 10113. White, S. L., 1982, Bullous autoimmune skin diseases in the horse. 28th ann. conv. Am. ass. equ. pract., 113-116. - 10114. Wiehn, E., 1982, Eignung biomechanischer Eigenschaften der Epiphysenfugen der Metakarpal- und Metatarsalknochen als Selektionskriterien in der Schweinezucht. GfZ. Tagg. Kiel. - 10115. Wiener, G., 1983, Genetic aspects of production disease in ruminants. 5th int. conf. prod. dis. anim., 10-12. - 10116. Wiener, G., 1984, Genetic aspects of production diseases in ruminants. 35. EVT-Tag., MC5.1. - 10117. Wiener, G., A. Woolliams, 1983, Selenium concentration in the blood and wool and glutathione peroxidase activity in the blood of three breeds of sheep. Res. vet. sci. 34, 365-366. - 10118. Wiener, G., C. Woolliams, N. S. Macleod, 1983, The effects of breed, breeding system and other factors on lamb mortality. J. agr. sci. 100, 539-551. - 10119. Wiener, G., I. Wilmut, C. Woolliams, J. A. Woolliams, A. C. Field, 1984, The role of the breed of dam and of the breed of lamb in determining the copper status of the lamb. Anim. prod. 39, 207-217. -10120. Wiener, G., C. Woolliams, J. A. Woolliams, A. C. Field, 1984, The role of the breed of dam and of the breed of lamb in determining the copper status of the lamb. 2. Anim. prod. 39, 219-227. - 10121. Wiener, G., J. A. Woolliams, C. Woolliams, 1985, Genetic selection to produce lines of sheep differing in plasma copper concentrations. Anim. prod. 40, 465-473. - 10122. Wiesel, T. N., D. H. Hubel, 1963, Effects of visual deprivation on morphology and physiology of cells in the cats lateral geniculate body. J. neurophys. 26, 978-993. - 10123. Wight, P. A., S. R. Duff, 1985, Ectopic pulmonary cartilage and bone in domestic fowl. Res. vet. sci. 39, 188-195. - 10124. Wijeratne, W. V. S., 1984, The effect of breed on the incidence of calf mortality until weaning in the Friesian and Jersey. 35. EVT-Tag., M6a.1. - 10125. Wiklund, J., J. Rutledge, J. Gorski, 1981, A genetic model for the inheritance of pituitary tumor susceptibility in F344 rats. Endocrinol. 109, 1708-1714. - 10126. Wiktor-Jedrzejczak, W., L. A. Kaczmarek, 1984, A backcross method to prevent prenatal death of steel mutant mice. J. hered. 75, 73. - 10127. Willadsen, S. M., C. Polge, 1981, Attempts to produce monozygotic quadruplets in cattle by blastomere separation. Vet. rec. 108, 211-213. - 10128. Willadsen, S. M., R. A. Godke, 1984, A simple procedure for the production of identical sheep twins. Vet. rec. 114, 240-243. - 10129. Willard, H. F., L. E. Rosenberg, 1979, Inborn errors of cobalamin metabolism. Biochem. gen. 17, 57-75. - 10130. Willer, S., W. Müller, F. Schlegel, 1984, Untersuchungen über die genetisch bedingte Variabilität der angeborenen partiellen Kolonaplasie beim Rind. Mh. Vet. med. 39, 473-476. - 10131. Williams, C. H., C. Houchins, M. D. Shanklin, 1975, Pigs susceptible to energy metabolism in the fulminant hyperthermia stress syndrome. Brit. med. J. 3, 411-413. - 10132. Willison, K. R., 1982, Inserted retroviruses cause embyonic lethal mutation. Nature 300, 401-402. -10133. Wilson, C. M., J. E. Griffin, R. C. Reynolds, J. D. Wilson, 1985, The interaction of androgen and thyroid hormones in the submandibular gland of the genetically hypothyroid (hyt/hyt) mouse. Endocrinol. 116, 2568-2577. - 10134. Wilson, W. D., S. J. Hughes, N. G. Ghoshal, S. V. McNeel, 1985, Occipitoatlantoaxial malformation in two non-Arabian horses. J. A. V. M. A. 187, 36-40. - 10135. Wimmer, B., K. Hauenstein, P. Hoppe-Seyler, G. Richter, 1983, Emphysematöse Enterokolitis bei Morbus Wilson. DMW 108, 1378. - 10136. Wink, K., H. Bäuerle, W. Lay, 1985, Kardiovaskuläre Risikofaktoren bei Männern und Frauen. Med. Klin. 80, 461-464. - 10137. Winkler, I., C. v. Grabe, J. Harmeyer, 1982, Pseudovitamin D deficiency rickets in pigs. Zbl. Vet. med. A 29, 81-88. - 10138. Winkler, U., J. Wigender, K. E. Jäger, 1985, Infektionen der Atemwege mit Pseudomonas aeruginosa bei der Cystischen Fibrose. Klin. Wschr. 63, 490-498. - 10139. Winslow, R. M., W. M. Butler, J. A. Kark, H. G. Klein, W. Moo-Penn, 1983, The effect of bloodletting on exercise performance in a subject with a high-affinity hemoglobin variant. Blood 62, 1159-1164. - 10140. Winter, H., B. Mayr, W. Schleger, E. Dworak, J. Krutzler, B. Burger, 1984, Karyotyping, red blood cells and haemoglobin typing of the mithun (Bos frontalis), its wild ancestor and its hybrids. Res. vet. sci. 36, 276-283. - 10141. Wissocq, Y. J., J. C. Trail, A. D. Wilson, M. Murray, 1981, Genetic resistance to trypanosomiasis and its potential economic benefits in cattle in eastern Africa. 17th meet. int. sci. counc. tryp. res., 361-364. - 10142. Witkop, C. J., 1975, Albinism. Nat. hist. 84, 48-59. - 10143. Wittmers, L. E., E. V. Haller, 1982, The onset and development of polycythaemia in the obese mouse (C57B1/6Job/ob). J. comp. path. 92, 519-525. - 10144. Wittner, S., E. Kolb, S. Jaehnichen, E. Klug, 1982, Untersuchungen über die Aktivität der Cholinacetyltransferase und Acetylcholinesterase in verschiedenen Abschnitten des Nervensystems sowie der Skelettmuskulatur von neugeborenen Ferkeln mit normaler bzw. geringer Körpermasse sowie bei Ferkeln mit Stehunvermögen (Ausgrätschen). Arch. exp. Vet. med. 36, 221-235. - 10145. Witzke, G., K. Bork, P. Benes, M. Böckers, 1983, Hereditary angioneurotic oedema and blood-coagulation. Klin. Wschr. 61, 1131-1135. -10146. Wolf, E. D., 1982, An inherited retinal abnormality in Rhode Island Red chickens. Inß Probl. norm. gen. abn. retinas, Ac. Press, Lond.. - 10147. Wolowodiuk, D., N. S. Fechheimer, K. E. Nestor, W. L. Bacon, 1985, Chromosome abnormalities in embryos from lines of Japanese quail divergently selected for body weight. Gén. sél. évol. 17, 183-190. - 10148. Woo, S. L., A. S. Lidsky, F. Güttler, T. Chandra, K. J. Robson, 1983, Cloned human phenylalanine hydroxylase gene alters prenatal diagnosis and carrier detection of classical phenylketonuria. Nature 306, 151-155. - 10149. Wood, J. D., 1973, Electrical activity of the intestine of mice with hereditary megacolon and absence of enteric ganglion cells. Am. J. dig. dis. 18, 477-488. - 10150. Wood, P. D. P., 1984, Some attributes of twin-bearing British Friesian and Canadian Holstein cows recorded in England and Wales. J. dairy res. 51, 365-370. - 10151. Wood, W. G., C. Bunch, S. Kelly, Y. Gunn, G. Breckon, 1985, Control of haemo-

globin switching by a developmental clock ? Nature 313,320-323. - 10152.Wood,
W.I.,D.J.Capon,C.C.Simonsen,D.L.Eaton,J.Gitschier,B.Keyt,P.H.Seeburg,
D.H.Smith,P.Hollingshead,K.L.Wion,E.Delwart,E.G.Tuddenham,G.A.Vehar,
R.M. Lawn,1984, Expression of active human factor VIII from recombinant DNA
clones. Nature 312,330-337. - 10153. Woodard,A.E. ,H.Abplanalp, L.Snyder,1982,
Inbreeding depression in the red-legged partridge. Poul.sci. 61,1579-1584. -10154.
Woollam,D.H.M., 1984,Congenital malformations.Equ.vet.J. 16,399. - 10155.
Woolliams,J.A. , N.F.Suttle,G.Wiener,A.C. Field,C.Woolliams,1982,The effect
of breed of sire on the accumulation of copper in lambs with particular reference
to copper toxicity.Anim. prod. 35,299-307. - 10156.Woolliams,C. ,G.Wiener,N.S.
Macleod,1983,The effects of breed,breeding system and other factors on lamb
mortality. 2. J.agr. sci. 100,553-561. - 10157.Woolliams,C.,G.Wiener,N.S.M.
Macleod,1983,The effects of breed,breeding system and other factors on lamb
mortality. 3. J.agr. sci. 100,563-570. - 10158.Woolliams,J.A.,G.Wiener,A.C.
Field,1984, The heritabilities and genetic correlations among eight blood constituents, and their relationship to aspects of performance and genetic polymorphisms
in the sheep.Anim. prod. 38,447-453. - 10159.Woolliams,J.A.,G.Wiener,C.Wool-
liams, N.F.Suttle,1985,Retention of copper in the liver of sheep genetically se-
ledted for high and low concentrations of copper in plasma.Anim. prod.41,219 -
226. - 10160.Wright,D. ,J.S.Barker,1981, The beef-maker. 2nd conf.Austr. ass.
an. breed.gen. Melb. ,46-47. - 10161.Wright,J.R. ,A.J.Yates,H.M.Sharma,C.
Shim,R.L. Tigner,P.Thibert,1982,Testicular atrophy in the spontaneously diabetic BB Wistar rat.Am. J. path. 108, 72-79. - 10162.Wright,S. ,H.B.Chase,1936,
On the genetics of the spotted pattern in the guinea pig.Genetics 21,758-787. -
10163.Wrightsman,R.A. ,1983,Genetic control of resistance to Trypanosoma cruzi in inbred mice.Diss.abstr.B 43,2783. - 10164.Wrightsman,R. ,S.Krassner,J.
Watson,1982,Genetic control of responses to Trypanosoma cruzi in mice.Inf. imm.
36,637-644. - 10165. v.Wyck,D.B. ,R.A. Popp,J. Foxley,M.H.Witte,W.H.Crosby,
1984,Spontaneous iron overload in α-thalassemic mice.Blood 64,263-266. -10166.
Wyrost,P. ,J.Radek,1979,Congenital location of the heart in the neck in domestic
animals). Zes. nauk. ak. rol. szcecz. terat. script. 2,17-31. - 10167.Yadav,B.R.,C.
R.Balakrishnan,1982,Trisomy of the x-chromosome in a Murrah buffalo.Vet.rec.
111,184-185. - 10168.Yadav,B.R. ,C.R.Balakrishnan,1985,Parallelism of XX/
XY chimaerism in cattle and buffalo multiple birth.Ind.J.dairy sci. 38,62-65. -
10169.Yamamura,K. ,H.Kikutani,V. Folsom,L.K.Clayton,M.Kimoto,S.Akira,S.
Kashiwamura,S. Tonegawa,T.Kishimoto,1985, Functional expression of a microinjected E_α^d gene in C57BL/6 transgenic mice. Nature 316,67-69. - 10170.Yang,
T.P. ,P.Patel,A.C.Chinault, J.T.Stout,L.G. Jackson,B.M.Hildebrand,C.T.Cas-
key,1984,Molecular evidence for new mutation at the hprt locus in Lesch-Nyhan
patients. Nature 310,412-414. - 10171.Yasiletskaya,N.I. ,1984,(Morphometric characters of the sex chromosomes of bison x cattle hybrids,bison and Ukrainian Grey
cattle). Trud. 15. nauch. conf. mol. biol. fak.Mosk. ,29-31. - 10172.Yen,J.T. ,W.G.
Pond,1985, Plasma thyroid hormones, growth and carcass measurements of genetically obese and lean pigs as influenced by thyroprotein supplementation. J.anim.
sci. 61, 566-572. - 10173.Yokohama,M. ,K.Mogi, 1983,(Polymorphism of equine
haemoglobin by the isoelectric focusing method).Jap. J. zoot. sci. 54, 794-797. -
10174.Yokoyama,M. ,H.Akita, T.Mizutani,H. Fukuzaki,Y.Watanabe,1983,Hyper-
reactivity of coronary arterial smooth muscles in response to ergonovine from
rabbits with hereditary hyperlipidemia. Circ. res. 53, 63-71. - 10175. Yoon,C.H.,
J.S. Peterson,1979, Linkage group IV in the Syrian hamster. J.hered. 70,279-280.-
10176. York,D. ,S.Holt,N.Rothwell,M.Stock,1984, Effect of age and gene dosage
on brown adipose tissue of Zucker obese fa/fa rats.Am.J. phys. 246, E391-396.-
10177.Yoshida,S., K.Saito,1933,The effects of sex-linked bantam gene dwB on

economic traits in Sebright bantam crosses. 5th Wld. conf. anim. prod. 2, 115-116. - 10178. Youchun, C., Y. Shaofeng, H. Chenggui, 1982, (Preliminary note on the inheritance of defective teats in Fengjing pigs, and a method of eliminating them). Act. vet. zoot. sin. 13, 25-28. - 10179. Young, G. B., G. J. Lee, D. Waddington, D. I. Sales, J. S. Bradley, R. L. Spooner, 1983, Culling and wastage in dairy cows in East Anglia. Vet. rec. 113, 107-111. - 10180. Young, J. B., L. Landsberg, 1983, Diminished sympathetic nervous system activity in genetically obese (ob/ob) mouse. Am. J. phys. 245, E148-154. - 10181. Young, L. S., A. Speight, H. M. Charlton, R. N. Clayton, 1983, Pituitary gonadotropin-releasing hormone receptor regulation in the hypogonadotrophic hypogonadal (hyp) mouse. Endocrinol. 113, 55-61. - 10182. Zack, R. M., W. R. Harlan, P. E. Leaverton, J. Cornoni-Huntley, 1979, A longitudinal study of body fatness in childhood and adolescence. J. pediat. 95, 126-130. - 10183. Zein-el-Dein, A., P. Mérat, A. Bordas, 1982, Gène cou nu et réponse à un jeûne de 48 heures en phase de croissance. Ann. gén. sél. anim. 14, 435-440. - 10184. Zein-el-Dein, A., P. Mérat, A. Bordas, 1984, Composition corporelle de poulets "cou-nu" ou normalement emplumés selon le taux protéique de la ration. Gén. sél. év. 16, 491-501. - 10185. Zein-el-Dein, A., P. Mérat, A. Bordas, 1984, Verhalten der Nackthals-und normal befiederten Hähnchen in Einzelkäfigen un d Korrelationen mit Wachstum und Futterverwertung. Arch. Gefl. k. 48, 200-204. - 10186. Zerbin-Rüdin, E., 1983, Anlagefaktoren bei Entwicklung der Persönlichkeit. Med. Klin. 78, 120-123. -10187. Zhigachev, A. I., 1983, (The role of genetic factors in umbilical hernia in cattle). Genet. 19, 312-315. - 10188. Ziegler, H. K., 1983, Kein ausschließlich pädiatrisches Problem: Zystennieren. Med. Klin. 78, 696-700. - 10189. Zijpp, A. J. v. d., 1983, Breeding for immune responsiveness and disease resistance. Wld. poult. sci. J. 39, 118-131. - 10190. Zijpp, A. J. v. d., K. Frankena, J. Boneschanscher, M. G. B. Nieuwlan, 1983, Genetic analysis of primary and secondary immune responses in the chicken. Poult. sci. 62, 565-572. - 10191. Zinkernagel, R. M., C. J. Pfau, H. Hengartner, A. Althage, 1985, Susceptibility to murine lymphocytic choriomeningitis maps to class I MHC genes. Nature 316, 814-817. - 10192. Zinsmaier, P., 1983, Untersuchung über die Eignung physiologischer Hilfsmerkmale für die Selektion auf Fruchtbarkeit beim Schaf. Diss. Hohenheim. - 10193. Zippel, R., 1982, Zur Klinik multipler und familiärer Häufung von Chemodektomen der oberen Gefäßscheide. Wiss. Z. Univ. Rostock 31, 91-95. -10194. Zutphen, L. F. M. van, M. G. C. W. den Bieman, 1983, Genetic control of plasma cholesterol response in the rat. J. hered. 74, 211-212.

INDEX

A
Abdominalspalten 264, 294
Abfall-DNA 18
Ablatio, Amotio retinae 320
Aborte 221, 237, S. a. Spontan-
Abortion law 261
Abrachie 282
Acanthosis nigricans 126, 327
Acardius amorphus 239, 105
Acarazid-Resistenz 205
Acatalasämie 59
Acetonämie 172
Acetylcholinesterase 51
Achalasien 340
Achondroplasien 266, 268
Achromatopsie 229
Acroterias congenita 283
ACTH 116, 120, 121, 127, 136, 381
Adaktylien 283
Adaptation 245
Adaptationssyndrom 127
ADD 68
Addison, Morbus -, 37, 128, 135
Adema-Krankheit 158
Adenohypophysen-Adenom 120
Adenosin 350
Adenylat-Zyklase, cAMP 116, 123, 127, 150, 161
Adipositas, S. Fettsucht
ADP 48
Adrenalin 45, 127
Adrenogenitales Syndrom 136
Affenhunde 297
Affenmenschen 331
Afibrinogenämie 22
Aflatoxin 201
Afterlosigkeit, S. Atresia ani
After-Penis-Muskelkrampf 147
Afterschließmuskel 345
Agammaglobulinämien 29, 387
Aganglionose 253, 346
Aggressionen 305
Agnathien 339
Agranulozytose 29, 367
Agyrie 287
AHG 19
Ahnenschwund 345
AHQS 354
AIDS 32, 84, 190
Akabane-disease 279
Akeratie 333
Akranie 288

Akrodermatitis enteropathica 158
Akromegalie 120
Akromelanismus 44
Akroosteolysis 277
Akroosteopathia ulzero-mutilans 279
Akropachie 277
Akrozentrisch 71, 73
Aktinomykose 196
Akzessorische Zitzen 241
Alaktasie 343
Albinismus 43, 243, 246, 252
Albinoserie 45
Aldehyde 50, 215
Aldosteronismus 136
Aleutenkrankheit 33, 192, 252
Alienie 366
Ali-Esterase 51
Alkaptonurie 42
Alkoholismus 50, 347, 375
Allantoin 57, 378
Allelomorphe 44
Allometrien 310
Allophänie 110
Allotypen 26
Alloxan-Diabetes 163
Alopecia praematura 329
Alopezien 126, 329
Alterseffekte 85, 223
Alternsprozeß 36
Amaurotische Idiotie 65, 301
Amblyopie 43
Amelanose 247
Amelie 282
Amelogenesien 340
Ames-Zwerg 30, 117
Ametapodien 283
Amish 45
Amniocentese 14, 21, 96
Amöbenbefall 209
Amyloidnephrosen 377
Amyloid-Polyneuropathie 135
Amyelien 297
Analbuminämie 360
Analgesien 294, 298
Anämien 252, 367
Anämien, Eisenmangel-, 157
Anämien, hämolytische -, 6, 12, 34, 47, 48
Anämie, perniziöse -, 160, 343, 36
Anaplasmose 204
Anaphase lag 89
Anaphylaxie 26

Ancon-Schaf 273
Androgene 113,140,136
Androtropie 375,380
Anenzephalie 120,263,286,289
Aneugamie 87
Aneuploidien 89
Aneurysma 365
Angioneurotisches Erbödem 33,360
Angiopathien 365
Aniridie 313
Ankyloblepharon 317
Ankylosen 384
Anlageträger 21,65
Anodontien 339
Anonychia 334
Anophelesstämme 202
Anophthalmien 62,248,308,102
Anorchie 142
Anöstrie 146
Anotie 310
Antagonismen 145,182,358
Anthrax 200
Anticodon 116
Anti-D-Prophylaxe 38
Antiepileptika 215,287
Antigen-Antikörper-Reaktion 23,26
Anti-DNA-Antikörper 34
Antigen-Killer 176
Antigen-Variabilität 26
Antikörper 23,177
Antimongolismus 90,102
Antithrombinmangel 21
Antitrypsinmangel 372
Anurien 294
Aortenstenose 359,364
Aphakie 312
Aplasia segmentalis ductus Muelleri 148
Aplasia segmentalis ductus Wolffii 147,250
Apnoen 51
Apodie 282
Apolipoproteinstörungen 167
Appendices colli 337
Appendizitis 346
Arachnomelie 279
Archaeopteryx 94
Archaische Gene 94
Area optica 247,312
Argininämie 56
Arhinencephalie 287
Armadillo 238
Arnold-Chiari-Wasserkopf 289,290
Arteriosklerose 21,167,168
Arthritiden 378

Arthritis urica 378
Arthrogryposis congenita 218,259,294,384
Arthrosen380
Arthrosis deforman tarsi 276,381
Art-Hybridisation 74,78,93
Aryl-Hydrocarbon-Hydroxylase 389
Arylsufatase 66
Asebia 336
Aspermie 102,249
Asphyxie 223,228
Asplenie 366
Asthma bronchiale 372
Astigmatismus 254
Astrozytosen 290
Asymmetrien 108,217
Atavismen 240
Ataxia telangiectasia 84,291,371,391,394
Ataxien 65,290,300
Atemzugzahl 373
Atherogenese 168
Athyropexinämie 46
Atlanto-Occipital-Mißbildungen 290
Atopie 327
ATP 47
Atransferrinämie 39
Atresia ani 265,294,344
Atresia ilei,-coli 344,219
Atrichie 328
Atropinesterase 51
Audiogene Krämpfe 303
Audiometrien 324
Augenbläschen 312
Augenfarbe 244,314
Augenfehler 308
Augengröße 310
Augenkarzinom 254,390
Australia-Antigen 181
Autoimmunanämie 35,179,368
Autoimmunkrankheiten 33
Autoimmunisierung 20,34
Autoimmun-Orchitis 39,144,247
Autoimmun-Thyreoiditis 34,36
Autolyse 60
Autophagosomen 61
Autosit 239
Autosomen-Gonosomen-Translokation 95,143
Autosomien 89
Azyklie 139,146
B
Babesiosen 204
Background, genetischer 163,184,211
Bacterizidie 180
Bakterielle Infektionen 193

Balancierte Verteilung 77,98
Balanitis 200
Bandscheibenvorfälle 269
Barker-Syndrom 372
Barr-Körperchen 92
Basaliome 254,390
Basalstoffwechsel 118,123,167
Basalzellkarzinome 254
Basedow, Morbus- 34,126
Basensequenz 7
Bastardsterilität 79
Batten's disease 66
Bauchflechte 327
Bauchhautkrebs 256
B-Chromosomen 73,92
Bechterew, Morbus- 29,36,379
Bedlington Terrier 156
Beefalo 80,81
Beefalypso 204
Beefmaker 81
Befiederungsanomalien 332
Befruchtungstermin 85,224
Begattungsvermögen 146
Begleitschielen 322
Beige-Mäuse 251,252
Beinschwächesyndrom 125,276,381
Beinverkrümmung 278
Belastungsmyopathien 351,352
Bence-Jones-Proteine 25
Benzpyren 388
Berlocken 337
Besäugen 197
Bilirubin 55
Bindehautentzündung 316
Binokularsehen 322
Biomechanik 276
Biosynthese 7,104
Birkauge, S. Heterochromien
Blasentumoren 388,393
Blepharophimose 317
Blindheit 218,248,320
Blue-smoke-Katzen 251
Blutchimären 111,234
Blutflecken 365
Blutgruppen und Geschlecht 227
Blutgruppen und Krankheit 38,135,341,392
Blutgruppenunverträglichkeit 36
Bluthochdruck 136,170,363
Blutkörperchensenkungsreaktion 367
Blutparasitosen 201
Blutzusammensetzung 367
B-Lymphozyten 23,28,176
Brachydaktylien 282

Brachygnathien 90,273,355
Brachyurie 294
Brachyzephalie 269,371
Brattleboro-Ratte 122
Broiler 118,127,159,189,278,313,393
Bronchialkarzinom 389
Bronchialrasseln 372
Bronchiektasien 372
Brucellose 199
Bruchfestigkeit, Ei 223,257
Brustkrebs 392
Brutverluste 222
Bulbusparalysen 322
Bulimia nervosa 167
Bulldogkälber 219,270
Buphthalmus 317
Bursitiden 381
Bürzeldrüse 297,300
B-Zellen 162
C
Ca-Homöostase 150
Calcitonin 149
Calciumstoffwechsel 149
Calvé-Legg-Perthes, Morbus- 383
Candida-Infektion 33,201
Carboanhydrase 158
Carcinogene 63,184,388
Cardiazolkrämpfe 302
Cardiomegalie 63,360
Cardiomyopathien 359,156
Carnitin-Palmitoyltransferase 350
Caroli-Syndrom 347
Catecholamine 128,307
Cathepsin 62,350
Cattalos, Beefalos 81
Cattanach-Chromosom 101
Centriolen 88
Cephalothorakopagus 239
Ceramide 64,66
Ceroid-Lipofuszinosen 66
Ceruloplasmin 59,154
Charcot-Marie-Tooth 349
Charolais 356
Chediak-Higashi-Syndrom 22,67,192,251,394
Cheilognathopalatoschisis 258
Cheilognathoschisis 259
Chemikalien, mutagene- 83,215
Chemorezeptoren 371
Chemotaxis 32
Chiasmen 72
Chimären 106,110
Chinahamster 162
Chinolinderivate 47

Chlorophyll 44, 55
Cholecalciferol 149
Cholelithiasis 347
Cholesterin 167, 391
Cholinesterase-Besonderheiten 51
Chondrodysplasie 268
Chondrodystrophien 266, 259, 374
Chondroitinsulfat 272
Choriomeningitis 178
Choriongonadotropine 140
Chromatiden 99
Chromatin 75
Chromomykose 201
Chromosomen 70
Chromosomenaberrationen, numerische 87
Chromosomenaberrationen, strukturelle 96
Chromosomenaberrationen, Induktion 82, 389
Chromosomenarme 73
Chromosomenbanden 75
Chromosomenbrüche 76, 98
Chromosomenmarker 76, 104
Chromosomenpolymorphismus 70, 73
Chromosomen-Puffs 114
Cistrone 9, 12, 58, 180
Citrullinämie 56
CML 83
Coccidioimykosen 201
Coccidiosen 162, 206
Coccidiostatica 206
Code, genetischer 6
Codon 7, 9
Coffein 215
Coli-Ruhr 181, 194
Colitis ulcerosa 37, 345
Colonhistiozytose 346
Comprest-Typ 271
Contergan 284
Cooley's Anämie 14
Cori-Typ 64
Cornealtrübung 315
Cor pulmonale 370
Corpus callosum-Agenesien 289
Cortexzonen, NN 130
Cortexzysten 377
Cortisol, Cortison 46, 63, 127, 261, 280
Cortisontoleranz 261
Corynebacteriose 199
Coupling Enzym 46
Coxa plana 383
Coxarthrosen 381
CPK 350
C-Proteinmangel 21
Craniomyeloschisis 264

Craniopagus 239
Cranio-Rachischisis 298
Cranioschisis 263
Cranium bifidum 264
C-Region 23
Creutzfeldt-Jacob 189
CRD 207
CRF 120
Crohnsches Syndrom 158, 346
Crooked calf -Syndrom 279
Crossing over 72, 296, 321
Crossing over, illegitimes 12, 98, 103, 108
Cumarin-Metabolismus 22
Cushing-Syndrom 120, 128, 136, 164
Cutis laxa 334
Cyclopamin 287
Cyclopia incompleta 288
Cystinose 229
Cystinurie 58, 374
Cytochrom C 40

D
Dackelschaf 273
Dactylaplasie 283
Daft lamb 293
Dalmatiner 57, 249
Dämpfigkeit 372
Dandy-Walker-Syndrom 289
Darier-Krankheit 327
Darmnematoden 210
DDT-Dehydrochlorinase 51
Debilität 75
Defektgen-Kumulation 219
Defizienz 64, 91, 97, 102
Deletionen 12, 13, 63, 97, 102, 394
Demyelinisation 292, 298
Dentinogenesis imperfecta 340
Depigmentierungen 43, 67, 156, 192, 243, 318, 390
Depression, manische 306
Dermatomegalie 335
Dermatophilose 201
Dermatosen 327
Dermatosis vegetans 327
Dermatosparaxie 335
Dermoide 317
Desaminase 53
Deuteranope 321
Dexterrind 268, 270
Diabetes insipidus 122, 377
Diabetes mellitus 123, 160, 201, 236, 300, 308
Diaphorase 52
Diastemomyelien 294
Diastase 340

Dicephalus 239
Dickbeinigkeit 265, 336, 327
Dickdarmkrebs 391
DiGeorge-Syndrom 149
Dignathie 239
Dijodtyrosin 41, 46
Dimer-Bildung 13
Diphallie 147
Diploidie 70
Diprosopus 239
Diskordanz, Zwillinge 235
Distichiasis 316
DNA, DNS 6, 9, 70, 75, 114, 140, 158, 391
DNA-Marker 77
DNS-Gehalt 72
DNS-Homologien 48, 72
DNS-Inhomologien 296
DNS-Repair 84, 85, 291, 391
DNS-Splitting 104
Dominanz, unvollkommene (partielle) 218, 246, 263, 268, 270, 275, 283, 333, 350
Dominanzeffekte 17, 175, 230
Doodtrekkers 357
DOPA 43
Doppelbildungen 238
Doppeldotter-Eier 238
Doppellender 88, 354
Down-Syndrom 89, 100, 101, 180
Droughtmaster 205
Drusenpapille 320
Dubin-Johnson-Syndrom 56
Duchenne-Typ 349
Ductus arteriosus persistens 150, 365
Dünndarmatresien 344
Duodenal-Epithelzelltumor 392
Duodenalgeschwür 341
Duplicitas 239
Duplikationen 7, 25, 103
Dupuytrensche Kontrakturen 384
Dwarf-Gen (dw) 118
Dyschondroplasien 275, 278
Dyserythropoesen 50
Dysgammaglobulinämien 30
Dyshormonosen 116, 160, 167
Dyskeratosis 327
Dysmelanogenese 246
Dysmelien 280
Dysmorphien, Kopf 102
Dysostosen 276
Dysplasie, gonadale 95
Dyspnoen 371
Dysproteinämien 377
Dysraphie-Syndrome 263
Dysregulationen, orthostatische 366
Dysspermiogenese 241, 250

Dystokien 146, 222, 233, 356
E
Ecdyson 114
Echinococcose 209
Ectopia cordis 264
EEG 256, 301, 308
Ehlers-Danlos-Syndrom 334, 383
Eimerien 175, 207
Eingeweidebrüche 264
Einhufer 281
Einschuß 200
Eischale 257, 332
Eisenresorption 155, 157
Eitransplantation 105, 110, 234
Ejakulat 138
EKG-Veränderungen 359
Eklampsien 151
Ektasien 318, 365
Ektoderm 213, 245, 280, 286, 312
Ektoparasiten 204
Ektrodaktylien 283
Ektromelie 175, 283
Ektropium 316
Ekzeme 327
Elastinsynthese 155
Elchkälber 297
Elektropherogramm 17
Elektrophorese 10, 15
Elephantiasis 336
Embryogenese 213, 221
Embryom 393
Embryonale Mortalität 38, 78, 87, 98, 165, 222, 237
Embryotransfer 105, 87
Endometriumkrebs 392
Endoplasmatisches Reticulum ER 60, 251
Endozytose 61
Engelsflügel 278
Engineering, Genetic- 104
Enteritis 181, 194, 345
Entropium 316
Enzephalitis 189, 289
Enzephalomyelitis 192, 290
Enzephalopathie 365
Enzephalopathien, spongiforme 189, 290
Enzymdefekte 40
Enzymopenie, -defizienz 48
Enzymsynthese 116
Epicanthus 317
Epilepsie 236, 248, 300, 325
Epiloia 327
Epiphora 317
Epiphyse 276

Epistaxis 22
Epithelialtumoren 390
Epitheliogenesis imperfecta 327
Eppstein-Barr-Virus 387
Equiden-Bastarde 80, 81, 93
Erbhygiene 219, 395
Erblichkeitsgrad, S. Heritabilität
Erbödem, angioneurotisches 33, 360
Erb-Umweltinteraktionen 260
Erytheme 43, 53, 252
Erythrämie 368
Erythroblastose 36, 185, 189
Erythropoese 52, 156, 367
Erythropoietin 368
Erythrozyten-Kalium 154
Erythrozyten-Katalase 59
Euchromatin 92
Eugenik 96, 220, 263
Eumelanin 44, 243
Eusomie 101
Euter 198
Euterödem 360
Evolution 72, 287
Ewing's Tumor 394
Exenzephalie 288
Exophthalmus 316, 322
Exozytose 60
Experimental-Set 218
Exostosen 277, 387
Expressivität 163, 245, 283
Extrachromosomale Vererbung 70
Extremitätenentwicklung 280
F
Fabry, Morbus- 64
Faktor II, Prothrombin, S. dort
Faktor VII, 21
Faktor VIII, AHG, S. dort
Faktor IX, 19
Faktorenkrankheit 320, 374
Fallot's Tetrade 364
Faltenhund 335
Faltenzunge 340
Fanconi-Anämie 34, 368, 394
Fanconi-Syndrom 152
Farber's disease 66
Farbverdünner 245
Farbvererbung 244
Favismus 47
Federlosigkeit 329
Feedback 119
Fehlsplicing 13
Ferkelanämie 157
Ferkelfieber 151

Ferrochelatase 53
Fetalstadien 213
Fetoprotein 263
Fettansatz 124, 165
Fettsucht 165
Fibrinogenopathie 22
Fibromatose 340
Fieber, rheumatoides 379
Fieberkrämpfe 301
Fission, zentrische 103
Fissuren 258
Fitness 230, 271
Fleckfieber 204
Fleischqualität 126, 135, 351, 354
Fleischschwein 126, 135, 351
Fliegenbefall 205, 254
Flotzmaul 326
Flügellosigkeit 282
Fohlenataxie 291
Föllingsche Krankheit 42
Fontanelle, persistierende 269
Forbidden clones 36
Founder-Effekt 18, 344
Fragilitas ossium 152
Freemartinismus 111
Friedreichsche Ataxie 300
Froschhaut 327
Fruchtresorption, -tod 86, 89, 98, 212, 221, 251
Fructose-Intoleranz 56
FSH/LH-Imbalance 145
Fucosidose 64
FUS 375
Fusion 77, 96
Fusionschimäre 106
Futterverwertung 118, 125
G
Gabelschwanz 240
Galactocerebrosidase 67
Galactosidase 64, 66
Galaktosämie 56
Gallensteine 347
Gambiafieber 203
Gametenselektion 149, 296
Gametogenese 81, 247
Gammaglobuline 23
Gangliendegeneration 248
Gangliosidosen 64
Gangrän 165
Ganzkörperchimären 107
Gardner-Syndrom 392
Gaucher, Morbus - 64
Gaumenspalten, S. Lippenkiefergaumenspalt.
Gebärparese, hypokalzämische 150

Gebrochener Rücken 296
Geburtsdauer, Rind 357
Geclonte Individuen 105
Gefäßanastomosen 111
Gefäßdefekte 365
Gefäßmäler 365
Geflügelpest 189
Gehörgangsatresien 310
Geisteskrankheiten 64,236,306
Gelbes Fett 360
Gelbfieber 185
Gelbverfärbung 171,360
Gelenkverkrümmungen 218,259,279,384
Gemini conjuncti 239
Gen-Cluster 28
Gen-Dosiseffekte 12,21,42,49,59,65,90,93,117,218,270,283
Gen-Dosis-Kompensation 93
Gen-Duplikation 7,25
Genetische Bürde 217
Genetische Register 219
Genfrequenz 16,271,219,356
Genitalmißbildungen 91,107,111,147,250,265,377
Genmilieu,14,S. genet. Background
Genkarten 77
Genodermatosen 327
Genom 104,183,230
Genom-Analogien 31,48,S. Syntänie
Genomleer 88
Genom-Spezifität 214,284
Genreserve 234
Gentechnologie 7,104
Gentherapie 13,21,117,159
Gen-Transfer 104,160
Geruchssinnn 325
Gesamtlipide 167
Geschlechtsbegrenztes Vorkommen 144
Geschlechtsdetermination 74,95,105
Geschlechtsdimorphismus 138
Geschlechtsgebundener Erbgang,S. a. x-chromosomaler -, 19,21,48,93,118,212
Geschlechtsumstimmung 95,107,111,148
Geschlechtsunterschiede,Immunantwort 178
Geschlechtsverhältnis, primäres 228
Geschlechtsverhältnis, sekundäres 79,143,212,227
Geschmackssinn 325
Gesichtsekzem 55,327
Gesichtsverkrümmung 274
Geweihgewicht 333
Gewichtszunahmen 124
Gibber 298
Gicht 58,373,378
Gigantismus 120
Gilbert-Syndrom 56
Gingivitis 340
Glanzmannsche Thrombasthenie 21

Glaukom,S.a. Grüner Star 317
Gleichgewichtsstörungen 65,290,300
Gliedmaßenknospen 280
Glioblastome ,Gliome 392
Globoidzellen 67
Globoside 65
Globulinmolekül 23
Glomerulonephritis 35
Glucocerebrosidose 64
Glucocorticoide 128,135
Gluconeogenese 135
Glucose-6-phosphat-Dehydrogenase,G-6-PD,46,202
Glucosephosphat-Isomerase 49
Glucosetoleranz 162
Glucosidase 62,63
Glucuronidase 62
Glucuronyltransferase 55
Glukagon 161
Glutäen 354
Glutathion 49
Glykogenabbau 123,63,348
Glykogenose 63,348
Glykohämoglobine 14
Goldhamster 72,348,359,193
Goltz-Gorlin-Syndrom 327
Gonadale Dysplasie 95
Gonaden 137
Gonadodysgenesie, -hypoplasie 91,137,249
Gonadotropine 121,139
Gonosomien 91
Granulomatose 68
Granulozytopathien 67,180,251,367
Grätschen,S.a. Spreizbein 292,353
Grave's disease 34,126
Gray-Platelet-Syndrom 22
Grey Collie 367
Grey-lethal 151,253
Großgeneffekte 39
GRH 120,139
Gruppenhysterien 304
GSH-Mangel 50
GSHPx 50
Gubernaculum-Dysfunktion 140
Guerin-Stern-Syndrom 384
Gunn-Ratten 56,62
Gynäkomastie 94,137
Gynäkotropie 379,382
Gynander 108
Gynandromorphe 107
H
Haarausfall 212,328

Haarbüschel 74, 263
Haarlosigkeit 329
Haarmutanten 331
Hackordnung 305
Hakenwürmer 209
Halbseiter 108
Haldanesche Regel 81
Halothantest 351
Hamartom 318
Häm-Biosynthese 52, 367
Hämangioendotheliome 393
Hämatokrit 16, 367
Hämochromatose 158
Hämoglobin A, A_2 7
Hämoglobin C 10
Hämoglobin F 7, 11, 13
Hämoglobin S 6, 9
Hämoglobinkonzentration 157
Hämoglobinopathien 6
Hämoglobinpolymorphismus 14
Hämoglobinstruktur 8
Hämophilien 19
Hämopoese 50, 157, 250, 367
Hämorrhagische Diathese 22, 67, 251
Hämostase 19, 367
Hängeeuter 198
Hängeohren 311
Haploidie 88
Harnsäure 57, 374, 378
Harnsteine 57, 374
Hashimoto, Morbus- 34, 126, 179
Haubenbildungen 263, 289
Häufigkeitsverteilung 176
Hautdefekte 30, 126, 327
Hautdicke 326
Hauterkrankungen 126, 149, 161, 252, 273, 326
Hautfältelung 335
Hautleisten 326
Hautkrebs 254, 390
Hautschranke 173, 182
Heavy-Chain-disease 27
Hedlund 247
Heggedal 249
Helminthosen 209
Hemeralopie 321
Hemimelie 283
Hemivertrebra 297
Hemizygotie 48, 93
Hemmkörperhämophilie 20
Hennenfiedrigkeit 332
Hepatitis 55, 179, 181
Hepatome 393
Hepatomegalie 63

Hereford-Zwerge 271
Heritabilitäten (h^2) :
Augengröße 310
Augeninnendruck 318
Augenkarzinom 254, 390
Augenrandpigmentierung 254
Blutcholesterol 167
Blutdruck 170, 366
Blutflecken 365
Cholesterin 169
Coccidiosen 206
Coli-Enteritis 194
Cp-Aktivität 155
Diabetes 162
Doppeldotter 238
Dystokien 358
Erstkalbealter 147
Erythrozyten-Eisen 157
Fruchtbarkeit 147
Geburtsgewicht 225
Grätschen 293
Hautleisten 326
Herzgröße 361
Hirngröße 287
Hodenparameter 138
Hyperthelie 241
Immunantwort 28, 178
Intelligenz 236
Kalzifizierung, Ei 223
Klumpfuß 279
Leukose 187
Leukozytozoon-Infektion 203
Limax 335
Linsengröße 311
LKG 260
Mandibellänge 273
Marek 187
Mastitis 197
Melanome 254, 390
Mg-Spiegel 154
Myopathie 351
Myxomatose 182
Nasengröße 371
Nasse Bäuche 377
Nebennieren 134
Ohrmuschelgröße 311
Ovarialzysten 145
Ovulationsrate 146
Perinatale Mortalität 229
Plasma-Cu 155
Pylorusstenose 341
Rastzeit 147
Respirationsrate 373

Rhinitis atrophicans 193
Schädellänge 273
Scheckung 244
Schwanzlänge 295
Serum-Ca 150
Spina bifida 294
Spreizklauen 335
Thyroxin 123
Tuberkulose 196
Tympanie 343
Ventrikelverhältnis 370
Vliesfäule 205
Wesensmerkmale 306
Y-Chromosomen 74
Zahngröße, -verlust 339
Zeckenbefall 205
Zwillingsgeburt 233, 238
Zwischenkalbezeit 147
Hermaphroditismus 107, 111, 142
Hernien 264
Herpesvirus 187
Hertwigs Anämie 84, 369
Herzbasistumoren 371
Herzdefekte 91, 265, 364
Herzgröße 360
Herzhypertrophie, S.a. Cardiomegalie 124
Herzinfarkt 168
Herzkapazität 362
Herzklappendefekte 364
Herzvitien, S. Herzdefekte
Herzwasser 204
Heterakis 209
Heterochromatin 92
Heterochromie 246, 313
Heterokaryotie 107
Heterophagosom 60
Heterosis 17, 188, 207, 218, 229, 147
Heterosomen , S. Geschlechtschromosomen
Heterozygotiegrad 17, 230
Hexaploidie 87
Hexosaminidase 65
Hidradenome 336
High-mountain-disease 367
Hinterhandschwäche, S. Leg weakness
Hinterschenkelatrophie, AHQS, 157, 354
Hippel-Lindau, Morbus- 318
Hirnbrüche 62, 262
Hirngröße 287
Hirnmißbildungen 156, 286
Hiroshima 389
Hirschsprung, Morbus- 346
Hirsutismus 136
Histidinämie 57

Histokompatibilität 28, 176, 186, 261, 372, 379
Histone 75, 96
Hitzetoleranztest 373
H-Ketten 23
H-2-Locus 28, 176, 296
Hoden 138
Hodenhypoplasie 139
Hodensackkrebs 388
Hodenteratome 393
Hodentumoren 141, 393
Hodgkin, Morbus- 201, 393
Holoprosencephalie 287
Holt-Oram-Syndrom 213
Homozystinurie 56, 301
Homogentisinsäure 42
Homöostase, Ontogenetische - 230
Homosexualität 236
Homotransplantat 33
Horner-Syndrom 314
Hornhauttrübungen, S.a. Cornea 315
Hornlosigkeit 143, 333
Hormonwirkung 114
Horror autotoxicus 35
Hörschäden 246, 310, 323
HPFH 13
Huf-, Hornkrebs 334, 389
Hüftgelenksdysplasie 382
Hunter-Syndrom 269
Huntington's Chorea 77, 302
Hurler-Syndrom 269, 315
H-Y-Antigene 74, 113, 142
Hyaluronidase 63
Hyänenkrankheit 296
Hybrid vigor 207, 217, 229
Hybridverfahren 230
Hydranencephalie 289
Hydrolasen 60
Hydrolasen-Inhibitor 62
Hydromyelien 298
Hydronephrosen 376
Hydrophthalmus 317
Hydrops 359
Hydroxycholecalciferol 152
Hydroxylase 136
Hydroxyprolinämie 56
Hydrozephalus 38, 263, 288, 213
Hymenopteren 89
Hyperammonämie 57, 365
Hyperbilirubinämie 55
Hypercalcitonismus 151
Hypercholesterolämie 168
Hyperextensibilität 74, 334
Hypergammaglobulinämien 33, 67

Hyperglykämie 160
Hyperinsulinämie 166
Hyperkeratosen 328
Hyperlipämien 167
Hyperlipoproteinämien 167
Hyperoxalurie 57
Hyperparathyreoidismus 151
Hyperphagie 166
Hyperpigmentation 327,391
Hyperpituitarismus 120
Hyperpyrexie 351
Hypersensibilität 196
Hypersexualität, S.a. Satyriasis 139
Hypertensionen, S.a. Bluthochdruck 170, 366
Hyperthelie 241,337
Hyperthermie 215, 351
Hyperthyreose 57, 77, 126, 135, 155
Hypertonien, S.a. Bluthochdruck 170, 366
Hypertrichie 331
Hypertriglyceridämie 168
Hyperurikämien 58, 373, 378
Hyperurikose 374
Hypnotika 52
Hypocalcämien 149
Hypochondroplasien 268
Hypodaktylie 283
Hypodontie 339
Hypogammaglobulinämien 29
Hypogonadismus 91, 137, 139
Hypoinsulinismus 164
Hypokaliämie 154
Hypokomplementämie 33
Hypomagnesämie 153
Hypomyelinogenesien 291
Hypoparathyreoidismus 149
Hypopituitarismus 117
Hypophosphatasie 59
Hypophyse 116
Hypophysentumore 120, 393
Hypospadien 148
Hypothalamus 116
Hypothermie 215
Hypothyreosen 124, 46
Hypotrichien 328
Hypotrichosis cystica 330
Hypoxie 215, 82, 286, 301
Hysterien 303
I
IC-Erkrankung 33
Ichthyosis 328
Idiogramm 76
Ig-Klasse, -Typ 25
Ikterus 49, 55

Ikterus neonatorum 37
Immunantwort 25, 176, 387
Immundefizienz 30, 166, 387
Immungenetik 26, 36, 79
Immunglobuline 23, 178, 371
Immunkompetenz 179
Immunkomplex 28
Immunozyten= B-Lymphozyten
Immunschwäche 31
Immuntoleranz 35
Implantation 225
Impotentia coeundi 146, 147
Inborn error of metabolism 40, 159
Induktion 213, 217, 280
Induktoren 20, 53, 114, 180
Infantilismus 91, 121, 135
Infektionsanfälligkeit 29, 67, 173, 251
Infektionspforten 173
Infektiöse Bronchitis 188
Influenza 192
Inguinalhernie, S. Leistenbruch
Initiationspunkt 114
Inkompatibilitäten 27, 36, 79
Inkubationszeit 190
Innenohrdefekte 159, 246, 310
Inselapparat 161
Insertionsanomalien 216
Insulin 7, 116, 160
Insulinresistenz 166
Insulitis 161
Intelligenz 42, 89, 96, 256, 236, 375
Intensivhaltung 304
Interferenz 180
Interferon 77, 180, 387
Intersexualität 106, 111, 142
Intestinalpolypose 392
Intrapaarkorrelation 198
Intrinsic factor 160
Inversionen 102
Involution, NN 130
Inzuchtdepression 86, 219, 229, 147, 324
Ir-Gene 28, 176, 199, 372
Iris bicolor 313
Iriskolobome 246, 313
Ischiopagus 239
Isochromosomen 103
Isoenzyme 65
Isoimmunisierungen 224
Isomerase 53
J
Jaagsiekte 192
Jacob-Monod-Prinzip 19, 53
Jervell/Lange-Nielsen 324

Jodprotein 46
K
Kalbefieber 198, S. a. Gebärparese
Kalbepaß 358
Kalium 154, Erythrozyten- 16
Kalzinosen 360
Kammform 148
Kannibalismus 305
Kanzerogen 254, 387, 390
Karies 339
Kartagener-Syndrom 341
Karyotyp 70
Karzinome 254, 390
Kastration 140
Katalepsie 302
Katarakte 162, 249, 312
Katzenschrei-Syndrom 102
Kaudo-Rekto-Urogenitalsyndrom 344
Kaulhühner 297
Kayser-Fleischer-Ringe 156
Kehlkopfpfeifen 372
Kephalomelie 284
Keratokonjunktivitis 316
Keratitis 315
Kernreihen 361
Ketose, 162, S. Acetonämie
Kieferverkürzung, S. Brachygnathie 273
Killer-Zellen 68, 176, 251
Kippmähne 331
Klauenhorn 256
Kleinhirnagenesien 290
Klein-Waardenburg-Syndrom 246, 346
Klima-Adaptation 16, 118, 373
Klinefeltersyndrom 94
Kloakenvorfall 345
Klumpfuß 279
Knickschwanz 297
Kniegelenksluxation, S. a. Patella 383
Knorpel-Haar-Hypoplasie 273
Knorpelhypoplasie 268
Kodominanz 17
Kohlenhydratstoffwechsel 160, 165
Koilonychie 384
Kollagenosen 57, 279
Kollapsdisposition 364
Kolobome 246, 314
Kolostral-Ig-Titer 178
Kombinationseignung 231
Komplement 32, 178, 205
Konkordanz (Zwillinge):
 Augenfarbe 314
 Asthma bronchiale 372
 Blutdruck 366

Diabetes 162, 236
Epilepsie 236, 301
Hautleisten 326
Herzdefekte 364
Hüftgelenksdysplasie 382
Krebs 236, 389
Kriminalität 236
Kropf 236
LKG 260
Manische Depression 236, 306
Methode 235
Mg-Spiegel 154
Mongolismus 90
Multiple Sklerose 189
NN-Steroide 133
Poliomyelitis 236
Pseudocholinesterase 51
Rheumatoide Arthritis 236, 379
Schizophrenie 236
Strabismus 322
Taubheit 323
Tuberkulose 195
Tympanie 343
Ulcus ventriculi 341
Kopfmißbildungen 102, 287
Koppen 307
Kopplung 30, 245
Kopulationsverhalten 146, 306
Kopplungsgruppen 30, 72, 77, 176, 183
Korektopien 246
Korrelierte genetische Variation 72
Krabbe, Morbus- 67
Krampfanfälle 65, 102, 248, 290, 300
Krämpfigkeiten 307
Kraterzitzen 337
Kraushaar 156, 332
Krebs 254, 385
Krebsalter 171, 385
Kretinismus 124
Kriminalität 75, 235
Kropf 46, 124, 126, 236
Krüperfaktor 268
Krüppelohr, S. Microtie 310, 270
Kryptophthalmus 308
Kryptopolyploidie 72
Kryptorchismus 140, 265
Kupferstoffwechsel 16, 43, 154
Kuru 189
Kurzbeinigkeit 268
Kurzhaar 331
Kurzsichtigkeit 322
L
Labmagenverlagerung 343

Ladykiller 212
Laforasche Myoclonie 303
Lamarck 26
Lambliasis 207
Langfedrigkeit 331
Langhaar 331
Langlebigkeit 199
Laron-Syndrom 119
LDL 168
Lebenserwartung 126, 228
Leber-Pankreaszysten 346
Lebermitochondrien 166
Leberzirrhose 347
Leg weakness 125, 276, 381
Leishmaniosen 203
Leistenbrüche 265
Leptospirose 199
Lepra 196
Lesch-Nyhan-Syndrom 307, 374
Letaläquivalente 217
Letalfaktoren 217
Letalfaktor, antimaskuliner 212
Letalität und Depigmentierung 251
Leucoma corneae 315
Leukämien 83, 184, 368, 386
Leukodystrophien 67
Leukopenien 368
Leukose 184, 208, 386
Leukozytose 368
Leukozytozoon 203
Libido 146
Liddefekte 246, 316
Lidlähmung 349
Light-Chain-disease 25
Liliputaner 268
Limax 335
Linsenverlagerungen, -degenerationen 312
Lipase 62, 68, 168
Lipidose 69, 136
Lipidstoffwechsel 167
Lipizzaner 254
Lipoamid-Dehydrogenase 170
Lipodystrophien 171
Lipofuszinosen 66, 360
Lipogranulomatose 66
Lippenkiefergaumenspalten LKG 63, 137, 213, 258
Lissenzephalie 287
Listeriose 199
L-Ketten 23
Lowe-Syndrom 312
Lübecker Unglück 195
Luftsackerkrankung 208
Lungenadenomatose 190
Lungenaplasie 371

Lungenemphyseme 372
Lungenkrebs 388
Lupus erythematosus 35, 37
Lymphödem 360
Lymphogranulomatose 393
Lymphopenie 31
Lymphosarkom 386
Lyon-These 48, 92, 111
Lysosomen 60, 171, 180, 192, 251, 269, 379
Lysozym 62, 200

M
Maculaaplasie 309
Maculadystrophien 320
Maedi 190
Magengeschwür 341, S. Ulcus
Magenkrebs 39, 392
Magentorsion 343
Makroglobulinämie, S. Waldenström
Makroglossie 273, 340, 355
Makrogyrie 287
Makrophagen 180, 188
Makrophthalmus 318
Makroorchismus 138
Makrostomie 276
Makrozephalie 288
Malariaresistenz 12, 47, 202
Maldescensus testis, S. Kryptorchismus
Mamma 73, 198, 336
Mammatumoren 148, 392
Mandibulofaziale Dysostose 276
Mannosidase 62, 65
Mannosidose 65
Manx-Katze 294
Marchesani-Syndrom 312
Mareksche Hühnerlähme 173
Marfan-Syndrom 278, 312
Markergene 17, 28
Markerchromosomen 76
Masern 182
Maskulinisierung 111
Mastitis 196
Maternale Effekte 157, 226, 235, 70
Mauke 334
Mäusemalaria 202
Mäusepocken 283
Maxilla angusta 371
McArdle-Syndrom 50, 348
Megacolon 346
Megalocornea 310
Megaoesophagus 340
Mehrlinge 111, 232
Meiose 81, 88, 89, 92, 99
Melanin 43, 243, 252, 390
Melanoblastom 254

Melanolysosomale Syndrome 251
Melanom, Melanosarkom 254, 390
Melanosomen 44, 251
Melanozyten 44, 243, 319
Melanozytosen 256
Membrana iridopupillaris 315
Membranbildung 250
Meningoenzephalozelen 263
Menkes (Steely) Hair Disease 156
Merlesyndrom 108, 246, 323, 310
Messenger-RNS, mRNS 13, 114
Mesenchym, Mesoderm 213, 280, 326
Methylcholanthren-Fibrosarkom 393
Methylkonjugation 52
Metropathien 148
MHC-Gene 28, 176
MHS 351
Migration 245
Mikrencephalie, Mikrozephalie 287
Mikrochromosomen 73
Mikrocornea 315
Mikromanipulation 234
Mikromelien 275, 281
Mikrophakie 312
Mikrophthalmus 246, 308, 309
Mikrotie 310
Mikrotubulus-System 68
Milbenbefall 206
Milchfieber, S. Gebärparese
Milchfluß 198
Milzaplasie 32, S. Alienie
Milzdefekte 366
Minderwuchs 91, 117
Mineralstoffwechsel 149
Minipig 266
Mißgeburten 87, 99, 212, 221
Mitchurin 386
Mitochondrien-DNA 70
MKS 186
Modal number 98
Moderhinke 200, 335
Modifier-Gene 163, 245
MODY 161
Mondblindheit 320
Mongolismus , S. Down-Syndrom 89, 99, 389
Monilethrix 338
Monoclonal 26
Monodaktylie 283
Monosomien 89
Mopskopf 273
Mucolipidosen 64
Mucopolysaccharidase 62
Mucopolysaccharidose 268

Mucoviszidose 229, 346, 370
Mucormykose 201
Multigenische Kontrolle 174
Multiple Sklerose MS 189
Mundhöhlenkrebs 388
Muskelansatz 125, 350, 353
Muskelatrophien 218, 229, 350
Muskeldystrophien 64, 152, 157, 349
Muskelhypertrophie 349, 353
Muskelnekrosen 157, 353
Mutagene 82, 98, 215
Mutation, somatische 106
Mutationsrate 14, 215, 266
Muttermund, doppelter 147
Myasthenia gravis 34, 179, 349
Myasthenien 126, 179
Myelinschäden 292
Myeloblastose, aviäre 189
Myelodysplasien 298
Myelomalazien 300
Myelome 26, 33
Myelomeningocelen 263
Myeloperoxidase 50
Myeloschisis 298
Myiasis 205
Mykoplasmose 193
Mykosen 200
Myoclonien 291
Myoclonus-Epilepsien 303
Myodegenerationen 349
Myofibrilläre Hypoplasie 292, 353
Myopathien 126, 307, 351
Myopie 254
Myosinsynthese 359
Myositis 354
Myotonien 349
Myxödem 124
Myxomatose 181
N
Nabelbrüche 266
Nachgeburtsverhalten 148, 234, 198
Nachhandlähmung 292, 294, 298
Nachtblindheit 321
Nacktheit 329
Nackthund, Nacktkatze 331
Nacktmäuse, Nacktratte 30
NADP 46
Naevi 318
Nagana 203
Nagelbrüchigkeit 334
Nanismus, S. Zwergwuchs 91, 117
Nanomelie 274
Nanosomie, S. Zwergwuchs

Nanophthalmie 310
Nasalgranulome 196,371
Nasalpolypen 372
Nasenbluten 22
Nasen-Rachen-Karzinom NPC 387
Nasse Bäuche 377
Nebenhoden 147,138
Nebenhodenaplasien 147
Nebennieren 127
Nebennierenhyperplasie 120,128,136
Nebennierenhypoplasie 128,134
Nebenschilddrüsen 149
Neguvon-Intoxikation 292
Nematoden 209
Neopterin 42
Nephrolithiasis 375
Nephronophthise 377
Nephropathien 35,161,376
Nephrose 376
Netzhautanomalien, S. Retina 246,318
Neugeborenengewicht 225
Neuralfurche 245,286
Neuralleiste, -rohr 245,286
Neuralrohrdefekte 245,263,286
Neuraminidase 269
Neuraxiales Ödem 68
Neuroektodermale Syndrome 251
Neurofibromatose 318
Neuromyodysplasie 294
Neuronenödeme 290
Neuropathie 354
Neuropeptide 121
Neutropenie, zyklische 252,367
Neurotransmitter 302
Newcastle disease 189
Nickhaut 317
Niemann-Pick, Morbus- 64
Nierenagenesien 376
Nierenhypoplasien 376
NK-Zellen 177,251
Nobelpreisträger-Samenbank 105
Nondisjunktion 89
Non-Inaktivierung 91
Nonsense-Mutationen 13
Noonan-Syndrom 92
Noradrenalin 127
Normalverteilung 176,240
Notail-Schafe 295
Notomelien 241,284
Noxenspezifität 216
Nucleolar-Satelliten 92
Nucleolus NOR 98
Nyktalopie 321

Nymphomanie 145
Nystagmus 43,252,319
O
Obesitas, S. Fettsucht 165
Occasionskrämpfe 301
Occlusionsstörungen 339
Ochsenauge 317
Oculofaziale Defekte 91,102
Offene Augen 316
Ödeme 359
Ohrbüschel 263
Ohrmuscheldeformation 310
Ohrschmalztypen 169
Olfaktologie 325
Oligodyktylie 281
Oligosyndaktylie 213
Oligodendrozytenmangel 292
Oligozoospermie 296
Olivenkomplex 324
Omnipotenz 238
Onkogene 84,183,386
OO-Konstellation 91
Operator-Gen 20,114
Opticus-Atrophie 311
Opticus-Gliom 318
Organogenese 214,280
Orchitiden 144
Osteochondritis dissecans 277
Osteochondropathien 277
Osteochondrosen 276,381
Osteodystrophien 57,277
Osteodystrophia deformans Paget 153
Osteogenesis imperfecta 152,277,324
Osteomalazien 152
Osteopetrose 151
Osteoporose 151,126
Osteosarkome 387
Östrogene 115,148,394
Othämatom 311
Otitis 311
Otolithendefekte 159,248
Otosklerose 324
Otozephalie 287
Ovalozytosen 368
Ovar 138,139,145
Ovarialteratom 88,239
Ovarialzysten 145,234
Ovarieninhibition, -involution 112,91
Ovariotestis 144,108
Ovulationsrate 146
Oxalose 57
P
Pachonychia congenita 333

Paget, Morbus- 57, 153
Palatoschisis 259
Palmarkeratose 338
Palomino 248
Panaritium 335
Panhypopituitarismus 121
Pankreas-Amylase 347
Pankreasatrophien 346
Pankreasfibrose 346, 370
Pankreatitis 161, 346
Pankreolithiasis 347
Panophthalmie 320
Panzytopenie 368
Papillenanomalien 246, 320
Papillome 393
Parakeratosen 31, 158, 328
Paralysen 294
Parasexuelle Fortpflanzung 105
Parasit 239
Parasitosen 201
Parathormon 149
Paratuberkulose 196, 346
Paresen 151, 293
Parkinson, Morbus- 303
Paroxysmen 302
Parthenogenese 88
Passerpaarungen 231
Patentiertes Genom 105
Patellarluxationen 383
Paternale Effekte 74
Pauling, Linus 5
Pelger-Huet-Anomalie 369
Pendelkropf 201, 340
Pendlersyndrom 307
Pendred-Krankheit 324
Penisagenesie 147
Peniskrebs 392
Penisverlust 148
Penisvorfall 147, 200, 333
Pentaploidie 87
Perianalfisteln 345
Perinatologie 146, 221
Periodische Augenentzündung 320
Perokormien 297
Peromelien 283
Perosis 159, 277
Perosomus elumbis 295
Peroxidase 50
Perthes 383
Pestepidemien 39
Petrassen 164, 269
Pflanzengifte, S. a. Phytotoxine 20, 55, 65, 215, 279, 287, 384
Phaeochromozytom 151, 393

Phaeomelanin 44, 243
Phagozytose 62, 179, 200
Phakomatosen 318
Phänogruppen 27
Phänokopien 213, 258, 266, 279, 286
Pharmakogenetik 51
Phase, sensible 213
Phasenverschiebung 92
Phenylalanin 40
Phenylketonurie 42
Pheromone 325
Philadelphia-Chromosom 83
Phokomelien 284
Phosphat-Diabetes 152
Phosphofructokinase 50
Phosphoglucomutase 48
Phosphogluconat-Dehydrogenase 48
Phospholipidosen 66
Phosphorylase-Defizienz 64, 348
Photodermatosen 52
Photomyoclonien 303
Photosensibilisierung 52
Photophobie 43, 252
Phylloerythrin 55
Phylloerythrose 55
Phylogenese 18, 25, 72, 76
Phytotoxine 55
Pietrains 123, 352, 353, 361
Pigmentmangel 43, 243, 252, 390
Pink tooth 53
Pinozytose 60
Plasmalogen- Defizienz 59
Plasmazellen 23
Plasmazellen-Dyskrasie 27
Plasmazelltumore, Plasmozytome 26
Plasmide 104
Plasmodium falciparum 12, 47
Plasmozytose 68, 192
Platelet-Mitogene 169
Plattenepithelkarzinom 390
Plazentation 37
Pleiotropien 6, 245
Plötzlicher Kindstod 351, 373
Pluripotenzerscheinung 332
Pneumonie 33, 178, 194, 327, 370
Podagra, S. a. Gicht 378
Pododermatitis 335
Podotrochlose 383
Poikilotherme Phase 200
Poliomyelitis 192, 236
Poliovirus 185
Polyandrien 87
Polyarthritis 179, 379

Polycythämie 11, 368
Polydaktylien 240
Polydipsie 122, 136, 164
Polygenische Basis 175, 244
Polygynie 87
Polymastie 241
Polymerasen 114, 158
Polymerisation 7, 23, 114
Polymorphismus 14, 26, 39, 50, 51, 154, 202
Polymyoclonien 301
Polyodontien 339
Polyovulation 237
Polypeptidketten 6, 23, 116
Polyphagie 164, 166
Polyploidien 87
Polyploidisierung 72
Polyposen 392
Polysomien 89
Polyurie 122
Pompe, Morbus- 63, 348
Populationsfitness 230
Porphobilinogen 53
Porphyrien 52
Porphyrinurie 55
Portalvene 365
Postimplantationsverluste 224
Prader-Willi-Syndrom 99
Präimplantationsverluste 224, 87
Prämolar 339
Prämunität 204
Pränataldiagnosen 14, 21, 66, 76, 96
Präzygotische Selektion 96
Primärstruktur 6
Probatocephalie 273
Processing genes 59
Progeroide Symdrome 85
Prognathia inferior
Progressive Retina-Atrophie PRA 310
Prolactin 121
Pronucleus 88
Prostatakarzinom 393
Protanope 321
Proteinsynthese 114
Prothrombindefizienz 21
Proto-Onkogene 386
Protoporphyrin, -ämie 53
Proviren 184
PSE-Fleisch 351
Pseudanencephalie 286
Pseudocholinesterase 51
Pseudohermaphroditen 95, 142
Pseudohypoparathyreoidismus 150
Pseudomangelrachitis 152
Pseudostaupe 42

Pseudoxanthoma elasticum 360
Psoriasis 158, 328
PSS 351
Psychopharmaka 51
Psychosen 306
Ptosis 350
Pudelstomatitis 340
Puerperaltetanien 151
Pulmonalisstenose 364
Punktmutation 9
Pupillarmembran 315
Purin-Pyrimidin-Basen 7
Purinstoffwechsel 57, 374
Pygmäen 119
Pylorusstenose 341
Pyometra 148
Pyruvatkinase 48, 367
Pytiriasis rosea 327
Q
Quaking-Mäuse 65
Quartärstruktur 7
Quincke-Ödem 33, 360
R
Rachiterata 297
Rachitis, erbliche 152
Radiusaplasien 284
Raillietina 210
Rastzeit, biologische 147
Rassenstudien 18
Rassestandard 269, 308
Rauchertum 226, 388
Raynaud-Phänomen 368
Rechtshändigkeit 232
Recklinghausen, Morbus- 318
Recurrenslähmung 372
Redoxsystem 50
Reduplikation 92
Reduktionsteilung 89
Refraktionsanomalien 322
Regulatorgen 19, 45, 53, 77, 114
Rehe 334, 172
Rekombination, S. Crossing over
Rektalatresien 344
Rektalprolaps 345
Rektovaginalfistel 345
Releasing factor 119
Repetitive Elemente 18
Replication 92, 114
Repressoren 20, 53, 114
Resistenzzucht 182, 208
Respirationsrate 373
Restriktions-Endonukleasen 104
Retardation, S. Schwachsinn 89, 91, 304
Retikuloendotheliose 189

Retinadystrophien 318, 320
Retinitis 161, 319
Retinoblastom 59, 394
Retinolbildung 319
Retroviren 183
Reverse Transkriptasen 104, 183
Rexfaktor 331
Rezeptoren 115, 142, 185, 261
Rhachischisis 263
Rhesusfaktor 36
Rheuma 36, 379
Rheuma und Schwangere 261
Rheumatoide Arthritis 36, 236, 379
Rhinitis atrophicans 193
Rhinozerosratten 330
Riboflavinbedarf 160, 257
Ribosomen 116
Rickettsiose 204
Rida 190
Riesengeschlechtschromosomen 94
Rinden/Markverhältnis NN 130
Rinderpest 193
Ringchromosomen 102
Rippenanomalien 281, 297
Risikofaktoren 168
RNA, RNS 10, 114
RNA-Tumorviren 183, 385
Robbengliedrigkeit 284
Robertsonsche Translokationen 77, 96
Rohfaser 391
Rotgrünblindheit 321
Rotlauf 199
Rous-Sarkome 185
Rückenmuskelnekrosen 353
Rückenspeckdicke 123, 361
S
Saisoneffekte 224
Sakralparasit 239
Salmonellosen 175, 180, 199
Salzmangelsyndrome 136
Salzresistenz 123
Sandhoff, Morbus- 65
Sandratte 162
SanFilippo-Syndrom 269
Sarcoid 390
Sarkome 186, 386
Satellitäre Assoziationen 89
Satyriasis 139
Sauerstoff-Affinität 16
Sauerstoffbedarf 373
Säuglingssterblichkeit 221, 225, 232
Scheckung, Sprenkelung 108, 244
Scheidenanomalien 147, 250

Scheidenseptum 147
Schilddrüse 34, 46, 123
Schildpattkatzen 93
Schimmel 254
Schisis 258
Schistosoma reflexum 264
Schizophrenie 236, 306
Schlundstrikturen 340
Schlupfrate 222
Schmeißfliegen 205
Schnabelmißbildungen 338
Schottenkrämpfe 307
Schraubenhalssyndrom 249
Schreck- und Ohnmachtsziegen 302, 349
Schwachsinn 40, 64, 75, 89, 96, 138, 287, 307
Schwanzkupieren 296
Schwanzlosigkeit, S. Anurie 294
Schwanzmißbildungen 281, 294
Schweinepest 291
Schwellenwert 240, 258, 365
Schwergeburten, S. Dystokien 269, 356
Schwesterchromatid-Austausch 93
Schwimmphase 225
Scrapie 189
Scrotum, bifurkiertes 144
Sehbahn 246, 322
Sehverluste 246, 318
Seidenhühner 332
Seitenkonkordanz 108, 133, 244
Sekundärstruktur 7
Selbstmordrate 228
Selbstreplication 18
Selektion, natürliche 18, 39, 182
Selektionsdruck 12, 104, 132, 218, 232, 272
Selektionserfolg 206, korrelierter- 125
Selektionsindex 188, 199
Selektionskoeffizient 271
Selektionsneutralität 18
Selektionsvorteil 12, 14, 16, 36, 163, 182, 202, 218, 230, 259, 271, 350
Selen-Blockade 156
Senilität 36
Sensible Phasen 213
Septumdefekte 364
Sex-Chromatin 92
Sex-reversal 95
Sexuelle Vorselektion 296
Shadowfaktor 250
SHR-Ratten 170, 366
Sialidosen 64
Siamkatzen 44, 322
Sichelzellenanämie 5
Sideroblastische Anämie 367

Siebenbürger Nackthälse 329
Sipple-Syndrom 151
Sirenomelien 283
Situs inversus 341, 372
Skorbut 153
Skrotalhernien 265
Slow-Virus 189
Smegma 392
Snell-Zwergmaus 30, 117
Somatische Aberration 106
Somatische Zellzahl 198
Somatisches Rearrangement 26
Somatomedin 119
Somatostatin 7
Sommerdermatitis 200, 327
Sozialgehör 324
Spaltbildungen 258
Spaltnase 259
Spaltungsverhältnisse 331
Spasmen 293, 307
Spastische Parese 293
Spat 383
Spectrin 12, 368
Speicheldrüsentumor 393
Speichelvarianten 343
Speicherkrankheiten 63
Speiseröhrenkrebs 338
Spermatogenese 81, 138, 147, 247, 296
Spermicide 215
Spermienselektion 149
Spermiendefekte 147
Spermiostase 148
Speziesempfänglichkeit 180
Spezieshomologien 70
Speziesvariation NN 127
Speziesvariation Herz 360
Sphärozytosen 12, 367
Sphingolipidosen 67
Sphingomyelinase 64
Spina bifida 263, 294
Spinalparalyse 294, 300
Spinngliedrigkeit 278
Spitzenkarzinom 390
Spondylitis, Spondylose 35, 379
Spondylolisthesis 269
Spontanaborte 86, 98, 212
Spontanhochdruckratte, S. SHR
Spontanmutation 215
Spontantumoren 393
Sporenverdopplung 241
Spreizbein, S. Grätschen
Spreizklaue 335, 200
Spulwürmer 210

Stallklaue 334
Ständer, grüne 257
Star, Grauer 249, 312
Star, Grüner 317
Status dysraphicus 294
Steatose 307
Stehmähne 331
Steinkohlenteer 387
Stein-Leventhal-Syndrom 145
Stellungsanomalien 277, 279, 384
Sterilität 77, 79, 87, 91, 95, 98, 107, 111, 121, 137, 212, 221, 247, 296, 355
Steroidhormone 115
STH-Level 119
Stille Brunst 145
Stimmbandlähmung 372
Stomatozytäre Blutarmut 368
Strabismus 254, 322
Strahlenwirkung 82, 215, 252, 389
Streptolysine 379
Streptomycin 308
Streptotrichose 201
Streptozotocin-Diabetes 161
Stressanfälligkeit 134, 351, 362
Stria vascularis 323
Stromlinienschweine 282
Strongyloides 210
Strukturgene 6, 19, 45, 58, 77, 114, 180
Struma, S. Kropf
Strumektomien 149
Strupphühner 332
Stuhlbeinigkeit, S. Spastische Parese
Stülpzitzen 337
Stummelohr 310
Succinylcholin 51
Sulfatasen 67
Sulfatidose 66
Sulpho-Cysteinurie 58
Supergen-Region 28, 296
Supermänner 74
Supermäuse 158
Suppressor-Gene 13
Suppressor-Lymphozyten 34
Surfactant 228
Sway-back 155, 298
Syndaktylien 281
Syngamus 209
Synophthalmus 288
Synostosen 281
Synotie 287
Syntäne Gengruppen 48, 72
Syringome 336
Syringomyelien 298

Systematische Effekte 223
T
Tailless-Mäuse, T-Locus 296
Tandem-Duplikation 103
Tangier, Morbus- 167,171
Tanzmäuse 248,263
Tapetum lucidum 318
Taubheit 246,248,311,323
Taubenzüchterlunge 371
Tarsalgelenksarthrosen 381
Tay-Sachs, Morbus- 65
Teckellähme 269
Teleangiektasien 365
Telolysosomen 60
Teratogene 82,215,261,279,284,287
Teratogenese 63,82,211,260,279,284
Teratokarzinom 390
Teratom 239
Teratospermie 87,149
Terminator-Codon 13
Tertiärstruktur 7
Testikularatrophien 162
Testikuläre Feminisierung 95,121,142
Testosteron 74,140,121,209
Tetanien 149
Tetramerie 7,24
Tetraparentale Mäuse 110
Tetraploidie 72
Thalassämien 12
Thalidomid-Embryopathie 214,284
Thermoregulation 118,157,329
Thesaurismose 64
Thiamindefizienz 300
Threshold(Schwellen)-Phänomen 111
Thrombasthenie 21
Thrombocytopenia purpura 38
Thrombopathien 19,67,251,335
Thrombozytopenie 22
Thymozyten 28,176,185
Thymusatrophie 29
Thyreoidea, S. Schilddrüse
Thyreoiditis 34,123
Thyroxin 45,116,123
Tibiatorsionen 278
Tiefgefrierung 215
Toleranzverlust 35
Tollwut-Resistenz 193
Tonische Immobilisierung 302
Torticollis 297
Totgeburten 99,221,232
Toxoplasmose 209,215,288
Trachealkollaps 371
Trächtigkeit, verlängerte 122,147

Trächtigkeitsuntersuchung 344
Transfer-RNS 116
Transfusionssyndrom 38,236
Transgenisch 13,105
Translation 13,116
Translokationen 77,98
Transmissionsverzerrung 296
Transplantationen 30,111
Transplantationschimäre 111
Transkriptase 183
Transkription 7,114,123,140,183
Transporttod 362
Transposon 18,75,108, Transposition
Trauma, standardisiertes 135
Tremor 65,290,307,350
Tretfähigkeit 146
Trichinella 210
Trichostrongyliden 210
Trichuris 210
Triglyceride 166
Trijodthyronin 46
Triploidie 87
Trisomie 21, S. Downs Syndrom 89
Trisomien 89,101,103
Trypanblau 62
Trypanotoleranz 203
Trypanosomiasis 202
Tsetse 202
TSH 119
Tuberkulose 194,179
Tubulopathien 377
Tümmlertauben 300
Tumordisposition 84,141,183,254,385
Tumorretrogression 186,385
Tumorviren 83,183,385
Turnersyndrom 91
Twin lamb disease 238
Twin spots 108
Tylose 338
Tympanien 343,271
Typhlohepatitis 209
Tyrosinase 43
Tyrosinose 42
Tyrosin-Stoffwechsel 40
Tyzzer 178,199
T-Zellen 28,176
U
Überdominanzeffekte 12,17,23,143,202, 217,271,355
Überreiter-Syndrom 315
Ulcus ventriculi, - duodeni 341,135
Umbilikalhernien, S. Nabelbrüche
Umweltfaktoren LKG 261

Unbalancierte Verteilung 70,96
Undine-Syndrom 373
Unna-Syndrom 329
Urachus 376
Urämien 373
Uratlevel 57,374,378
Uroporphyrinogen 53
Urolithiasis 57,374
Ushersyndrom 249
Uteruskarzinom 137,392
Uterusanomalien 147,250,148
UTP 55
UV-Einwirkung 252,390
V
Vaginalkonstriktion 345
Vaginalprolaps 148
Vakuolarsystem 60
Vakuoläre Degeneration 64
Vasopressin 122
Velvet-Faktor 327
Vena porta 365
Ventrikelverhältnis 370
Vergrauung 247
Verhalten 75,140,306,308
Vertikale Infektion 184
Vestibularfunktion 246,159,323
Vestibulo-okuläre Reflexe 246
Vibriosis 199
Virämie 386
Virulenzänderung 181
Virilismus 136
Virusdiabetes 161
Virus-DNA 183
Virusinfektionen 183
Virustumoren 84,184,385
Visna 190
Vitalfunktionswerte 373
Vitamin A 62,263,289
Vitamin B 160,257
Vitamin D 149,152
Vliesfäule 205
Vorhautanomalien 147
V-Region 23
Vulvakarzinom 254,390
VWD,v.Willebrand-Jürgens,Morbus- 19
W
Waardenburg-Syndrom 246,323
Wachstumsphase 124,278,381
Wackelhorn 333
Waldenström,Morbus- 25
Walzer-Syndrom 248
Warfarin-Resistenz 22
Wasserkopf,S.Hydrocephalus 213,263,288
Wassersucht 359
W-Chromosomen 76
Weben 307
Weidetetanie 154
Weiß 256
Weißfleischigkeit 156
Whipplesche Krankheit 345
White heifer disease 250
Wiedemann-Syndrom 284
Wiederholbarkeit,bilaterale 108,133,244,286
Wiederholungsrisiko 260,263,286
Willebrand-Jürgens,Morbus-,S.VWD
Wilm's Tumor 393
Wilson's Disease 59,155,347
Wirbelbögen 263
Wiskott-Aldrich-Syndrom 22,367
Wobbler-Syndrom 298
Wollblindheit 316
Wolle 332
Wurminvasion 209
X
Xanthinsteine 374
Xanthinurie 50
Xanthom 168
Xanthose 360
X-Chromosomen,S.Gonosomen 19,48,91
X-chromosomaler Erbgang 19,48,91,93,
118,179,212,319,321,349
Xeroderma pigmentosum 391
Xerose 316
Xg-Antigen 93
XLRP-Locus 319
XO-Konstellation 91
XXX-,XXXX-Syndrom 94
XX/XY-Syndrom 107
XXY-Syndrom 94
XY-Konstellation 48,212
XYY-Konstellation 74
Y
Y-Chromosomen 74,91
YO-Konstellation 91
YY-Konstellation 91
Z
Zahnanomalien 339
Zahndurchbruch 151,340
Zahngröße,-abrieb 339
Zebu 204
Zebu-Kreuzungen 74
Zeckenbefall 205
Zellgehalt,Milch 199
Zellhybriden 77,104,386

Zellorganellen 60
Zellselektionen 92
Zentrencephale Epilepsie 301
Zentromer 73,96
Zervikal-Osteochondrosen 300
Zervixkrebs 392
Ziegenaborte 164
Zinkmangelsyndrom 158,328
Zitterhälse 300
Zitterkrämpfe, S. Myoclonien 291
Zitzen 241,337
Zöliakie 343
Zuckerkrankheit, S. Diabetes
Zucker-Ratte 166
Zungendefekte 340
Zungenkrebs 389
Zungenspielen 307
Zweifachbefruchtung 106

Zwerchfellbrüche 266
Zwerchfellsagenesie 373
Zwergwuchs 91,117,124,266
Zwergwuchs, chondrodystropher 268,271
Zwergwuchs, diastrophischer 270
Zwergwuchs, Hereford 218,271
Zwergwuchs, hypophysärer 117
Zwicken 111
Zwillinge 111,232
Zwillinge, siamesische 239
Zwillingsheritabilitäten 236
Zwillingsmethode 235
Zwitter, S. Intersexe, Hermaphroditen
Zyklopien 287
Zystennieren 376
Zystische Fibrose, S. Mucoviszidose
Zystizerkose 209